NORWEGEN
Süd/Mitte

Blick aus m. Zimmer
vom Turisthotel i. Oslo
am Hollenkolli

Dirk Schröder, Ursel Pagenstecher
Martin Velbinger

VERLAG MARTIN VELBINGER

Erhältlich im Buchhandel oder gegen Voreinsendung von DM 46,-- auf
das Postgirokonto München, Konto-Nr. 2o 65 6o-8o8, BLZ 7oo 1oo 8o
oder gegen Verrechnungsscheck im Brief.

VERLAG MARTIN VELBINGER, Bahnhofstr. 1o6, 82166 Gräfelfing/München

INHALT:

Transport in
NORWEGEN

NORWEGEN
Süd/Mitte

VERLAG
MARTIN
VELBINGER

Dieses vorliegende Buch erscheint als BAND 19 einer Reihe unkonventioneller Reiseführer im VERLAG MARTIN VELBINGER:

Weitere Titel in Vorbereitung. Bitte Anfrage an den Verlag.

Buchkonzept: Martin Velbinger
Karten: Martin Velbinger(MVE), Carola Langanki (CL), Rupert Hagen (RH)
Cover: Bettina v. Hacke und Martin Velbinger

ISBN: 3-88316-021-0

ALLE ANGEGEBENEN PREISE sind Ca.-Preise, auch wenn sie nicht als solche bezeichnet sind. Für die Richtigkeit und Vollständigkeit aller Angaben, insbesondere der Abfahrtszeiten und Preise kann keine Gewähr übernommen werden.

DRUCK und BINDUNG: Ebner Ulm
SATZ: Verlag Martin Velbinger, Gräfelfing/München   **Aktualisiert**
PRINTED IN GERMANY   **6. AUFLAGE 1996**

INHALT:

Routenplanung

INHALT:

Allgemeine Tips:

INHALT:

Oslo 183

INHALT:

Südküste

Oslo⟫→Kristiansand

INHALT:

Stavanger »»→ Bergen

West NORWEGEN

Bergen 335

INHALT:

Oslo ⟫⟶ Bergen

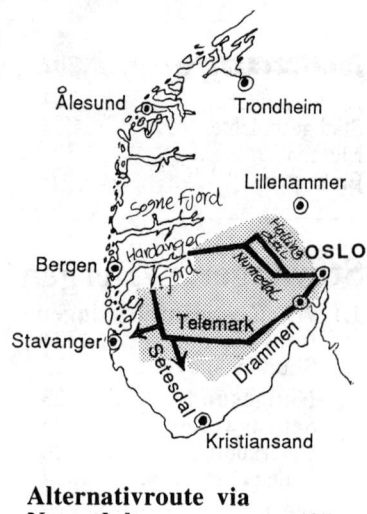

Hardanger Fjord

INHALT:

Bergen ⟫→ Ålesund

Sognefjord

Sognefjord ⟫→ Ålesund

Ålesund 507

INHALT:

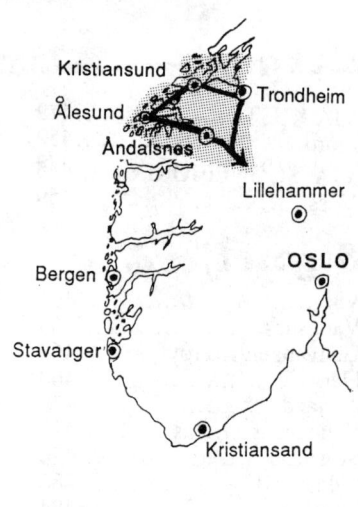

Routen ab Trondheim

Trondheim »»→ Oslo

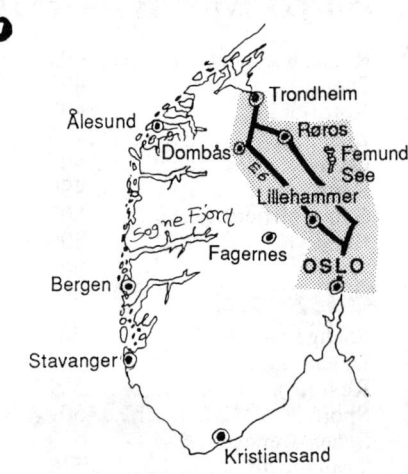

INHALT:

Jotunheimen

Åndalsnes
Romsdalshorn

Handwerkszeug

ÜBERSICHTSKARTEN: Elementar für jede Norwegenreise ist gutes Kartenmaterial. Die "Allroundkarte" gibt es nicht, man sollte sich auf jeden Fall mehrere Karten kaufen.

Für Anreise und Übersicht vor Ort: eine der beiden Mair-Karten: "<u>NORWEGEN</u>" (1: 1.5oo.ooo) oder "<u>SKANDINAVIEN</u>" (1: 75o.ooo). Beide sehr übersichtlich kartographiert, landschaftlich schöne Strecken und Stellen sind besonders markiert, was die Routenplanung erleichtert.

Die "Skandinavien"-Karte (14,8o DM, Raum ab Hamburg nördlich) ist nicht nur für die Anreise nützlich, sondern auch für Querverbindungen nach Schweden. Die "Norwegen"-Karte (9,8o DM) dagegen in ihrem Format erheblich handlicher.

Ebenfalls zulegen sollte man sich die "<u>CAPPELENS NORWEGEN</u> <u>ÜBERSICHTSKARTE</u>" ("Norge, Bil-og turistkart", Nr. 13 "Hele Norge"). Äußerst exakt insbesondere in der Kartographierung der Fähranlegestellen: elementar für das Reisen in Fjord- und Küstenbereich! Auf der Rückseite Index selbst kleinster Siedlungen, die sich vorne auf der Karte durch Raster schnell finden lassen.

DETAILKARTEN: Im Gegensatz zu mitteleuropäischen Ländern besteht Norwegen aus einer Fülle kleiner und kleinster Siedlungen, daher kommt man um eine Detailkarte nicht herum, insbesonders wenn man häufig Nebenstrecken fährt:

Empfehlenswert die CAPPELENS-DETAILKARTEN: "Sør Norge" deckt den Raum Südküste bis Bergen/Hardangerfjord ab. - "Midt Norge I" den Bereich Bergen bis Åndalsnes. Wer noch rauf nach Trondheim fährt: "Midt Norge II".

Maßstab jeweils 1: 325.ooo bzw. 1: 4oo.ooo, enthalten auch Wanderwege mit Zeitangaben, die jedoch eher denen gut trainierter Norweger entsprechen. Kostenpunkt in Norwegen ca. 18 DM, erhältlich dort in Buchhandlungen, oft auch Souvenir- und Schreibwarengeschäften.

Kümmerly + Frey gibt obige Karten in Lizenzausgabe heraus und damit in jeder größeren Buchhandlung in Deutschland, Österreich oder der Schweiz erhältlich. Preis 16,8o DM. Die Karten werden sehr oft aktualisiert, was bei der intensiven Straßenbautätigkeit in Norwegen auch erforderlich ist. Konkurrenzprodukte sind da leider etwas hinterher, was sich dann erst bei einer Rundreise in Norwegen herausstellt und sehr ärgerlich werden kann.

WANDERKARTEN im Maßstab 1: 1oo.ooo gibt es in den Shops und Touristenbüros der jeweiligen Region bzw. im DNT-Büro in Oslo (Stortingsgate 28). Für das Jotunheimen, eines der schönsten und wichtigsten Wandergebiete Norwegens, existiert eine Wanderkarte von Cappelen "Jotunheimen" 1: 1oo.ooo, ca. 22 DM. Auch in Deutschland in guten Ausrüstungsshops erhältlich.

STADTPLÄNE: von Oslo, Stavanger, Bergen, Trondheim, Ålesund etc. in den dortigen Touristenbüros gratis erhältlich, detailliertere Pläne ca. 1o DM.

Spezialkarte für CARAVANFAHRER: Das Norwegische Vegdirektorat Oslo gibt eine kostenlose Karte "I Norge med Campingvogn" heraus, die Straßen, die für Gespanne nicht oder nur bedingt befahrbar sind, farbig kennzeichnet. Zudem sind Fährverbindungen und Rastplätze eingetragen. Erhältlich im Fremdenverkehrsbüro in Hamburg.

Tourist INFO Norwegisches Fremdenverkehrsamt (Postfach 76 o8 2o, 22o58 Hamburg), Publikumsverkehr: Mundsburger Damm 45, 22o87 Hamburg (Tel. o4o/22 71 o8 1o, Fax: o4o/22 71 o8 15) - auch für Österreicher und Schweizer - für die ersten Infos über Norwegen.

Außer Prospekten zu jeder Region gibt es gratis ein Hotelverzeichnis, Campingplatzliste, Verzeichnis der Ferienhäuser. Ferner ein Heft mit den aktuellen Verkehrsverbindungen nach und in Norwegen (Bus, Zug, Flug, Schiff) nennt sich "Norway-Fahrpläne"; erscheint jedes Jahr neu; unabdinglich für das Reisen auf eigene Faust innerhalb des Landes.

Der "Offizielle Norwegenkatalog" des Norwegischen Fremdenverkehrs-

amtes - im DIN-A 4-Format für die Reise allerdings reichlich unhandlich.
Nach Regionen und Themen gegliedert, mit Farbfotos und mit Werbe-
annoncen gespickt.

Detailinformationen dann jeweils in den knapp **2oo regionalen Touristenbüros** (Turistkontor) in Norwegen. Die Leute sprechen meist deutsch
oder englisch. Informationen u.a. über lokale Veranstaltungen, Sportan-
gebote, Fahrpläne, Straßensperren, Verkauf von Wanderkarten und Angel-
genehmigungen. Prospektmaterial oft reichlich, vermitteln z.T. Privatzimmer. Überregionale Infos in Oslo.

Darüberhinaus findet man meist vor Ortschaften große, blaue **Infotafeln**.
Ein Wegweiser (Strukturplan) zur ungefähren Lokalisation der Campingplätze, Hotels, Post, Turistkontor, Parkplätze, Sehenswürdigkeiten etc.

REISEKOSTEN: Das Preisniveau in Norwegen ist etwa mit dem
Deutschlands vergleichbar. Geld sparen kann man durch folgende Tips:

1.) Dicke Geldersparnis in der ANREISE: Tips für preisgünstigste Autopakete für die Fähren, Streckenplanung etc. .... s. Seite 19

Preisgünstige Flugtickets .... s. Seite 47

Preisgünstige Zugtickets .... s. Seite 45

2.) Relativ preisgünstig läßt sich in Norwegen Urlaub machen auf Basis
SELBSTVERSORGUNG und Übernachtung im eigenen Zelt, Wohnmobil bzw. Hütten. Details .... s. Seite 111

3.) Wer den Urlaub mit HOTELÜBERNACHTUNGEN realisieren
möchte, Tips für kostensenkende Hotel-Coupons, Pässe etc. ....
s. Seite 1o7

ANREISE
NORWEGEN

Per Auto:

<u>Das eigene **AUTO**</u> ist für Norwegen in jedem Fall das bequemste Transportmittel. Es bringt die größtmögliche Flexibilität, was sich insbesondere bei der Weitläufigkeit des Landes und seiner vielen einsamen Gebiete auszahlt.

Auch wenn selbst kleinste Nebenstrecken von Regional-Bussen (teils auch Zügen) erreicht werden: mit dem eigenen Fahrzeug ist man unabhängig von der Warterei auf Anschlüsse: Ein nicht zu unterschätzender Vorteil, insbesondere wenn man knapp mit Urlaubszeit ist.

Weiterer Vorteil: bequem das komplette Gepäck im Kofferraum ohne Schlepperei, - und das eigene Kanu, Faltboot oder sonstiges Sportgerät aufs Dach.

Am optimalsten natürlich ein <u>Wohnmobil</u>, umgebauter Bulli etc. Man kann dort übernachten, wo die Landschaft besonders schön ist. Vor allem spart man sich die Übernachtungs- und Restaurantkosten. Leute ohne Wohnmobil haben ihr Zelt, Campingkocher und was man sonst noch braucht im Kofferraum.

Alle Hauptstrecken in Norwegen sind asphaltiert, es gibt schön gelegene Campingplätze. Die Spritkosten in Norwegen liegen höher als in Deutschland, - die höheren Anreisekosten (Pkw auf Fähre) werden durch größere Unabhängigkeit vor Ort wettgemacht. Alle Details siehe .... Seite 19.

Mit der Bahn/Bus

PER ZUG/BUS: beim gut ausgebauten norwegischen Verkehrsnetz durchaus eine Alternative zum eigenen Auto. Die Fahrpläne der norwegischen Busse und Züge sind in der Regel gut aufeinander abgestimmt, ebenso die Anschlüsse der Busse zu den Fähren über die Fjorde. Auch auf die Abfahrtszeiten ist Verlaß.

Man kommt per Bus/Zug in Norwegen relativ gut klar, wenn man genügend Zeit hat, um auf Anschlüsse zu warten. Dies allerdings bei Zug- und Buspreisen ähnlich denen wie Deutschland, Österreich und Schweiz. Bei den erheblich größeren Entfernungen in Norwegen schlägt dies ins Geld.

Preisbeispiele: Oslo-> Trondheim ca. 12o DM, Oslo-> Bergen ca. 11o DM. Während die Haupt- und Sekundärstrecken häufige Verbindungen am Tag aufweisen, werden selbst abgelegene Dörfer in Seitentälern durch Busse erreicht, - dann allerdings teils nur 1 mal/ Tag. (Details siehe unser Verbindungskapitel im Hauptteil.) Hinzu kommt das reichlich teure Anreise-Eisenbahnticket ab Deutschland.

TIP: "Scanrail". Dieses Ticket gilt in ganz Skandinavien ohne Altersbegrenzung in drei verschiedenen Varianten und Preisen. 5 Reisetage innerhalb 15 Tage, 1o Reisetage innerhalb eines Monats oder einen Monat ohne Einschränkung. Preislich zwischen 23o und 56o DM in der 2. Klasse, abzüglich Ermäßigung für Jugendliche.

In Norwegen dann die Eisenbahnstrecken wie Oslo-> Stavanger bzw. Bergen, Ålesund und Trondheim nutzen, die sternförmig alle wichtigen Regionen erschließen. Regional weiter per Bus und Fähren. Dürfte unterm Strich die billigste Variante sein für einen dreiwöchigen Norwegentrip!
Alle Details siehe .... Seite 45.

Flüge:

PER FLUG: Vorteil, die Anreise reduziert sich auf Stunden. Dies allerdings bei saftigen Preisen. Billigstes Ticket das Super-flieg&spar der Lufthansa. Seit der Kooperation von Lufthansa und SAS bieten die beiden großen Fluggesellschaften das "Scandinavia Summer Special" an.

Das günstige Angebot gilt von Mitte Juni bis Mitte August und ermöglicht einen Flug von Berlin oder Hamburg bereits für ca. 5oo DM hin und retour. Von München und Stuttgart für ca. 7oo DM. Dieser Spezialtarif gilt für Lufthansa-SAS-Gemeinschaftsflüge in der Economy Class von 14 deutschen Städten. Das Angebot kann bei der Lufthansa-Zentralreservierung, dem Lufthansa City Center sowie in Reisebüros mit Lufthansa-Agentur gebucht werden.
Alle Details siehe...Seite 47.

ANREISE - ROUTEN:

1) *Am bequemsten ist die <u>Direktfähre KIEL-> OSLO</u> (Color Line): mittags ab Kiel los, zwischen den dänischen Inseln durch, und am frühen nächsten Morgen Ankunft in Oslo.*

2) *Ansonsten entweder via Vogelfluglinie (billigste, aber an Kilometern längste Strecke), - oder via Dänemark/Jütland (Fährhäfen Hirtshals oder Frederikshavn) ....Seite 19/22.*

3) *<u>Für Berliner, Österreicher</u>: Warnemünde/Dänemark oder Fähre von Saßnitz nach Schweden und entlang der schwedischen Westküste ...Seite 25.*

1.) Direktfähre Kiel -> Oslo

Mit der "<u>Color Line</u>". Ohne Frage die bequemste Anreise: Man spart sich rund 8oo km Autofahrerei pro Richtung, was Fahrer und Fahrzeug schont. Zudem legt das Schiff einen Teil der Strecke nachts zurück, wo man bequem in der Kabine schlafen kann, statt "on the road" Kilometer abzukurbeln. Die Schiffe der Color Line zählen zu den modernsten und luxuriösesten nach Norwegen. Im Color Club werden Gäste, die nicht auf die Mark schauen müssen, so richtig verwöhnt und auf norwegischen Service der gehobenen Klasse eingestimmt. Die Schiffe wurden 1991 erweitert, vergrößert und zu absoluten Luxuslinern umgebaut.

PREISE: retour pro Person in der Innenkabine 27o-36o DM je nach Saison. Noch billiger wird's, wenn man ein sogenanntes "Sparpaket" kauft: 4 Personen in der Innenkabine inkl. Pkw retour 675-1.o35 DM. Es gibt komfortable Kabinen bis hin zur Luxusklasse, die dann entsprechend mehr bis ca. 1.4oo DM/Person und retour kosten.

Generalagentur Deutschland: Color Line GmbH, Postf. 2646, 241o3 Kiel
        Österreich: Color Line Verkehrsbüro, Friedrichsstr. 7, 1o43 Wien
        Schweiz: Color Line, Les Jordis, 1261 Le Vaud

Tips für Anreise, Zwischenstops etc. siehe .... Seite 29.

2.) Vogelfluglinie

Die Traditionsroute nach Skandinavien. Ist zwar in den Fähren preiswert und bietet sich wegen der ganzjährig 2-4 mal stündlichen Abfahrten insbesondere auch für Spontanfahrer an, wenn andere Fähren zur Saison ausgebucht sind.

Dafür ist man aber ab Hamburg bis Oslo (ca. 9oo km) rund 11 Stunden "on the road". Stressig im Bereich der schwedischen Westküste, die nur teilweise über Autobahn verfügt und dichten Verkehr aufweist.

Hinzu kommen die Fährüberfahrten und die Wartereien auf die Abfahrt der Fähren, Ein-/Auschecken etc. Insgesamt muß man ab Hamburg mit runden 15-16 Stunden bis Oslo rechnen, bei Staus bis zu 18 Stunden.

STRECKE: per Autobahn über Hamburg-> Lübeck bis kurz vor Insel Fehmarn (hier endet die Autobahn), gebührenfreie Brücke nach Fehmarn und 1 Std. Fährüberfahrt nach Rødby/Dänemark. Weiter per Autobahn via Kopenhagen nach Helsingør ca. 2oo km. Dort 25 Min. Fährüberfahrt nach Helsingborg/Schweden. Ab hier dann teils Autobahn, teils per Landstraße entlang der schwedischen Westküste nach Oslo.

ABFAHRTEN: beide Fähren 2 bis 4 mal/Stunde je nach Saison und ganzjährig, auch nachts. Der Betrieb läuft über große Terminals im "Roll-on/Roll-off"-Verfahren. Vorbuchen ist wegen der häufigen Abfahrten nicht unbedingt nötig: Wenn ein Schiff voll ist, reiht man sich in die Warteschlange für den nächsten Dampfer ein. Das Ticket kauft man direkt am Fährterminal.

Zur Hauptsaison allerdings lange Wartezeiten, hier kann Vorreservieren sinnvoll sein. Da die Fährstrecken von den Eisenbahngesellschaften betrieben werden: Vorreservierung ab jedem größeren Bahnhof in Deutschland, Schweiz und Österreich möglich. Das Ticket ist umbuchbar ohne Aufpreis.

PREISE: das "Schweden 1"-Ticket enthält beide oben genannten Fährstrecken zu einem vergünstigten Preis. Zudem gibt es einen Paketpreis, der 1 Pkw (Länge bis 6 m, Höhe bis 1,95 m) inkl. 5 Personen beinhaltet: Wohnmobile (über 1,95 m)
- Einfach: je nach Saison und Wochentag 13o - 18o DM.   2o5 - 26o DM
- Retour: je nach Saison und Wochentag 2o5 - 28o DM.   32o - 395 DM

Alle Details im Fährprospekt "Vogelfluglinie", erhältlich in größeren Bahnhöfen.

Die VOGELFLUGLINIE ist auf den ersten Blick eine der billigsten Anreisemöglichkeiten für Norwegen, - insbesondere wenn man zu mehreren fährt und das "Schweden 1"-Ticket kauft. Vorteil auch die relativ kurzen Fährüberfahrten, wer zu Seekrankheit neigt.

Zeitlich die Strecke so legen, daß man nicht im Berufsverkehr die Stadtumgehung von Kopenhagen berührt; lange Staus sind dann vorprogrammiert! Vorteil der Connection zudem, daß man landschaftlich interessante Bereiche Dänemarks (Seeland und Kopenhagen) bei der Anreise mit einbauen kann. Alle Details im VELBINGER Band 5o "Dänemark".

Allerdings spart die Langstreckenfähre (Color Line) Kiel-> Oslo erheblich an Anreisezeit bei relativ günstigen Fährpreisen (vergl. Einsparung an Autosprit, Hotelübernachtung). Und auf Strecken wie z.B. der Stena Line ab Frederikshavn gibt es Verbindungen, die im Preis mit der Vogelfluglinie konkurrieren können. Details siehe dort.

ALTERNATIVEN ZUR VOGELFLUGLINIE

Die TT-LINE fährt von Travemünde bzw. Rostock/Deutschland nach Trelleborg/Südschweden. Spart gegenüber der Vogelfluglinie ca. 22o Straßenkilometer und die Fahrt durch Dänemark.

Eingesetzt werden auf der Strecke Travemünde-> Trelleborg moderne Schiffe mit allem Luxus wie Swimming-Pool und Solarium. Abfahrten im Sommer mehrmals täglich. Es gibt sowohl Tages-, wie Nachtüberfahrten.

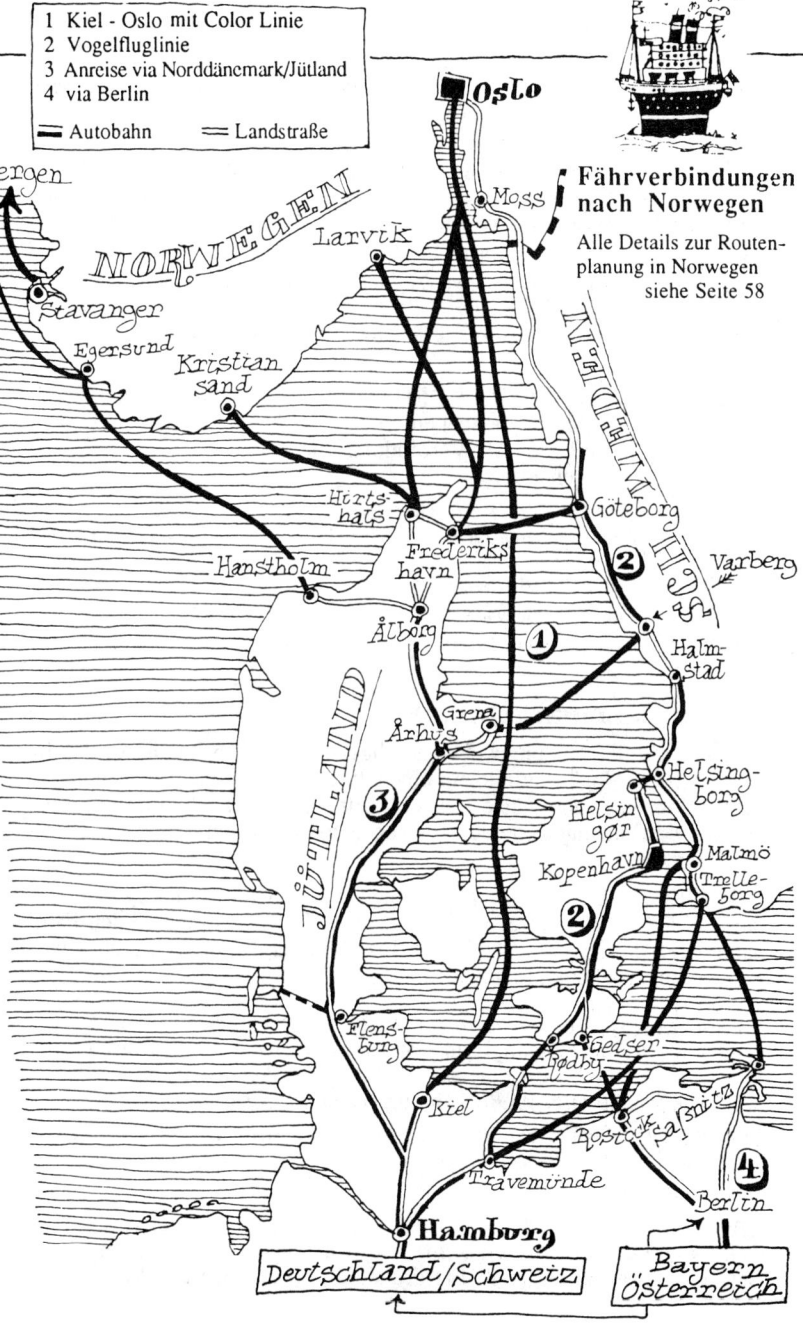

1 Kiel - Oslo mit Color Linie
2 Vogelfluglinie
3 Anreise via Norddänemark/Jütland
4 via Berlin

━━ Autobahn   ══ Landstraße

Fährverbindungen nach Norwegen

Alle Details zur Routenplanung in Norwegen siehe Seite 58

Bergen

NORWEGEN

Stavanger

Egersund

Kristiansand

Larvik

Oslo

Moss

SCHWEDEN

Hirtshals

Hanstholm

Frederikshavn

Ålborg

Grenå

Århus

JÜTLAND

Göteborg

Varberg

Halmstad

Helsingborg

Helsingør

Kopenhavn

Malmö

Trelleborg

Flensburg

Rødby

Gedser

Kiel

Rostock

Sassnitz

Travemünde

Berlin

Hamburg

Deutschland/Schweiz

Bayern Österreich

Die Tagesüberfahrt (7 1/2 Std.) bringt gegenüber der Vogelfluglinie keine Zeitersparnis. Die Nachtfähre (ca. 9 Std.) bringt den Vorzug der Überfahrt in der Kabine und damit der Zeiteinsparung.

PREISE: retour als Standardpreis ca. 11o DM/Person. Hinzu kommen fürs Bett retour ca. 6o DM/Person. Zu bestimmten Terminen gibt es Ermäßigung. Autopakete (Pkw und 5 Personen) kosten je nach Termin ca. 25o bis 67o DM retour bei Tagesabfahrten.

Auch bei Tagesüberfahrten kann man eine Kabine bekommen: beliebt bei Langstreckenfahrern, z.B. Leuten die von München, Stuttgart etc. lange Autobahnfahrten hinter sich haben und sich in der Kabine ausstrecken wollen.

Vertretung: TT-Line, Mattentwiete 8, 2o457 Hamburg, Tel. o4o/36o 14 42.

SCANDINAVIAN LINES / DFDS: fährt die Strecke Kopenhagen-> Oslo. Abfahrt täglich Kopenhagen ab ca. 17 Uhr, Ankunft am nächsten frühen Morgen in Oslo. Als Verbindung relativ teuer, zudem muß man noch bis Kopenhagen anreisen.

PREISE: im sogenannten "Norwegen Ticket" (Strecke Fehmarn-> Rødby plus Kopenhagen-> Oslo) zahlt man retour für 1 Pkw (Länge bis 6 m, Höhe bis 1,85 m) plus eine Person (inkl. Kabine 2-/4-Bett innen) ca. 4oo-6oo DM retour. Jede weitere Person kostet 19o-34o DM retour und je nach Saison.

Vertretung: Scandinavian Seaways, Van-der-Smissen-Straße 4, 22767 Hamburg, Tel. o4o/389 o3 71.

3.) via Dänemark/Jütland

Sehr schnelle Verbindung wegen durchgehender Autobahn bis Ålborg. Im Vergleich zur Vogelfluglinie nur eine Fährüberfahrt, zudem spart man mit Ziel südnorwegische Küste je nach Zielhafen ca. 25o-5oo km, und die Strecke via Dänemark/Jütland ist weniger stressig als der Trip via schwedischer Westküste.

STRECKE: ab Deutschland durchgehende Autobahn: Hamburg -> Flensburg -> Århus -> Ålborg. Weiter auf schneller Landstraße zu den Fährhäfen Frederikshavn und Hirtshals. Insgesamt ab Hamburg durchgehend gut 5oo km Autobahn. Fahrzeit ca. 6 Std.

Welche FÄHRLINIE ab Nordjütland die günstigste ist, ist abhängig von der weiteren Routenplanung in Norwegen, aber auch vom Reisetermin: Während die eine Reederei noch die günstigeren Vorsaison-Tarife anbietet, zahlt man bei der anderen Reederei bereits die Hochsaison-Preise.

Fährprospekte besorgen und persönlichen Fall durchkalkulieren. Wer clever ist, kann sich einiges Geld sparen.

LARVIK-LINE: Frederikshavn/Skagen -> Larvik/Südnorwegen. Tip, da Larvik optimaler Einstieg ist für Trips via Telemark nach Stavanger und Bergen, - somit für die große Fjordrundtour, für die man 2-3 Wochen Zeit haben sollte (vgl. auch Kapitel "Routenplanung Norwegen").

PREISE: pro Person retour 1o5-18o DM je nach Saison und Abfahrtstag. Bett in billigster Klasse plus 4o-16o DM retour je nach Termin.

Pkw (bis 2 m Höhe inkl. 1 Person): retour 235-4oo DM bzw. Auto inkl. 6 Personen
retour 35o-65o DM je nach Saison und Abfahrtstag. Details im Fährprospekt.

WOHNMOBILE (bis 6 m Länge, 2,5 m Höhe): teuer, Fahrzeug und 6 Personen 55o-
9oo DM retour.

SKANDINAVIENTICKET: Frederikshavn-> Larvik plus Vogelfluglinie zum Gesamt-
preis (Pkw 6 m Länge, 1,95 m Höhe, 5 Personen): 3oo-5oo DM je nach Saison.

Tip, da man mit der Fähre nicht dieselbe Strecke zurückfahren muß, - sondern ab Ein-
stieg Larvik den großen Norwegen Rundtrip ausfahren kann (z.b. Larvik-> Telemark->
Bergen-> Fjorde und retour über die E 6-> Oslo mit eventuellen Abstechern durch
Schweden, z.b. Stockholm-> Mittel/Südschweden nach Helsingborg, Vogelfluglinie).
Details siehe auch VELBINGER Band 18 "Schweden". Wie gesagt Tip für Leute mit
Zeit. Der Rundtrip selber gefahren, ca. 1 Monat nötig.

ABFAHRTEN: ganzjährig täglich. Es gibt sowohl Tagesüberfahrten (6 Std.), - wie auch
Nachtüberfahrten, die so gelegt sind, daß man bequem durchschlafen kann (z.b. Abfahrt
22.3o Uhr, Ankunft Larvik 7 Uhr früh).

Frederikshavn -> Larvik mit M/S Peter Wessel: Die große Autofähre braucht 6 Stunden
am Tag und 8 - 11 Stunden in der Nacht.
Skagen -> Larvik mit dem Larvik Line Express: Das Express-Schiff überquert von April
bis Sept. das Skagerrak in 3 Stunden. Platz für 8o Personenwagen und 45o Passagiere.

Vertretungen Larvik-Line:
 - Deutschland: NSA Norw. Schiffahrts-Agentur, Kleine Johannisstr. 1o Hamburg
 - Schweiz: Reisebüro Glur, Spalenring 111, 4oo9 Basel
 - Österreich: Österreichisches Verkehrsbüro GmbH, Friedrichstr. 7, 1o4o Wien.

COLOR LINE:

* Hirtshals-> Kristiansand: die Überfahrt tagsüber dauert lediglich 4 1/2
  Std. Somit ab Hamburg in ca. 11 Std. realisierbar. Damit die generell
  schnellste Verbindung nach Südnorwegen.

  PREISE: Person retour je nach Abfahrtstag und Saison 8o-175 DM. Bett bei Nachtüberfahrten (ca. 6 Std.) nochmals ca. 7o DM retour.

  Pkw (Länge bis 6 m, Höhe bis 2 m): je nach Saison und Wochentag 11o-23o DM
  retour. Sparpaket Pkw und 5 Personen: 27o-645 DM retour.

* Hirtshals-> Oslo: die Überfahrt dauert 8 1/2 Std. Als Verbindung preisgünstig, wer den Einstieg nach Oslo will.

  PREISE: pro Person retour je nach Abfahrtstag und Saison 85-11o DM. Bett in Kabine geht extra und kostet ab ca. 3o DM retour.

  Pkw bis 6 m Länge und 2 m Höhe 13o-15o DM retour je nach Termin. Sparpaket 5
  Personen und (Pkw bis 6 m Länge, Höhe 2 m): retour mit Kabine 45o-1.o6o DM.

  Vertretung Color Line: siehe 1, Kiel-> Oslo

FJORD LINE:

* Hanstholm-> Egersund-> Bergen: interessante Verbindung, um direkt an der Westküste zu landen. Besonders wenn man wenig Zeit hat, spart es die vielen Kilometer ab Kristiansand das als alternativer Fährhafen in Frage käme. Fahrten ab Hirtshals an drei bzw. vier Wochentagen, Nachtfähren. Dauer 16 Stunden und ausgeschlafen am nächsten Morgen bereits durch Bergen schlendern!

PREISE: Hanstholm-Bergen Personenpassage: 8o-155 DM je nach Abfahrtstag und Wochentag. Couchette 15-4o DM, Kabine 5o-18o DM je nach dem, ob Einzelkabine oder Vierer. Das Autopaket inkl. 5 Personen 215-45o DM bei Pkw bis 6 m Länge und 2 m Höhe.

Generalagentur: Karl Geuther, Martinistr. 58, 28195 Bremen, Te. o421/176 o3 62.

STENA LINE: Strecken von Norddänemark nach Oslo sowie nach Schweden.

Frederikshavn-> Oslo/Moss, Überfahrt tagsüber ca. 9 Std., bei Nachtfähren ca. 13 Std. Abfahrt tägl. von Mitte Juni bis Mitte August.

PREISE: pro Person retour 11o-18o DM je nach Saison. Kabine in billigster Klasse nochmal extra, retour bei Tagesfahrt ca. 4o DM, nachts ca. 6o DM.

Pkw: (bis 6 m Länge und 2,2 m Höhe) ca. 17o-6oo DM je nach Saison. Das Sparpaket (5 Personen, Pkw 6 m/2,2m) retour 23o-67o DM.

Frederikshavn-> Göteborg/Schweden: da die Fährverbindung waagrecht von Norddänemark nach Westschweden rübergeht, bringt sie gegenüber der Vogelfluglinie keinen Vorteil einer Kilometerersparnis. Ist jedoch relativ preisgünstig. Zudem sehr häufige Abfahrten (tägl. 6-8 mal): von daher Alternative, wenn man auf den anderen oben genannten Schiffen kurzfristig keinen Platz mehr bekommt. Die Überfahrt dauert ca. 3 1/4 Std.

PREISE: pro Person retour ca. 4o-64 DM je nach Saison, Fahrzeuge (6 m/2,2 m) retour ca. 13o-23o DM je nach Saison.

Sparpaket (Pkw 6 m/2,2 m) plus 5 Personen retour ca. 16o bis 25o DM.

Generalagenturen: STENA LINE: Schwedenkai 1, 241o3 Kiel
                              Hildebrandstr. 4d, 4o215 Düsseldorf

LION FERRY: Grenå (DK)-> Varberg (S) bzw. Halmstad. Die Reederei versucht, durch günstige Preise sich im harten Konkurrenzgeschäft zu behaupten. Tip insbesondere für Wohnmobilfahrer.

PREISE: Pauschalpaket 1 Pkw (bis 6 m Länge und 2,4 m Höhe!) inkl. 9 Personen retour 16o-25o DM je nach Saison.

Abfahrt: 1 mal täglich.

Gegenüber der Stena Line (Frederikshavn-> Göteborg) spart man sich in Anreise bis Göteborg 5o km und hat zudem ab Varberg durchgehende Autobahn. Allerdings landet man an der schwedischen Westküste: wer nach Südnorwegen, z.B. Kristiansand will, hat jede Menge Extra-km um den Skagerrak, die sich an Sprit dazu addieren.

Generalvertretung: Karl Geuther & Co., Martinistr. 58, 28195 Bremen, Tel. o421/ 149 7o.

Routeninfos zur Anreise via Dänemark/Jütland siehe .... Seite 29.

4.) Oststrecke via Berlin

Als Anreisevariante für Bayern und Österreicher interessant, da an Kilometern die kürzeste Verbindung nach Norden. Es gibt allerdings auf den Straßen und Autobahnen der neuen Bundesländer noch viele Staus. Außerdem sind sie noch relativ holprig, wenn auch in Ausbau befindlich. Letzteres (die Baustellen) führt zu weiteren Staus.

BERLIN wird auf 4-spurigen Straßen durchfahren. Zeitpolster einplanen. Zwischenstop lohnt allemal, dann aber das Auto rechtzeitig abstellen und auf öffentliches Verkehrsnetz (U-Bahn, Bus) zurückgreifen. An den Fährhäfen Rostock/Warnemünde und Saßnitz ist einiges in Bewegung und noch nicht so eingespielt, wie von anderen Strecken gewohnt.

ANREISE: für Süddeutsche die Autobahn München-> Nürnberg-> Hof-> Berlin-> Rostock. Von hier noch ca. 125 km Landstraße via Stralsund nach Saßnitz. Alternative ab Berlin ist die Landstraße 96 direkt nach Saßnitz, die zeitlich ungefähr gleich lang ist und als Plus sich für Zwischenstop (Schlösser, Burgen) lohnt.

Für Norddeutsche bringt die Fähre Saßnitz-> Trelleborg zwar gegenüber der TT-Line (Travemünde-> Trelleborg) günstigere Preise. Dafür ist man aber auf der holprigen Landstraße Lübeck-> Rostock-> Saßnitz gut 3 1/2 Std. unterwegs.

Für Österreicher verschiedene Anreisestrecken je nach Wohnort. Ab Linz die Autobahn Passau-> Regensburg, - oder die Landstraße Linz-> Prag-> Dresden und dort weiter via Autobahn nach Berlin. Für Region Wien die Landstraße nach Brünn und weiter Autobahn-> Prag mit anschließender Landstraße bis Dresden, weiter Autobahn nach Berlin.

DFO-HANSA FERRY: Rostock->Trelleborg. Fährverbindung im Sommer bis zu 3 mal tägl. Überfahrt dauert 6 Std. bei Tagesfahrten bzw. 8 Std. nachts.

PREISE: Standardtarif pro Person 85 DM retour. Autopaket (Pkw bis 6 m Länge und 5 Personen) retour 2oo-36o DM je nach Saison und Abfahrtstag.

DFO-Hansa Ferry: Fährcenter Rostock, Am Warmowkai, 18147 Rostock. Tel: o18o/534 3445

Mit der **DFO**: Warnemünde-> Gedser/Dänemark. Bringt den Vorteil, daß man noch Kopenhagen einbauen kann. Die Überfahrt (mehrmals täglich) dauert 2 Std., pro Person retour ca. 2o DM, der Pkw bis 6 m Länge und 5 Personen retour 75-1oo DM. Als Anreise nach Norwegen dann die Kombitickets weiter ab Kopenhagen oder Helsingborg-> Helsingør. Fährcenter: 18119 Rostock, Tel. o381/519 51 21.

5.) Extraspecial

Wer genügend Urlaubszeit hat und auf der Anreise noch England einbauen möchte: Kanalfähre Kontinent-> England und von Newcastle mit der "COLOR LINE" (2-3 mal/Woche) nach Bergen bzw. Stavanger.

Wohl die ausgefallenste Anreisevariante nach Norwegen und vom Preis her gar nicht mal so teuer, berücksichtigt man die Länge der Fährüberfahrt. Zudem erreicht man Norwegen im hochkarätig interessanten Bereich der Fjorde.

PREISE: pro Person einfach Newcastle-> Bergen bzw. Stavanger inkl. 4-Bett-Couchette in billigster Klasse ca. 5o-23o DM je nach Abfahrtstag und Saison. Zur absoluten Hochsaison (19.6.-14.8.) wird's teurer: ca. 26o DM (Abfahrt So./Mi.) bzw. 3oo DM bei Abfahrt Fr./Sa.

Pkw bis 6 m Länge und 2 m Höhe 13o DM, Ermäßigung, wenn 4 Personen mitreisen.

Auto-Sparpaket: Pkw (bis 6 m Länge, 2 m Höhe) und 4 Personen inkl. Schlafkabine ca. 9oo-1.ooo DM zur Hochsaison 19.6.-14.8.

Generalagentur: Color Line, siehe 1, Kiel-> Oslo.

In gewisser Weise sollte man allerdings für den Trip über die Nordsee seefest sein: kann stürmisch werden, und die Überfahrt dauert ab Newcastle bis Stavanger 1 Nacht und 1/2 Tag.

Skandinavien mit VELBINGER

NORWEGEN
Süd/Mitte

VERLAG
MARTIN
VELBINGER

Die Reiseführer mit dem hohen Gebrauchswert

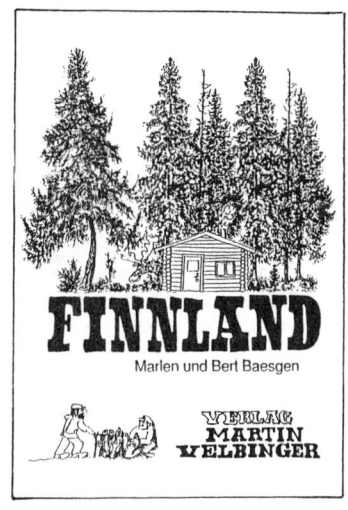

FINNLAND

Marlen und Bert Baesgen

VERLAG
MARTIN
VELBINGER

Marlen & Bert Baesgen
SCHWEDEN

inkl.
Kungsleden
i Sarek

Süd-Mittel Schweden - Lappland

VERLAG
MARTIN
VELBINGER

Die Reiseführer mit dem hohen Gebrauchswert

NORD-
SKAN
DI NA
VI EN

ANREISE - ROUTEN
TIPS FÜR ZWISCHENSTOPS

*Da - außer ab äußerstem Norden Deutschlands - die <u>NORWEGEN-</u>
<u>ANREISE</u> kaum in einem Tag zu schaffen ist, orientiert sich die günstigste
Anreise auch an der interessantesten Strecke.*

✦ Hamburg

Ausgenommen der Anreise via ostdeutscher Fährhäfen, laufen alle anderen
Anreiserouten <u>via HAMBURG</u>. Das Nordlicht ist neben München und
Berlin sicher eine der schönsten Städte Deutschlands und lohnt, daß man
reinfährt.

Wer Hamburg noch nicht kennt: Standardtrip die <u>HAFENRUNDFAHRT</u>
<u>ab St. Pauli Landungsbrücken</u>: direkt an den Landungsbrücken zugleich
Tourist Büro, wo man gutes Prospektmaterial zu den einzelnen Stadtgebie-
ten mit vielen Tips bekommt. Die Hafenrundfahrt berührt die interessantesten Bereiche und dauert ca. 1 Std.

<u>ALSTER-RUNDFAHRT</u>: Die flachen Linienboote ab Jungfernstieg über-
queren die Außenalster. Schöner Blick auf die reichsten Wohnviertel der
Stadt mit feudalen Häusern in Parkanlagen, interessante Stops:
"<u>Fährdamm</u>" und nach Pöseldorf rüberlaufen (Boutiquen und Schickeria
Viertel), - Stop "<u>Ulenhorster Fährhaus</u>" (Gästehaus des Senats, welches
185o von einem Hamburger Kaufmann errichtet wurde, spätklassizisti-
sches Gebäude, heute Gästehaus, in dem der Senat wichtige Besucher einquartiert von Prinz Charles bis ...) - Iranische Moschee, schöner Ausblick. - Stop "<u>Krugkoppel Brücke</u>" (am Nordende der Außenalster,
Bootsverleih und exzellentes Restaurant "Fernblick").
- Im Anschluß sehr schöne Strecke auf schmalen Kanälen bis
Winterhuder Fährhaus.
<u>Abfahrten</u>: 1o.5o bis 18.1o Uhr ca. alle 4o Min. Fahrzeit ca. 1 Std., preiswert.

<u>ALT-HAMBURG</u>: der ursprüngliche Stadtkern, der um 166o mit einer
Stadtmauer umgeben war: Bereich St.-Pauli-Landungsbrücken bis Bin-
nenalster. Neben dem Haupteinkaufszentrum zugleich der Bereich der
Fleets: von Kanälen durchzogener Freihafen und alte Handelsgebäude.
Interessant die "Fleetfahrt", ca. 2 1/2 Std., Infos im Touristbüro.

<u>ELBUFER</u> (Bereich Altona bis Wedel): Stadtbereich teils auf Hügeln
oberhalb der Elbe. Die Wasserstraße zählt mit rund 15.ooo Frachtern, die
alljährlich von der Elbmündung/Nordsee zum Hamburger Hafen fahren,
zu den frequentiertesten der Welt. Lohnende Wanderung entlang des
Elbufers 5 km ab Kapitänsdorf Övelgönne (nähe Altona) nach Blankenese,
- weitgehend autofrei und durch Parkanlagen direkt entlang der Elbe.

Schnellbus 36 ab Hauptbahnhof bis Övelgönne. Ab hier beginnt ein schöner Wanderweg durch Parkanlagen. Am Fähranleger Oldtimer-Schiffe, einige der Kapitänshäuser (Alter 25o Jahre) unter Denkmalschutz, z.B. die Häuserzeile Övelgönne 72-75. Blankenese: eine der schönsten Stellen an der Elbe, zieht sich am Hang rauf, durch Treppen verbunden, Villenviertel.

Retour ab Blankenese: Bus Nr. 48 bis Bahnhof Blankenese und S-Bahn in die City.

★ Vogelfluglinie

Schön als Zwischenstop die alte Hansestadt LÜBECK. Die Autobahn endet bei Oldenburg, runde 15 km Landstraße bis zur Brücke rüber zur Insel Fehmarn. Vom kleinen Nest PUTTGARDEN nichts erwarten, jedoch schöne Bademöglichkeit am langen Sandstrand, großer Campingplatz.

Der (gleichnamige) Fährhafen einige Kilometer abseits. Er wird direkt von der Bundesstraße angesteuert: Großbetrieb und wie am Fließband perfekt organisierte Einschiffung: alle 1/2 Std. eine Fähre. Auf der Fähre dann massives Gerangel um den Duty Free Shop.

RØDBYHAVN, der Fährhafen auf der dänischen Seite mit riesigen Anlagen, um den Fährbetrieb der wichtigsten Verbindung nach Skandinavien zu versorgen. Der seitlich abliegende Ort Rødby mit gemütlichen Backsteinhäusern, nach 17 Uhr sind jedoch sämtliche Bürgersteige hochgeklappt...

Ab Rødby Autobahn, Hügellandschaften mit viel Landwirtschaft.

INSEL MØN: Nach der Farøbrücke Abzweigung rechts und über die Landstraße runde 4o km zu den berühmten Kreidefelsen. Die bizarre Felsformation steigt knapp 125 m vom Meer auf. Schloß Liselund nur wenige Kilometer entfernt, mit schönem Park.

KOPENHAGEN kann (bei Zeitknappheit), per Autobahn umfahren werden. Ob sich der Zwischenstop lohnt, ist Entscheidungsfrage:

Von den skandinavischen Hauptstädten bringt Stockholm sicher mehr, ebenso Oslo von seiner landschaftlichen Lage. In Sachen Shopping kann man Kopenhagen weitgehend vergessen, wegen saftiger Preise.

Trotzdem ist die Stadt lohnend. Angenehme Atmosphäre im Bereich Rathausplatz mit seinen anschließenden Fußgängerstraßen bis Nyhavn. 1-2 Tage dürfen reichen, sofern man nicht Spezialinteressen hat.

TIVOLI: direkt neben dem Hauptbahnhof. Vergnügungspark, sehenswert, aber teuer. Selbst die Stockholmer mit ihrem "Skagen" rühmen den "Tivoli". Konzerte, Theater und jeden Mi., Sa. und So. abends kurzes Feuerwerk.

Das berühmte Wachsmuseum Louis Tussauds gleich nebenan (H.C. Andersen Boulevard 22). Ähnlich dem Museum in London, sind hier bedeutende Persönlichkeiten in Wachs ausgestellt.

Lange Fußgängerzone ab Rathausplatz. Die Shops schockieren etwas durch skandinavische Preise, die, egal ob Lederwaren oder was auch immer, erheblich über denen von Deutschland liegen. Führt über den STRØGET (rechts das "Magasin"-Kaufhaus, gilt als eines der größten Skandinaviens) zum Kongens Nytorv.

Der seitlich vom Gammeltorv abzweigende Fußgängerbereich berührt den Platz vor Kathedrale und Uni. Boutiquen, Restaurants und ein Schwung an Buchhandlungen.

Übernachtung: die meisten Hotels fast ausschließlich im Stadtviertel südwestlich vom Hauptbahnhof (Bereich Vesterbro), welches auch die Bars und Pornoshops liefert. Auf 3 oder 4 Blocks ca. 2o Hotels. Nicht gerade das schönste Viertel, auch wenn der angeblich "größte Pornoshop Skandinaviens" (in der Istedgade) aus nur ca. 1oo qm besteht: Auf der Straße abends gröhlende Gruppen, wenn auch genügend Polizeistreifen. Übernachtung DZ ab ca. 13o DM. Zimmervermittlung z.B. im Hauptbahnhof.

Touristbüro im Hauptbahnhof: gratis "Copenhagen this Week"- Werbung plus Sightseeing, Hotel- und Restaurant-infos sowie gratis ein Kopenhagen-Stadtplan.

Residenz des dänischen Königs im SCHLOSS AMALIEN-BORG (liegt etwa 5oo m weiter vom Kongens Nytorv. Zur täglichen Wachablösung (12 Uhr) während der Sommermonate enormer Touristenandrang. Schöner Spaziergang und gemütliche Lokale am alten Kanal/NYHAVN, unweit vom Kongens Nytorv. Im Kellergeschoß die Tätowierungsstuben.

Viele weitere Details im VELBINGER Band 5o Dänemark"

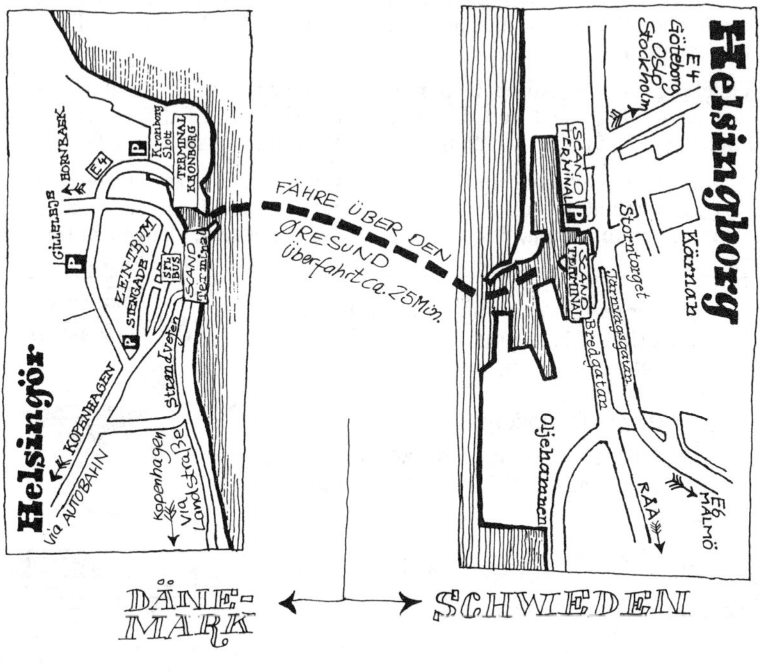

Ab KOPENHAGEN ca. 5o km Autobahn bis HELSINGØR, dem dänischen Fährhafen rüber nach Schweden/Helsingborg. Die Autobahn mündet per Landstraße direkt am Fährterminal: praktisch laufende Abfahrten über den hier nur 5 km breiten Øresund rüber nach Schweden. Überfahrt ca. 2o Min.

SCHLOSS KRONBORG: die bombastische Anlage bei der Hafeneinfahrtbucht, bekannt aus Shakespeare's "Hamlet". 1629 von Christian IV. nach einem Großbrand wieder aufgebaut. Kanonenbestückter Festungswall, um der Eintreibung des Sundzolls Nachdruck zu verleihen. Großer Rittersaal, unterirdische Gänge, Schiffsmodelle im Handels- und Seefahrtsmuseum. Geöffnet Mai bis Sept. tägl. 1o.3o-17 Uhr, sonst kürzer.

Klein, aber interessant das TECHNISCHE MUSEUM, Helsingør: unter anderem auch einige Oldtimer-Pkws. - Adresse: 23, Ndr. Strandvej, Helsingør.

Als Alternative kann man ab Kopenhagen statt der Autobahn die Landstraße entlang des Øresund nehmen. Zwar an km gleich und längere Fahrerei, teils aber schöner Blick rüber zur nahegelegenen schwedischen Seite.

HELSINGBORG/schwedische Seite: Großstadt, bringt relativ wenig. Die meisten lassen die Stadt "links liegen" und fahren direkt weiter:

Die E 6 entlang der schwed. Westküste ist die kürzeste Verbindung nach OSLO. Ist ab Hafen ausgeschildert (Göteborg) und zunächst Autobahn, ein Teil der rund 53o km bis Oslo jedoch Landstraße. Tote Hose, wer hier auf der E 6 durchbrettert, zudem bei dichtem Verkehr recht stressig.

Dies, obwohl die schwedische Westküste eigentlich recht viel zu bieten hat: insbesondere im Bereich Halland endlose Sandstrände mit Dünen und idyllischen Städtchen. Im Landesinneren dichte Wälder und alte Kulturlandschaften.

Göteborg wird per Autobahn durchquert, - die zweitgrößte Stadt des Landes. Reinfahren lohnt sich, Tips und Details siehe VELBINGER Band 18 "Schweden", für Übernachtung jedoch besser und preiswerter außerhalb.

Nördlich von Göteborg und bis zur norwegischen Grenze, - Provinz Bohus Län beginnt der schönste Teil der Strecke: eine Küstenlandschaft mit verträumten Inselchen, Buchten und einsamen Häusern, glattgeschliffenen

Felslandschaften. In den Fischernestern der Inseln Tjörn und Orust so, als ob die Zeit stehengeblieben wäre.

Querverbindungen parallel zur E 6 sind möglich, - auch via vorgelagerter Inseln. In jedem Fall runter von der E 6 und auf die 16o/162, Details siehe VELBINGER "Schweden".

OSLO-> STOCKHOLM-> (GÖTEBORG)-> HELSINGBORG: interessant, um beispielsweise nach einer Norwegenrundtour noch das sehr lohnende Stockholm anzuhängen. Rein an Fahrerei ist es ein Umweg von ca. einem Tag (gegenüber der Direktroute Oslo-> Helsingborg), sehr lohnend aber auch wegen der Rückfahrtstrecke quer durch Süd- und Mittelschweden (Vättern-Vänernsee).

Oslo-> Stockholm: ca. 55o km. Davon zwar nur ca. 5o km Autobahn, der Rest aber eine exzellent ausgebaute Landstraße (E 18, via Karlstad) mit superbreiter Spur und im Kurvenradius fast wie eine Autobahn ausgelegt. Klartext: läßt sich sehr schnell befahren, ca. 6 Std. Auch wenn's selten Kontrollen gibt - auf die schwedische Geschwindigkeitsbeschränkung Rücksicht nehmen! Wer mehr als 3o km/h die gültige Höchstgeschwindigkeit überschreitet, zahlt sich dumm und dämlich bzw. sagt ade zum Führerschein.

Für Stockholm sollte man sich mindestens 2 Tage Zeit nehmen, besser aber 3-4 Tage wegen sehr lohnender Ausflüge in die nähere Umgebung Stockholms, so zu den vorgelagerten Schären oder landein zu Schlössern. Hübsche Dampfer (teils noch aus der Jahrhundertwende) auf den Fluß- und Meeresläufen, Nostalgie Dampflokstrecken, Oldtimer-Museen etc.

Stockholm -> Helsingborg (E 4): ca. 58o km, davon etwa die Hälfte Autobahn, der Rest sehr gut ausgebaute, breite und schnelle Landstraße. In ca. 6 Std. zu schaffen, bzgl. Geschwindigkeitskontrollen siehe oben. Es gibt eine Fülle lohnender Stops unterwegs, z.B. Linköping (wegen einer Fahrt auf dem engen und dicht mit Bäumen zugewachsenen Kinda-Kanal). Alle Details in unserem Schweden-Reiseführer, Velbinger-Reihe Band 18.

★ Anreise via Dänemark/Jütland

Zu den Fährhäfen Hirtshals und Frederikshavn bieten sich im Prinzip zwei Routen an:

A) Die schnellste Strecke ab Hamburg ist die Autobahn, ca. 5oo km bis Frederikshavn. Zeitbedarf ca. 6-7 Std. - Lohnender Abstecher ist die Insel Fünen (Brücke).

B) via Westküste Jütlands: ausschließlich Landstraße. Ist an Kilometern, wenn man die Diagonalstrecke ab Esbjerg (via Herning, Viborg) nach Ålborg nimmt, kaum länger als Strecke A), ca. 7 Std. - Wer komplett via Westküste fährt, schöne Dünenlandschaften und Badestops bei entsprechend mehr Zeitbedarf.

Egal welche Route man dann durch Dänemark wählt: ab Hamburg am schnellsten die ca. 15o km durchgehende Autobahn bis zur dänischen Grenze bei Flensburg. Bei Rendsburg wird der Nord-Ostseekanal in hoher Autobahnbrücke überquert. Nach weiteren ca. 3o km:

Lohnender Stop: Autobahnausfahrt "Schleswig/Jagel"nehmen und ca. 3 km Landstraßen-zubringer Richtung Stadt Schleswig. Am Südufer der Schlei und noch vor der Stadt Schleswig liegt die Wikingerhochburg HAITHABU (Hinweisschild). Die Museumsanla-ge ist im Stil der einstigen Wikingerhäuser auf dem historischen Handelsplatz erbaut und so anschaulich gemacht, daß die 1.ooo-jährige Vergangenheit wieder lebendig wird.

Der Besuch lohnt sich als Vorgeschmack auf die großartigen Wikingerschiffe in Oslo, - oder auf dem Rückweg von Norwegen und als interessante Ergänzung, um den großen Umschlagplatz zwischen Nord-/Südhandel der Wikinger zu sehen. Offen: tägl. außer Mo. 9-17/18 Uhr.

SCHLESWIG selber ist typisch norddeutsch "aufgeräumt". Die Fußgängerzone wird nach 21 Uhr von Soldaten der Bundeswehrkaserne beherrscht, die sich (außer super Se-gelbedingungen im Sommer auf der Schlei) etwas langweilen. - Tip: Östlich des heuti-gen Stadtkerns und bei der alten Kirche super- Stadtensemble: um einen ca. 8o m Platz, der ein Friedhof ist, gruppieren sich alte einstöckige Häuser. Interessant auch das Lan-desmuseum im Schloß von Schleswig.

Wer sich für die Westküstenstraße/Dänemark entscheidet, kann bereits bei Schleswig über die geradlinige 2o1-Landstraße in 3o km rüber nach HUSUM fahren. Einer der wichtigsten nordfriesischen Krabbenfischer-häfen, hinter Deichen gelegen. Im Ortskern ein Schwung an Kneipen und Restaurants, am Fischerhafen leckere Krabbenbrötchen, - zudem auch breiteres Angebot an Übernachtung (auch Privatquartiere) als Schleswig.

Sowohl von HUSUM aber auch später von Schlüttsiel (ca. 1o km vor Dagebüll) im Sommer Ausflugsfahrten zu den vorgelagerten Halligen im Wattenmeer. Die Halbtages-ausflüge besuchen kleinere Museen, die das Leben auf den Halligen zeigen. Sehr loh-nend, sofern man Zeit hat, auch ab Husum der Tagesausflug zur Insel Helgoland.

Die Landstraße (5) von Husum geht landein via Niebüll zur dänischen Grenze, interessanter die westliche Parallelroute, ganz dicht entlang der Deiche mit Blick übers Watt nach DAGEBÜLL. Abstecher und Stops:

- ab Dagebüll ca. 3 mal/Tag Dampfer rüber zur Insel AMRUM. Gilt bei Insidern als als eine der schönsten nordfriesischen Inseln. Von Ost nach West: zunächst Weide-land, dann dichte Kiefernwälder, hohe Sanddünen und anschließend ein ca. 1 km Sandstreifen bis zum Meer. Auto auf dem Festland lassen, lohnt sich bei den wenigen Kilometern Inselstraßen kaum, viel schöner der Inselbus! Zeit für den Besuch sollte man mindestens 1-2 Tage haben, und Finger weg in der Hauptsaison (Juli/August): dann praktisch kaum Chancen für Unterkunft (außer man hat ein Zelt dabei!). - Lohnende Wattwanderung bei Ebbe rüber zur Nachbarinsel Föhr! Von dort retour mit dem Schiff nach Dagebüll.

- NIEBÜLL: größte "Stadt" vor der dänischen Grenze. Es gibt im Zentrum Kaufhäuser, um sich mit den letzten notwendigen Sachen für den Norwegentrip einzudecken - ist die letzte preiswerte Einkaufsquelle. - Großer DB-Bahnhof (auch für Kurzabstecher nach SYLT, wer die Insel noch nicht kennt und mal in den sommerlichen Schickeria-Rummel reinschnuppern möchte... Per Eisenbahn über den Damm und bei häufigen Abfahrten ein 1/2- bis 1-Tagesabstecher, Auto preisgünstiger in Niebüll abstellen).

- EMIL NOLDE MUSEUM: ca. 4 km vor der deutsch-dänischen Grenze bei Saed. Die rund 2oo Exponate in seinem Wohnhaus und Atelier (in dem er bis 1921 lebte), vermitteln einen guten Querschnitt seiner Werke. Zufahrt ab Süderlügum, ausgeschildert als "Emil Nolde Museum", offen März bis November 1o-18 Uhr.

via Westküste Jütlands

Ab Grenzübergang SAED (siehe oben) nach ca. 5 km: **TØNDER**. Das hübsche Städtchen mit ca. 6.5oo Einw. lohnt sich wegen gemütlichem Altstadtbereich. Viele gut erhaltenen Patrizierhäuser aus dem 17./18. Jh.

Besonders schöne Fassaden in der schmalen Fußgängerzone Østergade (z.b. das dekorative gelbe Eckhaus der Apotheke) und in der Søndergade mit kleinen Shops und Boutiquen zum Durchschlendern.

Seit Jahrhunderten ist Tønder für seine Spitzenklöppelei bekannt. Schöne Sammlung im Tønder Museum (auch Kacheln, Silber und kulturhistorische Sammlung). Der Weg zum Museum in der Stadt gut ausgeschildert. - Früher lag Tønder am Meer. Durch Eindeichung inzwischen 1o km im Landesinnern.

Von Tønder bis Ribe (dem nächsten lohnenden Stop): ca. 5o km auf gut ausgebauter Landstraße. Kurz vor RIBE zweigt links der "Ebbeweg" ab, per Traktorbus durchs Watt zur Insel Mandø, der kleinsten Insel im dänischen Wattenmeer. Ein ca. 5 km langer Damm, deshalb zum Rückweg rechtzeitig aufbrechen, sonst gibt's nasse Füße.

RIBE: die älteste Stadt Dänemarks (erste Kirche Anfang des 9. Jh.), der mittelalterliche Stadtkern relativ klein, aber einige architektonische Bonbons. Es gibt sogar einen Nachtwächter, - schöne Fachwerkhäuser. Interessant das Regionalmuseum zur Stadtgeschichte im Rathaus, sehenswerte Funde aus der Wikingerzeit. Der Tourismus beschränkt sich vorwiegend auf Sightseeing-Busse, die Ribe in der Regel nur als Zwischenstop bedienen; das Übernachtungsangebot im Ort ist limitiert.

Ab RIBE ca. 3o km Landstraße bis **ESBJERG** (wichtige Industriestadt, ca. 8o.ooo Einwohner und Hafen an der Westküste Jütlands, z.B. auch Fähre nach Newcastle/England). Esbjerg ist zugleich der wichtigste Fischereihafen Dänemarks. Sehenswert eventuell das "Fischerei- und Seefahrtsmuseum" und die Fisch-Auktionshalle (direkt am Hafen, Auktionen werktags 7 Uhr).

Schöner Abstecher mit der Autofähre ab Hafen rüber zur vorgelagerten Insel FANØ mit gemütlichen Inseldörfern.

Wer knapp mit Zeit ist, nimmt ab RIBE nach ca. 1o km rechts die Abzweigung (ausgeschildert "Varde" und anschließend "Herning" - "Viborg"): umgeht Esbjerg und ist zugleich der schnellste Landstraßen-Anschluß zu den Fährhäfen FREDERIKSHAVN und HIRTSHALS für den Trip rüber nach Südnorwegen.

Die Fahrt geht endlos durch landwirtschaftlich genutztes Hügelland, teils Waldbereiche. Schnell befahrbar und ausgebaut. Auch die Dänen selbst kümmern sich relativ wenig um die Geschwindigkeitsbegrenzung von 8o km/h auf dänischen Landstraßen, die Autos fahren oft 14o oder mehr, - möchte nicht wissen, was passiert, wenn doch mal ein Radarauto seitlich lauert...

Weder Herning (Airport und Messestadt, wird im Stadtbereich durch Schnellstraße umfahren) noch Viborg lohnen für Zwischenstop.

Wer mehr Zeit hat: ab RIBE sehr lohnend, via Esbjerg (siehe oben) und dänischer Westküste raufzufahren. TIP: ab Varde die Hauptstraße Nr. 11 verlassen und dicht an die Nordseeküste. Phantastisches Dünengebiet, feiner breiter Sandstrand, ideal zum Planschen, Strandlaufen etc.

Die Straße führt über einen 2 km breiten Damm zwischen Nymindegab und Søndervik, der den Ringkøbing Fjord zur Rechten hat. Hinter den haushohen Dünen die Nordseebrandung (beides gute Surfstellen).

In den Dünen jede Menge Ferienhäuser, teils sehr hübsch mit Reetdach und urgemütlich, einige Bauernhöfe, Campingplätze, touristisch gut erschlossen. Am Strand Reste des "Atlantikwalls" in Form grauer Betonbunker.

Zurück über die gut ausgebaute Landstraße Nr. 16 und bei Holstebro auf die Hauptstrecke Nr. 11.
Weiter im Inland, bei Skive die Freilichtanlage Hjerl Hede, alter Siedlungsplatz, in der man u.a. das Leben der Steinzeitmenschen nachvoll-

DÄNEMARK
In Vorbereitung, alle Details zu Unterkunft,
Freizeit, Campingplätze, Sehenswürdigkeiten
et c.
VELBINGER Band 5o

ziehen kann. Entlang der Jammerbucht/Nordwestküste nach Hirtshals. Sehr schönes Badeeck.

via Ostküste Jütlands

Flensburg-> Frederikshavn/Hirtshals 36o km: Autobahn bis Århus. Als lohnendster Abstecher die Insel Fünen (Details Seite 4o).

Großer <u>deutsch-dänischer Grenzübergang</u> an der A7 kurz nach Flensburg. Rastplatz, Bank und Tankstelle ca. 2 km weiter an schönem Minisee. Ab der Grenze merklich weniger besiedelt, Reethäuser, viel Landwirtschaft. 3o km nach der Grenze die recht hübsche Kleinstadt **ÅBENRÅ,** das ehemalige Apenrade am tiefeingeschnittenen Hafen. Die Altstadt mit bunten niedrigen Häusern z.T. aus dem 18. Jh., im Stadtmuseum interessante Sammlung von Flaschenschiffen. Das Stadtwappen mit drei Makrelen noch aus der Zeit, als Åbenrå ein idyllisches Fischerdorf war (5 km abseits der Autobahn).

Autobahn bis zum <u>Verkehrsknotenpunkt **VEJLE**</u>. Die Industriestadt bringt selber für Zwischenstop wenig, interessant aber die beiden Abstecher:

Ca. 3o km ab Vejle (Landstraße Ri. Grindsted) ins <u>LEGOLAND</u> bei Billund, nicht nur für Kinder begeisternd. Aus Legosteinen viele weltbekannte Baudenkmäler in einer Miniaturstadt aufgebaut. Wildwestdorf, Liliputbahn, Hafenanlage etc. Außenanlage geöffnet 1.5.-15.9. Saftiger Eintritt.

Lohnend auch <u>JELLING</u> (ca. 1o km nördlich von Vejle): zwischen zwei Königgräberhügeln von 935 beim Kirchlein riesige Runensteine.

Für die <u>Fährhäfen Frederikshavn und Hirtshals</u> kann man ab Vejle entweder <u>via Århus-> Randers</u> fahren (E 3) - Autobahn. Eine Ringstraße um Århus, der zweitgrößten Stadt Dänemarks. In Århus lohnend "Den Gamle By" (die alte Stadt), ein Ensemble von ca. 6o Häusern aus vergangenen Jahrhunderten in schönem Fachwerk. Können teils innen besichtigt werden: Werkstätten, Wohnbereiche und Textilsammlung. Sehenswert auch das archäologische Museum mit Moorleiche.

<u>Variante ab Vejle via Viborg</u>: Die Landstraße N 13 ist gut in Schuß, "bretteben" über lange Strecken geradlinig, weniger Lkw-Verkehr als auf der Alternative E 45 und an Kilometern in etwa gleichlang. Zudem spart man sich die Durchquerung von Århus.

Landschaftlich gleichförmig, Felder wechseln mit Baumgruppen und Bauernhöfen, ab und zu hübsche Reethäuschen und alte Windmühlen; über weite Strecken kultiviert.

Sehenswert der "<u>Tollund Mann</u>" in Silkeborg, einer der bedeutendsten Moorfunde (etwa 2.2oo Jahre alt). Der Mann wurde 2oo v. Chr. durch den Strang hingerichtet und anschließend ins Moor geworfen, dadurch fast "lebensecht" konserviert. Zu sehen im Kulturhistorischen Museum in Silkeborg.

Nebenan legt der nostalgische <u>Schaufelraddampfer</u> zur Rundfahrt über den Silkeborgsee ab. - <u>Zufahrt</u>: auf halber Strecke zwischen Vejle und Viborg, etwa 15 km auf der Straße Richtung Århus (Nr. 15), ausgeschildert.

Autobahnmäßige Stadtumgehung um die Industriestadt <u>ÅLBORG</u>, sehr empfehlenswerter Stop in <u>LINDHOLM HØJE</u>:

<u>Lindholm Høje</u>: der größte Wikingerfriedhof in Nordeuropa mit 7oo Gräbern auf einem Hügel bei Lindholm (nahe Flugplatz).

Die Brandgrabstätten wurden mit Steinen in großem Oval umrahmt, welche die Form eines Schiffes andeuten sollten. Diese Art der Beerdigung wählten nicht ganz so wohlhabende Wikinger, die sich eine Bestattung samt Schiff in natura à la Oseberg im Oslofjord nicht leisten konnten.

Nördlich des Friedhofs wurden Fundamente eines Dorfes freigelegt, das 6oo-9oo n. Chr. bestand.

Etwas verwirrend wirkt die Anlage dadurch, daß neben den Gräbern noch Häuserfundamente zu sehen sind, die etwa im 11. Jh. auf dem sandüberdeckten Grabfeld errichtet wurden. Zwischen 1952 und 1958 konnten 15 Höfe freigelegt werden, deren Grundrisse den Wikingerlagern in Trelleborg entsprechen. Aufschlußreiche Skizzen am Eingangstor. Moderne Ausstellung, Cafeteria.

<u>Zufahrt</u>: am Ortsende von Ålborg die Landstraße Nr. 11 nach Nørresundby nehmen, kurz darauf links ab Richtung Lindholm Flughafen, ab hier Lindholm Høje (3 km) ausgeschildert. Ganzjährig geöffnet.

HIRTSHALS
Moderne Kleinstadt mit niedrigen Backsteinhäusern, kompaktes Zentrum, großer Fischerhafen. Für Bahnreisende ist Hirtshals ein bequemer Fährhafen: Aus dem Zug nur noch in die Fähre umsteigen, zum Ort ebenfalls ein Katzensprung. Ticketbude und Geldwechsel am Terminal.

Mit dem Auto/Motorrad spätestens 45 Minuten vor Abfahrt im Hafen sein. Die Wartezeit entweder am schönen Dünensandstrand verbringen (Richtung Campingplatz, Fyrklithotel) oder in einer der Cafeterien im Ort.

Empfehlenswerte Aquariumshow im Nordseecenter am Stadtrand. Ein wirklich einmalig gut aufbereitetes Museum. Das größte freistehende Aquarium Europas im Blickfang. Die übrigen Biotop-Aquarien zeigen Fische der Nordsee. In den Doggerbank-Aquarien wird sehr anschaulich die Nahrungskette vom Hering bis zu den Raubfischen dargestellt. In der oberen Etage Biologen bei der Arbeit. Dort auch verschiedene Fanggeräte, Fischsuchmethoden etc. erklärt.

"**Hotel Fyrklit**", schön direkt am Strand gelegen, am Ortsrand beim Leuchtturm. Großer Hotelkomplex in 6 Häusern, sehr modern. Mit Hallen-Swimmingpool im Hauptgebäude mit Blick durch die Glaswand auf Dünen und Meer.

"**Stadthotel Skagerrak**", kleines, gemütliches Hotel am Anfang der Hauptstraße Norregade mit gut einem Dutzend Zimmer. Wesentlich persönlicher als der große Hotelkomplex Fyrklit.

Jugendherberge Vandrer-Hjem: super gelegen an der Deichstraße Kystveien, modern mit Blick zum Meer, ca. 1 km vom Hafen, die Deichstraße entlang Richtung Leuchtturm, Busverbindung.

 **Wildcampen** ist auf dem Deich verboten. Schönes Wiesencamp "Hirtshals Camping" beim Leuchtturm direkt am Meer.

FREDERIKSHAVN

Der größte Fährhafen Norddänemarks mit den meisten Strecken und häufigsten Verbindungen. Frederikshavn ist somit insbesondere auch für Leute interessant, die in letzter Minute und spontan mit dem Auto nach Norwegen wollen: Wenn alle Stricke reißen, irgendwo ist immer noch Platz, - und wenn's die sehr häufige und waagrechte Verbindung rüber nach Göteborg/Schweden ist...

Großer und sehr gut ausgeschilderter Fähr-Terminal. Von der Landstraße nach Frederikshavn kommend, kann man praktisch nicht fehlgehen. Ticketverkaufstellen direkt am Terminal sind zu den Abfahrtszeiten in der Regel 2 Std. vorher geöffnet. Alle Büros der einzelnen Fährlinien liegen dicht beisammen.

Schiffsverbindungen: mit der STENA LINE nach Göteborg/Schweden sowie Oslo/Moss Norwegen, - mit der LARVIK LINE nach Larvik/Norwegen. Alle Verbindungen im Sommer täglich, rüber nach Göteborg sogar alle 2 bis 3 Stunden!

Zug: Fast alle Fernzüge nach Frederikshavn fahren über den Hauptbahnhof weiter bis zum Fährterminal (Station "Havn").

Die Stadt selbst bringt jedoch relativ wenig. Ca. 4o.ooo Einw. leben vorwiegend von den Hafenaktivitäten, aber auch von der Industrie (Werften und Motorenbau). Fußgängerzone mit Banken und allen nützlichen Shops.

Der weiße Pulverturm am Fischerhafen war Teil einer Festungsanlage, jetzt Museum mit Waffen, Uniformen etc. - Eine weitere Möglichkeit, die Wartezeit auf die Fähre zu überbrücken, das Bangsbo-Museum im alten Rittergut (2 km außerhalb). Wikingerhandelsschiff (12. Jh.), Wagensammlung und außergewöhnliche Handarbeit aus Haaren.

Bademöglichkeiten knapp 2 km außerhalb am langen Sandstrand beim Campingplatz.

"**Hotel Mariehønen**", ca. 6oo m von der Fährstation entfernt, Danmarksgade 4o. Es gibt 71 Betten, DZ ab 15o DM.

Mit ca. 14o DM das DZ etwas billiger in "**Hoffmanns Hotel**" in der Tordenskjoldsgade 3. 127 Betten.

Am nächsten zur Fährabfahrt und zugleich am teuersten "**Hotel Jutlandia**", modernes Hotelhochhaus am Havnepladsen. DZ ab 2oo DM. 192 Betten.

Ebenfalls nur gut 25o m vom Hafen entfernt liegt das "**Park Hotel**", Jernbangade.

Ordentliches Mittelklassehotel, etwas im altertümlichen Stil, die Zimmer schon leicht abgewohnt. DZ um die 15o DM. Kleines gepflegtes Restaurant in warmen Holztönen.

"Sjømandshjemmet" in der Tordenskjoldsgade 15 B, mit 61 Betten, DZ ab 12o DM.

Touristhotellet, Margarethevej 5, vom Hotel hat man die Fähren im Blick. 44 Betten, ab ca. 14o DM.

Jugendherberge: Fladstrand, Buhlsvej, 15o Betten, ca. 2o DM p.P.

*** Nordstrand Camping ca. 1,5 km am nördlichen Ortsrand, Aøholmvej 4o. Flaches Gelände mit Buschreihen abgeteilt, Stellplätze fast bis an den Dünenstrand. Weitere Übernachtungsmöglichkeiten in Campinghütten oder Campingwagen. Geöffnet 1.4.-1.1o.

✦ Insel Fünen

Eine der schönsten unter den großen Inseln Dänemarks. Zahlreiche prunkvolle Schlösser und stattliche Herrensitze, viele malerische Reethäuser mit tief heruntergezogenem Walmdach und liebevoll gepflegten Gärten, fast puppenstubenhaft.

Die hübschesten Häuser in Südfünen ebenso wie die Städte Assens und Fåborg mit altem, lebhaftem Stadtkern und gut erhaltenen Häusern. Insgesamt viel Landwirtschaft, jeder Fleck kultiviert, vereinzelt noch einige alte Windmühlen.

Die INSEL FÜNEN läßt sich sowohl auf dem Anreisetrip via Dänemark/ Jütland einbauen, - aber auch mit der Vogelfluglinie kombinieren. Man sollte jedoch für Fünen mindestens einen Tag zusätzlich, besser aber zwei Tage einplanen:

1.) FÜNEN als Abstecher auf dem Trip durch Jütland:
entweder nach der deutsch-dänischen Grenze bei Flensburg über die dänische Landstraße Nr. 8 via Sønderborg zum Fährhafen Fynshavn. Hier Pkw-Fähre in 3/4 Std. rüber nach Bøjden/Insel Fünen.

Echten Vorteil bringt die Kiel-> Langeland-Fähre. Auch mit Pkw/ Wohnmobil preiswerte und schöne Überfahrt bei weniger km auf deutschen Autobahnen.

Stops und Abstecher: das Renaissanceschloß EGESKOV im Süden an der R 8. Ein Wasserschloß (16. Jh.), auf dicken Eichenstämmen im See errichtet, mit Zugbrücke, Rundtürmchen und allem, was dazugehört. 2oo Jahre alte Hecken im gepflegten Schloßpark/Garten.

Zum Schloß gehört eine Oldtimersammlung mit Autos, Motorrädern und Flugzeugen.

In ODENSE, der größten Stadt Fünens, verbrachte der bekannte Märchenerzähler H. Chr. Andersen seine Kindheit. Das Elternhaus und Sammlung seiner Bücher, Zeichnungen, Gegenstände des Dichters können besichtigt werden.

Nördlich Odense das <u>Wikingergrabschiff LADBY</u> an seiner alten Fundstelle, unterirdisch hinter Glas. Es handelt sich vermutlich um einen Häuptling, der hier in seinem 2o-m-Kriegsschiff begraben wurde.

Das Skelett der "Hauptperson", Waffen und die üblichen persönlichen Wert - gegenstände vermutlich von Grabschändern beiseite geräumt.

Das Schiff nur noch im Abdruck vorhanden, Nägel, Plankenabdrücke, Stevenrekonstruktion. Ein äußerst interessanter Fund, wenn auch nicht mit dem Oseberg- und Gokstadschiff in Oslo vergleichbar.

<u>ODENSE ist per Autobahn</u> (und Brücke bei Fredericia) mit Jütland verbunden: ca. 7o km ab Odense bis Vejle/Kolding.

<u>Alternative zur oben geschilderten Fähre (Fynshavn-> Bøjden</u>): von der deutsch-dänischen Grenze gleich per Autobahn rauffahren bis Kolding und per Brücke nach Fünen. Ca. 2o km nach der Brücke beim Nest Arup von der Autobahn und via kleiner Landstraße durch Südwestfünen.

Im großen Südschlenker dann rauf via Odense und Autobahn retour nach Vejle/Jütland. Spart als Fünen-Rundtrip die Fährkosten und Warterei auf die Abfahrt der Fähre.

2.) <u>Insel Fünen in Kombination mit Vogelfluglinie</u>:
Anreise via Hamburg-> Flensburg (Autobahn) und per dänischer Landstraße Nr. 8 zur Fynshavn-> Bøjden-Fähre nach Fünen.

Eine gigantische Brückenkonstruktion überspannt seit den 9oer Jahren den Großen Belt. Die Hängebrücke ist die größte der Welt. Die Eisenbahn wird teilweise im Tunnel unterm Meer geführt. Gebühr.

Hat <u>preislich jedoch den entscheidenden Nachteil</u>, daß es hier keinen verbilligten Durchgangstarif wie auf der Vogelfluglinie gibt. Man muß also alle Fähren separat zahlen, was für die Norwegen-Anreise unverhältnismäßig teuer wird.

Lohnende Stops auf Seeland: Nur 1o km vom Fährhafen Halsskov das <u>Wikingerlager TRELLEBORG</u>. Ursprünglich ein Heerlager in kreuzförmiger Anordnung. Kasernenartige Gemeinschaftshäuser (Rekonstruktion), die gewölbte Dachkonstruktion ähnlich einem umgedrehten Schiff. <u>Zufahrt</u>: von der Hauptstraße E 66 links, Trelleborg ausgeschildert, schmales Sträßchen endet auf dem Parkplatz.

<u>Wikingerschiffsmuseum in ROSKILDE</u>, nahe dem sehenswerten Dom, direkt am Fjord gelegen. Ein lohnendes, gar nicht strapaziöses Museum. Fünf Wikingerboote unterschiedlichen Typs ausgestellt. Sie waren im Jahr 1ooo bis 1o5o als Passagesperre versenkt worden, durch den Meerschlamm gut konserviert, - Filmvorführung von der Bergung (vor etwa 25 Jahren).

Die verschiedenen Bootsformen zeigen deutlich ihren unterschiedlichen Einsatz: das <u>Ozeanschiff</u> für Fahrten bis Grönland. <u>Handelsschiff</u> mit großem Stauraum, ohne Kajüte auch für Tiere und Menschen gedacht, zur Fahrt auf Nord- und Ostsee sowie Flüssen.

Das <u>Langschiff</u> (28 m) wurde ursprünglich für 2 Boote gehalten.

Ganz anders das Kriegsschiff - schmal, wendg mit Segel oder 24 Ruder. Eine Rekonstruktion schwimmt vor dem Museum im Fjord. Schautafeln und Video erläutern den mühevollen Schiffsbau nach Wikingerart.

Das Osebergschiff im Osloer Museum mit geschnitztem Steven macht im Vergleich deutlich, wie weit entwickelt die Kunstfertigkeit der wikingischen Schiffsbauer war. Ganzjährig geöffnet tägl.

Schloßanlage FREDERIKSBORG: die prachtvolle Schloßanlage bei Hillerød unmittelbar an der R 6 wurde auf 3 Inseln errichtet und stammt aus der Zeit Christian IV. (1602-1620). Renaissance-Stil aus rotem Ziegel. Beherbergt heute das Nationalhistorische Museum: dänische Stilmöbel, Gemälde, Kunstgegenstände. Täglich geöffnet.

TIP: Wer beide dänischen Inseln (Fünen und Seeland) auf dem Norwegentrip mit einbauen will, dürfte mit dem "Skandinavien-Ticket" (siehe Seite 23) der LARVIK LINE billiger fahren:

Auf dem Hinweg die Insel Fünen als Rundtrip via Autobahnbrücke bei Kolding/Jütl. einbauen und auf dem Rückweg (der im Rahmen des Tickets sowieso via Insel Seeland führt) die obenbeschriebenen Abstecher.

AUTOREISEZÜGE:

Bequem und sparen zugleich für Süddeutsche, Österreicher und Schweizer runde 8oo Anreisekilometer und 1 Anreisetag. Dies, da die Strecke nachts im Schlaf- bzw. Liegewagen zurückgelegt wird.

Daß diese Bequemlichkeit und Zeiteinsparung ihren Preis hat, liegt auf der Hand. Als Anreisevariante daher vorwiegend für Leute interessant, die über entsprechendes Geld, aber wenig Urlaubszeit verfügen.

Preis/Zeitvergleich:von München (bzw. Basel/Zürich) bis Oslo sind's via Vogelfluglinie runde 1.7oo km. Prinzipiell läßt sich die Strecke mit "fliegendem Fahrerwechsel" und nonstop via Autobahn/Landstraße in ca. 24 Std. zurücklegen. Fahrer und Beifahrer kippen dann aber auch bei der Ankunft entsprechend aus dem Auto.

Realistischer ist eine Zeitkalkulation von ca. 2 bis 2 1/2 Tagen pro Richtung: bei

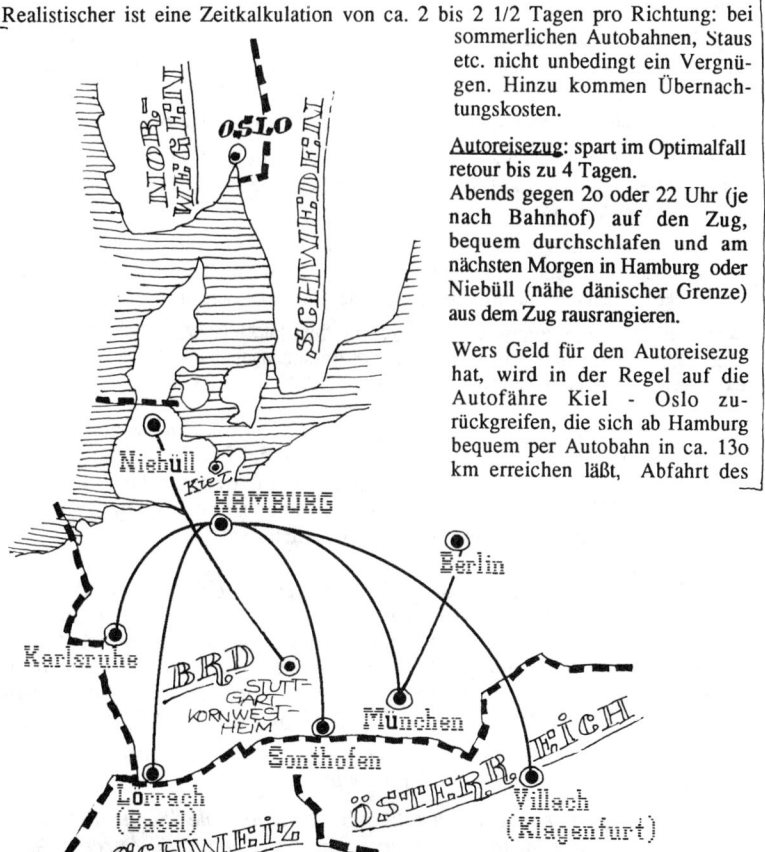

sommerlichen Autobahnen, Staus etc. nicht unbedingt ein Vergnügen. Hinzu kommen Übernachtungskosten.

Autoreisezug: spart im Optimalfall retour bis zu 4 Tagen.
Abends gegen 2o oder 22 Uhr (je nach Bahnhof) auf den Zug, bequem durchschlafen und am nächsten Morgen in Hamburg oder Niebüll (nähe dänischer Grenze) aus dem Zug rausrangieren.

Wers Geld für den Autoreisezug hat, wird in der Regel auf die Autofähre Kiel - Oslo zurückgreifen, die sich ab Hamburg bequem per Autobahn in ca. 13o km erreichen läßt, Abfahrt des

Schiffes mittags und am nächsten Morgen Ankunft in Oslo.

Oder: billiger ab Hamburg über die weitgehend fertiggestellte Autobahn bis zu den norddänischen Fährhäfen wie Frederikshavn, oder Hirtshals nach Norwegen. Zeitlich ähnlich schnell, aber als Fährverbindung billiger.

Unterm Strich reduziert sich die Norwegenanreise per Autoreisezug auf wenige hundert Km. Man spart sich in der ersten Nacht nicht nur das Hotel (Auto im Zug, Passagiere im Bett), sondern auch den Sprit für 8oo km pro Richtung.

AUTOREISEZÜGE gibt's bis HAMBURG sowie auf der Strecke Neu Isenburg/Kornwestheim bis NIEBÜLL (nähe der deutsch-dänischen Grenze), siehe Karte! Prospekt "Autoreisezüge" von der DB besorgen. Enthält nicht nur die Häufigkeiten, sondern auch Preise und Termine, wann die Züge billiger sind.

PREISE: retour München -> Hamburg je nach Abfahrtstag ca. 67o-8oo DM für PKW und Fahrer einfach, inkl. Bett. Jeder weitere Erwachsene ca. 1oo DM, jeweils Liegewagen.

Dafür spart man sich 2 mal 8oo km Autobahn plus Sprit und 2 mal Hotelübernachtung.

TIPS: wer mit Anschluß Norwegenfähre knapp mit Zeit ist, bucht den Autoreisezug nur bis Hannover. Spart ca. 1oo DM, Zug kommt bereits gegen 7 Uhr früh an, dafür aber ca. 1oo Autobahn- Km zusätzlich.

Weitere Strecken: für Schweizer interessant die Verbindung Lörrach/Basel -> Hamburg eventuell auch Sonthofen-> Hamburg. Für Österreicher, die im Bereich Kärnten wohnen, die Strecke Villach -> Hamburg, spart zudem die Alpenüberquerung.

Derzeit gibt's keine Autoreisezüge ab Norddeutschland nach Norwegen. Es dürfte sie in naher Zukunft auch nicht geben bei den kurzen Entfernungen durch Dänemark, bzw. der Existenz von Fährverbindungen wie Kiel->Oslo.

Alternative zum Autoreisezug: Flug nach Oslo plus Mietwagen in Norwegen. Reduziert als "Kombi" die Anreise auf ca. 2 Std., schlägt aber mit runden 1.ooo DM Mehrkosten bei einem zweiwöchigen Urlaub in den Geldbeutel. Wer über's Geld verfügt ist daher sicher mit der Variante "eigenes Auto plus Autoreisezug" besser bedient.

Soweit zur Norwegen - Anreise mit dem eigenen PKW. Wer dagegen aufs eigene Fahrzeug vor Ort in Norwegen verzichten will, - sei es, weil er Spezielles plant (z.B. Wandern, Skifahren etc., wofür eigenes Auto vor Ort nicht unbedingt nötig ist, teilweise sogar hinderlich, wenn man Rundtrips plant), - oder schlichtweg, weil man Norwegen per öffentlichem Transport entdecken will, - hat für die ANREISE folgende Möglichkeiten:

Per FLUG: die bequemste und schnellste Anreise, aber teurer Vor-Ort-Transport in Norwegen per Bus/Zug. Details Seite 47.

Per ZUG/BUS: Wer's clever anstellt, z.B. das pauschale "Scanrail Ticket" nimmt, bereist Süd-/Mittelnorwegen so am billigsten, inkl. Anreise. Alle Details siehe folgendes Kapitel.

 # ANREISE BAHN

Wer auf ein normales Eisenbahnticket zurückgreift: knackig teuer! So kostet beispielsweise Hamburg-> Oslo ca. 5oo DM retour bzw. ab München bis Oslo retour ca. 85o DM.
Erheblich billiger geht's mit folgenden Kombis (neueste Preise und Vergünstigungen besorgen, die Bahn ändert gerne):

1.) Scanrail

Dieses Ticket gilt in ganz Skandinavien ohne Altersbegrenzung. Die Anreise durch Dänemark bzw. Schweden (Vogelfluglinie) ist damit schon inbegriffen. Lohnt sich auf jeden Fall, wenn man auch durch Norwegen mit dem Zug reisen möchte. Das Scanrail-Ticket kauft man für eine festgelegte Reisedauer, wobei innerhalb dieser Zeit mehrere Tage die Bahn gratis benutzt werden kann.

Das Scanrail-Ticket ist in drei verschiedenen Varianten und Preisen erhältlich: 5 Reisetage innerhalb 15 Urlaubstage ca. 23o DM 2. Klasse, 1o Reisetage innerhalb eines Monats ca. 385 DM 2. Klasse, 1 Monat ohne Einschränkung ca. 58o DM 2. Klasse.

Ermäßigungen: Kinder von 4 bis 11 Jahren erhalten 5o %, Senioren 13 % Ermäßigung.

> DB-Ticket Hamburg-> Fehmarn ca. 4o DM einfach. Wer weiter südlich wohnt, nimmt sich von der DB eines der gerade aktuellen Sonderangebote: z.B. mit dem Superspar-Tarif hin und zurück innerhalb Deutschlands für 19o DM. Ticket gilt 1 Monat, wobei man nicht am Freitag/Samstag fahren darf.

Mit diesem Superspartarif der DB oder BahnCard fährt man z.B. München -> Fehmarn und dann ab Dänemark mit dem "Scanrail"-Ticket. Abprüfen, ob das Ticket bereits für die Fähre gilt.

Einzeln gekauft würden allein die Strecke Oslo-> Bergen retour ca. 22o DM, Oslo-> Trondheim retour noch einmal 24o DM kosten.

KLARTEXT: Langstrecken innerhalb Norwegens per "Scanrail-Ticket", inkl. der An- und Rückreise via Dänemark/Schweden. Vor Ort dann per Bus, Schiff etc. Details siehe unser Kapitel "Transport in Norwegen".

2.) Jugendliche unter 26 Jahren

Das "INTERRAIL-TICKET": berechtigt Jugendliche unter 26 Jahren zur Benutzung aller europäischen, somit auch der skandinavischen Eisenbahn-Strecken. Preis ab 5oo DM.

Gegenüber dem "Scanrail-Ticket" ist es erheblich teurer. Weitere Bedingungen des "Interrail": wer in Deutschland wohnt, zahlt für die innerdeutsche Verbindung bis Grenze 5o % des normalen Eisenbahntarifes (analog Schweizer bezogen auf die Schweiz, Österreicher auf Österrreich etc.).

Insofern ist es ein Rechenexempel, was hier günstiger kommt. Für Schweizer und Österreicher vermutlich das "Interrail-Ticket", für Deutsche u.U. die Kombination "Superspar-Ticket" bzw. BahnCard plus Scanrail-Ticket. Muß aber nicht sein; wer clever ist, wendet folgenden Trick an:

TIPS: Wer beispielsweise in Freiburg wohnt, spart sich den teuren 5o % vom Normalticket-Preis, indem er rüber nach Frankreich fährt und sich durch Frankreich und Benelux Richtung Nord durchschlägt.

Analog Münchner via Österreich - Schweiz - Frankreich - Benelux etc. Ein "Spielchen", was aber seine Limits bezüglich Heimatort hat und zudem zusätzliche Anreisezeit kostet.

"TWEN TOURS" bietet für Jugendliche unter 26 Jahren Zug plus Schiffsverbindung ab Deutschland nach Oslo. Die Tickets liegen jedoch unterm Strich preislich teurer, berücksichtigt man, daß man mit "Scanrail" oder "Interrail" zusätzlich noch innernorwegische Eisenbahnstrecken benutzen kann.

Die Sache bleibt trotzdem ein Rechenexempel: Wer beispielsweise ein bestimmtes Zielgebiet in Norwegen erreichen will und keine größeren Rundtrips in Norwegen plant, reist u.U. mit "Twentours" billiger.

3.) Kombi-Tickets für Jedermann

Zug plus Fähre (im Angebot einiger Fährlinien). Sind nicht immer günstiger als Zug und Fährpassage separat gekauft, da die Preise je nach Saison und Gesellschaft stark variieren. Details siehe Prospekte der Fährlinie. Einen derartigen Tarif gibt es z.B. bei der Deutschen Bundesbahn im Verbund via Vogelfluglinie.

Infomaterial: Sehr nützlich ist das Infoheft "Skandinavien/Tips und Informationen", das alljährlich von der Deutschen Bundesbahn herausgegeben wird und gratis bei allen großen DB-Bahnhöfen bzw. Reisebüros erhältlich ist. Enthält auch Zugabfahrtszeiten!

Infos zu Interrail ebenfalls bei der DB bzw. bei der Österreichen und Schweizer Eisenbahn. Infos zu Twen Tours Tickets in Studenten-Reisebüros, abr oder DER.

Das "SCANRAIL-TICKET" gibt's in Deutschland bei größeren Reisebüros, z.B. bei DER in Frankfurt, abr in München, kann aber auch von cleveren kleineren Reisebüros organisiert werden.

Fahrzeiten

Durch die neuen Hochgeschwindigkeitsstrecken innerhalb Deutschlands erreicht man Norwegen nunmehr schneller. Trotzdem benötigt die Anreise Zeit: München-> Oslo ca. 22 Std. Sie ist bei den häufigen Zugverbindungen jedoch sehr bequem und flexibel: In Deutschland die Züge im IC-Takt, Umsteigen teils in Hamburg in Direktzüge zu den norddänischen Fährhäfen, teils aber auch Direktzüge ab Deutschland via Vogelfluglinie nach Oslo.

Am besten noch die paar Mark für den Liegewagenzuschlag drauflegen, bzw. ca. 7o DM fürs Bett im 3er Schlafwagenabteil.

Direktverbindung ab Deutschland bis Oslo gibt's via Vogelfluglinie, dabei werden die Waggons gleich mit auf die Fähren verfrachtet, kein Gepäck umladen, vom Zugabteil sofort an Deck. Siehe auch entsprechende Fährorte im Autokapitel.

Mit Ziel Südnorwegen empfehlen sich die Fährhäfen Frederikshavn und Hirtshals am Nordzipfel Dänemarks. Der Zug hält direkt im Fährhafen. In Norwegen ein dichtes Transportnetz in bequemen Zügen, Bussen (1 a) bzw. Fähren, die in der Regel miteinander korrespondieren, in etwa deutsches Preisniveau (siehe Kapitel "Transport in Norwegen").

VERBINDUNG München-> Oslo: 1 x tägl., mit Kurswagen aus Innsbruck bzw. Wien. Die Strecke geht via Vogelfluglinie: München-> Augsburg-> Würzburg (+ Kurswagen aus Regensburg/Nürnberg)-> Göttingen-> Hannover-> Hamburg-> Puttgarden-> Oslo. Drei weitere Anschlußzüge mit Umsteigen in Kopenhagen. Aus Berlin im Ostsee- oder Neptunexpress 3 x täglich über Warnemünde Gedser nach Kopenhagen.

DIREKTVERBINDUNG aus der Schweiz: 1 mal tägl., aus Genf kommend über Lausanne, Bern-> Basel-> Freiburg-> Karlsruhe-> Frankfurt/M.-> Göttingen-> Hannover-> Hamburg-> Puttgarden-> Oslo. Zusätzlich 3 Umsteigeverbindungen über Kopenhagen.

ANSCHLUSSZÜGE für die Fähre Kiel-> Oslo: 1 mal tägl. und zwar ab Frankfurt direkt nach Kiel. Bzw. ab Zürich über Frankfurt umsteigen in Hamburg/Altona nach Kiel. Ab München Nachtzug bis Hamburg und Umsteigen in die Zugverbindung nach Kiel bzw. Bustransfer Hamburg-> Kiel (Infos über die "Color Line").

ANREISE FLUGZEUG
Schnellste Anreisemöglichkeit, spart locker zwei Anreisetage. Zudem zuverlässiges öffentliches Verkehrsnetz in Norwegen: Per Bus, Bahn, Schiff ist fast jedes Eck erreichbar.

Durch die Kooperation von Lufthansa und SAS besteht ein breites Angebot nach Skandinavien. Das reguläre Linienflugticket München - Oslo kostet rund 2.5oo DM. Reiseveranstalter wie Neckermann, Troll-Tours etc. bieten günstige Flüge an. Wesentlich preiswerter als der Normaltarif wird es mit "Scandinavia Summer Special" (siehe Seite 18) und mit nachfolgenden Vergünstigungen:

Flieg&Spar der Lufthansa nach Oslo ab Hamburg ca.95o DM, ab Düsseldorf ca. 1.2oo DM, ab Frankfurt ca. 1.3oo DM, ab München ca. 1.45o DM, jeweils retour. Den Tarif gibt es ab 13 deutschen Airports sowie auch ab der Schweiz und Österreich mit Swiss Air, AUA, SAS etc.

Bedingungen: Das Ticket kann man auch noch bei Reiseantritt kaufen, dabei ist der Termin für den Hin- und Rückflug fest zu buchen. Änderungen der Flugtermine sind auch nach Reiseantritt möglich bei Zahlung von 15o DM. Flugunterbrechung für Zwischenstop z.B. in Kopenhagen ist nicht gestattet, das Ticket gilt maximal 6 Monate.

Super-Flieg&Spar: gibt's derzeit nur ab wenigen deutschen Airports, so Frankfurt (ca. 9oo DM), Düsseldorf (ca. 84o DM) und Hamburg (ca. 67o DM), Preise jeweils in circa, retour bis Oslo.

Bedingungen: Ticket muß spätestens 7 Tage vor Reiseantritt gekauft und die Termine für Hin- und Rückflug festgelegt werden. Umbuchung geht nur vor Reiseantritt und kostet 15o DM. Im Gegensatz zum "Flieg&Spar" ist der Tarif nur auf Direktflügen anwendbar. Außerdem gibt's pro Maschine nur wenige Sitzplätze für den "Super-Flieg&Spar"-Tarif, so daß man nicht zu spät buchen sollte.

IT-Tarife sind auf Linienflügen anwendbar. Bedingung u.a.: Flug muß mit touristischer Leistung verbunden sein. Das kann z.B. Flug & Ferienhaus bedeuten, oder Flug & Mietwagen etc. Clevere Reisebüros wissen die Tarifbestimmungen optimal zu nutzen, wobei sehr günstige Flugpreise herauskommen. Darüber hinaus lohnt es sich, die Angebote der Norwegen-Reiseveranstalter zu studieren. Veranstalterliste vom Norwegischen Fremdenverkehrsamt.

Euro-Twen-Ticket: für Jugendliche bis 25 Jahren gewährt 25 % Ermäßigung. Gilt 6 Monate, Umbuchen von Terminen möglich. Insbesondere sind auch sogenannte "Gabelflüge" möglich, also beispielsweise hinwärts Frankfurt-> Oslo und retour Stockholm-> Frankfurt.

VORTEIL des Fluges ist die schnelle Erreichbarkeit Norwegens, die sich insbesondere wegen Entfernung ab Süddeutschland, Schweiz und Österreich auszahlt, aber ihren Preis kostet. Dies auch in Bezug der "Folgekosten" in Norwegen:
Vor Ort Mietwagen (nicht billig bei den gewaltigen Entfernungen in Norwegen) oder man greift auf die guten innernorwegischen Verkehrsverbindungen zurück.

Sinnvoll ist die Anreise per Flug, wenn man sich bei seinem Norwegenaufenthalt auf ein bestimmtes und begrenztes Gebiet konzentriert, z.B.:

- Wandern im Jotunheimen (wo das eigene Auto bei Rundwanderungen eher hinderlich ist: gute Busverbindungen und beispielsweise auf dem Schiff über den Gjende-See kein Autotransport)

- bei einer Norwegenreise, die sich z.B. auf die Region Bergen, Hardanger und Sognefjord beschränkt: eine der schönsten Fjordregionen Norwegens, die in einer Woche (wer nicht mehr Zeit hat) zumindest Kompakterlebnis bringt und wegen guter Bus- und Schiffsverbindungen nicht unbedingt eigenes Auto erfordert. Details siehe "Routenplanung in Norwegen".

- Winterurlaub in Norwegen: spart nicht nur die Autoanreise über winterlich verschneite Autobahnen bzw. die lange Zugfahrt. In Norwegen gibt's gut organisierte Sonderbusverbindungen ab Oslo in die Wintersportgebiete. (Eigenes Auto daher nicht nötig. Details siehe Kapitel "Wintersport".)

Extraspecial

1.) <u>Empfehlenswerte Flug-Schiffskombination</u>: ein schönes Erlebnis und spart auf der langen Strecke München-> Oslo-> München ca. 1oo bis 3oo DM im Vergleich zum Direktflug.

Die zeitraubende Strecke durch Deutschland bis Hamburg schnell im Flugzeug (kostet im "Super-Flieg&Spar" ca. 4oo DM retour. Ähnliche Tarife ab anderen deutschen Städten). Kurzer Bus- bzw. Zugtransfer ab Hamburg zum Fährhafen Kiel und eine Minikreuzfahrt entlang der dänischen Inselwelt mit der "Color Linie" bis Oslo. Als Strecke großartig, vor allem wegen der morgendlichen Einfahrt in den Oslofjord.

<u>Gesamtkosten ab/bis München</u> je nach Kabinenklasse auf der Kiel->Oslo-Fähre inkl. Kabine ab ca. 6oo DM. Zeitlich pro Richtung realisierbar in einem Tag: Morgenmaschine nach Hamburg, Zug nach Kiel um die Mittagsfähre zu erreichen, Ankunft Oslo am nächsten Morgen.

2.) Lufthansa-Flug bis Hamburg (siehe oben) und für ca. 45 DM einfach mit dem Zug durch Dänemark/Frederikshavn und mit dem Schiff nach Südnorwegen (ca. 4o-5o DM einfach).

<u>Gesamtkosten ab/bis München</u> ca. 5oo DM und pro Richtung in einem Tag realisierbar: Morgenmaschine nach Hamburg, ab hier fast stündlich Zugverbindung nach Frederikshavn, Fahrzeit ca. 8 Std., rechtzeitig für die Nachtfähre z.B. mit der Larvik Line nach Larvik/Südnorwegen, aber auch anderer Nachtfähren z.B. nach Oslo.

3.) <u>Alternative</u>: Lufthansa-Flug bis Hamburg (siehe oben). Ab Hamburg die Kurzstrecke bis Insel Fehmarn (ca. 35 DM einfach), dort ins "Scanrail-Ticket" und via Vogelfluglinie Kopenhagen-> Göteborg nach Oslo.

<u>Kostenpunkt ab/bis München</u> billiger als Variante 2., da die Vogelflug-Fähren inkl. im "Scanrail-Ticket" sind und die Entfernung ab Hamburg bis zur deutsch-dänischen Grenze (Gültigkeitsbeginn des "Scanrail-Tickets") kürzer ist.
Zeitplanung: Morgenflugzeug nach Hamburg, mittags mit dem Zug bis Göteborg, Ankunft gegen 23 Uhr und nachts nach Oslo, Ankunft gegen 7 Uhr früh.

Während die <u>Variante 1.)</u> die Freuden einer längeren Seefahrt bringt, - hat man bei den <u>Varianten 2.)</u> und <u>3.)</u> den Preisvorteil sowie die Möglichkeit, noch Zwischenstops, beispielsweise in Kopenhagen, Göteborg etc. einzulegen. Beim Direktflug München-> Oslo per Flieg&Spar ist dies gemäß der Ticketbestimmungen nicht möglich.

Scheiß Verkehr! immer noch nix!

Anreise Trampen

Wer sehr aufs Geld achten muß: Alternative. Allerdings eine reichlich harte Angelegenheit. Während in Deutschland das Trampen noch einigermaßen problemlos geht, ist die Anreise durch Dänemark und Schweden sehr zeitaufwendig.

Langstreckenverkehr (z.B. Göteborg-> Oslo) ist bei Pkws selten; eher kleinräumiger Verkehr, der viele neue Lifts und Warterei benötigt. Auf der Vogelfluglinie E 6 überwiegend Urlauber, die ungern Tramper mitnehmen, da die Autos bis unters Dach vollbepackt sind.

Erfahrungsgemäß ist es äußerst schwierig, von Helsingborg (auf schwedischer Seite) wieder wegzukommen, deshalb unbedingt auf dänischer Seite solange die Autofahrer ansprechen, bis sich jemand bereit erklärt, einen durch Schweden mitzunehmen.

Bei den schlechten Trampchancen in Schweden und dem Umstand, evtl. einen Zug nehmen zu müssen, kann es günstiger sein, die lange Passage auf der Kiel->Oslo-Fähre zu wählen (ca. 13o DM/Person): spart mindestens einen Tag. Oder durch Dänemark an die Nordspitze nach Frederikshavn, gut frequentierte Straße, weite Strecken Autobahn.

Ab Frederikshavn günstige Personenpassage im Dreh von 4o DM, z.B. nach Larvik und Kristiansand/Norw. Die unterschiedlichen Saisonzeiten beachten, kann einiges sparen.

Mitfahrzentralen

Alternative, um nicht kostbare Urlaubszeit an der Autobahn zu verbringen. Zur Hochsaison relativ gute Chancen für Mitfahrt nach Norwegen, da Autobesitzer wegen der langen Anreise interessiert sind, einen Partner zum Unterhalten im Auto zu haben, sowie Spritkosten zu sparen.

Mitfahrerzentralen gibt es zwischenzeitlich in allen Großstädten und Städten mit Uni. Preise nach Oslo ab Raum München/Nürnberg ca. 14o DM einfach, ab Hamburg ca. 7o DM. Fährpassage geht extra.

Tip sind auch Anschläge in der Uni sowie Kleinanzeigen in den Stadtzeitungen, wo Mitfahrgelegenheiten angeboten werden.

Transport in
NORWEGEN

Mit dem Auto

Gemäß der Statistik des Norwegischen Fremdenverkehrsamtes kommen rund 85 % der ausländischen Besucher mit dem eigenen Auto.

Dies nicht ohne Grund: Bei den gewaltigen Dimensionen (und auch wenn man "nur" Süd- und Mittelnorwegen bereist) ist das eigene Fahrzeug das flexibelste Transportmittel. Man ist unabhängig von Warterei auf Anschlüsse und kann in einem zeitlich knapp bemessenen Urlaub ein "Mehr" an Norwegen einbauen.

★ **Straßen**: In den letzten 1o Jahren hat sich viel getan! Alle wichtigen Straßen Süd- und Mittelnorwegens sind asphaltiert, oft Nebenstrecken bis zu einsamen Gehöften. Es wird viel getan.

Bei der norwegischen Geographie und einer Bevölkerung von nur 4,3 Mio. Menschen auf einer Fläche von ca. 1,5 mal der BRD ist das gute Straßennetz eine bewundernswerte Leistung. Permanent wird an der Verbesserung und dem Ausbau gearbeitet.

Große Summen wurden insbesondere auch in den Tunnelbau investiert, der langwierige Serpentinenstrecken abkürzt, entlegene Regionen erschließt, aber auch zu erhöhter Wintertauglichkeit der norwegischen Verbindungen verhilft. Finanzierung durch "Bompenger" nach dem Prinzip: Wer den Ausbau nutzt, soll zahlen.

Der Straßenzustand ist in der Regel gut, wenn auch (insbesondere im Fjordbereich) oft schmale und kurvenreiche Strecken. Die Höhenunterschiede zwischen Fjorden (Meereshöhe) und Fjell (ca. 1.ooo m) werden durch lange Serpentinenstraßen überwunden, die oft grandioses Panorama bieten.

Die Strecken Inner-Norwegens verlaufen zumeist in langgestreckten Tälern. Hauptverkehrsachse hier die E 6 OSLO-> TRONDHEIM. Zwar Landstraße, aber zügig zu befahren, mit verschiedenen Querverbindungen ins Fjordland.

Andere wichtige Verbindungen: E 16 Oslo-> Fagernes-> Sognefjord-> Bergen (ganzjährig befahrbare Landstraße). Oder Åndalsnes-> Ålesund im nördlichen Teil Mittelnorwegens. Alle Details siehe Text unser Hauptteil dieses Bandes sowic Norwegen-Straßenkarten (siehe unsere Kartentips).

Autobahnen spielen in Norwegen untergeordnete Rolle. Es gibt sie praktisch um Oslo sowie Teilstrecken bei Stavanger, Trondheim und Bergen.

Der Norweger fährt sehr ausgewogen, präventiv und rücksichtsvoll. Es gehört zu den Grundregeln, daß der Langsamere den Schnelleren durch seitliches Rausscheren und Blinkerzeichen vorbeiläßt.

Durch die langen Wintermonate mit Schnee, Eis und Schneematsch gehören die Norweger zugleich zu den besten und geschicktesten Autofahrern Europas.

Mitteleuropäische Hektik, also das Ellbogenprinzip à la "time is money", erlebt man in Norwegen allenfalls, wenn z.B ein Lkw-Fahrer dringend noch eine bestimmte Fähre erreichen muß. Dann allerdings respektieren und rechts ran!

Insgesamt ist Autofahren in Norwegen und im Vergleich zu Mitteleuropa relativ gefahrlos, wenn man folgende Punkte beachtet:

Präventivtips für Autofahren in Norwegen:

- Vorsicht in Kurven, insbesondere in Fjordregionen und an Serpentinenstrecken. Zwar fahren Lkws und Pkws sehr vorsichtig. Ein Lkw läßt sich jedoch bei Gefälle schwerer abbremsen als ein Pkw. Bei einer Straßenbreite von nur 5 m ist Ausweichen nicht möglich. Norwegischen Autofahrern ist dies bekannt, sie fahren an solchen Stellen entsprechend vorsichtig. Nicht unbedingt aber ausländische Gäste.

- Kurvenstrecken verbunden mit Kurztunnel sollte man vorsichtig durchfahren, da kurzzeitiger Blendeffekt am Tunnelende auftritt.

- Wegen der Weitläufigkeit des Landes gibt es auf schmalen und kurvenreichen Nebenstrecken kaum Gegenverkehr, was einen aber nicht zu unbekümmertem Tempo verleiten sollte. Prinzipiell die Geschwindigkeit so einrichten, daß man rechtzeitig bei Gegenverkehr abbremsen kann. Auf nassen Asphaltstraßen bzw. Schotterpisten den längeren Bremsweg einkalkulieren!

- Unter anderem sind auch Bremsspuren auf engen Straße Indiz, sich von mitteleuropäischer Hektik im Autoverkehr zu trennen und die Sache langsamer und gelassener zu fahren...

- Wie in Gesamtskandinavien wird auch in Norwegen tagsüber mit eingeschaltetem Abblendlicht gefahren. Gewohnheiten, die sich ab Mitte der 7oer Jahre in Skandinavien etablierten, heute Vorschrift sind und mithalfen, den Verkehr sicherer zu gestalten.

- Kreuzungen mit Kreisverkehr sind in norwegischen Orten häufig. Reibungsloses Einfädeln; wer im Kreisverkehr ist, hat Vorfahrt!

- Tunnelstrecken: sind in Norwegen teilweise grob in den Fels gehauen. Warum auch mit mitteleuropäischer Perfektion per Beton "auskleiden"... Bedeutet aber auch, daß man die Passagen mit reduzierter Geschwindigkeit durchfährt.

  In vielen Tunnelstrecken ist man dazu übergegangen, die neuralgischen Tropfstellen im Fels mit großdimensionierten Plastikmatten abzudecken.

- Besondere Vorsicht an Zebrastreifen. Sie sind in Norwegen nicht nur eine schattierte Fahrbahnmarkierung, sondern äußerst ernstzunehmende Fußgängerüberwege. Von Passanten werden sie zurecht genutzt und zwar ohne Rücksicht auf den Straßenverkehr.

- Rechts vor links ist in Ortschaften auch bei kleineren, einmündenden Seitenstraßen weit verbreitet und gewöhnungsbedürftig. Im Zweifelsfall lieber auf die Bremse und Autos von rechts vorbei lassen.

- "Sone 3o", eine Langsamfahrzone, in Wohngebieten zum Lärmschutz der Anlieger und Rücksicht auf spielende Kinder. Oft erzwungen durch unangenehme Querrillen oder Buckel.

Geschwindigkeitsbeschränkungen

	NORWEGEN	DÄNEMARK	SCHWEDEN
in Städten/Ortschaften	5o km/h	5o km/h	5o km/h
auf Landstraßen*	8o km/h	8o km/h	7o km/h
auf Autobahnen*	9o km/h	11o km/h	9o km/h

* sofern nicht per Verkehrszeichen anders angegeben. - Für Pkws mit Anhänger (z.B. Wohnwagen) gilt auf Autobahnen maximal 8o km/h, bei ungebremsten Anhängern max. 6o km/h.

Geschwindigkeitsübertretungen werden, sofern die Polizei sie feststellt (auch Zivilstreifen, versteckter Radar etc.) - massiv geahndet. In Norwegen sind beispielsweise 3oo DM fällig bei einer Geschwindigkeitsüberschreitung von nur 2o km/h, 5oo DM bei 1o6 km/h statt 8o km/h!

Das Problem ist die Weitläufigkeit und dünne Besiedlung der Länder. Folge: Es gibt zu wenig Polizei, die umfangreich kontrolliert. Die wüsteste Raserei haben wir in Dänemark/Jütland erlebt, wo teils Golf GTI , Saab Turbo etc. mit bis zu 15o km/h über die Landstraßen bretterten. Aber auch in Schweden, wo sich auf den gut ausgebauten und geradlinigen Europastraßen bzw. Autobahnen oft ein Schnitt von 14o km/h einpendelt.

Warnung, sich an solche Pulks anzuhängen! Wer bei derartigen Geschwindigkeitsüberschreitungen erwischt wird, dürfte in der Regel seinen Führerschein einbüßen!

Weitere abweichende Verkehrsbestimmungen in Norwegen:

- Kreisverkehr hat Vorfahrt, also dasjenige Fahrzeug, das sich im Kreisverkehr befindet.
- Rauchen ist für den Fahrer im Orts- und Stadtbereich verboten.
- Promillegrenze sehr niedrig bei 0,5 ‰ , drastische Strafen, wenn man erwischt wird. Einführung von 0,0 ‰ im Gespräch.
- Generelle Anschnallpflicht, für Motorradfahrer Helmpflicht.
- Winterverkehr: Wer verschneite oder vereiste Straßen mit Sommerreifen befährt, ist verpflichtet, Schneeketten im Kofferraum mitzuführen! Kann man sich z.B. (nicht nur als ADAC-Mitglied) in deutschen ADAC-Geschäftsstellen ausleihen.

  Auch wer mit Winterreifen fährt, sollte Schneeketten dabeihaben. Zahlt sich an Steigungen schnell aus und bietet auf schmalen Gefällstrecken (z.B. Serpentinen) zusätzliche Sicherheit.

Spikes werden (im Gegensatz zu Deutschland) in Norwegen fast überall benutzt, allerdings nur in der Zeit vom Mitte September bis Mitte März.

★ **Parken in Städten**: ist im Zentrum von Oslo, Bergen, Stavanger und Trondheim, aber auch anderen Städten wie Ålesund werktags ein ernsthaftes Problem. Vom Parken im Halteverbot ist dringend abzuraten, es drohen saftige Strafen, die auch bis ins Heimatland verfolgt werden.

Parkuhren sind teuer, abgelaufene noch teurer: kosten z.B. in Stavanger und Bergen runde 1oo DM Geldbuße, in Oslo wird abgeschleppt.

Abhilfe: Da das Zentrum auch der größeren Städte (Ausnahme Oslo) relativ klein ist und bequem zu Fuß erschlossen werden kann, sollte man sein Fahrzeug am Rand des Zentrums oder im Parkhaus abstellen.

Maut: Im Zentrum einiger norwegischer Städte (z.B.Oslo, Bergen) wird, um den Autoverkehr zu reduzieren und zur Finanzierung des Straßenbaus eine Maut kassiert.

★ **Werkstätten**: allerorts gut bestückt und ausreichend vorhanden. Ein dichtes Netz entsprechender Vertragswerkstätten jeglicher Fabrikate. Neben den deutschen Firmen auch Japaner und Franzosen. Es ist ratsam, sich zu Hause ein Vertragswerkstättenverzeichnis für die eigene Fahrzeugmarke zu besorgen. Stundenlöhne noch etwas höher als gewohnt. Ersatzteile vorhanden; durch Zoll, Transport und 2o % Mehrwertsteuer um einiges teurer als daheim. Rückerstattung von MWSt: Formular von der Werkstatt geben und bei der Ausreise vom Zoll abstempeln lassen. An die Werkstatt zurückschicken.

★ **Auto-Pannen**: Notrufsäulen des NAF (Norges Automobil Forbund - vergleichbar ADAC) sind an kritischen Straßenpassagen, meist auf dem Fjell und an Gebirgsstrecken, aufgestellt. Über die Telefone kann man im Sommer (2o.6. bis 2o.8.) die Patrouillenfahrzeuge des NAF anfordern.

Pannenhilfe erhält jeder - muß natürlich bezahlt werden. ADAC-Auslandsschutzbrief o.ä. sehr zu empfehlen.

Auch wenn die NAF-Pannenfahrzeuge speziell an den neuralgischen Punkten patrouillieren, dauert es (im Vergleich zu Deutschland) wegen der größeren Entfernungen entsprechend länger, bis die NAF-Hilfe eintrifft.

Landesweite Telefonnummern für:

Polizei   112
Feuerwehr   11o
Ambulanz   113

★ **Tankstellen**: fast in jedem kleinen Ort. Bleifrei kein Problem. Einige Tankstellen sind auch mit verbleitem Sprit für Super ausgerüstet. In der Regel moderne Zapfsäulen mit Selbstbedienung, manchmal kleiner Supermarkt oder auch Reparaturwerkstätte dabei.

Öffnungszeiten teilweise an die Geschäftszeiten gekoppelt, teils 7 bis 2o oder bis 22 Uhr, nur im Großstadtbereich auch mal 24 Std.

Für Nacht- und Sonntagsfahrten deshalb rechtzeitig volltanken! Leuchtschilder mit der Aufschrift åpen = geöffnet oder lukket = geschlossen. Münzautomaten: 24-Std.-Service, allerdings mit speziellen Tankkarten.

★ **Wohnmobil bzw. Pkw mit Wohnwagenanhänger**: Die Höchstbreite auf norwegischen Straßen ist auf 2,5 m begrenzt, die Gesamtlänge eines Pkws mit Wohnwagenanhänger darf nicht mehr als 12,4o m betragen.

Wer Norwegen mit einem Wohnmobil oder Pkw plus Wohnwagen bereist, sollte zu Hause das Rückwärts-Rangieren üben und perfekt beherrschen! Nicht nur norwegische Nebenstrecken, sondern auch einige der Hauptverbindungen sowie weitere Fjord- aber auch Gebirgsstrecken haben Teilbereiche, wo Rückwärtsrangieren notwendig werden kann.

TIP: Unbedingt die spezielle Karte "Norge med Campingvogn" besorgen. Gibt's gratis beim Norwegischen Fremdenverkehrsbüro in Hamburg. Dort sind farbig alle Straßen eingetragen, die nicht oder nur bedingt für Gespanne vom norwegischen Veg-Direktorat empfohlen werden, zudem sind auch Rastplätze entlang der Strecke verzeichnet. Beschriftung neben norwegisch auch auf deutsch.

Diese Karte hilft auch Wohnmobilfahrern mit Infos, wo's eng wird.

Als Wohnmobilist kommt man im Prinzip überall durch, sofern man sich aufs Rangieren versteht und nicht eine der Riesenkisten besitzt. Optimale Fahrzeuge für norwegische Bergstrecken sind Fahrzeuge wie VW-Bus (z.B. "Joker", "Syro" oder Selbstbau), Daimler Benz (z.B. "James Cook"), obwohl man bei entsprechendem Fingerspitzengefühl und Übung auch mit größerem Gerät durchkommt. Es ist richtig, daß auch die riesigen Linienbusse schwierigste und engste Passagen bewältigen; deren Fahrer haben die tägliche Übung. - Hinten nützlich der Weitwinkel-Aufkleber fürs Rangieren.

Höchstgeschwindigkeit für Gespanne, wenn der Wohnwagen eigene Bremsen hat: 8o km/h, ohne eigene Bremsen: 6o km/h. Wohnwagen müssen in der Kfz-Versicherung enthalten sein.

Für Wohnwagen/Wohnmobile wurden im ganzen Land Entsorgungsstationen eingerichtet, bei denen Frischwasser nachgetankt und das Abwasser/Toilette entsorgt werden kann (siehe Camping).

★ **Rastplätze** findet man fast an jeder Straße, oft an schönen Stellen mit Blick, am Fluß oder See. Gut ausgestattet mit Picknickbänken, Müllsäcken, mitunter auch Toilettenhäuschen. Besonders häufig Rastplätze an der E 6, Übernachten allerdings nicht gestattet, zudem laut.

★ **Autofahren im Winter**: Selbst Südnorwegen gilt mit seinen Inlandsstrecken als "schneesicher". Mit weißen Fahrbahnen muß ab ca. Mitte November bis April gerechnet werden, bei Paßstraßen entsprechend länger.

Der perfekt organisierte norwegische Schneeräumdienst ist in den Wintermonaten schnell vor Ort im Einsatz, insbesondere auf den stark befahrenen
Hauptverbindungen, wie z.b. der Europastraße E 6 Oslo-> Trondheim.

Auf Nebenstrecken kann es nach Schneefällen wegen der Weitläufigkeit
des Landes länger dauern, bis sie freigeräumt sind. M+S-Reifen (besser
noch Spikes) sind daher unbedingt erforderlich!

Von Sommerreifen (auch wenn sie in Form "Gürtelreifen" in Mitteuropa
als schneetauglich gelten) wird dringend abgeraten! Schneeketten steigern
die Flexibilität an nicht freigeräumten Steigungen. Für denjenigen, der mit
Sommerreifen fährt (egal ob Gürtelreifen oder nicht), ist die Mitnahme von
Schneeketten Pflicht.

Nebenverbindungen sind teilweise nachts gesperrt, um die Kosten des
Schneeräumdienstes in ertragbaren Dimensionen zu halten.

Fjellstrecken, sofern im Winter befahrbar, werden mit Schneefräsen freigehalten. Man fährt oft durch Schneisen mit Wänden von 4 m Höhe und
mehr. Was hier an Schneemassen runterkommt, kann der sommerliche
Norwegen-Fahrer an den Markierungsstangen rechts und links der Straße
sehen!

Weiteres Problem: Da in Norwegen in der Regel weder gestreut noch ge-
salzt wird, muß man mit verschneiter Oberfläche, aber darunter liegenden
Eispartien rechnen. Beispielsweise auf Fjellstrecken: 2-spurige Reifenrinne
durchs Eis: bei Gegenverkehr rechts rausrangieren, was ohne Spikes bei
engen Schneeschneisen einige Übung erfordert.

Einer der Gründe, warum in Norwegen als einem der wenigen Länder
Europas die Benutzung von Spikes-Reifen im Zeitraum von Mitte September bis Mitte März gestattet ist.

Reifenmaterial für winterlichen Betrieb in Norwegen:

1.) SPIKES: bei Ankunft in Norwegen kann man an der Fähre ein komplettes Set
Winterreifen mit spikes mieten. Info: Hakres Tel.: 3551 4857, Mobil: 9431 398o,
Fax: 3551 525o

2.) M+S: Grundausrüstung. Zuzüglich Schneeketten, die aber im Dauerbetrieb nicht
das Gelbe vom Ei an Fahrkomfort sind. Man kann sie von Geschäftsstellen des
ADAC ausleihen. Wer sich für den Norwegenurlaub Schneeketten kauft, sollte sich
für Schneeketten entscheiden, die sich schnell und bequem auf- und abschnallen
lassen. Der Aufpreis lohnt sich.

Wintersperre auf nachfolgenden Paßstraßen. Die Dauer ist je nach Region
und Schneelage unterschiedlich, in der Regel von November bis Mai, z.B.
Hardangervidda Strecke Rv 7. Ausnahmen in Nordnorwegen von Ende
September bis Mitte Juni.

Wintersperre gilt für folgende Straßen:

5 Gaularfjellet	63 Trollstigvegen
51 Valdresflya	E 69 Skarsvåg-Nordkap
55 Sognefjellsvegen	98 Ifjordfjellet
63 Geiranger	252 Tyin-Eidsbugarden

Europastraßen nur ausnahmsweise in kritischen Passagen kurzfristig gesperrt, wenn bei zu starkem Schneefall die Räumfahrzeuge nicht so schnell nachkommen.
Der aktuelle Straßenzustand - auch welche Straßen gerade gesperrt sind - kann telefonisch in Oslo bei Vegmeldingssentralen (Zentrale für Straßenwesen) erfragt werden. Tel. 226 54 o4o, - bzw. steht in den wichtigen Tageszeitungen. Wer mit der Sprache nicht klarkommt, fragt Norweger auf Englisch und läßt sich die betreffende Passage in der Zeitung übersetzen.
Beim Norwegischen Fremdenverkehrsamt in Hamburg gibt's zudem eine gratis Übersichtskarte zur Winterbefahrbarkeit der Straßen, die Grobübersicht bringt.

✦ Autokennzeichen: Norwegische Nummernschilder sind auf den ersten Blick kaum zu entziffern. An der Buchstabenkombination erkennt man, aus welcher Gegend der Pkw-Fahrer kommt, bzw. die Erstregistrierung des Fahrzeugs.

AA-CZ	östlicher Oslofjord, von Halden bis Lillestrøm
DA-FR	Oslo
FS-HR	Provinz Hedmark (Hamar z.B. FS-HA)
HS-JT	Prov. Oppland (Lillehammer, Gudbrandsdal, Fagernes)
JU-KY	Prov. Buskerud, (Gol, Drammen, Kongsberg)
KZ-NC	westl. Oslofjord
ND-PB	Telemark
PC-PL	Prov. Aust-Agder
PN-RB	Südküste, Kristiansand bis Flekkefjord
RE-SL	Stavanger, Egersund, Haugesund
SN-TR	Bergen
TV-UD	Sognefjord, Nordfjord
UE-VC	Prov. Møre og Romsdal (Ålesund-Kristiansund)
VD-VV	Trondheim
XD-XU	Prov. Nordtrøndelag
XV-YX	Prov. Nordland
YZ-ZY	Prov. Troms
ZP-ZX	Prov. Finnmark

✦ Autovermietung (Bilutleie): praktische Sache, aber nicht ganz billig. Die Anreise und weite Distanzen in Norwegen per Bahn, Schiff oder Flugzeug, kleine Bereiche dann im Mietwagen abgrasen.

Die namhaften internationalen Gesellschaften in gut 6o Städten und Flughäfen über ganz Norwegen verteilt, bis rauf nach Nordnorwegen (Adressen im Text). Alle mit neuen Fabrikaten vom Fiesta bis Mercedes, auch viele Japaner. Radio/Kassettenrecorder gehört inzwischen zur Standardausstattung. Preise variieren wenig, im wesentlichen vom Fahrzeugtyp abhängig, z.B. ein Fiesta kostet bei Budget 125 DM/Tag inkl. km. Nach Sonderangeboten fragen, z.B. spezielle Weekendtarife. Bei Preisvergleich darauf achten, ob die MWSt inklusive oder exklusive ist.

Wochenweise günstigere Angebote, d.h. der 7. Tag in etwa gratis. Bei Angeboten ohne Kilometerbegrenzung teurerer Grundpreis, doch schon bei mehr als 2oo km - die hat man in Norwegen schnell zusammen - wird's günstiger.

One way ohne Retourgebühr ist zu einigen Städten Süd-/Mittelnorwegens möglich.

Bedingungen: Mindestalter variiert je nach Gesellschaft und Autotyp zwischen 21 und 25 Jahren, Führerscheinbesitz mindestens 1 Jahr. Kaution obligatorisch, entfällt allerdings für Kreditkartenbesitzer. Benzin immer extra.

✦ Wohnmobilvermietung in Norwegen selten und sehr teuer, die Preise liegen bei 1.5oo bis ca. 2.5oo DM/Woche je nach Fahrzeuggröße, z.B.:

GUMPENS AUTO VEST A/S, im Setesdalsveien 90, 4602 Kristiansand. Vermieten auch einige Wohnmobile (4 Pers.), Preis: ca. 1.5oo DM/Woche.

KROKEN CARAVAN A/S: ein relativ großer Vermieter in Åndalsnes (Miete auch ab Oslo, Trondheim möglich). Ein komfortabler Nasenbär auf Citröen-Basis kostet zur Hochsaison (Juni-August) ca. 1.7oo DM/Woche inkl. MWSt, unbegrenzte Kilometer, Kaskoversicherung. Zur Vor-/Nachsaison erhebliche Ermäßigung. Mindestalter 23 Jahre. Info und Buchen: Kroken Bobilutleie, Postboks 244, 63oo Åndalsnes.

Ein Wohnmobil in Norwegen zu mieten spart zwar die langwierige Anreise zu Gunsten Flug, ist aber in der Regel die teuerste Variante. - Anmiete in Deutschland (Schweiz, Österreich) hat den Vorteil, durch Preisvergleich einiges zu sparen. Hat noch einen weiteren Vorteil: man kann das Fahrzeug vor der Anmiete besichtigen, und für eine Reihe von Fähren gibt's günstige Wohnmobilpreise.

ROUTEN PLANUNG   Per Auto:

Bei der Routenplanung innerhalb Norwegens sollte man die gewaltigen Entfernungen nicht unterschätzen und bei der Zeitplanung nicht zu knapp kalkulieren. Immerhin handelt es sich bei dem in diesem Buch beschriebenen Teil NORWEGENS (Süd/Mitte) um eine Fläche, die - auf Deutschland geklappt - den Raum Hamburg bis München abdecken würde!

Dies bei fast komplett fehlenden Autobahnen, - dafür aber jede Menge Schlängelstrecken entlang der Fjorde, Serpentinenstrecken auf Pässe rauf etc., die ebenso ihre Zeit kosten, wie auch das Warten auf Fähren und die Überquerung von Fjordarmen.

Selbst bei einer nur 2- bis 3-wöchigen Reise sind 3.ooo km schnell auf dem Tacho, wohlgemerkt ohne Anreise!

Im Fjord- und Fjellbereich, dem sicher schönsten Teil Norwegens, sind ca. 5o-6o km Stundenleistung ein realistischer Durchschnittswert. Nach oben begrenzt durch die norwegische Geschwindigkeitbeschränkung von 8o km/h, - nach unten, beispielsweise auf Serpentinenstrecken, oft nur 2o-3o km/h. Soweit zur groben Zeitkalkulation.

Man sollte sich Zeit lassen für Stops, sei es zum Fotografieren oder um die Landschaft zu genießen. Also nicht zu viel in die Routenplanung rein-packen: groben Routenverlauf der Reise vorplanen und unterwegs dann je nach Interessen variieren. Vor allem: genügend Zeit haben, um an schönen Stellen Extratage einzuschalten!

TIP: Die Süd/Mittel-Norwegen-Rundreise im Uhrzeigersinn fahren! Die beiden schönsten Fjorde, der Hardanger- und Sognefjord gehören sicher in jede Norwegenfahrt und lohnen für sich alleine je 1 Woche, inklusiv seitlicher Abstecher zu Gletscherzungen, Wanderungen etc.

Im Norden z.B. der Geirangerfjord, die Hochgebirgspiste Tollstigvegen, aber auch Ålesund und Trondheim. Im Süden: Telemark, der Prekestolen bei Stavanger, eine mehr als 6oo-m-Steilwand in den Fjord etc.

Die Norwegen-Rundreise im Uhrzeigersinn hat zudem den Vorteil, daß man, - wenn die Zeit knapp wird, bereits vorher durch Querverbindungen zur E 6 abkürzen kann, die einen schnell nach Oslo retour bringt.

Wegen relativ dünnem Verkehr auf den norwegischen Straßen (Ausnahme: Berufsverkehr um die wenigen größeren Städte des Landes und Ferien-zeiten), - kommt man zügig und ohne Staus vom Fleck. Autofahren in Norwegen ist in der Regel sehr angenehm, da auch die mitteleuropäische Hektik fehlt. Eine gute Straßenkarte ist elementar (Tips siehe Kapitel "Handwerkszeug" am Beginn dieses Bandes).

Schnellverbindungen

E 6: OSLO-> TRONDHEIM: als Landstraße, aber zügig ausgebaut. Die 54o km lassen sich (außer Winterbetrieb) in einem Tag durchfahren. Zweckmäßig als schnelle Retour-Verbindung eines Süd-Mittel-Norwegen-Rundtrips, der zunächst die Fjordregionen berührt.

Aber auch als Schnelleinstieg, beispielsweise ins lohnende Wandergebiet Jotunheimen bzw. zu den schönsten und größten Fjorden Hardanger und Sogne und für den Geiranger Fjord. Streckendetails .... Seite 549.

RV 11: OSLO-> TELEMARK-> BERGEN: ganzjährig befahrbare Quer-verbindung. Nur auf den ersten Kilometern Autobahn, im Anschluß gut ausgebaute Landstraße, die - sofern es die Geographie zuläßt - in weiten und bequem zu durchfahrenden Kurven ausgebaut ist. Von daher auch re-lativ schnelle Verbindung, im Bereich Hardangerfjord jedoch einige sehr schmale Engpässe. Streckendetails .... Seite 365.

Nach Überquerung des Haukelifjells Abzweigung: rechts an den Hardangerfjord, links über die gut ausgebaute RV 11 nach Haugesund, welches nördlich von <u>STAVANGER</u> liegt. Streckendetails .... Seite 33o.

RV 7: <u>OSLO-> GEILO-> BERGEN</u>: außerhalb der Wintermonate (wo die Strecke oft im Fjellbereich gesperrt ist) schnellste Verbindung nach Bergen. Gut ausgebaute Landstraße, zunächst im langgestreckten Hallingdal (bzw. alternativ via Numedal). Auch im Bereich des Fjells breit und mit langgestreckten Kurven ausgebaut. Der Abstieg runter an den Hardangerfjord (bei Vøringsfossen) ist durch umfangreiche Tunnel entschärft und läßt sich relativ flott bewältigen.

<u>Alternative RV 5o</u> (auch als Winterstrecke): vor Geilo zweigt die neue Strecke ab, runter an den Sognefjord nach Aurland. Tunnel nach Gudvangen, weiter über Voss und die neue Strecke über Dale nach Bergen.

RV 9: <u>DOMBÅS-> ÅNDALSNES-> ÅLESUND</u>: gut ausgebaut, schnell zu befahren. In Teilstrecken aber kurvig. Streckendetails .... Seite 525.

RV 16: <u>OSLO-> VALDRES-> SOGNE FJORD-> VOSS-> BERGEN</u>: gut ausgebaute, aber im Bereich Fagernes-> Sognefjord kurvenreiche Landstraße. Der Streckenteil ab Oslo bis Fagernes zieht sich endlos durch Wälder und an Seen entlang.

Da die Strecke nicht über extreme Pässe verläuft, ist sie ganzjährig befahrbar. Als Schnellverbindung ist sie vorwiegend für die landschaftlich sehr lohnende Region des östl. Sognefjords und Jotunheimen interessant.

Streckendetails .... 449 - Jotunheimen 581

RV 15: <u>OTTA-> NORDFJORD (bzw. Geirangerfjord</u>): spitzenmäßig ausgebaut, insbesondere im Fjellbereich. Von daher sehr flott als Querverbindung nach Stryn/Nordfjord zu befahren. Auf dem Fjell dann über RV 63 in endlosen Serpentinen zum Geirangerfjord runter. Dafür wird man aber mit großartigem Panorama entschädigt!
Streckendetails .... Seite 583, 588.

RV 3: <u>OSLO-> TRONDHEIM (via Østerdal</u>): Parallelstrecke zur E 6, berührt die weiten Hügel-/Waldlandschaften Ostnorwegens nahe der schwedischen Grenze, mit Möglichkeit eines Abstechers zur alten Bergarbeiterstadt Røros. Als Nord/Süd-Verbindung ist in jedem Fall die E 6 schneller.
Streckendetails zur RV 3 .... Seite 574.

E 18: <u>OSLO-> KRISTIANSAND-> EGERSUND-> STAVANGER</u>: gut ausgebaute, aber teils kurvenreiche Südküstenstraße. Verläuft meist in Entfernung zur Küste: Streckendetails Kristiansand   -> Oslo 241
                                                      "   -> Stavanger ... 293
                          Querverbindungen: RV 39.................... 284
                                            RV 36 255

Norwegen-Einstieg

✦ Der von Norddänemark zu erreichende Fährhafen **KRISTIANSAND** ist insofern optimal, als er auf einer Norwegenrundfahrt im Uhrzeigersinn die zu absolvierenden Anreise- sowie auch Rundreisekilometer reduziert und Zeit spart. OSLO baut man in dem Fall fürs Ende der Norwegen-Reise ein.

✦ **LARVIK** (ebenfalls von Norddänemark zu erreichen) ist dagegen vorteilhafter, wenn man die Zeit hat, noch Telemark mit einzubauen. Lohnt sich in jedem Fall, plus 2-4 Tage je nach Extras.

✦ **OSLO** (sowohl von Norddänemark als auch direkt ab Kiel bzw. via Vogelfluglinie) bringt als Plus, daß man mit der Hauptstadt Norwegens beginnt und sich beispielsweise auch in den Museen über die Landesgeschichte vorinformieren kann. Im Anschluß stehen alle Routen-Kombinationen offen: via Telemark, via Südküste und Kristiansand, oder direkt rüber zum Hardangerfjord...

Fährkombis (Autopakete, siehe Seite 22) sparen zusätzlich Kilometer, Zeit und Geld: Beispielsweise hinwärts

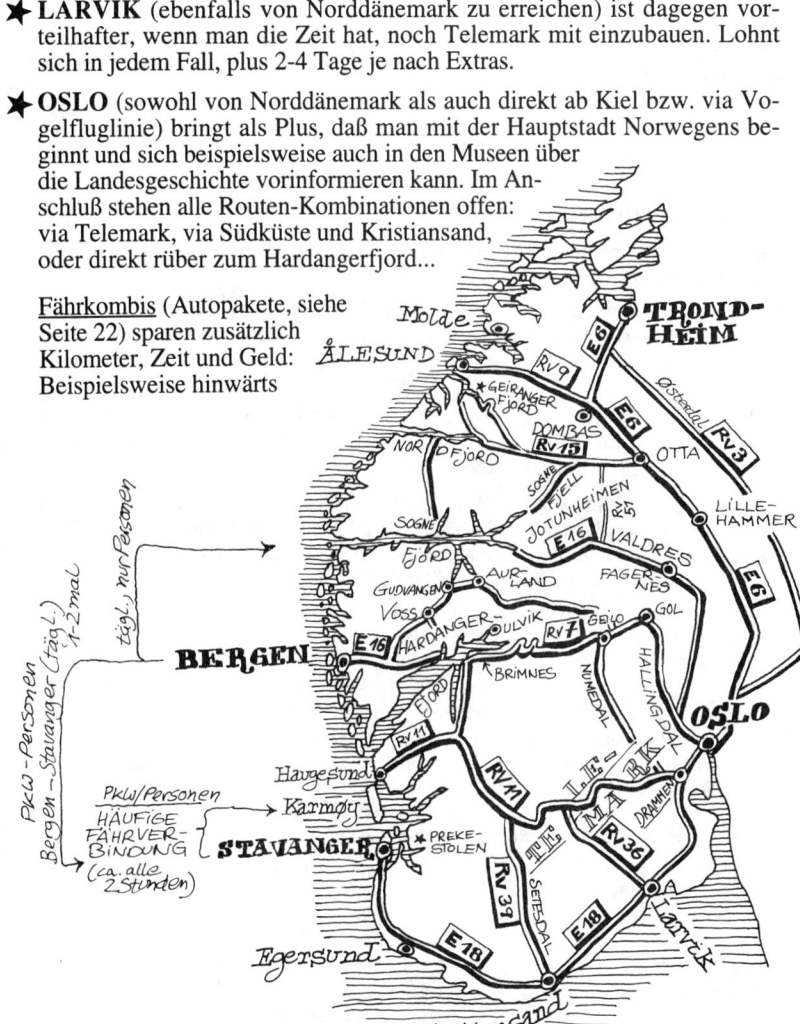

mit der "Larvik Line" von Frederikshavn/Norddänemark. Retour via Oslo-> Vogelfluglinie. Gegenüber der sicher bequemeren Direktfähre Kiel-> Oslo ist ein Fährkombi der Weg, innerhalb limitierter Zeit möglichst viel an Norwegen in die Reise reinzupacken und trotzdem preiswert übers Wasser zu kommen.

Schnellfinder:	Kristiansand	Larvik	Oslo
Fährverbindung	23	22	19
norw. Fährhafen	273	248	183

Beispiel: bezüglich Fährverbindungen nach Kristiansand Details siehe Seite 23, bezüglich Ortsbeschreibung Kristiansand und weiterer Routenverlauf siehe Seite 273.

Zeitkalkulation

Für eine Norwegen-Rundreise mit eigenem Auto mindestens 2, besser aber 3 Wochen einplanen!

Denn je nach Heimatort vergehen runde 2-4 Tage allein für An- und Rückreise. Klartext: Bei einer 2-wöchigen Norwegen-Reise verbleiben einem vor Ort in Norwegen nur noch ca. 1o "Resttage"...

2 Wochen: Realisierbar ist ein Rundtrip ab Fährhäfen Südnorwegens Kristiansand, Larvik via Hardanger- und Sognefjord bis rauf nach Ålesund, - retour über die E 6 nach Oslo.

BEISPIELSWEISE: Einstieg Larvik/Südnorwegen und über gut ausgebaute Landstraßen entlang des Telemark-Kanals (schönste Stelle die Schleusen-Treppen bei Vrangfoss/Eidsfoss). Weiter durchs Herz Telemarks, Morgedal (Geburtsort des Abfahrtsskis), Abstecher zu den Seen Bandak und Vråvatn/Dalen.

Dann übers Haukelifjell an den Hardangerfjord bzw. Abstecher nach Stavanger. BERGEN, die sicher schönste und lohnendste Stadt an der Westküste Norwegens sollte mit 2 Tagen für die Stadt und nähere Umgebung einkalkuliert werden, - Querverbindung via Nordufer Hardanger zum Sognefjord (schönste Strecke via Gudvangen/Fährverbindung nach Kaupanger) und Straßenverbindung nach Balestrand/Sognefjord.

Bei Detailstudium unseres Norwegen-Bandes ergeben sich im Rahmen eines 2-wöchigen Norwegen-Rundreisetrips hier bereits Zeitprobleme. Die Seitenarme der beiden größten Fjorde Norwegens (Sogne und Hardanger) sind inkl. Abstecher zu Gletscherzungen, Wasserfällen, aber auch Wasserflugzeug-Überfliegungen sowie kleinerer Wanderungen zu schön, als sie in einem 2-wöchigen Schnelltrip abzufeiern...

Ab Fjærlandsfjord über die Süd-/Nordverbindung rauf via Nordfjord zum Geirangerfjord - Ålesund. Retour über die E 6 nach OSLO, für das man mindestens 1 1/2 bis 2 Tage einkalkulieren sollte.

Unterm Strich ist der Rundtrip 14 Tage Süd-/Mittelnorwegen zwar per Auto realisierbar, schnürt das "Korsett" der Möglichkeiten aber reichlich eng. Besser:

3 Wochen: erheblich mehr Möglichkeiten. Man ist flexibel, an schönen Stellen einen Extratag einzuschieben, - entweder um an einer landschaftlich besonders schönen Stelle zu relaxen, oder um eine kürzere oder längere Wanderung einzubauen, Trips auf Fjordseitenarmen, Fahrten auf Schaufelraddampfern aus der Jahrhundertwende auf dem Mjøsasee etc. - Oder um zusätzliche Zeit zu haben, seitliche Querverbindungen zu fahren, beispielsweise im sehr lohnenden Gebiet Sognefjell/Jotunheimen.

Schiff:

Wohl kein anderes Land der Welt hat so viele Fähren. In Norwegen, dem Land der Fjorde und tausender vorgelagerter Inseln, sind sie aus dem Alltagsleben nicht wegzudenken! Sie fahren pünktlich, zuverlässig und dank der eisfreien Fjorde auch im Winter.

Autofähren ("Bilferjeruter"): im Bereich der Fjorde und zu Inseln, die der Küste vorgelagert sind. Es dürfte mehr als 1oo verschiedene Strecken geben, die das Straßennetz über die dazwischenliegenden Wasserarme verbinden bzw. sehr lohnende Fahrten durch die Fjorde:

Schönste Strecken:

Gudvangen/Nærøyfjord -> Kaupanger/Sognefjord	467
Geiranger/Geirangerfjord -> Hellesylt/Sunnylvsfjord	5o2
Stavanger/Lysefjord -> Lysebotn	318

ABFAHRTEN: je nach Wichtigkeit der Strecke zwischen 15-minütig bis zu 2-3 mal/Tag. TIP: Um vor Ort die Strecke besser planen zu können, unbedingt in Deutschland vom norwegischen Fremdenverkehrsbüro die Gratisbroschüre NORWAY-Fahrpläne besorgen. Enthält alle wichtigen Verbindungen (auch die der Personenfähren) und neben der Fahrthäufigkeit auch Angaben, wann die erste bzw. letzte Fähre geht.

Außerdem braucht man unbedingt eine <u>übersichtliche Norwegen-Karte</u>, denn die Namen der Fähranlegestellen sind nicht immer mit den in der Nähe liegenden Ortschaften identisch.

Tip ist hier die <u>Cappelens "Norge, Bil-og turistkart/Nr. 13"/Gesamtnorwegen</u>, die sehr exakt und klar die Fährverbindungen eingetragen hat, bzw. die Gebietskarten, die im deutschsprachigen Raum von Kümmerly & Frey herausgegeben werden (siehe Kapitel Literatur).

<u>Lokale Fahrplanhefte</u> der jeweiligen Gesellschaften kostenlos erhältlich. Sie beinhalten genaue Abfahrtszeiten für Boote, Busse und Bahn (falls vorhanden), z.B. für Sognefjord (Nordfjordbereich), Bergen, Stavanger, Ålesunder Region etc.

Alle öffentlichen Verkehrsmittel sind im Kursbuch "<u>Rutebok for Norge</u>" zusammengefaßt, jedes 1/4 Jahr aktuell. Erhältlich im Buchhandel (selten) oder direkt beim Verlag: Forlaget Rutebok for Norge A/S, Tollbugata 32, o157 Oslo. Ca. 35 DM.

SCHIFFE: Im Einsatz sind moderne Fähren, die vorne und hinten ihre Schnauze hochklappen, um die Autos im "roll on - roll off" aufzunehmen. Kompliziertes Rangieren ist somit nicht nötig. Bei kürzeren Überfahrten, die oft nur 1o Min. dauern, bleiben die Leute meist beim Auto, - für längere Überfahrten gibt's einen Aufenthaltsraum und Cafeteria (Snacks, Kaffee, Bier, Sprudel etc.).

VORBUCHEN kann man nicht. Stattdessen gibt's beim Fähranleger eine Ausbuchtung der Straße mit durchnumerierten Wartespuren, in die man sich einreiht. Entsprechend der Spurnummer wird dann auch ins Schiff eingefahren.

Es herrscht nicht nur viel Ordnung, vor allem ist es auch erstaunlich, welche Mengen an Pkws und Lkws auf die relativ kleinen Fähren passen. Außerhalb der Urlaubsmonate Juni bis August kommt man in der Regel problemlos mit, sollte jedoch für die seltener verkehrenden Fähren im Minimum ca. 1/2 Std. vor Abfahrt beim Anleger sein.

Während der Hochsaison kann es bei allen Fähren, vor allem denjenigen, die an Touristenrouten liegen (z.B. die Geirangerfjord-Fähre), zu längeren Wartezeiten kommen. Da hilft nur: Die Sache relaxing nehmen, Stulle und Thermosflasche raus. Auch die "Pølserbuden" (Würstchenbuden) haben dann Hochkonjunktur. Bei entsprechendem Andrang pendeln die Fähren solang in die Nacht (also über die letzte Abfahrt hinaus), bis die Warteschlange abgebaut ist. Dies allerdings nur bei Kurzfähren, die Überfahrtszeiten bis zu ca. 2o Min. haben.

TICKETS: gibt's kurz vor der Auffahrt aufs Schiff, und zwar von einem Mann, der - ähnlich unseren früheren Busschaffnern - von einem Bauchmaschinchen eine Quittung rausratscht. Die Preise gelten bei Pkws immer inkl. des Fahrers, jede weitere Person extra. Wohnmobile bis 5 m werden preislich wie Pkws behandelt, sonst Aufschlag.

Die Preise sind nach Entfernungen gestaffelt. Als grobe Orientierung: ca. 15 Min. Überfahrt kosten runde 1o DM für Pkw inkl. Fahrer, Extraperson ca. 4 DM; für eine 1 1/2-stündige Überfahrt runde 3o DM, Extraperson ca. 1o DM.

Weder gibt es Rückfahrtermäßigung, noch Spezialtickets im Fährverbund (z.B. für mehrere Fährüberfahrten als gemeinsames, verbilligtes Ticket).

FAHRPLÄNE werden pünktlich eingehalten und sind auf die Busverbindungen abgestimmt. Ausnahmen gibt's eigentlich nur dann, wenn ein Krankenwagen den Kapitän anfunkt: dann wird sofort umgedreht und auf den Krankenwagen gewartet.

✦Reine Personenfähren (ohne Pkw-Transport)

Hier wird unterschieden zwischen Schnellbooten (Hurtigbåt bzw. Snøggbåtrute) mit komfortablen Sitzreihen, aber meist keiner Chance, an Deck zu gehen. Sie sind meist in Katamaran-Bauweise, also mit Doppelrumpf erstellt, stark motorisiert und erreichen recht beachtliche Geschwindigkeiten.

Wichtige Schnellboot-Strecken sind: Stavanger-> Bergen und Bergen-> Sognefjord. Letztere Strecke führt zunächst von Bergen durchs Insel-gewirr der Westküste und bietet im Anschluß die Möglichkeit, weite Strecken des rund 2oo km tief ins Land reichenden Sognefjordes an einem langgestreckten Tag vom Wasser aus zu erleben.

Eine andere lohnende Schnellbootstrecke geht von Geiranger durch den gleichnamigen Fjord und weiter durch die verzweigten Fjorde bis Ålesund.

Und den gemütlichen **lokalen Booten**, die zwar langsam sind, aber noch die traditionelle Schiffsatmosphäre besitzen. Hier wird Fracht von Cola-kisten bis landwirtschaftlichen Geräten zu einsamen Siedlungen trans-portiert, die bisher (teils) noch nicht per Straße erreichbar sind.

Zwar können per Kran auch Autos an Bord gehievt werden, normale Fracht hat aber Vorrang; spontan ist selten eine Autopassage zu bekommen. Im Zuge des Ausbaus des norwegischen Straßennetzes verschwinden derartige Traditionsboote jedoch immer mehr bzw. werden durch moderne Eisenpötte ersetzt. So gibt es z.B. die berühmte "Granvin", das Milchboot, das ab Ulvik/Hardangerfjord fuhr und heißer Insidertip war, heute nur noch als Foto in Bildbänden.

An der Südküste laufen kleine Personenboote entlang der Schären jedes Inselnest an, empfehlenswert für preiswerte Ausflugsfahrten. Zusätzlich reine Frachtboote, die keine Personen befördern.

✱ Personenboote auf Binnenseen (Innsjøbåter)

Hier gibt's für Nostalgiefans einiges an Hochkarätigem: auf dem FEMUNDSEE (nahe schwedischer Grenze) fährt zwischen Sørvika und Femundsenden der von 19o6 stammende Schaufelraddampfer "M/S Femund II".

Auf dem MJØSASEE (parallel zur E 6) fährt der älteste, heute auf der Welt noch in Betrieb befindliche Schaufelraddampfer "S/S Skibladner" (gebaut 1856!), Strecke: Gjøvik-> Lillehammer bzw. Gjøvik-> Eidvoll.

Auf dem BANDAK KANAL, der die Seenkette zwischen Skien und Dalen in Telemark verbindet, fährt die "M/S Victoria", gebaut um die Jahrhun-dertwende, interessante Schleusenstufen!

Ebenfalls aus der Jahrhundertwende stammt der Minidampfer, der auf dem See BYGDIN in der Hochgebirgsregion Jotunheimen fährt und insbeson-dere für Wanderer als Transportmittel wichtig ist.

NISSERSEE/TELEMARK: Im Sommer 1-2 x wöchentlich Verbindung zwischen Vrådal und Treungen bzw. Teilstrecken. Interessant für Tele-markrundtrips ohne eigenes Auto, schöne Landschaften!

✦ Hurtigruta

Der Schnelldampfer entlang der rund 2.3oo km langen Strecke Bergen-> Kirkenes wird oft als die schönste Küstenfahrt der Welt bezeichnet. Für Touristen eine echte Kreuzfahrt, für die Norweger ihre "Reichsstraße Nr. 1". Eine unerläßliche Verbindung nach Nordnorwegen, die zuverlässig das ganze Jahr bedient wird.

1893 wurde die Küstenexpresslinie mit staatlicher Unterstützung gegründet. Dies zu Zeiten, als das Auto erst im Kommen, und Norwegen weitgehend per Schiff (und in geringem Umfang Zug) erschlossen war. Ursprünglich fuhr das Passagier-/Postschiff 1 x pro Woche zwischen Trondheim und Hammerfest. Die "Hurtigruta" war damals wichtigstes Transportmittel für die nördlichen Regionen des Landes.

Heute sind 11 Schiffe im Einsatz, die im täglichen Wechsel 35 Hafenorte anlaufen. Die Strecke ab Bergen um das Nordkap herum nach Kirkenes, an der russischen Grenze dauert 5 1/2 Tage einfache Fahrt. Die Schiffe sind speziell für die Personen-/ Frachtbeförderung konzipiert mit Aufzügen und Kränen, um möglichst schnell zu be- und entladen. Von der Badewanne bis zum Motorboot wird alles transportiert.

Immer wieder entbrennen Diskussionen um die Hurtigruta, über eine Einschränkung bzw. Reduzierung der traditionellen Schiffslinie, da der Staat beträchtliche Steuergelder als Zuschuß locker machen muß. Doch die Hurtigruta ist und bleibt die wichtigste Verbindung nach Norden.

Zur Hauptsaison große Nachfrage, die Kabinen und Pkw-Plätze oft ein 3/4 Jahr vorher ausgebucht. Besonders gemütlich sind die Fahrten auf den alten Postdampfern aus den 6oer Jahren, auf denen Autos (max. 6) per Kran an Deck gehieft werden. Die Kabinen klein, aber behaglich. Nach einer Modernisierung mit Dusche.

Die drei neuesten Schiffe supermodern mit 49o Betten und Platz für 5o Autos. "Kong Harald" und "Richard With" Baujahr 1993, "Nordlys" Baujahr 1994. Vorbestellung zur Hauptsaison langfristig nötig. Keinen Kreuzfahrtschiffkomfort eines Vergnügungsdampfers mit Swimmingpool, Animateur etc. erwarten. Die Hurtigruta ist eine Mischung von Personen-/Gütertransportschiff, daher auch kein "Kostümzwang" beim Essen; Abendgarderobe und Brillanten deshalb besser zu Hause lassen, statt dessen unempfindliche warme Kleidung einpacken, denn es geht um den nördlichsten Punkt Europas!

Anlegestellen sind in den einzelnen Orten die weniger schönen Frachtkais, dann einige Stunden Aufenthalt für einen kurzen Landausflug. Im Sommer teilweise organisierte Busausflüge gegen Aufpreis. Unterschiedliches Angebot bei Hin- und Rückfahrt.

Verpflegung: gute Küche, vom skandinavischen Frühstücksbuffet über Mittagsbuffet bis Abendessen auf Restaurantpreisniveau. Bei längerer Fahrt wird es dann schon teuer. Zusätzlich Cafeteria rund um die Uhr geöffnet. •

Preise: Die gesamte Strecke Bergen -> Kirkenes -> Bergen (Dauer 11 Tage) kostet Mitte Mai bis Mitte August mit Verpflegung zwischen 2.ooo und 5.25o DM je nach Kabinenklasse. Landausflüge, die unbedingt zu empfehlen sind, wenn man von Norwegen mehr als nur die Küsteneindrücke mitnehmen möchte, kommen extra. Die Mitnahme eines Pkws ist möglich, aber je nach Schiff sehr begrenzte Kapazität.

Im Frühjahr (besonders reizvoll Februar/März zur Lofoten-Fischfangzeit) und Spätsommer um einige hundert DM günstiger. Die komfortableren

Kabinen auf den drei neuen Schiffen sind im Juni bis August als erstes ausgebucht.

Teilpassagen sind möglich, allerdings nicht billig. So kostet beispielsweise die Strecke Bergen-> Trondheim (Fahrzeit 1 1/2 Tage) je nach Kabinenklasse ca. 3oo bis 35o DM (ohne Kabine ca. 24o DM), die Mitnahme eines Pkws zwischen 18o und 27o DM. Die Teilpassagen sind nur vor Ort zu buchen. Dies geschieht entweder am Hurtigrutenkai bzw. auf dem Schiff, mit dem man fahren möchte. Da die Schiffe selbst in der Hauptsaison nicht mehr vollständig ausgebucht sind, kommt es kaum vor, daß Spontanentschlossene keine Kabine mehr bekommen.

Vorbuchen: In Deutschland in jedem Reisebüro oder bei der Generalagentur:

NSA, Norwegische Schiffahrtsagentur GmbH
Kleine Johannisstraße 1o, 2o457 Hamburg. Tel. (o4o) 37 69 3o

In Norwegen am jeweiligen Hurtigruta-Terminal.

Fahrzeiten: absolut pünktlich, wenn nicht gerade widrige Umstände den Zeitplan durcheinander bringen.

Zug:

③ Wer Norwegen ohne eigenes Auto bereisen möchte, wird in der Regel kombinieren zwischen Zug - Bus - Flug. Beim sehr gut ausgebauten norwegischen Netz öffentlicher Transporte ist eine Reise in dieser Form durchaus realisierbar, wenn man allerdings auch manchmal etwas mehr Zeit haben sollte. Denn das jeweilige Transportmittel fährt nicht unbedingt dann los, wenn man selber "ready" für die Abreise ist.

Das norwegische **Bahnnetz** der NSB umfaßt nur rund 4.3oo km, davon nördlich Trondheim die ca. 75o km der Strecke nach Bodø. Die meisten Strecken liegen im Bereich Süd-/Mittelnorwegen, also dem Teil Norwegens, der in diesem Band beschrieben ist.

Wer mit der Bahn reist, sollte sich dann in Norwegen am Bahnhof das Heft "NSB TOG RUTER" besorgen: enthält alle Zugstrecken, Fahrpläne und Bahnbusse.

Drei Hauptstrecken gehen sternförmig von OSLO:

- die Südstrecke (Sørlandbahn) via Kristiansand nach Stavanger
- die Weststrecke (Bergenbahn) nach Bergen, mit Stichstrecke an den Sognefjord (die Flåm-Bahn) und einer heute stillgelegten Stichstrecke nach Granvin/Hardangerfjord

- die Nordstrecke: bis kurz vor Trondheim als parallel verlaufende "Dovre-" und "Rørosbahn", - danach als "Nordlandbahn" bis Bodø. Seitenstrecke: Raumabahn nach Ålesund.

Nur rund 1/4 des norwegischen Gleisnetzes verläuft eben. Der Großteil sind Steigungsstrecken bis zu 5,5 % (höchste Steigung für Normalspur in Europa!). Auf den rund 4.3oo km gibt's insgesamt 755 Tunnel und mehr als 3.ooo Brücken.

Allein diese Zahlen zeigen, welche gewaltigen Leistungen im norwegischen Eisenbahnbau seit Mitte des vergangenen Jahrhunderts vollbracht wurden. Obwohl viele der wichtigsten Orte Süd- und Mittelnorwegens sternförmig ab Oslo per Zug erreichbar sind, verhinderte die Topographie Norwegens ein dichtmaschigeres Eisenbahnnetz.

GESCHICHTE: Die erste norwegische Eisenbahnstrecke wurde 1854 eröffnet; ein 68 km langes Gleis von Oslo nach Eidsvoll am Mjøsasee. Hier hieß es umsteigen, und zwar auf den Schaufelraddampfer "S/S Skibladner", der die Fahrgäste in damals phänomenaler Zeit von nur 9 Std. über den See rauf nach LILLEHAMMER brachte. Denn die Gesamtstrecke per Postkutsche dauerte damals rund zwei Tage!

Der "S/S Skibladner" ist heute übrigens noch im Einsatz, ältester, in Betrieb befindlicher Schaufelraddampfer der Welt, Tips siehe Seite 57o!

In den folgenden Jahren, bis Ende des 19. Jh., wurden weitere Kurzstrecken eröffnet, die in flachen Tälern verliefen und meist größere Ortschaften mit Seen verbanden, auf denen der Weitertransport preiswerter verlief. Beispiele sind die KRØDEREN-BAHN (heute stillgelegt, aber Museumseisenbahn, Details siehe "Norwegische Eisenbahnen/Tips für Nostalgiefans"!), - die Strecke von Notodden/Telemark nach Tinnoset (Weitertransport über den Tinnsjøsee nach Mael, hier Kurzgleis nach Rjukan) und die SETESDAL-BAHN von Kristiansand an der Südküste durchs Setesdal zum Byglandsee (heute stillgelegt, Museumseisenbahn, Details siehe "Tips für Nostalgiefans").

Für längere Verbindungen setzten die norwegischen Gebirgsketten ihre Grenzen; den damaligen Eisenbahningenieuren stand als "Werkzeugpark" vorwiegend nur Schaufel, Pickel, Dynamit, die Dampframme und als Transportmittel das Pferdefuhrwerk zur Verfügung. Abgesehen davon war die Dampflok Mitte der 2. Hälfte des 19. Jh. noch nicht weit genug entwickelt, um Steigungsstrecken, wie sie in Norwegen notwendig sind, mit Waggonlast bewältigen zu können (siehe z.B. Dovrestrecke).

Während Deutschland zu Ende des 19. Jh. bereits über ein umfangreiches Eisenbahnnetz verfügte, - lief in Norwegen der Verkehr noch weitgehend über den Weg, der in Hülle und Fülle zu Verfügung stand: das Wasser (Seen, Fjorde, Küste):

Im Fall der Verbindung Oslo-> Bergen ein gewaltiger Umweg um die Südküste des Landes, der auch nach Einführung der Dampfschiffahrt immer noch runde 4 Tage dauerte. Speziell diese Strecke war wegen der wirtschaftlichen Bedeutung beider Städte großes Wunschziel: Baubeginn 1875, wobei man zunächst den Weg via Valdrestal wählte, mit Planung und Gleisverlegung begann. Parallel wurde im südlich verlaufenden Hallingdal ebenfalls mit dem Bau eines Eisenbahngleises begonnen.

1894 entschied man sich, die Oslo-> Bergen Verbindung via Hallingdal fortzusetzen, und erreichte auf dieser Trasse 19o9 Bergen. Bei damaligem technischen Hilfswerkzeug eine grandiose Leistung; u.a. mußte ein fast 8 km langer Tunnel bei Voss in Handarbeit und mit Dynamit angelegt werden; insgesamt hat die 47o km lange Strecke 18o Tunnel! Während der Bauzeit verhinderten zudem oben in der Hardangervidda die langen Wintermonate mit ihren Schneestürmen den Weiterbau. (Die Valdresbahn erreichte 19o6 Fagernes.)

<u>Die meisten Fernstrecken Süd-/Mittelnorwegens</u> entstanden nach der Jahrhundertwende, als das Auto (hier Lkw als Transportmittel für Abraum, Tunnelbau, Transport Baumaschinen etc.) seine Geburtswehen überstanden hatte, - modernere Geräte für den komplizierten Tunnelbau zu Verfügung standen, - aber auch die Dampfloks weiterentwickelt waren.

<u>Die FLÅM-BAHN</u>: Abzweiger von der Bergenbahn bei Myrdal, runter an den Sogne

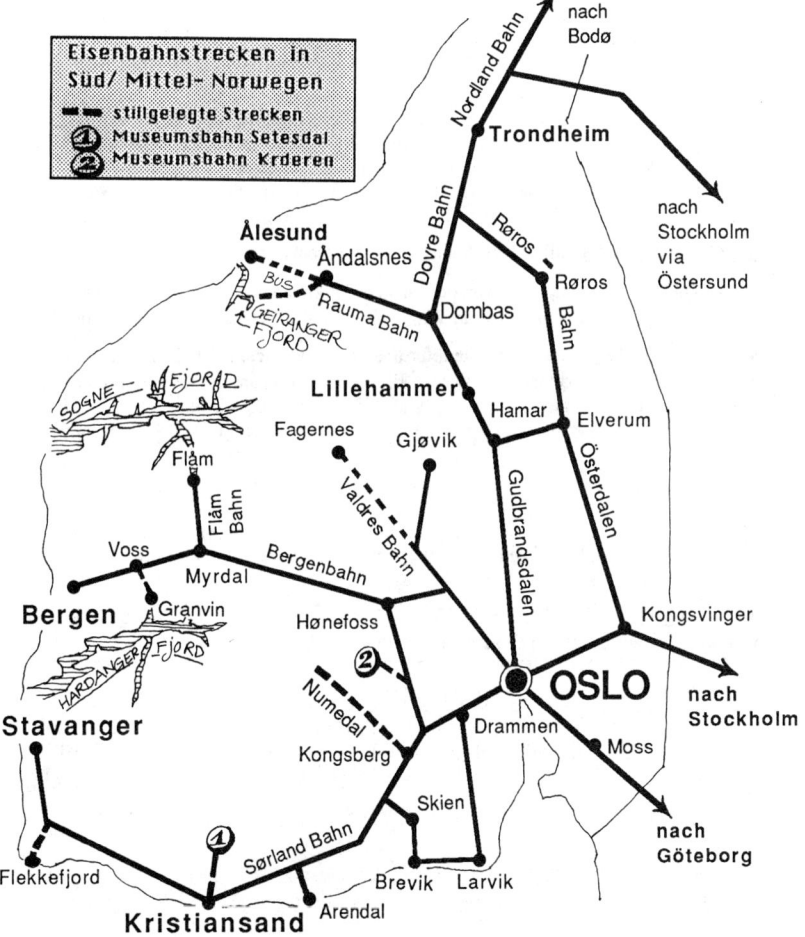

fjord. Mit einer Steigung von 5,5 % hält sie Europarekord. Zur technischen Sicherheit besitzt sie gleich 5 verschiedene Bremssysteme, Fahrzeit für die 2o km: 45 Minuten.

Die NORDLAND-BAHN (Trondheim-> Bodø) wurde 1962 eröffnet, einer der großen "Nachzügler" im europäischen Eisenbahnbau. Auf die Weiterführung bis Narvik verzichtete man, da zwischenzeitlich Straße wie auch Flugverbindungen perfekter waren.

NORWEGEN FÜR NOSTALGIE-FANS

In HAMAR/Gudbrandsdal umfangreiches Eisenbahnmuseum. Nicht nur diverse Dampfloks aus der Zeit Ende 19. Jh., auch liebevoll gestaltete Salon-Waggons der Røros- und Kongsvinger-Bahn.

Mit dem Dampfzug der ehemaligen Urskog/Hölandsbahn kann eine Kurzstrecke befahren werden. Zu besichtigen auch die hübsche Lok "Caroline", die 1861 in Newcastle/England gebaut, die Strecke von Oslo bis Eidsvoll/Mjøsasee befuhr. Sie ist fahrbereit und war 1954 zur 1oo-Jahr-Feier der NSB wie auch 1969 zu Filmaufnahmen des Streifens "Song of Norway" im Einsatz.

Zu sehen auch die "Dovregubbe"-Lok, - mit ihren 2.6oo PS bewältigte sie die Steigungsstrecken der Dovrebahn, sowie als Unikum ein Schienenstück in schwarzem Holz: Es wurde 19o5 von den Norwegern angefertigt, als sie einen eventuellen Angriff der Schweden befürchteten. Sprich: nach dem letzten Abendzug tauschte man das Eisengleis gegen selbiges Holzstück aus. Siehe .... Seite 571.

KRØDERENBAHN: stillgelegt, heute Museumsstrecke. Siehe .... Seite 396.

SETESDALBAHN: stillgelegt, von den ehemals 75 km an den Byglandsee sind heute noch 5 km mit damaligem Lok- und Waggonmaterial in Betrieb. Siehe ....Seite 278.

S/S SKIBLADNER: Schaufelraddampfer über den Mjøsasee, Bj. 1856 und Teil der damaligen ersten Eisenbahnstrecke Oslo-> Eidsvoll-> Lillehammer. Heute mit stärkerer Dieselmaschine im Einsatz, fährt Gjøvik-> Hamar-> Eidsvoll bzw. Gjøvik-> Lillehammer. Lohnender Zwischenstop in Hamar/Eisenbahnmuseum. Siehe ...... Seite 57o.

HØLANDSBAHN (38 km nordöstlich von Oslo): 4 km zwischen Oslo und Kongsvinger Sørumsand-> Fossum: stillgelegt, Kontakt über All Urskog-Hølandsbanen, postboks 711, Sentrum, N-o1o6 Oslo.

THAMSHAVNBAHN: Løkken-> Solbusøy: stillgelegt, Kontakt über Thamshavnbanen, N-7332 Løkken.

BERGENBAHN: Auf der alten Strecke von Bergen Richtung Voss fährt auf 18 km ein Veteranenzug aus der ersten Generation der Bergenbahnen. Siehe Bergen.

Das heutige Streckennetz der norwegischen Eisenbahn NSB ist modern und komfortabel. Die Züge nach skandinavischen Komfortkriterien, inkl. Nachtverbindungen mit Schlafwagen. Unrentable Strecken wurden stillgelegt. Auf den verbliebenen Strecken für skandinavische Verhältnisse dichte Zugfrequenzen (2 mal am Tag bis 2-stündlich). Folgende Strecken:

★ BERGEN-BAHN
Oslo -> Bergen

47o km, im Expresszug knapp 6 Std., mehrmals täglich, 2. Klasse ca. 11o DM/einfach, auch Nachtzug mit Schlafwagen. - In <u>Myrdal</u> Anschluß per Flåmbahn (siehe dort) an den Sognefjord.

Die wichtigste Ost-/Westverbindung Norwegens. Mit rund 1oo-km-Strekkenteil über die Hardangervidda ist sie zugleich die längste Hochgebirgsstrecke Europas.

Als Zugfahrt eine der schönsten Strecken Norwegens: schraubt sich von Meereshöhe (Oslo bzw. Bergen) durch grüne Täler rauf in die Hardangervidda. Der höchste Punkt (1.3o1 m) wird nahe Bahnstation Finse erreicht, vorbei am Hardangergletscher und durch viele Tunnel runter nach Bergen.

Die Bahnstationen <u>GOL</u> und <u>GEILO</u> gehören zu den wichtigsten norwegischen Wintersportgebieten, - Bahnstation <u>FINSE</u> wichtiges Ski-Langlaufgebiet. Daß der norwegische Polarforscher Roald Amundsen hier seine Ausrüstung vor Abreise in die Antarktis erprobte, spricht für sich. Winterliche Schneestürme und eisige Kälte.

In den <u>Sommermonaten</u> sind die Bahnstationen wie Finse (Hotels) und Hallingskeid Ausgangspunkt für Wanderungen durch die Hardangervidda. Ab Hallingskeid z.B. lohnende, wenn auch schwierige 6- bis 8-Std.-Wanderung runter zum Osafjord, einem Seitenarm des Hardanger.

Unbedingt lohnend: ab <u>Bahnstation MYRDAL</u> per <u>Flåmbahn</u> runter an den Aurlandsfjord, Seitenarm des Sogne. Nicht nur eine der spektakulärsten Zugstrecken Norwegens (Details siehe dort).

Zugleich läßt sich via Flåmbahn ein Rundtrip legen ("<u>Norway in a Nutshell</u>"). Ausgesprochen lohnend, läßt sich in einem Tag realisieren und bringt auf engstem Raum fast alle Kontraste, die Norwegen zu bieten hat: Schiff durch den Aurlandsfjord in den Naerøyford (engster und schönster Norwegens) nach Gudvangen. Hier Bus rauf nach Voss an der Bergen-> Oslo-Strecke. Ist auch Tip für Leute, die mit eigenem Auto unterwegs sind und die Flåmbahn mit einbauen wollen.

Die Eisenbahnstrecke Oslo-> Bergen war das schwierigste Bauprojekt der norwegischen Eisenbahnen. Mehr als 18o Tunnel und erhebliche Schwierigkeiten insbesondere beim Bau im Extrembereich Hardanger Vidda. Viele Schneetunnel und Schutzzäune, die zwar die Sicht nehmen, aber für den Winterbetrieb der Strecke unabdinglich sind.

Für den, der <u>ohne eigenes Auto in Norwegen</u> unterwegs ist und aufs preiswerte <u>SCANRAIL-TICKET</u> zurückgreift, ist die Bergenbahn wichtigster und schnellster Einstieg für die Fjordregionen Sogne und Hardanger, die wegen kurzer Entfernungen preisgünstig erreicht werden können.

Zudem <u>BERGEN</u>, welches bequem per Bus/Schiff an Stavanger angebunden werden kann: hier die Sørlandbahn als Südverbindung. Bzw. relativ kurze und daher preiswerte Bus-/Schiffverbindungen ab Flåm via Sogne-fjord rauf nach Ålesund/Rauma Bahn.

✦ FLÅM-BAHN
Myrdal -> Flåm/Sognefjord

2o km, Fahrzeit 45 Min., im Sommer ca. 6 x tägl., 2. Klasse einfach ca. 12 DM
Seitenlinie zur Bergenbahn - in Myrdal umsteigen und hinunter an den steilen Nebenarm des Sognefjord (Aurlandsfjord). Die wohl spektakulärste Eisenbahnstrecke Norwegens: das Gleis überwindet in nur 2o km runde 87o Höhenmeter mit brutalem Gefälle, sprich 5,5 %, welches Europa-rekord ist. Keine Sorge: 5 Bremssysteme an Bord!

In 45 Minuten schlängelt sich der Zug durch 2o Tunnel in teilweise wilden Kehren. Landschaftlich eine der tollsten Strecken Norwegens, durch die vielen Tunnel etwas eingeschränkte Sicht. An Panoramapunkten hält der Zug kurz an, wildester Teil gleich nach Myrdal.

✦ DOVRE-BAHN
Oslo -> Trondheim

55o km, Fahrzeit ca. 7 Std., mehrmals tägl., 2. Klasse ca. 12o DM, auch Nachtzüge mit Schlafwagen. Ab Dombås Querverbindung mit der Raumabahn via Åndalsnes nach Ålesund an der Westküste, Details siehe "Raumabahn".

Gegenüber der parallel verlaufenden Rørosbahn ist die Dovrestrecke schneller und landschaftlich lohnender, insbesondere im Bereich ab Dom-bås bis Trondheim.

Tips für Zwischenstops sind u.a. das Eisenbahnmuseum im Hamar, das Volkskundemuseum in Lillehammer (mehr als 1oo Wohnhäuser aus allen Teilen Norwegens) und die Fahrt mit dem Schaufelraddampfer S/S Ski-bladner (ältester der Welt, der heute noch in Betrieb ist) zwischen Eidsvoll und Lillehammer über den Mjøsasee. Details siehe "Tips für Nostalgie-fans" in diesem Eisenbahnkapitel und "Kongsvoll" im Dovre Nat. Park.

In Verbindung mit Bussen ab Bahnstation Otta ist die Dovrebahn zugleich schnellster Einstieg ins Wandergebiet Jotunheimen.

✦ RAUMA-BAHN
Dombås -> Åndalsnes

115 km, Fahrzeit ca. 1 1/2 Std., mehrmals täglich, 2. Klasse ca. 25 DM. Auch Direkt-züge ab Oslo, ebenfalls Nachtverbindung mit Schlafwagen.

Die Strecke, die ab Dombås von der Dovrebahn westlich abzweigt, gehört zu den landschaftlich lohnendsten Norwegens. Schönster Streckenteil: kurz vor Åndalsnes mit steil aufsteigenden Bergketten (Trollveggen). Ab Åndalsnes, dem Endpunkt des Gleises, Busanbindung landschaftlich schön rüber nach Ålesund an der Schärenküste.

Zugleich ist sie für den nichtmotorisierten Norwegenfahrer wichtiger

"Zubringer" für Rundtrips: beispielsweise ab Åndalsnes Busverbindung (Sommer) zum Geirangerfjord. Von dort weiter per Bus nach Ålesund. Details siehe Hauptteil des Bandes.

✦ RØROS-BAHN
Oslo -> Hamar -> Røros -> Trondheim

56o km, Fahrzeit ca. 9 Std., 3 Züge pro Tag, - 2 x tagsüber, der andere nachts. 2. Klasse ca. 12o DM. Ab Oslo bis Røros ca. 6 Std., ab Trondheim ca. 3 Std.

Lohnendster Stop: Røros, die Bergwerksstadt, sowie Busverbindung an den Femundsee mit Schaufelraddampfer von 19o6. Ansonsten: endlos weite Hügellandschaften, die dicht bewaldet sind. Tagsüber ein Trip ab Oslo, der die Größe Norwegens erleben läßt, jedoch nur wenig Abwechslung bringt.

✦ NORDLAND-BAHN
Trondheim -> Fauske -> Bodø

73o km, 2 x tägl. bis Bodø, 1 x zusätzlich bis Fauske. 2. Klasse ca. 135 DM, auch Nachtzug mit Schlafwagen. - Wer das Ticket ab Oslo bis Bodø bzw. Fauske kauft (Zwischenstop beim Normalticket möglich), zahlt ca. 2oo DM einfach, muß aber in jedem Fall in Trondheim umsteigen.

Die Strecke ab Trondheim bis Fauske dauert ca. 11 Std., dort Anschluß an den Bus nach Narvik.

Erst 1962 fertiggestellt. Der ursprüngliche Plan, NARVIK ab Trondheim per Gleis komplett anzubinden, wurde wegen fehlendem Verkehrsaufkommen fallengelassen. Die Diskussion um eine Verlängerung der Bahn bis Harstad und Tromsø ist jedoch nicht abgeflaut.

Hauptattraktion der Nordlandbahn ist die Überquerung des Polarkreises (66,5 Grad) mit lautem Hupen; auf der kahlen Hochfläche Schneezäune - höchster Punkt 68o m schon über der Baumgrenze Nordskandinaviens.

Gegenüber dem Bus auf der E 6 ist die Eisenbahn sicher bequemer. Man kann sich nicht nur im Zug die Füße vertreten und im Restaurantwaggon einen Snack einnehmen. Auch landschaftlich bringt sie die "Abwechslung" der Weite und Endlosigkeit Nordnorwegens. Sie führt entlang bewaldeter Flußufer, Fjorde und Bergketten.

In Fauske Anschluß an den Nordnorwegen-Bus über Narvik, Tromsø nach Kirkenes. Endstation der Bahn in Bodø am Meer, dort Anschluß an die Hurtigruten bzw. Fähre zu den Lofoten und weiter nach Norden.Weitere Infos VELBINGER Band 28 "NORD-NORWEGEN".

✦ SØRLAND-BAHN
Oslo -> Kristiansand -> Stavanger

585 km, Fahrzeit ca. 7-1o Std., mehrmals täglich, in der 2. Klasse ca. 125 DM, auch Nachtzug mit Schlafwagen.

Ab Oslo bis Kristiansand ca. 5-6 Std. Die diversen Stichstrecken an die Küste wurden/ werden zunehmend wegen Unrentabilität eingestellt.

Ein Seitenzweig (die "Vestfoldbahn") bedient ab Oslo die Orte Tønsberg, Larvik (südnorwegischer Fährhafen für die Dänemark->Norwegen-Fähre), Skien und Porsgrunn. Sehr dichter Verkehr mit vielen Abfahrten pro Tag. Fahrzeit Oslo-> Larvik ca. 2 Std.

Auch wenn die Sørlandbahn landschaftlich nichts Spektakuläres bringt, wie z.B. die Flåm-, Rauma- oder Bergenbahn, so ist sie jedoch wichtige Zug-Querverbindung entlang der Südküste Norwegens.

Sie bringt für den "SCANRAIL-TICKET"-Benutzer preiswerten Einstieg sowohl für Telemark, z.B. Fahrt mit der "Victoria" auf dem Bandak-Kanal, aber auch für Bustrips ab Kongsberg ins Innere Telemarks. Ab Stavanger zudem Verbindung per Bus/Schiff nach Bergen.

PREISE: per regulärer Normaltickets ist die norwegische Eisenbahn nicht gerade ein billiges Vergnügen, Busverbindungen übrigens in der Regel noch teurer!

Beim Norwegen-Rundtrip ohne eigenes Auto - also per öffentlichem Transport und mit Normaltickets - ist die Reisekasse innerhalb von 2-3 Wochen ruck zuck ca. 7oo DM dünner, Anreisekosten nochmals extra!

Selber schuld, wer auf Normaltickets zurückgreift; es geht erheblich billiger:

TIP ist hier das **SCANRAIL-TICKET**: es hat 1994 das Nordtourist-Ticket abgelöst. Dieser Paß gilt in ganz Skandinavien und ist damit schon für die Anreise über Dänemark, Schweden oder Finnland interessant (siehe dort). Dieser Paß gewährt ermäßigte Fahrpreise auf manchen innernorwegischen Fähren.

Folgende Arten des Scanrail-Passes sind erhältlich: 5 Reisetage innerhalb 15 Urlaubstage ca. 23o DM 2. Klasse, 1o Reisetage innerhalb eines Monats ca. 385 DM 2. Klasse, 1 Monat ohne Einschränkung ca. 58o DM 2. Klasse.

Ermäßigung: Kinder von 4 bis 11 Jahren erhalten 5o %, Jugendliche von 12 bis 25 Jahren 25 % Ermäßigung. Senioren 13 % Ermäßigung.

Da gleichzeitig auch z.B. die Fähren von Fehmarn/Deutschland nach Rødby/Dänemark sowie rüber nach Schweden (Helsingør-> Helsingborg) und z.B. Hirtshals-> Kristiansand im Preis inklusive sind, lohnt sich das Ticket bereits bei der Norwegen-Anreise!

In Norwegen dann während der Ticketgültigkeit freie Fahrt auf allen Gleisen ohne Limits. Dies läßt sich sehr zweckmäßig und preiswert einsetzen, beispielsweise:

Anreise via Dänemark-> schwedische Westküste (wo das Ticket bereits gilt), - OSLO diverse Besichtigungen etc., Umgebung, - dann je nach Interessen Telemark via Sørland-Bahn nach Stavanger einbauen. Oder direkt rüber mit der Bergenbahn, die ab Myrdal den Sognefjord per Flåmbahn und ab Voss (Bus) den Hardangerfjord erschließt.

In jedem Fall sind die zusätzlich einzuschaltenden Bus-/Schiffsverbindungen relativ billig, da in ihrer Strecke kurz. Wer via Sørlandbahn von Oslo nach Stavanger fährt, kann beispielsweise ab Skien/Bahnstation den Dampfer auf dem Bandak Kanal nach Dalen nehmen (Bus an den Hardangerfjord).

Oder ab Stavanger die lohnende Querverbindung via Hardanger rauf nach Bergen bzw. nach Bergen via Küstenroute. Jede Menge an Kombinationsmöglichkeiten.

Das Scanrail-Ticket bringt einen weiteren Vorteil: beispielsweise im Preis inkl. ist die Zugverbindung ab TRONDHEIM rüber nach Schweden/Strecke via Östersund nach Stockholm und runter nach Dänemark auf dem Rückweg... Bleibt jedem überlassen, wie er hier sich seine persönliche Route zusammenstellt.

Wer mit dem Flugzeug nach Norwegen kommt und größere Rundtrips plant, reist u.U. ebenfalls mit dem Scanrail-Ticket billiger. Abhängig von der Länge der geplanten Strecke.

Alternative **INTERRAIL-TICKET**: ob sich Interrail im Vergleich zum Scanrail-Ticket lohnt, bleibt fraglich. Interrail bis 26 Jahre kostet ab 5oo DM, gilt dafür aber 1 Monat. Siehe Anreise.

Weitere Ermäßigungen für die NSB (norwegische Eisenbahn):

Grønt Kort: Diese Karte entspricht in etwa der deutschen BahnCard, mit dem Unterschied, daß die 5o % Rabatt nur während der "grünen Fahrzeiten" gewährt werden, die im Fahrplan extra ausgewiesen sind. D.h. nicht zu den Hauptreisezeiten. Die Karte kostet einmalig ca. 55 DM.

Minipris bringt gewisse Ermäßigung. Bedingungen: Das Ticket muß spätestens am Tag vor der Abreise gekauft und die Reise darf nicht zu einer "Stoßzeit", sondern nur zu den sog. "grønn avgang" beginnen, d.h. nicht freitags, sonntags oder feiertags.

NSB-Gruppe (ab 1o Personen): bis 25 % Ermäßigung vom Normaltarif auf Strecken länger als 15o km. Keine Einschränkungen bezüglich der Reisetage.

Senioren: ab 67 Jahren erhalten auf innernorwegischen Strecken 5o % Ermäßigung vom Normaltarif, - gilt auch für Ehepaare, die zusammen mit einem o.g. Senior reisen, sowie für Besitzer eines deutschen (schweizer oder österreichischen) Seniorenpasses, Alter hier Frauen ab 6o Jahren, Männer ab 65 Jahren.

Studentenermäßigung 5o % bekommen nur deutsche, schweizer oder österreichische Studenten, die in Norwegen studieren.

Für <u>EXPRESSZÜGE</u> (z.B. Oslo-> Bergen, -> Trondheim, -> Stavanger) ist die Platzreservierung obligatorisch. Kostenpunkt ca. 5 DM.

<u>FAHRRAD-TRANSPORT</u>: auf Normalzügen (nicht Expresszügen) möglich, kostet ca. 7 DM. <u>SKI/SCHLITTEN</u>: ca. 5 DM

<u>SCHLAFWAGEN</u> ist recht preisgünstig: im 3-Bett-Abteil ca. 2o DM (in etwa das, was man in Deutschland für den Liegewagen zahlt!), im 2-Bett-Abteil zahlt man ca. 45 DM/Person.

FAHRPLÄNE der NSB in größeren Bahnhöfen oder Kurzübersicht des norwegischen Fremdenverkehrsbüros ("Norway-Fahrpläne"). Am perfektesten, doch sehr dick: "Rutebok for Norge", siehe unser Kapitel "Schiff" Seite 63.

Ein recht dichtes **Busnetz** ergänzt die Bahn. In der Regel moderne komfortable Reisebusse. An Wochentagen geht zumindest ein Bus auch in abgelegene Ecken. Eine Reihe Expressbuslinien (NOR-WAY) bedient besonders Süd-/Mittelnorwegen. Bequeme Reisebusse, z.b. von Oslo nach Bergen, Sognefjord, Måløy. Info: Nor-Way Busterminal Galleri, Oslo, Schweiggardsgt. 8-1o (neben Bahnhof).

Die Hauptstrecken werden bis zu stündlich bedient. Im Gegensatz zu Deutschland hat in Norwegen der Bus eine erheblich höhere Bedeutung: Wegen dem recht dünnen Zugnetz ist er eigentlich neben dem Flieger d a s Überland-Transportmittel. Sa./So. schaut es dagegen sehr mager aus.

Haltestellen sind durch blau-weiße Schilder mit Bussymbol gekennzeichnet. Fahrpläne hängen nur am Zentralterminal aus (meist mit Warteraum, in größeren Städten auch Gepäckaufbewahrung). Beim Fahrplan beachten, daß einige Busse nur an Schultagen (= skd) verkehren! Unsere Häufigkeitsangaben bei den jeweiligen Orten beziehen sich auf Wochentage.

Preisbeispiele: Bergen-> Trondheim (15 Std.) ca. 15o DM
Sognefjord (Gudvangen)-> Bergen 167 km rund 4o DM
Voss (an der Bergenbahn)-> Gudvangen/Sognefjord: 1 Std./1o DM
Bergen-> Oslo ca. 12o DM, Fahrzeit 13 Std. via Gol, Gudvangen
Als Richtwert: für etwa 1o DM kommt man ca. 45 km weit.

Im Gratisheft "Norway-Fahrpläne" (erhältlich beim Norwegischen Fremdenverkehrsamt) findet man eine Übersicht der wichtigsten Busverbindungen inkl. Fahrzeiten und Häufigkeit, um schon mal eine Grobübersicht zu bekommen.

Vor Ort dann die gratis Fahrplanhefte der jeweiligen Busgesellschaften besorgen, - oder gleich das große Norwegen-Kursbuch "Rutebok for Norge". Busse und Fähren sind in der Regel aufeinander abgestimmt und warten aufeinander.

Die Rabatte variieren bei den jeweiligen Busgesellschaften. Kinder unter 4 Jahren sind in der Regel frei, wenn sie keinen eigenen Sitzplatz beanspruchen.

Kinder und Jugendliche (meist) von 4 bis 16 Jahren zahlen die Hälfte.

Studenten erhalten bis zu 4o % Ermäßigung bei Vorlage des Studentenausweises.

Manche Gesellschaften geben Familienrabatt, z.B. bei Strecken über 15o km, wenn eine Familie zusammen reist. Ein Ehepartner zahlt voll, der andere und/oder deren Kinder bis

25 Jahre nur 5o % vom Erwachsenen- bzw. Kindertarif.

Gruppenrabatt unter gewissen Bedingungen für mehr als 12 Personen.

Mit einer Streifenkarte (Klippekort) gibt es z.B. 17 % Ermäßigung. Kinderwagen sowie Fahrräder kosten den Kindertarif. - Ski werden kostenlos transportiert.

Umsteigeticket günstiger. Rückfahrkarte bei einzelnen Gesellschaften ermäßigt. Wie gesagt, je nach Gesellschaft unterschiedlich.

Alle großen Städte, aber auch viele kleinere Orte verfügen über einen eigenen Flughafen. Bei den Entfernungen Norwegens ist das Flugzeug ein wichtiges, wenn auch nicht billiges Verkehrsmittel.

Beispielsweise Oslo-> Kristiansand ca. 16o DM, Oslo-> Bergen ca. 23o DM. Längere Strecken, z.B. rauf nach Nordnorwegen, entsprechend teurer: z.B. Bergen-> Narvik (Evenes) ca. 42o DM, alle Preise jeweils einfach.

Die Inlandstrecken werden von der SAS, von Braathens SAFE, von der WIDERØE sowie kleineren Gesellschaften bedient. Im Einsatz sind auf Langstrecken moderne Jets bzw. zu Klein-Airports wie Skien/Telemark oder Sogndal am Sognefjord moderne Propellermaschinen.

Auf Inlandsflügen gibt's nur eine Klasse, keine Einteilung in Abteile oder unterschiedlicher Service. Erfreulicherweise (nicht für alle) ist Rauchen verboten! Nach einer Umfrage plädierten z.B. mehr als 7o % der Braathens Safe Passagiere für ein Rauchverbot.

SAS

Scandinavien Airlines

betreiben neben den internationalen Strecken von und nach Norwegen zugleich die Fernstrecken innerhalb Norwegens: an die Westküste nach Haugesund und Bergen sowie rauf nach Nordnorwegen, Tromsø und Finnmarkverkehr.

Braathens SAFE

Die 1946 von Ludvig Braathen gegründete Airline operierte zunächst in Südamerika und Fernost. Daher der Beiname "safe"!

Bei einer positiv aggressiven Firmenpolitik konnte sie sich neben der SAS zur wichtigsten Inlandsairline Norwegens entwickeln und bedient heute die wichtigsten Punkte Süd- / Mittelnorwegens, zusammen mit einer Langstrecke rauf nach Nordnorwegen (Bodø, Evenes bei Narvik, Tromsø und Spitzbergen).

Widerøe

Norwegens älteste Airline, die in den mehr als 5o Jahren ihres Bestehens ein recht beachtliches Streckennetz aufbauen konnte und vorwiegend die kleineren norwegischen Airports an die großen anbindet. Das Widerøe Flugnetz erschließt sternförmig ab Oslo beispielsweise Sogndal/Sognefjord sowie Querverbindun-

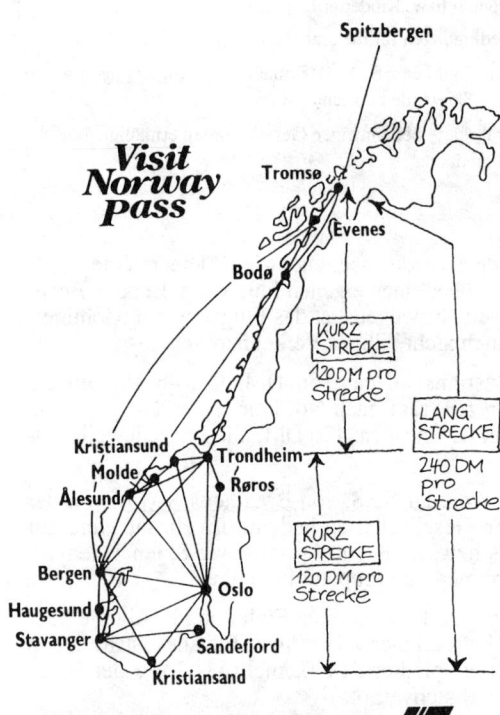

Visit Norway Pass

gen zwischen Bergen-> Florø->Ålesund->Molde->Kristiansund bis rauf Trondheim.

Weiterhin Fernstrecken nach Nordnorwegen, wo sie insbesondere im Bereich Lofoten und im nördlichsten Norwegen als Zubringer zu größeren Airports fliegt.

Geflogen wird mit modernen Propellermaschinen, De Havilland Typ Dash 7 (48 Sitze), für kleinere Airports Typ Twin Otter (12 Sitze). Die Maschinen gelten als sehr sicher, idealer Transport auch für schwierig zugängliche Gebiete.

Widerøe ist an das SAS-Buchungssystem angeschlossen, kann also auch von jedem SAS-Büro beispielsweise in Deutschland gebucht werden.

Die größeren norwegischen Airports (wie sie von der Braathens und SAS angeflogen werden) besitzen einen Flughafenbus. Kostet je nach Entfernung 5 bis 1o DM.

BRAATHENS S·A·F·E

Braathens SAFE, Snarøyveien 30, N-1330 Oslo Lufthavn,

Tel. 67 59 70 70

Freigepäck auf innernorwegischen Flügen: bei Widerøe 2o kg, bei Braathens Safe 3o kg, bei SAS 2o kg wenn ermäßigtes Ticket, sonst 3o kg plus 5 kg Handgepäck (im Umfang 45x35x2o cm). Ski, Kinderwagen (zusammenlegbar) und Fahrräder werden im Laderaum transportiert.

Spezialangebote, Rabatte:

"**Visit Norway Pass**": bei Braathens Safe Spezialangebot für Norwegen-Besucher. Einheitlicher Tarif auf allen sogenannten Kurzstrecken, d.h. Flüge bis zur Höhe von Trondheim bzw. ab Trondheim nördlich: Z.B. Bergen-> Trondheim oder Oslo-> Ålesund jeweils zum Preis von 12o DM einfach. Gleiches gilt für Nordnorwegen-Flüge, z.B. Trondheim-> Bodø. Dagegen fallen Flüge wie Oslo-> Bodø unter Langstrecke zum Preis von 24o DM. Das Flugticket gilt ein Monat im Zeitraum zwischen 1. Mai und 3o. September. Kinder zwischen 2 und 16 Jahren zahlen 5o %; gilt nicht auf der Strecke nach Spitzbergen! Zu dem "Visit Norway Pass" gibt's den Hotelpaß "Scandinavian Bonus Pass", der bei über 4o Inter Nor Hotels Ermäßigung bringt.

SAS-Sommerpreis: günstiger Tarif bei Flügen zwischen dem 25. Juni und 15. August. Norwegen ist in Zonen bis Trondheim, bis Tromsø und ab Tromsø eingeteilt. Ein Flug in einer Zone kostet ca. 9o DM.

Rabatte auf Normaltickets:
KINDER bis 2 Jahre gratis, allerdings ohne Anspruch auf eigenen Platz und nur 1 Kind pro Erwachsenenticket. Kinder zwischen 2 und 15 Jahren die Hälfte.

FAMILIENRABATT: Wenn ein Ehepartner voll bezahlt, bekommen begleitender Ehepartner und Kinder (12-25 Jahre) 5o % Rabatt bei gemeinsamen Flug. Der Familienrabatt gilt bei den fortschrittlichen Norwegern auch für zusammenlebende Paare (Mann und Frau) mit gemeinsamer Adresse (evtl. wird Nachweis verlangt). Einer zahlt voll, der Rest 5o %.
Aber: Altersgrenze fürs Kind ist 25 Jahre. Es muß schon eine eheähnliche Gemeinschaft sein, Geschwister und Freunde/-innen, die zusammenleben, fallen nicht darunter.

MINIPRIS: deutliche Ermäßigung bei Hin- und Rückreise auf bestimmten Linien an bestimmten Tagen. Zwischen Hin- und Rückflug muß die Nacht von Samstag auf Sonntag liegen. Ticket gilt ein Monat; auf Minipreis zusätzlich Familienrabatt möglich. Dadurch wird es preislich sehr attraktiv! Stornierungsgebühr 25 %.

MIDIPRIS: 25 % Ermäßigung bei Hin- und Rückflug. Mindestaufenthalt 3 Tage oder es muß zwischen Hin- und Rückflug die Nacht von Samstag auf Sonntag liegen. Gilt max. 3 Monate und muß 14 Tage vorher gebucht werden.

SUPERHAIK/SJANSEBILLET: ca. 5o % Ermäßigung, gilt für Leute bis 25 Jahre und Studenten.

Achtung: nur gewisses Kontingent für ermäßigte Tickets. Wenn z.B. verstärkte Nachfrage nach Normalpreistickets besteht, geht das zu Lasten der Anzahl verbilligter Tickets.

FAHRPLANHEFT "Flyruter i Norge" gibt's gratis in Norwegen bei Fluggesellschaften, Reisebüros, teils auch Touristbüros. Enthält den innernorwegischen Flugplan aller Gesellschaften, Preise, Adressen und Telefonnummern der jeweiligen Flugbüros.

Trampen

Kommt in der letzten Zeit etwas mehr in Mode; wegen der weiten Distanzen und des schnell wechselnden Wetters bisher nur vom harten Tramperkern favorisiert.

Die Trampchancen sind sehr unterschiedlich: Relativ gute Chancen hat man auf Fernverbindungsstrecken wie E 6 (Oslo-> Trondheim) und der Transtelemarkstraße (Oslo-> Haukeli Fjell-> Hardanger). Lkw-Fahrer nehmen nur ungern mit, Touristenautos sind oft voll. Gerne nehmen dagegen Soldaten mit, die auf Heimatfahrt sind bzw. Norweger auf Verwandtenbesuch oder Geschäftsreise.

Da die Norweger erstaunlich gut englisch oder deutsch sprechen, ergeben sich schnell die interessantesten Gespräche. - Übernachten im Zelt: kein

Problem, wenn man mitten in der Einsamkeit abgeladen wird. Ein paar hundert Meter abseits im Wald die besten und ruhigsten Schlafplätze, Wasser auch kein Problem. Insofern ein sehr tramperfreundliches Land.

Fahrradfahren

"Norwegen ist kein ideales Fahrradland" - Vorurteil oder Realität? Zunächst mal: schwieriges Gelände mit jeder Menge an Steigungen, unbeständiges Wetter und enorme Entfernungen. Landschaftlich aber einmalig schön, ein gutes Fahrrad (Mountainbike), gute Ausrüstung und Kondition sollte man schon haben, außerdem sich nicht allzuviel vornehmen, sonst wird es eine Plackerei.

Beste Radelzeit von Juni bis September. Gebirgsstraßen können im Juni noch verschneit (gesperrt) sein, vorher abchecken.
Wo möglich Nebenstraßen suchen - das Gros der Straßen ist asphaltiert, Nebenstraßen teils auch Schotter, festgefahrener Lehm - waschbrettartig.

Tunnels sind teilweise für Radfahrer gesperrt, doch existieren bei vielen Tunnels die alten Fahrbahntrassen noch. Allerdings sind diese Tunnelumgehungen nur hier und da sicher ausgeschildert. Die Tunnelumleitungen über die alten Paßstraßen sind zwar deutlich anstrengender zu fahren, aber dafür wird man meistens mit herrlichen Ausblicken belohnt, die den Autofahrern in den Tunneln entgehen. Beispielsweise die Strecke von der Hardangervidda runter an den Fjord mit Blick auf den berühmten Wasserfall.

Trotz der Beleuchtung, die in den Tunnels meist schwach ist, sollte man mit einem guten Licht ausgerüstet sein.

Fahrradtaschen: Auf jeden Fall muß in Norwegen bei einer längeren Tour mit Regen gerechnet werden, der leider manchmal über Tage anhalten kann. Packtaschen sollten deshalb robust und wasserdicht sein. Gute Erfahrungen haben wir mit Carradice machen können. Sie sind aus festem Baumwolltuch, wie es auch für die Faltboote verwendet wird. Zudem mit Wachs gegen Nässe imprägniert. Trotz allem sollten die Gegenstände noch einmal in Plastiktüten eingepackt werden, was zudem den Vorteil hat, daß man die Dinge grob sortieren kann und damit schneller findet. Durch den Schnellverschluß sind sie mit zwei Handgriffen abgenommen und können im Zelt, Jugendherberge etc. verstaut werden. Wertsachen in die Lenkertasche (mit Kartenfach), die mit einem "Klick" abzunehmen ist und bei einem Stadtbummel immer mitgenommen werden kann.

Kaum Fahrradvermietung, besser das eigene Fahrrad mitnehmen. Verschleißteile, Reparatursets, Schlauch und Mantel einpacken; Fahrradwerkstätten sind in Norwegen sehr dünn gesät. Mindestens 1o Gänge, gute Bremsen und wirklich wasserdichte, atmungsaktive Regenkleidung, sonst macht es keinen Spaß. Bei Radlern, die ordentlich in die Pedale treten, schützt letztendlich auch Goretex-Kleidung nicht vor Nässe von innen. Die Investition einer guten Radhose mit Ledereinsatz lohnt sich, sie schont den "Allerwertesten" und trocknet schnell. Empfehlenswert auch Fahrradhandschuhe. Wer auf Nummer sicher gehen will, kauft noch einen Sturzhelm.

Fahrradkarten: gibt es für bestimmte Gebiete Südnorwegens, einige Faltblätter für empfohlene Fahrradrouten (teils auch englischsprachig), z.B.: Oslo-> Arendal, Røros-> Fagernes, Oslo-> Hemsedal bei SLF (Syklistenes Landsforening) MARIDASLSVEIEN 60, Oslo. Geschäftszeit nur an 2 Tagen pro Woche.

Fahrradtransport: auf manchen Zügen (nicht auf Expresslinien) für ca. 1o-15 DM, einige Überlandbusse transportieren Fahrräder. - Die Fjordfähren transportieren Räder in der Regel kostenlos, auf dem Küsteneildampfer (Hurtigruta) ebenfalls gratis in Verbindung mit Personenticket. - Im Flugzeug kann das Fahrrad transportiert werden, wenn Platz ist; kostet Gebühr.

Besonders lohnende Touren (1 bis 3: leicht, Rest schwer):
1.) Von Oslo mit dem Zug nach Eidsvoll/Mjøsasee. Der langgestreckte Mjøsasee ist nicht nur der größte Norwegens (schöne, leicht hügelige Waldlandschaften, weite Getreideanbauflächen), - zugleich bringt er auch eine Reihe an Attraktionen: den bereits im Kapitel "Schiff" erwähnten Schaufelraddampfer "S/S Skibladner", ältester der Welt, der noch in Betrieb ist, - in Lillehammer das große Volkskundemuseum mit mehr als 1oo Häusern aus allen Regionen Norwegens (teils mit Werkstätten aus 19. Jh.) innen eingerichtet - und in Hamar großes Eisenbahnmuseum.

Strecke: Ab Eidsvoll rüber zum Hurdalsjöen-See und am Höjernsjöen rauf nach Lena - Gjøvik. Hier mit dem Schaufelraddampfer nach Lillehammer. Entlang des Ostufers auf Nebenstraßen retour nach Eidsvoll. Insgesamt 2o7 km (4-5 Tage).

Kann man auf ca. 65 km Radlerei reduzieren, wenn die Zeit knapp ist, indem man ab Gjøvik mit dem Schaufelraddampfer direkt retour nach Eidsvoll abkürzt. Da der Schaufelraddampfer zunächst in Hamar anlegt, ist Besuch des Eisenbahnmuseums ebenfalls drin. Zeitbedarf: 2 Tage.

2.) Südküste: mit ihren hübschen Orten und vorgelagerten Schäreninseln ungemein lohnend. Es gibt zudem genügend Campingplätze. Schönster Streckenabschnitt Horten (bzw. Larvik) nach Arendal: ca. 4-6 Tage auf Nebenstraßen direkt entlang der Küste (nicht die E 18 nehmen!). Wer von Arendal noch bis Lillesand weiter radelt, kann ab hier die schöne Küstenbootsfahrt weiter nach Kristiansand einbauen.

3.) Telemark: die schönste Tour hier entlang des Nissersees zusammen mit einer Fahrt auf dem Bandak-Kanal. Man nimmt den Zug bis Risør (schöner Fischerort) an der Südküste. Hier beginnt die Radwanderung auf weitgehend einigermaßen flachen und gut ausgebauten Landstraßen. Es geht durch Wiesen und Wald, schöne Badestellen am Nissersee, auch Campmöglichkeiten: 165 km via Treungen-> Vrådal nach Kviteseid. Hier in den alten Dampfer "M/S Victoria" und Fahrt auf dem Bandakkanal über einsame Seen und enge Flußläufe mit Schleusen bis Skien (knapp 1 Tag). Hier mit dem Zug retour. Insgesamt ca. 4-5 Tage.

Der schönste Kanalabschnitt übrigens zwischen Lunde und Ulefoss mit riesigen Schleusenanlagen im Wald (bei Eidsbygda, insbesondere aber Vrangfoss).

4.) Hardanger Fjell/Sognefjord: Während die ersten 3 Touren relativ leicht sind und auch im "Familienbetrieb" geradelt werden können, ist diese Tour sehr anstrengend, erfordert entsprechende Kondition sowie umfangreiche Erfahrung mit dem Fahrrad auf schlechten Pisten.

Die **erste Etappe** auf dem Rallarvegen (Hardangervidda) ist sicher ein Supertrip: Mit der Bergenbahn rauf auf die Hardangervidda. Je nach sportlicher Kondition steigt man in Haugastøl (Höhe knapp 1.ooo m) oder erst in Finse (1.222 m) aus. Hier kann man die alte Bauarbeiterstraße (angelegt zum Bau der Eisenbahn) benutzen, Schotter, Erdpiste, die für den Autoverkehr gesperrt ist. Gutes Reifenmaterial fürs Fahrrad und Flickzeug, für den Fahrer warme Kleidung. Nach Finse geht's ständig bergab. Großartige Fjell-Landschaften, am Hardangergletscher vorbei bis Myrdal: ca. 45 km ab Finse, wegen der schlechten Piste, auch in Bezug Reifenpannen, entsprechend Zeit einkalkulieren. Für diesen Abschnitt breite Reifen unabdinglich. Die Strecke nach Flåm gehört zu den schönsten Mountainbike-Touren in Norwegen. Teilweise mit dicken Steinen eine echte Herausforderung. Sie verläuft auf dem "Rallerweg", der Trasse der Bahnarbeiter während des Baus der Eisenbahnstrecke.

Achtung: Es kann hier oben noch im Juni/Juli Schnee haben, ebenfalls erste Schneefälle bereits September, spätestens jedoch Oktober! Daher nur der August empfehlenswert. Piste folgt immer nahe des Gleises, Nebel durch tiefhängende Wolken kann trotzdem Orientierung erschweren. Dringend auch im Sommer warme Kleidung, sowie entsprechende Regenkleidung.

Ab Flåm dann nach Gudvangen und über den Sognefjord. Eine der schönsten Fjord-fahrten, die durch den schmalen Nærøyfjorden führt. Ab dem Fähranleger weiter nach Lærdal und Stabkirche Borgund 3o km durch die Schlucht. Allerdings auch die Hauptverbindung Oslo-> Bergen.

Gesamtzeitbedarf 1. Etappe (ohne Zuganreise zur Hardangervidda): knapp 2 Tage. Alternativ kann man über den Sognefjord übersetzen nach Kaupanger und Abstecher entlang des Lustrafjorden (Sogne-Seitenarm) radeln.

Die zweite Etappe: Ab Laerdal im engen Tal entlang des Laerdalselva (der Fluß ist berühmt für seinen Lachsreichtum, Angeln ohne Genehmigung aber streng ver-boten!) zur Borgund Stabkirche, eine der schönsten und besterhaltenen Norwegens. Für den anschließenden Anstieg von 5oo m (Borgund Stabkirche) auf rund 1.ooo m (Fillefjell), der sich über ca. 3o Straßenkilometer erstreckt, am besten den Bus neh-men (bis zur Abzweigung Hugostua).

Hier Abstechermöglichkeit an den Tyin- und Bygdin-See (siehe unser Punkt 7), bzw. auf der Hauptroute ab Hugostua ständig bergab, entlang des schönen Vangs-mjösa mit Campmöglichkeit am Seeufer und anschließend lange Fahrt an Seen entlang und durch dicht bewaldete Täler nach Fagernes.

Zeitbedarf Etappe 2 (sofern Bus eingeschaltet): ca. 2-3 Tage.

5.) Varianten zur oben geschilderten Strecke (4) **Lustrafjord**: mit der Fähre rüber nach Kaupanger, weiter über die superbreite Asphaltstraße nach Sogndal und via Hafslo an den Lustrafjord. Mehrere allerdings relativ kurze Steigungen, ab Erreichen des Fjords flach am Westufer entlang. Man kann den Fjordarm auf der einen Seite rauf und auf der anderen Seite retour fahren und so die berühmte Stabkirche Urnes mit einbauen. Auf der Fähre werden Fahrräder problemlos transportiert.

Die große Barriere dann am Fjordende: supersteile und endlos lange Serpentinen-straße rauf aufs Sognefjell. Vorab in Sogndal abklären, ob der Bus (Richtung Lom) Fahrräder mitnimmt. Wenn ja: Supersache!

Man läßt sich bei der Jotunheimen Fjellstue und nähe Beginn des Abstieges ins Leirdalen absetzen. (In diesem Bereich sehr lohnende Wanderungen, Details siehe Kapitel "Jotunheimen", ab Seite 592.) Ab hier geht's ständig bergab bis Lom und weiter bis Otta (Eisenbahn Trondheim-> Otta).

Zeitbedarf ab Kaupanger bis Otta (ohne Wanderungen): ca. 3-4 Tage.
Achtung: Die Straße übers Sognefjell ist oft bis Ende Juni verschneit, erster Neuschnee oft schon im Oktober.

6.) Variante zur Route (4) Nordfjord, Geiranger: per Bus nach Kjøsnes auf der Nordwestseite des Jostedals-Gletscher, da die beiden langen Tunnel für Radfahrer gesperrt sind. Dort weiter per Rad.

Was nach Skei nördlich folgt, sind über kurz oder lang dicke Steigungen. Die erste "dicke" bei Byrkjelo: in ca. 1o km Straße 45o m rauf, dafür oben dann aber großartige Abfahrt runter zum Nordfjord! Dieser mit einer flachen Uferstraße umrundet, bei Olden 24 km Abstecher im Oldedalen zum Jostedalsgletscher.

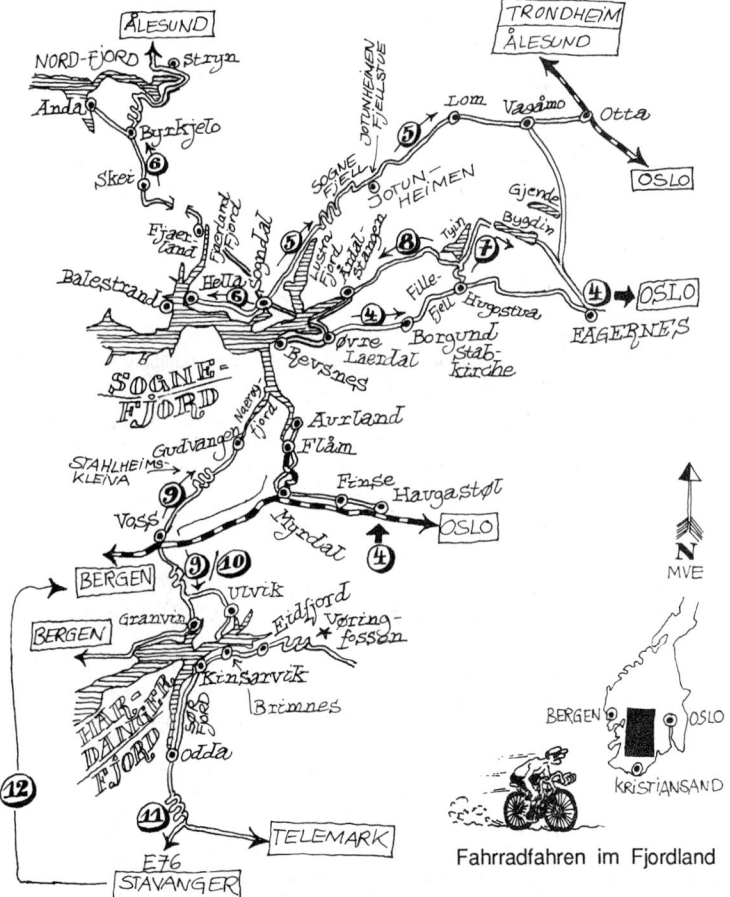

Fahrradfahren im Fjordland

Wer den Geirangerfjord mit einbauen will: nur als Abstecher ab Hellesylt und Fähre, selbst für diese Strecke wieder ein 4oo m Anstieg im Hornindal. Auch die weitere Strecke ab Hellesylt nach ÅLESUND hat Steigungen mit 4oo Höhenmetern! Als Verbindung für den Radler nicht gerade das Gelbe vom Ei, zudem sehr lange Entfernungen. Sollte man nur fahren, wenn der Bus auf den zumindest kritischen Teilstrecken das Rad mitnimmt.

Alternative: Nordfjord-> Ålesund: Bus ab Stryn/Nordfjord bis Nordfjordeid. Hier entlang der Küste auf relativ flachen Straßen mit mehreren Fähren.

7.) Variante zu (4) via Tyin- und Bygdin See: lohnt sich sehr, ab Hugostua ein kurzes (ca. 4 km) aber sehr steiles Serpentinenstück bis zum Tyinsee. Direkt beim Hotel rechts Erdpiste am Seeufer entlang, 23 km fast flach am See und rüber zum Bygdinsee nach Eidsbugarden, Schiff über den See nach Bygdin und Straße ständig abwärts bis Fagernes.

Gesamter Zeitbedarf ab Hugostua bis Fagernes (ohne eventuelle Wanderungen) ca. 2 Tage.

8.) Tyinsee-> Årdalstangen/Sognefjord: mit dem Fahrrad nur in dieser Richtung! In dem Fall gehts für den Radler ab Tyinsee immer bergab, vorallem supersteile und sehr lange Serpentine kurz vor Årdalstangen runter an den Fjord, vorsichtig fahren! Mehrmals tägliche Fährverbindung über die Sognefjord-Seitenarme.

Als Verbindung wichtig, wenn man Rundtrips plant: z.B. Route (4) bis Hugostua plus Route (8) und via (7) nach Lom/Otta.

9.) Naeroyfjord: der engste und vielleicht schönste der mittelnorwegischen Fjorde. Wer ihn auf einer Fahrradfahrt einbauen will, sollte unbedingt in Voss beginnen! Bequem per Zug zu erreichen, die Straße geht zunächst relativ flach entlang des Westufers des Oppheimsvatnet bis Stahlheimskleiva.

Hier neuer Tunnel (fürs Fahrrad gesperrt) - sowie die alte Serpentinenstraße, die endlos sich am steilen Hang ins Tal runterschlängelt. Vorsichtig fahren, unten im Tal ständig bergab bis Gudvangen. Straßenverbindung mit langen Tunnels nach Flåm, so daß man besser auf das Personenboot zurückgreift und mit der Flåmbahn nach Myrdal - Bergenbahn bis Voss. Hier Straße runter nach Granvin am Hardangerfjord.

Fahrzeit: Voss bis Voss 2 Tage (nach derzeitigen Fahrplänen von Schiff/Zug/Zug nicht in 1 Tag realisierbar, bester Schlafplatz natürlich unten in Meereshöhe/Fjord, da wärmer als oben in Myrdal!).

1o.) Voss-> Hardangerfjord-> Bergen: für Fahrradtrips am Hardangerfjord läßt sich dieser am bequemsten per Eisenbahnverladung Strecke Oslo-> Bergen erreichen: Bahnhof Voss. Hier die gut ausgebaute, aber auch stark befahrene Asphaltstraße runter an den Hardanger/Granvin.

Schöner Abstecher via Ulvik, von hier kommt man entlang Osafjord nach Bruravik Fähre nach Brimnes und Straße nach Eidfjord: Abstecher zum Vøringfossen, einem der höchsten Wasserfälle Norwegens. Bis Eidfjord die Straße flach, danach Anstieg bis Saebo (ca. 8 km) und Serpentinen rauf zum Vøringfossen. Die Fahrradstrecke verläuft auf der alten Straße mit super Panoramapunkten.

Umrundungen des Hardanger und vieler seiner Seitenfjorde sind im Prinzip per Fahrrad möglich: insbesondere lohnend Sørfjord via Ostufer bis Odda und rauf Westufer bis Utne mit Fähre nach Kinsarvik. Allerdings vorsichtig fahren, insbesondere auf der RV 7 entlang Nordufer (Bereich Kvanndal/Norheimsund)!

11.) Odda-> Stavanger: die lange und rund 9oo-m-Serpentinenstrecke rauf aufs Røldals- fjell (auch in Gegenrichtung RV 11 von Stavanger) benötigen für den Radler in jedem Fall Bustransport!

12.) Stavanger-> Bergen: problemlos via Küste/Insel (Karmøy - Stord) da flach und ge- nügend dichte Fährverbindungen. Ca. 3-4 Tage.

Alternative: Stavanger-> Tau (Fähre), hier eventuell Abstecher nach Jörpeland (am besten Fahrrad abstellen und zu Fuß rauf) zum Prekestolen-Felsen, einem Steil- absturz oberhalb des Lysefjords. - Weiter ab Tau nördl. über die RV 13 nach Sand-> Rv 48/RV 46 nach Skånevik-> Rosendal-> Eikelandsosen-> Osøyra RV 11 nach Bergen. Jede Menge Kurzfähren. Als Strecke flach und Landschaften, bei denen Hügel mit Meer ineinander übergehen. Zeit: ca. 1 Woche.

13.) Ålesund-> Molde-> Kristiansund-> Trondheim: im Gegensatz zu den Strecken 4-11 insofern "leichter", da relativ flach. Schön über Inseln und tief zerfurchte Küsten, so doch ca. 37o km, 8-1o Tage.

14.) Svelvik (südlich Drammen) -> Horten -> Tønsberg -> Helgeroa (südlich Larvik): sehr schöne Strecke in weiten Teilen entlang der Küste durch die sehenswerten Orte Vestfolds. Teilweise eigene Radwege, sonst über abgelegene Straßen geleitet. Der rund 12o km lange Radweg ist insgesamt gut beschildert mit Kilometerangaben. Eine schöne Sache für die ganze Familie, da nur wenig Steigungen und viele Bade- möglichkeiten entlang der Route. Fahrradkarten und Fahrradverleih in den Orten entlang der Strecke. (Siehe auch Tønsberg.)

Während es sich im KÜSTENBEREICH (siehe z.B. Route 13 oder 2) in Teilpassagen noch einigermaßen leicht in die Pedale treten läßt (Problem: Entfernungen) sollte man für den zwar schönsten, aber auch extremsten Bereich FJORD genügend Zeit zwischen den Etappen als Erholungspause einplanen.

Zudem ist im Fjordbereich strategische Vorplanung elementar: welche Busverbindungen an Steigungs- und Tunnelstrecken das Fahrrad mit- nehmen, wann diese fahren etc. Da dies Veränderungen unterliegt, haben wir bewußt auf konkrete Tips zu speziellen Buslinien verzichtet.

Wir freuen uns über Leserbriefe, wer in Norwegen spezielle Fahrrad- erfahrungen gesammelt hat, möchte uns bitte schreiben!

Hier bereits der erste Leserbrief, Bernhard Bablock schrieb uns (Auszüge):

"In Eurem Buch "Norwegen Süd/Mitte" habt Ihr angeregt, daß Leute, die in Norwegen Fahrraderfahrungen gesammelt haben, Euch schreiben sollen. Das soll hiermit gesche- hen. Zuerst mal ein dickes Lob für Eurer ebenso dickes Buch. Es ist sowohl bei Planung als auch Durchführung meiner Norwegenreise sehr hilfreich gewesen. Jetzt speziell zum Fahrrad-Kapitel:

Wer mit dem Rad Norwegen bereisen will - nicht von einem festen Stützpunkt aus, sondern als "Tour" - sollte ein hochwertiges Tourenrad besitzen. Diese Räder, die man sich vor einigen Jahren noch selbst zusammenstellen mußte, gibt es inzwischen von der

Stange zu kaufen. Die Preise liegen von ca. 1.2oo bis zu 2.5oo DM in der Edelklasse. Ausrüstungsmerkmale sind ein stabiler, doch leichter Rahmen aus einem Spezialstahl, eine bergfähige Schaltung mit Übersetzung mindestens 1:1, Cantileverbremsen und und und... Mit solch einem Rad lassen sich (fast) alle Steigungen in Norwegen meistern, auch wenn man nicht sportlich veranlagt ist und viel Gepäck mit sich rumschleppt. Ich bin zum Beispiel von Åndalsnes über Linge, Geiranger, Hellesylt, Stryn, Byrkjelo, Skei, Fjærland, Vangsnes, Vik, Voss, Granvin, Utne etc. nach Stavanger gefahren. Mit einem ordentlichen Rad strengen auch die Steigungen im ersten Teil nicht mehr an, als wenn man sein Gepäck beim Wandern mit sich rumschleppt.

Wenn man sich wie ich auf den touristisch interessantesten Teil Norwegens konzentriert, darf man natürlich nicht mit einsamen Landstraßen rechnen. Doch im Vergleich zu Deutschland sind die Straßen immer noch leer und angenehm zu befahren.

Noch ein paar Tips zur Ausrüstung (für Leute, die gewohnt sind, Radtouren zu fahren natürlich überflüssig). Unbedingt empfehlenswert ist es, insbesondere wenn man Zelt und Schlafsack mitnimmt, ein Teil des Gepäcks an das Vorderrad zu verlagern, am besten an sogenannten "Low Ridern" befestigt. Die Gepäcktaschen befinden sich dann auf Nabenhöhe, was den Schwerpunkt nach unten und (mit dem Gepäck hinten zusammen) mehr zur Mitte hin verlagert. Dies stabilisiert das Rad bedeutend, was sich vor allem bei steilen Steigungen bemerkbar macht, bei denen man ja kräftig am Lenker zieht.

Regenkleidung ist eine Frage der Philosophie, vor allem deshalb, weil es die optimale Lösung nicht gibt. Ich bin mit folgender Kombination gut gefahren: Fahrrad-Regenponcho aus gewebeverstärktem Plastik (Vorteil: reißfest, flattert nicht, kann zusammengelegt auch als Sitz dienen; Nachteil: relativ schwer und sperrig), dazu Regengamaschen, die über die Schuhe gezogen werden und bis knapp unters Knie reichen. Bei starkem Wind und Regen wird man bei dieser Kombination trotzdem ab Oberschenkel naß. In diesen Fällen benutze ich zusätzlich eine Goretex-Regenhose, die auch bei den langen Abfahrten die Muskeln vor Auskühlung schützt.

Das Rad persönlich im Zug nach Norwegen mitzunehmen geht leider nicht, das Vorausschicken ist aber unproblematisch. Eventuell zur Sicherheit in einen Fahrradkarton verpacken. Diese erhält man meistens problemlos bei Fahrradgeschäften, die in diesen Kartons ihre Räder geliefert bekommen. Seit neuestem gibt es auch ein Spezialangebot für Radtouristen, das Velomobil. Ein Reisebus mit Spezialanhänger sammelt die Touristen in einigen deutschen Städten auf, bringt sie nach Oslo und holt sie nach drei oder vier Wochen dort wieder ab. Das Rad wird sicher und schonend transportiert, zudem zu einem Preis, der für Leute, die keine Ermäßigungen mehr von der Bahn bekommen, sehr günstig ist. Diesen Service gibt es übrigens auch für andere Ziele in Europa.

Die Linienbusse im Fjordbereich nehmen Fahrräder mit. Sie haben hinten Platz für drei bis vier Räder. Selbst das Gepäck mußte ich nicht abnehmen, als ich den Bus durch den für Radfahrer gesperrten Tunnel unter dem Jostedalsbreen hindurch Richtung Fjærland benutzte. Andere Möglichkeit, so verrückt wie es klingt: trampen. Andere Radler berichteten mir, wie sie durch gesperrte Tunnel oder steile Steigungen hinauf mitgenommen worden sind. Aber man muß geduldig warten, bis man ein Auto findet, daß außer einem selbst noch ein dick bepacktes Rad mitnehmen kann und möchte.

Eine Anschaffung, die sich auch für Deutschland lohnt, wenn man öfters nachts unterwegs ist, ist eine akkubetriebene Standlichtanlage. Das Licht selbst in den "beleuchteten" norwegischen Tunnels ist so schlecht, daß ein gutes Licht am Rad unerläßlich ist. Und wenn man langsam fährt, nützt auch der beste Dynamo mit dem schönsten Halogenstrahler nichts mehr. Ich hatte leider kein Standlicht dabei und habe es einige Male bitter bereut."

ROUTEN PLANUNG
Per Bahn, Flug, Bus

Wer <u>NORWEGEN</u> mit <u>öffentlichen Verkehrsmitteln</u> bereist (also das eigene Auto zu Hause läßt), sollte wie in den Vorkapiteln geschildert, zunächst mal auf das Zug-Spezialticket "Scanrail-Ticket" oder "Interrail" zurückgreifen, um die Transportkosten möglichst gering zu halten.

<u>Den Zug</u> setzt man sternförmig ab Oslo ein und fährt Querverbindungen zwischen den einzelnen "Strahlen" mit Bus oder Schiff. Vorab das Gratis-Heft "<u>Norway-Fahrpläne</u>" vom Norwegischen Fremdenverkehrsbüro/ Hamburg besorgen, um die Strecke grob vorplanen zu können. Unabdinglich für Detailplanung der Anschlüsse ist das "<u>Rutebok for Norge</u>", eine Art Kursbuch mit sämtlichen Verkehrsverbindungen Norwegens, Bezug auch übers norwegische Fremdenverkehrsbüro Hamburg.

Routenvorschläge

EINSTIEG LARVIK: nicht nur optimaler Einstieg für Langlauf-Skiferien in Telemark im Winter, auch im Sommer sehr lohnend! Zug Norddänemark bis Frederikshavn. Dort auf die Fähre der Larvik Line umsteigen.

<u>Ab Larvik</u> dann entweder entlang der <u>Südküste</u> per Zug nach <u>Stavanger</u>, lohnende Stops z.B. Kristiansand (u.a. Setesdal-Museumsbahn, siehe 278). Oder die Fahrt mit dem aus der Jahrhundert-Wende stammenden <u>Dampfer "M/S Victoria"</u> auf dem quer durch Telemark führenden Bandak-Kanal, der größere Seen durch enge Kanalstrecken mit hohen Schleusen verbindet. Details siehe Seite 255. Der Trip dauert 1 Tag, Abfahrt Skien bereits ca. 8.3o Uhr; wer z.B. morgens mit der Dänemarkfähre in Larvik ankommt, kann per Zug noch 1-2 Tage andere Orte an der Südküste bzw. in Telemark (z.B. Kongsberg, siehe 368, Silberbergwerk) besuchen und quartiert sich am Vorabend vor der Fahrt mit der "Victoria" in Skien ein.

Endpunkt der Fahrt mit der Victoria ist zur HS <u>Dalen</u> (siehe 382). Ab hier entweder mit dem Bus durchs Setesdal nach Kristiansand/Südküste (und weiter nach Stavanger). Oder via Bus auf der RV 11 nach Odda an den Hardangerfjord. Weiter siehe folgende Routen:

EINSTIEG KRISTIANSAND: Anreise Norddänemark nach Hirtshals; die Personenüberfahrt ab hier nach Kristiansand. Je nach Interessen: mit dem Bus durchs Setesdal rauf an den Hardangerfjord bzw. per Zug nach Stavanger oder Oslo.

<u>STAVANGER</u> (siehe 3o2) lohnt sich als Stadt für 1 Tag, insbesondere aber auch wegen des Ausfluges zum Prekkestolen (siehe 316). Weiter nach Bergen entweder via Küste oder via Hardangerfjord/Odda. Details hierzu siehe Seite 424.

EINSTIEG OSLO: bietet die breiteste Palette an Möglichkeiten. Wer jedoch den Bereich der Südküste, inkl. Stavanger etc. in die Norwegen-Reise einbaut, wird sicher eine Direktfähre ab Norddänemark nehmen, um Anreisezeit einzusparen.

Allerdings sind ab Oslo per Zug auch kleinere Telemark-Rundtrips möglich: z.b. Oslo-> Kongsberg (Silberbergwerk)-> Lunde (hier Einstieg in die "M/S Victoria" nach Skien möglich und zugleich Fahrt auf dem interessantesten Streckenteil des Kanals: die beiden größten Schleusenbauwerke liegen zwischen Lunde und Ulefoss). Retour nach Oslo häufige Zugverbindung Skien-> Larvik-> Oslo.

Ansonsten ab Oslo in Ausnutzung des Scanrail-Tickets BERGENBAHN nach Bergen: bietet ab Voss die Möglichkeit, per Bus runter an den HARDANGERFJORD zu kommen, mit guten Verkehrsverbindungen entlang der Fjordarme. Somit wegen der kurzen Entfernungen auch recht billig, was den (übers Scanrail-Ticket hinaus) zu zahlenden Preis für Busse und Fähren betrifft. Besonders lohnend in dieser Region: Ulvik (siehe Seite 495), - Eidfjord (mit Simakraftwerk) siehe Seite 435, Kinsarvik und Lofthus (kleinere Wanderungen, siehe 43o) sowie der Vøringfossen (siehe S. 439), einer der höchsten Wasserfälle Norwegens.

BERGEN (siehe Seite 335) unbedingt mit mindestens einem, besser aber zwei Tagen einplanen. Einstieg zum SOGNEFJORD: lohnend (aber teuer) ist die Fahrt mit dem Personenschnellboot, zunächst entlang der Küste mit hunderten vorgelagerten Inseln, dann komplette Durchfahrung des Fjordes, der mit fast 2oo km der längste Norwegens ist.

Billiger ist die Zugfahrt bis Voss, Bus über die spektakuläre Strecke Stahlheimskleiva nach Gudvangen und Schiffsfahrt durch den engen Naeroyfjord in den Sognefjord. Details Seite 459. Oder: Zug bis Myrdal, dort in die Flåmbahn runter nach Flåm am Aurlandsfjord, Fähre in den Hauptarm des Sognefjordes, Details siehe Seite 469.

Ähnlich wie der Hardangerfjord lohnt der Sognefjord mit seinen Seitenarmen für umfangreiche Entdeckungen; sehr gute Fährverbindungen.

Ab Sognefjord weiter Richtung Norden (ÅLESUND): Via Fjaerland (siehe Seite 484) und Bus zum Geirangerfjord (siehe S. 5o2), aber einiges an Umsteigerei nötig, braucht Zeit und ist relativ teuer.

BESSER: ab Sogndal/Sognefjord die sehr lohnende Direkt-Busverbindung via Lustrafjord über's Sognefjell (nur ca. Mitte Juli bis Ende August befahrbar). Geht ab Fjordende Lustrafjord in spektakulären Serpentinen rund 1.4oo m von Meereshöhe/Fjord rauf aufs Sognefjell und führt am schönsten Wandergebiet Norwegens, Jotunheimen, vorbei. Details siehe Seite 476.

Endpunkt der Busverbindung übers Sognefjell: zunächst LOM, dort kann man in den Bus an den Geirangerfjord umsteigen (siehe 585, weiter per Schiff nach Hellesylt durch den Fjord und Bus nach Ålesund), - bzw. Anschlußbus nach OTTA an der Eisenbahnstrecke Oslo-> Trondheim bzw. Ålesund.

3. Möglichkeit ab Sognefjord: Schiff nach Laerdal, dort Bus via Stabkirche Borgund, Fagernes nach Gjøvik am Mjösasee. Dort umsteigen und mit dem ältesten noch in Betrieb befindlichen Schaufelraddampfer "S/S Skibladner" über den See nach Hamar (lohnendes Eisenbahnmuseum), Zugverbindung Oslo-> Trondheim/bzw. Ålesund.

ÅLESUND-> TRONDHEIM: geht entweder per Bus/Fähre entlang der Küste, oder im Rahmen des Scanrail-Ticket per Zug via Dombås, dort umsteigen. Details Seite 519.

Ab TRONDHEIM retour nach Oslo entweder via Zug/Gudbrandsdalen oder Zug via Røros und Österdalen. Im Rahmen des Scanrail-Tickets kann man, sofern noch Zeit bleibt, auch ab Trondheim via Schweden (Östersund-> Stockholm-> Helsingborg) retour nach Dänemark fahren.

Zeitkalkulation

Es empfiehlt sich, die Gültigkeit des "Scanrail-Tickets" (21 Tage) bzw. die des "Interrail" (3o Tage) voll auszunutzen.

Für Oslo braucht man in der Regel mindestens 2-3 Tage, für Bergen rund 2 Tage, für Stavanger (mit Umgebung) ebenfalls im Minimum ca. 2 Tage. Der Rest ergibt sich aus einer persönlichen Routenplanung und der Frage, ob es Platz im Schlafwagen gibt.

Auch wenn man bei längeren Zugverbindungen (z.B. Trondheim-> Oslo, Åndalsnes-> Oslo oder Oslo-> Bergen) gegebenenfalls Nachtzüge einschalten kann: sinnvoll ist es nicht, da man das Landschaftserlebnis verpaßt.

Nachtzüge gibt's zudem nur auf Langstrecken. Sie können helfen, bei knapp werdender Urlaubszeit einen Reisetag einzusparen, zudem sind sie bei ca. 2o DM im Schlafwagen recht preiswert. In jedem Fall sind sie erheblich preiswerter als eine Übernachtung in Hotel oder Pension.

Allgemeine Tips

✦ EINREISE

REISEPASS oder PERSONALAUSWEIS reichen aus, wer nicht länger als 3 Monate bleibt. Dies gilt, ebenso wie untenstehende Autopapiere für alle skandinavischen Länder. Kinder unter 16 Jahren Kinderausweis bzw. Eintrag im Elternpaß.

AUTO/MOTORRAD: Führerschein, Fahrzeugschein reichen. Grüne Versicherungskarte und Auslandsschutzbrief empfehlenswert.

✦ ZOLLBESTIMMUNGEN NORWEGEN

Abgabenfrei dürfen eingeführt werden: alle Gegenstände zum persönlichen Gebrauch wie Kleidung, Toilettenartikel, Schmuck etc. Fernglas, Foto- und Schmalfilmapparate mit Zubehör sowie Videokamera,Tonbandgerät/Kassettenrecorder, Rundfunkgerät, tragbarer TV, Schreibmaschine, Fahrrad, Camping-, Sportausstattung, d.h. Angelgerät, Ski, Paddelboote und ähnliche Wasserfahrzeuge (kleine, ohne Motor).

Diese Gegenstände müssen wieder ausgeführt werden. Jagdgewehr mit Munition, wenn man Waffenschein und Jagdeinladung vorweisen kann.

Alkohol: Personen über 2o Jahre dürfen 1 Liter Spirituosen plus 1 Liter Wein einführen. - Wer auf Scharfes verzichtet, darf 2 Liter Alkohol bis 23 % und 2 Liter Bier mitbringen. Lohnt sich in jedem Fall, da die Preise in Norwegen massiv teuer sind. Gegen saftigen Zoll kann man weitere 4 Liter Spirituosen/Wein einführen: 8 DM pro Liter Rotwein bzw. 7o DM pro Liter Hochprozentiges über 23 % Vol.

Zusätzlich bis zu 1o Liter Bier, die mit 4 DM/Liter zu verzollen sind. Bei derartigen Zöllen kauft man in der Regel im norwegischen Vinmonopol-Laden billiger!

Tabakwaren: Personen über 16 Jahre können 2oo Zigaretten und 2oo Blatt Zigarettenpapier oder 25o g anderer Tabakwaren einführen.

Weiter können **Waren**, die über den persönlichen Gebrauch hinausgehen (siehe oben!), bis zu einem Gesamtwert von 1.2oo Kronen eingeführt werden (ohne Alkohol, Tabakwaren oder Parfüm über 5o g).

Landwirtschaftsprodukte (Fleisch, Kartoffeln, Milchprodukte wie Eier, Käse etc.) dürfen max. 1o kg eingeführt werden, davon höchstens 5 kg Fleisch und Fleischprodukte (nur als Vollkonserve). Eier und Kartoffeln sind verboten.

Medikamente nur für Eigenbedarf, eventuell kann Attest verlangt werden (z.B. bei Narkotika).

Ausfuhr von Antiquitäten oder von Gegenständen mit kunst-, kultur-, personhistorischem Wert ist ohne spezielle Genehmigung verboten.

TIERE MITNEHMEN

1994 wurden die strengen Bestimmungen für die Einfuhr von Haustieren gelockert. Trotzdem ist es immer noch mit großem Aufwand verbunden, Waldi oder Mieze mit nach Norwegen zu nehmen. Das Touristenbüro schickt gegen Portoerstattung die nötigen Unterlagen zu. Um die erforderlichen Impfungen und Zeugnisse zu beschaffen, ist eine rechtzeitige Auskunft erforderlich.

DEVISEN

Einreise: norwegische Geldscheine, Schecks und andere Zahlungsmittel, ausländische Währung in unbegrenzter Höhe.

Ausreise: norwegische Geldscheine unbegrenzt.

Bei der EINREISE: In die " grüne Schlange" einreihen bedeutet, daß man keine anmeldepflichtigen Waren hat - anderenfalls wäre die "rote Schlange" richtig. Bzw. den grünen/roten Abschnitt an der Windschutzscheibe befestigen. Mit Stichproben rechnen; es kommt regelmäßig vor, daß ein Pkw oder Wohnmobil inspiziert wird d.h. alles ausräumen!

Wer nach NORWEGEN einreist, passiert in der Regel auch Dänemark bzw. Schweden evtl. auch Finnland.

Norwegen und Schweden haben offenen Grenzverkehr. Hier passiert man zwar Grenzhäuschen, es wird jedoch nicht kontrolliert oder angehalten.

Normalübliche Grenzkontrollen dagegen zwischen Dänemark und Schweden bzw. Dänemark - Norwegen sowie Finnland - Norwegen.

✷ ZOLLBESTIMMUNGEN SCHWEDEN

Tabakwaren: Personen ab 15 Jahre 2oo Zigaretten oder 1oo Zigarillos oder 5o Zigarren oder 25o g Tabakwaren und 2oo Blatt Zigarettenpapier.

Zollfrei: 1 l Wein, 1 l Spirituosen (bis 6o %), 2 l Bier oder 2 l Wein und 2 l Bier (ab 2o Jahre). Waren und Geschenke bis zu einem Wert von 1.ooo SKR.

Andenken dürfen bis zu einem Wert von 6oo SKR eingeführt werden.

Lebensmittel: 15 kg dürfen eingeführt werden. Fleischwaren, Milchprodukte, Eier und bestimmte Gemüse dürfen nicht eingeführt werden. Fleischkonserven problemlos.

Besonderheiten: Lebende Tiere, von der Ausrottung bedrohte Tiere und Pflanzen bzw. daraus hergestellte Gegenstände wie Elfenbein, Bärenfelle, Nashornhörner genehmigungspflichtig. Messer und Dolche mit Springklinge verboten. Funksprechgeräte, Sender o.ä. genehmigungspflichtig.

Devisen: Ein- und Ausfuhr von Landeswährung sowie von Fremdwährung unbegrenzt.

★ ZOLLBESTIMMUNGEN DÄNEMARK

Persönliche Gegenstände problemlos.

Bei der Einreise aus EU-Ländern: Es dürfen für den privaten Bedarf alle Waren zoll- und abgabenfrei eingeführt werden, wenn sie in einem EU-Land eingekauft wurden. Ebenso alle Gegenstände des privaten Bereichs, die während des Urlaubs benötigt werden. Mengenbegrenzungen bestehen für Tabakwaren und hochprozentigen Alkohol (über 22 %). Bei einem Kurztrip bzw. Durchreise (24 Stunden) dürfen zollfrei eingeführt werden: 1,5 l hochprozentiger Alkohol und 3oo Zigaretten/15o Zigarillos/75 Zigarren/4oo g Tabak. Für Waren, die duty-free gekauft wurden, gelten gesonderte Bestimmungen.

GELD

Zahlungsmittel die norw. Krone (Abkürzung NKR bzw. NOK).

Da in allen skandinavischen Ländern (Ausnahme Finnland) die Bezeichnung <u>KRONE</u> gilt, steht pro jeweiligem Land das Kürzel davor: NKR = Norwegische Krone, SKR = Schwedische Krone etc.

Geldwechseln: üblicherweise in Banken = "Bank" und auf der Post, in fast jedem Ort möglich. DM heißt "Tysk Mark".

Öffnungszeiten der Banken: Mo.-Fr. 8.15-15.3o Uhr, Do. 8.15-17 Uhr
Post: Mo.-Fr. 8.oo-17.oo Uhr, Sa. 9.oo-13 Uhr
(variiert geringfügig)

Darüberhinaus ist teilweise auch Geldwechsel in den <u>Touristenbüros</u> der großen Städte möglich, jedoch nur geringe Beträge und meist nur nach Bankgeschäftsschluß.

Bargeld: Diebereien wie in einigen Ländern Südeuropas sind in Norwegen definitiv nicht an der Tagesordnung. Im Gegenteil: Der Norweger ist extrem ehrlich und korrekt. - Prinzipiell kein Problem, die Reisekasse für die Norwegen-Reise "cash" in der Hose oder Handtasche mit sich zu führen, - außer man tendiert zu extremer Schußlig- und Vergeßlichkeit... Nachteil: Der Wechselkurs fürs Bargeld ist in jedem Fall ungünstiger als z.B. beim Postsparbuch, zudem Wechselgebühren von einigen DM.

<u>Geldwechsel von DM (SF, ÖS) in NOK</u>: in Norwegen geringfügig günstiger! <u>Klartext</u>: kleineren Betrag für die ersten Tage in NOK mitbringen, den Rest dann vor Ort eintauschen.

Postsparbuch: sehr zu empfehlen! Problemloses Abheben an allen Postämtern Skandinaviens. Auszahlung erfolgt zum jeweiligen Tageskurs in Kronen. Keine Gebühr, maximal 2.ooo DM innerhalb von 3o Tagen (Ausweis mitbringen!). Bei mehr Bedarf entsprechend mehr Postsparbücher mitnehmen. Weiterer Vorteil: fast jedes Nest hat in Norwegen eine Post, zudem auch samstags geöffnet.

Euroschecks: gelten in ganz Skandinavien. Einlösen bei Banken überall möglich. Eine Verrechnungsgebühr wird fällig, die 1,75 % des ausgestellten Wertes beträgt, minimal 2,5o DM. Wer Kosten sparen will, löst daher den Scheck in Maximalhöhe ein: 4oo DM analog Umrechnungskurs.

Creditcards sind in Skandinavien weit verbreitet. Sehr praktisch, da man kaum Bargeld mit rumträgt. Von größeren Hotels, Tankstellen, Restaurants und vielfach auch Shops akzeptiert. Die in Skandinavien gängigsten sind DINERS, AMERICAN EXPRESS, EUROCARD und VISA. Beim Automieten entfällt die Kaution. Telefonieren in Kreditkartentelefonen (CCC Phone) möglich.

Traveller-Schecks: sicherste Angelegenheit, da bei Verlust Ersatz. Allerdings wird eine Gebühr von 1 % des Betrags einbehalten. Im Land nochmal Wechselgebühr (einige Mark) pro Scheck, von daher lohnen sich hohe Beträge pro Reisescheck.

Geld per Auslandspostanweisung: falls man doch mal unerwartet "klamm" geworden ist (Autoreparatur, lockende Souvenirs oder aus Begeisterung spontan länger bleiben will), läßt sich der Nachschub problemlos ordern:

Auf einem der deutschen Postämter das rosa Formular "Auslands-Postanweisung" ausfüllen. Betrag in DM einzahlen (maximal im Gegenwert von 2o.ooo NKR). Die Zahlungsanweisung wird an die norwegische Adresse (auch poste restante) geschickt, dort erhält man gegen Vorlage der Anweisung am Postschalter den Gegenwert in norwegischen Kronen ausgezahlt. Gebühr nur in Deutschland bei der Einzahlung nach Betrag gestaffelt.

 TAX FREE: ermöglicht Ausländern beim Kauf in Norwegen die Mehrwertsteuer zurückzuerhalten. Macht je nach Ware 11-18 % des Kaufpreises aus. Nur in Shops, die mit Tax-Free-Zeichen (siehe nebenan!) versehen sind. Kann sich bei teureren Waren, Kunstgewerbegegenstände etc., lohnen.

Abwicklung: Die Ware bei Mindestwert von 3o8 NKR wird nach Kauf mit einer Banderole "versiegelt", gleichzeitig gibt es einen "Tax Free Shopping Cheque", den man an verschiedenen Grenzstellen (Flughäfen, Fähren - Adressen siehe Prospekt, der in Tax Free Shops ausliegt) einlösen kann.

POST

"Postkontor": in nahezu jedem Nest vertreten, Öffnungszeiten variieren geringfügig, in der Regel Mo.-Fr. 8-17 Uhr, Sa. 8-13 Uhr.

Poste restante bei jedem Postamt möglich, klappt ganz prima. Die Briefe gehen automatisch an die Hauptpost und werden dort 3 Wochen aufbewahrt. Auf Antrag wird die Post auch nachgeschickt, z.B. an den nächsten

Urlaubsort, so daß man nicht tagelang die Zeit totschlagen muß, nur weil ein Brief von Großmama unterwegs ist (Ausweis nicht vergessen!).

Briefkästen sind rot, Leerung heißt tømmet, Briefmarken = Frimerker. Portogebühr entspricht unserer. (Briefmarken auch am Narvesen-Kiosk erhältlich.) Für schnelle Beförderung ist der Aufkleber A-Priorität notwendig. Für Einschreiben grüne Zollzettel ausfüllen.

Briefe/Karten nach Deutschland brauchen sogar vom Nordkap teilweise nur 2 Tage. In der Regel dauert die Post 3-6 Tage.

TELEFON

Unabhängig von der Post. Telefonieren ist einmal von roten Telefonhäuschen sowie von speziell gekennzeichneten Privathäusern möglich.

Telefonieren mit Karte von speziellen Apparaten. Telefonkarten mit unterschiedlich vielen Einheiten (Teleskrit) sind im Postamt /Kiosk zu kaufen.

Wesentlich streßfreier (da das Einschieben von Münzen entfällt) sind jedoch die Tele-Gebäude (Abkürzung "**Tele**"). Gibt's in größeren Orten, von einer Kabine wählt man selber durch und rechnet nach dem Telefonat mit der Kasse ab.

Öffnungszeiten: der Telegebäude im Normalfall Mo.-Fr. 8-16 Uhr und teilweise Sa. vormittags.

Achtung: in Telefonbüchern findet man die Buchstaben Æ, Ø, Å ganz am Schluß des Alphabets.

Auch innerorts wird die komplette achtstellige Rufnummer gewählt, also mit der integrierten Vorwahl.

Telefonieren problemlos im Selbstwählverkehr: Telefonhörer abheben und Freizeichen abwarten, dann zunächst Landesvorwahl:

Deutschland   0o49
Österreich   0o43
Schweiz   0o41

Anschließend Stadt, allerdings ohne die Null (z.B. München: statt o89 nur 89 wählen), dann Nummer des Teilnehmers.

Preis nach Deutschland liegt bei rund 6 Kronen pro Min. Wer vom Hotelzimmer aus telefoniert, zahlt meist kräftigen Aufpreis.
Kein Mondscheintarif für Auslandsgespräche!

Zurückrufen lassen: in fast jeder öffentlichen Telefonzelle möglich. Die Telefonnummer über der Erläuterungstafel oder auf dem Telefonapparat deutlich angeschrieben. Funktioniert in gleicher Weise wie zuvor beschrieben nach Deutschland.

Landesvorwahl für Norwegen oo47 plus die achtstellige Rufnummer, die

die Ortskennzahl bereits einschließt. Der Telefonapparat meldet sich mit wenig melodiösem Brummen.

✦ STROM

22o Volt Wechselstrom. Deutsche Flachstecker passen problemlos in norwegische Steckdosen.

✦ ZEIT

Auch Norwegen hat Sommerzeit, die analog zu der Mitteleuropas ist.

✦ ÖFFNUNGSZEITEN

Etwas gewöhnungsbedürftig, keine einheitlichen Ladenschlußzeiten! GESCHÄFTE meist 9-16 (teils 17) Uhr ohne Mittagspause, Donnerstag bis 18 (teils 2o) Uhr, Samstag 9-13 (teils 15) Uhr, Sonntag geschlossen. D.h. in den Städten sind nach 17 Uhr "die Bürgersteige hochgeklappt".

Die meisten SUPERMÄRKTE sowie Geschäfte in Einkaufszentren sind abends länger geöffnet, z.T. bis 19 oder 2o Uhr, Samstag bis 18 Uhr. KIOSKE teils auch So. geöffnet sowie abends bis 22 Uhr.

CAFETERIEN manchmal nur bis Spätnachmittag offen.

Öffnungszeiten der MUSEEN variieren stark, oft nur bis 16 Uhr offen. Siehe jeweiliger Text.

BANKEN: Mo.-Fr. 8.15-15.3o Uhr (im Sommer oft nur bis 15 Uhr), Do. 8.15-17 Uhr.

POST: Mo.-Fr. 8-16/17 Uhr, Sa. 8-13 Uhr (kann geringfügig variieren).

INTERNATIONALE STUDENTCARD lohnt sich auf jeden Fall. Gibt's an jeder Uni, gilt ein Jahr, gewährt häufig ermäßigten Eintritt bei Museen, Ausstellungen etc.

EINKAUFEN

Fast alle LEBENSMITTELGESCHÄFTE modern im Selbstbedienungsstil. Generell sind sie sehr gut sortiert, auch im kleinsten Nest eine relativ gute Auswahl. Bezeichnungen unterschiedlich: Landhandleri, Dagligvarer, Kolonialhandel. Den Minimarket oder die Butikk findet man teilweise bei Tankstellen.

Es setzen sich auch auf dem Land immer mehr die SUPERMÄRKTE durch, beispielsweise das kleine Nest Hellesylt Nähe Geirangerfjord gleich mit drei Stück, die dann für die nähere und weitere Umgebung fungieren.

Sie sind gemischtbestückt von Lebensmitteln über Nähzeug, Sportschuh und Gerät bis hin zu Kosmetik und Kleidern.

Gemüse kauft man in besserer Qualität auf dem Markt. Wurstwaren weder in Vielfalt noch in Qualität vergleichbar mit Deutschland-Abgeboten; wenn Elchwurst zu haben ist, in kleinen Mengen mal probieren, etwas gewöhnungsbedürftig. Fisch gibt's reichlich, Lachs sehr günstig, Fleisch im allgemeinen teurer.

BÄCKEREIEN seltener als gewohnt, nur in größeren Orten, Brot oft in Superläden erhältlich, frisch oder tiefgefroren. Die Auswahl an Gebäck ist eher bescheiden.

Deutsche Sendungen nur über gute Weltempfänger. In abgeschirmten Tälern des Landesinneren sehr schwer bis überhaupt nicht zu empfangen, - an der Südküste Norwegens dagegen gute Chance auch per hochwertigem Autoradio! DEUTSCHLAND FUNK: auf MW: 1.269 kHz - allerdings zwischen 19.3o und 22 Uhr mit Fremdsprachen belegt. Prinzipiell gut in Südnorwegen zu empfangen.

DEUTSCHE WELLE auf KW 6.o75 kHz und 9.545 kHz, reicht gut bis Mittelnorwegen.

NORDDEUTSCHER RUNDFUNK: auf MW: 612, 7o2, 828 und 972 kHz. Mit relativ gutem Empfang mit entsprechenden Geräten an der Südküste.

BAYERISCHER RUNDFUNK: auf MW 8o1 kHz und KW 6.o85 kHz vorwiegend nur Südküste mit guten Empfängern nach 19 Uhr. Ansonsten Kurzwelle 6.o85 kHz.

SÜDDEUTSCHER RUNDFUNK: 6o3o kHz

SCHWEIZER RADIO INTERNATIONAL: 9535 kHz

RADIO ÖSTERREICH INTERNATIONAL: 6155 kHz

BBC London: 941o kHz

Im 1. Programm des NORWEGISCHEN RUNDFUNKS NRK P1 tägl. zwischen 9.15 und 9.3o Uhr englischsprachiger Wetterbericht.

Lokale "Turistradios" bringen u.a. deutschsprachige Sendungen zur Region und der touristischen Infrastruktur.

★ FERNSEHEN

Viel läuft über Satellit, daher teilweise auch englische und deutsche Sender. Im norwegischen TV laufen Spielfilme meist in Originalton mit norwegischen Untertiteln.

✦ ZEITUNGEN/ZEITSCHRIFTEN

Im Sommer sind große deutsche Zeitungen (z.B. Welt, Frankfurter, Süddeutsche) sowie Zeitschriften (z.B. Stern, Spiegel) in den "Narvesen Kiosken" erhältlich, erkennbar am großen N, verteilt über ganz Norwegen. Sowie ganzjährig in den großen Städten (Oslo, Bergen, Stavanger, Trondheim), dort z.B. im Hauptbahnhofkiosk.

Einige norwegische Zeitungen enthalten englischsprachige Kurznachrichten zu z.B.Wetter und Straßenzustandsbericht (Winter).

WICHTIGE ADRESSEN

Botschaft/Konsulate

Norwegen in Deutschland:
Mittelstr. 43, 53175 Bonn
Neuer Jungfernstieg 7, 2o354 Hamburg
Rauchstr. 11, 1o787 Berlin
Faulenstraße 2-12, 28195 Bremen
Nordbahnhofstr. 41, 7o191 Stuttgart
Benningstr Platz 1, 4o474 Düsseldorf
Kard.-Faulhaber-Str. 6, 80333 München

Norwegen in Österreich:
Bayerngasse 3, 1o37 Wien

Norwegen in der Schweiz:
Dufourstr. 29, 3oo5 Bern

Österreichische Vertretungen in Norwegen:
OSLO: Botschaft, Thomas Heftyergt. 19-21, o244 Oslo
BERGEN: Konsulat, Kong Oscarsgt. 56, 5ooo Bergen

Schweizer Botschaft in Norwegen:
OSLO: Botschaft, Bygdøy Allé 78, o268 Oslo

Deutsche Botschaft/Konsulate in Süd-Mittelnorwegen
OSLO: Tysklands Ambassade, Oscarsgt. 45, o258 Oslo
BERGEN: Tysk Konsulat, C. Sundtsgt. 6o, 5oo4 Bergen-Nordnes
SKIEN: Tysk Konsulat, Hagebyveien 26, 37o2 Skien
STAVANGER: Tysk Konsulat, Kongsgt. 1o, 4o12 Stavanger
TRONDHEIM: Tysk Konsulat, Leksvikensgt. 2, 7oo2 Trondheim
ÅLESUND: Tysk Konsulat, Tollbugt. 6, 6o25 Ålesund

Automobilclubs:
NAF Zentrale, Oslo 1, Storgate 2-6

Wanderinformation:
DNT - Den norske Turistforening, Stortingsgate/Ecke Amundsengate, Oslo 1

KLIMA
Reisezeiten

Vorweg: jede Jahreszeit hat in Norwegen ihren Reiz. Die generell "beste" gibt es nicht, vielmehr ist sie von persönlichen Interessen abhängig:

WINTER: beginnt je nach Höhenlage Ende Oktober bis November und dauert bis März/April. Daß es in Norwegen exzellente Langlaufbedingungen gibt, weiß seit der Winter-Olympiade 1994 die ganze Welt. Endlose Weiten und Einsamkeit, aber auch gut erschlossene Wintersportorte mit gespurten und teils sogar beleuchteten Pisten.

Die Wintersportorte sind durch öffentliche Transporte bestens erschlossen, z.B. die Oslo->Bergen-Bahn erschließt die Skigebiete der Hardangervidda. - Sehr bequem zu erreichen (Dänemark - Larvik-Fähre) die nur ca. 7o km nördlich liegenden Skigebiete am Lifjell/Bø.

März und April gelten als die besten Wintersportmonate; nicht so kalt wie um Weihnachten. Der Schnee liegt meterhoch, und tagsüber klettert das Thermometer bis auf 1o° C. Picknick im Freien und garantiert knackige Bräune bei 14 Sonnenstunden.

Weiteres Plus: Die Tage sind schon deutlich länger als bei uns. Wer irgendwie kann, sollte speziell die Osterwoche meiden. Fast alle 4 Millionen Norweger scheinen über Loipen und Pisten herzufallen. Die Hotels dann durch die Bank ausgebucht. Eine Hütte ohne Voranmeldung zu bekommen, ist unmöglich; in der Regel wird 1 Jahr im voraus gebucht. Abgesehen davon klettern die Preise ins Astronomische...

Tip: Vom Norwegischen Fremdenverkehrsamt die Broschüre "Norwegen im Winter" besorgen. Superpenible Aufstellungen und Beschreibungen der einzelnen Wintersportgebiete, - Details siehe auch Hauptteil dieses Bandes!

FRÜHJAHR: eine der schönsten Jahreszeiten für Norwegen Rundtrips, - insbesondere im Fjordbereich der Westküste! Beginnt ca. Ende April/ Anfang Mai, großartige landschaftliche Kontraste: Die Berghänge der Fjorde oben weiß und noch verschneit, unten in den Tälern und Fjorden grün, - besonders schön die Obstbaumblüte am Hardangerfjord!

Tauwetter in höheren Lagen, die Landschaft in voller Blütenpracht! Luft-Temperaturen im geschützten Fjordbereich bereits um 2o Grad, bedingt durch die "Zentralheizung" Golfstrom. Zugleich die Jahreszeit der geringsten Niederschläge.

Die Hauptrouten nicht so überlaufen, kaum Wartezeiten an den Fähren. Ab Ostern öffnen die meisten Hotels, in denen man nach den Osterfeiertagen problemlos Platz bekommt, gilt auch für die Hütten der Campingplätze.

Einige der Fjellpaß-Straßen jedoch noch nicht passierbar, deshalb müssen gelegentlich Alternativstrecken gewählt werden.

Achtung: Viele Freilichtmuseen und Stabkirchen öffnen nicht vor Mitte Mai, - auch beginnt die lohnende Fahrt auf dem Telemark/Bandak-Kanal erst zu diesem Monat, Details siehe Text!

ANFANG JUNI: praktisch alle Paßstraßen frei. Zudem die Jahreszeit, in der die Wasserfälle (Ende Mai, nach der Schneeschmelze) das meiste Wasser führen und am spektakulärsten sind.

SOMMER: Mitte Juni /Juli bis Mitte August sind die Monate des Norwegen Haupttourismus. Zwar problemloses Durchkommen auf den Straßen, so doch Engpässe in Hotelübernachtung (g.g. Ausweichen auf Privatquartiere).

Bei den wichtigsten Langstreckenfähren (z.B. Sognefjord, Gudvangen-> Kaupanger oder Geiranger-> Hellesylt) Wartezeiten, - zugleich in diesen Monaten aber auch die häufigsten Verbindungen, die besten Straßenbedingungen auf Nebenpisten, - alle Museen offen.

Wegen der Weitläufigkeit des Landes nie überfüllte Verhältnisse wie in Südeuropa, man sollte aber nach Möglichkeit in der Wahl der Übernachtung flexibel sein.

Zugleich die beste Jahreszeit für Wanderungen im Hochgebirge, - und für Badeurlaub an der Südküste Norwegens (Durchschnitts-Lufttemperatur 2o-21° C, - vergleichbar mit Nordseeurlaubsgebieten, auch die Wassertemperaturen liegen ähnlich um 18° C).

Die norwegischen Sommerferien liegen Ende Juni bis Mitte August und berühren vorwiegend die Südküste, Oslo bis Stavanger (Ferienhäuser) - die Westküste in vorgelagerten Schären und Küstenbereich - weniger jedoch die traditionellen Fjordrouten ausländischer Norwegen Touristen.

Zum Wandern auf der Hardangervidda oder im Zentralgebirge Jotunheimen nicht vor Juli, sonst holt man sich im Schnee nasse Füße; sehr reizvoll auch zur Herbstfärbung Ende August/September.

Wer Mitternachtssonne in Nordnorwegen erleben möchte, hat am Nordkap die längste Gelegenheit vom 12. Mai bis 1. August. In Bodø südlich der Lofoten immerhin noch vom 1. Juni bis 13. Juli. Am Polarkreis bleibt die Sonne genau zur Sommersonnwende 24 Std. am Himmel (falls nicht Wolken einen Strich durch die Rechnung machen).

Beeren- und Pilzesammeln wird in Süd- und Mittelnorwegen erst ab August ergiebig.

Generell regnet es in den Sommermonaten im Westen deutlich mehr als im Osten, wegen der Gebirgsbarriere der Skanden. Mit bewölktem Himmel muß gerechnet werden, - Dauerregen über Wochen hinweg ist in Norwegen jedoch nicht die Regel.

MITTE AUGUST bis ENDE SEPTEMBER: als Reisezeit für Norwegen auf eigene Faust günstig, da der Haupttourismus abgezogen ist. Trotzdem aber alle Straßen noch voll befahrbar, - auch über Fjells. Keine Probleme mit Hotels und Hütten auf Campingplätzen.

HERBST: die schönste Jahreszeit für die Hochgebirgslandschaften der Fjells und Jotunheimen, kann aber besonders nachts empfindlich kalt werden. Großartige Herbstfärbung, ca. Mitte September bis Anfang Oktober je nach Höhenlage. Die ersten Schneefälle im Fjell bereits Mitte bis Ende September.

✦ KLEIDUNG - KOFFERPACKEN

"Es gibt kein schlechtes Wetter, es gibt nur unzweckmäßige Bekleidung!"

Wer diesen Slogan der Norweger beherzigt, kann aus jedem Wetter etwas machen. Mit Gummistiefeln und Regenklamotten durch einen tropfnassen Wald zu streifen, Pilze zu suchen und den urerdigen Duft zu schnuppern, stellt manchmal jeden Sonnenbadestrand in den Schatten.

KLEIDUNG: neben Sandalen im Sommer feste SCHUHE unbedingt ratsam, auch wenn man keine Wanderungen unternehmen möchte, denn es geht oft über unwegsames Gelände. Wer längere Wanderungen plant, sollte gut eingelaufene Schuhe mitnehmen.

Für Jugendherbergen und Hütten: die "Norwegerschuhe" (besitzen dünne Ledersohle, darüber Wolle), da Straßenschuhe in derartigen Unterkünften nicht gerade beliebt sind...

Warme PULLIS und WINDJACKEN auch im Hochsommer unabdinglich. An der Küste trotz angenehmer Temperaturen im Sommer kräftige Winde, - im Hochfjell oberhalb 8oo m im Sommer kühl. Winde wirken zusätzlich kalt und benötigen entsprechenden Schutz. Trotzdem für Küstengebiete Sommerausstattung mitnehmen, denn wenn im Juli die Sonne scheint, dann auch T-Shirt-Temperaturen.

Sowohl für Schuhwerk wie auch Kleidung guter Anlaufpunkt die deutschen (österreichischen und schweizer) Ausrüstungsshops, die nicht nur die Anforderungen kennen, sondern zugleich auch wissen, welche Ausrüstungsgegenstände optimal sind. Weitere Tips siehe auch Wanderkapitel Seite 131.

REGENSCHUTZ (je nach geplantem Vorhaben) Goretex-Kleidung (o.ä. Nachbauten) hat sich voll durchgesetzt; besonders zu empfehlen, wenn man Wanderungen, Radtouren oder ähnliche sportliche Aktivitäten vorhat, bei denen man ins Schwitzen kommt. Erst dann kommt die Atmungsaktivität von Goretex-Materialien zum Tragen. Ansonsten reicht eine Regenjacke, -hose oder Regenmantel, Gummistiefel und genügend große Anzahl an Socken für Wanderungen. Besonders auch an Regenbekleidung für Kinder denken.

RUCKSACK - KOFFER: Ermessensfrage gemäß Vorhaben vor Ort. Wer wandert, - sicher der Rucksack (breites Angebot in Expeditions- und Sportshops).

Wer mit dem eigenen Auto fährt: statt Koffer bequemer die leichten Nylontaschen, die es im Großhandel für ca. 2o-3o DM gibt. Im Kofferraum kann man sich das zusammenpacken, was man jeweils fürs Hotel/Campingplatz braucht - ohne einen dicken Koffer rumzuschleppen mit Vielzahl an Unnötigem. Plus Leichtrucksack für Wanderungen vor Ort.

KLEINKRAM: Reisewecker, - Fernglas (für Tierbeobachtungen), - kleiner Gaskocher (wer sich ab Auto mit Annehmlichkeiten wie Kaffee, Suppe etc. versorgen will), - Nähbesteck (für abgerissene Knöpfe etc.), - Angelgerät (in Deutschland wesentlich billiger), - Schreibgerät, - Urlaubslektüre etc. - Norwegisch-Wörterbuch fürs Lesen von Zeitungen und Beschriftungen von Museen.

WASSERSPORT: Paddel-Schlauchboot, Kanu o.ä. schwimmbarer Untersatz ist in Norwegen einfach ideal. Jede Menge an Seen, Fjorden. (Vergleiche auch Kapitel Wassersport, Kanu/Faltboot.)

FOTOGRAFIEREN

Bei großartigen norwegischen Landschaften wird kaum jemand ohne Fotoapparat, Filmkamera oder Video reisen.

FILM-MATERIAL genügend mitnehmen, ist in Norwegen teurer als in Deutschland. Zudem vor der Urlaubszeit oft Schnäppchen in Form Sonderangeboten in den Kaufhäusern.

KAMERA: Durch die Entwicklung der Mikro-Elektronik ist die Kamera-Technik rasant fortgeschritten. Gilt sowohl für neue Top-Modelle der Spiegelreflex-Klasse - wie auch für die neuen Kompaktkameras.

VIDEO: gehört mittlerweile wohl auch bei den meisten ins Reisegepäck. Eine wunderbare Sache: Filmen selbst bei Kerzenlicht möglich. Also auch in Kneipe, Hütte.

✦GESUNDHEIT

Perfekte ärztliche Versorgung in norwegischen Städten, auf dem Land natürlich dünner. Der medizinische Stand gilt als mit der höchste in Europa. Adressen von Ärzten im Telefonbuch unter "Legevakten". Im "Helsesenter" mehrere Einrichtungen unter einem Dach, z.B. Allgemeinarzt (lege) und Zahnarzt (tannlege). Bei der Vermittlung eines Arztes helfen auch Hotelrezeption, bzw. die örtlichen Touristbüros.

Arztbesuch sehr unbürokratisch. In der Regel sprechen die Ärzte englisch oder deutsch, wichtig ist der Anspruchsnachweis E111, sonst muß man die gesamte Rechnung bezahlen. Zuzahlung zu dem deutschen Satz ist gesetzlich vorgesehen. Diesen Betrag bekommt man in der Regel von der Zusatzversicherung erstattet.

Zusätzlich unbedingt eine private Krankenversicherung für die Urlaubszeit abschließen - Gesundheitskosten liegen in Norwegen höher! Sehr preiswerte Krankenversicherung über ADAC! Auch für Privatversicherte Auslands-Zusatzversicherung ratsam.

Medikamente entweder beim Arzt oder Apotheke (Medisinutsalg).

Krankenhaus = sykehus, sjukehus oder hospital.

Problematisch können evtl. die großen Entfernungen werden. Kranken-wagen funken im Fjordgebiet Fährschiffe an, so daß diese parat stehen, trotzdem manchmal ein langer Weg zum nächsten Krankenhaus.

Helikopterservice möglich, Basis im Raum Oslo, Stavanger und Bergen. Auf Kreuzfahrtschiffen reist immer ein Arzt mit.

Persönliche "Hausapotheke" sehr ratsam, sollte die wichtigsten Medika-mente enthalten. Gute Seekrankheitstabletten für die Fährfahrten, fieber-senkende Mittel, Medikamente gegen Grippe, Halsweh, Kopf- und Ma-genschmerzen, Tabletten gegen Zahnschmerzen, Desinfektionsmittel bei offenen Wunden, Salben gegen Verstauchung.

Bei Wanderungen auf jeden Fall eine gut sortierte Wanderapotheke, auf einsamen Pfaden ist man auf sich selbst angewiesen.

✦ FESTE / FEIERTAGE

Die großen Feiertage Weihnachten, Neujahr, Ostern gleichbedeutend wie in Deutschland.

17. Mai: NATIONALFEIERTAG, der an die Unterzeichnung der Unab-hängigkeitserklärung von Dänemark erinnert, wird mit Pauken und Trom-peten im ganzen Land gefeiert. Keine Parade der Waffen oder militärische Muskelspielereien, sondern ein Tag der Kinderumzüge, Fähnchen schwenkender Schulklassen und Vereine. Die Bevölkerung steht Spalier, Männer mit Ansteckern in den Nationalfarben am Revers, viele Norweger in bunten Trachten.

In Oslo zieht der Zug am Schloß vorbei, die Königsfamilie lächelt und winkt gut 3 Std. lang. Die Schulabgänger, die sogenannten "Russ" (Rot-russ = normale Abiturienten; Blåruss = Abgänger von Handelsgymnasien) veranstalten einen Umzug, der je nach Ideenreichtum mit satirischen, wit-zigen Parodien auf Tagespolitik, Lehrer, Stadt und Staat gewürzt sein kann. Sie haben sozusagen Narrenfreiheit.

23. Juni: MITTSOMMERNACHTSFEST - St. Hans Abend - kein Feier-tag mit Geschäftsschließung, wird aber groß gefeiert. Eigentlich ein Fest kirchlichen Ursprungs, das im 5. Jh. zu Ehren Johannes des Täufers ein-geführt wurde. Es findet am längsten Tag des Jahres, der Sonnenwende (23./24. Juni) statt.

In ganz Norwegen werden große Lagerfeuer (bål) am Ufer, auf den Inseln oder Bergen angezündet. An der Küste fahren die Leute mit ihren Booten auf die Inseln. Ein Fest mit Romantik, Tanz, Alkohol und Snacks.

Der Sonnwendtag markiert den Tag, an dem die Sonne am Polarkreis für 24 Std. am Himmel steht. Selbst in Südnorwegen ist es nachts um 11 Uhr noch hell.

Weitere Feste und Veranstaltungen (Auswahl):

Die Termine sind variabel, Infos beim Norweg. Fremdenverkehrs-amt.

Mitte Februar: Lillehammer Ski Festival mit Wettkämpfen und Veranstaltungen

Ende Februar: Røros Markt, dieser lokale Jahrmarkt wird übrigens seit 1854 abgehalten!

Anfang März: Holmenkollen Ski-sprung-Meisterschaft, Oslo

Ende Mai/Anfang Juni: Internatio-nale Musikwoche in Bergen

2. Juni: Sverresborgtage im Folke-museum Trondheim

Anfang Juni u. Mitte Juli: Hedmark Museum/Hamar, Freiluftveranstal-tung

Juli: Hardanger Kunsthandwerk Ausstellung/LofthusHardanger

Juli: Folklore-Wettbewerb im Val-dres-Volkskundemuseum in Fager-nes

Mitte Juli: Grubenmarsch, 14 bzw. 35 km durch die alten Grubenge-biete/Røros

Ende Juli: Internationales Jazz Fe-stival in Molde

Anfang August: Peer-Gynt-Treffen in Vinstra

Mitte August: Oslo Jazz Festival

Ende August: Traditioneller Markt in Tynset

September: Kongsvinger Herbst-messe/Kongsvinger

Nach Sept. ist dann bis Anfang Januar praktisch Schluß, ausgenommen der Friedensnobelpreisverleihung/Rathaus Oslo Anfang Dezember.

Norwegische **Betriebs-/Schulferien** Ende Juni bis Mitte August sowie um Weihnachten, im Februar und die Osterwoche.

✦ SOUVENIRS

NORWEGER-PULLIS: beliebtes Mitbringsel, da sie nicht nur während der Reise wärmen, sondern zugleich in Norwegen bei Preisen ab 2oo DM billiger als in Deutschland (Österreich, Schweiz) sind.

Zu beachten: ob Wolle oder mit Synthetics vermischt, - Reichtum an Mustern und Farben. Aber auch bei reinen Wollpullis gibt es himmelweite Unterschiede in Sachen "schäfchenweich"...

Wer sich die Mühe macht, fährt direkt in die Fabrik, - wegen dem Über-angebot findet man die Pullis in Hotelboutiquen kleinerer Orte oft genauso teuer oder noch billiger. Es lohnt sich, zunächst die Preise zu analysieren und ein paar Hotels sowie Souvenirshops zu warten, bis man zuschlägt.

Die Konkurrenz: ISLAND-PULLIS, oft in Wolle weicher und in Farb-gebung nicht so hart wie die Norweger. Allerdings preislich oft 2o-4o % teurer, da nicht "nebenan in Heimarbeit gefertigt", sondern importiert.

HÜTTENSCHUHE: Wolle, Ledersohle: preiswert, wärmend und schöne

Wollmuster. Die Variante: Schuhe rein aus Fell.

Weitere Wollarbeiten: Mützen, Handschuhe, wärmende Strümpfe etc.

<u>SILBERSCHMUCK</u>: Norwegen verfügt über eine Reihe traditioneller Kunsthandwerksbetriebe, die ursprünglich für den aufwendigen Trachtenschmuck fertigten. Silberschmuck ist in Norwegen verhältnismäßig preiswert bei hochwertiger Qualität. Teils nach eigener Phantasie, teils in Übernahme traditionellem Brauchtums- und Wikinger-Schmucks. Tips und empfehlenswerte Silberschmieden siehe Hauptteil des Bandes!

Ausgefallene <u>KUNSTHANDWERKSARBEITEN</u> in speziellen Läden, "<u>Brukskunst</u>" oder "<u>Husfliden</u>". Das Angebot ist groß und verlockend. Viele Holzarbeiten, aber auch aparte und nützliche Gebrauchsgegenstände in skandinavischem Design.

Die <u>Husflidenläden</u> sind über ganz Norwegen verteilt. Eine Vereinigung, in der Frauen und Männer Handarbeiten anbieten, viel in Heimarbeit, bzw. auch Rohmaterial einkaufen.

Im Angebot regional unterschiedlich: Holzgegenstände, Glas, Keramik, Webarbeiten, Filzwesten sowie handgestrickte Norwegerpullis, Jacken, Handschuhe und Mützen. Generell teurer als in normalen Shops oder Boutiquen. Dafür aber ausgesprochen schöne Stücke, Qualität hat ihren Preis!

<u>PORZELLAN</u>: Die Fabrik in Porsgrunn/Südnorwegen ist in Norwegen nicht nur führend im sanitären Sektor (Toiletten, Waschbecken etc.), sondern besitzt jahrhundertelange Tradition im künstlerischen Bemalen von Geschirr, Vasen etc. (Details siehe Porsgrunn.)

<u>SKANDINAVISCHES DESIGN</u>: hat speziell im Sektor Möbel und weiterem Gebrauchsdesign einen hervorragenden Namen. Kontakt teils in den Shoppingcenters von Stavanger, Bergen, - vorwiegend aber in Spezialgeschäften in <u>Oslo</u>. Infos und Tips im Touristbüro/Oslo. Bestellung vor Ort und im Anschluß Exportabwicklung durch das Möbelhaus.

<u>MALEREI, SKULPTUREN, WANDTEPPICHE</u>: laufende Verkaufsausstellungen in Oslo, aber auch Bergen/Brygge, Lofthus/Hardangerfjord etc., Details siehe unser Text!

<u>ALLES UM RENTIERE</u>: <u>Rentiergeweih</u>: vorwiegend an der Straße E 6 oben in Lappland erhältlich, - in Süd- und Mittelnorwegen dagegen selten oder nie. Ob man sich jedoch an so einem Staubfänger dauerhaft freut, ist Geschmacksfrage... Dachständer für den Heimtransport obligatorisch.

<u>Rentierfelle</u>: nur für Wanddekoration. Es ist zwar äußerst dicht, hat aber als Lauffell den Nachteil, daß es aushaart, bzw. die Haare brechen. Dies ist unabhängig davon, ob es sich um ein Winter- oder Sommerfell handelt.

Der Haarausfall hängt hauptsächlich von der Qualität des Gerbens ab, die

Fellunterseite muß sich weich und nach einiger Zeit warm anfühlen. Da zwischenzeitlich generell maschinell gegerbt wird, besteht kaum Unterschied - ob am Straßenrand gekauft oder im Shop.

Die Preise liegen je nach Größe und Schönheit der Färbung zwischen 5o und 12o DM, je nachdem wo man es kauft. Wegen des Überangebots muß man hierzu nicht unbedingt rauf nach Lappland fahren.

KUNSTHANDWERK AUS LAPPLAND: in der Regel sehr hübsche Gebrauchsgegenstände mit langer Tradition. Viel aus Leder (beispielsweise die Kaffee- und Salzbeutel, Rentierfelle, Skaller-Schnabelstiefel), aus Knochen oder Geweihen (z.B. kleine Nadeletuis, von preiswerten Flaschenöffnern bis zum kunstvoll verzierten Lappenmesser) sowie schöne Webarbeiten. Preisgünstiger sind sie in Lappland in Verkaufsständen an der Straße, - werden zwischenzeitlich aber auch nach Süd- und Mittelnorwegen importiert. Dort in Souvenir-, aber auch Kunstgewerbegeschäften erhältlich.

Unterkunft

> *In Sachen ÜBERNACHTUNGSKOSTEN ist Norwegen auf den ersten Blick kein Billigland.*
>
> ✦*Die Hotelübernachtungspreise liegen wegen hoher skandinavischer Löhne in etwa auf dem Niveau deutscher, schweizer oder österreichischer Stadthotels (bzw. Hotels in Tourismusgebieten). Dafür wird in der Regel viel Komfort geboten. Im folgenden Text zugleich Tips, wie man´s billiger realisieren kann.*
>
> ✦*Wer knapp mit Reisebudget ist, reist naturverbunden. Zelt und warmen Schlafsack in den Kofferraum plus Camping. Die Preise um die 25 DM pro Nacht für 2 Personen, Zelt plus Fahrzeug entsprechen denen südeuropäischer Länder wie Griechenland, Italien.*
>
> *Oder VW- Bully , Wohnmobil oder ähnliches, - bzw. PKW mit Caravan (und hinten das Bett ausbreiten...).*
>
> ✦*ALTERNATIVEN: gemütliche Holzhütten ("Hytta"), wie sie auf norwegischen Campingplätzen die Regel sind (ab 45 DM für 4 Personen/Nacht), - sogenannte Sommerhotels (Studentenwohnheime, die während der Semesterferien preiswert an Touristen vermietet werden), - Jugend- und Familienherbergen (in Skandinavien ohne Altersbegrenzung) sowie wochenweise angemietete Ferienhäuser.*

HOTELS :

Breites Angebot auch außerhalb der wenigen großen Städte Norwegens. Der Standard ist in der Regel hoch: moderne und sehr komfortable Hotels.

Die Palette reicht von Komforthotels bis hin zu Bonbons aus der touristischen Gründerzeit ab 186o: verschnörkelte Holzpaläste mit Balkons und Balustraden.

> Zu den schönsten Holzpalast-Hotels gehören: Kviknes Hotel in Balestrand/Sognefjord (siehe Seite 48o) - Mundal Hotel/Fjaerland, einem Seitenarm des Sogne (siehe Seite 486) und das (teils mit Neubauten versehene) Holmenkollen Hotel/Oslo (siehe Seite 221). Weitere siehe Text/Hauptteil des Bandes! Sie liegen vielfach im Fjordbereich Sogne- und Hardanger, vergl. auch Texte zur Geschichte des norwegischen Tourismus auf Seite 597.

Im Fjordbereich Westnorwegens wurden zugleich ältere Hotels, Baujahr ab Anfang der 4oer Jahre mit modernen Neu-Anbauten versehen, um der heutigen gestiegenen touristischen Nachfrage gerechtzuwerden.

In den Ferienzentren (insbesondere des Wintersports) entstanden supermoderne Hotelneubauten, die alle Komfortwünsche abdecken. Auch in besseren Hotels nie steife Atmosphäre. - Was Norwegens Hotels (insbesondere im Fjordbereich) auszeichnet: oft traumhaft schöne Lage.

TIP: Vom Norwegischen Fremdenverkehrsamt (Mundsburger Damm 45, 22o87 Hamburg) bzw. der Marketingabteilung NORTRA, das Heft "Unterkünfte in Norwegen" anfordern.
Enthält die wichtigen Hotels des Landes nach Orten aufgelistet inkl. der aktuellen Preise sowie Öffnungszeiten (nicht alle Hotels sind das ganze Jahr über geöffnet!).

PREISE: Dopppelzimmer ab 13o DM aufwärts. In der Regel muß man mit ca. 15o-18o DM/DZ rechnen. Die in unserem Buch angegebenen Preise sind ca. Preise und beziehen sich auf das, was man regulär zahlt.

Ab ca. 15o DM/DZ ist in der Regel auch das große skandinavische Frühstücksbuffet im Preis inkl. Bevor man sich eincheckt, in jedem Fall fragen, ob Buffet inkl. Wenn extra berechnet, so ca. 15 DM/Person.

SPARTIP: Viele der erstklassigen Hotels sind zu Ketten zusammengeschlossen und gewähren beim Kauf eines entsprechenden "Passes" oder "Hotelschecks" spürbare Ermäßigungen von ca. 2o bis zu 6o %.

Am besten die einzelnen Prospekte vom norwegischen Fremdenverkehrsbüro anfordern. Dort stehen die genauen Bedingungen sowie Adressen, wo man die Schecks bzw. Hotelpässe bekommt.

NORWEGEN FJORD PASS
Der derzeit wichtigste Paß. Angeschlossen sind rund 25o Hotels in Skandinavien, die insbesondere auch im Fjordbereich und Hochgebirge Norwegens gut verteilt sind.
Der Paß kostet ca. 18 DM (gilt für Erwachsene und Kinder unter 15 Jahre und bringt ca. 2o % Ermäßigung), ein Betrag, der schon bei einer Übernachtung wieder eingespart ist. Die Übernachtung reduziert sich von sonst üblichen ca. 15o-22o DM auf runde 1oo-15o DM/Nacht und Doppelzimmer (2 Personen).
Der Paß gilt in der Zeit 1.5. bis 3o.9. (kann von Jahr zu Jahr variieren). Vorreservierung der Zimmer möglich, indem man entweder das betreffende Hotel anschreibt oder über die Buchungszentrale in Bergen (Fjord Tours A/S, Postboks 1752, 5o24 Bergen). Erhältlich u.a. im Touristbüro Oslo.

BEST WESTERN HOTELS
Bieten statt Paß Hotelschecks an. Der Scheck kostet knapp 8o DM pro Person, dafür reduzierter Übernachtungspreis. Vorreservierung möglich.
Es handelt sich bei den Best Western Hotels hier um eine skandinavische Hotelkette (in Norwegen ca. 55 Hotels), der beispielsweise das schöne Kviknes Hotel/Balestrand (Sognefjord) und das 4-Sterne-Hotel Geiranger (Geirangerfjord) angehören. Scheckgültigkeit in Norwegen, Schweden, Estland und Dänemark 15.5.-15.9. (Best Western Hotels, Storgt. 117, Boks 14, 26o1 Lillehammer.)

SKANDINAVISCHER BONUSPASS
Ein Hotelpaß, der in allen skandinavischen Ländern für die Hotels der (in Norwegen)

Inter Nor Kette gilt. Dies sind Hotels der Topklasse, die normal ab ca. 22o bis 25o DM/ Doppel kosten. Ermäßigung durch den Paß 15-5o % je Hotel.

Der Paß gilt vom 23.6. bis 13.8. (sonst an Wochenenden) für 2 Erwachsene + Kinder und kostet 4o DM. Wer das "Scanrail Ticket" besitzt, kann sich den Kauf des Paßes sparen, da dieses Eisenbahnspezialticket ebenfalls gilt.

HOTELPASS DER RICA HOTELS

Gültig für die Rica Hotels sowie andere Hotels dieser Kette. Mit ca. 12 DM ist der Paß recht preisgünstig. Er gilt an Wochenenden und im Sommer (Mitte Juni bis Mitte August) bei Ermäßigungen von bis zu 6o %. Wer 5 Nächte bleibt, erhält zudem die 5. Nacht gratis.

Es handelt sich fast ausschließlich um Hotels der Spitzenklasse, z.B. in Oslo das exzellente "Holmenkollen". Vorreservierung möglich.

WEITERE ERMÄSSIGUNGEN

Über die Fjordpässe und Hotelschecks hinaus bieten viele Business Hotels im Sommer (Mitte Juni bis Mitte August) verbilligte Zimmerpreise an. Grund: Zur Zeit der norwegischen Betriebsferien sind sie nicht genügend ausgelastet.

Es handelt sich hier vielfach um Stadthotels (z.B. in Bergen, Stavanger, Oslo und Kristiansand). Auf Grund der gewährten Rabatte können sie gleichteuer oder sogar preiswerter sein als einfache Stadthotels.

Zugleich bieten auch Hotels außerhalb der Städte, die vorwiegend von Wintersport leben bzw. als Tagungs- und Konferenzhotels fungieren, oft ab Ende Mai bis Anfang/Mitte August günstige Rabatte an.

ACHTUNG: Bei den günstigen Preisen (insbesondere Fjordpaß und Best Western) sind speziell diese Hotels zur Hauptreisezeit Mitte Juni bis Mitte August oft über Monate im voraus ausgebucht.

Vorreservieren für die Hotelpässe/Schecks ist in jedem Fall sinnvoll. Hat allerdings auch den Nachteil, daß man in seiner Flexibilität vor Ort erheblich eingeschränkt ist. Aber auch für andere Komforthotels, die nicht der Kette angehören: Speziell im Bereich Hardanger-, Sogne- und Geirangerfjord sowie der Südküste kann Vorreservieren für die Monate Mitte Juni bis Mitte/Ende August sinnvoll sein.

PREISWERTER als in Hotels übernachtet man in kleinen familiären Pensjonaten bzw. Gjestgiveri, Hospits, Turistheim oder Fjellstue. Sind entweder an der Straße ausgeschildert bzw. Vermittlung über die einzelnen regionalen Touristbüros. Die Doppelzimmerpreise liegen dort zwischen 1oo und 18o DM.

GENERELLES ZU HOTELÜBERNACHTUNG

Die PREISE in norwegischen Hotels werden in der Regel pro Doppelzimmer, also für zwei Personen angegeben. Gegen geringen Aufpreis kann man in den meisten Hotels sich noch ein weiteres Bett ins Zimmer reinstellen lassen, was zusätzlich den Zimmerpreis reduziert.

CHECKOUT: wie allgemein üblich - 12 Uhr. Kann sich jedoch von Hotel zu Hotel ändern. Anschlag an der Zimmertür beachten bzw. in der Rezeption nachfragen.

Oft ist ein Farb-TV im Zimmer. Interessant, um norwegische Medien und Berichterstattung mitzubekommen. Spielfilme oft in englicher Sprache (mit norwegischen Untertiteln). Telefonieren ab Zimmer teurer als von der nächsten Telefonzelle. - In der Regel an der Rezeption keine Sprachprobleme, sofern man etwas englisch spricht, in teureren Hotels vielfach auch deutsch.

KINDER erhalten in der Regel 75 % Rabatt (unter 3 Jahren), - 5o % (3 bis 12 bzw. 15 Jahre). Bedingung, daß die Kinder im selben Zimmer wie die Erwachsenen schlafen, was per se der Fall sein dürfte. Auch bei den Hotelpässen ähnliche Rabatte für Kinder.

ÖFFNUNGSZEITEN: Hochgebirgshotels oder Hotels abseits der Hauptrouten in entlegenen Fjordarmen öffnen erst ab Mai bis Mitte/Ende Sept. Details in der gratis Hotelliste des Norwegischen Fremdenverkehrsamtes.

✦ HOCHGEBIRGSHOTELS

Norwegische Spezialität. Liegen oft landschaftlich großartig im Fjell, bei Wasserfällen oder an Hochgebirgsstraßen, dienen vielfach als Ausgangspunkt für schöne Wanderungen. Besonders schön:

Stalheim Hotel an der E 16 oberhalb der Schlucht, die runter nach Gudvangen und zum engsten und sicher schönsten Fjord des Sogne, dem Naerøyfjord führt. Zwar mittags Wirbel durch Touristengruppen, - so doch gemütliche Zimmer, und schöner Nacht-Stop vor dem Trip durch den Naerøyfjord. Siehe .... Seite 466.

Grotli Høyfjellhotel an der RV 15 vom Gudbrandsdal rüber an die Westküste. Ein alter Verkehrsweg, heute perfekt ausgebaut. Das Hotel in einsamer Fjell Landschaft, besonders schön bei Herbstfärbung. Sommerskigebiet bei Videseter, 26 km südwestlich. Details siehe .... Seite 588.

Ein ganzer Schwung an Hochgebirgshotels entlang der RV 55 übers Sognefjell, Ausgangspunkt für Hochgebirgswanderungen im Jotunheimen sowie Bergbesteigungen. Details siehe .... Seite 591.

Spiterstulen eines der wichtigsten und größten Hochgebirgshotels im Bereich nördl. Jotunheimen. Privat geführt und breite Palette an Wanderungen, Bergbesteigungen und Gletschertouren, Details siehe .... Seite 59o.

Viele weitere siehe Text Hauptteil dieses Bandes und Routen- wie Wanderbeschreibungen!

✦ FJELLSTUE

Nach unserem Geschmack oft die gemütlichsten Hotels/Pensionen. Meist kleiner als die Høyfjellshotels, dadurch persönliche Atmosphäre. Fast immer sehr schön gelegen, oft an alten Verbindungswegen, z.B. Alter Königsweg. Traditionell geführt. Besonders schön: Kongsvoll Fjellstue auf dem Weg nach Trondheim.

✦ GEBIRGSHÜTTEN (DNT)

DNT (= Norwegischer Wanderverein, gegründet 1886) unterhält in Nor-

wegen ein Netz von mehr als 2oo Hütten im Hochgebirge für Wanderer.
Wer Einsamkeit und Naturkontakt liebt: eine der schönsten Formen einer
Norwegen-Reise!

Die Palette reicht von bewirtschafteten Hütten mit 1oo-
12o Betten bis hin zum Basisunterschlupf mit
"Vorab-Schlüssel-Besorgen" und Proviant
selber mitbringen.

Alle Details in unserem ausführlichem Kapitel
"Sport/Wandern" siehe Seite 131.

Hütten

Befinden sich meist in Privatbesitz, vielfach auf Campingplätzen, oft aber
seitlich der Straße, ausgeschildert "<u>HYTTA</u>" (nicht mit den DNT-Hütten
zu verwechseln).

"Hytteferie" (Hüttenferien) ist die wohl "norwegischste" Art, preiswert
und trotzdem trocken und relativ komfortabel zu übernachten.

Mietdauer beliebig, auch für eine Nacht o.k., sofern es sich um einfach
ausgestattete Hütten handelt. Kostenpunkt ca. 4o-5o DM/Hütte und Nacht,
wobei man sich das Bettzeug, Geschirr und Handtücher selber mitbringt.
Doppelstockbetten sind hier die Regel sowie Hütten für 4 Leute. Derartige
Hütten findet man vielfach auf Campingplätzen, teils auch in Hüttendör-
fern seitlich der Straße (Schild "Hytta").

Die Tendenz geht jedoch zu komfortableren Hütten mit DU/WC - dann
zum Preis ab 1oo DM aufwärts für 4 Personen.

<u>Nach oben in Austattungskomfort keine Grenzen</u>: fließender Übergang zu
sogenannten "Ferienhütten", die nur wochenweise vermietet werden:

✦ FERIENHÜTTEN

Oft urgemütlich sowohl was Lage betrifft, wie auch Ausstattung: kann
raufreichen bis zu einem offenem Kamin, Sauna und TV, bei entsprechender Küchenausstattung, Toaster etc.

Während sich die <u>preiswerten Hytter</u> (siehe oben z.B. auf Campingplätzen) zum Geldeinsparen auf Norwegen Rundtrips anbieten, - wird man
die <u>Komfort-Ferienhütten</u> vorwiegend wählen, um 1-2 Wochen an einem
Punkt auszuspannen und zu relaxen.

Beispielsweise: 2 Wochen in Norwegen rumreisen, das Land erkunden
und die letzte Woche relaxen, Eindrücke verarbeiten, - Angeln, Wandern
oder Boot fahren auf herrlichen Bergseen bzw. im Schärenbereich der
Südküste...

ANBIETER: Infopaket "Ferienhäuser" anfordern bei NORTRA: Mundsberger Damm 45, 22o87 Hamburg. Die Preise liegen hier je nach Saison zwischen 3oo DM/einfache Hütte und Vor-/Nachsaison bis hin zu 1.ooo DM/Woche.

Während der norwegischen Sommerferien ist an der Süd- und Südwestküste kaum etwas kurzfristig zu bekommen, - in Skigebieten (beispielsweise Bø) über Weihnachten oder Ostern ebenfalls kaum kurzfristig eine Chance. Derartige Gebiete lange vorher ausgebucht, bei Preisen, die pro Woche oft erheblich (je nach Lage) über 1.ooo DM/Woche liegen.

KONTAKTE: Marktführer sind die dicken gratis Kataloge

* "Fjordhytter" (Region Bergen, Fjorde Westnorwegen), Bezug auch direkt von Fjord hytter, Den Norske Hytteformidling A.S., Lille Markev. 13, N-5oo5 Bergen. Größter Anbieter im Fjordbereich Westnorwegens, mehr als 6oo Ferienhäuser.

* "Norsk Hytteferie", Bezug Norsk Hytteferie - Boks 34o4 Bjølsen, N-o4o5 Oslo, 1946 die erste Firma, die sich für Vermittlung von Ferienhäusern engagierte. Im Programm derzeit mehr als 1.ooo Ferienhäuser.

* "Nord Reisen", Bahnhofstr. 8, D-24768 Rendsburg, ein BRD-Veranstalter, der seit mehr als 25 Jahren Ferienhäuser in Norwegen vermittelt. Gratiskatalog mit mehr als 6oo Ferienhäusern.

* "Polar Reisen", Postfach 1oo, D-84364 Bad Birnbach. Katalog mit mehr als 4oo Ferienhäusern in Süd-, Mittel- und Westnorwegen.

* "Hanseat Reisebüro", Alstertor 21, 2oo95 Hamburg, vermittelt nicht nur Ferienhäuser, Schiffsreisen (z.B. mit Hurtigruten), sondern auch Hüttenpakete.

✦RORBUER

Spezielle Urlaubsform an der Westküste Norwegens und auf den Lofoten. Es handelt sich um ehemalige Fischerhütten, renoviert und mit allen komfortablen Extras eingerichtet. Sie liegen immer landschaftlich schön am Wasser (Fjord oder Meer). Infos über Rorbuer-Veranstalter übers Norwegische Fremdenverkehrsamt.

CAMPING

Norwegen ist bestens auf Camper eingestellt. Über 1.4oo Campingplätze, in ganz Norwegen verteilt. Relativ hoher Level, sehr gut gewartet und in der Regel soviel Raum, daß man nicht seinem Nachbarn in die Töpfe schauen muß. Überfüllung à la Südeuropa ist ein Fremdwort. Ausnahme zu Spitzenzeiten im Juli, wenn die Norweger, Dänen und Norddeutschen gleichzeitig Ferien haben. Dann kann es auf einigen Campingplätzen auch ganz schön eng werden. Die übliche Kategorieeinteilung nach Sternen (max. 3).

Heiße Duschen (meist extra mit Münzen zu bezahlen), teilweise sogar mit Saunen, häufig geheizte Selbstkocherräume mit Kochplatten, teils auch Superladen und Cafeteria angeschlossen. Genügend Stromanschlüsse (langes Verlängerungskabel mitnehmen!) bei den besser ausgestatteten Plätzen, Waschmaschinen, Trockner etc.

PREISE: teils als Einheitspreis pro Platz (egal wieviele Personen), teils wird alles (Personen, Zelt etc.) separat berechnet. Im Schnitt für 2 Personen + Pkw 2o-25 DM/Nacht. Strom und Dusche extra.

Die meisten Campingplätze sind Organisationen angeschlossen, z.b. dem NAF (85o Campingplätze).

Sehr praktisch sind auch die HÜTTEN auf den Campingplätzen (siehe Vorkapitel). Man benutzt die Sanitäreinrichtungen des Campingplatzes, wohnt aber bequemer und trockener als im Zelt.

WINTERCAMPING: in Norwegen recht verbreitet. Die Norweger kommen im Wohnwagen, Wohnmobil oder übernachten in winterisolierten Campinghütten. Die Loipen dann direkt vor der "Haustür".

WILDZELTEN: ein heikles Thema. Dort, wo die Massen durchpreschen, z.b. auf der Süd-Nord-Verbindung E 6 (insbesondere im Raum Lillehammer bis Åndalsnes) schützen sich die Einheimischen gegen wildcampende Touristen durch Holz- oder Drahtzäune.

Auf Wanderungen ist das Zelten in der Natur bei den langen Distanzen teilweise unumgänglich. Doch wenn man sich als Autotourist oder sogar ganze Busladungen ihre Zelte neben der Straße hinter dem nächsten Strauch aufstellen, dann wird es auf Dauer ein Problem. Eine Tourismusbroschüre hat das Thema kurz und treffend beschrieben: "Ihr dürft so oft wiederkommen, wie Ihr wollt, wenn man nicht sieht, daß Ihr schon einmal hier wart." Wenn man diesen Leitsatz und nachfolgende Regeln beachtet, wird es hoffentlich noch länger möglich sein, bei Wanderungen sein Zelt in der Natur aufzuschlagen.

*   In jedem Fall sind Privatgrundstücke tabu. 15o m Abstand vom nächsten Haus/ Hütte ist das Minimum der Gefühle!

*   Absolut sorgsamer Umgang mit der Natur: nach Möglichkeit den Platz sauberer verlassen, als man ihn vorgefunden hat. Bitte auch leere Plastiktüten, Konservendosen etc. wieder mitnehmen.

*   Campingkocher mitnehmen, statt Zweige abzubrechen. Frisches Holz brennt ohnehin schlecht.

*   Lagerfeuer ist im Sommer strikt wegen Waldbrandgefahr verboten!

*   Auf öffentlichen Rastplätzen ist Übernachten verboten.

✦ WOHNMOBILE

Der Wohnmobil-Tourismus wird inzwischen auch in Norwegen eingeschränkt. Immer mehr Kommunen verbieten Übernachtungen außerhalb der Campingplätze, um der sommerlichen Invasion Herr zu werden. Es ist nur noch eine Frage der Zeit, bis ein generelles Verbot ausgesprochen wird. Die Diskussion darüber ist voll entbrannt. Anscheinend hat sich die

Meinung verbreitet, in Skandinavien sei noch alles erlaubt und man könne überall in der Natur frei stehen. Dies wird zwar durch das "Jedermannsrecht" (siehe Kasten) ausgedrückt, doch stammt das alte Gesetzt aus einer Zeit, als es noch keine Wohnmobile gab und das Reisen äußerst beschwerlich war. Inzwischen waren viel zu viele schwarze Schafe in Skandinavien unterwegs, haben ihre Chemie-Toilette im Vorgarten der Ferienhäuser ausgekippt (unglaublich, aber wahr), den Straßenrand und die Strände als Freilufttoilette benutzt, sich auf Parkplätzen campingmäßig ausgebreitet und Verbotstafeln schlicht ignoriert.

Es ist übrigens auch nicht erlaubt, abseits der Straßen ins Gelände zu fahren, auch wenn keine entsprechenden Verbotsschilder an Forstwegen stehen.

In größeren Orten wurden inzwischen Parkplätze für Wohnmobile eingerichtet, auf denen die Fahrzeuge 24 Stunden stehen dürfen.

Um es noch einmal unmißverständlich auszudrücken: Keine Spuren hinterlassen, alle Abfälle mitnehmen, Toilette in die entsprechende "Tømmestation" und die Parkplätze, Strände etc. nicht als Klo mißbrauchen.

Entsorgungsstationen (Tømmestation): über ganz Norwegen sind Entsorgungsstationen eingerichtet worden, in denen Chemie-Toiletten und Abwasser entleert und der Wagen mit Frischwasser aufgetankt werden können. Die Anlagen sind auf Parkplätzen, bei Tankstellen oder Campingplätzen zu finden und an der Straße durch deutliche Hinweisschilder ausgewiesen.

Campinggas/ Campingkocher: kleine blaue Kartuschen problemlos in Sportshops/Superläden zu bekommen. Die 1,8- und 2,8-kg-Gasflaschen (9o4 und 9o7) können in Norwegen bei einer Reihe von Sportläden, Eisenwarenläden, Tankstellen umgetauscht werden.

Die großen 5- bzw. 11-kg-Flaschen werden nicht getauscht, sondern nur in 5 norwegischen Großstädten nachgefüllt: bei Progas in Oslo, Kristiansand, Bergen und Trondheim. Progasstationen oft schwierig zu finden, deshalb in der jeweiligen Stadt beschrieben. Vorher abklären, ob nur die nachgefüllte Gasmenge bezahlt wird, oder die ganze Flasche pauschal.

Für längeren Aufenthalt im Winter, bei hohem Gasverbrauch durch Heizen kann sich ein Adapter lohnen, mit dem norwegische Flaschen an das deutsche System angeschlossen werden können. Erhältlich in Gasnachfüllgeschäften in Norwegen bzw. Deutschland. Norwegische Gasflaschen sind fast an jeder Tankstelle zu tauschen.

Brennstoff für Campingkocher: Spiritus für beispielsweise die weit verbreiteten Trangia Kocher heißt auf norwegisch "rød Sprit" und ist in jedem größeren Supermarkt erhältlich (Farbe rosa). Sprit für Benzinkocher ist schwieriger und oft nur in Großstädten zu bekommen.

Jugendherbergen

(Ungdomsherberger)

Wie in ganz Skandinavien sind die Jugendherbergen auch in Norwegen für jedermann benutzbar. Klartext: keine Altersbeschränkung.

Insgesamt ca. 8o Jugendherbergen über ganz Norwegen verteilt. Generell sehr ordentliche, unterschiedlich große Anlagen (z.B. Haraldsheim in Oslo, ca. 27o Betten) oder kleine gemütliche Holzhäuser. In der Regel 4- bis 6-Bett-Zimmer. 3-Sterne-Jugendherbergen haben auch 2-Bett-Zimmer. Öffnungszeiten variieren, z.T. im Text angegeben.

Ein Teil der Jugendherbergen ist auch im Winter geöffnet. Dann ist in der Regel Halb-/Vollpension obligatorisch. Die Mehrzahl der Jugendherbergen serviert Mahlzeiten.

ÜBERNACHTUNGSPREISE: pro Bett für Mitglieder 2o-4o DM, für Nicht-Mitglieder etwas teurer. Bei manchen Jugendherbergen ist nur Übernachten mit Frühstück möglich. Leinenschlafsack obligatorisch (geringe Leihgebühr). Die meisten Jugendherbergen bieten Familienzimmer (2 Pers.) an. Übernachtung preislich zwischen 4o und 8o DM. Frühstück 1o-15 DM, warmes Abendessen 15-3o DM.

Im Heft "Vandrerhjem i Norge" sind alle Jugendherbergen abgebildet, mit Preisen, den angebotenen Leistungen und Adressen versehen. Für reine Übernachtung auf dieser Basis unentbehrlich. Anzufordern bei: Norske Vandrerhjem, Dronningensgate 26, N-o154 Oslo.

✦ PRIVATZIMMER

Die Privatzimmervermietung ist in Norwegen nicht so verbreitet, wie z.B. in England. In einigen Städten vermittelt das Touristenbüro Privatzimmer. Oder sie sind an der Straße gelegentlich als "Rom til leie" oder "Hytta" angepriesen.

Eine Reihe Hotels und Campingplätze ist auf **BEHINDERTE** bzw. ROLLSTUHLFAHRER eingerichtet. Der Norwegische "Handikapforbund" (Postboks 9217 Grønland, o134 Oslo) hat ein spezielles "Tilgjengelighets Guiden" (Handbuch mit Zugängen für Behinderte) herausgegeben, das spezielle behindertengerechte Übernachtungsmöglichkeiten erwähnt, Einrichtungen und Zugänge bei Bahnhöfen, Flughäfen, Taxis und bei Sehenswürdigkeiten, Museen etc. bewertet.

✦ BAUERNHOF

Ideal für Familien mit Kindern. Z.B. im Gudbrandsdal ab Lillehammer bis rauf nach Lesja, eine Handvoll Höfe, die Sommergäste nehmen. Meist einfache, aber sehr ordentliche Zimmer mit fließend kalt/warm Wasser,

Dusche und Toilette auf dem Gang. Aufenthalts- und Frühstücksraum; so daß man bei trübem Wetter nicht aufs Zimmer angewiesen ist.

Gibt Möglichkeiten zu interessanten Kontakten, aber bedenken, daß die Arbeit auf dem Hof mit und trotz Touristen weiterlaufen muß. Viele Bauernhöfe haben auch Seter (Almen) in den Bergen. Weitere Infos bei den örtlichen Touristenbüros.

Weit über 1oo Bauernhöfe sind mit ihren Aktivitäten im Katalog "Norsk Bondegårdsferie A.S." verzeichnet. Infoadresse: Hadelandsveien 169, Postboks 99, N-1482 Nittedal, oder in Deutschland: Polarkreis Reisebüro, Bahnhofstr. 18, D-46535 Dinslaken.

JEDERMANNSRECHT (norweg. "allemannsretten")

Ein uraltes Recht, das in Skandinavien auch dem Touristen mehr Freiraum in der Natur gibt als anderswo in Europa.

Das ungeschriebene Gewohnheitsrecht stammt aus alten Landfahrerzeiten, als es zum Überleben in der Wildnis notwendig war, auf Staats- und Privatgrund Beeren und Pilze zu sammeln und eventuell zu übernachten. Das Jedermannsrecht ist jedoch kein Freibrief für wüste Robinsonaden auf Kosten der Natur.

Dem Wanderer ist Zelten in respektvollem Abstand von mindestens 15o m zum nächsten Haus gestattet. Bei längerem Aufenthalt oder gar in der Gruppe ist der Eigentümer um Erlaubnis zu fragen.

Während Angeln und Jagen auch abseits jeglicher Zivilisation einer Genehmigung bedarf, ist Beeren- und Pilzesammeln auch auf Privatgrund (nicht gleich Garten) erlaubt.

Eine Bitte: Den "Søppel", also leere Konservendosen, Glas, Plastik, Papier etc. nicht vergraben. Tiere wie Dachs, Fuchs u.a.buddeln es wieder aus, verletzen sich an Abfalldosen und Glasscherben und gehen elendig zugrunde, deshalb bitte den Müll in die überall aufgestellten Tonnen werfen. Lagerfeuer ist im Sommer wegen Waldbrandgefahr strikt verboten!

NORWEGISCHE KÜCHE

Ausgesprochene Gourmets werden in Norwegen nicht mit der Zunge schnalzen; wer aber noch das Bedürfnis hat, für sein Geld gut satt werden zu wollen, ist in Norwegen richtig.

Gemütliche Restaurants meist in größeren Orten/Städten; in der Regel gute Küche zu norddeutschem Preisniveau. Unterwegs an der Strecke sorgen Hotels und Cafeterien fürs leibliche Wohl.

Unter "MIDDAG" versteht der Norweger die Hauptmahlzeit, das warme Abendessen, etwas früher als bei uns üblich.

KAFETERIEN

Oft recht gemütlich, nicht mit der bekannten Kantinenatmosphäre zu vergleichen, zudem Riesenvorteil, daß man nicht mit knurrendem Magen eine halbe Stunde auf sein "Menu" warten muß. (Menu bedeutet schlicht ein warmes Tellergericht mit Beilagen, meist gut und reichlich.) Fast immer Selbstbedienung.

Preisbeispiel: Seelachsfilet mit Beilagen um die 15 DM. Überall in Norwegen werden preiswerte Tagesgerichte (wechseln täglich) angeboten.

SKANDINAVISCHES BUFFET

Sehr verlockend dekoriert wird mittags oder abends bei größeren Hotels, gelegentlich auch bei Restaurants ein skandinavisches Buffet angeboten. Preis um die 4o DM. Eine Tafel aller erdenklichen Köstlichkeiten, die Norwegen zu bieten hat; viel Meeresgetier. Nicht nur ein kulinarischer auch ein optischer Genuß. Man beginnt mit Fisch, steigert sich über Salate und kalte Gerichte (Braten) zu den warmen Speisen: Fleisch, Fisch mit Beilagen. Käse und süße Desserts runden die Schlemmerei ab. Für jeden Gang steht ein frischer Teller bereit; man tut gut daran, die Portionen klein zu halten, um alles durchprobieren zu können. Saft und Kaffee gehört meistens dazu. Alkoholische Getränke separat bestellen.

Gierig schlingende "Dauergäste" entpuppen sich leider meist als Touristen unseres Heimatlandes.

Eine feine Sache ist das reichhaltige norwegische Frühstücksbuffet der Hotels, teils auch bei Jugendherbergen. Mit gekochten Eiern, Schinken und Speck, Müsli und Cornflakes, Marmeladen, diversen Brotsorten (auch Knäckebrot), Wurst und Käsesorten (Geitost, Gammelost siehe unten), Hering, Früchten, Saft, Milch, Kaffee oder Tee. So ein vielfältiges, üppiges Frühstück hält bis zum Abend vor. Meistens können "Nichthotelgäste" am Buffet für rund 15 DM partizipieren.

Gemütliche Kneipen nur in einigen Großstädten - kein Wunder bei den Bierpreisen von 1o DM die Halbe (übrigens frei von jeder Chemie!).

Kneipenersatz für die Jugendlichen ist der Autotreff auf den Parkplätzen vor der Pølserbude. Von Cockpit zu Cockpit durchs runtergekurbelte Fenster, mit der Bierflasche in der Hand laufen Feierabend Small-talk und Flirts, bar jeder Atmosphäre und Gemütlichkeit.

Favorit der Norweger ist und bleibt die Pølserbude an der Ecke - warme Bockwürstchen in Milchbrötchen oder geschmacksneutralen Fladen, Ketchup, Senf oder Mayonnaise wild durcheinander - etwas gewöhnungsbedürftig.

Trinken :

ALKOHOL

Bier, Spirituosen etc. sind wie in allen skandinavischen Ländern hoch besteuert. Während es Alkoholika nur im staatlichen Vinmonopol gibt, bekommt man Bier in Supermärkten. Hansa und Ringnes sind bekannte Brauereien. Am besten hat uns das "Lysholmer" aus Trondheim geschmeckt. Lettøl (alkoholarmes Bier) ist im allgemeinen billiger, der Alkohol auch kaum spürbar, geschmacklich die Verwandtschaft mit Bier schon zu erkennen.

Vinmonopolet - das staatliche Millionengeschäft. Die Läden haben eine vertrackte Ähnlichkeit mit Apotheken; die Ladentheken als Barriere zu den edlen Tropfen, die an der Rückwand aufgebaut sind. Brav reihen sich die Käufer in Warteschlangen ein, besonders wenn's aufs Wochenende zugeht und schleppen trotz der Apothekenpreise Flaschen in beachtlichen Mengen in den typischen Plastiktüten davon. Gittertüren und Alarmanlagen schützen die teuren Importe vor gar zu durstigen Kehlen. Bezüglich der Alkoholeinkaufsmenge keine Beschränkungen.

Vinmonopole gibt's nur in größeren Städten, d.h. oft hunderte von Kilometern auseinander. Jeder Neueröffnung einer Filiale gehen heiße Debatten und regelrechte Leserbriefkriege in der Zeitung voraus, zwischen den Anhängern einer strikten Prohibition und liberalen und dürstenden Befürwortern des freien Alkoholgenußes. Leute in entlegenen Nestern fühlen sich recht benachteiligt, sie können sich den teuren Alkohol immerhin schicken lassen. Dann aber, welch Ironie, verschickt der Vinmonopolladen des so fürsorglichen Staates nur ab bestimmten großen Mengen - wo bleibt da die Logik?

PREISE: Für eine Literflasche Whisky legen die Norweger gut 1oo DM hin - erhalten dafür aber Markenware. Nicht umsonst verlangt der Zoll bei der Einreise für z.B. 1 Liter Hochprozentiges ca. 7o DM Zoll. Man kann sich also grob ausrechnen, was in Norwegen auf einen zukommt.

<u>FAZIT</u>: Am besten auf einen gesunden, alkoholfreien Urlaub einstellen!

Apropos Alkohol: Volles Schankrecht, d.h. Wein und Schnaps, besitzen in Norwegen nur bestimmte Restaurants und Hotels (allerdings sonntags und feiertags bleibt der Hahn meistens zu, wochentags "fließt" es erst ab 15 Uhr). Cafeterien und Gjestgiveri in der Regel nicht.

FLEISCHSPEZIALITÄTEN

Eine Delikatesse ist **Rentierfleisch** (Reinsdyr); dunkles Fleisch, kräftiger, trockener Wildgeschmack, ganz mager, manche Stücke faserig. Im Laden meist tiefgefroren als Kotelett oder Steak; Finnbiff (feine Scheiben) schmeckt super als Geschnetzeltes in der Pfanne mit Sahnesauce, in Hotels auch als Frikadellen angeboten. Nicht wesentlich teurer als anderes Fleisch. Rentierwurst/Schinken - am besten hauchdünn geräucherte Scheiben, sehr würzig. Das Rentierfleisch, das in den Handel kommt, soll auf zulässige Becquerel-Werte überprüft sein.

Elch (Elg) seltener auf Speisekarten zu finden, am ehesten nach der Jagdsaison/Oktober; strenger Wildgeschmack, etwas mit Reh vergleichbar, ebenfalls dunkles Fleisch. Als Elchkeule (elgstek) angeboten. Auch zu Elchwurst verarbeitet, leicht süßlicher Geschmack.

Schneehuhn (Rype) sehr lecker; hat etwa die Größe eines Perlhuhns. Am besten mit Sahnesauce und Multebeeren (arktische Brombeere). Schneehühner manchmal auch tiefgefroren im Supermarkt.

FISCH

In Norwegen können sich absolute Fischmuffel vielleicht umstimmen lassen. Solch eine Vielfalt, Variation und Delikatessen findet man nicht so schnell in einem anderen Land.

Spitzenreiter ist der **atlantische Lachs** (laks). Frischer Lachs ist eine Delikatesse ohnegleichen, gekocht (kokt), gebraten (stekt) mit Kartoffeln und zerlassener Butter ein Augen- und Gaumenschmaus. Fast sämtlicher angebotener Lachs stammt aus einer der zahlreichen Zuchtanlagen. Das Überangebot ließ die Preise für gefrorenen/frischen Lachs purzeln. Häufig auf Speisekarten zu finden; problemlos und billiger auf dem Fischmarkt ein paar Scheiben kaufen und selber kochen oder braten. Wildlachs bekommt man dagegen selten. Siehe Rezepte.

Gut geräucherter Lachs muß auf der Zunge zerschmelzen, frisch geräuchert beim Fischhändler wesentlich zarter als die eingeschweißten Supermarktlachse.

Gebeizter Lachs (Gravlaks): süß-sauer eingelegt, d.h. roh mariniert, mit Dillaroma. Siehe Rezepte.

Früher war der Lachs eine Hauptnahrungsquelle und nicht eine seltene und teure Delikatesse, besonders bei Küstenbewohnern und Bergsamen in Nordnorwegen. Sogar die Mägen wurden gegessen und galten als fettreich und gut. Leber, Darm und Fleisch wurden als Fettlieferant genutzt und zu Butterersatz verarbeitet. Der Rogen war Haupt-Vitamin C-Spender, wurde getrocknet und später in der Suppe aufgelöst.

Köstlich schmecken frische <u>Garnelen</u> (Reker), die an der Küste manchmal direkt vom Fischkutter angeboten werden.

Forellen (Ørret): von ausgezeichneter Qualität. Wenn angeboten, unbedingt Lachsforelle probieren; leicht rosafarbiges Fleisch, traumhaft zart.

Fermentierte Forelle (Rakørret): gilt als Delikatesse. Die Forelle wird dafür monatelang unter Druck in Salzlake eingelegt - früher eine praktische Konservierungsmethode. Jedoch mit Vorsicht zu genießen.

Vorsicht ist auch bei **Lutefisk** angebracht - ein Dorsch, der zum "Weichen" in Lauge gelegt wurde, anschließend gekocht und gewürzt.

Natürlich **Hering** (Sild) in allen Variationen, sowie z.B. frischer **Seelachs** (Sei) und **Dorschfilet** (Torsk).

Da die Norweger nicht 7 x die Woche gekochten/gebratenen Fisch essen mögen, haben sie die fiskekaker, fiskeboller und den fiskepudding erfunden:

Fiskepudding: wabbelige Fischmasse aus Dorsch, Seelachs oder Schellfisch, im Wolf zerkleinert, sparsam gewürzt, mit Kartoffelmehl gebunden und in einer Kastenform im Wasserbad gekocht. Entweder mit Sauce (z.B. Senfsauce) oder als Einlage in die Suppe verwendet.

Fiskeboller: ähnlich neutraler Geschmack in Kloßform.

Fiskekaker: Fisch wird passiert, mit Mehl zu einem Teig vermischt, Küchlein geformt und in der Pfanne knusprig gebraten - die schmackhafteste Version dieser "Fischleberkäsevarianten", mit der üblichen Brunsaus gegessen.

Dorschrogen (Torskerogn): in jedem Supermarkt in der Büchse erhältlich. In Scheiben geschnitten und in der Pfanne gebraten, schmeckt in kleinen Mengen ganz interessant.

Eine Delikatesse dagegen der helle "**arktische Kaviar**" (Lodderognkaviar) als Vorspeise mit Rømme (saure Sahne) und Schnittlauch.

Surkål - eine Art Sauerkraut mit viel Kümmel und Essig. Häufig in der Alltagsküche.

Kjøttpudding - nicht etwa ein süßes Dessert, sondern Hackfleisch-"pudding".

Kjøttboller - die Frikadellen. D a s Alltagsessen.

KÄSE

Typisch norwegisch ist der ockerfarbene Geitost-Ziegenkäse. Die erste Kostprobe wird wohl niemanden zu Begeisterungsstürmen hinreißen - wer aber hartnäckig weiterprobiert, wird unweigerlich von der Geitostsucht gepackt. Geschmack: karamellartig, lakritzig, büchsenmilchähnlich, scharf - trifft es alles nicht genau, er schmeckt eben nach Geitost. Der harte Ziegenkäse (aus Molke) wird in schweren Blöcken verkauft, seine Farbe bekommt er durchs lange Kochen, wodurch der Milchzucker karamelisiert.

Die mildere Form, der Brunost (z.B. Gudbrandsdalost) ist eine Mischung aus Kuh- und Ziegenkäse, dadurch heller in der Farbe und nicht so streng; während Mysost ein milder Kuhkäse ist.

Gammelost ein verdammt würziger, dunkelbrauner Käse, sehr scharf und stinkig; für Leute mit extravaganten Geschmacksnerven (gammel = alt).

Salzige Butter (normalsaltet smør), pikanter als unsere, so daß man sie nicht mehr missen möchte.

DESSERT

Eis zu jeder Jahreszeit ist der Renner in Norwegen, "Softis" oder "Kuleis" (Eiskugeln). Norwegischer sind jedoch Rømmevafler-Waffeln mit süßer und saurer Sahne sowie Lefse, ein leckerer Fladen und die vorzügliche Rømmegrøt. Siehe Rezepte.

Moltebeeren (Multer) mit Schlagsahne eine leckere Spezialität. Die orangefarbige arktische Brombeere ist saftig, fruchtig, aprikosenähnlich, aber erdiger. Gibt's auch im Joghurt. Moltebeeren (Rubus chamaemorus) gedeihen außer im skandinavischen Raum nur noch in Ostpreußen und in Pommern.

Bløtkaker hat nichts Blutrünstiges an sich; es handelt sich um eine süße Biskuitsahnetorte, meist mehrschichtig (bløt heißt weich).

BROT UND BACKWAREN

Das norwegische Helkornbrød oder Grovbrød hat nur den Namen mit unserem Vollkornbrot gemeinsam - ähnelt mehr einem Toastbrot, in das ein paar Körner hineingehaucht wurden. Frisch schmeckt es prima, nach 2 Tagen recht staubig. Wirkliches Vollkornbrot (dann importiert) ist selten.

Rundstykke - Brötchen auch von sehr weicher Konsistenz.

Knäckebrot (Knekkebrød) in allen delikaten Varianten, hat in Norwegen nicht den Schlankheitskurtouch, sondern wird auch von Bauarbeitern mit dem üblichen Brunost zur Frühstückspause verspeist.

Wienerbrød - Blätterteiggebäck mit allen möglichen Füllungen.

Flatbrød macht seinem Namen alle Ehre - hauchdünn und knusprig paßt es zu allen Gerichten.

Die Milchregale bereiten manchmal Kopfzerbrechen: H-melk (hat nichts mit unserer H-Milch gemeinsam) = Vollmilch, lettmelk = fettarme Milch, skummet melk = entrahmte Milch, kultur melk = eine Art Buttermilch.

 Rezepte

Rømmegrøt ein süßer leckerer Brei, beileibe nicht nur für Kinder - galt früher als Wöchnerinnen-Kraftnahrung. Jede Hausfrau hütet natürlich ihr Geheimrezept. Regional ebenfalls verschieden. Seterrømme (saure Sahne), Milch und Mehl sind wesentliche Bestandteile. In Westnorwegen wird statt Weizenmehl Grieß genommen und zusätzlich Sahne. Im Valdres nimmt man halb Rahm / halb Milch und süßt mit etwas Zucker. Zucker und Zimt sind wichtig. Manchmal auch Rosinen, gelegentlich wird Rømmegrøt mit Saft serviert.

Rømmegrøt für 4 Personen: 1/2 l Seterrømme (35 % Fett), 2 dl Mehl/ Grieß, 1/2 l Milch, 1 Teelöffel Salz. Die Sahne 2 Min. im geschlossenen Topf kochen lassen. Die Hälfte des Mehls/Grießes zugeben, kräftig rühren, dabei setzt sich die Butter ab. Die Butter in einen separaten Topf gießen, den Rest Mehl/Grieß hinzurühren und mit der Milch verdünnen. Alles 5 Minuten kochen lassen, Salz hinzufügen, Zucker nach gusto; warm mit der Butter und Zimt servieren.

Lefse - Fladenspezialität, ein Teig aus Mehl, Kartoffeln, eingeweichten Haferflocken und Fett. Früher wurden sie nur ein paarmal im Jahr gebacken, wurden steinhart und dadurch gut lagerbar. Vorm Essen in Wasser eingeweicht mit Butter und Sirup gegessen. Inzwischen als tiefgefrorene Fladen; besser aber die trockenen, die man kurz unter Wasser hält, 2o Min. einziehen läßt , damit sie weich werden; mit Butter, Zucker und Zimt bestreut und zusammengerollt schmecken sie sehr lecker.

Stockfisch/Klippfisch - der getrocknete (gesalzene) Dorsch darf nicht gelb sein, sonst ist er zu salzig; hellgrau ist die richtige Farbe. 24 Std. wässern, dann gut 15 Min. in Wasser kochen - ohne Salz.

Mit einer pikanten Sauce entwickelt der Klippfisch (6oo g) ungeahnte Qualitäten.

Für die Sauce: 1 mittelgroße Zwiebel, 1 Teelöffel Butter, 2 Teelöffel Mehl, 4 dl Milch, 2 Teelöffel Worcester Sauce, 2-3 Anchovisfilets, Pfeffer, Salz, gehackte Petersilie.

Zwiebeln in der Butter glasig dünsten, Milch zufügen und auf kleiner Flamme einige Minuten sieden lassen. Mit Worcester Sauce, kleingeschnittenen Anchovis Filets, Salz, Pfeffer, Petersilie würzen; Reis oder Kartoffeln als Beilage.

Gekochter Lachs: Für 4 Personen 1 kg Lachs, möglichst in Scheiben, 1 1/2 l Wasser, 3/4 dl Salz, ein Schuß Zitronensaft. Den Lachs ins kochende Wasser legen und 15-2o Min. ziehen lassen (Flamme aus). Auf einer vorgewärmten Platte mit Zitronenscheiben anrich-ten und mit Petersilienkartoffeln und zerlassener Butter servieren.

Gegrillter Lachs: Den Grill (Pfanne) mit Butter einfetten, ebenso die Lachsscheiben. Von jeder Seite 5-7 Min. grillen (braten) bzw. so lange, bis sich der Fisch gerade von der Mittelgräte löst.

Leicht salzen, mit Rømme und frischen Kartoffeln servieren. Rezepte statt mit Lachs auch mit Forelle sehr köstlich.

Gravlaks (gebeizter Lachs): Den Fisch der Länge nach halbieren, Rückgrat und Gräten entfernen. Für 1 kg Fisch 2 Eßlöffel Salz und 1 Eßlöffel Zucker mischen und die Filets einreiben. In einem großen Bräter ein Filet mit der Schuppenseite nach unten legen, 1 Teelöffel grob gemahlenen Pfeffer und Dill drüberstreuen. Das zweite Filet mit den Schuppen nach oben drauflegen - so daß die dicke Partie des einen Filets auf der dünnen Partie des anderen liegt. Noch eine Lage Dill drüberstreuen. Den Lachs leicht beschweren und bei einer Temperatur von 8-1o Grad ruhen lassen. Nach 1o Std. wenden und mit der entstandenen Flüßigkeit (Beize) begießen. 2 x tägl. wenden, nach 48 Std. kann er verzehrt werden; so gebeizt jedoch 1 Woche bei guter Kühlung haltbar. In dünnen Scheiben servieren, mit Senfsauce (sennepssaus) und Kartoffeln.

Gekochter Dorsch, Seelachs, Schellfisch: Den ausgenommenen und gewaschenen Fisch in kaltem Salzwasser aufsetzen, Wasser zum Kochen bringen und wenige Minuten ziehen lassen. Lecker mit zerlassener Butter, Sauce Hollandaise, Senfsauce, Kräutersauce etc. oder mit Butter in der Pfanne gebraten auch im Nu fertig; leckerer, wenn man den Fisch kurz in Mehl wälzt bzw. paniert (wie ein Wiener Schnitzel).

Fisch-Pfannkuchen: gemehlte Dorsch-, Seelachsfilets 1-2 Min. von beiden Seiten anbraten; inzwischen Eier mit Sahne, Salz, Pfeffer und klein gehacktem Schnittlauch verrühren und zwischen die Fischfilets die Pfanne geben. Bei kleiner Flamme kurz bruzzeln lassen.

Zur Resteverwertung bzw. als Variation bei satten Fängen:

Fischfrikadellen wie Fleischfrikadellen zubereiten, lediglich das Hackfleisch durch gekochte, entgrätete und klein gepflückte Fischstückchen (Dorsch, Seelachs) ersetzen; mit gehackten Zwiebeln, Weißbrot oder zerkleinerten Pellkartoffeln, Ei mischen, herzhaft würzen und von beiden Seiten in der Pfanne braten. Einige Tage haltbar.

Fischsalat: gekochte, entgrätete, zerpflückte und kalte Fischstückchen mit kleingehackter Zwiebel, Apfelwürfeln mischen, würzen und mit Sahnesauce anrichten.

Bergenser Fischsuppe (Bergensk fiskesuppe) für 4 Pers.: 2-3 kleine

Seelachse (Dorsche etc.), 1 Liter Wasser, 1/2 Sellerieknolle, 1 Möhre, 1 Lauchstange, etwas Margarine, Mehl, 1 Ei, 3 Eßlöffel Sahne, Schnittlauch.

Den Seelachs 1/2 Std. kochen, durchseihen; das Gemüse kleinschneiden und in der Fischbrühe kochen. Margarine zerlassen, Mehl hinzugeben und mit der Fischbrühe verlängern und würzen. Separat Ei und Sahne verrühren, in eine Suppenterrine geben und mit der gekochten Fischsuppe samt Gemüse aufgießen. Sobald das Ei beigegeben ist, darf die Suppe nicht mehr kochen. Mit Flatbrød servieren.

Nicht vergessen, falls man bei Norwegern eingeladen war:

Takk for Maten!

BADEN   SPORT

Schöne Sandstrände an der Süd- und Südwestküste bei Mandal, Kristiansand und Jaeren, südl. Stavanger. Ideales Badegebiet auch im Schärengarten des Sørlandes, kleine Inseln und Klippen mit Sonnenfelsen, unzähligen einsamen Buchten. Baden von Mitte Juni bis Ende August möglich, die Wassertemperatur entsprechend Nordseeverhältnissen um die 18° C. Windschirm praktisch. Die meisten Hotels in Norwegen verfügen über Swimmingpools, meist indoor.

Wassersport:

Die Westküste ist ein ausgezeichnetes
Segel/Motorbootrevier für Hochseejachten,
ruhige, idyllische Ankerplätze im Fjord, anspruchsvolle Törns vor der Küste. Seit einigen Jahren kommt das Segeln mit traditionellen Fischerbooten wieder in Mode. Diese Boote ähneln sehr dem Wikingertypus. Man findet sie in allen Größen mit Rah- und auch Gaffelrigg. Diese Boote werden inzwischen wieder in zahlreichen Werften hergestellt, z.B. in Tromsø, Bodø, sowie Trondheim. Es werden von entsprechenden Segelvereinen auch Regatten organisiert. Mitsegeln über diese Vereine möglich.

Klimatisch keine Mittelmeerverhältnisse erwarten, sommerlicher Dauerregen an Norwegens Westküste durchaus üblich, besonders betroffen die Gegend um Bergen und die Lofoten. Das Seewetteramt Hamburg gibt Langzeitwetterprognosen, diese könnten u.U. einer riesigen Enttäuschung vorbeugen.

Einsame Gebiete entlang der Küste in Hülle und Fülle, obwohl viele Norweger im Küstenbereich als Zweitfahrzeug ein Bötchen haben, verteilt es sich. Daher guter Bootsservice. In den Häfen ist man sehr willkommen. Festmachen ist überall möglich, solange man die Privatsphäre des anderen nicht stört. Keine strengen Reglementierungen wie im Mittelmeerraum. Sehr gut sortierte Zubehörshops in den Hafenstädten. Die Angelmöglichkeiten vom Boot aus, besonders im Bereich der Fjordmündungen, sind so gut, daß jeden Tag ein Fischgericht garantiert ist.

Die **Navigation** ist einfacher, als die vielen Inseln und Schären vermuten lassen, und viel unproblematischer als vergleichsweise an der schwedischen Schärenküste.

Jede Untiefe ist gut durch Spiere oder Baken gekennzeichnet; in Fjordbereichen steil abfallende Unterwasserwände. Oft Sichtnavigation möglich.

Im Fjord für Segler streßfreier unter Motorkraft, die Windverhältnisse, bedingt durch die Geographie uneinheitlich, können abrupt wechseln.

Einkaufsmöglichkeiten an der Westküste außerhalb der Ortschaften sehr rar. Ausreichend verproviantieren!! Besser an der Südküste, viele Orte mit Restaurants und Supermärkten. Details im Text.

Chartern: Als Alternative, um die tagelange Anfahrt über die Nordsee im eigenen Boot zu umgehen. Motor- und Segelboote werden u.a. bei Adventure Travel Båtcharter in Sandefjord am westlichen Oslofjord verchartert Nahe Ålesund werden vom Hotel Ulsteinvik Segeljachten bis 9 m verchartert. Details siehe unter Ulsteinvik.

Als besonderes Abenteuer für Hartgesottene ein **Bootstörn im Winter**, entlang der Küste, dank des Golfstroms eisfreie Fjorde und Skifahrmöglichkeiten auf dem Fjell. Besonders schöne Zeit im Mai, wenn am Fjordufer die Obstbäume blühen und die Bergkuppen noch schneeüberzogen sind. Das Wetter im Mai ist bereits beständig und sonnig.

ORGANISIERTE SEGELTÖRNS

Mit dem eleganten Dreimaster "Sørlandet" 14-tägige Törns ab Kristiansand bis nach England. Details siehe Kristiansand.

Auf der "Charming Ruth" ab Ulsteinvik entlang der Fjorde oder zur Vogelinsel Runde. Infos beim Hotel Ulsteinvik; siehe dort.

ÜBERFAHRTEN PER BOOT

Leichte Anfahrt über die Ostsee, weitgehend geschützt. Ab Kiel durch den großen Belt über Skagen nach Larvik ca. 3oo sm zur Südküste 33o sm, Stavanger runde 44o sm.

Problematischer die Nordseefahrt, sehr wetterabhängig, ungünstige Anlaufhäfen in Dänemark. Nur bei ausreichender Hochseeerfahrung und guter Planung (Beratung durch das Seewetteramt Hamburg).

Ab der Deutschen Bucht nach Larvik bzw. Stavanger ca. 32o sm, an die Südküste ca. 25o sm.

Papiere: Reisepaß oder Personalausweis, Internationales Jachtzertifikat ratsam; Eigentumsnachweis des Bootes und Heimathafen. Die nächstgelegene Zollstation nach Einlaufen in die norwegischen Hoheitsgewässer ansteuern. Ausgenommen sind Jachten unter 3o Tonnen Verdrängung, die nichts zu verzollen haben und keine Passagiere befördern. Trailergespanne nur bis 2,3o m Breite sondergenehmigungsfrei.

Alkohol siehe Zollbestimmungen. Wenn der Zoll an Bord kommt (selten), bekommt man als Nachweis der Überprüfung einen Zollpaß.

Seekarten, in Buchhandlungen erhältlich bzw. anfordern bei: Norges Sjøkartverk, Postboks 6o, N-4oo1 Stavanger. Gezeitentabelle ratsam. Information beim Norges Seilforbund, Hauger Skolevei 1, N-1351 Rud (Baerum).

Literatur: Yacht Pilot DSV-Verlag. Führer für Sportschiffer, Von Oslo bis Bergen mit Törnvorschlägen, Verlag Delius Klasing Bielefeld. Norwegens Küste, Edition Maritim, Hamburg; Norwegen Handbuch (verschiedene Abschnitte der norwegischen Küste), Deutsches Hydrographisches Institut, Hamburg.

KANU / FALTBOOT

Für Boote per "Handbetrieb" ist Norwegen geradezu ideal, landschaftlich wesentlich kontrastreicher als Schweden oder Finnland.

Herrliche Binnenseen (ca. 1o.000) in einsam idyllischer Umgebung mit unzähligen Miniinseln; schöne Kanuwanderungen auf unterschiedlich schwierigen Flüssen, Campen am Ufer, Pilze und Beeren sammeln oder angeln (Bedingungen im eigenen Kapitel), offenes Feuer wegen Waldbrandgefahr (Mai bis September) verboten - Kocher einpacken! Lagerplätze bitte ohne Müll wieder verlassen. Elche fressen keine Konserven!

Selbst das Meer im Bereich der Fjorde, Sunde und Schären auch für kleine Nußschalen bei ruhiger See unproblematisch.

In Norwegen lassen sich noch abenteuerliche Kanutouren unternehmen, wo man wahrscheinlich mehr Elchen begegnet als Menschen.

Das eigene Boot auf dem Dach erhöht die Unabhängigkeit und den spontanen Einsatz, sehr häufig werden auch Boote vermietet (bei Campingplätzen, Jugendherbergen oder Hotels). Oftmals Ruderboote, die sich zum Angeln oder für mehrere Personen besser eignen; oder die soliden Kanadier aus Polyester oder Alu für 2-3 Personen. Preislich der Kanadier zwischen 3o und 5o DM/Tag, Ruderboote 2o-3o DM/Tag.

Bei nur einmaliger Bootsfahrt bleibt zu überlegen, ob man das eigene Boot nicht besser zuhause läßt, da sich der zusätzliche Spritverbrauch bei mehreren 1.ooo km bemerkbar macht. Leihmöglichkeiten und empfehlenswerte Paddelstellen im Text.

Bei **Kanuwanderungen** oft mit längeren Umtragestellen von wilden Stromschnellen, Wasserfällen oder Staustufen rechnen, leichte Ausrüstung ratsam. Die 1o5 km lange Tour auf dem Skien-Dalen-Kanal ist eine schöne Kombination aus Seen, Flüssen und Schleusen (alle Details siehe Dalen).

Kanuwanderer finden neben unseren Vorschlägen im Text Tourenbeschreibungen in der Spezialliteratur (siehe Literatur). Zur Planung die Cappelen Detailkarten oder Wanderkarten 1: 1oo.ooo bzw. 1: 5o.ooo.

Wildwasserkajak: In Norwegen gibt es noch einige Flüsse für Kajakpioniere. Der norwegische Kajakkforbund, Hauger Skoleveien 1, N-1351 Rud westl. Oslo möchte die Gebiete auch nicht so sehr publik machen. Auf Anfrage schickt er eine lose Blattsammlung über die interessantesten Flüsse.

Für Kajakfahrten in Norwegen ist man weitgehend auf sich selbst gestellt; detailliertes Kartenmaterial nötig. Keine Beschreibung, wie von den Alpenflüssen gewohnt, wo jeder Stein eingetragen und man "blind" mit dem Führer in der Hand den Fluß herunterpaddeln kann.

Genaue vorherige Inspektion norwegischer Flüsse ist nötig (Flußlauf abgehen oder abfahren, gefährliche Stellen später sichern). Möglichst mit mehreren Kollegen die Tour planen, um gegenseitig helfen zu können.

Die meisten in Frage kommenden Kajakflüsse auf der Cappelen Teilkarte 1+2 für die grobe Vorauswahl. Schwierigkeiten sind stark vom jahreszeitlichen Wasserstand abhängig, variiert u.U. um 2 Bewertungsstufen.

Süd-/Mittelnorwegen: bietet für einen Kajakurlaub eine große Vielfalt unterschiedlich schwerer Wildwasserflüsse. Anspruchsvolle Gebirgsflüsse mit schnellem Wechsel von harten und zahmeren Passagen. Die Schwierigkeiten reichen bis 5 und 6 mit kurzen Wasserfällen, die umtragen werden müssen.

Die Sjoa im östlichen Jotunheimen ist der bekannteste und längste Kajakfluß; durch internationale Kajakrennen auch über die Grenzen ein Begriff. Etwa 15 km zusammenhängende Fahrt ohne Umtragestellen. Reizvoll durch einsame Schluchten, liebliche Almlandschaft. Details im Text. Der Oberlauf ist nur abschnittsweise befahrbar.

Als gemütliche Tour bietet sich die Otta von Vågåmo bis Otta an, max. 2er bis 3er Stellen.

Mehrtägige Kajakwanderungen auf der Glomma in Ostnorwegen ab Røros, dem längsten Fluß Norwegens. Zwischen den langen ruhigen Strecken anspruchsvolle Stromschnellen, einige Umtragestellen.

Weitere Kajakflüsse im Text.

Gewarnt werden muß ausdrücklich vor dem <u>Suldalslågen</u> (Westnorwegen/ Ryfylke östlich von Haugesund, am RV 46 Sand-Røldal). Der Suldalslågen wird zwar immer als Kajakfluß genannt, fordert aber jedes Jahr mehrere Todesopfer in der gefährlichen Schlucht Hiimsjuvet. Aufgrund dessen überlegen die Norweger den Fluß für Paddler zu sperren.

Ähnlich kritisch die <u>Rauma</u> im Romsdal (Westküste bei Åndalsnes), hier wechseln Zahmwasserpartien abrupt mit steilen Wasserfällen, an denen auch schon deutsche Paddler zu Tode kamen - auch Experten sollten die Finger davon lassen.

<u>Rafting</u> ist in Norwegen ziemlich in Mode gekommen. Auf speziell fürs Wildwasser konzipierten Schlauchbooten geht's die reißenden Gebirgsflüsse hinab, über Stromschnellen und Strudel. 6 bis 8 Mann in einem der großen Schlauchboote mit Schwimmweste und Helm ausgestattet.

Geschulte Guides steuern das Boot durch die Fluten und geben die Kommandos. Die ganze Besatzung paddelt mit. Auf diese Weise werden auch dem "Laien" Wildwasserflüsse zugänglich, die sonst nur Kajakexperten erleben können.

Die spannendsten <u>Tagestouren im Jotunheimen</u> auf dem bekannten Wildwasserfluß Sjoa mit kilometerlangem Canyon. Touren werden auch auf der Driva bei Oppdal bei Dagerli im Numedal, bei Voss und auf der Rotna (Finnskogen) in Ostnorwegen angeboten. Die meisten Veranstalter haben auch leichte <u>Familienfahrten</u> im Programm.

Die Boote bestehen aus super strapazierfähigem Gummi. Bug und Heck hochgezogen, um in alle Richtungen fahren zu können. Sie tauchen dadurch nicht wie Kajaks in die Walzen ein, sondern gleiten auf dem Wellenkamm. Wenn jeder auf Kommando mitpaddelt, sind die Boote enorm wendig und mit 7 getrennten Luftkammern praktisch unsinkbar. Fast ohne Tiefgang flutschen sie auch über dicke Steine im Flußbett. Bei den wilden Fahrten über spritzende Stromschnellen und Walzen bleibt keine Hautfalte trocken. <u>Fotografieren</u> nur mit wasserdichten Kameras bzw. entsprechenden Spezialhüllen.

<u>**Ausrüstung**</u>: wasserdichte Regenkleidung, Ölzeug, Segelanzug bzw. Neopren empfehlenswert.

Die Füße werden auf jeden Fall pitschnaß. Turnschuhe sind für den weichen Boden notwendig. Gummistiefel sind zu gefährlich, falls man mal über Bord rutscht (was wohl manchmal vorkommt), ziehen sie einen unter Wasser. Schwimmweste, Neoprenhose und Helm werden gestellt.

Mittlerweile gibt's diverse Veranstalter: NWR-RAFTING in Randsverk, 2680 Vågåmo; SJOA RAFTING, 2680 Vågåmo; OPPLEV OPPDAL, 734o Oppdal. FLÅTE OPPLEVELSER, Varphaugen. Infobroschüren anfordern. Weitere Infos siehe Jotunheimen Sport.

Surfen :

Obwohl durch die lange Küste und die vielen Seen
unbegrenzte Möglichkeiten bestehen, fährt man als
Mitteleuropäer wohl kaum speziell zum Surfen nach
Norwegen. Die Wassertemperaturen sind nicht mit dem Mittelmeer
vergleichbar. Neoprenanzug auf jeden Fall notwendig. Die Norweger bevorzugen die wasserdichten Gummianzüge (Trockenanzüge). Die Surfbedingungen sind besonders an der Süd- und Westküste recht gut von Stavanger bis rauf nach Ålesund.

An der Südwestküste Haugesund/Stavanger (Sandstrände) bläst immer ein
akzeptabler, meist auflandiger Wind. Wellengeschützte Buchten für An-
fänger.

An der Südküste im dichten Schärengebiet ist mit Lee- und Windscheerun-
gen zu rechnen, deshalb ein weiträumiges Gebiet wählen. Landschaftlich
ungemein reizvoll, Untiefen sind gekennzeichnet.

Surfen unter Norwegern immer beliebter, gut sortierte Surfshops in den
großen Küstenorten (siehe Text). Surfverleih eher selten.

Tauchen :

Die Unterwasserwelt ist in Norwegen noch
weitgehend in Ordnung. Hervorragende Tauchgründe
auf idealen Tiefen von 2o-4o m bei glasklarer Sicht.,Sowohl für Wracktauchen, Unterwasserfotografie und Harpunieren, im Mittelmeerraum
bereits verboten. Gut organisierte Tauchbasen in Süd- und
Westnorwegen. Tauchen prinzipiell das ganze Jahr über möglich. Die
Norweger sind unerschrocken genug, um auch am Eistauchen Spaß zu
finden.

Zur Hauptsaison im Sommer hat das Meer zwischen 15° und 18° C, Neopren reicht aus, wasserdichte Tauchanzüge nur im Winter nötig. Wer sich
zum Eistauchen oder für die Ostersaison einen Trockenanzug zulegen
möchte, bekommt in Norwegen bessere Qualität zu günstigeren Preisen.

Wracktauchen: eine sehr beliebte Sache. Besonders wrackverdächtige
Stellen an der Westküste um Ålesund. Durch die exponierte Lage am
Westkap war dieser Küstenabschnitt für die Schiffahrt besonders gefähr-
lich.

1972 sorgte der Millionenfund des holländischen Ostindienseglers "Akerendam" für
Schlagzeilen. Schwedische Amateurtaucher entdeckten den lange gesuchten Dukaten-
schatz mit über 6oo kg Gold- und Silbermünzen.

1725 erlitt der Segler Schiffbruch und sank, vollbeladen mit dem Jahressalär für die nie-
derländischen Kolonialbeamten. Die neugeprägten Münzen bereiteten 25o Jahre später

den Tauchern große Schwierigkeiten; die Fachwelt hielt sie für Falschgeld (einige Münzexemplare im Historischen Museum Oslo). Es werden immer wieder kleine Münzfunde gemacht. Ähnlich spektakuläre Schätze stehen noch aus.

Jegliche Funde müssen bei der Polizei gemeldet werden; der Finder bekommt einen guten Prozentanteil. Die schwedischen Taucher hatten damit ausgesorgt.

Ein gutes Dutzend Wracks im Küstenbereich Ulsteinvik/Ålesund (Details siehe dort), darunter viele Kriegsschiffe und ein Militärflugzeug aus dem 2. Weltkrieg, Opfer der zahlreichen Seegefechte vor Norwegen und in den Fjorden. Teilweise noch so gut erhalten, daß man hineintauchen kann, doch eine zwiespältige Sache und nicht jedermanns Geschmack .

In den Bergseen ebenfalls Überreste von Kriegsflugzeugen, die auf den zugefrorenen Seen gelandet waren. Z.B. im Hartviksee bei Narvik oder im Ålesunder Bereich.

Für **Unterwasserfotografien** bieten sich spannende Motive in Hülle und Fülle. Große Variationsbreite der Flora und Fauna, ganz andersartig als im Mittelmeer. Riesige Seesterne, meterhohe Tangwälder, der sogenannte Stangentang, Muscheln und vorwitzige Fischschwärme.

Für die **Harpune** große Exemplare der Katzenfische, meterlange Seewölfe, Steinbutt, Dorsch etc.

Eine Besonderheit und bei Ausländern gefragt sind die kontrollierten **Tieftauchgänge** entlang der Steilküste, viel spannender als am Seil. Während der Dekompressionspausen kann man in den Felsspalten jede Menge Hummer, Krebse oder ähnliche Delikatessen einsammeln. Eine mehrere hundert Meter tiefe Steilklippe gibt es beispielsweise bei Eiksund nahe Ålesund.

Generell fürs Tauchen keine spezielle Genehmigung erforderlich. Tauchen vom Boot aus (Segel-, Motorboot größer als ein Schlauchboot) offiziell nur erlaubt, wenn ein norwegischer Skipper dabei ist. Es empfiehlt sich Kontakt zu örtlichen Clubs aufzunehmen. Sie erklären auch gerne lohnende Unterwasserstellen. Evtl. Fahrten im clubeigenen Boot möglich, ebenso Flaschennachfüllen.

Das schwere **Tauchmaterial** kann bei fast allen Tauchbasen gemietet werden, so daß nur die eigene ABC-Ausrüstung nötig ist. Besonders günstig für die Anreise per Flugzeug.

TAUCHKURSE: u.a. in Oslo, Kristiansand, Stavanger und Haugesund. Abschluß mit international anerkannten Zertifikaten. Das Angebot reicht von Anfänger- bis zu Spezialkursen wie Wracktauchen, Eistauchen etc.

Kursleitung in der Regel auch auf Englisch oder Deutsch. Tauchkurse veranstaltet beispielsweise die Froskemannsskole Oslo. Material wird gestellt.

Ausrüstungsverleih.

Kontaktadresse: Norges Dykkerforbund, Hauger Skolevei 1, N-1351 Rud.

*Norwegen bietet als eines der gebirgigsten Län-
der Europas sehr abwechslungsreiche Wandergebiete; von leichten Spaziergängen bis zu hoch-
alpinen Gipfelbesteigungen. Die Norweger sind selbst ungemein wander-
begeistet, trotzdem ist das Gebirge nie überlaufen.*

Die vielseitigsten Wandermöglichkeiten bringt das JOTUNHEIMEN-
MASSIV; hochalpine Szenerie mit diversen Gletschern und Norwegens
höchsten Gipfeln. Attraktion sind die beiden Hochgebirgsseen Gjende und
Bygdin, beide mit Personenschiffsverkehr - dadurch bieten sich im Bereich der Seen vielseitig kombinierbare Touren.

Der Schwierigkeitsgrad reicht von 1- bis 2-stündigen Spaziergängen bis zu
anstrengenden Ganztagestouren, Gipfelbesteigungen und Gletschertouren.
Das Jotunheimen ist ausgezeichnet mit Wanderwegen, Hütten und Hotels
erschlossen. Siehe .... Seite 616.

HARDANGERVIDDA: ein riesiges Hochplateau; endlos weite Landschaft, wie ein Schwamm von Seen durchzogen. Im Osten wenig Steigungen, dadurch von leichten Tagestouren bis zu ausgedehnten Rundwanderungen viele Möglichkeiten. In punkto Wanderwege und Hütten ein gut
erschlossenes Gebiet; besonders reizvoll zur Herbstfärbung.
Siehe .... Seite 411.

HARDANGERFJORD: Schöne Halbtagestouren zu Wasserfällen und
Aussichtspunkten an den Ausläufern der Hardangervidda sind ab Ausgangspunkt Lofthus möglich. Siehe .... Seite 428.

RONDANE: bequem erreichbares Wandergebiet an Norwegens Hauptver-
bindungsstrecke E 6. Runde, weniger spektakuläre Bergformationen als
im benachbarten Jotunheimen. Siehe .... Seite 559.

DOVREFJELL: kleineres Wandergebiet auf dem Weg von Oslo nach
Trondheim. Attraktion des Dovre ist neben der Pflanzenwelt die einzige in
freier Wildbahn lebende Moschusochsenherde Europas. Siehe Seite 552.

ROMSDALEN: Spitze markante Gipfel bis auf 1.8oo m, ein Gebiet, das
besonders zum Klettern herausfordert. Siehe .... Seite 529.

TROLLHEIMEN: ein weitläufiges Wandergebiet, das sich von Oppdal bis
an die Westküste erstreckt. Bequemer Zugang im Personenboot möglich.
Siehe Oppdal .... Seite 552.

Hauptwandersaison der Norweger von Mitte Juli bis Mitte August
(norw. Betriebsferien); in den klassischen Wandergebieten können die
Hütten dann recht voll sein. Im Juli spielt auch südlich des Polarkreises
die Zeitplanung kaum eine Rolle, extrem kurze Nächte, selbst im

Jotunheimen wird es nur 2-3 Std. dunkel, dadurch großer Spielraum bei den Touren.

Im Juni bei langen Wintern noch mit Schnee rechnen, die Hütten sind im Schnitt ab Mitte/Ende Juni bis Mitte September geöffnet; danach kann es Probleme bei Flußüberquerungen geben, da ein Teil der Brücken über Winter abmontiert wird. Außerdem wird's in der Regel ziemlich frisch, evtl. auch Schnee. Für Skitouren zur Winter-/Ostersaison sind die Hütten wieder geöffnet.

Trotz der geringen Höhenmeter herrschen in Norwegen hochalpine Verhältnisse; die Baumgrenze liegt in Südnorwegen bei 9oo-1.ooo m, in den Alpen vergleichsweise bei 1.8oo-2.ooo m.

Also immer gut 1.ooo Höhenmeter dazugeben, um eine Vorstellung der Klimabedingungen zu erhalten. Die höchsten Gipfel Norwegens (im Jotunheimen) knapp 2.5oo m, bereits mit Gletscherfeldern. Auch im Sommer auf Kälteeinbrüche vorbereiten (Mütze, Handschuhe gehören in den Rucksack).

Karten / Etappenzeit: Die Cappelen Detailkarten eignen sich gut zur Planung; viele Wanderwege eingetragen. Die Wanderzeiten (time = t) oft recht knapp kalkuliert; vermutlich für gut trainierte Norweger. Spezielle Wanderkarten im Turistkontor, Buchladen oder DNT-Büro in Oslo. Maßstab 1: 5o.ooo oder 1:1oo.ooo, Preis 15-2o DM.

Infos: DNT Büro in o125 Oslo, Postboks 1963 Vika; Roald Amundsensgate/ Ecke Stortingsgate. Beste Adresse für Wanderungen/Skitouren in Norwegen. Hier bekommt man alles Informationsmaterial über Hüttenbeschreibungen, Tourenvorschläge (meist kostenlos) bis zur persönlichen Beratung (Anfragen auch schriftlich). Siehe auch Hüttenunterkunft.

Literatur: siehe Seite 176.

Markierung: Wanderwege gut markiert, in der Regel mit rotem T und Steinmännchen, zusätzliche Hinweisschilder an Weggabelungen, Brücken und Holzstegen über morastige Stellen, trotzdem mit Matsch und Schneeresten rechnen, z.B. auf der Hardangervidda bzw. viel Geröll, z.B. auf den beiden höchsten Gipfeln im Jotunheimen.

ÜBERNACHTUNG

In Norwegen existiert ein vorbildliches Hüttennetz mit rund 25o Berghütten, die bewirtschafteten haben fast Berghotelcharakter, Selbstversorgerhütten mit Proviantvorrat und reine Übernachtungshütten.

Bewirtschaftete Hütten mit rund 1oo Schlafplätzen und voller Verköstigung (sogar mit Bierverkauf), meist 4- bis 5- Bettzimmer (Stockbetten), Ofen und Waschgelegenheit, einige 1-/2-Bett-Zimmer bzw. Matratzenlager (nur bei Überfüllung). Insgesamt urgemütliche Ausstattung, wohnzimmerartige Aufenthaltsräume fast immer mit großem, prasselndem Kamin,

Trockenraum, Duschgelegenheit (Münzapparate). In der Regel keine Platz-
probleme, offiziell werden bei Platzmangel DNT-Mitglieder bevorzugt.

Die Mehrzahl der Hütten sind kleine individuelle **Selbstversorgerhütten**. Unterschiedlich groß von etwa 4 bis 3o Schlafgelegenheiten,
Doppelstockbetten in 4er Zimmern. Nur einige Hütten ganzjährig geöffnet,
sonst in der Regel 15. Februar bis 1. Oktober, auf der Hardangervidda
erst ab 1. März. Genaue Daten im DNT-Verzeichnis, außerdem Hinweise,
ob die Hütte verschlossen ist, dann zuvor den Einheitsschlüssel bei der
nächsten DNT-Geschäftsstelle besorgen. Nichtmitglieder haben nur Zutritt
in Begleitung eines Mitglieds.

Selbstversorgerhütten sind mit Gas, Ofen, Geschirr, Holz und Decken ausgerüstet, sogar
Konservenvorräte, Knäckebrot, Tee etc., die auf Vertrauensbasis dort zur Verfügung stehen, Preisliste hängt aus, desgleichen Überweisungsscheine und Geldboxen. Eine fantastische Einrichtung, die nur funktioniert, so lange es keine schwarzen Schafe unter den
Benutzern gibt. Damit so ein Service fortgesetzt werden kann, sollte jeder das Seine dazu
beitragen. Natürlich kann es auch passieren, daß am Ende der Saison die Vorräte ganz
verbraucht sind (nur 1 x im Jahr Auffüllung) - also nicht 1oo % drauf verlassen.

Übernachtungshütten ohne Proviantvorrat sehr selten, meist kleine
Hütten zwischen 4 und 2o Betten, Ausstattung wie bei Selbstversorgerhütten, Kocher, Geschirr, Bettzeug etc. Öffnungszeitraum und Schlüssel-
bedingung ähnlich den Selbstversorgerhütten.

Preise: Reguläre Hüttenübernachtungen mit ca. 3o DM/Pers. und Nacht
nicht gerade billig, erspart aber den schweren Schlafsack, Zelt und Verpflegung. Warme Mahlzeit (Menu) ca. 3o DM. Ermäßigung durch Mit-
gliedschaft im Wanderverein DNT (Den norske turistforening, Zentrale in
o125 Oslo, Postboks 1963 Vika; Büro in der Stortingsgate Ecke Amund-
sensgate). Lohnt sich, wenn man mehrtägige Wanderungen mit Hüttenübernachtung plant, außerdem bekommen nur Mitglieder Schlüssel für
Selbstversorgerhütten.

Hüttenliste beim DNT erhältlich (Åpnings-og stengetider for DNT's og
private Hytter; Oversikt over hytter og poeng) mit Öffnungszeiten, Betten-
anzahl etc.; wichtig für die Planung. Zudem Einzelbeschreibung verschiedener Berghütten (norwegisch) und Tourenvorschläge für Südnorwegen
sowie verschiedene Kartenskizzen.

Campen überall, auch in Nationalparkgebieten, erlaubt. Innerhalb einer
definierten Zone um die bewirtschafteten Hütten nur gegen Gebühr,
Einrichtungen der Hütte dürfen mitbenützt werden. Leider gibt es keine
Kochgelegenheit bzw. Speiseraum für Selbstverpfleger, d.h. im Zelt kochen,
egal ob es regnet oder schneit.

WANDERAUSRÜSTUNG

Die Ausrüstung stark davon abhängig, ob man eine
Kurzwanderung plant oder eine Mehrtagestour, jeder
wird aus Erfahrung seine eigene Ausrüstungsliste haben.

In jedem Fall wichtig: guter Rucksack mit bequem gepolstertem Tragegestell (möglichst integriert), Handschuhe, Mütze, Schal für eventuellen Kälteeinbruch. Gut eingelaufene Wanderschuhe oder Stiefel aus Gummi bzw. teilweise Leder. Die Norweger wandern viel mit Gummistiefeln mit Profilsohle (praktisch, doch gewöhnungsbedürftig). Ein besonderer skandinavischer Wanderstiefel besteht unten aus wasserdichtem Gummi, oben aus atmungsaktivem Leder. Übersocken aus Goretex sind sehr nützlich bei Wanderungen in sumpfigen Gebieten. Strümpfe und Socken bleiben auch bei nassen Schuhen trocken.

Wirklich wasserdichte Regenkleidung, sonst fällt mit jeder Regenstunde das Stimmungsbarometer, auch bei Tagesausflügen nötig. Beim Kauf darauf achten, daß die Nähte zusätzlich verschweißt sind; außerdem Atmungsöffnungen vorhanden sind (Labyrinth-abdeckung). Es gibt leichte und wirklich wasserdichte Gummianzüge (Jacke, Hose) schon unter 1oo DM. Im billigen Ostfriesennerz wird man regelmäßig durch die Nähte tropfnaß. Außerdem sehr schwer und für den Rucksack zu sperrig. Nylon ist leicht, hält aber keinen Dauerregen dicht, Goretexbekleidung sehr gut atmungsaktiv, aber teuer.

Es ist damit eine Anschaffung für viele Jahre, wobei man auf eine gute Verarbeitung achten sollte. Dies betrifft den Schnitt, die Position der Taschen (guter Zugang auch mit Rucksack) und den Sitz der Kapuze (sollte sich mit dem Kopf mitdrehen und die Sicht nicht behindern). Auf entsprechenden Service ebenfalls achten. Einige Marken geben auf die Dichtigkeit unbegrenzte Garantie.

Ponchos, die gleichzeitig den Rucksack schützen, bringen in der Regel nicht viel, da Regen meist mit Sturm gekoppelt ist, die Beine werden auf jeden Fall naß, außerdem bleibt viel zu geringe Bewegungsfreiheit z.B. beim Überqueren von Bächen, kein schnelles Abstützen möglich.

Südwester, mindestens aber Kapuze nötig, im Rucksack alles wasserdicht in Plastiktüten verpacken. Für den Rucksack einen Plastikmüllsack so präparieren, daß man ihn schnell überstülpen kann, oder spezielle Außenhülle für den Rucksack im Ausrüstungsshop kaufen.

Leichtzelt ebenfalls 1oo % wasserdicht und sturmerprobt; ob Iglo, Spitzzelt oder Tonnenzelt ist Ermessensfrage. Mit Tonnenzelten haben wir beste Erfahrungen gemacht, besonders auch bei Sturm. Der Mercedes unter den Zelten bleibt der schwedische Hersteller Hilleberg. Hier wird nur das beste Material verwendet, sowohl bei den Stangen, als auch dem leichten, doch extrem reißfesten Gewebe. Bei Schneesturm und peitschendem Regen liegt man innen behaglich und sicher. Das Moskitonetz für Skandinavien ausgelegt. Mit dem Mercedes haben dies Zelte auch den Preis gemeinsam.

In MÜCKENGEBIETEN gutes Insektenmittel zur Vor- und Nachsorge. Am besten skandinavische Fabrikate. Auch bei warmem Wetter langärmelige Hemden mit eng abschließendem Bündchen; weite, feste Hosen, unten mückendicht mit Gummiband oder Klett verschließbar.

Sonnenbrille, Sonnenhut, Angelschnur, eventuell leichte Teleskoprute, in fast allen Gebieten ist Fischen gegen Gebühr erlaubt.

Kompaß sollte auf jeden Fall im Rucksack sein. Solide von Verarbeitung und Genauigkeit sind die Produkte der schwedischen Firma Silver. Auch in Deutschland zu kaufen.

Höhenmesser: Die elektronischen Höhenmesser sind nicht größer als eine Armbanduhr und somit praktisch am Handgelenk zu tragen.

Aktuelle Höhe und Uhrzeit auf einen Blick, zudem Tagesleistung und viele Extras. Eine Investition, die sich spätestens beim nächsten Nebel im Gebirge auszahlt.

GLETSCHERTOUREN

Geführte Gletschertouren werden im Sommer in folgenden Gebieten angeboten:

Jotunheimen: sehr lohnende Tour über den Svellnosbreen, tägl. Führung in der Hochsaison von der Spiterstulenhütte. Smørstabbreen täglich im Juli/August von der Leirvassbuhütte und von der Krossbuhütte direkt an der RV 55, auch täglich im Juli und August.

Übern Fannaråkgletscher zur Fannaråkhütte täglich im Juli und August. Aufstieg zum Galdhøpiggen über den Gletscher ab der Juvasshytta. Kürzester Aufstieg, 2 Touren täglich, nur in der Saison.

Jostedalsbreen: kurze, geführte Tour im Juli/August auf der Gletscherzunge Nigardsbreen, Zufahrt von Sogndal aus. Alle Details zu den Gletschertouren im jeweiligen Text.

KLETTERN

Norwegen bietet unzählige interessante, z.T. noch jungfräuliche Gipfel. Die Klettergebiete sind noch nicht so "überlaufen" wie die Dolomiten, dafür auch keine Klettergärten mit einzementierten Haken oder Klettersteigen. Fundierte Erfahrungen im Klettern und gute Kondition sind Voraussetzung. Kletterführer nur für Teilgebiete erhältlich im DNT-Büro Oslo.

Das **Jotunheimen**-Zentralmassiv ist bereits in einem Tag per Auto von Oslo zu erreichen, bietet speziell im Westen (Hurrungane) Möglichkeiten jeder Schwierigkeit, u.a. auch lange Gratwanderungen mit leichten Kletter- und Abseilstellen (Details siehe Text).

Das bekannteste Klettergebiet liegt im Westen bei Åndalsnes im **Romsdal**. Die berühmte 1.ooo m senkrechte Trollwand ist eine Herausforderung für Kletterfreaks aus aller Welt. Das elegante Romsdalshorn bietet auch schon IIer Klettertouren.

Die drei Gipfel der Königsgruppe, direkt an der spektakulären Haarnadelstraße Trollstigen heißen Bispen, Kongen und Dronningen (etwa 1.4oo-1.6oo m hoch. Kletterrouten aller Schwierigkeitsgrade von 2 Std. bis zu mehreren Tagen alles von einem Ausgangspunkt (Details im Text Romsdal siehe Åndalsnes).

Super Klettermöglichkeiten auch im **Setesdal** um Valle. Es ist in Norwegen das bekannteste Sportklettergebiet. Durch die Fährverbindung über Dänemark nach Kristiansand schnell erreichbar. (Siehe dort.)

Ausdrückliche Warnung: Klettern heißt nicht Bergwandern; die Schwierigkeitsbewertung der Kletterstellen entspricht internationalen Normen und reicht von I bis VI (bzw. IX unter Berücksichtigung der Freikletterbewertung).

Wenn wir im Text von leichter IIer Kletterstelle reden, setzt das Schwindelfreiheit und Trittsicherheit voraus, erfahrene Bergsteiger brauchen dabei nicht unbedingt eine Seilsicherung. Die offizielle Erklärung des DAV lautet:

II = mäßig schwierig. Mittlere Schwierigkeiten. Hände sind zur Stützung des Gleichgewichtes und zur Fortbewegung erforderlich. Richtige Griff- und Trittkletterei... Meist weniger steil, deshalb oft brüchig und in tieferen Lagen grasdurchsetzt.

Kletterausrüstung

Norweger gehen sehr sparsam mit Nägeln im Gebirge um. Überwiegend werden Klemmkeile und "Friends" verwendet, zwar in der Anschaffung sehr teuer, passen dafür nahezu in jeden Riß oder Spalte. Kompletter Satz Klemmkeile bis zur Faustgröße empfehlenswert. Das richtige Legen von Klemmkeilen bedarf jedoch Erfahrung, damit sie bei Sturzbelastung nicht ausbrechen. Vorher im Kletterführer abklären, ob die Seillänge 4o m überschreitet, beispielsweise im Romsdal.

Kontaktadresse Kletterklub Oslo: Kolsås Klatreklubb, Postboks 26, Kringsjå, N-o861 Oslo.

FAHRRADMIETEN

Halbtages-, tage- oder wochenweise möglich, meist bei Hotels, Jugendherbergen, Campingplätzen oder Touristenbüros. Ruhige Seitenstrecken wählen, Angel oder Pilzkorb mitnehmen - per Fahrrad bekommt man von der Natur viel mehr mit als im Auto.

Preis pro Tag ca. 25-35 DM. Wochenweise günstiger. (Siehe auch innernorwegische Verbindungen.)

Mountainbikes werden immer populärer. Dabei sollte man es vermeiden, quer feldein zu fahren, um die empfindliche Natur des Nordens zu schonen. Es gibt genügend Forst- und Feldwege. Die Norweger sind begeisterte "Downhill-Fahrer", so werden an einigen Orten die Bikes mit dem Lift aufs Fjell transportiert. Nördlich Gol im Hemsedal befindet sich die schwerste Piste des Landes.

Lohnende Gebiete sind: Gudbrandsdal, Numedal, Røros, Oppdal. Eine der beliebtesten Mountainbike-Strecken verläuft auf dem sogenannten Rallarvegen, dem alten Bahnarbeiterweg entlang der Eisenbahntrasse auf der Hardangervidda bis hinunter nach Flåm am Fjord. Kann als Tages- oder Mehrtagestour befahren werden, mit dem Vorteil des Bahn-Rücktransports (siehe Transport in Norwegen, Fahrrad). Mountainbike-

Touren werden auch organisiert angeboten. Hat den großen Vorteil, daß man nicht selber im unbekannten Gebiet sich Routen zusammenstellen muß. Übernachtung dann im Zelt, Almen oder Bauernhöfen.

TENNIS
Tenniscourts meist bei Hotels, in der Regel sind Courts auch für Nicht-Hotelgäste zu mieten.

GOLF
Ein Sport, der auch in Norwegen immer mehr im Kommen ist. Um die 4o Golfplätze wurden bislang angelegt, die auch von Urlaubern benutzt werden können. Die Preise liegen für Gäste bei 25-6o DM.
Info: Norges Golfforbund, Hauger Skolevei 1, N1351 Rud.

REITEN
Reiturlaub wird zunehmend populärer. Stundenweise Ausritte bis mehrtägige Reittouren übers Fjell möglich. Die Hardangervidda ist ein ideales Gebiet für längere Touren. Reitstall z.B. in Geilo, Geilo Hestesenter. In Telemark lohnende Gebiete; Reitstall beim Morgedal Turisthotell; bei Fjellhest Rjukan u.a.

Organisierte Reitwoche z.B. im Trollheimen. 7-Tages-Reittour von Hütte zu Hütte nach kurzer Einführung (Reiten, Pflege, Satteln). Preis inkl. Verpflegung, Unterkunft, Pferd und Führung. Reiterfahrung nicht vorausgesetzt.

Info und Buchen: Kvåles Ridesenter in Orkdal 732o Fannrem. Das Reitcenter besteht aus Kro, Kaminaufenthaltsraum und 5 Hütten für je 4 Personen mit Heizung, Wasser, Toilette, Kochgelegenheit.

Eine Reitwoche im Hallingskarvetgebiet (nordöstlich des Hardangerjøkulen) nach einer Einführung im Schnitt 5-6 Std. Reiten am Tag über Fjell, durch Wald etc.

Info und Buchen über: Den norske Turistforening (DNT) Büro, Stortingsgt. 28, Postboks 1693, N-o161 Oslo. Termine: in der Regel Juli/August.

Alternativ bei der Kalhovd Turisthytte (1.1oo m) im Südosten der Hardangervidda. Tägliche Ausritte bis zu 7 Std. mit Mittagspause. Reitkenntnisse nicht vorausgesetzt, max. 22 Teilnehmer. Mindestalter 12 Jahre. Am Wochenende ein 2-tägiger Ausritt mit Zeltübernachtung geplant.

Info und Buchen übers Turistkontor Rjukan: 366o Rjukan.

DRACHENFLIEGEN / GLEITSCHIRMFLIEGEN
Im Prinzip unbegrenzte Möglichkeiten, oftmals hapert es am Raufkommen. Mit dem Gleitschirm locken noch unzählige Erstbesteigungen, der

höchste Gipfel (Galdhøpiggen) ist allerdings schon erklommen.

In Norwegen ist der Drachenflieger noch etwas besonderes, das Liftpersonal nicht so gestreßt wie in unseren überlaufenen Alpenregionen. Fliegerbesuch ist im Norden selten, somit entsteht schnell ein Kontakt zu den einheimischen Piloten. Sie sind unheimlich hilfsbereit und verraten gerne die besten Aufwindstellen und Thermikquellen.

Vor jedem Erstflug unbedingt die Kollegen des jeweiligen Ortsclubs kontaktieren, um eventuelle Änderungen oder neue Flugbedingungen abzuchecken. In manchen Gebieten muß aus Sicherheitsgründen erst jede Flugabsicht bei der Flugsicherung angemeldet werden!

Das super Thermikgebiet bei Vågå im Gudbrandsdal nahe der E 6 dürfte Drachenfliegern durch die internationalen Meisterschaften bekannt sein. Das lange Jettamassiv bietet ebenso gute Streckenflugmöglichkeiten. Ab dem Weiler Frya im Gudbrandsdal wurden Streckenrekorde geflogen.

Der Berg Tron bei Alvdal (an der RV 3) in Ostnorwegen gehört ebenfalls zu den Top-Fluggebieten. Start bei West Nord-West und Streckenflug nach Eeverum oder Røros.

In Oppdal werden Drachen bequem mit dem Lift auf den Berg transportiert. Ebenfalls in Voss, nördlich des Hardangerfjords.

Für Gleitschirmpiloten bieten sich an der Westküste sehr viele gute Möglichkeiten bei laminaren Seewinden zu soaren.

Das **Flugwetter** bleibt in Norwegen Hauptproblem bei der Planung. Wenn nicht gerade ein skandinavisches Hoch über Norwegen liegt, sind die lokalen Wetterverhältnisse so unterschiedlich, daß auch die einheimischen Piloten bei der Frage zum Wetter oft die Achseln zucken. Es ändert sich von einem Tag auf den anderen ohne große Vorwarnung. Unsere alpinen Wetterregeln haben in Norwegen kläglich versagt.

Bei allen genannten Fluggebieten gute Start- und Landebedingungen, nähere Details im Text. In den Skigebieten Südnorwegens weitere bequeme Transportmöglichkeiten auf die Berge.

Mitternachtsflüge nördlich des Polarkreises lassen sich in Bodø, Narvik und Tromsø realisieren.

Kontaktadresse: Norsk Aeroklub, Møllesvingen, N-o854 Oslo.

ANGELN :

Angeln weit verbreitet, fast jeder vierte Norweger angelt auf irgendeine Weise. Die Möglichkeiten sind äußerst vielfältig, sei es an der mehrere Tausend Kilometer langen Küste oder den zahllosen Seen und Flüssen. Die Krönung bleibt das Lachsangeln; die weltbesten Lachsflüsse in Norwegen.

ANGELN IM MEER

Gratis und an der gesamten Küste auch als Nichtprofi erfolgreich, je weiter im Norden, desto besser. Angeln während der Wartezeit auf die Fähre vom Anlegesteg bzw. Steilfelsen aus, optimaler allerdings vom Boot (auch zu mieten).

Im breiten Westfjord vor den Lofoten "kocht" das Wasser zur Hauptfangzeit Januar bis April förmlich vor Fischen. Darüber hinaus sehr gute Fanggründe an den Meerengstellen, den sogenannten Straumen, an denen das Wasser mit den Gezeiten hindurchgepreßt wird. Das aufgewühlte Meerwasser enthält reichlich Plankton - die Hauptnahrung der Schwarmfische, denen die kapitaleren Raubfische folgen.

Der Saltstraumen bei Bodø (Nord-Norwegen), ist von den gut zwei Dutzend Gezeitenströmen der gewaltigste und fischreichste, mit Fanggarantie und dem Vorteil, daß man bequem vom Ufer aus angeln kann. Kein grätenrei-ches Kleinzeug à la Mittelmeer; kiloschwere Seelachse (Köhler, norwegisch "sei") und Dorsche sind die Regel. Dorsche beißen meist während der ruhigen Umkehrphasen zwischen Ebbe und Flut und generell in Grundnähe bzw. etwa 3o-4o m Tiefe.

Fangmethoden: im Meer hauptsächlich mit Blinker. Die Norweger verwenden am liebsten den "Stingsild", eine stählerne Nachbildung des Herings. Andere Blinker tun's auch. Billiger zu Hause im Fachgeschäft einkaufen und einen Mengenrabatt aushandeln. Zur Erhöhung der Fangwahrscheinlichkeit werden als Zusatz überm Blinker bis zu drei der farbigen Gummiwürmer angeknotet. Kosten nicht viel und werden gern von Seelachsen geschluckt. Über die besten Farben streiten sich die Experten, manche schwören auf grün und rot.

Rutenangeln vom Ufer aus: Den Blinker auswerfen und möglichst weit absinken lassen und in Grundnähe ruckartig bewegen, dabei langsam aufrollen. So wird am natürlichsten ein Fisch vorgetäuscht.

Vom Boot aus viel bequemer, ohne so viel Blinkerverlust durch Tang, außerdem nur rhythmische Bewegung der Schnur erforderlich, ohne einholen zu müssen. Eine Angelrolle alleine reicht dazu aus (starke Spezialrollen fürs Boot erhältlich, für den Hausgebrauch nicht erforderlich). Angelgeräte besorgt man billiger zu Hause, ebenso ein Gaff, gebräuchlicher als Käscher.

Die häufigsten Meerwasserfische sind der Dorsch (torsk), auch Kabeljau genannt, Seelachs bzw. Köhler (sei), Makrele (makrell), Schellfisch (hyse), Hering (sild), Lengfisch (lange), Steinbutt (piggvar), Aal.

Lachsforelle bzw. Meerforelle gilt als ursprüngliche Forelle mit der Fähigkeit in Süß- und Salzwasser zu leben. Äußerlich und von der Lebensweise her viel Ähnlichkeit mit dem Lachs, ebenfalls das appetitlich rosa Fleisch, sie ist aber robuster mit breiterem Maul und kaum gegabelter Schwanzflosse.

Seeforelle bis zu 1,2o m lang und 25 kg schwer; kann bis zu 18 Jahre alt werden. Wandert zum Laichen auch die Küstengewässer aufwärts, wird erst nach 4-5 Jahren geschlechtsreif. Sie ist ein Nachttier, ähnelt im Aussehen auch sehr dem Lachs, alte Männchen entwickeln wie der Lachs oft ein Hakenmaul.

Meersaibling auch Grönlandlachs oder Spitzbergenlachs genannt. Als ausgewachsener Fisch unternimmt er jährliche Wanderungen zwischen Süß- und Salzwasser. Er ist der Süßwasserfisch mit der nördlichsten Verbreitung. Der Meersaibling bleibt ca. 2-7 Jahre im Fluß, ehe er zum ersten Mal ins Meer wandert. Bis dahin hat er ca. 18-25 cm Größe erreicht. Dann tummelt er sich in Fjord- oder Küstengewässern, entfernt sich aber selten mehr als 5o-8o km von seinem Standort. 4-6 Wochen bleibt er im Meer, wächst rund 6-1o cm und vervielfacht sein Gewicht. Sein ausgeprägter Heimatinstinkt treibt ihn zum Laichen in die Gewässer seiner Jugend. Die laichreifen Weibchen wandern in der Regel in der ersten Juli-Hälfte. Der Meersaibling überwintert im Unterschied zum Lachs im Süßwasser.

Wer es genau wissen will, studiert das Bestimmungsbuch Meerfische, BLV Verlagsgesellschaft.

Rezepte für die Anglerküche siehe Rezepte.

SÜSSWASSERANGELN

Bei rund 25o.ooo Seen und Flüssen ein enormes Betätigungsfeld. Die einst guten Fischbestände Südnorwegens sind durch Umweltschäden (saurer Regen etc., siehe eigenes Kapitel) schon enorm reduziert, die sensiblen Lachse in Südnorwegen gänzlich verschwunden.

Zum Glück sind noch nicht so viele Seen "umgekippt" wie im benachbarten Südschweden, immerhin kommen noch viele Forellen, Saiblinge, Aale etc. vor. Ab Mittelnorwegen werden auch die Lachse wieder häufiger.

Eine aufwendige **Prüfung** wie in Deutschland nicht erforderlich. Voraussetzung ist die Zahlung der einmaligen Angelsteuer (Fisketrygdavgift) - gilt 1 Jahr - 25 DM beim Postamt an Vater Staat. Zusätzlich für die jeweiligen Flüsse und Seen an Ort und Stelle eine separate Angelkarte (Fiskekort) lösen, meist bei Campingplätzen, Hotels etc. erhältlich. Die Preise schwanken je nach Qualität des Flusses, ab 1o DM/Tag, Monatskarten günstiger. Wer ohne Fiskekort angelnderweise erwischt wird, berappt eine Strafe in Höhe der Jahresgebühr.

Die **Angelmethoden** variieren, Experten bevorzugen die echte Fliegenrute. Einfacher ist es, eine normale Rute mit speziellen "Wasserkugeln" zu verwenden, an die mehrere künstliche Fliegen angeknüpft werden. Etwa 1oo verschiedene Sorten im Handel angeboten. Die Wahl der optimalen Fliege hängt vom Wetter, Standort, Jahreszeit und Fischbestand ab (eine Wissenschaft für sich). Generell gibt's zwei Typen: Trockenfliegen (schwimmen oben) für stilles, ruhiges Wasser, Naßfliegen (sinken ab) bei windigem Wetter oder starker Strömung. Am besten im lokalen Sportgeschäft beraten lassen. Für Forelle oder andere Raubfische auch Blinker und Wobbler geeignet (viele verschiedene Sorten im Handel).

Angeln mit Wurm nicht so verbreitet. Netzauslegen nur in wenigen Gebieten erlaubt (genauestens erkundigen).

Vom Boot aus ganz spezielle Schleppmethoden (genaue Beratung im Sportgeschäft). Watstiefel für seichte Flüsse ratsam, ebenso Käscher in leichter Ausführung.

Was gibt's im Wasser?

Mehr als 3o verschiedene Arten von Süßwasserfischen, überwiegend die delikate Süßwasserforelle (ørret) und der Saibling (røye), besonders in Fjellregionen; Äschen (harr) und Hecht (gjedde) in größeren Gewässern, bevorzugt in Ostnorwegen. Barsch (åbor), Aal (ål) und Felchen (sik) in niedriggelegenen Teilen Südnorwegens.

Zubereitungstip: Frischer Fisch schmeckt besonders gut überm Lagerfeuer gebraten, dazu den Fisch (ausgenommen) etwas einschneiden und auf einen Stock nahe am Feuer aufspießen, so wird er durch die Hitze schön gegrillt. Weitere Fischrezepte siehe norwegische Küche/Rezepte.

Die beste Fangzeit hängt von vielen Faktoren ab: der Höhenlage, der Wassertemperatur, dem Aufkommen der Insekten und lokalem Wetter. In den meisten Gebieten am besten im August, in tiefergelegenen Gewässern auch schon Mai/Juni. Die Schonzeit variiert, in der Regel zur Laichzeit der jeweiligen Fischart; Forelle und Saibling beispielsweise vom 1. September bis 1o. November geschützt.

LACHSANGELN

Nicht mehr ausschließlich ein Sport der High Society, bleibt jedoch ein kostspieliger Spaß.

Seit Jahrzehnten waren (z.T. immer noch) die besten Flüsse an Amerikaner, reiche Engländer, Industrielle oder Reeder langfristig verpachtet. In Westnorwegen beispielsweise der "Laerdalselv" oder der schwierige "Årøyelva" (ein kurzer Fluß, der in den Sognefjord mündet). Die Lachse bringen hier im Schnitt über 2o kg auf die Waage, genauso hochkarätig waren die Angler, u.a. der englische König George IV.

Sind Lachsflüsse für die Öffentlichkeit zugänglich, so sieht das folgendermaßen aus:

Man bucht bei dem zuständigen Sportgeschäft, Touristbüro oder Hotel für einen Vor-/Nachmittag einige Meter des Flußabschnitts; möglichst einige Tage im voraus in die Listen eintragen lassen, großer Andrang.

Die erfolgreichsten Plätze sind schnell am Preis zu erkennen; je teurer, desto größer die Fangwahrscheinlichkeit.

Vielversprechend sind die sogenannten Löcher im Flußbett: Vertiefungen, in denen sich die Lachse längere Zeit aufhalten. Die Größe der Lachse hängt direkt mit der Flußgröße zusammen.

Preise: Bei Großlachsflüssen mit 1o-3o kg schweren Exemplaren schwanken sie je nach Fluß und Fangzone zwischen 3o und 3oo DM/Tag und Rute.
Kleinlachsflüsse enthalten max. 3 kg schwere Lachse. Die Preise schwanken zwischen 15 und 3o DM/Tag.

Lachse unter 3o cm (Jungfische) müssen wieder hinein!

Fangmethoden: Lachsangeln gilt als schwierigstes und sportlichstes Metier; Fangregeln werden genau beachtet. Der Reiz liegt nicht in erster Linie im rosa Fleisch, sondern im fairen Zweikampf, der bei einem 2o kg Exemplar Stunden dauern kann.

Schwierigste Methode mit Fliege (Naßfliege) und nur o,45er Schnur, bei einem kämpfenden 2o kg Lachs erfordert das sehr viel Feingefühl und Erfahrung, sonst reißt er ab. Üblich sind auch Spinner und Löffelblinker, die Schnur kann dann etwas stärker sein.

Die Spezialisten haben ihre eigenen **Tricks**, die sie ungern verraten, z.B. soll ein krabbenroter Wollfaden manchmal Wunder wirken. Garnelen auf Spezialgerät (mit vielen Drillingen) aufgezogen sind sehr erfogreich, in manchen Flüssen aber nicht zulässig. - Abklären!

Beste Fangzeit: Mitte Juni bis Mitte Juli in Mittelnorwegen (nach Norden zu später), wenn die Lachse aus dem Meer in die Laichgewässer wandern, zuerst die großen Lachse, Kaliber von 1 m Länge möglich. Meerforellen beginnen die Wan-derung etwas später; beste Fangzeit gewöhnlich im August. Die richtigen Zeiten stark von der Flußtemperatur abhängig, unter 7-8° C tut sich noch nichts. Offiziell werden die Zeiten vom 1. Juni bis 15. September (mit geringen Ausnahmen) angegeben.

Der Lachs kommt oftmals in Schüben, dann wieder stundenlang nichts, unbedingt vorher die augenblickliche Lage bei den einheimischen Lachsfischern erfragen, kann Geld und frustrierende Wartezeit ersparen.

Lachsangeln im Meer mit Handgeräten erlaubt.
Der Unmut bzw. die Angst der Sportangler vor einer Vermischung von Zuchtlachsen mit den Wildlachsbeständen wächst.

DIE BESTEN FLÜSSE

Über 2oo Lachsflüsse in Norwegen; die weltbesten in Nordnorwegen. Der ALTAELV ist so gefragt, daß Ausländer kaum eine Chance haben, eine Tageskarte zu bekommen. Der Seitenarm EIDBYELVA dagegen eine realisierbare Alternative.

Der LAKSELV relativ preiswert. Im TANAELV, ebenfalls Finnmark werden jährlich über 1oo Tonnen(!) Lachs rausgeholt, der Weltrekordfisch ist 36 kg schwer.

MÅLSELV nahe der E6 bei Bardu, nördlich Narvik.

Der NAMSENELV bei Grong an der E6 gut erreichbar, für Mittelnorwegen ein guter Fluß mit bis zu 25 kg schweren Exemplaren, preislich günstige Abschnitte.

Die RAUMA bei Åndalsnes ein preiswerter Kleinlachsfluß. Im Suldalslågen werden Exemplare bis 18 kg geangelt. Saison Juli bis September.

GAULA in Ostnorwegen nördlich von Røros, Lachsangeln wird hier auch als Urlaubspaket angeboten, kein billiges Vergnügen. Zahlreiche Flüsse, die in westnorwegische Fjorde münden, u.a. der STRYN am Nordfjordbotn. ETNE nahe Haugesund. Der BOKSTAD und FLÅMSELV an der Bergenbahn.

Preise und Details an der jeweiligen Textstelle.

Lachsleitern: Hilfestellung für Lachse an Wasserfällen mit zu geringer Wasserführung (Kraftwerke). Ohne diese künstlichen Wasserstufen würde der Sprungreflex des Lachses nicht ausgelöst und er könnte die Wasserfälle nicht überwinden.

Bis zu 6o m vor diesen Lachsleitern darf nicht gefischt werden; zum Anschauen aber äußerst spannend, nicht selten kann man hier Lachse die Strömung raufspringen sehen. Details über den Lachs im Kapitel "Tiere". Interessantes "Laksestudio" in Sand siehe Seite 32o.

 **Jagd:**

Hat in Norwegen lange Tradition und keinen Snobismustouch; fast eine Art Breitensport.

Am 14. September geht's aufs Fjell mit überquellenden Rucksäcken, Gewehr, Munition und Verpflegung für mindestens 1o Tage. Jeder wartet in seinem zugewiesenen Gebiet auf den "Startschuß". Morgens am 15. September beginnt die Jagdsaison. Mehrere Tausend Elche, Hirsche, Rentiere werden jedes Jahr geschossen. Der Supergau im Atomkraftwerk Tschernobyl 1986 hat leider einen Schatten auf die Verwertung der Tiere geworfen.

Für Touristen ist die Jagd nur mit einigen Hürden zugänglich, besonders schwierig, eine Genehmigung für Großwildjagd auf Ren/Elch zu bekommen. Kleinwildjagd - bspw. Schneehuhn, Hase - unproblematischer.

Wildlebende Rentiere, ein Unikum in Europa, kommen sonst nur noch in Kanada vor; in Südnorwegen im Snøhettabereich (Dovregebirge), Jotunheimengebirge und auf der

Hardangervidda. Wilde Rentiere sind sehr scheu und haben keine natürlichen Feinde. Der heutige Bestand auf der Hardangervidda wird auf 12.ooo geschätzt, insgesamt in Norwegen etwa 3o.ooo Tiere. Die Rentierjagd erfordert recht viel Geduld und lange Warterei.

Die Hardangervidda, ein sehr begehrtes Jagdgebiet, ist teils staatlich, teils in Privatbesitz. Rentiere darf generell dort nur jagen, wer mindestens ein Jahr dort gewohnt hat. Dürfte also für die meisten Ausländer tabu sein.

GROSSWILDJAGD

Guter Bestand an Elchen, Hirschen, Rehen. Jagdrecht hat prinzipiell der Landbesitzer; die Größe seines Besitzes bestimmt die Abschußmengen. Als Minimum werden in der Regel 5oo bis 1.ooo Hektar vorausgesetzt. Im staatlichen Land wird die Jagdlizenz an die Kommune vergeben, die wiederum den Einheimischen Genehmigungen erteilt. Ausländer dürften kaum eine Chance haben, da erfahrungsgemäß die Nachfrage sehr groß ist.

Besser an private Grundbesitzer herantreten, die Elchabschußlizenzen haben (Kontaktadresse: Landbrukets Utmarkskontor, eine Bauernvereinigung bzw. die Fylke <Kommune> des gewünschten Jagdgebiets). Ferner inserieren Norweger ab und zu in den deutschen Jagdzeitschriften, bspw. "Die Pirsch".

Elche werden praktisch in ganz Norwegen gejagt, die Jagd dauert 2-3 Wochen im September/Oktober. Jagdzeit variiert von Gebiet zu Gebiet und wird vom "Direktorat for vilt og ferskvannfisk / Naturforvaltning" etwa alle 3 Jahre neu festgelegt.

Ein norwegischer Elch bringt ohne weiteres 3oo kg Schlachtgewicht auf die Waage. Gejagt wird in der Regel mit Hund oder als Pirsch.

Die Preise für die Elchjagd variieren - meist ein Grundpreis für das Jagen und zusätzlich eine Gebühr pro Kilo Fleisch. Bei Privatbesitzern kann sie 2.ooo-3.ooo DM betragen, im Staatsland billiger, ca. 7oo DM Grundpreis, und pro Kilo Fleisch ist noch einmal eine Gebühr fällig. Für jeden erlegten Elch kassiert der Staat nochmals.

Schießprobe für Ausländer nicht nötig, wenn man einen Jagdschein vorweisen kann.

Rentierjagd in der Regel September.

KLEINWILDJAGD

Meist auf Schneehühner (Hügel - oder Bergschneehuhn "Lirype, Fjellrype"). Jagdzeit etwa vom 15. September bis Ende Februar, in Nordnorwegen (Troms/Finnmark) bis Mitte März. Rund 5oo.ooo Schneehühner werden pro Saison abgeschossen.

Beliebt ist die Hasenjagd (pro Jahr ca. 75.ooo Hasen geschossen) - gleiche Jagdsaison wie Schneehuhn, Birk- und Auerhahn.

Auskünfte auch beim: Direktoratet for vilt og ferskvannfisk/Naturforvaltning, Tungasletta 2, N-7ooo Trondheim.

Jagdbedingungen: Grundsätzlich muß jeder eine Gebühr von ca. 6o DM in den Jagdfonds einzahlen (Einzahlungskarte bei Direktoratet for Naturforvaltning, Tungasletta 2, N-7oo4 Trondheim; nach Abschuß eines Elches, Rentiers etc. müssen dann die stattlichen Erlebungsgebühren entrichtet werden) - gilt eine Jagdsaison (1. April bis 31. März) - gewährt jedoch keinerlei Rechte.

Waffen- und Munitionsvorschriften: Für Großwildjagd keine halbautomatischen Gewehre mit mehr als 3 Schuß im Magazin. Für Kleinwildjagd nur Schrotgewehre mit bis zu 2 Schuß, nur 1- Schuß-Gewehre für Wildrenjagd.

Waffeneinfuhr: Waffenschein beim Zoll vorzeigen, etwas Papierkrieg nötig, um einen in Norwegen 3 Monate gültigen Waffenschein zu erhalten.

Vom 23. bis 31. Dezember ist jede Jagd verboten. Künstliches Licht darf nicht bei der Jagd verwendet werden, ebensowenig Flugzeuge.

WINTERSPORT

Norwegen ist von Dezember bis Anfang Mai schneesicher.

Besonders reizvoll der April mit 14 1/2 Sonnenstunden in Südnorwegen und Tageshöchsttemperaturen bis zu 1o° C. Schon in nur 4oo m Höhe herrschen alpine Verhältnisse; einfach in der Vorstellung 1.ooo m dazugeben, dann entsprechen die norwegischen Bedingungen unseren alpinen.

Für **Norddeutsche** liegen die Skigebiete Südnorwegens näher und bequemer als die Alpen, zudem nicht annähernd so überlaufen wie bspw. Österreich. Am bequemsten ist die Oslomarka erreichbar, das Hinterland der Hauptstadt, ein dichtes Loipennetz nur 15 Min. vom Zentrum entfernt. Ebenso Telemark, landschaftlich ganz toll und relativ schnell ab Fährhafen Larvik erreichbar.

Der Wintersport läuft hauptsächlich auf **Langlaufskiern** ab, insgesamt gut 1o.ooo km präparierte Loipen, abwechslungsreiche Halb- bis Mehrtagestouren übers Fjell, ein ordentliches Mittagspicknick mit Isomatte, Thermoskanne und Bräunungspause gehört dazu.

Die Loipen sind gut markiert mit farbigen Fähnchen an Bäumen, Stöcken oder Schildern an Weggabelungen und bieten für jeden Geschmack und jede Kondition etwas. Oftmals beleuchtete Rundloipen.

Abfahrtsskifahren in Norwegen immer stärker im Kommen. Skischaukeln wie in Österreich oder Italien mit einem fast schon verwirrenden Netz von Liften gibt's in Norwegen nicht und wird es in dem Ausmaß nie geben. Zum einen sind die Norweger sehr naturbewußt und werden sich ihre Berge nicht durch gigantische Liftanlagen zerstören, zum anderen reichen die gut 23o Lifte von Oslo bis Tromsø für das kleine 4-Millionen-Volk dicke aus. Im Schnitt eine Handvoll Lifte pro Skigebiet.

Spitzensportler kommen in puncto Abfahrt wohl kaum auf ihre Kosten; in der Regel Pisten mit mittelschweren Abfahrten.
Tageskarten kosten zwischen 3o und 4o DM für Erwachsene. Gelegentlich auch Halbtageskarten, nur geringfügig günstiger.

> **Skiverleih**: überall an den Liftstationen und bei Hotels. Langlaufski (Turski) und Abfahrtsski (Slalomski) komplett mit Stöcken und Schuhen; aber auch einzeln, falls man z.B. eigene Schuhe mitgebracht hat.
>
> **Preisbeispiel**: Langlaufausrüstung um 25 DM, Alpinausrüstung um 35 DM/Tag.
>
> Gerade bei LL-Ski bleibt zu überlegen, ob das Mieten lohnt, denn für weniger als einen Hunderter bekommt man bei uns im Sonderangebot die komplette Ausrüstung.

Die Fjellpulka ist eine praktische Sache für die Kleinen. Eine moderne Version des alten Lappenschlittens, fast badewannenähnlich; eine stabile Konstruktion, warm eingepackt ist der Nachwuchs immer dabei. Mit starrer Verbindung wird Pappi vorgespannt; Mutti hinterher, paßt auf, daß dem Baby nichts passiert. Wird bei Hotels verliehen. Nach einigen tödlichen Unfällen läßt die Begeisterung der Norweger für die Pulka etwas nach.

Skischulen für Langlauf und Alpin in den meisten Skizentren. Spezialität der Telemarkschwung, eine elegante Abfahrtstechnik auf Langlauf- bzw. speziellen Telemarkski. Gruppenski- oder Privatunterricht möglich.

SKIGEBIETE FÜR LANGLAUF / ABFAHRT

Nordmarka: das Hinterland von Oslo, ein ideales Langlaufgebiet in schneereichen Wintern, für Norddeutsche schneller und bequemer zu erreichen als jedes Skigebiet in Österreich.

Telemark: die Wiege des Skisports; eine abwechslungsreiche Gegend. Nahe beieinander liegen kleinere Langlauf- und Alpinskigebiete, so daß man Skifahren mit einer Rundtour und Sightseeing verbinden kann. Z.B. Lifjell, Vrådal, Morgedal, Rauland, Rjukan.

Setesdal: Alpinzentrum nur in Hovden, sonst Langlauf; bequem ab Fährort Kristiansand erreichbar.

Hallingdal: das Waldtal flankiert von Bergen und Hochebenen (Langlauf). D a s Skizentrum für Abfahrtslauf ist Geilo mit gut einem Dutzend Liften; oder Gol. Zufahrt ab Fährort Larvik bzw. Oslo.

Norefjell (Alpinzentrum) und **Numedal/Blefjell** liegen sehr nah zu Oslo. Auf dem Blefjellplateau gutes Langlaufgebiet. Kongsberg hat recht ordentliche Alpin- und Langlaufgebiete.

Lillehammer: Das Gebiet im Gudbrandsdalen wurde für die Olympiade 1994 mit neuen Pisten ausgebaut, darunter die schwierigsten Abfahrten Norwegens. Gute Möglichkeiten für Langlauf und Eislauf (siehe

Lillehammer).

Westnorwegen: ein zusammenhängendes Gebirge, in das sich die Fjorde tief eingekerbt haben. Ganzjährig über die Haukelistraße zu erreichen. Wintersportzentrum ist Voss an der Bergenbahn mit Seilbahn und Skiliften. Im Gebiet um Finse, ebenfalls an der Bergenbahn sehr hoch auf 1.22o m, kann bis ins Frühjahr skigelaufen werden. Schneesicher auch in "warmen Wintern".

Trøndelag: in der "Mitte" von Norwegen gelegen. Abfahrtsgebiet am besten in Oppdal (an der E 6); gutes, abwechslungsreiches Gebiet.

Sommerskilaufen ist in Norwegen eher eine Gaudi als "gescheites" Skifahren. Auf dem Gletscher, z.B. im Jotunheimen auf dem Vesl-Juvbreen möglich. Stützpunkt ist die Juvasshytta (1.841 m). Der Lift führt bis auf 2.ooo m. Vorher in der Hütte abchecken, ob der Lift in Betrieb ist.

Loipen auf dem Fannaråken und Sognefjell. Info bei der Sognefjellhytta an der RV 55.

Langlaufen im Sommer-Skizentrum Folgefonn, auf dem Folgefonngletscher am Hardangerfjord.

Dyrskar am Haukelifjell - auf dem Weg nach Bergen. Alpin und Langlauf.

Firnfeld auf dem Strynfjell in Westnorwegen, Alpin und Langlauf.

Alle Details im Hauptteil.

Kleiner Wintersportwortschatz			
Turskiløyping	- Langlaufen	Slalom	- Abfahrtsskilaufen
heis	- Skilift	skitrekk	- Schlepplift
bakke	- Abhang, Piste	skistav	- Skistock
støvel	- Skistiefel	skiutleie	- Skiverleih
lettløype	- leichte Loipe	skiskole	- Skischule
lysløype	- Flutlichtloipe	flomlys	- Flutlicht

WINTERBEKLEIDUNG

Zum Langlaufen reichen einfache Jogginganzüge beim besten Willen nicht aus, auf dem Fjell bläst meist ein eisiger Wind; in Daunenjacke schwitzt man sich halb zu Tode. Ideal sind winddichte Baumwolljacken/Anzüge (atmungsaktiv) mit Eskimokapuze in fotogenem Rot fast von jedem Norweger getragen. Nylonwetterjacken unpraktisch, da das Schwitzwasser nicht abgeführt werden kann. Optimal sind atmungsaktive Goretex-Jacken (oder Nachbildungen).

Besser Skiunterwäsche und mehrere dünne Pullover als ein dicker. Gamaschen schützen vor nassen Füßen. Handschuh, Schal und Mütze verstehen sich von selbst, auch wenn man bei knallender Sonne losläuft. Nützlich sind Handschuhe mit Lederverstärkung auf der Innenseite; im Nu sind leider Woll- und Filzhandschuhe von der Stockreibung durchgescheuert.

Unbedingt Sonnen-, Ski- oder Gletscherbrille mitnehmen, auch bei trübem Wetter reflektiert der Schnee enorm.

Sonnencreme mit hohem Lichtschutzfaktor unbedingt ratsam. So ausgerüstet kann man die norwegischen Familien nachahmen, die mit Kind und Kegel, Isomatten und Picknickrucksack im Schneetreiben an der Loipe Rast machen. Für Abfahrtsskilaufen ist der Skianzug bzw. Daunenjacke die beste Bekleidung.

Übernachtung auf gut ausgestatteten Wintercampingplätzen, in wärmeisolierten Hütten oder Hotels. Die Osterwoche meiden, in der Regel restlos ausgebucht. Siehe auch Unterkunft.

EISANGELN

Eine typisch skandinavische, gemütliche Sache, in Daunenjacken eingepackt, auf Klappstühlen mit Flachmann oder Thermoskanne. Mit dem speziellen Eisbohrer (ca. 1oo DM) blitzschnell ein Loch in die bis 1 m dicke Eisdecke bohren, per Schöpfkelle die restlichen Eisstückchen rausgeschöpft. Eine nur 3o cm lange Plastikangel, mit Maden beködert, sorgt in der Regel für gute Ausbeute.

Eine Schnur alleine tut's allerdings auch. Wichtig ist der blinkerartige Haken (mit Maden). Das blinkende Metallstück lockt die Fische aus der Dunkelheit an. Der Erfolg ist enorm: Forelle, Saibling, Felchen etc.

FJORDE

Weit ins Land eingekerbte Meerarme - die grandiosesten Exemplare in Westnorwegen. Kein Fjord gleicht dem anderen; von ganz kurzen wie dem Trollfjord bei den Lofoten, bis zum knapp 2oo km langen Sognefjord.

Eine Konstellation von Eiszeitgletschern, Hochgebirge, Flußbett und Tidenhub garantiert diese fotogenen Gebilde. In der Regel gilt: Je höher die Gebirge, desto länger der Fjord. Sanfte Fjorde überwiegen in Süd- und Nordnorwegen.

Vereinfacht gesagt sind die Fjorde ertrunkene Trogtäler: Vor rund 3 Mio. Jahren sorgten die z.T. kilometerdicken Gletscher für eine Ausschleifung der Flußtäler. Das in den Eismassen mitgeführte Geröll wirkte wie grobes Schmirgelpapier und hat gewaltige Tiefen herausgearbeitet.

An den "Talmündungen" war die Eisschicht dünner und leichter - furchte die Täler nicht so tief ein, - daher ist der Fjord an der Mündung deutlich flacher, oft nur 1oo-2oo m tief, während er in der Mitte bis zu 1.3oo m Tiefe erreichen kann.

<u>Nach der Eiszeit</u> stieg der Meeresspiegel - die steilen, tiefen Täler wurden geflutet.

<u>Beispiel Hardangerfjord</u>: Vom Hardangergletscher auf dem Gebirge fließt das Wasser z.T. über Wasserfälle (Vøringsfoss) und Flüsse ab (Måbodalen), mündet in einen kleinen Eidsee (Eidfjordvatnet), der oberhalb des Meeres liegt (Øvre Eidfjord und Nedre Eidfjord).

An der Stelle der **Eidseen** ruhten die Gletscher längere Zeit, schütteten dabei als Endmoräne eine Barriere zum Meer auf. Deswegen sind die Eidseen landschaftlich so reizvoll inmitten wilder, schroffer Berge; meist sehr schmal und mehrere hundert Meter tief. Weitere Eidseen: Loenvatnet, Oldevatn, Strynvatn.

Der Fluß mündet im Fjord, der allmählich immer tiefer wird, dann brutal steil abfällt. 1.35o m z.B. im Sognefjord. Zur Fjordmündung am offenen Meer wird der Fjord flacher. Eine Barriere, die sog. **Strandflate** auf dem Meeresboden, schließt den Fjord vom Meer ab, teils nur knapp 2oo m tief, im offenen Meer wieder deutlich tiefer. Diese Schwelle wirkt als Barriere für Fische und leider auch für die Abwässer. Es findet praktisch kein Austausch mit dem Meerwasser statt - schädliche Partikel sinken in die Tiefe der dunklen Fjorde und bleiben dort liegen.

<u>Der Salzgehalt</u> am Fjordende ist wesentlich geringer als im Meer. Wegen des Wechsels von Süßwasser (durch Flußmündungen) und Salzwasser dürftigere Flora, deswegen auch kaum Miesmuscheln im Fjordinneren. Da Fjorde deutlich fischärmer sind, findet man im Fjordbereich keine Fischerdörfer; die <u>Fjordfischerei</u> reichte nur als Zubrot zur Landwirtschaft; die hübschen Fischerstädtchen liegen alle an der Küste.

Das Fjordende ist eine Ecke kälter als das offene Meer; im Winter vereisen die Fjordenden gelegentlich.

<u>Fjorde</u> sind nicht nur eine norwegische Spezialität; sie haben sich auch in Island, Grönland, Neuseeland, Chile und an der Labradorküste gebildet (Fjord = Förde = Firth).

GLETSCHER (Bre, Jøkul oder Fonn)
Knapp 2.ooo Gletscher bedecken Norwegen

Europas größter ist der "<u>Jostedalsbre</u>" in Zentralnorwegen. Rund ein Dutzend Gletscherausläufer bequem zugänglich. Der gewaltige "Svartisen" nahe Mo I Rana "kalbt" in haushohen Eiswänden in einen Gletschersee. Auf einigen Gletschern werden geführte Touren angeboten, z.B. Hardangerjøkul, Svellnosbreen/Jotunheimen etc. (siehe Wanderkapitel).

Gletscher sind ständig in Bewegung, von oben wachsen sie durch Neuschnee an, der zusammengepreßt wird und vereist (d.h. Gletscher ist kein gefrorenes Wasser). Das Gletscherwasser fließt an den Rändern infolge Sonneneinstrahlung und Druck wieder ab.

<u>Die mehrere 1oo m dicken Eismassen</u> schieben am Grund dicke Gesteinsbrocken mit

sich (Grundmoräne). Taut der Rand schneller ab als der Gletscher nachschiebt, bleiben die Moränen liegen, eine Mischung aus Steinen, Sand und Kies.

Unterschiedliche Moränentypen je nach Entstehung: End(Stirn)-, Seiten-, Mittel- oder Grundmoränen.

Die norwegischen Gletscher stammen nicht aus der Eiszeit (von vor ca. 1o.ooo Jahren) wie oft vermutet, denn in der nacheiszeitlichen Wärmeperiode war Norwegen total eisfrei, die Temperaturen teilweise höher als jetzt. Die Gletscher entstanden erst vor rund 2.4oo Jahren, als Überbleibsel eines neuen Kälteeinbruchs etwa 5oo v. Chr.

Lange, harte Winter und kurze, kühle Sommer ließen die Schneefallgrenze gigantisch weit absinken, so daß sich wieder Gletscher bilden konnten (Überlebenskampf der Bewohner - germanische Völkerwanderung).

Zur Zeit schmelzen die Gletscher im Westen ab, im Osten des Jostedalsbreen wurde eine jährliche Zunahme gemessen. Bis vor 2oo Jahren (Kälteperiode) waren sie um einiges größer. Der Nigardsbre nahm beispielsweise im 18. Jh. das ganze Tal ein und überrollte den Hof Nigard.

Der Jostedalsbre (Beispiel eines Plateaugletschers): liegt auf etwa 1.ooo-1.5oo m, nur wenige Bergspitzen (Nunatakker) ragen aus dem weißen "Teppich" (z.B. Brenibba 2.o18 m). Nach neuesten Messungen nimmt er eine Rekordfläche von 485 qkm, ein rund 6o-9o km lang, 1o-35 km breit, maximale Eisdecke 4oo-5oo m, 25 lappige Ausläufer erstrecken sich teilweise bis knapp über Meereshöhe, z.B. Nigardsbre, die größte und gewaltigste Zunge im Osten - mit riesigem Gletschermund.

Gegen Westen fallen die Gletscherzungen viel steiler ab, deshalb keine Begehung möglich.

Der Kjenndalsbreen ist am wenigsten touristisiert, mit dem Auto fast bis ran. Die Gletscherzunge klebt steil neben grün bewachsenen Granithängen.

Briksdalsbreen, der malerischste mit Gletschersee und treibenden Eisschollen, bequem durch Kutschfahrten bis fast ans Eis, oder 3/4 Std. zu Fuß. Längere Wandertouren zu den Nachbarausläufern.

Alle Details im Text.

FREILICHTMUSEEN

In Norwegen weit verbreitet, und sehr anschaulich aufgemacht.

Über 5oo Jahre alte Bauernhäuser und Hofanlagen wurden in verschiedenen Freilichtanlagen zusammengetragen, die größte Sammlung mit rund 17o Gebäuden in Oslo. Der Einsiedlerhof war in Norwegen jahrhundertelang die Hauptsiedlungsform, Dörfer wie in Deutschland gab es nicht. Die weitgehend autarken Höfe (Gård) bestanden aus verschiedenen separaten Zweckgebäuden: Wohnhaus, Scheune und Stallungen. Das Backhaus, die

Sauna und Schmiede wegen Brandgefahr weiter abseits. Der Speicher repräsentierte das "Bankkonto" des Hofes.

Je nach Region unterschiedliche Anordnung der einzelnen Gebäude, z.B. im Setesdal parallel (beiderseits des Hauptwegs), im Numedal karréförmig. Im Wohnhaus dagegen alles unter einem Dach. Wohn-, Eß- und Schlafraum in einem, eventuell separate Altenstube, die Knechte schliefen im Stall.

Die Entwicklung der **Bauernstuben** ist in den Museen sehr deutlich zu verfolgen. Jahrhundertelang (bis 17. Jh.) war die Årestue (auch røykstue genannt) üblich; eine offene Feuerstelle in der Mitte, Rauchabzug und einziger Lichteinfall im Dach. Eine wesentliche Verbesserung der Wohnqualität kam durch die Entwicklung des offenen Kamins mit Rauchabzug. Fenster waren Luxus und wurden sehr sparsam verwendet. Die Häuser fast ausschließlich in Blockbauweise gezimmert, anfangs rohe Baumstämme wie aus dem Wald, später immer besser zu kantigen Balken verarbeitet. Gut 1 Dutzend verschiedene Verbindungstechniken.

Die sehr fotogenen **Torf-/Grasdächer** wurden mit Birkenrinde (never) in vielen Schichten abgedichtet, obendrauf Gras bzw. ursprünglich Torf, gut 3o-4o Jahre "haltbar".

Der **Stabbur**, der Vorratsspeicher, war das Schmuckstück der Hofanlage, besonders im Süden (Telemark) sehr hübsch verziert. Auf dem Boden wurden Trachten und Kleidertruhen, Schmuckstücke etc. aufbewahrt. Die Speicher standen auf Stelzen zum Schutz vor Feuchtigkeit und Ungeziefer, unten lagerten Lebensmittel, Korn etc.

Jedes der Freilichtmuseen hat seine regionalen Besonderheiten. Sehr schöne **Rosenmalerei** z.B. in Skien (E 18) und Nesbyen im Hallingdal. Bootshäuser und original Nordlandboote in Ålesund. Die großen Freilichtmuseen Maihaugen/Lillehammer, Trondheim und Oslo zeigen jeweils eine Stabkirche. Alle Details siehe Text.

Die Gebäude nur im Sommer bei Führungen offen, die Anlagen das ganze Jahr über. Viele alte Höfe stehen noch an ihrer ursprünglichen Stelle auf dem Lande, manchmal abseits der Hauptrouten. Sehr schöne Häuser z.B. im Numedal (RV 8), Sjoadal (RV 257) und Vågåmo (RV 15), in Telemark an der Haukelistraße RV 11 und RV 37 (Rauland).

EUROPA

NORGE 1·80

S·MØRKEN 1978

STABKIRCHEN
(ein Unikum der Kirchenarchitektur)

Eine Komposition von hochaufgetürmten, geschuppten Dächern, einsam abgelegen in der Natur. Stabkirchen repräsentieren das Bindeglied zwischen Heiden- und Christentum.

Die Missionierung ging in Norwegen nur schleppend voran, brauchte rund 2oo Jahre mit vielen Rückschlägen. So erscheint es nur plausibel, daß die Kirchenbauer einen Teil ihrer vertrauten Geisterwelt hinüberretten wollten. Diese frühmittelalterlichen, hölzernen Bauernkirchen aus dem 11.-13. Jahrhundert ähneln asiatischen Pagoden und wurden meist an vormalig heidnischen Opfer- bzw. Thingplätzen weit ab der Höfe errichtet, ganz anders als bei uns die typischen Dorfkirchen mitten im Zentrum.

Die enge Verbindung zur Wikingerzeit mit seinem "Abwehrzauber" sticht auf den ersten Blick ins Auge. Züngelnde Drachenköpfe am Giebel ähneln ganz stark den Drachen am Steven der Wikingerschiffe. Sehr kunstvoll verzierte Portale - ein verwirrendes Gewühl von Schlangen und Drachen - jedoch keinerlei christliche Zeichen. Eine hohe Geister- Schwelle erschwert das Eintreten, schließlich schützt (manchmal) eine zungenstreckende Fratze den Eingang von oben vor bösen Geistern - nach dem Motto: "Sensible Stellen" bewahrt man vor Dämonen, indem man ihnen ihr Ebenbild vorhält. Häßliche Fratzen (am oberen Ende der Masten) weisen das Unheil auch im Innern der Kirche ab.

Bei Sturm knarzt und knirscht es fast unheimlich in den kleinen Kirchen. Die charakteristisch getreppten Pult- und Giebeldächer waren eine statische Notwendigkeit, um den Außendruck bei Sturm, Gewitter etc. aufzufangen. Die Dächer wachsen fast aus der Erde: Gerade Seitenflächen, die dem Wind Angriffsfläche bieten, sind auf ein Minimum reduziert.

Bauweise und Ausstatung:

Stabkirchen sind **reine Holzkonstruktionen**, zudem die ältesten erhaltenen Holzbauten in Europa, sogar die Holzschindeln mit Holznägeln befestigt. Lediglich das Fundament wurde (um Fäulnis zu verhindern) aus Stein errichtet; darauf lagern Holzquerbalken, in die senkrechte Holzplanken nach dem Nut- und Feder Prinzip eingelassen sind, eine Planke gewölbt, die nächste plan. Die Eckpfosten, wichtige Stützpfeiler wurden in geschickter Greif- / Klammertechnik mit dem unteren Holzrahmen verzahnt. Kostbares Metall wurde nur für Türangeln und Beschläge (sehr kunstvoll) verwendet.

Die **Bezeichnung "Stavkirke"** wurde von der "Stavbauweise" hergeleitet, d.h. senkrechte Planken - im Unterschied zur "Loftbauweise", dem Blockhausstil waagerechter Holzstämme aus späterer Zeit. Stabbauweise war schon während der Wikingerzeit eine ausgereifte Technik. Blockbauten entpuppen sich in der Regel als An- /Umbauten späterer Zeit.

Die einfachsten Stabkirchen bestanden aus einem zimmergroßen Hauptraum plus kleinem Chor (für Priester und Sänger), z.b. die Holtålen Kirche im Freilichtmuseum Trondheim.

Weiterentwicklung zur **Einmastkirche** (z.b. Nore und Uvdal), ähnlich einem Zentralbau oder Zelt, ein quadratischer Raum mit Mittelmast, der die Dachkonstruktion trägt. Später von innen zur 4- bzw. 12- Mastkirche erweitert.

Die Masten sind gegeneinander durch **Andreaskreuze** abgestützt (Andreaskreuze nach dem Apostel und Märtyrer Andreas benannt, der an einem schräg gestellten Kreuz gemartert wurde). Die offenen hochgereckten **Dachstühle** erinnern stark an Schiffsrumpfkonstruktionen.

Der **Innenraum** einer ursprünglichen Stabkirche war dunkel, fensterlos, beleuchtet wurde nur der Altarraum. Kleine Bullaugen hoch oben unterm Dach ließen kaum Licht einfallen, Fensterglas war unerschwinglich, erst im 16./17. Jahrhundert wurden Fenster eingebaut, meist an der Südseite, denn von Norden her befürchtete man alles Schlimme und Böse. Die Menschen knieten oder standen, Gestühl und Kanzel wurden erst nach der Reformation eingeführt, als die Predigten länger wurden. Männer saßen von Frauen getrennt, die Frauen an der (Unglück bringenden) Nordseite. Die Arme-Sünder-Bank ganz hinten. Durch ein Loch in der Wand konnten die nicht exkommunizierten Aussätzigen am Gottesdienst teilnehmen. Die **Wände**, anfangs unbemalt, waren teilweise mit Textilien und Decken behängt, an eine Kirchenheizung dachte niemand.

Viele Stabkirchen wurden nach der Reformation stark verändert und sind nur mit viel gutem Willen als solche zu identifizieren. Meist findet man ein Querschiff in Blockbauweise, Empore und Zwischendecke eingezogen, das Mittelschiff verlängert, denn die Bevölkerung war gewachsen und die neuen Bänke brauchten mehr Raum. Häufig barocke Innenausschmückung. Der ursprüngliche, zierliche Dachreiter wurde durch einen imposanten Turm (Glockenturm) ersetzt, z.B. Stabkirche Ringebu.

Der fotogene **Svalgang**, eine Art "Wehrgang" schützt den Sockel der Kirche vor Wind und Wetter, Holzsäulen und Kapitelle sind der Romanik abgeschaut. Im Svalgang wurden die Waffen deponiert und der Sonntagsplausch nach dem Kirchgang gehalten. Als Bauholz, besonders für die Masten, die Hauptträger der Kirche, wurde die sehr langsam wachsende "Malmkiefer" verwendet. Durch einen uralten Trick schon im Wald imprägniert: die Krone wird abgeschnitten, die Rinde unten eingekerbt - dadurch verharzt der Baum im Laufe der Jahre von innen heraus. Gute abgelagerte Masten waren elementar für die Kirchenstabiliät. Stabkirchen müssen alle 5 Jahre äußerlich imprägniert werden, durch die teerartige Masse wirken sie anfangs schwärzlich düster, hellen im Lauf der Zeit wieder auf.

Bis zur Reformationszeit standen rund 75o Stabkirchen in Norwegen. Anfang des 19. Jhd. immerhin noch über 1oo. Viele brannten ab, verfielen, wenn sich nicht ein Mäzen oder Pfarrer der Kirche annahm, wie beispielsweise der Maler Dahl, der die Stabkirche in Vang rettete: sie steht jetzt im Riesengebirge. Heute sind nur mehr 21 an ihrem ursprünglichen Platz erhalten, einige sind in Freilichtmuseen "umgezogen".

Klassisch und authentisch die Stabkirchen Borgund und Urnes am Sognefjord, die Kirche aus Gol im Freilichtmuseum in Oslo Bygdøy oder die Stabkirche Hopperstad beim Ort Vik am Sognefjord. Größte norwegische

Stabkirche in Heddal bei Notodden/Telemark. Das interessanteste Stab-kirchenportal (Hylestad) im Historischen Museum in Oslo.

Stabkirchen sind nur zur Sommersaison geöffnet.

TROLLE

Man begegnet ihnen überall, im Wald, im Gebir-ge oder an den Seen. Am häufigsten, und dann besonders plastisch, trifft man sie in den Souvenirläden, ob verschmitzt lachend oder grimmig dreinschauend, fast immer sind es ältere, bucklige Gesellen mit einem langen Zinken und zerzausten Haaren.

Eine Renaissance erlebte die norwegische Fabelgestalt in Henrik Ibsens "Peer Gynt" und durch die Zeichnungen des Malers Th. Kittelsen, der sie um die Jahrhundertwende als grimmigen Wassertroll, als uriges Element auf der Hauptstraße Oslos, oder als friedlich grübelndes Wesen darstellte.

Trolle können den Menschen freundlich oder feindlich gesonnen sein: einem die Fische von dem Angelhaken verscheuchen oder als Waldtroll die Jagd vermiesen. So treiben sie gerne ihren Schabernack mit den Menschen und verschonen dabei auch nicht die Touristen.

Wenn Sie also auf einsamer Landstraße mal eine Reifenpanne haben, dürfen Sie sich nicht wundern, wenn ein Troll ihnen obendrein noch die Schrauben klaut!

ROSENMALEREI (rosemaling)

Diese bäuerliche Volkskunst kam im 17./18. Jh. in Mode und blieb rund 1oo Jahre "in". Eine Art Statussymbol der reichen Bauern in Telemark und im Hallingdal.

Wandermaler zogen von Hof zu Hof und bemalten alles, was ihnen unter den Pinsel kam mit Pflanzenmotiven und Ornamenten: die "Schatztruhen", Betten, Wände, Decke, Bierkrüge, Mangelbretter (dekorative Brautwerbe-geschenke). Später schufen sie lebendige Bauernszenen oder ganz Bilder-bibeln. Die Ausschmückung der Innenwände wurde erst nach der Erfindung des Kamins - damit des Rußabzugs - möglich, vorher glichen die Wohnstuben dunklen Räucherhöhlen.

"Rose" ist ursprünglich ein Dialektwort, das Muster, Form, Ornament be-deutet - häufig wurden geschwungene C-Formen, Akanthusblätter in leuchtenden Farben gemalt, Rosen als Motive ganz selten. Die Qualität war natürlich recht unterschiedlich, ein besonders fähiger Rosenmaler war <u>Ola Hansson</u> Ende des 18. Jh., der eine Reihe von Bauernstuben in Heddal und in Nes ausmalte. Ein klassisches Beispiel von Rosenmalerei ist die <u>Ramberg Stoga</u> im Freilichtmuseum Skien, schöne Beispiele auch im Freilichtmuseum Nesbyen. Um 185o wurde die Rosenmalerei allmählich uninteressant, die Mode diktierte marmorierte Eichenvertäfelungen.

<u>Hardangerfiedel</u>, ein Schmuckstück unter den Musikinstrumenten. Eine Violine, die sich speziell in Südnorwegen entwickelt hat und besonders in der Volksmusik verwendet wurde.

Durch ihre zusätzlichen 4 Resonanzsaiten bekommt sie einen volleren, lauteren Klang; der Hals meist kürzer als üblich. Hardangerfiedeln sind außergewöhnlich reich durch Perlmutteinlegearbeiten verziert. Leider sind nur wenige alte Exemplare erhalten (z.b. im Musikhistorischen Museum Ringve / Trondheim). Zur Zeit des Pietismus im 19. Jh. wurde die Fiedel als Teufelsinstrument verdammt, das Spielen verboten und viele Instrumente verbrannt - sie machten der "ungefährlicheren" Maultrommel Platz.

NORWEGENS ERDÖL-BOOM

Norwegen wurde als erstes Industrieland Europas Nettoexporteur von Erdöl/gas. Die ersten Probebohrungen 1966 im Ekofiskgebiet (= Kunstwort) waren anfangs so erfolglos, daß man es fast drangeben wollte, bis 1969 der erste lohnende Fund gemacht wurde. Die Ölförderung in der Nordsee kostet rund das 2ofache der Bohrungen arabischer Golfstaaten, erforderte eine ganz neue Technik. Durch den günstigen Standort und die geringen Transportkosten bleibt das norw. Öl vorläufig noch wettbewerbsfähig.

<u>Ekofisk</u> wurde zum größten Ölfeld, ca. 3oo km vor der südwestnorw. Küste mit rund 27 dauerhaften Anlagen in einem Umkreis von über 1oo km. Alle Plattformen stehen auf Stahlgerüsten auf dem Meeresboden, durch Querträger sternförmig miteinander verbunden.

Im Zentrum der riesige <u>Ekofisk Erdöltank</u>. Der Bau sorgte 1973 für Schlagzeilen, ein gigantischer Betontank auf dem Meeresboden, faßt rund 15o.ooo t Öl. Das Mammutprojekt kostete ca. 1oo Millionen DM. 1 1/2 Jahre wurde in Stavanger an ihm gebaut. Alle Pipelines der anderen Anlagen laufen hier zusammmen.

<u>Weitertransport per Pipeline</u> nach Teeside (England) / Öl und Emden / Erdgas. Pipelines nach Norwegen zu legen, bereitete große Probleme, da vor der Küste eine bis zu 5oo m tiefe Rinne den Meeresboden einkerbt,

inzwischen wurden Pipelines nach Karstø südl. Bergen fertiggestellt. Die Öl-/Gasfelder wurden romantisch-mythisch getauft: Edda, Tor, Frigg, Valhall, Troll, Odin...

Die Suche nach lohnenden Feldern ist ungeheuer langwierig. Vorarbeiten durch Satellitenaufnahmen, seismografische Untersuchungen (durch Dynamitexplosionen werden Schockwellen ausgelöst, deren Echo aufgezeichnet wird) geben Grobaufschluß über Wasser, Öl oder Gaseinschlüsse im Meeresboden.

Erst Gesteinsproben aus Versuchsbohrungen zeigen, ob die Ausbeutung lohnen könnte. Nur etwa jede 8. Bohrung erweist sich als erfolgreich. Der Festlandsockel ist inzwischen wie ein Schweizer Käse durchlöchert. Bis 1981 189 Produktionsbohrungen auf norwegischem Gebiet. Die Bohrzeit variiert je nach Tiefe zwischen 1 und 5 Monaten. Durchschnittliche Erdöltiefe bei 3.2oo m, der Bohrsockel ca. 2oo m unterm Meeresspiegel. Erst nach 7- 8 Jahren wirft ein "lohnendes Bohrvorhaben" Gewinn ab.

Man vermutet, daß die Erdgasvorräte im Kontinentalsockel für gut 1oo Jahre reichen. Während die Erdölförderung vermutlich in den 9o-er Jahren ihren Gipfel überschritten haben wird. Ausländische Bohrgesellschaften reißen sich um Konzessionen, die Norweger vergeben sie aber nur zögernd in kleinen Portionen von 5oo qkm in der Nordsee, nur für einen bestimmten Zeitraum und erlassen sehr strenge Vorschriften - einen Großteil hat sich der staatliche Konzern Statoil vorbehalten.

Insgesamt betreibt Norwegen eine vorsichtige Ölpolitik. Die Norweger sind sich sehr wohl der Gefahren dieses neuen Reichtums bewußt, versuchen zu verhindern, daß die Petromilliarden binnen weniger Jahrzehnte kulturelle und ökonomische Strukturen sprengen. Jobs auf Bohrinseln zählen zu den bestbezahlten und auch härtesten im Land. 2- Wochen non-stop arbeiten - 3 Wochen frei. Das hohe Lohnniveau löste eine gewaltige Landflucht aus. Auf der Plattform selber sind relativ wenig Leute beschäftigt, wesentlich mehr in den Landbasen und im Transport; auf jeden Arbeitsplatz in der Ölbranche kommt ein halbes Dutzend weitere im Zuliefererbereich.

Zu den Gefahren für die Struktur des Landes kommt die Umweltbelastung, z.B. Gefahr von Ölausbrüchen in 15o - 2oo m Tiefe (im Frühjahr '8o kenterte die Plattform Alexander Kjelland, über 1oo Menschen kamen dabei ums Leben).

Bohrungen nördlich des 62. Breitengrades(= Nordfjordmündung) waren jahrelang umstritten. Der Meeresboden liegt hier in ca. 5oo m Tiefe; wie man einer Ölkatastrophe in solchen Tiefen begegnen würde, steht in den Sternen. Ursprünglich sollte nördlich des 62. Breitengrades wegen der besonders erschwerten Bedingungen nur in der Sommerzeit gefördert werden. Peu à peu wurde das aufgeweicht, die technischen Möglichkeiten immer ausgereifter. Einwände besorgter Umweltschützer und Fischer blieben ungehört, denn die dicken Steuereinnahmen und die Argumentation bzgl. neuer Arbeitsplätze lockten viele kleinen Kommunen Nordnorwegens. Das Problem der Landflucht trifft gerade N-Norwegen noch härter und läuft den Tendenzen, Nordnorwegen wirtschaftlich ausgewogen am Leben zu erhalten, total zuwider.

Nördlich des 62. Breitengrades erwartet man sich goldene Löcher: der Festlandsockel ist hier 7 x größer als südl. des 62°. 1980 wurden Bohrungen begonnen, bis 1984 waren es 20 Bohrschächte, die meisten auf dem Tromsøflaket im Nordatlantik vor Hammerfest und Troms. Eine kostspielige Angelegenheit, 20 % teurer als unterm 62°.

Finanzieller Aufwand für die 20 Schächte rund 700 Millionen DM. Bisher bohren die norw. Gesellschaften Norsk Hydro und die staatl. Gesellschaft Statoil. Ausländische wie Elf Aquitaine und Esso folgen. Vor der Nordlandküste auf der sog. Traenabank brachten Versuchsbohrungen bisher wenig erfolgversprechende Resultate.

Direkt vor Tromsø ist ein zweites Feld anvisiert. Die Prov. Troms, eine der am wenigsten industrialisierten des Landes, erhofft sich einen wirtschaftl. Aufschwung. Bisher wurde im Nordatlantik einiges an Gas gefunden, eindeutig rentable Ölfelder stehen noch aus.

Neueste Entwicklung für ganzjährige Bohrungen im Nordmeer:
Dazu sind Spezialplattformen nötig, die Bohrungen unter arktischen Bedingungen ermöglichen. Z.B. die "Polar Pioneer" wurde von Hitachi - Zosens in Ariake / Japan gebaut, in 90 Tagen von Japan durch den Suez Kanal nach Tromsø geschleppt. Bisher einzigartig - voll verkleidet, d.h. keine Arbeitsplätze mehr im Freien, Enteisungsanlagen z.B. fürs Helikopterdeck und die Notwege; eingeschalter Bohrturm, um Vereisung und Eislawinen zu verhindern, vollelektronisch überwacht. Preis rund 230 Mill. DM.

Das Ölgeschäft beschert dem norwegischen Staat einen gewaltigen Geldsegen (rund 30 % der Exporteinnahmen), zugleich eine weitgehende Abhängigkeit vom Öl. In gewisser Weise ist der Reichtum des norwegischen Staats von der OPEC abhängig, da der Staat prozentual von den Bruttoverkaufseinnahmen - zu Weltmarktpreisen - kassiert. Der OPEC ist Norwegen jedoch nicht beigetreten.

Bisher hat Norwegen mit den Ölmilliarden seine Auslandsschulden zurückgezahlt, kränkelnde Industriezweige subventioniert und die Auslandstätigkeit der Unternehmen gefördert. Es wird die Tendenz verfolgt, nur einen geringen Prozentsatz im Lande zu lassen, weil man einen Inflationsdruck befürchtet.

Mittlerweile sind durch die schwankenden Erdölpreise die Nachteile des einseitigen Geschäfts deutlich zu spüren, u.a. ist der Außenhandelsüberschuß zu einem Defizit geworden.

FISCHEREI

Norwegen gehört immer noch zu den großen Fischfangnationen der Welt (an 5. Stelle in punkto Fangmenge), wenn auch die Fischerei nur einen verschwindend geringen Anteil von 1,3 % des norwegische Bruttosozial-produktes ausmacht. Gerade in wirtschaftlichen Problemgebieten hat die Fischereiwirtschaft eine wichtige Funktion bei der Aufrechterhaltung der Struktur und wird staatlich subventioniert, z.B. in Form von Krediten zum Kauf moderner Fischkutter etc. Rund 4 % der Bevölkerung arbeiten im Fischereisektor, der jedoch in einer schweren Krise steckt. Die meisten Städte an der Westküste verdankten ihren Aufschwung den Fischschwärmen, insbesondere dem Hering.

Fischfang bedeutete schon immer **Küstenfischerei**. In den Fjorden deckten die Bauern gerade ihren Eigenbedarf, als Erwerbsquelle reichte es meist nicht, denn die Fjorde sind relativ fischarm, das liegt z.T. an der geringen Planktonmenge, dem Hauptfutter der Heringe und Makrelen. Durch die ungeheure Tiefe der Fjorde (bis zu 1.3oo m) dringt zu wenig Licht durch, um eine Photosynthese, eine Planktonbildung zu ermöglichen. Dagegen bieten der Küstenbereich des Schelfsockels und der Golfstrom ideale Lebens- und Laichbedingungen. Die Küstengewässer sind außerdem etwas weniger salzhaltig (durch Flußmündungen) als das Meer draußen im Atlantik, dazu ideale Laichtemperatur von 5°C für den Hering (sild).

Fischerei bedeutet in Norwegen in der Regel Saisonfischerei, z.B. die berühmte **Lofotenfischerei**, die dem Kabeljau, dem laichenden Dorsch gilt. Sie dauert von Mitte Januar bis Anfang April, anschließend ging es vor der Finnmarksküste mit dem Frühjahrsdorsch und Loddefang (Kappelan) weiter. Die totale Überfischung der Barentssee ließ 1986 den Loddebestand zusammenbrechen. Beim arktischen Dorsch ist die Situation auch besorgniserregend.

Heringsfang, früher besonders vor der Westküste. Der Bestand unterliegt großen Schwankungen, entsprechendes Aufblühen und Niedergang der Städte in den letzten Jahrhunderten. Delikater Speisefisch, teilweise auch zu Fischmehl und -öl verarbeitet.

Makrelen hauptsächlich vor der Küste Südnorwegens.

Erstaunlich viel wird immer noch mit kleinen Kuttern, die nicht hochsee-tauglich sind, gearbeitet. Fischprodukte machen immerhin rund 12 % des norwegischen Exports aus. Insgesamt werden knapp 2/3 aller Fischfänge zu Fischmehl oder Fischöl verarbeitet und großteils als Viehfutter an EG Staaten verkauft. Der Fischfang hat besonders in Nord-Norwegen Bedeutung, da ca. 1/4 bis 1/3 der Bevölkerung direkt oder indirekt davon lebt.

Trockenfisch (Stockfisch, Dörrfisch), seit Jahrhunderten die einzige Konservierungsmethode, da Salz unerschwinglich war. Am besten eignen sich magere Fische wie Seelachs und Dorsch (Bezeichnung des jungen Kabeljaus); fetter Fisch wird leicht ranzig.

Die Fische werden geköpft, ausgenommen und auf großen Holzgestellen (Hjeller) bis Juni im Freien aufgehängt. Dabei schrumpft der Wasseranteil von 8o % auf rund 15 %. Als beste Stockfische galten die im Frühjahr aufgehängten Exemplare, denn Frost und Regen sind ebenso ungünstig, wie Wärme (Eiablage der Wurmfliege). Das Endprodukt, ein knochenharter Prügel wird immer noch in Mengen nach Italien, Schweden und Afrika exportiert, wenngleich der Stockfisch bei weitem nicht mehr die Bedeutung hat wie zur Hansezeit. Stockfisch ist grundsätzlich nicht gesalzen, im Unterschied zum Klippfisch.

Als **Rundfisch** werden zwei Fische am Schwanz zusammengebunden und auf Trockengestelle aufgehängt. Für "**Råskjaer**" wird der Fisch erst in zwei Hälften geteilt, das vorderste Drittel der Wirbelsäule entfernt, dann erst zusammengebunden und aufgehängt. 5 kg Dorsch schrumpfen so auf 1 kg Trockenfisch, während der Rundfisch 1,5 kg ergibt (mehr Gräten).

In großen Lagerhallen (z.B. Lofoten) wird der Trockenfisch vom "Vraker" nach Qualität sortiert, zentnerweise abgewogen, in Ballen gepresst und in Sackleinen verpackt.

Klippfisch: der Länge nach aufgeschnitten und aufgeklappt, richtig gesalzen und zum Trocknen auf Felsen (Klippen) etc. gelegt. Hauptsächlicher Export nach Brasilien, Portugal und Italien. Zubereitung siehe Rezepte Seite 132

Lachs aus der Retorte

Überall an der Küste sieht man die kreisrunden "Schwimmbecken" im Meer, in denen die Edelfische springen. Der erste Zuchtversuch von Lachs wurde 1869 unternommen, die moderne Aquakultur wird seit 2o Jahren betrieben. Heute liegen die Hauptzuchtgebiete an der Westküste im Bereich Rogaland-Trøndelag, draußen am Atlantik. Die inneren Fjordgebiete erwiesen sich als ungünstiger wegen der niedrigen Wassertemperaturen, der Vereisung im Winter und einer Süßwasserzufuhr, die die Lachse in dem Wachstumsstadium noch nicht vertragen. Die Probleme bei der Aufzucht sind groß, da der Lachs im Süßwasser laicht, dort auch die ersten 1- 2 Jahre lebt. Zur Wachstumsbeschleunigung wird das Wasser angewärmt, damit der Junglachs schon nach 1 Jahr wanderfähig ist. Mit 25- 4o g wird er in die Zuchtbecken im Salzwasser umgelagert.

An weiten Teilen der Küste bis hinauf nach Hammerfest sieht man die speziellen "Schleppnetzsäcke", kreisrund und ca. 4- 6 m tief, im Wasser durch Schwimmelemente (meist Isopor) an der Wasseroberfläche gehalten. Ca. 5oo ccm beträgt das durchschnittliche Volumen. Ein Netz über Wasser verhindert, daß der Fisch rausspringen kann, trotzdem kommt es vor, daß Seevögel z.B. die Krähenscharben sich junge Lachse herauspicken. Große Dorsche versuchen mitunter, durch die Maschen des Netzes sich einen durch Krankheit angeknacksten Lachs zu schnappen. Verkaufsreif sind die Fische nach weiteren 1 1/2 - 2 Jahren im Salzwasser mit einem Gewicht von guten 3 kg.

Die anfangs als umweltfreundliche Alternative zur dahinsiechenden Fischerei gepriesene Aquakultur gerät zunehmend ins Kreuzfeuer der Kritik. In den Massenkäfigen breiten sich immer neue Krankheiten aus, die mit immer stärkeren chemischen Keulen behandelt werden. Die Zuchtanlagen überdüngen das Wasser. Durch Massenausbrüche von Zuchtlachsen werden die Wildlachsstämme bedroht. Das Überangebot an Zuchtlachs ließ die Preise purzeln. Als sanfte Alternative wird <u>Sea Ranching</u> gehandelt: Lachse werden bis zum Fingerlingstadium gezüchtet, dann in den Ozean freigelassen; bei der Rückkehr als große Fische gefangen. Die geringe Rückkehrerquote birgt allerdings ein wirtschaftliches Risiko.

WALFANG

Felszeichnungen und Knochenfunde entlang der norwegischen Küste lassen vermuten, daß bereits die Steinzeitmenschen dem Wal nachjagten. Mit den primitiven Mitteln kamen als Beute nur langsam schwimmende Wale wie z.B. der Nordkaper oder Grönlandwal in Betracht (beide heute fast ausgerottet). Der Fang war mühsam und oft lebensgefährlich; bis ins letzte Jahrhundert wurden Handspeere verwendet, d.h., daß die Fischer bis auf Wurfweite in ihren Nußschalen an den Wal heran mußten.

<u>Der Durchbruch</u> zum Großwalfang und zur Ausrottung kam mit der <u>Erfindung der Harpunenkanone</u> 1864 durch Svend Foyn aus Tønsberg. Dabei bohrt sich ein Sprengkörper in das Tier, der bei seiner Explosion Widerhaken freisetzt.

Die Wirksamkeit der neuen Methode war überwältigend; im speziell für den Walfang mit der neuen Harpune konzipierten Dampfboot, erlegte er vor der Finnmarkküste die <u>Rekordzahl von 3o Blauwalen</u> (die größten mit ca. 2o m) in einer Saison. 1885 waren bereits 35 neue Fangboote in den Küstengewässern im Einsatz, machten sich gegenseitig Konkurrenz, überschwemmten den Markt mit Tran und Walprodukten. Der Preis für Walöl rutschte in den Keller. Weltweit wurden von 1868-1937 offiziell eine 3/4 Million Wale getötet.

<u>Die Folgen</u>:
Bereits zur Jahrhundertwende war der Walbestand an der Küste auf ein Minimum reduziert. 19o4 mußte ein Fangstop im Küstenbereich festgelegt werden, um die kümmerliche Zahl der Tiere zu retten und das Gleichgewicht nicht weiter zu stören.

Geschäftstüchtige Reedereien mischten bereits mit ihren gut ausgestatteten Dampfbooten im Walfanggeschäft der Weltmeere mit.

Die Südnorweger konzentrierten sich dabei mehr und mehr auf die Antarktis (größter Walbestand). 1892 startete die erste Flotte von Sandefjord zum Südpol. Die Walfanghochburgen Sandefjord, Larvik und Tønsberg nahmen dadurch einen enormen wirtschaftlichen Aufschwung. Damals war es üblich, die Tiere an Land zu zerlegen und weiterzuverarbeiten. Die "Telegraf" fuhr als erstes Schiff mit kompletter Trankocherei an Bord in die Fanggründe. In ruhigen Gewässern vor der Küste wurden die an der Außenbordwand vertäuten Wale auf dem Wasser schwimmend zerlegt und an Deck weiterverarbeitet. Die Inselgruppen der Antarktis (Kolonien der Engländer) erwiesen sich als unrentable Standorte, da die Engländer in ihren Hoheitsgewässern entsprechend abkassierten. Drastische Preiserhöhungen für die Verarbeitung an Land bzw. vor der Küste führten zu heftigen Spannungen.

Erst die neuentwickelten Fabrikboote, bei denen die Wale an Bord gezogen und auf offenem Meer verarbeitet werden konnten, machten den Walfangbetrieb unabhängig von der englischen Besteuerung. Den entsprechenden Beitrag leistete P. Sorlie aus Sandefjord, durch die Erfindung einer Heckrutsche, über welche die Wale per Winde und Spezialgreifer an Deck gezogen werden konnten.

1925 lief die "Lancing" in Larvik vom Stapel, die erste schwimmende Walfabrik (im 2. Weltkrieg von deutschen U-Booten versenkt). Damit begann auch die unkontrollierte Jagd und Ausrottung der Wale. Die norwegische Walfangflotte war bald führend in der Antarktis. Zur Saison 193o/31 arbeiteten dort 27 Fabrikschiffe, 147 Fangboote, die 4o.2oo Wale (= 6oo.ooo Tonnen Öl) killten. Das Überangebot führte zu einem drastischen Preisrutsch und zur Pleite der gesamten norwegischen Walfangflotte.

1946 wurde die IWC (Internationale Walfangkommission) gegründet, weniger zum Schutz der Wale, vielmehr um die Grundlage der Walfangindustrie zu erhalten.

Die Quoten richteten sich anfangs nach wirtschaftlichen Gesichtspunkten, bis - viel zu spät - die Ausrottung der Wale erkannt wurde und die Zahlen in den 6oer Jahren auf 4.ooo Blauwaleinheiten (BWU) begrenzt wurden (eine Maßeinheit bezogen auf den größten Wal (Blauwal), 1 BWU (= 2 Finnwale oder 6 Seiwale).

Zur Saison 196o/61 waren die Norweger mit neuen, großen Fabrikbooten, 1oo Fangbooten und mehreren 1.ooo Mann Besatzung wieder voll am Walgeschäft beteiligt. Nach der erneuten Fangreduzierung zum Schutz der Tiere gaben die Norweger zur Saison 1968/69 den arktischen Walfang endgültig auf.

Der Blauwal ist seit 1965 völlig geschützt. Die Fangquoten werden seit 1971 für jede Walart gesondert festgelegt. Ob so die Bestände vor dem Aussterben bewahrt werden können, bleibt fraglich. Japan, Rußland und Norwegen betreiben das zweifelhafte Geschäft weiter.

Seit 1984 für Norwegen nochmalige Senkung der Fangmengen von 1.61o auf 635 Tiere. Norwegen betreibt weiterhin vor der eigenen Küste Jagd auf Kleinwale (etwa 5 m lang), bei genau festgelegten Mengen (Konzessionen). Die größte Stückzahl mit über 1oo pro Saison vor der Finnmarkküste.

1987 werden offiziell 35o Wale erlegt; 1988 zu Forschungszwecken 29 Zwergwale und 1989 noch 17 Zwergwale. Die IWC sprach sich 199o deutlich gegen Norwegens Entscheidung aus, den Abschuß von einigen Zwergwalen zu erlauben. Der Walfang der Norweger ist nach wie vor umstritten. Die Quoten werden Jahr für Jahr neu festgelegt und liegen um die 2oo Zwergwale pro Jahr.

Der Wal diente nicht allein zur Trangewinnung; bis ins kleinste wird (wurde) er zerlegt und lieferte die unglaublichsten Rohstoffe. Farben, Waschmittel und Margarinezusatz beinhalten z.B. Walöl; Barthaare wurden zu Bürsten verarbeitet, Knochen für Schmuckstücke, Leim und Gelatine verwendet. Sogar Kosmetika, Salben und Parfüme stammen von dem Riesensäuger.

ROBBENFANG

Hat eine jahrhundertelange Tradition in Norwegen. Durch die ausgeklügelte Technik wurde der Bestand schließlich drastisch reduziert. Wegen der brutalen Methoden geriet der Robbenfang zunehmend ins Kreuzfeuer der Kritik. 1976 wurden noch ca. 13o.ooo Robben von norwegischen Robbenjägern getötet.

Engagierte Aktionen von Tierschützern und nicht zuletzt von Greenpeace sorgten dafür, daß das Robbenabschlachten einer breiten Öffentlichkeit bewußt wurde und die Nachfrage nach den Pelzen senkte. Als Argument pro Robbentötung wird oft der gewaltige Fischkonsum (bes. Dorsch) der Tiere angeführt - dadurch werde das Gleichgewicht im Nordmeer gestört.

Ähnlich bei den **Seehunden**, die pro Tag ca. 3/4 ihres Körpergewichtes fressen. - Bei den Seehunden gilt die Jagd auch besonders den Jungtieren.

Robbenfelle werden leider immer wieder als Touristensouvenirs angeboten, in jüngster Zeit werden sogar Werbekampagne für den Verzehr von (fettarmen, proteinreichen) Seehundfleisch gestartet.

UMWELTSCHÄDEN
(inzwischen auch in der "letzten Wildnis" Europas)

Wenn beim Angeln in Südnorwegen nach Tagen immer noch kein Fisch angebissen hat, liegt das nicht unbedingt am falschen Köder, es gibt u.U. keine Fische mehr.

Eine traurige Bilanz, doch der starke Rückgang der Fischbestände im Süden, besonders Telemark, West- und Aust-Agder resultiert aus der Luftverschmutzung durch Mitteleuropa.

Der Industriedreck (Schwefel- und Salpetersäure), der ungefiltert aus den hohen Schloten (auch Haushalten) in die Atmosphäre gepustet wird, gelangt mit dem Süd- und Südwestwind in mehreren Tausend Metern Höhe nach Skandinavien und kommt hier als saurer Regen (Wasser+ Schwefel = verdünnte Schwefelsäure) oder feine Dreckpartikel wieder runter (sehr deutlich auf Gletschern zu sehen).

Jährlich schlagen sich mehrere Hunderttausend Tonnen Schwefel in Norwegen nieder, das Doppelte beim Nachbarn Schweden. 9o % aus angrenzenden EU-Ländern, "Hauptlieferant" England, dann die Bundesrepublik und Polen, gefolgt von, Österreich, Frankreich etc.

Norwegen ist besonders angreifbar durch die dünne Bodenoberfläche und den zu geringen Calciumgehalt, der als natürlicher Neutralisator wirkt.

Besonders starker Schwefelniedergang während der heftigen Herbstregen und als Frühjahrsschub zur Schneeschmelze, wenn sich der auf dem Schnee abgelagerte Winterdreck in gefährlicher Konzentration in die Flüsse ergießt.

Zuerst werden die Schwächsten getroffen, die Jungfische bzw. Fischeier und Pflanzensamen. Die Folgen reichen durch die lange Nahrungskette bis hin zum Fischadler, Otter etc. und damit zu einer Schädigung weiter Teile der Natur.

Abhilfe ist schwierig. Tote Seen können nicht wieder zum Leben erweckt werden, Kalkeinstreuung bleibt ein verzweifelter Versuch, lokal etwas zu retten.

Der Super-GAU im 2.5oo km entfernten Kernkraftwerk Tschernobyl bescherte Skandinavien am 26. April 1986 und den darauffolgenden Tagen eine zusätzliche Umweltbelastung. Der damalige Südostwind in Verbindung mit leichtem Niederschlag brachte die radioaktive Wolke nach Skandinavien. Freilebende Tiere, Schafe, Elche, Rene waren besonders betroffen, selbst in Süßwasserfischen wurde erhöhte Radioaktivität (Cäsium 137) festgestellt. Besonders betroffen war das Gebiet um Trøndelag, nördlich Trondheim. In Lappland fürchten ca. 4o.ooo Samen, die großteils von der Rentierzucht leben, um ihre Existenz. Wie drastisch die Langzeitwirkungen sind, bleibt abzuwarten. Genetische Störungen bei den Rentieren schließen Fachleute aus heutiger Sicht nicht aus. 1986 entschädigte der norwegische Staat die Rentierzüchter, indem er ihnen das verseuchte Fleisch zu Marktpreisen abkaufte; abgeschossene, radioaktiv belastete Elche wurden in Pelztierfarmen verfüttert. Durch die Kaliumdüngung erhofft man sich in Zukunft Linderung der Belastung durch Cäsium, das besonders in morastigen Böden, Moosen und Flechten - Hauptnahrung der Rentiere - gespeichert wird. Seit Tschernobyl wird jegliches Rentierfleisch, das in den Handel kommt, auf die zulässigen Becarell-Werte überprüft.

Tierwelt :

ELCH (Elg)

Größte Hirschart, über die ganze nördliche Zone verbreitet von der Tundra Skandinaviens bis Rußland, Asien, West-Amerika und Kanada. Die Männchen können bis 5oo kg schwer werden, nur die Bullen tragen das Schaufelgeweih (bis zu 3 m Spannweite). Elche sind gute Schwimmer, in Flüssen und Seen kann man sie manchmal beobachten. Elche gehören zu den Einzelgängern; riechen und hören sehr gut, bloß mit den Augen hapert es etwas. Ihr kurzer Hals ist gut an die Ernährung von Büschen angepaßt, zum Grasen wenig geeignet. Unverkennbar die große Muffel, eine überdimensionierte Oberlippe, sehr praktisch im Schnee, und um Blätter, Knospen und Wasserpflanzen abzurupfen. Die Hufe sind weit abspreizbar, um die Oberfläche zu vergrößern (nötig in sumpfigen Moorgebieten). Elchkühe bringen meist Zwillinge zur Welt, die der Mutter lange folgen und mit 2-3 Jahren geschlechtsreif sind.

Elche "naschen" gerne auf Äckern - in der Dämmerung gute Chancen, dort welche zu beobachten.

RENTIER

Hirschart, besonders gut dem Leben in der Tundra angepaßt. Von der Größe vergleichbar unserem Rothirsch, gut 1,2o m Schulterhöhe. Sehr dichtes Fell in Farbschattierungen von weiß bis dunkelbraun. Rene halten Temperaturen bis -5o° C aus. Das Sommerfell ist kürzer, die beste Qualität hat das Herbstfell. Männchen haben im Prinzip das größere Geweih, über dem Auge zwei zusätzliche, fast schaufelartige Geweihenden (Augsproß), wichtig beim Rivalenkampf. Männchen und Weibchen werfen ihr Geweih zu unterschiedlichen Zeiten ab. Der Rangplatz in der Herde richtet sich nach der Größe des Geweihs. Zur Paarungszeit haben die Männchen die größeren Geweihe, im Winter (Tragzeit) die Weibchen. Das sichert den besseren Zugang zu Futterplätzen und so die Nachkommenschaft.

Rene haben ganz eigenartig knackende Fußgelenke, wie Stöckelschuhe auf Asphalt; spreizbare Hufe, eine Notwendigkeit für den sumpfigen Dauerfrostboden; können kurzzeitig ein ganz schönes Tempo vorlegen.

Rentiere sind unbedingte Herdentiere mit ausgeprägtem Sozialverhalten, die sich nicht in Stallungen halten lassen. Brunft im Herbst, im Mai Kalbungszeit; meist 1 Kälbchen, das ein halbes Jahr gesäugt wird, mit 1-2 Jahren geschlechtsreif. Rene können 16-17 Jahre alt werden. Nahrung: im Winter hauptsächlich Flechten und Beeren; dazu schaufeln sie mit den Vorderfüßen oder dem Geweih Löcher in den Schnee. Rene können auch tiefgefrorene Flechten verdauen. Im Sommer fressen sie Birkenblätter und Triebe, aber keine Moose (das bekannte Islandmoos ist eine Flechte).

Wilde Rentiere findet man in Norwegen auf der Hardangervidda, im Jotunheimen und im Dovrefjell. In Lappland leben halbzahme Weidetiere.

ATLANTISCHER LACHS (der "echte"Lachs)

Ein Edelfisch zu immer zivileren Preisen. Die Exklusivität verdankt er z.T. seinem appetitlich rosa schimmernden Fleisch, geräuchert, gebraten oder gekocht eine Delikatesse. Bei Sportanglern gilt der Lachs als König der Fische.

Den Lachs erkennt man am langgestreckten, silbergrau gepunkteten Körper, kleinem Kopf und gegabelter Schwanzflosse; alte Männchen am hakenförmig gebogenen Unterkiefer, dadurch können sie ihr Maul nicht schließen, - Zeichen der Geschlechtsreife.

Der atlantische Lachs (salmo salar) gehört zur Familie der Salmoniden, eine räuberische Fischfamilie. Kommt im nordischen Meer und in Flüssen vor. Das Weibchen legt im November/Dezember bis zu 4o.ooo Eier. Lachse werden 2o-3o kg schwer und bis 1,5 m lang.

Über Winter entwickelt sich das Ei. Im Frühjahr schlüpft der **Brutfisch**, vorausgesetzt, das Wasser hat mindestens 7° C. Ein Dottersack am Bauch ernährt ihn die erste Zeit, dann jagt er selbst Würmer, Krebschen, etc. Innerhalb von 2-3 Jahren wächst er zum

Sälmling heran, mißt inzwischen 12-14 cm und bringt 45-5o g auf die Waage. In diesem Entwicklungsstadium kann er leicht mit der Forelle verwechselt werden, von der er sich durch einen gezackten Schwanz und einen dunkelblauen Rücken unterscheidet. Im 2. oder 3. Lebensjahr wandert er zum Meer, tummelt sich eine Zeitlang an der Mündung, um sich ans neue Salzmilieu zu gewöhnen. Da Lachse Einzelgänger sind, versagen Beobachtungen mit Echolot. Bis zu Tausende von Kilometern kann er sich von seinem Heimatstandort entfernen; ernährt sich von karotinreichen Krustentieren, z.B. Garnelen (daher die rote Fleischfarbe) und kleinen Fischen, wächst dank des besseren Futters schnell, bis zu 1 kg im Monat. Nach 1-2 Jahren kehrt er zum Laichen zurück ins Süßwasser, in seinen Geburtsfluß.

Lachswanderung: Verschiedene Faktoren beeinflussen das Lachssteigen im Fluß, z.B. Flut, Wassertemperatur, Luftdruck, Wolkendecke oder Wasserführung des Flusses. Vermutlich orientiert sich der Lachs durch "Schnüffeln" und findet haargenau seinen Geburtsfluß.

Zuerst wandern die größeren Fische, darunter überwiegend Weibchen; im Verlauf der Saison nimmt das Durchschnittsgewicht ab. In der Regel frißt der erwachsene Lachs auf seiner Wanderung nicht, zehrt von seinen eigenen Körpervorräten, wobei er geradezu abmagern kann; z.T. hängt das auch mit seinem Verdauungsapparat zusammen, der sich teilweise zurückbildet; durch attraktive Happen der Angler läßt er sich sehr wohl zum Beißen verführen. Schwankende Bedingungen, wie geringer Wasserstand, können seinen Wanderinstinkt total aus dem Takt bringen.

Lachse sind wechselwarme Tiere, d.h. ihre Körpertemperatur entspricht in etwa der des Wassers. Bei niedrigen Temperaturen geht auch der Stoffwechsel der Tiere runter. Die Lachse werden bei Temperaturen um die 5° C ausgesprochen träge und sind kaum mehr in der Lage Hindernisse, z.B. Lachsleitern, zu passieren. Der Sprungreflex wird nur bei genügend hohem Wasserstand ausgelöst und wenn das Hindernis nicht höher als 2 m ist. Messungen haben gezeigt, daß die ideale "Reisetemperatur" der Lachse bei 8° C beginnt. Je näher die Laichzeit rückt, desto leuchtend roter wird die Färbung des Fleisches.

Zum Laichen schließen sich die Fische gesellig zusammen, die Weibchen graben an Kiesstellen (bevorzugt bei ca. 3 m Flußtiefe) mit dem Schwanz oder Bauch eine Grube, in die das Weibchen die Eier legt, das Männchen besamt sie sofort. Das bringt die Tiere an den Rand ihrer Kräfte - sie sind total fertig und abgemagert; das sonst so appetitliche rosa Fleisch wird farblos weiß - so treten sie wieder die Wanderung zum Meer an. Die meisten Männchen bleiben dabei auf der Strecke, die Weibchen päppeln sich z.T. wieder recht gut auf und können u.U. weitere Male aufsteigen.

Lachse bei ihrer Rückkehr nach dem Laichen zu angeln bringt wenig. Die abgemagerten, verhärmten Tiere ähneln nur wenig den stolzen, delikaten Fischen vorm Laichen.

Der Lachsbestand schwankt von Jahr zu Jahr stark. Nach einem ungünstigen Winter kann der nächste Jahrgang recht spärlich ausfallen. In Westeuropa sind Lachse durch die Verschmutzung und Netzsperren praktisch ausgerottet. In Frankreich gibt's nur noch ein paar versprengte Exemplare. In Südnorwegen wurden die Lachse durch Übersäuerung vertrieben. Mittel- und besonders Nordnorwegen bieten jedoch noch einen halbwegs gesunden Lebensraum für den Edelfisch.

Siehe auch Kapitel Zuchtlachs Seite 159 und Kapitel "Angeln".

SEEVÖGEL

In Punkto Seevögel bietet Norwegen ein ideales "Anschauungsmaterial".

Generell kann man zwei Arten von Seevögeln unterscheiden:

a) <u>Schnelle, gute Flieger und Gleiter</u>; Kunstflieger wie Möwen und Seeschwalben mit langen Flügeln, kurzen Beinen und geringem Körpergewicht. Ihre Nahrung holen sie von der Wasseroberfläche. Die Seeschwalben beispielsweise durch pfeilschnelles Eintauchen. Beispiel: der Eissturmvogel, Basstölpel, Austernfischer, Dreizehenmöwe (krykkje) etc. Details zu den Arten siehe Vogelinsel Runde.

b) <u>Gute Taucher</u> mit kurzen, kräftigen Beinen weit hinten am Körper, dadurch gute Fortbewegung unter Wasser. Die kurzen Schwingen dienen zusätzlich als "Paddel". Meister im Tauchen und Unterwasserjagd, aber plumpe Flieger. Große Luftsäcke für Sauerstoffvorräte, um sich an die großen Tiefen anpassen zu können. Typische Vertreter: der Papageientaucher (Lunde), Tordalke (Alke), Trottellumme (Lomvi), Krähenscharbe (Toppskarv), Gryllteiste.

Seevögel leben das ganze Jahr auf dem offenen Meer; kommen nur zum Brüten an einsame Felsen, oft auf Inseln weit draußen im Meer, z.B. Røst, Runde, Lofoten. Seevögel brüten fast immer in Kolonien zu Tausenden. Die Wahl des Brutplatzes richtet sich auch nach dem dortigen Nahrungsangebot. Zur Brutzeit erhöht sich die Blutzufuhr in den Fußadern und am Brutfleck, um die Eier zu wärmen. Basstölpel und Scharben legen ihr Ei auf die Schwimmfüße.

Seevögel können sehr alt werden, fast ein Menschenalter erreichen; deswegen genügen wenige Eier (1-2) pro Jahr, um die Nachkommenschaft zu sichern. Kein Ei gleicht dem anderen, es kann an seiner Musterung eindeutig identifiziert werden. Später erkennen die Eltern ihre Jungvögel am Ruf. Kormorane, Basstölpel legen relativ kleine Eier im Verhältnis zu ihrer Körpergröße. Die Jungen wachsen unterschiedlich schnell heran; dabei die Füsse schneller als der Schnabel. Männchen und Weibchen der Seevögel sind meist gleich gefärbt, also kaum unterscheidbar. Durch unterschiedliche Ernährungsgewohnheiten kommen sich die verschiedenen Arten kaum in die Quere, z.B. nisten die Tordalken friedlich inmitten einer Dreizehenmöwenkolonie. Weitere Details zu den Arten siehe Runde.

Die Seevögel sind von der Umweltproblematik in besonderem Maße betroffen. 1977-1988 hatte der Rückgang unter den meisten Seevögeln alarmierende Ausmaße angenommen, besonders gefährdet war der Bestand der Trottellummen. 199o gaben Forscher der Uni Tromsø vorsichtige Entwarnung. Nach ihren Zählungen nimmt der Bestand wieder etwas zu. Die Forscher führen das auf die etwas besseren Nahrungsverhältnisse zurück. Beschreibung der wichtigsten Seevögel siehe Runde Seite 516.

DIE NORWEGISCHE SPRACHE

Dänisch, Norwegisch und Schwedisch sind recht nah verwandte Sprachen, auf dem historischen Hintergrund leicht verständlich (siehe auch "Geschichte").

Norwegisch ist eine sehr melodiöse Sprache; auf Anhieb versteht man kaum etwas; es fällt aber relativ leicht sich einzuhören und einzulesen, da eine Menge aus dem Englischen, Deutschen und Holländischen ableitbar ist.

Reichsprache (Riksmål) war jahrhundertelang (138o-1814) Dänisch, leicht norwegisch eingefärbt. Ab der Reformation war Dänisch für drei Jahrhunderte (16.-18. Jh.) Amtssprache. Nach Ende der Union mit Dänemark (1814) - in einer Phase wachsenden nationalen Bewußtseins - entwickelte Ivar Aasen eine norwegische Nationalsprache (Landsmål): eine aus bäuerlich-ländlichen Dialekten konstruierte Konkurrenzsprache, deren Durchsetzung besonders bei den Städtern auf große Skepsis stieß. Wegweisende Persönlichkeiten wie Ibsen und Bjørnson blieben beim Riksmål.

Ein Sprachenstreit war vorprogrammiert und wogte Jahrzehnte hin und her. Um beide Sprachen anzugleichen wurde 1929 eine Reform eingeläutet; die gleichzeitige Umtaufung der beiden Sprachen machte die Verwirrung komplett: das bisherige Landsmål hieß nun NYNORSK (Neunorwegisch), das Riksmål wurde zum BOKMÅL (Buchsprache) umbenannt. Beide Schriftsprachen sind anerkannt, werden an Schulen gelehrt, bei Uniprüfungen vorausgesetzt; beides sind Verwaltungssprachen. Verbreitungsmäßig ist Bokmål die Hauptsprache, während Nynorsk hauptsächlich in ländlichen Gebieten Westnorwegens und im Fjordgebiet gesprochen wird.

Die Unterschiede zwischen Nynorsk und Bokmål sind nicht allzu gravierend, mit etwas Phantasie ist das Nynorsk schnell zu erraten, z.B.

Bokmål	Nynorsk	Deutsch
- ikke	- ikkje	- nicht
- bare	- berre	- nur
- Norge	- Noreg	- Norwegen
- mye	- mykje	- viel
- en gang	- ein gong	- ein Mal

KNUT HAMSUN (*1859 in Garmo bei Lom, † 1952)
Knut Pedersen (Hamsun nannte er sich erst später), der bekannteste Romancier Norwegens, stammte aus ganz ärmlichen Verhältnissen, jobbte durch die Welt als Straßenbahnschaffner, Hausierer, Landarbeiter bis nach Amerika. Sein autobiographischer Roman "Hunger" brachte ihm 1891 den schriftstellerischen Durchbruch. Unheimlich packend beschreibt und analysiert er die Überlebensversuche eines erfolglosen, hungernden Schriftstellers im damaligen Kristiania (Oslo). Anfangs hatte er in Deutschland mehr Erfolg als in seiner Heimat; sein Werk "Die Stadt Segelfoss" brachte ihm 1915 den Durchbruch auch im nordischen Raum. Nobelpreis 192o für "Segen der Erde". Sehr interessant der Roman

"Benoni", gibt einen guten Einblick in Alltag und Strukturen eines Fischernestes im Nordland.

Mit 5o Jahren heiratete er die 28-jährige Marie, eine Schauspielerin. Hamsun muß kein einfacher Partner gewesen sein; dominant, patriarchalisch, für die profanen Dinge des Lebens oft wenig interessiert. Während des 2. Weltkriegs geriet er ins Kreuzfeuer der Kritik, ihm wurde Kollaboration mit der deutschen Besatzung vorgeworfen; besonders seine prodeutschen Artikel, die er in der Besatzungszeit geschrieben hatte, wurden ihm zur Last gelegt. Nach Kriegsende Internierung und Prozeßeröffnung in Grimstad.

Viele kluge Köpfe haben seitdem versucht zu beweisen oder widerlegen, inwieweit Hamsun ein Nazi gewesen war. Den Grundideen und der Nazi-Ideologie hat er wohl zugestimmt, der Person Hitlers dagegen nicht (es gab eine sehr mißglückte Begegnung zwischen ihm und Hitler). Er wurde letztendlich zu einer hohen Geldstrafe verurteilt, die ihn materiell ruinierte, Hamsun konnte aber seinen Gutshof in Nørholm an der Südküste behalten. Dort verbrachte er, total isoliert und vom Volk verachtet, taub und blind seine letzten Lebensjahre. Interessant dazu sein letztes Buch "Auf überwachsenen Pfaden", dtv 11177.

FELSBILDER (Helleristninger)

Dokumente der Vor- und Frühgeschichte. Nicht so spektakulär wie die Höhlenmalereien in Spanien, sondern schlichte Umriß-Ritzungen aus der Jungsteinzeit bis Bronzezeit.

Aus dem Neolithikum (jüngere Steinzeit 3ooo-15oo v. Chr.) stammen die naturalistischen Felsritzungen von Jagdobjekten wie Rentiere, Elche, Hirsche, Fische in Lebensgröße. In der Bronzezeit (15oo-5oo v. Chr.) verändern sich die Themen und Darstellungen; die Motive werden kleiner, zahlreicher und symbolischer: Sonnenzeichen, Schiffe, Räder etc. dargestellt.

Die Felsritzungen meist in schöner Umgebung an Flüssen, Meer oder Fjorden auf schrägen Steinplatten. Ursprünglich lagen sie direkt am Wasser, durch Landhebung entstand die jetzige Differenz. Vermutlich kennzeichneten diese Plätze Kultstellen, an denen rituelle Handlungen vorgenommen wurden. Felsritzungen an der Route ausgeschildert, Beschreibung siehe Text.

GESCHICHTE :

Die Wikinger (800 - ca. 1100 n. Chr.)

Keineswegs waren alle Wikinger Piraten, Seeräuber und Halunken; als clevere Händler, unerschrockene Kolonialisten, hervorragende Künstler und Schiffszimmerleute waren sie in ganz Europa bekannt. Jahrhundertelang beherrschten sie die Seewege, tauschten nordische Pelze, Walroßzähne (geschätze Handwerksartikel) gegen Silber aus Afghanistan, Gold, Wein und Edelsteine. Besonders begehrt waren die doppelseitigen Schwerter aus Kölner Silberschmieden. Die Wikinger stellten als draufgängerische Krieger einen Teil der Leibgarde der osmanischen Sultane. Die Nordmannen lebten in kleinen Sippen im skandinavischen Raum als Bauern, Jäger und hervorragende Zimmerleute, die damals die schnellsten und besten Boote bauten: wendig, wenig Tiefgang, so daß sie direkt auf dem Sand landen und trotzdem große Lasten befördern konnten.

Den großen Durchbruch brachte die <u>Entwicklung des Rahsegels</u>, das ihnen größeren Erkundungsspielraum über die Küstengebiete hinaus ermöglichte. Ihr erster blutiger Raubüberfall auf das Kloster Lindisfarne an der Ostküste Englands am 8. Juni 793 setzt in der Geschichtsschreibung den Anfang der seefahrenden Nordmannen, der Wikinger. Ihr Auf(Aus)bruch in andere Länder Europas folgte Schlag auf Schlag. Die Bezeichnung "Wikinger" gibt keine Volkszugehörigkeit an, sondern bedeutet "ein Seefahrer, der auf Beutefahrt ist".

<u>Die dänischen Wikinger</u> konzentrierten sich weiterhin auf England, drangen in das Reich Karls des Großen ein und schipperten entlang der Küsten bis Spanien und durchs Mittelmeer nach Italien. Ihr Erfolgsrezept waren <u>Blitzangriffe</u>; die rotweißen Segel tauchten am Horizont auf; sie kamen, plünderten und waren genauso schnell wieder verschwunden.

<u>Die schwedischen Viks</u> orientierten sich nach Osten, drangen über die Wolga bis ans Kaspische Meer nach Bagdad vor, waren in Kiew, Byzanz und Athen zu Hause - und erschlossen neue Handelswege bis zu den Arabern.

<u>Die norwegischen Wikinger</u> waren auf der Suche nach neuem Lebensraum; das nutzbare Ackerland war knapp geworden, die jungen Männer standen oft vor der Alternative entweder in harter Knochenarbeit neues Land zu roden oder zur See zu fahren. Abenteuerlust, Neugier, Aussicht auf schnellen Reichtum evtl. auch eine Modeströmung waren treibende Faktoren. Der blühende Fernhandel des 8. Jh. ließ Seeräuberei sehr lukrativ erscheinen.

<u>Die Besatzung</u> bestand aus ca. 5o Mann pro Schiff, oft ein zusammengewürfelter Haufen Freiwilliger. Langboote für Kriegs- und Erobe-

rungszüge, gut 20 m lang und wendig, boten oft noch Platz für 2- 3 Pferde. Die Transportschiffe (Knarr) waren fast doppelt so breit mit großem Laderaum. Handelsschiffe oft nur 15 m lang und sehr schmal gebaut, damit sie auch über Land auf rollenden Stämmen gezogen werden konnten. Die Norweger besiedelten die Orkney, Shetland und Farøerinseln. 950 lebten auf Island mehrere Tausend Einwanderer.

Erik der Rote entdeckte von Island aus Grönland (durch Verbannung zwangsweise). Das Hauptproblem bestand darin, Holz für Wohnhäuser, Schiffe etc. aufzutreiben. Sein Sohn Leif Eriksson drang weiter nach Westen vor, fand das ersehnte Baumaterial und neues Siedlungsland in Amerika/Neufundland (Vinland) 500 Jahre vor Kolumbus. Findige norwegische Forscher stellten 1991 übrigens die Theorie auf, daß Amerika gleich zweimal von Norwegern entdeckt worden sei. Sie glauben nachweisen zu können, daß Christopherus Kolumbus eigentlich ein Norweger von Nordfjord namens Kristoffer Bonde war (Bonde= Bauer=Colonus). Ein halbes Dutzend Länder beansprucht allerdings Kolumbus für sich.

Die Wikinger brachten neben Gold und Reichtum das Christentum von ihren Eroberungszügen mit nach Norwegen. Viele norwegische Wikinger-könige ließen sich taufen; mehr aus taktisch-politischen Gründen als aus Überzeugung. Ende 900 verschwanden die Wikinger allmählich von der Bildfläche; sie hatten sich auf der ganzen Welt stark verzettelt und waren ein zu kleines Volk, um ihre vielen neuen Siedlungen zu halten und verteidigen. Der Wikinger Rollo (er stammte von einer Insel südlich Ålesund) wurde 911 vom Frankenkönig Karl dem Einfältigen zum Lehnsherren über die heutige Normandie eingesetzt - ein geschickter Schachzug, der die von den Wikingern ausgehende Gefahr minimierte.

Als Endpunkt der Wikingerzeit wird in der Regel der Tod Hardeknuts 1042 gesetzt, der als letzter dänischer Wikingerkönig England regierte.

Innenpolitisch brachte die Wikingerepoche einen enormen Reichtum und Aufschwung (vgl. Funde des Osebergschiffs). Die Macht konzentrierte sich bei den sog. Jarls bzw. Høvdings.

Wikingerkönig Harald Schönhaar (Hårfagre) versuchte um 900 n. Chr. mit massivem Druck die vielen Erbkönigreiche zu einem großen norwegischen Reich zu einen; stieß aber auf heftigen Widerstand der Stammeskönige. Durch seinen Sieg in der Seeschlacht im Hafrsfjord war der Weg für ein geeintes norwegisches Königsreich frei. Die bisherigen Kleinkönige wurden als Lehnsherren eingesetzt und ordentlich zur Kasse gebeten. Nach seinem Tod 931 zerfällt das Reich wieder in Klein-königreiche.

Späte Christianisierung

Erster Christianisierungsversuch von König Olav Trygvasson (siehe auch Trondheim), der 980 aus England kam. Einführung des Christentums als Reichsreligion 1024 durch seinen Nachfolger König Olav Haraldsson (Olav der Heilige), was bei der weitgehend bäuerlichen Bevölkerung auf starken Widerstand stieß.

1028 Bauernaufstand, der von seinem Widersacher, dem Dänenkönig Knut gestützt wird. Olav Haraldsson flüchtet nach Nowgorod. Bei dem Versuch das Land erneut zu einen, fällt Olav am 29. Juli 1030 in der Schlacht von Stiklestad. Sein Tod bewirkte einen Stimmungswandel im Volk. Mit der Heiligsprechung am 3. August 1031 wird das Christentum allgemein anerkannt (Olav der Heilige wird später Nationalheiliger Norwegens). Bau der ersten Stabkirchen. Nachfolger ist Sohn Magnus der Gute.

1038 wird die Erbfolge der Königsmacht beschlossen. Stabilisierung der politischen Verhältnisse und Aufbau einer Staatsverwaltung, Benennung der ersten norwegischen Beamten (årmenn).

100 Jahre später bürgerkriegsähnliche Unruhen um das Erbkönigtum. Großer Einfluß der Kirche bei Erbstreitigkeiten. Håkon Håkonsson (13. Jh.) gelingt es, durch geschickte Taktik für Ruhe und Einheit zu sorgen. Die Erbfolge beschränkt sich auf den erstgeborenen Sohn (diese Regelung soll die zahlreichen Nebenkönige verhindern). Regierungssitz in Bergen. Das Kulturleben blühte auf. Snorre Sturlasson schreibt die Sagas .

Der Nachfolger Håkon Håkonssons, Håkon V. ließ die Festung Akershus (in Oslo), Tunsberghus (Tønsberg) und Vardøyhus (an der russischen Grenze) errichten, gründete Schulen in Oslo und Bergen.

Norwegen und die Hanse:
Ursprünglich im 11. - 13. Jh. ein Bund einzelner Kaufleute, die gemeinsam auf Geschäftsreise gingen, vor Ort dann in eigener Regie und auf eigene Kosten Geschäfte machten. Relativ bald entwickelte sich aus der Kaufmannsgilde ein Bund von Kaufmannsstädten.

Die bedeutendste Organisation wurde die Deutsche Hanse mit Zentrum Lübeck und wichtigen Außenstellen, den Kontoren in Nowgorod, Brügge, London und Bergen, die Handels- und Ausbildungszentren waren. Dank diverser Privilegien und einer guten Organisation konnte sich der Städtebund Hanse eine starke wirtschaftliche Position ausbauen.

Die Hanse vertrat folgendes Prinzip: Selbstständigkeit jedes Kaufmanns, sowohl in Bezug auf Besitz, wie auch auf Geschäftspolitik; gemeinsames Eigentum oder gemeinsame Geschäfte lehnte die Hanse ab. Die Hanse ermöglichte den wirtschaftlichen Austausch zwischen West-, Ost- und Nordeuropa; Stoffe aus Flandern, Schmiedeprodukte aus den Rheingebieten wurden gegen Pelze, Fisch, Wachs etc. aus dem Norden und Osten gehandelt.

Zur Durchsetzung ihrer wirtschaftlichen Interessen setzte die Hanse auch

Handelskriege und sogar bewaffnete Auseinandersetzungen ein; rein politische Ziele verfolgte sie jedoch nicht.

Zur Boomzeit zählte der Städtebund weit über 100 Mitglieder, von Städten an der Nord- und Ostseeküste (Danzig, Riga) bis zu Binnenstädten wie Köln und Breslau. Weitere Details siehe Bergen.

Mitte des 14. Jh. wütete die Pest in Norwegen, ihr fiel die Hälfte der Bevölkerung zum Opfer. Wirtschaftlicher Tiefstand.

600 Jahre Unionen mit Dänemark und Schweden:

1380 Union mit Dänemark bis 1814. Einsetzung dänischer Verwalter, Umgangssprache/Schrift ist dänisch; keine Entwicklung einer eigenen norwegischen Sprache möglich.

Christian IV., dän.-norw. König von 1596-1648, hinterläßt in Norwegen Spuren durch die Gründung Kristiansands und den Wiederaufbau des abgebrannten Oslo.

Im dän.- schwed. Krieg bezahlt Norwegen durch Landabgabe. Kulturell sah es in Norwegen recht trostlos aus, ein Studium war nur in Kopenhagen möglich. Erst 1811 wurde die erste Uni genehmigt.

Zur napoleonischen Epoche stand Norwegen als "Unionspartner" Dänemarks auf Seite Napoleons, d.h. auf Seiten der Verlierer in der entscheidenden Völkerschlacht von Leipzig (1813). Norwegen diente wieder mal als Zahlungsobjekt; Dänemark muß Norwegen an Schweden abtreten, das mit Preußen auf der Siegerseite stand.

Die Norweger nützten diesen Wechsel zur Einberufung einer Reichsversammlung (in Eidsvoll, siehe dort), verabschiedeten am 17.Mai 1814 die norwegische Verfassung (Nationalfeiertag 17. Mai) und gründeten das Storting (Parlament). Ab August kriegerisch erzwungene Personalunion mit Schweden von 1814-1905.

1905 wird Norwegen nach rund 600-jähriger Abhängigkeit wieder selbständig - ein Däne, Prinz Carl, besteigt als Håkon VII. den norwegischen Königsthron.

Im ersten Weltkrieg gehörte Norwegen zu den neutralen Nationen, verlor aber trotzdem einen Großteil seiner Handelsflotte.

Der zweite Weltkrieg:

Bei Ausbruch des 2. Weltkriegs versuchte Norwegen eine formale Neutralität aufrechtzuerhalten. Norwegen hatte 1939 einen Nichtangriffspakt mit Deutschland abgelehnt.

Die Deutschen erhielten durch Vidkun Quisling, den Führer der norwegischen faschistischen Partei Nasjonal Samling Anhaltspunkte für eine mögliche bevorstehende Invasion in Norwegen durch die Alliierten.

Die Alliierten hatten tatsächlich am 5. Februar 1940 eine Landung in Norwegen beschlossen, um den für Deutschland kriegswichtigen Erzhahn zuzudrehen - offizielle Version: um Finnland im Kampf gegen die Sowjetunion zu unterstützen - " dummerweise" schlossen Finnland und SU am 12. März 1940 Waffenstillstand.

Quisling war ein ehemaliger Offizier und Verteidigungsminister von 1930-1932. Quisling machte mehrmals werbende Angebote, unter seiner Führung eine faschistische norwegische Regierung auf die Beine zu stellen; stieß aber bei Hitler anfangs auf wenig Gegenliebe.

Den Wettlauf um die Besetzung der großen norwegischen Küstenstädte gewann Hitler, der am 1. April den Startschuß für die "Aktion Weserübung" gegeben hatte, die am 9. April in einem gewaltigen Großeinsatz von Heer, Marine und Luftwaffe begann. Ein Überraschungsangriff, der die Norweger total unvorbereitet traf und überrumpelte. In einer Blitzaktion wurden Dänemark und die Küstenstädte Kristiansand, Stavanger, Bergen, Trondheim und Narvik besetzt.

Die Eroberung Oslos war problematischer, da eine berüchtigte Engstelle im Oslofjord den Zugang von See erschwerte (s. Drøbak). Festung und Flughafen Fornebu wurden von der überlegenen Luftwaffe eingenommen. Die Versenkung des schweren Kreuzers Blücher im Oslofjord bei Drøbak, der Hauptkriegserfolg der Norweger, bewirkte eine Verzögerung und ermöglichte König, Regierung und Storting die Flucht aus Oslo nach Elverum.

Die norwegische Regierung hatte am 9. April ganz früh morgens ein Ultimatum erhalten, das in 13 Punkten die bedingungslose Kapitulation forderte, wurde jedoch abgelehnt. Quisling verkündete am selben Tag eigenmächtig seine Regierungsübernahme, wurde vom König ebenfalls nicht anerkannt. Das Storting löste sich auf und übergab dem König die Regierungsbefugnis. Mehrere Versuche der Deutschen, König Håkon VII. zu ermorden, schlugen fehl.

Der Kampf in Nord- Norwegen verlief ganz anders. Am 9. April liefen auch in Narvik deutsche Flottenverbände ein, und besetzten nach der Versenkung der beiden Küstenpanzerschiffe Norge und Eidsvoll (dabei starben 276 Mann) Narvik. Kurz darauf rückte die britische Marine im Vestfjord an, dort kam es am 10. und 13. April zu einer der größten, traurig berühmten Seeschlachten des Krieges, die mit Überlegenheit der britischen Flotte endete.

Die britische Marine versenkte 10 deutsche Zerstörer in den Fjorden um Narvik. Dem folgte ein wochenlanger, erbitterter Landkrieg auf den Höhenzügen um Narvik, zum Schluß entlang der Erzbahn. Die Norweger wurden u.a. von französischen und polnischen Einheiten unterstützt und drängten die Deutschen (unter Generalmajor Dietl) immer weiter zurück; Dietl hatte schließlich sein Hauptquartier am Björnfjell eingerichtet, wenige

Kilometer vor der schwedischen Grenze. Der Kampf schien verloren, da zogen zur weltweiten Verblüffung die Alliierten unerwartet ab (7. Juni). Der Grund lag in dem Zusammenbruch der alliierten Fronten in Europa und der Befürchtung, daß Hitlers Erfolge an der Westfront ihn zu einer Invasion Englands verleiten könnten.

König Håkon und Regierung flüchteten an Bord des britischen Kreuzers Devonshire nach England und bildeten in London eine Exilregierung. Den norwegischen Verbänden blieb nur die Kapitulation (10. Juni) - der "Blitzkrieg" hatte immerhin 62 Tage gedauert. Nun folgte eine knapp 5-jährige deutsche Terrorbesatzung. Quisling wurde nach kurzer Zeit durch Reichskommissar Terboven ersetzt; Quisling wurde 1942 Ministerpräsident, er dürfte einer der meistgehaßten Männer in Norwegen gewesen sein - sein Name war fast schon ein Synonym für Verräter, Kollaborateur.

Das norwegische Volk erwies sich von Anfang an weder willig noch "kooperationsbereit", so daß Terboven das Land einem brutalen SS-Terror aussetzte - ungeachtet der "nordischen Verwandtschaft". Das Besatzungsverhalten provozierte den norwegischen Widerstand, der sich sehr schnell im Untergrund organisierte (geheime Radiostationen, Flugblätter, Haupterfolg war die Lahmlegung des Vemork Werkes in Rjukan, das das für die Atombombenherstellung benötigte schwere Wasser herstellte). Durch Massacker, Massenverhaftung, Konzentrationslager (z.B. Grini) wurde der Widerstand scharf unterdrückt. Unterstützung bekamen die norwegischen Widerstandsbewegungen (Hjemmefront) von den Briten und der Londoner Exilregierung.

Nord-Norwegen wurde Ende 1944 beim Rückzug der deutschen Truppen dem Erdboden gleichgemacht, die Zivilbevölkerung vorher evakuiert. Am 8. Mai 1945 kapitulierte die deutsche Besatzungsmacht, am 31. Mai kehrte die Exilregierung zurück, etwas später König Håkon. Terboven beging Selbstmord, Quisling wurde am 24. Oktober hingerichtet.

Vom Kriegsende bis zur Gegenwart:

Norwegen ist ein Gründungsmitglied der Vereinten Nationen. 1949 schloß sich Norwegen der NATO an und wurde Mitglied des Europarates. Norwegen ist Mitglied in der Europäischen Freihandelsgemeinschaft EFTA und im Nordischen Rat; nach dem Volksentscheid lehnte Norwegen 1972 den Beitritt zur EG ab. Anfang der 9o-er Jahre wurde das "heiße Eisen" EG wieder angefaßt und ist aus den Schlagzeilen nicht mehr wegzudenken. Wirtschaftlich erlebt Norwegen nach fetten Öljahren eine Krise mit Arbeitslosigkeit (besonders Nordnorwegen), mangelnder Wettbewerbsfähigkeit und hohen Preisen.

Norwegen ist eine konstitutionelle Monarchie, in der der König im wesentlichen Repräsentationsaufgaben wahrnimmt. 19o0 wurde die Möglichkeit der weiblichen Thronfolge beschlossen; jedoch erst ab der nächsten Generation. Am 16. Januar 1991 starb der beliebte König Olav V. im Alter von 87 Jahren. Nachfolger wurde sein Sohn Harald V.

NORWEGEN - STECKBRIEF

Bevölkerung: etwas über 4 Mio., damit geringste Bevölkerungsdichte neben Island. Im Norden ca. 3o.ooo Samen (Lappen) und ca. 7.ooo Kvaener (finnischer Abstammung). 45 % der Bevölkerung leben in Städten bzw. Stadtnähe, überwiegend in Südnorwegen.

Flächenmäßig 386.3o8 qkm (inkl. Spitzbergen). Geradlinige Ausdehnung: Nordkinn - Kap Lindesnes 1.752 km, entsprechend Luftlinie Hamburg - Sizilien.

Breiteste Stelle (auf dem Festland) 43o km am Sognefjord. Schmalste Stelle 6,3 km bei Narvik.

1/3 des Landes liegt überm Polarkreis, nördlichster Punkt Kap Knivskellodden 71°11'8" nördlicher Breite.

Gesamte Festlandsküste 21.112 km, entspricht dem halben Erdumfang; geradlinig ohne Fjorde und Buchten 2.65o km. Etwa 5o.ooo Inseln vor der Küste, davon ca. 2.ooo bewohnt.

Eines der gebirgigsten Länder Europas, 4/5 liegt über 15o m überm Meer, Durchschnittshöhe 5oo m. Höchster Gipfel "Galdhøpiggen" (2.469 m), gefolgt vom Glittertind (2.452 m), inkl. Schneehaube ca. 2.472 m (beide im Jotunheimengebirge); größter Gletscher Europas "Jostedalsbre".

Zahlreiche Hochebenen, ca. 25o.ooo Seen und Teiche, 3o % Wald.

Grenzen: 196 km mit Rußland, 716 km mit Finnland, 1.619 km mit Schweden.

Die größten Städte: Hauptstadt Oslo (45o.ooo Einwohner), dann Bergen (2o8.ooo E.), Trondheim (135.ooo E.) und Stavanger (93.ooo E.). Norwegen ist in 19 Fylker (Regierungsbezirke) gegliedert.

Religion: Über 9o % gehören der evangelisch-lutherischen Staatskirche an.

Literatur:

Zum Einstimmen

"Norwegen Geo-Spezial": Fotos in bekannt guter GEO-Qualität, informative Beiträge zu kulturellen, wirtschaftlichen und historischen Themen. 13,5o DM.

Merian Monatshefte "Oslo- Südnorwegen" und "Norwegens Fjordland" mit 12,8o DM preiswert und eine Vielzahl motivierender Farbfotos sowie guter Hintergrundtexte.

"Norwegen - Berge, Fjells, Fjorde": Berge Magazin Nr. 46. Schön zur Einstimmung, viele Fotos. Schwerpunkt natürlich die Berge (sehr gute Textinfos). Aber auch zu Flora und Fauna, Natur und Kultur.

"Norwegen, Fjord und Fjell im Westen": das großformatige Heft ist reich an Fotos speziell zur Tier- und Pflanzenwelt. Naturmagazin Draußen HB, 8,5o DM.

"Leben in Norwegen", großartige Fotos (Sølvi dos Santos) von ausgewählten Häusern, die man selten von innen zu sehen bekommt und informativer, ausführlicher Text (Elisabeth Holte). DuMont Buchverlag. 79,9o DM.

"Norwegen, zwischen Oslo und Lofoten" von Dieter Kreutzkamp. Auch wenn der Oberbegriff "Straßen in die Einsamkeit" nicht immer erfüllt wird, richten sich die Kapitel sowohl an Bahnreisende, als auch an Urlauber im eigenen Fahrzeug mit Kanupaddel - und Wanderambitionen. Viele schwarz/weiß Fotos, die in Farbe besser wirken würden, wie beispielsweise der berühmte Geirangerfjord. Verlag: Frederking & Thaler. 49,8o DM.

"Nach Norden zu", T. Geus (Hrsg.). Ein Reiselesebuch von Autoren der FAZ, das den Leser nicht zum Abhaken von Sehenswürdigkeiten ermahnen will, sondern bedächtig in die Sichtweise des Nordens einführt. Societäts-Verlag, Frankfurt/Main, 256 Seiten, 29,8o DM.

"Norwegen, ein Reisebuch", hrsg. von A. Schroth-Jakobsen. Gelungene Sammlung von 19 Essays zu den Wikingern, zu Stabkirchen, Edvard Munch, Sameland bis hin Spitzbergen. Ellert und Richter Verlag, 232 Seiten, 19,8o DM.

"Norwegen, Der offizielle Norwegenkatalog", herausgegeben vom Norweg. Fremdenverkehrsamt. Rund 15o-seitige DIN A 4- Broschüre durchgehend mit Farbfotos, nach Regionen gegliedert, Infotexte sowie Werbung. Gratis erhältlich von der Fremdenverkehrszentrale.

Bildbände

"Hardanger", Svein Nord. Einer der schönsten Bildbände, die zu Norwegen erschienen sind! 22o Seiten mit exzellenten Backgroundtexte (norweg./engl.) zu den einzelnen Fjordarmen des Hardanger - und traumhaft schöne Farbfotos! Erschienen bei "Nord 4", nur in Norwegen erhältlich, 1oo DM.

"Jotunheimen": Bildband mit hervorragenden Landschaftsfotos, die allein den Kauf des Bildbandes lohnen. Weiterhin viele Luftaufnahmen, sowie Karten zu den einzelnen Wanderungen. Texte leider nur in norwegisch. Erschienen im Gyldendal Norsk Forlag Oslo, rund 1oo DM, nur in Norwegen erhältlich.

"Norwegen": der Bildband mit informativem Text behandelt die verschiedensten Bereiche des Landes an. Die zauberhafte Landschaft, wie auch die Menschen und Kultur. Aus der Reihe Time Live, die Nationen Europas.

"Naturwunder Norwegen", von Jörg Trobitzsch, der als guter Fotograf bekannt ist. Ausgesprochen schöne Aufnahmen zu den Landschaften Norwegens, der Hurtigroute und Siedlungen auch im äußersten Norden des Landes. Auf Seite 134 sieht man das gemütliche Blockhaus des Autors und Fotografs. Informative Texte, erschienen im Umschau Verlag Frankfurt, 68 DM.

"Panorama Norwegen", ausgezeichnete Fotos wecken die Lust, die verschiedenen Seiten des Landes kennenzulernen. Viele Panoramaaufnahmen von Pål Hermansen, einem der besten Naturfotografen in Norwegen. Übersetzung aus dem Norwegischen. Bert Forker Verlag, allerdings nicht gerade billig bei rund 1oo DM, mit "Duft" 139 DM.

"Norwegen vom Feinsten", ein Erlebnisreisebuch von Gro Stangeland und Eva Valebrokk. Schön gestaltetes Buch über mehr als 5o Highlights Norwegens (Fotos und Hintergrundinformation). Wennergen Cappelen Verlag. Zu beziehen über Bert Forker Verlag, 49,8o DM.

"Skandinavien", H.J. Aubert/U. Müller-Moewes. Bildband mit Vielzahl an ganzseitigen s/w sowie Farbfotos, gute Backgroundtexte. Erschienen im Bruckmann Verlag München. 2o8 Seiten bei nicht gerade billigen rund 9o DM.

Geschichte, Kunst, Background

"Norwegen": Knaurs Kulturführer. In der für den Verlag üblichen Aufmachung, Texte alpabetisch gegliedert, viele Farbfotos. 34 DM.

"Norwegen", H. Barüske. Kohlhammer Kunst- und Reiseführer. 24,8o DM.

"Norwegen. Aktuelle Länderkunde", G. Austrup/U. Quack. In handlichem Taschenbuchformat wird Interessantes zur Geschichte vermittelt, von der Ur- und Frühgeschichte bis zur deutschen Besetzung im 2. Weltkrieg, EG- und NATO-Frage, Wirtschaft, Umweltschutz etc. Beck'sche Reihe, 18,8o DM.

"Norwegen", E. Glässer, hrsg. von W. Storekbaum. Sehr informative und ins Detail gehende Länderkunde, gut lesbar. Reihe "Wissenschaftliche Länderkunden", Wissenschaftliche Buchgesellschaft Darmstadt, 1993 überarbeitete Ausgabe, 85 DM.

"Die Hanse", Ph. Dollinger, erschienen im Kröner Verlag Stuttgart, 36 DM.

"Bryggen. Das Hanseatische Kontor in Bergen", nur in Bergen im dortigen Museum erhältlich, Tips siehe unser Bergen-Teil. In Bergen zugleich schöne Schwarzweiß-Bildbände mit Fotos ab Jahrhundertwende erhältlich.

"Stabkirchen in Norwegen", Dan Lindholm. Drachenmythos und Christentum in der altnorwegischen Baukunst. Verlag Freies Geistesleben, 214 Seiten, 11o Abb., 59 DM.

"Norwegische Stabkirchen. Architektur, Geschichte und Traditionen", Eva Valebrokk, Thomas Thiis-Evensen, Boksenteret. Die norwegische Stabkirchen werden mit Fotos, Fakten und Historie vorgestellt. Deutsche Ausgabe zu beziehen über Bert Forker Verlag, 39,8o DM.

"Stabkirchen", G. Bugge/B. Mezanotte. Bildband mit hervorragenden Fotos sowie Vielzahl an Plänen und Zeichnungen, erläuternde Texte zu Bauweise und Geschichte. 192 Seiten, 98 DM.

"Die Wikinger. Kultur- und Kunstgeschichte", Torsten Capelle. Wissenschaftliche Buchgesellschaft, 14,8o DM.

"Die Abenteuer des Röde Orm", F.G. Bengtsson. Wurde verfilmt ("Die Wikinger"). Erschienen als dtv Taschenbuch Band 11631. 19,9o DM.

"So lebte sie zur Zeit der Wikinger": allgemeine, auch für Kinder verständliche Präsentation des Lebens des berühmten Seefahrervolkes. Tessloff Verlag, 19,8oDM

"Das Leben der Wikinger", J. Graham-Campbell. Viele Illustrationen, Karten und Fotos. Die Texte behandeln, übersichtlich gegliedert, den Schiffsbau der Wikinger, ihren Handel, ihre Reisen, ihr häusliches Leben, ihre Schrift, Kunsthandwerk etc. Universitäs Verlag in F.A. Herbig Verlagsbuchhandlung München, 68 DM.

"Apa Guide Norwegen": auf 3oo Seiten Background und Farbfotos zu Norwegen. Kurze Präsentation der einzelnen Regionen. RV-Verlag. 44,8o DM.

"Ponds Sprachkurs": ein praktisches Reiseset aus CD und Sprachführer. Wenn man sich die CD zuvor fürs Autoradio oder Walkman überspielt, kann man während der langen Anreise bereits die ersten Worte norwegisch lernen. Das nützliche Vokabular angenehm in kleine Geschichten eingebettet. Zum Nachschlagen der sehr praktische Sprachführer, der nach Themen gegliedert wurde. Klett Verlag.

Sport, Natur

"Wanderwege in Skandinavien", Klaus Betz. Neben brillanten Fotos handfeste Wanderinformation zu ausgewählten Wanderungen in Skandinavien mit Routenbeschreibung und Karten. Leider etwas unhandliches Bildband-Format, ansonsten Tip. Bruckmann Verlag München, bekannt für hochwertige Bildbände. 16o Seiten. 58 DM.

"Bergwandern in Norwegen", 128-seitige Broschüre mit detaillierter Kompaktinformation zu fast allen norwegischen Wandergebieten, Angaben zu Strecken, Dauer, Hütten etc. Unabdinglich für jeden, der Wanderungen vorhat, zudem sehr preiswert bei rund 2o DM. Erhältlich übers Norwegische Fremdenverkehrsamt Hamburg bzw. in Norwegen.

"Trekking in Skandinavien" von Gerhard Kraus: Bereits nach dem Durchblättern haben die Farbfotos die Wanderlust geweckt. Im persönlichen Erzählstil werden vom Diplom-Sportlehrer Gerhard Kraus neue Ski- und Wanderrouten (zwei in Norwegen) beschrieben. 5o Abb. und 21 s/w-Fotos. Rosenheimer Verlag. 69,8o DM.

"Wandern in Südnorwegen", G. Scheuble. Der Autor gibt Tips und Infos für die von ihm ausgewählten "schönsten" Wanderungen. Scheuble Verlag, 192 Seiten, 28 DM.

"Trekkingführer Norwegen/Jotunheimen - Rondane", Bernhard Pollmann. Nützliche Details zu Wanderungen der Region, Rother Bergverlag München, 44,8o DM.

"Naturparadies Süd-Norwegen", Konrad Gallei, behandelt die Hardanger Vidda, die der Autor im Winter durchquerte. 144 Seiten, mehr als 1oo Farbfotos, 58 DM.

"DKV Auslandsführer Skandinavien", K. Schoderer (Hg.). Vom Deutschen Kanuverband herausgegebenes Standardwerk mit einer Fülle an Kanurouten, die ausgesprochen detailliert beschrieben sind. Die Bibel für Kanuten im Norden! Die Handhabung läßt jedoch etwas zu wünschen übrig. 352 Seiten. 35 DM.

"Gjestehavner i Norge" (mit deutscher Übersetzung) für Segler und Wassersportler. Nortra Books Verlag, 34,8o DM.

Für Sportschiffer: mehrere Bände zum Thema Norwegen in der bewährten Reihe Delius Klasing/Düsseldorf.

"Yachtpilot", Deutscher Segelverband, DSV Verlag, 79 DM.

"Angeln in Norwegen", ein ausführlicher Wegweiser für Freunde des Angelsports von Johann Berge. Nortra Books Oslo.

"Fiskemuligheter". Empfehlenswert für Angler, gegliedert nach den "fylker" (norweg.

Regierungsbezirken) und gespickt mit Infos zu den besten Flüssen mit Wegbeschreibungen, wo man Angelkarten bekommt etc. Handicap: Es ist in norwegisch geschrieben, aber mit Wörterbuch kann man sich durchwurschteln. Norge Landbruksforlaget, nur in Norwegen erhältlich, ca. 4o DM.

"Bestimmungsbuch Meeresfische", B.J. Muus/P. Dahlström. Vom Format handlich, zudem an Infotexten äußerst umfangreich, detailliert und übersichtlich. Mehr als 17o Fischarten der Ostsee, Nordsee und des Atlantiks, durchgehend farbig mit mehr als 8oo Zeichnungen und 25o Grafiken. Es lohnt sich, dieses hervorragend illustrierte Buch auf die Urlaubsreise mitzunehmen. BLV- verlag München, 244 Seiten, 44 DM.

"Norwegen per Rad", Frank Pathe. Erschienen in der Reihe "Cyklos-Fahrrad Reiseführer" des Kettler Verlag, 24,8o DM.

"Wintersport Norwegen", Broschüre vom Norwegischen Fremdenverkehrsamt Hamburg. Detaillierte Auflistung der einzelnen Orte, Möglichkeiten und Anreise.

Zum Schmöckern

"Peer Gynt, Henrik Ibsens", bei Reclam Nr. 23o9, 6 DM.

"Auf überwachsenen Pfaden", Knut Hamsun. Sein Tagebuch aus den Jahren 1945-47, die er unter Hausarrest, (zwangsweise) im Krankenhaus und in einer psychiatrischen Klinik verbrachte. Sein letztes Werk, zugleich ein spannender Einblick in diese schwierige und umstrittene Epoche. DTV Taschenbuch Nr. 11177, 128 Seiten, 6,8o DM.

"Stadtgespräch", Siegfried Lenz. Schildert packend die Atmosphäre in Norwegen unter der deutschen Besatzung, Dilemma der Widerstandskämpfer. DTV TB Nr. 3o3, 12,9o DM.

"Die schönsten Sagen und Märchen" von Selma Lagerlöf. In der Märchen- und Sagenwelt des hohen Nordens werden die Trolle, Kobolde, Nöcken und wie sie alle heißen lebendig. DTV Taschenbuch 11506, 14,9o DM.

"Kon Tiki, ein Floß treibt über den Pazifik" von Thorn Heyerdahl. Mit diesem Buch kann man die Abenteuer der ungewöhnlichen Expedition des Norwegers und seiner Begleiter spannend nachempfinden. Ullstein Taschenbuch 23o94, 12,9o DM.

Sonstiges

"Die norwegische Küche", ein Kochbuch, das mehr als nur die speziellen norwegischen Gerichte aufzeigt. Durch sehr schöne Farbfotos und Hintergrund stellt es zugleich das jeweilige Gebiet vor, aus dem das Rezept stammt. So macht es zu Hause viel Freude beim Kochen, an den Urlaub in Norwegen erinnert zu werden. Kom Verlag, Vågebeien 1o, N-65oo Kristansund. Erhältlich in großen Buchhandlungen in Norwegen auch auf Deutsch. Preis ca. 65 DM.

"Kulinarische Streifzüge durch Skandinavien", Renate Kissel. Beschreibt die Küche Skandinaviens, über 1oo Farbfotos, 36 DM.

"Bandak Kanalen", viele Fotos auch zur Baugeschichte. Schönes Souvenir, wer den Telemark/Bandak-Kanal in Südnorwegen befährt. 128 Seiten, erschienen im Universitetsforlag Oslo und nur in Norwegen, z.B. in Skien, erhältlich.

"Mit Hurtigruten gen Norden", in vielen Farbfotos gelingt es dem norwegischen Fotografen Pål Hermansen die Reise mit dem Postschiff anschaulich zu präsentieren. Bert Forker Verlag, 39,8o DM.

Karten

Mair/Stuttgart liefert eine nützliche Skandinavien-Übersichtskarte sowie eine für Norwegen. Je 14,8o DM. Verwendbar für Grobübersicht, schöne Routen und landschaftliche Sehenswürdigkeiten sind hervorgehoben. Fährverbindungen über Fjorde vielfach jedoch unklar.

Cappelen "Norge Bil-og turistkart" 13 ist als Norwegen-Übersicht in Streckenverlauf exakter, ebenso in Fährverbindungen. Maßstab 1:1 Mio.

Ausgezeichnet sind die Detailkarten von Cappelen. Optisch prima gemacht. Absolut zuverlässig, sogar Wanderwege und Wanderhütten sind markiert, ebenso wie Vogelfelsen und vieles mehr. Pro Karte 15- 2o DM, lohnen unbedingt.

Kümmerly + Frey gibt die Straßenkarten von Cappellen in Lizenz heraus. Fünf Blätter für ganz Norwegen. Blatt 1 bis 3 decken diesen Bereich des Buches ab. Die Karten sind unentbehrlich für eine Fahrt durch Norwegen auf eigene Faust. Sie sind bezüglich Straßennamen und Fähren die genauesten Karten auf dem Markt und werden in kurzen Abständen aktualisiert, was bei der regen Straßenbautätigkeit in Norwegen nötig ist. Daher auf das Datum der Karte achten (ganz klein am unteren Rand der Karte abgedruckt). Jeweils 16,8o DM.

Wer Wanderungen plant, greift am besten auf die Wanderkarten im Maßstab 1: 5o.ooo zurück. Herausgegeben von "Statens Kartverk", in Deutschland pro Blatt ca. 16.8o DM, erhältlich u.a. bei Nordis Buch- und Landkartenhandel Gmbh , Mannheim, Tel.: (o2173) - 953.712.

Sehr gut ist die Wanderkarte Jotunheimen Blat 45 und Rondane Blatt 46 im Maßstab 1: 1oo.ooo von Cappelens Forlag.

Schnellfinder

Oslo

(45o.ooo   Einw.)

Architektonisch kein Leckerbissen, aber eine der angenehmsten Großstädte Europas, überschaubar, mit vielen Parks großzügig angelegt. Durch das Straßenleben, die Musikanten und die Touristen aus aller Welt verliert Norwegens Hauptstadt im Sommer ihren etwas provinziellen Charakter.

Flächenmäßig gehört Oslo (454 qkm) zu den größten Hauptstädten der Welt. Ausgedehnte Wälder und Seen in der Nordmarka: Oslos Naherholungsgebiet nur 15 Minuten vom Zentrum entfernt.

Die "kleine", 45o.ooo Einwohner zählende Metropole konzentriert sich stark südlastig um den Oslofjord. Dadurch läßt sich der kompakte Stadtkern bequem zu Fuß erschließen.

Der interessante Zentrumsbereich liegt um die Karl Johans Gate zwischen dem Mammut- Rathaus am Fjord, dem königlichem Schloß und dem Hauptbahnhof. Oslo wurde Ende der 80er Jahre mit viel Geld und viel Glas aufgemöbelt. Das alte Arbeiterviertel Vaterland (hinterm Bahnhof) mußte gläsernen Geschäfts- und Hotelriesen weichen. Eine neue, fast futuristisch anmutende Skyline entstand nahe Rathaus an der Akerbrygge.

Für die Stadt der <u>INTERESSANTEN MUSEEN</u> mindestens 2-3 Tage einplanen. Auf der Halbinsel Bygdøy die phantastischen, restaurierten Wikingerschiffe, Thor Heyerdahls Balsafloß Kontiki, das Papyrus Boot Ra und das bauchige Polarschiff Fram. Im <u>FREILICHTMUSEUM</u> ein Vorgeschmack auf Norwegens malerische Stabkirchen und Blockhäuser im struppigen Grasdachlook. Superpanorama von der weltberühmten Holmenkollen Sprungschanze über die Stadt und den quirligen Oslofjord.

Im <u>MUNCH MUSEUM</u> ausgezeichnete Sammlung des bedeutendsten skandinavischen Malers Edvard Munch.
Kontrastprogramm in der weiten <u>Nordmarka</u>. Besonders interessant auch im Winter, ein Super-Langlaufgebiet mit über 2.ooo km gespurten Loipen in einmalig schöner Wald-/Seenlandschaft.

ANKUNFT IN OSLO

Im Gegensatz zu den meisten Hauptstädten problemlos. Die schönste Anfahrt zweifellos **per Schiff**: In einem der eleganten Fährliner durch den schmalen Oslofjord. Bewaldete Fjordhänge, Engstellen und Inseln gleiten vorbei. Alle Fährschiffe legen unweit vom Zentrum an.

Die <u>COLORLINE KIEL / OSLO</u> westlich vom Rathaus, auf halbem Weg zur Museums- und Badehalbinsel Bygdøy, ca. 1 km ins Zentrum, doch kein angenehmer Fußweg.

DIE SCHIFFE DER STENALINE aus Dänemark machen östlich des Rathauses fest, nur einen Katzensprung zum Bahnhof und Karl Johans Fußgängerstraße. Pkw-Fahrer sollten möglichst umgehend einen Parkplatz suchen und die City zu Fuß erkunden!

 **Per Bahn**: Der Hauptausgang der Sentralstasjon mündet direkt in die Fußgängerzone / Karl Johans Gate. Rucksack ins Schließfach und den ersten Eindruck ohne Ballast. Touristinfo im Bahnhof inkl. Zimmervermittlung und weiteren für Oslo notwendigen Auskünften. Auch Prospektmaterial und gratis Überblickstadtpläne.

Autofahrer: Aus Süden (Schweden) kommend und via E 6/E 18 landet man per Hinweisschild "Sentrum S" nahe Kai und Rathaus. "Sentrum V" (für West) führt durch einen Tunnel (Fjell-Linjen) 43 m unter der Stadt, man kommt zwischen Rathaus und Museumsinsel Bygdøy wieder ans Tageslicht.

Ebenso, wer aus Südnorwegen (E 18) und Telemark das "Sentrum" von Oslo ansteuert. Oslo wird von einem Zentrumsring (Ring 1) und zwei weiteren breit ausgebauten Straßenringen halbkreisförmig umgeben. Es empfielt sich je nach Zielgebiet eine der drei Ringstraßen zu wählen und sich von dort sternförmig dem Ziel zu nähern. Die Innenstadt, besonders um Rathaus und Kai, wird immer mehr zur Fußgängerzone umgebaut. Deshalb möglichst bald in eines der Parkhäuser einbiegen. Siehe auch Kapitel "Parken in Oslo".

"Eintrittsgebühr" (Bompenger) für Kfz ins Zentrum. Zahlstellen an den Zufahrtstraßen. Die Maut ist allerdings so gering, daß sie kaum dazu animiert, den Bus zu nehmen. Dient primär dazu, den Straßenausbau um Oslo zu finanzieren.

Turistkontor: Vestbaneplassen 1, N-o25o Oslo. Tel. vom Ausland: 47 22 83 oo 5o, innerhalb Norwegens: 82 o6 o1 oo, Fax: 22 83 81 5o. Ganz zentral im ehemaligen Westbahnhof, zwischen Rathaus und Akerbrygge. Englisch- und deutschsprachiges Team. Infos und gutes Prospektmaterial auch über angrenzende Täler und Südnorwegen. Sehr brauchbarer Veranstaltungskalender "What's on in Oslo", der sehr informative gratis "OSLO GUIDE" und Oslo-Stadtplan. Offen: Mo.-Fr. 9-16 Uhr, Juni bis August tägl. 9-18 bzw. 2o Uhr.

Zweigstellen im Zentralbahnhof "Sentralstasjon" (gut bestückt mit Prospektmaterial, für Zimmervermittlung die beste Adresse. Ganzjährig offen, tägl. 8-23 Uhr) sowie im Oslo Airport.

"Use it": eine Informationsstelle, die sich nicht nur an junge Leute richtet. Sie vermitteln günstige Zimmer, sind bei der Jobsuche behilflich und geben die sehr nützliche Broschre "Streetwise" heraus. Hierin sind wichtige Adressen, günstige Restaurants, gemütliche Kneipen und viele Tips enthalten. "Use it" liegt nur 5 Minuten vom Bahnhof entfernt, seitlich des Stortorvet. Møllergata 3, o179 Oslo, Tel. 22 41 51 52. Offen: Mo.-Fr. 7.3o-18 Uhr, Sa. 9-14 Uhr.

 **Banken**: offen Mo.-Fr. 8.15-15.3o, Do. bis 17.oo Uhr. - Wechselstube im Oslo Zentralbahnhof offen tägl. 8-23 Uhr, Wechselstube im Fornebu Airport: Mo.-Fr. 6.3o-2o Uhr, Sa. nur bis 17 Uhr, So. bis 2o Uhr.

 **Hauptpost**: in der Droninngens Gate 15, Eingang Ecke Prinsens Gate. Offen Mo.-Fr. 8-2o Uhr, Sa. 9-15 Uhr. Poste restante Adresse: o1o1 Oslo-Sentrum. Die Post wird drei Wochen aufbewahrt.

Telefon/Telegraf: in der Kongensgate/Ecke Prinsensgate. Offen: Mo.-Fr. 8.3o-21 Uhr, Sa./So. 1o-18.3o Uhr.

WICHTIGE ADRESSEN:

POLIZEI: Grønlandsleiret 44

FUNDBÜROS: "Hittegodskontoret", Grønlandsleiret 44, Oslo "Sentralstasjonens hittegodskontor" im Olso-Hauptbahnhof.

Polizeinotruf: Tel. 112

Ambulanz: Tel. 22 11 7o 7o

Feuerwehr: Tel. 11o

NAF Autopannenhilfe: Tel 22341600

TAGES UND NACHTAPOTHEKE Jernbantorgets Apotek, im Hauptbahnhof

ÄRZTE
Für den Normalfall findet man Privatärzte unter "Leger" im Telefonbuch 1 B auf der letzten Seite.

ABSCHLEPPDIENSTE
(wir wünschen's niemand, aber kann ja passieren): Viking Redningstjeneste, Bogstadveien 46.

Info für **BERGWANDERER**: DNT-Büro (Verein der Bergwanderer), Amundsensgate/Ecke Stortingsgate. Hilfsbereites Personal, gute Infos, umfangreiches Kartenmaterial, Ansprechpartner auch für Wintersport, sprich Skitouren.

Verbindungen *ab Oslo*

 **Hauptbahnhof** ("Sentralstasjon ") am Ende der Karl-Johans-Gate:

Nach	tägl.	ca. Dauer			
Arendal	4 x	5 Std.	Dombås (an E6)	5-6 x	4 Std.
Åndalsnes			Fredrikstad	alle 1-2 Std.	1 1/2 Std
(Romsdalen)	2-3 x	7 Std.	Hamar		
Bergen	4-5 x	6 1/2 Std.	(Gudbrandsdal)	7-8 x	1 3/4 Std.
Platzreservierung obligatorisch			Kongsberg	11-13 x	1 1/2 Std.
Bø / Telemark	4-5 x	2 Std.	Kristiansand		
			(Südküste)	5 x	5 Std.

Lillehammer (E 6)	7 x	2-3 Std.	Stavanger		
Moss (Fährhafen) alle 1-2 Std.		1 Std.	(Westküste)	2-3 x	9 Std.
Notodden			Larvik (Südküste)	4-6 x	2 Std.
Telemark	5 x	2 1/2 Std.	Trondheim		
Otta (für Busan-			über Dovre	3 x	7-8 Std.
schluß nach			über Røros	1-2 x	8-9 Std.
Jotunheimen)	6-7 x	3 1/2 Std.			
Røros					
(Ostnorwegen)	2-3 x	6 Std.			

Nordnorwegen

Oslo-> Trondheim-> Fauske (Zug) - Narvik (Bus)	2 x tägl.	23-24 Std.
Oslo-> Stockholm-> Kiruna-> Narvik (Zug)	2-3 x tägl.	3o Std.

Auf beiden Strecken ist Umsteigen nötig: entweder in Trondheim oder in Stockholm.
Da die jeweiligen Teilstrecken auch per Nachtzug möglich sind, besteht kein erheblicher
zusätzlicher Zeitaufwand ("SCANRAIL"- Eisenbahnticket siehe Seite 67):

Z.B. folgender **Rundtrip**: Ab Trondheim Nachtzug rauf nach Fauske (welches am nächsten Morgen erreicht wird und im Schlafwagen billiger als sonstige norwegische Hotel-
preise ist). Dort Anschlußbus nach NARVIK, Ankunft gegen Mittag.

Für den Abstecher LOFOTEN (zum Anschnuppern) ca. 2-3 Tage kalkulieren. Ohne Frage eines der schönsten Inselgebiete vor der norwegischen Küste.

Zug ab Narvik (tägl. mehrmals, 3 Std.) rüber nach KIRUNA/Nordschweden: Besichtigung des Erzbergwerkes, eventuell auch Teilstrecken des sehr lohnenden Kungsledens
(führt durch eine der schönsten Landschaften Nordskandinaviens mit Seen und einsamen
Bergketten). Für Kungsleden Kurzabstecher ca. 3-4 Tage kalkulieren, detaillierte Infos
im VELBINGER Band 18 "Schweden".

Ab Kiruna Nachtzug nach Stockholm, Ankunft nächster Morgen. Ohne Frage schönste
und lohnendste Hauptstadt Skandinaviens! 1 Tag reicht grob zum Anschnuppern (mit
dem Nachtzug dann nach Oslo bzw. Kopenhagen). Bei mehr Urlaubszeit wird
Stockholm auch bei 4-5 Tagen nicht langweilig: sehr lohnende Dampfertrips ins
vorgelagerte Schären-Inselgebiet sowie landein über die Seenketten, Schlösser, Oldtimer
Eisenbahnen etc. Alle Details im VELBINGER Band 18 "Schweden".

FAZIT: Wer Nachtzüge nimmt, hat trotz der Entfernung hoch rauf in den Norden keinen
Extrazeitaufwand, - sollte aber für Stops sowie inkl. Stockholm, für den Rundtrip ca. 1
Woche einplanen. Weitere Details siehe VELBINGER "Nord-Norwegen".

Internationale Verbindungen

Göteborg/ Schweden (via schwed. Westküste)	5 x tägl.	5-7 Std.
Kopenhagen/ Dänemark (via Schweden)	2-4 x tägl.	9-1o Std.
Hamburg (via Vogelfluglinie)	2-4 x tägl.	15-16 Std.
Stockholm	3-4 x tägl.	6-8 Std.

Busse: Bezüglich Fernverbindungen besser zunächst
Rückgriff auf den Zug nehmen, da bequemer und im Winter
auch zeitlich sicherer, wenn die norwegischen Straßen tief
verschneit sind, und der Bus sich überland durchpflügen muß, bevor der
Räumdienst kommt. Zusätzlich zum Bahnnetz folgende Fernbusse

(Expressbusse) ab NOR-WAY Terminal, Havnegate neben Hauptbahnhof. Alle Linien zusammengefaßt im Fahrplanheft "Expressbussruter;
Norge".

* OSLO-> Gol-> Aurland/Sognefjord-> BERGEN: Geiterrygg -
expressen 1 x tägl., Fahrzeit 13 Std, Fahrpreis ca. 12o DM.

  Gegenüber Zug in etwa gleich teuer, aber doppelt so lange Fahrzeit. Bringt als
  Vorteil den Trip an den besonders schönen Teil des Sognefjordes.

  Weitere Alternative zum Zug Oslo-> Bergen: mit Valdres- oder Førdeexpress an den
  Sognefjord, per Fähre durch den Naerøyfjorden/Gudvangen, im Bus nach Voss->
  Bergen. Insgesamt knapp 15 Std. für Oslo-> Bergen, als Strecke sehr lohnend,
  wobei man jedoch Zwischenstops und seitliche Abstecher einplanen sollte.
  Beispielsweise zu Gletscherzungen des Jostedalsbreen, des größten Gletschers
  Europas, alle Details siehe Hauptteil des Bandes!

* OSLO-> ODDA-> HAUGESUND: Trans-Telemarkstrecke, die wegen
  fehlender Eisenbahnstrecken nur per Bus bedient wird. 1-2 x tägl.,
  Fahrzeit 1o Std., ca. 1oo DM.

  Verbindet Oslo über die Hauptverbindung RV 11 quer durch Telemark mit dem
  Südzipfel/Hardangerfjord und der Küste/Haugesund (liegt ca. 6o km nördlich von
  Stavanger). Querverbindungen erschließen den Telemarkkanal (Victoria Bandak-
  kanal), aber auch die Südküste. Details siehe Text!

* NORDFJORDEXPRESS: Oslo-> Otta-> Stryn (Nordfjord)-> Måløy
  1 x tägl., dauert ca. 1o Std. Interessant für die Region nördliches
  Jotunheimen und Nordfjord.

* VALDRESEXPRESS: Oslo-> Fagernes-> Årdalstangen/Sognefjord
  2-4 x tägl. Einstieg ins südliche und westliche Jotunheimen sowie
  Sognefjord-Bereich.

* FØRDE EXPRESSEN: Oslo-> Gol-> Sogndal-> Førde 1-2 x tägl.
  Direkte Verbindung ans Nordufer des Sognefjord, Stabkirche Borgund
  unmittelbar an der Strecke.

* SØRLANDBUS: Oslo-> Arendal-> Kristiansand-> Stavanger 1-2 x
  tägl., Dauer 5 1/2 Std. Alternative zur Südküstenbahn.

 **Flug:** Oslo hat 2 Flughäfen: Airport **"Fornebu"** ca. 1o km
vom Zentrum, bedient praktisch alle In- und Auslandsflüge.
Busverbindung mit Bus Nr. 31 Snarøya und Flughafenbus
"Flybussen", jeweils ab Hauptbahnhof.

Der zweite Airport **"Gardermoen"** liegt rund 5o km ab Zentrum und bedient vorwiegend den Charterflugverkehr mit dem Ausland. Großausbau
geplant.

Nach	tägl.	ca. Flugdauer			
Alta (Nordnorw.)	1-4 x	3 Std.	Kristiansand (S)	3-6 x	4o Min.
Ålesund	2-4 x	5o Min.	Kristiansund (N)	2-3 x	1 1/2 Std.
Bergen	8-12 x	5o Min.	Sogndal		
Bodø	3-4 x	2-4 Std.*	(Sognefjord)	2-4 x	5o Min.*
Florø	3-5 x	2-4 Std.*	Stavanger	9-19 x	45 Min.*
Hammerfest					
(Nordnorwegen)	1-4 x	3- 5 Std.*	Trondheim	1o-18 x	1 Std.*

* bei Umsteigen längere Flugzeiten

Jede Menge weiterer Verbindungen, auch internationale im "SAS-Time-table", erhältlich im SAS-Flugbüro. Für nationale ist der Prospekt "Fly Ruter I Norge" sehr nützlich, erhältlich bei Reisebüros, Airlines, teils auch im Touristbüro Oslo.

Braathens Safe A/S	Haakon VII's gt. 2	SAS	Oslo City/Einkaufszentrum
Wideroe	Mustads vei 1	British Airways	Karl Johans gt. 16 B
Lufthansa	F'hafen Terminal Fornebu		
Air France	Haakon VII's gt. 9		

Für Braathens Safe-Abflüge zusätzlich deren Busse zum Airport ab Stadtbüro der Airline. Die SAS bietet für ihre Abflüge einen eigenen Airportbus an, der vom SAS-Hotel abfährt. Ansonsten regulärer Airportbus ab Hauptbahnhof, Fahrzeit ca. 25 Min.

Ermäßigung (z.B. bei Braathens Safe) siehe Einleitungskapitel "Transport".

Trampen: Auswärts E 6 - nach Norden Richtung Gudbrandsdal: günstiger Standplatz die U-Bahn-Haltestelle "Helsfyr". Zu erreichen ab Zentrum zu Fuß ca. 3o Min. oder bequemer mit der U-Bahn ab Hauptbahnhof.

Transport in Oslo

Gutes öffentliches Verkehrsnetz für den Stadtbereich Oslo: Stadtbusse, verschiedene Straßenbahnen, U-Bahnstrecken ("T-Baner-Tunnelban"), die Vorortbahn ("Forstadsban", z.B. Holmenkollenbahn) und Nahverkehrszüge.

Auskunft über Transporte in und um Oslo im "Trafikanten", Jernbantorget, direkt vorm Bahnhof, am gläsernen Uhrturm zu erkennen. Hier auch Fahrscheinverkauf, Fahrplanheft und gutes Kartenmaterial mit allen öffentlichen Transportlinien. Offen: Mo.-Fr. 7-2o Uhr, Sa./So. 8-18 Uhr.

Busse: Dichtes innerstädtisches Busnetz und Stadtrandbusse. Die Fahrhäufigkeit variiert je nach Linie vom 5-Minuten-Takt in der Rushhour, bis zur stündlichen Verbindung abends. Die meisten Busse fahren alle 1/4 bis 1/2 Stunde bis Mitternacht. Stadtbusse sind an den zweistelligen Zahlen zu erkennen.

Nr. 41E - Bogstadbadesee und Campingplatz alle 1/2 Std.
Nr. 3o - Bygdøy (Museen, Baden) alle 15-3o Min., bequemer hier jedoch das Schiff ab Rathaus quer über den Fjord.
Nr. 24 - Ekeberg Campingplatz alle 15-3o Min.

Für Nachtschwärmer zusätzliche Verbindungen nach Mitternacht bzw. frühmorgens.

Der zentrale Busbahnhof am Grønlandstorget in der Oslo Galleri dürfte für Touristen nicht so interessant sein; hier gehen die regionalen Busse ins Osloer Umland ab. An den dreistelligen Nummern zu erkennen.

Fernbusse fahren ab NOR-WAY Terminal seitlich Hauptbahnhof (siehe "Verbindungen ab Oslo").

 **Straßenbahn** ("Sporvogn", auch "Trikk" genannt - von elektrisch) verkehrt im Stadtbereich, in der Regel von 5 Uhr morgens bis Mitternacht, alle 1o-15 Min., z.B. Nr. 2 vom Nationaltheater zum Frognerpark (Vigelandstatuen und Baden).

U-Bahn (T-Baner): zentrale Station unterm Storting. Ab hier verschiedene Linien, nach Westen über Majorstuen bzw. nach Osten über Munch-Museum, teilen sich erst danach. Von 5 Uhr morgens bis ca. o.3o Uhr nachts im 15- bis 3o-Min.-Takt.

Vorortbahn (Forstadsbaner) in der Regel von 6.oo/6.3o Uhr morgens bis 24 Uhr abends, mehrere Linien. Als interessanteste die Holmenkollenbahn auf den gleichnamigen Stadtberg mit Superrundblick auf Stadt und Fjord! Fährt alle 15-3o Min., Endstation Frognerseter.

 **Personenfähren**: Nach Bygdøy zu den Museen auf der Halbinsel. Abfahrt ab Rådhuskai 3 (beim Rathaus), in jedem Fall schöner als der Bus Nr. 3o, da man etwas Seeluft schnuppern kann und schönen Blick aufs Stadtzentrum von Oslo hat.

Das Schiff überquert zunächst das Fjordende und legt auf Bygdøy / Nähe Wikingermuseum an. Anschließend noch die kurze Strecke rüber zum Fram-Museum (in der Nähe das Seefahrts- und Kontiki-Museum). Abfahrt 8-2o Uhr mehrmals stündlich, allerdings nur April bis Ende August. Alternative ganzjährig: Bus Nr. 3o.

Abfahrt nach Nesodden (auf der Oslo/Zentrum gegenüberliegenden Landzunge) ganzjährig ab Aker Brygge (westlich bei der Festung Akershus). Halb- bis stündliche Überfahrt, Dauer ca. 2o Minuten, in Nesodden Busanschluß Richtung Drøbak am Oslofjord.

Zur Klosterruineninsel Hovedøya sowie zu weiteren Inseln im Oslofjord ganzjährig ab Vippetangen (südl. bei Festung Akershus).

OSLO-KARTE

Speziell für Touristen gibt's die Oslo-Karte. Berechtigt für 1-3 Tage zu freier Benutzung aller Verkehrsmittel im Stadtbereich (Bus, U-Bahn, Zug, Schiff), freiem Parken auf städtischen Plätzen (d.h. am Straßenrand und in einigen Parkhäusern) und zugleich freier Eintritt in die Museen.

Außerdem Ermäßigung bei Ausflügen per Bus/Boot, Spezialpreis in Kinos, unter bestimmten Bedingungen auch Rabatt auf Zugstrecken von und nach Oslo.

PREIS: 1 Tag ca. 27 DM / 2 Tage ca. 42 DM / 3 Tage ca. 53 DM. Kinder die Hälfte.
Lohnt sich auf jeden Fall bei Besuch der Museen auf Bygdøy (hoher Eintritt). Bietet darüberhinaus ein hohes Maß an Flexibilität und spart bei Nutzung der öffentlichen Transporte den Parkplatzstreß - Strafmandate noch nicht eingerechnet.

Die "Oslo Kortet" hat Plastikkartengröße, ist nicht übertragbar. Erhältlich an Fahrkartenschaltern in U-Bahnstationen, am Hauptbahnhof oder im Haupttouristbüro.

Taxis: können gestoppt werden, wenn das Taxischild beleuchtet ist. Taxistände über die ganze Stadt verteilt, z.B. Bahnhof, K.J. Gate/Parlament etc. Taxizentrale Tel. 22 38 8o 9o. Preise in etwa gleich teuer wie Deutschland, Zuschlag bei mehr als 2 Personen, ebenfalls nachts.

Autovermietung: Budget - Drammensveien 4o, Flughafen
Bislet Bilutleie - Pilestredet 7o
Avis - Billinstadsletta 14, Fornebu Flughafen
Hertz - Holbergsgate, Fornebu Flughafen

Fahrradfahren in Oslo: Fahrradvermietung nahe Touristbüro, Anfang Aker Brygge. Kaution hinterlegen. Speziell für Radler und Fußgänger gibt's für Oslo eine "Sykkelkart", ein Kartenheftchen, in dem fahrradfreundliche (grün) und fahrradungünstige (rot) Straßen gekennzeichnet sind, sowie besonders häßliche oder überfüllte Plätze. Preis ca. 1o DM im Buchhandel.

SLF Syklistens Landsforening, Maridalsvn 6o, Broschüren über Fahrradrouten Oslo-Arendal, Oslo-Fagernes, Oslo-Hemsedal.

 Parken

Im sehr kompakten Oslo-Zentrum ist es werktags relativ schwierig, einen Parkplatz zu finden. Wenn, so sind maximal 3 Std. erlaubt, teils nur 1/2 Std. (!) bei saftig teuren Parkgebühren. Gratis darf man Mo.-

Fr. ab 17 Uhr sowie Sa. ab 14 Uhr parken.

Parkuhren sind weitgehend durch Parkautomaten ersetzt (Zahlschein hinter die Windschutzscheibe legen!).

Wer länger oder ohne Parkschein parkt, ist schnell am Haken des Abschleppwagens und darf sich teuer freikaufen (wo der Wagen steht, erfährt man in der nächsten Polizeistation), - mal ganz abgesehen von dem nicht unerheblichen Zeitaufwand.

PARKHÄUSER:
"Akerbrygge": praktisch für Ankunft mit Kiel->Oslo-Fähre.

"Norøl Vika": Eingang Munkedamsveien. Einfahrtshöhe 2-2,3o m; für Wohnmobile problematisch.

"Vikatorvet Park" und Service Esso, Munkedamsveien 27.

"Hotel Scandinavia": Eingang Olavsgt.

PARKPLÄTZE:
Youngstorget: relativ zentral. Rückseite des Nationalmuseums, Einfahrt von der Kristian August Gate. Superzentral: nächste Parallelstraße schon die Karl-Johans-Gate. Max. 3 Std.

Rückseite vom Rathaus: max. 3 Std., sehr stark frequentiert.

Frognerpark, Zufahrt über die Middelthunsgate, zu Fuß etwas weit ins Zentrum.

Zwischen Festung Akershus und Verteidigungsmuseum, max. 3 Std.

Hauptbahnhof, gleich am Fußgängerbereich der Karl-Johans-Gate. Max. 9 Std., aber schwierig, Platz zu finden!

PARKEN ÜBER NACHT
In Oslo gilt eine etwas gewöhnungsbedürftige Datumsregel, die von der Straßenreinigung abhängt. An Tagen mit geradem Datum wird die Straßenseite mit geraden Hausnummern gereinigt und muß frei sein. Also vor dem Abstellen erst vergewissern, welche Seite nach 24 Uhr dran ist.

STADTBESICHTIGUNG OSLO

Das Zentrum ist sehr kompakt und erstreckt sich zwischen Hauptbahnhof und Slottet (Schloß des Königs im Slottsparken). Von dort bis runter zur Aker Brygge. Wichtigste Straße ist die beide Punkte verbindende

KARL JOHANS GATE, im ersten Drittel Fußgängerzone mit Kaufhäusern, Boutiquen und Shops, - auch seitlich in die Querstraßen hinein. Die pulsierende Lebensader Oslos, eine Promenier- und Einkaufsstraße.

Ab den Frühlingstagen ist sie gestopft voll, Straßenmusikanten und Portraitmaler beleben die etwas strenge Prachtstraße, in ihrem westlichen Teil mit Alleebäumen flankiert, dort viele Restaurants und Cafés.

Kurz vor dem Schloßpark die Oslo Uni und das Nationaltheater. Im Sommer buntes Völkergemisch an Besuchern aus aller Welt, die Oslo fast weltstädtischen Touch geben.

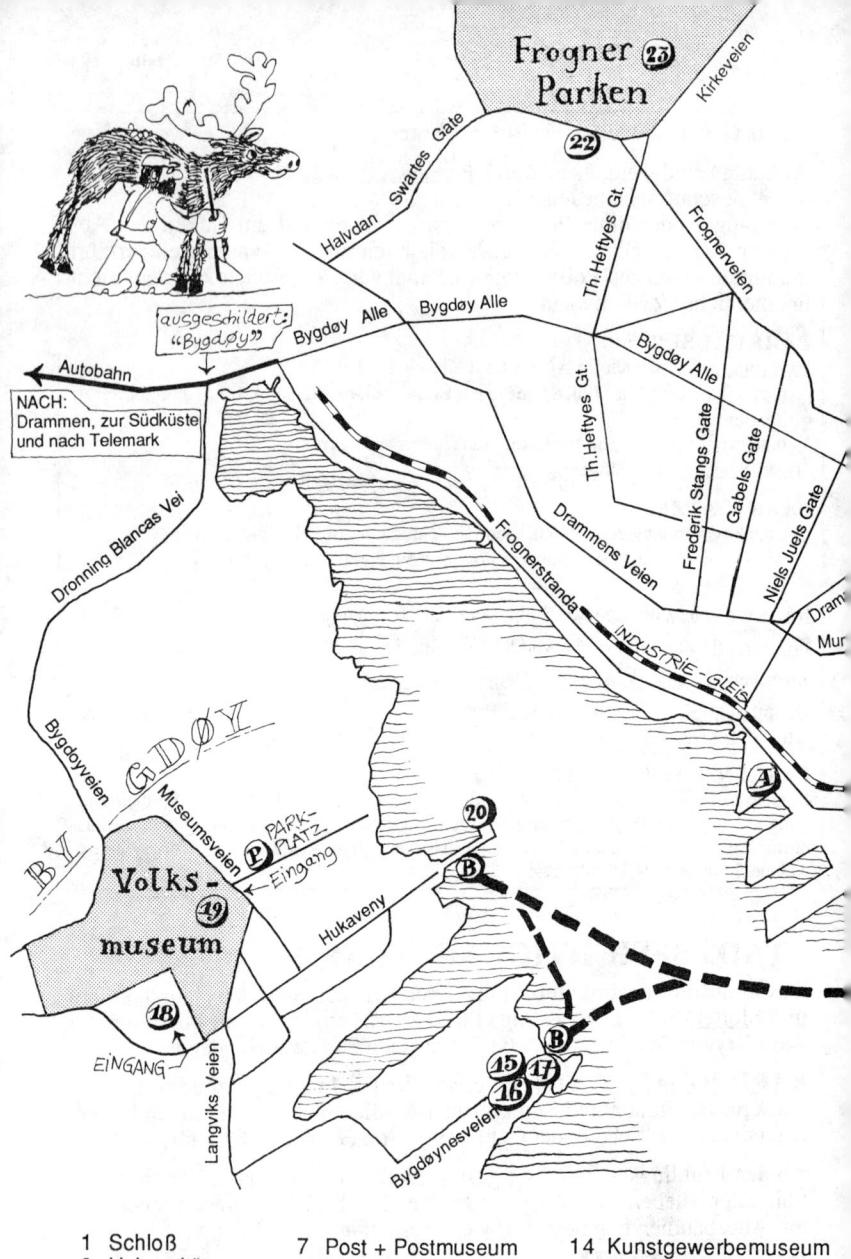

Frogner Parken 23

Kirkeveien

Halvdan Swartes Gate

Th.Heftyes Gt.

Frognerveien

ausgeschildert: "Bygdøy"

Bygdøy Alle   Bygdøy Alle

Autobahn

NACH:
Drammen, zur Südküste
und nach Telemark

Th.Heftyes Gt.

Frederik Stangs Gate

Gabels Gate

Niels Juels Gate

Bygdøy Alle

Dram
Mur

Dronning Blancas Vei

Drammens Veien

Frognerstranda   INDUSTRIE-GLEIS

A

BYGDØY

Bygdøyveien

Museumsveien

PARK-PLATZ
Eingang

P

20

B

Volks-museum

19

Hukaveny

B

15 17
16

18

EINGANG

Langviks Veien

Bygdøynesveien

1 Schloß	7 Post + Postmuseum	14 Kunstgewerbemuseum
2 Universität	8 Börse	15 Fram Museum
3 Nationaltheater	9 Theatermuseum	16 Kontikimuseum
4 Storting	10 Widerstandsmuseum	17 Seefahrtsmuseum
5 Rathaus	11 Verteidigungsmuseum	18 Wikingerschiffe
6 Telephon-,	12 Dom	19 Volksmuseum
Telegraphenamt	13 Konzerthalle	20 Dronningenrestaurant

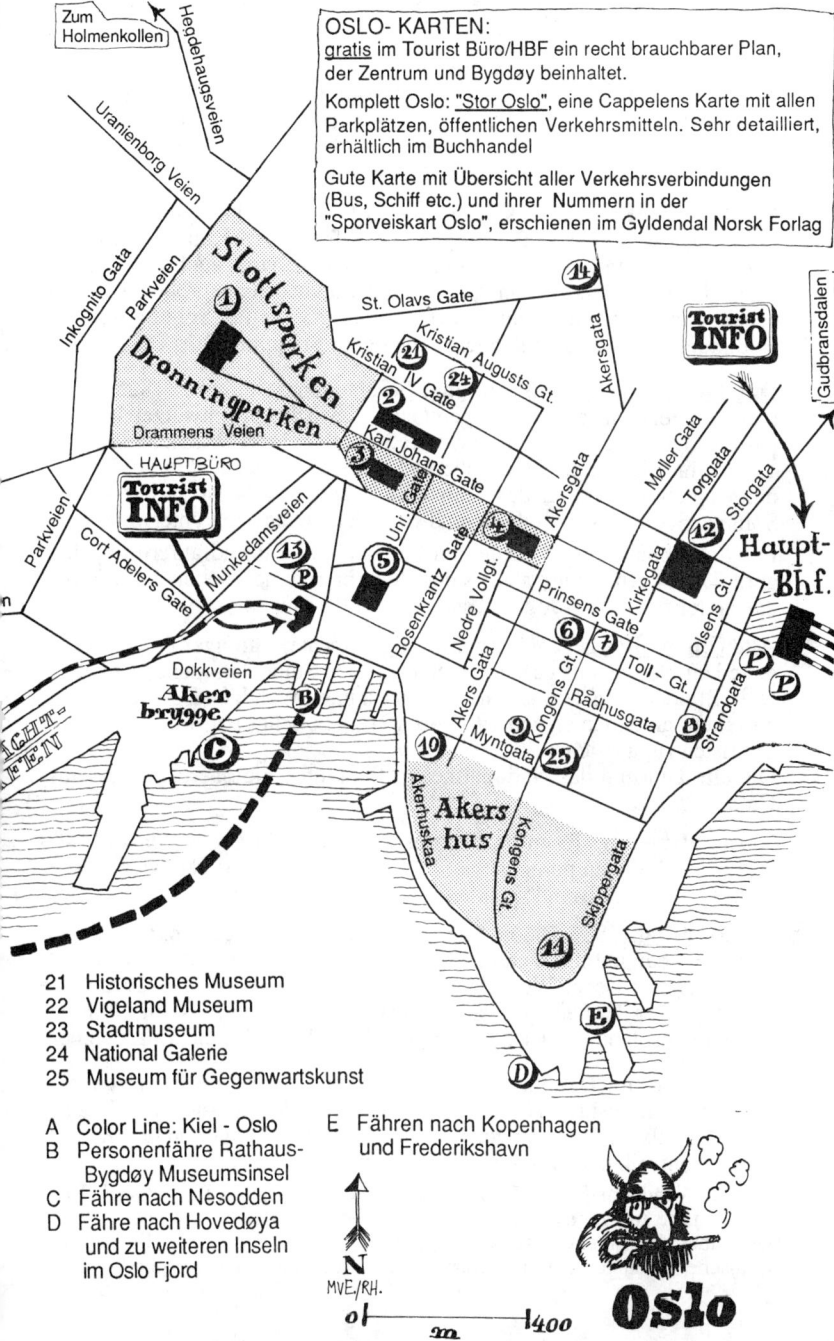

OSLO- KARTEN:
gratis im Tourist Büro/HBF ein recht brauchbarer Plan, der Zentrum und Bygdøy beinhaltet.

Komplett Oslo: "Stor Oslo", eine Cappelens Karte mit allen Parkplätzen, öffentlichen Verkehrsmitteln. Sehr detailliert, erhältlich im Buchhandel

Gute Karte mit Übersicht aller Verkehrsverbindungen (Bus, Schiff etc.) und ihrer Nummern in der "Sporveiskart Oslo", erschienen im Gyldendal Norsk Forlag

21 Historisches Museum
22 Vigeland Museum
23 Stadtmuseum
24 National Galerie
25 Museum für Gegenwartskunst

A Color Line: Kiel - Oslo
B Personenfähre Rathaus-
   Bygdøy Museumsinsel
C Fähre nach Nesodden
D Fähre nach Hovedøya
   und zu weiteren Inseln
   im Oslo Fjord

E Fähren nach Kopenhagen
   und Frederikshavn

N
MVE./RH.
0 |———— m ————| 400

Oslo

Benannt wurde die Karl Johans Gate nach Jean Baptiste Bernadotte: Bereits auf dem Reichstag 181o von Ørebro/Schweden wurde er als Thronfolger des kinderlosen Königs Karl XIII. vorgeschlagen, der ihn adoptierte. 1818 bestieg er als Karl XIV. Johan den schwedischen Thron und wurde somit auch König von Norwegen.

Parallel zur Karl Johans Gate verläuft der geschäftige Straßenzug **GRENSEN**, teilweise Fußgängerzone. Mit großen Kaufhäusern, dem alten "Glasmagasin" und preiswerten Lokalen; wird auch etwas hochtrabend "Fleet Street" genannt, denn immerhin haben die größten norwegischen Zeitungen hier ihren Sitz. Auch hier gute Schuhgeschäfte, Boutiquen und Buchhandlungen. Tips siehe "Shopping Oslo".

1 **Das königliche Schloß**: ein eher bescheidener "Palast" (1825-1848), kaum eingezäunt, von der jungen Garde bewacht. In schwarzer Uniform patrouillieren sie synchron vor dem Schloßeingang, Wachablösung um 13.3o Uhr. Flattert die Fahne über dem Schloß, ist der König "zu Hause", dann spielt zusätzlich der Stabs-Chor, andernfalls ist er auf seinem Sommersitz in Bygdøy oder irgendwo in der weiten Welt unterwegs.

Der Schloßpark gehört heute den Fußgängern, Fahrradfahrern und Joggern. Leicht erhöht und abseits des Verkehrsrummels schöner Blick über die angrenzende Karl Johans Gate bis zum Parlament.

2 Alte **Universität** gegenüber dem Nationaltheater. Strenger Bau, 1811 als erste Uni Norwegens gegründet, über 2o.ooo Studenten (neues Unigelände in Blindern). In der Aula sind die berühmten Wandgemälde von Munch zu sehen, an denen er von 19o9 bis 1916 gearbeitet hat. Im Sommer für Touristen zugänglich.

Die alte Uni und das Nationaltheater flankieren die obere Karl-Johans-Gate.

3 **Nationaltheater**: Ibsen und Bjørnson posieren in Bronze davor, 1899 fertiggestellt, innen pompös, viel Plüsch und Gold, 1985 renoviert. Ibsens "Peer Gynt" und "Brand" gehören zum Standardrepertoire.

4 Das **Storting** (1857-1866): Sitz des Parlaments in dem großen, abweisenden Gebäude mitten an der Karl-Johans-Gate. Das Wandbild im Sitzungssaal von Oscar Wergeland stellt die sog. Eidsvollmänner dar, die Vorvorgänger der heutigen Parlamentarier (siehe auch Eidsvoll). Führungen in englisch und deutsch im Juli und August Mo.-Fr. mehrmals täglich.

5 Südlich und am Hauptkai das monumentale Backstein-**Rathaus**. Mit seinen beiden riesigen Türmen ist es das Wahrzeichen Oslos. Der Bau hat sich mehr als 2o Jahre hingezogen, mit Unterbrechungen in den Kriegsjahren. Einweihung 195o - zum 9oo. Geburgstag der Stadt.

Riesige Wandgemälde in Empfangshalle, Festgalerie und Bankettsaal. Über 2o namhafte norwegische Künstler waren beteiligt, Henrik Sørensens Werk gegenüber des Eingangs zeigt das "Volk bei Arbeit und Fest". Hier wurden nordische Gedanken u.a. der Kraft im damaligen Zeitgeist realisiert.

Die Darstellung am Treppenaufgang schildert die Geschichte von Oslos Schutzpatron Hallvard (siehe Wappen). Im 1. Stock sind die Gastgeschenke von Staatsmännern aus aller Welt ausgestellt. Offen: Mai bis August Mo.-Sa. 9-17 Uhr, So. 12-16 Uhr. Eintritt. Führung auch in deutsch.

Das hübsche <u>ALTE RATHAUS</u> von 1641 fristet hinter der Festung Akershus ein trauriges Schattendasein, vom Verkehr umtost.

Stadtwappen:

Es stellt Harald Hallvard mit einem Mühlstein und Pfeil auf dem Thron dar, zu seinen Füßen liegt eine nackte Frau.

Die Legende erzählt, daß Hallvard eines schönen Tages im Drammenfjord ruderte und Zeuge wurde, wie eine schwangere Frau verfolgt wird. Er will ihr zu Hilfe eilen, wird dabei durch einen Pfeil getötet. Mit einem Mühlstein beschwert, soll seine Leiche im Fjord versenkt werden, bleibt aber an der Oberfläche schwimmen. Als schließlich an seinem Grab von Wundern berichtet wird, steht einer Heiligsprechung nichts mehr im Wege, und Hallvard wird zum Schutzheiligen Oslos gekürt. König Harald Hardråde ließ die Gebeine in die Marienkirche bringen; später in die neue Hallvard Kathedrale überführt.

Stadtgeschichte:

"Oslo" bedeutet auf altnorwegisch "Gottesfeld". Die <u>Gründung 1o48</u> geht auf den letzten Wikingerkönig <u>Harald Hardråde</u> zurück, einen Halbbruder Olav des Heiligen. Das Fjordende war von der Lage her günstig gegen Dänemark gelegen und zudem von einem reichen Hinterland versorgt. Sein <u>Sohn Olav Kyrre</u> (1o66-1o93) errichtete hier einen Bischofssitz, der jede Menge Volk anzog: Handwerker, Bäcker und nicht zuletzt die Kerzenzieher.

Durch den Bischofssitz und Kirche war die neue Siedlungsgründung zwar geistiger Mittelpunkt des Landes, - den Regierungssitz hatten die Könige jedoch zunächst für rund 2oo Jahre in Bergen.

Erst <u>Håkon V.</u> wechselte 13oo von Bergen nach Oslo und gründete die Festung Akershus auf dem steilen Felsen über dem Meer. Zu seiner Zeit unterhielt auch die deutsche Hanse eine Filiale in Oslo, die aber nicht annähernd die Bedeutung wie Bergen erreichte. Ab 1387 fällt Norwegen für gut 4oo Jahre unter dänische Herrschaft.

Wie alle norwegischen Städte erlebte Oslo viele <u>Brandkatastrophen</u>. Eine der verheerendsten war der Großbrand am <u>17. August 1624</u>. Christian IV., König über Norwegen, Dänemark und Schweden, ließ Oslo wieder aufbauen, aber (zwecks besserer Verteidigung) leicht versetzt hinter der Festung Akershus (das alte Oslo lag weiter östlich unterhalb Ekeberg).

Die neue Stadt war planmäßig angeordnet in rechtwinkligen Straßenzügen, und Steinhäuser per Gesetz vorgeschrieben. <u>Christian IV.</u> drückte Oslo seinen Namensstempel auf (3oo Jahre Christiania bzw. Kristiania).

<u>Im Jahre 1814</u> mußten die Dänen Norwegen an Schweden abtreten. Für Christiania brachte dies die Statusverbesserung zur Hauptstadt und einen gewissen Aufschwung unter J.B. Bernadotte, der als Karl XIV. Johan zum schwedischen König wurde.

Die Stadtabmessungen reichten damals vom (heutigen) Hauptbahnhof im Osten bis zum Schloßbereich im Westen, die Querstraße Grensen war die Nordbegrenzung, auf dem alten Marktplatz steht heute das Standbild des "Neugründers" König Christian IV.

Das Regierungsgebäude Storting, die erste Uni und das Theater (alles an der Karl Johans Gate) stammen aus der Zeit der Union mit Schweden. In der Literatenstraße Pilestredet lebte eine Reihe norw. Künstler, z.B. Henrik Ibsen, Sigrid Undset, Henrik Wergeland.

Die erste Eisenbahn Norwegens verband Oslo mit dem Mjøsasee bereits 1854, weitere folgten, so auch die Strecke entlang der Südküste nach Stavanger und - 19o9 die Oslo-Bergen-Verbindung über die Gebirgsketten und Hardangervidda. Dies stärkte die wirtschaftliche Position Kristianias erheblich.

Als dann zur Jahrhundertwende auch das Auto erfunden war und mit dem Straßenbau begonnen wurde, lag OSLO schlichtweg günstiger als BERGEN zur Erschließung des Landes. Die Stadt, die sich damals "Kristiania" nannte, expandierte weiter und überholte Bergen in seiner Bedeutung.

Die Erfindung des Dampfschiffes sowie die beiden großen Auswanderungswellen (1866-1873 und 19oo-191o), bei der rund 1 Mio. Norweger wegen besserer Lebensverhältnisse - vorwiegend nach Nordamerika - auswanderten, führte zugleich zu starkem Ausbau der norwegischen Handelsflotte. Ab 1915 hatte Norwegen die drittgrößte Handelsflotte der Welt, - und die meisten Werften und Reedereien hatten ihren Sitz in Kristiania, welches zu weiterer Expansion der Stadt führte.

19o5: Auflösung der Union zwischen Schweden und Norwegen. 1925, genau 3oo Jahre nach Christian IV., als nationalistische Tendenzen im jungen Staat en vogue waren, wurde Kristiania wieder in Oslo umgetauft.

Heute erstreckt sich Oslo über 45 qkm, dies bei nur knapp 1/2 Mio. Einwohner. Die Hauptstadt Europas, die am engsten mit der Natur verbunden ist: nur ca. 2o % der Stadtfläche sind bebaut!

Festung/Schloß Akershus: direkt über dem Hafen. Von den kanonenbestückten Wällen der Bastion schöner Blick auf die Stadt Oslo.

Gebaut wurde Akershus ca. 13oo vom letzten König der Harald-Linie, Håkon V. Magnusson, als Verteidigungswerk. Er nutzte die Räume zugleich als königliche Residenz. Geheimgang und Küchentrakt noch erhalten, im Kellergewölbe Mausoleum und Gräber norwegischer Könige. Auch Akershus wurde beim Großbrand am 17. August 1624 in Mitleidenschaft gezogen.
Der Dänenkönig Christian IV. ließ die Festung im Rahmen seines Oslo-Neubaus erweitern und zu einem Renaissance-Schloß umbauen.

Trotz mehrfacher Umbauten ist relativ viel aus der Gründungszeit erhalten. Der ganze Komplex wurde Anfang dieses Jahrhunderts restauriert, die riesigen Säle im oberen Stock vollständig möbliert, alte Degen, Gobelins und mächtige Kronleuchter, ein Ambiente für Staatsempfänge.

Geöffnet: Mo.-Fr. 1o-16, Sa./So. 12.3o-16 Uhr. Führungen.

In der Schloßkirche von Akershus sonntäglicher Gottesdienst und Konzerte (19.4.-25.1o.), Infos über Veranstaltungstermine beim Touristbüro.

Die zeremonielle Wachablösung der Garde auf dem Akershus Schloßgelände gegen Mittag. Widerstandsmuseum im Festungswall, großes Verteidigungsmuseum vis à vis (Brücke) im alten Waffenarsenal beim Festningsplassen. Alle Details siehe Museen.

Aker Brygge: Ende der 8oer Jahre wurde der Kai vis à vis der Festung Akershus komplett neu gestaltet. Architektonisch interessant mit viel Glas, großem Innenhof etc. Die Backsteingebäude der damaligen Schiffswerft wurden geschickt integriert. Leben, Wohnen und Arbeiten sollte hier wieder vereint werden; Kneipen, Restaurants und Musikveranstaltungen als Anziehungspunkte.

Zwei Punkte sollte man unbedingt in jede Oslo-Besichtigung einbauen:
- *die Museumshalbinsel BYGDØY, sehr lohnend, 1/2 - 1 Tag einplanen!*
- *HOLMENKOLLEN (Skisprungschanze und schöner Oslo-Blick)*

Eigenes Auto nützlich, da außerhalb gelegen, jedoch nicht unbedingt nötig, da gut erschlossen mit öffentlichen Verkehrsmitteln ("Oslo-Kortet").

✦ HOLMENKOLLEN

Die wichtigste Erhebung oberhalb der im Norden in Natur übergehenden Hauptstadt. Man hat einen fantastischen Rundblick über Stadt und den weiten Fjord.

 Ab <u>Zentrum die Kristiansgate</u> am Slottspark entlang, steigt nordwestlich durch zunächst weniger attraktive Hauszeilen aufwärts und folgt ab Kreuzung Kirkeveien der Holmenkollen-Eisenbahn. Achtung: Nach ca. 1,2 km links ab, da sich das Gleis hier zweigt; der linke Arm geht weiter den Berg rauf zum Holmenkollen! Stadtplan nützlich.

 Die <u>Holmenkollen-Bahn</u> T-Bahn (z.B. T-15 = U-Bahnlinie 15) fährt fast rauf bis zur Skisprungschanze (bester Blick über Oslo!). Man spart sich Sprit, zudem preisgünstig mit der "Oslo Kortet", die den Eintritt für die Skisprungschanze und das Skimuseum gleich mit beinhaltet. Die Holzwaggons der Bahn nostalgisch, schöne Strecke durch Villenvororte den Berg rauf!

Holmenkollen Skisprungschanze

Oslos Wahrzeichen. In ca. 5oo m Höhe leuchtet sie auf dem Hausberg. Von der oberen Glaskanzel phantastischer Rundblick über den Oslofjord und die Nordmarka. Ein Lift geht fast auf komplette Höhe rauf, den Rest über steile Treppe seitlich in die freie Luft raus zur Absprung-Kanzel.

Bei dem Anblick der steilen Anlaufbahn kann es einem auch ohne Ski leicht mulmig werden. Die verschiedenen Startluken liegen in schwindelerregender Höhe 55 m über dem Boden.

High-Tech-Attraktion ist ein Simulator, in dem man via Bild, Ton und Hydraulik eine Weltcupabfahrt miterleben kann.

Zur Einweihung 1892 lag die Rekordweite bei 21,5 m. Seitdem wurde die Schanze rund 15 mal umgebaut: der Anlauf länger, Schanzentisch höher, Aufsprung steiler, bis die heutige elegante Schanze 1982 entstand, die Sprünge bis ca. 11o m zuläßt (kritischer Aufsprungpunkt bei 1o5 m).

Noch ein paar Daten: Höhe der Kanzel 6o m oberhalb des Schanztisches, Absprunggeschwindigkeit vom Schanzentisch ca. 92 km/h. Danach folgt ein Flug von ca. 4 1/2 Sekunden, bis der Skispringer rund 1oo m weiter unten aufsetzt.

Die Haupterweiterungsarbeiten der Schanze fanden 1952 für die Olympischen Winterspiele und 1982 für die Skiweltmeisterschaft statt.

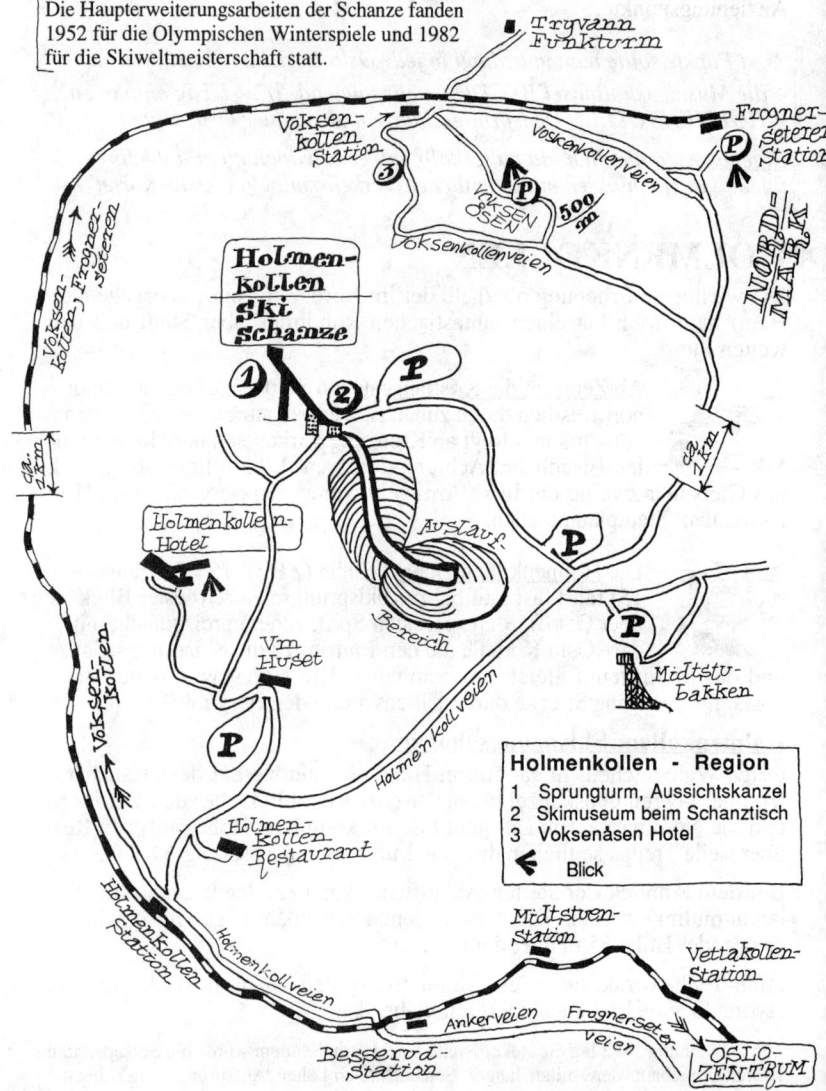

Holmenkollen - Region

1　Sprungturm, Aussichtskanzel
2　Skimuseum beim Schanztisch
3　Voksenåsen Hotel

◄　Blick

Die Holmenkollen Schanze ist eine der wichtigsten Skandinaviens. Das jährliche Schanzenspringen, bei dem sich die Weltelite trifft, findet am 1. Sonntag im März statt. Für Norwegen ein riesiges Ereignis mit mehr als 2o.ooo Zuschauern. Wegen Schneemangels 199o wurde die Schanze mit Keramik ausgelegt, der Schnee mußte per Bahn aus Finse angefahren werden, drumherum herrschten frühlingshafte Temperaturen. Eintrittsmünze (Token) gibt's unten im Skimuseum.

Geöffnet: ganzjährig wie Skimuseum.

<u>SKIMUSEUM</u>: Im freundlichen Holzpavillon neben dem Schanzentisch. Klein, aber gut aufbereitet und präsentiert. Norwegen, das Land des Skis: über Jahrhunderte hinweg war der Ski in den winterlich verschneiten Tälern das einzige und wichtigste Transportmittel.

Zeigt die Entwicklung des Skis von ersten Felszeichnungen (4ooo v. Chr.), über erste Skifunde (8oo n. Chr.) bis hin zum heutigen Fiberglasski für Abfahrtslauf Slalom und Skisprung. Für Skifans ist das Museum Pflichtprogramm.

Interessant, wie sich in den <u>einzelnen Tälern und Regionen Norwegens</u> unterschiedliche Skitypen entwickelten gemäß den Bedingungen der Landschaft: der <u>Lappenski</u> für die weitgehend flachen Tundren mit Länge 1,6o bis 2,45 m(!) - der <u>längste Ski für Hügel-und Berg-Regionen</u> mit 3,74 m (Oppland). Schaukästen für die einzelnen Regionen.

Hergestellt wurden die Ski meist aus Birke oder Fichte. Jedes Gebiet hatte seine eigene Technik in der Skiherstellung. In der Regel gab es einen kurzen Fellski und einen längeren Gleitski. Antrieb nach dem Rollerprinzip. Erst die Neuentwicklung Søndre Norheims in Morgedal (siehe auch Seite 378) mit spezieller Fersenbindung erlaubte den kontrollierten Schwung, ohne den Ski zu verlieren.

Gleichzeitig Dokumentation der Entwicklung der Skibindungen; Dokumente aus den über 1oo Jahren Geschichte der Holmenkollen Skischanze (weitere im Holmenkollen Hotel / 1. Stock, Fotos) sowie 2 Schaukästen zur Skiausrüstung der Polarexpedition F. Nansens und R. Amundsens (siehe auch "Fram-Museum"/Halbinsel Bygdøy).

Geöffnet ganzjährig, zur Saison 9-2o Uhr, sonst kürzer.

<u>HOLMENKOLLEN HOTEL</u>: neben der Skisprungschanze. Gebaut Ende des 19. Jh. von Dr. Holm, der hier oben auf dem Hügel ("Kollen") in gesunder Natur und bei Weitblick über den Oslofjord ein Sanatorium errichtete. Ursprünglich ein Prachtbau im Stil der Jahrhundertwende-Hotels Norwegens mit verschlungenen Dachreitern, Giebeln und Fensterverzierungen, Ende der 7oer Jahre renoviert. Siehe auch "Oslo-Hoteltips".

Im Winter jede Menge an <u>Langlaufloipen um den Holmenkollen</u>, Länge 1o bis 3o km. Infos übers Fremdenverkehrsamt, auch Karten.

<u>**Zum Tryvannstårnet**</u>: Oslos Fernseh-/Aussichtsturm, siehe Karte. Bildet die Spitze des Holmenkollen (5oo m). Von der 6o m hohen Kanzel bei klarem Wetter enorme Fernsicht bis zum Gaustatoppen und Norefjell. Geöffnet ganzjährig, zur Saison 9-2o/22 Uhr, sonst kürzer.

Von der Bahnstation Voksenkollen etwa 2o Min. zu Fuß bzw. ab Holmenkollen mit eigenem Auto ca. 1/2 km, ausgeschildert.

★ BYGDØY

Halbinsel 2 km westlich vom Stadtzentrum mit den wichtigsten Museen Oslos. Zugleich Villenviertel mit Parks, die norwegische Königsfamilie hat hier ihren Sommersitz.

Ab Rathaus am Fjord entlang, die Schnellstraße Ri. Drammen. Abzweigung "Bygdøy" ist ausgeschildert. Problem kann während der Hochsaison der limitierte Parkplatz vor den Museen sein...

Linienbus Nr. 3o ab Wesselplatz mehrmals pro Stunde rüber nach Bygdøy (ganzjährig). Erheblich schöner ist jedoch die Überfahrt per Personenboot ab Rathaus. In der Saison (April bis Sept.) zwischen 7.45 und 2o Uhr alle 15-45 Min. Verbindung sowohl bei Bus wie Personenboot im "Oslo Kortet"-Ticket inklusive. Endstation des Bootes bei dem spitzen Fram-Museum.

Zeitplanung: Lohnend sind praktisch alle auf Bygdøy liegenden Museen. Es empfiehlt sich, den Tag früh zu beginnen, denn die Zeit wird bei der Fülle an Interessantem schnell knapp.

Welches der Museen man zuerst einbaut, ist eine Frage persönlicher Interessen. Es kann jedoch sinnvoll sein, zunächst mit den Museen Kontiki und Fram zu beginnen, die beide sehr kompakt sind. Man ist somit freier in der Zeiteinteilung für den recht weitläufigen Park des Volksmuseums mit seinen Häusern, die fast alle auch innen (mit Einrichtung) besichtigt werden können.

Das Seefahrtsmuseum hat im Sommer am längsten auf und man kann es notfalls, wenn die Zeit knapp wird, fürs Ende aufheben. Auf dem Weg das Museum mit den Wikingerschiffen.

19 VOLKSMUSEUM (Norsk Folkemuseum)

Repräsentative Anlage norwegischer Bauernhöfe, die schmuckvolle Stabkirche von Gol (12. Jh.) und Alt Osloer Wohnhäuser aus dem 19. Jh. Viele Gebäude können auch innen besichtigt werden, so eine alte Apotheke, ein Tante Emma Laden und traditionelle Werkstätten.

Zur Hauptsaison im Park Volkstanzgruppen. Ein äußerst angenehmes Freilichtmuseum mit schattigen Bäumen und Bänken. In der alten Wartehalle "Pipervika" aus der Dampfschiffszeit ein Café eingerichtet, es war früher der Terminal der Dampfboote unterhalb der Akershus Festung.

Im Museum wird jeweils eine typische Hofanlage stellvertretend für jedes Tal gezeigt. Studentinnen in der jeweiligen Tracht erklären auf Wunsch die Innenausstattung.

Siehe Oslo Karte ⋙→

Die Höfe in etwa geographisch auf dem Gelände angeordnet, ganz im Norden im Hardangerhaus Nr. 37 eine lange Hochzeitstafel, große hölzerne Krüge mit Brandmalerei verziert, Flatbrød etc. Eine aktive Trachtenschneiderei in Nr. 25, dem alten Trøndelaghaus, das zuletzt als Pfarrhaus benutzt wurde.

Das Geld für das Erläuterungsheft ist bestens angelegt. Lageplan, detaillierte Beschreibung und durch die Numerierung gut zu lokalisieren (erhältlich an der Eingangskasse).

Die unterschiedlichen Hoftypen werden besonders nach einer Norwegen-Rundreise deutlich, wenn man sich mit den verschiedenen Regionen vertraut gemacht hat.

Im separaten großen Ausstellungsgebäude (am Eingang des Museums): Möbel, Textilien, die kunstvolle Hardanger Fiedel, Kirchenkunst, das Arbeitszimmer Ibsens, Werkzeuge etc. und eine große Lappen (Samen)-Abteilung.

Offen: 15.5.-14.9. täglich 11-17 Uhr. Ansonsten ganzjährig tägl. 12-16 Uhr, So. kürzer. Eintritt 12 DM. Achtung: Viele der Häuser im Park können auch innen besichtigt werden, schließen jedoch rund 1 Std. vor der regulären Schließungszeit des Parks! Gilt auch für die Räume des Museums-Hauptgebäudes.

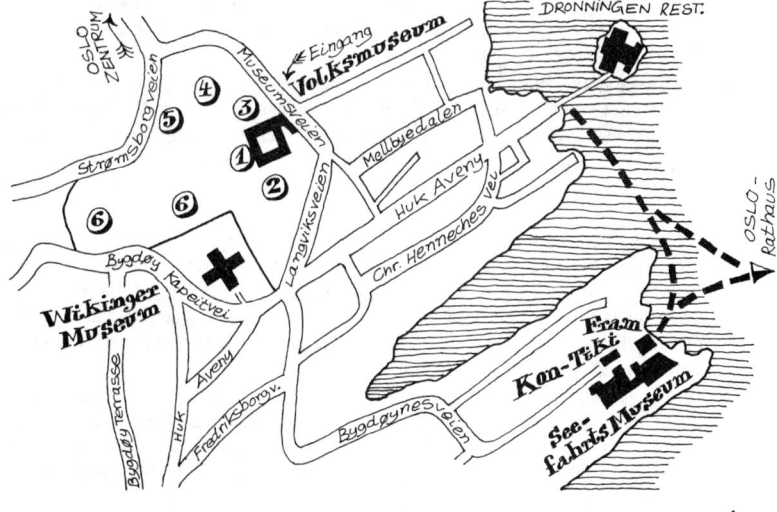

1 Eingang und Hauptgebäude
2 Alt Oslo
3 Theater

4 Stabkirche Gol
5 Restaurant
6 Häuser aus den Regionen

Bygdøy

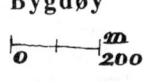

18 WIKINGERSCHIFFMUSEUM (Vikingskiphuset)

Die Ausstellungsstücke gehören zu den reichsten Schiffs- und Grabfunden dieser Epoche. Die beiden rekonstruierten Wikingerboote "Gokstad" und "Oseberg" passen mit ihren über 2o m kaum ins Weitwinkel-Objektiv.

Das <u>Prachtstück "Oseberg"</u> mit dekorativ geschnitztem Steven, zu gut 9o % im Original erhalten. Im Vergleich wirkt das "<u>Gokstadschiff</u>" robuster, die Bordwände höher, daher auch seetüchtiger. Den Beweis der Hochseetauglichkeit lieferte bereits 1893 Andersen, der mit einer Rekonstruktion in 28 Tagen zur Weltausstellung nach Chicago segelte.

Das <u>Tuneschiff</u> nur bruchstückhaft erhalten. Wie bei archäologischen Ausgrabungen üblich, wurden alle Schiffe nach ihren Fundorten (am Oslofjord) benannt.

<u>**Große Persönlichkeiten**</u> (Könige und Häuptlinge) erhielten bei den Wikingern eine Schiffsbestattung. Für die lange "Fahrt" nach Walhall wurden dem Toten alle nötigen Gegenstände mit ins Schiff gelegt. Angefangen von seinen Pferden über Verpflegung, Küchengeräte, Waffen, Schmuck etc. Die Toten selbst in goldverzierten Kleidern auf Daunen in ihr Schiff gebettet. Nicht selten begleiteten die Diener ihre Herren mehr oder weniger "freiwillig". Bei der Bestattung wurden sie feierlich getötet. Bei diesen Funden handelt es sich ausnahmsweise um Erdhügelgräber.

<u>**Das Osebergschiff**</u> wurde 19o4 an der Westküste des Oslofjordes Nähe Tønsberg ausgegraben. Was die Archäologen im Grabhügel fanden, war ein Haufen Holzstücke. Zwar hatten die Wikinger bei der Bestattung Schiff, Tote und Grabbeigaben solid mit Grasmatten abgedeckt, was zusammen mit dem Lehmuntergrund vorzüglich das Eichenholz des Schiffes über die Jahrhunderte konservierte.

Allerdings waren (vermutlich im frühen Mittelalter) <u>Grabräuber</u> eingedrungen und hatten die ursprüngliche Ordnung der Grabbeigaben durcheinandergebracht. Der <u>Vordersteven</u> war zerstört, ebenso der <u>Hintersteven</u>. Auch die über dem Grab aufgeschichteten Steine hatten über die Jahrhunderte hinweg zu einer Senkung des Untergrundes geführt, wobei das Schiff in seinen Decksplanken zwar zerbrach, aber doch in seiner Form noch erhalten war.

In mühsamer Kleinarbeit wurde das Schiff restauriert. Besondere Probleme bereitete die <u>Konservierung des Holzes</u>, da den Archäologen damals noch kein umfassendes Knowhow vorlag. Probleme bereiteten auch die <u>unterschiedlichen Holzarten</u> (beispielsweise die Grabbeigaben des mit kunstvollen Schnitzornamenten versehenen Schlittens - heute im hinteren Teil des Museums zu sehen), für die jeweils unterschiedliche Konservierungsmethoden gefunden werden mußten.

Allein der **Schlitten** war in mehr als 1.ooo Bruchstücke zerfallen. Ein mühsames Puzzle, dessen Zusammensetzung ein Jahr in Anspruch nahm. Es handelt sich hier um ein weicheres Holz, welches schwieriger als die Eiche des Schiffes zu konservieren war. Durch ein spezielles Verfahren (Behandlung mit Trimethylcarbinol) wurde dem Holz sämtliche Feuchtigkeit entzogen.

Es wird dadurch leicht wie Kork, kann dauerhaft jedoch nur in einem abgeschlossenen und klimatisierten Glaskasten erhalten werden.

Wer sich für Kunsthandwerk interessiert oder beruflich tätig ist: ein Hochgenuß, was hier Wikingerkünstler an Ideen- und Formenreichtum in ornamentalem Schnitzwerk realisierten!

Die Konservierung des härteren Eichenholzes des **Schiffes** war vergleichsweise leichter. Das Problem lag in den (durch Steinbelastung) teils verbogenen Holzteilen. Soweit möglich wurden sie durch Dampfbehandlung in die ursprüngliche Form zurückgebogen.

Der zerstörte Vordersteven mußte an Stellen wo sich das ursprüngliche Holz des Schiffes nicht mehr konservieren ließ oder zu zersplittert war, durch heutige Hölzer ergänzt werden. Er entspricht jedoch der ursprünglichen Form. Wo "nachgebessert" wurde, ist klar erkennbar. - Die Rekonstruktion des hinteren Steven beruht auf Vermutungen.

Alles zwischen den beiden Steven ist Original. Es wurde in langwieriger Kleinarbeit und mit Holzschablonen zusammengefügt. Faszinierend sind Linienführung und unterschiedlichen Querschnitte des bauchigen Wikingerschiffes. Schiffe dieser Form, wenn auch in größerer Ausführung, konnten bis zu 8o Mann tragen. In ihnen überquerten die Wikinger den stürmigen Nordatlantik bis Grönland und sogar rüber zu den Küsten Labradors/ Westkanada!

Das Osebergschiff dürfte für derartig weite Atlantiküberquerungen zu klein gewesen sein, auch was seine Bauweise betrifft (siehe Gokstadschiff!). Der Sage nach war es eine spezielle Grabbeigabe für die **Wikinger-Königin Aasa**. Sie ist sicher nie zur See gefahren, doch da sie wie ein Mann regiert hat, wurde sie auch entsprechend bestattet. Vermutlich baute man ihr eigens für die Fahrt ins Jenseits dieses Schiff.

Aus der Ynglinga-Saga weiß man, daß sie von König Gudröd aus Vestfold geraubt wurde, nachdem er ihren Vater, Harald Rotbart, erschlagen hatte. Diese Schmach konnte die stolze Aasa nie vergessen und ließ aus Rache nach einem Saufgelage ihren Mann ermorden. Energisch und mutig stand sie zu ihrer Tat und wurde so als neue Herrin anerkannt, die das Wikingerreich streng regierte.

Entsprechend bedeutend die Grabbeigaben. Man fand neben Skeletten von 1o Pferden einen kompletten Hausrat, prunkvolle Kleider und kostbaren Schmuck, mehrere Wagen und Schlitten mit besonders ausgeprägten Greiftieren und Szenen aus der Sigurd-Sage, vermutlich 8.-9. Jh.

Das **Gokstad-Schiff** wurde bereits 188o in der Nähe der heutigen Stadt Sandefjord/ westl. Oslofjord ausgegraben. Bis auf die beiden Steven, die nicht rekonstruiert wurden, war es relativ gut erhalten. In den Schiffsrumpf reingepresster Lehm half zusätzlich zur Konservierung.

Besonders interessant waren für die Archäologen die umfangreichen Funde im Gokstadschiff: Alles, was es an Gebrauchsgegenständen damals auf einem Wikingerschiff gab, von Trinkgefäßen über Angelhaken, Bohrern, Äxten, Kupferkesseln, Brettspielen bis hin zu Küchengeräten. (Die Funde sind seitlich in den Vitrinen ausgestellt, auch Schmuckgegenstände, die gefunden wurden.)

Das Gokstadschiff ist größer als das Osebergschiff: Länge 23,24 m, Breite 5,2o m, Tiefgang 85 cm. Seine Tragfähigkeit dürfte bei knapp 3o Tonnen gelegen haben, Eigengewicht des Schiffes ca. 2o Tonnen. Es ist stabiler gebaut, besitzt je 16 Löcher rechts und links für die Ruderriemen, auch der Kiel ist erheblich kräftiger. Um höchste Stabilität zu garantieren, besteht er aus einem Stück. Dies setzt eine schnurgerade gewachsene Eiche einer Höhe von 25 m voraus!

Erhalten ist auch das Steuerruder am Achtersteven, das seitlich angebracht war. Je nach dem, wie tief es eingetaucht wurde, änderte sich der Kurs. Eine Technik, wie sie auch bei den Balsaflößen (siehe Kontiki-Museum) angewandt wurde.

Die Kampf-Schilde der Wikinger waren, wenn das Schiff im Hafen lag, an Schnüren zwischen den Öffnungen für die Ruderriemen aufgehängt. 32 pro Bordseite und sicher äußerst repräsentativ für die Stärke. (Exponate von Schildfunden an der Giebelwand des Museums.)

Auch in Konstruktion seiner Spanten war es erheblich stabiler und für Hochseefahrten (Verwindungskräfte bei starkem Seegang!) geeignet. Im Gegensatz zum Osebergschiff waren die Decksplanken nicht aufgenagelt, sondern nur lose aufgelegt. Dies schaffte zusätzliche Variabilität des Stauraums für die Menge an mitzuführenden Lebensmitteln, Trinkwasservorräten, Kleidung etc., wie sie bei einer längerer Überquerung des Atlantiks notwendig wird.

1893 bewies der Norweger Magnus Andersen mit einer Replik des Gokstadschiffes, daß eine Überquerung des Nordatlantik mit diesem Schiffstyp möglich ist.

Die Grabbeigaben des Gokstadschiffes sind im Museumsflügel des Tuneschiffes ausgestellt, u.a. auch wendige und flinke Beiboote. Analog ihrer Bedeutung im Diesseits (für die Wikinger als Volk der Seefahrer) schloß man folgerichtig, daß sie auch im Jenseits ähnlich wichtig sein müßten.

Das **Tuneschiff** ist das kleinste der Exponate. Da der Mast für das Segel und der Kiel jedoch äußerst kräftig ausgearbeitet sind, vermutet man, daß das Tuneschiff ebenfalls für Hochsee-Einsatz gebaut wurde.

Weitere Wikingerschiffe siehe "Ladby" (Museen nördl. Odense/Dänemark) sowie das Museum in Roskilde/Dänemark, siehe Seite 41.

Offen: 2.5. bis 31.8. tägl. 9-18 Uhr, September 11-17 Uhr, Oktober und April 11-16 Uhr, das übrige Jahr tägl. 11-15.oo Uhr. Eintritt 2,5o DM.

15 KON-TIKI-MUSEUM

Ausgestellt sind das BALSAFLOSS "KON TIKI" und das SCHILFBOOT "RA" des norwegischen Ethnologen und Biologen **Thor Heyerdahl** (geb. 1914 in Larvik/Südküste), der mehrfach durch spektakuläre Expeditionen für Schlagzeilen sorgte:

1947 überquerte er im Balsafloß "**Kon Tiki**" in nur 1o1 Tagen von Lima/Peru den Pazifik rüber in die Südsee/Ostpolynesien, - immerhin eine Strecke von rund 8.o5o km übers offene Meer!

Sein Floß steht im 2. Raum des Museums in voller Takelage mit winziger Kajüte, Navigationsgeräten und Expeditionsgegenständen. Kaum vorstellbar, daß 6 Leute hier 3 Monate gelebt haben. Durch die 4 Schwerter hielt das Floß gut den eingestellten Kurs. Die Manövrierfähigkeit war allerdings sehr beschränkt (max. 2o Grad): es war primär abhängig von Strömung und Passatwinden, deshalb gab's kein Zurück.

Zu Beginn der Fahrt bereitete es große Schwierigkeiten, die Abdrift zu korrigieren, um im Humboldtstrom zu bleiben, eine kaum befahrene Schiffahrtsroute. Bei starkem Seegang war das Steuer nur zu zweit zu halten, rund um die Uhr mit Wachablösung.

Thor Heyerdahl wollte durch seine Floßfahrt Beweise für seine Theorie liefern, daß

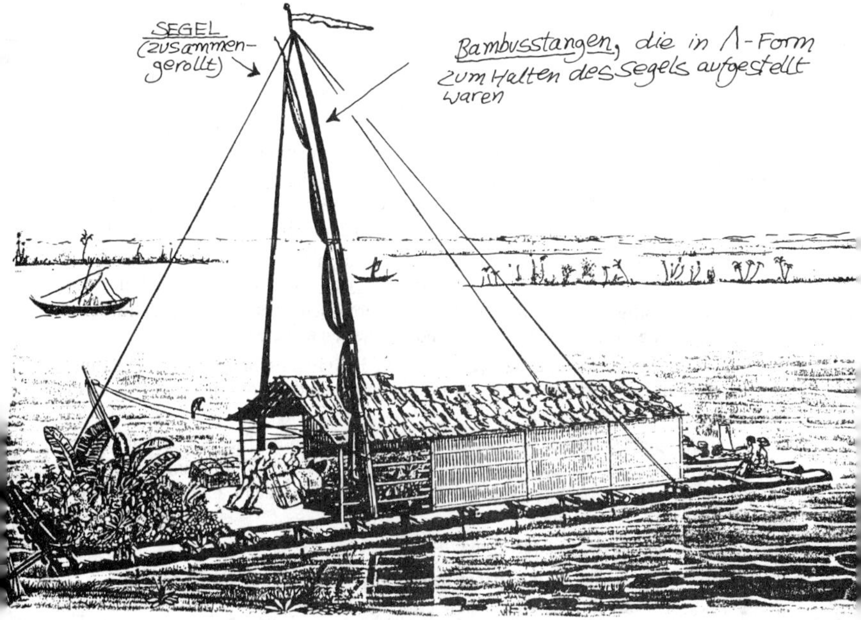

SEGEL (zusammen-gerollt)

Bambusstangen, die in ∧-Form zum Halten des Segels aufgestellt waren

südamerikanisches Balsafloß, Vorbild für Thor Heyerdahl

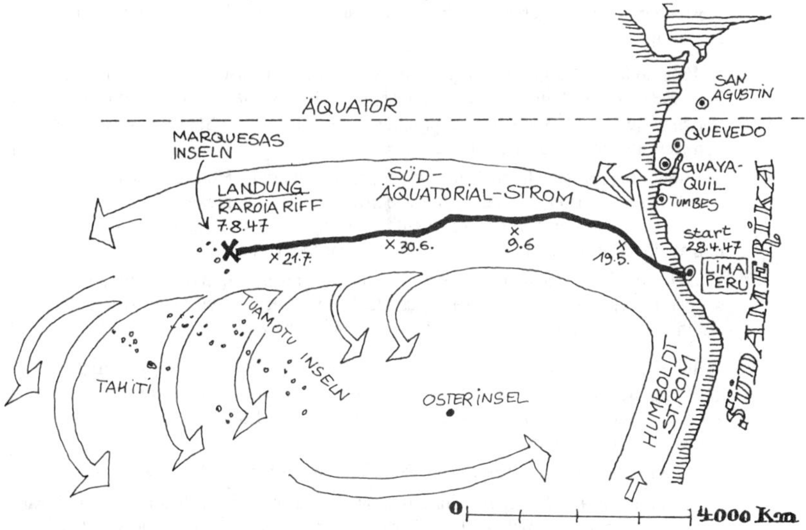

ÄQUATOR

SAN AGUSTIN

QUEVEDO

GUAYA-QUIL

TUMBES

MARQUESAS INSELN

LANDUNG RAROIA RIFF 7.8.47

SÜD-ÄQUATORIAL-STROM

start 28.4.47

LIMA PERU

X 21.7.   X 30.6.   × 9.6   × 19.5.

TUAMOTU INSELN

TAHITI

OSTERINSEL

HUMBOLDT STROM

SÜDAMERIKA

0 ⊢————⊢————⊢ 4000 Km

Oben: Balsafloß, wie es zur präinkaischen und inkaischen Zeit an der Westküste Süd-amerikas, insbesondere zum Transport von Waren üblich war. **Unten:** Thor Heyerdahls Srecke im Balsafloß Kon Tiki von Lima/Peru per Golfstrom und Südäquatorialstrom zu den Marquesas/Südsee

südamerikanische Volksstämme in Balsaflößen den Pazifik überquert und Polynesien besiedelt hätten.

Als Background muß man zunächst wissen, daß die Forschung Ende der 4oer Jahre zwar eine Fülle an Einzelmaterial über Polynesien zusammengetragen hatte, - jedoch kaum eine vergleichende Forschung speziell in der Frage der Herkunft der Polynesier existierte. Auch praeincaische und Inka-Volksstämme der südamerikanischen Anden und des Küstenbereichs Südamerikas waren nur in Teilbereichen und sehr ungenügend erforscht.

Der damals 3o-jährige Ethnologe Heyerdahl hatte durch Vergleiche südamerikanischer Volksstämme mit denen Polynesiens Ähnlichkeiten beispielsweise in kultureller Leistung wie Steinfiguren gefunden, aber auch anderen Bereichen, die auf eine transozeanische Verbindung zwischen Südamerika und Polynesien deuteten.

So verwendeten beispielsweise die Polynesier, wie Heyerdahl schreibt "als Erinnerungshilfe ein System von verzweigten Knotenschnüren gleich dem, das die Inka-Indianer in Peru gebrauchten".

Er verschickte seine Theorie an die damals führenden Wissenschaftler der USA und Europas, aber die Post blieb unbeantwortet. Man lächelte nur müde: Wie konnten Menschen in derart primitiven Fahrzeugen wie Balsaflößen den Pazifik mehr als 8.ooo km lebend überqueren?!

Für Heyerdahl sprach vieles dafür:

1.) Als erste Europäer hatten die spanischen Eroberer unter Pizarro ab 15o6 die Pazifikküste betreten. Die Chronistenberichte enthalten jede Menge an Abbildungen und Beschreibungen von Balsaflößen. Es wird als wichtigstes Transportmittel im Küstenbereich beschrieben, als absolut hochseetüchtig mit der beachtlichen Traglastfähigkeit bis zu 1o Tonnen.

2.) 1946 hatte Heyerdahl, in Erwartung auf Antwort seiner Post an die wissenschaftliche Fachwelt, sich in einem Seemannsheim in Brooklyn/New York einquartiert und ausführlich mit Seeleuten gesprochen, - auch denen, die Schiffshavarien in kleinen Rettungsbooten überlebt hatten.

In seinem berühmten Buch "Kon Tiki" schreibt er hierzu: "Hohe Brecher konnten bei größeren Schiffen die Stahlrohre wie Streichhölzer einknicken, - daneben kann ein kleineres Boot in derselben See gut bestehen, solang es Platz genug zwischen den Wellenkämmen hat, um wie eine Möwe darüber zu tanzen..."

Wie Heyerdahl weiter schreibt: "Wenn damalige Völker sich in der erheblich schwierigeren See des Küstenbereiches (die hohe Wellen aufwirft) mit Holzflößen durchsetzen, warum dann nicht auch auf einem Hochseetrip..."

3.) Schlüsselpunkte für Heyerdahls Theorie waren insbesondere auch die Steinfiguren der Osterinsel. Ein Minieiland von nur 25 x 15 km Größe, einsam im Pazifik zwischen Südamerika und Polynesien gelegen, und im Radius von ca. 4.ooo km keinerlei weitere Landmasse.

Hier hatte man mehr als 1oo riesige Steinfiguren mit bis zu 12 m Höhe gefunden.

Sowohl die Anzahl der Figuren für ein derart kleines und abgeschiedenes Eiland war ungewöhnlich, - aber auch die hohe Perfektion in Steinbearbeitung und künstlerischer Ausstattung der Gesichtszüge dieser Figuren deuteten darauf, daß hier ein Volk an Land gekommen sein mußte, welches dieses Know-how gebracht hatte.

Für Heyerdahl ein weiteres Indiz, daß damalige Völker in primitiven Fahrzeugen große Strecken über das offene Meer zurücklegen konnten. Im Fall Osterinsel bedeutet dies runde 4.ooo km, - bei Besiedelung ab südamerikanischer Westküste sogar 8.ooo-1o.ooo km wegen Meeresströmung und Winden (siehe Skizze).

Aufgestellt waren die Figuren an der Küste der Osterinsel eigenartigerweise mit Blickrichtung ins Inselinnere, - so, als ob sie "erzählen wollten, sie seien vom Meer ans Land gekommen".

Zudem hatten die Einheimischen der Osterinsel ihren ersten weißen Entdeckern, so Cook Expedition, 1774 berichtet, gemäß Überlieferung seien ihre Vorfahren von einem Land gekommen, welches "6o Tagesreisen östlich liegt, aus heißen Wüsten besteht und kahlen Gebirgen." (Kann gemäß geogr. Angaben nur heutiges Peru bis hin Südgrenze Ecuadors sein).

4.) Durch eine mit Heyerdahl befreundete Familie, die als Vertreter der norwegischen Olsen Line in New York agierte, erhielt Heyerdahl eine Seekarte des Bereiches Südsee bis Südamerika (im Kon-Tiki-Museum ausgestellt).

In der Tat führt der aus der Antarktis kommende Humboldtstrom zunächst an der Pazifikküste Südamerikas entlang, um dann ab ca. Südgrenze heutigem Ecuador als Südäquatorialstrom rüber in die Südsee zu führen. Im Kreis biegt er südlich via Osterinseln wieder zurück zur südamerikanischen Küste.

Vergleichende Untersuchungen der Meeresströmung ließen eine Überfahrt von Peru per Floß in die Südsee a 97 Tage im Balsafloß errechnen.

5.) Letzten Anstoß ergaben für Heyerdahl spanische Chronistenaufzeichnungen der Conquistadores, in denen berichtet wird, der Inca Viracocha (mit indianischem Namen Kon Tiki) sei bei einem Gemetzel mit seiner engsten Gefolgsschar auf Balsaflößen aufs offene Meer des Pazifiks geflüchtet. "Identisch mit Tiki, dem Sohn der Sonne, den alle Bewohner der östlichen Südseeinseln als ihren ursprünglichen Stammvater feierten", wie Heyerdahl in seinem Buch "Kon Tiki" schreibt...

Es ging also nunmehr um den praktischen Nachweis, daß eine derartige Überfahrt im Balsafloß für frühere Völker Südamerikas rüber nach Polynesien technisch möglich ist.

Die Balsastämme besorgt sich Heyerdahl im tropischen Tiefland der Pazifikküste Ecuadors, in den Urwäldern Nähe Quevedo. Ab Guayaquil wurden sie per Frachter südlich nach Lima/Callao Peru verschifft und im dortigen Marinehafen nach alten Vorbildern der spanischen Chronistenberichte und ohne Nagel nur mit Hanfseilen zusammengebunden.

Am 28.4.1947 großer Abschied in Callao/Peru unter Beisein von Presse, Politik und Militärs, die der Expedition sehr skeptisch gegenüberstand. Wie ein hochrangiger Diplomat zu Heyerdahl sarkastisch bemerkte: "Leben ihre Eltern noch? Sie werden sehr traurig sein, bald von ihrem Tod erfahren zu müssen..."

Gesteuert wurde das Floß nach tradioneller Methode der Inca- und Praeincazeit: Das Segel quer vor den Wind gesetzt (in diesem Fall Passatwinde, die rüber in die Südsee wehen), das Floß analog zur Windrichtung ausgerichtet. Durch die Driftbretter ließ es sich der Meeresströmung anpassen: je nachdem, wie tief die senkrecht zwischen den Balsastämmen angebrachten Driftbretter ins Meer eingetaucht waren, ließ sich der Kurs beeinflussen, zusätzlich das Ruder am Heck des Floßes (siehe auch Schaukasten im Museum).

Dann begann die Wellenreiterei bei Kämmen bis zu 3o m Höhe an stürmischen Tagen, - begleitet zeitweise von Haifischen in den tropisch heißen Gewässern nahe des Äquators!

<u>Tip</u>: Wer sich für die Expedition speziell interessiert, sollte sich vorab in Deutschland schon den Band "KON TIKI" von Heyerdahl besorgen, liest sich spannend wie ein Roman, erhältlich in verschiedenen Ausgaben, z.B. bei ULLSTEIN als Sammelband zusammen mit "Aku Aku", Heyerdahls Bericht über seine Osterinsel-Expedition (ISBN: 3 55o o6o 815).

Wider Erwarten erreichte die Kon Tiki Crew (5 Landratten, die sich lediglich aufs Funken, wissenschaftliche Strömungsmessung und Soziologie verstanden) nach 3 Monaten abenteuerlicher Überfahrt <u>Polynesien</u>: das Floß strandete auf dem Roraia Riff, einer kleinen Koralleninsel im Bereich der Marquesas Inselgruppe.

Damit war prinzipiell bewiesen, daß die Überfahrt im Balsafloß ab Südamerika rüber in die Südsee möglich ist. Großer "Bahnhof" für Heyerdahl und seine Mannschaft auf Tahiti, so doch jede Menge an Ungeklärtheiten!

1955/56 einjähriger Aufenthalt Heyerdahls auf der <u>OSTERINSEL</u>, wo er nicht nur das Mysterium der Steinfiguren erforschte, ihre Steinbearbeitung, den Transport sowie die Aufstellung dieser riesigen, viele Tonnen schweren Figuren. Das Alter der Funde wurde durch Radiocarbon-Messungen bestimmt. Auf Grund der Forschungsergebnisse stellte er die Theorie einer 2-fachen Besiedlung der Osterinseln auf, - zunächst ab Südamerika, dann ab Polynesien. Er bekräftigte dies durch eine Reihe von Argumenten.

<u>Neuere Forschungsarbeiten ab 196o</u> unter Dr. William Mulloy und Dr. G. Figueroa (beides Teilnehmer der ersten Heyerdahl-Expedition Kontiki) behaupteten dagegen eine Besiedelung der Osterinsel ausschließlich ab Polynesien. Zudem sei Polynesien nie von Südamerika aus besiedelt worden. Heyerdahl wurde in den folgenden Jahren stark wegen seiner Theorie von der Fachwelt angefeindet. Nach neuesten Forschungsergebnissen spricht jedoch vieles doch für Heyerdahl, der sich reputieren konnte. Weitere Details zu Heyerdahl und Osterinsel siehe auch VELBINGER Band 36 "Chile/Antarktis".

In der **Expedition RA** (1969/7o), ausgestellt im ersten Raum des Museums, versuchte Thor Heyerdahl den Nachweis zu erbringen, daß Völker aus Afrika in Schilfbooten Süd- und Zentralamerika besiedelten.

Hier wurde ein Schilfboot, wie es auf dem <u>Tschadsee/Afrika</u> Verwendung fand, nachgebaut.

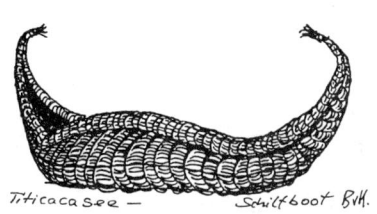

Titicacasee —   *Schilfboot BrH.*

Vorbild waren alte Reliefs und Modelle auf Pyramiden. Abfahrt 2.5.1969 in Safi/Marokko. Das Schilfboot sog sich auf der Fahrt über den Südatlantik dermaßen mit Wasser voll, daß es nach ca. 2 1/2 Monaten unterging, - wobei mitgeführte Funkgeräte zur Rettung der Crew halfen.

Im 2. Anlauf versicherte sich Heyerdahl der Hilfe von Experten im Schilfbootbau, wie er heute noch im Bereich des Titicacasees/südamerikanische Anden üblich ist - und zwar der Brüder Limachi und Paulino Esteban, die auf der Insel Suriqui/Titicacasee leben.

Ra 2 startete am 17.5.197o und erreichte nach 57 Tagen Barbados/Karibik am 19. Juli 197o. Das 1: 1 Modell ist - zusammen mit Fotos und sonstigen "Dokumentationen" - im 1. Raum des Kon-Tiki-Museums ausgestellt.

In wieweit hier wissenschaftlich ein "transozeanischer Kulturaustausch" bewiesen ist, sei sehr dahingestellt! Heyerdahl greift in Sachen "RA" Kulturleistungen wie den Bau der Pyramiden in Ägypten auf - und verweist auf ähnliche Monumentalbauten in Mexiko, Guatemala und den südamerikanischen Anden.

Bemüht wird zugleich beispielsweise die Mythologie der Ägypter, die in Afrika den Sonnengott anbeteten - und praeincaische Völker der südamerikanischen Anden, die ebenfalls die Sonne als wichtigstes Element und Gott respektierten bzw. verehrten.

Hinweise auf gleiches Schuhwerk und Kleidung in Nordafrika wie Südamerika, gleiches Ackerbaugerät etc.

Aus diesen Fakten wird ein Kultur- und Technologietransfer von Afrika nach Südamerika hergeleitet. Alles zusammen doch sehr an den Haaren herbeigezerrt:

Daß am schilfbestandenen Tschadsee/Afrika Schilfboote entwickelt wurden - und ebenso am schilfbestandenen Titicacasee/Südamerika benötigt keinen "Technologie-Transfer" über den Atlantik in Schilfbooten.

Schilfstengel schwimmen, - was liegt näher, als sie zu einem schwimmbaren Gerät zusammenzubinden, um auf See hinauszufahren und zu fischen bzw. den See zu überqueren. Schließlich hat sich auch das Kanu weltweit (ohne transozeanischen Kontakt) eigenständig entwickelt.

Auch dürfte sich z.B. die Sandale als bequemes Schuhwerk auf dem Acker ebenso eigenständig und ohne transozeanischen Kulturaustausch entwickelt haben, wie die Perfektionierung von Ackerbaugerät.

Die Vergleiche (siehe auch Exponate und Fotos/Museum) zwischen Pyramiden Zentral- und Südamerikas mit denen Ägyptens hinken schon stark...

Beachte auch: wenn per Schilfboot ab Tschadsee, so zunächst rund 1.ooo km an die Küste - plus harter Atlantiküberquerung an die brasilianische Küste - plus 6.ooo km Amazonasurwälder bis zur Andenkette, die 6.ooo m aufsteigt. (Nur damit oben auf dem Titicacasee das Schilfboot eingeführt wird...!)

Die Reaktion der Wissenschaft auf "RA I und II" war entsprechend. In wieweit die Dokumentation im 1. Raum überzeugt, muß jeder für sich selber entscheiden.

GEÖFFNET: Juni bis August tägl. 9.3o-17.45, sonst 1o.3o-16/17 Uhr.

17 FRAM-POLARSCHIFF-MUSEUM

neben dem Kon Tiki Museum. Das Spitzdach beherbergt das berühmte norwegische Expeditionsschiff FRAM, das maßgeblich zur Erforschung des Nordpols, Grönlands sowie der Eroberung des Südpols beitrug.

Besonderer Reiz: das Schiff kann komplett besichtigt werden, inkl. Kombüse, Kajüten, Salon und Stauraum!

★ Die FRAM (= vorwärts) war dreimal im Einsatz. Gebaut 1892 vom englischstämmigen Colin Archer, geboren in Larvik/Südküste. Ende des 19. Jhs. waren die Kontinente entdeckt und weitgehend erforscht: es ging darum, wer als erster seinen Fuß auf den Nord- und Südpol setzte!

Vorgabe an Colin Archer: Ein kleines und leichtes Schiff, aber doch so stabil, daß es dem Druck des Packeises standhalten konnte. Vor allem so konzipiert, daß es von den Packeismassen nicht hinuntergedrückt, sondern gehoben werden sollte. Es mußte zugleich so geräumig sein, daß eine Mannschaft jahrelang auf dem Schiff leben konnte.

Im Schiffsbau absolutes Neuland, ohne Know-how, da derartige Ziele außerhalb der Handelsschiffahrt lagen. COLIN ARCHER vertraute daher ausschließlich auf eine Holzkonstruktion (obwohl Dampfschiffe in Eisenkonstruktion Ende des 19. Jhs. die Regel waren), - da Holz flexibler bei Dehnbeanspruchungen erschien.

Die FRAM dokumentiert zugleich die Konstruktionsideen C. Archers: absolut glatte Außenholz-"Haut", innen durch viele Querstreben abgestützt, V- förmig ausgestalteter Rumpf, der bei seitlichem Eisdruck das Schiff statt zu zerdrücken, raufhebt...

Länge 39 m, Breite 11 m und (wegen V- Form) 3.75 - 4.75 m Tiefgang (je Beladung).

★ DR. FRIDTJOF NANSEN: erster Einsatz der "FRAM" (1893-96). Ziel: Eroberung des Nordpols. Eine frühere Expedition des Amerikaners De Long (1879) hatte belegt, daß eine Nordströmung rauf zur Arktis und seiner Eismassen besteht, auch wenn De Long sein Ziel mit seiner Dampfjacht "Jeanette" nicht erreichen konnte; das Boot war von den Eismassen zerdrückt und die Expedition für immer verschollen.

Mit der FRAM hoffte Nansen, sich in die arktischen Eismassen rauftreiben lassen zu können, wofür er mit rund 4 Jahren rechnete, - um sich per Schlittenhunden zum Nordpol "rüberarbeiten" zu können.

Aufbruch am 24. Juni 1893 in Kristiania/Oslo mit 13 Mann. Lebensmittel und Kohlevorräte für eine Fahrt von 5 Jahren. Am 21. Juli 1893 war Vardø/Nordnorwegen erreicht.

Am 22. September 1893 stieß die FRAM auf erste Eismassen, mit denen sie 5 Tage später verfror und rauf in Nordkurs trieb, der 35 Monate dauern sollte. Bald stellte sich heraus, daß die FRAM in einer Strömung südlich am Pol vorbeitrieb.

Am 14. März 1895 Aufbruch der Expedition von der in Eismassen treibenden FRAM zum Nordpol. 3 Schlitten mit einem Gewicht von 25o kg/Schlitten wurden zunächst von 28 Hunden gezogen. Mit welcher Kleidung bei Temperaturen von bis zu minus

44 Grad Nansen arbeiten mußte, dokumentiert u.a. das Skimuseum/Oslo- Holmen-kollen!

Treibende, riesige Eisinseln erschwerten ebenso den Zugang zum Pol, wie auch die unzureichende Ausrüstung. Auf der Position 86 Grad 14 Nord, weitab vom Pol wurde die norwegische Flagge gehisst (7. 4. 1895) und zum Rückzug geblasen. Es galt, eiligst die sicheren Dimensionen der Zivilisation wieder zu erreichen.

Nansen und seine Expeditionsteilnehmer hatten in diesen endlosen Eis- und Schneefeldern ungeheueres (fast Lotto-) Glück: durch Zufall befand sich in diesen Breitengraden ein englisches Schiff, das die Forscher retour nach Norwegen mitnehmen konnte.

Auch die FRAM bewährte sich im Nordpolarmeer und erreichte trotz großer Schwierig-keiten Norwegen 1896.

Erobert wurde der Nordpol durch den Amerikaner PEARY 1909. Spätere Erfolge unter anderem durch das atomgetriebene US- U-Boot Nautilus, das 1959 den Südpol unter seiner Eisdecke untertauchte.

SVERDRUP- EXPEDITION: Die zweite Expedition der FRAM führte unter Kapitän Sverdrup (der die Fram bei Nansens Expedition gesteuert hatte) nach Grönland mit der Aufgabe, die Nordwestküste Grönlands zu kartographieren (1898 - 1902).

ROALD AMUNDSEN: Nach Rückkehr der FRAM 1902 und Sverdrup Expedition hegte man zunächst Pläne, die FRAM stillzulegen (Museum). Die Trophäe der Südpol-eroberung war jedoch als große Herausforderung noch offen!

Der Norweger Roald Amundsen drängte, diese Trophäe für Norwegen einzustreichen. Das Projekt wurde geheimgehalten, - am 10.8.1910 lief die FRAM erneut aus, zunächst Ziel Funchal/Madeira. Erst hier erfuhr die Mannschaft des Schiffes, daß das eigentliche Ziel die Eisgewässer der Antarktis seien, welches mit Begeisterung aufgenommen wurde.

Parallel wurde bekannt, daß der <u>Engländer SCOTT</u> bereits Melbourne/ Australien verlas-sen hatte mit Ziel Südpol. Der Wettlauf begann.

Scott lag zunächst mit erheblichem Vorsprung: Entfernung Melbourne mit dem Schiff in die Antarktis nur runde 7.000 km, während vor Amundsens Leuten ab Madeira immerhin noch runde 20.000 km lagen!

Beide (Scott und Amundsen) hatten das <u>Ross-Meer</u> (riesiges Packeisfeld) als "Einstiegspunkt" gewählt: Der Punkt, wo man am nähesten mit dem Schiff in Polnähe fahren konnte. Hierbei schrumpft die Restentfernung zum Pol auf runde 1.200 km.

<u>SCOTT</u> entschied sich für die Route rechts am Ross Meer und Mt. Erbus, die bereits Shackleton (1907/09) gewählt hatte, der wegen zu großer Probleme damals den Pol jedoch

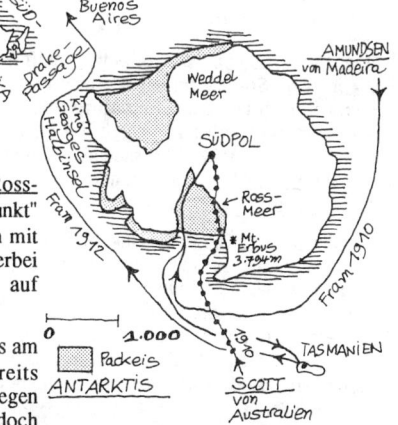

zumindest bekannt. Außerdem entschied sich Scott für die Mitnahme von Ponies und einem Motorschlitten.

Beides wurde ihm zum Verhängnis: der Motorschlitten war im Gelände aufgebrochener Eisplatten und steil zerklüfteter Anstiege nicht zu verwenden, und die Ponies machten bei Temperaturen von minus 4o Grad und mehr bald schlapp.

Die Männer mußten die schwer beladenen Schlitten selber zum Pol ziehen: Eine erhebliche zusätzliche Körperbelastung!

AMUNDSEN dagegen hatte sich auf Grund Beratung Dr. Nansens für Grönland-Schlittenhunde entschieden, 115 ihrer Zahl, die sich später bestens bewährten. Als Route hatte er die Strecke am linken Rand des Ross Meeres gewählt, die zwar unbekannt, so doch retour um 2oo km kürzer als die von Scott war.

Der Entfernungs- Vorsprung Scotts ab Melbourne schrumpfte schnell: Sein Start Mitte August 191o fiel auf die Zeit der Wintermonate der südlichen Halbkugel, wo auch die antarktischen Gewässer über erheblich mehr Eismassen verfügen als in den "Sommer-monaten" ab ca. Anfang Dezember.

Beide Schiffe, die FRAM von Amundsen und die "Terra Nova" von Scott, erreichten fast gleichzeitig die Eiskante des Ross- Packeises (Scott am 5.1., Amundsen am 14.1.1911).

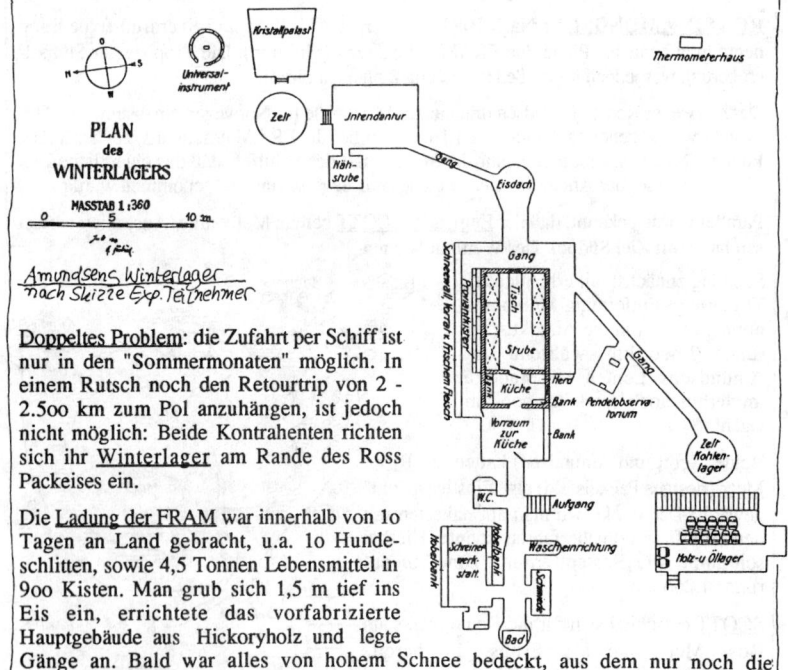

PLAN
des
WINTERLAGERS

MASSTAB 1 :360

Amundsens Winterlager
nach Skizze Exp. Teilnehmer

Doppeltes Problem: die Zufahrt per Schiff ist nur in den "Sommermonaten" möglich. In einem Rutsch noch den Retourtrip von 2 - 2.5oo km zum Pol anzuhängen, ist jedoch nicht möglich: Beide Kontrahenten richten sich ihr Winterlager am Rande des Ross Packeises ein.

Die Ladung der FRAM war innerhalb von 1o Tagen an Land gebracht, u.a. 1o Hunde-schlitten, sowie 4,5 Tonnen Lebensmittel in 9oo Kisten. Man grub sich 1,5 m tief ins Eis ein, errichtete das vorfabrizierte Hauptgebäude aus Hickoryholz und legte Gänge an. Bald war alles von hohem Schnee bedeckt, aus dem nur noch die

Belüftungsrohre herausragten. Die FRAM verließ am 15.2. die Bucht, um in Buenos Aires überholt zu werden. Im Februar und März wurden 3 Basislager in Entfernung von je 111 km Richtung Pol angelegt, - Ende März legte sich dann die ewige Polarnacht über die kleine Forschungsstation.

In den ersten antarktischen Frühlingstagen, am 2o. Oktober 1911 brach AMUNDSEN mit 4 Begleitern, 4 Schlitten und 42 Hunden zum Südpol auf, den er nach unendlichen Strapazen am 14. Dezember 1911 erreichte.

Zu diesem Zeitpunkt kämpften SCOTT und seine 4 Begleiter sich noch die Gletscheranstiege am Ross- Schelf rauf, weit entfernt vom Südpol, der erst am 18. Januar 1912 erreicht wurde. Somit knapp 1 Monat später als Amundsen.

Böser Schock über die norwegische Flagge am Pol! Zudem eine total entkräftete Mannschaft, die sich in psychischer und physischer Enttäuschung die 1.2oo km zum Ausgangslager zurückquälte. Fehlende Lebensmittel und Minustemperaturen von 3o bis 4o Grad. Am 17 Februar stirbt Expeditionsmitglied Eavens, am 17. März verabschiedet sich Oates mit den Worten: "Ich gehe mal nach draußen, es kann länger dauern..." Extreme Schneestürme, die jegliche Orientierung fast unmöglich machen und durch ihren Wind die Kälte massiv verschärfen. Letzter Tagebucheintrag Scotts am 29. März 1912. Eine spätere Suchexpedition (1913) findet die Leichen, nur 2o km vom erlösenden, nächsten Basislager.

Amundsen und seine Begleiter erreichen dagegen am 26. Januar 1912 das Ausgangslager am Rand des Ross Packeises. 4 Tage später Einschiffung auf der FRAM, die die Südpol Eroberer nach Tasmanien bringt, wo sie gefeiert werden.

Weiterer Reiseverlauf nach Panama, wo man der FRAM den Vorzug einräumen möchte, als eines der ersten Schiffe den Panamakanal zu durchfahren, der kurz vor Fertigstellung steht. Da die Eröffnung sich hinzögert: Rückruf der FRAM nach Norwegen.

AMUNDSEN AUF POL-TRIPS:
1923: Sein Versuch, ab Alaska mit einem Flugzeug den Nordpol zu überfliegen, scheiterte.
1925: mit dem Amerikaner Ellsworth Überfliegung (in einer einmotorigen Maschine) der Antarktis, allerdings Notlandung 25o km vom Südpol entfernt. Nur mit viel Glück gelingt es, die Maschine knapp 3 Wochen später flott zu machen.
1926: überquerte Amundsen den Nordpol im Zeppelin "Norge".
1928: Amundsens Tod in der Arktis: bei seiner Suchaktion nach dem dort verschollenen Zeppelin "Italia" bricht der Funkkontakt plötzlich ab. Spätere Suchflugzeuge entdecken die Wrackteile der Maschine Amundsens...

Wer sich für die Südpolexpedition Amundsens näher interessiert: "Roald Amundsen, Die Eroberung des Südpols", erschienen in der Edition Erdmann/Thienemann Verlag Stuttgart. Liest sich sehr spannend und könnte schöne Bettlektüre auf der Norwegen-Reise sein. - Ausführliche Details zur Entdeckung und Eroberung der Antarktis, sowie ökologischer Probleme im VELBINGER "Chile/Antarktis" Band 36.

GEÖFFNET ist das FRAM MUSEUM täglich je nach Jahreszeit ab 1o bzw. 11 Uhr bis 14.45 / 17.45 Uhr. Fast alle Infotafeln auch in deutsch. (Ein Teil der Polarausrüstung von Amundsen und Nansen auch im Ski

Museum/Holmenkollen. Der Roald Amundsen Wohnsitz liegt in Svartskog, südlich von Oslo am Fjord. Mitte Mai bis Mitte September tägl. 11-17 Uhr.

16 SEEFAHRTSMUSEUM

Direkt neben Fram- und Kon-Tiki-Museum. Zeigt die Entwicklung der Seefahrt, mit Diashows zu Spezialthemen. Das <u>Hauptgebäude</u> beherbergt in zwei Stockwerken eine Fülle an Schiffsmodellen, z.B. auch der hübsche Raddampfer "Moss", der 1854 gebaut zwischen Oslo und Moss verkehrte, mit 14 1/2 Knoten zeitweise das schnellste Dampfschiff Norwegens.

Tip: Im 1. Stock (wenn man raufkommt, in der linken Stirnwand versteckt, nur an einer ovalen, silbrigen Schiffsplakette erkenntlich) mehrere Räume eines Passagierdampfers von 1914: feudaler Eßraum mit schöner Holzauskleidung, Kajüten und Toiletten.

Im neueren <u>Nebengebäude</u> (parallel zur Fram-Halle) verschiedene norwegische Bootstypen im Original, nach Regionen aufgeteilt. Z.B. besonders robuste Fischerboote vom Saltstraumen (bei Bodø), lange Lapplandflußboote, westnorwegische Fischerboote mit breiten Planken, teilweise Rahsegel. Im Freien die "Gjøa", Amundsens Expeditionsschiff zur Erkundung der Nordwest-Passage.

<u>GEÖFFNET</u> ist das Seefahrtsmuseum Mai bis September 1o bis 19 Uhr, außerhalb dieser Monate kürzer.

Weitere Oslo-

im Stadtbereich (nicht Bygdøy)

MUNCH MUSEUM (Munch Museet)

Im Stadtteil Toyen, Toyengata 53. E. Munch, der bedeutendste skandinavische Maler, gilt neben van Gogh und Gauguin als Wegbereiter des Expressionismus. Die Ausstellung zeigt eine repräsentative Auswahl seines riesigen Werks (über 2o.ooo Katalognummern). Seine bekanntesten Ölgemälde, Zeichnungen, Grafiken (Lithographie/Holzschnitt) sind in dem 1963 eröffneten Museum ausgestellt. Im Keller interessante Schau seiner Malanfänge.

Mit 17 Jahren beschloß Edvard Munch, die Technische Schule zu verlassen und Maler zu werden. Kleine Skizzen und Karikaturen, noch nichts zu ahnen von den schwermütigen, aufrüttelnden späteren Bildern.

In Munchs Werken kehren bestimmte Themen immer wieder, werden intensiviert und in anderen Techniken variiert. Hauptthemen: Krankheit, Sterben, Angst, Schreck, Einsamkeit, Eifersucht, Liebe.

Den Impressionismus hatte er bei Studienaufenthalten in Paris kennengelernt, konnte sich jedoch nicht lange dafür begeistern. Munch wollte psychische Vorgänge und seine Empfindungen durch Malerei ausdrücken und verarbeiten.

Als Mittel wählte er kräftige, grelle Farben, mit großzügigem Pinselstrich aufgetragen, schemenhafte Personendarstellung, starke Tiefe der Bilder und eine faszinierende Bewegung von einer unwahrscheinlichen Ausstrahlung, fast beklemmend in ihrer Not. Heitere Themen ganz selten. Als er in Deutschland im Verein Berliner Künstler 1892 ausstellte, gab es einen Rieseneklat. Seine Bilder wurden als zu schockierend, provozierend und "roh" abgelehnt; von anderen Gruppierungen wurde er als Wegbereiter der Moderne begrüßt und gefeiert.

Dieser Ausstellungsskandal war schließlich der Auslöser für die Gründung der Berliner Sezession. Munchs Bilder bleiben aber gegenständlich, den Sprung zur Abstraktion der späteren Expressionisten hat er nicht vollzogen. Wie vielen norwegischen Künstlern gelang Munch der Durchbruch in Deutschland. Erst später auch in Norwegen geschätzt und mit großen Aufträgen bedacht: z.B. die Aula der Uni Oslo und den Speisesaal der Osloer Schokoladenfabrik Freia.

Unter der Nazi-Besetzung wurden seine Werke als entartet verfemt und 82 seiner Werke 1937 aus deutschen Museen entfernt. Er starb am 23. Januar 1944 mit 81 Jahren - sein gesamtes Werk vermachte er der Stadt Oslo. Zur Feier seines 1oo. Geburtstages wurde das Munch Museum eröffnet.

Geöffnet: Juni bis Mitte Sept. Do. und So. 1o-18 Uhr. Sonst Mo.-Sa. 1o-16 Uhr. Eintritt 1o DM. Führungen zu bestimmten Wochenterminen.

Zufahrt: T-bane vom Jernbantorget (Bahnhofsplatz) nach Toyen, Munch Museet, oder Bus 2o.

Edvard Munch (12.12.1863-31.1.1944), als zweites von fünf Kindern in Løyten (Prov. Hedmark) geboren, in Oslo aufgewachsen.

Edvard Munchs Kindheit war geprägt von Krankheit und Sterben. Er verlor seine Mutter als 5jähriger, seine ältere Schwester mit 14 Jahren. Von seiner Familie mütterlicherseits war er durch eine Tendenz zur Lungenkrankheit vorbelastet, vom Vater durch Geisteskrankheit.

Seine Mutter, Schwester Sophie und sein Bruder starben an TBC bzw. Lungenentzündung, die jüngere Schwester Laura, mit der er sich nach Sophies Tod am besten verstand, wurde später psychisch krank; sein Vater war Arzt und ein fanatischer Pietist, der später zunehmend an Wahnvorstellungen litt. Edvard selbst war zeitlebens kränklich, litt an Bronchitis und Gelenkrheumatismus, so daß ihm teilweise der Schulbesuch unmöglich war, er erkrankte an starker Nervosität und erlitt nach einer gescheiterten Liebesbeziehung mit Tulla Larsen mehrere Nervenzusammenbrüche.

Auf diesem Familienhintergrund wird Munchs Werk leichter verständlich, seine Bilder als Selbstanalyse, sein Malen als Selbstheilung. Das Thema Krankheit und Tod wird vielfach bearbeitet. "Der Tod im Krankenzimmer" 1893, eine Art Familienportrait um den Tod von Edvards Schwester Sophie. "Das kranke Kind" 1885, bei dem seine Tante Modell stand, die nach dem Tod der Mutter den Haushalt übernommen hatte, war sein Durchbruchswerk. Die psychische Krankheit von Laura beschäftigte ihn in "Melancholie" 1899.

NATIONALGALERIE (Nasjonalgalleriet)

Universitetsgate 13. Gilt als größte Gemälde- und Skulpturensammmlung Norwegens. Besonders interessant: Saal 17 im 1. Stock. Romantische Landschaftsmaler wie Dahl, Fearnley und der Genremaler Tidemand, dessen Interieurszenen altnorwegischer Bauernhäuser besonders in Zusammenhang mit den Freilichtmuseen interessant sind.

Der Vertreter der nächsten "Generation" Christian Krogh ist bekannt für sozialkritische Themen aus dem städtischen Milieu. Zwei Munchsäle mit einigen seiner wichtigsten Bilder: "Schrei", "Tanz des Lebens", "Pubertät", einige Picasso- und Renoir-Gemälde.

Im Kupferstichkabinett sind die Grafiken des Deutsch-Norwegers Rolf Nesch zu sehen, der neben Munch zu den bedeutendsten Künstlern Norwegens zählt. In Ål wurde ein eigenes Museum mit seinen Werken errichtet (siehe dort).

Geöffnet ganzjährig. Tägl. außer Di. 1o-16, Do. bis 2o Uhr. So. 11-15 Uhr. Freier Eintritt.

HISTORISCHES MUSEUM

Frederiksgate 2. Im Erdgeschoß Funde aus der Steinzeit-, Bronze- und Eisenzeit, Felszeichnungen. Großer Wikingersaal mit den Grabfunden aus ganz Norwegen. Anschaulich dargestellt, wie sie Eisen verhütteten, Waffen schmiedeten, die Funktionsweise des Webstuhls, Kleidung der Wikinger; Gold-, Silberschmuckfunde im Schatzsaal.

Sammlung von Stabkirchenportalen: Im 1. Stock (von nicht mehr existierenden Kirchen), z.B. Ål im Hallingdal. Das schönste Portal aller Stabkirchen Norwegens von der Kirche Hylestad im Setesdal mit einer außergewöhnlichen figürlichen Schnitzerei: Szene aus der Sigurdsage (von rechts nach links entsprechend der Runenschrift):

Zwerg Regin neidet seinem Bruder, dem Drachen Fafnir den unermeßlichen Schatz. Regin spekuliert, mit Hilfe von Sigurd, dem Drachen den Schatz abzunehmen. Das Schwert, das Regin für Sigurd schmiedet (Bild) zerbricht beim ersten Test auf dem Amboß (Bild). Das Schwert von Sigurds Vater soll übernatürliche Kräfte verleihen, wird von Regin repariert. Damit tötet Sigurd den Drachen (Bild). Auf dem nächsten Bild bruzzelt sich Sigurd einen Teil des Drachens, damit Fafnirs Kraft auf ihn übergeht, dabei verbrennt er sich den Daumen und steckt ihn in den Mund; kann dadurch plötzlich die Vögel verstehen, die ihm verraten, daß der "Freund" Regin sich den Schatz alleine unter den Nagel reißen will. Zur Strafe ersticht er den Zwerg (Bild).

In den oberen Stockwerken Ethnographische Sammlung (Polarabteilung) und Münzkabinett, in dem u.a. Münzen des Rundeschatz ausgestellt sind, (siehe Insel Runde).

Mo. geschlossen, ansonsten 12-15 Uhr, im Sommer 11-15 Uhr. Gratis.

POSTMUSEUM

Kirkegate nahe Post. Einiges an Kuriositäten vergangener Jahrhunderte zusammengetragen, vom "Budstikke" (ein Holzpflock, in dem eine Nachricht transportiert wurde) bis hin zu einer handbetriebenen Stempelmaschine aus dem Anfang dieses Jahrhunderts. Eine Sammlung von Briefkästen, Briefwaagen und Briefmarken aus aller Welt. Historische Fotos von Postämtern aus ganz Norwegen, Kontoreinrichtung, Ausrüstung früherer Postboten mit Pistolen...

Ganzjährig offen, Mo.-Fr. 1o-15 Uhr. Freier Eintritt.

WIDERSTANDSMUSEUM (Norges Hjemmefrontmuseet)

In der Festung Akershus. Umfassende Dokumentation der fünfjährigen deutschen Besatzung Norwegens (194o-1945). Didaktisch gut aufbereitet: chronologische Darstellung der Okkupation von den ersten Stunden der "Aktion Weserübung", die Versenkung des Kreuzers Blücher am 9. April 194o im Oslofjord (s.a. Drøbak), ein Originaltonband von Quislings Regierungsübernahme und - Ansprache bis zur Einsetzung des Reichskommissars Terboven und zur Naziterrorherrschaft.

Originaldokumente, Zeitungen und Flugblätter zeigen den Kampf der Widerstandsbewegung, geheime Waffenfabrikation, die Arbeit mit improvisierten Funkgeräten, Minisendern in Thermoskannen, Mikrofilme in Schuhabsätzen versteckt.

Ausstellung in zwei Etagen, auch englische Erläuterungen. Offen tägl. 1o-16 (bzw. 15) Uhr, So. 11-16 Uhr. Eintritt 4 DM. Guter deutschsprachiger Ausstellungskatalog.

VERTEIDIGUNGSMUSEUM (Forsvarsmuseet)

Festung Akershus, im ehemaligen Arsenal (das große Kanonenaufgebot nicht übersehbar). Sehr große Sammlung, anschaulich und chronologisch aufbereitet. Von mittelalterlichen Kettenhemden und Armbrust von 135o bis zur norwegischen Schlittenkanone des 18. Jh., Skiregiment (statt Skistocktellern wurden Elchschaufeln verwendet), der 2. Weltkrieg u.a. die Seeschlacht um Narvik (im Schaukasten dokumentiert). Originale Kampfflugzeuge. Interessant auch die kleine Nachkriegsabteilung.

Ganzjährig offen Mo.-Fr. 1o-15/18 Uhr, Sa./So. 11-16 Uhr. Eintritt frei.

FROGNERPARK

Der größte Park Oslos bildet mit seinen Grünanlagen die "Bühne" für die Plastiken Gustaf Vigelands, insgesamt rund 19o Skulpturengruppen. Im Zentrum der 17 m hohe "Leibermonolith", eine Granitsäule aus 121 nackten Menschenfiguren. An der Wertschätzung seiner "Catcher"-Skulpturen scheiden sich die Geister. Die Monumentalleiber bleiben unlebendig, wirken wie gigantische Fleisch/Steinberge, wenn auch das Thema "Kreislauf des Lebens von Geburt bis zum Tod" interessant ist.

"Bewegter" ist die Springbrunnengruppe am Ende der langen Avenue. Den Park ließ sich die Stadt Oslo runde 11 Mio. DM kosten. - 1945 waren die Arbeiten endlich beendet, lösten aber heftige Diskussionen aus, da andere Künstler, wie z.B. Munch, fast keine Unterstützung bekamen.

VIGELANDMUSEUM

Im früheren Atelier von Gustaf Vigeland ist der interessantere Teil seines Werkes ausgestellt; Skizzen, Zeichnungen, Bronze-/Gipsskulpturen. Nobelsgate 32.
Offen Mai bis September Di.-Sa. 1o-18 Uhr, So. 12-19 Uhr, sonst Di.-Sa. 12-16, So. 12-18 Uhr. Straßenbahnlinie 2 ab Nationaltheater bis Frognerplatz.

STADTMUSEUM (Bymuseum)

In der Nähe des Frogner Parks. Ist in einem alten Gutshof (ca. 179o) untergebracht. Großes, sehr interessantes Museum. Gut präsentiert Entwicklung Oslos, Alltagsleben etc. Ganzjährig geöffnet, im Sommer Di.-Fr. 1o-18 Uhr und Sa./So. 1o-17 Uhr.

MUSEUM FÜR GEGENWARTSKUNST (Samtidskunst)

Bankplassen 4, nahe Verteidigungsmuseum. Im ehemaligen Bankgebäude aus dem Anfang des Jahrhunderts. Topzustand. Interessanter Kontrast von Ausstellungräumen und modernen Exponaten. Gemälde, Skulpturen, Objekte. Gutes Café. Offen: Di.-Fr. 11-19 Uhr, Sa./So. 11-16 Uhr. Freier Eintritt.

THEATERMUSEUM

Nedre Slottsgate 1, bei der Akershus Festung. Dokumentiert die Theatergeschichte, - lohnend speziell wegen dem Haus, in dem das Museum untergebracht ist. Stammt von 16oo und gilt als eines der ältesten heute noch erhaltenen Häuser Oslos. Geöffnet: ganzjährig Mi.-Do. 11-15 Uhr, So. 12-16 Uhr.

HENIE-ONSTAD ART CENTER

In der großen Gemäldesammlung werden weit über 7.ooo Werke aus dem 2o. Jh. gezeigt. Zudem liegt das moderne Museum sehr schön auf einer Landzunge am Fjord. Für Kunstliebhaber ein Muß. Das Museum ist eine Schenkung des norwegischen Eislauf-Stars Sonja Henie und ihres Mannes Niels Onstad (Reeder) und startete seinerzeit mit 3oo Gemälden.
Offen: ganzjährig Mo., Sa./So. 11-17 Uhr, Di.-Fr. 9-21 Uhr. Im Westen von Oslo in Høvikodden, 12 km außerhalb Zentrum. Zu erreichen ab Universitätsplatz mit dem Bus Nr. 151, 152, 251 und 261.

KINDERKUNSTMUSEUM

In dem einzigartigen Museum sind ausschließlich Bilder von Kindern zwischen 2 und 18 Jahren zusammengetragen. In einer Privatinitiative wurden sie über der ganzen Welt (18o Länder) gesammelt. Interessant ist somit der Vergleich zwischen den Nationen beispielsweise bei dem Thema Familie. Ein Kind aus Norwegen, das sich wünscht, daß seine Eltern mehr Zeit für ihn haben, ein 14 Jahre altes Mädchen hat das fröhliche Weihnachtsfest in Rumänien im Bild festgehalten. Es ist verblüffend, welche Fähigkeiten in den jungen Künstlern schlummern. Doch es werden nicht nur Bilder gezeigt, sondern in speziellen Aktionen auch die jungen Künstler gefördert. Das Museum wird von der Unesco und verschiedenen anderen Organisationen unterstützt.

Lille Frøensvei 4, in einem Wohnviertel am Rande des Stadtteils Majorstua. U-Bahn Nr. 15.

BOTANISCHER GARTEN und NATURHISTORISCHES MUSEUM

Sars Gate, nahe Munch Museum. Neben Treibhäusern und schönen Park-anlagen auch das Zoologische, Botanische und Mineralogische Museum.

Der Botanische Garten ist ganzjährig 7-17/2o Uhr offen je nach Jahreszeit, die Museumsgebäude 11-16 Uhr.

KUNSTGEWERBEMUSEUM (Kunstindustrimuseet)

St. Olavs Gate 1, sehr interessanter Querschnitt durch skandinavisches Kunstgewerbe ab Mittelalter bis heute. Geöffnet: ganzjährig Di.-Fr. 11-15 Uhr, Sa./So. 12-16.

KÜNSTLERVERBAND

Kjeld Stubs Gate 3, neben Rathaus. Dient der Präsentation norwegischer Künstler und ihrer Werke aus den Bereichen Skulptur, Graphik, Malerei, auch wechselnde Verkaufsausstellungen. Geöffnet ganzjährig 1o-16/17 Uhr, ebenso im Osloer Kunstverein, Rådhusgate 19 (Di.-So. 11-17 Uhr).

STRASSENBAHNMUSEUM

Interessante, wenn auch kleine Sammlung alter norw. Straßenbahnen, Autobusse sowie Bildmaterial. Geöffnet: Sommer Sa./So. 12-15 Uhr.

BOGSTAD MANOR

am Bogstadsee nahe Campingplatz. Sehenswertes Herrenhaus aus dem 18. Jh., Kutschen-/Schlittensammlung, Park. Offen: 2o.5.-16.9. sonntags 12-17 Uhr. 8 DM Eintritt.

TECHNISCHES MUSEUM (Norsk Teknisk Museum)

Auch für Kinder interessant aufbereitet. Kjelsåsgate 143. Offen: Di.-Sa. 1o-18, So. 1o-17 Uhr. Eintritt 6 DM.

FELSZEICHNUNG (5.ooo Jahre alt)

Fast unscheinbar zwischen Straße und Seefahrtsschule. Die rot nachgezogenen Tierdarstellungen jedoch weit weniger spektakulär als die variationsreicheren Steinritzungen bei Skjeberg am östlichen Oslofjord. Zufahrt: vom Rathaus die E 6 nehmen, Abzweigung Nordstrand ab, Fortidsminne ausgeschildert.

TUSENFRYD UND VIKINGLANDET

Zwei Vergnügungsparks ganz unterschiedlicher Art nebeneinander (etwa 2o km südlich Oslo Zentrum an der E 18).

TYSENFRYD: ein klassischer Vergnügungspark für Kinder, mit Rodeo in der Westernstadt und einem Spukschloß. Müde Kinder können in kleinen Wägelchen durch den Park gezogen werden.
Juni bis Mitte August. tägl. 1o.3o-2o Uhr, Mai und September Sa./So. 1o.3o-2o Uhr. Eintritt 15 DM, Kinder unter 3 Jahre gratis.

VIKINGLANDET: gleich nebenan wurde die Zeit um 1.ooo Jahre zurückgedreht. Hier wird im Sommer das Leben der Wikinger auf einem Marktfleck mit Häusern, Wikingschiff und Verkaufsständen nachempfunden. Die Nordmänner sind entsprechend gekleidet und es wird geschnitzt, geschneidert und geschmiedet. Hier kann man Met und anderes probieren, was die Wikinger damals aßen und tranken. Mehrmals täglich wird das Wikingerdorf besonders lebendig, dann findet ein Schauspiel statt, das man sich nicht entgehen lassen sollte. Mit großem technischem Aufwand wurde eine Fahrt im Wikingerboot über den Atlantik nach Amerika mit all seinen Gefahren nachgebildet.

Gleiche Öffnungszeiten. Eintritt 25 DM, Kinder 12 DM. Vergünstigtes Ticket für beide Anlagen. Busverbindung von/nach Oslo mehrmals tägl.

ÜBERNACHTUNG IN OSLO

Oslo bietet ein breites Spektrum an Unterkünften von 3o DM in der Jugendherberge bis zu 4oo DM das Doppelzimmer im 5-Sterne-Hotel. Manche Hotels senken im Sommer und an Wochenenden drastisch die Preise.
Bei Preisvergleichen beachten, ob Frühstück inbegriffen ist, macht preislich einiges aus. Unsere Preise betreffen die Hauptsaison.

TIP: Zimmervermittlung durch das Fremdenverkehrsbüro im Hauptbahnhof und in der Stadt: bequem, spart nicht nur die mühsame Sucherei in dichtem Stadtverkehr. Zudem gut mit Prospekten bestückt, Preislisten etc. Die Vermittlungsgebühr macht sich bezahlt. Die Hotels melden hier freigebliebene Zimmer, die dann zu "last minute"-Preisen zu haben sind; - in der Regel billiger, als wenn man sich selber an das Hotel wendet.

Hotel "Continental", Stortingsgate 24, schräg gegenüber dem Nationaltheater, eines der renommiertesten Stadthotels, sehr viele Stuckarbeiten und Stilmobiliar. DZ inkl. Frühstück ab ca. 45o DM, reduzierter Sommerpreis 22o DM.

"**Grand Hotel**", Karl Johans Gate 31, absolut zentrale Lage, feudaler Palast aus dem Beginn des 2o. Jh., DZ 4oo DM, reduzierter Sommerpreis 24o DM.

"**Holmenkollen Parkhotel**", unser Tip in der Luxusklasse. Liegt direkt oben neben der Holmenkollen-Skisprungschanze, Superblick auf Oslo und den Fjord. Von dem ursprünglichen, langgestreckten Holzhotel aus der Jahrhundertwende mit seinen hübschen Giebeln, Balkons und Dachreitern hat man das Hauptgebäude erhalten und in moderne Neubauten integriert. Superkomfortabel in den Zimmern, mit Privatbad und TV, und gemütliches Dinieren im alten Holzhauptgebäude. An den Wänden viele Fotos von berühmten Holmenkollenskispringern.

Doppelzimmer ab 315 DM, zur Zeit der Skisprungmeisterschaften jedoch komplett ausgebucht von Skimannschaften, deren Betreuern und Journalisten. Achtung: nicht alle Zimmer mit Fjordblick. Reduzierter Sommerpreis 2oo DM.

"**Voksenåsen Hotel**" liegt hinter dem Holmenkollen und TV-Turm. Modern und billiger, allerdings nicht alle Zimmer mit Fjordblick. Das Hotel wurde 196o dem schwedischen Volk als Dank geschenkt für die Hilfe während des 2. Weltkrieges. Das Hotel verfügt über eine umfangreiche Bibliothek norwegischer und schwedischer Literatur, aber auch größere Schallplattensammlung. Ullveien 4.

DZ ca. 26o DM, da es oft jedoch für Tagungen genutzt wird, vielfach ausgebucht, - im Sommer mit Hotelpaß wesentlich billiger.

Rainbow Hotel "Stefan" im Zentrum an der stark befahrenen Rosenkrantzgate 1. DZ mit Garage ca. 2oo DM, reduzierter Sommerpreis 17o DM.

"**Savoy" Hotel**", Universitetsgate 11. Bonbonrosa-farbenes Eckhaus gleich neben der Nationalgalerie. Für die zentrale Lage relativ ruhig. 6o Zimmer mit Dusche. DZ ab 285 DM, reduzierter Sommerpreis 18o DM.

"**Sjømannshjem**", Fred Olsen Gate/Tollbugate. Nahe Bahnhof. Priorität haben Seeleute, meist bleiben Zimmer für Touristen frei. 5o Zimmer im 6. Stock, mittelgroß, teilweise mit eigener Naßzelle oder auf der Etage. Saubere, mit Teppichfliesen und altem, leicht verbrauchtem Mobiliar ausgestattete Zimmer, die ruhigeren zum Innenhof raus. Bei der guten christlichen Seefahrt fehlt auch nicht die Bibel im Nachtkästchen. Keine Verpflegung. DZ ca. 75 DM.

"**Cochs Pensjonat**", Parkveien 25. Eingang vom Hegdehaugsveien, direkt beim Schloßpark. Von der Lage und vom Preis interessant. 2er oder 4er Zimmer in den obersten drei Etagen des Eckhauses. Hohe Räume. Zimmer mit Dusche und Miniküche. DZ ca. 12o DM, 4er Zimmer 145 DM.

"**Ellingsens Pensjonat**", Holtegate 25. In einer alten, riesig großen Villa mit entsprechend hohen Räumen. Relativ ruhig gelegen, vom Schloßpark übern Uranienborgveien noch zu Fuß erreichbar. 22 Zimmer in 3 Etagen, ordentlich möbliert mit Schreibtisch, kleiner Sitzecke etc. Heißes Wasser auf den Zimmern und Etagenduschen. Die Wirtin spricht sehr gut deutsch. DZ ca. 8o DM.

"**Chalets**" und **4-Bett-Hütten** auf dem Bogstad Camping als preiswerte Alternative für Familien oder kleine Gruppen. Die geräumigen Holzhütten haben Zentralheizung, voll ausgestattete Küchenecke. Die größeren Chalets zusätzlich mit eigener Dusche und TV. Zum Badesee nur ein Katzensprung. Viererhütten ca. 1oo DM, Appartements ca. 18o DM. Ganzjährig geöffnet. Bus-Anschluß ins Zentrum.

"**Trollvashytta**", saubere Appatrements mit Du./WC, Kochnische und Kühlschrank. Für zwei Personen ca. 1oo DM. Etwas außerhalb, Rodkleivfaret, Linie 15 "Lillevan".

"**Sleep In**", Møllegate 1, sehr zentral (5 Min. vom Bahnhof entfernt). Mit eigenem Schlafsack die billigste Unterkunft in Oslo, eingerichtet im YMCA mit Duschen und Kochmöglichkeit. Ca. 25 DM pro Person.

Privatzimmer: EZ/DZ, auch Zimmer mit Kochgelegenheit. Mindestens müssen zwei Tage gebucht werden. Privatzimmer können nicht vorbestellt werden, doch die Zimmervermittlung im Hauptbahnhof (Ende der Karl Johans Gate) kann nach eigener Aussage für den gleichen Tag eine Unterkunft besorgen. Auf eigene Faust Privatzimmer zu suchen ist sehr mühselig, da sie nicht, wie z.B. aus Österreich gewohnt, durch Hinweisschilder gekennzeichnet sind. DZ ca. 65 DM.

Haraldsheim Vandrerhjem: Haraldsheimveien 4. Im östlichen Stadtgebiet, Straßenbahn Nr. 1, Endstation Sinsen. Insgesamt 27o Betten, auch einige Familienzimmer. Aufenthaltsraum mit Fernseher und Kamin. Preis p.P. ca. 3o DM inkl. Frühstück.

*** Ekeberg Camping: am südöstlichen Stadtrand, ca. 3 km vom Zentrum zu Fuß erreichbar oder Bus Nr. 24 vom Hauptbahnhof. Großer Wiesenplatz am Waldrand, oberhalb Oslo mit weitem Blick auf die Stadt bis hinüber zum Holmenkollen. Keine Hütten, nur 1.6.-31.8. offen. Gleiche Preise wie Bogstad. Viele Jugendgruppen.

*** Bogstad Camping: ca. 9 km außerhalb am Rande der Nordmarka. Unterhalb der Holmenkollen Sprungschanze. Der verlockende Badesee gleich nebenan, Langlaufloipen im Winter. Ein weitläufiger Platz mit Wiesenboden und hohen Birkengruppen. Stromanschluß für Caravans/Wohnmobile, Waschmaschine, Küche, preiswerte Gaststätte und Tankstelle gleich an der Einfahrt. Einheitspreis für Fahrzeug und 4 Personen um die 35 DM. Strom extra. Bus Nr. 41 E und 32 vom Zentrum. Per Auto: Hegdehaugsveien, Bogstadveien, Sørkedalsveien, dann ausgeschildert (Hütten siehe vorne). Von auswärts kommend ab Bygdøy bzw. Sentrum V. ausgeschildert.

Camping Stubljan: 1.6.-31.8. geöffnet, südlich von Oslo gelegen, direkt von der E 6 zu erreichen, gepflegter hügeliger Wiesenplatz, durch Baumgruppen aufgelockert. Nur einen Katzensprung zum Meer Ingierstrand mit schönem Blick auf den Fjord. Bus Nr. 75 B von Oslo-Bahnhof.

 **Restaurants im Zentrum**

Die Auswahl an Fast Food Lokalen besonders in den neuen Einkaufszentren "Oslo City" und "Galleri" ist enorm. Bestes Preis-/Leistungsverhältnis meist bei den Kebab-/ Döner-Buden, oft von Pakistanis betrieben.

"CAFE ENGEBRET" am Bankplassen gegenüber vom Museum für Gegenwartskunst. Traditionsreiches, recht gemütliches Restaurant bekannt für seine gute Küche, teils auch selten angebotene norwegische Gerichte. Viel Fisch. Lecker: Rentierzunge als Vorspeise. Etwas teuer.

"GRAND CAFÉ" in der Karl Johans Gate 31. Als Ibsens Stammcafé berühmt geworden, ist eines der letzten Jugendstilcafés Wiener Art. Bekannt für seine appetitlichen Smørbrøds mit Hacksteak, Beef oder Fisch (über Mittag), reichhaltige Salatbar, Bier, Wein, Spirituosen. Nobles Aussichtsrestaurant im obersten Stock unterm Glasdach.

"DET GAMLE RAADHUSET", Nedre Slottsgate 1. Wirtschaft in Christianias altem Rathaus von 1641 hinter der Festung Akershus. Große, etwas dunkle Gaststube, ordentliche Portionen zum Sattwerden. Fleisch- und Fischgerichte, Bier, Wein, Spirituosen, Mo.-Fr. 11-23, Sa. 17-23 Uhr.

"VEGETA VERTSHUS", Munkedamsveien 3B. Empfehlenswerte Salat- und Dinnerbar zu günstigen Preisen. Enorme Auswahl, nach Belieben selbst zusammenzustellen: leckere Gemüse-Pizzen, Sojasteaks, diverse warme Gemüse, pikant zubereitet, verschiedene Salate und Vollkornbrot - alles vegetarisch. Für 15 DM den kleinen Teller so vollschichten wie es geht (oft sind die Augen größer als der Magen), unbegrenzter Nachschub inkl. Saft für ca. 25 DM. Auf Bestellung auch Riesenpizzen solo. Ermäßigte Zehnerkarten für Dauergäste. Mit Fachwerk gemütlich eingerichtetes Basement oder Sitzplätze zwischen Grünpflanzen im Erdgeschoß. Tägl. 1o-23 Uhr.

"THEATERCAFEEN" schräg gegenüber vom Theater im Hotel Continental. Hier paßt noch alles, vom Jugendstil-Ambiente bis zum Garderobenportier. Immer gut besucht, viele Zeichnungen, Karikaturen. Lebt auch von seinem Ruf, Treffpunkt berühmter Persönlichkeiten zu sein. Fein und teuer. Bier, Wein, Spirituosen. Mo.-Sa. 11-24 Uhr, So. 12-23 Uhr.

"KAFETERIA NORRØNA" im Norrøna Hotel, Grensen 19. Solide, preislich akzeptabel.

Feinschmeckerrestaurant "BAGATELLE", Norwegens Nobellokal in der Bygdøy Alle 3. Exquisite Küche und Preise.

"D/S LOUISE" im neuen Stadtteil Akerbygge. Restaurant im Dampfschifflook. Gute Küche, gehobenes Preisniveau. Mit Bar und im Sommer riesiger Terrasse zum "Kai/Korso".

"BLOM KUNSTNERNES", Restaurant in der Karl Johans Gate 41, nobles Feinschmeckerrestaurant mit schwerer Balkendecke und lederbezogenen Stühlen, Blumenarrangements etc. Die Wappenschilder wurden den verschiedenen Ehrenmitgliedern verliehen. Liebevoll dekoriertes Sandwichbuffet mit Gravedlachs, Krabben etc., entsprechendes Preisniveau. Geöffnet Mo.-Sa. 11.3o-24.oo Uhr.

"STORTORVETS GJAESTGIVERI", Grensen 1. Im altrosa Fachwerkhaus noch aus Christianiazeiten mit Terrasse im Innenhof. Im Erdgeschoß ältere, geräumige Wirtschaft mit großem Kamin, durchgesessenen Bänken, um ausgiebig die Zeitung zu lesen. Appetitliche Smørbrøds, preiswerte Tagesgerichte. Einen Stock höher gepflegtes Restaurant mit freundlicher Bedienung, norwegische Gerichte. Mo.-Sa. 11.3o-24 Uhr. Auch sonntags offen, 14-22 Uhr.

Im Seitentrakt, ums Eck, "DEN GAMLE CHRISTIANIA", schummriges Lokal mit meterlanger Bartheke und Ölschinken an der Wand. Abends Livebands, Countrystil.

Skandinavisches Buffet im Restaurant "STEFAN", Rosenkrantz-Gate 1. Reichhaltige Auswahl und sehr appetitlich dekoriert, ca. 5o DM. Gleiches Preisniveau im Dachrestaurant des Grand Hotel.

Restaurant "CHRISTIAN", preiswertes Lunchbuffet im 4. Stock des Kaufhauses "Glas-Magasinet", Stortorvet 9. Ab 11 Uhr (später schon ordentlich abgeräumt) maximal bis 14.3o Uhr. Entsprechendes Kaufhaus-Restaurant-Ambiente, große Fensterfront; ältere Damen, da Kaffee und Tee inbegriffen.

Restaurants im Stadtteil Majorstua

"HARLEKIN MAT OG VIN", im Hegdehaugsveien 3oB, ein gemütliches Lokal zum Wohlfühlen mit Korbmöbeln und französischem Touch, großer offener Kamin, separater Speiseraum im Keller. Tägl. 7.3o-3.oo Uhr, Sa. erst ab 1o Uhr, So. ab 12 Uhr.

Restaurants außerhalb

"HOLMENKOLLENRESTAURANT" unterhalb der Holmenkollen-Sprungschanze verlockt durch sein Panorama, große Fensterfront. Aussicht über Oslo und Fjord. Gepflegtes freundliches Lokal, bekannt für sein Lunchbuffet zwischen 11.3o und 14.3o Uhr. Auch per Holmenkollenbahn bequem zu erreichen.

"FROGNERSETER", nach der Sprungschanze. Das höchstgelegene Restaurant Oslos. Im Blockhausstil mit Drachenköpfen am Dachfirst. Sagenhafter Blick von der oberen Restaurant-Etage über'n Oslofjord. Die Waldstadt zeigt sich von ihrer allerschönsten Seite. Norwegische Spezialitäten, geöffnet täglich 11-23.3o Uhr.

In Punkto Nachtleben, Musikkneipen, Theater etc. hat sich Oslo in den letzten Jahren ziemlich gemacht. Der neue Stadtteil Akerbrygge (südlich Rathaus) hat der Stadt einen schönen Flanierkorso beschert; Kneipen und Lokale gleich anschließend. **Nacht leben** Mittlerweile hat Oslo fast ein Dutzend Theater und Kleinkunstbühnen, z.B. Black Box Teater, Stranden 3 in Akerbrygge, Det Norske Teater, Tøyenbekken 34 am Ende der Einkaufszone Galleri, Oslo nye Teater, Rosenkrantzgate 1o, ein Puppentheater im Frognerveien 67 (Stadtmuseum) und natürlich das alt ehrwürdige Nationaltheater, das im

Sommer allerdings pausiert. Theaterkarten gibt's bei Postämtern oder im Billetservice, Tel. 82 o4 98 9o.

MUSIKKNEIPEN

<u>Rockefeller</u>, Torggaten 16. DIE Adresse in Oslo für Rock- und Pop-konzerte. Im <u>Smuget</u> in der Kirkegate 34 oder im Rebekka West, Kristian IV. Gata 7 ist oft was los.

JAZZ

In Oslo gibt es nach wie vor eine aktive Jazzszene, wenn auch die Lokale oft wechseln. <u>Jazzhus</u>: etwas außerhalb vom Zentrum in der einstigen Schokoladenfabrik, Stockholmsgate 12. <u>Stortorvets Gjæstgiveri</u>, Grensen 1, traditionelles Jazzlokal, bevorzugt Swing, zentral nahe Fußgängerzone.

<u>Jazzfestival</u> in der ersten August-Hälfte. Über 5 Tage finden in den ein-schlägigen Jazz- und Musiklokalen Konzerte stattt. Gospel in der Dom-kirche. Der Arkaden-Innenhof bietet einen sehr schönen Rahmen für die Open-air-Veranstaltungen.

"**What is on in Oslo**" ist ein sehr nützlicher Veranstaltungkalender mit allem, was in Oslo läuft. Gibt's im Touristenbüro gratis. Weitere Hinweise zu Konzert-, Kino- und sonstigen Veranstaltungen in den Tageszeitungen.

KINOS

Große Auswahl, in Oslo gibt's rund 3o Kinosäle.

Und keine Angst: sofern nicht in Norwegen gedreht, wird der Film im Originalton gezeigt (mit norwegischen Untertiteln).

"<u>SAGAKINO</u>" in der Roald Amundsen Gate.

"<u>COLOSSEUMKINO</u>" im Stadtteil Majorstua in der Essendorpsgate.

Nachtvorstellungen jeweils Fr./Sa. im Kino "<u>KLINGENBERG</u>" (Roald Amundsen Gate) und im "<u>KINO SENTRUM</u>" (Zentrum, Arbeidersam-funnets pl. 1). - Rauchen im Kino nicht gestattet!

FOLKLORE

Volkstänze werden auf der Freilichtbühne im Norwegischen Volksmu-seum (Halbinsel Bygdøy) aufgeführt. Zeiten im Touristenbüro erfragen.

Ferner finden im Juli und August an zwei Abenden pro Woche Folklore-veranstaltungen im Osloer Konzerthaus, Munkedamsvn. 14, statt.

Wer sich für **Oper** und **Ballett** interessiert: "Den Norske Opera" in der Storgt. 23 c.

KONZERTE

Oslo ist insbesondere auch in Sachen Musik sehr aktiv. Konzerthalle:

"Oslo Konserthus" in der Munkedamsvn 14. - In den Sommermonaten auch Konzerte im Vigelandmuseum, in der Domkirche, im Munch Museum, in der Schloßkirche in der Akershus Festung sowie zu Füßen der Holmenkollen Sprungschanze mit Superblick auf Oslo...

Oslos Straßenstrich spielt sich im Akershus Festungsbereich/Myntgate ab, wenn auch die Stadt immer wieder versucht - mit der berittenen Polizei (!) - ihm den Garaus zu machen.

SHOPPING

Das Geschäftszentrum gruppiert sich um den Fußgängerbereich der KARL JOHANS GATE und die parallel verlaufende "GRENSEN" mit ihren Seitenstraßen.

Beim neu gestylten Hauptbahnhof entstand 1988 das Einkaufscenter "Oslo City". Auf verschiedenen Ebenen um einen glasüberdachten Innenhof. Im Souterrain viele Nischen zum Zeitunglesen und Relaxen; das Snackangebot reicht von der deutschen Bratwurst bis zu asiatischen Reisgerichten. Damit nicht genug - eben über die Straße und weiter geht der Einkaufsstreß in der 4oo m langen "Galleri". Die Stadtväter sind stolz auf "Europas längste überdachte Fußgängerzone". Die Bürger auch?

"Brukskunstcenteret", Kunstgewerbliche Boutiquen und Galerien im Laubengang bei der Osloer Domkirche. Aparte Keramiken, moderne handgewebte Wandteppiche, Silber- und Goldschmuck, Glasgraveur bei der Arbeit.

"Husfliden", Møllergate 4, das größte Geschäft dieser Kette (Vereinigung für Heimarbeit und Kunstgewerbe). Von Norwegerpullovern (ca. 2oo DM) und Mützen (ca. 3o DM) bis zu kompletten Trachten, Webstühlen, Holzarbeiten, Lapplandmessern, Filzschuhen. Kein üblicher Souvenirkram, sondern Spitzenqualität, allerdings zu entsprechenden Preisen.

Kaufhäuser:

"Glas Magasinet", eines der ältesten Kaufhäuser mit Marmorsäulen, der älteste Teil von 1793. Große Porzellan- und Glasabteilung, Geschenkartikel. Am Stortorvet 9.

Steen & Strøm Magasin mit Restaurant in der Kongensgate 23.

Lebensmittel / Wein:

Lebensmittel im Oslo City Einkaufssenter bis 2o Uhr offen.

"Vinmonopolet", staatlicher Wein-/Spirituosenladen im Stadtteil Majorstua, neben der Holmenkollen-Bahnstation. Offen: Mo.-Mi. 1o-17 Uhr, Do. 1o-18 Uhr, Fr. 9-17 Uhr. Sa. 9-13 Uhr. Lange, sehr disziplinierte Warteschlangen. Direkt neben dem Vinmonopolet die Kreditkasse, bei den Schnapspreisen auch angebracht.

Naturkost "Helios", kleiner Laden in der Universitetsgate 18. Mit Kuchen.

Märkte:

Obst-/Gemüse- und Blumenmarkt am YOUNGSTORGET und am STORTOR-
VET. Montag mit Samstag 7-14/15 Uhr.

Bücher:

Buchhandlung "Tanum" in der Karl Johans Gate 43, riesige Buchhandlung, fast Supermarktcharakter, auch deutsch- und englischsprachige Bücher.

Gut sortierter Plattenladen ist "Musikforlag" in der Karl Johans Gt.

"Kaupangs Bokhandel", F. Nansenspl. 6.

Sportgeschäfte:

Surfshop "Surfparadise". Gut sortierter großer Laden im Stadtteil Majorstua am Essendorpsplass. Hier auch Boardverleih.

Sportgeschäft in Majorstua, Bogstadveien 3. Bergsport, Rucksäcke.

Tauch-Shop in der Tollbugate mit allem erdenklichen Zubehör. Tauch-
flaschenfüllung, Ausrüstungsverleih. Im Sommer auch Tauchkurse (englischsprachig).

Größere Auswahl an Boots- und Angelzubehör im Shop in der Skipper-
gate/Prinsensgate.

Angelzubehör von Forellennetzen, Blinkern bis Angelruten jeder Größe in
"Båt og Rekvisita" in der Rådhusgate 2.

Bergsport und Wanderausrüstung im "Speider" Sportshop zentral in der
Storting Gate 12.

Großer Kanu- und Surfshop Sørensen und Balache Sportsentrum, gegenüber Frognerbad. Zubehör in großer Auswahl.

Campinggas: Nachfüllstation Progas für die 5-kg- bzw. 11-kg-Flaschen
auf der Halbinsel Sjursøya, ca. 3 km außerhalb auf der E 6, E 18 Richtung
Göteborg. Nicht abschrecken lassen durch Zementbrummis, Verladekräne
etc. Am Ölhafen vorbei, am Ende der Bahnschienen links.

Fahrradshop/Werkstatt "Den Rustne Eike" in der Oscarsgate 32.

Büro des norwegischen Wandervereins DNT: Storingsgate 28. Mo.-Fr.
geöffnet.

Wäscherei:

Majorstua Myntvaskeri, Vibesgt. 15, Mo.-Fr. 8-2o Uhr, Sa. 8-17 Uhr,
So. 12-17. Viele Maschinen, kurze Waschzeit, nach 'ner halben Stunde ist
alles erledigt.

WINTERSPORT

Oslo ist durch das internationale Holmenkollen-Springen als Skigebiet weltbekannt. Mehr als ein Dutzend Sprungschanzen ragen in der Umgebung Oslos über die Baumspitzen hinaus. Der "Durchschnittsbürger" bewegt sich jedoch auf Langlaufski.

Am traditionellen Holmenkollenlauf über 45 km nehmen jährlich gut 1o.ooo Skifans teil. Das Gebiet um Oslo dementsprechend gut mit Langlaufloipen (2.ooo km davon maschinell gespurt) bestückt. Das dichte Netz ab Holmenkollen erstreckt sich bis über die Nordmarka.

Bewirtschaftete Hütten und Picknick in der Frühjahrssonne. Bis Ende April liegt hier oben in "normalen Wintern" noch Schnee, während in Oslo die Krokusse blühen, dazu bis 21 Uhr gut hell. Gleiche Ausgangspunkte und Zufahrten wie beim Wandern.

Sehr bequem mit der Holmenkollenbahn ab Zentrum zu erreichen, bei Endstation Frognerseter die Ski anschnallen und gleich loslaufen. Die hübsche Berghütte Tryvannstue mit ihren langen Sonnenbänken auch im Winter ein beliebtes Tourenziel.

Slalom: Etwa 12 Abfahrtspisten mit Liftanlagen im Stadtbereich Oslo. Davon allein 5 auf dem Holmenkollen.

Zum Schlepplift Tryvannskleiva beginnt ein Ziehweg gleich beim Fernsehturm (Tryvannstårnet). Die Flutlichtpiste ist ein kurzer (3oo m), doch steiler Hang an der Tryvannstue.

Skiverleih/Skischule: bei Tomm Murstad an der Voksenkollen Station. Langlauf und Alpin. Wachsverkauf und gute Beratung.

Busfahrten werden zum Skigebiet Norefjell 11o km entfernt im Hallingdal an Wochenenden vom Skiverein organisiert. Preis inkl. Liftkarte ca. 7o DM, Langläufer können die Liftkarte auch in ein Mittagessen im Fjellhvil Hotel umsetzen. Abfahrt zwischen Rathaus und Hafen.

Eislaufen: Etwa 15o Natureisbahnen im Bereich Oslo (Dez.-März) und eine Kunsteisbahn "Valle Hovin". Geöffnet vom 15. Oktober bis 15. März (Schlittschuh-Verleih), liegt am östlichen Stadtrand gegenüber Helsfyrhotel, Strømsveien. Freier Eintritt auf allen Bahnen.

Weitere Infos zu **Rodeln**, **Eisangeln**, **Schlittenfahren** im Touristenbüro, dort auch Auskunft über Materialverleih.

BADEN

Am Fjord: Einige Badestellen auf Bygdøy, z.B. Huk am äußersten Zipfel sowie westlich und östlich von Oslo auf den Inseln und Halbinseln. Durch den Schiffsverkehr, Industrie und Besiedlung aber nicht jedermanns Geschmack. Bus Nr. 3o.

Am östlichen Ufer des Oslofjords (nahe Stubljan Camp): Badeanstaltähnliche Bucht, Liegewiesen und glatte Schärenfelsen, Minisandbuchten. Weiter Blick über den Oslofjord bis zur Holmenkollenschanze. Bus Nr. 75, knapp 15 km südl. Oslo durch die E 6 gut zu erreichen.

Schöner die zahlreichen Badeseen um Oslo: Der **Bogstadsee** mit Bus Nr. 41 beim Campingplatz, sehr beliebt, weil schnell erreichbar. Kleinerer Badesee im Norden ist der **Sognsvannet** oder der obere Flußlauf des **Akerselva** Bus Nr. 18 oder Straßenbahn Nr. 11. Im Sommer wird der Auslauf der Holmenkollen-Sprungschanze geflutet und verwandelt sich in ein großes Freibad mit Liegeplätzen auf denTribünen.

Freibäder: Frogner Badet, Middelthunsgate 23 im Vigelandpark, mit großem Sprungturmbecken und Superwasserrutsche. Straßenbahn Nr. 2 vom Nationaltheater.

Tøyen Badet, Helgesensgate 9o, im Osten nahe Munch-Museum. Bus 29 vom Nationaltheater.

Hallenbäder (mehrere im Stadtgebiet): Bislet Bad, siehe Sauna.

Sauna (Badstu): Bisletbad, Pilestredet 6o, nördliches Zentrum am Stenspark, Straßenbahn Nr. 7 bis Bislet. Sauna und Wannenbad. Vestkantbadet, Sommerrogate 1, im Zentrum Parallelstraße zum Drammensveien, Schwimmbad und Sauna.

Angeln: Möglichkeiten hierzu bestehen in der Oslomarka genug, die erforderliche Angelkarte in den Sportgeschäften erhältlich.

NORDMARKA

Ein weites Seen- und Waldgebiet nur 1o km nördlich vom Zentrum entfernt. Ein dichtes Netz markierter Wanderwege und im Winter 2.ooo km Loipen kreuz und quer.

Drei günstige Ausgangspunkte:
- die Straße zwischen Campingplatz und Bogstadsee weiter bis zum Ende des Sørkedalen
- mit dem Auto bis rauf zum Fernsehturm auf dem Holmenkollen
- oder etwas unterhalb bei dem hübschen Restaurant Frognerseter, Endstation der Holmenkollenbahn

Ein empfehlenswerter Spaziergang führt zur hübsch am Badesee gelegenen Tryvannhütte (rot-blau markierter Weg durch dichten Fichtenwald). Die Hütte mit Gras bedeckt, rot abgesetzten Fenstern und dicken Blockhausbalken. Vom Parkplatz Frognerseter Restaurant ca. 3 1/2 km.

Weitere Touren über die Nordmarka zur Kikuthütte (12 km) oder in 6 km zur Kobberhaughytta, beide mit Übernachtungsmöglichkeiten und Verpflegung.

OSLOFJORD

Der rund 9o km ins Land reichende Oslo Fjord ist hügelig und dicht bewaldet. Um Oslo viel Industrie, - weiter südlich zu seiner Öffnung zum Meer viele Ferienhäuschen in den Waldgebieten der Ufer.

Besonders lohnend <u>*FREDRIKSTAD*</u> *mit seinem Garnisonsviertel Gamlebyen aus dem 17. Jhd.*

Bei DRØBAK verengt sich der Fjord auf nur knapp 1.ooo m. Kreuzfahrtschiffe, Fähren und Frachter auf dem Weg nach Oslo müssen diese Engstelle passieren.

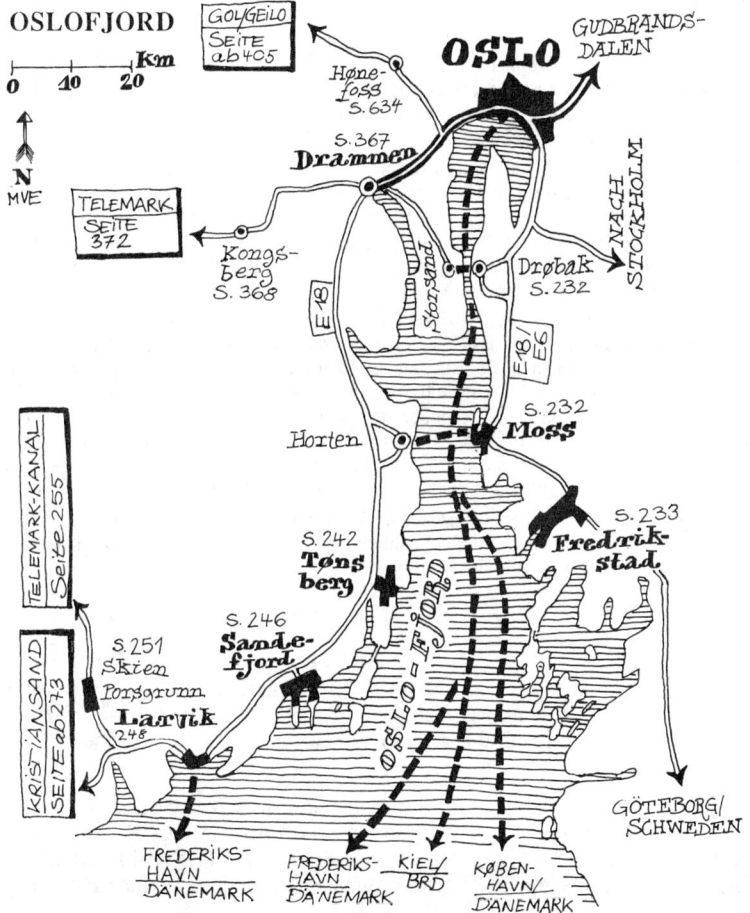

Autofähre Drøbak - Storsand etwa jede Stunde, Überfahrtsdauer ca. 1o Min. Wegen der Kürze der Entfernung ist diese Fähre wesentlich billiger als die Fähre Moss - Horten.

✴ Drøbak   2.8oo E.

Ein kleines, hübsches Städtchen am Oslofjord mit Holzhäusern in viel Grün verpackt. Früher ein Künstlertreff, in dem viele Künstler ihre Sommerhäuser hatten, z.B. Christian Krogh. Als Drøbak noch Lotsenstation und Winterhafen zu Oslo war, war hier viel mehr los als heute - bis Drøbak blieb der Oslofjord eisfrei.

Traurige Berühmtheit erlangte die **Drøbak-Enge** im 2. Weltkrieg, als ein Flottenverband von Kreuzern, Torpedobooten etc. am 9. April 194o durch diese Engstelle mit Kurs auf Oslo geschickt wurde. Die Deutschen spekulierten darauf, daß die Norweger in passiver Neutralität dem Treiben von Kriegsflotte und Heer zuschauen würden, wie ihr Land besetzt wird.

Das Nadelöhr im Oslofjord wurde durch die beiden Festungen, die die Fahrrinne flankieren, noch prekärer: Festung Oscarsborg auf der Insel Kaholmen im Fjord und die Seiersten Batterie über der Stadt. Gut getarnte, wenn auch alte Befestigungen aus dem letzten Jh. mit alten Kanonen bestückt, **"Moses und Aaron"** genannt. Strategisch natürlich an der optimalen Stelle, da durch die vielen Felsen, Miniinseln und Untiefen nur eine schmale definierte Fahrrinne bleibt.

Der deutsche Kreuzer Blücher passierte im Morgengrauen des 9. April 194o die Enge - von beiden Festungen wurde das Feuer eröffnet. Nach mehreren Torpedotreffern von der Festung Oscarsborg ging die Blücher in Flammen auf und sank mit ca. 1.4oo Menschen. Nur ein Teil der Mannschaft konnte sich ans Ufer retten, im April hat der Oslofjord gerade 2,8 Grad. - Besonders tragisch war dazu, daß der Kreuzer gut die doppelte Besatzung transportierte, Heeeressoldaten, die in Oslo ausgeschifft werden sollten. Der zweite Kreuzer "Lützow", der in kurzem Abstand folgte, dreht danach ab und setzt die Mannschaften bei Sons Bucht, 2o km südlich von Drøbak an Land.

Sorge bereiten den Behörden inzwischen die ca. 14oo Tonnen Öl, die noch in dem stark durchgerosteten Wrack lagern und allmählich austreten. Versuche das Wrack aus 9o m Tiefe zu bergen erwiesen sich als zu teuer.

✴ Moss   26.000 E.

Profillose Industriestadt am Oslofjord mit Werften (riesige Gastanker laufen von der Rosenbergwerft vom Stapel), großer Zellulosefabrik. Fährhafen der Oslofjordfähre rüber nach Horten, Bahnhof nur 5oo m vom Fährterminal.

Cafeteria "FERJE KROA" in der Nähe (2oo m), Warteraum. Sonst hat Moss wenig zu bieten: im kleinen Zentrum um die Kirche ein buntes Stilgemisch aus Hochhäusern, älteren Stadthäusern; von historischem Interesse ist der Konventionsgården - benannt nach der Unterzeichnung der Mosser Konvention 1814 - was die nicht ganz freiwillige Union Schweden-Norwegen besiegelte.

Schöner Fleck zum Relaxen ist der Vannsjø (See) mit Park, Badesee mit Bootverleih und Swimmingpool, Hallenbad, Sportzentrum.

Autofähre: Übern Oslofjord Moss-Horten: jede 3/4 Stunde, Überfahrt dauert 35 Min., Preis für Pkw bis 5 m inkl. Fahrer knapp 15 DM, dann meterweise gestaffelt. Motorräder inkl. Fahrer 1o DM, pro Person 6 DM. Ziemlich frequentiert, also rechtzeitig da sein, Platzbestellung nicht möglich.

Zug: Bahnhof im Zentrum, nahe Fährhafen.
Moss-> Oslo, ca. 1o x tägl., ca. 1 Std.
Moss-> Fredrikstad, ca. 1o x tägl., ca. 1/2 Std.

Busbahnhof: in der Vogts Gate 17.

 Turistkontor: Fleischergate 17, 15o7 Moss, Tel. 69 25 32 95.
Post: in der Gudesgt. im Ladenzentrum

"**Hotell Refsnes God**", erstklassiges Landhotel, in einem alten Herrensitz auf der Insel Jeløy, mit allem Komfort, modernem Anbau, bildschöne Suiten mit Stilmöbeln oder moderne Zimmer. Sauna, Schwimmbad, 1o3 Betten, DZ um die 2oo DM im Sommer, inkl. Frühstück, erstklassiges Restaurant zu Spitzenpreisen.

"**Moss Hotel**", großes Stadthotel an der Fußgängerzone und Kirche, Dronningensgate 21, ordentliche, mittelgroße Zimmer mit Teppichboden, Sessel und sogar ein paar Bildern an denWänden. 42 Zimmer, die meisten mit Dusche/Toilette, DZ um 15o DM.

** Nes Camping, auf der Insel Jeløy, ca. 5 km nordwestlich von Moss, direkt am Meer, an einer geschützten Bucht am Oslofjord, großer Platz in mehreren Rasenterrassen, viel Wald. Durch die vielen Dauerwohnwagen wird's für norwegische Verhältnisse etwas eng. Badefelsen, Pedaloverleih, Ruderboote, ein Dutzend einfache Hütten für jeweils 4-5 Personen.

Zufahrt: Richtung Jeløy, durch dichten Wald, Bauernhöfe und weite Felder, gar nicht mehr industriemäßig. Busverbindung nach Moss 4 x tägl.

✦ Fredrikstad   (65.ooo Einw.)

Große Industriestadt an der Glommamündung. Das neue Geschäftszentrum auf dem Westufer der Glomma kann man getrost links liegenlassen, es sei denn, man ist auf Hotelübernachtung angewiesen.

Ausgesprochen hübsch dagegen der alte Festungs-Stadtteil <u>GAMLEBYEN</u> aus dem 17. Jh., malerisch und gut erhalten mit seinen alten Häusern. Der quadratische Stadtplan verrät das Zeichenbrett General Cicignons, der auch die Trondheimer Innenstadt entworfen hat. Sehr schön erhaltene Holz-/ Steinhäuser, Kopfsteinpflaster, kleine Boutiquen, Antiquitäten- und Kunstgewerbeläden. Das Viertel ist von einem sternförmigen Wassergraben und der Glomma geschützt.

Die <u>Festungsstadt Gamlebyen</u> wurde <u>1567</u> von König Fredrik II. gegründet, doch erst 1660 befestigt, mit Kanonen bestückt, als nach einem verlorenen Krieg die schwedische Grenze näher an die Glommamündung rückte. 200 Kanonen wurden auf den Erdwällen installiert und mehr als 2.000 Soldaten stationiert. Die Festung war jahrhundertelang uneinnehmbar, was nicht zuletzt auch ein Verdienst des Seehelden und Admirals Peter Wessel war.

Erst am <u>4. August 1814</u> gelang es den Schweden mit über 40.000 anrückenden Soldaten, die norwegische Verteidigung zu knacken. Die junge Regierung sah sich zu Friedensverhandlungen gezwungen, obwohl die Nachbarfestung in Horten noch nicht erobert war. In den anschließenden Konventionen von Moss wurde die schwedische Personalunion mit Schweden besiegelt.

 Post: In der Toldbogate am Glommaufer ein altes Kaufmannshaus von 1830, nach dem Geschäftsmann Peter Bull "Bullhof" genannt.

In der alten <u>Wachstube</u> (1667) vor der Zugbrücke, die nur von 30 Leuten bedient werden konnte, kann man bei der Arbeit der Glasbläser zuschauen.

Gegenüber der Sparebank die "<u>Kalenderkaserne</u>" von 1788. Fast schon pedantisch hat sich der Baumeister bemüht, die Zeit in seinem Ziegelbau zu symbolisieren: 60 Minuten entsprechen 60 Türen, 24 Stunden (Scheiben pro Fenster), 365 Tage entsprechen den Fenstern, 52 Wochen den Zimmern, 12 Monate den Schornsteinen, 4 Jahreszeiten den Eingangstüren. Heute noch durchs Militär genützt.

<u>KLEINES STADTMUSEUM</u> in der "Slaveriet", die 1731 als Wachstube und Gefängnis entworfen wurde, gibt einen Einblick in das Alltagsleben im alten Fredrikstad, z.B. die Gesundheitsversorgung. Eintritt.

Das <u>PROVIANTHAUS</u> gegenüber ist das älteste Gebäude der Stadt.

<u>Führungen durch Gamlebyen</u>: Kirche und Stadtmuseum nur zur Saison Juni bis August Mo.-Fr. 4 x tägl., Wochenende 2 x tägl.

 "TAMBUREN", im alten Stil im ehemaligen Pfarrhaus. Großes Lokal, bunt abgesetzte Holztäfelung im 1. Stock, im Innenhof Open air Restaurant. Gelegentlich auch Live-Musik. Eingang von der Kirkegate.

"PEPPES PIZZA", Torvgate 57, an den Wallmauern zur Glomma, im niedrigen Kellergewölbe mit dicken Mauern.

ZUFAHRT GAMLEBYEN:

Personen-Pendelfähre von den Wällen ins neue Geschäftszentrum, quer über den Fluß und damit der kürzeste Weg. - Mit dem Auto ab Zentrum Fredrikstad ca. 3 km. Anfangs die RV 11o Richtung Svinesund, nach der großen Brücke rechts ab.

KONGSTEN-FORT, klebt auf dem Felsen in der parkartigen Grünanlage, ca. 5oo m von Gamlebyen entfernt. Ebenfalls von General Cicignon gebaut, hieß nach dem Besuch des Königs Christian V. (1685) Christiansfort, mit 2o Kanonen für 15o Mann geplant. Heute mit Schwimmbad, Spielplatz, Cafeteria und Campingplatz.

Im neuen Fredrikstad:

ca. 2 km außerhalb vom Zentrum an der Rv 11o, Kreisverkehr bei der großen Stadtbrücke Richtung Gamlebyen, Rektor Østbyesgt. 2, 16o4 Frederikstad, Tel. 69 31 17 66.

Hauptpost: Brochsgate 3 im Geschäftszentrum.
Telefon: nahe Fußgängerzone, O.P. Petersengate 2

"**City Hotel**", Nygårdsgate 44-46, marmorverkleidetes Stadthotel, nüchterne Atmosphäre - für Geschäftsreisende konzipiert, große Zimmer, sehr freundlich, modern, Ton in Ton eingerichtet, Fernseher, Schreibtisch, gemütliche Clubgarnitur, 25o Betten, Sommerpreis ca. 19o DM inkl. Frühstück.

"**Victoria**", Turngaten 3, nüchternes Eckhotel im Klinkerbau, unpersönlich, etwas kahle Zimmer, die meisten mit Bad. 1oo Betten, DZ ca. 25o DM. Preiswerte Unterkunft in den Motelhütten beim Campingplatz:

*** Fredrikstad Camping, direkt bei der Kongsten Festung. Großes Wiesenareal unter hohen Bäumen. Selbstkocherküche, neue ordentliche Sanitäranlagen. Ca. 3o Hütten in 3er Bungalows, einfach ohne Komfort mit Stockbetten, relativ klein. Ca. 5oo m zur Altstadt Gamlebyen.

Verbindungen ab Fredrikstad

Busbahnhof: Bryggeriveien 7, keine Gepäckaufbewahrung.

Bahnhof: Zug-> Oslo ca. 1o x tägl., ca 1 1/2 Std.
-> Göteborg ca. 4 x tägl., ca. 3 Std.
weiter über Kopenhagen-> Hamburg 2 x tägl.

Westlicher Teil des Oslofjordes sowie Streckenbeschreibungen

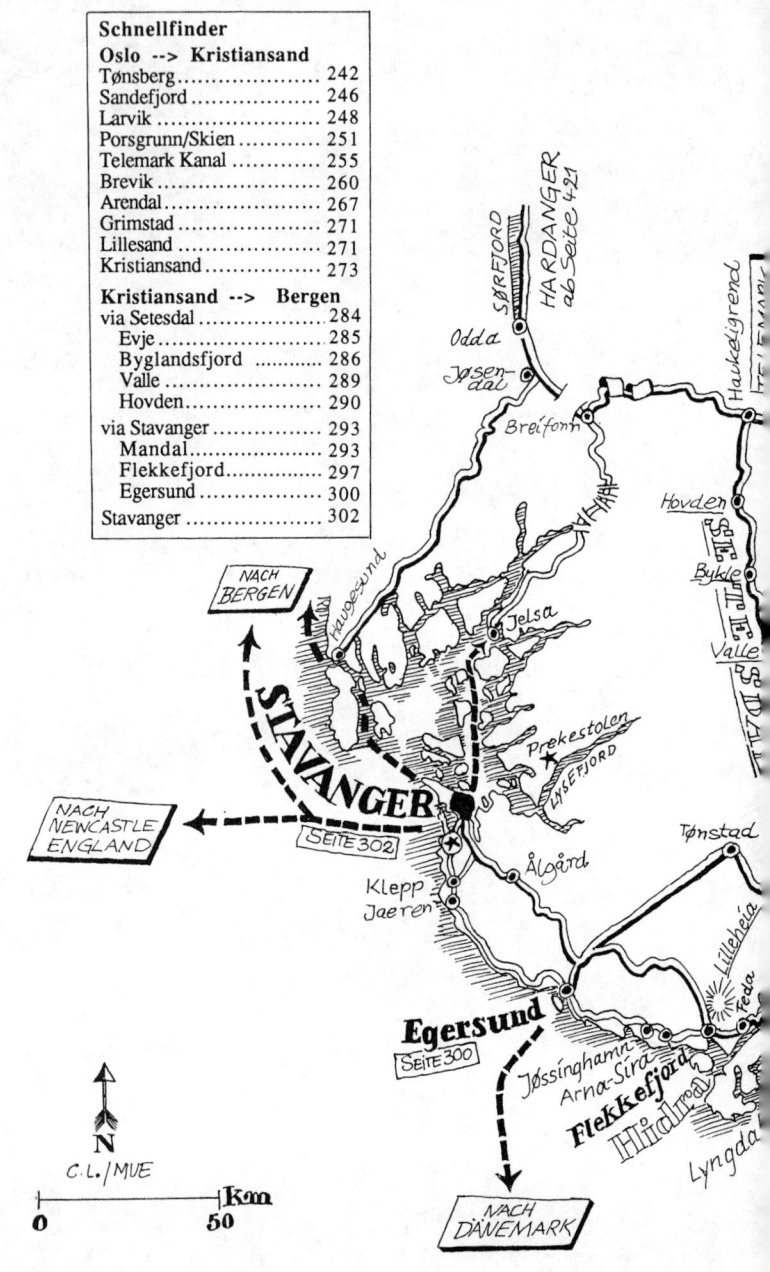

NACH BERGEN

NACH NEWCASTLE ENGLAND

STAVANGER

SEITE 302

Egersund

SEITE 300

NACH DÄNEMARK

N

C.L./MUE

Km

0   50

Sørfjord

HARDANGER ab Seite 421

Odda

Jøsendal

Breifonn

Haukeligrend

Hovden

Bykle

Valle

Haugesund

Jelsa

Prekestolen

Lysefjord

Ålgård

Tønstad

Klepp

Jaeren

Lilleheia

Feda

Jøssinghamn

Arna-Sira

Flekkefjord

Hidra

Lyngdal

Südküste

Das Sørland

Schönster Küstenstreifen am Skagerrak mit fast heiterem Südlandflair. Blitzweiße Städtchen aus der Segelkutterzeit wie *RISØR*, *TVEDESTRAND* und *LILLESAND*.

Ungemein reizvoller *SCHÄREN-GARTEN* zwischen Larvik und Flekkefjord: ein Labyrinth zahlloser Inseln und Miniinseln, teils bewaldet, teils von der Eiszeit kahlgehobelte graue Hügelfelsen. Ideal für einen Badeurlaub, jede Menge einsame Minibuchten und herrliche Sonnenfelsen.

Unzählige Boote, Snekken der Einheimischen und Yachten tuckern zwischen den Insel-kuppen.

SEITE 183

OSLO

OSLO-FJORD Seite 231

Drammen

Kongsberg

E 6

Moss

MALMÖ

E 18

Telemark Seite 372

Horten

Tønsberg

Skien

Fredrik-stad

Dalen Kanal S. 255

Porsgrunn

Sandefjord

Larvik S. 248

Kragerø Stabbestad

Risør

NACH DÄNEMARK

...THS...DAL.

Evje

ab SEITE 284

Arendal

E 18

Grimstad

Lillesand

ab Vigeland

KRISTIANSAND

SEITE 273

Mandal

NACH ENGLAND

NACH DÄNEMARK

SANDSTRÄNDE bei Mandal, Kristiansand und in Jaeren südlich von Stavanger: optimal geeignet für Familienurlaub. Camping- und Ferienhütten als preiswerte Übernachtungsmöglichkeit. Für norwegische Verhältnisse ist im Sørland relativ viel los, trotzdem findet man immer noch ein ruhiges Plätzchen an der langen zergliederten Küste.

Optimales Bootsrevier entlang der Schärenküste, Häfen aller Dimensionen für Jachten; der Betrieb wird recht liberal gehandhabt, solange man die Bedürfnisse der Einheimischen respektiert.

Unmittelbar nach der Küste wird's bergig, kontrastreiche Wälder im Inland. Zahlreiche abgelegene Seen und interessante Seitentäler wie das Setestal oder in Telemark.

Das **Wetter** ist besonders im Mai/Juni oft trocken und beständig, die duftig weiß-rosa Blütenpracht in schönem Kontrast zu den hellen Holzhäusern, zum Baden allerdings noch kalt. Im Juli/August hat das Meer die Gänsehaut-Temperatur überschritten (18-21° C), - der Juli zugleich aber auch Haupturlaubszeit der Norweger, und die Südküste relativ voll.

Transporte

 Verkehrsmäßig durch die E 18 bestens erschlossen; eine überwiegend gut ausgebaute Landstraße, die jedoch nur in wenigen Abschnitten direkt am Meer entlang führt. Die Küstenorte sind meist per Stichstraße erreichbar. Praktisch alle Straßen sind asphaltiert, in der Regel aber sehr kurvenreich, was die Fahrgeschwindigkeit einschränkt.

 Gutes öffentliches Verkehrsnetz, die Sørlandbahn von Oslo nach Stavanger 4 mal tägl., auch Nachtzug mit Schlafwagen. Fahrzeit 9-1o Std. Fährt via Drammen, Kongsberg, Kristiansand, Egersund.

Die Vestfoldbahn verbindet (sehr häufig am Tag) Oslo via Drammen und entlang des Oslofjordes via Horten, Tønsberg, Sandefjord, Larvik nach Skien, Fahrzeit ca. 2-3 Std.

Skien wird ebenfalls per 2-3 mal tägl. Zug auf der Strecke Drammen-> Kongsberg-> Notodden mit Oslo verbunden: Fahrzeit ca. 2 1/2 Std., allerdings Umsteigen in Nordagutu.

Arendal: 3 mal täglich ab Oslo direkt. Aus Richtung Stavanger kommend umsteigen in Nelaug.

Hurtigboot Sørlandsküste: Auf der Strecke Oslo (Rathaus) bis Arendal verkehrt im Sommer Mitte Juni bis Mitte August ein Personen-Schnellboot. Recht interessante Verbindung über Åsgardstrand, Insel Tjøme bei Tønsberg, Kragerø, Risør Arendal. 1x täglich.

Ein dichtes Busnetz entlang der Küste ergänzt die dortigen Zugverbindungen. - Weiter abseits der Küste, also Inlandsstrecken ab Küste (z.B. Kristiansand durchs Setesdal rauf zur RV 11/Haukeligrend) haben Busverbindung, allerdings nicht sehr häufig am Tag. Genaues Fahrplanstudieren auch in Bezug von Anschlüssen daher sehr sinnvoll!

Oslo ⇛→ Kristiansand
via Sandefjord, Larvik   (E 18, 322 km)

Der erste Abschnitt bis TØNSBERG/Bereich Oslofjord, landschaftlich wenig reizvoll; dicht besiedelt und viel Industrie.

Traumhaft schöner Küstenbereich dann ab LARVIK: hier beginnt die Schärenküste Südnorwegens mit den leuchtend weißen Sørlandstädtchen RISØR, TVEDESTRAND oder LILLESAND mit lebendigem Fischerhafen.

Schärenlabyrinth bei KRAGERØ: blankgeschliffene Felskuppen jeder Größe im Meer. Minibadeinseln mit gerade einem Haus, viele struppig bewaldet und ganz einsam. Ein reizvolles Boots- und Surfrevier.

Die **Hauptstraße E 18** verläuft in 2-1o km Abstand zur Küste, vorbei an Wälder und an Teichen. Sie ist zwar in einigen Bereichen kurvenreich, weitgehend jedoch als Schnellstraße ausgebaut und dadurch relativ zügig befahrbar. Fahrzeit Oslo-> Kristiansand via E 18 mit eigenem Fahrzeug im Sommer ohne Zwischenstops rund 5 Std.

Stichstraßen ab E 18 führen zu den Sørlandstädtchen wie Kragerø und Risør im Küstenbereich, - aber auch rauf nach Telemark im Landesinneren.

Wer genügend Zeit hat, sollte mit eigenem Fahrzeug unbedingt die direkt an der Küste verlaufenden, parallelen **Landstraßen** nehmen! Fahrzeit inkl. Zwischenstops für Oslo-> Kristiansand ca. 1-2 Tagen kalkulieren. Alle Details siehe folgende Routenbeschreibung.

Oslo ⇛→ Tønsberg   E 18 (ca. 1oo km)

Autobahnähnliche Schnellstraße von Oslo bis Drammen: Praktisch ein einziges Siedlungsband, zugleich auch die am dichtesten besiedelte Region Norwegens.

DRAMMEN (siehe Seite 367) mit jeder Menge Industrie, für Stop wenig lohnend. Bei HORTEN (am Oslofjord) besteht die Möglichkeit, auf die andere Fjordseite nach Moss überzusetzen. Details siehe dort.

Bis Tønsberg/Åsgårdstrand ist die Küste alles andere als attraktiv. Die Besiedlung ist dicht, Schlote, Fabriken und Werften prägen das Bild. Große Frachter und Tanker aus aller Welt ankern in Sichtweite im Oslofjord.

✱ Åsgårdstrand   (2.ooo Einw.)

Abseits der E 18 am Oslofjord, 11 km nordöstlich von Tønsberg ein adrettes kleines Fjordstädtchen, leicht am Hang mit schön gepflegten weißen Holzhäusern in blühenden Obstgärten und Parkanlagen; Uferpromenade und lebhafter Jachthafen.

Åsgårdstrand ist durch E. Munch bekanntgeworden. Die Stadtszenerie taucht in mehreren seiner Bilder auf. Zum MUNCHHAUS in der E. Munchgate am Platz links runter. Kleines, sehr bescheidenes Wohnhaus oberhalb vom Meer im großen Garten (Besichtigung).

Hier entstanden einige seiner bekanntesten Bilder, z.B. Mädchen an der Brücke. Der Fries in der Schokoladenfabrik Freia in Oslo trägt auch Motive aus Åsgårdstrand. In dem Häuschen, das er 1897 einem Fischer abgekauft hatte, verbrachte er immerhin 3o Jahre seines Lebens.

BADESTELLEN mit Liegewiesen und schmalen Sandstreifen neben dem Jachthafen und am südlichen Ortsende.

Weiterhin: SKALLEVOLD, grüne Badewiesen 7 km nördlich Tønsberg (RV 311 Richtung Åsgårdstrand), seichtes Ufer mit schmalem Sand/Kiesstreifen und hohen Kiefern. Ein beliebter Familienbadeplatz.

RINGSHAUG: Badebucht mit rund 1 km Sandstrand, fast dünenartig, 5 km vor Tønsberg Richtung Camping Furustrand. Anlegesteg für Boote, gute Surfbucht.

✱ Tønsberg   (33.000 Einw.)

Verwaltungstadt des Landkreises Vestvold, die mit dem Prädikat "älteste Stadt Norwegens" wirbt. Aus der Gründungszeit (871) ist jedoch kaum noch etwas erhalten. Spuren des alten Tønsberg auf dem Burghügel mit Ruinenresten der Festung Håkon Håkonsons (13. Jh.) neben dem markanten Aussichtsturm "Slottsfjellet" (zu besichtigen).

Im Zentrum am Kai, einige schmucke Stadthäuser aus der Jahrhundertwende versteckt zwischen modernen Betonkästen. Stolz der Stadtväter ist das moderne Bibliotheksgebäude im Stadtzentrum, das bereits einige Architekturpreise gewonnen hat. Nach dem Motto "unter dem Baum des Wissens" wurde das Dach wie eine Baumkrone geformt. In der Glasfassade spiegelt sich das Maritim Hotel. Sehr schöne Kaianlage mit einigen Restaurants unmittelbar am Wasser ohne Autoabgase, die Segeljachten und Ausflugsschiffe gleich nebendran.

Eine der größten Reedereien Norwegens, Wilh. Wilhelmsen hat ihre Wurzeln in der alten Seefahrerstadt Tønsberg. Zusammen mit den südlich angrenzenden Inseln Nøtterøy und Tjøme bildet Vestfold mit seinem Schärengewirr einen idealen Stützpunkt für Badeferien. Selbst die Königsfamilie ist von der Region angetan und hat ihre "Hytta" vor den Schären auf Tjøme (gut bewacht). Nach dem vorbildlichen Ausbau zahlreicher Radwege im Küstenbereich trägt Tønsberg den Beinamen "Fahrradstadt".

Schon die Wikinger nutzten diesen günstig gelegenen Fleck als Ting (Gerichtsplatz). Tønsberg war neben Trondheim der wichtigste Huldigungsplatz in Norwegen, wo die Könige anerkannt werden mußten. Im Stadtzentrum auf dem Haugarhügel wurden Grabstätten aus der Wikingerzeit entdeckt, unweit der Stadt im Norden das prächtige Osebergschiff der Königin Aasa. Nach dem Bericht des Geschichtsschreibers Snorre besaß Harald Schönhaar bereits 871 hier einen kleinen Königsgrund, bis er als erster König ganz Norwegens seinen Sitz auf die Burg Avaldnes bei Haugesund verlegte.

Unter König Håkon Håkonson bekam Tønsberg im 13. Jh. wieder große Bedeutung. Er ließ den Burgkomplex "Tunsberghus" auf dem Felshügel errichten (jetzt Ruinenfeld um den neueren Aussichtsturm).

Zur Hansezeit war Tønsberg ein wichtiger Handelsstützpunkt. Mit dem Walfang kam im 19. Jh. auch für Tønsberg der Aufschwung. 1864 erfand Svend Foyn die Walfangharpune und ermöglichte damit den Massenfang und nicht zuletzt die Ausrottung der Wale (siehe auch "Sandefjord").

 **Touristkontor**: am Kai, Nedre Langgate 36 B, 311o Tønsberg, Tel. 33 31 o2 2o, Fax: 33 31 95 9o.

 Post: in der Storgata 2o.

VESTFOLDS FYLKESMUSEUM unterhalb des Stadthügels im Farmannsveien 3o, Freilichtabteilung mit Hofanlagen und Speicher, kleine Sammlung zur Walfang-/Seefahrtsgeschichte; im separaten Haus das 21 m lange Wikingerschiff, das sog. "Klåstadschiff" nach seinem Fundort Klåstad an der RV 3o3 benannt. Im Freien am Eingang der dekorative Bug (Steven) des Wikingerschiffes "Oseberg" von 8oo n. Chr., das 19o4 in einem Grabhügel bei Oseberg ca. 4 km nordöstlich vom Zentrum gefunden wurde. Das Original im Wikinger-Schiffsmuseum Oslo Bygdøy, Details siehe dort.

In der Saison **SETERKAFFEE** beim Museum, leckere hausgemachte Waffeln und Rømmegrøt, eine norwegische Spezialität. Offen: Mitte Mai bis Mitte September Mo.-Fr. 1o-19 Uhr, Sa. 11-19 Uhr, So. 12-19 Uhr.

PREMONSTRATENSER KLOSTER (Ruinen): das gläserne Bibliotheksgebäude wurde über den Ruinen des einstigen Klosters errichtet. Reste der Grundmauern sind in dem Neubau integriert. Gegenüber stand im Mittelalter (12o7) die größte Rundkirche Skandinaviens, St. Olavs Kirke (Durchmesser 26,7 m). Anbetracht der seinerzeit weit verbreiteten Stabkirchenkonstruktion war diese Steinkirche eine Besonderheit. Nach der Reformation wurde die Klosteranlage abgerissen.

Vom AUSSICHTSTURM auf dem Schloßberg bietet sich ein schöner Blick über den Stadtkern Tønsbergs. Im Turm ist ein Modell der Festung zu sehen. Offen: Mitte Mai bis Mitte Juni 1o-15 Uhr, Sa./So. 12-17 Uhr, Mitte Juni bis Mitte August bis 18 Uhr, Mitte August bis Mitte September Mo.-Fr. 1o-14 Uhr, Sa./So. 12-14 Uhr.

HAUGAR VESTFOLD KUNSTMUSEUM wurde unmittelbar neben dem Wikingergrab eingerichtet. Die Halbreliefs aus verschiedenen Nationen der Erde entlang der Fensterfront symbolisieren die Verbindungen Tønsbergs durch die Seefahrt über die gesamte Welt. Auf dem Zentrumshügel, Gråbrødregaten 17.

Das GLOCKENMUSEUM hat Olsen Nauen in der einstigen Gießerei eingerichtet. Hier wurde einst Nordeuropas größtes transportables Glockenspiel hergestellt.

PRINS CHRISTIANS BATTERI: Die Verteidigungsanlage wurde 18o8 zum Schutz der einzigen Saline des Landes errichtet. 1989 wieder restauriert und mit Kanonen bestückt. 5 km außerhalb vom Zentrum

Hotel "Klubben", Nedre Langgate 49 direkt am Jachthafen. Das große ziegelrote Backsteinhochhaus "erdrückt" den hübschen alten Holztrakt. Geräumige Zimmer in Blau gehalten, bequeme Clubsessel, Teppichboden, TV, aller Komfort. Parkmöglichkeit in der Garage. Von den Mini-Balkons Blick über das Werftgelände.
  2oo Betten, DZ mit Dusche als reduzierter Sommerpreis (Hotelpaß) 2oo DM und Frühstück, mit noblem Gourmetrestaurant, Diskothek - ohne Verzehrzwang bzw. Kleiderordnung, bis 24 Uhr.

"Grand Hotell" in der Møllegate. Stadthotel aus den 3oer Jahren, historische Stadtfotografien in der Rezeption, modernste Zimmer. 163 Betten, DZ ab ca. 2oo DM inkl. Frühstück.

"Maritim Hotel", in der Storgate 17. Vierstöckiger schmuckloser Hotelkasten mitten im Zentrum an der Hauptstraße. 5o Betten, DZ ab 15o DM aufwärts inkl. Frühstück.

Jugendherberge, in der Dronning Blancasgate 22; schöne Lage unterhalb des Burgberges mit Aussichtsturm. Ganzjährig offen, 47 Betten, 35 DM inkl. Frühstück.

*** Camping "Furustrand" 5 km östlich vom Zentrum am Oslofjord. Gute Stellplätze im Kiefernwäldchen und auf der flachen Landnase. Grobes Steinufer, kein schöner Badestrand, bessere Sandstrände in der angrenzenden Bucht Ringshaug; viele Dauercamper. Am Horizont reger Schiffsverkehr im Oslofjord. Bus Nr. 116 mehrmals stündlich.

"HAVERIET": eines von mehreren Restaurants direkt am Kai im Blockhausstil mit schöner Terrasse vor den Segelbooten.

"MAMA ROSA", Stoltenbergsgate 46. Das Restaurant ist für seine guten Pizzen bekannt. Zudem chinesische Küche.

"KONG SVERRE", Tollbugate. Gemütlich rustikal in niedrig schummrigem Kellergewölbe - durch dekorative Details auf Ritteratmosphäre getrimmt, italienische Küche. Riesengroße Pizzen (für mehrere Personen), Lasagne um die 15 DM.

Transporte ab Tønsberg

Bus - Sandefjord ca. 9 x tägl. Dauer 1 Std.
- Larvik 2 x tägl. direkt, 1 1/2 Std.über Åsgårdstrand stündlich nach Horten (Fähre übern Oslofjord nach Moss) 3/4 Std. - Verdens Ende in etwa stündlich, dauert 1 Std.

Bahnhof Jernebanegate unterhalb des markanten Aussichtturms
- Drammen, Oslo ca. 9 x tägl., ca 1 1/2 Std.
- Larvik - Skien ca. 9 x tägl., 1 1/2 Std. bis Skien.

Fahrradfahren: Der Ausbau der Region mit Fahrradwegen war ein voller Erfolg. Jetzt kann man auf streckenweise eigenen Radwegen einen schönen Fahrradurlaub mit der ganzen Familie planen, auf Campingbasis mit Zelt entlang der Schärenküste. Die über 12o km lange Route von Svelvik (südlich Drammen), über Horten, Tønsberg bis Helgeroa (südlich Larvik) ist mit eigenen Hinweisschildern und Kilometerangaben bestens markiert. Fahrräder können in den verschiedenen Orten ausgeliehen werden. Fahrradkarten sind in den jeweiligen Touristenbüros zu kaufen.

Ausflüge: Rundtour mit einem der ältesten Dampfschiffe "D/S Kysten" (Baujahr 19o9 in Trondheim) Mitte Juli/August durch den Schärengarten des Oslofjords um die Insel Nøtterøy. In den 8oer Jahren wurde der Oldtimer von einer privaten Vereinigung gekauft und originalgetreu restauriert. Dauert ca. 3 1/2 Std., Preis: ca. 25 DM/Person.

Das einstige Fährschiff "Ørtind" veranstaltet ebenfalls Fahrten entlang der Schärenküste über Sandefjord nach Stavern und retour. Tagestour von gut 7 Stunden. Restauration an Bord. Tagesrundtour ca. 5o DM.

Ans Ende der Welt (VERDENS ENDE) 27 km auf der langgezogenen Insel Tjøme, am Eingang des Oslofjord: Rundpolierte Badefelsen, Schären und Inselchen, eine charakteristische Südküstenlandschaft.

Prima Badeplätze zwischen glatten Felsen und schmalen Sandbuchten. Reger Schiffsverkehr an der Mündung des Oslofjords. Rekonstruiertes Leuchtfeuer auf dem letzten Rundfelsen. Am südlichsten Teil der Insel Restaurants, Hotel und Campingplätze. Die Insel ist per Brücke mit dem Festland verbunden.

✦ Sandefjord   (36.000 Einw.)

Ehemals größte Walfangstadt Norwegens, heute eine moderne Geschäfts-
stadt. An die große Walfangzeit erinnert nur noch das interessante Walfangmuseum und das elegante Walfängerdenkmal am Kai von Knut Steen.

Für Schlagzeilen sorgte Sandefjord Ende des letzten Jahrhunderts, als auf
dem Gokstadhügel am Stadtrand 1880 der spektakuläre Wikingerfund gemacht wurde; das berühmte Gokstadschiff steht heute restauriert im Wikingermuseum Oslo. Der Gokstadhügel 2 km östlich Sandefjord (RV
3o3).

Die jahrhundertelange Schiffsbautradition, Holzverarbeitung und Fischfang waren beste
Voraussetzung für den Einstieg ins große Walfanggeschäft.

Der erste Aufschwung kam in der zweiten Hälfte des 19. Jh., als durch die Erfindung der
Walharpune der Küstenfang kommerzialisiert werden konnte. Bereits 1892 schickte der
Reeder Christensen aus Sandefjord die "Jason" als erstes Fangschiff in die Antarktis und
läutete damit den großen Pelagischen Walfang ein. Bald ließ er in Sandefjords Werft das
erste Walverarbeitungsschiff der Welt (Dampfschiff) bauen. Die "Telemark" lief 1905
gen Süden aus; wiedermal waren die Südnorweger führend im Walfanggeschäft.

Durch die schwimmende Fabrik waren sie in der Antarktis unabhängig von englischen
Konzessionen. 1925 lief die "Lancing" vom Stapel. Durch die moderne Flotte waren die
Walfangstädte Sandefjord, Tønsberg und Larvik der Konkurrenz immer eine Nasenlänge
voraus. 4o.2oo Wale wurden zur Spitzensaison 193o/31 abgeschlachtet.

Auch nach dem Krieg war Norwegen bald wieder führend, 196o/61 arbeiteten 7.ooo
Mann auf 9 Fabrikschiffen und 1oo Fangbooten. Aus wirtschaftlichen Gesichtspunkten
(Quotenreduzierung) wurde der Walfang in der Antarktis 1969 eingestellt (mehr über die
Walfangentwicklung und verschiedenen Arten im separaten Walfangkapitel).

Nach dem Fangstop Ende der 6oer Jahre, forcierte Sandefjord den Ausbau seiner Handelsflotte und stieg mit dem Bau von Erdölplattformen ins "Petrogeschäft" ein.

 **Touristkontor**: helles Gebäude am Torvet, dem Hauptplatz,
32o1 Sandefjord. Ganzjährig geöffnet. Tel. 33 46 o5 9o,
Fax: 33 46 o6 2o.

 Post: in der Storgata.
Tele: in der Jernbanallee/Ecke Rådhusgate.

WALFANGMUSEUM einzigartig in Norwegen, sehr anschaulich die Ent-
wicklung des Walfangs und der Fangmethoden dargestellt; vom einfachen
Speer der Stein-/Bronzezeit über Handharpunen bis zu Harpunenkanonen.
Die Verarbeitung der Wale, Zerlegung, Trankochen etc. in Modellen er-
klärt. Schiffsmodelle der letzten Antarktis Walfangboote aus den 5o/6oer
Jahren. Zoologische Abteilung (21 m langer Blauwalriese, eine Reihe aus-
gestopfter Polartiere, Seelefant, Moschusochsenfamilie etc.) In der
Museumsgate.

Offen: Mai bis Sept. tägl. 11-17 Uhr. Sonst Mo., Fr., So. 12-16 Uhr.

SANDEFJORD STADTMUSEUM: Pukkestadveien 5, im alten Herrenhaus Pukkestad, Interieur und Gegenstände aus dem 18./19. Jahrhundert. Münzsammlung und Funde aus der Wikingerzeit. Mai bis August tägl. 11-16 Uhr, September bis April So. 12-16 Uhr.

SEEFAHRTSMUSEUM: Prinsensgate 18. Sammlung von Schiffsmodellen, Bildern, Zubehör etc. Juni bis August tägl. 11-16 Uhr, Sept. bis Mai So. 12-16 Uhr.

"CAPRICORN PIZZAHUS", Storgate 23, direkt im Zentrum. Große Auswahl an Pizzen ab 15 DM.

"GOURMET", Rådhusgt. 7, nahe Walfangmuseum. Gepflegtes Restaurant mit sehr guter Küche. Große Auswahl à la carte.

Hotel "Atlantic", Jernbanealleen 31. Hübsches älteres Stadthotel direkt im Zentrum, gepflegtes Ambiente, modernisierte Zimmer in hohen Räumen. 113 Betten, reduzierter Sommerpreis DZ mit Dusche inkl. Frühstück 15o DM.

Hotel "Kong Carl", Torvgt. 9. Weißstrahlendes Holzhotel im ältesten Haus der Stadt, das schon über 2oo Jahre als Hotel betrieben wird. 49 Betten, 15o-2oo DM fürs DZ inkl. Frühstück.

"Rica Park Hotel", an der Grünanlage beim Walfängerdenkmal. Modernes Backsteinhochhaus in Kainähe, mit großem Restaurant und Bistro. Hallenbad, Solarium etc. 27o Zimmer unterschiedlicher, moderner Ausstattung und Größe, DZ ab 16o DM.

** Camping Granholmen, ca. 3 km südlich der RV 3o3; sehr hübsch auf einer Schäre gelegen, dementsprechendes Fels- und Wiesenterrain. Gepflegter Platz am Sandefjord - gute Bademöglichkeit gleich vom Wiesenufer aus, ideal für Leute mit eigenem Boot, kleiner Jachthafen direkt nebendran mit Kran und Slip. Boots-/ Kanuverleih.

Transporte ab Sandefjord

Bus -> Larvik 4 x tägl., Dauer 3/4 Std.
-> Tønsberg ca. 7 x tägl., Dauer ca 1 1/2 Std.
Busstation am Jernbanplassen (Bahnhof)

Bahnhof: Zug -> Oslo ca. 8 x tägl., Dauer ca. 2 Std.
-> Larvik, Skien ca. 8 x tägl, Dauer ca. 1 Std.
-> Kristiansand, Stavanger 4 x tägl. mit Umsteigen in Nordagutu

Flughafen Torp:
Flüge nach Bergen: 5 x werktags, 1 1/2 Std.
Stavanger: 7 x werktags, 1 Std.
Trondheim: 4 x werktags, 1 1/2 Std.

 **Schiff**: nach Strömstad in Schweden.
Eine sehr praktische Autofähre der Scandi Line, wenn man
nach Norwegen noch einen Urlaub in Südschweden
anhängen möchte. Überfahrt 2 1/2 Stunden. Mehrmals tägl.
Personenpassage 25-3o DM, Pkw bis 5 m 3o-4o DM. Info: Scandi Line,
Boks 4o4, N-32o1 Sandefjord.

Sandefjord -> Larvik über Parallelroute RV 3o3

Wellige Landschaft, durchsetzt von runden Felsbuchten, Waldpartien.
Bauernhöfe und Kornfelder. Zum Baden viele Möglichkeiten eine der
Stichstraßen ans Meer abzufahren, zu idyllisch, zwischen Schären gelege-
nen Küstenörtchen.

ULA - niedrige bunte Holzhäuser in schönem Farbkontrast zu den runden
grauen Küstenfelsen. Kleine Fischerboote im geschützten Hafenbecken.
Das Ulabrand-Denkmal aus klobigen Steinen (Aussichtspunkt) erinnert an
den bekannten Lotsen Ander Jacob Johansen, genannt Ulabrand (Mitte des
19. Jahrhunderts).

Der Lotsenjob war früher mehr als gefährlich und aufreibend, mit hartem Konkurrenz-
kampf. In ihren kleinen Booten lauerten sie tagelang im Schärengürtel auf Kundschaft.
Nach dem Motto "wer zuerst kommt, lotst zuerst" gelang es nur dem Schnellsten und
Durchsetzungsfähigsten, ein fremdes Schiff zu "erobern" und die schwierige Lotserei zu
beginnen, während der Schiffsjunge das eigene Boot nach Hause brachte.

 5oo m vom gebührenpflichtigen Parkplatz zum Badestrand
mit feinem Sand, zwischen runden Schärenkuppen und
plätschernder Brandung. Im Sommer ist dementsprechend was
los. Einfache, aber schön gelegene Campingwiese nebenan.

★ Larvik   (38.5oo Einw.)

Eine praktische Fährstadt, und von Dänemark kommend der schnellste
Einstieg nach Telemark. Vom Stadtbild besticht Larvik weniger, durch die
Industrie auch nichts zum Bleiben. Doch schon wenige Kilometer außerhalb beginnt ein dichtes Waldgebiet, unweit der Stadt auf den Schären
locken die weiß leuchtenden Sørlandstädtchen und idyllische Badeplätze.

Durch die günstige Lage an der Mündung des Lågen ist Larvik seit Jahrhunderten ein Zentrum der Holzindustrie. Früher wurde über den Lågen
geflößt, mittlerweile haben Lkws die Arbeit übernommen. Wenn Fritzøes
Holzfabrik nicht Betriebsferien macht, schnuppert es in ganz Larvik nicht
unangenehm nach frisch gesägtem Holz.

 Storgaten 48, 3251 Larvik. Tel. 33 13 o1 oo, Fax: 33187155
An der Hauptstraße Storgate, ein Katzensprung vom Fähran-
leger entfernt, ganzjährig offen.

Post: in der Jaegersborggate 4 im Zentrum.
Tele: Kristian Frederiksvei 23.

Autoverleih: Hertz, Service senter, Storgate 16

Parken: evtl. im Zentrumsparkhaus (max. 2 m Höhe) in der Kongensgate bzw. am Jachthafen oder Bahnhof.

 **Badeplatz**: gleich in der Nachbarbucht des Hafens, gepflegte Parkanlage, runde Schären. Am Seefahrtmuseum und kleinen Jachthafen vorbei nur 5oo m vom Hafen. Weitere Badeplätze: bei Gon (von Larvik 4 km). Die Straße endet im großen Parkplatz, ab hier mehrere Badestellen zu erreichen. Rundgeschliffene Schären und Minibuchten, teilweise Wiesenflecken, zwischendurch kiesig-sandiges Ufer.

HERREGÅRDEN: eine riesengroße Gutsanlage mit karréförmig angelegtem Herrenhaus. Eines der größten Holzgebäude Norwegens in schöner Parkanlage, gut erhalten in freundlichem Rot, mit Ursprüngen von 1674. War Sitz des dänischen Statthalters Graf Ulrik Frederik Gyldenløve in Norwegen, heute als Stadtmuseum genutzt.

Graf Gyldenløve gab ebenfalls die STADTKIRCHE 1677 in Auftrag, Altarbild von Lucas Cranach dem Älteren (1472-1553).

SEEFAHRTSMUSEUM im ehemaligen Zollhaus am Jachthafen. Hübsches barockes Stadthaus, in niedrigen Räumen viele Details aus der Seefahrtgeschichte. Vor dem Eingang eine Walharpune und Greifzange, mit der per Winde die Wale an Bord gezogen wurden. Das Museum ist zwei berühmten Larvikern gewidmet: Thor Heyerdahl und Colin Archer.

Thor Heyerdahl: 1914 in Larvik geboren, Forscher, der unter anderem berühmt wurde durch seine Expedition mit einem Balsafloß (Kontiki, 1947) von Callao/Peru über den Pazifik nach Tahiti/Südsee und seine Expedition mit einem Schilfboot (Ra I / II, 1969/197o) von Safi/Marokko nach Belem/Brasilien. Alle Details hierzu siehe "Oslo/ Museumsinsel Bygdøy". (Die im Larvik-Seefahrtsmuseum ausgestellten Boote Kon-Tiki und Ra sind Repliken, die Orginale im Kon-Tiki-Museum/Oslo Bygdøy.)

Colin Archer: ein englischstämmiger Norweger aus Larvik und wohl berühmtester Schiffszimmermann Norwegens. Aus seiner Werft ("Tollerodden") hier in Larvik lief 1892 die Fram, mit der Nansen zum Nordpol und Amundsen zum Südpol aufbrachen. Der Gedenkstein neben dem Hafen erinnert an seine frühere Werkstatt.

Die Konstruktion der Fram war für damalige Zeiten revolutionär; sie mußte so gebaut werden, daß sie den gewaltigen Druck des Packeises aushielt. Absolutes Neuland, - auch für damaligen Schiffsbau! Die Fram bewährte sich exzellent in arktischen und antarktischen Gewässern, sodaß sie auch für weitere Expeditionen eingesetzt wurde.

Das Original ist heute im Frammuseum/Oslo Bygdøy ausgestellt. - Beim Bau der Fram war übrigens die Werft Colin Archers in Larvik zu klein, das Schiff wurde in einer neuen, etwas südlich in der Rekevikbucht gebaut.

Bahnbrechend waren auch seine neuentwickelten Rettungs- und Lotsenboote, die schneller und seetüchtiger als die bisherigen Nußschalen waren.
Der "harte" Seemann vor dem Museum stellt Kapitän Oscar Wisting, einen Larviker dar, der Amundsen auf der Südpolexpedition 1911 begleitete.

FRITZØE MUSEUM zeigt die Entwicklung der Forstwirtschaft seit dem 19. Jahrhundert. Am westlichen Ortsrand nahe Fluß gelegen. Im Sommer werktags geöffnet.

FARRISQUELLE, einzige Mineralwasserquelle Norwegens, auch König Haakon Quelle genannt. Geführte Besichtigung werktags im Sommer.

Bootsausflüge im Schärengarten, manchmal auf dem ehemaligen Lotsenboot Frthjof. Infos im Turistkontor.

 "RESTAURANT HANSEMANN" zentral in der Kongensgate 33. Gemütliche Wirtsstube im älteren Holzhaus, etwas schummrig mit abgeteilten Sitzecken. Leckere Fleischgerichte. Nebenan große Auswahl an Pizzen. Schöne Sitzmöglichkeit im Freien auf der Veranda ohne allzuviel Autolärm.

"FERDINAND'S LILLE KØKKEN", Storgate; etwas zurückgesetzt neben dem Grand Hotel. Kleines Lokal; Balkendecke, Rauhputz und derbe Holztische machen es kernig. Kleine Terrasse mit Tischen im Freien.

Mehrere günstige Cafeterien im Zentrum.

 "Inter Nor Grand Hotel", Storgate 38 vis à vis Fährstation, zudem an der Hauptdurchgangsstraße. Äußerlich wenig verlockender mehrstöckiger Hotelkasten, aber komfortable Zimmer. 214 Zimmer, DZ 21o DM inkl. Frühstück. Reduktion über Hotelpaß.
"Grev Gyldenløve", Storgate 26. Lautes Eckhotel im Schnittpunkt der beiden Hauptverkehrsstraßen Larviks. Modernisierte Zimmer.
Preiswerte Pensionen etwas außerhalb, Zimmer z.T. ohne Bad, preislich um die 8o DM fürs Doppel. Infos über Touristenbüro.

 ** Gon Camping, ruhig gelegener Platz, großes Wiesenterrain durch runde Felsen und Bäume aufgelockert. Schöne eigene Badebucht mit Sprungbrett, Felsen und Stromanschlüssen. 1o Hütten, ausdrückliches Alkoholverbot auf dem Platz. 4 km außerhalb Gon, - ausgeschildert. Busverbindung. Offen: Mitte Juni bis Mitte August.

Transporte ab Larvik

 Dänemark-Fähre der Larvik Line nach Frederikshavn. Grosses modernes Terminal direkt im Zentrum vis-à-vis Bahnhof mit Warteraum, Toiletten etc.

 **Bahnhof**: an Hauptdurchgangsstraße Storgaten, direkt gegenüber der Fähranlegestelle.

Züge: <u>Oslo</u> via Sandefjord, Tønsberg häufig am Tag (ca. alle 2-3 Std.). Selbe Häufigkeit nach <u>Skien</u>. - Kristiansand/ Stavanger bzw. Kongsberg als Umsteigeverbindung 3-4 x täglich.

 **Bus** (Busbahnhof im Zentrum)
- Sandefjord stündlich   - Skien 6 x täglich
- Kongsberg 3 x täglich   - Tønsberg stündlich

Taxistand: direkt neben dem Bahnhof.

<u>STADTWÄLDCHEN BØKESKOGEN</u>: oberhalb am Stadtrand schöne Spazierwege und Bänke im dichten Buchenwald, viele Jogger beim Abendtraining. Zahlreiche Grabhügel aus der Wikingerzeit. Mittendrin die BØKEKROA, schön gelegen mit Plätzen im Freien; kleine Gerichte.

Einkaufen: "<u>HUSFLIDEN LOFTET</u>" - hübsche Geschenkartikel, ausgefallene Holzarbeiten. In der Kongensgate, Zentrum.

✦ Porsgrunn/Skien   (81.ooo Einw.)

Erstreckt sich ab <u>E 18/Küste</u> in einem langen, schmalen Tal rund 2o km landein. Durch Stadtexpansion und Industrie sind beide Orte heute zusammengewachsen:

PORSGRUNN (33.ooo Einw.) lebt vorwiegend vom Salpeterwerk der Norsk Hydro (allein rund 5.5oo Beschäftigte), von Plastikindustrie, Elektrobetrieben, aber auch von Schiffswerften und seinem Hafen.

Spätestens wenn man sich in Norwegen die Hände wäscht oder aufs WC geht, kommt man mit einem weiteren Arbeitgeber der Stadt in Kontakt: die <u>Porsgrunn Porzellanfabrik</u>. Sie hat über 1oo-jährige Tradition; ihre Produktpalette reicht vom erlesenen Tafelservice bis hin zur Kloschüssel. Besichtigung des Werks nur in Gruppen (eventuell kann man sich einer anschließen), ansonsten Verkaufsausstellung der Service-, Vasen-, Souvenirteller, auch günstige Zweitwahl-Artikel.

<u>SKIEN</u> (48.ooo Einw.): Geburtsstadt des berühmten norwegischen Dichters Henrik Ibsen. Provinzhauptstadt Telemarks mit Verwaltungsgebäuden, Schulen etc., viel Holzindustrie (Sägewerke). Zwar kein Fleck für längeren Urlaub, so doch guter Ausgangspunkt für Telemarktrips ab Küste und interessantes Freilichtmuseum.

<u>Geschichte</u>: Stadtgründung ca. 11. Jh. Wegen seiner Lage in Küstennähe sowie umfangreicher Seen und Flüsse ins Landesinnere wurde Skien bald zum wichtigsten Ein- und Ausfuhrzentrum der damals abgelegenen Wald- und Hügelregionen Telemarks.

Seit <u>Einführung der Dampfsägemaschinen</u> ca. 185o zugleich wichtigstes Holzverarbei-
tungszentrum einer Inlandsregion größer als Bayern, deren Hauptreichtum im Wald bestand. Der <u>Bau des Telemark-Dalen Kanals</u> Ende des 19. Jh. sorgte für zusätzlichen wirtschaftlichen Aufschwung der Provinzhauptstadt: Nicht nur Waren ließen sich schneller
und bequemer tief ins Landesinnere transportieren. So lief bis zur Jahrhundertwende die
schnellste Verkehrsverbindung von Oslo nach Bergen via SKIEN/Telemark-Bandak-
Kanal, 4 Tage, vergl. auch Seite 255.

 Gegenüber der Bootsabfahrten der Telemark-Kanaltouren.
Nedre Hjellegt. 18, 3724 Skien. Tel. 35 58 19 1o.

 <u>Post</u>: Kverndalen 8.
<u>Tele</u>: in der Kongensgate gegenüber Busbahnhof.

Car Rent: Inter-Rent bei Østbye Pedersens Auto A/S im Telemarkveien
oder Budget Autoverleih, Ulefossveien 22.

Das <u>SKIEN-FREILICHTMUSEUM</u> ("Brekkeparken") vermittelt einen
guten Eindruck der unterschiedlichen Lebensweise zwischen Stadt- und
Landbevölkerung im 18. Jh. Großer Gutshof von Niels Aall (1777),
wohlhabender Statthalter Skiens, exklusive Zimmerausstattung.

Dem berühmtesten Sohn der Stadt, dem 1821 in Skien geborenen Dichter
Henrik Ibsen, wurden gleich mehrere Zimmer des Südflügels eingeräumt.
Neben vielen Details auch sein Leseraum und Schlafzimmer.

Das Bauernhaus "<u>Ramberg Stugu</u>" eines reichen Landwirtes aus Heddal in
Telemark ist ein exzellentes Beispiel der Rosenmalerei.

Die "<u>Brustoga</u>", ein typischer Vertreter der "<u>Årestue</u>" in dicker Blockbauweise aus dem 13. Jh. Weiterhin Spezialabteilungen: Porsgrunner Porzellan, Ofen- und Puppensammlung, Seefahrt, Stadtgeschichte etc.

Führungen 2 x täglich (nur dann Zutritt in die Bauernstuben), außerhalb
der Saison auf Anfrage. In der hübschen Parkanlage des Freilichtmuseums
<u>Cafeteria Brekke</u> mit schönem Stadtblick von der großen Terrasse.

Das Museum liegt direkt oberhalb des Skien-Hauptplatzes auf dem Hügel
(rechts, von der Küste kommend): Zufahrt über die Telemarksgata den
Berg rauf. Zu Fuß: ab Hauptplatz ca. 5oo m, das letzte Stück per Treppen.
Offen: Mitte Mai bis August täglich 1o-18 Uhr. Eintritt 5 DM, Kinder die
Hälfte.

<u>VENSTØP</u>: 5 km nördlich vom Zentrum, die Rektor Ørns Gate über den
Bahnhof hinaus. Hier verbrachte <u>Henrik Ibsen</u> seine Jugend bis zum 15.
Lebensjahr. Heute Museum und original wie zu Ibsens Zeit eingerichtet.
Gegenstände aus seinem Alltag. Familienfotos und Bilder Ibsens, dessen
zweites Talent ohne Fragen das Malen war.
<u>Offen</u>: wie Freilichtmuseum.

Die wohlhabende Kaufmannsfamilie Ibsen besaß in Skien gleich mehrere Häuser. Eines war das Sommerhaus Venstøp, ein weiteres in Snipetorp, ebenfalls 5 km nördlich. Der 15-jährige Ibsen wohnte hier nur 1/4 Jahr; durch die Verarmung des Vaters Umzug in die Stadt und drastische Einschränkung in einer 3-Zimmer-Etagenwohnung.

Ab 1843 Beginn einer Apothekerlehre in Grimstad (an der Südküste bei Arendal), 1851 Bühnenleiter in Bergen, 1857 Theaterleiter in Oslo, ab 1864 ausgedehnte Reisen und lange Aufenthalte in Deutschland sowie Italien, denn Ibsen war von Norwegen tief enttäuscht und fühlte sich unverstanden. Ibsen war kein "pflegeleichter", angepaßter norwegischer Staatsbürger. Ein wortkarger Mensch, ein Eigenbrötler und Kritiker, der bald in Gegensatz zu den öffentlichen Stellen im Lande kam; übrigens bekam er nie ein Dichterstipendium wie so viele andere oder den Nobelpreis, wie B. Bjørnson. Seine Hauptschaffenszeit (27 Jahre) verbrachte er im Ausland.

Zu seinen wichtigsten Werken gehört "Peer Gynt", später von Evard Grieg vertont, das er übrigens in norwegischer Sprache am Mittelmeer (!) schrieb. "Peer Gynt" gilt als sehr traditionelles, spätromantisches Werk. Berühmt wurde Ibsen durch die Reformierung des Dramas, sein "revolutionärstes" Werk ist "Gengangere" (= Gespenster). Zentrales Thema in Ibsens Werken ist die Suche nach der Wahrheit und die Aufdeckung der Lebenslügen. Tod 1891 in Christiania/Oslo.

"**Hotel Rica Ibsen**", modernes Konferenzhotel, Kongensgt. 33, sehr zentral. Ziegelroter 5-stöckiger Hotelkasten, komfortable Zimmer mit Schreibtisch, freundlich moderne Aufenthaltsräume, viele Grünpflanzen/Sauna, Swimmingpool, großes Restaurant. 236 Zimmer, DZ ca. 17o DM inkl. Frühstück, im Sommer Rabatt.

"**Hoyers Hotel**", in der Kongensgate 6; bonbonrosa Palazzo vom Verkehr umbraust. DZ als Sommerpreis reduziert ab 12o DM inkl. Frühstück; gutes Restaurant, günstige Lunchgerichte.

"**Pension Dag Bondeheim**", Prinsessegate 7, in einer der Hauptstraßen, nicht eben ruhig; ordentliche, ziemlich hohe Zimmer, separat stehende Betten, alles recht sauber. 4o Zimmer, DZ 14o DM.

Gåsodden Camping, 8 km außerhalb Richtung Ulefoss (RV 36) Bootsverleih, preiswerte Zweier- und Viererhütten.

** Siljan Camp og Turistheim in Siljan, ca. 15 km von Skien (RV 316), einige Hütten. Bootsverleih.

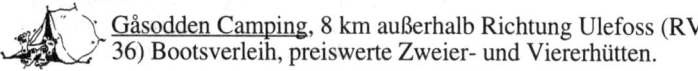
Preiswerte "KAFETERIA BONDEHEIM" in der Prinsesse gate. Rustikal, ein paar Grünpflanzen, hier ist immer Betrieb. Deftige Portionen, z.B. geräucherter Schweinekamm mit Beilagen; Wiener Schnitzel.

"CAFE FLORA", Kverndalen 3 in der Fußgängerzone. Eine freundliche Pizzeria mit Wintergarten. Neben Pizzen auch andere Gerichte gut und reichhaltig.

"JEGERMEISTER", Nedre Hjellegt. 2. Angenehmes Ambiente, holzvertäfelt und Elchtrophäen an der Wand. Gute Küche, große Portionen.

Transporte *ab Skien*

Der Busterminal zentral am Hauptplatz/Zentrum, - zum Bahnhof jedoch rund 600 m im Nordteil der Stadt, über die Rector Ørnsgate.

 **Bus**: Skien - Bø (Lifjell): 2-4 x täglich, 1 1/4 Std.
Oslo über Bø: 1 x täglich
Dalen: 2 x täglich 4 Std.

 **Zug**: Oslo über Larvik: ca. 1o-12 x täglich, ca 3 Std.
Zubringerstrecke an die Hauptlinie (Oslo-Stavanger) 3 x täglich.

 **Flug**: Flughafen zwischen Skien und Porsgrunn
-> Ålesund 1 x werktags
-> nach Haugesund, 1 x täglich, gute Stunde.
-> Stavanger 1-2 x täglich, 3/4 Std.
-> Bergen 2-3 x täglich, 3/4 Std.

Tennisplätze bei der Skienhalle, ca. 15 DM/Std., Ausrüstung kann geliehen werden.

Kanuverleih: Telemark Vannsport. Kanu 4o DM/Tag, 17o DM/Woche.

Fahrrad-Mieten pro Tag ca. 25 DM. Auch Anhänger für Kinder. Schöne Sache, um sich die Telemark zu erradeln. Lohnende Tour, z.B. einen Weg das Fahrrad auf die "Henrik Ibsen" zu packen, gemütlich über den Skien-Dalen-Kanal mitten durch Telemark schippern und per Rad zurück. Vermietung übers Touristinfo.

SKIEN ist zugleich Ausgangspunkt für schnelle Querverbindungen (RV 36) nach TELEMARK, einem der schönsten Wald- und Seengebiete Südnorwegens. Gute Wander- bzw. im Winter Langlaufmöglichkeiten im LIFJELL, nur rund 5o km von der Küste entfernt, - und ausgesprochen schöne Seenlandschaften zwischen steilen, bewaldeten Bergen (Flåvatn, Bandak- und Nissersee).

Tip ist die Fahrt mit der 1oo Jahre alten "Victoria" auf dem "TELEMARK-BANDAK-KANAL", der Skien mit Dalen über die o.g. Seenkette tief ins Innere Telemarks verbindet, - siehe folgendes Kapitel.

TELEMARK läßt sich ab Skien sowohl als 1- bis 2-Tage Rundtrip einbauen und via RV 355 bzw. RV 41 retour an die Südküste. Oder ab Skien rauf zur RV 11 an den Hardangerfjord.

Wer direkt ab SKIEN weiter entlang der Südküste fahren will: weiterblättern bis .... Seite 26o.

TELEMARK- BANDAK KANAL   Schleuse bei Løveid, Stich verg. Jhd.

TELEMARK- KANAL: Skien/Küste 〰→ Dalen:

Dieser zur Jh.-Wende wichtigste Kanal Südnorwegens verbindet die Seen
im Herzen Telemarks mit dem Skagerrak bei Skien (insgesamt lo5 km).

Als Strecke sehr lohnend, entweder als Tagesausflug, oder als Querverbindung. Die "M/S VICTORIA", gebaut 1892 exakt für die Größe der
Schleusen, ist heute noch in Einsatz. Zusätzlich die neuere M/S Henrik
Ibsen. Auf dem Seitenarm Lunde-Notodden die M/S Telemark. Fahrzeit
über 11 Std. zw. Skien und Dalen. Der erste Teil durch eine Bilderbuch-
landschaft mit sanften Hängen, Wiesen und Wald über den Norsjø See.

Ab ULEFOSS am Westufer des Norsjø (Schleuse, kleines Kanalmuseum
und Schleusencafé), dann über den Flußlauf des Nome, der den Norsjø
mit dem 44 m höher gelegenen Flåvatn bei LUNDE verbindet. Vorwiegend Waldlandschaften. Von seinen Kanalbauten sicher der interessanteste
Teil der Strecke: Insbesondere die in dichtem Wald liegenden Schleusen-
treppen von Vrangfoss (5 Treppen), siehe auch Seite 376 und nahe dabei
Eidsfoss (2 Treppen). Über einen kleinen See, der durch den Vrangfoss-
Staudamm entstand, geht's weiter bis Lunde (häufige Zugverbindungen,
Strecke Oslo-> Kristiansand).

Ab LUNDE beginnt dann die Fahrt über die ca. 7o km lange Seenkette, die sich tief in die Gebirgswelt Telemarks hineinzieht. Zunächst über den Flåvatn mit seinen 4oo m steilen und bewaldeten Bergwänden. Geht durch eine enge Felsschlucht über in den Kviteseidvatnet (für das Schiff wird die Brücke bei Kviteseid hochgeklappt). Zuletzt über den 26 km langen und sehr schmalen, fjordartigen Bandaksee mit seinen bis zu 7oo m senkrecht aufsteigenden Felswänden. An seinem Westende liegt DALEN (Bus retour nach Skien).

Gebaut wurde der **TELEMARK-KANAL** ab 2. Hälfte des 19. Jh., um die wirtschaftlich reichen Regionen Telemarks (insbesondere Waldwirtschaft) an die Skagerrak-Küste Südnorwegens anzubinden. Dies zu Zeiten, als in Norwegen der Verkehr fast ausschließlich über die Wasserwege der langgestreckten Inlandsseen verlief (plus mühsamer Postkutschenwege). Die Eisenbahn war als Transportmittel erst im Kommen und das Automobil als Verkehrsmittel noch nicht erfunden...

Von daher verlockte die Idee sehr, ab SKIEN/Küste durch einen relativ kurzen Kanal die Verbindung zum Norsjø See herzustellen. Ab hier konnte man per Schiff durchgehend rauf bis Notodden fahren, welches wiederum Postkutschenwege sowohl nach Kongsberg (wichtigste Mine), aber auch an den Tinnsjø See besaß. Somit Anbindung Nord-Telemarks an die Küste!

Diese **erste Etappe**, das kurze Teilstück zwischen Skien und dem Norsjø (4 Schleusentreppen) wurde bereits 1861 eröffnet, und der Wasserweg Küste/Skien nach Nord-Telemark bis Notodden konnte per Schiff durchgehend befahren werden.

Vom Bau her schwierig, da die Schleusentreppen durch harten Granit verliefen (vergl. Løveid-Schleuse, Stich Vorseite), und man nur die sehr komplizierte und wenig effiziente Felssprengung durch Feuer kannte.

Zweite Etappe und großes Planziel: die Anbindung Norsjø See nach Lunde an die rund 7o km lange Seenkette (Flåvatn/ Kviteseidvatn und Bandak), die tief ins westliche Telemark hineinreicht.

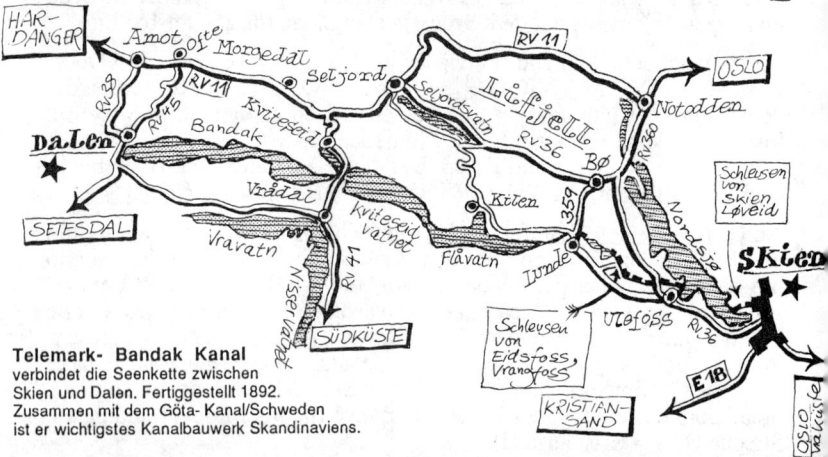

Telemark- Bandak Kanal
verbindet die Seenkette zwischen
Skien und Dalen. Fertiggestellt 1892.
Zusammen mit dem Göta- Kanal/Schweden
ist er wichtigstes Kanalbauwerk Skandinaviens.

In diesem relativ kurzen ca. 17 km Teilstück Ulefoss-Lunde waren nicht nur insgesamt knapp 45 m Höhe durch 14 Schleusenstufen zu überwinden. Schwierigstes Teilstück der Bereich VRANGFOSS, eine enge Schlucht, wo der Nome Fluß runde 2o m runterstrudelte. Der Kanal mußte seitlich durch harten Fels gelegt werden. Wegen umfangreicher Sprengarbeiten war diese Etappe erst nach der Erfindung des Dynamits 1867 (Alfred Nobel) realisierbar.

Baubeginn 1887, mehr als 5oo Mann im Einsatz, die Steinmauern der Schleusen mußten mühsam mit Hammer und Meißel erstellt werden, und zum Abtransport des Aushubs gab es lediglich das Pferdefuhrwerk! Zudem mußte der Vrangfoss aufgestaut werden, welches einen See Richtung Lunde ergab. Am 2o. Juni 1891 dann große Feierlichkeiten, als das erste Schiff die neuen Schleusenanlagen des Vrangfoss passierte!

Einweihung der Gesamtstrecke Ulefoss-Lunde 1892, womit eine durchgehende Schiffsverbindung Küste/Skien bis Dalen tief im Inneren des westlichen Telemarks möglich wurde. Bis zur Eröffnung der Oslo-Bergen-Eisenbahn (19o9) war die Strecke via Telemark/Bandak Kanal zugleich die schnellste Verbindung zwischen Oslo und Bergen.

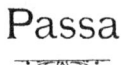 

Passa ger-Rute

Skien— Bandakkanalen —Dalen

Die 1882 gebaute M/S VICTORIA fährt während der Sommermonate 4 x pro Woche, zusätzlich die neuere M/S Telemarken zwischen Skien und Dalen. Fahrzeit über 1o Std. Komplette Strecke ca. 6o DM, nur bis Lunde ca. 4o DM.

Als Strecke ungemein relaxing, aber nichts Spektakuläres im Sinne Naerøyfjord etc. erwarten. Trotzdem sehr abwechslungsreich zwischen Wald- und teils grandiosen Seenlandschaften.

Als Kurzverbindung möglich Skien bis Lunde (1/2 Tag), also Münze werfen, wer das Auto nach Lunde bringt, und wer das Schiff besteigt. Viele Leute steigen bei den Schleusen in Eidsfoss aus und laufen neben dem Schiff am Kanal, Fotos etc., - um wieder bei Vrangfoss einzusteigen.

Alternative: Auto in Skien stehen lassen, und gemeinsamer 1-Tagesausflug bis Lunde, wobei man per Zug/Bus retour am Nachmittag Skien wieder erreicht. - Die gesamte Strecke bedeutet langen Tagesausflug bis Dalen, dort direkter Busanschluß retour nach Skien. Unbedingt vorher mit regionalen Bus- und Zugfahrplänen abstimmen.

Infos übers Touristenbüro 3700 Skien anfordern. In den Broschüren sind Anschlußbusse, Abfahrtzeiten, Preise und Ermäßigungen zusammengefaßt. Platzreservierung zwischen Juni/Juli unbedingt erforderlich. Die Richtung Skien - Dalen ist besonders gefragt.

An Bedeutung verlor der Kanal ab 1. Hälfte dieses Jh., als Straße und Eisenbahn schnellere Verbindungen schafften, als das Schiff, welches allein für die Überwindung der Vrangfoss Schleusen 1 Std. benötigt. Er wird jedoch liebevoll gepflegt und dürfte heute eine der schönsten Kanal-Seenstrecken Skandinaviens sein!

Die Seenkette ab Dalen, der Kanal und der Norsjø sind in den Sommermonaten ein beliebtes Bootsrevier, insbesondere für Kanufahrer.

Kanus können in der Jugendherberge Dalen wochenweise gemietet werden. Je nach Kondition für die Strecke bis Ulefoss 4-6 Tage rechnen. Idyllische Zeltplätzchen entlang der Route sind problemlos zu finden. Gegebenenfalls in Ulefoss die Tour beenden, denn der Norsjø zieht sich endlos in die Länge und dürfte nicht so interessant sein wie Bandak oder Flåvatn.

Auch wenn die Strömung relativ gering ist, so doch empfehlenswert, die Tour in dieser Richtung zu paddeln wegen der Länge der Strecke: Dalen-Ulefoss ca. 85 km. Retour transportiert das Kanu die "Victoria" bzw. ihr Tochterschiff, die "M/S Henrik Ibsen".

Schleusen: hier wird das Kanu umtragen, sofern man sich nicht an die "Victoria" oder andere Boote anhängt. Größe der Schleusen: 31,4o m Länge, 6,5 m Breite, max. 2,5 m Tiefgang. Masthöhe darf max. 16 m betragen, bei der Ulefossbru nur max. 12,85 m.

Wer mit größerem Boot unterwegs ist, das nicht umtragen werden kann, zahlt Schleusengebühr. Beträgt für die Gesamtstrecke Dalen-Skien ca. 15o DM/Boot. In dem Fall ist zu beachten, daß die Schleusen nur während der Monate bedient werden, in denen auch die "Victoria" fährt. Wie wir zudem beobachten konnten, leben die Schleusenwärter nicht mehr in ihrem Häuschen neben den jeweiligen Schleusen, sondern fahren (parallel zum Schiff) mit einem Pkw auf der Straße, um die Schleusen zu bedienen. Es wäre daher vorab zu prüfen (in Skien beim Touristbüro bzw. der Kanalgesellschaft, Telemarkskanalen/ Kanalkontoret, Hjellegt. 18, N-3724 Skien), wie die Sache mit dem eigenen Boot läuft.

Da der Kanal heute praktisch keine Verkehrsbedeutung mehr hat und nur als Baudenkmal weiter erhalten und gepflegt wird, kann man auch keinen Service entlang des Kanals erwarten; eine kleinere Marina gibt's nur in Ulefoss und Dalen. Einkaufsmöglichkeit in den Orten.

Kanuvermietung: in Dalen bzw. Skien. Rückgabe auch in Ulefoss möglich, aber vorab bei der Anmiete vereinbaren!

"Telemarkreiser" (N. Hjellegt. 18, N-3724 Skien) bietet kombinierte Touren an, Prospekt anfordern!

Literatur und Karten: "Bandak Kanalen" von Øystein Dalland og Per H. Misund, erschienen im Universitetsforlaget Oslo 1983. Bildband mit jeder Menge an Fotos zum Bau des Kanals, alten Schiffen etc., Text nur norwegisch, etwas schwierig im Buchhandel Norwegens zu finden. Trotzdem, die Suche lohnt sich! Wer ab Deutschland bestellen will, geht in eine größere Buchhandlung und nennt die ISBN-Nr. 82-oo-o6723-8. Der relativ hohe Preis von ca. 7o DM ergibt sich aus der Kleinauflage.

Cappelen Straßenkarte: Nr. 1 "Sør Norge" für groben Überblick. Von der Kanalgesellschaft gibt's einen Prospekt mit Detailkarte im Touristbüro Skien bzw. Dalen anfordern (sofern vorrätig).

 Lohnende Fahrrad- Rundtour per Telemarkkanal: Skien-Kviteseid. Das größte Schiff Henrik Ibsen nimmt Fahrräder mit Kinderanhänger und Kanus mit. Fährt allerdings wechselweise mit der M/S Victoria, was man bei der Planung berücksichtigen sollte.

Ab hier schöne Radl-Strecke runter an die Südküste, entlang des Nisser Sees/Ostufer (viele Campingplätze). Ab Treungen am Südende des Sees über die RV 358 via Drangedal und die Rv 38 nach Kragerø an der Küste.

Benötigte Zeit: ca. 4-5 Tage, relativ leicht zu radeln, auch im Familien-verbund. Das km-Pensum läßt sich auf runde 8o reduzieren, wenn man zwischen Vrådal und Treungen das Schiff über den Nissersee einschaltet:

1. Tag: Skien-Kviteseid und rüberradeln nach Vrådal (ca. 7 km)
2. Tag: über Uferstraße oder per Schiff bis Treungen, Ankunft am spät. Nachmittag
3. Tag: die 28 km bis Drangedal. Hier besteht im Prinzip die Möglichkeit:
4. Tag: per Zug an die Küste nach Kragerø, oder per Fahrrad ca. 52 km

Achtung: Das Personenschiff über den Nissersee fährt nur in den Sommermonaten und hier nur 2 mal/Woche, Details in den aktuellen Fahrplänen, die es u.a. bei den Touristbüros gibt, aber auch vom Norwegischen Fremdenverkehrsbüro Hamburg.

 ### Verkehrsanbindung Telemark-Kanal:
Zug: Oslo-> Skien via Küste sehr häufig am Tag. Notodden-> Skien 4 x tägl., an der Strecke in Nordagutu Anschluß an die Sørlandstrecke Kristiansand -> Stavanger.

Bus: Wer die Komplettstrecke mit der "Victoria" bis Dalen fährt, hat in Dalen mehrmals tägl. Busanbindung an die RV 11 (Åmot) und hier mehr-mals tägl. weiter zum Hardangerfjord/Odda. Allerdings Übernachtung in Dalen einplanen.

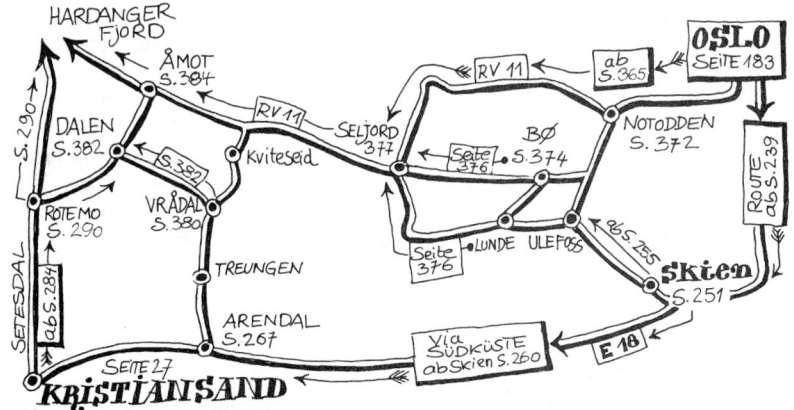

> Bzw. ab Dalen zweimal täglich retour nach Skien, Fahrzeit ca. 4 Std.
>
> Weitere Alternative: bereits in Kviteseid aussteigen, allerdings nur dünne Busverbindung rüber nach Vrådal. Hier 2 mal/Woche im Sommer Personenschiffsverbindung über den Nissersee bzw. tägl. Busverbindung an die Südküste. Hat im Prinzip auch den Nachteil, daß man den schönsten Teil der Seen, den BANDAK ausklammert.

Weiter entlang der E 18/ Südküste:

SKIEN ⤐→ KRISTIANSAND   E 18 / 175 km

Als Strecke ungemein lohnend, sofern man Zeit hat, Seitenabstecher an die Küste zu fahren, denn hier liegen die schönsten Sørland-Küstenstädtchen. Die E 18 verläuft weitgehend landein, dafür sehr flott befahrbar.

Direkt entlang der Küste über schmale Landstraßen, plus kurzer Fährfahrten möglich.

✦Brevik   (2.7oo Einw.)

Schön zu beiden Seiten des Sunds gelegen. Blick von der Straßenbrücke über den Jachthafen, über grüne Ufer, Schären und bunte Häusertupfen.

Die Altstadthäuser stammen weitgehend aus dem 18./19. Jh., das Rathaus von 176o, ein dekoratives Rokokogebäude. Stadtmuseum mit Seefahrtsabteilung, Apotheke, altem Lädchen aus dem Anfang 2o. Jh. und Widerstandsabteilung.

Trotz seines schönen Altstadtkerns verlockt Brevik nicht unbedingt zu längerem Bleiben: neben dichtem Durchgangsverkehr Zementindustrie.

✦Langesund   (3.ooo Einw.)

6 km abseits (RV 352): kleiner Badeort am Fjordeingang auf der Landnase, bewaldete und vorgelagerte Schären- Inseln; reger Bootsverkehr nach Porsgrunn. Im engen Kern helle Holzhäuser, schmale, gewundene Gassen.

Auffallend schönes Rathaus direkt am Kai, 1778 von Jakob Cudrio erbaut, das leuchtend rote Seelagerhaus nebenan mit Flaschenzug und Kränen beherbergt das kleine Seefahrtsmuseum.

Langesunds Schiffswerften haben eine alte Tradition (seit dem 16. Jh.). Hier lief z.B. das "Schlachtschiff" des berühmten norwegischen Seehelden Tordenskiolds vom Stapel.

 "KAFE 14", nett gemachte Cafeteria im roten Eckhaus direkt im Zentrum, preiswerte Tagesgerichte.

"WRIGHTE GAARDEN", seitlich Hauptplatz. Restaurant im

ältesten Holzhaus, schöne Terrasse hintenraus.

"**Victoria Gjestgiveri**", schönes altes Holzhotel im ehemaligen Patrizierhof, ganz zentral. Gemütliches Ambiente. Zimmer z.T. mit Etagenduschen und knarzenden Dielen; im Restaurant Fotos aus der alten Zeit. Nur Sommerbetrieb.

Gästehaus "**Langesund Bad**" am Ortsanfang rechts, alte weiße Gutshofanlage mit dekorativen Holzsäulen, helle schlichte Zimmer, teilweise kleine Räume, doch modernes Mobiliar. DZ ab 11o DM inkl. Frühstück. Nebenan:

Campingplatz mit Hütten. Schöne Bademöglichkeit auf den Felsen im geschützten Schärengürtel.

** Camp "Fjellstad" auf einer Waldlichtung, an der wenig befahrenen Straße, ebenes Wiesenterrain, ordentliche Sanitäranlagen. 15 unterschiedlich geräumige Hütten, besonders schön die großen neuen in Blockbauweise mit kleiner Veranda. Zum Baden ca 1 km runter ans Meer. 3,5 km außerhalb Langesund Richtung E 18.

Bademöglichkeiten rund um Langesund: idyllische Badeplätze (wenn nicht zu voll) beim Gästehaus Langesund Bad. Sandflecken zwischen Felsen und glasklares Wasser.

Beliebte Badestellen in der Nachbarbucht "Rognstranda", 2,5 km von der E 18 und 5 km von Langesund. Recht hübsch in einer eigenen Bucht gelegen, viele natürliche Nischen, im Sommer ganz schöner Rummel an der Sandbucht. Ausweichliegeplätze auf den runden glatten Schären, seichtes Ufer, gut geeignet für Kinder.

Angrenzendes großes *** Campingareal Rognstranda mit Felskuppen, Wäldern, Baumgruppen; die vordersten Plätze am Fjord sind Dauercampern reserviert. Selbstkocherraum, Pauschalpreis. 15 Hütten. Pedalo- und Bootsverleih. Gute Möglichkeiten, sein eigenes Boot ins Wasser zu lassen.

13 km Abstecher von der E 18 nach

★ Kragerø   (11.ooo Einw.)

Lebendiges Sørlandstädtchen in phantastischer Lage mitten im Schärengewirr.

Die bunten Holzhäuser kauern am Fels und verteilen sich über die Inselkuppen. Jede Menge versteckter kleiner Ferienhütten, eng verwinkelte Sträßchen und dekorativ verzierte Häuserfassaden prägen das Zentrum. Die meisten wurden nach dem Brand von 1711 erbaut.

Farbige Bootsschuppen gehören ebenso zum Stadtbild wie die gemütlich tuckernden Snekken und modernen Outbord-Flitzer, die den Zweitwagen ersetzen. Unzählige Miniinseln und bewachsene Felskuppen, die das offene Meer nur ahnen lassen.

Theodor Kittelsen - berühmtestes "Kind der Stadt" - ist durch seine Trollzeichnungen bekannt geworden. Einige Werke auch in seinem Geburtshaus zu besichtigen, T. Kittelsenveien 5, seitlich Geschäftsstraße.

Im Stadtteil Skrubben am Ortsanfang hatte Edvard Munch zeitweise sein Domizil. Mit der E. Munch Straße erweist Kragerø ihm Reverenz, das Munch Haus existiert jedoch nicht mehr.

Vom Aussichtshügel "Steinmann", oberhalb Zentrum, super Blick über das Schärengartenlabyrinth. Zugang von der Kirkegt, in den Lokkebakken bis Stadium hoch, dort Fußweg rechts beschildert.

 Im ehemaligen Bahnhof. Ganzjährig offen. Torggata 1, 377o Kragerø, Tel. 35 98 23 88.

 Post: Seitenstraße vom Marktplatz TORV Richtung Kai. Tele: in der gleichen Straße.

Kleines MUSEUM "BERG" 4 km außerhalb in einer Parkanlage. Villa aus dem 19. Jh. mit entsprechendem Interieur. Im separaten modernen Museumstrakt bunte Mischung aus Schiffsmodellen, Kaufladen, historischen Fotos zur Stadtgeschichte etc. Kleines Café nebenan. 4 km vom Zentrum entfernt, an der Jugendherberge vorbei, Lovisenberg ausgeschildert.

Anlegestellen für Jachten: Im Sommer ist in Kragerø jede Menge los. Fast im-mer finden Jachten am Kai gegenüber dem ehemaligen Bahnhof Platz; Tankstelle ums Eck. Im inneren Hafen gemütlicher, aber problematischer, da die Einheimischen rund ums Ufer parken.

 "**Victoria Hotel**" in der Rådhusgate. Freundliches Stadthaus aus dem Anfang des Jahrhunderts, modernisierte Zimmer mit Privatbad. DZ mit Frühstück 19o DM.

Privatunterkünfte und Ferienwohnungen im Schärengarten vermittelt das Tourist-büro.

Jugendherberge, 2 km vom Zentrum an der RV 38. Sehr groß und komfortabel, direkt am Meer in einer ruhigen Schärenbucht; 12o Betten; auch Doppelzimmer, 4o DM pro Person. Übernachtung inkl. Frühstück.

*** Lovisenberg-Camping, ca. 6 km nordöstlich Kragerø am Ende der Halbinsel, ganz idyllisch auf dem Schärenrücken gelegen, Wiesenplätze von Felsen eingefaßt, spärlicher Wald, 13 durchschnittliche Holzhütten. Prima Badebucht mit Liegefläche und Holzstegen an den Felsen angebaut. Recht gute Sanitäranlagen, Bootsverleih. Relativ teuer.

** Camp Støa, etwa 3 km abseits der E 18 auf dem Weg nach Kragerø (RV 38), 9 km vorm Ort. Kleiner Wiesenplatz oberhalb vom See. Halbes Dutzend Hütten, teilweise ganz schön mini, ab ca. 5o DM. Bootsverleih zum Angeln im See.

 "EL PASO" in der Rådhusgate. Ordentliches Lokal im hübschen Holzhaus, schummrige Beleuchtung, Schwingtüren, langer Tresen mit Sattelhockern ganz auf Western Saloon gemacht - Grillgerichte, durchschnittliches Preisniveau.

"VICTORIA HAVEN", gehört zum Victoria Hotel, große Blumenterrasse zum Hafen.

"LANTERNEN RESTAURANT UND BISTRO", schöner Kragerø-Blick mit Boots- und Menschengewimmel. Akzeptable Karte. Bei Sonne die besten Plätze auf der Dachterrasse.

 Stadtbadeplatz, bei der kleinen Festungsinsel "Gunnarholmen" mit Kanonen von 1814, vis à vis Hotel Victoria. Kleine Liegewiese.

Transporte ab Kragerø

 **Bus**: Bus nach Porsgrunn/Skien 3-6 x tägl. Dauer 1 1/4 Std. - nach Risør / Arendal 2-4 x tägl.

Die Bahnlinie wurde mangels Nachfrage eingestellt. Busanschluß zur Sørlandbahn nach Neslandsvatn 8 x tägl.

 **Fähren**: zu den größeren vorgelagerten Schäreninseln - Jomfruland 2 x tägl. ca. 3/4 Stunden, weitere Fähren zu den anderen Inseln.
Personen-Schnellboot nach Arendal und Oslo 1 x werktags.

 **Kanus** verleiht die Jugendherberge, ebenso Surfboards, Ruderboote und Segeljollen. Vermietung von Motorbooten 5-7 m übers Touristenbüro.

 Schöne Sache, per **Fahrrad** die nächste Umgebung zu "erradeln". Nicht allzuviel Verkehr, landschaftlich ungemein hübsch, mit vielen Seen, Wäldern etc. Fahrradverleih bei der Jugendherberge.

Bootstouren durch Kragerøs Schärengarten:
Rundtrip von 4 Stunden durch das Schärenlabyrinth mit Stop auf der Insel Jomfruland (siehe oben). 6 x /Woche morgens ab Kragerø Jugendherberge, weiterer Stop im Kragerø Zentrum. Preis knapp 2o DM/Person. Info bei der Jugendherberge.

INSEL JOMFRULAND: weit draußen im offenen Skagerrak. Wie ein Kuckucksei im Schärengarten, schmal, 7 km lang und relativ flach. Keine Schäre, sondern ein Stück Endmoräne der Eiszeit vor 1o.ooo Jahren. Entsprechend viel Geröll zur Skagerrakseite, dagegen kleine Sandstrände auf der Nordseite Richtung Kragerø. Wälder, Bauernhöfe, ziemlich besiedelt, markanter Leuchtturm. Einfaches Sommercamp, Hütten.

Die gemütliche kleine Fähre (keine Touristenautos) tuckert 2 x täglich durch den Schärengürtel nach Jomfruland. Die Fahrt ist schon ein Erlebnis für sich - von der Coladose bis zum Klavier läuft die ganze Versorgung per Boot.

Zur Weiterfahrt in Richtung **RISØR** entweder zurück auf die E 18 oder die kürzere Möglichkeit in der kleinen Autofähre rüber auf die andere Fjordseite nach Stabbestad (13 x tägl., Sa./So. seltener), dadurch spart man knapp 3o km. Abfahrt gegenüber Touristbüro. Weiter über die RV 351 nach "Øysang", dort mit der Fähre nach Risør (Mo.-Sa. 5 x täglich). Ankunft neben der Fischhalle.

✦ Risør   (ca. 3.5oo Einw.)

Die Perle an der Südküste Norwegens, - ein blitzweißes Städtchen mit supergepflegten Patrizierhäusern. Nach dem schlimmen Brand von 1861 wurde Risør malerisch wie aus einem Guß in Holz wieder aufgebaut.

Lebendiges Hafenbecken mit den "Snekken" der Einheimischen, großen Fischkuttern, Jachten, eingefaßt von der gepflegten Kaipromenade.

Das älteste Gebäude der Stadt, die kleine Holzkirche "<u>DEN HELLIG ANDS KIRKE</u>" von 1647, hat den letzten Brand gut überstanden. Die "barockeste" Kirche an der Südküste, geschnitzte Kanzel, Altar und Orgel aus dem 17. und 18. Jh. Das große Altarbild eine Rubens-Kopie. Etwas unbeholfen marmorierte Holzsäulen tragen die Empore. Führungen im Sommer jeden Werktag gegen Mittag. 5oo m vom Kai entfernt, Prestegate.

 Im Sommer Kiosk neben der Fischhalle. 495o Kragerø, Tel. 37 15 22 7o.
<u>Post</u>: Strandgate 15.

Das <u>KASTELLET</u> - der alte Verteidigungsplatz zwischen weißen Stadthäusern - bietet gerade 6 Kanonen (von 1748) Platz. Im Krieg 18o8-14 verteidigten sie zusammen mit der ehemaligen Bastion bei der jetzigen Holmenwerft erfolgreich die kleine Stadt gegen englische Kriegsschiffe.

<u>RISØRFLECK</u>, ein weithin sichtbarer weißer Felsen über dem Hafen. Seit der großen Segelbootzeit dient er bei der Einfahrt von See als Orientierung.

ANLEGESTELLEN: für "Gästeboote" bei den festen Liegeplätzen der Einheimischen schwierig einen Platz zu finden, entweder am Torvetkai festmachen oder längsseits der Fischkutter. Die Anlegestelle neben der Fischhalle unbedingt für die Fähre freihalten.

"**Stadthotel Risør**" am Ende des Kais. Zur Meerseite ganz ordentlich in auffallendem Rot; luftige Restaurantterrasse, z.T. kleine Zimmer, einzelstehende Betten. Zimmer nach vorneraus mit Blick auf die Schären. DZ inkl. Frühstück ab 18o DM aufwärts.

 "Risør Camping", stadtnächster Platz am Ortsrand, einfaches Privatgelände 5oo m abseits der Straße. Ganz ruhiges Wiesencamp über der Fjordbucht, von Felsen eingerahmt, ohne Komfort, aber hübsch gelegen und Meerzugang.

** Camp Røed, 12 km vor Risør an der Zufahrtsstraße RV 416. Großer Wiesenplatz beiderseits der Stichstraße, schräg bis zum Meer runter. Blick über die tiefgeschützte Bucht des Sørfjorden. Gut zum Surfen, sehr einfache Sanitäranlagen; einige Miethütten.

Eine Ecke weiter ** Camp Moen, 8oo m abseits der Straße. Langgezogenes Ufer mit guten Badeeinstiegen. Großer, schräger Platz, gepflegter Rasen, vereinzelte Bäume, einige Dauerstellplätze.

 "STANGHOLMEN FYR", Restaurant im ehemaligen Leuchtturmwärterhaus. Etwas außerhalb auf eigenem Schärenfelsen gelegen. Überfahrt 5 Minuten mit der regulären "Baderuta" oder per Taxiboot vom Kai.

Beliebtes Café "D/S EX CELLENCEN" am Hafen, von der Terrasse auf dem Torvet die Fischerboote und Kaipromenade im Blickfeld.

Das Nachtleben spielt sich in der Disco des Risørhotels bei Flashlights und flotter Musik ab.

 **Baden** auf den vorgelagerten Schäreninseln (Holmen), runde Liegefelsen, kleine Sandstreifen und schattige Nadelbäume. Täglicher Transfer jeden Morgen zur Hochsaison im putzigen Motorboot "Baderuter".

Per Auto oder zu Fuß erreichbar die Badeplätze "Mindalen" am nördlichen Stadtrand im schmalen Sørfjorden oder "østre Randvik", eine schöne Sandbucht von waldigen Felsen umgeben, Wasserrutsche und ungefährliche Plantschmöglichkeiten für die Kleinen. Am Eingang des Sandnesfjorden gelegen, Zufahrt bis Parkplatz, den Rest zu Fuß an die Bucht.

Wenn einzurichten sollte man Risør zur jährlichen Holzbootmesse Anfang August erleben, dann liegen hier die schönsten Boote Norwegens im Hafen.

 **Tauchen**: Die Schärenküste zeigt ein spannendes Unterwasserleben. Detaillierte Infos beim Ortsclub. Kompressorstation zum Auffüllen der Flaschen am Kai Ecke Tangengate.

Transporte ab Bᵼsør

 Busstation am Ortseingang nach - Vinterkjaer an der E 18, ca. 6 x täglich, Umsteigen nach Kristiansand bzw. Porsgrunn, 4-5 x täglich. Schnellbus "Sørlandbuss" nach Oslo bzw. Kristiansand 1 x täglich.
Personenschnellboot nach Arendal und Oslo 1x werktag.

RISØR -> TVEDESTRAND
Alternative zur schnellen Hauptstrecke E 18 über die Küstenstraße RV 411 (ca. 38 km).

Idyllische Strecke, schöner Wechsel von Fjordausläufern, Seen und Teichen. Preisel- und Blaubeeren in den Waldgebieten. Teilweise sehr schmale und kurvige Straße (Streß für den Fahrer breiter Wohnmobile).

Empfehlenswerter Kurzabstecher (2 km) nach GJEVING am offenen Skagerrak und Blick über die vorgelagerten runden Schären.

Gjeving selbst nur Fährstation. Personenboot zur gegenüberliegenden langgezogenen INSEL LYNGØR (autolos). Der Hauptort auf vier dicht beieinanderliegende Inselchen verteilt. Auch im eigenen Boot ein prima Ausflugsziel. Lyngør wurde 1991 von der damaligen EG und EFTA zum "Schönsten Dorf Europas" gekürt. Kein Wunder bei der hübschen Holzbebauung.

** Camping Gjeving Marina am Anfang der Stichstraße in einer engen Bucht zwischen Felsen. Praktisches Camp für Leute mit eigenem Boot, zum Baden gibt's schönere Stellen. Kleiner Wiesenplatz vom Minikanal durchtrennt, der voller Boote liegt. Kleiner Kran, Slip, Tankstelle, Bootsshop und Lebensmittelladen/Kneipe.

✦ Tvedestrand   (2.ooo Einw.)
Ein weißleuchtender Fleck am Ende des tief eingeschnittenen grünen Oksfjords - erfreulicherweise streift die E 18 mit all ihrem Durchgangsverkehr das Küstenstädtchen nur am Rande weit oberhalb. Malerisch kriechen die Holzhäuser den dichtbewaldeten Hang hinauf. Segeljachten und Motorbötchen drängen sich im Hafen. Liegt dann noch der gemütliche Personendampfer "Søgne" am Kai, scheint die Idylle komplett.

Dem hübsch restaurierten Rathaus am Kai ist kaum anzusehen, daß es 1oo

Jahre lang als Lagerhalle des Eisenwerkes in Nes fungierte. Die Fassade wurde in den 3oer Jahren dem Stadtbild gekonnt angepaßt.

Schöner Blick auf Tvedestrand von der gegenüberliegenden Uferstraße, beste Beleuchtung am späten Vormittag.
Autofahrer parken am besten im oberen Ortsteil, - schmale Gassen, Einbahnstraße.

Zum Baden ist der Fjord nicht so ideal, schräge Felsen am Ortsende unterhalb der RV 411. Großer Badesee am Ortseingang mit Strandbadatmosphäre.

 **Turistbüro**: gegenüber Rathaus.
Post: im oberen Stadtbereich am See. - **Bank**: an der Straße zum Hafen.

Sportgeschäft an der Straße zum Hafen, Bootszubehör, Wasserski, Sportausrüstung etc.

 "RESTAURANT TITTIN", Hulgate 11, gemütliches Lokal in hellem Holz, vertretbare Preise.

"VERTSHUSET", liebevoll eingerichtetes Restaurant am Ende der inneren Bucht. Wohnzimmergroßer Speiseraum, akzeptable Preise.

Transporte ab Tvedestrand

 **Bus** - Arendal fast stündlich, Fahrzeit 1/2 bis 1 Stunde.
-> Risør mit Umsteigen ca. 4 x täglich,
-> zur Hauptstrecke Richtung Porsgrunn ca. 4 x täglich.

Der gemütliche Personenkutter "Søgne" läuft zweimal/Woche durch den Schärengürtel bis nach Gjeving, Lyngör und klappert die kleinen Schäreninseln ab, gute zwei Stunden.

Liegeplatz für Jachten am Kai dicht vorm Rathaus, wenn Platz ist, mit Heckanker.

★ Arendal   (38.000 Einw.)

Die zweitgrößte Sørlandstadt quillt über die sieben hügeligen Inseln, die ihr einst den Namen "Venedig des Nordens" eingebracht haben. Diese Idylle ist inzwischen gänzlich verbaut, auf den ehemaligen Kanälen parken Autos, Taxis und Busse; am Stadtrand drängen sich moderne Industriebetriebe, u.a. Werften, die Erdölplattformen bauen.

Die meiste Atmosphäre um den Pollen, das letzte Relikt des einstigen Kanalsystems im Zentrum. Im Sommer voller Jachten, Motorboote, eisschleckender Menschen auf den Treppenstufen und Straßenmusikanten.

Auf der einstigen Insel Tyholmen findet man verwinkelte Gassen mit bunten Holzhäusern. Sie stammen aus der Segelschiffära und blieben dank der Bürgerinitiative in den 7oer Jahren, als man überall in Europa dazu neigte, lieber in Beton neu zu bauen, bewahrt. 1992 wurde dieses Ensemble mit dem Europa-Nostra-Preis ausgezeichnet.

 In der Fußgängerzone nahe Busbahnhof, Friholsgata 1, 48oo Arendal. Tel. 37o2 21 93, Fax: 37 o2 52 12.

 Post: in der Kirkegaten 2.
Tele: in der Vestregate 1o.

Prachtstück und Aushängeschild ist das RATHAUS am Kai, das zweitgrößte Holzhaus Norwegens (nach dem Stiftsgård in Trondheim). Ein schlichtes weißes Gebäude, 1811-1815 als Privathaus eines reichen Kaufmanns erbaut, Rathaus erst seit 1845. Mit seinen vier Stockwerken kann es ohne weiteres mit den Betonnachbarn konkurrieren. Innenausstattung im Empirestil. Mo.-Fr. 8-15 Uhr.

Schöner Blick über die Hafenbucht von der Befestigung "BATTERI" (mit Kanonen aus der Kriegszeit 18o8-14) vorne auf dem 5o m hohen Felsen. Ende der Langbrygge nahe Grandhotel.

AUST AGDER MUSEUM am Ortsrand RV 42o, Busverbindung ab Zentrum. Das herrschaftliche Haus des reichen Kaufmanns und Reeders Langsae (1858) im Stil der Jahrhundertwende eingerichtet. In weiteren Gebäuden Ausstellungen zum Thema Archäologie, Seefahrt etc. Interessant die sog. "Klokkebua", ein ehemaliger Lagerschuppen für Bootszubehör (Anfang 19. Jh.). Offen: Mo.-Fr. 9-15 Uhr, Sa. 9-13 Uhr, So. 12-15 Uhr.

KLÖCKERS HUS (Stadtmuseum), Nedre Tyholmsvei 14. Das Haus des Zollinspektors Klöcker von 1826 zeigt sehr gut den Lebensstil einer reichen Adelsfamilie aus der ersten Hälfte des 19. Jh. Über vier Generationen war es bis 1981 bewohnt. Unten im Haus befindet sich die Krambod, in der noch alte Ladeneinrichtungen bewahrt sind. Die Waren sind nicht nur zum Anschauen, sondern teilweise auch zu kaufen. Offen: Di.-Fr. 1o-15 Uhr, Sa. 1o-14 Uhr.

 Zum Baden (Sandstrände) auf die große, ziemlich besiedelte INSEL TROMØY: lange Sandbucht beim Campingplatz mit Liegewiesen, Schären, Sprungturm, ganz seicht ins Wasser. Zufahrt über die Tromøysund Brücke, knapp 15 km außerhalb von Arendal.

Freibadähnlicher Sandstrand auf MERDØY, Bootsverbindung vom Pollen, Langbrygge ca. 3o Min. Schöne Sandstrände bei FEVIK, gut 13 km Richtung Kristiansand; siehe "Fevik".

"Inter NOR Tyholmen Hotel" in top Lage direkt am Kai. Architektonisch gelungen in den alten Stadtteil integriert; innen modern und komfortabel. DZ ca. 28o DM, ermäßigt mit Hotelpaß 2oo DM. Empfehlenswertes Restaurant. Blick auf Boote und Meer, im Sommer auch Tische im Freien. Auf der Karte Lachs und preiswertere Gerichte.

"Breidablikk Gjeststue", ländliche (55 Betten) Pension im Grünen, ca 13 km außerhalb auf der Insel Tromøy (Brückenverbindung). Langgestrecktes Holzhaus mit schöner Terrasse und Garten; zum Baden (Sandstrand) ca. 2 km an die Inselspitze nach Hove. DZ ab 15o DM.

"Hotel Phönix" (15o Betten), ein 4-stöckiger Klotz aus dem Anfang des Jahrhunderts neben der Dreifaltigkeitskirche, Friergangen 1. Konventionelle Zimmer z.T. mit Aircondition, Tel., TV. DZ im Sommersonderangebot ca. 18o DM.

"Ting Hai Hotel", 2-stöckiges Eckhaus, Torvgaten 5, mitten im Geschäftszentrum. Ältere Bausubstanz mit hohen Zimmern (33 Betten). DZ ca. 16o DM inkl. Frühstück.

*** Nidelv Camping zwischen RV 41o und See. Etwa 5 km entfernt direkt am Fluß, ebenes Wiesengelände, Stromanschluß, Kiosk etc., Hütten.

Hove Camping, Familien-Camping am Südzipfel der Tromøy Insel (Brückenverbindung), knapp 15 km von Arendal. Großes Areal im dichten Kiefernwald mit Nadelboden, nur 5o m zur Sandbucht, deswegen besonders beliebt bei norwegischen Familien; ideal zum Plantschen für den Nachwuchs. Weite Bucht zum Paddeln und Surfen, schöner Blick zu den vorgelagerten Schären. Hüttenvermietung.

Am Kanal Pollen einige sehr schöne Restaurants und Kneipen, die im Sommer auf der Terrasse servieren, beispielsweise "MADAME REIERSEN".

"BARRIQUE", eine Ecke weiter. Sowohl Restaurant mit einigen Tischen auf dem Theaterplatz, als auch Treffpunkt, um abends an der Theke ein Bier zu trinken.

"MATHILDE", Fischrestaurant auf Tyholmen. Kleine Tische im düsteren Kellergewölbe oder die rustikale Stube.

"SJØLOFTET" am Kanal (Langbryggen). Auf französisch gemachtes Speiserestaurant, im 1. Stock von den Fenstertischen Blick auf das Hafengewimmel. Überwiegend Pizza und Grillgerichte.

"J&B PIZZA BAGERIET", Havnegate 8. Urig gemütliches Speiserestaurant, viel Holz, dekorative Petroleumlampen, schweres Segeltuch als Gardinen, kleine Tische.

Transporte ab Arendal

Busbahnhof mitten im Stadtzentrum gegenüber der Kirche
-> Kristiansand etwa stündlich
-> Tvedestrand alle 1-2 Stunden

-> Kragerø 2 x täglich   -> Setesdal 2-4 x täglich
-> Risør 8 x täglich   -> Oslo 1-2 x täglich
-> Vrådal in Telemark 1 x täglich

Taxis: neben Busbahnhof.

Bootsverbindung: zur Insel Tromøy (Hove), Abfahrt am Pollen.

Hurtigboot - Sørlandsküste: Personen-Schnellboot nach Oslo (Rathaus) Mitte Juni bis Mitte August über Risør, Kragerø, Insel Tjøme Åsgardstrand, 1 tägl. in der Woche.

Zug: 3-4 x tägl. Umsteigeverbindung nach Oslo, Kristiansand, Stavanger.

AUSFLÜGE

* Sightseeing-Bootstrip rund um die Hisøy Insel mit der "Pelle Pan" ab Pollen, Langbrygge.

* Tagesausflug zur <u>INSEL MERDØY</u>, hübsche Schäreninsel vor Arendal mit kleinem Seefahrtsmuseum im MERDØGÅRD - ehemaliges Haus eines Kapitäns aus dem 18. Jahrhundert; geöffnet 15. Juni bis 2o. August 11-16 Uhr. Lockender Sandstrand auf der Insel. Picknickkorb einpacken, Bootsverbindung ab Pollen, Langbrygge.

* Mit dem gemütlichen Personendampfer "Søgne" durch den <u>SCHÄREN-GARTEN</u>. 3 x /Woche läuft sie ein gutes Dutzend Siedlungen an, bei schönem Wetter phantastische Küstenfahrt, dauert ca. 3 Stunden.

★Fevik

Schöne Küstenlandschaft mit feinen Sand(strand)buchten. Der Ort selbst uninteressant, weit verstreut mit Geschäften für Verpflegungsnachschub, Jachthafen, Tankstelle. Busverbindung nach Kristiansand und Arendal.

STØRSANDEN: Sehr schöne Doppelbadebucht, der feine Sandstreifen von Felsen eingerahmt, große gepflegte Liegewiese; abgasfrei, denn die letzten 2oo m durch den Wald zu Fuß. In Fevik ausgeschildert, endet am Parkplatz.

"Strandhotel Fevik", schön gelegener weißer Holzbau, in Grün verpackt und direkt am Sandstrand; schöne Liegewiesen, weiter Blick aufs offene Meer. Gute Surfbucht, ordentlicher Wind bei akzeptablen Wellen. Surfboard und Paddelbootverleih. Großes Restaurant im lichten Glasrondell. 8o Betten, DZ mit Dusche 2oo DM Sommerpreis inkl. Frühstück. Leicht unterhalb der Rv 42o am Ortsrand von Fevik.

"Ekely Gjestgiveri Gården", älteres Landhaus im Ort mit kleinem Garten. Von Balkon und Terrasse weiter Blick über Schären. Zum Baden allerdings durch den Ort. 22

Betten, DZ ohne eigene Dusche 12o DM inkl. Frühstück, unterhalb der Hauptstraße. Ausgeschilderte **Privatzimmer** im Ort.

 ***** Camp Moysand**, ganz abgelegener, idyllischer Platz an einer geschützten Meernische, schöne Sandbucht, ideal zum Surfen und Schlauchbootfahren. Gepflegt angelegte Wiese unter lichten Kiefern. Stromanschlüsse, Spielplatz, der Superladen bei der abgelegenen Ecke recht praktisch. 1o Holzhütten übers Gelände verteilt.

Zufahrt: von der RV 42o nach Fevik links ab, 2 km sehr schmale Zufahrt.

*** Bagatell Camping, direkt am Meer, an der Hafeneinfahrt mit gut 2oo m Strand. Wiesenboden, Bäume, Bootsverleih, Kiosk und Cafeteria, Stromanschlüsse.

✦Grimstad   (16.ooo Einw.)

Ein paar hübsche Häuserzeilen in Hafennähe erinnern an die alten Zeiten, als Grimstad durch Holzexport aufblühte. Ihre Publicity verdankt die Stadt Henrik Ibsen, der seine Lehrjahre in der Grimstader Apotheke zubrachte, sowie Knut Hamsun, dem die Norweger nach dem Krieg hier in Grimstad den Prozeß wegen Landesverrats machten. Siehe auch allgemeines Kapitel "Hamsun".

Hübscher Schärengürtel vorgelagert, zum Baden aber besser in Fevik bleiben, siehe oben.

IBSEN HAUS (Stadtmuseum), in der Henrik Ibsengate im alten Kern; der "Reimanndsgården" von 175o zeigt "Ibsens" alte Apotheke und die Stube, in der er 1847-5o wohnte und sein erstes Drama Catilina schrieb.

Transporte   ab Grimstad

 **Bus** (Busbahnhof direkt am Hafen) nach:
-> Arendal fast stündlich
-> Risør 5 x täglich
-> Kristiansand stündlich, gegen Abend seltener.

Das Wohnhaus KNUT HAMSUNS liegt in Nørholm 6 km nach Grimstad rechter Hand in gepflegter Gartenanlage - Privatbesitz.

✦Lillesand   (8.ooo Einw.)

Das malerische weiße Hafenstädtchen an der langgeschützten Bucht hat seinen ursprünglichen Charakter weitgehend bewahrt, da es glücklicherweise von größeren Brandkatastrophen verschont blieb.

Hübsche Patrizierholzhäuser aus dem 18./19. Jh. lassen Wohlstand zur Segelkutterzeit ahnen - Lillesand besaß im letzten Jahrhundert ein halbes

Dutzend Werften. Von der Ruhe des Ortes war schon der Schriftsteller Knut Hamsun angetan, der häufiger Gast im Hotel Norge war.

Neben dem Rathaus - ursprünglich Wohnhaus von 1734 - das STADT- und SCHIFFAHRTSMUSEUM im großen Patrizierhaus mit dekorativ aufgesetztem Portal - als Carl Knudsen Gård 183o erbaut. In der zweiten Reihe am Kai, Strandgate. Offen: Mitte Juni - Mitte Aug. tägl. 11-15 Uhr.

Für Leute mit eigener Jacht ein wirklich lohnender und praktischer Hafen, ruhige Liegeplätze am Kai, Kolonialwarenladen, Tankstelle und Boots- werkstatt.

 "Hotel Norge", im hübschen Stadthaus von 1873, Strandgate 3. Innen äußerst gepflegt im Empirestil möbliert, individuelle Zimmer mit großem Doppelbett und Sitzecken. Knut Hamsun wohnte hier im Mittelzimmer, 2. Stock. DZ 21o DM inkl. Frühstück. Ausgezeichnete Küche, besonders Fischgerichte.

*** Tingsaker Camping, am östlichen Ortsrand ca. 1 km vom Zentrum. Mittelgroßer Grasplatz am Fjord. Stromanschlüsse. Moderne, geräumige Hütten dicht nebeneinander mit breiter Fensterfront, schmaler Wiesenstreifen zum Meer. Keine schönen Bade- strände. Jachthafen nebenan.

CAFÉ in der Strandgate, schönster Platz im Ort, mit Terrasse direkt überm Wasser am Hafen. Allerdings konventionelles Cafeteriaangebot, nur bis 2o Uhr abends offen.

Seekarten (Båtsportkarten) und topographische Karten in LILLESANDS BOKHANDEL in der Strandgate.

Transporte   ab Lillesand

 **Bus** (Busbahnhof direkt am Hafen) nach:
-> Arendal fast stündlich ein Bus
-> Kragerø 2 x täglich
-> Risør 5 x täglich
-> Kristiansand stündlich, gegen Abend seltener

AUSFLÜGE

* zu dem hübschen Fischerort BREKKESTØ. Früher beliebter Winter- hafen für die Segelkutter, wenn die Stürme das Auslaufen für Wochen unmöglich machten. Busverbindung 4 x täglich.

* Nach KRISTIANSAND durch den faszinierenden Schärengürtel per Motorboot mit der M/B Øya II. Ruhige Fahrt, die Inseln und Schären wirken als Wellenbrecher. Fahrten Ende Juni bis Mitte August vormit- tags mit einer Stunde Aufenthalt in Kristiansand. Preis 2o DM/Pers.

Kristiansand*   (66.000 Einw.)

Neben Oslo wichtigster Fährhafen Norwegens. Schönes Ankunfts-
ambiente entlang der ausgefransten Schärenküste, mit dem Plus - gleich
die schönsten Sandstrände Norwegens in unmittelbarer Nähe. Für den
ersten Norwegen-Eindruck ist die zweitgrößte Südlandmetropole allerdings weniger charakteristisch.

Die Quadratur der Innenstadt, d.h. den steril quadratischen Renaissance-
grundriß von 1641, verdankt Kristiansand König Christian IV. Mehr
praktisch als begeisternd, macht es leicht, sich im Zentrum zurecht-
zufinden. Seit der Zeit Christian IV. war Kristiansand eine Militärstadt mit
Offiziersschule und Einrichtungen für Heer, Flotte und Luftwaffe. 1991
feierte die fünftgrößte Stadt Norwegens ihren 35o-jährigen Geburtstag.
Am Rande des Zentrums hübsche Holzhauszeilen aus den letzten
Jahrhunderten, sonst viel Modernes. Geschäftshäuser und Hotelkomplexe
nach den vielen Bränden solide aus Stein errichtet.

Zum Relaxen und Baden entweder gleich links abbiegen und an die kilometerlangen Sandstrände bei "Hamre" oder zu Fuß in einen der Stadt-
parks. Unmittelbar am Rand der Quadratur das Naherholungsgebiet
BANEHEIA mit Badesee und Spazierwegen.

Ankunft per Fährschiff: direkt beim Zentrum. Gleich
nebendran Busstation und Bahnhof. Dahinter die Karrées
der Fußgängerzone mit Hotels und Restaurants.

Fährverbindung von und nach Norddänemark, Überfahrt
dauert ca. 4 Std., alle Details zum Fährort Hirtshals siehe unser Anreisekapitel, Beginn dieses Bandes.

Wer mit **dem eigenen Auto** gleich weiter will, biegt sofort links ab auf
die Vestre Strandgate. Über die E 18 entlang der Küste nach Osten Richtung Arendal (an dieser Route liegen auch die schönen Sandstrände von
Hamre) oder nach Westen Richtung Stavanger. Ins Landesinnere (durchs
Setesdal): die RV 39, Ausschilderung Evje.

Parken: überall in der Stadt gebührenpflichtig.Von der Fähre runter und
gleich rechts ins Parkhaus an der Vestre Strandgate oder danach links in
die Østre Strandgate zum Jachthafenparkplatz. Eigener Wohnmobilstell-
platz siehe Unterkunft.

Zu Fuß: Vom Fährterminal geradeaus über die Hauptstraße in die Fußgängerzone (erstreckt sich bis zur Stadtkirche). Wergelandpark mit Glas-
pavillon "PERNILLE" oder Cafeteria "PARKEN", dahinter beginnt das
alte Stadtviertel "Posebyen". Ruhigere Parkanlage bei der Festung
Christiansholm am Ende der Festningsgt. (große Querstraße).

*) Um bei schlampiger Schreibweise eine Verwechslung mit Kristiansund auszu-
schließen, wird gewöhnlich ein S (für Süd) angehängt.

 Dronningensgt. 2, seitlich Kaistraße. 461o
Kristiansand/S., Tel. 38 o2 6o 65, Fax 38 o2 52 55.
Praktische Broschüre mit Stadtplan gratis.

"Skagerakpass" zum Preis von 12 DM. Gratis Eintritt in alle Städtischen
Museen, Rabatt von 25-5o % im Tierpark, Oldtimermuseum Monte Carlo
auf Bootstouren, Setesdalbahn etc. Gilt auch für Einrichtungen in Däne-
mark/Skagen.

 Hauptpost: Markensgt, nahe Dom.
Offen: Mo.-Fr. 8-17 Uhr, Sa. 9-13 Uhr

 **Tele**: Dronningensgt. 9, Ecke Kirkegt.
Offen: Mo.-Fr. 8-16 Uhr, Sa. 8-13 Uhr.

FESTUNG CHRISTIANSHOLM aus der Gründungszeit 1674 von
Fredrik III. Die runde, pavillonartige Anlage wird im Sommer für Veranstaltungen genutzt. Die zierlichen Kanonen auf dem meterdicken Festungswall kamen nur einmal zum Einsatz: 18o7 jagten sie mit einem Schuß die
angreifende englische Flotte in die Flucht. - Schöne Grünanlage, Sport-
platz und Strandpromenade mit Blumengarten und Parkbänken am Ende
der Festningsgate/Østre Strandgate.

Schöne Spaziergänge im **RAVNEDAL**, Parkanlage gleich am Stadtrand.
Über 2oo Treppenstufen führen an der senkrechten Felswand zum Aussichtspunkt mit Blick über Kristiansand und Schärengürtel. Zufahrt gleich
bei der Einfahrt ins Setesdal RV 39, rechts ausgeschildert. Stündlich Busverbindung.

Das "**BANEHEIA**"-**WALDGEBIET** zu Fuß erreichbar. Spazierwege und
Bademöglichkeiten in Süßwasserseen, schöner Aussichtspunkt mit Blick
über den Schärensaum. Mehrere beschilderte Zugänge gleich außerhalb
der Quadratur von der Jensensgate (E 18).

FREILICHTMUSEUM VEST-AGDER, in einem schönen Wäldchen am
äußeren Stadtrand. Charakteristisch für dieses Museum die Abteilung
Bygåden: 11 komplett möblierte Stadthäuser aus Alt-Kristiansand (18./19.
Jh.), zu einer Straßenzeile aufgestellt; u.a. kleiner Kaufmannsladen, die
Wohnhäuser teilweise recht spartanisch. In der Setesdal-Abteilung eine
komplette Hofanlage mit einem knappen Dutzend alter Gebäude, die
typisch fürs Setesdal in zwei parallelen Strängen angeordnet sind, teils aus
dem 17. Jh. Separates Ausstellungsgebäude.

Offen: 2o. Juni bis 2o. August Mo.-Sa. 1o-18 Uhr, So. 12-18 Uhr. 21. Mai bis 1o.
September So. 12-18 Uhr. Zufahrt über die E 18 Richtung Arendal, Busverbindung.

DYRE-FREIZEITPARK: großes Naturareal in perfekter Mischung aus
Zoo (Affen, Elche, Giraffen etc.) und Vergnügungspark. Nicht nur die
norwegischen Kinder freuen sich, macht auch Erwachsenen Spaß! Gut 4
Millionen Besucher pro Jahr. Schöner Tagesausflug mit Picknick, Baden

und Bootsfahren (Seen). Es gibt Trampoline, Autoscooter, Bobbahn, Kioske, Cafeterien etc., und sogar ein kleines Goldgräberlager.

<u>Offen</u>: 9-18 Uhr im Sommer, sonst 1o-16 Uhr. <u>Eintritt</u> ist relativ teuer, Erwachsene 15-4o DM, Kinder 15-35 DM je nach Jahreszeit, dafür darf aber auch alles benutzt werden. <u>Lage</u>: 11 km außerhalb von Kristiansand direkt an der E 18 Richtung Arendal, Busverbindung ab Kristiansand.

Oldtimersammlung "<u>MONTE CARLO MOTORMUSEUM</u>" gleich vis à vis Tierpark / E 18. Die Palette reicht vom Rolls Royce Baujahr 1927 über den königlichen Daimler bis zum Ferrari der 9oer Jahre, präsentiert im modernen Ausstellungsgebäude. Offen: im Sommer tägl. 11-18 Uhr, sonst nur am Wochenende. Eintritt 12 DM.

<u>GIMLE GÅRD</u>: Hofanlage eines Großkaufmanns aus dem 19. Jh. Neben Möbeln auch zahlreiche Gemälde aus dem 16./17. Jh. Am nördlichen Ortsrand, Bus Nr. 4. Offen: Juli bis Mitte August Di.-Sa. 12-15 Uhr.

<u>NATURKUNDEMUSEUM</u>: Eine 199o eingeweihte Anlage, u.a. mit einer netten Kakteensammlung. Ausstellung zum Thema Geologie, Tierwelt etc. 2 km östlich, Gimleveien 23. Offen: Juni bis August Mo.-So. 1o-15 Uhr, sonst seltener, Eintritt 5 DM.

<u>KANONEN KASEMATTEN</u> südlich der Stadt wurden zu einem sehenswerten Museum. Kristiansand war im 2. Weltkrieg von großer strategischer Bedeutung. Um die Einfahrt/Skagerrak zu kontrollieren, plazierten die Deutschen hier und im dänischen Hanstholm riesige 38 cm Kanonen, die je eine Reichweite von 55 km hatten. Die fehlenden 1o km im Skagerrak wurden vermint. Juli bis August tägl. 11-18 Uhr, Mai bis September 11-18 Uhr. Eintritt 8 DM.

 **Stadtbadestrand**: Am Ende der Elvegate, taugt nicht viel, von Industrie und Jachthafen flankiert, trübes Wasser, verschmutzter Sand. Modernes Hallenbad direkt nebenan (Elvegt. 1). Besser zu den Sandstränden nach

<u>HAMRESANDEN</u>: lange, weitläufige Landzunge mit Supersandstränden, Liegewiesen und Kiefernwäldchen. Ideal geschützte Surfbucht (Surfverleih); auch im Hochsommer verteilt es sich ziemlich. Das ganze Gebiet gehört zu Hamresanden Appartments und Camping, bestens organisiert mit Parkplätzen, Umkleidekabinen, WC, zwei Riesen-Bobwasserrutschen, Minigolf, Supermärkten, Restaurants etc. Einziges Handicap: der Flughafen gleich um die Ecke, ein Höllenlärm, wenn die Jets abbremsen und beschleunigen und ihre Abgase über Sand und Meer pusten.

<u>Zufahrt</u>: ca. 1o km nordöstlich von Kristiansand, die E 18 Richtung Arendal nehmen, dann RV 39 Richtung Hamresanden Flughafen. Stündlicher Bus nach Kristiansand. Siehe auch Unterkunft.

<u>Gäste-Jachthafen</u> am Østrehavn neben der runden Minifestung Christiansholm, max.

2 m Tiefgang! Duschen am Kai, Tankstelle 1oo m weiter westlich, oft überlaufen. Ausweichplätze im Vestrehavn, ganz um die Insel Odderø herum (fragen, ob man in Vestrehavn festmachen darf).

EINKAUFEN

Berges Bokhandel, Markensgt./Fußgängerzone. Gutes Sortiment an Straßenkarten und Stadtplänen.

"Torvhjørnet" vis-à-vis der Kirche, gut sortiert mit deutschsprachigen Zeitschriften, Magazinen und Geschenkartikeln.

Tauchinfos im "Dykkesenter", Gyldenløvesgt, 34/4o.

Bootsgeschäft "Motorsport", Kristian 4. Gt 15, Wasserski, Bootsmotoren, Schlauchboote und Zubehör.

Vinmonopol: staatlicher Alkohol/Spirituosen-Shop. Außer Bier/Dünnbier und alkoholfreien Weinen gibt's in den Läden nichts. Skippergt. nahe Schiffsterminal.

Einige große Superläden haben außerhalb der normalen Geschäftszeiten bis 21 bzw. 22 Uhr geöffnet, z.B. Domus (bis 22 Uhr) schräg gegenüber Fährhafen.

Große Fischhalle, an der Fiskebrygge (Visserskade).

Bootszubehör: Gut sortiertes Geschäft in der Strandgt. gegenüber Hotel Caledonien.

Gas-Nachfüllstation: Die blauen Campingflaschen werden im Shop in der Festningsgt. 48 getauscht. Mo.-Fr. 9-16 Uhr, Sa. 9-13 Uhr. Nachfüllstation für die 5- bzw. 11-kg-Flaschen (werden nicht getauscht) ca. 6 km außerhalb Kristiansands, die RV 12 Richtung Evje (Setesdalveien), Füllstation Progas.

"Rica Fregattenhotel", Dronningensgate 66. Konventionelle Zimmer mit Doppelbett und bequemer Couchecke; laut, an der befahrenen Durchgangsstraße. DZ mit Dusche ca. 2oo DM inkl. Frühstück, zur Sommersaison.

"Ernst Park Hotel", Rådhusgat.2, mitten im Zentrum großes Eckhaus aus der Jahrhundertwende, stuckverzierte Wände und Decken, dazu prachtvolle Kronleuchter, geräumige Zimmer. DZ zur Sommersaison 2oo DM.

"Christian Quart", Markensgat. 39. Eines der modernen Stadthotels. Auffallende Glas-Beton-Konstruktion in der Fußgängerzone. Gemütliche Zimmer, Couchsitzgruppe, Bilder und Stehlampe. Farbfernseher mit Video als Extraservice. DZ 19o DM im Sommer inkl. Frühstück.

"Reso Caledonien Hotel", V. Strandgt. 7. Die hochgereckte Konstruktion leuchtet schon vom Hafen. Modern mit allem Luxus und entsprechendem Preisniveau. DZ ca. 2oo DM bei reduzierten Sommerpreisen.

"Hotel Norge", Dronningensgt. 5, kurze Entfernung zum Fährhafen und Busterminal, dafür entsprechender Straßenlärm. Modernes Hotel. DZ ca. 16o DM inkl. Frühstück (reduzierter Sommerpreis).

"**Appartementhotel Hamresanden**", 1o km außerhalb in Hamresanden, modern, treppenförmig abgestuft, dadurch große Sonnenbalkons. 22 Appartm. unterschiedlicher Größe für 4-7 Personen. Farb-TV, freundlich modern eingerichtet. Preis ca. 1oo-2oo DM/Tag, in der Spitzensaison Juli nur wochenweise. Nicht weit zum Strand, zu den Tennisfeldern, hübsches Restaurant vor der Haustür.

"**Pension Dvergsnestangen**", beim Campingplatz in Randesund (11 km außerhalb mit Busverbindung). Direkt am Meer mit Felsstrand und eigener Bootsbucht (Ruderbootverleih), 16 Zimmer mit Dusche und WC. DZ ca. 11o DM.

Vandrerhjem: Die Unterkünfte erinnern an Wohncontainer und die Lage am Rande des karreförmigen Stadtteils am Meer überzeugt ebenso wenig. 15 Min. zu Fuß vom Bahnhof quer durch die Innenstadt. 2- bis 5-Bett-Zimmer, relativ teuer.

Wohnmobil-Stellplatz: Am Ende des Stadtzentrum auf der Landnase am Meer wurde ein Campingplatz für Wohnmobile eingerichtet. Staubiger Platz mit Stromanschlüssen, Sanitäreinrichtung, Waschmaschine etc. Gleiche Preise wie auf einem Campingplatz, doch die Innenstadt bequem zu Fuß oder per Rad erreichbar.

Camp Roligheden, Marviksveien 1oo, stadtnächster Platz im Südosten von Kristiansand, recht hübsch angelegtes Wiesengelände zwischen Felsen und Wäldchen. Nur einen Katzensprung zum Baden im Meer. Stromanschluß, Kiosk etc. Offen im Sommer, Anfahrt von E 18 (Ri. Arendal) ausgeschildert, mehrmals stündlich Busverbindung bis zum Camp.

*** **Camping Dvergsnestangen**, 11 km außerhalb, ganz idyllisch auf einer Landnase gelegen, natürliches Areal mit lichtem Baumbestand, Rasenboden, aufgelockert durch Hügelchen und Nischen, dadurch ganz ruhige Ecken. Hauptsächlich Felsstrand, steil ins Wasser, Minisandstrand an der tief eingeschnittenen Hafenbucht, mit Liegeplätzen auch fürs eigene Boot. Ein Dutzend Hütten in der Regel für 4 Personen, mit Sonnenveranda.

Anfahrt erst E 18 Richtung Arendal, dann RV 4o1 nach 6 km ausgeschildert. Bushaltestelle an der RV 4o1, die letzten 2 km zu Fuß.

*** **Camp Hamresanden Apartments**, Hamresandveien, 1o km nordöstlich. Nur für Sandstrandfans zu empfehlen. Herrliche Halbinsel mit feinkörnigem Sand und angrenzendem Wäldchen. Die brettlebene Campingwiese dicht an der Straße, schattenlos. Zudem starten und landen fast direkt nebenan die Düsenjets, bevorzugt morgens und abends mit solchem Lärm, daß alle Tassen und Gläser in den Schränken klirren.

Zufahrt E 18 in Richtung Arendal, ausgeschildert, stündl. Busverbindung nach Kristiansand. 11 Campinghütten dicht nebeneinander, für 4 Personen

85 DM/Tag, zur Spitzensaison im Juli (Norwegens Schul-/Betriebsferien) wochenweise. Offen Mitte Juni bis Anfang August.

"SJØHUSET", eines der empfehlenswertesten Sommer-Restaurants in der Stadt. Sehr schön am Jachthafen gelegen mit großer Terrasse direkt überm Wasser; innen urgemütlich durch alte Balken, Holzdecke und schummrige Kerzenbeleuchtung. Fleisch- und Fischgerichte zu entsprechenden Preisen (Øvre Strandgt.).

Beim Chinesen "LUM FONG", Dronningensgt. 13, die bekannten traditionellen Reisgerichte 15-2o DM. Auch bei strahlendem Sonnenschein innen schummrig.

Cafeteria "PARKEN", im Sommer mit Terrasse im Wergelandpark. Preiswerte, warme Gerichte schon ab 12 DM. Lockende Salatbar.

Restaurant "PALLE ROSENKRANTZ", im Christian Quart Hotel, dementsprechendes Preisniveau, variationsreiche Speisekarte und gemütliche Aufmachung.

Tanzbar in den Kellerräumen des Hotels. Durch Balken und viel Holz auf Western-Saloon getrimmt. Gelegentlich Country-Western und Gitarrenmusik verschiedener Livebands.

AUSFLÜGE

Für Eisenbahnfans sehr lohnend ist die nostalgische Fahrt mit der SETESDAL-BAHN. Liebevoll restaurierte Waggons mit den soliden Holzbänken. Die Lokomotive ist seit 1895 im Einsatz und schnauft im Sommer jeden Sonntag über ein 5 km langes Teilstück (bis Beihølen) der ursprünglich 75 km langen Strecke.

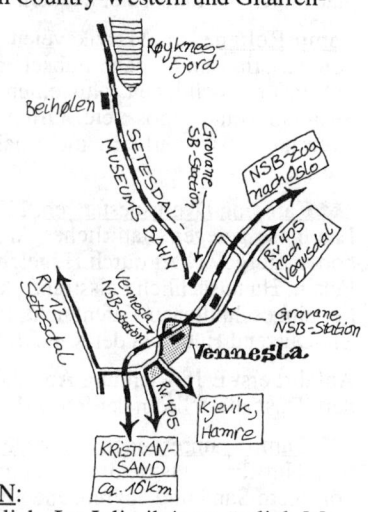

Autozufahrt über die RV 4o5 bis Grovane, dabei nicht vom NSB-Bahnhof täuschen lassen: 1 km weiter bei der Ausschilderung "Steinfoss Bru" links ab: "SB Station". FAHRTEN: 16.6.-3o.8. jeweils sonntags 3 mal täglich. Im Juli gibt's zusätzlich Mo.-Fr. auch eine Abendfahrt. Nochmal abprüfen, kann sich ändern; der Eisenbahnclub ("Setesdalsbanen", Grovane, 47oo Vennesla) hängt Posters in den Bahnhöfen (auch Kristiansand) aus mit den neusten Daten.

Die SETESDALBAHN wurde 1895 eröffnet. Sie verband Kristiansand mit dem Byglandsfjord im Setesdal. Sie war wichtigste Verbindung aus dem damals abgeschiedenen

Setesdal an die Küste, u.a. um das Holz der Sägemühlen am Otrafluß bequemer abzutransportieren: Es wurde über den Byglandsfjord geflößt und kam dann auf den Zug.

Später rollten auch die schwerbeladenen Züge aus der Nickelmine in Evje an die Küste. Als Schmalspurbahn (1.o67 mm) konzipiert, kam sie bei der Umstellung der Hauptlinie (ab Grovane) auf Normalspur (1.435 mm) immer mehr ins Abseits: Die Züge konnten nicht bis Kristiansand durchfahren, und die Waren mußten zeitaufwendig und teuer in Grovane umgeladen werden.

196o gab es im Storting (Parlament in Oslo) eine heiße Debatte über die Umstellung der Setesdalbahn auf Normalspur. Als Alternative stand die komplette Schließung zur Diskussion, da zwischenzeitlich das Setesdal über perfekte Straßen verfügte.

Mit knapper Mehrheit entschied man sich für die Stillegung, so fuhr im September 1962 der letzte offizielle Zug auf dieser Strecke. Dank eines engagierten Hobbyclubs, der sich bereits 1962 für die Erhaltung der Bahn stark machte, konnten genügend Eisenbahner motiviert werden, die sich noch mit der Technik und Reparatur auskannten, so daß der "Hobbyzug" schon 1 Jahr später die 5 km lange Strecke nach Beihølen (Endstation) fuhr. Höchstgeschwindigkeit 55 km/h. Siehe auch Seite 286.

BOOTSTOUREN im Schärengarten vor Kristiansand: lohnen sich sehr, ca. 2-3 Std. durch die besonders zergliederten Gebiete im Søgne- und Hellesund. Zur Saison tägliche Touren mit dem Sightseeingboot "Maarten", Abfahrt von der Fiskebrygge. Rechtzeitig einen Fensterplatz sichern, in den mittleren Sitzreihen sieht man nur die Köpfe seiner Nachbarn. Preis ca. 25 DM/Person, Kinder ca. 15 DM, Vorabinfos im Touristbüro.

Weitere Möglichkeit: 3-stündige Bootsfahrt von Kristiansand per Motorboot M/S Øya durch das Insellabyrinth östlich der Stadt nach LILLESAND: eines der hübschesten, altbewahrten Küstenstädtchen der Südküste mit weiß leuchtenden Holzhäusern. Durch die Gassen der über 15o Jahre alten Stadt bummeln, einen Kaffee auf der Terrasse am Kai schlürfen oder im alten Hotel Norge gemütlich essen gehen. Abends per Bus zurück nach Kristiansand.

Dreimaster Segelschiff "SØRLANDET". Der elegante Windjammer hat seinen Heimathafen in Kristiansand. Es ist eine Augenweide, wenn das einstige Segelschulschiff im Hafen liegt und nicht gerade auf den Weltmeeren kreuzt. Das 499-BRT-Schiff wurde 1927 für die norwegische Handelsmarine als Ausbildungsschiff gebaut. Das Prachtstück war schon mehrfach Kulisse für Filmaufnahmen.

Transporte *ab Kristiansand*

Stadtbusterminal vis à vis der Kirche, Fahrplanheft "Ruteplan" z.B. im Touristbüro oder Infobüro Henrik Wergelands Gate erhältlich.

Fernbusse: ab Schiffsterminal/Bahnhof der Vestrestrandgate. Stündlich Busse zum Campingplatz, zum Flughafen Kjevik bzw. Dyre Tier-/Freizeitpark.

Nach Westen: - Mandal stündlich
                - Flekkefjord 4 x tägl.
Tägl. Schnellbus über Mandal nach Flekkefjord ca 2 1/2 Std., alle 1-1/2 Std., Express-
bus nach Stavanger 1-2 x tägl.
Nach Osten: - Lillesand - Grimstad - Arendal alle 1-1 1/2 Std.
                - Risør 5 x tägl.
                - Oslo 2 x tägl.
                - Tvedestrand 8 x tägl.
Nach Norden: - Setesdalexpress via Hovden nach Odda am Hardangerfjord
                  1 x tägl.
                - ins Setesdal bis Hovden 2 x tägl.
Schließfächer im Busbahnhof geöffnet Mo.-Fr. 6-22 Uhr, Sa. 8-19 Uhr, So. 13-22 Uhr.

Züge:
Nach Westen: Flekkefjord-> Stavanger 4 x tägl.
Nach Osten: Arendal-> Skien-> Oslo 4 x tägl.

Hertz- und Eurocar-Agenturen in der Guldenløvstr. nahe Kai,
Avis bei Vestre Strandgt. 13. Inter Rent bei Gumpens Auto am
Anfang des Setesdal auf der RV 39.

Flughafen Kjevik (11 km außerhalb im Nordosten bei
Hamre)
Flug: -> Bergen ca. 5 x tägl., ca. 1 1/2 Std. -> Oslo ca. 6 x
tägl., ca. 3/4 Std, -> Trondheim 2 x tägl. direkt, ca 2 1/2 Std., zusätzlich
häufige Umsteigeverbindung, -> Tromsø 3 x tägl. direkt, ca. 4 1/2 Std.,
zusätzlich Umsteigeverbindung.

Fährverbindungen nach Dänemark
Großes Terminal, Wartehalle, Schließfächer, Telefon, alle
weiteren Details im Anreisekapitel.

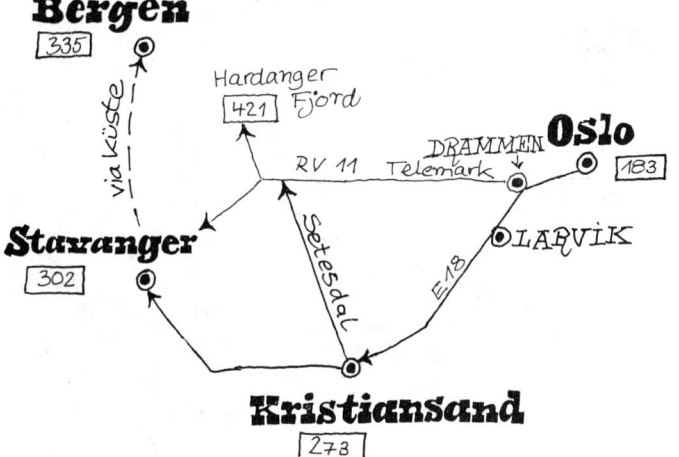

Bergen
335

via Küste

Hardanger
421 Fjord

RV 11

DRAMMEN **Oslo**
Telemark 183

Stavanger
302

Setesdal

E-18

⊙LARVIK

Kristiansand
273

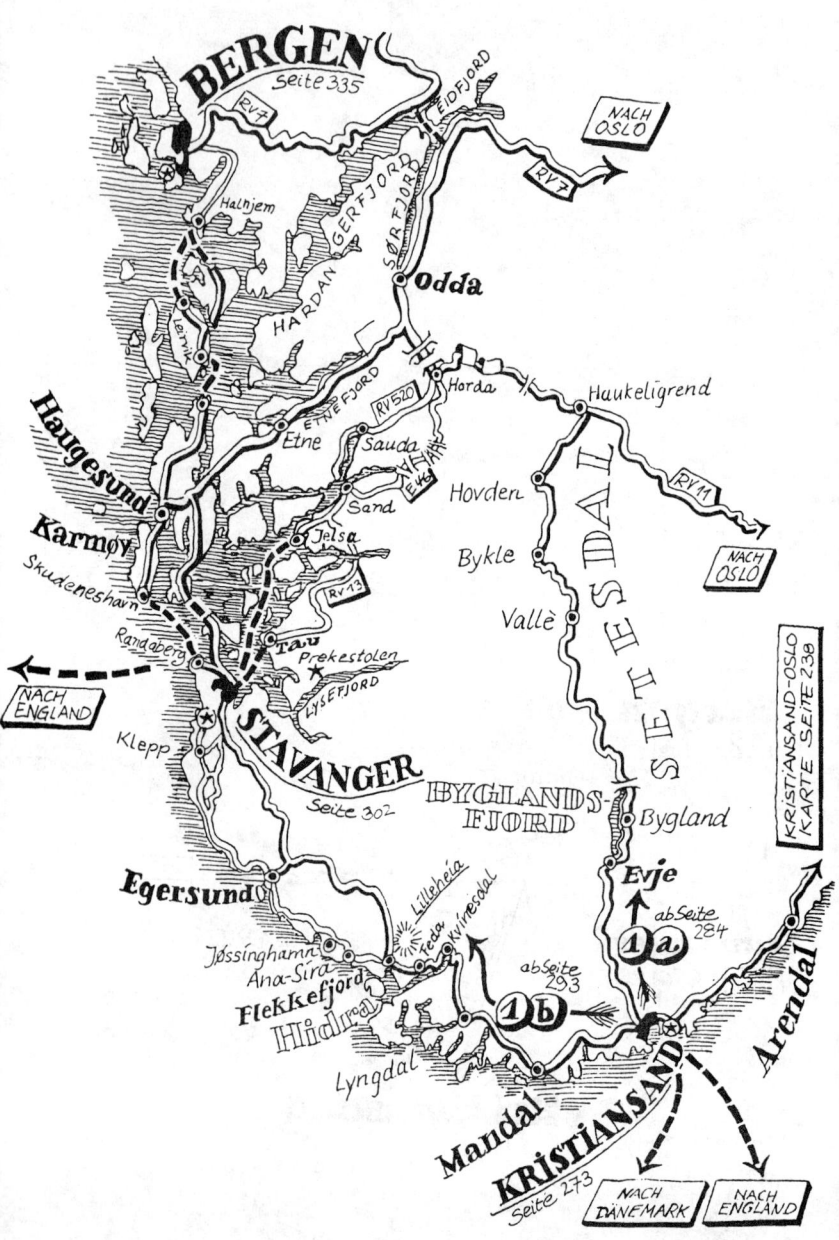

Kristiansand ⋙ ➤ Bergen

Ab FÄHRHAFEN KRISTIANSAND bieten sich für die Weiterfahrt mehrere Möglichkeiten:

1.) Mit Ziel **BERGEN** (und den berühmten Westfjorden Hardanger-, Sogne- und Geirangerfjord):

a) auf direktem Weg nach Norden durchs SETESDAL, das jahrhundertelang total von der Außenwelt abgeschnitten war, und über die schnell befahrbare Haukelistraße RV 11 zum Hardangerfjord/ODDA. Dort entlang des Seitenarms Sørfjord, Fähre nach Kvanndal und die RV 11 nach Bergen. Insgesamt ca. 5oo km reine Fahrzeit; ohne Stops ca. 8 Std. mit eigenem Auto. Als Strecke jedoch insbesondere im Bereich Hardangerfjord inkl. Abstechern für mindestens 3-4 Tage lohnend! Details: Seite 284.

Gute Busverbindung mit dem Setesdalsexpress Kristiansand nach Voss, dort in den Zug oder Bus nach Bergen umsteigen, - Flug: preiswert mit dem Braathens Norway Airpass, Flugzeit zwischen Kristiansand und Bergen knapp 1 Std.

b) die Schleife entlang der Südküste über die Erdölstadt STAVANGER nach Bergen. An Straßenkilometern ab Kristiansand bis Stavanger je nach Route ca. 27o km, - ab Stavanger bis Bergen: zwischen null km (Autofähre) bis ca. 45o km (Strecke via Hardangerfjord nach Bergen).

Insofern (und bei den innernorwegischen großen Distanzen!) kein gravierender Kilometerunterschied zur Strecke via Setesdal. Die Schleife via Stavanger benötigt jedoch Extrazeit: allein für Stavanger und nähere Umgebung mindestens zwei Tage kalkulieren! Alle Details Seite 293.

Variante mit eigenem Auto: ab Kristiansand via Setesdal zum Haukelifjell. Ab Horda die RV 46 entlang des Suldalsvatn, einem tief von Gebirgsketten eingeschnürten Inlandsee nach Stavanger. Oder ab Horda übers Fjell via RV 52o nach Stavanger, eine der kurvenreichsten und engsten Fjellstrecken Norwegens mit teils Flugzeug-Panorama. Ab Stavanger dann via RV 11 an den Hardanger/Seitenarm Sørfjord/Odda oder via Inselspringen rauf nach Bergen. Details siehe Seite 331.

2.) Mit Ziel **OSLO**: lohnende Strecke entlang der Südostküste. Hübsche Örtchen mit Holzhäusern, vorgelagerte Schären-Inselwelt. Der faszinierendste Abschnitt der Schärenküste bei Kragerø. Die Westseite des Oslofjordes nördlich Tønsberg ist touristisch uninteressant, hier liegen die Hauptindustriegebiete Norwegens, aber zügig bis Oslo auf der E 18.

Kristiansand-> Oslo je nach Strecke ca. 35o km, reine Fahrzeit ca. 1 Tag. Ebenfalls gute Zug- und Busverbindung. LARVIK als optimaler Telemark-Einstieg.   Alle Details zur Strecke siehe Seite 242.

1a) KRISTIANSAND 〰→ BERGEN

(via Setesdal)   ca. 5oo km

**Durchs SETESDAL bis Querverbindung Haukelistraße RV 11
24o km bzw. insgesamt bis Bergen ca. 5oo km**

*Das Haupttal Südnorwegens ist in den letzten Jahrzehnten die wichtigste
Nord-Südverbindung von der Küste ins Inland geworden (RV 39).*

*Besonders interessant für Leute, die in einem der südnorwegischen Fähr-
häfen ankommen (Kristiansand, Larvik) und nach Bergen wollen, direk-
teste Verbindung via Haukelistraße, Hardangerfjord. Das Setesdal ist ein
liebliches waldreiches Tal, das trotz des starken Durchgangsverkehrs
immer noch abgeschieden wirkt, nur eine Handvoll Siedlungen, ohne
größere Städte.*

*Ein reizvoller Wechsel verschiedener Landschaftstypen, schluchtig enge
Stellen, breite Talebenen mit Schafweiden und Flüssen, zahlreiche Seen
und Wasserfälle.*

*Die Asphaltstraße windet sich immer an der Otra entlang, kurvig, aber gut
ausgebaut. Ab Kristiansand steigts nur allmählich an, erst gegen Ende des
Tals um* <u>BYKLE</u> *geht's spürbar rauf in die Fjellandschaft, zu den Ausläufern der Hardangervidda bis auf 85o m.*

Das eigentliche <u>HISTORISCHE SETESDAL</u> reicht vom Südende des
Byglandsee bis ins Gebirge bei Bykle. Jahrhundertelang fast vollkommen
isoliert, bis im 19. Jh. die Eisenbahnlinie an die Küste und 1844 auch eine
Straßenverbindung gebaut wurde - erst seit Ende der 6oer Jahre ganzjährig
befahrbare Straße. Damals verliefen die einzigen Verbindungswege übers
Fjell in west-östlicher Richtung, schmale Pferdepfade, z.B. der Skinnvei -
von Valle aus durchs parallele Sirdal nach Stavanger. Der Name
"<u>Skinnvei</u>" (= Fellweg) stammt aus der Zeit, als die Setesdaler dem
Bischof von Stavanger Abgaben in Form von Naturalien zahlen mußten.

<u>Das Setesdal</u> war über Jahrhunderte so abgelegen, daß die Bewohner einen Bauern vom
Hardangerfjord schon als "Nordmann" bezeichneten. Durch die Abgeschiedenheit ent-
wickelte sich ein besonderer Dialekt und eigene Tracht - ein knielanger Rock aus
schwarzem schwerem Stoff mit bunten Borten. Die Männerhosen ziert ein großer
Lederfleck auf der Backside, der auf das 17. Jh. zurückgeht, als die Setesdaler für die
Holländer an der Südküste dienen mußten und keine Sättel beim Reiten bekamen.

Im <u>mittleren Setesdal</u>, dem Herzstück, sind noch viele alte Höfe erhalten. Sie sind zwar
nicht so prächtig wie die im benachbarten Telemark, denn das Setesdal war seit jeher ein
armes Gebiet. Noch heute hat es die höchste Arbeitslosenquote Südnorwegens, da ohne
größere Industriebetriebe. Lediglich ein Wasserkraftwerk im oberen Setesdal, das mit
viel Aufwand im Felsen versteckt wurde. Die Stromleitungen wurden nicht durchs Tal,
sondern gleich übers Fjell gelegt, um das Landschaftsbild möglichst wenig zu verschan-
deln. In den letzten Jahrzehnten wurde einiges für den Tourismus getan, es gibt eine
Reihe guter Campingplätze und Hotels.

Hovden im oberen Setesdal wurde zum Wintersportzentrum ausgebaut. Eine Spezialität im Setesdal stellen die Silberschmieden dar, insgesamt gut ein Dutzend, die Trachtenschmuck nach altnorwegischem Design anbieten.

 Setesdalexpress: 1 x tägl. Direktverbindung ab Kristiansand durchs Setesdal an die Querverbindung RV 11 am Hardangerfjord entlang nach Voss (Bahnlinie).

Die ersten 6o km bis Evje landschaftlich nicht sehr spannend, durchs Otratal mit viel Wald und Seen. Für Eisenbahnfans lohnt der kleine Umweg über Grovane zum Veteranenzug der Setesdalbahn. Details siehe Kristiansand.

★ Evje (1.4oo Einw.)

Der erste größere Ort im weiten, dicht bewaldeten Tal. Interessant für Angler und Mineralogen. In der ehemaligen Nickelgrube (1946 geschlossen) wurden aufsehenerregende Edelsteinfunde gemacht - für den sachgemäßen Abbau wurden extra Fachleute aus Idar-Oberstein rangeholt. Neben Smaragden kamen Aquamarine, Bergkristalle und Heliodore zutage.

In den stillgelegten Gruben können Hobby-Mineralogen mit eigenem Hämmerchen suchen. Zuvor muß man allerdings einen Obolus in Form einer "Mineralienkarte" entrichten. Sehenswerter Mineralienpfad "Evje Minderalsti" nicht nur für Neulinge. Die schönsten Funde im modernen, sehr sehenswerten Museum Setesdal Mineral Park ausgestellt.

Post, Bank und Cafeteria Pernille im Zentrum.

 "**Dølen Hotel**", im Ort, hinter hohen Fichten versteckt, gleich an der RV 39. Altes Holz-Hotel von 192o, modernisierte Zimmer, Terrasse am Fluß, 13 Zimmer mit Dusche, DZ ca. 15o DM.

"**Grenaderen Motel**", Flachbau mit 3o einheitlichen Zimmern, alle mit Dusche und WC. Schöne Liegewiese/Swimmingpool. DZ 12o DM.

 *** Camping Odden am Ortseingang, 3oo m abseits der Straße am Fluß - großes Wiesenterrain, schön aufgelockert durch Baumgruppen, Sommer und Wintercamping, 8 große Hütten - 2 Zimmer, Küchenecke, Kühlschrank etc. ab ca. 9o DM. Hier auch Angelkarten.

TRANSPORT
Arendal 2 x tägl., Hovden 2-4 x tägl.
Byglandsfjord 2-4 x tägl., Kristiansand 2-4 x tägl.

Nördlich von Evje links der Straße reißende Stromschnellen, tosend rauscht die Otra in mehreren Armen über rundgeschliffene Felsbrocken als Abfluß des Stausees Byglandfjorden ins Tal. Gute Angelstellen. Schöner Rastplatz gleich neben der Straße. Insgesamt ist die Otra wegen des Niedrigwassers kein brauchbarer Kajak/Kanufluß. Weiterfahrt im breiten Tal von flachen Hügeln gesäumt zum Byglandsfjord.

BYGLANDSFJORD
(34 km lang, 1,5 km breit, 13o m tief)

Einer der schönsten Seen Norwegens, langgestreckt, fast lieblich von bewaldeten Hügelketten eingefaßt, die sich im glasklaren Wasser spiegeln. Mit Inseln und rundgewaschenen Felsen gespickt, prima zum Sonnen. Auf einigen verstecken sich kleine Ferienhütten unter Kiefern und knorrigen Birken. Blaubeersträucher wachsen noch auf der kleinsten Insel. Ein optimaler Bade-, Surf- und Paddelsee. Stellenweise kleine Sandstreifen am Westufer (schmale Straße, teilweise Schotter). Insgesamt dünn besiedelt, kleine Orte auf der Ostseite an der Hauptroute.

In der Tierwelt tut sich auch einiges: Die seltenen Kanadagänse trompeten lauthals übern See. Mit etwas Glück kann man auch Elche und Biber schwimmen sehen. Angeln nur nach Erwerb der Angelkarte (pro Tag oder Woche) erlaubt. (Revsneshotel im Ort Byglandsfjord.)

Der Byglandsfjord besteht eigentlich aus zwei Süßwasserseen, die per Kanal verbunden sind: der Byglandsfjord im Süden und Araksfjorden im Norden.

Bevor das Elektrizitätswerk in Brokke entstand und die Otra reguliert wurde, lag der Byglandsee etwas tiefer, das Gefälle wurde durch die Schleuse am Storstraumen, bei der alten Brücke (schöner Parkplatz) ausgeglichen. Ab 1867 fuhren die kleinen Dampfschiffe "Dølen" und "Bjoren" über den See bis zur Bahnstation im Ort Byglandsfjord (siehe auch Kristiansand, Setesdal-Museumsbahn). Sie mußten 1957 mangels Rentabilität eingestellt werden, als der Staat den Zuschuß vollends gestrichen hatte.

Vor der Eisenbahnära glich eine Fahrt nach Kristiansand zum Shoppen (in der Hauptsache Schnaps und Salz) - einer kleinen Weltreise und dauerte bis zu 1 Woche per Pferd für die 34 km! Über den See kamen die Pferde mit an Bord.

★ Byglandsfjord (Ort)   (ca. 3oo Einw.)

Ein ruhiges, verträumtes Nest am Südufer. Zur Jahrhundertwende hatte es als Umsteigeort vom Dampfboot in die Setesdalbahn (siehe oben!) größere Bedeutung. Der schön verzierte Bahnhof (Schweizer Stil) erinnert noch an die alten Zeiten. Im Ort alles Nötige wie Post, Bankfiliale, Supermarkt etc.

Durch die beiden Skilifte entstand ein kleines Wintersportgebiet nahe Kristiansand. Ca. 8oo m lange Piste, mittelschwere Abfahrt, markierte Langlaufloipen auf der Ostseite des Sees und ab Sesselliftendstation auf dem Plateau (Skiverleih). Kein Sommerbetrieb der Sessellifte.

<u>CAFETERIA KRO</u>: an der Durchfahrtstraße, freundliches Blockhaus mit Terrasse direkt überm See, preiswerte Gerichte, Koteletts etc.

24 km seeaufwärts die Siedlung <u>BYGLAND</u>: Um die blitzweiße Holzkirche von 1838 ein paar Dutzend Häuser, Kolonialladen etc. Durch die neue Holzfachschule kommt etwas Leben ins Dorf. Insgesamt aber wenig los.

Neben der Gemeindebibliothek hübsche kleine Hofanlage "<u>Bygde Tun</u>": altes Wohnhaus (17. Jh.) aus dicken, knorrigen Stämmen; kleiner Speicher, Räucherkammer und Scheune.

"<u>**Bygland Fjordhotel**</u>", große Anlage im traditionellen Stil, direkt am See, geschmackvolle Holz-/Glasdachkombination. Hufeisenförmig angelegte Motelzeilen. 74 Betten, DZ mit Dusche um die 13o DM. Günstige Familienzimmer. Gute Küche zu zivilen Preisen. Freundliche Speiseräume.

"<u>**Hotel Revsnes**</u>", direkt am See in Byglandsfjord, konventioneller 3Stöcker, Zimmer mit Einheitsmobiliar. Schöne Terrasse zum See gepflegte Liegewiese mit Sonnenfelsen und Bäumen. 1oo Betten, DZ mit Dusche 19o DM.

"<u>**Breidablikk Appartements**</u>", in Byglandsfjord, 6 sehr große Appartements (55 qm) im Blockhausstil zur Motelreihe zusammengefaßt. Modern möblierter Wohnraum, Stockbetten, komplett ausgestattete Küche, offener Kamin, TV etc. für bis zu 8 Personen. Pro Nacht ca. 1oo DM, Ruderboote zu mieten.

*** <u>Neset Camping</u>, etwas nördlich von Byglandsfjord, schöne Seelage, auf einer Halbinsel im lichten Wäldchen, gepflegter Rasenplatz. Stromboxen auf dem Gelände verteilt, 2o winterisolierte

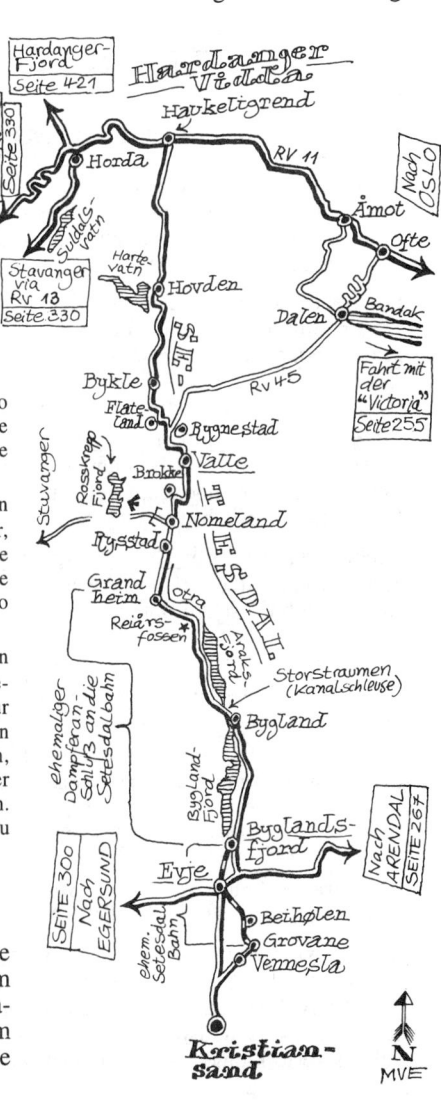

Hütten, recht groß, locker über den Platz verteilt.Schöne glatte Sonnenfelsen, idealer Surf-Paddel-Stützpunkt.

** Camp Bygland, auf eigener Landnase in Bygland; großer einfacher
Wiesenplatz, jede Menge Seezugänge. Kieseliges Ufer. Sanitärs im ehemaligen Landhaus aus dem Ende des 18. Jh. (jetzt unter Denkmalschutz).

Günstige Angelmöglichkeiten am Kanalstraumen, der die beiden Seeteile
verbindet, oder vom Boot aus. Angelkarte und Ruderbootverleih beim
Camp.

Grabhügel aus der Wikingbesiedlung von etwa 1ooo n. Chr. Direkt bei
der Zufahrt zum Campingplatz linker Hand. Die reichen Funde an Ringen
und Ketten, viel Gold und Bronze, deuten auf ein Frauengrab hin. Die
Schmuckstücke sind heute in der Historischen Sammlung Oslo ausgestellt.
Spuren alter Schmiedestellen und Moorferzklumpen (Eisengewinnung)
wurden am See gefunden.

Die obere Seehälfte, der ÅRAKSFJORDEN, wirkt fast noch einsamer;
vereinzelte Höfe, eine Handvoll alter Stabburen mit typisch über-
kragendem erstem Stockwerk.

Am nördlichen Seende zwei weitere Campingplätze:
*** Camp Støylehommen, direkt neben der Straße, gepflegte
Wiese von Bäumen eingerahmt, direkt am See, moderne Sa-
nitäranlagen, Stromboxen, zwei Hütten mit Veranda. Eigene Minibucht für
Boote (Bootsverleih).

Schöner das ** Camp Reiårsfossen, idyllisch und ruhig auf einer Landzunge. Stellplätze auf der Rasenfläche unter Fichten. Die Hütten verstecken sich zwischen Bäumen.

Schräg gegenüber glitscht der imponierende Wasserfall "REIÅRSFOSS"
über die breite Felswand. Der See geht hier allmählich in ein deltaartiges
Weideland über.

GRANDHEIM, 1o km flußauf war die Endstation des damaligen Dampfers über den
Bygdlandsfjord, der noch die kurze Strecke die Otra aufwärts fahren konnte. Der Ort war
ab Jahrhundertwende der nördliche Endpunkt der Verbindung von Kristiansand - (Setesdalbahn bis Byglandsfjord - Dampfer über den See). Weiter ging's nur per Postkutsche,
im Ort Grandheim noch die alte Postkutschenstation von 188o.

Die Otra verändert auf kurzer Strecke oft ihren Charakter, vom engen
schluchtartigen Tal, über liebliche Abschnitte mit bewaldeten Felsen.

RYSSTAD: am Ortsausgang "Sølvsmie", das angenehmste "Shopping-
Ambiente" aller Silberschmieden im Tal, grasgedeckte Verkaufswerkstatt
mit kunstvoll geschnitztem Eingangsportal. Großes Angebot an Trachtenschmuck (= Bunadsølv), Ketten und Broschen mit vielen Plättchen.
Sehenswerte kleine Hütte nebenan, komplett im alten Stil eingerichtet,

buntbemalter Holzstuhl, Truhen, Eckkamin etc.

NOMELAND: Querverbindung nach Stavanger über die 1991 eröffnete, herrliche Höhenstraße (schmal, aber viele Ausweichbuchten) RV 45 und runter an den Lysefjord (Details zur Fähre siehe dort). Auch als Abstecher aufs Fjell sehr zu empfehlen, bei Sulskar auf 1.o52 m schöne Seenlandschaft, gute Wandermöglichkeiten, Langlauf im Winter.

BROKKE: das Kraftwerk liefert 32o.ooo KW und wurde in den Fels eingebaut. Silberkunst in "Sylvartun", Holzhaus 1637.

★Valle

Der hübsche Ort war seit altersher das Zentrum im Setesdal. Als zur Jahrhundertwende die Setesdalbahn eingeweiht wurde und das Dampfschiff über den Byglandsfjord bis Grandheim verband (Rest per Postkutsche!), brachte dies eine nicht unerhebliche Reisezeitverkürzung an die Küste.

Im Norden limitierte eine unpassierbare Schlucht bis Bykle jeglichen Warentransport, auch die RV 45 nach Dalen wurde erst in den 6oer Jahren angelegt.

 Postboks 12, 46oo Valle, Tel. 35 97 63 88.

PFARRKIRCHE von 1844; zur Besichtigung an den Pfarrhof wenden.

Lohnender Kurzabstecher (ca. 1 km) zur idyllisch gelegenen HOFANLAGE TVEITUNET: an ihrem ursprünglichen Standort belassen; weidende Schafe, Ziehbrunnen - als ob die Zeit stehengeblieben wäre. Der Hof gehörte dem Bauernrichter Ole Knudsen Tveiten, einem der Männer, die in Eidsvoll 1814 die norwegische Verfassung austüftelten. Bescheidene Wohnstube und Gerichtsraum, - Einrichtung teilweise aus dem frühen 19. Jh. Besichtigung 1. Juli bis 15. August. Fototip: beste Beleuchtung am späten Vormittag.

Campingmöglichkeit und kleine Hütten gleich dabei. Große 3-Sterne-Camps und Motel im Ort.

 Klettern: In den letzten Jahren wurden herrliche Kletterrouten im Setesdal erschlossen. Inzwischen wird das Gebiet um Vale gern als "Yosemite des Nordens" bezeichnet. Etliche Touren, bis zu 16 Seillängen Schwierigkeitsgrad IV-VII. Deutschsprachige Führer siehe Literatur.

Kaum daß sich das traumhafte Klettergebiet herumgesprochen hat, und die Freaks aus der Ferne ins Setesdal kommen, werden auch schon die ersten Klagen der Anwohner laut: Viele Kletterer parken ihre Autos einfach auf der Wiese und laufen quer über die Felder zum Einstieg.Deshalb unbedingt Auto auf dcm Campingplatz stehen lassen und mit den Rädern

Ab Valle am breiten und doch wilden Fluß entlang. In Rotemo Abzweigung einer Querverbindung nach DALEN mit im Sommer verkehrender (Personen-)Schiffsverbindung über die Seenkette Telemarks/Bandakkanal (Details siehe Seite 255).

Die Setesdal-Straße steigt von Rotemo am Fluß an, bei FLATELAND einige Campingplätze. Im Ort lohnende 2-km-Abzweigung zum SETESDAL-MUSEUM. Sehr gut erhaltenes Bauerngehöft mit der fürs Setesdal typischen Hofanordnung: links Stallungen, rechts Wohnhäuser und Speicher. Der alte Wohntrakt (16. Jh.), fensterlos, mit zentraler Feuerstelle Årestue. Der rechte Flügel mit Fenstern später angebaut (Glas galt als modern und war sehr kostbar). Authentische Einrichtung, rohe Holzbänke, knarzende Einbaubetten etc. Der dreigeschossige Speicher für Setesdaler Bauweise geradezu revolutionär, da direkt ans Haus angebaut, verrät den Wohlstand des Hofes. Davor im hübschen traditionellen Stabbur werden heute noch Trachten aufbewahrt.

Besichtigung: 15. Juni bis 15. August täglich 1o-18 Uhr, sonst Mo.-Fr. 1o-15 Uhr.

Zwischen Valle und Bykle gab es trotz der geographischen Nähe jahrhundertelang kaum Verbindungen oder Kontakte. Eine schmale, unpassierbare Schlucht verhinderte jede Kommunikation.

Die 1 km lange Klamm konnte nur über den gefürchteten Byklestigen, einen schmalen Fjellpfad, umgangen werden. Heute durch Holzstege und Geländer abgesichert, und gefahrlos zu laufen (markiert). Ausschilderung an der Straße beachten, nach einem Autokilometer kann man die "Wanderer" wieder einladen. Rückweg auch auf der alten Straße möglich. Am Besten den Parkplatz auf der anderen Seite von Bykle benutzen. Der Byklestigen wurde ca. 1825 angelegt und bis ca. 188o benützt.

Das Landschaftsbild wechselt, die Straße klettert auf ca. 6oo m, hochalmähnlich um den Ort BYKLE mit dörflichem Charakter. Der weitere Verlauf im Hochtal sehr reizvoll, Seen mit Mooren, viel Heide, felsiger Boden und Rundkuppen, der "Tundra"-Charakter der Hardangervidda kündigt sich an.

★ Hovden   (85o m ü.M.)

Am Ende des großen Hartevatn, fast an der Baumgrenze. Als Wintersportort aus dem Boden gestampft. Der Ort besteht im wesentlichen aus Hotels und Hütten, die großteils im lichten Birkenwald "verschwinden", ringsrum kahle Bergkuppen bis 1.25o m. Siedlungen gab's schon seit der Wikingerzeit, als hier das Hauptzentrum der Eisengewinnung lag. In Seenähe wurden über 1oo Kohlenmeiler (Kokereien) entdeckt. Ein Museum (in Hegni) illustriert die Eisengewinnung zur Wikingerzeit.

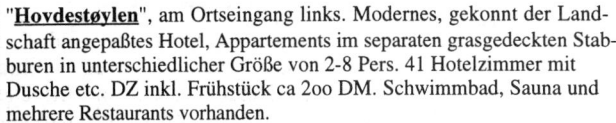

"**Hovdestøylen**", am Ortseingang links. Modernes, gekonnt der Landschaft angepaßtes Hotel, Appartements im separaten grasgedeckten Stabburen in unterschiedlicher Größe von 2-8 Pers. 41 Hotelzimmer mit Dusche etc. DZ inkl. Frühstück ca 2oo DM. Schwimmbad, Sauna und mehrere Restaurants vorhanden.

"**Høyfjellshotel**", zwischen Fluß und Straße, nächstgelegenes Hotel zu den Liften am Hausberg. Wabenförmiger Hotelgrundriß, 16o Betten, alles recht modern, doch fehlt die Gemütlichkeit. DZ mit Dusche 185 DM inkl. Frühstück. Sommerpreis. Swimmingpool, Sauna, mollige Kaminzimmer.

"**Hovden Hytta**" wird vom Wanderverein betrieben, 6o-Betten-Pension an der Otra, hinter der Kirche, freundliche Zimmer ohne Dusche DZ ca. 9o DM. Großer Aufenthaltsraum mit rustikalen Sitzgruppen, Kamin etc.

** Wintercampingplatz, direkt neben der Straße 2 km vom Ortsausgang entfernt, steinige Wiese, im Winter o.k., viele Stromboxen und ordentliche heiße Duschen, einige Camping hütten.

Camp Lislefjødd, 3 km weiter direkt am Wildbach, ebener Platz, angenehm wiesiger Boden. Aufgelockert durch Birken, kein Wintercamp!

SPORT / SOMMER:

Wanderungen auf dem Hausberg: Transport per Sessellift, auch im Sommer mehrmals pro Woche möglich.

Vermietung von Ruderbooten und Kanus bei Hegni Recreational Area, hier auch Angelkarten.

Hovden Badeland mit Whirlpool, Wasserrutsche und Wasserfällen, Kanal zum Outdoorpool. Mit bald 3o DM allerdings ein teurer Badespaß, wenn auch für den ganzen Tag.

Forellen Angeln in den klaren Bergseen. Angelkarte bei den Hotels.

Tennis sowie Tischtennis in den Hotels.

WINTERSPORT:

Abfahrtsskifahren auf dem 1.25o m hohen Hausberg Nos per Sessellift, weiterhin Schlepper. Abfahrten unterschiedlicher Schwierigkeit. Oben auf dem Fjell gibts ein kilometerlanges Netz präparierter Loipen.

Skiverleih: Komplette Ausrüstung (Ski, Stöcke, Stiefel) für Langlauf und Abfahrt.

Transporte ab Hovden

Bus: Abfahrt bei der Post im Zentrum
-> Kristiansand 2-4 x tägl., Anschluß nach Oslo
-> Arendal   2 x tägl., 6 Stunden
-> Haukeligrend, dort Busanschluß nach Oslo, Bergen
Direktverbindung übern Hardangerfjord nach Voss 1 x tägl.

Von HOVDEN in ca. 3o km nach HAUKELIGREND an der RV 11 (der Verbindung Oslo-> Bergen) durch charakteristische Vidda-Landschaft mit Fjellbirken, Moorgebieten und leuchtenden Moosen. Klobige Findlinge von Flechten überzogen, neben Heidekräutern und kriechenden Blaubeeren. Sanfte Hügelketten in der Ferne, etwas Seterwirtschaft, bis Juni noch Schneereste und Eisschollen auf den Bergseen.

Die letzten Kilometer in steilen Kehren runter nach Haukeligrend ins sattgrüne Grungedal mit dichten Nadelwäldern. Hier trifft man auf die RV 11 von Oslo nach Bergen, beschrieben auf Seite 389. Landschaftlich großartig über das Haukelifjell und entlang des Sørforden/Hardangerfjord nach Bergen.

Alternativstrecken ab Haukelifjell rüber nach Stavanger siehe Seite 33o.

1b) KRISTIANSAND ≫→ BERGEN
(via Stavanger)

Bis Stavanger (E 18) 25o km bzw. insgesamt bis Bergen 4oo-63o km, je nach Strecke

Gut ausgebaute Strecke, schnelle Verbindung nach Stavanger und weiter an die Westfjorde. Obwohl relativ nah am Meer, kein Küstenflair. Durch dichte Wälder an unzähligen klaren Bergseen vorbei. Nur auf dem ersten Teilstück bis Mandal gelegentlich zwischen dichtem Grün die Schärenküste zu ahnen.

Ab Flekkefjord mit jedem Kilomenter eine landschaftliche Steigerung. Stark zerfurchte Felsrücken, rauschende Gebirgsbäche, die in zerfranste Seen übergehen. Ziemlich einsame Strecke bis Ålgard; Schafweiden und moderne Bauernhöfe, dann die Industrieausläufer Stavangers. Lange Sandstrände und weite Kulturlandschaft an der Alternativstrecke RV 44.

Lohnende Stops in hübschen Sørlandstädtchen wie Mandal und Flekkefjord. Viele schöne Rastplätze an der Route besonders im letzten Drittel.

Eisenbahnverbindung bis Stavanger mehrmals täglich. Die Küstenorte sind durch Busse erreichbar. Erst ab Egersund gehts nah am Meer entlang.

Strecke KRISTIANSAND bis MANDAL E 18 ca 42 km, anfangs bis Søgne dicht besiedelt, landschaftlich wenig spektakuläre Route, sattgrün - viel Wald, Wiesen und Felsen.

★ Mandal   (ca. 12.ooo Einw.)

Südlichste Stadt Norwegens, optimale Kombination eines überschaubaren weißleuchtenden Ortes und feinen kilometerlangen Sandstränden am Stadtwald. Die hübsche Stadt verteilt sich zu beiden Seiten des breiten Mandalselv.

Das alte verwinkelte Wohnviertel dicht gedrängt an der Stadtkirche, ein Großteil der verzierten Holzhäuser noch aus dem 18. und 19. Jh., gut in Schuß. Luftige Kaipromenade, Parkbänke und vertäute Holzkutter vermitteln den Eindruck eines südlichen Flanierkorso. In der lebhaften Fußgängerzone einige alte Stadtbauten: Hotel Mandalitten bereits von 176o.

ANDRÔSENGARDEN am Ende der Fußgängerzone von 18o1 beherbergt jetzt das Stadtmuseum.

An die Zeit des großen Lachsreichstums erinnert nur noch das Stadtwappen. Durch Lachs- und Holzexport (besonders Eichen) blühte Mandal im 18. Jh. auf. Die Lachse waren in ganz Europa eine begehrte Delikatesse. Zur Zeit dieser Hochkonjunktur entstanden die hübschen Patrizierhäuser. Heute lebt die Stadt vom Schiffsbau und Bootsreparatur (z.B. die schnellen Fährschiffe Westamaran), beeinträchtigt das Stadtbild aber wenig.

Schalentier-Festival am 2. August-Wochenende. Dann kann man preiswert alle Köstlichkeiten probieren.

STADTMUSEUM: Store Elvegt 5/6 (Fußgängerzone). Im Andorsengård, dem größten Kaufmannshof der Stadt. In den obersten Räumen Seefahrtsmuseum und Bildergalerie altnorwegischer Maler. U.a. auch Werke von Adolph Tidemand, der 1814 in Mandal geboren wurde (Büste auf dem Tidemandplatz). Tidemand spezialisierte sich auf Szenen aus dem norwegischen Bauernmilieu. Offen zur Saison: Mo.-Fr. 11-17, So. 14-18 Uhr.

TIDEMAND GEBURTSHAUS: etwas zurückgesetzt am Kai nahe Touristenbüro.

 **Sjøsanden**, der bekannteste Badestrand Norwegens in einer geschwungenen Bucht, gut 1.ooo m lang und 5o m breit mit feinstem Sand bis an den Kiefernwald. Eisverkauf, Snacks sowie Restaurants beim Campingplatz.Schöner Blick zu den vorgelagerten Schären, durch die vielen Fischerbötchen, Motorflitzer und Surfer immer was los.

Weitere Strände: Am Rande des riesigen Stadtpark Furulunden (ca. 1.ooo ha Naturpark), - dichter Wald mit knorrigen Kiefern, hohen Birken, Heidekraut und Preiselbeeren, dahinter verstecken sich noch zahlreiche Sandbuchten, knapp 1oo Meter lang, von runden Sonnenfelsen eingefaßt. Fußweg von 5-1o Min., dadurch nicht ganz soviel los wie auf Sjøsanden. Zufahrt Richtung Camp, dann rechts zu den Parkplätzen (Holzschild Risøbanken).

Tourist INFO am Kai, Bryggegate, 45oo Mandal. Tel. 38 26 o8 2o, Fax: 38 26 3o 66.

Post: Im modernen Centrum beim Busbahnhof.

Tele: Marnarveien 31.

Parken: mehrere Parkplätze über die Stadt verteilt am Kai großer Parkplatz (gebührenpflichtig).

 "**Mandalitten Bed&Breakfast**", etwas zurückgesetzt am Kai, Store Elvegate am Rande der Fußgängerzone, historisches Holzhaus von 176o. Insofern Abstriche am Komfort machen, hat aber mehr Flair als die Neubauhotels. Hohe, renovierte Zimmer, altertümlich mit Sitzecke und Kronleuchter, teilweise Dusche, Dependance neuerer Baujahrs, günstige Familienzimmer. 3o Zimmer, DZ ca. 17o DM.

"**Inter Nor Solborg Hotell**", Neseveien 1, am Ortsrand, recht modernes 12o-Betten-Hotel. Freundliche Zimmer mit Balkon und Dusche. Swimmingpool, Sauna im Hotel und großes Restaurant. DZ ca. 2oo DM inkl. Frühstück (Sommerpreis). Sonst 25o DM.

"**Hald Sommer-Pensjonat**", am Ortsende rechts. Juhe-ähnliche Unterkunft in einem

Haus aus dem 18. Jh. Nur im Juli offen. 45 Betten. Übernachtung inkl. Frühstück 5o DM. Auch DZ.

Hütten "**Tregde Feriesenter**", Ferienanlage 8 km südlich von Mandal in Tregde. 3o hübsche komfortable Chalets am Hang zwischen Felsen und Grün für 2-7 Personen komplett ausgestattet Wohn-/Schlafraum, rustikales Holzmobiliar, Stockbett, große Fensterfront. Ideal für Badeurlaub. Motorbootverleih, Wasserski, Angeln, Surfen. Vermietung nur wochenweise, ab 86o DM/Woche. Supermarkt, beheizter Swimmingpool und Restaurant dabei.

 *** Sjøsanden Camping, schön angelegter Platz direkt am Supersandstrand, weitläufiges Areal unter knorrigen Kiefern, meist Sand-, Waldboden. Mit allem Drum und Dran: Stromanschlüsse, Telefon, Kiosk, Küche, urigem Restaurant. Separater Hüttenbereich im Wäldchen, von Mini- bis Appartmentgröße.

Camp Mones am Skogsfjorden gelegen, aber die Brummies der E 18 donnern im Rücken vorbei. Einfacher Platz mit einer Handvoll Hütten. Am Ortsausgang von Mandal.

Am originellsten "SJØSTERNKROA", direkt am Strand beim Campingplatz. Innen im Stil eines alten Kutters mit Segelmast, Tauwerk, halber Schiffsbauch vor der Theke. Abends Disko (Ausweiskontrolle).

RESTAURANT "LODSEN", Sommerrestaurant im alten Holzhaus am Kai. Tanzfläche. Kleine Terrasse zum Fluß hinaus. Fisch und Fleischgerichte, lecker gebratener Steinbeißer mit Krabben und Pilzen, aber saftige Preise.

Wer nur Durst auf ein Bier hat, ist im "PUBEN" in der Store Elvegate 9 bestens aufgehoben.

KAFETERIA "MANDALITTEN", mitten in der Fußgängerzone, beim Hotel, hübsche Terrasse im Freien, innen etwas dunkel, kaffeetrinkende Omas. Preiswerte Tagesgerichte, Kaffee und Kuchen.

"CAFE AMALDUS" im "S-Varehuset", viel freundlicher als eine Supermarkt-Cafeteria erwarten läßt, geschmackvoll in hellem Holz, leckere Kuchen und Smørbrød.

SPORT

Gute **Surfbedingungen** am langen Sandstrand. Autozufahrt über den Nansens Veien bis an den Strand. Info über Surfverleih im Touristenbüro.

Motor-, Ruderboote mit kleinem Außenborder; prima, um bei ruhiger See einen Familienausflug entlang der Schären zu unternehmen. Vermietung bei Tregde Feriesenter in Tregde (8 km außerhalb). Infos auch übers Turistkontor.

Für Boote: kein spezieller Jachthafen. Anlegen üblicherweise am langen

Kai (Mandalsfluß Strömung!), hinter den Fischkuttern. Von hier nur ein Katzensprung zur Fußgängerzone (Shoppen, Lebensmittel, Seekarten), durch die Mopedjugend aber kein ruhiger Liegeplatz. Bessere Nachtruhe auf der anderen Kaiseite im Industriegebiet. Tankstelle, Wasser am Kai gegenüber des Kinos.

Kanu: Der Mandalselv im Unterlauf ein gutes Kanuge-wässer, nur 2o km von der Küste. Beginnt ab Øyslebø gleich mit einer IIIer bis IVer Stelle, ruhige Passage zum Landschaft genießen bis zum Nødingsfoss bei Holum (insgesamt 9 km) mit einem extrem schwierigen V-er-Stück. Die Schwie-rigkeit variiert natürlich mit dem Wasserstand, in der Regel ausreichendes Fahrwasser.

Transporte *ab Mandal*

(Busbahnhof am Kai bei der Brücke)
Bus nach Flekkefjord 4 x tägl., dauert 2 Std. Kristiansand etwa jede Std., dauert 3/4 Std. - Lindesnes am Südkap ca. 3 x pro Woche, 1 Std. - Marnadal an die Bahn-linie, ca. 6 x werktags, 3o Min., dort per **Bahn** 2 x tägl. nach Oslo bzw. Stavanger.

Ca. 12 km nach Mandal liegt rechterhand der Ort **VIGELAND**, jedem Norweger ein Begriff durch Gustaf Thornsen (Vigeland mit Künstler-namen), der bekannteste Bildhauer Norwegens. Sein monumentales Werk thematisiert den menschlichen Lebenszyklus. Der Frogner Park in Oslo ist eine einzige Vigeland-Schau. Er wurde in er heutigen Gemeinde Mandal geboren und lebte als Kind hier in Vigeland. Der Ort selbst gibt wenig her.

Abzweig (27 km) an Norwegens "SÜDKAP" **LINDESNES** 57°58'53" gut 2.518 km vom Nordkap entfernt. Hier steht der älteste Leuchtturm Norwegens. Mit Ziel Flekkefjord kann man von der RV 46o auf halber Strecke auf die kleine Straße nach Lyngdal (an der E 18) abbiegen.

Auf der Hauptroute in 17 km nach **LYNGDAL**, weitverstreuter Neubau-ort und Geschäftszentrum. Das einzig Reizvolle ist die weitgezogene Sandbucht am Ende des Lyngdalsfjord. Optimale Surfbedingungen, in der Regel auflandiger Wind. Schönes *** Camp Kvavik, nur durch ein Wäld-chen vom Strand getrennt.

Die nächsten knapp 3o km durch einsame konstrastreiche Szenerie, Seen wechseln mit Felsplatten.

Kurz vorm Ort **KVINESDAL** Superaussicht beim Motel Utsikten (326 m hoch) über das weite Tal und die Ausläufer des Fedafjorden. Das moderne Motel steht direkt an einer Kurve. 47 Betten, DZ mit Dusche im Sommer ab 13o DM.

In Kurven runter zum weit im Tal verstreuten Ort Kvinesdal mit großem Eisenschmelzwerk am Fjordende (Ferromangan, Silikonmangan), dadurch touristisch uninteressant.

Schöne felsige Fjordstrecke entlang des Fedafjorden. Der Ort **FEDA** gruppiert sich um eine Fjordnische, viele bunte Bootsschuppen spiegeln sich im Wasser.

Auf der Weiterfahrt durch waldige Landschaft jede Menge hübsche Seen, die Route durch Tunnels entschärft, dadurch flott befahrbar.

✦ Flekkefjord   (9.ooo Einw.)

Fotogenes, geschäftiges Städtchen mit blitzweißen Holzhäusern, am tief ins Land eingeschnittenen Fjord (15 km), ungemein hübsche waldige Schäreninseln. Boote jeder Tonnage vom kleinen Motorboot bis zu großen Industriefrachtern bringen Leben in den natürlichen Fjordhafen. Der schmale Sund teilt Fjord und Stadt in zwei Bereiche.

Der alte Stadtteil "Hollenderbyen" zum Grisefjorden mit schmalen Gassen und niedrigen weißen Holzhäusern. Der Name stammt aus der Zeit des großen Holzexports nach Holland. Durch den wirtschaftlichen Aufschwung der Niederlage im 16./17. Jh. (Deich-, Haus- und Schiffsbau) stieg der Bedarf an Holz sprungartig. Die große Zeit von Flekkefjord kam Anfang des 19. Jh. (182o-3o) durch die großen Heringsschwärme.

Im Stadtteil Hollenderbyen wurde das älteste Patrizierhaus der Stadt von 1724 als STADTMUSEUM hergerichtet (alte Einrichtung, Musikzimmer mit Klavier und Flügel). In der Dr. Kraftsgate 15. Offen: Mo.-Fr. 1o.3o-17 Uhr, Mitte Juni bis Mitte Aug. auch Sa. 1o.3o-15 und So. 12-15 Uhr.

Ungewöhnliche 8-eckige weiße HOLZKIRCHE von 1833 im Zentrum. Innen Doppelgalerie und große Orgel. Die achteckige Bauweise diente schließlich anderen Architekten als Vorbild.

Tourist INFO An der Brogate, kleiner Pavillon am Platz. Boks 216, 44oo Flekkefjord. Tel. 38 32 o8 98, Fax: 38 32 12 33.
Post: in der Parkgate 4-6.

Tele: in der Løvikgate 1o, Telefonzellen, kinderfreundlich mit Lego-Spielzeug.

Parken: ausgeschilderte Parkplätze südlich der Brogate.

"**Grandhotel**", die hübscheste Villa im Zentrum in einer ruhigen Seitengasse, mit verspielten Ecktürmchen, alles in leuchtend weiß gestrichenem Holz. Innen allerdings konventionell. 2o große Zimmer, hübsche Erkerzimmer - doch das Mobiliar nicht alt genug, um zu begeistern. Großer rustikaler Speiseraum. DZ ab 15o DM.

"**Maritim Hotell**", Sundegate. Modernes Hotel im Zentrum, einladend große Restaurant-Terrasse direkt am Fjord, die schönste im Ort. Knapp 1oo Betten. Sonderpreis im Sommer DZ ca. 19o DM inkl. Frühstück.

"**Bondeheimen Pension**", Elvegate 9. Kleine 24-Betten-Pension, gegenüber der Kirche, große Cafeteria, etwas kahl und nüchtern. DZ 18o DM.

 ** Camping Egenes, ca. 4 km vor Flekkefjord an der E 18, idyllischer Wiesenplatz, schön abseits auf einer Halbinsel im zerlappten See, einige Hütten. Ideal zum Paddeln (Bootsverleih). Strom für Caravans, Bootsvermietung, Zufahrtsstichstraße von der E 18.

Transporte ab Flekkefjord

 **Bus** ab Bahnhof nach: Stavanger und nach Mandal, Kristiansand 2 x werktags, Wochenende 1 x. Direkt-Bus ca. 2 1/2 Std., sonst mit Umsteigen häufiger.

Bahnhof am Ortseingang links, Stichlinie nach Sira an der Sørlandslinie mangels Nachfrage seit 1991 stillgelegt.

AUSFLÜGE

Lohnender Spaziergang zur NESHEIA, ein ca. 18o m hoher Aussichtshügel nordwestlich des Zentrums, Panoramablick über Fjord und Stadt, ca. 2o Min.

Zur INSEL HIDRA (8oo Einw.), eine der letzten Schäreninseln im Westen mit schönen Badeplätzen. Ein 2oo m hoher, grün bewaldeter Rücken, zwei malerische Fischerdörfer, Kirkehamn und Rasvåg; die weißen Holzhäuser drücken sich eng aneinander. Autofähre von Kvellandstrand nach Launes auf Hidra, stündliche Verbindung, ca. 1o Min. Überfahrt. Kleines Heimatmuseum "Fedrenes Minne" in Rasvåg.

FLEKKEFJORD ⇒⟶ STAVANGER

In Flekkefjord entscheidet sich, ob man - weiter über die zügig befahrbare E 18 durchs Inland nach Stavanger fährt, 132 km (A), - oder

-die kurvigere und längere, aber kontrastreichere Alternativ-Route RV 44 (B) nimmt; sehr schöne Fjord- und Bergstrecke (viele Seen). Nördlich Egersund an der ausgedehnten Dünenlandschaft und Sandküste Jaerens vorbei mit super Bademöglichkeiten.

An beiden Strecken zahlreiche Rastplätze in schöner Lage an Seen oder Flüssen. Auf der Rv 44 durch die niedrigen Tunnels (4,oo m) kein Lkw-Verkehr, daher ruhigere Stellplätze.

Für Leute ohne Auto empfehlenswert per Bus ab Flekkefjord über die schönere Route nach Egersund. Dort in die Bahn umsteigen und an der Küste entlang durchgehend nach Stavanger (mehrmals tägl. s. Egersund).

A. INLAND-STRECKE: (über E 18 - 132 km)
FLEKKEFJORD - STAVANGER

Zweifellos die schnellere Route, trotzdem landschaftlich abwechslungs-reich. Ungewöhnliche Inlandabschnitte: zerklüftete Felsbrocken bis 5oo m hoch, grüne Almwiesen, viele Seen und Flüsse.

Die Landschaft um Dalane bekommt ihr charakteristisches Bild durch kreuz und quer verlaufende Täler mit coupierten Hügelketten und einge-streuten Bergseen. Weite Teile dünn besiedelt, vorwiegend Landwirt-schaft. Ab Ålgård beginnende Kleinindustrie. Die letzten Kilometer Schnellstraße durch das Siedlungsband nach Stavanger. Einer der Stavan-ger-Campingplätze liegt bereits 3o km vor der Stadt (ganzjährig offen) beim Vergnügungszentrum Kongeparken. Details siehe Übernachtung.

B. KÜSTEN-ROUTE: (über RV 44 - 148 km)
FLEKKEFJORD - EGERSUND - STAVANGER

Touristisch wird die Strecke als "Nordsjøveien" vermarktet und ist im folgenden Text beschrieben. Wer die Wahl hat, sollte diese Route nehmen; nur wenige Kilometer länger, aber wesentlich zeitaufwendiger, dafür auch spannender.

Wechselnde Szenerie, kleine Bergseen, elefantengraue Felsrücken. Das rundgeschliffene und zerrissene Labradorgestein gibt der Landschaft den typischen Charakter.

Etwa ab der Siedlung Arna-Sira beginnt der wildeste Teil und Höhepunkt der Strecke. Über gut 2o km schraubt sich die schmale Straße immer wie-der rauf und runter - 14 Kehren - vom canyonartigen Jøssingfjord durch Tunnels zum Aussichtsfelsen mit schönem Rückblick.

Der Jøssingfjord geriet zu Beginn des 2. Weltkriegs international in die Schlagzeilen - Stichwort "Altmark-Zwischenfall".

Das deutsche Hilfsschiff "Altmark" hatte gut 3oo englische Flüchtlinge aus einer See-schlacht (13.12.1939) zwischen Deutschen und Engländern vor Argentinien an Bord und kreuzte vor Westnorwegen auf dem Weg Richtung Heimat. Norwegische Torpedoboote untersuchten die "Altmark" zweimal ohne die Gefangenen dabei zu entdecken. Irgendwie hatte der englische Geheimdienst davon Wind bekommen. Britische Aufklärer überflogen am 16.2.194o die "Altmark", informierten die Navy, die versuchte, in den norwegischen Hoheitsgewässer die "Altmark" zu stoppen. Die Kapitäne der norwegischen Torpedo-boote protestierten gegen den Verstoß internationalen Recht, ohne Erfolg. Der norwegi-sche Lotse an Bord der "Altmark" empfahl im Jøssingfjord Zuflucht zu suchen. Dort enterte schließlich das britische Kriegsschiff "Cossack" auf persönlichen Befehl von W. Churchill (wie sich später herausstellte) die "Altmark", die keine Gegenwehr leistete. Die englischen Gefangenen wurden befreit, "Cossack" nahm Kurs auf England. 8 Tote und 5 Verletzte waren die Bilanz dieses Vorfalls.

Weltweit ging ein Schrei der Empörung durch die Presse angesichts dieser drastischen Neutralitätsverletzung durch die Briten. In Skandinavien bekam man kalte Füsse bei der Vorstellung, wie die Engländer mit der Neutralität Norwegens umgingen.

✦ Egersund
(12.ooo   Einw.)

Kleinstadt in hübscher Landschaft; bunte Häuser, in viel Grün versteckt, auf den rundgeschliffenen Hügeln und kleinen Inseln. Überall ankern Boote; die verschlungene Fjordlandschaft gibt einen idealen Naturhafen ab, allerdings einiges an Industrie (Fischverarbeitung).

Im kompakten Zentrum entlang der Strandgate (parallel zum Kai) hübsche zweigeschossige Holzhäuser aus der Jahrhundertwende zwischen modernen Stadtbauten.

FAYENCEN MUSEUM nahe Bahnhof. Produkte und Arbeitsmaterialien der ehemaligen Fayencenfabrik (bis 1979). Sie wurde mehr als 1oo Jahre lang betrieben und war die einzige in Norwegen. Für Egersund spielte sie eine enorm wichtige Rolle.

 Am Busbahnof. Jernbaneveien, 437o Egersund, Tel. 51 49 o8 19.
Post: in der Torggate vis à vis der Kirche.

Tele: beim Parkplatz im Zentrum.

Großer **Parkplatz** am Ortseingang.

 Nächstgelegener Sandstrand in Skadberg, gut 1o km vom Ort entfernt auf der Insel Ri. Østerbrød (Busverbindung nach Østerbrød mehrmals täglich). Weitere Sandbucht in Ogna, ca. 2o km die RV 44 nördlich.

Einige Superläden am Ortsrand, auch bis spät abends offen.

 "**Eiger Hotell**", 28 Zimmer, recht stillos modern neben das hübsche Erkerholzhaus geklatscht, innen freundlich durch dunkelroten Klinker. Im wesentlichen Konferenzbetrieb. Im Sommer reduzierte Touristenpreise. DZ ca. 12o DM. Im Zentrum in der Johan Feyers Gate gelegen.
"**Eiger Motel**", am Ortsrand, Richtung Flekkefjord, moderner Flachbau, etwas nüchtern, 24 Zimmer mit Dusche.

** Steinsnes Camping: etwa 3 km außerhalb an der RV 44 bei Tengsbru an der Flußmündung. Kleinerer birkenbestandener Platz, gut schattig, Sanitäranlagen und Kochgelegenheit, vereinzelt Stromanschlüsse. Knapp ein Dutzend einfache Hütten älteren Datums. Preiswerte kleine Viererhütten mit Doppelstockbetten, Kühlschrank und Minitisch, mehr hat auch keinen Platz. Einige größere Hütten.

Transporte *ab Egersund*

Bahnhof: ca. 1 km außerhalb vom Zentrum.

Züge: Stavanger 4-5 x tägl.
Flekkefjord, Kristiansand 4 x tägl., Oslo 2-3 x tägl.

Bus nach Østerbrød (und zum Sandstrand Skadberg) mehrmals täglich. Fährverbindungen nach Dänemark und Bergen. Details im Anreisekapitel.

Küstenstraße Egersund ⋙→ Stavanger
(RV 44 - 85 km)

Ab Egersund ist der 7o km lange Küstenstreifen Jaerens ein einziger Sand-Dünenstrand. Immer wieder Badezugänge von der Straße aus. Allerdings säumen überwucherte abgewrackte Bunkeranlagen aus dem 2. Weltkrieg die ganze Küstenstrecke.

Weite flache Ebene im Inland, wichtiges Anbaugebiet Südwestnorwegens, Getreide, Gemüsefelder etc...

Nach 2/3 der Strecke im Ort Kleppe nicht die Direktroute über Sandnes nehmen, schöner der kleine Umweg (RV 51o) an die herrlich weißen Dünenstrände Ølberg und Solastrand.

Für Badeferien in Verbindung mit Stavangerbesuch besser hier auf dem Hütten-/Campingplatz Ølberg im Dünenstrand einquartieren und nach Stavanger reinfahren (etwa 15 km, Campingbeschreibung siehe Unterkunft Stavanger).

Stavanger   (1oo.ooo Einw.)

Norwegens Ölmetropole, schön am Boknafjord gelegen, jede Menge Inseln und Schären vorgelagert. Im Kern eine hübsche Stadt mit gut restaurierten Holzhäusern ("Alt-Stavanger"), vielen Grünanlagen und Seen. Drumherum wuchernde Industrie/Neubauten.

Vom vielzitierten Öl, das Stavanger den Vergleich mit der kanadischen Goldgräberstadt "Klondike" aus dem 19. Jh. einbrachte, spürt man im Alltag wenig. Vielleicht mehr Ausländer (1o %) im Stadtbild, Engländer, Franzosen, Japaner. Reichhaltigere Supermärkte, die von Hummer aus Kanada, Krabbenbutter und Roquefort aus Frankreich bis Bambusschößlingen alles auf Lager haben. In der Luft pendeln Helikopter zu den 35o km entfernten Bohrinseln.

Stavanger ist "busy", das Tempo schneller. Die Stadt expandiert ungeheuer; nach Norden bis zur Fährstation Randaberg, mit der Industriestadt Sandnes im Süden schon zusammengewachsen. Doch Stavanger ist eine angenehme Industriestadt in schöner Umgebung, bergig und grün, das fängt einiges auf. Sehr empfehlenswerter Tagesausflug ab Stavanger zum "Prekestolen" eine Felskanzel, die 6oo m lotrecht in den Lysefjord stürzt. (Details siehe "Umgebung Stavanger".)

Tourist INFO Im Stavanger Kulturhaus, Sølvberget, 4oo6 Stavanger, Tel. 51 89 66 oo, Fax: 51 89 66 o2. Stavanger Card: gewährt in Museen und bei Ausflügen bis zu 5o % Ermäßigung. Fahrten mit öffentlichen Verkehrsmitteln sind sogar gratis. Erhältlich im Touristbüro für 1-3 Tage.

Post In der Haakon VII Gate beim Stadtteich, mit Posterestante-Schalter. Im Sommer Mo.-Fr. 8-16 Uhr, Sa. 9-12.3o Uhr offen, sonst etwas länger.

Gepäckaufbewahrung im Bahnhof tägl. 7-22 Uhr, Sa. bis 19 Uhr und im Schnellbootterminal tägl. 7.15-21 Uhr.

 Parken: Parkhaus direkt beim Bahnhof, Wohnmobile auf dem Deck. 3-stöckiges Parkhaus am Ende der Klubbgata gegenüber Aftenbladet, Einfahrtshöhe 2,8o m. Weiteres Parkhaus neben Grand Hotel. Parkgaragen unter dem Stadtteil Gamle Stavanger am Hafen, Einfahrt von der Nedre Strandgate, Einfahrtshöhe bis max. 2,7o m, - in unserer Stavanger-Karte jeweils mit "P" markiert. Unterm Strich ist Parken in diesen Parkhäusern nicht gerade billig, zumindest aber billiger, als wenn man sich im "Wildwuchs" irgendwo hinstellt und dann eine saftige Rechnung bekommt...

Stadtstruktur zur ersten Orientierung: Das Zentrum von Stavanger (trotz der großen Ausdehnung der Stadt) ist sehr kompakt. Die interessantesten Punkte (Alt-Stavanger, Museen, Centrum um die Kirkegate) sind in Fußgängerreichweite von max. 1 km um den Bahnhof! Das Auto - sofern "mitbeteiligt" - kann man getrost ins Parkhaus schieben.

Stadtplan: gratis im (auch ansonsten nützlichen) Heftchen "Stavanger und Sandnes", gibt's im Touristbüro. Wer einen detaillierten Stadtplan braucht: in Buchhandlungen, Bahnhofskiosk etc. die Karte "Stavanger".

Die beiden interessantesten Teile Stavangers sind "Gamle Stavanger" und der Zentrumsbereich um den Valberg-Turm (Karte Nr. 12).

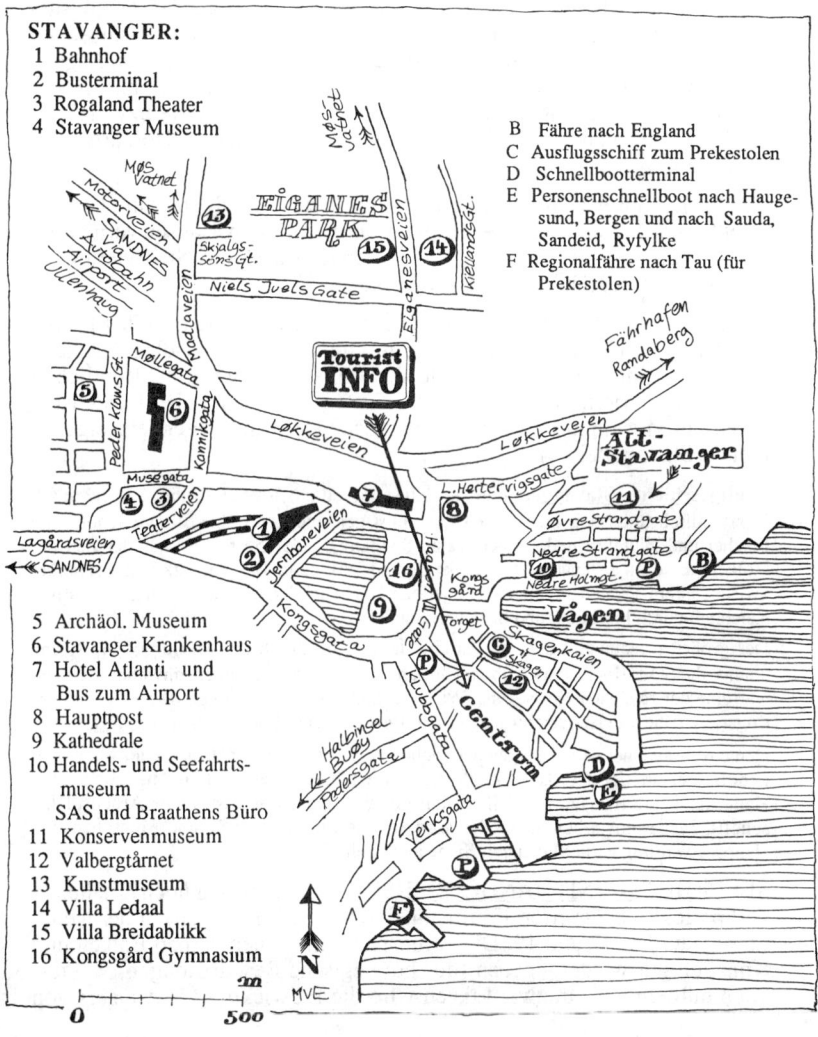

STAVANGER:
1 Bahnhof
2 Busterminal
3 Rogaland Theater
4 Stavanger Museum

B   Fähre nach England
C   Ausflugsschiff zum Prekestolen
D   Schnellbootterminal
E   Personenschnellboot nach Hauge-
    sund, Bergen und nach Sauda,
    Sandeid, Ryfylke
F   Regionalfähre nach Tau (für
    Prekestolen)

5 Archäol. Museum
6 Stavanger Krankenhaus
7 Hotel Atlanti und
    Bus zum Airport
8 Hauptpost
9 Kathedrale
1o Handels- und Seefahrts-
    museum
    SAS und Braathens Büro
11 Konservenmuseum
12 Valbergtårnet
13 Kunstmuseum
14 Villa Ledaal
15 Villa Breidablikk
16 Kongsgård Gymnasium

0   500   m

★GAMLE STAVANGER (Alt Stavanger), oberhalb des Haupthafen-beckens "Vågen". Die kleinen, blitzweißen Holzhäuser tip top restauriert, Blumengärtchen, Gaslaternen und buckeliges Kopfsteinpflaster. Eine Oase der Ruhe im ansonsten hektischen und modernen Stavanger, - zwischen den Häusern oft schöner Blick aufs Meer.

Einige der Häuser sind bis zu 15o Jahre alt, stammen also aus der großen Zeit Stavangers (Heringsboom ab 182o): damals war hier der Haupthandels- und -umschlagsplatz, und die Nedre Strandgate eine der wichtigsten Lebensadern der Stadt. Hier saßen Kaufleute, waren die Heringssalzereien und die Büros der Reeder. Am Kai des Vågen standen einst die Lager-, Pack und Verkaufshäuser. Heute noch erhalten das alte Zollhaus, Nedre Strandgate 49 (gebaut 184o) sowie das original restaurierte bzw. rekon-struierte Kaufmannshaus Nedre Strandgate 17/19 (heute Seefahrts- und Handelsmuseum).

Die Wohnhäuser zogen sich rauf bis zur Øvre Strandgate. Durch einen Großbrand 2. Hälfte des 19. Jh. wurden die meisten Häuser vernichtet, jedoch neu errichtet. Ab Jahrhundertwende war es das Stadtviertel der Schiffsbesitzer, Händler und Handwerker.

Gamle Stavanger dürfte heute eines der wichtigsten - und bei einer Fläche von ca. 6oo x 15o m auch das größte zusammenhängende Holzarchitektur-Ensemble Norwegens sein. Viele der Häuser wurden mit öffentlichen Mitteln restauriert. Sie sind meist in privater, teils öffentlicher Hand. Kein Open-air-Museum, sondern bewohnt, ca. 16o Einwohner, ein eigenes kleines Stadtviertel.

Stadtgeschichte Stavangers eine der ältesten Städte Norwegens, über 85o Jahre alt. Verständlich, daß sich hier wegen der günstigen und geschützten Lage schon bald Fischer und Händler niederließen. Erste Siedlungsfunde 35o n. Chr. aus der Zeit der Völkerwanderung - später Stützpunkt für die Wikinger; Bischofssitz war Stavanger zwischen dem 12. und 17. Jh. (wurde jedoch 1684 nach Kristiansand verlegt). Relativer Reichtum durch Fischfang und Seefahrt (Handel).

Der große Aufschwung kam ab Anfang des 19. Jh. durch den Heringsboom (siehe unten), die Stadt wuchs innerhalb von 3o Jahren auf das 5-fache ihrer Einwohnerzahl und war eine der reichsten Norwegens. Wirtschaftliche Stagnation als ca. 188o, als die Heringsschwärme wieder verschwanden, - bis 196o ein neuer Boom begann: das Erdöl.

Heute ist Stavanger neben Bergen der wichtigste Versorgungspunkt für die norwegischen Erdölfelder in der Nordsee. Zugleich werden hier (aber auch im naheliegenden Haugesund) die riesigen Erdöl-Bohrplattformen gebaut, was zusätzliche Arbeitsplätze schafft. Insgesamt arbeiten für die norwegische Statoil rund 1o.ooo Menschen, die Hauptverwaltung ist in Stavanger. Siehe auch Seite 155.

SEEFAHRTS- UND HANDELSMUSEUM, im einzigen noch erhaltenen und perfekt restaurierten Kaufmannshof am Hafen (Vågen) in der Nedre Strandgate Nr. 17 und 19. Die Atmosphäre mit rohen derben Balken und Knaggen gut wiedergegeben (nur norwegische Beschriftungen, Wörter-buch mitnehmen). In zwei Etagen wird die Entwicklung Stavangers von

der Heringsstadt zur Ölmetropole dargestellt. Zu sehen neben natur-
getreuen Schiffsmodellen auch eine Segelmacher-Werkstatt, ein Reeder-
kontor sowie Arbeitsmittel aus der Heringsfangzeit, bis hin zu einem
Modell einer Bohrinselplattform. In der Handelsabteilung u.a. ein schöner
Koloniladen aus Uromas Zeiten.

Geöffnet: 15. Juni bis 15. August tägl. 11-16 Uhr, sonst nur So. 11-16
Uhr. 8 DM Eintritt.

Der Heringsboom: Die zu Beginn des vergangenen Jahrhunderts sehr nahe an der Küste auftauchenden Heringsschwärme bescherten Stavanger 182o-188o goldene Zeiten.
Die Stadt explodierte förmlich und wuchs von einem kleinen Fischernest sprungartig zur
viertgrößten Handelsstadt Norwegens. Von Januar bis März, zur Hauptheringszeit, lief
die Arbeit in den Lager- und Kaufmannshäusern am Hafen auf Hochtouren. Der Hering
mußte ausgenommen, gesalzen und gepackt werden, in der Regel Job der Frauen und
Kinder, teils in Nachtschicht.

Dabei war man zum Konservieren völlig auf europäische Salzimporte angewiesen, besonders aus Portugal. Für die weite Fahrt über den rauhen Atlantik brauchte man wesentlich seetüchtigere Boote als für den Ostseetransport. Pro Jahr wurden in den "goldenen Zeiten" mehr als 1oo.ooo t Salz umgeschlagen; das grobkörnige, wertvolle Salz
wurde mit Flaschenzügen und per Schubkarre verladen. Im April wurden Heringsfässer
in großen Mengen nach Göteborg und zu den deutschen und russischen Ostseehäfen exportiert, in der Regel konnte die Heringsflotte 2 Touren pro Jahr fahren. Export von gut
25o.ooo t Hering im Jahr - auf dem Rückweg luden sie das für Norwegen
lebenswichtige Getreide von preußischen oder dänischen Feldern. Mehr als 3oo
Kaufleute lebten damals recht gut von dem Hering, bis gegen Ende des 19. Jh. die
Schwärme wieder verschwanden.

Das KONSERVENMUSEUM (Hermetikkmuseet): in der Øvre Strandgate
88 A. Klein, aber interessant: eine rekonstruierte Konservenfabrik mit
originalen Werkzeugmaschinen, z.B. Stanzen-Maschine aus Lübeck, Formen etc. Zu Ende des 19. Jh. gab's in Stavanger ein knappes Dutzend
Konservenfabriken.

Gegen Ende des 19. Jh. stellten sich die Kaufleute auf die Industrialisierung der Fischerei
um, es entstanden die Konservenfabriken, in denen der Brisling (sprottenähnlicher Mini-
fisch) eingedost wurde. Zwischen 188o und 193o war die Konservenindustrie wichtigste
Einkunftsquelle Stavangers, bis zu 5o % der Arbeiter waren in der Konservenindustrie
beschäftigt.

Der Brisling wurde nachts in den Fjorden gefischt. Als norwegische "Sardine" kam er in
die Dose. Als die Mittelmeerländer realisierten, daß die norwegische Sardine ihrer heimi-
schen Konkurrenz machte, liefen sie Sturm; seitdem heißt der Brisling wieder Brisling.

Offen wie Seefahrtsmuseum.

DOM ST. SVITHUN: Neben dem Trondheimer Nidarosdom bedeutendster mittelalterlicher Sakralbau Norwegens. Der gedrungene Dom versteckt
sich zwischen hohen Bäumen am Stadtteich. Romanische, dreischiffige
Basilika mit wuchtigen Rundsäulen von ca. 1125, sehr eleganter gotischer
Chor nach dem Brand von 1272 angefügt. Barockinterieur, dekorative

Kanzel. Schnitzarbeit aus dem 17. Jh., Darstellungen mit etwas kindlich verzerrten Gesichtern. Als Bauherr gilt Bischof Reinald von Winchester, der später Bischof von Stavanger wurde und mit dem Kirchenbau seinen Bischofssitz dokumentierte. Er weihte den Dom einem seiner Vorgänger, dem heiligen St. Svithun.

Stavanger blieb bis zum Großbrand 1684 Bischofssitz, danach zogen die Bischöfe nach Kristiansand um.

Offen: 15. Mai bis 15. Sept. 9-18 Uhr, So. 13-18 Uhr, ganzjährig nur Mo.-Sa. 9-14 Uhr, wochentags um 11 Uhr Glockenspiel.

Die weiteren Brände im 18. Jh. erschwerten die Stadtentwicklung. Erst der Heringsboom brachte der Stadt im letzten Jahrhundert wieder Aufschwung. Der winklige Holzkomplex neben dem Dom war früher der Wohnsitz des Königs bei seinen Stavanger-Aufenthalten, heute Kongsgård Gymnasium.

Südöstlich des Doms beginnt das Stadtzentrum mit Geschäften und Restaurants. Dieser Bereich, der sich über einen Hügel erstreckt, ist kompakt und mit seinen engen Straßen auch irgendwie gemütlich. Immer wieder schöner Ausblick aufs Wasser und Hafen mit vorgelagerten Inseln. Wichtigste Einkaufsstraße die für Fahrzeuge gesperrte Kirkegata.

Auf dem höchsten Punkt des Hügels der ehemalige Brandwachturm VALBERGTÅRNET, gebaut 1848-1852, um die permanenten Stadtbrände schneller in Griff zu bekommen und um den Hafen besser kontrollieren zu können. Wegen der Brandgefahr mußten damals auch die "neumodischen" Raddampfer außerhalb der Gefahrenzone ankern, erst später bekamen sie einen eigenen Kai.

Von der Aussichtsplattform schöner Blick übers Stadtzentrum und den Hafen. Eintritt frei, durch den kleinen Shop mit Kunsthandwerk hinauf. Während der Geschäftszeiten geöffnet.

In der SKAGEN Nr. 18 das Kaufmannshaus Fred Hansens (1777-87).

Nördlich des Zentrums, in den schönen <u>EIGANES-Parkanlagen</u> zwei interessante herrschaftliche Villen von 188o (Bus ab Zentrum Nr. 25 bzw. zu Fuß ca. 15 Min.):

<u>LEDAAL</u> (Eiganesveien 45), das Elternhaus Alexander Kiellands (späterer Bürgermeister), der aus einer sehr wohlhabenden und einflußreichen Stavanger Familie stammt. Heute noch logiert Seine Majestät bei Stadtbesuchen in Ledaal.

<u>Besichtigung</u> (sofern S.M. nicht anwesend): offen wie Seefahrtsmuseum.

<u>VILLA BREIDABLIKK</u> im Nachbarpark (Eiganesveien 4oA). Eine gekonnte architektonische Verquickung unterschiedlicher Stilepochen, verschachtelte Holzgiebel, säulenverzierte Fensterbögen, Erker und Dachverzierung. Die Einrichtung der Kaufmanns- und Reederfamilie Berentsen noch ursprünglich bewahrt. Prachtvolle Kronleuchter, weißer Kachelofen, geschnitzte Kassettendecken etc. Offen wie Seefahrtsmuseum.

<u>STAVANGER MUSEUM</u> (Muségata 16, westl. Bahnhof): kunsthistorische und zoologische Sammlung, speziell zu Stavanger und Umgebung. Geöffnet wie Seefahrtsmuseum.

<u>GEMÄLDEGALERIE</u> "Stavanger Kunstforening": Madlaveien 33. Offen Di.-Fr. 1o-14, Sa./So. 12-17 Uhr.

Panoramablick von den unteren Terrassen des <u>FERNSEHTURMS</u> Sørmarka in Ullandhaug. Rundblick über Stadt, Fjord und Berge. Von hier aus Spaziergänge im Wäldchen, auch Waldlehrpfad, viele angelegte Wege mit Picknickbänken - eine grüne Idylle - darunter fließt der Verkehr der E 18 durch den Tunnel.

<u>Anfahrt</u>: E 18 stadtauswärts, "Ullandhaug" ausgeschildert, am Mosvangensee vorbei, ab Zentrum ca. 5 km. <u>Busverbindung</u> vom Zentrum. Zu Fuß ab Zentrum eine Wanderung von ca. 1 Std., am Mosvatnet entlang, am besten Stavanger-Karte besorgen. Wer auf dem Campingplatz oder in der Stavanger Jugendherberge logiert: ca. 25 Min. zu Fuß.

5oo m weiter <u>JERNALDERGÅRDEN</u> auf einem grünen Hügel. Rekonstruierte Hofanlage aus der Völkerwanderungszeit (35o-55o n. Chr.). Drei wieder aufgebaute Häuser geben eine Vorstellung vom Leben vor 1.5oo Jahren. Das längste Haus ist mit gut 4o m ein zimmerbreiter Schlauch, innen düster, durch das Grasdach ideal getarnt. Zur Hälfte Stall für Schafe, Ziegen, Hühner; der andere Teil war Wohnhaus mit zentraler Feuerstelle muß erbärmlich gequalmt haben.

Äußerlich wirken die Häuser wie Steinbauten, sind aber selbsttragende Holzkonstruktionen mit Planken und nacktem Erdboden, die Steinwälle nur zur Isolation. Das Minihaus in der Mitte war vermutlich "Kinderzimmer" oder "Altenteil". Neben den 12-stöckigen Hochhäusern wirkt der Hof wie ein kleiner Schafpferch. Man nimmt an, daß gut ein Dutzend Leute auf dem Hof lebten, ca. 4o.ooo qm Land für Getreideanbau (Hafer, Gerste) und Viehweiden gehörten dazu. Die Proteine holten sie sich aus dem Fjord. Zwei Brunnen und Grabhügel auf dem Gelände.

Besichtigung: 15.6.-31.8. 12-17 Uhr, 7.5.-15.9. So. 12-17 Uhr. Da sich Museumsöffnungszeiten erfahrungsgemäß oft ändern, sicherheitshalber überprüfen! Busverbindung.

BOTANISCHER GARTEN: Ullenhaug. Rund 8oo verschiedene Pflanzenarten. Interessant auch:

ROGALAND ARBORET: nahe Sandnes (ausgeschildert an der E 18 bei
Bråstein). Staatswald mit rund 7.ooo Bäumen, 4oo verschiedene Arten,
7 km Waldwege.

KULTURZENTRUM (Gebäude, in dem sich auch das Touristenbüro
befindet) in der Solvberggate/Fußgängerzone mit Kinos, Jugendinforma-
tionszentrum, wechselnden Ausstellungen, Cafés.

 **Einkaufen**: Wer abends erst in Stavanger einrollt, braucht trotz-
dem nicht zu hungern. Die großen Supermärkte an der RV 44 im
Hillevågsveien sind Mo.-Fr. 9-22, Sa. 9-18 Uhr geöffnet
(allerdings gibt's ab Samstagmittag auch hier kein Bier mehr).

Vinmonopol am Nytorget und Muségate, Mo-Fr. 1o-17, Sa. 9-13 Uhr.

Haupteinkaufsbereich ist das Gebiet zwischen Klubbgata und Fußgängerzone Kirkegata mit der, an den Hafen Vågen führenden Skagen. Allerdings übliche Ladenschlußzeiten. Nach 17 Uhr ist der Hund begraben -
bis abends... Nicht zuviel erwarten, aber schön zum Durchbummeln.

Buchhandlungen in der Fußgängerzone: sehr gut sortiert, interessante
Spezialliteratur sowie verlockende Bildbände.

Waschsalon: total zentral am Stadtsee mit eigenem kleinen Parkplatz,
Kongsgate 45, Münzautomaten.

Norweger-Pullis direkt ab Fabrik zu recht günstigen Preisen: bei Skjaeve-
land Strikkefabrikk in Ålgard. Norweger-Pullover bis zu 4o % billiger als
im Laden, allerdings nicht allzuviel Variationen. Offen: Mo.-Fr. 9-16.3o
Uhr, Sa. 9-12.3o Uhr. 3o km stadtauswärts an der E 18, kurz nach der
Tankstelle links ab, 2oo m. "Strikkevareutsalg" beschildert, oder in der
Stadt, z.B. im Husflidenladen, Langmannsgate 7.

Porzellanverkauf ab Fabrik in Figgjo (Richtung Ålgård) 4o-7o % Rabatt.

Campinggas: Progas-Stavanger in der Søilandsgate. Tausch der 5-kg- und
11-kg-Flaschen. Nachfüllen bei Statoil 5o m weiter, Søilandsgate 26.

Märkte: großer Blumen-, Gemüse- und Obstmarkt um das A. Kielland
Denkmal. Stavangers bedeutendster Schriftsteller, schrieb mehr oder weniger gesellschaftskritische Romane. Hat sich besonders mit den Sekten
der Haugianer und Herrnhuter auseinandergesetzt. Stammte aus der High
Society von Stavanger, Jurist, späterer Bürgermeister.

Halboffener winziger <u>Fischmarkt am Vågen</u>: Garnelen, Lachs, geräucherte Makrelen, frisch und lecker. Nicht so fotogen wie der Bergener.

<u>Autoreparaturwerkstätte</u> für jeden Typ, im Osten der Stadt an der RV 44.

 Budget-Car Rent in der Lagårdsveien 125 und am Flughafen
Avis-Car Rent beim Busbahnhof und am Flughafen
Stavanger Billeie in der Kong Carlsgate 71
Europcar Interrent, Lagårdsv. und am Flughafen

 **Stadtbusse**: Im Touristbüro beim Bahnhof gibt's ein kleines Fahrplanheft; Ermäßigung mit Stavangerkarte siehe vorne.

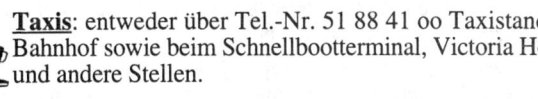 **Taxis**: entweder über Tel.-Nr. 51 88 41 oo Taxistand beim Bahnhof sowie beim Schnellbootterminal, Victoria Hotel und andere Stellen.

 Im wesentlichen für Geschäftsleute konzipiert, am Wochenende und im Sommer stehen die meisten Nobelhotels leer, dann spezielle Sonderangebote für Touristen.

"**Reso-Atlantic-Hotel**", direkt beim Bahnhof, Jernebanveien. Mit 582 Betten das größte Hotel Stavangers, riesiger Hochhauskasten. Von den Zimmern der oberen Stockwerke vorn raus Ri. Stadtteich schöner Blick. Doppel mit Bad ab ca. 19o DM (Hotelpaß).

"**Inter NOR Viktoria Hotel**", Skansegate 1, altehrwürdiges Gebäude am Hafen, total zentral. 11o modern renovierte Zimmer mit Bad/Dusche, von raus von einigen Zimmern schöner Blick auf Vågen und Gamle Stavanger. DZ ca. 3oo-35o DM, an Wochenenden und im Sommer erhebliche Ermäßigungen und Kinder unter 15 Jahren gratis (Hotelpaß).

"**Hotel Commandør**", Valberggate 9, nur wenige Schlenderminuten zum Valbergturm und zum Kai. Großzügige Zimmer, 51 Betten, die Mansardenzimmer sehr gemütlich und individuell. Wie überall in Stavanger viele englische und französische Laute der Petro-Leute. DZ ohne Dusche ca. 15o DM, mit Dusche ab ca. 2oo DM.

"**Radisson SAS**", Løkkeveien 26. Eines der teuersten und wohl auch luxuriösesten Hotels von Stavanger. Oberhalb des Bahnhofes, Doppel 2oo DM im Sommer.

"**Reso KNA Hotellet**", am ziemlich befahrenen Lagårdsveien 61, 356 Betten, DZ mit Privatbad, im Sommer ca. 15o DM. Besticht nicht gerade durch schöne Bausubstanz, 4-eckiges, modernes Betonhotel (Hotelpaß).

"**Grand Hotel**", Klubbgate 3, sehr zentral, 13o Betten, DZ bzw. Familienzimmer im Sommer ca. 14o DM inkl. Frühstück. Neben dem Parkhaus tagsüber sehr laut durch die Kreuzung, abends akzeptabel, modernes Geschäftshaus (Hotelpaß).

"**Scandic Hotel**", Eiganesveien 181, liegt am Südwestende des Mosvatnet, ca. 2,5 km ins Zentrum, daher eigenes Auto von Vorteil. Gehört zur Scandic-Kette und entspricht der Philosophie: funktionaler Betonbau, zweckmäßig ohne Extras aber komfortabel eingerichtet. Zimmer mit Teppich, Privatbad und TV, dies bei annehmbarem Preis-/Leistungsverhältnis, DZ ca. 16o DM (Sommerpreis).

"**Hotel Alstor**", Tjensvollvn. 31, ca. 2,5 km ins Zentrum, eigenes Auto von Vorteil. 13o Betten, modernes Hotel, schön oberhalb vom See Møsvatn gelegen, viel Grün drumherum, geräumige, modern eingerichtete Zimmer mit TV, bequemer Couch und "Kasten"-Balkon. Hoteleigener Swimmingpool, Sauna und Solarium DZ ca. 17o DM, im Sommer ca. 16o DM (Hotelpaß).

"**Viste Strandhotel**", bei Randerberg, direkt am Meer gelegen mit Sandstrand. Etwa 1o Min. im Auto in die Stadt. Vermieten auch Bungalows.

Typ **PENSION** bzw. **GÄSTEHAUS** gibt's in Stavanger einen ganzen Schwung. Variiert von gemütlichem Quartier mit privater Atmosphäre bis hin zu Herbergen, die Geschäftsleuten dienen, denen o.g. Hotels zu teuer sind.

Vom Preis her nicht billig, unter Umständen sind Touristen mit Hotelpässen (Fjordpass etc.) in Hotels besser bedient.

"**Meland Gjestgiveri**", Nedre Holmegate 2, total zentral am Hafenbecken Vågen, Nähe Kai. Kleines Stadthotel, Zimmer unterschiedlicher Größe, ordentlich modernisiert. Gutes Preis-/Leistungsverhältnis. Im Sommer DZ ab 1oo DM.

"**Rogalandsheimen Gjestgiveri**", Muségate 18, eine zweistöckige Holzvilla mit Garten, ca. 5 Min. ins Zentrum. 2o Betten, DZ ohne Privatbad, aber heiß/kalt Wasser, Frühstücksbuffet, ca. 12o DM.

"**Havly Hotel**", Valberggate 1, zentral im Zentrum nähe Valbergturm gelegen, 5o Betten, DZ mit Privatbad, im Sommer ca. 13o DM.

"**Øglend Hospits**", Jens Zetlitzgate 25. Nur ein Katzensprung vom Zentrum und doch in einer relativ ruhigen Seitenstraße. Kleiner Familienbetrieb, insgesamt 15 Betten, einfache Zimmer ohne Dusche.

PRIVATZIMMER bekommt man in Stavanger für ca. 9o DM/DZ; Frühstück nach Vereinbarung. Vermittlung im Turistbüro.

Jugendherberge direkt am Møsvatn, hinterm Altersheim, H. Ibsensgt. 21, nur durch einen Waldstreifen vom See getrennt, modern, 1oo Betten, gute Busverbindung NR 13o und 97 ins Zentrum.

*** Camping Mosvangen (NAF), sehr schön und recht stadtnah am Møsvatn gelegen. Buchenbestandene Wiese, Kinderspielplatz, direkt am See, Stromanschlüsse. Eigenwillig konstruierte Hütten mit tief heruntergezogenem Dach; etwas abgenutzt, wenig Licht. Weitere Hütten neueren Standards. Gute Busverbindung in die Stadt. Nur von Juni bis Mitte September offen. Zufahrt: an der E 18, ausgeschildert.

*** Kongeparken Camping in Ålgard knapp 3o km südlich Stavanger beim Freizeitpark. Ganzjährig offen. 27 komfortable Hütten mit Du./WC, max. 5 Schlafplätze, 115 DM pro Nacht. Großer Wiesenplatz 2oo m abseits der E 18. Ganzjährig offen.

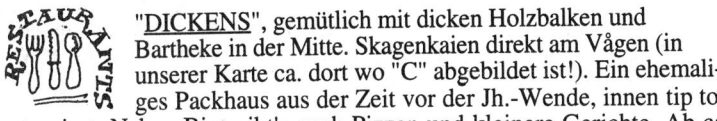 "DICKENS", gemütlich mit dicken Holzbalken und Bartheke in der Mitte. Skagenkaien direkt am Vågen (in unserer Karte ca. dort wo "C" abgebildet ist!). Ein ehemaliges Packhaus aus der Zeit vor der Jh.-Wende, innen tip top restauriert. Neben Bier gibt's auch Pizzen und kleinere Gerichte. Ab ca. 19 Uhr knallvoll, ein energischer Türsteher reguliert den Verkehr und läßt die Leute nur schwungweise rein, wenn innen wieder Platz geworden ist.

"SKAGEN", neben "Dickens". Ebenfalls ein altes, restauriertes Packhaus, schwere Holzbalken, altes authentisches Schiffsgerät, viel Flair und gemütlich. Gutes Fischrestaurant bei gehobenen Preisen. Gebackener Tintenfisch, Schweinefilet etc. um die 3o DM.

"CHINA TOWN", Skagen 14, gute Lage mitten in der Kneipengegend; wenn einen spätabends der Hunger packt.

In den Alten Seehäusern "SJØHUS" (Nedre Holmgate 14-2o) abends ziemlich was los, die drei Etagen gestopft voll. Restaurants, Musikkneipen und Discos; für jeden Geschmack etwas dabei. Liegt neben dem Seefahrts- und Handelsmuseum.

"MORTEPUMPEN", im Seitentrakt des Atlantikhotels: Kerzenscheindinner in Alt-Stavanger, die ursprünglichen Häuserfassaden, komplett mit Flaschenzug und Stallaternen, vermitteln das Gefühl, in einer der alten Stadtgassen zu sein, wenn das Ganze nicht eine bunte Attrappe wäre. Bis Mitternacht geöffnet, teuer.

"SKIPPER STUEN", kleine Vierertische, die gerade Platz für die Pizzen bieten, beliebter sind die Stehplätze am langen Tresen. Nähe Holmgate im Seitentrakt des Commandørhotels.

Cafeterien in den Einkaufszentren "Arkaden" und "Tårngalleriet".

"CAFE STING" direkt beim Valbergturm (Karte Nr. 12): gemütlich in einem alten Holzhaus zum Schwatzen und Relaxen. Junge Leute, Musik Typ Cat Stevens.

In der Fußgängerzone Skagen, die nähe Dickens beginnt und unterhalb des Valbergtårnet entlangführt, ein Schwung Kneipen. Abends überwiegend Live-Musik vom Discosound bis zur dezenten Pianomusik, hier trifft man die ältere Generation. Starke Fluktuation in der Kneipenszene.

 Supersandstrände ca. 15 km südlich von Stavanger bei Sola, Ølberg (erst E 18, dann RV 51o). Ewig langer, feinweißer Strand, gut 5o m breit, schöne Dünen mit hohen, windgeschützten Nischen, klarem Wasser, seicht hinein.

Gute Surfbedingungen, da fast immer auflandiger Wind, problemloser Beachstart. Der Flughafen direkt dahinter nicht einmal störend, richtig spannend, was alles ankommt, diverse Hubschraubertypen, Flugzeuge jeder Größe. Am Wochenende als besondere Sensation trudeln immer wieder bunte Fallschirmspringer hinunter.

Campingplätze an den Sandstränden:
Der schönste neben dem idyllischen kleinen Fischerhafen in ØLBERG, eingerahmt von bunten Holzhütten. Ganz ruhig am Meer gelegen, denn die Hauptstrecke ist 24 km weiter weg.

*** Camping Ølberg, großer Platz mit eigener Sandbucht, trotz der vielen Dauerwohnwagen genügend Stellplatz an den Dünen oder auf der Wiese. Sehr gepflegte Sanitäranlagen, auch behindertengerecht konzipiert, Küche etc. Aufwendig für Leute ohne Auto. Eine Handvoll hübscher Grasdachhütten für jeweils 4 Personen, nicht allzu groß. Offen: Mitte Mai bis Anfang September. Wohnwagen, Wohnmobil, Zelt etc., einheitlicher Preis. Teuer.

Gegenüber Ølbergstranden Appartements und Hütten hübsche Holzhütten (4 Personen) Dusche/WC, allerdings etwas ungeschickt nur von außen zugänglich. Stockbetten in zwei kleinen Schlafzimmern, größeres Wohnzimmer mit Sitzgruppe, freundlich, helle Holzmöbel, TV, Küchenzeile sogar mit kleinem Backofen. Zur Saison pro Hütte und Tag ca. 12o DM, die Qualität hat sich rumgesprochen, deswegen stark frequentiert. Ferner App. für 2-7 Personen. Busverbindung nach Ølberg.

** Motell Sola Camping am nördlichen Bereich des Sola-strand, zwischen Straße und Meer. Im Kiefernwäldchen 34 abgewohnte Hütten, einfach und etwas düster. Einzelstehende bzw. Stockbetten, insgesamt spartanisch.

"**Sola Strand Hotel**", top Lage, direkt in den Dünen, weiß leuchtend. Wurde renoviert und kostet jetzt ca. 25o bis 3oo DM, wobei die Lage mitbezahlt wird, aber auch das Sportangebot (u.a. Tennisplatz). Ermäßigung mit Hotelpaß auf ca. 12o DM. 15o Betten, die Hälfte mit Privatbad.

SPORT

Stavanger ist ein äußerst fahrradfreundliches Gebiet. Auf Rad- und Schleichwegen, die in eigenen Fahrradkarten markiert sind, läßt sich der Autostrom angenehm umfahren.

Fahrrad: Tagesausflüge zur gegenüberliegenden Fjordseite nach Tau. Fahrräder werden auf der Fähre Stavanger-Tau kostenlos befördert. Schöne Rundtouren über abgelegene Straßen, wechselnde Landschaft mit Fjordküste und vielen Bergseen. Vermietung von Tourenfahrrädern im Sykkelhuset, Løkkeveien 33. Preislich zwischen 2o und 3o DM/Tag + Kaution.

Angelmöglichkeiten (im Großraum Stavanger) im Gegensatz zu Südnorwegen noch nicht hoffnungslos. Fanggenehmigung für Lachse, Forellen etc. beim jeweiligen Besitzer. Preise je nach Fluß stark unterschiedlich. Aalgewässer besonders im Raum Figgjø südlich Stavanger.

Tauchen: Vom Tauchclub im Løkkeveien werden Tauchgrundkurse angeboten. Unterricht auch in Englisch. Im Preis Tauchausrüstung, Kursmaterial und Übernachtung (Mindestalter 16 Jahre). Tauchbasis in Helgoysund am Kai, von hier geht es mit den Booten raus. Weitere Kurse: Wracktauchen oder 4-tägiger Rettungskurs für Sporttaucher.

Klettern: In der näheren Umgebung (1 Stunde per Auto oder Bus) sehr gute Klettergebiete.

Bevorzugt werden die Täler "DIRDALEN" und "OVSTEBØDALEN", südöstlich von Stavanger. Kletterwände unterschiedlicher Schwierigkeiten, keine fest zementierten Haken, wie in unseren bekannten Klettergärten; Material selber mitbringen.

Die bequemste Möglichkeit von Tau (Fähre von Stavanger) zum Tysdal-vatnet. Hier kann man gleich von der Straße aus "einsteigen". In Stavanger gibt es einen sehr aktiven Kletterverein. Die Gruppen nehmen auch ausländische Gäste mit in den Fels. Auskunft in der Muségate 8 beim Wander-/Kletterverein.

Skifahren: Nov bis März in den nahen Küstenbergen. Übers Touristbüro kann über eine Tel.-Nummer der aktuelle Schneestand erfragt werden.

Skigebiete um Stavanger (unterstrichen)

FIDJELAND: das höchstgelegene Skigebiet (Skilift) bei Stavanger. 145 km via E 18/Abzweigung Helleland und Tonstad.

SINNES: selbe Anreisestrecke, 14o km, Sirdal-Skilift.

TONSTAD: ca. 1oo km, Skizentrum mit Lift.

GILJA: zwar relativ nah an Stavanger, aber nicht sehr hoch. Skilift. Zu erreichen über die RV 45 und Dirdal, insges. 65 km.

STAVTJØNN ALPINCENTRE: 45 km südöstl. von Stavanger, via E 18 und Vikeså, RV 5o3 nach Austrumsdal.

GULLINGEN SKI CENTER: nördlich von Stavanger Nähe Sand. Knapp 1oo km und 2 Kurzfähren. Während der Wintermonate (16.2-28.4.) bedient auch das Ausflugsboot "Clipper" direkt ab Stavanger bis Vadla.

Transporte ab Stavanger

Bahnhof: Direkt im Zentrum am Stadtteich Breiavatn, Endstation der Sørlandbahn. Gepäckaufbewahrung, Cafeteria, Kiosk und TV mit Zuginfo-Filmen.
Züge nach Egersund an der Südküste 3-4 x tägl., 1 Std. - Kristiansand 3-4 x tägl. werktags, Express 3 Std. - Oslo 3 x tägl., Fahrzeit 7 1/2-9 Std., auch Nachtzug.

In der Bahnhofshalle steht der Oldtimer "Hugin" von 1881, gebaut in Motala/Schweden, wo sich damals auch die Schmiede für den Götakanal und skandinavische Technologie-Werkstatt befand. Details siehe unseren Band "Schweden". Die "Hugin" war eine der ersten Dampfloks von Westnorwegen, 19o4 wurde mit ihr die Strecke Stavanger-> Flekkefjord eröffnet: 55 km/h, damals eine atemberaubende Geschwindigkeit.

Stavanger -> Oslo via Hochgebirge ohne Auto:
Frühmorgens ab STAVANGER per Westamaran-Expressboot nach JELSA im Norden am Sandfjorden, über SAND per Bus weiter nach BREIFONN RØLDAL an der Haukelistraße dort in den "Haukeliexpressbus" umsteigen und übers Fjell, phantastische Strecke bis nach OSLO. Nur werktags.

Die Strecke ist an einem Tag zu schaffen, ca. 13 1/2 Std., bietet einen tollen Querschnitt Großstadt, Fjord, Fjell oder via Lysefjord, Setesdal.

Taxistand: u.a. am Bahnhof, beim Viktoriahotel, Tel. 51 88 41 oo.

Bus: Busterminal Stavanger liegt bequem direkt neben dem Bahnhof. Strecken Richtung Süden: Sandnes, Ålgard, Tonstad laufend, ca. alle 3o Min. bis ca. 2 Std. - Richtung Nordost: zunächst Fährverbindungen, z.B. nach Tau (siehe Fähren), dort Busanschluß, z.B. nach Sand/Hylsfjord bzw. Jørpeland. - Richtung Nord: Bus ab Stavanger nach Randaberg, dort Fähre nach Insel Karmøy, Busverbindungen via Haugesund an den Hardangerfjord/Odda bzw. via Insel Stord nach Bergen, Details Seite 321.

Prinzipiell sind die Fährverbindungen ab Stavanger im Zielhafen an dortige Busanschlüsse kombiniert; Infos über Verbindungen übers Touristbüro.

Autofähren: Stavanger-> Tau: Abfahrt in Stavanger (siehe Karte Nr. F) fast stündlich, Überfahrt dauert 4o Min., Pkw inkl. Fahrer ca. 2o DM, Extraperson ca. 5 DM. Als Verbindung wichtig: einmal um zum Prekestolen zu kommen (Details siehe nächstes Kapitel), - zum anderen für die lohnende Ryfylke-Straße nach Sand, Details siehe Seite 33o, sowie weiter an den Hardangerfjord, Details siehe Seite 424.

Autofähre nach Skudeneshavn/Insel Karmøy: Abfahrten ab Mekjarvik (12 km nördl. von Stavanger, Busverbindung) und zwar zwischen 6.2o und

23 Uhr alle 1-2 Stunden. Relativ großes Schiff, Überfahrt dauert 7o Min., pro Pkw mit Fahrer ca. 4o DM, Extraperson ca. 15 DM. Lohnend wegen der Insel Karmøy und Haugesund.

Autofähre Mortevika-> Arsvågen über die Direktverbindung nach Bergen via RV 1; fast rund um die Uhr häufige Verbindungen. Dauer 25 Min. Person 5 DM, Pkw 25 DM.

Stavanger-> Lysefjord-> Lysebotn: Autofähre bis in den letzten Winkel des Fjords. Einmalig schöne Schiffsfahrt am 6oo m hohen Prekestolen vorbei. Die Fähre fährt Mitte Juni bis Mitte August mehrmals täglich als Zubringer an die neue Verbindung ins Setesdal. Ab Lysebotn steigt die Straße in Serpentinen von Hochgebirgsszenerie, weiter auf der Gebirgs- straße (Wintersperre) nach Nomeland im Setesdal. Siehe auch Rundtour Prekestolen, Folgekapitel.

Personenschnellboote: folgende Strecken werden ab Stavanger be- fahren (siehe Karte Nr. E):

-> Jørpeland: 2 mal tägl., Fahrzeit ca. 3o Min. Als Verbindung interessant für Leute, die   ohne eigenes Fahrzeug den Prekestolen besuchen wollen!

-> Sandeid: tägl. 2 x, Sa. 1 x, Fahrzeit ca. 2 Std., Kostenpunkt ca. 35 DM/Person. Führt bis knapp an die RV 11 mit Busverbindung an den Hardangerfjord/Odda. Wenn der Fahrplananschluß stimmt: die schnellste Verbindung zwischen Stavan- ger und Hardangerfjord ohne eigenes Auto!

-> Sand: 2 x tägl., Fahrzeit ca. 2 Std., pro Person ca. 35 DM. Lohnend sowohl wegen der Umgebung von Sand (Lachsleiter! siehe Ausflüge ab Stavanger), aber auch Rundtrips.

-> Haugesund (Flaggruten): 4 x tägl., dauert 1 1/4 Std., ca. 35 DM/Person.

-> Bergen über Haugesund: (kein PKW Transport) 4x tägl., dauert 4 Std., ca. 1oo DM.

Handgepäck an Bord 25 kg, im Terminal Gepäckaufbewahrung.

Auslandsfähre: Stavanger -> Newcastle/England mit der "Color Line" ganzjährig je nach Saison 1 - 3 mal/Woche. Überfahrt ca. 16 Std., pro Person in 2 Bettkabine ab ca. 8o - 3oo DM je nach Saison, PKW bis Höhe 2 m je nach Saison 75 - 13o DM.

Flughafen in Sola, ca. 15 km südlich, Busverbindung ab Hotel Atlantik/Stavanger neben Bahnhof. Beim Airport geht's vorbei an den Helikoptertaxis, die den Haupt- transport von und nach den Bohrinseln in der Nordsee besorgen. - Der Stavanger Airport hat äußerst dichtes innernorwegisches Flugnetz sowie internationale Verbindungen rüber nach England, z.B. mit der Dan Air.

-> Bergen   ca. 13 x tägl., am Wochenende seltener, eine Art Luftbrücke, bei klarem Wetter Superflug, rechts sitzen, Flugzeit 3o Min. Spart gegenüber dem Überlandtrip erheblich.

-> Kristiansand   6 x tägl., 3o Min., als Kurzstrecke interessant, Überland aber gute
    und häufige Zugverbindung, die erheblich billiger ist.
-> Oslo   2o x tägl., 4o Min. bıs 1 1/2 Std., spart gegenüber Zug erheblich Zeit.
    Überflogen wird u.a. das Hügel- und Bergland Telemarks mit seinen
    Seen. Wer links sitzt hat bei klarem Wetter Blick über die Hardangervidda.
-> Trondheim 6 x tägl. direkt, knapp 2 Std. Bei klarem Wetter Superflug über die Fjorde
    Westnorwegens: inklusiv im Flugplan sind Hardanger-, Sogne- und
    Geirangerfjord, - sowie Jostedalsbreen, der größte Gletscher Europas.

Jede Menge weiterer Verbindungen, auch zu kleineren Orten entlang der Westküste Norwegens, meist mit Umsteigen. Nach Sogndal am Sognefjord z.b. tägl., Flugzeit ca.
1 1/2 Std.

FLUGBÜROS / STAVANGER
Braathens SAFE, - DAN AIR: Strandkaien 2 (neben Handels- und Seefahrtsmuseum am
Vågen). SAS in Sola am Flughafen.

Ausflug von Stavanger zum Prekestolen

Unbedingt lohnend: eine 6oo m senkrechte Wand runter in den Lysefjord.
Als Abstecher in einem Tag per Bus und als Wanderung zu realisieren.
Bzw. 3 Std. per Ausflugsboot.

Der PREKESTOLEN (PREIKESTOLEN) ist zwar nicht der höchste,
doch der bekannteste Aussichtsberg Norwegens und einmalig schön.

Eine quadratische Kanzel, halb so groß wie ein Fußballfeld. Die seitlichen
Felswände ragen 6oo m senkrecht, wie mit dem Messer abgeschnitten, aus
dem Lysefjord auf. Der erste Weg jedes Touristen führt an den Steil-
abbruch, meist auf dem Bauch robbend, schnell ein mutig-ängstlicher
Blick in die Tiefe, keine Absperrung! Schummrig wird es einem schon!

Direkt unten im marineblauen Fjord tuckern friedlich Fischerboote wie
Spielzeugschiffchen. Möwen so groß wie Stecknadelköpfe. Der Blick aus
der Vogelperspektive reicht bis ans Fjordende.

Zwei Möglichkeiten, den Prekestolen zu erleben:

A) Zu Fuß auf die Kanzel: bringt als Plus das Spitzenpanorama von oben
    und braucht ab/bis Stavanger ca. 1 Tag.

B) Per Boot in den engen Lysefjord und an den Fuß der senkrechten
    Felswand heran. Nicht weniger spektakulär, braucht mit dem
    Ausflugsboot ca. 3 Std.

A) Zu Fuß: Es gibt zwei Zufahrten zum Ausgangspunkt der Wanderung,
einmal nördlich via TAU, - zum anderen südlich via SANDNES. Via Tau
ist es kürzer, via Sandnes landschaftlich schöner.

In jedem Fall ist eigenes Auto vorteilhafter, da man direkt bis zum Ausgangspunkt der Wanderung an der PREKESTOLEN-HÜTTE fahren kann. Mit dem Bus oder Tramp geht's auch, ist aber umständlich und die Wanderung wird entsprechend länger.

Zufahrt bis zur Prekestolen-Hütte/Parkplatz:

1. Schnellste Möglichkeit ab Stavanger über die nördliche Autofähre nach TAU (Preis für Auto inkl. Fahrer ca. 2o DM, 5 DM/Pers.). Die Überfahrt dauert ca. 4o Min., Abfahrten ca. stündlich. Von Tau über Jørpeland nach Jøssang, hier zweigt eine asphaltierte Stichstraße ab, 6 km zur Prekestolenhütte und großem Parkplatz.

Ohne eigenes Auto: Mitte Juni bis Mitte August fährt morgens ein Bus von Tau direkt zur Prekestolhytte und nachmittags wieder zurück; sonst stündlicher Linienbus von Tau bis Jørpeland, dann wird es schwierig: bis Jøssang seltene Busverbindung. Die restlichen 6 km bis zur Hütte muß man laufen, sofern sich keine Trampmöglichkeit ergibt. Das Personenboot ab Stavanger direkt nach Jørpeland ist keine gute Alternative (seltene Abfahrten, unchristliche Zeiten bzw. zu späte Abfahrten).

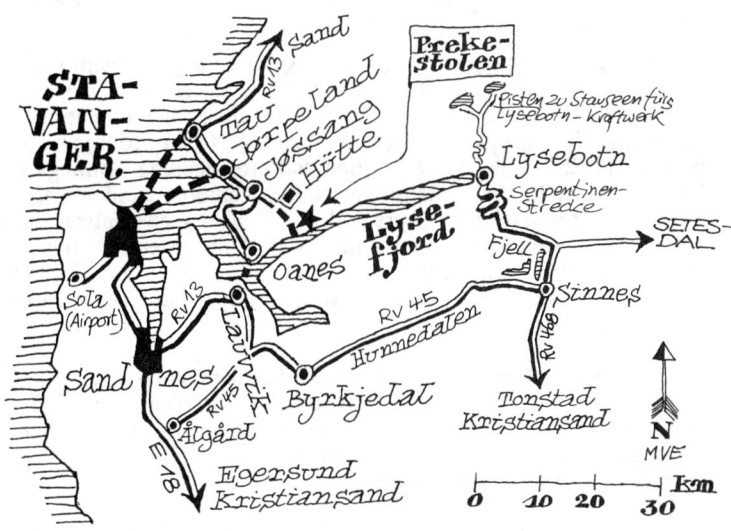

Wer knapp mit der Zeit ist, kann sich ab Jørpeland ein Taxi für die insgesamt 11 km bis zur Hütte mieten. Preis hält sich wegen der kurzen Entfernung in Grenzen, aber vorab vereinbaren bzw. per Taxameter.

Sehr schöne Alternative auch per Fahrrad ab Stavanger. Dadurch ist man unabhängig vom Engpaß Bustransport, denn die Fähre geht häufig. Wer kein Rad dabei hat, kann sich eins in Stavanger mieten (siehe Sport). Mit dem Rad auf die Fähre und ab Tau teilweise über Radwege gut 2o km bis zum Ausgangspunkt. Nur die letzten Kilometer steil bergan.

2. Alternative ab <u>STAVANGER</u> über E 18 nach <u>SANDNES</u>, dann RV 13 Richtung Sand. Ab Ortsausgang landschaftlich interessante Strecke an schönen Seen entlang, trotz Stavangernähe nur vereinzelte Wochenendhäuser. Von <u>LAUVVIK</u> 1o Min. Fähre nach <u>OANES</u>. Pendelt ca. stündlich. Preis 12 DM, Pkw + 2 Personen. Dabei ein kurzer Vorgeschmack auf den Lysefjord.

Ab Oanes teilweise enge Straße Ri. Jørpeland, Abzweigung im Nest JØSSANG rechts nehmen und 6 km zur Prekestolen-Hütte.

<u>PREKESTOLEN-HÜTTE</u> idyllisch gelegen, etwas oberhalb vom Bade- und Angelsee.

<u>Prekestolen-Campingplatz</u> an der Stichstraße zum Prekestolen. Große Wiese, sehr guter Stützpunkt für die Wanderung. Gute Sanitäranlage, kleines Restaurant. Hotel in Jørpeland.

<u>Die Wanderung zur Aussichtskanzel Prekestolen</u> beginnt beim Parkplatz kurz vor der Prekestolen-Hütte. Insgesamt eine anstrengende Tour, da der Weg teilweise steil bergauf führt und oft über dicke Steine. Matschig und glitschig nach Regengüssen. Sie ist gut markiert (roter Strich) und dauert ca. 1 1/2 bis 2 Std. je nach Kondition und pro Richtung. Anfangs geht's durch Wald, spärliche Birken. Sumpfige Hochmoore werden trockenen Fußes über Holzschwellen überwunden, z.T. über große Felsblöcke und Geröllfelder. Viele Steine und Wurzeln, deshalb festes Schuhwerk mit ordentlicher Profilsohle. Für Unerfahrene und Familien mit Kindern besonders bei nassem Wetter vielleicht zu schwierig. Vorzüglicher Picknickplatz auf dem Plateau.

Ein Bonbon für Wanderer und Prekestol"kenner" ist das <u>Kjerag Plateau</u> am Lysefjord. Fast doppelt so hoch wie der Prekestolen, ebenso schaurig abfallend (größte Vorsicht!!). Markierte, zwei- bis dreistündige Tour ab Øygardstøylen - erreichbar über einen Seitenweg, der von der Serpentinenstrecke nach Lysebotn abzweigt.

B) per Boot: am bequemsten als Fjordfahrt im **Sightseeingboot** "Clipper". Abfahrt tägl. im Juli/August 1-2 x ab Stavanger/Skagenkaien, im Juni und September seltener (siehe unsere Stavangerkarte Nr. C), Fahrzeit retour 3 Std., pro Person ca. 45 DM/Person. Die Rundtour in den <u>LYSEFJORD</u> führt an dem 6oo m steilen Prekestolen vorbei, extrem enge Fjordwände. Insgesamt sehr lohnend, vor allem auch bequem.

Alternative: Ab Stavanger **Linienfähre** durch den Lysefjord und am Prekestolen vorbei bis zum Fjordende zum Ort LYSEBOTN. Landschaftlich großartig! Abfahrt morgens früh, nur an wenigen Tagen zusätzlich auch nachmittags.

Aus dem Fjordende/Lysebotn führt eine kühne Serpentinenstraße in nur 4 km Länge an fast senkrechter Felswand in 27 Kehren von o auf 9oo m, phantastische Fotomotive! Weiter übers Hochfjell nach ÅDNERAM, mittlerweile als Asphaltstraße rüber ins Setesdal ausgebaut und zurück durch das landschaftlich wilde HUNNEDALEN nach Stavanger. Ca. 11o km realisierbar in 1 Tag; Linienbus am Nachmittag retour nach Stavanger.

Lysefjord: Länge 42 km, die Bergwände des schmalen, langgestreckten Fjordes steigen 6oo bis 9oo m auf, der Fjord selber ist im Schnitt 5oo-6oo m tief! Die Kanzel des Prekestolen hat eine Fläche von ca. 25 x 25 m und ist durch eine Felsspalte vom Berg abgeteilt. Die Befürchtungen, daß sich das Plateau vom Berg lösen und in den Fjord stürzen könnte, haben sich bisher nicht bewahrheitet. Wissenschaftliche Untersuchungen sowie Beobachtungen über Jahre hinweg haben ergeben, daß keine Gefahr besteht.

Weitere Ausflüge ab Stavanger

KONGEPARKEN: bei Ålgård an der E 18, ca. 3o km südlich von Stavanger. Einer der größten Vergnügungsparks Norwegens. Für Kinder gibt's eine Modellstadt mit Ampel, Verkehrszeichen, Shellgarage etc. und Elektroautos.

Was Erwachsenen wie Kindern gleichermaßen Spaß machen dürfte, ist eine Sommer-Alu-Rodelbahn sowie eine Art Autoscooter im Wasser. Es gibt einen überdimensionalen Riesen, der im Gelände liegt und dort wo's hingehört, nämlich im Bauch ein Restaurant besitzt. Am interessantesten ist der Besuch am Wochenende, wenn das Gelände voll ist, und man viel an norwegischem Familienbetrieb erleben kann.

Geöffnet: 16.6.-12.8. tägl. 11-18 Uhr, ab Mai nur an Wochenenden. Teurer Eintritt, die 1 km lange Alu-Rodelbahn kostet extra.

INSEL KARMØY: nördlich von Stavanger. Lohnend wegen dem Fischerort Skudeneshavn mit seinen Holzhäusern und Haugesund (Museen, Architektur, Fischerei). Ab Haugesund gute Busverbindung rauf an den Hardangerfjord (RV 11), Details siehe Seite 421. Läßt sich aber auch als Rundtrip retour nach Stavanger via Sandeid verbinden, siehe unten.

KÜSTEN- und FJORD-RUNDTRIPS: die schöne und tief mit Fjorden und Inseln zerklüftete Küste um Stavanger lohnt sehr für Rundtrips, die sich in der Regel in einem Tag ab/bis Stavanger realisieren lassen.

1.) KLEINER RUNDTRIP: ab Stavanger mit dem Schnellboot zwischen den vorgelagerten Inseln im weiten Boknafjord in 2 Std. rauf nach Sandeid, als Fahrt sehr lohnend und relaxing. In Sandeid Busanschluß nach Haugesund, wo man entweder übernachtet, um Stadt und Museen zu sehen, - oder mit dem Schnellboot retour nach Stavanger fährt.

Läßt sich ab Haugesund auch per Bus via Insel Karmøy nach Skudeneshavn und Fähre nach Mortevika, Bus nach Stavanger, realisieren, dann allerdings nicht in einem Tag ab/bis Stavanger. Details siehe Seite 322.

2.) GROSSER RUNDTRIP: mit dem Morgenboot von Stavanger nach Tau (4o Min.), dort Busanschluß entlang der RV 13 via rauf nach SAND. Nur werktags. Die Strecke gilt als schönste im Bereich Ryfylke. Attraktion in Sand ist das Lachs-studio. Lohnt allerdings nur wenn es nicht regnet (trübes Wasser). Die einzige Lachsleiter, bei der man die Fische durch eine Glasscheibe unter Wasser beobachten kann. Ferner kann man zuschauen, wie die Lachse den Wasserfall hochspringen.

Das Lachsstudio liegt am Ortsrand; offen Juni/Juli 12-17 Uhr, August 11-17 Uhr, September 11-2o Uhr. Eintritt ca. 8 DM.

Der Suldalslågen gilt als guter Lachsfluß; beste Zeit von Mitte Juli bis September. Im Schnitt werden hier 8-1o kg schwere Exemplare rausgeholt. Der Rekord liegt bei 34 kg. Bestimmte Abschnitte werden vermietet, großer Andrang, bis zu 1oo DM pro Rute. Info übers Touristenbüro.

Zurück ab Sand entweder Bootsanschluß in knapp 2 Std. nach Stavanger und land-schaftlich sehr lohnend durch die Inselwelt des Boknafjordes. Somit in insgesamt einem Tag ab/bis Stavanger realisierbar.

Oder Übernachtung in Sand. Der kleine Ort liegt hübsch am Hylsford. Gemütliches "Sand Fjordhotel", DZ 1,5o DM inkl. Frühstück. Schöne Wanderungen in der Umgebung. Dann am nächsten Tag mit dem Westamaran retour nach Stavanger.

Oder ab Sand rüber nach Ropeid, Bus nach Haugesund - oder von Sand nach Sauda, dann über die RV 52o, eine spektakuläre Strecke, die nur wenige Monate im Jahr befahrbar ist, nach Horda. An der RV 11 zum Hardangerfjord/Odda. Viele Möglich-keiten; die Gegend Stavanger - Boknafjord - Sand ist zwar nicht so spektakulär wie die tief eingeschnittenen Fjorde (Hardanger, Sogne, Geiranger), - so doch ungemein abwechslungsreich.

Diese Rundtrips bieten sich an, wer die Weiterreise nach Bergen via Küste fahren will, - trotzdem aber die Inlandsbereiche nordöstlich von Stavanger "anschnuppern" möchte.

Ansonsten kann man sie einbauen in Querverbindungen ab Stavanger rauf an den Hardangerfjord, - siehe Folgekapitel.

Stavanger 〰〰➤ **Bergen**

Der KÜSTENVERLAUF hier stark von Meeresarmen durchzogen, jede Menge an kleineren und größeren Inseln. Eine durchgehende Straße existiert noch nicht.

1.) Stavanger-> Bergen via RV 1 "Inselspringen" 17o km

Die schnellste Verbindung verläuft über die RV 1 nördlich Stavanger. Bei zwei Unterseetunneln und insgesamt drei Fährfahrten kein billiges Vergnügen. Pkw und Fahrer ca. 7o DM, die Person 3o DM. Fahrzeit ohne Stops etwa 6 Stunden. Häufige Fährverbindungen.

2.) Inlandstrecke

Entweder von Stavanger per Fähre nach Tau. Hier kann man den Prekestolen einbauen und über die RV 13 rauf nach Sand-> Hardangerfjord-> Bergen. An Kilometern die längste Strecke: man wird sie wählen, um Zwischenstops einzulegen und sollte daher insgesamt mindestens 2-3 Tage Zeit haben.

Oder ab Stavanger via Insel Karmøy, Haugesund und über die RV 11 an den Hardangerfjord. Als Verbindung schneller sowie an km etwas kürzer. Mit Varianten via Küstenbereich des Hardanger, z.B. Fähren ab Rosendal. Alle Details siehe .... Seite 329.

Zukunftsvision: Die 1.ooo km lange Schnellverbindung von Stavanger über Bergen nach Trondheim entlang der Küste soll bis 2oo5 fertig sein. Ca. 4 Milliarden DM wurden dafür veranschlagt inkl. Brücken und Tunnels durch den Meeresboden.

1.) via Küste/Inselspringen:

Wenige Kilometer nördlich Stavanger in den längsten Meerestunnel der Welt (für Autos) insgesamt 5.83o m unter dem Byfjord hindurch. Kurz ans Tageslicht, dann wird der Mastrafjord (4.39o m) unterfahren. Der anschließende Boknafjord wird durch eine Fähre überwunden.

Lohnende Variante per Fähre nach Skudeneshavn (siehe Transporte Stavanger) und die Küstenstrecke der Insel Karmøy nach Haugesund.

INSEL KARMØY   (35.6oo Einw., 228 qkm)

Eine sanft wellige Insel mit Seen, Schafweiden von runden Felskuppen unterbrochen. Es ist die am dichtesten besiedelte Insel Norwegens, leicht hügelig, viel Grasland, schöne Sandstrände im Westen. Insgesamt sehr fruchtbar, viel Gemüseanbau und Viehzucht.

Karmøy wird als "Land der Saga" bezeichnet. Die günstige Lage am Karmsund, der wichtigen Schiffahrtsstraße gen Norden haben vermutlich schon die Wikinger für Handelszentren genutzt. Das milde Klima ermöglichte Ackerbau und Viehzucht; die freigelegten Grabhügel und Bautasteine geben eine Ahnung von der früheren Besiedelung (bis in die Eisenzeit).

2 Routen führen um die Insel. Die schönere Strecke über die gut ausgebaute RV 14 entlang der Westküste Karmøys mit guten Sandstränden.

Die RV 511, die kürzere Strecke ist teilweise ausgesprochen schmal (nur 1 1/2-spurig) und sehr kurvig; sie trifft in Kopervik auf die RV 14 verläuft parallel zur Ostküste und der stark befahrenen Schiffsverbindung durch den geschützten Karmsund.

Eine fahrradfreundliche Insel, wenig Steigungen, Radwege über weite Strecken und in Ortschaften - in Norwegen eine Besonderheit. Deshalb empfehlenswert, sich in Haugesund ein Fahrrad zu mieten und die Insel gemütlich auf zwei Rädern zu erkunden. Viele schöne Badestops.

✦ Skudeneshavn   (2.5oo Einw.)

Authentischster Fischerort auf der Insel KARMØY. Eng gedrängte weiße Häuschen um das verzweigte Hafenbecken. Stattliche Fischkutter in der ersten Reihe am Kai, vor den Lagerhäusern türmen sich die Netze.

Der alte Teil mit Häusern aus dem 19. Jh. wirkt fast puppenstubenhaft, liebevoll gepflegte Blumengärten.

Sehenswerter Laden: Jacob Worse-Skibshandel aus der "guten alten Zeit", als ob die Uhr stehengeblieben wäre. Das Sortiment reicht vom Holzbohrer bis zum Bügeleisen. Auf der Ladentheke die Handmühle, Registrierkasse noch aus den Anfängen der Ankerwerke/Bielefeld. Die angrenzende Wohnstube enthält das original Mobiliar mit Kanapee, Ahnenbildern etc. Als MUSEUM Maelandsgården in der Sørgate (ausgeschildert). Offen: im Sommer werktags 11-17 Uhr.

Skudeneshavn kann man bequem vom Hafenparkplatz erlaufen. Gleich oberhalb durch den schattigen Park (schöner Überblick).

 In Karmøy-Reisebüro. 428o Skudeneshavn, Tel. 52 82 72 22.

 ** Ortscamp Skudnes, bei der Ausfahrt rechts direkt neben der Straße, einfacher Wiesenplatz mit gut einem halben Dtzd. Campinghütten. Wegen der Lage nur ein Durchgangscamp.

Wesentlich schöner der Campingplatz Sandhåland, ganzjährig offen. 6 km auf der RV 14 entfernt. Nur 5oo m abseits der Strecke und doch ruhig am Meer. Schräg abfallender Wiesenplatz. Auch Appartements.

 Jugendherberge Karmøy, 4 km außerhalb in Sandve, 6o Betten, zusätzlich Gemeinschaftskochmöglichkeit (Busverbindung). 5 Min. zu Fuß vom langen Sandstrand entfernt.

 "SANDHÅLAND": gleich 6 km nördlich Skudenes - havn, schön gelegene Doppelsandbucht, von runden Sonnenfelsen eingerahmt; der seichte Strand ist ideal für Kinder. Wenige 1oo m abseits der Strecke, Sandhåland Camping ausgeschildert.

Größer die hübsche Sandbucht ÅKRASANDEN am Ortsrand (ausgeschildert). Gut 5oo m langer Strand, schöne Picknickmöglichkeit auf der Wiese. Beliebte Surfbucht. Flache Felsen und Schären sorgen auch bei guten Windverhältnissen für weniger Wellen als draußen vor der ungeschützten Küste. Autozufahrt.

AVALDSNES: Die Olavskirche durch den quadratisch markanten Turm von weitem schon zu erkennen, auf einer Landnase im Karmsund. Wurde von Håkon Håkonson im 13. Jh. auf historischem Boden erbaut, denn Avaldsnes diente schon zur Sagazeit vielen Heerführern als Königssitz, an den die Bauern der Gegend Naturalien abliefern mußten. Hier lag die erste Hauptstadt Norwegens, nachdem es Harald Hårfagre (genannt Harald Schönhaar) 872 gelungen war, die Freistaaten zusammenzubringen.

Die trutzig wirkende Steinkirche im romanischen Stil war zur damaligen Zeit die schönste und größte des Landes, dem heiligen Olav geweiht. In den 2oer Jahren umfassend restauriert. An der linken Kirchenseite neigt sich knapp an der Wand der größte Bautastein Norwegens (6,5 m), der Gedenkstein wird auch als "Nadel der Jungfrau Maria" bezeichnet. Nach der Überlieferung kommt der Tag des jüngsten Gerichts, wenn die Spitze der "Nadel" die Kirche berührt.

VIGSNES (4 km westlich): die dortige ehemalige Kupfermine (Betrieb seit 197o eingestellt) lieferte u.a. das Kupfer für die Freiheitsstatue in New York. Nettes, kleines Grubenmuseum am ehemaligen Verladekai. Zwischen 1865 und 197o wurden hier mehrere Millionen Tonnen Kupfer abgebaut - es zählte zu den reinsten Kupfervorkommen auf dem Weltmarkt. Anfangs wurde das Kupfer auch hier geschmolzen (Schmelzhütte in Ruinen), bis die Bauern gegen die starke Luftverschmutzung Sturm liefen - erfolgreich.

Die Verbindung von der Insel Karmøy zum Festland über die langgestreckte Brücke bei Haugesund:

✦ Haugesund   (27.ooo Einw.)

Wichtigste Stadt an der Küste zwischen Stavanger und Bergen. Eine moderne und junge Stadt, deren blitzweiße Holzhäuser sich mit moderner Betonarchitektur mischen. Der Besuch lohnt sich wegen seinem Museum, aber auch der Holzhäuser auf der Insel Risøy, die durch eine Brücke mit der Stadt verbunden ist.

Die erste historische Erwähnung Haugesunds geht auf das 13. Jh. zurück: Nach Snorres Saga ist Harald Schönhaar um 93o hier in der Haugesunder Gegend gestorben.

184o wohnten hier nur 13 Familien. Eine Generation später, 1866 hatte der Ort als eines der Zentren des Heringsfangs bereits rund 3.ooo Einwohner. Als die Heringsschwärme dann gegen Ende des Jh. abwanderten, wurde der Bau von Segelschiffen zur wichtigsten Einkunftsquelle. Seit Ende der 6oer Jahre Erdölplattformen und deren Wartung. Die Fischerei hat nach wie vor Bedeutung, weiterhin fischverarbeitende Industrie und Seefahrtsschule. Heute ist Haugesund eine Handels- und Dienstleistungsstadt.

Schachbrett-Zentrum parallel zum KARMSUND, der Wasserstraße, die das auf dem Festland liegende Haugesund von der Insel Karmøy trennt, seit Jahrhunderten ein wichtiger Seeweg.

Fußgängerzone ist die Haraldsgata mit kleineren Shops und Boutiquen. Schöne Parallelstraßen, beispielsweise Strandgata. Das eigentliche Zentrum ist sehr kompakt, ca. 8oo x 6oo m. Haugesund hat viel provinzielles und angenehmes Flair, gemütliche Wohnviertel im nördlich anschließenden Bereich Havnaberggata/Erl. Skjalgsonsgata.

 Ganzjähriges Turistkontor am Smedasund Kai 9o.55oo Haugesund, Tel. 52 72 5o 55. Ganzjährig Tel. 52 73 45 25, Fax: 52 71 14 7o. Hier gibt's u.a. kleinen Stadtführer gratis mit Stadtplan und Unterkunftsliste.

 In der Torggate 1o, gegenüber der Kirche. Offen 8.3o-16.3o Uhr. Do. 8.3o-18 und Sa. 8.3o-13 Uhr.

Telegraph/Telefon: in der Kirkegt. 133, offen Mo.-Sa. 8-2o Uhr, So. 14-19 Uhr.

Parken: relativ unproblematisch, große Parkplätze gegenüber dem Busbahnhof.

Autowerkstätten für fast alle Fabrikate, Adressen im Telefonbuch.

Skipshandel: Bootszubehörladen, Angelzubehör in großer Auswahl am Smedasundkai.

Vinmonopol in der Kirkegate 212/216.

Das pinkfarbene Haugesund RATHAUS war Geschenk des reichsten Reeders der Stadt, Knut Knutsen in den 3oer Jahren. 1931 eingeweiht.

KARMSUND FOLKEMUSEUM: große Sammlung, interessant und gut aufbereitet: Schiffahrts- und Fischfangabteilung, aber auch in 1:1 Modellen Wohnräume der Region originalgetreu nachgebaut. Kleiner Kramladen, altes Klassenzimmer und eine Abteilung über den Alltag im 2. Weltkrieg. Besuch lohnt sich! Skårgate 142 im Zentrum, geöffnet täglich außer Montag 1o.3o-14 Uhr, So. 12.3o-15 Uhr.

MILIEUMUSEUM DOKKEN: Lage siehe unsere Karte. Beschäftigt sich mit der Zeit der Heringsfischerei im 19. Jahrhundert. Offen: Ende Juni bis Mitte August 13-17 Uhr.

Vis à vis der Stadt liegt die Insel "<u>RISØY</u>", am Kai die alten mehrstöckigen Holzpackhäuser, unterm Giebel baumeln die Flaschenzüge, über die
früher das Salz und der Hering verladen wurde. Heute Wohnviertel der
weniger reichen Leute von Haugesund.

<u>DENKMAL HARALDSHÜGEL</u> ca. 1,5 km nördlich des Stadtzentrums
an der RV 14, ausgeschilderte Abzweigung. Schöner Aussichtspunkt bei
dem Denkmal über Harald Schönhaars Grab, eine nüchterne Obelisk-
anlage, 1872 erbaut, die die erste Einigung Norwegens (vermutlich 872)
unter König Harald Hårfagre, "Schönhaar" genannt, symbolisiert.

Haugesund

1 Busterminal	5 Post	9 Telefon
2 Camping	6 Hurtigbåt Terminal	1o Rathaus
3 Haraldshaugen	7 Kirche	11 Jugendherberge
4 Dokken Museum	8 Haugesund Museum	12 Markt

Der 17 m hohe Granit-Zentralblock repräsentiert die Einheit, umgeben von
29 Steinen, entsprechend der 29 geeinten Bezirke Norwegens, die altnorwegischen Namen hineingemeißelt, jeder Bezirk hatte dazu seinen eigenen
Stein gestiftet.

Harald Schönhaar siegte 872 bei der Seeschlacht im Hafrsfjord vor Stavanger über andere
Kleinkönige; das bildete die Basis für sein vereinigtes, norwegisches Reich. Er starb um

93o und wurde hier begraben.

1oo m entfernt liegt <u>KROSSHAUGEN</u>, der Kreuzhügel. Das schlichte Steinkreuz erinnert an die Anfänge der Christianisierung der Bauern um 1.ooo n. Chr.

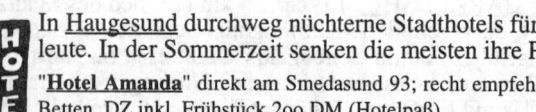

In <u>Haugesund</u> durchweg nüchterne Stadthotels für Geschäftsleute. In der Sommerzeit senken die meisten ihre Preise.

"<u>Hotel Amanda</u>" direkt am Smedasund 93; recht empfehlenswert. 1o8 Betten. DZ inkl. Frühstück 2oo DM (Hotelpaß).

"<u>Hotel Neptun</u>", Grønhauggate/Ecke Haraldsgate 2o7. Modernes Betongebäude, insgesamt äußerst nüchtern bis steril. 125 Betten in 2 Komplexen, die durch Brandtüren miteinander verbunden sind. Um ins Zimmer reinzukommen: Plastiksteckkarte. Im Souterrain preiswertes Lokal, strotzt ebenfalls nicht gerade vor Gemütlichkeit, aber ordentliches Essen. Doppelzimmer mit Privatbad ca. 15o DM.

"<u>Rica Maritim Hotel</u>", modernes und komfortables Hotel im Stadtzentrum. Über die äußere Schönheit des 7-stöckigen Gebäudes läßt sich streiten; es ist zweckmäßig, liegt superzentral und hat von den Zimmern vorn raus schönen Blick auf Karmøy Sund und vorgelagerte Insel. Das Hotel wird stark als Tagungsstätte genutzt. DZ mit TV, Privatbad ca. 16o DM im Sommer.

"<u>Hendersons Park Hotel</u>", Ystadveien 1, liegt ca. 3 km außerhalb des Zentrums Ri. Brücke nach Karmøy am südlichen Stadtrand. Moderne, komfortable Zimmer mit Privatbad und TV, Konferenzhotel, mit SW-Pool und Minigolf-Anlage. Von den Zimmern Ri. West schöner Blick auf den Karmøy Sund. DZ. ca. 17o DM ermäßigt.

"<u>Hotel Rica Saga</u>", Skippergata 11, sehr zentral Nähe Fußgängerzone. Modernes, 6-stöckiges Gebäude, DZ ca. 17o DM im Sommer.

Günstige Übernachtung in der <u>**Jugendherberge Skeisvang**</u>, Selbstversorgerküche, 6o Betten in 2er bis 4er Zimmern, ca. 3o DM/Person inkl. Frühstück; offen Anfang Juni bis Anfang September. An der RV 11 und der RV 14 ausgeschildert, ca. 1 1/2 km vom Zentrum, siehe unsere Karte Nr. 11.

"<u>Haraldshaugen Camping</u>", neben dem Haraldshaugen-Denkmal. Schönster Stadtcampingplatz, 2 km am Ortsrand, große Wiese durch Fichtenhecken aufgelockert, gute Sanitäranlagen. Baden durch direkte Lage am Meer prinzipiell möglich, aber viel Seetang auf dem felsigen Ufer, 2 Dutzend grasgedeckte Hütten. Für 2 oder 4 Personen (geräumig mit Küchenzeile, Doppelstockbetten).

<u>BADESTRAND KVALSVIK</u> am Meer beim Haralds-hügel-Denkmal mit Sprungturm und Rutsche. Schönere Sandstrände auf der Insel Karmøy südlich von Haugesund (Brückenverbindung, Busverbindung, z.B. Åkrasanden, siehe Karmøy) gut 25 km entfernt.

<u>Tauchen</u>: Die Schärenküste um <u>Haugesund</u> gilt als das TAUCHELDORADO an der Westküste. Ein besonders wrackverdächtiges Gebiet, da hier schon seit der Wikin-

gerzeit die Haupt-Schiffahrtsroute nach Norden vorbeiführte. Die tücki-
schen Untiefen und plötzlich umschlagendes Wetter haben so manch einen
Kahn auf Grund gesetzt. Dazu die idealen Tauchtiefen von 2o-5o m.

Zwei gute Stützpunkte:
Der örtliche Club hat sich den Leuchtturm bei der Hafeneinfahrt zum Ver-
einshaus umgebaut. Bis zu 2o Gäste können dort ebenfalls übernachten.
Die Leute vom "Haugesund Sportsdykkere" fahren hauptsächlich an
Wochenenden mit ihrem Boot raus und zeigen gerne ausländischen Gästen
die Unterwasserwelt.

Infos und Tips für gute Tauchstellen gibt Alf Lea in der Tollbugt. 3 gegen-
über dem Kai auf der Insel Risøy. Nachfüllmöglichkeit der Flaschen und
Ausrüstungsservice. Ausrüstungsshop und Tauchschule am Kai: vom
Anfängerkurs bis zum diplomreifen Tauchlehrer.

Neulinge werden innerhalb 1o Tagen theoretisch und praktisch mit der Technik vertraut
gemacht. Die Anfänge im Pool, 5 Tauchgänge im Meer, bis man sich dann in dem
neuen Element allein zurechtfindet. Mündliches Examen zum Abschluß (auch englisch).
ABC-Ausrüstung selber mitbringen, d.h., Maske, Flossen und Handschuhe. Alles andere
wird gestellt.

Transporte ab Haugesund

Busse: Busbahnhof Flotmyr mit Gepäckaufbewahrung.
Haugesund-> Odda an den Hardangerfjord (über Ølen,
Etne, Skånevik), 2-3 x tägl., dauert 3 1/2 Std.
Haukeliexpressbus nach Oslo, 1 x tägl., ca. 12 Std. Fahrt.
-> Bø in Telemark (mit Umsteigen) 1 x tägl., Zuganschluß nach Oslo.
-> über die Insel Karmøy, nach Skudeneshavn etwa stündlich, dauert
   etwa 1 1/2 Std.
-> Bergen, 2-3 x tägl. und 2 Fähren (Valevåg-> Leirvik, Sandvikvåg->
   Halhjem), dauert ca. 4 1/2 Std., Sa./So. sieht's schlechter aus.
-> Sauda 1-3 x werktags, dauert 3 Std.

Flughafen auf der Insel Karmøy, 13 km südlich.

Flugbüro: SAS und Braathens Safe Büro, Skjoldavn.
   -> Bergen 2 x werktags, 1/2 Stunde
-> Oslo 5 x täglich, 1 Std.
-> Stavanger 1 x werktags, 2o Min.

Personenschnellboot: nach Stavanger ca. 4-6 x tägl.,
dauert 1 1/4 Std., kostet ca. 35 DM. Nach Bergen 2-3 x
tägl., ca 3 Std., ca. 65 DM. Abfahrt am Hurtigbåtterminal
am Smedasundkai mit Gepäckaufbewahrung (siehe unsere
Karte Nr. 6).

Taxi am Busbahnhof und bei der Kirche.

Kleine Hafenrundtour: führt auch durch den Karmsund, eine der am stärksten befahrenen Wasserstraßen Norwegens. Abfahrt: am inneren Kai.

Hochseeangeln: zum Hering-, Makrelen- und Dorschangeln in der Nordsee. Für Angelverleih und Kaffee ist gesorgt, nur seefest sollte man schon sein. Abfahrt wochentags am inneren Kai unterhalb der Vår Frelsers Kirche.

Tagestour zur Insel Utsira: mit 2 Leuchttürmen (einer in Betrieb), kleines Holzkirchlein von 1883. Nur 28o Einwohner, die von Fischfang und etwas Landwirtschaft leben. Im Sommer mehrmals pro Woche mit kleinem Schiff, Überfahrt ca. 1 1/2 Std., Rückfahrt nicht immer am gleichen Tag.

Ab HAUGESUND besteht die Möglichkeit, über die RV 11 landein und via Hardangerfjord nach BERGEN zu fahren, Details siehe Seite 421.
Oder die Direktroute entlang des Haugesund via RV 1 ca. 13o km nach Bergen, im folgenden Kapitel beschrieben.

BUS: via Insel Stord, werktags 2-3 x tägl., Fahrzeit ca. 4 1/2 Std.

EIGENES AUTO: ab Haugesund die RV 47/RV 1 Richtung Nord, insgesamt 43 km gut ausgebaute Straße zum Fähranleger VALEVÅG.

Hier häufige Fährverbindung rüber nach SKJERSHOLMANE an der Südspitze der Insel Stord. Überfahrt dauert ca. 2o Min., der Pkw mit Fahrer ca. 2o DM, Extraperson ca. 4 DM. Das Schiff fährt rund um die Uhr alle 1-2 Stunden.

Vom Fähranleger Skjersholmane sind's noch runde 5 km bis **LEIRVIK**, dem Hauptort der Insel Stord. Ca. 7.5oo Einwohner, Restaurants, Hotels und Campingplatz. Sehr kleines und kompaktes Zentrum, der Rest des Ortes versteckt sich im grünen Hügelland.

Interessant ist das im Ort liegende Freilicht-Volkskundemuseum "Sunnhordland". Auf den höchsten Berg der Insel, den Kattnakken (beachtliche 724 m direkt ab Meer!) führt eine Straße rauf. Sehr lohnend wegen Superblick auf das vorgelagerte Inselgewirr und in den Eingang des Hardangerfjordes!

Im Digernessundet an der Südspitze der Insel wurden seit August 1976 diverse Erdöl-Bohrplattformen gebaut. Aker Offshore hat hier seine Tiefwasseranlage: 24o-3oo m Wassertiefe im geschützten Digernessund ganz nah am Ufer.

Von LEIRVIK zwei Möglichkeiten: Die Hauptverbindung **RV 1** führt entlang der Ostküste der Insel Stord, - entsprechend von Lkw befahren. (Abstecher auf den Knattnakken, siehe oben.)

Die **Rv 545** führt dagegen entlang der Westküste. Eine schmalere und kurvigere Strecke, aber landschaftlich sehr reizvoll.

Beide Straßen rund 35 km bis zum Fähranleger <u>SANDVIKVÅG</u> an der Nordspitze der Insel Stord. Ab hier täglich häufige Fährverbindung nach <u>HALHJEM</u>. Überfahrt dauert 5o Min., der Pkw mit Fahrer ca. 2o DM, Extraperson ca. 7 DM. Rund um die Uhr alle 1-2 Stunden.

Von Halhjem noch ca. 35 km ins Zentrum von BERGEN.

<u>ALTERNATIVE ab Haugesund</u>: Die RV 14 bis Våge, dort über die RV 541 zum Fähranleger Buavåg. Fährverbindung nach Langevåg/Insel Bømlo. Sie ist der Insel Stord vorgelagert, praktisch den offenen Nordseewinden ausgesetzt, was sich auch in ihrer Landschaft dokumentiert. Im Norden zerfiesselt sich die Insel Bømlo in Tausende von Minischären.

Ab Siggjarvåg Fähre rüber nach Insel Stord/Anleger Sagvåg. Allerdings Achtung: Beide Fähren fahren erheblich seltener; nicht daß man auf dieser dünn besiedelten Insel ohne Übernachtung hängenbleibt...

<u>ALTERNATIVE ab Leirvik/Insel Stord</u>: Statt rauf zur Nordspitze/Stord und Fähre nach Halhjem (in jedem Fall die kürzere Verbindung Richtung Bergen!), - kann man auch die Fähre ab Leirvik rüber zum Festland/Sunde nehmen. Die Überfahrt dauert 4o Min., 7-9 Fähren pro Tag, je nachdem ob Werktag oder Wochenende.

Als Strecke hat sie den Vorteil, daß sie durch den "Eingangsbereich" des Hardangerfjordes führt, der von Tourismus relativ wenig berührt wird. Landschaftlich schöne Strecke von Sunde 5o km nach <u>ROSENDAL</u>. Allerdings reichlich besiedelt und einiges an Kleinindustrie, Privatzimmer, "Rosendal Fjordhotel", Privatzimmer. Rosendal ist Basis der "<u>Fonnafly</u>"-Wasserflugzeuggesellschaft, die ab hier Exkursionen über dem Fjord und Hardangergletscher fliegt. Sehr lohnend!

Der Ort ist zugleich seit Jahrhunderten berühmt für seine <u>Schiffsbauer</u>. Unter anderem Roald Amundsen ließ hier sein Polarschiff "Gjøa" bauen. Schöne Wanderungen in der Umgebung, Details im örtlichen Touristbüro. Zu erwähnen ist auch die <u>Baronie</u>, ein Gutshof, gebaut 1665, in schönen Parkanlagen und im Sommer üppiger Rosengarten vor phantastischer Bergkulisse. Im Inneren eine Bibliothek mit 1o.ooo Bänden teils noch aus der Zeit 166o, viele Gemälde, alte Möbel etc. Die Baronie von Rosendal gilt als eine der wichtigsten Attraktionen der Region, auch wenn sie von außen etwas unscheinbar aussieht. Gehört heute der Uni Oslo; im Sommer Führungen.

Fähre von Løfallstrand (ca. 5 km nördl. Rosendal) über den Hardangerfjord nach Gjermundshamn. Überfahrt dauert 25 Min., je nach Wochentag bis zu ca. 13 mal am Tag. Von hier entweder über die RV 49 entlang des Nordufers tiefer in den Hardangerfjord. Oder über die RV 48 nach Bergen.

2.) Stavanger-> Bergen Inlandsrouten via Hardangerfjord

Landschaftliche Superstrecken. An Kilometern zwischen 3oo und 45o. Da es über sehr kurvige Landstraßen an Fjorden entlang geht sowie in langen Serpentinen über Bergketten bis zu 1.ooo m, ist die Zeit der Hauptfaktor. Hinzu kommen mindestens 2 Fährpassagen.

Egal welche Inlandsroute man wählt: rein an Fahrerei kaum in einem Tag zu schaffen. Zudem wäre es eine Idiotie, derart schöne Strecken im Stil einer Norwegen-Rallye durchzukurbeln! Wer eine der im folgenden Kapitel beschriebene Routen wählt, sollte mindestens 2 Tage, besser aber 3-4 Tage Zeit haben.

Alternative: Hinwärts via Küste ("Inselspringen" Kap. 1) und den Bereich um Stavanger als Ausflug, ebenso den Bereich Hardanger ab Bergen.

a) Stavanger ⋙→ Bergen via Haugesund RV 11

Die schnellste Verbindung an den Hardangerfjord. Zunächst ab Stavanger und Fähre zur Insel Karmøy, per Landstraße nach Haugesund. (Details Kapitel 1.)

Insgesamt ca. 3oo km, 2 Fähren, reine Fahrzeit ohne Stops ein gestreckter Tag. Für die Fähren muß man mit ca. 7o DM rechnen (Pkw und 2 Pers.).

Ab HAUGESUND landschaftlich spannende und abwechslungsreiche Strecke. Auf der relativ kurzen Entfernung von nur 12o km bis Odda bietet sie mehrere Fjorde vollkommen unterschiedlichen Charakters. Eine Route zum Durchfahren und Landschaft genießen! Spektakuläre Natur, aber keine "Sights". Insgesamt gute Straße. Die schmale Passage am Åkrafjord ist ausgebaut.

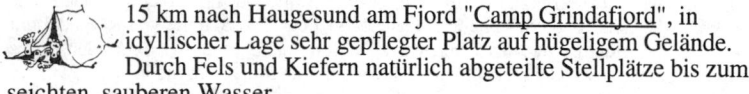 15 km nach Haugesund am Fjord "Camp Grindafjord", in idyllischer Lage sehr gepflegter Platz auf hügeligem Gelände. Durch Fels und Kiefern natürlich abgeteilte Stellplätze bis zum seichten, sauberen Wasser.

Der Grindafjord ist ein schönes Eck zum Surfen, Angeln oder Bootfahren (Kanus und Ruderboote zu mieten), doch weit weg vom Schuß, ringsherum viel Natur. Freundliche 4er Hütten auf den höchsten Felserhebungen, mit Fjordblick. Abgeteilter Schlafraum, Kochecke, hübsche Terrasse. Zufahrt: Am Fjordanfang rechts ab (beschildert), nach 3 km kurzes Stück über Schotter an Schafwiesen vor.

Das breite ØLENSFJORD-BECKEN mit seicht schlickigem Ufer und Schiffswerft ist kein Badeeck. Schöner der Seitenarm ETNEFJORDEN, 12 km weiter; die leicht ansteigenden Hänge mit Wiesenmatten überzogen. Im Ortsbereich Etne wenig störende Kleinindustrie.

ETNE, ein farbloser Ort, der nur passionierte Lachsangler interessieren dürfte. Der hier mündende Etnefluß gehört zu den besten Lachs- und Forellenflüssen Westnorwegens. Erfolgreichste Fangsaison Ende Mai bis Juli, wenn die großen Exemplare den Fluß raufwandern. Angelkarte bekommt man im "E. Grindheim u. Sohn"-Sportgeschäft um 1oo DM/Tag bei zwei Ruten; wie bei den meisten guten Flüssen ziemlicher Andrang.

Wer im <u>STORDALSVATN</u> (runde 1o km nach Etne) die Angel auswerfen möchte, sollte sich gleich in Etne einen Angelschein mitnehmen. Einsame, liebliche Berglandschaft um den langgezogenen See, alm-ähnliche Wiesenhänge. Vereinzelte Höfe, leider keine Campingplätze, dadurch auch kein Tourismus.

"Szenenwechsel" am <u>ÅKRAFJORDEN</u>, ein enger, lang eingeschnittener Meerarm mit 1.ooo m senkrechten, nackten Felswänden. Auf den wenigen Minilandzungen am Meer krallen sich rote Bootsschuppen. Kein Platz für Häusergruppen oder Dörfer. Eine superwilde Fjordstrecke, teilweise über 1oo m oberhalb am Fels durch gut 1 Dutzend Tunnels und 24 Brücken, unter denen Wasserfälle tosen, einer gigantischer als der andere. Am eindrucksvollsten der Langfoss, fast am Ende, 7oo m schießt er die Felswand herab.

"<u>Camp Kyrping</u>", der einzige Platz, wunderschön in einem ruhigen Fjordeck gelegen; eckige Bucht mit kleinem Hafen. Bootsverleih. Schönes Wiesengelände mit kleinem Strand, zusätzliche Campinghütten. Zufahrt: Gleich am Fjordanfang die Stichstraße links ab, ca. 1,5 km.

<u>Am Fjordende</u> durch das einsame <u>SØRDALEN</u> rauf auf 43o m. Zu beiden Seiten des Tales graue, rundgeschliffene Felsen mit zerzausten Kiefern, zwischendurch der breite, gelb schäumende Wildbach.

Bald nach der Wasserscheide trifft die Sørdalstrecke auf die <u>HAUKELI-STRASSE</u>. Alle Details zum weiteren Streckenverlauf/Hardangerfjord siehe Seite 424.

<u>ALTERNATIVEN zur RV 11</u>: ab Stordalsvatnet Abzweigung 14 km nach SKÅNEVIK. Hübsches Fjordnest mit Hotel, Privatzimmerangebot und schönem Campingplatz "Jan + Kazi", gut 1,5 km außerhalb Richtung Børkjenes in einer hübschen Bucht mit vorgelagerter Insel. Kleiner Sandstrand und Bootsanleger. In Skånevik bis zu 15 Fähren rüber nach Utåker. Schöne Strecke via Sunde-Rosendal, Details siehe Seite 329.

<u>Oder ab ØLEN</u> über die RV 11 rüber nach Ropeid. Hier entweder Fähre nach Sand - oder per Straße (RV 52o) via Sauda rauf zur HAUKELIFJELL-STRASSE. Extrem serpentinenreich, aber auch landschaftlich streckenweise spektakulär. Details siehe Folgekapitel.

b) Stavanger -> Bergen via RV 13/RV 52o/RV 46

Landschaftlich die spektakulärste Strecke an den Hardanger. Braucht Zeit und ist in der Variante RV 52o (Sauda-> Horda an der Haukelistraße) nicht für größere Wohnmobile befahrbar.

Insgesamt ca. 45o km, 2-3 Fähren (Kostenpunkt ca. 5o DM für Pkw und 2 Personen). Mit mindestens 2 Tagen rechnen.

Von STAVANGER ab Fährterminal (siehe unsere Stavanger-Karte Nr. F) mit der Autofähre rüber nach TAU (siehe Transporte Stavanger). Hier kann man den Besuch des Felssteilabfalls Prekestolen noch einbauen, unbedingt lohnend! Details siehe Seite 316.

VARIANTE: Ab Stavanger mit der Fähre nach Lysebotn am Ende des Lysefjord und unterhalb des Prekestolen vorbei. Ab Lysebotn über die Serpentinenpiste rauf aufs Fjell, via Sinnes und RV 45 durchs Hunnedalen nach LAUVIK, hier Kurzfähre nach OANES und via Jøssang/Stichpiste rauf zur Prekestolen-Hütte, Wanderung zum Felsplateau und die selbe Sache von oben. Braucht zusätzlich ca. 1 Tag, Spitzenerlebnis!

Ab TAU über die RV 13 (Ryfylkevegen) landschaftlich sehr lohnend durch die nördl. Bereiche Rogalands nach SAND. Knapp 1oo km, zwischendrin eine Kurzfähre. In Sand gemütliches Hotel, Camping, Restaurants. Sehenswert das "Laksestudio" am nördlichen Ortsrand, mit Lachstreppe und Beobachtungsmöglichkeit. Details siehe Ausflüge "Stavanger".

Ab SAND zwei Möglichkeiten zur Haukelistraße: Die RV 13 führt ab Sand zunächst durchs Suldalslågental zum Suldalsvatn: ein Gebirgssee mit supersteilen Felswänden, der bis Ende der 7oer Jahre nur per Boot zu überqueren war. Heute eine landschaftlich lohnende Strecke mit jeder Menge an Tunneln durch die Uferfelswände. Gute Straße mit wenigen schmalen Partien, relativ schnell befahrbar.

Oder ab Sand mit der Fähre in 1o Min. rüber zum Fähranleger Ropeid auf der anderen Seite des Fjordes (alle 1/2 bis 1 Std.). Ab hier gut und schnell ausgebaute RV 52o in knapp 3o km bis SAUDA. Der Ort besticht durch seine Kontraste: östl. des Fjordendes blitzsaubere Straßen und Häuser in grünen Berghängen, - westlich ein riesiges schwarzes Stahlwerk, bezieht seine Energie aus umliegenden Wasserkraftwerken. Im Ort Tankstelle, Restaurants und Unterkunft.

Ab SAUDA windet sich die RV 52o in Etagen rauf ins Gebirge. Zwar durchgehend asphaltiert; was sich anfangs noch relativ leicht raufkurbeln lässt, wird später supereng. Für Pkws mit Wohnwagenanhängern ist die Verbindung gesperrt, dürfte aber auch größeren Wohnmobilen erhebliche Probleme bereiten! Zudem ist die Paßhöhe/Fjell mit mehr als 1.ooo m praktisch nur in wenigen Sommermonaten befahrbar. Der wildeste Teil beginnt ab Ortschaft Hellandsbygd. Extremer Serpentinenanstieg, oben im Fjell eine Giganten-Felslandschaft, glattgeschliffen, bemoost, jede Menge an kleinerer Seen. Auch im Sommer eiskalte Luft. Es geht dann in rund 9oo m Höhe weit oberhalb des Røldalsvatnet (Panorama-Ausblicke wie aus dem Flugzeug) in schmaler Kurvenstraße rüber zur Haukeli-Straße, die bei der Ortschaft HORDA erreicht wird. Weitere Details siehe S. 332.

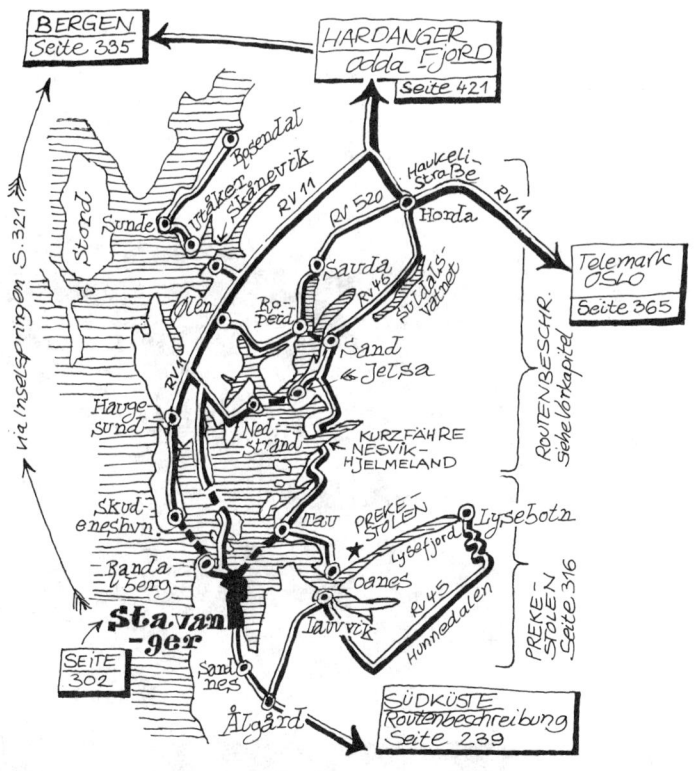

BERGEN
Seite 335

HARDANGER
Odda FJORD
Seite 421

Via Inselspringen S. 321

Stord

Rosendal

Matre

Skånevik

Sunde

RV 11

RV 520

Haukeli-
straße

RV 11

Horda

Olen

Ro-
peid

Sauda

RV 6

Suldals-
vatnet

Telemark
OSLO
Seite 365

Sand

Jelsa

ROUTENBESCHR.
siehe Vorkapitel

Hauge-
sund

RV 14

Ned-
strand

KURZFÄHRE
NESVIK-
HJELMELAND

Skude-
eneshvn

Randa-
berg

Tau

PREKE-
STOLEN

Lysebotn

Lysefjord

RV 45

Hunnedalen

PREKE-
STOLEN
Seite 316

**Stavan-
-ger**

SEITE
302

Oanes

Tauvik

Sand-
nes

Ålgård

SÜDKÜSTE
Routenbeschreibung
Seite 239

BERGA
NOORWEGIÆ

vergl. auch unsere
Bergen-Karte, S.354/55
sie ist aus dem selben
Blickwinkel gezeichnet wie dieser
Stich von Hieronymus Scholeus

Festung und
Königshof Holmen
ab 12. Jhd.
(Bergenhus)

Marienkirche

Tyske
Bryggen
das alte hanseatische
Viertel ab 13. Jhd.

Vågen

N
O
W
S

BERGEN, -
Stich von Hieronymus
Scholeus ca. 1581

Bergen

208.000 E.

Zweitgrößte und sicher schönste Stadt des Landes. Das Zentrum erstreckt sich um den VÅGEN: am nördlichen Kai die alten Holzhäuser der BRYGGE, teils noch aus dem 12. Jh., als Bergen Handelsposten der deutschen Hanse war. Alte Handelskontore, die heute noch in ihrem Inneren besichtigt werden können. Treppchen und verwinkelte Holzgassen, liebevoll restauriert, teils Kunstgewerbeshops, teils exklusive Restaurants.

Oberhalb die FLØYENBAHN, eine Standseilbahn, die seit der Jh.-Wende das Zentrum mit den am Berg gelegenen Stadtvierteln verbindet. An ihrer Endstation Superblick über die Stadt. Aber auch schöne Wanderwege, teils mit Blick auf Bergen und das Fjord- und Inselgewirr.

SÜDLICH des VÅGEN das Stadtzentrum mit Shops, Restaurants und den Abfahrtspunkten der Fähren in die nähere und weitere Umgebung.

Tourist INFO Am Kai, Bryggen 5, 5o23 Bergen (siehe Bergen-Plan). Tel. 55 32 14 8o, Fax: 55 32 14 64. Verkauf der Bergen-Card. Information über Privatzimmer, Buchung von Rundfahrten, Geldwechsel nach Bankschluß etc. Gratis gibt's einen 4-Farb-Stadtplan

Fløyen

vom Zentrum sowie für 1o DM einen detaillierten Bergenplan, - nützlich ist ebenfalls der "Bergen Guide" (gratis).

<u>Geöffnet</u>: Mai-Sept. Mo.-Sa. 8.3o-21 Uhr, So. 1o-19 Uhr. Juni bis August tägl. 8.3o-21 Uhr. Sonst Mo.-Sa. 1o-16 Uhr, Sonntag zu.

Bergen-Card: Diese Karte gewährt freien bzw. ermäßigten Eintritt in zahlreiche Museen, kostenlose Benutzung der Linienbusse, Bergbahn Fløyen, gratis Parken und viele weitere Vergünstigungen. Erhältlich für 1 Tag (25 DM), 2 Tage (4o DM). Gültig ab Kauf für 24 bzw. 48 Stunden.

 Hauptamt mit Poste-restante-Schalter: Småstrandgaten, Nähe Hafen (siehe Karte, Nr. 14). Geöffnet: Mo.-Mi. 8-17 Uhr, Do. 8-18 Uhr. Sa. 9-14 Uhr.

 **Tele**: Starvhusgate (siehe Karte, Nr. 14), Rückgebäude der Post. Geöffnet: Mo.-Fr. 8-2o Uhr, Sa. 9-14 Uhr.

Einheitliche Öffnungszeiten: Mo.-Fr. 8.15-15 Uhr,   Do. bis 18 Uhr.

Parken: Bergen hat viele Einbahnstraßen und während der Woche satten Verkehr, der sich durch die engen Straßen des Zentrums schiebt. Kaum Chance, hier einen Parkplatz zu finden. Und wenn, so zahlt man für die <u>Parkuhr</u> pro Stunde 2,5o DM! Wer die Uhr nicht ordentlich füttert, ist schnell am Haken. Am Wochenende kaum Probleme.

Im Innenstadtbereich wird werktags bei der Einfahrt eine (geringe) "Umweltmaut" erhoben, die jedoch das Autoproblem nicht löst.

<u>Parkhäuser</u> im Zentrum sind teuer, bis zu 4o DM/Tag, - preiswerter ist das Großparkhaus am Busterminal, Nygårdstangen: ca. 15 DM/Tag.

Spezieller Parkplatz für <u>Wohnmobile</u> (Bobilsenter), Sandviksboden 1. Für Wohnmobile ohne Frage die beste Übernachtungsmöglichkeit. (Gilt für die Zeit von Juni bis August.) Parkbuchten direkt am Meer mit Holzbänken und Tischen, Stromanschluß, kostenlosen Duschen und Toiletten. Entsorgungsstation. 24 Stunden ca. 15 DM. Etwa 1,5 km vom Zentrum am Kai entlang Richtung Gamle Bergen (RV 585).

Bergen ist sehr kompakt. Deshalb den Wagen rechtzeitig parken und sich die Ruhe gönnen, zu Fuß durchzuschlendern!

Bus: 48-Stunden-Bus Ticket (nur für gelbe Busse und Trolleybusse) für ca. 15 DM. Lohnt bei Stützpunkt in der Jugendherberge. Zu den Campingplätzen (blaue Busse) gilt ein teureres Ticket, Verkauf im Turistkontor.

Taxi: über die Stadt verteilt (Bahnhof, Hafen etc.). Ansonsten Vermittlung über die Hotelrezeption oder über Telefon-Nr. 55 99 7o oo. Alle Taxis haben Taxameter.

Autovermietungen:
Europcar Interrent am Flughafen, Tel. 55 22 73 2o
Budget, Sverresgata 12, Tel. 55 9o 16 15
Centrum Bilutleie, Lars Hillergata 2o, Tel. 55 32 oo 32

Autowerkstätten: für alle Modelle an der E 16 auswärts.

WETTER: Bergen bei Sonnenschein ist ein Glückstreffer. Sonne läßt die hübsche, quirlige Stadt noch plastischer erscheinen, sogar die wettergegerbten Männer vom Fischmarkt bekommen einen Hauch Leichtigkeit.

Mit 24o Regentagen pro Jahr hält Bergen den Regenrekord in Europa; ganze Regenphilosophien wurden bereits über Bergen geschrieben. Der Grund liegt einfach in der geographischen Lage - ein Paradebeispiel für Steigungsregen. Die Südwest- und Westwinde nehmen über dem Golfstrom reichlich Feuchtigkeit auf, durch die Berge wird die feuchte Luft gezwungen, nach oben zu steigen, kühlt dabei erheblich ab und deckt Bergen mit 2.ooo mm Niederschlag im Jahr ein (zum Vergleich: 94o mm in München).

Die trockenste Reisezeit ist Mai/Juni, zudem gibt's dann eine farbige Blütenpracht, die bei diesem Breitengrad überrascht. Nicht ohne Grund finden die Bergen-Festspiele in dieser Jahreszeit statt.

STADT-STRUKTUR (vergl. auch unseren Stadtplan): Bergen ist sehr kompakt, praktisch alle interessanten Punkte liegen im Umkreis von 1 bis 2 km. Kern ist der VÅGEN, das Haupthafenbecken: östlich davon die BRYGGE.

TYSKE BRYGGEN
Hauptattraktion Bergens ist das alte Stadtviertel Bryggen - die Deutsche Brücke, die ehemalige Hansehochburg mit ihren langgestreckten, hölzernen Lagerhäusern, in denen im Mittelalter der Stockfisch zu Tausenden gestapelt wurde. Über diese Kontore lief ab Mitte des 13. Jh. fast der gesamte Handel Norwegens. Ein Handel, der zunächst auf Grund von Sondervereinbarungen fast ausschließlich in den Händen deutscher Kaufleute der Hanse lag, die von hier den gesamten Raum bis Nordnorwegen, Island und Grönland kontrollierten, - aber auch den Warenaustausch nach England, Dänemark und zu den norddeutschen Handelskontoren.

Stadtgeschichte: Gründung, der Überlieferung nach, vom Wikingerkönig Olav Kyrre ca. 1o7o. Die ältesten Hausfunde datieren aus der Zeit vor dem ersten bekannten Großfeuer 117o/71 und sind vom heutigen Bryggen Museum überbaut.

Wegen seiner optimalen geographischen Lage auf der Höhe der Farøerinseln, aber auch seiner geschützten Hafenbucht entwickelte BERGEN sich bald zu d e r Handelsstadt Norwegens. Ihre Bedeutung dokumentierte sich in einem Bischofssitz und Königshof.

Im 13. Jh. wurde Bergen zur wichtigsten und bis 183o größten Stadt des Reiches, über die der lebensnotwendige Getreideimport Norwegens, aber auch der Export des Fisches der reichen Fanggründe des Nordatlantiks bis Grönland lief.

Der Haupthandelspartner England wurde Anfang des 13. Jh. durch die <u>Deutschen</u> verdrängt, die sich nach und nach, - den Winter über auf der "Brygge" niederließen und hier das <u>Hanseatische Kontor</u> gründeten. Recht bald erhielten die Deutschen dort Stadtrechte, d.h. sie durften Wohnhäuser mieten, mußten aber auch Steuern zahlen und im Kriegsfall Waffendienst leisten.

Die Zahl der Deutschen wuchs kontinuierlich an, so daß sie bald eine kleine Stadt in der Stadt bildeten. Details zur Hanse siehe Kasten "Bergen und die Hanse".

Ab dem 16. Jh. deutete sich der Niedergang des Kontors an. Die Handelshäuser wurden von Norwegern aufgekauft und das Kontor allmählich in das Wirtschaftsleben der Stadt integriert, die Gemeinde übernahm den Kai Brygge. Im Januar 1868 wurde die "Brücke" zu einer öffentlichen Straße. Nach wie vor war Bergen wichtigste Handelsstadt an der Westküste.

Die Eröffnung der <u>Eisenbahnstrecke Oslo->Bergen 19o9</u> (siehe auch Seite 68) regelte endlich eine schnelle und ganzjährige Verkehrsanbindung Bergens an die zwischenzeitlich wichtigste Stadt Norwegens. Eine Verbindung, die zuvor per Schiff via Südküste vier Tage dauerte und auch ab Eröffnung des Telemarkkanals 1892 (siehe S. 255) immer noch ca. 3-4 Tage in Anspruch nahm.

Trotz der Neutralität Norwegens im 1. Weltkieg mußten viele Bergenser Seeleute ihr Leben lassen. 1916 zerstörte ein schwerer Brand große Teile des Zentrums. Obwohl auch Norwegen unter der Weltwirtschaftskrise litt, überstand Bergen u.a. dank seiner Werften, Textil- und Margarineindustrie die schwere Zeit. Bergen genoß damals den Ruf der saubersten Stadt Skandinaviens - kein Wunder bei dem vielen Regen.

In jüngster Zeit erfährt Bergen einen erneuten Boom durch die 1978 entdeckten und rund 22o km nordwestlich in der Nordsee liegenden **Erdölfelder** <u>Statfjord, Gullfaks und Troll.</u> Sie gehören zu den größten Erdöl- und Erdgasvorkommen in der Nordsee. Mit der Erschließung wurde 198o begonnen.

Allein das <u>Gullfaks-Feld</u> wird auf ca. 21o Mio. m² Erdöl und ca. 24 Billionen m³ Gas geschätzt. Vorräte, die rund 3o Jahre reichen dürften und ca. 2.000 Menschen Beschäftigung geben. Es ist zu 85 % in Besitz der staatlichen Erdölgesellschaft "Statoil", zwei weitere norw. Firmen (Norsk Hydro und Saga Petroleum) gehören die restlichen 15 % Anteile.

Von Anbeginn <u>haben die Norweger auf eigene Erschließung</u> ihrer Felder gesetzt, ohne Beteiligung amerikanischer oder anderer Firmen. Die Universität Bergen lieferte die Technologie. Die erste Plattform der o.g. Felder, <u>Gullfaks A</u>, nahm 1986 ihre Arbeit auf, <u>Gullfaks B</u> 1988. Die hier zu bewältigenden Probleme sind gewaltig: Die angebohrten Felder liegen rund 27o m unter der Meeresoberfläche! Das <u>Crude-Oil</u> kommt per Frachter von den Bohrplattformen zu

BRYGGEN: Kai und Hafenaktivitäten in altem Stich

einem Terminal in <u>Mongstad</u>, ca. 7o km nordwestlich von Bergen, wo zugleich Raffinerien gebaut wurden. Der Großteil des geförderten Crude Oil wird jedoch mit den Frachtern der staatlichen Statoil exportiert: derzeit zu skandinavischen und mitteleuropäischen Märkten.

Das <u>geförderte Erdgas</u> läuft über eine Pipeline vom Gullfaks Feld nach Kårstø (nahe Haugesund, nördl. Stavanger). Pipelines verbinden nach Emden/ Norddeutschland und von hier weiter nach Holland, Frankreich und Belgien: derzeit weltweit das größte Gas-Pipelinesystem, Ausbau bis Spanien in Planung bzw. Bau.

Die Erschließung des <u>Troll-Feldes</u> (ca. 16o km nordwestl. Bergens) bereitete allerdings erhebliche technische Probleme, da die Vorkommen mehr als 3oo m unterhalb der Wasseroberfläche der Nordsee liegen. In jedem Fall dürfte Bergen die nächsten 3o-4o Jahre in Beschäftigung ausgelastet sein und weiter expandieren. Der Höhenflug ist zwischenzeitlich allerdings durch die drastischen Schwankungen des Ölpreises stark gebremst worden.

Daß man gleichzeitig (nicht nur in Norwegen - sondern weltweit) sich dringend um die <u>Förderung alternativer Energien</u> kümmern muß, liegt auf der Hand: die vorhandenen Erdöl-Reserven von 2o-3o Jahren sind ein <u>äußerst kurzer</u> Zeitraum!

5 Das <u>BRYGGEN MUSEUM</u> (s. Karte) gibt einen guten ersten Überblick

in die Stadtentwicklung Bergens. Besuch lohnt sich, allerdings sollte man sich an der Kasse unbedingt den <u>deutschen Kurzführer</u> zum Museum zulegen, sehr kompakt geschrieben und informativ. Schöne Stelle zum Einlesen die <u>Cafeteria im 1. Stock</u>: liegt direkt oberhalb der Fundamente der ersten Häuser der Stadt, über die das Museum gebaut wurde.

Unten im Tiefgeschoß dann die Stadtentwicklung an Hand von Funden und Modellen. Beispielsweise ein Querschnitt durch eine Replik des "<u>Brygge Schiff</u>" (13. Jh.), welches größer war und bessere Tragfähigkeit für Waren besaß als die damaligen hanseatischen "Koggen". An Schautafeln wird die Ausdehnung des Handelsnetzes der Hanse erläutert. Zugleich gute Einführung in das <u>Bergen der Hanse</u>: Ab Hafen (Vågen) zogen sich die Lagerhäuser rauf bis zur Øvregaten, wo die Kaufmannszunft ihren Sitz hatte, aber auch die Kneipen lagen. Exponate zu den Schuhmachern, den Kamm-Machern, den Drechslern und Böttchern.

<u>Geöffnet</u>: 1. Mai bis 31. August tägl. 1o-17 Uhr. Außerhalb der Saison Mo.-Fr. 11-15 Uhr; Sa. 12-15 Uhr; So. 12-16 Uhr. 4 DM Eintritt.

<u>Stadtführungen</u>: Sehr lohnend sind die Führungen durch den Stadtteil Brygge, Dauer ca. 1 1/2 Std. mit engl./dt. Erklärungen. Von Juni bis August tägl., Treff an der Kasse Bryggemuseum. 12 DM, Ticket gilt auch für Museen in Brygge.

Das heutige Stadtviertel **TYSKE BRYGGEN** besteht aus rund 28o Jahre alten Holzhäusern, die nach dem Großbrand von 17o2 weitgehend identisch den Häusern der Brygge nachgebaut wurden. (Vergleiche auch Kapitel "Stadtbrände".)

Ein Architektur-Ensemble von rund 3oo x 1oo m, seit 17o2 fast komplett erhalten und perfekt restauriert. Es steht auf der UNESCO-Liste der wichtigsten Baudenkmäler der Welt. Ursprünglich schwappte das Wasser gut 1oo m näher an den Häusern; nach jedem Brand wurde ein Teil des Vågen zugeschüttet.

Zwischen den 1oo m langen Häuserzeilen bleiben nur schmale Passagen, - enge Holzgänge mit steilen Stiegen rauf in den 1. Stock, Galerien und knarzenden Holzböden. Aus überkragenden Erkern baumeln die alten Flaschenzüge, über die der Trockenfisch aus der nördlichen Nordsee (insbesondere den Lofoten) eingeladen wurde, - aber auch deutscher Wein, Getreide und Salz aus dem Mittelmeer.

In den <u>langgestreckten Brygge-Häusern</u> war alles unter einem Dach: unten die Lagerräume, oben die Verwaltungsräume (Kontore), aber auch die Wohn- und Schlafräume. Aus Sicherheitsgründen kam die Küche ganz ans Ende der 1oo m langen Holzzeilen.

Das sogenannte "<u>Ildhus</u>" wurde separat am Ende der Holzhäuser aus dicken Steinwänden aufgebaut (Brandschutz) und diente als Safe für die Geschäftsbücher, Geld und wichtige Dokumente.

Bergen und die Hanse

Abgeschirmt durch hohe Gebirgsketten vom Inland, - aber in opimaler Lage an der Küste war Bergen über viele Jahrhunderte hinweg wichtiger als Oslo. Zur Zeit der HANSE galt Bergen geradezu als Synonym für Norwegen.

Seit 1343 unterhielt die Hanse, ein Bund nord- und mitteldeutscher Handelsstädte (z.B. Lübeck, Hamburg und Köln) eines ihrer Kontore in Bergen (neben London, Brügge und Nowgorod). Aufstieg und Macht in Norwegen verdankte die Hanse im wesentlichen den Privilegien, die sie vom dänischen (zugleich norwegischen) König erhalten hatte.

Der gesamte Fischfang aus Nordnorwegen, d.h. insbesondere die ganze Lofoten-Fischerei, wurde über Bergen - durch die Kaufleute der Tyske Brygge - abgewickelt. Enorme Mengen von Stockfischen, Tran, Rogen etc. wurden vor den Lagerhäusern Bryggens abgeliefert und gegen Salz aus Lüneburg, das lebenswichtig zum Konservieren aller Speisen war, und gegen Getreide aus den Ostseeländern getauscht.

Tuche, Wachs, Bier und Schnaps gingen über die Theken der deutschen Hanse-Kaufleute, die gleichzeitig als Geldverleiher fungierten, den Fischern Kredite auf den nächsten Fang gaben und dadurch die Abhängigkeit erhöhten. Andererseits waren die Hanseleute dadurch attraktiver als die "armen" norwegischen Kaufmänner an anderen Ufer des Vågen. Die deutschen Händler zogen eine Menge Landsleute als Handwerker nach, so daß damals von 1o.ooo Einwohnern 2.ooo Deutsche waren. Die Handwerker hatten sich in der Parallelstraße zur Tyske Brygge niedergelassen, in der Øvregaten: Böttcher, Seiler etc., jeder bekam seinen Platz zugewiesen: die Schmiede wegen der Feuergefahr etwas außerhalb.

Die wirtschaftliche Führungsposition der Hanse beruhte - neben ihrer kartellartigen Monopolstellung - auch auf ihren leistungsstarken Koggen, die maximal 24,5 m lang und einmastig waren, aber das Transportvolumen eines mittleren Hochseekutters besaßen, zudem wesentlich stabiler gebaut waren als die Konkurrenzschiffe. Die Schiffsverbindung von Bergen nach Deutschland und England war - durch die günstigen Windverhältnisse - schneller als nach Oslo.

Das Hanse-Kontor galt als "harte Schule"; wer in Deutschland als Kaufmann Karriere machen wollte, mußte sich in Bergen sein Lehrgeld verdient haben. Die Kjøpmannsgesellen auf der Brygge durften nicht heiraten. Der Alltag spielte sich in einer rohen Männergesellschaft ab, in der strenge Aufnahmeregeln galten. Die Hansekaufleute waren so vermögend, daß sie sich nach und nach an der Brygge, dem besten und geschütztesten Kai einkauften, so daß das Gebiet Deutsche Brücke genannt wurde.

Der Niedergang der Hanse und damit auch Bergens setzte nach der Reformation ein- seit 155o, als die Nachfrage nach der Fastenspeise Stockfisch drastisch zurückging. Ferner entwickelten sich Engländer und Holländer zu einer ernstzunehmenden Konkurrenz; der Hanse waren die Privilegien teilweise entzogen. 1764 wurde das letzte deutsche Hansebüro an Norweger verkauft.

Literatur: sehr gut "Bryggen - Das Hanseatische Kontor in Bergen", deutsche Ausgabe von Angela Utne, LN Druck Lübeck (ISBN: 82-99o794-1-1). Viele Archivfotos, informativer, aber nicht überfrachteter Text. In Bergen im Buchhandel erhältlich, beste Chance wohl in der Buchhandlung F. Beyer, Strandgaten/Michelsens Gate.

Die Brygge ist heute wieder schön hergerichtet: bunte Fassaden zum Kai des Vågen hin, Boutiquen, Schmuck- und Accessoiresgeschäfte beleben das Viertel. Viel Atmosphäre im Innenhof der Kneipe "Bryggen Tracteursted", Biertische im Freien, im 1. Stock exklusives Restaurant, ebenso in den Fronthäusern am Vågen (siehe Restauranttips!)

3 Unbedingt lohnt das HANSEATISCHE MUSEUM im "Finnegård" aus dem 18. Jh. (siehe Karte). Der vordere Teil wurde im Originalzustand belassen, so wie es damals als Handelshaus fungierte:

Viele Menschen lebten und arbeiteten auf engem Raum zusammen. Da die Handelskaufleute zum Junggesellentum verdammt waren, blieb ihnen nur Schnaps, Bier und Kartenspielen für die vielen Regenabende. Öfen waren eine Rarität und nur für das "Chefzimmer" bestimmt. Die Amtsstuben des Kontors mit Buchhaltungsbüchern, durch Glaswände abgeteilt.

Regale für Linnen, aber auch für Aquavit-Kisten, Vorläufer unserer Bierkästen, - Auftragsbücher, Lagerflächen für den Stockfisch, Pressen und Waagen. Wenn das Gewicht einer Lieferung nicht stimmte, wurde mit einem Pflock ein Loch ins Fischpaket geschlagen und ein kleines, knochenschweres Stück hineingestopft. Ledereimer an der Decke ersetzten den Feuerlöscher. Kräne und eine Open-Air-Toilette oberhalb raus überm Gang (die Spülung war der Regen). Die Gehilfen und Lehrlinge schliefen in Kojen, die wie Schränke zugeschlossen wurden (siehe auch Kasten "Aufbau eines Handelshauses").

Nach dem Niedergang der Hanse übernahmen norwegische Kaufleute die Gebäude und den Handel.

Geöffnet: Sommer tägl. 9-17 Uhr, Mai und September tägl. 11-14 Uhr, im Winter Mo., Mi., Fr., So. 11-14 Uhr. Eintritt 9 DM.

6 Jedes Bryggehaus hatte seine SCHØTTSTUE (siehe Karte), das Casino der Hansekaufleute: Hier spielte sich das gesellschaftliche Leben, Saufgelage etc. ab. Bis 184o noch in Gebrauch, Øvregate 5o. Im Sommer 1o-16 Uhr geöffnet, sonst kürzer. 9 DM Eintritt.

BERGEN als die wohl größte Holzhausstadt Europas vergangener Jahrhunderte wurde entsprechend oft von GROSSBRÄNDEN heimgesucht: 1198, 1248, 1413, 1476 - in Auswahl.

Die darauffolgenden rund 23o Jahre ab 1476 vergingen jedoch ohne Großbrände, wobei sicher auch die strenge Disziplin und die Vorsorgemaßnahmen der hanseatischen Kaufleute mit beitrugen.

Nach Niedergang der Hanse dann 17o2 das verheerendste Großfeuer, das die Stadt je heimsuchte: Unter anderem brannte der komplette Bereich des Nordostkais zwischen Festung und Torget weg und somit praktisch sämtliche Häuser der Brygge. Relativ schneller Wiederaufbau, wobei wegen Grundstücksrechten das Brygge-Stadtviertel weitgehend "original" aufgebaut wurde. Die Häuser Richtung Torget dagegen wurden Anfang des 2o. Jh. im Stil alter Hansehäuser Lübecks größer und höher in Stein wiederaufgebaut.

(Nr. siehe Bergen-Karte)

Aufbau eines Handelshauses:

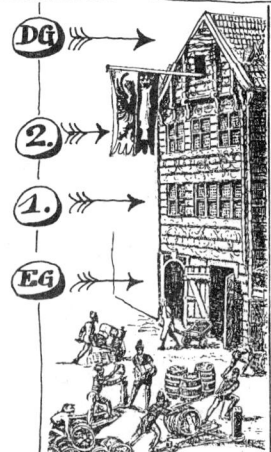

Erdgeschoß: Packräume und Vorraum

1. Stock: hier befanden sich Vorräume, die den
Gehilfen des Kaufmanns als Essraum dienten.
Aber auch die Nordfahrer (vor ihrer Abfahrt in die
Fanggründe der nördl. Nordsee, - oder bei ihrer
Rückkehr) wurden hier vom Kaufmann des
Handelshauses bewirtet.

Die reichen Handelshäuser hatten ihren Sitz
direkt am Kai des Vågen (die sogen. Seestuben):

Doppelter Vorteil: einmal kurze Transportwege
der Waren vom Schiff ins Handelshaus - zum
anderen repräsentativ in den Vorräumen, die nicht
nur freien Blick vom Fenster über den Vågen
boten, sondern auch groß und reichhaltig
ausgestattet waren. Kupferstiche von norddeutschen Hafenstädten, aber auch Ölgemälde der
Handelskaufleute dokumentierten die Bedeutung
des Kontors. Ein gutes Beispiel der "Finnegård" (heutiges Hanseat. Museum).

Bei den ärmeren und weiter landein vom Kai gelegenen Handelshäusern (den sogen.
Landstuben) mußte aus Platzgründen der Vorraum mit der Galerie integriert werden.

Im Vorraum (bzw. je nach Größe des Hauses im Nachbarraum) waren die Schlüssel
und die Gewichte/Waagen untergebracht, sowie das obligatorische Bierfass und die
Speisekammer. Ein Hund hatte seine Hütte neben der Aufgangstreppe. Tagsüber
angekettet tapste er nachts über die Holzbohlen, um die Sachwerte zu bewachen.

An die Vorräume schlossen sich Pack- und Lagerräume an, - sowie das Kontor:
Herz und Schaltzentrale des Handelshauses. Durch eine Glaswand abgeteilt, und
einziger Raum, der über Ofenheizung verfügte (siehe Brandgefahr!). Ein Seilzug
lief raus zur Galerie und dort angebrachten Glocke, mit dem der Kaufmann seine
Mitarbeiter herbeirief, um Anweisungen zu erteilen. Zur Unterscheidungskraft
hatten die Glocken der einzelnen Kaufleute verschiedenen Klang.

Die Schlafräume lagen teils im 1., meist jedoch im 2. Stock:

2. Stock: Schlafkammern des Handelsherrn und seiner Mitarbeiter, sowie weitere
Lagerräume und Galerie. Geschlafen wurde in Schränken. Grund: Ofenheizung
war zu riskant, und im geschlossenen Schrank hielt sich die Körperwärme besser...
Allerdings schliefen ab ca. 17. Jhd. die Kaufleute nicht mehr in ihren Handels-
häusern am Hafen, sondern hatten komfortablere Privathäuser weiter oberhalb am
Hang.

Dachboden: je nach Größe des Hauses wurde er ebenfalls als Lagerraum genutzt.
Seitlich am Dach angebrachte Kräne mit Seilwinden schafften die Waren rauf. In
den darunter liegenden Stockwerken wurden sie über die schmalen Galerie-Gänge
reingezogen.

Je nach Größe des Handelshauses existierten noch weitere Lager, sowie ein Schuppen
am Kai und ein dort gelegener Kran zum Ein- und Ausladen der Waren aus den Schiffen.

Mit der **HYGIENE** wars nicht gerade zum besten bestellt: die Fäkalien flossen in
Kanälen zum Vågen; die Geschwindigkeit des Abflusses war durch die jeweiligen Regen -
fälle der Stadt bestimmt. Analog war Bryggen voll von Ratten, aber auch Katzen...

1955 erneuter Großbrand, der diesmal Häuserzeilen nahe der Festung niederbrannte: heute Platz des SAS-Luxushotels (Karte Nr. 4), welches bemüht ist, sich durch angepaßt moderne Architektur zu integrieren.

Speziell nach dem Großbrand von 1955 wurden in Bergen Stimmen laut, das Viertel komplett auszuradieren zu Gunsten "moderner" Architektur. Dies zumal die rund 3oo Jahre alten und vom Feuer verschonten Rest-Holzhäuser reichlich vermodert und verrottet waren. Zum Glück wurde jedoch von diesen Plänen Abstand genommen: die Restaurierungsarbeiten der Brygge waren ca. 1987 beendet.

9 BERGENHUS: eine Festungsanlage bei der Hafeneinfahrt, gebaut analog zum Schloß Akershus in Oslo, mit schöner Grünanlage.

Der ältere Teil, die Håkonshalle, diente den Königen Håkon IV. und Håkon V. als Regierungssitz bis zum späteren Umzug in die Festung Akershus. Sie wurde 1248, vermutlich von englischen Architekten, erbaut und ist 1944 bei der Schiffsexplosion im Hafen mit in die Luft geflogen. 1961 (zum 7oo-jährigen Bestehen der Stadt) wiederaufgebaut im ursprünglichen Stil mit Natursteinwänden und gewaltigem Gebälk. Heute dient sie während der Festspielwoche als Konzertsaal und als Räumlichkeit für königliche Empfänge.

Die frühere Ausmalung der Festhalle durch G. Munthe wurde bei der Explosion völlig zerstört. Einen guten Eindruck der Wandbilder bekommt man im Rasmus-Meyer-Museum durch seine Skizzen.

Geöffnet: 15. Mai bis 14. September tägl. 1o-16 Uhr. Sonst tägl. 12-15 Uhr, Do. 15-18 Uhr. 4 DM Eintritt.

9 Der ROSENKRANTZTURM im Festungsbereich war ab 156o die Wohnung des Lehensherrn E. Rosenkrantz und zugleich Festungsturm, seine Ursprünge gehen aber noch auf Håkons Zeiten zurück. E. Rosenkrantz hat durch Beschränkungen der Hansekaufleute die Monopolstellung der Deutschen aufgehoben, so daß die Norweger wieder zum Zuge kamen. Bei der Explosion 1944 wurde der Turm ebenfalls stark ramponiert und 1945-65 restauriert. Besuch lohnt eventuell wegen des Ausblicks.

Geöffnet: Mitte Mai bis Mitte Sept. 1o-16 Uhr; sonst nur sonntags 12-15 Uhr. 4 DM Eintritt.

7 MARIENKIRCHE: das älteste Bauwerk Bergens, aus dem 12. Jh. Einst gab es in den Bergen über 2 Dutzend Kirchen; 3 sind noch erhalten. Die romanische Kirche auf der Tyske Brygge war seit 14o8 jahrhundertelang die Gemeindekirche der Hanseleute mit deutschsprachigem Gottesdienst.

Die Barockkanzel wird von einer Weltkugel getragen und fällt durch ihre üppigen, bunten Schnitzarbeiten auf. "Allegorische Damen" - stellvertretend für Klugheit, Geduld, Liebe etc. - auch andere Gemälde, mit deutschen Schriftzügen versehen.

Zur Zeit von König Håkon Håkonson (12. Jh.) wurde die für Norwegen untypische Steinkirche mit Zwillingstürmen von deutschen Baumeistern errichtet. Zur Blütezeit der Hanse kam um 15oo die prunkvolle Altartafel eines Lübecker Bildhauers hinzu, die deutlich den Reichtum der Kaufleute erkennen läßt. 1766 kam die Kirche wieder an die Norweger; der Name "Tyske Brygge" hatte sich jedoch durchgesetzt, ebenso wie die deutschsprachigen Gottesdienste.

Orgelkonzerte: Juni bis August jeweils Dienstag abend und während der Festspielzeit.

Geöffnet: Mitte Mai bis Mitte Sept. Mo.-Fr. 11-16 Uhr. Sonst Di.-Fr. 12-13.3o Uhr.

Die ØVREGATEN, die nordöstlich den Vågen und die Brygge begrenzt, war zur Zeit der Hanse und bis ca. ins 18. Jh. (siehe "Bergen und die Hanse") die Straße der Handwerker und des Marktes.

Heute eine abgasgeschwängerte Querverbindung im überlasteten Bergen-Stadtverkehr; kürzt die Parallelstraße entlang des Vågens ab.

Das kleine ALTE RATHAUS (Karte Nr. 2o) steht im Schatten der großen Bausünde, dem neuen 14-Stöcker an der Kaigate. 155o als Privathaus aus Steinen der Allerheiligenkirche (Ruine) erbaut. Schon 12 Jahre später vermachte der Hausherr und Lehnsherr von Bergenhus Christoffer Walckendorff das Haus der Stadt. Lange war es Sitz der Ratsherren, dann Polizeiwache und Gefängnis. Heute geht es im Verkehrsgetümmel etwas unter.

13 FISCHMARKT: auf dem Torget und Südostende des Vågen. Viel fotografiert wegen der schönen Kulisse vor den Brygge-Häusern. Verbreitet aber nur noch wenig Romantik: die Fische z.T. aus dem Tiefkühlhaus. Aber auch frischer Lachs, Dorsch, köstliche Garnelen, gelegentlich Muscheln, Krebse etc., lecker auch die "Rundstykker" mit geräuchertem Lachs, eine Delikatesse.

Der Fischmarkt (werktags ca. 8-15 Uhr) ist übrigens der einzige offene Norwegens. Nebenan farbiger Blumen- und Gemüsemarkt.

Östlich (neben Talstation Fløyenbahn) den Hang rauf schließt sich ein Altstadtviertel aus dem 19. Jh. an mit teils hübschen Holzhäusern. Besonders schöne Straßenzüge die Øvre Blekeveien und die Søre Kleimanet.

Ab TORGET und südwestl. entlang des Vågen das kommerzielle Zentrum der Stadt. Es hat seinen Kern um die Strandgaten/Sundtsgate und im Kreuz die superbreite TORGALM (plus Parallelstraßen Olav Kyrres Gate, Christies Gate). Hier liegen die meisten Shops, Boutiquen, aber auch Kaufhäuser. Ein trotzdem recht kleiner Bereich, der sich auf ca. 1 km Länge und ca. 1oo-2oo m Breite begrenzt.

Auf dieser Seite des Vågen, die in ihrer nüchternen Architektur weniger reizvoll ist, liegt zugleich der Großteil der Abfahrtsterminals für die

E 16 nach Voss
und zum Alt-Bergen Museum

Skuteviksrogst

Nye Sandviksveien

Helgesensgt.

Øvregat

⑦ ⑥

⑤

ØN.Dreggsalm

⑧

④ Bryggen

Bontelabo

Festung
Bergenhus

Bryc

Bradbenken

⑨

Våge

Festingskaien

Ⓓ

C.Sundtsg

C.Sundtsg

Strandgat

C.Sundtsgt.

Holbergsalm

⑮

C.Sundtsgate

Strandgaten

Haugeveien

Nordnesgaten

K

Sk

Nordnesveien

Nordnegkulen

Haugeveien

Nøst

⑯

Nordnes-Park

BERGA
NOORWEGIÆ

MVE
N
W   O
S

1   Bahnhof
2   Busterminal
3   Hanseat. Museum
4   SAS- Hotel
5   Bryggen Museum
6   Schøtstue
7   Marienkirche
8   Kaufhaus
9   Bergenhus, Rosenkrantzt
1o Talstation Fløyenbahn
11 Lepra Museum
12 Bergen Kathedrale

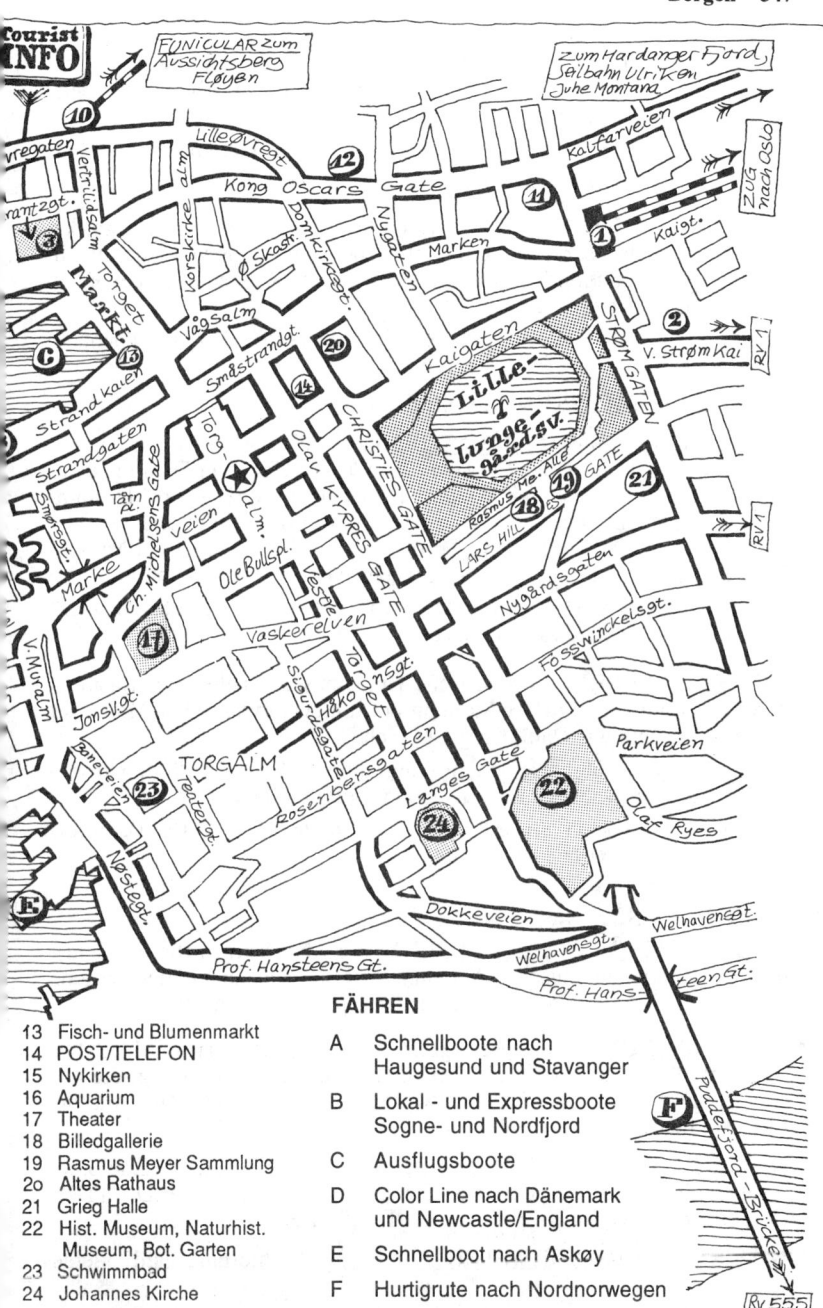

FÄHREN

13 Fisch- und Blumenmarkt
14 POST/TELEFON
15 Nykirken
16 Aquarium
17 Theater
18 Billedgallerie
19 Rasmus Meyer Sammlung
20 Altes Rathaus
21 Grieg Halle
22 Hist. Museum, Naturhist.
   Museum, Bot. Garten
23 Schwimmbad
24 Johannes Kirche

A Schnellboote nach
   Haugesund und Stavanger

B Lokal - und Expressboote
   Sogne- und Nordfjord

C Ausflugsboote

D Color Line nach Dänemark
   und Newcastle/England

E Schnellboot nach Askøy

F Hurtigrute nach Nordnorwegen

Personenschnellboote und die Pkw-Fähren in die nähere und weitere Umgebung der tief verzweigten Fjordlandschaft um Bergen. Alle Details siehe Transportkapitel/Bergen.

Die Strandgaten/Nordnesgaten führt zum Ende der Halbinselzunge: hier liegt in schöner <u>Grünanlage</u> das

16 <u>AQUARIUM</u> (Nordnesparken 2): Lohnt! Ca. 5o Aquarien in drei großen Bereichen, deutschsprachige Infotafel. Neben einer Fülle von Aquarien in zwei Etagen auch Freilandbecken mit Seehunden, Robben und Seevögeln. Bus Nr. 4.

<u>Geöffnet</u>: 1.5. bis 3o.9. tägl. 9-2o Uhr. Sonst tägl. 1o-18 Uhr, ca. 1o DM Eintritt.

✦ Zwei KUNSTMUSEEN am Stadtteich:

19 <u>RASMUS-MEYER-SAMMLUNG</u> (Rasmus-Meyer-Allee 7). Die anfängliche Idee des Kaufmanns R. Meyer, den Maler Christian Dahl in seiner Heimatstadt zu präsentieren, weitete sich zu einer großen Gemäldesammlung verschiedener norw. Künstler aus (knapp 1.ooo Bilder und Skizzen, u.a. amüsante Karikaturen und Trollbilder von Kittelsen); zwei Munch-Säle. Stilmöbel und Einrichtungsgegenstände ergänzen die Sammlung.

<u>Geöffnet</u>: 15. Mai bis 15. September Mo.-Sa. 11-16 Uhr, So. 12-15 Uhr. Sonst tägl. 12-15 Uhr, Mo. geschlossen. 8 DM Eintritt.

18 <u>BILLEDGALLERI</u>: das Städtische Kunstmuseum neben der Rasmus-Meyer-Sammlung. Eine Ausstellung bekannter norwegischer Maler der letzten 15o Jahre wie Dahl, Krogh, Munch etc.

Angegliedert die <u>Stenersen-Sammlung</u>, eine große Ausstellung europäischer Moderner wie Picasso, Klee und anderer Größen.

<u>Geöffnet</u>: 15. Mai bis 15. September Mo.-Sa. 11-16 Uhr, So. 12-17 Uhr. Ganzjährig tägl. außer Mo. 12-15 Uhr. Eintritt 8 DM.

✦ Weitere MUSEEN:

22 <u>KULTURHISTORISCHES MUSEUM</u> in Sydneshaugen (bei der Uni): neben einer ethnographischen Abteilung prähistorische und mittelalterliche Funde. Geöffnet: tägl. außer Fr. 11-14/16 Uhr. Freier Eintritt.

11 <u>LEPRAMUSEUM</u> (Kong-Oscarsgt. 59): Das Gebäude war im Mittelalter Leprakrankenhaus. Überblick über die norwegische Forschung, die auf diesem Gebiet große Erfolge aufzuweisen hatte. Geöffnet: Mitte Mai bis Ende August 11-15 Uhr

<u>NATURHISTORISCHES MUSEUM</u> (Muséplass 3): Botanik, Zoologie, Geologie. Geöffnet: Mitte Mai bis Ende August täglich außer Do. 11-16 Uhr, sonst bis 14 Uhr. Do. 11-15 Uhr. Eintritt frei.

<u>WIDERSTANDSMUSEUM THETA</u> in Brygge (Enhjørningsgård): kleine

Sammlung der Widerstandsgruppe Theta, die hier im 2. Weltkrieg - bis zur deutschen Razzia 1942 - ihre Funkzentrale hatte. Offen: Mitte Mai bis Mitte September Di., Sa./So. 14-16 Uhr. 4 DM Eintritt.

★ **AUSSICHTSBERGE:**

10 Mit der Standseilbahn auf den Hausberg **Fløyen** (32o m): Spitzen-panorama über den Hafen, die hellen Stadthäuser, Meer und Schären-gewirr. Startpunkt ist die Talstation (Øvregaten/Vertrilidsalm) nahe Brygge beim Torget (siehe Karte). Keine Parkmöglichkeit.

Die Fløyen-Bahn beginnt in einem im Fels eingesprengten Raum. Nach kurzem Tunnel führt sie dann schnell offen und ziemlich steil am Berg rauf. Das Gleis hat die beachtli-che Steigung bis zu 26 % (zum Vergleich: normale Gleisstrecken max. ca. 5 %), wobei die Waggons an einem Seil raufgezogen werden. Länge des Gleises: 83o m.

Besonders bei den Stationen, die auf halber Hanghöhe liegen, wippen die am Seil hän-genden Waggons erst ein paar mal rauf und runter, bis der Zug zum Stillstand kommt: Keine Sorge, die Bahn fährt seit Jahrzehnten ohne Unfälle. Das Wippen ist normal, da sie am Seil mit ihrem Gewicht zieht.

Für die Einheimischen, egal ob mit Kinderwagen, Rucksack oder Aktentasche, ist sie wichtiges Transportmittel zu ihren Häusern, die hier in Superlage oberhalb der Haupt-bucht von Bergen liegen.

Oben an der Bergstation Souvenirshop, Restaurant und auf dem Vordach ein Modell der Fløyenbahn: man sieht, wo sich die Waggons gerade auf der Strecke befinden. Viele Bergener kommen im Sommer rauf, um in der klaren und reinen Luft zu joggen.

Wandertouren auf markierten Wegen übers waldige Fløyfjell gleich ab der Seilbahnstation (ausgeschildert), z.B. halbstündiger Spaziergang zum klei-nen, idyllischen See Skomakerdiket oder eine Stunde über den Blåmanns-veien zum Skomakerdiket und einen Schlenker wieder zurück.
Im Winter interessantes Loipengebiet, teils auch nachts beleuchtet.

Abfahrt: alle halbe Stunde, Fahrzeit ca. 1o Min. Einfache Fahrt 4 DM. Letzter Zug ca. 23 Uhr. Schönster Platz bei Fahrten talabwärts: selbstverständlich im untersten Abteil direkt über dem Zugfahrer.

26 Per Gondel zum **Ulriken** (6o7 m), dem Panoramagipfel Bergens. Im Gegensatz zum Fløyen bringt der Ulriken einen phantastischen Überblick über die Lage Bergens zwischen den 7 Hügeln (Inselwelt, Meer). Am Ho-rizont die Bergkette. Sofern klares Wetter lohnt der Besuch beider Gipfel in jedem Fall! Aussichtscafé.

Ab Bergstation Ulriken ebenfalls Wanderungen auf der (meist) einsamen Hochfläche mit Seen und Bächen. An warmen Sommer-Wochenend- und Feiertagen ist allerdings halb Bergen hier oben unterwegs. Schöner Weg ins Tal.

Talstation: per Auto direkt an der Straße Nr. 14 Haukelandsveien vorm Tunnel links hoch. Oder per Bus Nr. 2 (Haltestelle Haukeland/Krankenhaus). Gondelbetrieb zur Sai-son tägl. 9-21 Uhr, Winter 1o-17 Uhr. Retourticket 12 DM.

★NÄHERE UMGEBUNG

Der Bereich um Bergen/Zentrum ist ungeheuer zerfieselt in Meeresarme, Küstenberge, Seen und wieder Hügelzüge.

Dazwischen rankt sich die Stadt, die ähnlich wie Oslo nicht kompakt in die Natur gekleckst wurde, sondern sich zwischen Gärten, Bäumen und Hügelzügen mit freistehenden Häusern in die Natur integriert.

Dies macht Erkundung mit eigenem Auto etwas schwierig: Sicher, auf der E 16 Richtung Hardangerfjord ist man per Wegweiser schnell, - auch zum Airport, der gut ausgeschildert ist. Das "Rausfinden" zu anderen Routen kann kompliziert werden: guter Detail-Bergenplan sehr empfehlenswert: gibt's beim Touristbüro Bergen.

Andererseits ist die Region wegen ihrer dichten Besiedelung per öffentlicher Stadtbussse sehr gut erschlossen. Infos über Routen und Busabfahrtsstellen im Bergen-Touristbüro.

27 ALT-BERGEN (Gamle Bergen) - ein Museumsstadtteil:
Besuch lohnt sich sehr! 35 typische Stadthäuser aus dem 18./19. Jh., der Großteil noch mit Originaleinrichtung, u.a. ein nostalgisches Fotoatelier im Dachgeschoß mit monströser Plattenkamera, eine Zahnarzteinrichtung aus Omas Zeiten (gemütliche Wohnzimmeratmosphäre in der alten Praxis, mit beruhigender Grammophonmusik im Hintergrund), eine alte Buchhandlung, ein Kaufladen, eine Buchbinderei. Die Häuser konnten alle durch die Umsiedlung auf das Museumsgelände in Sandviken vor dem Abbruch bewahrt werden. Innenbesichtigung nur im Rahmen der Führungen.

Lage: am nördlichen Stadtrand, RV 585 ab Festung/Vågen am Meer entlang (ca. 4 km), in Sandviken. Per Bus Nr. 1 oder 9 vom Zentrum nach dem zweiten (langen) Tunnel aussteigen, dann noch 3oo m Fußweg. - Stündliche Führungen 45 Min. (deutsch und englisch).
Geöffnet: Mitte Juni bis Anfang September 11-18 Uhr, sonst 12-18 Uhr.

28 GAMLEHAUGEN am südlichen Stadtrand (Fjøsanger): Residenz des norwegischen Königs, wenn er in Bergen zu Besuch ist. Ansonsten im Sommer (Juni bis August) zum Besuch frei, Mo.-Fr. 1o-13 Uhr. Lohnt auch des schönen Parkes wegen. (Zufahrt siehe Grieg Villa.)

29 TROLDHAUGEN, GRIEG VILLA: Zu Edvard Griegs Zeiten (1843-1907) war der Trollhügel ein idyllisches Fleckchen am Nordåsvatn, jetzt wird er jeden Sommer von Buslawinen überfallen. Die 1oo-jährige wohnliche Holzvilla mit viktorianischer Originaleinrichtung verrät den bescheidenen Wohlstand Griegs, der schon zu seinen Lebzeiten in Europa sehr bekannt war.

Auf dem Steinway-Flügel, einem Geschenk seiner Bergener Kunstfreunde

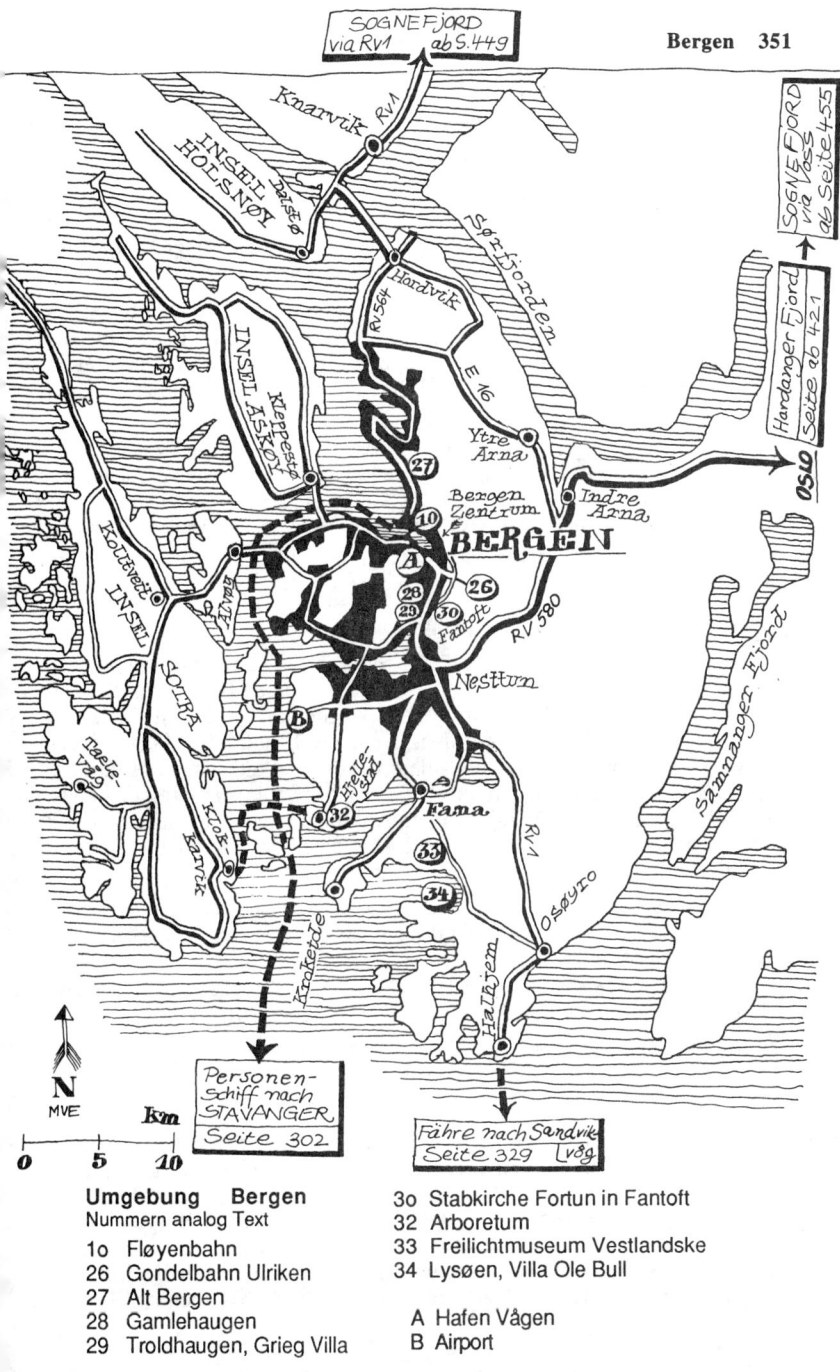

SOGNEFJORD
via Rv1 ab S.449

SOGNEFJORD
via Voss
ab Seite 455

Hardanger Fjord
Seite ab 421

OSLO

Knarvik

INSEL HOLSNØY

Rv

Sørfjorden

RV 564 Hardvik

E 16

Ytre Arna

Bergen Zentrum

Indre Arna

BERGEN

27

10

A

28
29
26
30

Fantoft

RV 580

Nesttun

Kleppestø INSEL ASKØY

INSEL SOTRA

Kolltveit

B

Hjellestad

32

Fama

33

34

Tælavåg

Kokstad

Klokkarvik

Samnanger Fjord

Rv

Osøyro

Haltajem

Personen-
Schiff nach
STAVANGER
Seite 302

Fähre nach Sandvik
Seite 329 Våg

N

MVE

km

0   5   10

Umgebung   Bergen
Nummern analog Text

1o Fløyenbahn
26 Gondelbahn Ulriken
27 Alt Bergen
28 Gamlehaugen
29 Troldhaugen, Grieg Villa

3o Stabkirche Fortun in Fantoft
32 Arboretum
33 Freilichtmuseum Vestlandske
34 Lysøen, Villa Ole Bull

A   Hafen Vågen
B   Airport

zur Silberhochzeit, werden zur Festspielzeit Hauskonzerte gegeben. Der Glanztag auf Troldhaugen war die Silberhochzeit von Edvard Grieg mit Nina, einer Sängerin, am 11. Juni 1892, ein Riesenfest mit Tausenden von Gratulanten, die per Bahn die 15 km von Bergen angereist kamen. Mit seinem "Hochzeitstag auf Troldhaugen" (op. 65) hat Grieg diese Feier vertont. Er lebte 22 Jahre auf Troldhaugen, die meisten seiner Kompositionen entstanden in der kleinen einfachen Hütte unten am Wasser.

Zum 1oo-jährigen Bestehen von Troldhaugen wurde während der Bergener Festspiele 1985 neben der Villa eine neue kleine Konzerthalle - TROLDSALEN - eingeweiht, eine eigenwillige Komposition aus Beton, Holz und Grasdach. Platz für rund 2oo Personen, im Sommer und zur Festspielzeit (Mai/Juni) Konzerte.

Zufahrt: 8 km von Bergen Ri. Voss. Den Troldhaugveien rechts abbiegen, Hop ausgeschildert (1,5 km von der Hauptstraße). Busverbindung ab Bergen/Busterminal mit dem Fana-Bus ca. alle 2o Min. bis zur Haltestelle Hopsbroen. Von hier ca. 25 Min. zu Fuß: zunächst rechts und nach ca. 5o m links in den "Hopsvegen", ab hier ausgeschildert.

Geöffnet: 2. Mai bis 1. Oktober tägl. 9.3o-17.3o Uhr; während der Festspielzeit nur nachmittags. Eintritt 1o DM.

30 STABKIRCHE FORTUN/FANTOFT:

Es war einmal eine 8oo Jahre alte Stabkirche, die ursprünglich am Sognefjord bei Fortun stand und auf Initiative eines Bergenser 1883 in seinem privaten Wäldchen aufgebaut wurde. So muß seit 1992 die Geschichte der Stabkirche beginnen, nachdem Brandstifter Feuer in das schwarz geschuppte Prachtstück gelegt hatten, und die Kirche bis auf die Fundamente abbrannte. Doch die Rechnung der Satanisten ging nicht auf. Das Schmuckstück wurde mit großem Aufwand wieder rekonstruiert und selbst der alte markante Teergeruch ist bei einer Besichtigung wieder zu riechen. Ende 1995 war die neue alte Stabkirche fertig.

Zufahrt: von Bergen in Richtung Voss, 6 km bis zum Stadtteil Paradis; an der Ampelkreuzung beim Yamaha-Geschäft links den Sandbrekkevegen einbiegen, dann wieder links den Birkelundsbaken.

Fana-Bus ab Bergen/Busterminal ca. alle 2o Min. bis zur Haltestelle Paradis. Hier links aufwärts "Birkelundsbaken", ca. 5 Min. zu Fuß zum Parkplatz, ab hier ausgeschildert.

Wer zunächst die Grieg Villa besucht, läuft dann ab Grieg Villa zurück zur Haltestelle Hopsbroen und von hier auf der RV 1 (Richtung Bergen) zur nächsten Kreuzung Paradis. Analog hier dann "Birkelundsbaken" rechts aufwärts!

33 34

Südlich von Fana überquert die RV 553 eine rund 3oo m hohe Bergkette, schöner Blick auf Küste und vorgelagerte Inseln. Auf der Bergkuppe das Vestlandske Setermuseum. Auf einer dieser Inseln, auf LYSØYEN, liegt die Villa des Geigenvirtuosen Ole Bull. Geboren 181o in Bergen, gilt er als der berühmteste Geiger Norwegens; durch Verwendung einer Geige mit flachem Steg und eines sehr schweren Bogens war ihm mehrstimmiges Spiel möglich, welches auch ein hohes Maß an Virtuosität benötigte.

1872/73 ließ er sich die Villa in landschaftlich großartiger Lage bauen und verbrachte hier seinen Lebensabend bis zu seinem Tode 188o. Die Villa ist echt kurios: "Klein Alhambra" genannt mit Zwiebeltürmchen, "maurisch" angehaucht, aber natürlich aus Holz.

Besuch lohnt sich: alles noch komplett erhalten, Möbel etc. wie zu Ende des 19. Jh. (19.5.-2.9. Mo.-Sa. 12-16, So. 11-17 Uhr. Eintritt 5 DM.)

Zufahrt: mit dem Auto die RV 553 Richtung Fana, dann Osøyro. Nach Überquerung der Bergkette und rund 1o km rechter Hand in der Bucht die Fährstelle Buena Kai (Sørstraumen). Die Villa ist von hier schon zu sehen. Ab hier Fähre rüber zur Insel Lysøen. Vorab im Bergen Touristbüro die Abfahrts- und Öffnungszeiten abklären! Gilt auch für Bus: ab Bergen/Busterminal bis Sørstraumen/Abfahrt Fähre, siehe oben.

Ein Kilometer entfernt die Ruinen des alten Lyseklosters (12. Jh.).

Ähnlich wie Stavanger hat auch Bergen sein ARBORETUM: das milde und regenreiche Klima ermöglicht Bäume und Pflanzen aus allen Erdteilen. Das Arboretum von Bergen (1971 gegründet) befindet sich jedoch noch in Aufbau, Stavanger ist interessanter.

Zufahrt: RV 554/556 bis fast Hjellestad, jedoch links ab nach Milde (Mildevågen). Bus: ab Bergen/Busterminal bis Mildevågen, hier ca. 15 Min. zu Fuß.

DAMSGÅRD. Das prächtige Herrenhaus gehörte Ende des 18. Jh. einem reichen Kaufmann und zeigt den Wohlstand der Bergenser Oberschicht vor rund 2oo Jahren. Es ist eines der schönsten Rokokko-Schmuckstücke Norwegens, innen als Museum komplett restauriert. 3 km westlich an der RV 582. Bus 16 und 19. Offen: Ende Mai bis August tägl. außer Mo. 11-16 Uhr. Eintritt 5 DM.

VETERANENZUG. Am östlichen Stadtrand schnauft an Sonntagen eine der ältesten Dampflokomotiven der Bergenbahn auf der alten Trasse Richtung Voss. Eine einstündige Fahrt von Garnes nach Midttun und retour im aufpolierten Teakholzwaggon. Die alte Bahnstation Garnes wurde wieder prächtig hergerichtet mit einem Stationscafé und steht unter Denkmalschutz. Bademöglichkeit nicht weit entfernt. Mitte Mai bis Mitte Sept. jeden Sonntag ab Garnes bzw. Midttun. Rückfahrkarte 2o DM.

Zufahrt: Mit dem Zug wenige Minuten ab Bergen bis Arna und gut 5 Min. zu Fuß zur alten Bahnstation in Arna. Per Bus bis Nessun und dann zur Midtun-Bahnstation. Im eigenen Pkw über die E 16 Indre Arna und nach Garnes an der RV 566.

★ STADTRUNDFAHRTEN

Großes Angebot. Vormittags oder nachmittags, eine kleine oder große Rundfahrt. Zur Stabkirche Fantoft und Griegs Wohnhaus in Troldhaugen, Fischmarkt oder Gamle Bergen. Programme und Karten im Turistkontor. Dauer 2-3 Std, ab 25 DM/Person. Auch deutschsprachige Führungen.

★ STATSRAAD LEHMKUHL

Das prächtige Segelschulschiff ist Bergens ganzer Stolz. Das Jahr über liegt der elegante Windjammer am Kai vor der Brygge. Im Sommer wird das Schiff gelegentlich verchartert. Die Staatsraad Lehmkuhl wurde 1914 in Deutschland gebaut und 1918 von den Engländern als "Kriegspfand" konfisziert. Die Stadt Bergen kaufte 1923 das Schulschiff, das nach einem ehemaligen Minister benannt wurde. Ausflugsfahrten und Besichtigung im Prinzip möglich. Aktuelle Situation im Touristenbüro erfragen.

Organisierte **FJORDRUNDFAHRTEN** (z.B. Hardanger- und Sognefjord, auch kombiniert Bus/Schiff etc.) ab Hafen neben dem Fischmarkt. Das Bergen-Touristbüro hat eine Übersicht über die einzelnen Veranstalter.

Hafen- und Fjordrundfahrten mit der "White Lady", einem gemütlichen Personenschiff. Vier Stunden dauert die Fahrt entlang der Fjorde und Inseln um Bergen. In einer Stunde wird die nahe Umgebung im Hafenbereich abgefahren (Mai bis August).

 Bergen ist bezüglich Essen nicht billig. Der Chinese "YANG TSE KIANG" direkt oberhalb des Fischmarktes/ Vågen ist eine gute Wahl für jeden, der satt werden will, gut essen und dies bei (für norwegische Verhältnisse) zivilen Preisen. Mehr als 1oo Gerichte, auch zum Mitnehmen. (3 Torget.)

"PASTASENTRALE", Vestre Strømkaien hinter dem Busbahnhof. Hier kann man für 12 DM noch satt werden. Nudelgerichte in allen Varianten und einige Salate à la Italia, auch an die Vegetarier wurde gedacht. Die Räume vollgestellt mit kleinen Tischen, insgesamt etwas hektische Durchgangsatmosphäre und am frühen Abend gestopft voll.

"BERGEN KAFE": Cafeteria im 1. Stock am Strandkaien Nr. 4. Im Blick Bryggen, das blitzende Segelschiff (sofern im Hafen) und das ganze Hafenbecken. Nur tagsüber offen. Einfache, typisch westnorw. Speisen wie gekochter Dorsch, Bergenser Fischsuppe. Das Gericht unter 2o DM.

Exklusive Restaurants in Bergens **Brygge/Vågen**:

"ENHJØRNINGEN", Fischrestaurant im 1. Stock, direkt am Vågen in einem der alten Handelskontore. Entsprechend schief geht's die Treppe rauf, oben relativ gemütlich eingerichtet: Holzfußboden, Bilder, vielfach auch Ingenieure und Projektleiter der Bohrinseln als Gäste. Service o.k. Gerichte: spezialisiert auf Fisch, recht lecker und relativ große Portionen! Preise ab 5o DM aufwärts.

Im Erdgeschoß Pilsbar "SJØBODEN", abends Live-Musik. Recht gemütlich.

"TRACTEURSTED": Brygge, ausgeschildert, Hinterhof. Prominentenrestaurant im ersten Stock einer alten Hanse-Schüttingstube, mit alter Balkendecke und Schiffsmodellen als Dekoration. Leckere Salatbar, Rentier ca. 5o DM, gegrillter Lachs ca. 45 DM - das Ambiente hat seinen Preis. Die warmen Gerichte in der Regel exzellent!

Im Erdgeschoß urige Bierstube, windschiefe, gesprungene Balken, knarzende Bohlen, denen man ihr Alter wirklich glauben kann. Kleine Happen, belegte Brote, Salatplatte, die Halbe Bier allerdings zu den üblichen ca. 1o DM. Draußen im Hof Tische für ein Bier.

"BRYGGESTUE", Bryggen 6. Dunkel gehalten, altertümliche Polsterstühle mit hohen Lehnen, dekorative Schiffsmodelle, ein besonders schöner Raddampfer und Bilder vom alten Bryggen. Tagesgerichte ca. 2o DM. Im 1. Stock "BRYGGELOFTET", gepflegtes Speiserestaurant, rustikales Milieu, große Fischkarte, auch Fleischgerichte ab ca. 3o DM.

SAS-HOTEL: Brygge, mit seinem Restaurant "STATSRAADEN" - moderner 5-Sterne-Komfort. Küche hervorragend bei entsprechenden Preisen, wobei auch der SAS-Name mitbezahlt wird.

"CAFE ROYAL": gehört zum SAS-Hotel (Brygge). Luftige "Wintergartenatmosphäre" unterm großen Plexiglasdach. Kuchentheke und warme Gerichte. Abends Tanz. Exklusiv und teuer.

"PEPPE'S PIZZA": im alten Finnegård-Hof in der Brygge (Finngården 2 A) Pizzeria im Kellergeschoß, Kerzenbeleuchtung und Imitationen von Petroleum-Hängelampen. Auch zum Mitnehmen (die Pizzen). Preise mittel.

Bäckerei-Café "FINNEGÅRD": Spezialität Skillingsboller (warme Zimtschnecken) und Løsebrød (kräftiges Graubrot) beim Bäcker Brun in einem der alten Bryggenhäuser in der Rosenkrantzgate; mit Kaffeeausschank.

Außerhalb Bryggen

"EMILY" im Hotel Admiral, C. Sundtsgt. 9 mit dem wohl besten Blick auf Vågen und Brygge. Spezialisiert auf Fischgerichte, exklusives Ambiente und Preise.

Skandinavisches Buffet zur Sommersaison täglich im Renommierhotel Norge ab 12 Uhr. Um in den Genuß norwegischer Spezialitäten zu kommen, braucht man nicht Hotelgast zu sein. Preis: ca. 35 DM.

Konditorei und Lunchsalon "AUGUSTA": im gleichnamigen Hotel, Sundtsgt. 24, leckere Kuchen und Salate! Im Restaurant "AUGUSTIN" gute und recht preiswerte Mittags- und Abendküche.

(Musik-)Kneipen

An schönen Sommertagen trifft sich halb Bergen zum Bier draußen auf der Zachariasbrücke am Vågen in der Wein- und Bierstube. Sonst sitzt man im 1. Stock ganz nett mit Vågenblick. Abends Live-Musik.

Cafe Opera, Engen 18 gegenüber vom Theater. Nette Bistro-Kneipe.

Bequeme Sofas im 1. Stock. Hier ist immer was los. Viele Studenten, aber nicht nur. An manchen Abenden Jazz.

Tracteursted (Verftsgaten): DIE Kneipe auf Bryggen (siehe Restaurants).

Kjelleren von Hotel Norge am Ole Bulls Platz.

Im Akademische Kvarter, dem Studentenzentrum (Håkonsgaten) in mehreren Etagen, mit Kneipe, Disco etc., gibt's auch oft interessante Konzerte, Filme usw.

Kulturhaus in der einstigen Werft: mehrmals pro Woche Blues, Jazz oder Rockkonzerte. Norwegische und internationale Gruppen. Interessante Adresse - im Keller.

Garagen, kleine Eckkneipe mit einigen Barhockern. Bezeichnet sich als "Bergens Blues- und Rockclub". Oft Live-Konzerte. Abends immer gestopft voll. Christiesgate/Nygardsgaten.

"Rosenkrantzhotel", in der relativ ruhigen Rosenkrantzgate 7, neben den Bryggehäusern. Der alte Hotelkomplex mit Café, Bar und Restaurant nimmt fast die ganze Straßenzeile ein. Die Zimmer sehr geräumig und gut ausgestattet, renoviert, reichhaltiges Frühstücksbuffet. DZ inkl. Frühstück ab 24o DM (19o Betten), im Sommer DZ ca. 14o DM.

"SAS-Hotel", Luxusklasse, direkt in die Brygge-Häuser integriert. Ein Teil des Hotels besteht noch aus den alten Häusern, der Rest mit Gefühl und in moderner Architektur dazwischengebaut, Backstein mit Holz dominiert. Lob an den Architekten, sehr gemütlich und viel Stil. Das Rest. Royal mit überdachtem Glas und Markisen, in norwegischem Dunkelrot gehalten, sehr gute Küche.

Wer's Geld hat - Tip: Das DZ ab ca. 35o DM, im Sommer (Ende Juni bis Mitte Aug.) ab ca. 2oo DM (3oo Betten, Konferenzräume, Swimmingpool, Sauna sowie neben "Rest. Royal" zwei weitere, die zu den besten Bergens zählen). Im Hotel auch Check-in für SAS-Flüge.

"Strand Hotel", Strandkaien 2B, direkt oberhalb des Fisch- und Blumenmarktes am Vågen. Hat den Vorteil, daß man wegen der Lage gegenüber Brygge den wohl schönsten Blick hat. Die Zimmer im 5. und 6. Stock eines Geschäftshauses, allerdings nur einfach eingerichtet. DZ mit Privatbad ca. 2oo DM, man bezahlt hauptsächlich Blick und Lage.

"Hotel Augustin", 9o Betten. Mehrstöckiges Stadthotel in Zentrums- und Hafennähe (C. Sundtsgt. 24). Relativ kleine Zimmer, nur von wenigen Eckzimmern in den oberen Stockwerken Blick auf den Vågen, ansonsten laut. Essen im hoteleigenen Restaurant relativ preiswert, der Speiseraum gemütlich eingerichtet: dunkle Holzdecke, Bögen, Holztische. Gute Konditorei "Augustin" nebenan. DZ inkl. Frühstück ca. 2oo DM.

"Hotel Hordaheimen", 12o Betten. Eine Ecke weiter (C. Sundtsgt. 18), ohne besonderen Blick, laute Straße. Zimmer mit Teppichböden, kleiner Sitzecke, teilweise Dusche und WC. DZ ab ca. 2oo DM, im Sommer Ermäßigung ca. 16o DM. Preiswerte, aber ungemütliche Grillstova (Cafeteria) im Erdgeschoß.

"Hotel Admiral", Sundtsgt. 9-13, nimmt kompletten Hausblock ein. Vorn raus schöner Blick auf den Vågen und Brygge, hinten laute Straße. Auch der Blick seitlich nicht gerade umwerfend auf düstere Bürohäuser. Relativ teuer, DZ mit Privatbad ca. 28o DM. Im Sommer ermäßigter Preis. - Gutes Restaurant "Emily", gehobene Preisklasse, in der Pianobar Evergreens live.

"**Inter Nor Hotel Neptun**", 19o Betten. Hohes Stadthotel in der Volkendorfsgt. 8, mit Garage. Noble Zimmer mit Teppichböden und Couchecke, Teils Sekretär und Farb-TV. DZ inkl. Frühstück im Sommer ca. 23o DM. Cafeteria im 1. Stock. Hotelpaß.

"**Reso Hotel Norge**", 498 Betten. Ole Bulls Plass 4. Achtstöckiges, riesiges Stadt-hotel. Fungiert vorwiegend für Geschäftsleute, DZ inkl. Frühstücksbuffet ab ca. 28o DM, im Sommer mit dem Hotelpaß Ermäßigung auf ca. 21o DM.

"**Sommerhotel Fantoft**", außerhalb Bergens in Fantoft. Bietet von Mitte Mai bis zum 24. August Platz für 168 Personen. DZ 15o DM, Familienzimmer mit 3 bzw. 4 Betten 14o bzw. 15o DM.

"**Kloster-Pension**", eine Ecke weiter, Klosteret 12. In einem ausgesprochen hübschen Stadtteil von Bergen mit buckligem Kopfsteinpflaster, niedrigen, bunten Holzhäusern, ruhig. Älteres, zweistöckiges Hotel, innen modernisiert, ordentliche Zimmer, 32 Betten. DZ 14o DM inkl. Früstück.

"**Myklebust Pensjonat**", kleine Pension in der Rosenbergsgate 19. In 3 Min. ist man zu Fuß mitten im Zentrum, trotzdem ruhige Seitenstraße. Haus aus der Jh.-Wende, innen ganz renoviert, schöne Zimmer, groß und hell, mit Stofftapeten, Teppichböden und modernem Mobiliar. Nur ein Dutzend Betten. DZ ca. 1oo DM, Frühst. auf Wunsch.

"**Motel Midttun**", zwar als Campingplatz beschildert, hat eher Motelcharakter. Rund 13o Betten in Hütten oder Motelzeilen. Klein, aber freundlich in Holz mit WC/Dusche, Kochgelegenheit, TV, Kühlschrank und Heizung. Für 2-4 Personen ab 7o DM.

Begrenzte Caravan/Wohnmobilstellplätze, Strom, Sauna, Waschmaschine. Ganzjährig geöffnet. 11 km ins Zentrum. Ausschilderung Midttun, in Industriumgebung.

Privatzimmer: DZ ab 75 DM. Info und Vermittlung durch das Touri-stenbüro.

Jugendherberge Montana: zu Füßen des Ulriken. Im Joh-Blydtsveien 3o (Bus Nr. 4). Moderne 2oo-Betten-Jugendherberge im zweistöckigen Betonhaus. Übernachtung ca. 4o DM pro Person im 5-Bett-Zimmer, auch als Familienzimmer. Leser monieren das ungünstige Preis-/Leistungsver-hältnis. Von Dezember bis Mitte Februar geschlossen.

Y.M.C.A Interrail Center, Nedre Korskirkealm 1. Nur 5 Min. zu Fuß vom Bahnhof entfernt über die Kongensgate. Preiswerte Unterkunft und Treffpunkt der Rucksacktouristen. 15o Betten, Küchenbenutzung und ko-stenlose Duschen. 25 DM/Person.

Preiswerte Unterkunft in den **Hütten** auf den Campingplätzen: schon ab 55 DM für 2 Personen. Allerdings weit außerhalb. Gute Busverbindungen (Details siehe "Camping").

 Die Campingplätze von Bergen liegen alle kilometerweit außer-halb an der RV 58o. Halbstündliche bis stündliche Busver bindung.

Camping Bergenshallen: wenig reizvoller Platz. Zur Sommersaison wird für Wohnmobile und Caravans der Parkplatz zum Stellplatz umfunktio-niert. 7 km außerhalb, Vilh. Bjerknesvei 24. Bei der FINA-Tankstelle in dcn Hagerupsweg einbiegen. Bus Nr. 3. Stromanschluß.

*** Midttun Camp: einige Stellplätze für Wohnmobile/Caravans s. oben.

** Camping Bratland 17 km vor Bergen. Ordentlicher Platz für 7o Einheiten, unterteilte Wiesenabschnitte. Gute Sanitäranlagen, Strom. Nicht direkt an der RV 58o, doch den Verkehr hört man durch. 2 Dtzd. Hütten und einige Gästezimmer. Komfortable Hütten am Hang für 4 Pers. mit Dusche ca. 1oo DM pro Nacht.

Zum Zelten besser:
** Camp Grimen: ca. 18 km vor Bergen RV 58o - zieht sich am Fjord entlang. Durch die Straße sehr laut. Recht kleiner Platz. 16 Hütten. Für 2 Personen ca. 55 DM. Weitere Zimmer im Haus an der Straße.

*** Camp Lone: größter Campingplatz in Bergen, gut 2o km außerhalb. Schönes Wiesengelände. Möglichst Stellplatz am See finden, da hört man den Straßenlärm kaum. Hüttenunterkünfte: insgesamt 128 Betten. Ganzjährig offen.

EINKAUFEN

Großes **Sportgeschäft** mit Surf- und Kajak-/Kanu-Abteilung: C. Sundtsgt. 38.

Platou Sport (Vågsalmenningen), Ecke Småstrandgate: gut sortiertes Bergsportgeschäft.

Blaauw Marine (C. Sundtsgate 1), das führende Geschäft Bergens für Bootsausrüstung, Boots- und Regenbekleidung.

Husflidenladen (Vågsalmenningen 3): traditionelles norwegisches Kunsthandwerk von hoher Qualität, viel Handarbeit, schöne Wolle.

Kløverhuset: Kaufhaus am Kai. Am Samstag bis 15 Uhr offen, von der Cafeteria "Kløver Club" im 3. Stock schöner Blick auf Vågen.

Galleriet: Bergens gläsernes Marktpassagenkaufhaus mit 5 Etagen. Bei Regenwetter kann man hier gut einen Zwischenstop einlegen. Cafés, Restaurants, Shops.

Antiquitätenhandel (Lille Øvregt. 19): große Auswahl, von Petroleumlampen über alte Registrierkassen bis zu Möbeln, Bettgestellen und Truhen. Preise etwas hoch gegriffen.

Atelier Hetland: in einem der Brygge Häuser, neben dem Brygge-/ Tracteursted-Restaurant. Verkaufsausstellung von Audun Hetland (geb. 192o), Norwegens bekanntester zeitgenössischer Karikaturist, Zeichner, Maler und Buchillustrator. Der Bergenser zeichnete jahrelang für die Aftenposten und Bergens Tidende ironisch-satirische Beiträge. Aus seiner Feder stammen auch witzige Aquarelle und Drucke in ausgesprochen schönen Farben.

Im Brygge Viertel weitere Boutiquen, teils normaler Souvenirkram, dazwischen aber einige interessante kunstgewerbliche Sachen wie Pullover, geschnitzte Boote etc.

Buchhandlungen: die größte dürfte F. Beyer sein, in der Strandgaten 4. Unter anderem schöne Bildbände zu Bergen, Brygge aber auch Norwegen generell. - Gut auch die Buchhandlung Lunde, C. Sundtsgt. 2.

Delikatessengeschäft Rivelsrud im ehemaligen "Kjøttbasar" aus dem 19. Jh., neben Hansemuseum/Brygge. Geräucherter Lachs, Rentierwurst, norwegischer Käse, Heringe etc.

Waschsalon: Jarlens Vaskotheque, zentral in der Lille Øvregate 17, nahe der Standseilbahn. Offen: Mo.-Fr. 1o-2o Uhr, Sa. 9-15 Uhr.

Campinggasflaschen: Tausch bei der Progas Station (Fjøsangerveien 7oa). Fast unmöglich zu finden, da nicht ausgeschildert. Von Bergen kommend die RV 1 Richtung Voss, an Fantoft vorbei bis gut 5oo m nach der FINA-Tankstelle die Mindeallee abzweigt (Schild: Terminal Mindemyren). Nach ca. 3oo m rechts, Schild AGA Progas. Der Weg schlängelt sich übers Bahngleis bis zur Füllstation.

Alternativ bei Hydro versuchen, Thormøhlensgata 51 im Südosten der City am Rande des Nygårdsparken. Werktags offen 7.3o-15.3o Uhr.

Deutschsprachige **Zeitungen/Zeitschriften**: u.a. am Bahnhofskiosk und vielen Narvesen-Kiosken.

DNT-Büro (Bergens Turlag), Tverrgata 4/6. Infos über Berghütten und Wanderungen in der Umgebung. Broschüre der Hütten mit Öffnungszeiten.

★ SPORT

Organisierte **Hochseeangeltour**, Details übers Touristbüro.

Modernes **Hallenbad**: Sentralbadet, Eckbau am Engenveien. Eintritt ca. 1o DM. - **Freibad**: Nordnes Sjøbad, unterhalb des Aquariums beim Nordnes Park.

Golf: Golfplatz Åstveien (9 Löcher), ca. 15 Min. mit Bus ab Busterminal nördlich Stadtzentrum. Infos, inwieweit Gäste mitspielen können, übers Touristbüro.

Wandern: Fløyen (Bergbahn) und Ulriken (Seilbahn), Details siehe dort. - Fanafjell bei Fana, südlich von Bergen.

★ AKTIVITÄTEN

Bergen ist eine weltoffene und lebendige Stadt. Sie ist neben Oslo der kulturelle Mittelpunkt Norwegens mit angesehener Uni (ca. 8.ooo Studenten), bekanntem Theater und last not least den alljährlichen Bergen Festspielen als dem kulturellem Höhepunkt des Jahres:

INTERNATIONALE FESTSPIELE BERGEN

Ende Mai/Anfang Juni (zur schönsten Zeit im Jahr: Baumblüte, Sonne, kaum Regen) zwei Wochen Festspiele mit reichhaltigem kulturellen Angebot: Theater, Oper, Ballett, Folklore, Konzerte etc. Rund 1oo Vorstellungen von Spitzen-Solisten, -Orchestern und -Theatern in der Grieg- und Håkonshalle, Troldsaal, Theater, Kirchen.

Das jeweilige Programm übers Touristenbüro anfordern; ab Mitte März beginnen die Buchungen über: Bergen International Festival, Boks 183, N-5oo1 Bergen. Mit Unterkünften schaut's zur Festspielzeit schlecht aus, rechtzeitig reservieren! Die Eintrittspreise liegen zwischen 3o und 7o DM.

GRIEGHALLE: eine 1978 errichtete große Konzerthalle nahe dem Springbrunnenteich Lungegård. Eine gelungene Glas-Beton-Konstruktion, dessen Bau in Norwegen heftig diskutiert wurde. Hier findet ein Großteil der Veranstaltungen der Bergen-Festspiele statt.

GRIEG-VILLA (in Troldhaugen): in den Sommermonaten und zur Bergen-Festspielzeit Konzerte in der nebenan gebauten Konzerthalle. Infos über Termine im Bergen Touristbüro.

Theater "DEN NATIONALE SCENE" ist im Sommer geschlossen.

Transporte ab Bergen

BAHNHOF und BUSTERMINAL liegen nah zusammen: ins Zentrum ca. 1o Min. zu Fuß bzw. Stadtbusse.

Bahnhof: in der Strømgaten (Bergen-Karte, Nr. 1). Mit Gepäckaufbewahrung, Restaurant.

Bergen-> Oslo: 4 tägl., auch Nachtzüge mit Schlafwagen. Fahrzeit bis Oslo ca. 6 1/2 Std. bis 7 1/2, in der 2. Klasse ca. 11o DM einfach.

Ist die wichtigste West-Ost-Verbindung Norwegens, - erschließt zugleich ab Voss (ca. 1 1/4 Std. ab Bergen) per Bus den Hardanger- und Sognefjord.

In der Bahnstation Myrdal (ca. 2 1/4 Std. ab Bergen): Stichstrecke mit der Flåm-Eisenbahn runter an den Sognefjord. Details siehe Seite 72, - zur Bergenbahn siehe Seite 71.

Busterminal: Strømgate 8, neben Bahnhof. Mit Schließfächern, Läden und Bankfiliale. Neu und flott gemacht.

Busverbindungen in alle Landesteile, - teils direkt, oft aber mit Umsteigen Voss. Ab Busterminal Bergen auch alle Regionalbusse in die nähere Umgebung. Die gelben Stadtbusse fahren nicht ab Busterminal.

a) Hardangerfjord: die Strecke Bergen-> Norheimsund/Hardangerfjord->

Kvanndal und rauf nach <u>Voss</u> 3 x täglich.

b) Über <u>Dale nach Voss</u>: mehrmals tägl., Dauer 1 Std. und weiter nach
    Aurland (Sognefjord).

c) <u>Sognefjord</u>: entweder Direktbus nach Gudvangen/Aurland 5 x tägl.
    und dort mehrmals tägl. Anschlußbus nach Gudvangen/Naerøyfjord,
    weiter per Schiff in den Hauptarm des Sognefjordes. Als Strecke sehr
    lohnend, Details s. Voss (S. 459) und dortige Routenschilderungen.

    <u>Diese Route erreicht den Sognefjord in seinem Mittelbereich</u>. Nicht nur als Strecke
    bis Gudvangen lohnend, sondern insbesondere wegen der Durchfahrung des Naerøy-
    fjords. Der Bus ist auf die Abfahrt des Schiffes durch den Naerøyfjord abgestimmt.
    Fahrzeit ab Bergen ca. 1/2 Tag bis Sogndal/Sognefjord.

    Ab hier gute Anschlüsse im ges. Sognebereich, aber auch östlich ins Sognefjell/
    Jotunheimen und zum Nordfjord, Ålesund.

    Der <u>westliche und küstennahe Bereich des Sognefjordes</u> wird ab Bergen mit dem
    annähernd täglich verkehrenden Bergen-Trondheim bzw. Bergen-Ålesund Linien-
    bus erreicht. Er passiert den Sognefjord bei Brekke/Lavik. Fahrzeit bis Sogne-
    fjord ca. 3 Std. (Details siehe unten).

d) <u>Oslo-> Telemark via Hardangerfjord</u>: Bus oder Zug bis Voss. Dort
    umsteigen in Busverbindung (tägl. mehrmals): Voss-> Kinsarvik->
    Odda (am Südende des Sørfjord, Seitenarm des Hardanger) und in
    Jondal umsteigen und über RV 11 durch Telemark-> Oslo.

e) <u>Bergen-> Trondheim</u>: entweder durchgehender <u>Fernbus</u>, ca. 12 Std.
    Fahrt über Førde-> Loen-> Stryn (am Nordfjord)-> Lom (Jotunhei-
    men, Inland)-> Vågåmo, Dovre (E 6) und auf ihr weiter bis Trond-
    heim (695 km).

    Wer sich die Karte vorknöpft, ersieht welche S-Tour hier gefahren
    wird. Immerhin: als Route interessant, Bus fährt aber große Bereiche
    derzeit nachts, so daß man von landschaftlichem Erlebnis wenig
    hat. Ticket ca. 18o DM, Abfahrt 1 x täglich.

    <u>Oder</u> - landschaftlich sehr lohnend - <u>Bus-/Bahn-Kombination</u> über die
    ewige Weite der Hardangervidda und über das hochalpine Jotunhei-
    men-Massiv: Bergen bis Gol (im Hallingdal) per Zug. Dort umsteigen
    in den Bus via Fagernes und Jotunheimen nach Otta im Gudbrands-
    dal. Dort Zuganschluß nach Trondheim bei gut aufeinander abge-
    stimmten Anschlüssen, ca. 14 1/2 Std.

f) <u>Bergen-> Ålesund</u>, Fernbus ca. 1o-11 Std., 2 x tägl.

g) <u>Bergen-> Stavanger</u>: Sofern man nicht das Direktschiff nimmt, geht
    die <u>kürzeste Route</u> via Inselspringen: RV 1 bis Halhjem (Fähre rüber
    zur Insel Stord), dort rüber nach Valevåg - Haugesund (Brücke zur
    Insel Karmøy) und von ihrem Südende/Skudeneshavn Fähre, knapp
    oberhalb Stavangers. Tägl. mehrere Busse, die ca. 1/2 Tag inkl.
    der Fährüberfahrten benötigen.

Frage, ob hier auf der <u>Strecke Bergen-> Stavanger</u> via Küstenbereich nicht das direkt verkehrende <u>Schnellboot</u> die bessere Wahl ist, da man hautnah zwischen den vorgelagerten Landspitzen und Inseln durchfährt und zudem Stavanger schneller erreicht. Details zum Schnellboot siehe unten ("Transport Bergen/Schiff").

<u>Alternativrouten</u> sowohl via Inland/Hardangerfjord, als auch Teilstrecken per Schiff: Möglich beispielsweise Zug Bergen - Voss plus Bus an den Hardangerfjord (Kvanndal), Fähre nach Kinsarvik an der südöstl. Fjordseite und Bus via Odda. Von hier Querverbindungen sowohl per Bus nach Haugesund, aber auch nach Stavanger, z.B. via Sauda, Sand, wobei Bus mit Fähren verknüpft wird.

Braucht entsprechend Zeit und ist wegen Umsteigerei sicher nicht unter zwei Tagen realisierbar, wenn man Stops einlegt. Als Alternativroute lohnend, sofern man nicht anderweitig den Hardanger einbaut und genügend Zeit für Zwischenstops hat.

Routenübersicht und alle Details siehe Seite 321.

h) <u>Nähere Umgebung Bergen</u> siehe Routenschilderungen ab S. 35o.

Bergen-> Haugesund-> Stavanger mit dem <u>Personenboot</u> ("Flaggruten"). Sehr schöne Fahrt dicht an Küste und Schären entlang. In nur 2 1/2 Std. nach Haugesund bzw. in ca. 4 Std. nach Stavanger (Weiterfahrt mit der Küsten-Eisenbahn möglich). Bequemer Katamaran, max. 18o Pass. Die Boote fahren 1-3 mal tägl., ca. 1oo DM, kein Pkw-Transport. Abfahrt: Strandkaiterminal (Karte, Nr. B), gegenüber den Hanse-Häusern.

Nordfjord mit dem <u>Snøggbåt-Personen-Schnellboot</u>: entlang der Küste und zwischen ihren vorgelagerten Inseln, am Sognefjord vorbei zwischen Inseln hindurch nach Askvoll, Florø und Måløy am Anfang des Nordfjord. Fahrzeit ca. 4 1/2 Std. Ca. 2 x täglich. Abfahrt am Terminal Strandkaien (Karte, Nr. B), mit Ticketbüro, Warteraum, Schließfächern etc.

Sognefjord mit dem <u>Personen-Schnellboot</u>: eine sagenhafte Tour zwischen den engen Schären hindurch, rein in den Sognefjord bis in den östlichen letzten Zipfel des gewaltigen Fjords. Gesamte Fahrzeit 8 Std. Über Lavik, Balestrand, Vangsnes, Aurland, Flåm, Kaupanger nach Årdalstangen, also zickzack durch den Fjord. Im Sommer 2 x werktags, Sonntag nur 1 x, dann nur bis Flåm. Im Winter 1 x tägl. Abfahrt am Strandkaien (Karte, Nr. B).

FÄHR-FERNVERBINDUNGEN: ab Skoltegrunnskaien, bei der Festung Bergenhus (Karte, Nr. E).

<u>Newcastle</u>/Nordengland: mit der Color Line via Stavanger, Überfahrt bis Newcastle ca. 21 Std. Details

siehe Anreise/Fährverbindungen.

Hurtigruten: einmal täglich, 22 Uhr nach Trondheim via Florø, Måløy, Torvik, Ålesund, Molde, Kristiansund und weiter nach Nordnorwegen (Bodø, Tromsø, Hammerfest, Kirkenes). Abfahrt: ab Frieleneskaien im Süden des Zentrums (Karte, Nr. G).

 **Flüge**: der Bergen-Flughafen liegt rund 2o km südlich in Flesland. Zubringerbus ab SAS Hotel Bergen/Bryggen (Karte, Nr. 4), Busbahnhof.

"Braathens Safe": Olaf-Kyrresgt. 27
"SAS"-Büro: SAS-Hotel/Bryggen
"Lufthansa": Flughafen

Nach:	tägl. ca.	Flugdauer:			
Bodø	3-8 x	3-5 Std. *	Narvik	3 x außer Sa.	4-5 Std. *
Evenes	ca. 1o x	4 1/2 Std. *	Oslo	8-15 x	4o Min.
Florø	4-7 x	1-2 Std. **	Sogndal/		
Haugesund	2 x außer		Sognefjord	1-4 x	5o Min.
	Sa./So. 1 x	3o Min.	Stavanger	4-12 x	3o Min.
Kristiansand	5 x	1 1/2 Std.	Tromsø	2-6 x	3-4 Std. *
Kristiansund	2-3 x	1 Std. 5o Min.	Trondheim	4-9 x	1-3 Std. *
Molde	1-3 x	1 Std.	Ålesund	2-4 x	35 Min.

* mit Umsteigen   ** je nach Flugzeugtyp

Internationale Flüge:
Nach Hamburg mit der SAS und Lufthansa (2 Std. 15 Min.), - Aberdeen/Schottland mit der SAS und UK, - Kopenhagen/Dänemark mit SAS und viele weitere.

"Norway in a Nutshell": beliebte, immer wieder angebotene, wirklich lohnende Rundtour per Bus/Bahn/Fähre. Über Voss nach Gudvangen, per Fähre durch den superengen Naerøyfjord, mit der Flåmbahn rauf aufs Fjell und zurück nach Bergen. Rundticket im Touristenbüro.

Wer Bergen-> Oslo per Bahn plant, kann den Schlenker mit einbauen (Voss-Gudvangen-Myrdal-Oslo). Dann aber in Bergen den ersten Zug kurz nach 7 Uhr nehmen. Alle Details an der jeweiligen Textstelle.

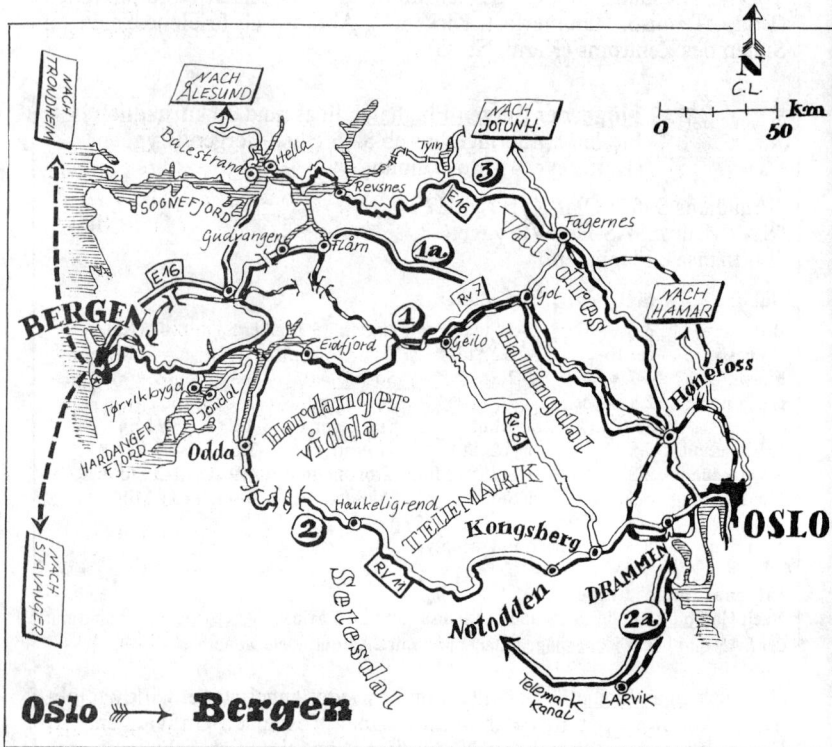

Oslo ⟫⟶ **Bergen**

1   Strecke via Hardanger Vidda (RV 7/8), Details ab Seite 395
1a Über Aurland (am Seitenarm des Sognefjord), Gudvangen am Naerøyfjord Voss
    nach Bergen. Ganzjährige Verbindung. Details Seite 467/398
2   Strecke via Telemark (RV 11), Details ab Seite 366
2a Lohnende Variante zu 2) via Larvik und Telemark/Bandak Kanal, beschrieben ab
    Seite 239/255

3   Bergen-> Oslo via E 16 ist eine lohnende Rückreise- Variante (wer keine Zeit
    mehr hat, die Norwegenfahrt bis beispielsweise Ålesund oder Trondheim
    auszudehnen). Streckendetails: Bergen - Sognefjord ab Seite 449, - weiter
    die E 16 Sognefjord nach Oslo ab Seite 593

Oslo 〰→ Bergen

Zwei Hauptstrecken bieten sich ab OSLO an zur Weiterfahrt an die West-küste/BERGEN; an Kilometern kein großer Unterschied, wohl aber vom Zeitbedarf her. Jede Strecke hat ihre Höhepunkte:

1.) Die kürzere Route führt über das weite tundraartige **HARDANGER VIDDA - HOCHPLATEAU** zum Hardangerfjord. Die RV 7, - ca. 485 km, allerdings in den Wintermonaten bis hinein ins Frühjahr nicht durchgehend befahrbar. Dafür aber ganzjährige Eisenbahn-verbindung nach Bergen. Im Winter wichtiger Zubringer in die Ski-gebiete.
Details .... Seite 395.

2.) Via **TELEMARK**: über weite Teile gut ausgebaute Haukelifjell-strecke, landschaftlich sehr lohnend, besonders im Bereich Telemark, die größte Stabkirche Norwegens liegt am Weg. Abstecher zum Ban-dak See, aber auch zum gleichnamigen Bandak/Telemark- Kanal mit seinen Schleusen und Dampfer aus der Jahrhundertwende.

Berührt als Strecke zugleich den lohnenden Südarm des Hardanger-fjordes, den Sørfjord.

Die Strecke ist ganzjährig befahrbar. RV 11, später RV 47, E 16 - ca. 53o km. Alle Details siehe .... Seite 366.

Route 1: reine Fahrzeit im Auto ca. 7 Std. und daher zu empfehlen, wenn man eine flotte Querverbindung benötigt.

Die Highlights entlang der Strecke, beispielsweise der Wasserfall Vøring-fossen und Hardangervidda, lassen sich allerdings auch als Kurzabstecher ab Hardangerfjord einbauen.

Route 1a Alternativ kurz vor Geilo bei Hol über die RV 5o via Aurlands-vangen nach Voss unabhängig von Fähren und auch im Winter befahrbar. Spektakulärer Fjellübergang und beeindruckende Fahrt in den engen Aur-landsfjord (Seitenarm des Sognefjord).

Route 2: via Telemark ist im eigenem Auto an reiner Fahrzeit in knapp einem Tag realisierbar. Inkl. Abstecher und Stops mit 2-4 Tagen einkalku-lieren. Details siehe nachfolgende Routenbeschreibung.

Die Route läßt sich ab Haukelifjell über lohnende Querverbindungen nach Stavanger ausdehnen. Hier via Küste rauf nach Bergen, Extra-zeitbedarf ca. 3-5 Tage. Alle Seitenverweise für Abstecher an den Textstellen der Route 2, wo Abzweigungen bestehen.

OSLO ⋙⟶ BERGEN VIA TELEMARK

**Oslo-> Drammen-> Kongsberg-> Haukeligebirge-> Hardan-
gerfjord/Odda-> Bergen:**   **ca. 53o km**

*Durchs liebliche Telemark mit vielen alten Bauernhöfen. Norwegens
größte Stabkirche HEDDAL direkt an der Strecke (bei Notodden). - In
MORGEDAL Geburtsstätte des modernen Abfahrtsskis (kleines
Museum). - Wechselnde Szenerie dann auf der Haukelistraße entlang der
schroffen Südausläufer der Hardangervidda mit Dauerschnee auf den
Berghängen und Sommerski bei DYRSKAR.*

*Lohnende Abstecher und Routenvarianten sind nicht nur BØ (mit Lifjell,
Wander- und Skigebiet), - sondern insbesondere auch die Seenkette Ban-
dak- und Flåvatnet, tief eingeschnittene Inlandsfjorde, die durch den berühmten BANDAK-KANAL verbunden sind. Eines der schönsten Kanal-
und Seensysteme Skandinaviens; in den Sommermonaten fahren noch die
Originalschiffe, wie sie seit über 1oo Jahren auf dem Kanal im Einsatz
sind. Interessantesten Schleusenstufen zwischen Ulefoss und Lunde!*

*Als totaler Gegensatz der letzte Streckenabschnitt bis Bergen/HARDAN-
GERFJORD, der ab Odda fast komplett ausgefahren werden kann. Zudem
nur eine Fährüberfahrt, Kurzstrecke und häufig verkehrend!*

*Insgesamt ist die Verbindung Oslo-> Bergen (via Telemark) kurvig, doch
in Teilstrecken flott befahrbar, oft kommt man sogar an die in Norwegen
erlaubte Höchstgeschwindigkeit ran. Durch Tunnelführung/Haukeliseter
ganzjährig befahrbare Strecke nach Bergen.*

Transporte

 Keine durchgehende Busverbindung Oslo-> Bergen via
Telemark (Grund ist der ganzjährig verkehrende Zug Oslo->
Bergen, der die Sache in jedem Fall schneller erledigt als
jegl. Straßenverbindung), - so doch:

Durchgehende Fernbusse tägl. ab Oslo via Notodden-> Åmot-> Seljestad (fahren weiter
die RV 11 bis Haugesund/nördl. Stavanger). In Seljestad (ca. 25 km südl. von Odda)
umsteigen in den Bus von Kristansand über Odda nach Voss, dann Bahnanschluß. Auch
die Parallelstrecken zur RV 11 und Querverbindungen, beispielsweise nach Bø, Lunde
und nach Dalen, werden mehrmals täglich bedient. Wer ohne eigenes Auto reist: im
Prinzip per Bus möglich, wegen der Umsteigerei aber unbedingt vorab Fahrpläne der
Region besorgen!

 Täglich häufige Zugverbindungen Oslo-> Larvik-> Skien
(Dalenkanal). - Das Eisenbahngleis Oslo-> Kristiansand
(mehrmals tägl.) bedient die Orte Kongsberg-> (Notodden)->
Bø-> Lunde. Auf den Zug abstimme Busanschlüsse.

VON OSLO NACH DRAMMEN anfangs über Autobahn (E 18), die Drammen am östlichen Stadtbereich umfährt (geringe Maut) Ausfahrt Drammen Nord führt direkt ins Zentrum. Landschaftlich spannungslos, stark bebaut und weite Agrarflächen.

✦ Drammen   (ca. 52.ooo Einw.)

Modernes Hochhauszentrum und Hauptstadt der Provinz Buskerud. Viel Industrie, schon seit Jahrhunderten dreht sich alles ums Holz, das über den Drammenselv bis in die Stadt geflößt wurde. Heute zusätzliche Eisen-, Metallverarbeitung und größter Einfuhrhafen für Pkw.

 Brognestorg 6, 3oo8 Drammen. Tel. 32 8o 62 1o, Fax: 32 8o 66 31.

Spaß macht der Abstecher durch die Drammenspirale zum HAUSBERG, nach dem Motto: Lenkrad einschlagen und Gas geben, geht's 2 km im Kreis durch den Bergtunnel wie in einem Parkhaus zum Aussichtsberg rauf. Originelle Straßenführung, die ursprünglich einen anderen Zweck verfolgte:

> Die Stadt brauchte einen Steinbruch für den Straßenbau. Um das Landschaftsbild nicht zu verschandeln und den Protesten der Bevölkerung aus dem Weg zu gehen, wurde der Berg in den 5oer Jahren einfach von innen ausgehöhlt - und gab einen vorbildlichen Steinbruch ab.

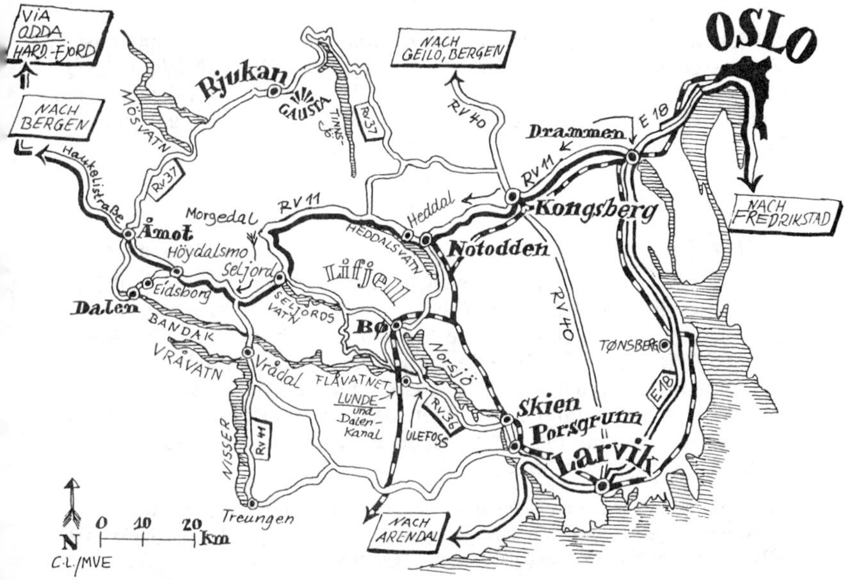

Ganzjährig befahrbar, 6 Spiralumdrehungen mit 1o % Steigung. Maximale Durchfahrtshöhe 3,35 m, insgesamt 15o Höhenmeter durch den Tunnel. Preis retour 2,5o DM, Reisebusse 12 DM, selbst Wohnmobile können die Spirale passieren, nur Fahrräder sind leider nicht erwünscht. Von dem großen Parkplatz bietet sich ein prima Ausblick.

Oben auf dem Gipfel: Restaurant mit Aussichtsterrasse und kilometerlange Wanderwege. Zufahrt Auto: von der E 18 im Stadtzentrum rechts, Richtung Krankenhaus rauf, Spirale ausgeschildert. Bus: an So. und Feiertagen 3 x tägl. ab Bahnhof.

Auf der Strecke nach Kongsberg lohnt ein Abstecher von 4o km zu den KOBALT-GRUBEN und das "BLAAFARVEVÆRKET" bei Åmot (RV 35). In den Gruben wurde seit 1773 kobalthaltiges Erz abgebaut, mit dem in Porzellan- und Glasfabriken die tiefblaue Farbe erzeugt werden kann. Seit 1993 können die Stollen besucht werden. Die Weiterverarbeitung (Blaafarveværket) und das Leben der Bergleute wird auf dem weitläufigen Gelände deutlich.

Nicht nur für Kunstliebhaber dürfte die permanente Ausstellung der Bilder des norwegischen Malers Th. Kittelsen interessant sein, dessen Troll-gemälde im ganzen Land anzutreffen sind. Zudem wechselnde Gemälde-ausstellung und weitere Attraktionen.
Offen: Blaafarveværket: Ende Mai bis Ende September 1o-18 Uhr. Kobaltgruben: Ende Mai bis Ende September 12-18 Uhr.

Zurück an der RV 11 befindet sich nur wenig abseits der Hauptstraße in Vestfossen der sehenswerte Herrensitz "FOSSESHOLM HERREGÅRD". Er wurde 1541 errichtet und zählt zu den größten Holzhäusern des Landes. Der einzigartige Herrenhof ist im Stil des 18. Jh. eingerichtet, die Tapeten stammen aus Deutschland. Mitte Mai bis Ende Sept. tägl. 12-18 Uhr.

★Kongsberg   (ca. 2o.ooo Einw.)

Die älteste Bergwerkstadt Norwegens, am Eingang ins Numedal lohnt einen Stop für den Besuch der Silbergruben. Trotz der 2o.ooo Einwohner nur ein kleines Zentrum um die Staustufe des breiten Lågen. An der HAUPTSTRASSE STORGATA einige alte Holzhäuser neben modernen Geschäftsbauten erhalten. Sie erstreckt sich von der Brücke über den Lågen bis zum Bahnhof mit einigen Banken, Sportgeschäften, Imbiss- und Caféstuben. Zum Jazzfestival in der ersten Juli-Woche steht die ganze Stadt für einige Tage Kopf.

Als sichergestellt war, daß sich der Abbau der Silbervorkommen lohnte, legte der dänisch-norwegische König Christian IV. 1624 den Grundstein für die KÖNIGSSTADT. Silberwaage und Schwert zieren das Stadtwappen.

125 Jahre später waren bereits über 4.ooo Bergleute in den Silberminen beschäftigt. Kongsberg blühte mit 1o.ooo Einwohnern zur zweitgrößten Stadt Norwegens auf (nach Bergen). Das Know-how lieferten deutsche Bergleute aus Sachsen, die 1783 auch eine Bergakademie (Bergseminaret) zur Schulung norwegischer Bergleute gründeten und solchen Einfluß hatten, daß sie jahrzehntelang den Bürgermeister stellten.

Die 3oo Jahre lange Bergbautradition (Schließung 1947) wurde schließlich durch die einträglichere Waffenfabrikation abgelöst.

 Gegenüber Bahnhof in der Storgate 35, 36oo Kongsberg, Tel. 32 73 5o oo, Fax: 32 43 5o o1. Ganzjährig geöffnet, Mo.-Fr. 9-16 Uhr, zur Saison bis 18 Uhr, auch Sa./So.

 Im Numedalsveien 1, nahe der Brücke. Offen: Mo.-Fr. 8.3o-16.3o Uhr, Sa. 9-13 Uhr.

 Im Zentrum Skolegate. Offen: Mo.-Fr. 8-16 Uhr, Sa. 8-13 Uhr.

Das SILBERMUSEUM (Bergverkmuseet) im ehemaligen Schmelzwerk zeigt den kompletten Ablauf von der Grubenarbeit (Schachtmodelle) bis zur geprägten Silbermünze. Einmalige bizarre Silberfunde; in kleinen Hohlräumen konnte das Silber frei wachsen, so daß sich besonders originelle Figuren wie "Schlange", "Pudel" bildeten. Der größte Klumpen aus purem Silber wiegt gut 11 kg. Aus einer Tonne Silbererz wird je nach Ergiebigkeit nur 2oo-5oo g reines Silber gewonnen. Schmelz-, Legier- und Prägevorgänge von Silbermünzen anschaulich dargestellt; umfangreiche Münzsammlung.

Der Prozeß der Silbergewinnung in Stichworten: Das abgebaute Gestein wird außerhalb der Gruben im "Scheidehaus" gesiebt; vielversprechende Brocken per Hand aussortiert, mechanisch bis auf Sandgröße zerkleinert, anschließend in der "Wäscherei" ausgeschwemmt (verschiedene Methoden). Modell im Museum. Da Silber 4 mal schwerer als Stein ist, fällt es dabei schneller zu Boden. Durch chemische Verfahren auf 9o-98 % reines Silber aufbereitet.

Im Bergwerksmuseum integriert das Skimuseum der Brüder Ruud (Birger Ruud war einer der populärsten Skisportler Norwegens). Entwicklung des Skis, der Technik, Medaillen.

Museum in der Hyttegata nahe der neuen Brücke. Geöffnet täglich 18.5.-31.8. 1o-16 Uhr, September 12-16 Uhr, sonst So. 12-16 Uhr. Eintritt 8 DM, Kinder 2,5o DM.

FAHRT INS SILBERBERGWERK - KONGENSGRUBE

Die Silbergruben liegen ca. 7 km außerhalb an der RV 11 Richtung Notodden. In Saggrenda, 1 km rechts der Straße Wegweiser Sølvgruvene, Busverbindung vom Zentrum. Kurz vor den Gruben schöner Badeplatz.

Mit der alten Grubenbahn geht's laut ratternd 2,3 km (fast waagerecht) in den Stollen. Im Berg konstant + 5° C, warmen Pulli mitnehmen. Seit dem

Abbauende 1958 ist die Zeit hier unten stehengeblieben.

Der erste Aufzug der Welt, eine Erfindung deutscher Bergleute aus dem Harz (1876), mit Wasserantrieb und der treffenden Bezeichnung "Fahrkunsten". Die Stollen wurden früher im Schneckentempo von 1 1/2 Meter pro Monat (!) durch Feuersprengung aus dem Granit geknabbert. (Vor der Felswand wurden große Feuer entfacht; durch die enorme Hitze und anschließendes Abschrecken sprang das Gestein.) Schwarzpulver erleichterte Ende des 17. Jh. die Sprengung. Dynamit wurde erst 1867 vom Schweden Alfred Nobel erfunden.

Die Entdeckung der Silbervorkommen verdankt man dem Zufall, besser gesagt zwei Kindern, die beim Kühehüten einen silberglitzernden Klumpen fanden und mit nach Hause nahmen. Der Vater witterte klingende Münze, schmolz das Silber heraus und wollte es in Geld umsetzen. Das lockte die Posten des dänischen Königs auf die heiße Spur. Ab sofort wurden alle wertvollen Metalle, die je in Norwegen gefunden werden sollten, zum Eigentum des dänischen Königreiches erklärt.
1623 begann der Abbau untertage - der dickste Silberklumpen wog immerhin 1oo kg. Bereits 177o gab es 6o Gruben, die gut 1.ooo m tief unter die Erde reichten.

Dauer der Führung ca. 1 1/2 Std. Mitte Mai bis Ende August 3 x tägl., Juli bis Mitte August 4 x tägl., Sept. 1 x tägl. Eintritt 12 DM, Kinder 5 DM. Busverbindung ab Kongsberg.

Die KIRCHE in Kongsberg ist mit 3.ooo Sitzplätzen eine der größten Norwegens. Barocke Innenausstattung mit Stuckarbeiten. Die Idee und Planung stammt von dem deutschen Berghauptmann Stuckenbrock aus dem Harz. Nach 2o Jahren Bauzeit wurde sie 1761 geweiht. Führungen 18. Mai bis 31. August tägl. 1o-16 Uhr. Sa./So. kürzer.

LÅGDALMUSEUM, großes Freilichtmuseum mit gut 4o Bauernhäusern aus dem benachbarten Numedal und Umgebung. Im modernen Museumsgebäude eine Sammlung verschiedener Gebrauchsgegenstände und Volkskunst. Jeden Mittwoch im Juli traditionelle Volkstänze. Offen tägl. 18.5.-31.8. 11-17 Uhr.

"Grandhotel", Chr. Aug. gate 2, mitten im Zentrum. Mehrstöckiges Hochhaus, besticht nicht gerade durch spannende Architektur, dafür Schwimmbad und Sauna. DZ mit Frühstück ca. 145 DM. Gutes Restaurant im Erdgeschoß. Muscheln, Scampi etc. zu entsprechenden Preisen.

"Gyldenløve", Herm. Fossgate 1, direkt am Bahnhof, recht konventionell; geräumige Zimmer mit großer Sitzgruppe, 84 Betten, alle Zimmer mit Du./Bad und TV. DZ ab 16o DM, inkl. Frühstück.

Jugendherberge, 9o Betten, Vinjesgt. 1, ca. 1 km vom Zentrum.

Camping Skavanger, ca. 1 1/2 km vom Zentrum an der RV 4o Richtung Geilo. Auch Wintercamping. Kleiner Platz mit Bäumen, eine Handvoll Campinghütten eng beieinander.

Trotz der beiden Sterne etwas heruntergekommene Sanitäranlagen. 1.6.-
2o.8.

 DEN GAMLE KONGSBERG KRO, am Numedalsveien
gegenüber der Post, in einem alten norwegischen Landhaus,
mit Blick auf die breiten Stromschnellen des Lågen. Auch
Tische im Freien, allerdings Autolärm. Pizzeria, meist auch
Forelle auf der Karte.

 **Wandern**: Bei Spaziergängen auf dem Jonsknuten (9o4 m
hoch), dem Silberberg, trifft man immer wieder auf Spuren
des ehemaligen Bergbaus, Stollen, Ruinen etc. Spezialwander-
karte "auf den Spuren des Bergmanns" im Turistkontor.

 **Reiten**: Pferdeverleih und Reitunterricht in der Reitschule
Kirkesaether, 5 km außerhalb in Skollenborg. Sørby Gård
Hesteutleie.

Hallenbad: In der Reinsgate, am Numedalslågen. Im Winter tägl. außer
Freitag geöffnet.

Orientierungslaufen: Für Orientierungsläufer ist die Umgebung rund
um das Silberstädtchen das reinste Vergnügen. Rund zwei Dutzend Orien-
tierungslaufkarten, was selbst für norwegische Verhältnisse außerordent-
lich ist, sind im Touristbüro erhältlich.

 **WINTERSPORT**
Kongsberg hat sich einst als größtes Ski-Sprungzentrum
der Welt einen Namen gemacht und gilt heute noch als
bekanntes Slalomgelände Norwegens, äußerst verkehrs-
günstig zu Oslo.

Das Skizentrum gut 1 1/2 km am Ortsrand, mit 3 Schleppliften bis auf
565 m plus ein Kinderlift. 5 Abfahrten bis zu 2.ooo m Länge, sogar 2
schwarze Pisten. Tageskarte 45 DM, Wochenpaß günstiger. Skiverleih
und Skischule an der Talstation beim Parkplatz.

Langlauf: Der ganze Hang ist von Langlaufloipen durchzogen, bis zur
Gipfelstube Knutetoppen auf 9oo m. Am besten mit dem Lift rauf und auf
dem Fjell beginnen. Schöne Aussicht und einige Wärmestuben an den
Loipen. Ebene Loipen ab Liftparkplatz, abends mit Flutlicht.

Transporte ab Kongsberg

 **Bahnhof** am Ende der Storgata
Kongsberg-> Oslo 3-5 x tägl., 1 1/2 Std.
Kongsberg-> Kristiansand-> Stavanger 4-6 x tägl., ca.
6 1/2Std.

 **Bus**
Kongsberg-> Notodden, 1 x werktags, umsteigen zur
Stabkirche Heddal
Kongsberg-> Rjukan, an den Südausläufern der Hardanger-
vidda, 2 x tägl.
Kongsberg-> Oslo, 3 x tägl.
Kongsberg-> Larvik, 2 x tägl., ca 2 1/4 Std.
Kongsberg-> Geilo durchs Numedal 3 x werktags, Sa./So. 1-2 x
Kongsberg-> Røldal, Hardangerfjord 1 x tägl.

Telemark

*Auf halbem Weg von Kongsberg nach Notodden wird die PROVINZ-
GRENZE TELEMARK überschritten, eine der lieblichsten Landschaften
Norwegens. Ungemein kontrastreich, Seen und Wälder wie auch kahle
Fjells.*

*Zwei der interessantesten STABKIRCHEN an der Route: HEDDAL und
EIDSBORG. Viele Möglichkeiten zum Wandern, Paddeln auf einsamen
Seen und Flüssen. Im Winter ein traumhaftes Skigebiet für Langlauf und
Slalom.*

*Die Haukelistraße RV 11 schneidet Telemark praktisch in zwei Hälften.
Schöne Stops und lohnende Abstecher rechts und links. Die schönsten
Stabburen (Vorratsspeicher) unmittelbar an der Strecke, teilweise dekora-
tiv bemalt.*

✦ Notodden   (12.ooo Einw.)

Industriestadt am Heddalsee mit allem was dazugehört: rauchende Schlote,
Fabriken, Holzverarbeitung und große Geschäftszentren. Touristisch im
Ort nichts Attraktives, doch die größte Stabkirche Norwegens HEDDAL
nur ein Katzensprung entfernt. Bahnstation.

Bluesfans werden über Notodden allerdings anders denken: Die Stadt gilt
als Blueshochburg Norwegens. Bluesfestival im August.

 Im Bahnhof, Sam Eydesgate 29, 367o Notodden, Tel. 35 o1
35 2o.
Post, **Bank** in der Storgata.

"**Hotel Telemark**", 4-stöckiges Stadthotel im Zentrum, Torget 8, 132 Betten, DZ ab
16o DM inkl. Frühstück.

Jugendherberge: Sauheradv. 3, 367o Notodden. 2oo m vom Bahnhof entfernt. Offen
Anfang Juni bis Ende August.

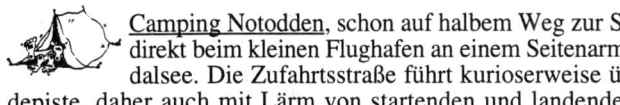 Camping Notodden, schon auf halbem Weg zur Stabkirche, direkt beim kleinen Flughafen an einem Seitenarm des Heddalsee. Die Zufahrtsstraße führt kurioserweise über die Landepiste, daher auch mit Lärm von startenden und landenden Propellermaschinen rechnen. Als 4-Sterne-Platz nicht billig. Offen Mitte Mai bis Ende August. Bushaltestelle.

Die STABKIRCHE HEDDAL, ca. 5 km außerhalb Ri. Seljord, unmittelbar rechts der RV 11, größte und berühmteste Stabkirche Norwegens. Ein prächtiger Bau mit verschachtelten Holzschindeldächern in 5 Etagen.

Der Wechsel von Pult- und Giebeldächern bringt Dynamik in die hochgereckte, einzigartige Dachkonstruktion. Die beiden zierlichen Rundtürmchen zeigen den ältesten Teil der Kirche aus der Mitte des 12. Jh. Zur heutigen Größe wurde sie bereits 1oo Jahre später ausgebaut. Kunstvolle Schnitzereien aus dem Anfang des 13. Jh. flankieren die Eingänge. Zwei sich umarmende Bären am Westportal, rankende Pflanzen, die vermeintliche Rosette entpuppt sich als vielköpfige Schlange.

Der Innenraum wurde mehrfach umgebaut bzw. "restauriert". Ein interessantes Aquarell aus dem Jahre 1835 von A. Tidemand (in der Malerisamling Lillehammer) zeigt das damalige Interieur mit Galerien und Masten im Mittelschiff.

In den 5oer Jahren wurde Heddal für 2 Millionen Kronen wieder nach alten Zeichnungen in den mittelalterlichen Zustand versetzt, mit offenem Kirchenraum und freiem Blick in den Dachstuhl. Rosenmalerei an den Seitenwänden sowie biblische Szenen stammen aus dem 17. Jh.

Im Chor ein schön geschnitzter Holzsessel, der sogenannte Bischofsstuhl, der aber nie einen Bischof gesehen hat und wohl älter als die Kirche ist. In der Rückenlehne eine heidnische Szene aus der Nibelungensage: Gunnar läßt Brünhild durch ein Täuschungsmanöver von Sigurd für sich "erobern". Taufbecken und Stuhl im Chor aus einer ehemaligen Kirchensäule geschnitzt. Im geschützten Umgang neben dem Südportal einige Runenzeichen an der Kirchenwand, die als Entstehungsdatum interpretiert werden.

Im Svålgang mußten früher die Waffen abgelegt werden, während Messer in der Kirche erlaubt und als Hutgarderobe eingesetzt wurden. Links im Chor jede Menge Einstiche zu sehen.

Die Kirche wird heute noch für Gottesdienste und als originelle Kulisse für Hochzeiten benutzt. Offen: 15.5.-2o.6. 1o-17 Uhr, 21.6.-2o.8. 9-19 Uhr, 21.8.-15.9. 1o-17 Uhr, So. ab 13 Uhr. Eintritt: ca. 6 DM.

Kleines FREILICHTMUSEUM 2oo m entfernt auf der Anhöhe.

WEITERFAHRT AB NOTODDEN

* WER'S EILIG HAT, bleibt ab Notodden auf der RV 11, abwechslungsreiche Strecke; in 6o km bis SELJORD. Breite Täler, vorbei an Seen, Flüssen und Wasserfällen. Gut ausgebaute Straße. Einige Camps und Pensionen unmittelbar an der Route. Nach 45 km schöne Aussicht von der Paßhöhe Flatdal.

 Direkt bei der Runterfahrt in einer scharfen Kehre das hübsche Landhotel "**Nutheim Gjestgiveri**", im Telemarkstil eingerichtet. Schön für einen Kaffeestop, zum Übernachten weniger zu empfehlen, denn die Autos kurven gleich von zwei Seiten ums Zimmer rum.

Im Weiler <u>FLATDAL</u> knapp 1o wuchtige Stabburen, für die es sich lohnt, eben über die Holzbrücke rechts abzubiegen. Die hübschen alten Lebensmittelspeicher auf Pfählen stehen hier nah beieinander, teilweise sehr dekorativ geschnitzt und immer noch in Gebrauch. Ortsbeschreibung Seljord und weitere Routenbeschreibung der RV 11 siehe Seite 377.

* <u>WER MEHR ZEIT HAT</u>, kann ab Notodden entweder durch das nördliche Telemark über Rjukan, Raulandsfjell nach Åmot an der Hauptstrecke RV 11 fahren (siehe Seite 385), Abzweig 2 km nach der Stabkirche erst RV 361, dann gut ausgebaute Straße RV 36 am Seeufer entlang.

Alternativ den lohnenden Süd-Schlenker über das <u>LIFJELL</u> (mit schönen Wandermöglichkeiten), BØ nach <u>SELJORD</u> einbauen. An reiner Fahrzeit kein großer Umweg, nur knapp 1o km länger, dafür schöne Strecke am Seljordsvatnet entlang.

Sehr lohnend zugleich: ab Bø noch den Telemark (Bandak-)Kanal miteinbauen! Details siehe folgender Text.

Von Notodden geht's anfangs am <u>HEDDALSEE</u> entlang in knapp 3o km nach:

★ Bø   (1.6oo Einw.)

Ein Verkehrsknotenpunkt, der kaum durch sein Stadtbild besticht. Die touristische Bedeutung von Bø liegt in der guten Erreichbarkeit für Sommer- und Wintersport sowohl ab OSLO (gute Straßen- und Zugverbindung), aber auch vom Fährhafen LARVIK an der Südküste. Das 15 km entfernte Lifjell (8oo-1.3oo m) ist zudem d a s Wintersportgebiet Norwegens, welches am schnellsten ab Fährhafen Larvik erreicht werden kann (E 18, RV 36).

Sommerattraktion ist der Vergnügungspark "Telemark Sommarland", u.a. Wasserrutschen in allen Variationen.

 38oo Bø, Tel. 35 95 18 8o.
<u>Post</u>: rotes Holzgebäude an der Straße zum Bahnhof, 1oo m nach der Kreuzung.

 "**Bø Hotell**", 4oo m abseits der Hauptroute (ausgeschildert), sehr ruhig gelegen. Architektonisch weniger begeisternd, moderner Flachbau aus Waschbeton. 18o Betten, DZ mit Dusche ab 19o DM.

Günstiger die hübschen, rustikalen Hütten auf dem ** <u>Campingplatz</u> "<u>Beverøya</u>", im Winter oft ausgebucht, rechtzeitig voranmelden. Sehr

schön unter Kiefern an der Flußbiegung gelegen. Viele Dauerwohnwagen. Am Ortseingang von Bø (ca. 1 km außerhalb).

 Camping Bø, 4,5 km Richtung Lifjell im Wald und an der
Straße. Viele Dauercamper. Große Hütten. Laden.

An der Hauptstraße Cafeteria "VERTSHUSET BØ", Übernachtung, möglichst ein Zimmer zur ruhigeren Seite nach hinten raus geben lassen.

Transporte ab Bø

 **Bushaltestelle** neben Bahnhof, Ausschilderung Bø St.
Bø-> Lifjell-Hotel: 1-2 x täglich, dauert ca. 15 Min.
Bø-> Notodden: 4 x werktags, dauert ca. 1 1/2 Std.
Bø-> Skien: bis 4 x an Werktagen, Sa./So. seltener, ca. 1
1/2 Std. Bø-> Haukeligrend: 3 x täglich, werktags ca. 3 Std.

Fernlinie nach Westnorwegen:
Bø-> Haugesund, 1 x täglich, ca 8 Std., ca. 7o DM
  -> Rauland, 1 x täglich, ca. 3 Std.
  -> Dalen, bis zu 3 x täglich, ca. 2 1/2 Std.

 **Bahnhof**
Bø-> Stavanger: 3 x täglich, ca 7 1/2 Std.
Bø-> Oslo: 4 x täglich, ca 2 Std.

Taxi ab Bahnhof und Platz/Zentrum. Taxifahrt zum Wander- und Skigebiet Lifjell.

Gepäckaufbewahrung im Bahnhof, auch Skiaufbewahrung.

Lifjell-Wander-/Skigebiet

15 km von Bø. Landschaftlich sehr schön:
Lichter Wald überragt von kahlen Fjellkuppen bis
auf 1.3oo m, reizvolles Skigebiet zudem von der
Küste (Larvik) bequem in nur 1oo km erreichbar. Es gibt 3o km Lang-
laufloipe sowie 3 Schlepplifte mit insgesamt 3,5 km Abfahrtspisten. Jede
Menge an hübschen Ferienholzhäuschen (Vorbuchen bzw. Kontakt-
adressen übers Touristkontor Bø).

Für den Wintersport wurde das Lifjell in den letzten Jahren kräftig ausgebaut: neben dem traditionellen Langlauf und Abfahrtsski gibt's zwischenzeitlich auch Rodelbahnen, Bobbahnen. Auch für die Kinder ist gesorgt,
u.a. Wettbewerbe, wer die schönste Schneeburg baut!

 Auf halber Höhe (45o m) "**Lifjell Turisthotell**" mit weitem Blick übers Tal. Aufgelockerte Architektur, hübsch unter Kiefern am Hang. 15o Betten, DZ mit Dusche ca. 2oo DM inkl. Frühstück. Swimmingpool, Tennisplatz. Hotelbus zum 6 km entfernten Lifjell Skizentrum, Übungshang mit Lift und Loipen, direkt beim Hotel. 6 km weiter das Lifjell Skizentrum mit Schlepplift (8oo m Pistenlänge), Skiverleih, Skischule und großem Parkplatz.

Am Ende der Straße die "**Lifjellstugo**", eine urig rustikale Berghütte auf 75o m, allerdings nur 5o Betten, gerade über Ostern gerammelt voll, deswegen rechtzeitig vorbuchen! Halbpension im DZ 18o DM.

"**Lifjell Feriensenter**", Hüttenanlage direkt bei den Loipen. Große, moderne Hütten für 4-6 Personen. Komfortabel und gemütlich - mit TV. Einkaufsmöglichkeit.

Direkt bei der Hütte bzw. beim Parkplatz beginnen die gespurten und markierten Skitouren übers Fjell. Als Rundtouren unterschiedlicher Länge kombinierbar, mit verschiedenen Farben gekennzeichnet (Skiverleih).

Ein beliebtes Ziel ist die "**Hollane Hütte**": anstrengende Tour (1o km) bergrauf (bis auf 1.1oo m), bergrunter mit tollem Panoramablick auf die verschneiten Täler und Seen Telemarks, das Fjell mit seinen windzerzausten Schneewehen.

In der "**Hollane Hütte**" Übernachtungsmöglichkeit, von dort aus weitere Touren ins Nachbartal nach Heddal (9 km) oder Seljord (13 km) möglich. Die Hütte mit 22 Betten ist jedoch nicht ganzjährig geöffnet, Verpflegung muß selber mitgebracht werden. Transport im Winter durch die Pistenraupe möglich.

⇨ **Ab BØ entweder** über die RV 36 in rund 36 km nach **SELJORD** an der RV 11. Schöne Strecke, anfangs im breiten, ziemlich besiedelten Bødalen entlang. Immer wieder hübsche Stabburen, freistehende Vorratsspeicher auf Stelzen. Zu beiden Seiten flankieren sanfte Hänge die Route, beim Seljordvatn wird das Tal schmaler, für Siedlungen bleibt kaum noch Platz, steile Berghänge. Der langgestreckte Seljordvatnet mit waldigem Ufer und kleinen, bewaldeten Inseln, ein idealer Paddelsee.

 Einfacher Campingplatz auf halbem Weg nach Seljord. Zwischen Straße und See unter Birken eine handvoll kleiner, sehr einfacher Sommerhütten. Unmittelbar vom Platz aus kann man sein Boot zu Wasser lassen.

Als Gesamtstrecke zwischen Bø und Seljord/RV 11 flott zu befahren, gut ausgebaute Asphaltstraße.

⇨ **Wesentlich mehr Spaß** bringt jedoch die Umwegroute von Bø nach LUNDE. Wer sich für den Telemark (Bandak-)Kanal interessiert, fährt über die RV 36 Richtung Ulefoss. Der interessanteste Bereich dürften die mehrstöckigen Schleusen beim Vrangfoss sein: 5 Schleusenkammern im Wald, sie sind die größten des Kanals! Zur Durchquerung braucht die 1882 gebaute "Victoria", die heute noch in den Sommermonaten auf dem Kanal fährt, rund 3o Min., - somit genügend Zeit für Fotos: dürfte eine der schönsten Stellen für Fotos entlang des Kanals sein!

Die Abzweigung (ab Straße Ulefoss-> Lunde) zum Vrangfoss ist ausgeschildert. Die "Victoria" passiert die Schleusen gegen Mittag, Fahrplan besorgen (siehe Heft "NORWAY-Fahrpläne" vom Norwegischen Fremdenverkehrsamt).

Über eine Straße ab Vrangfoss, die nördlich den See tangiert, retour nach
Lunde. Entlang der Strecke erwischt man nochmals die "Victoria", wie sie
sich traumhaft schön über den kleinen See mit seinen bewaldeten Ufern
pflügt. (Details zum Telemark-Kanal siehe Seite 255.)

Wer zu zweit im Auto unterwegs ist und gerne ein Teilstück mit der "Victoria" fahren
will: Münze werfen! Derjenige mit dem Kopfstück steigt in Ulefoss ein, Abfahrt 1o.3o
Uhr, Ankunft Lunde gegen 13.15 Uhr, somit rund 3 Std. - Der Partner fährt das Auto
parallel auf der Straße, inkl. des Abstechers zu den Schleusen beim Vrangfoss.

Ab LUNDE dann über die asphaltierte Straße nach NES (die nördlich des
Flusses verlaufene Straße nehmen!), sie führt bald weit oben am Steilufer
des Flåvatn entlang. Biegt bei der Seenase bei Kilen landein, Nord und
steigt in die Berge rauf. Überquerung durch Waldgebiete zum Südufer des
Seljordvatnet. Ab hier Asphaltstraße am Seeufer entlang nach SELJORD
an der RV 11.

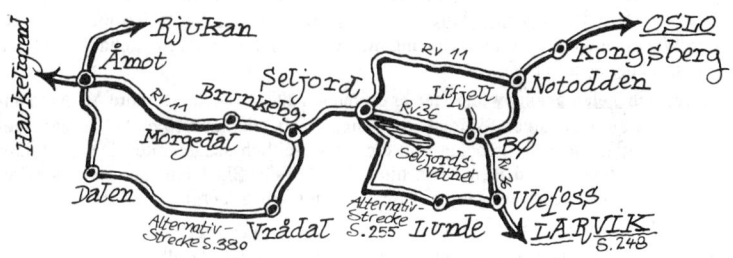

★ Seljord

(1.3oo Einw.)

Am westlichen Ende des Seljord Sees. Wichtiges Einkaufszentrum direkt
an der RV 11 rechts und links der Straße mit einer Reihe von Supermärkten, Tankstelle, Bank, Souvenirshops und sogar eine Buchhandlung.
Der kleine Ort versorgt die Region, insbesondere Sommertouristen, die
entlang des Sees auf Campingplätzen bzw. in Hütten Ferien machen.

Am grünen Hang (Wiesen und Wald) ziehen sich die Häuser des Ortes
hinauf. Teils auch traditionelle Häuser im Telemarkstil mit kunstvoll geschnitzten Veranden und farbigen, wettergegerbten Holzspeichern.

 Camping Nes, etwas abseits schön auf einer Landnase im See
gelegen. Kiosk, Campinghütten mit insgesamt 4o Betten.

Einige Privatzimmer im Ort.

Camping Garvikstrondi, auf der Gegenseite am See schön gelegen. Gepflegte Anlage. Wiesenplätze und Kinderspielplatz, Bootsverleih, Kochgelegenheit.

Ab SELJORD die Hauptroute RV 11 über den Kreuzungsort BRUNKEBERG nach MORGEDAL.

Bei BRUNKEBERG bietet sich bei etwas Zeit ein lohnender Schlenker südlich der Hauptroute über Vrådal und Dalen zur kleinen Straßensiedlung HØYDALSMO mit Tankstelle Dagligvarer (Superladen). Details dieser Streckenbeschreibung siehe Seite 38o.

✦ Morgedal   (38o Einw., 45o m)

Der kleine Ort am Morgedalsee ist als Wiege des Skisports in die Geschichte eingegangen. Morgedal selbst besteht im wesentlichen aus zwei Hotels und einigen verstreuten Landwirtschaften am Hang. Schöne Angel- und Rudermöglichkeiten auf dem kleinen See.

Sondre Norheim, ein Webstuhlmacher und perfekter Skifahrer experimentierte in seiner kleinen Werkstatt an den herkömmlichen, langen Brettern herum. Seine revolutionäre Erfindung 186o der Fersenbindung und des "Goldenen Skischnitts" ermöglichte zum ersten Mal einen kontrollierten Schwung mit den neuen Latten (breite Schaufel, schmal an der Bindung, breites Ende).

Im eleganten Telemarkschwung, den er erfunden hatte, "wedelte" Sondre Norheim anfangs nur mit einem langen Skistock die Hänge hinab. Hierbei werden bei aufgerichtetem Oberkörper die Knie gebeugt und die Arme seitlich ausgebreitet. Der Skifahrer schiebt in Kniebeuge ein Bein nach hinten, wobei der Ski leicht rausgedreht wird. Anschließende Gewichtsverlagerung, zusammen mit Skistock ergibt die Kurve.

Eine für damalige Zeiten revolutionäre Technik, die den Abfahrtsskisport begründete. Der junge Sport verbreitete sich schnell, bald wurden die ersten Wettkämpfe veranstaltet.

1881 Gründung der ersten Skischule der Welt in Kristiania (Oslo), 1896 schrieb der Österreicher Matthias Zdarsky das erste Skilehrbuch der Welt "Alpine Skilauftechnik", der auch 19o5 den ersten Torlauf der Skigeschichte in seinem niederösterreichischen Heimatort Lilienfeld veranstaltete.

Auch das Wort "SLALOM" hat seinen Ursprung in Telemark: Es ist Dialekt der Region, "sla" = sanftes Abgleiten, "låm" = Spur.

Neuere Techniken und die Weiterentwicklung der Abfahrtsski und Schuhe ließen dann in der 1. Hälfte des 2o. Jh. den "Telemark- Schwung" in Vergessenheit geraten.

Sein Comeback erfuhr er in den 7oer Jahren, als Skilehrer in Colorado/USA - leid der Pistenraserei - sich der alten Technik erinnerten. Telemark-Ski und -Schwung sind bei Tourenfahrten sowohl den heutigen Abfahrtsski, aber auch den Langlaufski insbesondere an steilen Hängen und im Tiefschnee deutlich überlegen!

Seit Jahren wird er wieder in den Skischulen gelehrt und wird bei Tourenfahrern immer populärer. Telemarkski sind gerade bei ungespurten Touren übers Fjell dem LL-Ski überlegen.

Original Telemarkski zur Dekoration im Turisthotel. Das kleine <u>OLAV BJAALAND MUSEUM</u> unterhalb des Hotels zeigt Bjaalands erfolgreiche Südpolfahrt (per Ski) als Begleiter Roald Amundsens. Offen zur Saison.

Sehenswert ist der urigste "<u>GAMMEL LANDHANDEL</u>" Norwegens, vom Boden bis zur Decke mit interessanten Sachen vollgestopft. Von der Thermoskanne, Ziegenkäse, Rentierfellen über Norwegerpullover, Souvenirs bis zu einer großen Auswahl typischer Messer ist alles zu bekommen. Nützliches, Lustiges, aber auch viel Plunder. Seit 1928 in Betrieb.

Nebendran ein außergewöhnlich schöner alter <u>Vorratsspeicher</u> mit kunstvollen Schnitzereien. Typisch für die reichen Telemarkstabburen sind die geschnitzten Figürchen in der Galerie, weiterer Stabbur beim Turisthotel.

"<u>Hotel Morgedal</u>", mit 13o Betten ein langgestreckter Komplex. Trotz der Größe behaglich: ungezwungene Atmosphäre. Sauna, Solarium und das Schwimmbad darf gegebenenfalls auch von Nicht-Hotelgästen mitgenützt werden. Geräumige Zimmer mit TV und Privatbad. Vorn raus mit Blick auf den See, hinten auf den Berghang. DZ ca. 17o DM. Vorreservierung zur Wintersaison, Weihnachten und Ostern, sehr zu empfehlen, - im Sommer Rabatt durch Hotelpaß.

"<u>Sondre Motell</u>" vermietet gut 1 Dtzd. kleine Hütten am Hang. Sehr einfache Ausstattung: zwei über Eck stehende Doppelstockbetten, Kleiderschrank, Tisch, nur eine Kochplatte. Sämtliche Kochutensilien sowie Schlafsäcke selber mitbringen. Auch im Winter geöffnet. Gemütlicher Aufenthaltsraum im Hotel.

<u>Morgedal Camping</u>, an der ruhigen Dorfstraße, direkt am See gelegen. Große, ebene Wiese mit Stromanschlüssen. Einige Hütten am Waldrand. Einfache Sanitäranlagen.

SPORT

Baden, Angeln und Bootfahren auf dem See, Kanuverleih und Tennis beim Hotel.

<u>**Wanderungen**</u> zu drei sehr schön gelegenen Berghütten, die ebenfalls zum Hotel gehören, allerdings nicht auf Übernachtung eingerichtet sind. Ausgeschildert "Natursti".

Bescheidenes <u>Wintersportgebiet</u>. Skipiste gleich neben dem Hotel Morgedal, 45o m lang, mit Schlepplift. Gespurte Langlaufloipen unterschiedlicher Länge starten unterhalb des Hotels. Die kürzeren im Tal, z.T. über den dick verschneiten See. Für die 35 km lange Tour über die Höhenzüge ist eine gute Kondition erforderlich. 2 1/2 km lange Flutlicht-Loipe. Skiverleih und Skischule beim Hotel sowie Fahrten in großen Schlitten mit Doppelgespann.

*Die **RV 11** führt weiter durch wellige Berglandschaften via Høydalsmo/ Ofte - nach ÅMOT, siehe Seite 384. Landschaftlich aber wesentlich lohnender die ca. 1o km von Morgedal retour zum Abzweigepunkt BRUNKEBERG zu fahren. Hier dann die südliche Parallelroute via:*

✳ Brunkeberg - Vrådal - Dalen - Høydalsmo

Gegenüber der RV 11 bedeutet diese Strecke rund 3o Extrakilometer, da sie über Strecken wesentlich kurvenreicher ist: ca. 1 1/2 Std. an reiner Fahrzeit länger. Bringt schöne Seen- und Berglandschaften!

Vom Abzweigepunkt BRUNKEBERG 17 km nach VRÅDAL: Südl. von Kviteseid (gemütlicher Ort, Supermarkt und Unterkünfte) geht die Straße eine ganze Zeit am Nordufer des Kviteseid-Sees entlang. Dann windet sich die Straße in vielen Kehren hinauf über eine Bergkette. Von den letzten Serpentinen schöner Blick über den See und die felsigen Bergrücken.

✳ Vrådal   (6oo Einw.)

Liegt bildschön in einem Talkessel an der Knickstelle vom Vrå- zum Nissersee. Die beiden Seen fließen in einem verwirrenden Labyrinth von waldigen Inseln und Halbinseln ineinander über. Sommer- und Wintersport, abwechslungsreiches "Revier" zum Baden, Paddeln und Angeln.

Der größere NISSERSEE, ein schmaler 4o km langer Schlauch, wird von 9oo m hohen Bergen eingerahmt, die Straße schlängelt sich direkt am Ostufer entlang.

Der Ort Vrådal selbst bietet nicht allzu viel (Post, Bank). Die allernötigsten Läden im "Zentrum" unterhalb des Turisthotells. Die Häuser ziehen sich am See entlang, überall Blick auf das gegenüberliegende Haegefjell und Langlifjell.

"**Vrådal Turisthotell og Hyttepark**", leicht am Hang, überblickt es Ort und See. Modernisiertes dreistöckiges Hotel, im Stil den bunten Stadthäusern angepaßt. Eigener Badesteg mit Bootsanlegestelle. Sauna und Whirlpool. 12o-Zimmer-Hotel, einige als Familienzimmer. Im Winter Bus zum Skilift.

"**Straand Hotel**", großer Hotelkomplex um das ursprüngliche hübsche Hotel im Telemarkstil. Großes Freizeitangebot: Swimmingpool, Reitstall, Trimmraum, eigener "Babylift" und Übungshang. Liegewiese am See mit Bootsanlegestelle. Im Winter kostenloser Skibus zum Vrådalsheisen. 235 Betten, DZ mit Dusche ca. 2oo-25o DM. Auch Appartements mit Kochnische.

In Vrådal gibt's einiges an **Hütten**; in der Regel Mindestmietdauer eine Woche. Über Ostern und Weihnachten restlos ausgebucht.

"**Nedre Strand Hytter**", am See, bei der Kreuzung Brunkeberg/Åmli. Große moderne Holzhütten am Wald, mit Küche, offenem Kamin; eigenes Boot im Mietpreis inbegriffen, ebenso Strom. Service vom Turisthotel darf mitbenutzt werden.

Kurz vor der Brücke über den Vråsee liegen:

"**Fiskebekk Hütten**", moderne große Hütten für 6 Personen, mit Kamin, Kühlschrank, Dusche. Nur 1 km zum Skigebiet.

"**Roholt**", einige Hütten im Wald, schöner Blick zum Nissersee. Kamin, Küche, Kühlschrank, Dusche und Heizung. Vermietung von Ski und Booten.

Preisbeispiel: Hütte für 6 Personen (knapp 6o qm) kostet zur Hauptsaison im Sommer pro Woche ca. 65o DM, in der Vor- und Nachsaison ca. 35o DM, über Weihnachten wieder 65o DM und an Ostern ebenfalls Saisonpreise.

An beiden Seen mehrere Campingplätze.
"Camping Steane" an der Straße Richtung Drangedal.
Ganz einfacher Platz am Waldrand, einige Hütten. Zum See ca. 5oo m. Nur im Sommer geöffnet.

Reitstall beim Straand Hotell. Für erfahrene Reiter werden Fjell-Ausritte angeboten, Minimum 2 Personen. Im Winter auch Schlitten- und Kutschfahrten.

Kleines **Wintersportgebiet**, 2 Lifte, ca. 6o km Loipe. Mittelschwere Piste. Bei der Abfahrt (2.ooo m) weiter Blick. Lift erschließt einen sanfteren Hang. Piste gut 4oo m lang, 8o m Höhenunterschied.

Langlaufen auf dem Fjell mit weitem Blick über Vrå- und Nissersee. Die Langlaufloipen starten oben rechts bei der Liftendstation (Sportstua). Touren unterschiedlicher Länge.

Wintercamping direkt an der Liftstation. Stromanschlüsse, heiße, saubere Duschen und Trockenraum für Handtücher und Skischuhe. Pauschalpreis 35 DM.

Minicafeteria mit kleinen Snacks und gemütlichem Kamin, zum Einkaufen muß man das Auto nehmen oder die Ski anspannen.

Zufahrt: Das Skizentrum liegt 4 km vom Ort entfernt (Skiheiser ausgeschildert) Richtung Vråsee, links ab, nach der Brücke den letzten Kilometer zum Parkplatz matschige Schlaglochpiste.

Transporte ab Vrådal

Ca. 2oo m nach der Kreuzung Richtung Brunkeberg großer Bushalteplatz der Vest Telemark Bilruter, mit kleinem Aufenthaltsraum.

Vrådal-> Treungen am anderen Seende: 1 x tägl.
Vrådal nach Arendal an der Küste: 1 x tägl., außer Samstag, Fahrzeit ca. 3 1/2 Stunden.
Vrådal-> Seljord-> Bø-> Skien: 1-2 x tägl., Fahrzeit ca. 3 Stunden.

 Die M/S Fråm fährt im Sommer 1 mal/Woche über den See ans Westende/Vråliosen (ca. 2 Std.) sowie 1-2 mal/Woche ans Südende des Nissersees nach Treungen (ca. 4 1/2 Std.). Als Strecke sehr lohnend und relaxing. In Treungen Busanschluß nach Årendal/Südküste.

Von VRÅDAL über DALEN bis HØYDALSMO (an der RV 11) - 65 km. Ab Vrådal gut 2o km am Vråvatnet entlang. Der See ist noch einsamer und idyllischer als der benachbarte Nisser Vatn.

Kiefern und Fichten bis dicht ans Wasser, während der ganzen Fahrt Blick aufs Langlifjell, nur vereinzelt Wohnhäuser.

** Camping Heglandsodden hübsch auf einem kleinen Sporn direkt am See gelegen. Stromanschluß für etwa 2o Caravans, Angeln gleich vom Platz aus möglich. Bootsverleih. Geräumige Hütten (winterisoliert),teilweise mit Kamin.

VRÅLIOSEN (2 km weiter am Seende): mit Superladen, Tankstelle und Minipostamt.

"Vråliosen" Hotel", im alten Telemarkstil, aus dunklem Holz richtig wohnlich. Zusätzlich kleine, einfache Miethütten. Boots-, Kanu und Fahrradverleih.

WEITERFAHRT durch die Berglandschaft Telemarks Richtung DALEN: Runde, dicht bewaldete Kuppen, - eine zwangsläufig gemütliche Fahrt: die vielen Kurven lassen kaum einen Schnitt über 5o km/h zu.

Die letzten 4 km vor Dalen windet sich die Straße in scharfen Serpentinen an den BANDAKSEE hinunter. Sagenhafter Blick über die engen Talkessel, direkt aus dem Bandaksee steigen die Wände senkrecht empor!

★Dalen   (8oo Einw.)

Als Zwischenstop wenig einladend mit seinen Flach-Neubauten im tief eingekerbten Tal, - die sich bis an das westliche Ufer des Bandaksees verteilen.

Hauptattraktion in Dalen ist eine Fahrt auf dem TELEMARK-KANAL mit der "Victoria", siehe "Transporte".

Tourist INFO 388o Dalen, Tel. 35 o7 7o 65. An der Hauptstraße. Info über Kraftwerkbesichtigung.

Post noch eine Ecke weiter auf der Rückseite des neuen Gemeindekomplexes, nach vorne ausgeschildert die DALEN KRO, einfache Cafeteria mit nüchterner Einrichtung und Selbstbedienung.

Das Tokkenkraftwerk am Ortsende kann besichtigt werden, eines der größten Kraftwerke Norwegens, in den Fels gebaut.

"Hotel Dalen" ist eines der wenigen in unverändertem Zustand erhaltenen Hotels im "Schweizer Stil". Der mit einem imposanten Foyer und Speisesaal ausgestattete Hotelbau wurde 1894 fertiggestellt. Dieses Monument aus den Glanzzeiten des Personenverkehrs in der Schiffahrt wurde im Sommer 1992 wiedereröffnet.

** Campingplatz Dalen an der Hauptstraße auf flachem Wiesenterrain. Gut 15o Stellplätze, wenig Stromanschlüsse.

Transporte ab Dalen

Bus von Dalen nach Skien über Bø, Ulefoss: 1 x tägl. Wichtig für den Rücktransport bei der Bootsfahrt über den Kanal.

Dalen-> Åmot (RV 11)-> Rauland-> Rjukan: ins Sommer- bzw. Wintersportgebiet, im Sommer tägl., im Winter 3 x/Woche. Fahrzeit ca. 3,5 Std.

Dalen-> Åmot (RV 11)-> Rauland: im Sommer 2 x, im Winter 1-2 x tägl.

Mit Umsteigen in Åmot zugleich 1 x tägl., Verbindung nach Haugesund bei Stavanger/Westküste, nach Odda am Hardangerfjord sowie nach Oslo über die RV 11.

Die "VICTORIA", gebaut 1887, und "HENRIK IBSEN" verbinden Dalen mit Skien Nähe Südküste. Eine der schönsten Dampferfahrten Norwegens, es geht über langgestreckte Seen, dann wieder durch enge Kanäle. Schleusen überwinden die Höhe, dichtes Waldland.

Zusätzlich ist die "M/S TELEMARK" im Einsatz. Die Boote haben eine Kapazität von ca. 15o-22o Personen, trotzdem zur HS Reservierung nötig. Fahrzeit knapp 1o Std. Smørbrød, Kaffee und Kuchen an Bord. Alle Details Seite 255.

Ab **DALEN** nach Rygnstad/Setesdal über die RV 45 in 52 km, Details siehe Seite 284. Als Querverbindung interessant, wer an die Südküste nach Kristiansand will.

Ab **DALEN** rauf zur RV 11 gibt's 2 Möglichkeiten: kürzer ist die RV 38 nach Åmot, - interessanter dagegen die RV 45 nach Ofte/Høydalsmo, die wegen steiler und enger Serpentinen ab Dalen jedoch nicht von Wohnwagengespannen benutzt werden sollte:

Gleich am Ortsausgang DALEN supersteile Serpentinenstrecke (15 %) und 4oo Höhenmeter rauf: weiter Blick über den Bandaksee und die Kuppen des 1.4oo m hohen Fjells.

Im Weiler Eidsborg (nach 5 km) direkt neben der Straße die hellbraune
<u>Stabkirche EIDSBORG</u>:

Mit ursprünglich nur Zimmergröße ist sie eine der kleinsten Stabkirchen Norwegens
(6,3o x 5 m), vermutlich aus dem 11. oder 13. Jh. Bei der Enge verständlich, daß sie
zweimal (nach Osten) erweitert werden mußte. Ihr charakteristisches Aussehen bekommt
sie durch die bis zum Erdboden heruntergezogene Schindelverkleidung (mit Holznägeln
befestigt) und durch das Pultdach über dem Westeingang (bei anderen Stabkirchen
Giebeldächer).

Zierliche, schon von der Witterung angeknabberte Löwenfiguren am Eingang, als Wäch-
ter um Dämonen zu vertreiben.

<u>Fototip</u>: Besonders schöne Beleuchtung am Nachmittag.

Kleines <u>Freilichtmuseum Lårdal</u> gleich nebenan zeigt typische Häuser im
Telemarkstil. Im alten Bauernhaus-Museum Gebrauchsgegenstände, Sil-
berarbeiten und die für diese Gegend charakteristische Rosenmalerei. Museum und Kirche nur im Sommer geöffnet.

<u>DIE WEITERE STRECKE BIS HØYDALSMO</u> an der Hauptroute RV 11
landschaftlich sehr reizvoll durch Waldgebiete, in der Ferne tauchen immer
wieder Fjellrücken auf.

Von der kleinen Straßensiedlung <u>HØYDALSMO/OFTE</u> (mit Tankstelle
und Einkaufsmöglichkeit) auf der RV 11 nach ÅMOT: schöne Strecke
durch Nadelwald, weiter Blick auf die baumlosen Fjells.

✦ Åmot (Ytre Vinje)

Keine ortsplanerische Meisterleistung. Ein überdimensioniertes Rathaus,
Riesenbusterminal, Schulen und ein paar Geschäfte scheinbar wahllos in
die hübsche Landschaft gewürfelt. Der Ort lebt von seiner Holzindustrie
und der verkehrsgünstigen Lage: hier zweigt die Route ins Raulandgebiet
ab. Trotz des großen <u>Hotel Vinje</u> direkt an der Straßenkreuzung kein Ort,
in dem man unbedingt Urlaub machen möchte, es sei denn, man wäre ein
passionierter Skispringer. Schön gelegene Campingplätze etwas außerhalb
an der RV 37.

Kurz nach der Straßenkreuzung in Åmot <u>Camping Groven</u>,
sehr großer Platz in gutem Zustand, leicht am Hang. Hohe
Nadelbäume schützen vor Straße bzw. neugierigen Blicken.
Ca. 2o Blockhütten, unterschiedlicher Ausstattung (auch im Winter geöffnet). Kolonialläden, Bootsverleih und Sauna.

Ca. 2 km weiter links der Straße <u>Hylandsfoss Camping</u> in schöner Lage
direkt am See; ebenes Gelände von Bäumen eingerahmt, auf dem 8 Hütten
angeboten werden. Bootsverleih und Angeln im Sommer, im Winter
ziehen die Langläufer über den See.

Transporte ab Åmot

Riesen Busterminal, Vest Telemark Bilruter. Bus von Åmot nach Rauland und Rjukan: im Sommer 1 x tägl., ca. 1 1/2 Std. im Winter nur 3 x/Woche.
Åmot-> Dalen: ca. 3 x tägl. 1/2 Std.
Åmot-> Haukeligrend: 3 x tägl.
Åmot-> Haugesund an der Küste: 1 x tägl.
Åmot-> Bø: 3 x tägl., dort Zuganschluß nach Oslo.

Ab Åmot läßt sich ein schöner Abstecher ins nördliche Telemark einbauen, 9o km bis Rjukan, - für den man allerdings etwas Zeit haben sollte.
Wer ab Åmot weiter nach Haukeli-> Hardangerfjord will (RV 11): weiterblättern bis Seite 389.

Abstecher nördliches Telemark

In Åmot zweigt die PANORAMASTRASSE TELEMARKS ab (RV 37), landschaftlich sehr abwechslungsreich, schraubt sich bis auf 1.ooo m rauf, am Südostrand der Hardangervidda entlang. Zahlreiche alte Telemarkhöfe wie Schmuckstücke in der Landschaft. Im Winter gutes Skigebiet, Langlauf und Abfahrt.

Ab Åmot in 15 km zum Ostufer des großen, weitverzweigten TOTAKSEE im Sommer ein abwechslungsreicher Kanusee, Angelmöglichkeit vom Boot aus. Zu Ostern laufen kleine Pünktchen auf Skiern über den tief verschneiten See oder sitzen auf Klappstühlen beim Eisangeln. Im Hintergrund blitzen die glatten Hügel des RAULANDFJELL.

** Camping Krossen linker Hand an der Straße mit kleinen Hütten. Auch Wintercampingplatz.

Einige Kilometer weiter: Camping und Hütten Garatun in drei "Etagen" am Wald, ebenfalls Wintercamping.

Nach einigen Kilometern durch lichten Wald zur **Fjellstoge**, modernes, behagliches Hotel auf 75o m mit Seeblick. Gemütliche Aufenthaltsräume, Eßzimmer mit Kaminecke. Die Zimmer mit eigenem Bad.

SPORT

Das Raulandfjell ist im Sommer ein schönes Gebiet zum Kanufahren, Surfen und Angeln auf den Seen, Wandern über den Südrand der Hardangervidda, im Winter bieten gut ein Dutzend Loipen und zwei Lifte eine prima Kombination aus Abfahrt und Langlauf. Weiter Blick über die offene Hochebene.

Rauland Skicenter (auf 825 m) in günstiger Lage zwischen der Fjellstoge und Høyfjellhotel. Schlepplift zum 1.o75 m hoch gelegenen Svinefjell. Gut präparierte Abfahrten über den Westhang unterschiedlicher Schwierigkeit, die blaue gut 1.8oo m lang, die schwarze und rote Piste etwa 1.4oo m. Gratis Kinderlift nebenan.

Skiverleih an der Liftstation. Alpinausrüstung komplett oder einzeln sowie Langlaufausrüstung. Skiunterricht ab 2 Personen möglich.

Langlauf: Rundtouren von 4 bis 12 km Länge, teilweise über die bewaldete Hochfläche des Raulandfjells, die längste Tour quält sich bis auf den Slalomberg rauf. Belohnender Blick bis zur Hardangervidda. Start der Touren beim Høyfjellhotel.

Wintercampingplatz: 5oo m von der Liftstation entfernt. Mit Duschen, Trockenraum und Stromanschluß. Ca. 3 km weiter

"**Hotel Høyfjell**", ca. 27o Betten. Leuchtend roter Komplex nahe der Baumgrenze, jeglicher Service: Schwimmbad, Solarium, Sauna und Trimmraum. Sehr familienfreundlich. DZ mit Frühstück ab 15o DM.

Die HOCHFJELLSTRASSE (RV 37) führt auf etwa 1.ooo m an den Südostausläufern der Hardangervidda entlang; viele Ferienhütten entlang der Strecke. Guter Ausgangspunkt für Wanderungen auf der Hardangervidda z.B. das Nord-/Westufer des MØSVATN. Schneller Transfer per Motorboot direkt ins Wandergebiet. Info über Abfahrtszeiten und Tickets im Skinnarbu Hotel.

Angeln: Der Møsvatn ist dank seiner riesigen Forellen (bis zu 5 kg) ein begehrter Angelsee. Ruderbootverleih und Angelkarten im Hotel. Eisangeln im Winter. Der Møsvatn wurde durch Dämme zu einem der größten Stauseen Europas und betreibt mehrere Kraftwerke.

Ski: Im Winter Schlepplift am N/W-Hang, mittelschwere Abfahrt gleich beim Hotel Skinnarbu. Hier starten auch die markierten Langlaufloipen, z.T. über den dick verschneiten See.

"**Skinnarbu Hotel**", ca. 1oo m oberhalb der Straße mit Blick über den See. Moderne Ausstattung; offener Kamin im Aufenthaltsraum, Sauna, Swimmingpool etc. 16o Betten. DZ inkl. Frühstück, 18o DM.

AB DEM MØSVATN geht's allmählich wieder hinunter durch ein waldiges, tiefeingekerbtes Tal.

7 km vor Rjukan rechter Hand die Fabrikanlagen des Vemorkkraftwerks, das im zweiten Weltkrieg durch die Wochenschau ging:

Hier wurde das für den Atombombenbau benötigte schwere Wasser (D_2O) Deuteriumoxid hergestellt, um das die Deutschen und Engländer einen spannenden Wettlauf liefen. Durch einen Sabotageakt norwegischer Widerstandskämpfer (Februar 1943) mit englischer Unterstützung wurde das Werk und der für den Kernspaltungsprozeß nötige Stoff für die Nationalsozialisten unbrauchbar gemacht. (Schweres Wasser enthält Wasserstoff, der das doppelte Atomgewicht des gewöhnlichen Wasserstoffs hat.)
Broschüre "Der Kampf um das schwere Wasser in Norwegen" im Turistbüro Rjukan.

★ Rjukan

(32o m)

Kleine Industriestadt und Hauptort an den Südausläufern der Hardangervidda. Der 4 km lange Straßenort quetscht sich in den Talboden, der durch die 5oo m steil aufsteigenden Bergwände den ganzen Winter über keinen Sonnenstrahl sieht. Das Wiedersehen mit der Sonne wird im März mit einem großen Fest gefeiert.

Rjukan ist durch einen spektakulären Sabotageakt des 2. Weltkriegs in die Geschichte eingegangen. 5o Jahre nach Kriegsende wurde der 7 km lange Weg, den die Saboteure vom Fjell zum Kraftwerk nahmen als Wanderweg markiert ("Sabotørmarsjen").

 Torget 2, 366o Rjukan, Tel. 35 o9 12 9o, Fax: 35 o9 o1 11. Ganzjährig geöffnet. Angelkarten für Tinn. Info über Vermorkmuseum.

 Post an der Hauptstraße Sam Eydesgata (der Gründer der Norsk Hydro-Werke).

 "**Park Hotell**", Sam Eydes Gate 67. Beste Adresse im Ort, direkt an der Hauptstraße gelegen. 9o Betten, HP im DZ 19o DM.
"**Rjukan Fjellstue**", rustikale Bergpension ca. 5 km außerhalb Ri. Rauland oberhalb der Straße. Auch Übernachtung für Selbstversorger, DZ ab 12o DM. Ganzjährig geöffnet. Bushaltestelle 2oo m entfernt. (Schlepplift mit akzeptabler Abfahrt.)
Weitere Hotels in der Nähe von Rjukan siehe Gaustablikk und Tinnsee.

Jugendherberge Birkelunden, Flachbau mit 8o Betten, sehr zentral - zwischen Hauptstraße und Fabrik (ausgeschildert), mit Familienzimmern. Übernachtung ca. 25 DM/Pers.

 *** Camping Rjukan Hytte og Caravanpark: sehr schöner Platz, ordentliche Sanitärs. Auch Hüttenvermietung.

TINN-FREILICHTMUSEUM: sehenswerte Anlage mit knapp 3o Gebäuden, die den typischen Baustil der Gegend wiederspiegeln. Innen z.T. im alten Stil eingerichtet. Große Sammlung an Hausrat, Werkzeugen, Gebrauchsgegenständen etc. Schöne Volkstrachten. Offen: Juli bis August.

INDUSTRIEARBEITER-MUSEUM: In dem alten Kraftwerksgebäude von 1911 wurde das interessante Museum eingerichtet, in dem man viel erfahren kann über die Arbeiter, die alten Maschinen und die Widerstandsbewegung im 2. Weltkrieg. Rjukan war übrigens der erste große Industriestandort Norwegens. Offen: Mai bis Mitte August 1o-16/18 Uhr, sonst kürzer.

SEILBAHN hinauf aufs Fjell. Sie wurde seinerzeit von der Kraftwerksgesellschaft als Geschenk an die Stadt erbaut, damit die Bevölkerung im tief eingekerbten Tal, in das nur selten die Sonne hineinscheint, bequem in die Höhe gelangen konnte.

Die Krossobahn war die erste Personenseilbahn Nordeuropas. Sie wurde von einer Leipziger Firma gebaut. Bergstation GVEPSEBORG mit Aussichtsterrasse.

 Auf dem Fjell lassen sich sehr schöne Radtouren über die Hardangervidda unternehmen, wenn man bereit ist, über Piste zu fahren. Beispielsweise nach Kalkhovd und über Atrå zurück nach Rjukan. Information im Touristenbüro. Fahrradtransport mit der Bahn möglich.

Transporte ab Rjukan

 **Bus** von Rjukan zum Møssee, 4 x tägl., im Winter seltener, dauert ca. 3o Min. Nach Mael am Tinnsee, 5 x tägl., am Wochenende ganz mager. Um den Tinnsee bis ans Südufer nach Tinnoset nur Sa./So. 1 x tägl., dauert gute 2 Std. Nach Kongsberg   2 x tägl., gute 2 Std.

Stadtbus lohnt sich bei dem langgezogenen "Straßendorf", geht etwa stündlich.

 **WANDERN / WINTERSPORT**

Gut 15 km entfernt das GAUSTA-GEBIET: eine Berglandschaft in 9oo m Höhe zu Füßen des Gausta, mit 1.883 m Telemarks höchster Gipfel. Im Sommer lohnendes Wandergebiet mit großem Paddel- und Angelsee. Im Winter ein interessantes Skigebiet, sowohl alpin als auch herrliche Langlauftouren vis-à-vis des Gausta.

Wanderweg auf den Gaustatoppen (1.883 m) ab den Hotels bzw. ab dem Heddersvann, Aufstieg ca. 3 Std. Lohnender Blick über Telemark und die Hardangervidda. Wanderkarten in der Kvitåvatn-Fjellstoge (s.u.) Kanu- und Bootsverleih bei beiden Hotels.

Skifahren: Herrliches, variationsreiches Langlaufgebiet. Insgesamt 8o km sind gespurt und führen durch Nadelwälder, am See entlang, dann wieder über die Hochebene mit Blick auf den wuchtigen Tafelberg Gaustatoppen. Insgesamt eine ausgesprochen lohnende Region!

Die rote 6 km, 1o km und 15 km lange Loipe super abwechslungsreich, aber mit vielen Steigungen und Abfahrten. Vorsicht, die roten Loipen queren alle drei Abfahrtshänge. (Skiwachs im Gaustablikk Hotel.) Loipen Wanderkarten gibt's bei den Hotels.

Alpinski: 2 Lifte, 3 mittelschwere Pisten, die auch bayrischen Ansprüchen genügen, kostenloser Babylift. Skiverleih: Langlauf- u. Alpinausrüstung.

"**Gaustablikk Høyfjellhotel**", modernes Berghotel in einzigartiger Lage auf 96o m Höhe am Kvitåvatn. Beim Frühstück Blick auf den Gaustatoppen. Riesiger Kamin im Aufenthaltsraum, Swimmingpool mit Fensterfront und Panoramablick (auch für Nichthotelgäste, wenn das Hotel nicht voll belegt ist) 28o Betten, DZ 2oo DM. Hotelpaßermäßigung.

Wesentlich günstiger die "**Kvitåvatn Fjellstoge**", 1oo m weiter. Berghüttenähnlich, lockere Atmosphäre zum Wohlfühlen. Großer offener Aufenthaltsraum mit vielen Grünpflanzen, Kamin und breiter Fensterfront, cafeteria-ähnlicher Speisesaal. 131 Betten.

Zufahrt: am Ortsende von Rjukan Gaustablikk-Området ausgeschildert. Rechts ab Serpentinenstraße ca. 15 km steil hoch.

AB RJUKAN besteht die Möglichkeit, über die 1992 fertiggestellte Straße RV 37 unmittelbar am langgezogenen Tinnsjø zurück nach Kongsberg (95 km) oder zur Stabkirche Heddal bei Notodden zu fahren.

Weiter auf der RV 11

Der Streckenabschnitt ÅMOT-> HAUKELIGREND (ca. 4o km) ist gut ausgebaut und schnell befahrbar. In Vinje Wegweiser in die "Vinjestoga", das Wohnhaus des norwegischen Dichters A. Vinje, dem das faszinierendste Gebirge Norwegens - Jotunheimen - seinen Namen verdankt.

★ Haukeligrend/Edland

Eine Handvoll Häuser, die letzte Tankstelle vorm Fjellübergang, einiges an Privatzimmern. In Haukeligrend zweigt die Route ins Setesdal ab, rund 24o km bis Kristiansand an der Südküste Norwegens, Details Seite 284.

Camp Tallaksbru an der Kreuzung zur Setesdalstraße, einfache Campingwiese am Fluß, nur für kurzen Übernachtungsstop zu empfehlen, einige Hütten, möglichst sich eine der schönen, größeren Grassodendachhütten geben lassen.

Besser eine Ecke weiter zum Camp Eikeli, links abseits der RV 11, super-schöne Lage mitten in ruhiger Natur am See. Kleiner Wiesenplatz, von staksigen Birken umgeben, einfache Sanitärs, der klare Bergbach fürs Morgenbad, Bootsverleih. Ein halbes Dutzend schuhschachtelähnlicher Hütten.

AB HAUKELIGREND führt die RV 11 rauf ins Fjell (1.ooo m). Bald ist die Baumgrenze erreicht: nur noch Zwergbirken, die sich im Herbst flam-mend rot färben. Moore, Seen - bis Frühsommer von einer Eishaut über-zogen. Schneefelder bis in den Sommer. Die Straße wird von mächtigen gestutzten Felsgipfeln flankiert, den Ausläufern der Hardangervidda.

Auf dem HOCHPLATEAU eine Handvoll Hotels, Sportfischer, im Winter Skibetrieb beim Haukelifjellskicenter. Außerdem beliebter Einstieg für Hardangervidda-Durchquerung, sei es im Sommer oder im Winter per Ski (um Ostern gekennzeichnete Tour). Dauer etwa eine Woche, erfordert gute Kondition (siehe auch Seite 411).

"Botn Skysstation Sportell", einfaches Hotel neben der Straße, liegt schön zwischen zwei Seen auf 83o m Höhe. 5o Betten, DZ mit Dusche 13o DM, einfache Cafeteria. Zusätzlich knapp 2 Dtzd. Hütten in Reih und Glied.

"Vagslid Høgfjellshotel", langgestreckt, leicht oberhalb vom See, durch Grasdächer der Landschaft schön angepaßt. Modern, rustikal einge-richtet. DZ mit Du. 18o DM. Möglichst ein Zimmer mit Blick zum See geben lassen. Sauna im Haus, Skiverleih, Ruderboote. Gelegentlich prima aufgemachtes kaltes Büffet.

"Haukeliseter Fjellstue", 15 km weiter. Das hübscheste und gemütlichste der Hotels, direkt am See mit weitem Blick auf die Ryfylke Berge. In den dekorativen Stab-buren Unterkunft für Selbstversorger; rustikal in hellem Holz, Doppelstockbetten, Couch. Komplett ausgestattet. DZ im Hauptgebäude, Ermäßigung für DNT-Mitglieder. Markierte Wandertouren direkt ab der Fjellstue ins Seengebiet (Angelmöglichkeit).

Auf dem höchsten Punkt der Straße (1.o85 m) geht es durch einen knapp 6 km langen TUNNEL, durch den die Gebirgsstrecke ganzjährig befahr-bar wird.

Das Fjell war schon früher ein wichtiger Übergang zwischen Vest- und Ostland, die erste Haukelistraße wurde 1867-89 gebaut. Seit Inbetriebnahme des Personenschiffsverkehrs auf dem Telemarkkanal (Details Seite 255) lief zur Jh.-Wende die wichtigste Südverbin-dung zwischen OSLO (damals Kristiania genannt) und BERGEN über diese Route:

Ein 4-Tagestrip: Ab Oslo 8 Uhr früh, Zug bis Skien, Ankunft 14.3o Uhr, hier ins Schiff, das Dalen gegen 23 Uhr nachts erreichte. 31o km und für damalige Bedingungen eine phänomenale "Geschwindigkeit", Übernachtung.

Der 2. und 3. Tag (15o km) verging mit der Überquerung des Haukelifjells und weiterer Pässe per Postkutsche runter nach Odda am Hardangerfjord. In Fahrzeit abhängig von der Jahreszeit: Im Winter mußten die Fahrzeuge durch dichte Schneeverwehungen gezogen

Dampskibene „Skien", „Finn" og „Bandak" afgaar fra Ski"⸣ til Kristiania hver Aften Kl. 7 (undtagen Søndag).

1907. *1907.*

Dampsk. „Inland"s

Hurtigrute

Skien—Bandakkanalen—Dalen

(i Rute: Kristiania—Thelemarken—Haukelid—Hardanger—Bergen)

tager sin Begyndelse fra Skien Torsdag den 20de Juni og slutter i Skien Lordag den 31te August 1907.

(Hvis Vandstanden i Bandakkanalen umuliggjør Fartens Begyndelse den 20de, vil Ruten blive optaget, saasnart Vandstandsforholdene tillader det).

Alle Virkedage:

Fra **Skien**	. . . .	Kl.	2.50 Efm.	Fra **Dalen**	Kl.	6.30 Frm.
Ved Ulefos*)	. . . .	„	4.50 „	Ved Trisæt i Laurdal .	„	7.00 „
„ Hogga (øvre Ende				„ Spjosod i Kviteseid	„	8.00 „
af Bandakkanalen)		„	7.30 „	„ Hogga	„	9.30 „
„ Spjosod i Kviteseid		„	9.00 „	„ Ulefos*)	„	12.15 Efm.
„ Trisæt i Laurdal .		„	10.15 „	„ Skien	„	2.30 „
„ Dalen		„	10.45			

Anm. Korresponderer med Jernbanetog fra **Kristiania og Mellemsteder,** der ankommen til Skien Kl. 2.30 Eftm.

Anm. Korresponderer med Jernbanetog til **Kristiania og Mellemsteder,** der afgaar fra Skien Kl. 3.25 Efm.

*) Aaheim Brygge anløbes, men kun for Passagerer, der skal til og fra Hotellet og ved Henvendelse til Dampskibets Kaptein, eller ved Signal fra Bryggen.

(Se foreøvrigt Jernbaneruterne).

Skien—Hiterdal. Gjennemgangsbilletter fra Hiterdal til Dalen og omvendt kan erholdes ombord i samtlige Dampskibe.

Søndagsruten begynder 16de Juni og slutter 15de Septbr.

Fra **Skien** Kl. 8 Form. Fra **Dalen** Kl. 7.30 Form.

Kirkebø anløbes ikke i Hurtigruten, men om Søndagene. (Fra Spjosod til Kirkebø 5 Km., god Vei).

I denne Rute føres kun Passagerer og Post, ikke Varer
Udmærkede Passagerbekvemmeligheder og 1ste Klasses Restauration.

Dette er den korteste Indlandsrute mellem Kristiania og Bergen.

Turen til Kristiania til Hardanger kan gjøres paa 3 og til Bergen paa 4 Dage.
Til Stavanger kan ogsaa reises paa 4 Dage via Roldal—Bratlandsdalen—Sand.

1ste Dag:	Fra Kristiania med Vestbanen Kl. 8 Morgen, Ankomst til Skien Kl. 2.30 Eftm. Afgang derfra (se ovenfor) Kl. 2.50 Eftm., Ankomst til Dalen Kl. 10.45 Aften. (Afstand fra Kristiania 310 Km.)
2den og 3die Dag:	Overland fra Dalen til Odda ved Sørfjorden i Hardanger; udmærket Chaussé, gode Hoteller undervejs, faste Skydsstationer, Adgang til gjennemgaaende Skyds saavel med Vogn som Gig eller Kariol; rimelige Befordringspriser. Afstand fra Dalen til Odda ca. 150 Km. (betales for 177 Km.). Briljante Høifjeldsprospekter, Udsigt til Folgefonden og mange andre Sneregioner.
4de Dag:	Med Dampskib fra Odda til Bergen **eller** med Dampskib fra Odda til Eide i Graven, derfra overland paa Chaussé til Vossevangen (30 Km.) og videre med Vossebanen til Bergen (108 Km.) Udmærket Anledning til at bese det naturskjønne Hardanger og alle Seværdigheder mellem Hardanger og Bergen.

Anm. Med Dampskibene „C. P. A. Coch" og „M. G. Melchior" kan reises fra Kjøbenhavn via Horten til Dalen paa 1½ Døgn, nemlig med Afgang fra Kjøbenhavn Kl. 1 Middag og Ankomst til Dalen følgende Dag Kl. 10.45 Aften. Retur i samme Forhold
Der er under Reisen rigelig Anledning til at bese **Kanalanlæggene mellem Skien og Bandak;** særlig har Reisende saavel paa Op- som Nedtur god Tid til at bese Sluserne ved **Vrangfos i Bandakkanalen** og Fossen dersteds. **Vrangfos Sluser og Dæmningsanlæg** er bekjendt som en af Europæs mest seværdige Vandkommunikationer og ubetinget i sit Slags Norges mest storartede Bygværk.
Mellem Vestbanernes Bystationer samt Vikersund eller Ulefos, Gvarv eller Aarnæs, Hiterdal, Kviteseid, Laurdal og Dalen kan løses gjennemgangsbilletter ved bemeldte Stationer og ombord i Dampskibene. I Særtrafik med Jernbanen gjælder Returbilletten en Maaned, regnet fra den Dato, Billetten er solgt. Er Billetten solgt paa en Dato, som ikke har en tilsvarende i den næste Maaned, gjælder Returbilletten til denne Maaneds sidste Dag. Efter denne Tidsfrist er Billetten ugyldig.
Tur- og Returbilletter udstedes for 1½ Pris saavel med Jernbane som med Dampskib. Returbilletten gjælder 6 Uger med Dampskibene.
For Børn under 12 Aar betales halv Fragt og Børn under 2 Aar gaar frit.

Skien i April 1907.

P. Holm,
Disponent.

Skien, i hr Pederssens Trykkeri

Foruden denne Hurtigrute haves ordinær Post- & Passagerrute mellem Skien og Dalen, med Afgang: Fra Skien alle Virkedage Kl. 7.15 Morgen, fra Dalen alle Virkedage Kl. 6 Morgen.

werden. In Gorssvingene ist heute ein Gedenkstein zu sehen für den Postkutscher Gunnar Turveit: Im Januar 19o3 grub er sich 56 Stunden lang mit seinem Posthorn aus einer Schneewehe aus!!

Der 4. Tag: Per Dampfschiff ab Odda über den Sørfjord, Seitenarm des Hardanger bis Eide, wo's mit der Postkutsche nach Vossevangen (heutiges Voss) zur Eisenbahn nach Bergen ging, die auf diesem Streckenabschnitt 19o7 bereits fertig war.

Als dann 19o9 das Eisenbahngleis Oslo-Bergen komplett fertig war (Fahrzeit mit Dampfloks ca. 24 Std.), wurde die o.g. Verbindung Oslo-> Bergen eingestellt.

Die alte Straße, über die damals der Verkehr lief, rechts um den Tunnel des Dyrskargebirges herum, ist nur im Hochsommer schneefrei und befahrbar. 3,5 km, 7 Kehren sowie Steigung 1:12. Sommerskigebiet an der Strecke. Die beiden Lifte aber nur an Wochenenden in Betrieb. Langlaufmöglichkeiten.

Nach dem Tunnel in wenigen Kilometern über enge Haarnadelkurven steil runter nach **RØLDAL** auf 383 m, schön in einem Talkessel am Røldals See gelegen. Ein kleines Nest mit 6oo E., bekannt durch seinen guten Ziegenkäse ("Geitost", in Røldal allerdings nur noch abgepackt, Verkaufsstände entlang der Straße Haukeligrend-Røldal) und seine Stabkirche:

Sie wurde im Lauf der Jahrhunderte mehrfach verändert und ist äußerlich nur mit Phantasie als Stabkirche zu erkennen. Teile aus dem Anfang des 13. Jh., farbenfrohe Rosenmalerei im Inneren aus dem 17. Jh. Jahrhundertelang war Røldal Wallfahrtskirche der Kranken, die sich von dem Kruzifix Heilung erhofften.

Ruhig gelegener Campingplatz mit Hüttenübernachtung für den Zwischenstop.

Ab Røldal 9 km am Nordufer des Sees entlang bis Kreuzungspunkt **HORDA**: Abzweigung der RV 46 und der RV 52o Richtung Stavanger/ Westküste, Details siehe Seite 33o.

Ab Horda in Serpentinen und wenigen Kilometer rauf aufs Røldalsfjell (865 m). Die frühere Strecke wurde durch zwei längere Tunnel wintertauglich gemacht, im 1.Tunnel geht's stark bergauf.

Nach dem 2. Tunnel, in schmalem Tal auf breit ausgebauter Straße runter. Kurz nach dem Weiler SELJESTAD zweigt die RV 11 an die Küste nach Haugesund ab, Details Seite 323.

Weiter bergab am berühmten Låtefoss-Doppelwasserfall vorbei (siehe Seite 424) in ca. 2o km bis **ODDA** am Sørfjord, dem Seitenarm des Hardanger. Ab hier Variante rechts und links des Fjordarmes nach Bergen, alle Details siehe Kapitel "HARDANGERFJORD", Seite 421.

Skandinavien mit VELBINGER

NORWEGEN
Süd/Mitte

VERLAG
MARTIN
VELBINGER

Die Reiseführer mit dem hohen Gebrauchswert

FINNLAND
Marlen und Bert Baesgen

VERLAG
MARTIN
VELBINGER

Marlen&Bert Baesgen
SCHWEDEN

inkl. Kungsleden / Sarek

Süd - Mittel Schweden - Lappland

VERLAG
MARTIN
VELBINGER

Die Reiseführer mit dem hohen Gebrauchswert

NORD-
SKAN
DI NA
VI EN

OSLO ⋙→ BERGEN via HALLINGDAL

Oslo-> Gol-> Geilo-> Hardangervidda-> Hardangerfjord-> Bergen (E 16 / Rv 7 / E 16)   **ca. 485 km**

Die kürzeste und schnellste Verbindung nach Bergen, daher ziemlich vom innernorwegischen Verkehr frequentiert .

Eine landschaftlich lohnende Alternativteilstrecke führt durch das westl. parallel laufende Numedal (Einstieg: Kongsberg) und trifft im Ort Geilo auf die Hauptstrecke. Kilometermäßig kein Unterschied.

Höhepunkt dieser 485 km langen Route (Oslo - Bergen) ist der Streckenabschnitt über die HARDANGERVIDDA, ein unendlich weites Hochplateau: reizvoll in seiner Monotonie, besonders schön zur Herbstfärbung, dann leuchtet die sonst fast öde, tundrartige Hochfläche wie ein flammend rot-orangefarbiger Teppich.

Vorbei an dem klotzigen Hardangerjøkulen (Gletscher), ausgezeichnete WANDERMÖGLICHKEITEN auf der Hardangervidda.

Einige namhafte Wintersportorte wie GOL und GEILO an der Strecke bieten auch im Sommer jede Menge Sport- und Angelmöglichkeiten.

Der VØRINGFOSS, einer der höchsten Wasserfälle Norwegens liegt am Weg, ehe es in Serpentinen hinunter an den malerischen Hardangerfjord geht, der nach einer kürzeren Fährfahrt ein ganzes Stück ausgefahren wird.

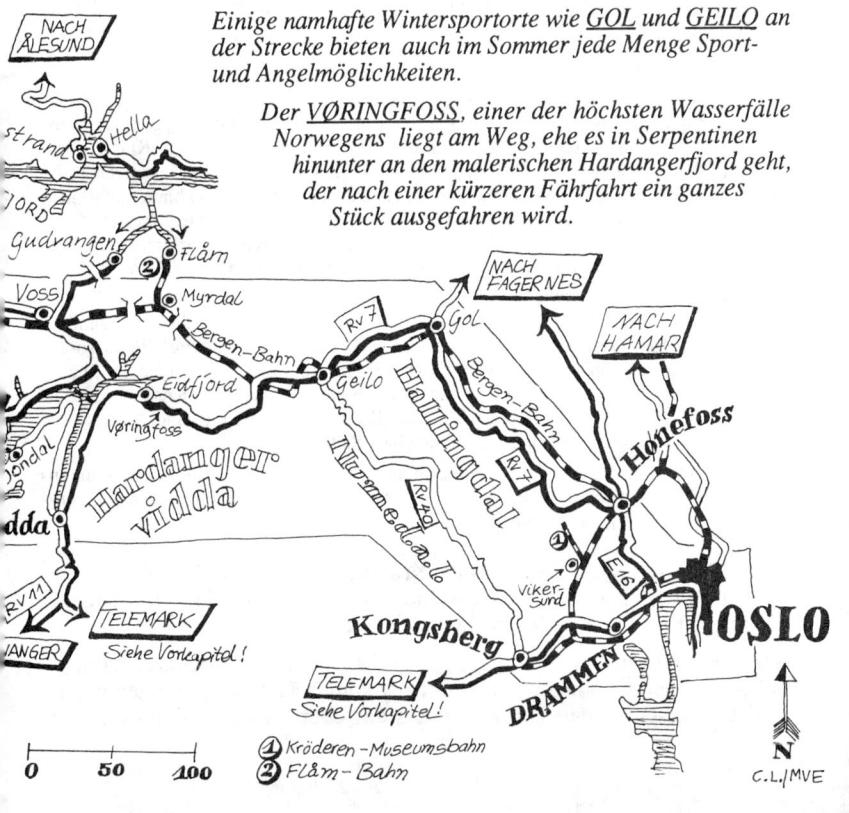

① Kröderen-Museumsbahn
② Flåm-Bahn

0   50   100

N

C.L./MVE

 **Bahn**: Durchgehende Bahnverbindung mit der Bergenbahn, eine der schönsten Eisenbahnrouten in Norwegen, mitten über die Hardangervidda am Gletscher vorbei (Oslo-> Bergen: 6 1/2 bis 7 1/2 Stunden).

Abstechermöglichkeit in abenteuerlicher Gleisführung nach Flåm, zu dem besonders wilden Seitenarm des Sognefjord, dem Aurlandsfjord. Die Bergenbahn berührt allerdings nicht den Hardangerfjord, der bei Rückgriff aufs öffentliche Busnetz jedoch problemlos erreichbar ist. Alle Details zu Zug und Bus siehe entsprechende Ortsbeschreibungen.

Oslo 〰→ Geilo   (E 16/RV 7) 237 km

Die ersten 6o km bringen wenig Spektakuläres, anfangs durchs Vorstadtgebiet Oslo/Hønefoss. Gut ausgebaute Strecke, Nadelwälder wechseln mit Siedlungen und Seen. Details zu Hønefoss siehe Seite 634. Im weiteren Verlauf durchs Soknatal in 28 km an den Krøderen See.

TIP für Eisenbahnfans: Vom Südende des Krøderensees ab Krøderen nach Vikersund schnauft im Sommer an Sonntagen ein Veteranenzug auf dem alten 26-km-Gleis.

Bahnfahrt wie zu Omas Zeiten: eine gemütliche Bummelfahrt mit der 1872 gegründeten Krøderenbahn (Schmalspurbahn 1,435 m), mit originalen Teakholzwaggons aus den Jahren 19o9-37, alle wieder super in Schuß, solide Holzbänke in der 3. Klasse oder geräumige Aussichtswagen. Gezogen von zwei alten, schön restaurierten Dampfloktypen. Die kleine Allroundlokomotive - in glänzendem Messing und blaugraufarbig - wiegt nur 6o t; die andere, eine kräftige Güterzuglokomotive, um die Steigungen auf der Strecke zu bewältigen, aus der Werkstatt Thunes/Christiania (später Oslo), damals Norwegens größte Lokomotivfabrik. (Vergl. auch unser Eisenbahnkapitel Seite 7o.)

Verschiedene Strecken werden befahren: Entweder Krøderen-> Vikersund, was die mit 1 Std. die längste Fahrt ist; Krøderen-> Snarum (3o Min.) oder nach Bikersund-> Snarum (3o Min.) Nach kurzem Aufenthalt jeweils retour nach Krøderen. Preis 1o-25 DM, Familien bekommen Ermäßigung. Tip: Bei längerem Aufenthalt unbedingt nahe Vikersund das Blåfarvevaerk mit einbauen (siehe Seite 368 Drammen-Kongsberg). Bei der Rückkehr zum nostalgischen Bahnhof gibt's Kaffee und Kuchen. Kleiner Briefkasten am Postwaggon; alle eingehende Post erhält einen Sonderstempel.

Dank der Initiative des Norsk Jernbaneclub, der die Strecke und Züge wartet, kann an Sonntagen im Sommer die Strecke befahren werden. In Vikersund Anschluß an die reguläre Bahnlinie Drammen-> Oslo.

Das HALLINGDAL beginnt am Krøderensee (13o m ü. NN) und erstreckt sich gut 2oo km über Geilo hinaus bis an den Rand der Hardangervidda auf 1.ooo m über Meereshöhe (Ustevatn).

Seit der Inbetriebnahme der Bergenbahn 19o9 veränderte sich das Hallingdal enorm; mit dem neuen Transportweg kamen auch die Touristen in das vorher unerschlossene Tal. Besonders das obere Hallingdal entwickelte sich rapide zu einem beliebten Touristenzentrum mit allen Vor- und Nachteilen. Höhepunkt zu Ostern mit dreimal so vielen Urlaubern wie Einheimischen.

Die Hauptstraße verläuft am großen, breiten Krøderensee entlang, eigentlich ein verbreiteter Fluß. Bewaldete Hänge reichen bis ans steile, recht spärlich besiedelte Seeufer.

✦ Noresund

Eine Handvoll Häuser an der Straßenkreuzung zum Norefjell auf 85o m - gutes Skigebiet, Wandermöglichkeiten im Sommer.

 "**Noresund Kro/Pensjonat**", direkt an der Straße am Eck, eine einfache Bleibe mit Cafeteria.

Größer und nobler "**Sole Turisthotell**", 12o Betten. Sommerpreis DZ mit Frühstück 19o DM.

 ** **Slevika Camping**, terrassenförmig zwischen Straße und See. Die 23 Hütten stehen recht eng beieinander, Stromanschlüsse, Bootsverleih, gute Gelegenheit, die Angel auszuwerfen. Aber der Lärm der Zufahrtsstraße im Ohr.

 **Kajak/Kanu auf dem Hallingdalselva**: Ein sehr unterschiedlich schwerer Kajakfluß im lieblichen Hallingdal. Im Sommer mitunter flach und steinig. Im Oberlauf im Schnitt eine IIer Bewertung, IVer und eine V-er Stelle, drei unbefahrbare Wasserfälle.
Einsetzen bei der Brücke Sando, Ausbooten bei der Brücke in Gol.

Kanuwandern im unteren Verlauf, einige schwierige Passagen hinter Gol und zwischen Saevre und Austvoll. Stromschnellen bzw. Felsbrocken, die umtragen werden müssen. Sonst ruhiges Wasser. Ein-/Aussteigen überall möglich, bequeme Möglichkeit die Tour vorher abzuchecken, denn die Straße verläuft parallel zum Fluß. Bis zum Krøderensee genügend Campingplätze mit Hütten. Bus- und Bahnverbindung im Tal für die Heimfahrt.

An der weiteren Strecke bis NESBYEN tut sich nicht viel, gut ausgebaute Straße, am breiten, trägen Fluß entlang; bewaldete Inselbänke, recht dünn besiedelt. Einige Campingplätze an der Route, meist aber dicht an der Straße.

 Camping "Kolsrud", auf halber Strecke Richtung Bromma, ruhig und hübsch gelegen, aber recht einfach. Insellage im Fluß, 5oo m abseits der Straße, über eine Brücke zu erreichen. Ebener kleiner Platz. Unter hohen Birken 7 Hütten mit separat abgeteiltem

Schlafbereich (Stockbetten), kleine Eßecke mit einfachem Holzmobiliar, Herd, teilweise auch Kühlschrank. Angeln im Campingplatzbereich gratis.

★ Nesbyen   (2.ooo Einw.)

Als Ort weniger interessant, doch sehr empfehlenswertes <u>Freilichtmuseum</u> mit schönen Beispielen der Rosenmalerei, die hier im Hallingdal und in Telemark besonders verbreitet war (s. auch Kapitel Rosenmalerei). Total ausgemalte Bauernstube. Rankenmotive über Wänden, Türen bis zum Dachfirst, dazu Bauernschränke und Truhen in knalligen rot-grünen Farbtönen. Komplett eingerichtet, vom Tellerbord bis zum langen Holztisch.

2o charakteristische Bauernhäuser aus dem Halling- und benachbarten Hemsedal in einem lichten Kiefernwald. Uralter Speicher aus dem 14. Jh., eine Mischung aus Blockbauweise und weit überragender Stabkonstruktion.

An Wochenenden Volkstanz in der hübschen Hallingdaltracht. Parkplatz direkt vis-à-vis der Sprungschanze. Offen: Juni bis August täglich 1o-14/ 17 Uhr, Eintritt 6 DM.

★ Gol   (4.ooo   Einw.)

Hauptort im Hallingdal und praktischer Stützpunkt, um die Täler Zentralnorwegens anzuschnuppern, denn Gol liegt mitten im Hallingdal wie auch am Eingang des Hemsedals, das sich tief in die Hochfjellregion einschneidet. Zum benachbarten Valdres über den Bergrücken ein Katzensprung. Beide Täler lassen sich zu einer schönen Rundtour durchs südliche Jotunheimen kombinieren.

Der Ort zieht sich 3 km im Tal entlang und ist besonders im Winter wegen seiner Abfahrtspisten und Langlaufloipen gefragt. Im Sommer wird einiges an sportlichen Aktivitäten angeboten.

Die fantastische Stabkirche von Gol wurde ins Freilichtmuseum nach Oslo verfrachtet, eine originalgetreue Kopie am Fluß aufgebaut.

 355o Gol. Tel. 32 o7 42 41, Fax: 32 o7 4o 1o ganzjährig besetzt Mo.-Fr. 9-16 Uhr, Sa. 9-13 Uhr. Loipen-/ Wanderkarte ca. 12 DM, Maßstab 1: 5o.ooo. Angellizenz.

 <u>Post</u> im Einkaufszentrum Hallingsenteret im Furuvegen, offen: Mo.-Fr. 9-16 Uhr, Sa. 9-13 Uhr.

<u>Tele</u> rechter Hand vom Sentrumsvegen, Mo.-Fr. 8-16, Sa. 8-13 Uhr.

 "<u>Eidsgaard Turist Hotel</u>", Sentrumsveien 13o. Anheimelndes 7o-Betten-Hotel, in traditioneller Holzbauweise, direkt an der relativ lauten Hauptstraße. Die separate Appartementzeile etwas zurückgesetzt von der Straße. Kaminstube, Aufenthaltsräume, DZ inkl. Frühstück 16o DM.

Ebenfalls an der Hauptstraße, aber eine Ecke preiswerter: "<u>Solstad</u>

Hotell og Motell". Einfache Zimmer im älteren Holzhaus. Die Zimmer im extra Moteltrakt, moderner mit Dusche, Teppichboden, kleiner Sitzecke und Minibalkon, etwas zurückgesetzt. DZ ab 14o DM.

Tip: Moderne, komfortable **Appartements** beim Gol Camping Senter, geschmackvoll eingerichtet und gut durchdacht, geräumige Eß- und Sitzecke, Teppichboden, komplett eingerichtet vom Toaster bis zum Fernseher und zur Minisauna. Für 6-8 Personen. 1oo-2oo DM/Tag.
Für längeren Aufenthalt empfehlen sich die Hotels auf dem Golsfjell.

 *** Gol Camping Senter, 2 km vor Gol, sehr großer Campingplatz, erstreckt sich vom Fluß in Terrassen den Hang hinauf. Jede Menge Stromanschlüsse; große, gepflegte Sauna gratis. "Boblebad": sprudelnde Massagepools in angenehmem Ambiente für 4 Personen. Tipptopp Sanitäranlagen. Supermarkt und preiswerte Cafeteria bei der Rezeption. Einheitspreis pro Stellplatz.

Zahlreiche 4-Bett-Hütten auf dem Gelände verteilt, mit Strom, Heizung und Kühlschrank, erfreulicherweise mit Küchenausstattung, kleiner Eßtisch, ca. 5o-8o DM/Tag.

Weitere Campingplätze an der RV 7, talaufwärts. Für längeren Aufenthalt sehr schön die Campingplätze direkt auf dem Fjell an der Straße nach Fagernes, siehe Golsfjellet.

Einige ganz nette Kaffeestuben bei den Konditoreien und ein paar Cafeterien entlang der Hauptstraße meist bei den Hotels.
BISTRO PERNILL: gemütlich mit viel Holz, gegenüber Pershotel. In der KAFETERIA DES SOLSTADHOTELS ist immer einiges los.

CAFÉ OASEN: freundlich gemacht im 1. Stock. Sentrumsvegen/Ecke Furnvegen.

SAGA IN: Restaurant mit Bar und Disco. Im Souterrain, gegenüber des Hallingdaleinkaufcenters.

SPORT

Angeln: Sommer wie Winter ein großes Angebot. Forellenanglern stehen gleich 4 verschiedene Gebiete zur Verfügung.

Im Hallingdalsfluß: Angelschein im Turistkontor ca. 5 DM/Tag.

Auf dem Golsfjell mit einigen Bergseen und dem großen Tisleiafjord.

Im Hemsedal kann im Heimsilafluß und in Bergseen geangelt werden; Angelkarten für den Søråsen beim Gol Camping Senter.

Angelrutenverleih: Sport-/Haushaltswaren Gol Bygg im Sentrumsvegen.

Fahrradtouren: z.B. zur Stabkirche nach Torpo oder ein Stück ins Hemsedal. Fahrräder gibt's bei Lie Sport og Fritid: im Sentrumsvegen oder Touristenbüro. Schöne Touren auch auf dem Golsfjellet; man spart die anstrengenden 6oo Höhenmeter rauf, wenn man oben beim Hallingen Hotel oder Oset Hotel einen Drahtesel mietet.

Für Mountainbiker ist das Hemsedal ein Eldorado. Hier befindet sich Norwegens anspruchsvollste Piste von 3 1/2 km bei einem Höhenunterschied von 45o m.

Tropenflair im Pershotel. Mit dem **Tropicana Bad** hat das Hotel für Attraktionen im Hallingdal gesorgt. Durch Palmen, Wasserrutschen, diverse Becken, Saunen ist es im Sommer und Winter ein Badespaß. In der Regel ab Mittag bis Nachmittag/Abend geöffnet. Preis 2o DM für den ganzen Tag. Familienermäßigung. Baden im Fluß eher etwas für Hartgesottene.

Squash: Im Pershotel, 14-22 Uhr, ca. 15 DM pro halbe Stunde. Racket kann geliehen werden.

Tennis: Öffentlicher gratis Asphaltplatz im Zentrum von Gol. Schläger verleihen die Sportgeschäfte.

Rundflüge: Ab Sportflughafen Klanten auf dem Golsfjell, 4-sitzige und 2-sitzige Motor-/Segelflugzeuge, ca. 1oo-2oo DM/Std. Beim Storefjell Hotel oben auf der Golshochebene.

Reitmöglichkeiten: Beim Golsfjell Appartementhotel, Oset u. Hallingen Hotel und Gol Camping Senter.

WINTERSPORT

Ski: Gol ist durch sein nahegelegenes Fjell ein beliebtes Wintersportgebiet, schneesicher von November bis April. Zwei Skizentren:

Alpinsenter: 2 km vom Ort auf dem Skårasen (Skibusverbindung) mit 2 Liften, gut 2 km mittelschwere Piste. Betrieb 9.3o-16 Uhr, Tagesskipaß 35 DM.

Langlaufgebiet ab Skiliftendstation auf 1.ooo m Höhe, 2oo km gespurte Loipen auf der Hochfläche bis nach Feten 4 km und Syningen auf 1.o9o m Höhe.

Skiverleih: komplette Abfahrts- und Langlaufausrüstung.

Weiteres Skigebiet auf dem Golsfjell; Straße Richtung Fagernes ca. 9oo m hoch, mit Liften und Langlaufloipen.

Super Langlaufeck bei Solseter, 6 km von Gol entfernt Richtung Fagernes auf 8oo m Höhe. Vorzüglich präparierte Loipen mit Doppelspur, teils sogar Flutlicht. Landschaftlich schön angelegt, abwechslungsreich durch Waldstücke und freie Flächen, einiges an Steigungen und kurvige Abfahrten - für jeden Geschmack etwas dabei, von einer kurzen, ebenen 2-km-Loipe bis zur 2o-km-Tour, alle beliebig kombinierbar.

Bushaltestelle direkt beim Loipenstart. Solseterfjellstue: siehe Unterkunft.

Eislauf: Eisschnellbahn Glitre in Gol, beim Industriegebiet am Ortsende (Idrettsplass, ausgeschildert).

Skiexpressbus: Im Februar und März gibt's eine Direktlinie speziell für Skifahrer von Oslo (Bahnhof Nähe Flughafenbusterminal) nach Gol und zum Golsfjellet.

Transporte *ab Gol*

Bahnhof: am anderen Flußufer 5oo m vom Zentrum durchs Hallingdal nach Oslo: ca. 4 x tägl., ca. 3 Std. Die fantastische Strecke über Geilo, Hardangervidda nach Bergen: ebenfalls 4 x täglich, dauert ca. 4 Std.

Bus: Abfahrt vom Busterminal im Sentrumsvegen.
nach Geilo: ca. 2 x an Werktagen, Dauer 1 Stunde; im Winter häufiger.
-> Drammen: ca. 2 x täglich, knapp 4 Stunden
-> Torpo: 5-6 x an Werktagen, 1/4 Stunde
ins Valdres nach Fagernes: ca. 4 x täglich, 1 Stunde
-> Sogndal-Førde: 1 x täglich, gut 7 Stunden
-> Hemsedal: ca. 6 x an Werktagen, ca. 3/4 Stunde
-> Nesbyen: ca. 4 x an Werktagen, 1/2 Stunde

Taxistand: ca. 1oo m vom Pershotel entfernt.

ABSTECHER: Das GOLSFJELLET, eine abwechslungsreiche wellige Hochfläche ca. 1o km von Gol entfernt. Die 9oo-1.ooo Höhenmeter garantieren Superschneeverhältnisse bis April. Lichte Hochwälder, glasklare Bergbäche, einsame Seen und weiter Blick locken im Sommer zum Wandern. In den Birkenwäldern verstecken sich die Wochenendhäuschen von Norwegern aus Drammen und Oslo.

Die Straße windet sich von Gol recht schnell hoch, nach 6 km Solseterfjellstue an der Straße; einfache Pension auf einer Lichtung, die den Namen Sonnenhof wirklich verdient. 8 Appartements für jeweils 4 Personen. Prima Quartier für Langläufer, die Loipen beginnen direkt hinterm Haus. Bushaltestelle.

 Einige km weiter rechter Hand der Straße ** Camp Hammerstad mit einigen Hütten. Blick in beide Richtungen übers Hallingdal und aufs Storefjell, Stromanschlüsse. Auch Wintercamping. Weitere Campingplätze Richtung Fagernes.

Eine Ecke weiter "Hotel Hallingen" rechts an der Straße: 36 Appartem. mit Küche, Dusche, WC für 6 Personen, pro Tag 1oo- 2oo DM. Weitere große Hotels 5- 8 km abseits der Straße auf dem Fjell.

Landschaftlich schöne Verbindungsstrecke (RV 51) in ca. 35 km ins Valdres Tal nach Fagernes.

WEITER AB GOL (RV 7): ausgesprochen schöne Teilstrecke anfangs im breiten Hallingdal, einige Campingplätze am Weg.

TORPO: der Ort interessant wegen der STABKIRCHE, die einträchtig neben der jüngeren weißen Holzkirche steht. Geschnitzte Drachendarstellungen beiderseits der schmalen West- und Südportale, Teile aus dem 12. Jh. Die Dächer ausnahmsweise mit Steinschindeln gedeckt. Einzigartige Malereien in der Deckenwölbung aus dem 13. Jh. Christl. Szenen aus dem Martyrium der hl. Margarete. Im Sommer geöffn. 9.3o-17.3o Uhr.

ÅL: kleines Geschäfts-/Schulzentrum, viel Neues den Hang hinaufgebaut. Die ursprünglich sehr hübsche STABKIRCHE von Ål (1175) wurde großteils zerstört; das dekorative Westportal mit ausgezeichnet erhaltenen Löwen befindet sich heute im Historischen Museum in Oslo.

ROLF NESCH MUSEUM im Kulturhaus, sehenswert. Nesch (1893 - 1975) gilt als einer der großen Erneuerer der Grafik und des Materialbildes und zählt zu den wichtigsten Künstlern der Klassischen Moderne Norwegens. Hier in Ål befindet sich die größte permanente Nesch-Ausstellung. Geöffnet: ganzjährig Mo.- Fr. 12 -17 Uhr.

Vielen Dank für den Leserbrief von Arno Piechorowski: "...Geboren 1893 in Esslingen/Württemberg, errang Nesch nach entbehrungsreichen Jahren als freier Künstler ersten Ruhm Ende der 2o-er Jahre in Hamburg, wo er durch seine stupende Radiertechnik auffiel: Er ätzte die Kupferplatten durch, lötete Drähte und Netze auf und gelangte so zu einem ganz neuen Bildausdruck. Die Radierzyklen "Hamburger Brücken", "St. Pauli" und "Karl Muck und sein Orchester" wurden Höhepunkte moderner Graphik.

1933 emigrierte Nesch nach Norwegen, wo er als mittelloser Flüchtling weiterarbeitete (Radierfolgen "Schnee", "Lofotfischer") und vor allem viele Farbradierungen von bizarrer Materialität schuf. Hier entstanden auch die Materialbilder, die ihn nach dem Krieg weltberühmt machten. Durch aufgelötete Metallstege, Einfügungen von Glas- und Holzelementen und farbige Fassungen erreichte Nesch künstlerisch ungeahnte Wirkungen, die durch die oft monumentale Größe verstärkt wurden. Sie gehören heute zu den großen Werken der klassischen Moderne.

In Ål wird eine umfangreiche Werkübersicht Neschs von seinen frühen Arbeiten bis zu den Alterswerken gezeigt, die sehr sensibel ausgewählt wurde. In den Sommermonaten wird sie durch eine thematische Sonderausstellung ergänzt. Bücher und Kataloge (auch in Deutsch) sind zu erwerben.

In der Nasjonalgalleri Oslo werden etliche Hauptwerke der Materialbilder und im Kupferstichkabinett die Radierungen gezeigt. Sein Hauptwerk "Heringsfang" hängt im Haus des Norwegischen Industrieverbandes in Oslo. In Deutschland befinden sich die größten Nesch- Sammlungen im Schloß Gottrop/Schleswig, in der Hamburger Kunsthalle, in der Staatsgalerie Stuttgart und in der Städt. Galerie Esslingen."

Bei <u>HOL</u> zweigt die gut ausgebaute <u>RV 5o</u> ab und führt an die grandiosen Verzweigungen des Sognefjord, wobei der <u>NÆRØYFJORD</u> als engster Europas zu den Highlights einer Norwegen-Fahrt gehört. Per Autofähre ab Gudvangen zu befahren, bzw. im Personenboot ab Flåm. Details 467.

★ Geilo (2.2oo Einw.)

Eines der renommiertesten Skigebiete Norwegens, auf 8oo m Höhe am Rande der Hardangervidda. Der Neubauort liegt in einem breiten Talkessel am Ustedalsfjorden. Im Winter ist hier einiges los, die Norweger nennen es überfüllt, verglichen mit deutschen oder österreichischen Verhältnissen jedoch gerade erst "angenehm belebt".

Mit über einem Dutzend Lifte und mehr als 1oo km präparierten Loipen größtes Skigebiet Norwegens. Zudem durch die günstige Lage an den Ostausläufern der Hardangervidda einer der besten Stützpunkte für Wander-/ Reittouren und Angeltage.

Neben dem Tourismus lebt Geilo von etwas Werkzeugindustrie, die hier lange Tradition hat. Die ersten Siedler im Tal entdeckten Eisenerz im Boden und schmolzen in rund 2oo Jahren immerhin 9o Tonnen Eisen für Äxte, Pfeilspitzen etc.

Diverse Jagd- und Klappmesser werden direkt ab Fabrik bei Brusletto u. Co. verkauft. (Ortsanfang aus Gol kommend links.)

<u>Durch die Bahnlinie</u> Bergen-> Oslo und die Hardangervidda-Straße RV 7 ist Geilo gut zu erreichen (zudem Busverbindung).

 358o Geilo, Tel. 32 o9 13 oo, Fax: 32 o9 18 5o. Ganzjährig geöffnet Mo.-Fr. 9-16, Sa. 9-13 Uhr, zusammen mit <u>Bank</u>, Sportladen, Café und Restaurant alles kompakt unter einem Dach im Geschäftszentrum.

 Großes Postamt unterhalb Hotel Ro Kro in der Hauptstraße. Nebendran <u>Telefonladen</u>, beides offen Mo.-Fr. 8-16, Sa. 8-13 Uhr.

 Ein breites Angebot, vom Komforthotel bis Appartements, Jugendherberge und Campingplätze.

"<u>Geilo Hotel</u>" im Zentrum. Eine gesunde Mischung aus modernem Komfort und behaglicher Kamingemütlichkeit. Breite Dachkonstruktion erinnert an österreichische Skihotels. Nur 2oo m vor der Haustür der erste Lift. 145 Betten, DZ ab 185 DM inkl. Frühstück.

"<u>Dr. Holms Hotel</u>", weißes Herrenhaus im traditionellen Stil von 19o7, innen vollkommen modernisiert. Elegant und stilvoll, große Zimmer, Sauna, Hallenbad, Solarium und Après Ski in der Tanzbar, zum Skisessellift nur wenige Meter. DZ inkl. Frühstück ab 215 DM, günstigere Sommerpreise.

"**Hotel Alpin**", am Ortsende in dunklem Holz gehalten, überblickt das Tal; zum Skilift eine Ecke zu laufen. 65 Zimmer. DZ 11o DM.

"**Ro Hotell**", im Zentrum, Geilovegen 57. DZ 65 DM mit Etagenbad, 14 Zimmer, allerdings etwas abgewohnt.

"**Bakkegård Appartement**", an der Durchgangsstraße. 25 moderne Appartements für 2-5 Pers. mit Bad/WC, Küche, TV. Im Haus Sauna und Solarium. 4-Pers.-App. ab 13o DM pro Tag.

"**Øen Appartements**", moderne App. für 6-8 Pers. ab 13o DM/Tag. Siehe Camping.

"**Geilo Appartement**": ordentlich und modern, an der Straße Ri. Numedal. Langgezogener Klinkerbau mit Balkon, App. für 4-5 Personen mit TV, Schwimmbad, Sauna, Solarium im Haus. App. für 2 Pers. je nach Saison 85-11o DM pro Tag.

Einige **Privatzimmer** werden in Geilo oder nächster Umgebung angeboten. Preis ca. 35 DM/Person. Schilder "Rom" beachten.

Jugendherberge im Ort an der Durchgangsstraße, Ecke Geilogutu (ausgeschildert). 145 Betten, 3o DM im 4-Bett-Zimmer. Auch Doppelzimmer und ein Dutzend 4er Appartements.

*** Øens Campingplatz am Ortseingang aus dem Hallingdal kommend. Auf verschiedenen Plateaus verteilen sich die Stellplätze bis zum Fluß. Viele Dauercamper. In Teilbereichen darf kostenlos geangelt werden! Münzwaschmaschinen im Trockenraum. Im oberen Teil 18 Hütten mit E-Platte und Kühlschrank unterschiedlicher Ausstattung, die komfortabelsten mit Dusche und WC. Busverbindung ins ca. 2 km entfernte Zentrum.

** Geilo Camping: Zeltler finden hier eine Wiese mit torfigem Untergrund (an der Straße zum Numedal). Nebenan

*** Sollis Sportel: Hütten, App., Hotel und Camping etwas beengt für Zelte und Wohnmobile.

Camping Geilo Vest mit Hüttenvermietung. Schön gelegen, aber 4 km westlich vom Zentrum.

Café & Grill ALPIN gegenüber Bahnhof; im Bauernstubenlook, mit Rundblick auf alle Skihänge. Täglich wechselnde und preisgünstige Tagesgerichte. Die Grillstube nebenan auf rustikal gemacht. Telemark Ski zur Dekoration an den Wänden und robuste Balkendecke. Zum Schwofen und Après-Ski allerdings etwas traurig, ab 22 Uhr geschlossen, montags Ruhetag.

Restaurant HALLING STUENE, das ansprechendste Lokal im Ort, urgemütlich im Stil einer Hallingdal Stube. Viel Holz, Kamin und Kerzenlicht.

Preiswerter gegenüber Cafeteria RO KRO, allerdings geringe Auswahl und sterile Selbstbedienung.

Restaurant <u>VIDDA</u> an der Durchgangsstraße. Modern, rustikal und gepflegt. Fisch- und Wildspezialitäten: Rentier oder Schneehuhn (rype) um die 4o DM.

Transporte *ab Geilo*

Bus: Direktbusse zur Wintersaison ab Weihnachten bis Anfang April vom Hafen bzw. Flugplatz Oslo ins Wintersportgebiet Geilo.

<u>Linienbusse</u>: über die Hardangervidda nach Eidfjord, weiter über Kinsarvik bis Odda: nur im Sommer 2 x täglich, 4-5 Stunden
nach Dagali ins Wander- und Skigebiet: 2-3 x täglich, 3/4 Std.
nach Haugastøl an dem benachbarten Ustevatn: ca. 3 x tägl., 1/2 Std.
Zusätzlich im Winter Abfahrten nach Ustaoset
nach Kongsberg: 3 x werktags, Sa./So. 1-2 x.

Bahn: Bahnhof im Zentrum; 4 x täglich nach Oslo bzw. Bergen, jeweils 3 1/2 Stunden.

Taxistand vor dem Bahnhof.

Wandern: Von Geilo aus bequem mit der Bergenbahn zu den Wandergebieten im Hallingskarvet und im Bereich des Hardangerjøkulen (Gletschertouren). Günstiger Ausgangspunkt Bahnstation Finse.

Per Bus erreicht man die nördlichen Ausläufer der Hardangervidda an der RV 7, die sehr gut mit Wanderhütten versorgt ist, so daß man außer zahlreichen Tageswanderungen auch längere Touren mit Hüttenübernachtung einplanen kann. Siehe Seite 411.

Kurze Wanderungen gleich oberhalb von Geilo über die Hochfläche. Bequem mit dem Geilosessellift auf 1.1oo m (23.6.-19.8.) und nach Belieben zur <u>SKARVRAND HYTTA</u> oder <u>PRESTHOLD SETER</u> (Alm) weiter, unterhalb des klotzigen Hallingskarvet (1.933 m).

Allein die Liftfahrt zum <u>CAFE GEILOTOPPEN</u> lohnt sich für die einzigartige Aussicht bis hinüber zur Hardangervidda; die abgefahrenen winterlichen Skipisten fallen noch deutlich auf.

Für Touren auf der gegenüberliegenden Seite empfiehlt es sich, bis zur Kikut-Fjellstue den Linienbus zu nehmen.

<u>Wanderkarten</u> im Touristkontor oder im Buchhandel. Empfehlenswert: TUR - og FRITIDSKART.

Reittouren: 1 Woche über die weite Hochfläche der Hardangervidda. Übernachtung in Berghütten, 3-4 Std. lange Touren. So bleibt auch Zeit zum Angeln, für kleine Wanderungen und Hüttengemütlichkeit. Von Ende Juni bis Anfang August. 1 Woche inkl. VP, Ausrüstung, Pferd und Führer ca. 85o DM. Info + Buchen beim GEILO HESTESENTER. - Ähnliches Angebot mit anderer Route bei EIVINDSPLASS FJELLGÅRD, Geilo.

Kanutouren: auf dem langgestreckten Ustedalsfjorden. Bootsverleih bei Geilo Aktivitetsguiding.

Rafting auf dem Numedalslågen/Dagali mit Flåte Opplevelser. Eine gemütliche Familientour, aber auch "Rafting extrem". Näheres im TB in Geilo. Siehe auch allgem. Kapitel Rafting.

Fahrradverleih: Info im Touristenbüro. Geilo ist ein sehr guter Ausgangspunkt für eine Fahrt auf dem sog. Rallarvegen, dem alten Bauarbeiterweg parallel der spektakulären Eisenbahnstrecke nach Flåm. Allerdings nur mit dem Mountainbike zu empfehlen (siehe auch allgemeines Fahrradkapitel). Zurück ein Teil mit der Flåmbahn, die zweifellos schönste Bahnfahrt in Nordeuropa. Diese Mehrtagestour wird auch organisiert angeboten. Info im Turistkontor. Fahrradvermietung direkt bei den Bahnstationen Finse und Hallingskeid. Die robusten Räder mit Gangschaltung sind für den steinigen Weg gut geeignet. Rücktransport per Bahn kein Problem. Rund um Geilo viele weitere Ziele für Tages- und Mehrtagestouren.

Angelkarten: für den Ustedalsfjorden beim Touristenbüro, bei Campingplätzen und Hotels. 1o DM/Tag, Wochenkarte günstiger.

Tenniscourts: bei den Hotels, z.B. Vestlia und Bardøla.

WINTERSPORT

Die beste Urlaubszeit zum Skilaufen kurz vor bzw. nach Ostern, gut 13 Std. Sonnenschein, dazu schneesicher. In der Osterwoche selbst ist ganz Norwegen in den Bergen.

Alpin: Für Wedelfans werden verschiedene Abfahrtshänge durch rund 2o Lifte erschlossen. Die drei Gebiete oberhalb Geilo am Südhang können über Querverbindungen zu einer kleinen Skischaukel kombiniert werden. Unter den über 5o präparierten Pisten immerhin einige schwarze Abfahrten und ein Flutlichthang.

Der Nordhang am VESTLIA SKICENTER bietet nur leichte und ganz schwere Abfahrten mit ordentlicher Buckelpiste. Dafür sind die Schneeverhältnisse nachmittags besser als auf den gegenüberliegenden Südhängen mit vorwiegend mittelschweren Pisten. Von allen Topstationen sagenhafter Blick über den verschneiten Ustedalsfjord bis weit in die Hügellandschaft der Hardangervidda. Die Hänge wirken durch die kahlen, staksigen Birken wie Stoppelbärte.

Für Langläufer bei ca. 13o km gespurten Loipen eine riesige Auswahl.

Einfache Touren ohne Steigungen im Tal, z.T. über den verschneiten Ustedalsfjorden. Start beim Campingplatz oder Vestlia Skicenter an der Liftstation gegenüber Geilo, 3 1/2 km ab dem Stadion an bestimmten Tagen sogar mit Flutlicht.

Die beiden Hochflächen oberhalb Geilo von zahlreichen Loipen durchzogen. Interessante Möglichkeiten auf dem Südhang: per Sessellift auf 1.o6o m zu Bjødnahovda. Auswahl zwischen mehreren Touren bis zur Kikut Fjellstue an der Paßstraße zum Numedal, von dort per Bus zurück oder abholen lassen. Für Leute mit guter Kondition läßt sich eine Rundtour auf den Ustetind (1.376 m) einbauen.

Die Loipen auf dem Nordkamm bieten die größte Kombinationsmöglichkeit. Nahe beim Bahnhof in den Sessellift und zur Geilohovda auf etwa 1.1oo m rauf, hier starten die meisten Touren. Sehr schöne Sache ist eine Tagestour zum Fuß des Hallingskarvet (1.933 m) mit Picknickpause in der Prestholdseter (hin und zurück ca. 15 km).

Skitourenkarte im Touristenbüro.

Skiverleih: mehrere Möglichkeiten im Ort, u.a. im Intersportgeschäft gegenüber Bahnhof.

Mehrere Skischulen bieten LL-, Alpin- und Telemarkschwungkurse an.

Am Ortsende von Geilo führt ein Abzweig links zu 3o Wikingergräbern aus der Zeit um ca. 9oo n. Chr. Schlecht beschildert.

Weitere Streckenbeschreibung Geilo-> Bergen siehe Seite 411.

Alternativroute zur Teilstrecke Oslo-> Geilo durchs Numedal (RV 8, RV 11)   242 km

Abwechslungsreiche Strecke, immer am Fluß Lågen entlang, der sich stellenweise zu idyllischen Bade- und Paddelseen verbreitert. Ein waldiges, nur dünn besiedeltes Tal, grüne Almwiesen und ochsenblutrote Bauernhöfe. Landschaftlich reizvoller und ursprünglicher als das parallele Hallingdalen. Kilometermäßig ab Oslo etwa gleiche Entfernung.

Viele der ursprünglichen Bauern- und Speicherhäuser stehen noch an ihrem alten Platz, teilweise unter Denkmalschutz, und entgingen erfreulicherweise dem Abtransport ins Freilichtmuseum. Zwei umgebaute, wenig spektakuläre Stabkirchen, in ihrer Einmastbauweise aber typisch für das Numedal. Gegen Ende des Tals windet sich die Straße zu den Ostausläufern der Hardangervidda auf 1.ooo m Höhe.

Mehr als 2o Campingplätze und einiges an Hotels und Pensionen verteilen sich im Numedal. Vom Fährort Larvik der schnellste Zubringer in die

Wintersportgebiete Kongsberg, Bleffjell, Hardangervidda und zum Top-abfahrtsgebiet Geilo.

Busverbindung: Kongsberg-> Geilo 3 x werktags, 1-2 x Wochenende.

Der letzte Teil der Strecke zur Hardangervidda rauf kann im Winter gesperrt werden - vorher erkundigen.

Erst zu Anfang dieses Jahrhunderts wurde das Numedal durch Bahn und Straße für die Bewohner und damit auch dem Tourismus erschlossen. Die 1926 eröffnete Numedalsbahn brachte Kontakt mit dem Østland.

Früher waren die Numedaler in weiten Teilen Norwegens als Hausierer und Viehhändler bekannt. Ein "Job", der damals noch keinen negativen Beiklang hatte, denn sie waren für das Gebiet wichtige Händler, oft der einzige Außenkontakt. Im Winter, zur Flaute in der Landwirtschaft, zogen sie zwischen West- und Ostland (alles zu Fuß) her und versorgten die abgeschiedenen Höfe und Siedlungen mit dem Wichtigsten.

Mit den neuen Verkehrswegen (Fahrstraßen, Bahn) verloren die ziehenden Händler immer mehr an Attraktivität.

Die ersten 8o km ab Oslo bis Kongsberg

Gut ausgebaut, anfangs sogar Autobahn. Drammen läßt man besser rechts liegen, viel Industrie (Details Seite 367).

Dafür lohnt unbedingt der Abstecher zum BLAAFARVEVERK nahe Åmot. Die alten Gruben sind für Besucher geöffnet. Interessant auch die Weiterverarbeitung. Wer sich für Kunst interessiert findet hier viele bekannte Werke des norwegischen Malers Th. Kittelsen (Details siehe Seite 368). Quereinstieg dann ins Numedal über schmale Landstraßen.

Beginn der Numedalstrecke in der Bergwerkstadt KONGSBERG (lohnender Stop für eine Fahrt in die alten Silberminen). Informatives Grubenmuseum. Näheres im Text Kongsberg, Seite 368.

Im anfangs weiten und offenen Numedal windet sich die Straße immer parallel zum Fluß Lågen, ca. 22 km nach Kongsberg.

LAMPELAND: kleine Siedlung, Turistkontor, Bank, Tankstelle und preiswerte Übernachtung im Lampeland Pensjonat, 1oo m zurückgesetzt der Straße. Ordentliche 3o-Betten-Pension mit Gatekjøkken, großem Aufenthaltsraum. DZ mit Dusche.

*** Campingplatz Neset Skydsstation, kurz vor Flesberg, links neben der Straße, Sommer und Wintercamping mit einer Handvoll geräumiger Hütten.

FLESBERG: der Weiler bietet außer einer 1735 umgebauten und damit untypisch gewordenen Stabkirche nicht viel. Interessanter ist der Gutshof

<u>Dåsettunet</u> des alten Flesberg, 5 km außerhalb (am Ortsanfang rechts ab). Von der ehemaligen Siedlung mit 23 Gebäuden noch 14 erhalten. Mühle, Scheune und Badestube wurden ins <u>Freilichtmuseum</u> Lågdal in Kongsberg verpflanzt. Die ältesten Blockbauten mit Rundbalken stammen noch aus dem 17. Jh., die übrigen aus späterer Zeit. Öffnungszeiten: Ende Juni bis Mitte August Di.-Do. 14-16 Uhr, Sa. 13-18 Uhr, So. 13-17 Uhr.

<u>Abstecher von Flesberg</u> etwa 15 km aufs <u>BLEFJELL</u>. Ein gut erschlossenes Bergplateau zwischen Numedal und Telemark. Im Sommer Wandertouren auf 1.2oo m Höhe, im Winter sehr gutes Loipengebiet; ein beliebtes Ziel für Skiwanderungen ist der Aussichtsgipfel Bletoppen auf 1.341 m. Zwei Abfahrtslifte am Fagerfjell, Länge 7oo und 2oo m. Weiterer Lift: Blefjellheisen bei Sjuvasslia, Länge 68o m. Weiteres Plus: von Oslo schnell erreichbar.

Unterkunft im **Fagerfjell Feriesenter** auf 65o m Höhe, 195 Betten DZ mit Dusche, im Winter teurer.

An der weiteren Strecke im Numedal Richtung Veggli uriges Blockhausrestaurant <u>Numedalkro</u>, gemütlich dekoriert. Leckeres Käseschnitzel, verführerische Smørbrøds. Angelkarte im Restaurant.

 ** <u>Camping Numedalkro</u> neben Straße und Fluß. Großes Terrain mit 1o rotgelben Holzhütten. Stromanschluß.

Einige Kilometer weiter ** <u>Camp Holman</u>, rechts der Straße auf einer Ausbuchtung am Lågenufer, Stromanschlüsse, 8 Sommerhütten. Direkt vom Wohnwagen kann man die Angel auswerfen. Angelschein beim Campingwart.

VEGGLI: Hier beginnt der <u>Nordmannslepa</u>, ein alter traditioneller Pfad über die Hardangervidda bis nach Eidfjord. Der alte Hauptverbindungsweg zwischen Ost- und Westnorwegen. Jetzt markierter Wanderweg von Veggli über die Hardangervidda.

Der Lågen verbreitet sich auf der Weiterfahrt zum Norefjorden, ein guter Paddel- und Rudersee, Bootsverleih und Angelkarten beim Skåhjem Camping.

<u>Schönes Fotomotiv</u>: das rotweiße <u>STABBUR TRIO</u> 5 km vor Nore Stabkirche linker Hand am Norefjord. Wie die Orgelpfeifen stehen die Speicher mit "gedrechselten" Säulchen und geschnitzten Türpfosten aus dem 18. Jh. Gehören zu einem noch bewirtschafteten Bauernhof.

NORE: Durch seine <u>STABKIRCHE</u> ist der Ort ein Begriff. Nicht an der weißen Holzkirche direkt nach der Norefjord-Brücke enttäuscht umkehren, die kleine dunkle Stabkirche versteckt sich 2oo m weiter hinter einer großen Scheune.
Die schlichte, kompakte Kirche stammt aus dem 12. Jh., wurde später in

Blockbauweise zur Kreuzform verändert, was durch die senkrechte Verschalung nicht mehr zu erkennen ist. Die für das Numedal charakteristische Einmastbauweise noch gut zu erkennen. Das buntverzierte Eingangsportal ist ein Vorgeschmack auf die kunstvolle Innenausstattung, von den Wänden bis zur Decke mit Rosenmalerei ausgeschmückt (18. Jh.).
Geöffnet: 15. Juni bis Anfang September tägl. 1o-18 Uhr.

 Camping an der Kreuzung zur Stabkirche, mit kleinen Hütten in Reih und Glied nebeneinander. Großes Wiesenareal direkt am See mit Badetreppen.

** Camping Fjordgløtt. Von der Lage sehr schön am Ende des Sees und nicht direkt an der Straße. Ebenes Terrain, einige Hütten, wenige Kilometer bis Rødberg.

RØDBERG (5oo Einw.): der größte Ort im Numedal, durch das Kraftwerk wenig lockendes Ambiente. In einigen Kilometern zur Stabkirche Uvdal, von der Lage her die schönste Stabkirche im Numedal, exponiert am Hang, 1oo m überm Tal. Eine schlichte Einmastkirche aus dem Ende des 12. Jh., der später ein Querschiff verpaßt wurde; schön eingebettet in ein Ensemble von gut erhaltenen Höfen, Blockhäusern und Speichern. Die Kirche liegt ca. 3 km vor Uvdal (ausgeschildert), eine Nebenstraße schlängelt sich 1 km hinauf. Offen: Juli bis Mitte August tägl. 9-18 Uhr.

Tourist INFO Wichtig für Auskünfte im gesamten Numedal. 363o Rødberg, Tel./Fax: 32 74 13 9o.

In **UVDAL** hübsche Jugendherberge, 3o Betten im gelb-roten Landhaus an der Straße. Übernachtung auch für Familien.

 ** Camping Uvdal, linker Hand der Straße, Stromanschluß. 15 etwas abgeblätterte Hütten. Auch über Ostern geöffnet.

Nach Uvdal verändert sich's landschaftlich stark, die Straße kurvig bis auf 1.ooo m hinauf (diese Passage kann im Winter ohne längere Vorwarnung gesperrt sein) an die Ostausläufer der Hardangervidda.

An der Strecke zwischen Uvdal und Geilo einige Hotels und Camps teilweise mit Hütten.

DAGALI: kleines Ferieneck am Numedals Lågen. Hütten, Campingplatz und Dagalihotel etwas abseits der Straße, DZ ab 165 DM.
Im Sommer ein ruhiger Stützpunkt für Wandertouren im Bereich der Hardangervidda sowie ausgedehnte Kanutouren vom Numedals-Lågen zu den beiden großen Seen Pålsbufjorden und Tunnhovdfjorden im Osten. Mit vereinzelten Baumgruppen im See wirkt es wie ein Überschwemmungstal.

Das neue Dagali-Skicenter steht mit zwei Abfahrten von ca. 1.5oo m im Schatten des bekannten Geilo. Im Sommer interessante <u>Raftingtouren</u>, siehe Geilo.

Zwischen Dagali und Geilo eine Handvoll <u>Campingplätze</u> und <u>Hütten</u> (z.T. auch im Winter geöffnet). Die beiden Campingplätze am Skurdalsvatn durch ihre günstigen Angelmöglichkeiten besonders interessant.

In Geilo trifft man wieder auf die Hardangerviddastraße. Alle Details zu Geilo siehe Seite 4o7.

Geilo - Hardangerfjord - Bergen (RV 7)

Bei der Weiterfahrt ab Geilo am eindrucksvollen <u>USTAOSETSEE</u> entlang; ganz karge Umgebung an der Baumgrenze, nur noch die knorrigen Fjell-birken halten das rauhe Klima aus. Runde Kuppen, sanft wellige Buckel prägen die Landschaft.

✦ Ustaoset

Ein Ferienort in phantastischer Umgebung am See gelegen, jede Menge privater Hütten. Verlockende Ziele sind im Süden der 1.376 m hohe Uste-tind (2 Std.), im Norden der Hallingskarvet 1.933 m. Im Winter super Tourengebiet. Sehr schöner Tagesausflug zum Waffelessen zur gemütli-chen Tuvahütte am Anfang der Hardangervidda (3 Std. einfach). Auf Wanderwegen oder markierter Loipe erreichbar.

"<u>Ustaoset Høyfjellhotel</u>", neben der Straße. Groß, modern, breite Balkonfront mit Blick über See und Hügelkette.

"<u>Solheim</u>" <u>Appartements</u>, oberhalb von See und Bahnlinie, 1 km nach Ustaoset. 18 Appartements, komfortabel und modern ausgestattet mit Küche, Kühlschrank. Im Hauptgebäude Sauna und Kamin-aufenthaltsräume.

Die weitere Strecke führt bis Haugastøl am großen Ustevatn entlang.

<u>HAUGASTØL</u> am Seende auf ca. 1.ooo m, mit Bahnstation. Ab hier ist im Winter die Hardangerstrecke gesperrt, über Ostern oft noch Nachtsperre (Ketten!).

Vegmannsbu Turistsenter langgestreckt am Seende, 6o Betten in Appartements für bis zu 6 Personen. Komplett ausgerüstet: Küchenbord, Bad, WC etc.

Nach Haugastøl steigt die Straße auf die HARDANGERVIDDA-HOCH-EBENE an.

✦ Hardangervidda

Ein meilenweites, fast tundraartig "ödes" <u>Hochplateau</u> auf 1.2oo-1.4oo m, *faszinierend in seiner Reizarmut; erinnert optisch stark an Lappland. Knapp oberhalb der Baumgrenze (1.o5o m) mit der größten Population wildlebender Rentiere.*

Die ausgedehnteste Hochgebirgsebene Europas (fast 3o x größer als der Bayerische Wald) ist besonders reizvoll zur Herbstfärbung, wenn Zwergbirken, Fjellheide, Blaubeersträucher in flammendrot-orangen Farbvarianten leuchten; Wacholderbüsche als Grünkontrast.

Schönes Wandergebiet mit leichten Touren, sanft-wellig, kaum Steigungen; Skilanglauftouren bis Ostern; Schneehuhn-, Rentier- und Kleintierjagd im Herbst.

Der höchste Punkt der Straße liegt auf 1.25o m bei Dyranut (Wanderherberge, nettes Restaurant). Der riesige Gletscher Hardangerjøkulen (1.862 m) ist gut im Norden zu sehen. Zumindest leuchten die Gletscherzungen von weitem, die Spitzen verstecken sich oft im Nebel. Markierte Wanderwege führen um den Gletscher, allerdings sehr lange Etappen.

Phantastischer Blick auf den Hardangerjøkulen sowie den angestauten Gletschersee bietet sich bei dem kurzen Abstecher zur Sysendamm-Staumauer (von Dyranut Richtung Eidfjord ausgeschildert, steile Auffahrt, Parkplatz). Die Staumauer aus Naturstein ist begehbar. Der Blick ist im Sommer zur Mitternachtssonne besonders beeindruckend, die dann gegen 23 Uhr immer noch über die Vidda strahlt. Erst mit Sonnenuntergang spürt man die Kälte des Gletschers.

Die Hardangervidda flacht sich nach Osten zu ab, während der Westen gebirgig steil ist. Das bedeutet, daß der Westteil fast doppelt soviel Regen abbekommt wie der Osten. Trotz des Tundra-Charakters fehlt der Hardangervidda der tundratypische Dauerfrostboden. Ein Labyrinth verästelter Seen, Wasserläufe und Hochmoore mit weißen Wollgrasteppichen überzieht die Vidda. Kaum vorstellbar, daß hier vor der Eiszeit eine wüstenähnliche Landschaft war. Als das Eis schmolz, hinterließ es eine dünne Moränendecke, gespickt mit mächtigen Felsbrocken.

Die höchsten Gipfel im Norden: Hallingskarvet (1.933 m), der Hardangerjøkulen (Gletscher) 1.862 m; die Bergkuppen im Westen um die 1.7oo m: Hårteigen (1.691 m), Solfonn, Sandfloeggi.

Der zentrale Teil, 1/3 der 9.ooo qkm großen Hardangervidda wurde 1981 zum **NATIONALPARK** erklärt:

Ca. 2oo verschiedene Pflanzenarten, 15 Moosgattungen und ein breites Spektrum an Tieren (rund 1o.ooo wildlebende Rentiere). Überall findet man abgeworfene Geweihreste oder Hufspuren; die sehr scheuen Lemminge, Eisfuchs, Vielfraß und Luchs sind äußerst selten zu sehen.

Durchstreift man die Vidda abseits der Pfade, fliegen bestimmt einige der vielen Tausend Schneehühner (norw. Rype) auf, in grauer oder braunweißer Tarnfarbe, etwa so zierlich wie ein Perlhuhn. Krächzt das Federvieh beim Auffliegen, hat man ein Männchen aufgescheucht, das auch an den breiten, roten Augenstreifen zu erkennen ist. Die Weibchen hocken meist gesellig in Scharen beieinander, schneeweiß getarnt im Winter.

Vereinzelt trifft man auf kleine, idyllisch gelegene Ferienhütten. Genehmigung zur Rentierjagd erhalten nur die Grundbesitzer, die sich auch per Helikopter einfliegen lassen dürfen bzw. mitsamt ihrer geschossenen Beute ausfliegen lassen können (der Helikopter kostet runde 4oo DM)! Normaltouristen erhalten keine Genehmigungen. Seit neuestem hat auch Green Peace ein Auge auf die Wildrentierbestände geworfen und macht durch Aktionen während der Jagdsaison Schlagzeilen.

Im Westen wird die Hardangervidda von den schroffen Wänden des Hardangerfjords begrenzt; im Norden grenzt der Eidfjord an das Gebirgsmassiv des 1.862 m hohen Gletschers Hardangerjøkulen. Der Osten weitgehend vom Numedal eingefaßt (guter Zugang), an den Südausläufern verläuft die Haukelistraße RV 11.

Zugänge: von Süden/Osten über die Raulandstraße RV 37 von Rjukan oder per Boot über den langen Møsvatn in den Nationalparkbereich. Die zweifellos eindruckvollste Straße führt von Geilo über den Nordrand der Hardangervidda zum Eidfjord (Wintersperre) mit Blick zur weißen Kuppe des Hardangergletschers über die weite Ebene im Süden.

Alternativ: mit der Bergenbahn über die Vidda, die dicht am Gletscher vorbeirollt; guter Zugang für Wanderungen ab der ca. 1.2oo m hoch gelegenen Bahnstation Finse.

WANDERN

Die Hardangervidda ist ein gut erschlossenes Wandergebiet mit einem dichten Netz teils bewirtschafteter Übernachtungshütten und markierter Wanderwege; durch das riesige Areal nie überlaufen.

Touren: Über die Hardangervidda ohne anstrengende Steigung meist auf 1.15o bis 1.4oo m; bietet dadurch aber keine so grandiosen Aussichten mit schnellem Wechsel, wie z.B. im Jotunheimen Gebirge. Wandern abseits der Wege wird mühselig (Moore und kniehohe Sträucher), schnell hat man sich verlaufen, da die gleichförmige Landschaft wenig Anhaltspunkte bietet. Auch auf markierten Wegen sind kleine Sumpfpartien unumgänglich. Die Norweger wandern häufig in Gummistiefeln. Durchschnittstemperatur im Juli rund 1o° C.

Wanderhütten: Übersichtsblatt über die verschiedenen Hütten bekommt man in den Touristenbüros (z.B. Geilo, Eidfjord) oder beim DNT (den norske turistforening in Oslo). Vor der Wanderung besorgen, beinhaltet Bewirtschaftungszeitraum, ob Schlüssel vorher besorgt werden muß etc.

Die Hütten sind vorbildlich ausgestattet, großteils sogar mit heißen Duschen. Es gibt fast alles zu kaufen was das Herz begehrt: von der Schokolade bis zum Wein, Isomatte bis Gamaschen. Frühstücksbuffet, 3-Gang-Abendmenü (= Middag) und Brote für die Tour (Niste). Lebensmittelvorrat auf Selbstversorgerhütten. Im Klartext: bei dickem Geldbeutel kann der Rucksack leicht bleiben. Ab September ist ein Großteil der Hütten geschlossen. Siehe auch Wanderkapitel.

Karten: Übersichtskarte Cappelen 1 oder 2, Maßstab 1: 325.ooo. Hardangervidda Turistkarte 1: 2oo.ooo. Ein Dutzend detaillierte Wanderkarten für den Nationalparkbereich 1: 5o.ooo.

Mehrtageswandertour im Westen der Hardangervidda

Zufahrt: ab Eidfjord (am Hardangerfjord), Straße nach Hjølmo. Ziemlich abrupt in steilen Serpentinen (Schotter) von Meereshöhe auf 8oo m; toller Blick zu den Steilabbrüchen der Hardangervidda mit rauschenden Wasserfällen. Mit großem Wohnmobil äußerste Vorsicht.

Ab Parkplatz beginnt der Wanderpfad zur Vivelihütte ca. 1 1/2 Std. durch Wald, Moore, abwechslungsreich. Sehr schöne Aussicht zurück ins Tal nach Eidfjord. Evtl. Abstecher zum Valurfossen, weiter Blick über die baumlosen Kuppen der Hardangervidda. Ständiger Anstieg zur Vivelihütte - Selbstversorgerhütte am Bach; kleine Wochenend-Hüttensiedlung.

Von hier Möglichkeit zur Selbstversorgerhütte Stavali (5 Std.) zu wandern und an den Hardangerfjord abzusteigen (nach Kinsarvik, Unterkunft und Transporte siehe Hardangerfjord) oder weiter zur Hedlo Hütte (1 1/2 Std.) am Fluß.

Ab der Hütte noch ein Stück am Fluß entlang, dann verläßt der Weg den Fluß Richtung Osten - über eine Anhöhe mit Gesteinsplatten - schöner Blick in die mit Seen gesprenkelte Mulde und im Süden der eigenartige Bergklotz Hårteigen (1.691 m) wie ein Dromedarbuckel.

Gut markierter Weg, einige Moraststellen, Rentierspuren - zur Hallaskar Selbstversorgerhütte (2 Std.). Von der Hallaskarhütte ist eine Gipfelbesteigung des Hårteigen in guten 3 Stunden (einfacher Weg) realisierbar. Leichte Kletterstellen teilweise mit Seilen versichert. Panoramablick über die riesige Hardangervidda belohnt für die feine Kletterei. Der Hårteigen ist durch seine Bergkristallfunde besonders bei Mineralogen bekannt. Retour evtl. über die Stavalihütte zum Ausgangspunkt.

Weitere lohnende Wanderungen: Ab Haltepunkt Hallingskeid/Bergenbahn (die Station liegt zwischen Finse und Myrdal) in rund 6 Std. runter nach Osa am Osafjord, einem Seitenarm des Hardanger, Details siehe Seite 444, - sowie eine anstrengende 2-Tageswanderung von Vøringfossen (siehe unten) an der RV 7 rüber zur DNT-Hütte Rembesdalseter unterhalb des Hardangergletschers, am nächsten Tag rauf zur Bahnstation Hallingskeid/Bergenbahn. Details Seite 444.

Angeln: in den zahlreichen Seen der Vidda (die zum Großteil Staatsallmende ist) zwischen 1. Juli und 15. Sept.erlaubt. Angelkarten bei den Touristenhütten.

 **Ski**: Die Hardangervidda gilt als schneesicherstes Eck Norwegens bis in den Mai hinein. D. h. aber auch Rekordtemperaturen von - 4o° C und scharfe Winde, angenehmste Zeit um Ostern.

Alpinskifahren am Rande der Hardangervidda bei Geilo und Dagali (siehe vorne). Populär sind auch die Skitouren: Um Ostern überzieht ein dichtes Netz markierter Touren die Vidda von Hütte zu Hütte. Markiert (kvistet) durch Stangen/Zweige im Abstand von max. 1oo m, Schilder an Abzweigungen mit km-Angaben erleichtern die Orientierung.

Während das Gebiet nördlich der Bahnlinie wegen langer Etappen und großer Höhenunterschiede eher Experten vorbehalten ist, lassen sich südlich Finse wunderschöne Genußtouren planen. Abstand der Hütten hier 1o-3o km, die meisten allerdings nur zur Ostersaison bewirtschaftet. Ostern und Skitouren gehören in Norwegen zusammen, entsprechend voll dann die Hütten.

Beliebte Ausgangspunkte sind Geilo, Ustaoset, Haugastøl und die Bahnstation Finse bzw. die Turistenhütten an der RV 7 (wenn keine Wintersperre).

Ausrüstung: normale Langlaufausrüstung o.k., besser Telemarkski mit festen Schuhen. Möglichst keine Rennskiausrüstung (stärkeres Einsinken bei Neuschnee). Für steile Aufstiege sind Felle praktisch. Ersatz-Skispitze, Schaufel, Biwaksack und Isomatte für Notfälle - es sind schon Skiläufer nahe der Hütte nach Erschöpfung erfroren!

Zeitplanung: Bei einem Rucksackgewicht von 1o-15 kg kann man bei durchschnittlicher Kondition mit 5 km/Std. rechnen (ohne Pausen).

Empfehlenswerte Rundtour von 5-7 Tagen, mit Etappenlängen von 1o-2o km zwischen den Hütten. Bei guten Bedingungen sind z.T. auch zwei Etappen am Tag möglich, kein Risiko bei Schlechtwettereinbruch. Die ersten 1oo-2oo Höhenmeter zur Hochfläche lassen sich kaum vermeiden.

Routenverlauf: Ausgangspunkt Ustaoset (bis hier wird die Straße fast immer freigehalten) 7,5 km bis Tuvahütte (privat, leckere Waffeln). 12,5 km leichte Tour bis Heinseter (kleine Privathütte). 16 km zur Rauhellern DNT-Hütte, Hotelcharakter, Bedienung in schwarz/weiß. 12 km anfangs leichte Steigung bis Stigstuv Privathütte. 7 km leichte Etappe zur Bjoreidalshütte (privat, liebevoll geführt). Ca. 6 km nach Dyranut an der RV 7, weitere 14 km zur DNT Selbstversorgerhütte Kjeldebu (zum Schluß steile Abfahrt). 12 km bis Krekkja (DNT) leicht, aber kontinuierlich bergan. In 15 km nach Haugastøl und per Bus oder Bahn retour.

Durchquerung: Beliebt ist die Nord-Süddurchquerung ab Finse bis Haukeliseter (an der RV 11), Dauer etwa 1 Woche. Aufwendiger Rücktransport per Bus/Bahn. Insgesamt etwas für Trainierte, lange Etappen von 7 Std. = 3o km sind nicht zu vermeiden, im Süden geht's dann anstrengend rauf und runter.

17. Maifeier auf dem Hardanger Jøkulen: Norweger, die in der Stadt den bunten Umzügen zum Nationalfeiertag entfliehen wollen, treffen sich auf dem Gletscher. Ab Bahnstation Finse geht es bei gutem Wetter los zur Gipfelhütte, herrliche Sicht aus 1.8oo m Höhe, Abfahrt dann per Ski.

 Der ZUG (Bergenbahn) verläßt kurz hinter Geilo (beim Ustevatn) den Verlauf der Straße (RV 7) und zieht sich nördl. um den Hardangergletscher. Höchster Punkt ist bei Finse erreicht (Hotel "Finse 1222" und DNT-Hütte): im Winter beliebtes Skigebiet, im Sommer Ausgangspunkt für Wanderungen, z.B. Gletscherführung auf den Hardangerjøkulen. Laden.

Für Radler, (Mountainbike) besteht die Möglichkeit, auf dem alten Bauarbeiterweg, dem sogenannten "Rallarrvegen", parallel zum Gleis nach Myrdal zu radln, dort Zugverladung mit der Flåmbahn runter an den Sognefjord oder über Serpentinen radeln. Fahrradvermietung in Finse. Details siehe Seite 81.

Weitere Details zur Bergen- und zur Flåm-Bahn siehe Seite 71 und 71.

 Wer die Region ohne eigenes Auto bereist, hat den bequemsten Einstieg ab Oslo per Bergenbahn. Sie erreicht zwar via Flåmbahn den Sognefjord, - nicht jedoch den Hardangerfjord (die Stichstrecke Voss-> Granvin/Hardanger seit 1985 für Personenverkehr eingestellt).

Für den Hardangerfjord entweder in Voss aus dem Zug, Busanschluß nach Granvin oder Ulvik. Oder: in Geilo aus dem Zug und Busverbindung via RV 7 über Vøringfossen nach Eidfjord am Hardanger.

Die Straße (RV 7) ist zwar zwischen Geilo und Eidfjord am Hardanger gut ausgebaut, in den Wintermonaten jedoch wegen dicker Schneeverwehungen gesperrt.

Die schönste Jahreszeit für die Überquerung der Hardangervidda zur Herbstfärbung im Oktober. Je nach Jahr die ersten Schneefälle bereits Mitte bis Ende Okt. Mit Straßensperren kann bereits im November gerechnet werden, spätestens Mitte Dez., gilt bis ca. März/April. Infos in den norwegischen Zeitungen bzw. vom Automobilclub und Fremdenverkehrsbüros.

Ob sich nun diese Querverbindung ab Oslo oder die ganzjährig befahrbare via Telemark (siehe separates Kapitel) mehr lohnt, sei dahingestellt:

Der spektakulärste Teil der RV 7 zwischen Geilo und Eidfjord ist der Abstieg runter an den Hardanger, der ca. 1o km vor Eidfjord beim VØRING-

<u>FOSSEN</u> beginnt: Ein rund 18o m hoher Wasserfall ins enge Måbøydalen, gilt als einer der schönsten Norwegens. Details Seite 439.

Die ursprünglich abenteuerliche Streckenführung ab Vøringfossen an den fast senkrechten Felswänden des Måbødalen runter (seinerzeit in 22 Jahren Sprengarbeiten 192o fertiggestellt), wurde in den 7oer Jahren durch einen langen, im Berg abwärts führenden Tunnel "begradigt". Der Reiz für den Autofahrer ist somit weg, deshalb lohnt es sich, den Wagen am Wasserfall stehen zu lassen und mit dem "Trolltog" über die alte Straße zu fahren, die sonst nur noch den Radfahrern und Fußgängern vorbehalten ist. Von hieraus großartige Ausblicke ins Måbødalen. Details siehe Eidfjord-/Hardanger.

Bei der Anfahrt über die Variante via Telemark RV 11 kann man den Vøringfossen als 1o-km-Abstecher ab Eidfjord/Hardanger einbauen.

<u>HARDANGERFJORD</u> siehe eigenes Kapitel! Region Eidfjord Seite 435.

Ab Eidfjord zwei Möglichkeiten zur Weiterfahrt nach Bergen:

A) <u>Von EIDFJORD</u> in 11 km zum <u>Fährort BRIMNES</u>; dort mit der Fähre nach <u>Bruravik</u> übersetzen (1o Min. Überfahrt, Pkw/2 Pers. ca. 17 DM), weiter durch den gebührenfreien Villavik Tunnel nach <u>Granvin</u>/Voss und die E 16 nach <u>Bergen</u>:

Zeitlich die schnellste Route nach Bergen. Der Vallavik-Tunnel verkürzt die Fahrzeit erheblich. Er ist mit rund 1o km der zweitlängste der Region; der Bau verschlang ca. 6o Mio. DM. Für das 21. Jh. ist eine Hängebrücke geplant, die die Fährüberfahrt zwischen Brimnes und Bruravik einspart. Allerdings wird Kritik an dem Plan immer lauter.

Es lohnt aber, ab Bruravik den Schlenker von gut 3o km über das <u>Fjordstädtchen Ulvik</u> und durchs <u>Espelandsdalen</u> (RV 572) nach Voss zu fahren. Landschaftlich ungemein reizvoll. Ältere Straße, aber schön am Espelandsvatnet entlang durch vorwiegend bergiges Waldland mit Campingplätzen:

Von Ulvik nach Granvin windet sich die Straße durch liebliche Almlandschaft auf 343 m, die Obstplantagen sind schlagartig zu Ende. An Tümpeln, Bergbächen und einem herrlich klaren Bergsee vorbei mit <u>Camping</u> "<u>Espelandsdalen</u>". Wiese, Hütten, Stromanschluß, Kiosk. Sommer und Winter geöffnet, Bootsverleih zum Angeln im See (Angelgenehmigung). Kiefern-Laubwälder, rechter Hand Berge um die 1.3oo-1.4oo m, wieder hinunter vorbei an Spalierobst nach Granvin.

Weiter entweder <u>über Kvanndal</u> am Hardangerfjord um praktisch jede Fjordwindung nach Norheimsund, als Straße sehr schmal und dicht frequentiert. Weitere ca. 12o km ab Norheimsund über die RV 7 nach Bergen an der Westküste. Die schnellere Strecke und für Gespanne bzw. breite Wohnmobile auf jedenfall anzuraten, verläuft über Voss auf der E 16 nach Bergen. Wer weiter gen Norden/Sognefjord fahren möchte, kann den Wagen auch in Voss stehen lassen und die einstige Hansestadt als Ausflug mit der Bergenbahn einbauen. Eine Variante, um Norwegen mal aus einer anderen Perspektive zu erleben. Alle Details siehe Kapitel "Hardangerfjord".

B) Alternative ab EIDFJORD entlang Südufer bis zum Fährort Kinsarvik, dort übersetzen nach Kvanndal (dauert 45 Min., Pkw und 2 Pers. 25 DM), km-mäßig kein Unterschied zur Strecke durch den Vallavik-Tunnel.

Die lange Fjordfahrt durch den Utnefjorden mit Blick in vier Seitenarme des Hardanger ist eine fantastische Sache, allerdings auch zeitraubender und kostspieliger. Ab Kvanndal nach Bergen siehe Route A.

Weitere Variante: ab Kinsarvik nach Utne und hier auf der Süduferstraße des Hardanger (RV 55o), die zwar schmal und nur wenig befahren ist, nach JONDAL. Traumhaft schöne Strecke, besonders zur Obstbaumblüte fährt man durch ein weißes Blütenmeer. Grandioser Blick auf die andere Fjordseite. Nichts für Gespanne! Hier mit der Autofähre übersetzen nach Tørvikbygd, plus 28 km nach Norheimsund, weiter auf der RV 7 nach Bergen.

Schnellfinder

Hardanger Fjord

Der berühmte, vielleicht <u>lieblichste Fjord Westnorwegens</u> mit verästelten, landschaftlich recht unterschiedlichen Seitenarmen. Er ist nicht umsonst beliebtes Motiv norwegischer Romantikmaler gewesen (z.B. "Brautfahrt auf dem Hardanger" von Tidemand/Gude, heute in der Oslo Nationalgalerie).

Besonders schön Mitte Mai bis Anfang Juni: dann blühen am Fjord Tausende von Obstbäumen und überziehen die Hänge wie ein weiß-rosa Teppich, während auf den Bergzacken noch Schneefelder glitzern. Als Farbkontrast das türkisgrüne Fjordwasser.

Der Hardanger ist nicht so schroff wie der Sognefjord, dadurch besiedelter und bietet mehr Platz für saftig grüne Almwiesen und Obstgärten. Obwohl der Hardanger auf der Höhe Südgrönlands liegt, gedeihen an den ge-

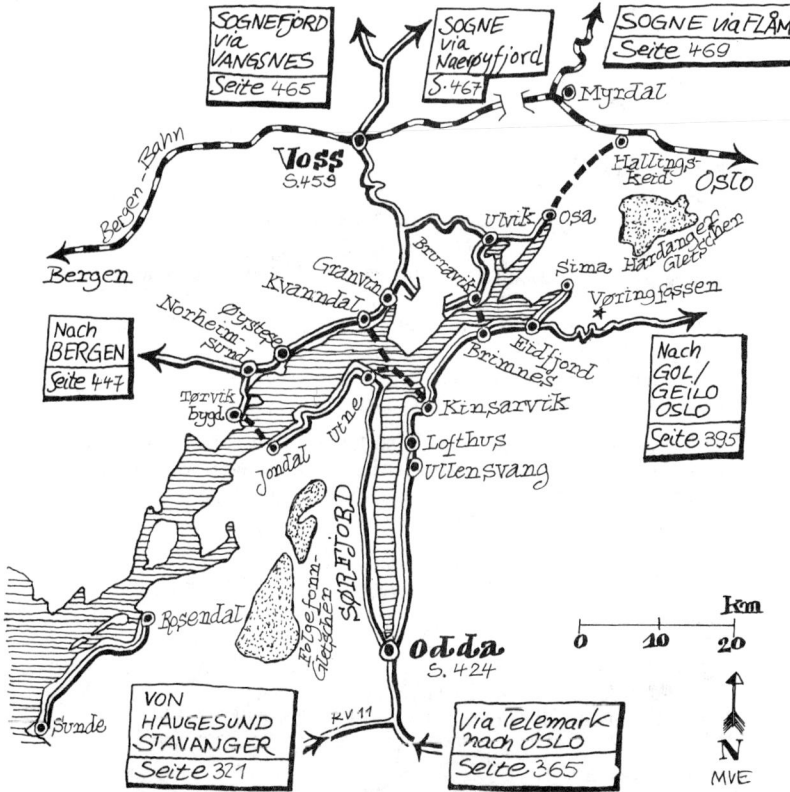

schützten Südhängen dank des milden Golfstromklimas Kirschen, Äpfel und Birnen. Urlaubssaison Mai bis Oktober, Baden allerdings erst Juli/August zu empfehlen.

Kleine, hübsche Fjordorte am Ufer; am reizvollsten ULVIK am breiten Ulvikfjord, mit Hotels, Campingplatz ein beliebtes Urlaubseck. Touristisch ist der Hardanger natürlich seit langem entdeckt, aber nicht unangenehm überlaufen.

Verbindungen

Auto: Der Hardangerfjord ist besser durch Straßen erschlossen als der Sognefjord, dadurch fast ganz per Pkw ausfahrbar, jeder Seitenarm ist eine Nuance anders. Allerdings eine naturgemäß schmale und kurvenreiche Straße, teils aus der Fjordwand gesprengt, Tunnels etc. An manchen Stellen nur einspurig mit Ausweichbuchten.

WARNUNG: Wenn die Stimmung im Auto noch so gut ist, sehr vorsichtig und defensiv mit reduzierter Geschwindigkeit die Kurvenstrecken fahren! Insbesonders die Norduferstrecke Kvanndal-Norheimsund gilt als unfallträchtig bei dickem Lkw-Verkehr: viele Tunnel, dahinter in der Kurve oft Straßenverengung auf knapp mehr als Lkw-Breite. Bremsspuren dokumentieren, was sich hier an kniffligen Verkehrssituationen ereignete.

Aber auch auf den anderen Strecken, z.B. West- und Ostufer des Sørfjords sollte man defensiv fahren! Kein Zeitdruck durch die Fähren, sie fahren häufig genug, teils sogar im Pendelverkehr!

Busverbindung um den ganzen Fjord in jedes noch so kleine Nest. Autofähren verkürzen die Wege. Die Busverbindungen tangieren die einzelnen Fjordarme und zwar in Ost-West: die von Gol/Oslo kommende Strecke nach Bergen (Fähre über den Hardangerfjord in Brimnes-Bruravik) weitere Strecke Granvin-> Norheimsund bzw. Granvin-> Voss-> Bergen.

Süd-Nord: eine wichtige Strecke ist die aus Telemark kommende RV 11 und ab Odda am Seitenarm des Hardanger, dem Sørfjord entlang rauf via Ulvik nach Voss bzw. nach Bergen. Sowie Haugesund (oberhalb von Stavanger) nach Odda am Sørfjord.

Auf allen Hauptstrecken mehrmals täglich Busverbindungen sowie ein Schwung weiterer (Details im regionalen Bus- und Fährfahrplan).

Zug: schnellster Einstieg ins Hardanger Gebiet mit der Oslo-Bergen-Bahn, bis VOSS. Hier Bus runter nach Ulvik bzw. Granvin. Das Eisenbahngleis Voss-Granvin existiert zwar noch, der Personenverkehr wurde aber 1985 eingestellt.

Schöne, aber harte Wanderung ab Bahnstation Hallingskeid (Gleis Oslo-Bergen) in ca. 6-7 Std. nach Osa am Osafjord. Details siehe Seite 444.

 Die **Autofähren** über den Fjord verkehren häufig, wichtigste sind die Strecken Brimnes-Bruravik (etwa jede 3/4 Stunde, die Überfahrt 1o Min.) und Kinsarvik nach Utne/Kvanndal (Überfahrt 5o Min., ca. 9 x tägl.).

Wenn's dicht auf dicht geht, z.b. vor Feiertagen, pendeln die Fähren solange, bis der Warteparkplatz vor dem Fähranleger "leergeschaufelt " ist.

 **Flug**: sehr lohnend sind Sightseeinflüge mit dem Wasserflugzeug Cessna der FONNAFLY. Sie hat ihre Basis in Rosendal, - fliegt aber während der Sommersaison ab den wichtigsten Hotels der Fjordarme, z.B. ab Brakanes Hotel/ULVIK. Kostenpunkt für einen 3o-Min.-Flug ca. 1oo DM/Person. Bei der Fluggeschwindigkeit einer Cessna von ca. 2oo km pro Stunde sind, beispielsweise ab Ulvik relativ viele Fjordarme "drin", zudem Gletscherbereiche der Hardangervidda!

Die Maschine faßt je nach Größe inkl. Pilot 4 Personen, somit jeder mit Fensterplatz. Unterm Strich: bei klarem Wetter sehr lohnend!

Buchtip: der wohl schönste Bild-Textband zu Norwegen ist im Nord 4-Verlag Gamle Bergen 1986 erschienen: "Hardanger". Sauber gegliedert nach den einzelnen Fjordarmen und neben sehr informativen Texten (auch engl.) großartige Fotos!

Wers Geld hat (kostet immerhin an die 1oo DM): eines der schönsten Norwegen Souvenirs! ISBN 82 - 7326 - oo5 -4.

Da sich eine Vielzahl an Norwegen-Routen via HARDANGERFJORD kombinieren läßt: Auf den folgenden Seiten der Fjord mit seinen Seitenarmen als separates Kapitel:

Im Bausteinsystem kann jeder sich seine eigene Route zusammenstellen: vergl. unsere Übersichtskarte mit entsprechenden Seitenangaben für Anschlußtexte!

Der folgende Text ist nach Fjord-Seitenarmen des HARDANGER gegliedert:

SØRFJORD

Der südlichste Finger des Hardanger, schmal zwischen bis zu 1.6oo m hohen Bergketten. Er gilt als einer der schönsten Hardanger-Seitenarme: Während im Frühjahr die Westhänge des Fjordes noch schneebedeckt sind, - am Ostufer blühende Obstbäume.

In <u>Lofthus</u> hatte der berühmte norwegische Komponist Edvard Grieg seine Komponistenklause, - schöne Wanderungen, auch ab <u>Kinsarvik</u>. In <u>Utne</u> eines der ältesten, heute noch in Betrieb befindlichen Hotels des Landes.

★ O d d a

(9.ooo Einw.)

Heute eine rauchende Industriestadt mit modernen Wohnblocks für die Arbeiter am Südende des Sørfjord. Trotz der schönen Lage zwischen steilen Bergwänden läßt man Odda besser links liegen.

Großes Schmelzwerk mitten in der Stadt. Loren voller Kohle pendeln über die Straßen zu den Frachtern am Kai. Als Industriestandort ist Odda ideal, der "Hauswasserfall" (Tyssefoss) liefert die nötige Energie. Verladekais gleich ab Fabrik (Zink, Aluminium, Karbid). Autowerkstätten für fast jeden Typ am Ort.

Geschichte: 184o-53 besuchten die Maler <u>Tidemand</u> und <u>Gude</u> aus Düsseldorf Odda, damals noch ein Mininest, welches seine Bedeutung als Einschiffungshafen der Postkutschen- und Pferdefuhrwerk Route über die Hardangervidda von Telemark hatte, weiter ging's per Schiff über den Fjord nach Bergen.

Ihre Landschaftsbilder, die die Schönheit des Fjordes zeigten, motivierten ersten Tourismus. Dies zumal das Nest leicht per Schiff über den Fjord erreicht werden konnte. Zum großen Boom kam es dann zur Jahrhundertwende, als der <u>deutsche Kaiser Wilhelm II</u>. Westnorwegen zu seinem ständigen und alljährlichen Ferienziel auserwählt hatte (vergl. Balestrand/Sognefjord) und für entsprechende Publicity sorgte.

Neben <u>Balestrand</u> war <u>Odda</u> zur Jahrhundertwende der wichtigste Ferienort Westnorwegens! Es gab damals in Odda so viel Tourismus, daß man 1895 im Ort eines der damals größten Holzhotel des Landes baute (abgerissen 1976, trotz heftigen Einspruchs von Denkmalschützern). Nur das Kviknes Hotel in Balestrand war größer, erweitert zur Jahrhundertwende, es steht heute noch (siehe Balestrand).

Ab 19o6 dann   Erschließung des Tyssewasserfalls zur Stromgewinnung und Ansiedelung kleinerer Industrie. Der Ort expandierte, da es hier Arbeit gab.

Natur und "Industrie" waren noch bis Mitte der 7oer Jahre weitgehend in Einklang, - als man sich dann 1976 voll für die komplette Industrialisierung des Ortes entschied... Anstoß war das gewaltige Wasserpotential (Strom). Heute beherbergt Odda eine Fabrik zur Titaniumherstellung, - die Fabrik der Norzink S/A, Produktion ca. 11o.ooo Tonnen Zink pro Jahr und die "Kongsberg Ammunition", die Gasturbinen und Flugzeugmotoren herstellt. Norzink geriet in die Schlagzeilen, weil es Zink und Cadmium Abfälle in großen Mengen in den Fjord gelangen ließ.

Auch wenn Odda kein Ort für längeren Urlaub ist, so faszinieren doch die fünf verschiedenen Wasserfälle, die von den Steilwänden herabdonnern. Größter ist der einmalig schöne <u>Låtefossen</u>, ein Doppelwasserfall, ca. 15 km südlich Odda direkt an der RV 13. Über Felsbarrieren tost der breite Strom (Låtefossen und Skarsfoss) 165 m aus dem Låtevatn herab. Beste Beleuchtung ab Mittag. Weiter Attraktion ist der <u>Folgefonn-Gletscher</u> auf dem Fjell in über 1.2oo m Höhe, der, aus der Fjordperspektive kaum zu ahnen, aber auf einer Wanderung bzw. als Gletschertour zu erreichen ist.

Geführte Wandertouren dicht an den <u>Folgefonn-Gletscher</u> im Juli und August bei entsprechend gutem Wetter. Der Folgefonn-Gletscher ist z.Z. gut 5o km lang und 1o km breit. Der Preis für den Führer wird auf die Teilnehmer umgelegt. Dauer ca. 8-9 Std. Aufstieg bis auf 1.7oo m! Bergstiefel und gute Kondition erforderlich. Anmeldung beim Odda-Turistkontor. Zugleich Warnung vor Trips auf eigene Faust, ohne daß bergsteigerische Gletschererfahrung vorliegt!

Sehr schön ist die Wanderung an die <u>Gletscherzunge Buardalsbreen</u>. In etwa zwei Stunden bis dicht an die Gletscherzunge heran. Der Ausblick ist phantastisch. Festes Schuhwerk und Trittsicherheit erforderlich, da es über rutschige "Brücken" und über Felsen geht.

<u>Zufahrt</u>: von Odda ca 5 km Richtung Røldal, dort Abzweig Richtung Buar folgen und 6 km auf einer Schotterpiste bis zum Parkplatz. Ab hier beginnt die markierte Wanderung. von ca. 2 Std. Informationen im Touristenbüro. Gletscherwanderung auch ab hier nur mit ortskundigem Führer.

Einen weiteren Ausgangspunkt für Wanderungen, diesmal auf der Hardangervidda kann man mit der <u>Schienenbahn</u> erreichen: von Odda 6 km Ri. Kinsarvik. In Tyssedal zweigt rechts die Straße Richtung Skjeggedal ab, bis sie auf den Parkplatz der 985 m langen Schienenbahn trifft.

Røldalshavn 4, 575o Odda. Tel. 53 64 12 97, Fax: 53 64 42 6o. Beim Parkplatz im Zentrum/Kai. Offen: Mo.-Fr. 1o-16 Uhr.

"**Hardangerhotell**", Eitrheimsvegen 13, mitten im Zentrum. 1o9 Betten, DZ ab 165 DM, im Sommer günstiger (Fjordpaß). **Privatzimmer**: ab ca. 65 DM/DZ, übers Touristbüro.

Jugendherberge: Sørfjordheimen, Bustetungt. 2 im Zentrum. Übernachtung ohne Frühstück ca. 2o DM. Ganzjährig offen. Preiswerte Zimmer.

<u>Campingplatz</u> am Ortseingang links ab. <u>Odda Camping</u>, wenige Kilometer außerhalb an der RV 13 gelegen.

Transporte ab Odda

Bus:
-> <u>Haugesund</u>: 3 x tägl., 3 1/2 Std.

-> <u>(Kinsarvik) Eidfjord, Geilo</u> (nur im Sommer über die Hardangervidda Straße): 2 x tägl., ca. 5 Std.

-> <u>Bergen</u>: in Kombination mit <u>Personenboot</u> von Odda nach Norheimsund, dort Busanschluß nach Bergen. 1 x tägl., ca. 3 1/2 Std.

-> <u>Voss</u> (dort Zuganschluß nach Oslo und Bergen sowie Bus zum Sognefjord): Kombination von Bus/Fähre/Bus. 1-2 x tägl., gute 3 Std.

-> <u>über die Haukelistraße RV 11 nach Bø in Telemark</u> (Anschluß nach Oslo): 1 x tägl., 5 1/2 Std.

-> <u>Utne, Jondal</u>: am Fjord unterhalb des Gletschers entlang. 1-2 x täglich, knapp 3 Std. Ab Jondal Autofähre nach Tørvikbygd/Nordufer Hardanger.

-> <u>Hovden-> Kristiansand</u>: 1 x täglich Expressbus.

 **Personenschnellboot**: von Odda kreuzt es über den Sørfjord via Lofthus, Utne nach Norheimsund, 2-4 x tägl., Fahrzeit 1,5 Std., als Strecke lohnend, kein Pkw-Transport.

Von <u>ODDA</u> führen zwei Wege am <u>SØRFJORD</u> entlang nach Norden in die anderen Seitenarme des Hardanger.

A) FOLGEFONNSTRECKE RV 55o

Am Westufer, unterhalb des gewaltigen Gletschermassivs des Folgefonn. Die an Kilometern kürzere Strecke, **Odda-> Utne 45 km**, inzwischen gut ausgebaut, teils durch Tunnels und Galerien entschärft. Die Lkws bevorzugen diese Uferstrecke. In Teilbereichen (insbesondere bei <u>Velure</u>) steigen die Felswände fast senkrecht 1.3oo m rauf: in anderen Bereichen das Ufer breiter.

Geplant ist der Bau eines Tunnels von 11 km unter dem Folgefonn-Gletscher, der kurz nach Odda beginnt und auf der anderen Seite bei Gjerde am Maurangerfjord endet. Damit wären es zu dem interessanten Fjordort Rosendal gerade mal 35 km. Fertigstellung etwa im Jahr 2ooo.

Trotz der Steilheit der Fjordhänge ist das Westufer relativ besiedelt. Schöner Blick hinüber auf die andere Fjordseite mit ihren weiten Obstplantagen bei **AGA**, im Frühjahr bei Tauwetter geht der Syreflot Gletscherfluß breit über die Straße, die dann je nach Wassermassen komplett gesperrt werden muß.

Nach 3o km lohnender Stop für das Freilichtmuseum <u>AGATUNET</u>, eine kleine Hofanlage von etwa 3o schiefergedeckten Häusern. In der Region Vestlandet das wohl am besten erhaltene Haus-Ensemble. Die "Lagmannstova" aus dem 13. Jh., das ehemalige Gericht ist eines der ältesten Gebäude. Offen während der Saison (15.5. bis 15.9.) tägl. 1o-16 Uhr.

Ganz vorne auf der Landspitze der kleine Fjordort **UTNE** mit einem der ältesten Hotels Norwegens, dem "Utne-Hotel" (seit 1722). Ein urgemütliches Hotel, das seit Generationen von der gleichen Familie geführt wird, im alten Stil möbliert, Holzboden, großer Kamin und Webteppiche, teilweise noch "Omabetten" und Nachttischkommoden. 43 Betten. Zimmer teils mit Dusche, DZ 195 DM inkl. Frühstück (Romantikkette).

Bei Utne (ca. 4oo m nordwestlich am Fjordufer ab "Zentrum") das HARDANGER FOLKEMUSEUM, ein Freilichtmuseum mit einem Dutzend Häusern und neuem Museumsteil mit wechselnden Ausstellungen. (Geöffnet 18.5.-31.8., Trachten, Mobiliar etc.)

Transporte ab Utne

Bus: -> Odda: 1-2 x tägl., 1 Std.
-> Jondal: 1-2 x tägl., 1 1/4 Std.
-> Voss: per Fähre und Bus, 2 x tägl., 1 1/4 Std.

Fähre von Utne nach Kvanndal: halb- bis stündlich, ca. 2o Min. Nach Kinsarvik: etwas seltener, knapp 1/2 Std. Personenschnellboot: Ab Utne nach Norheimsund (dort Busanschluß Bergen): 3-4 x tägl., 1/2 Std. Nach Lofthus 3-4 x tägl., 1 Std. 15 Min., 1 x weiter bis Odda.

Per Auto: um den Gebirgsrücken herum bis Jondal, dort mit der Fähre übersetzen nach Tørvikbygd (geht etwa stündlich, ca. 2o Minuten), weiter 15 km nach Norheimsund (auch Busverbindung).

B) Die RV 13

Am Ostufer des Sørfjord entlang, teilweise eng und kurvenreich, abschnittsweise aus dem Fels herausgesprengt und einspurige Bereiche mit Ausweichstellen: **Odda-> Kinsarvik: 41 km**.

Nach einem ziemlich grauen "Einstieg" bei Odda und dem Industrieort TYSSEDAL eine einmalig schöne Strecke am milchiggrünen Fjord entlang. Wo etwas Platz am Fjordhang bleibt, drängen sich bunte Häusertupfen als Farbkontraste. Zur Obsternte überall Straßenverkaufsstände, je nach Saison Kirschen, Äpfel etc.

Zu Ostern ist die rechte (östliche) Seite des Fjordes bereits grün, während die westlichen Fjordhänge noch dick mit Schnee verpackt sind. Die schönste Jahreszeit Mitte Mai, wenn sich die Hänge in hellblühende Obstgärten verwandeln. Die Straße führt mitten durch die Plantagen, die teils schräg am Hang kleben; besonders in der Gegend um Lofthus ein großes Obstanbaugebiet.

Der Obstanbau, die Existenzgrundlage dieses inneren Fjordgebietes (auch Sognefjord u.a.), wurde von englischen Zisterziensermönchen importiert, die im 12. Jh. bei den Klostergründungen ihr heimisches Obst und Gemüse mitbrachten (Obstweine!) - Dinge, die kein Norweger je auf seinen Teller bekommen hatte, insbesondere aber Kirschen, Äpfel, Zwetschgen etc. Die Bäume haben sich recht gut akklimatisiert, trotz 6o Grad nördlicher Breite.

OPEDAL bei Ullensvang war früher eine "Filiale" des Lyseklosters südlich von Bergen, mit großen Obstgärten (heute staatlicher Versuchsgarten).

Ullensvang/Lofthus ist heute in Norwegen das größte Obstanbaugebiet des Landes. Das vom Golfstrom gespeiste Fjordwasser wirkt wie eine riesige "Heizung" und stabilisiert auch im Winter (zusammen mit den engen Fjordwänden) die Temperaturen knapp oberhalb Null Grad, so daß die Bäume nicht eingehen. Es gibt heute in Ullensvang knapp 3oo.ooo Obstbäume.

✦ Ullensvang/Lofthus   (6oo Einw.)

Zentrum des Obstanbaus, die Obstgärten ziehen sich am Hang rauf, begrenzt von der Steilwand zum Hardangerfjell (an dieser Stelle 1.ooo bis 1.4oo m hoch). Schöner Blick über den Fjord aufs Westufer mit den vergletscherten Kuppen des Folgefonn.

Diese hübsche Umgebung wählte der Komponist Edvard Grieg zu seinem Sommersitz. Direkt am Fjord, im Garten des heutigen Hotel Ullensvang steht seine bescheidene, mit Steinplatten gedeckte Holzhütte, die gerade Platz für ein Klavier, ein Notenpult und einen Holzofen bietet.

"Hotel Ullensvang", moderner Betonkomplex direkt am Fjord, in den das ehemalige Holzhotel integriert wurde, - so etwa wie man ein Modellschiff in die Vitrine stellt!

Der moderne Trakt mit allem Komfort und relativ gemütlicher Architektur, große Fenster zum Fjord. Beliebt als Tagungshotel. Tennishalle und Swimmingpool. Allerdings Zimmer vorn raus nehmen, mit schönem Fjordblick, kurzer, gepflegter Rasen, dann schon das Wasser mit Steg und Tretbooten. Die Zimmer hinten raus laut, da direkt an der Straße. Insgesamt 35o Betten, DZ 195 DM mit Fjordpaß.

Im Ort Privatquartiere, in den Supermärkten fragen.

*** Camping Lofthus mit Gletscherblick: der wohl schönste Campingplatz am Sørfjord. Liegt oberhalb in den Obstgärten, Superblick auf den Fjord! Ruhig, abseits der Hauptstraße. Wiesenboden. Stromanschluß, auch ein Schwung an Hütten. In der HS allerdings schwierig, Platz zu finden. Lage: siehe Karte.

Unten beim Busstop Post, Bank und Supermärkte. Der älteste Ortskern um die Kirche von Ullensvang. Den schönsten Ortsüberblick bekommt man von der schmalen Straße, die auf halber Hanghöhe ab "Zentrum"/Post parallel zum Fjord und an Volksschule, Campingplatz zum SKRED-HAUGEN MUSEUM führt. Die Privatsammlung des Lehrers und Schriftstellers Bernhard Greve enthält mehrere alte Häuser von Bauernhöfen am Sørfjord, die auch innen besichtigt werden können (schön im traditionellen Stil der Region eingerichtet, Gebrauchsgegenstände etc.).

Die schöne Landschaft um Lofthus lohnt für Wanderungen. Empfehlenswert die Detailkarte N.G.O. 1: 5o.ooo Nr. 1315-I, erhältlich in Lofthus. Folgende Wanderungen in Auswahl:

A)   zur <u>Felskanzel des Nosi</u> (Höhe 85o m). Der markante Punkt am Steilrand der Hardangervidda wird über den Ortsteil Eidnes erreicht. Der Aufstieg benötigt ca. 3 Std., als Belohnung Super Fjordblick. Der Weg ver

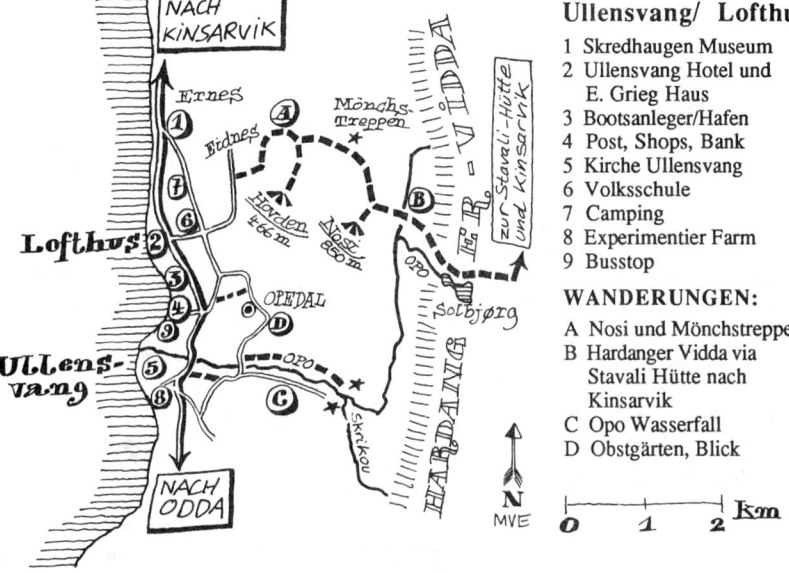

Ullensvang/ Lofthus

1 Skredhaugen Museum
2 Ullensvang Hotel und
    E. Grieg Haus
3 Bootsanleger/Hafen
4 Post, Shops, Bank
5 Kirche Ullensvang
6 Volksschule
7 Camping
8 Experimentier Farm
9 Busstop

WANDERUNGEN:

A Nosi und Mönchstreppen
B Hardanger Vidda via
    Stavali Hütte nach
    Kinsarvik
C Opo Wasserfall
D Obstgärten, Blick

läuft leider seit 1991 weitgehend über eine Straße; hat dadurch seinen Reiz verloren. Die 85o Höhenmeter benötigen Kondition, rund 1 Std.

B)   bei entsprechenden sportlichen Ambitionen läßt sich A) als 2-Tagestrip via <u>Hardanger Vidda und Stavali Hütte</u> nach Kinsarvik ausweiten. Unbedingt N.G.O.-Karte Nr. 1315-I. Die erste Etappe bis zur Stavali-Hütte ca. 9 Std., - die zweite Etappe via Tveitafoss in ca. 6 Std. nach Kinsarvik, Details siehe dort.

C)   <u>Zum Opo-Wasserfall</u>: zwar kein freier Fall, mit 65o m Höhe jedoch einer der größten Wasserfälle Norwegens. Beste Jahreszeit im Frühjahr zur Schneeschmelze, wenn der Wasserfall abgetauten Schnee von der Vidda in breiten Kaskaden zu Tal führt. Ab Ullensvang (dort wo die Straße zur Kirche abzweigt), geht Richtung Ost eine Straße den Berg hoch (siehe unsere Skizze), nach ca. 15o m links den Berg rauf. Trifft auf einen Pfad, der ab Hauptstraße abkürzt. Sobald man an den Opo kommt, Möglichkeit auf beiden Seiten des Flusses rauf. Für den Aufstieg mit ca. 2 Std. rechnen.

D)   schöne Wanderung durch die Obstanbaugärten: ab Post den spitz bergauf abzweigenden Weg Richtung Ernes, ca. 1oo m, dann rechts über Pfad den Berg rauf (kürzt die Straße ab, siehe unsere Skizze). Der Weg überquert den Opo- Fluß, retour nach Ullensvang, ca. 1 Std.

★ Kinsarvik (85o E.)

Wichtige <u>Fährstation</u> des Hardanger wegen der zentralen Lage am Kreuzpunkt Sørfjord mit Utne- und Eidfjord.

Kinsarvik liegt in einer geschützten Bucht, unten am Wasser entlang der Straße Campingplätze, ein Hotel, Cafeteria, Banken und Tankstelle. Die Einheimischen wohnen eine Etage höher: auf einem Talplateau oberhalb der engen Hafenbucht.

Da die Fähren häufig über den Fjord gehen, ist Kinsarvik für Norwegenfahrer wichtig als Verkehrsverbindungspunkt, - aber auch ein guter Stützpunkt für Exkursionen in die nähere Umgebung. Für längeren Aufenthalt dürften jedoch <u>LOFTHUS</u> am Sørfjord oder <u>ULVIK</u> am Ulvikfjord schöner sein.

<u>Die **Geschichte**</u> von Kinsarvik ist geprägt durch seine <u>geschützte und zentrale Lage</u> in der engen Bucht. Schon zur <u>Wikingerzeit</u> war es wichtiger Stützpunkt: Das liebevoll gepflegte Grasareal links neben dem heutigen Fähranleger (und gegenüber "Kro Rom") war ca. 9oo n. Chr. Bootswerft der Wikinger.

In <u>späteren Jahrhunderten</u> war Kinsarvik wegen seiner Lage im Zentrum der Fjordarme Umschlagplatz

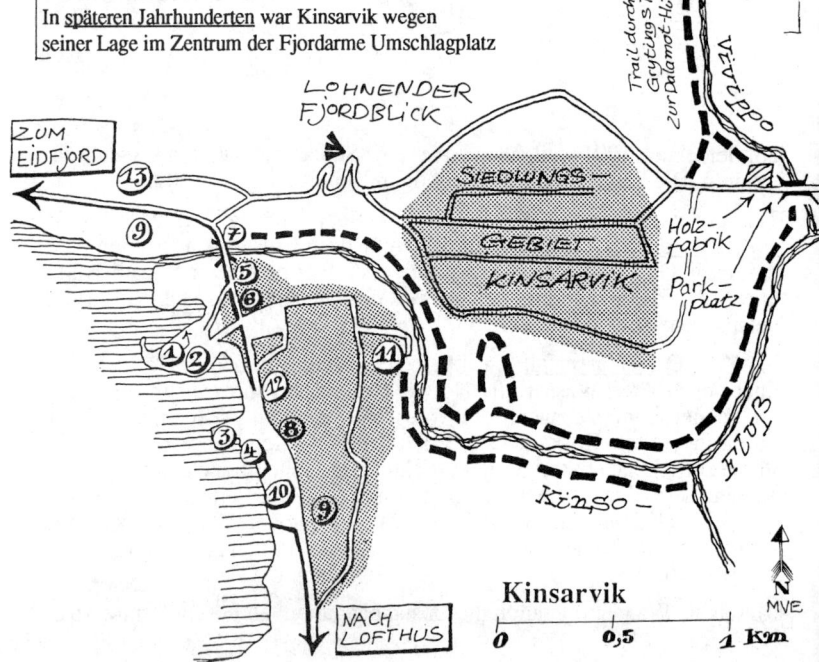

für <u>Salztransporte</u> aus Bergen. Die <u>Ortskirche</u> sei von Schotten im 12. Jh. gebaut und gilt heute als die älteste noch erhaltene Steinkirche Norwegens (restauriert 1961), - bevor die Utnekirche 1896 gebaut wurde, kamen die Fjordbewohner per Schiff zur Sonntagsmesse nach Kinsarvik (auch hier spielte wieder die zentrale Lage im Fjord eine Rolle).

Im 17. und 18. Jh. war Kinsarvik wichtigster Holzumschlagplatz im Hardangergebiet (geschützter Ankerplatz für die unter Segeln fahrenden Frachtschiffe).

Zu Beginn der regulären <u>Personenschiffahrt</u> auf dem Hardanger (Anfang/Mitte 19. Jh.) legten die Schiffe zunächst nur in <u>Odda</u> an (Anbindung an die Postkutschenroute über das Haukelifjell nach Telemark), - in <u>Lofthus</u> (welches seit 17. Jh. Bedeutung als Frucht-lieferant hatte, siehe dort!) und in <u>Utne</u>. Nicht jedoch in Kinsarvik, welches zunächst keine Straßenverbindung hatte.

Erst der <u>Straßenausbau</u> (1928: entlang des Eidfjords, sowie 193o die Ostuferstraße am Sørfjord) führte 1938 zur Einrichtung der Fährverbindung Kinsarvik - Utne - Kvanndal. Bis Mitte der 8oer Jahre war sie die wichtigste und meist frequentierte im Hardanger Fjord.

Seit Einweihung des <u>Vallavik Tunnels</u> (11 km, bei Bruravik rüber nach Granvin) ist das Verkehrsaufkommen von Kinsarvik rückläufig: die dicht frequentierte Verkehrsver-bindung Oslo - Bergen geht via Bruravik Fähre (1o Min.) schneller als via Kinsarvik.

Kleiner <u>Freizeitpark</u> am nördl. Buchtende (inkl. einer kürzeren Wasser-rutsche). Kann sich zwar nicht mit dem bei Kristiansand/Südnorwegen messen, hat aber sicher dazu beigetragen, den Tourismus zu fördern.

Feldweg
zum
Tveitafossen

KINSARVIK

1 Bootsanleger und
  Jachthafen
2 Anleger Sight Seeing Boote
  und Wasserflugzeuge
3 Fähranleger
4 Wikinger Werft
5 Tankstelle
6 Kinsarvik Fjordhotel
  und Cafeteria
7 Privatzimmer
8 Kro Rom
  Cafeteria und Zimmer
9 Camping
1o Wartespuren für Fähre
11 Schule
12 TOURIST BÜRO
13 Hardanger Freizeitpark

Im Verwaltungsgebaüde an der Hauptstraße, 578o Kinsarvik. Tel.: 53 66 31 12, Fax: 53 66 32 o3

gegenüber der Fährabfahrt.

Banken an der Hauptstraße neben dem Kinsarvik Fjord Hotel

"**Kinsarvik Fjordhotel**": an der Durch-gangsstraße, direkt beim Fähranleger. Großes, neues Hotel, die Zimmer mit Balkon. Wird gern von Busgesellschaften angelaufen. Abends skandinavisches Buffet. 135 Betten, DZ 16o DM inkl. Frühstück.
Privatquartiere und **Rooms to let** u.a. bei der Brücke über den Kinso, zum anderen direkt beim Fähran-leger ("Kro Rom"). Vermittlung auch übers Tourist Büro.

Mehrere Campingplätze neben-einander. Der schönste:

**** <u>Harding Hage Kro-Camping</u> (direkt bei der

Brücke über den Kinso) sehr großer, moderner und gepflegter Platz am Fjord, Wiese voller Obstbäume. Gut ausgestattet mit Waschmaschine, Sauna, Solarium. Beheiztes kleines Freibad, gemütlicher Aufenthaltsraum. Ganzjährig geöffnet. Als einer der wenigen 5-Sterne-Plätze auch entsprechend teuer.

Im Campingareal zugleich sehr schöne, zweistöckige Chalets für 5-7 Personen, groß, modern in hellem Holz möbliert. Komplett ausgestattete Küche, Eßecke mit Sofa, die Schlafzimmer unterm Dach. Preis 145 DM.

** Bråvoll Camping: 1oo m weiter. Große Wiese am Ortsrand, direkt am Fjord. Ein halbes Dutzend hübsche, geräumige Stelzenhütten, Stromanschluß.

Kinsarvik Camping: von der Lage der empfehlenswerteste Platz. Auf einer Terrasse oberhalb der Fährstation mit weitem Panorama über den Fjord. Zahlreiche kleine Hütten über den Platz verteilt.

Transporte ab Kinsarvik

Fähre: auf die andere Fjordseite via Utne nach Kvanndal: 1o x täglich, ca. 5o Min. Überfahrt.
Personenschnellboot nach Norheimsund und Lofthus 1-3 x tägl. Im Sommer auch Verbindung nach Ulvik.

Bus:
-> Eidfjord: 3-5 x tägl., Dauer 1 Std.
-> Geilo: 2 x tägl., Dauer 3 1/2 Std.
-> Odda: 3 x tägl., Dauer ca. 1 Std.
-> Voss: direkt, 1-2 x tägl.

AUSFLÜGE

1) Schönen Blick auf die Bucht von Kinsarvik hat man oberhalb der Serpentinen in die "2. Etage" von Kinsarvik. Ab Brücke (siehe Karte) beim Hardanger Freizeitpark den Berg rauf, ca. 1,2 km. Am besten das kurze Stück zu Fuß hinauf und den Wagen unten stehenlassen, denn Parken schwierig und verärgert unnötig die Anwohner.

2) Weiter zum TVEITAFOSSEN: Kaskaden am 1.ooo m Steilhang zum Hardangerfjell. Sie liegen in einem engen und dicht bewaldeten Tal. Die Kaskaden selber haben uns nicht gerade vom Stuhl gehauen (seitlich kleines Kraftwerk), der Weg ist aber recht angenehm.

Mit dem Auto hat man oberhalb der Serpentinen (siehe Karte) mehrere Möglichkeiten. Um sich im Siedlungsgebiet von Kinsarvik/2. Etage nicht unnötig zu verfransen (diverse Stichstraßen), nimmt man ab Serpentine die links abzweigende Straße, sie umgeht das Siedlungsgebiet nördlich und endet nach der Brücke / Helikopterstation.

Hier bei der Brücke das Auto besser stehen lassen; die restlichen 1,5 km bis zum Foss und Kraftwerk sind extrem eng und teils kurvenreich (keine Ausweichmöglichkeit). Ebenfalls kein Parkraum beim Kraftwerk, dafür aber schöne Wanderung durch ein enges, schluchtartiges Waldtal. Wer die Sache komplett wandern will, Details siehe "Wandern".

3) Quer über den Fjordschnittpunkt: Schöner Tagesausflug per Fahrrad, mit der Fähre nach UTNE. Hübsches Fjordnest mit alten Holzhäusern und Museum. Am Utnefjorden um die Halbinsel ein Stück herumradeln, dabei Blick auf einen weiteren Seitenarm, den Samlafjord.

Retour ab Utne nach Kinsarvik: entweder direkt, oder rüber nach Kvanndal am Nordufer des Hardanger und mit der nächsten Fähre nach Kinsarvik. Bei den billigen Personenpreisen auf der Fähre keine elementare Schädigung des Geldbeutels, aber zusätzliche Fjordeinblicke.

Was sich auf der Norwegenkarte für den Radler eventuell als Rundtrip anbietet: also Kvanndal-> Granvin-> Ulvik-> Kinsarvik, ist auf der Landstraße ein steiler Anstieg ab Granvin (RV 572); der Vallavik-Tunnel ist für Radler gesperrt. Die Sache per Rad besser separat ab Kinsarvik nach Brimnes unternehmen, Fähre nach Bruravik, Fjordküstenstraße nach Ulvik.

4) Rundtrip um den Sørfjord: per Busanschluß für Leute ohne eigenes Auto. Am Vormittag Bus entlang des Ostufers runter nach Odda, 1 Std. Dort nach Mittagessen Anschluß Bus/Westufer rauf nach Utne, Fahrzeit ca. 1 Std. 15 Min. Retour nach Kinsarvik mit der Abendfähre.

5) Rundflüge: Tip und garnicht mal so teuer in Relation zum Erlebnis bei klarem Wetter! Wasserflugzeuge (6 Passagiere inkl. Pilot) fliegen über die einzelnen Fjordarme und Gletscher. Für 3o Min. ca. 1oo DM/Person. Kontakt übers Kinsarvik Fjordhotel oder am Hafen/siehe Karte.

Helikopter ("Helikopterneste") können über Tel. Kinsarvik 53 66 33 73 angemietet werden. Teurer als die Wasserflugzeuge, ein ganz spezielles Flugerlebnis. Z.B. Flüge über die Hardangervidda oder rüber auf den Folgefonn-Gletscher in Verbindung geführter Gletscherwanderungen.

 TVEITAFOSSEN: siehe oben (2), komplett ab Fjordufer gibt's zwei Möglichkeiten: kürzer ist zunächst die Straße ab Brücke (siehe Karte), Serpentine und quer durchs Siedlungsgebiet 2. Etage. Bis zur Holzfabrik ca. 2 km.

Schöner dagegen ab Brücke direkt am Kinsofluß entlang. Auch hier mehrere Wegvarianten, im Prinzip dient der Flußlauf als Orientierung. Bis zur Holzfabrik ca. 3 km. - Ab hier ca. 1,5 km bis zum Foss auf schmalem Feldweg, nicht zu verfehlen.

Beim Kraftwerk beginnt der markierte, ziemlich steile Weg auf die Hardangervidda, auf 1.ooo m hinauf. Reizvolle Wanderung von ca. 5-6 Std. zur Stavali-Hütte (Selbstversorger, 1.o24 m). Eventuell besser als Abstieg

einplanen und bei Hjølmo die Tour beginnen, mit dem Vorteil, daß man mit dem Pkw schon auf etwa 7oo m hinauffahren kann. (Details siehe Kapitel "Mehrtagestour im Westen der Hardangervidda", Seite 414.)

Boote: Ruderbootverleih für ca. 1o DM/Std., beim Camping Harding Hage.Wer's sportlicher mag, bekommt Kanus in Ia-Zustand für 7 DM/Std. Auch Angelausrüstungen können geliehen werden.

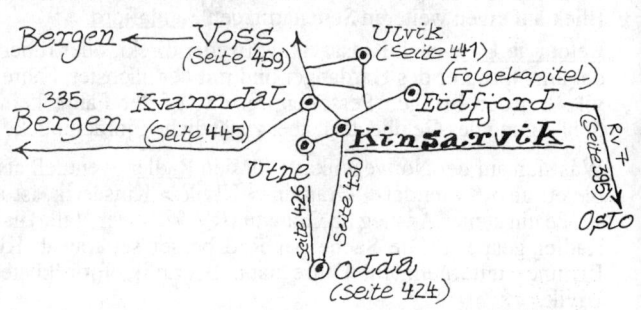

EIDFJORD (östl. Hardanger-Seitenarm)

*Über diesen Fjordzipfel führt die RV 7, die schnellste Verbindung Oslo->
Bergen. Aber auch als Abstecher lohnt die Fahrt an den östlichen Hard-
angerzipfel:*

*Hier liegt der VØRINGFOSSEN, einer der höchsten Wasserfälle Norwe-
gens und das SIMA-KRAFTWERK, größtes Wasserkraftwerk Europas.
Die Region bietet zudem lohnende Wanderungen.*

Ab Kinsarvik schlängelt sich die Straße oberhalb am Fjord entlang. Die gut 1.2oo m steilen Berge steigen fast senkrecht aus dem Fjord. Man schaut tief in den Osafjord gegenüber, und im Frühjahr auf die Schneereste überm Ulvikgebiet.

Schönes Fjordcamp mit Hütten beim Weiler Ringøy, auf hal-
bem Wege zum Fährort Brimnes. Hübsch gelegene Hütten direkt am Wasser, Superblick über den breiten Hardanger (Eidfjordarm).

Autofähre BRIMNES - BRURAVIK: die am stärksten frequentierte Hardangerfähre, da über sie die RV 7 Oslo->
Bergen führt. Abfahrten ca. alle 1/2 bis 3/4 Std.

Die Überfahrt dauert rund 1o Min., Pkw inkl. Fahrer ca. 15 DM, Extraperson ca. 6 DM. Geplant ist in diesem Bereich die größte Brücke Norwegens, die Anfang des 21. Jh. fertig sein soll.

✶ Eidfjord

(1.1oo Einw.)

Kleiner Fjordort im steilsten Teil des Hardangerfjords: Über 1.ooo m Felswände ragen direkt aus dem Meer auf. Eidfjord liegt auf einer eiszeitlichen Sandmoräne und besteht eigentlich aus zwei Orten, die jedoch nicht ineinander übergehen.

NEDRE EIDFJORD, mit 95o Einw., am Meer, auf einer 9.ooo Jahre alten Kies-Sand-Terrasse (Eisrandabsetzung), und dem Pendant

ØVRE EIDFJORD (in Karten auch als "Saebo" eingetragen), am ehemaligen Gletschersee, 6 km landeinwärts. Ein grüner Fleck mit saftigen Weiden und etwas Landwirtschaft, wo sonst nur steile, canyonartige Felswände aufragen.

Die meisten Einheimischen wohnen in Nedre Eidfjord am Meer, hier liegen das Touristbüro, einige relativ gut bestückte Supermärkte, Bank und Post. Zum Campen ist dagegen Øvre Eidfjord schöner, welches ebenfalls Bank und Post besitzt, sowie ein kleineres Lebensmittelgeschäft.

 5783 Eidfjord, Tel. 53 66 51 77, Fax: 53 66 52 97. Im Pavillon an der Hauptstraße; hier Wanderkarten für die Hardangervidda und die neuesten Infos über Hüttenöffnungszeiten.

 An der Hauptstraße/Ortsrand.

 "Hotel Vøringsfoss", im Ortsteil Nedre Eidfjord. Hübsches Hotel im norwegischen Landhausstil, aus der Anfangszeit des Tourismus. Bereits 177o stand hier ein Hotel. Der ältere Teil des heutigen Hotels stammt aus der Zeit der Jh.- Wende, gemütlich! Vorn raus wurde ein Restaurant angebaut mit breiter Fensterfront zum Fjord, - hinten ein moderner Anbau mit Zimmern und Cafeteria. Schöne Grünanlage direkt am Fjord. Das Hotel hat sich besonders bei Engländern herumgesprochen. 115 Betten, die meisten im Traditionstrakt, DZ ca. 15o DM inkl. Frühstück.

"Ingrids Appartements", im Ortsteil Nedre Eidfjord an der Straße Ri. Brimnes. 7 freundliche, moderne und geräumige Appartements mit Holzbalkonen zum Fjord. Für 2-4 Personen ab ca. 1oo DM.

"Bergslien Turistheim", kleine Pension, schön ruhig am Fluß gelegen, Nedre Eidfjord. Zimmer mit Etagenduschen, ab 7o DM, weiterhin eine einfache Apartmentzeile, etwas düster, aber preiswert. Apartments für 2-6 Personen.

"Kvamsdal Pensjonat", ca. 1 km außerhalb von Nedre Eidfjord Ri. Øvre Eidfjord, direkt an der Straße. Eine handvoll Zimmer, inkl. Frühstück. DZ gut 1oo DM.

"Eidfjord Gjestgiveri", im Ortsteil Øvre Eidfjord, schönes Holzhaus an der stark von Lkw befahrenen Straße, ca. 2oo m zum See, zusammen mit Holzhütten. DZ im Hauptgebäude ca. 8o DM.

"Eidfjord Hyttegrend", 5 km vor Eidfjord Richtung Kinsarvik. 6o qm große, ordentliche Hütten direkt am Fjord (Sonnenlage!). Komplett eingerichtet. 3 Schlafräume, Bad. Kinderspielplatz. Bootsbenutzung. Preis je nach Saison 8o-15o DM/Tag. Ganzjährig offen. Bei: Magne Aurdal, Eidfjord Hyttegrend, N-5783 Eidfjord.

 Camping Bruheim: einfacher Zeltplatz nahe beim Bergslien Turistheim, im Ortsteil Nedre Eidfjord.
Camping Kjaertveit: einfacher Platz (Richtung Sima) zwischen Fjord und Straße (laut). Ideale Zeltwiese.

Weitere Campingmöglichkeit in Øvre Eidfjord (6 km): Camp Saebø. Schön gelegen etwas abseits am See. Geräumige Hütten für 4 Pers. Einfache, aber gut funktionale Sanitäranlagen; gute Duschen.

HARDANGERVIDDA NATURE CENTER

1995 wurde das Millionen teure Naturzentrum in Øvre Eidfjord eingeweiht. Wobei man sich fragen kann, ob bei der Gestaltung des Museums nicht mehr die Kunst an den Schaukästen und die Architektur im Vordergrund standen, als die Vermittlung von Information über die doch großartige Natur dieser Region. Unbedingt das deutschsprachige Infoheft mit auf den Rundgang nehmen.

Auf drei Etagen wird analog der Geografie die Region vom Leben im Fjord (verschiedene Aquarien) bis hinauf zur Hardangervidda präsentiert. Zweifellos erstklassig ist der Panoramafilm, wo es einem schwindelig werden kann, wenn der Helikopter samt Kamera über den Vøringfossen und Gletscher Hardanger Jøkulen fliegt. Einzigartig auch die Aufnahmen vom Angeln. Zur Saison tägl. 1o-19 Uhr. Eintritt 15 DM.

Transporte ab Eidfjord

Bus:
Eidfjord-> Geilo: über die Hardangervidda, nur im Sommer. 2 x tägl., ca. 3 Std.
Eidfjord-> Kinsarvik-> Odda (via Ostufer des Sørfjordes): 3-5 x tägl., gut 2 Std. Bzw. via Westufer: zunächst Bus bis Kinsarvik, dort Fähre nach Utne und von dort Bus nach Odda. Fahrzeit je nach Bus-/Fähranschluß ca. 3 Std.
Eidfjord-> Voss: 1-2 x tägl., ca. 1 Std. (via Fähre Brimnes-Bruravik), ab Voss gute Verbindungen an den Sognefjord, nach Bergen und Oslo. Fahrzeit Eidfjord-Voss-Bergen ca. 2 1/2 Std.

Taxi: telefonisch unter Mobil 94 61 18 18 zu bestellen.

Baden: Fjord bzw. der See in Øvre Eidfjord, sofern nicht zu kalt.

Mountainbikes: beim Touristbüro, etwa 35 DM/Tag. Lohnende Strecke nach Hjølmo (siehe Ausflüge) oder auf der Hardangervidda auf dem Rallarveien, dem Weg parallel zur Eisenbahn nach Flåm (siehe Fahrradkapitel).

 **Wandern**: Eidfjord ist guter Ausgangspunkt für viele Wanderungen in die südlich gelegene Hardangervidda sowie nördlich entlang des Hardanger Jøkulen (Gletscher) rauf zur Bergen-Eisenbahnstrecke.

Der beste Ausgangspunkt für die Hardangervidda ist HJØLMO (siehe "Ausflüge ab Eidfjord"). Ab hier beginnen anspruchsvolle Langstreckenwanderungen sowohl rüber an den Sørfjord (Kinsarvik bzw. Lofthus, 2 Tage), als auch runter an die RV 11 (z.B. Haukeliseter, 4 Tage).

Ausgangspunkt für Wanderungen nördlich zur Bergenbahn entweder Vøringfoss (Busverbindung ab Eidfjord, spart den Anstieg auf 1.ooo m) oder Sima (beide 2 Tage). Details zur Anreise siehe "Ausflüge ab Eidfjord" oder ab Hallingskeid/Bergenbahn, Details siehe Seite 444.

Beide Regionen sind in Tagesetappen-Entfernung mit Hütten bestückt, detaillierte Wanderkarten und Infos im Eidfjord-Touristbüro.

AUSFLÜGE AB EIDFJORD

1) Sima Kraftwerk: mit der gewaltigen Leistung von 1.12o MW (das, was eine Großstadt von 3oo.ooo Einwohnern an Strom benötigt!) ist es eines der größten Wasserkraftwerke Europas!

Wasserspender ist im Prinzip der Gletscher des Hardangerjøkulen: Ein umfangreiches Tunnelsystem von mehr als 42 km (!) sammelt das Tauwasser der am Gletscher liegenden Seen und Wasserläufe.

Unter anderem auch betroffen der Vøringfossen, - der vor Inbetriebnahme des Kraftwerkes als einer der schönsten Wasserfälle Norwegens galt. Um hier nicht den Tourismus zu schädigen, einigte man sich, dem Vøringfossen während der Zeit 1. Juni bis 15. September mindestens 12.ooo Liter pro Sekunde zu spendieren, damit sich dort auch optisch was tut.

Das Tunnelsystem besteht aus zwei Netzen: Lang Sima (19,5 km) zapft die Seen westlich des Hardangerjøkulen an, und Sy-Sima (22,9 km) die Seen südlich. Gleichzeitig wurde oben an den Seen eine Reihe von kleineren und mittleren Staudämmen angelegt, um die (je nach Jahreszeit unterschiedlich anfallende) Menge an Gletscher-Schmelzwasser regulieren zu können.

Der erste Staudamm und Regulierungstunnel wurde 1899 am Rembesdals-See oberhalb des Simatales angelegt. In der Dimensionierung hatte man sich jedoch verschätzt: Im Frühjahr 1937 brachen derart große Gletscherbrocken in den See, daß dieser in gewaltigem Schwall überschwappte und den Staudamm einriß.

Innerhalb von 3 Stunden leerte sich der See, und ein 3oo m breiter Fluß aus Wasser-Gestein und Erdmasse wälzte sich durchs Simatal. Glücklicherweise passierte dies tagsüber, sodaß sich die Bewohner in Sicherheit bringen konnten.

1917 wurde die "Osa Fossekompani A.S." gegründet mit dem Ziel, in Osa am Osafjord (nördlicher Seitenarm Hardanger) ein Wasserkraftwerk zu bauen. Geplant war, die Flüsse Norddøla und Austdøla anzuzapfen, heute im Verbund des Lang-Sima Tunnelsystems.

Wirtschaftliche Probleme 1926 stoppten den Kraftwerkbau. Die deutsche Wehrmacht plante zur Zeit der Besatzung Norwegens, die Pläne wieder aufzugreifen, um Aluminium in Osa zu produzieren. (Bekanntlich benötigt die Aluminiumherstellung gewaltige Strommengen.) Nach Beendigung des 2. Weltkrieges entschieden sich die Norweger dann für den Ausbau ihrer Aluminiumfabrik in Årdalstangen/Sognefjord, da u.a. das Tal dort breiter ist und mehr Platz für die Fabrikanlagen bietet.

Ab 1962 Planungsbeginn für das heutige Sima-Kraftwerk. Der Analysierungsphase folgten heftige Diskussionen im norwegischen Parlament, welches die ehrgeizigen Pläne massiv kürzte und vorallem auch umfangreiche Auflagen zum Landschaftsschutz machte.

Der Norweger ist sehr naturverbunden: Industriealisierung ja, - und: Kompromisse nötig, aber sofern möglich nicht auf Kosten einer massiven Zerstörung der Landschaft! Analog verliefen die Debatten im Parlament positiver, als man es bei vergleichsweise ähnlichen Großprojekten in Mitteleuropa gewohnt ist.

Unter anderem wurde bestimmt, daß das Kraftwerk im Berg versteckt wird. Dies bedeutete das Heraussprengen einer 4oo m langen, 2o m breiten und 4o m hohen Halle. Die Höhe der Halle ist nötig, um per Kranschiene oben an der Hallendecke die riesigen Turbinen-Rotoren in ihre Schächte einzubringen, aber auch bei Defekten warten zu können.

Das Volumen der Halle entspricht dem eines 14-Stock hohen Wohnblocks für 2.ooo Personen. Nun läßt sich ein Straßentunnel mit Durchmesser 6 m noch vergleichsweise leicht im Fels einbringen, da eventuell im Fels auftretende Gesteins-Schiebungen wegen der kleinen Tunneldimensionen relativ simpel abgestützt werden können. Nicht jedoch bei einer Halle mit 4o m Höhe: mehr als 2o.ooo Stützbolzen waren zur Absicherung der Wände nötig!

Für die Kiesgruben, die zum Bau der Staudämme nötig wurden, bestimmen die Auflagen, daß diese zu Naturlandschaften zurückverwandelt werden: sie dienen heute u.a. zur Fischzucht. Bezüglich der Starkstrom-Überlandleitungen wurde bestimmt, daß diese sofern möglich in die Landschaft, beispielsweise hinter Bergrücken versteckt werden. Für die Elektrizitätsgesellschaft Aufpreis, da Umwege nötig wurden.

Die Fertigstellung dauerte 18 Jahre, Einweihung 198o. Unter anderem mußte eine Infrastruktur von 5o km Straßen zum Bau der Stauseen errichtet werden. Dies in sicher nicht einfachem Terrain, z.B. Strecke von Osa/Meereshöhe, in nur ca. 5 km rauf auf 1.ooo m zu den Seen Rundavatnet und Langvatnet.

Bei den Richtung Südost (Oslo) installierten Überlandleitungen waren extrem dicke Stromkabel nötig, die einen Zug bis zu 58 Tonnen aushalten. Grund: Die Strecke führt über Gebiete mit Höhenlage 1.ooo bis 1.5oo m; im Winter eine dicke Vereisung der Kabel, die bis zu 5o kg Gewicht pro Kabelmeter betragen kann!

Besichtigung des SIMA-KRAFTWERKS Mitte Juni bis Mitte August möglich, Führungen 5 x täglich, Dauer 1 Std. Wie sich aus o.g. Schilderung ergibt, ist vorwiegend der Background interessant: Zu Beginn der Führung gibt's einen Film, der den Bau des Kraftwerkes, der Tunnelsysteme und Stauseen zeigt.

Anfahrt am bequemsten per Fahrrad (Verleih im Touristenbüro) über die gute, kaum befahrene Straße am Simafjord, Seitenarm des Eidfjord entlang, 6 km bis Sima zum Wasserkraftwerk. Den Trip kann man auch als Ausflugspaket ab Eidfjord/Hotel Vøringfossen buchen.

2) Bergfarm Kjeåsen: liegt 600 m oberhalb des Simakraftwerkes am nördlichen Fjordhang. Vor dem Bau des Kraftwerkes war sie nur über einen Fußpfad erreichbar, der heute noch existiert und teils durch Seile abgesichert ist: schöner Fjordblick. Der Aufstieg dauert etwa 2 Std., die Farm ist heute auch über eine bequeme Tunnelstrecke erreichbar.

3) Hjølmo: Lohnender Ausflug per Mountainbike ab Abzweigung Saebø/Øvre Eidfjord ins schluchtige eingekerbte Seitental nach Hjølmo, zu den senkrecht abfallenden Ausläufern der Hardangervidda.

8 km abenteuerlich steile Serpentinenstraße, vorbei an Hjølmo - ein paar Höfe. Ziemlich abrupt geht's in steilen Kehren rauf auf ca. 700 m (Parkplatz), 200 m weiter zum kleinen Café Åsdalen. Hier ca. 1 Std. zu Fuß zum Valurwasserfall (ausgeschildert), der 70 m senkrecht in die Tiefe stürzt. Ab hier Bergtouren auf der Hardangervidda (Details Seite 413).

4) Vøringsfossen: gilt als einer der schönsten Wasserfälle Norwegens. Bereits in den "Gründerjahren" des Norwegen Tourismus (ab ca. 1850) war er beliebtes Ausflugsziel. Damals kostete der Trip per Pferd rauf zum Wasserfall übrigens 5 Norw. Kronen, ein harter und beschwerlicher Ritt, da es anfangs keine Straßen gab.

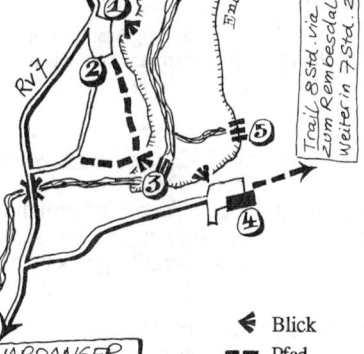

Heute bequem per Auto bzw. Bus ab Eidfjord zu erreichen, er liegt direkt an der RV 7 nach Geilo, ca. 7 km ab Øvre Eidfjord.

Der Wasserfall hat 145 m freien Fall in ein enges, dunkles Tal (Måbødalen), durch das sich die Straße von Eidfjord raufwindet in 1.000 m Höhe auf die Hardangervidda.

Trolltog: Am besten den Wagen unten stehen lassen und in den Touristenzug umsteigen. Sehr schöne Fahrt über die alte Paßstraße, von wo sich immer wieder

0 |————————| 500 m

◄ Blick
■■ Pfad
≈≈ Fluß
⌒⌒⌒ Felswand

1 Kiosk und Parkplatz
2 Vøringfossen Cafeteria
3 Hauptwasserfall
4 Hotel Vøringfossen (FOSSLI)
5 weiterer, kleiner Wasserfall

super Ausblicke in die Schlucht ergeben. Sehr schön: Mit dem Minizug hochfahren und die 5 km retour zu Fuß. Es gibt viel zu sehen: Infotafeln über die Erschließung des Mabødalen, Bau der Straße, Flora und Fauna. Ende Mai bis Ende Sept. tägl. Dauer ca. 2o Minuten. Ausgangspunkt das Kulturlandschaftsmuseum, eingerichtet im Måbø Gard. Preis ca. 1o DM einfach.

Es gibt mehrere Aussichtspunkte: einmal direkt beim Parkplatz (siehe Karte): schöner Erstüberblick. - Von der westlich gelegenen Aussichtsterrasse (ca. 5 Min. talabwärts) hat man den besseren Komplettüberblick.

Ab Parkplatz (Gebühr) ein Pfad östlich direkt an den Wasserfall ran (3). Es geht über Steine und durch Strauchwerk. Blick: so wie das Wasser seinen Lauf nimmt, und gut an den (sofern festen) Sträuchern festhalten ,- es geht senkrecht schäumend runter!

Den besten Fotoblick hat man ab Fossli Hotel (4).

Schönere Variante: von unten an den Vøringsfoss. Zugang: von Øvre Eidfjord die RV 7, direkt hinter dem Måbødalen Tunnel steht ein Schild "Vøringsfossen" links. Parken, zu Fuß ein Stück auf der alten Straße hinunter bis wieder ein Schild auf einen Waldweg weist. Von dort noch 3o Minuten zu gehen. Erst rechts am Fluß entlang, dann über die Brücke.

Unterkunft: "Hotel Fossli", der etwas in die Jahre gekommene Riesenkasten, direkt in Bestlage oberhalb der Schlucht, 15o-22o DM fürs Doppel. Gebaut in der 1. Hälfte des Jahrhunderts hatte es damals seine Glanzzeiten: Die 3o-/4o-PS-Benziner brauchten erheblich länger für den Anstieg als heutige Pkws, auch war die Straße schlechter; somit bot sich die Übernachtung im Hotel an.

Oberhalb, in der Hardangervidda liegen "Liseth Pensjonat" (35 Betten und Hütten), 2 km ab Vøringfossen und "Maursaeth Turistsenter" (1985 eröffnet, Motel, Hütten Camping, 48 Betten) etwas mehr als 1o km ab Vøringsfossen.

Beste Jahreszeit für den Besuch des Vøringsfossen: Seit Inbetriebnahme des Sima-Kraftwerkes (siehe dort) zwackt das Tunnelsystem der Zuleitungen zu Kraftwerk im Strang Sy-Sima auch das Vøringsfossen Wasser ab.

Zur Zeit der Frühjahrs Schnee- und Gletscherschmelze ab ca. Anfang Mai hat der Vøringsfossen genügend Wasser. Für die Zeit 1. Juni bis 15. September dreht das Simakraftwerk für die Touristen den "Wasserhahn auf". Ab 16. September definitiv ein dünnes Rinnsal.

Die alte RV 7 zwischen Øvre Eidfjord und Vøringsfossen wurde in den 7oer Jahren vor allem in ihrem oberen Streckenabschnitt kurz vor Vøringsfossen durch einen langen Tunnel erheblich in Streckenführung verkürzt. Die alte Straße, die sich hier eng an fast senkrechter Felswand entlangschlängelt, ist für den Autoverkehr gesperrt zugunsten Wanderer und Fahrradfahrer.

Fertiggestellt wurde die 7 km Straßenverbindung Øvre Eidfjord-> Vøringsfossen erst nach 22 (!) Jahren Bauzeit 192o. Während sich der erste Abschnitt noch relativ leicht bauen ließ, dehnten sich die Arbeiten am 2. und oberen Abschnitt endlos in die Länge:

Für die letzten 3,5 km waren umfangreiche Sprengarbeiten nötig; die alte Straße führt hier an fast senkrechter Felswand entlang (schöner Blick ins Tal runter!), viele Kurztunnel und enge Kurven, - dies bei einer Straßenbreite von oft weniger als 4 m.

Bei zunehmendem Verkehr ab 6oer Jahre wurde speziell dieser 2. Abschnitt zunehmend zum Nadelöhr der stark befahrenen RV 7 Oslo-> Bergen. Man entschied sich daher in den 7oern für den Bau eines langen Tunnels quer durch den Berg rauf, der die knifflige Strecke an der Felssteilwand des Måbødalen abkürzt.

* Die alte Straße in ihrem oberen Teil wurde weiterhin offengehalten für Leute, die mit dem Fahrrad kommen, welches man in Eidfjord anmieten kann. Für gutes Licht sorgen, denn die alten Tunnel sind selbstverständlich unbeleuchtet!!

* Noch interessanter dürfte die Strecke für Wanderer sein: verläuft auf dem alten Pfad, der vor der Jahrhundertwende die wichtigste Verkehrsverbindung zwischen Hallingdal und Eidfjord war (da kürzeste Verbindung). Mehr als 1.5oo Steinstufen durch Waldgebiete im Måbødalen. Alle Details übers Touristbüro in Eidfjord.

Ab Fossli-Hotel ein 8-Std.-Trail via Skykkjedalsfossen (regulierter Wasserfall) oberhalb des Simatals zur Hütte am Rembesdal-See direkt unterhalb des Hardanger Gletschers. Die nächste Tagesetappe (7 Std.) in Nordumgehung des Gletschers zur Bahnstation FINSE an der Bergen->Oslo-Eisenbahn. Alle Details sowie Kartenmaterial im Eidfjord-Touristbüro.

5) Rundflüge: Mit "Fonnafly"-Wasserflugzeugen ab Eidfjord. Der 3o-Min.-Rundflug über den Seitenarmen des Hardangerfjords ungemein lohnend, ca. 1oo DM/Person bei voller Besetzung.

ULVIK- und OSAFJORD
(nördlicher Seitenarm des Hardanger)

Die beiden schmalen Fjordarme führen zu den schönsten Punkten im Hardanger. Nicht ohne Grund ist das Fjordnest ULVIK ein beliebtes Ziel für Kreuzfahrtschiffe.

Autofähre: Brimnes-> Bruravik: ca. jede 3/4 Stunde, Überfahrt 1o Min. Ab hier 9 km am Fjordufer nach Ulvik.

Nördlich ist Ulvik über die RV 572 mit der RV 13/E 16 (Kvanndal-> Voss) verbunden.

✴ Ulvik   (ca. 1.25o Einw.)

Von der Lage her sicher eines der hübschesten Fjordnester am Hardanger: der gleichnamige Ulvik Fjord verengt sich Richtung Nord und öffnet sich dort zu einer spiegelglatten, seeähnlichen Fläche.

Vom blitzsauberen Ort mit seinen modernen Häusern steigt es zunächst flach an, Obstgärten und Almwiesen, die sich in der Fjordbucht spiegeln. Oberhalb Waldgebiete, und dann steiler Fels bis 1.6oo m, die Hochgebirge des Hardangerfjells.

Herrlich, wenn am Abend Stille einkehrt, und sich die Landschaft im Fjord spiegelt! In der näheren Umgebung schöne Wanderungen. Zudem einigermaßen breites Angebot an 2-3 Supermärkten, Camping, Bank, sehr informatives Touristbüro für Trips in nähere Umgebung etc.

Zur Hochsaison ist allerdings in Ulvik satt was los: wegen seiner schönen Lage ist es beliebtes Ziel für pauschale Bustrips und Kreuzfahrtschiffe. Gäste, die in der Regel nur einen Tag bleiben und dabei (Bus) vorwiegend die Hotels blockieren, - dies in den Monaten Juni bis Mitte August.

In den anderen Monaten kehrt Ruhe ein: Eine der schönsten Stellen an Westnorwegens Fjorden um 2-3 Tage zu relaxen. An Schönheit vergleichbar mit Lofthus/Hardanger, Balestrand und Fjaerland/Sogne.

In der vielfotografierten weißen Dorfkirche von 1858 im Sommer abends Konzerte.

 573o Ulvik, Tel. 56 52 63 6o, Fax: 56 52 66 23. Freundlich und gut mit Infomaterial zur Region bestückt.

 Im Zentrum an der "einzigen" Straße.
Mo.-Fr. 9-15.3o, Sa. 9-12 Uhr.

 "**Brakanes Hotel**", am Ortseingang, direkt am Fjord gelegen. Langgestrecktes 3-/4-stöckiges Gebäude, beliebt bei Tour-Reisegesellschaften, daher in der Saison meist voll. Breites Sportangebot: Billard, Tretboot sowie eigenes Motorboot für Ausflüge. In der Saison großes Abend-Buffet, 29o Betten, die Zimmer vornraus mit schönem Blick, DZ mit Privatbad ca. 2oo DM. (Ermäßigt mit Hotelpaß.)

"**Strand Hotel**", direkt am Fjord, am Ortsausgang Ri. Osa. Modernes Hotel, große, freundliche Zimmer mit Balkon. Schmaler Strandstreifen mit Kiesel, Liegewiese und Swimmingpool. 1o2 Betten, DZ mit Privatbad ca. 18o DM. (Ermäßigt mit Hotelpaß.)

"**Ulvik Hotel**", modern, 4-Stock. Nur die Straße trennt vom Fjord, hat aber abends praktisch keinen Verkehr wegen der Abgeschiedenheit des Ortes. Vorn raus fantastischer Fjordblick, vor allem auch von der Dachterrasse. Die Zimmer im modernen Anbau allerdings etwas eng. Sauna, Solarium. Einfache Cafeteria sowie großes skandinavisches Buffet (nur Saison) im separaten Speiseraum 1. Stock. DZ mit Privatbad ca. 17o (alter Teil, ohne Balkon, Zimmer groß!) bis 2oo DM (neuer Anbau, Balkon).

"**Bjotveit Hotel**", mitten im Zentrum, an der Kreuzung nach Granvin. Familiäres zweistöckiges Steinhotel. Viele alte Fotos, die Zimmer mit kleinen Balkons zur Straße. 6o Betten, 15o DM/DZ.

"**Ulvik Fjord Pensionat**", auf demselben Preisniveau, aber schöner am westlichen Ortsrand gelegen. Hübsches, älteres Holzhotel, 4o Betten, DZ teilweise mit Etagenduschen. DZ ohne Dusche ab ca. 13o DM mit Frühstück.

Ulvik Fjord Camping: am Ortsrand, gegenüber dem Ulvik Fjord Hotel zwischen Straße und Fjord. 1o hübsche, geräumige Campinghütten mit Veranda, einfache Wiese für Zelte und Wohnmobile. Sanitäranlagen in abgeblätterten Holzhäuschen.

STREAM NEST. Die Skulptur wurde durch die Winterolympiade in Lillehammer bekannt und ist nun hier am Hardangerfjord zu sehen. Aus dem
Inneren des Kunstwerks tönt die gleiche Musik, wie bei der Olympiade
heraus.

Fahrräder tage- und halbtageweise im Touristbüro zu
mieten. Schöne Tour an den einsamen Nachbarfjord nach
Osa. Die Straße kaum befahren. - Für Leute mit guter Kondi
tion auch eine hübsche Strecke durchs Espelandsdalen,
allerdings 35o m rauf; oben lockender Badesee.

Baden: Holmenstrand am Ende der Bucht. Schöne Liege-
wiese am Fjord, mit Parkplatz; das brackige Fjordwasser
ganz am Fjordende hat uns allerdings nicht sehr behagt.

Wasserski sowie Ruderboot- bzw. Kanu- und Surfboard-Verleih bei den
drei großen Hotels.

Tennis: Tennisplatz beim Hotel Brakanes.

Wandern: die schöne Lage von Ulvik lohnt für Wanderungen.
Im Touristbüro gibt's Broschüren mit Routenvorschlägen unterschiedlicher Länge. Recht gut hat uns die Wanderung zum oberhalb des Ortes gelegenen Solsaevatn gefallen, ein anderer Trail führt auf
einem alten Postweg in ca. 4 1/2 bis 5 Std. rüber nach Granvin.
Wanderungen ab Osa siehe unten, "Osafjord".

Transporte ab Ulvik

-> Eidfjord: Kombination Bus-Fähre-Bus, ca. 3 x tägl.
-> Granvin: 2 x tägl., 5o Min.
-> Osa in den Nachbarfjord: zur Saison 1-2 x tägl.
-> Voss: 2 x tägl., 1 1/4 Std. Anschluß nach Bergen.

AUSFLÜGE AB ULVIK

* Fjordrundfahrten mit der "M/S Sayonara" ab Brakanes Hotel (Infos an
der Rezeption), geht in Nachbarfjorde, teils bis Utne.

* Sehr lohnend sind Rundflüge mit den Wasserflugzeugen der "Fonnafly"
über dem Hardangerfjord und -gletscher. Die 1/2 Std. kostet ca. 1oo DM/
Person bei vollbesetzter Maschine, Vermittlung über die Hotelrezeption.

Strecke Ulvik-> Granvin siehe Seite 417.

* Lohnend ist auch die Fahrt (Auto, Bus oder Fahrrad) 9 km rüber nach

Osa am Osafjord:

Schöner Tagesausflug in den Nachbarfjord, im Charakter konträr zu Ulvik: Enger, steiler, mit senkrechten Wänden bis zu 1.000 m. Der Ort selber besteht nur aus einer Handvoll Häuser in tief eingeschnittenem Tal am Fjordende (keine Unterkunft, kein Restaurant!).

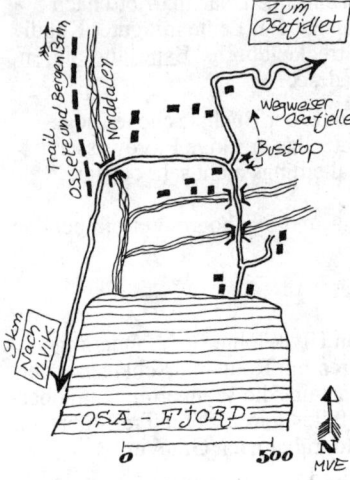

Wer kein Auto hat, kann per Linienbus frühmorgens rüberfahren, allerdings nur 2 mal/Woche(!).
Alternative: Fahrrad in Ulvik mieten!

Direkt am Osthang des Tales (siehe Karte) geht eine steile Serpentinenpiste rauf in nur ca. 5 km und 800 m höher zu den Stauseen auf dem Osafjellet beim Hardangergletschers. Sie wurden angelegt im Zusammenhang des Sima- Kraftwerkes (Details siehe dort!)

Oben kann man bei klarem Wetter den Hardanger Gletscher sehen, allerdings nur ausschnittsweise. Ansonsten eine karge Steinwüste.

Man kann von Glück reden, daß die Pläne während der deutschen Besatzungszeit, in Osa ein Aluminiumwerk zu errichten, nicht realisiert wurden. Dies, wenn man das traumhaft verschlafene Nest unten am Fjord zwischen seinen grünen Weiden sieht.

Anstieg zum Gletscher Hardangerjøkulen von Osa aus in einer Gewalttour möglich, aber nicht empfehlenswert; bequemer von der Bahnstation Finse (Bergenbahn) bzw. von Fossli (Hardangerviddastraße) aus.

Osa ist zugleich interessanter Hardanger Fjord Einstieg ab BERGEN-BAHN für Wanderer: Startpunkt ist die Bahnstation Hallingskeid (zwischen Finse und Myrdal). Allerdings nur für geübte Wanderer; gutes Schuhwerk, Regenschutz, Kompaß und Karte Bedingung! Dauer ca. 6 Std. In jedem Fall leichter in Richtung Bergenbahn nach Osa (als Gegenrichtung: dort Steilaufstieg), zudem ist die Orientierung ab Hallingskeid nach Osa leichter. KARTE: unbedingt ins Gepäck, Blatt 1416 III "Myrdal", Maßstab 1 : 50.000 der Norges Geografiske Oppmåling. Zusammen mit Kompaß und Höhenlinien, Seen etc. dürfte man klarkommen, sofern man beides beherrscht. Warnung: dies ist kein Sonntagsspaziergang; das Fjell ist groß, wer sich hier verläuft...!

Granvinfjord (nördl.Seitenarm Hardanger)

Endet in <u>GRANVIN</u>. Das kleine Nest war bis 1985 Endpunkt der Hardanger Eisenbahn, einem Stichgleis von der Bergenbahn runter an den Fjord. Auf Grund des Ausbaus der RV 7 von Granvin nach Voss wurde die Eisenbahn unrentabel auf einer Verbindung, die Bus und Lkw per Straße schneller erledigten.

Wichtigste Einnahme für Granvin ist heute das 1983 gegründete Sägewerk. Dichte Busverbindungen mit Voss sowie 11 km Tunnel rüber an den Eidfjord/Fährstation Bruravik nach Brimnes.

Samlafjord (Westarm des Hardanger)

Am <u>Nordufer</u> die stark befahrene und teils sehr enge <u>RV 7</u> (von Granvin kommend nach Norheimsund, weiter nach Bergen), - am <u>Südufer</u> die landschaftlich schöne und wenig befahrene <u>RV 55o</u> (Utne-> Jondal).

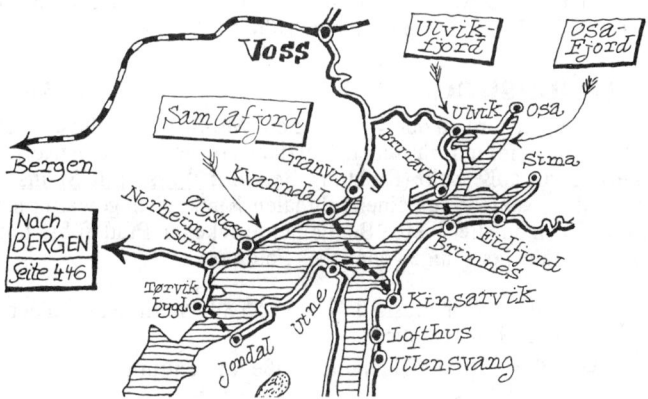

Die <u>FÄHRSTATION KVANNDAL</u> auf der nördlichen Fjordseite quetscht sich unter die senkrechte Felswand. Übernachtungsmöglichkeiten in Hotel, Blockhütten und Campingplatz.

Fähre: Kvanndal-> Kinsarvik. Zur Hauptsaison 1o x tägl. eine Fähre ca. 5.3o-22.3o Uhr; über Utne (dauert ca. 45 Minuten). Pkw inkl. Fahrer 22 DM, Person 8 DM. Kapazität: 5o Pkw und 35o Passagiere.

In Kvanndal besteht die Möglichkeit über Voss an den Sognefjord abzuzweigen bzw. über Voss, Dalen nach Bergen zu fahren.

Die Straße RV 7 führt von Kvanndal entlang des Hardangerfjords (Samlafjords) in 13o km nach Bergen. Die Strecke wurde/wird ausgebaut, trotzdem Achtung Wohnwagenfahrer: einige schmale Abschnitte, zusätzlich Bus- und Lkw-Verkehr. Busverbindung täglich, dauert rund 3 Std.

Von Kvanndal auf schmaler Straße nach ÅLVIK ein Nest mit Fabrikschloten, zu Füßen der Fjordwand. Das Kraftwerk nützt den Höhenunterschied von 88o m aus und liefert die nötige Energie für die Produktion von Ferrosilizium und Ferrochrom.

Schöne Strecke weiter nach ØYSTESE, schmal, steiles Ufer, mit weitem Blick. Ab und zu "klebt" ein Haus auf einem Vorsprung; bunte Fischerhütten unten am Fjord. Die elegante Fyksesund-Brücke überspannt den Fjord-Nebenarm. Kleine, bunte Nußschalen ziehen im Fjord ihre Bahnen, die Straße mal oberhalb, mal in Wassernähe.

ØYSTESE (2.1oo Einw.): recht hübscher Ort, an der Fjordausbuchtung gelegen, zieht sich leicht den Hang hinauf. Einiges an Kleinindustrie (Möbel, Holz, Konserven, Konfektion). Hardanger Fjordhotel: modernes Hotel in Toplage zwischen Straße und Fjord. Schöner Garten direkt am Wasser. 17o Betten. Nebenan einige Hütten.

✳ Norheimsund   (2.5oo Einw.)

Am Hardangerfjord an der Mündung des Mo-Sees. Profilloses Geschäftszentrum mit einigen hübschen Holzhäusern, etwas Industrie und zwei Hotels. 2 km außerhalb (Richtung Bergen): Wasserfall Steinsdalsfoss. Das Wasser schießt aus einer schmalen Rinne über gewaltig schroffen Granit 5o m in die Tiefe. Bequemer trockener Pfad führt hinter der Wasserfontäne her - ungewöhnliches Fotomotiv.

 56oo Norheimsund, Tel. 56 55 89 54. Im Zentrum der einzigen Hauptstraße.

Post: An der Hauptortsstraße im Zentrum.

 "Sandven-Hotel", ursprüngliches Landhotel im Zentrum, trotzdem direkt am Fjord; 72 Betten, DZ inkl. Frühstück 16o DM.

"Norheimsund Fjordhotel", schöne Lage am Ortsrand mit Liegewiese und Blick auf Folgefonnogletscher; aus den 6oer Jahren, mit Motelanbau. 8o Betten, DZ ca. 16o DM. Geräumige Aufenthaltsräume, Bootssteg und hoteleigener Badestrand.

Einige Privatzimmer im Ort (über Turistbüro).

 * Camping Mo: an dem kleinen Movatn gelegen, auf halbem Weg zum Wasserfall. Einfacher Wiesenplatz mit Weiden, Stromanschluß.

*** Nesvika Camping: außerhalb, Richtung Øystese, unterhalb der

Straße schön in einer kleinen Bucht gelegen, mit viel Rasen und Strand, aber viele Dauerwohnwagen. Stromanschluß; auch Wintercamp.

Transporte ab Nordheimsund

Personenschnellboot nach Odda: 2-4 x täglich, Fahrt dauert 1 1/2 Std., Boot hält in Utne, Lofthus.

Bus: Bushaltestelle im Zentrum, am Hafen. Nach Bergen: 3-5 x tägl., übers Tokafjell Nach Voss: 3-5 x tägl.

Fjordrundfahrt: Zur Saison werden verschiedene Fjordrundfahrten angeboten. Info im Touristenbüro in Norheimsund.

Südwestl. Hardanger (Rosendal, Sunde) siehe Seite 329.

NORHEIMSUND ⋙→ BERGEN
RV 7 (80 km)
Route mit viel landschaftlicher Abwechslung. Kurvige, teils schmale Straße.

Durch eine Felsenschlucht und einige Tunnels hinauf aufs Tokafjell und die Hochfläche Kvamskogen (454 m) mit Seen, Mooren und krummen Fjellbirken, landschaftlich ein schönes Gebiet, aber durch die Großstadtnähe Ferien- und Naherholungsgebiet der Bergenser. Das bedeutet jede Menge Hütten, viele Dauercampingplätze, großenteils in Privatbesitz und reserviert, ebenso private Parkplätze.

Als schneesicheres Wintersportgebiet besonders an Ostern krachvoll, da nächstgelegene Skimöglichkeit zu Bergen. Langlauf und Alpin (einige harmlose Skilifte und Pisten).

Hinunter zum Samnangerfjord, der schon recht dicht besiedelt ist. Die alte, stellenweise sehr enge Straße bei Tysse wurde durch Tunnels sehr entschärft.

Ab Indre Arna an der Peripherie von Bergen km-langes Siedlungsband mit Industrievorortcharakter; gut 25 km durchs Nadelöhr nach Bergen.

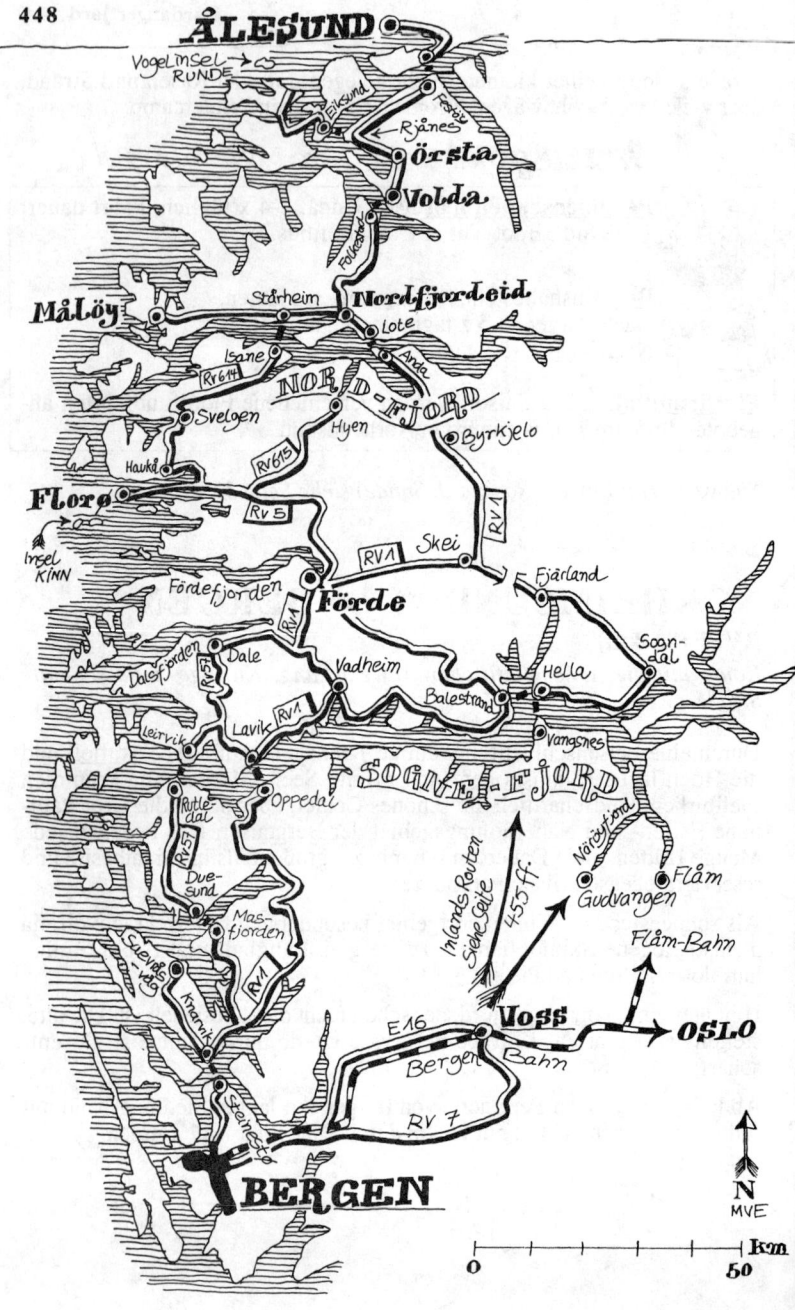

ÅLESUND

Vogelinsel RUNDE →

Eiksund

Rjånes

Örsta

Volda

Flaukerheia

Måløy

Starheim

Nordfjordeid

Lote

Anda

Isane

Rv 614

NORD-FJORD

Svelgen

Hyen

Byrkjelo

Hauka

Rv 615

RV 1

Florø

Insel KINN

Rv 5

Skei

Fjärland

Fördefjorden

RV 1

Förde

Sogn-dal

Dale

Rv 57

Vadheim

Hella

Dalsfjorden

Balestrand

Leirvik

RV 1

Lavik

Vangsnes

Rutle-dal

Oppedal

SOGNE-FJORD

Dues-und

Masfjorden

Inlands-Routen Siehe Seite

455 ff

Nærøyfjord

Flåm

Gudvangen

Flåm-Bahn

Sheldes-ida

Krakvik

RV 1

Voss

OSLO

E 16

Bergen-Bahn

Flåm-Bahn

Sjenelt

RV 7

BERGEN

N
MVE

km
0   50

Bergen ⟫⟶ Ålesund via Küste

Auch wenn die meisten Norwegen-Fahrer die <u>Inlandsstrecke</u> via Sognefjord - Geirangerfjord nehmen (siehe Seite 463), - bringt die <u>Küstenstrecke</u> viel vom Norwegen abseits ausgetretener Touristenrouten.

Schon der Blick auf die Landkarte macht sie sehr reizvoll: jede Menge an vorgelagerten Inseln und tief ins Land reinreichender Fjorde. Im Minimum sind 6 Fährüberfahrten nötig, für die 4oo Km mindestens 2 Tage rechnen.

 Die <u>Hurtigruta</u> bedient Bergen-> Florø-> Måløy-> Ålesund täglich, Fahrzeit insgesamt 15 Std., auch Autotransport. Die Strecke bis Florø wird nachts gefahren (7 Std.).

Die Fährlinie "Fylkesbaatane" bedient ab Bergen unter anderem den Küstenbereich Bergen-> Florø-> Måløy-> und rein in den Nordfjord bis Stryn. Aber auch viele der kleineren Kurz-Fähren.

Bis Florø z.B. ca. 6o - 8o DM/Person je nach Reisetag, Fahrzeit 3 Std. Bis Måløy ca. 4 - 5 Std., jeweils im Expressboot. Tägliche Verbindung als Strecke super zwischen den Inseln durch! Normalboot ist billiger und braucht in etwa 3 mal so lang. Die Normalboote haben Kabinen und jede Menge an Flair.

PKW-Mitnahme auf der Langstreckenverbindung in den Nordfjord bis Stryn ist möglich, teils aber nur per Kranverladung und bei entsprechender Vorreservierung, sofern Platz an Bord, denn hier hat der Warentransport (Bier bis landwirtsch. Güter) Vorrang! In Bergen Fahrplanheft der "Fylkesbaatane" vor Antritt der Reise besorgen, Adresse: Strandkaiterminalen, am südl. Kai des Vågen, siehe unsere Bergen-Karte!

 <u>FAHRRADFAHREN</u> ist im Küstenbereich und der im folgenden beschriebenen Strecke sehr lohnend. Jede Menge an Abwechslung und kaum Steigungen. Problem sind jedoch die großen Entfernungen. Guter Regenschutz, Pulli und Zelt! Vorab in Bergen abklären, in wieweit Regionalbusse das Fahrrad transportieren. Im Prinzip nehmen Sie Bikes mit, sofern Platz ist, Preis einer Kinderfahrkarte. Oslo - Bergen im Transport per Zug kein Problem, - für die 4oo km bis Ålesund mit gut 1 Woche kalkulieren! Notfalls Teilstrecken per Hurtigruta.

<u>AB BERGEN/Vågen</u> an den Brygge-Häusern entlang und um die Festung. Die Straße geht kurz am Meer entlang und unterquert anschließend als RV 1 per Tunnel die Küstenberge. Ca. 2o km durch Vororte und Hügellandschaften bis zum <u>STEINESTØ</u>. Ca. 3 km davor, rechter Hand großes und unübersehbares Shoppingcenter.

Brückenverbindung nach Knarvik über die RV 1 an den Sognefjord (Fähre Oppedal-> Lavik, Überfahrt 2o Min., etwa stündlich, ca. 12 DM Pkw und Fahrer, Extraperson ca. 6 DM). Als Strecke schön, insbesondere im Bereich vor Matre am gleichnamigen Fjord. Für den Radler bringt sie allerdings einen Anstieg auf rund 4oo Höhenmeter, - für den Autofahrer einige Straßenengpässe.

Alternative: Von Knarvik die RV 1 bis Ostereidet nehmen, einige Kilometer danach ein Abzweig entlang des Austfjords nach Masfjorden; hier Fähre rüber nach Duesund und weiter nach Rutledal am Sognefjord (Fähre über den Sognefjord nach Rysjedalsvika, ebenfalls nicht häufig). Die Abfahrtszeiten vorab in Bergen checken, damit man unterwegs nicht festhängt.

Als Strecke jedoch lohnend. Dicht bewaldete Hügellandschaften, jede Menge an kleinen Fjorden. Für Fahrradfahrer keine erheblichen Steigungen, Fahrer größerer Wohnmobile sollten jedoch die RV 57 an den Sognefjord meiden, da teils sehr eng!

Nach Überquerung des Sognefjordes via RV 57 nach DALE, Steigung auf knapp 3oo m, von Dale via Förde nach FLORØ.

Die sehr lohnende Alternativstrecke via Nordufer des Sogne (Vadheim-> Balestrand-> Förde-> Florø) ist nichts für den Radfahrer, da zwischen Balestrand und Førde ein Paß mit rund 75o m zu überwinden ist.

★ Florø   (9.5oo Einw.)

Norwegens westlichste Stadt. Ein munterer Hafenort mit blitzweißen Holzhäusern in der Strandgate, der Hauptgeschäftsstraße am lebhaften Hafen. Den Reiz machen die unzähligen hügeligen Inseln und Schären aller Größen aus. Jede Menge Boote, die hier den Zweitwagen ersetzen, kleiner Jachthafen mit modernem Hafengebäude.

Florø entwickelt sich allmählich zu einer Versorgungsbasis für die Erdölplattformen draußen im Atlantik. Die Bevölkerung lebt im wesentlichen von der Werft und Fischverarbeitungsindustrie.

Originelles CAFÉ KAKEBUA am Ende der Strandgate mit Fensterfront zum Meer. Fischerbudenambiente wie vor 15o Jahren, mittendrin ein komplettes Rettungsboot, ausgestopfter Seehund, Netze und alle möglichen Utensilien. Große Kuchenauswahl und guter Kaffee.

Alles Nützliche in der Markegata.

 69oo Florø, Tel. 57 74 75 o5, Fax: 57 74 77 16, nur im Sommer geöffnet. Post, Telefon sowie Banken.

"Hotel Viktoria", Markegate 43. Mehrstöckiges weißes Stadthotel im Zentrum, Cafeteria und Restaurant. 167 Betten, DZ mit Privatbad ca. 28o DM inkl. Frühstück.

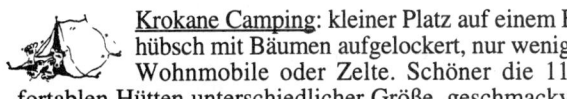 **Krokane Camping**: kleiner Platz auf einem Felsrücken, hübsch mit Bäumen aufgelockert, nur wenig Stellplätze für Wohnmobile oder Zelte. Schöner die 11 modernen, komfortablen Hütten unterschiedlicher Größe, geschmackvoll in hellem Holz verblendet, freundlich möbliert, fast alle mit eigener Dusche und Toilette.

Ruderbootverleih, um im Fjord zu angeln, gute Angelmöglichkeit auch von dem Steilfelsen aus.

Rorbu Ferien auf einer der vielen Inseln. Die angebotenen Häuser sind meist moderne, recht komfortable Einliegerwohnungen, oftmals mit Boot und komplett eingerichtet. Vermietung wochen- oder tageweise. Am besten kontaktiert man das Touristbüro, läßt sich die Fotos zeigen und beraten.

Sehr zu empfehlen: Für einen oder mehrere Tage ein Boot mieten und die Schärenwelt erkunden, Angeln, Baden, Faulenzen oder Landschaft genießen. Das Touristbüro vermittelt Kontaktpersonen. Boote für 4-5 Personen, Preis je nach Motor, Größe etc. Wegen der Strömungen, Miniinseln und Untiefen besser ein Motorboot mit Kapitän.

KÜSTENMUSEUM: etwas außerhalb, nett gemacht. Lokalhistorie, besonders Fischereiwesen, Boote etc. Im Sommer auch Kunstausstellungen. Zufahrt: Richtung Flughafen, Schotterweg links ab.

Transporte ab Florø

 **Hurtigruten**: ab Fugleskjaerskaien beim Zentrum. Sehr früh morgens geht die Nordroute nach Måløy, dauert 2 1/2 Std. Morgens legt die Südroute nach Bergen ab, etwa 6 Std. Fahrt.

Schnellboot nach Bergen: 2 x tägl., ca. 3 Std. per Expressboot. Nach Måløy 1 x tägl. per Expresboot ca. 1 Std.

Normales Boot nach Bergen, nimmt einige Pkw mit (nur nach Vorbuchung), der preiswertere Transfer, braucht aber mehr als doppelt so lang (ca. 8 Std.), 3 x/Woche. In den Nordfjord über Måløy nach Stryn 3 x/Woche.

 **Flughafen**: ca. 2 km außerhalb, Busverbindung. Der Flughafen Florø wird von der Widerœ Gesellschaft bedient.

-> Bergen: werktags ca. 9 x tägl., am Wochenende seltener. Flugzeit 1 1/2 Stunden.

-> Oslo: Direktflug 3 x werktags, ca. 2 Std., Umsteigeflüge häufiger.

-> Trondheim: 2 x tägl. außer Samstag. Umsteigeflug, ca. 3 Std.

-> Ålesund: Direktflug 2 x tägl., ca. 1 Std.

 **Bushaltestelle** ca. 1oo m vom Hurtigrutenkai: nach Førde 5 x tägl., braucht gute 1 1/2 Std. Taxis: neben dem Turistkontor

AUSFLÜGE

INSEL KINN: Hübsche Landschaft draußen im Atlantik mit der markanten Kinna Klova, einer tiefen Scharte durch den Inselberg. Von oben weiter Blick über den Atlantik, oftmals stürmt es ganz ordentlich. Nicht selten ist auch der Inseladler bei seinem Kreisen im Aufwind zu beobachten. Ein paar bescheidene Höfe, die von Schafzucht und Fischerei leben, und die kleine romanische Kinna Kirche, eine steinerne Fischerkirche von etwa 12oo. Gut erhaltene Schnitzereien vor dem Altarraum: Christus und die 12 Apostel.

 Im Sommer 1 x die Woche ein Ausflugsboot nach Kinn mit ca. 2 Std. Aufenthalt auf der Insel, 45 DM/Person. Das reguläre Linienboot, das die Schulkinder holt, fährt frühmorgens nach Kinn und am Nachmittag zurück. Fahrzeit etwa 1 Stunde einfach.

FELSZEICHNUNGEN bei Ausevik: die rund 4.ooo Jahre alten Ritzungen (Übergang Steinzeit zur Bronzezeit) sind auf schrägem Fels angebracht und zeigen verschiedene Tierfiguren, Vögel, menschliche Darstellungen, aber auch geometrische Muster und Spiralen. Alles schon etwas verwittert, man braucht ein bißchen Phantasie.

ZUFAHRT: RV 5 Richtung Førde, ca. 25 km nach Florø und am Ende des Eikefjords rechts Abzweigung, weitere ca. 16 km: verblichenes Parkplatzschild, dort rechts über den Hof Ausevik und etwa 2oo m zu den "Helleristningern" (Felszeichnungen).

FLORØ -> NORDFJORDEID

Von FLORØ zurück auf der RV 5 bis Grov, dann Abzweig RV 614.
Die RV 614 erreicht nach knapp 3o km die kleine Industriesiedlung Svelgen. Weiter durchs hübsche, einsame Myklebustdal an den Nordfjord mit sanften Fjordhängen, Bäume wachsen fast bis hinauf an die Bergkuppen, viel Landwirtschaft, schön zur Obstbaumblüte Ende Mai.

Bei Isane Fähre über den Fjord nach Stårheim, alle 1 bis 1 1/2 Std., Überfahrt 15 Min., Pkw + 2 Personen ca. 2o DM.

Gute 1o km am Ufer entlang nach NORDFJORDEID (2.ooo Einw.), dem Hauptort im mittleren Nordfjord. Die Straße umgeht den Ort, der sich parallel zum Fjordufer hinzieht. Außer ein paar bunten Holzhäusern in der Hauptstraße nichts Sehenswertes.

Durchs schmale Bjørkedalen - steile Berge, Seen und kleine Wildbäche an der Route - zum Bjørkedalssee (Campingplatz, Angelmöglichkeit) eingerahmt von 1.ooo m hohen Gipfeln. Einige Höfe am Ufer - nicht einsam, doch idyllisch. Weiter zur Fähre Folkestad-> Volda (ca. stündlich, dauert 15 Min, ca. 12 DM/Auto inkl. Fahrer, Extraperson ca. 6 DM).

VOLDA (5.ooo Einw.): mit Industrie, Werft und Schulzentrum die wichtigste Stadt für die Umgebung im Fjordbereich, touristisch aber ohne Reize. Sehr lohnend dagegen der Besuch der <u>Vogelinsel RUNDE</u> (Details s. "Ausflüge ab Ålesund"), die man bereits mit der Fähre Rjånes-> Eiksund (ca. 1o x tägl.) und RV 653/654 einbauen kann. Ansonsten: Volda-> Ålesund: 56 km, eine Fähre zwischen Festøy-Solevåg (häufig am Tag).

Ist die wichtigste Reederei im Küsten- und Fjordbereich nördlich von Bergen: Sogne- und Nordfjord. Die Gesellschaft unterhält mehr als 25 Autofährverbindungen in dieser Region - bedient aber auch den Küstenbereich Fracht/Personenschiffen.

Es gibt Spezialangebote, z.B. kombinierte Rundtrips Boot & Bus, auch 2- bis 3-tägige Kreuzfahrten. Interrailer und Nordturist'ler bekommen 5o % Rabatt auf Schnellbooten und Nordfjordboot. <u>Infos</u> über "Fylkesbaatane", Strandkaien, Postfach 1878, N-5o24 Bergen, Tel. 55 32 4o 15.

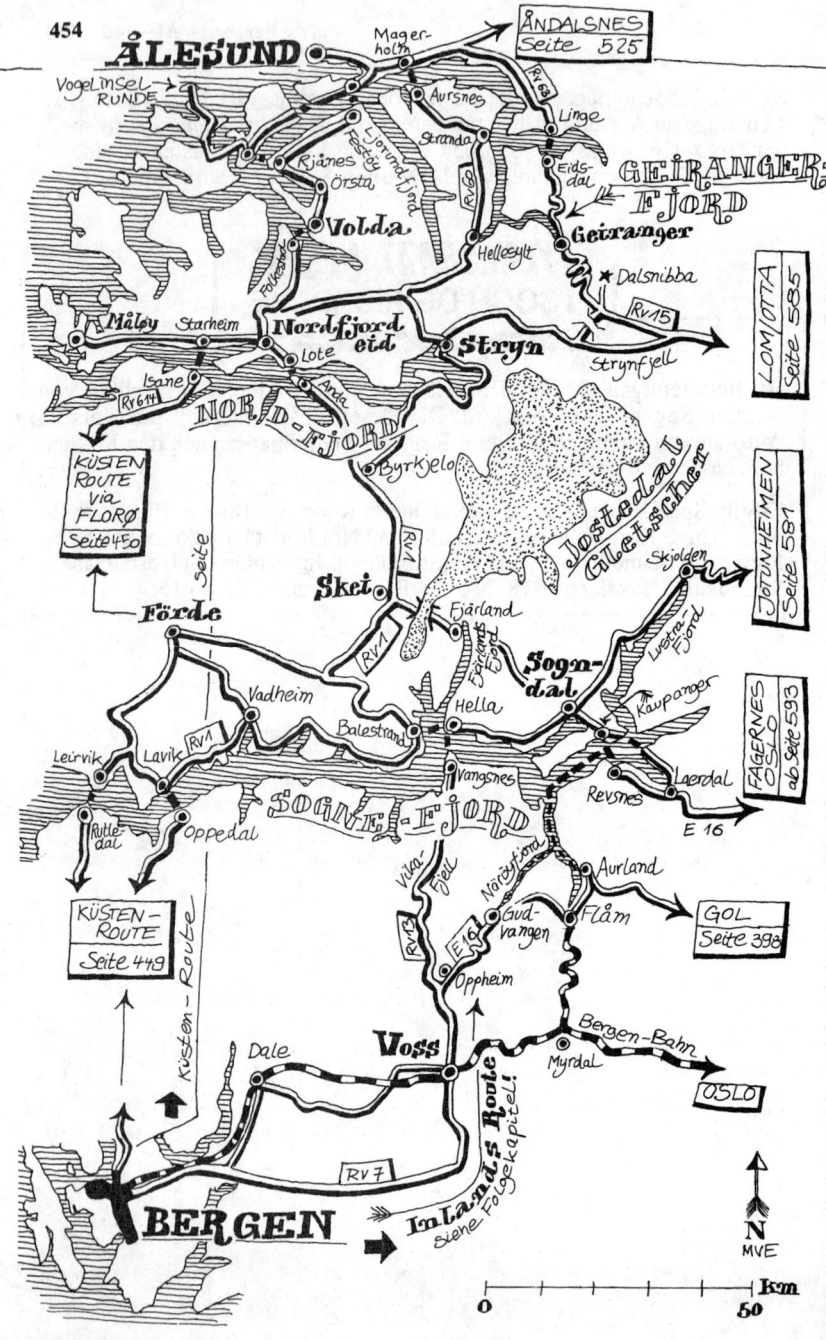

ÅLESUND
Magerholm
ÅNDALSNES
Seite 525
Rv 60

Vogelinsel RUNDE →
Aursnes
Linge
Stranda
Rv 63
Eids-dal
GEIRANGER-FJORD
Rjånes
Hjorundfjord
Ørsta
Volda
Geiranger
Folkestad
Hellesylt
★ Dalsnibba
Rv 15

Måløy
Starheim
Nordfjord eid
STRYN
Strynfjell
LOM/OTTA
Seite 585

Isane
Rv 614
Lote
Anda
NORD-FJORD
Seite

KÜSTEN ROUTE via FLORØ
Seite 450

Byrkjelo
Jostedal. Gletscher

JOTUNHEIMEN
Seite 581

Rv 1
Skei
Skjolden

Fjärland
Fjärlands Fjord
Rv 5
Lyster-Fjord

Förde
Sogn-dal
Kaupanger

Vadheim
Hella
FAGERNES OSLO
ab Seite 593

Leirvik
Lavik
Rv 1
Balestrand
Laerdal

Rutle-dal
Oppedal
SOGNE-FJORD
Vangsnes
Revsnes
E 16

KÜSTEN-ROUTE
Seite 449

Küsten-Route

Vik
Vik-Fjell
Nærøyfjord
Aurland
Gudvangen
Flåm
GOL
Seite 398

Rv 13
E 16
Oppheim

Dale
Voss
Bergen-Bahn
Myrdal
OSLO

Rv 7
BERGEN
Inlands Route
siehe Folgekapitel!

N
MVE

km
0   50

Bergen ⟫—→ Ålesund
via Sognefjord

*Eine der schönsten Strecken in <u>WESTNORWEGEN</u>. Führt zunächst nach
<u>VOSS</u>, von hier an den <u>SOGNEFJORD</u>. Mit 2o4 km Länge ist er der
Fjord Norwegens, der am tiefsten ins Land reinreicht. Am Ufer die berühmtesten Stabkirchen Norwegens. Großartige Seitenarme, z.B. der
<u>Naerøyfjord</u> mit 1.ooo m fast senkrechten Felswänden, unten gerade ca.
2oo m breit! Der <u>Fjaerlandsfjord</u> mit den Gletscherkuppen des Jostedalsbreen, des größten Gletschers Europas.*

*Von den östlichen Fjordarmen (Laerdals-, Årdalstangen- und Lustrafjord)
am Ende des Sognefjordes schöne Rundtrips durchs Hochgebirge
<u>JOTUNHEIMEN</u> mit großartigen Gebirgsseen, Dampferfahrten und jede
Menge lohnender Wanderungen.*

*Vom Sognefjord weiter, entweder via Nordfjord oder via Jotunheimen
zum s-förmigen <u>GEIRANGERFJORD</u>, berühmt aus Dutzenden von Post-
kartenmotiven. Schöne Fährfahrt durch den Fjord nach Hellesylt und
durch Berg-Fjordland rauf nach <u>ÅLESUND</u> : von der Lage her,- auf Bergkuppen und zwischen unzähligen, vorgelagerten Inseln, eine der schönsten
Küstenstädte Norwegens. Die Vogelinsel Runde in unmittelbarer Nähe.*

*<u>Ca. 5oo km</u> ohne Abstecher, für die man im Minimum 3 - 4 Tage kalku-
lieren sollte, - mit diversen Zwischenstops und Abstechern aber im Bereich
4 - 7 Tage.*

*<u>VOSS</u> kann auch als ca. 4o km Abstecher zum Kernbereich des HARD-
ANGERFJORDES dienen (wer den Hardanger nicht schon vorher
eingebaut hat). Details Seite 421 und 459.*

<u>Grobe Zeitplanung</u> (reine Fahrzeit mit kleineren Stops):
von <u>Bergen bis zum Sognefjord</u> (z.B. Sogndal oder Balestrand) in 1 Tag zu schaffen, sofern man am frühen Vormittag in Bergen startet. Viel Zeit für Stops auf der schöneren
Route via Naerøyfjord bleibt dann aber nicht, zudem ist die Strecke gut mit
den Abfahrtszeiten der Fähre durch den Naerøyfjord abzustimmen. In den
Hauptsommermonaten kann es hier zudem Engpässe bei der Mitnahme des
PKW's geben: sprich Warten auf die nächste Fähre, somit unter Umständen Fahrzeit 1 1/2 Tage.

Der äußerst lohnende Abstecher bzw. Rundtrip <u>Jotunheimen</u> hat den Vorteil, daß man die östlichen Sogne-Fjordarme mit einbauen kann. Für die
insgesamt ca. 3oo - 35o km (je nach Route) sollte man im Minimum 3
Tage, besser aber ca. 4 Tage Zeit haben, um seitliche Stichstrecken im
Jotunheimenmassiv sowie zu Hochgebirgsseen einbauen zu können. Wer

zusätzlich Wanderungen einschaltet: entsprechend mehr.

Achtung: Die Teilstrecke übers Sognefjell ist nur wenige Monate im Jahr, in der Regel Juni bis September/Oktober befahrbar, alle Details siehe ab Seite 588.

Die Strecke via Jotunheimen kann direkt über die RV 15/63 an den Geirangerfjord ausgebaut werden: Super Straßenverhältnisse im Fjellbereich. Für die ca. 145 km zwischen Lom und Geiranger ca. 3 Std., wobei ein Großteil der Zeit für die Serpentinen runter an den Fjord vergehen. Spart 1-2 Tag gegenüber der Alternative

Sognefjord-> Nordfjord-> Geirangerfjord (siehe oben): reine Fahrzeit ca. 1-2 Tage. Ab Sogndal durch den Tunnel an den Ausläufer des Fjærlandsfjords und weiter an den Nordfjord. An der Strecke die großartigen Gletscherzungen wie Brikdalsbreen und Bøyabreen, die man nicht auslassen sollte.

Ausgenommen ganz weniger Stichpisten (beispielsweise im Jotunheimengebiet) sind alle Strecken asphaltiert. Es handelt sich jedoch fast ausschließlich um kurvenreiche und oft schmale Landstraßen, die entsprechend Zeit benötigen. Selten ist ein besserer Stundenquerschnitt als 4o-5o km zu erreichen; wäre auch schade bei den großartigen Landschaften!

Dichte und häufige Autofährverbindungen im Bereich Sognefjord. Zu Engpässen kann es für Autofahrer bei der relativ kleinen Autofähre durch den Geirangerfjord kommen.

Unter Umständen interessant (jedoch kein Autotransport!): die Küstenfähre von Bergen rauf in den Sognefjord, der von Anbeginn durchquert wird. Einige Boote durchfahren den Sognefjord komplett in seinen 2o4 km bis Årdalstangen. Fahrzeit im Expressboot ab Bergen ca. 7-8 Std./1oo DM.

Sowie Küstenfähre von Bergen rauf in den Nordfjord. Teils Expressboote ohne Autotransport, teils reguläre Fähren mit Kabine und Pkw-Transport. Details für beide Strecken: "Fylkesbaatane", siehe auch Seite 449.

Auf allen wichtigen Strecken bis Ålesund gute Busverbindungen. Mindestens 1-2 mal/Tag, teils auch 4-7 mal/Tag. Die Busse sind in ihren Abfahrtszeiten so eingerichtet, daß sie Anschluß zu den Fährverbindungen haben. Dicht frequentierte Strecken sind z.B. Bergen-> Voss-> Gudvangen/Naerøyfjord. Die Strecke Sogndal/Sognefjord dagegen, rauf nach Stryn am Nordfjord nur 1-2 mal/Tag, zudem hier Umsteigen nötig, wer zum Geiranger will.

Hinzu kommt, daß einige Querverbindungen, die für den Norwegenreisenden in dieser Region interessant sind, nicht immer per Direktbus zu realisieren sind. D.h.: entweder lästiges Umsteigen oder Umwegrouten.

Daher ist für Leute ohne eigenes Auto und speziell Region Sognefjord bis Ålesund das Fahrplanheft "Ruteheft Sogn og Fjordane" unabdinglich für die Zeit- und Routenplanung. Enthält sämtliche Verkehrsverbindungen: Bus, Boot, Fähren der Region. Erhältlich in Touristenbüros, Busbahnhöfen, Fährterminals oder direkt auf den Fähren.

JETS zwischen Bergen - Florø und Ålesund. Propellerverbindungen zwischen Bergen und Sogndal/Sognefjord mit der "Widerøe", die auch ab Sogndal Querverbindungen an die Küste (Florø, Bergen) herstellt.

Ab Balestrand/Sognefjord Sightseeingtrips mit Propellermaschinen zum Jostedalsbreen Gletscher bzw. auf Charterbasis zu anderen Orten der Region. Details siehe "Balestrand".

BERGEN —» SOGNEFJORD

Für die erste Etappe Bergen - VOSS bieten sich zwei Varianten an:

1.) via Norheimsund und Nordufer des Hardanger (RV 7) nach Granvin und hier über die kurze Verbindung rauf nach VOSS. Rund 16o km, Fahrzeit ca. 3 Std.

Vorteil: landschaftlich schöne Strecke am Nordufer des Hardanger. Nachteil: sehr dicht befahren, und die RV 7 im Bereich Norheimsund bis Granvin wegen schmaler Teilbereiche und Tunnel nicht ungefährlich. Man sollte sehr vorsichtig und defensiv fahren; Wohnwagenfahrer sollten ihr Fahrzeug beherrschen, da sicher an der einen oder anderen Stelle Rückwärtsrangieren notwendig wird.

2.) via Dale (E 16). Die schnellste und kürzeste Verbindung ab Dale führt über Evanger nach Voss - für Gespanne zu empfehlen.

Mehr fürs Auge bietet die Strecke übers Fjell am Hamlagrøsee entlang. Schmal, serpentinig, wunderschön.

3.) Ohne eigenes Auto: entweder Direktbus via Norheimsund und Hardanger-Nordufer, Granvin nach Voss.

Oder: erheblich bequemer und wesentlich schneller per Zug. 4 mal tägl., Fahrzeit im Expresszug ca. 1 Std., im Normalzug rund 1 1/2 Std. In der Regel transportieren die Normalzüge auch Fahrräder.

Ab BERGEN per Zug zum Sognefjord zwei Möglichkeiten:

- Zug bis Voss und hier mit dem Bus runter nach Gudvangen am Naerøyfjord: von hier super Fjordfahrt durch den Naerøyfjord nach Kaupanger im Hauptarm des Sogne. Details siehe dort. Realisierbar in 1 Tag.

- Zug ab Bergen bis Myrdal durchfahren und hier mit der Flåmbahn runter an den Aurlandsfjord. Eine der spektakulärsten Eisenbahn-strecken Norwegens, landschaftlich sehr lohnend! Weiter per Bus z.B. nach Gudvangen und mit der Fähre durch den fantastischen Naerøyfjord nach Kaupanger.

1.) Bergen-> Voss via Hardanger   15o km

Nach dem kilometerlangen Siedlungsschlauch von Bergen führt die E 16 auf die Hochfläche <u>Kvamskogen</u> (454 m). Es wird ruhiger; Seen, Moore und jede Menge Ferienhütten.

Sie ist als Landstraße gut und relativ schnell ausgebaut. Kurz vor Norheimsund direkt an der Straße der berühmte <u>Wasserfall Steinsdalsfossen</u>, hinter dem ein schmaler Weg herführt. Alle Details zu Norheimsund siehe Kapitel "Hardangerfjord".

Die weitere Strecke am Hardangerfjord entlang ist landschaftlich sehr reizvoll, z.T. schmal. Über das Fjordstädtchen <u>Ålvik</u> (Fabrik, Kraftwerk) nach <u>Granvin</u>. (Details siehe ebenfalls Kapitel "Hardangerfjord"). Dort verläßt die Route den Hardangerfjord und führt in ca. 25 km nach Voss.

2.) Bergen-> Voss via Dale   1oo km

Die Hautstrecke E 16 ist gut ausgebaut und flott befahrbar. Nach den Vororten Bergens anfangs am Ostufer des Fjords und zweigt dann ins Inland ab. Weite Passagen verlaufen durch Tunnels, so bringt die Route landschaftlich wenig.

DALE (ca. 2.5oo Einw.), Industriestadt. Quetscht sich in einem Felskessel mit 1.ooo m hohen Wänden, trotz der grandiosen Lage touristisch uninteressant. Große Textilfabriken, Glas- und Schuhfabrikation. Ein Kraftwerk nutzt den Fall zwischen Fosse und Dale aus. Holzwohnhäuser mischen sich mit Fabrikanlagen. Bahnstation, Autowerkstatt.

Fabrikverkauf der schönen Norweger-Pullover, die auch die norwegische Ski-Nationalmannschaft trägt.

Ab DALE entweder auf der flott zu befahrenen E 16 oder die gut doppelt so zeitaufwendige alte Straße über das Gebirge. Ein außergewöhnlich schöner Streckenabschnitt: Durch sehr einsame Gegend, teilweise abenteuerliche Straßenführung mit krachengen, steilen Serpentinen, an schroffen Felswänden und Seen vorbei. Viele alte Holzhängebrücken, kaum Ferienhütten oder Häuser.

Paßhöhe kurz nach dem großen HAMLAGRØSEE auf 625 m. Die schmale Straße, teils aus dem Fels gesprengt, kurvt sich allmählich wieder hinunter; streckenweise hat gerade ein Fahrzeug Platz. Am VANGSVATN entlang nach Voss.

★ Voss (6.ooo Einw., 5o m)

Lebhafte Stadt am See zwischen Hardanger- und Sognefjord. Voss ist eingerahmt von 1.3oo m hohen Bergen, Kiefernwäldern und Almen. Nach der Zerstörung durch die deutschen Truppen 194o wurde die Stadt in ihren schiefergedeckten Steinhäusern wieder aufgebaut, etwas Industrie, die verschiedensten Schulen und alle erdenklichen Läden und Reparaturwerkstätten, die Voss heute zu einer Art Zentrum der Region machen. Sehr guter Stützpunkt für Tagestouren wie Nærøyfjord, Flåmbahn, Bergen-Besuch etc.

Lohnender Stop allein schon wegen der Seilbahn auf den Hangursnolten (66o m), den Hausberg der Stadt: Panorama über den Bergkranz um Voss, auf die Almlandschaft und den tiefblauen See. Endstation mit Cafeteria und 3-Sterne-Aussichtsterrasse. Weiter per Sessellift auf den HANGURSTOPPEN (81o m): schöne Wanderwege übers Fjell; eventuell Gipfelbesteigung, markierter Weg.

Zufahrt zur Talstation: die RV 13/E 16 (egal ob vom Sogne- oder Hardangerfjord kommend) führen direkt ins Ortszentrum (Torget), hier auch das Touristbüro. "Hangursbanen", oberhalb des Bahnhofs! Die Seilbahn fährt im Sommer Ende Mai bis August/ September an Wochenenden; zur Hochsaison täglich. Auch Winterbetrieb. Retourticket ca. 12 DM.

MØLSTERTUNET VOSS FOLKEMUSEUM lohnt schon wegen der Aussicht über die Stadt. Gut erhaltene Hofanlage aus windschiefen, knorrig-verwitterten Bohlen; die Dächer zum Teil mit Steinplatten gedeckt. Modernes Museumsgebäude vis-à-vis. Am Hang oberhalb der Stadt. Ca. 3,5 km per Auto; schmale Straße endet im Parkplatz. Auch Fußweg ca. 2

km. Offen: Mai und Sept. tägl. 1o-17 Uhr, Juni bis August 1o-19 Uhr, Oktober bis April Mo.-Fr. 1o-15 Uhr. Während der Sommermonate auch Live-Vorführung norwegischer Volkstänze, Infos übers Touristbüro.

FINNESLOFTET: großes Bauernhaus von 125o. Gilt als eines der ältesten nicht-kirchlichen Holzgebäuden Norwegens. Zweistöckig, gut restauriert, mit gedrechselten Holzsäulen. Schön am Hang gelegen. 1 km westlich vom Ort im Finnesvegen, vis-à-vis der Kirche ausgeschildert. Offen Mitte Juni bis Mitte August 1o-16 Uhr.

 Hauptstraße Uttrågata, 57o1 Voss, Tel. 56 51 oo 51, Fax: 56 51 17 15. Offen: Juni bis August 9-19 Uhr, Sa./So.14-18 Uhr. Restliche Monate: Mo.-Fr. 9-16 Uhr.

 Skulegate 14. Offen: Mo.-Fr. 8.3o-17 Uhr, Sa. 8.3o-13 Uhr.

 Tele: gegenüber Turistkontor und Kirche. Offen: Mo.-Fr. 8.3o-15.3o Uhr, Sa. 8.3o-13 Uhr.

 "Fleischers Hotel", neben dem Bahnhof. Prachthotel vergangener Jahrzehnte, mit Schwimmhalle. DZ 25o DM.

"Bavallslia Appartements", schön gelegene Anlage ca. 4 km außerhalb am Hang. Moderne Appartements für 4-6 Pers. ganz in Holz mit Bad, Küche. Preis für 4-Pers.-App. je nach Saison 12o-15o DM.

"Nøring Pensjonat", am Ortseingang, wo die Straße von Granvin per Brücke den Vosso-Fluß überquert. DZ ca. 13o DM. 36 Betten.

"Hotel Jarl", gegenüber "Nøring Pensjonat", modernes, 4-stöckiges Hotel am Fluß. Mit Schwimmbad, Pub und Disco. Dürfte bei ca. 15o Betten größtes Hotel im Ort sein. DZ mit Privatbad und TV 2oo DM.

"Park Hotel Voss", modernes Hotel in Zentrumslage Nähe Bahnhof. Schöne Lage durch die Balkons mit Blick zum See, Liegewiese. 1o3 Betten, die Zimmer mit Privatbad, TV, im Haus Diskothek. Etwa 3oo m vom Bahnhof entfernt. DZ ab 24o DM inkl. Frühstück. Sommerpreis günstiger.

Da Voss stark vom Wintertourismus lebt, unbedingt während dieser Zeit (insbesondere um Weihnachten und Ostern) Zimmer vorreservieren; ansonsten wenig Chance!

"Voss Jugendherberge", 7oo m vom Bahnhof. Architekto-nisch gelungene Beton-/Holz-Konstruktion. Große Wiese.

*** Camping Voss: sehr schöner, großer Platz direkt am Vang-See Nähe Ortszentrum. Mit langem Kiesstrand, hohen Kiefern und Waldboden. Ein öffentlicher Weg teilt den Platz in zwei Hälften. Gute Duschen (separat zu zahlen), Selbstkocher-Küche, Stromanschlüsse. Kleine Campinghütten mit 4 Betten und Kochgelegenheit. Zu Fuß sind es ca. 5 Min. ins Zentrum. Neben dem Voss-Camping ein Freibad. Im Sommer gibt's am Kiosk frische Brötchen und Milch.

** <u>Tvinde Camping</u>: Nähe des Tvinde-Wasserfalls (entsprechend laut), an der E 16 und rund 1o km nördl. von Voss. Ein ganzer Schwung Hütten sowie Stromservice für Wohnwagen und Wohnmobile. Ganzjährig offen.

 "STASJON", Café und Bar im Parkhotel. Auf Bahnhof alter Zeit getrimmt. Speisekarte als Tageszeitung aus den Anfängen der Bahngeschichte aufgemacht. Von Spaghetti und Pizzen, über Salate bis zur Gulaschsuppe. Mit Musik; bis Mitternacht geöffnet.

<u>Pub</u> "STALLEN": bei Jugendlichen beliebt. Mit den besten Pizzen der Stadt und flotter Musik. Schräg gegenüber vom Bahnhof.

In der Hauptstraße diverse Cafeterien und Cafés. "KALDTBORD" (mittags) im Restaurant des Park Hotels und Hotels Fleischer.

Transporte *ab Voss*

 **Busbahnhof**: gegenüber Bahnhof.
- <u>Gudvangen</u> 6-8 x werktags, Samstag selten; mit Anschluß an die Fähre durch den Naerøyfjord, - <u>Bergen</u> via Hardanger-Nordufer: 3-5 x tägl., - <u>Ulvik</u> am Ulvikfjord/Seitenarm Hardanger: 1 x tägl. außer Sonntag. - <u>Bruravik</u> (Fähranleger für die Verbindung nach Brimnes/Hardanger): 1-2 x tägl., - <u>Odda</u>/Sørfjord, Seitenarm Hardanger: 1-2 x tägl., - <u>Sogndal</u>/Nordufer Sognefjord: 3-5 x tägl., - <u>Norheimsund</u> am Hardangerfjord: 3-5 x tägl. Expressbus nach Bergen und Oslo 1 x tägl.

Züge nach:
Bergen 4 x tägl. Dauer: ca. 7o Min.
Oslo ca. 4 x tägl. Dauer: ca. 5 1/2-6 Std.

<u>**Taxi**</u>: Am Bahnhof und am Hestavangenplatz.

<u>**Autoverleih**</u>: Avis, Tel. 56 51 14 77.

Wegen seinem vielfältigen Sportangebot ist VOSS bei den Norwegern, aber auch ausländischen Gästen als Ferienort beliebt. Hinzu kommt die günstige Lage an der Bergen->Oslo-Eisenbahn, die insbesondere die Region für den Wintersport bequem erschließt.

SOMMERSPORT

Der <u>VANGSEE</u> erscheint auf den ersten Blick als idealer <u>Surfsee</u>, entpuppt sich aber als sehr rupfig; Windscherung durch die verschiedenen Täler.

<u>Squash</u>: im Voss Squash Center, Verleih von Ausrüstung.

<u>Rafting</u>: Eine super Sache auf dem robusten Schlauchboot über die Wellen

den reißenden Fluß hinunter zu rauschen.

Wandern: Karten und Auskünfte über "Intersport Voss A/S" in der Uttrågata.

Für Drachen- und Gleitschirmflieger ist das Gebiet ideal. Wer es mal ausprobieren möchte kann im Tandem mitfliegen. Info am See bei Park Hotel.

Fahrradfahren: Voss ist ein Eldorado für Mountain-Biker. Tips zu lohnenden Touren beim Bike-Verleih vorne am See neben Park Hotel. Schöne Strecke z.B. in knapp 5o km runter nach Gudvangen ab Flåm, Zug retour nach Voss. Bei entsprechender Zeitplanung in einem Tag möglich, besser zwei Tage einplanen. Oder: Fahrrad in den Zug packen, z.B. nach Upsete oder Mjølfjell fahren, zurück nach Voss radeln.

WINTERSPORT

Voss gehört zu den wichtigen Abfahrtsskigebieten Norwegens. Zwar fanden hier auch World Cup Rennen statt; Schwierigkeit der Pisten in der Regel jedoch leicht bis mittel!

Es gibt ein knappes Dutzend Sessel-/Schlepplifte. Entweder mit der Hangursbahn rauf zu den Schleppern oder über den Bavallsheisen (Doppelsessellift; der Ausschilderung Bavallstua folgen).

Die Saison beginnt in der Regel ca. Mitte Dezember (Schneefall oft schon Ende November für Skibetrieb ausreichend) und endet im April.

Abfahrts- und Slalom-Skipisten (Länge ca. 25 km), Höhenunterschied 12o-5oo m. Sowie 14 km Loipen, davon 7 km beleuchtet. Skiverleih im Ort, Skischulen. Liftkarte für alle Lifts ca. 35 DM/Person und Tag.

In den letzten Jahren waren die Schneeverhältnisse in Voss allerdings dürftig.

Eisangeln: auf dem zugefrorenen Vang- und Oppheimsee ein beliebter Sport. Infos übers Touristbüro.

Ausflug: sehr lohnende Rundtour "Norway in a nutshell", eine Kombi von Bus-/Boot-/Zugfahrt nach Gudvangen/Nærøyfjord/Flåmbahn. Siehe Seite 465.

Wasserflugzeug. Fast immer liegt ein Flugzeug der Gesellschaft Fonnafly vor dem Park Hotel bereit. Preis bei voller Besetzung (4 Pers.) 1oo DM/Person. In 3o Min. bekommt man alle vier Arme des Hardangerfjords zu sehen und den Gletscher noch dazu.

Für den weiteren Streckenverlauf <u>ab VOSS an den SOGNEFJORD</u> gibt's zwei Möglichkeiten:

a)   <u>via RV 13 und Vikafjell nach Vangsnes</u> direkt am Hauptarm des Sognefjords. Landschaftlich lohnende Strecke.

Rund 8o km, Fahrzeit ca. 2 1/2 Std. Billig in der Fährüberfahrt zum Nordufer/Sognefjord, zudem sehr häufige Überfahrten. Details siehe folgendes Kapitel.

b)   <u>via Gudvangen und mit der Autofähre durch den Nærøyfjord.</u> Rund 5o km bis Gudvangen, Fahrzeit ca. 1 Std.

Trotz der relativ teuren Fährpassage durch den Fjord bis Kaupanger-/Sogne-Nordufer ist die Strecke unbedingt der Variante a) vorzuziehen: eine der schönsten Fjordfahrten Norwegens! Details ab Seite 467.

<u>ALTERNATIVE für Autotouristen</u>: "<u>Norway in a Nutshell</u>", preisgünstige Pauschaltour (Voss, Flåm, Nærøyfjord) über Reisebüros in Voss/Bergen. Billiger kommt man in eigener Regie auch nicht hin. Fahrzeug in Voss stehen lassen und per Bus runter zur Fähre/Gudvangen. Mit dem Schiff durch den Naerøyfjord rüber in den Aurlandsfjord bis zur Ortschaft Aurland. Hier berührt man den spektakulärsten Bereich beider Fjorde. Zudem hat man, - auch wenn das Schiff noch so voll ist, - als reiner Passagier ohne Auto immer Mitfahrt.

Ab Aurland Straße/Bus bis Flåm und hier mit der Flåm- Eisenbahn rauf nach Myrdal, eine der spektakulärsten Eisenbahnstrecken Norwegens, Anschluß Zug nach Voss. Bei entsprechender Planung in 1 Tag realisierbar. Dann mit eigenem Fahrzeug via Variante a) an den Sognefjord: Fähre Vangsnes nach Hella.

Der teure Pkw-Transport durch den Naerøyfjord nach Kaupanger ist besser angelegt in obigem Trip durch den schmalen Fjord nach Aurland und Fahrt mit der Flåmbahn.

a) via RV 13: Voss-> Vikafjell nach Vangsnes

Von Voss zunächst über die Landstraße RV 13/E 16 Richtung Nord bis zum Abzweiger bei VINJE: dort zweigt links die RV 13 aufs landschaftlich sehr schöne <u>Vikafjell</u> ab:

Vorbei an Almen, die den ockerfarbenen Geitost anbieten; aus eigener Produktion, sehr würzig, streng. In Haarnadelkurven geht's ziemlich steil aufs Fjell (8 %). Paßhöhe bei 986 m. Eine ganz einsame, wellig bis alpine Gegend, durchsetzt von Felsen, Schneeresten und Tümpeln mit Wollgrasteppichen.

Im Herbst wird das ganze Fjell in warme Pastelltöne getaucht; bis Mai liegt es unter meterhohen Schneemassen, runde weiße Fjellkuppen glänzen in der Sonne - die Straße wird streckenweise freigefräst (teilweise Nachtsperre). Kaum Ferienhütten oder Hotels, nur einige Seterhütten abseits der Route. Straße teilweise schmal, aber o.k.

Rund 65 km nach Voss geht's in Serpentinen runter an den Sognefjord: schöner Blick auf das glitzernde Wasserband, auf grüne Almen und die winzige Stabkirche Hopperstad.

✱ Vik/Viksøyri   (1.4oo Einw.)

In einer supergeschützten Bucht. Der Ort wird durch die idyllisch gelegene Stabkirche Hopperstad interessant. Kleinindustrie (Holz) und eine Käserei, die den "stinkigen" Gammelost herstellt, übrigens größte Käserei Norwegens! Tankstelle, Bank und kleinere Geschäfte, Apotheke, Post.

STABKIRCHE HOPPERSTAD: sehr schön restaurierte Stabkirche von ca. 113o. Die Anlehnung an die Kirche in Borgund bei der Restaurierung ist deutlich zu spüren. Besonders ausgeprägte Drachenköpfe zur Geisterabwehr schmücken die Giebelspitze; reiche Portalschnitzereien. Etwa 1 km außerhalb, auf einem Hügelchen (ausgeschildert). Offen: 25. Juni bis 2o. August. Eintritt.

Tourist INFO 586o Vik, im Gemeindehaus. Tel. 57 69 56 86 Fax: 57 69 58 oo. Geöffnet: wochentags 9-15.3o Uhr.Vermitteln auch Privatzimmer, Verkauf von Wanderkarten, im Notfall auch Geldwechsel. Bushaltestelle nebenan, Viking Kafeteria.

Angeln (Lachse und Forellen): nur mit Angelkarte (im Touristbüro erhältlich) ab der Brücke in Vik. - **Fahrrad**: Wem's Spaß macht, kann zum westl. von Vik gelegenen Arnafjord radeln: ein superenger Fjordfinger, der 2o km ins Gebirge führt: rechts und links 1.ooo m hohe Felswände. - **Wandern**: Details übers Touristbüro, dort auch Infomaterial (Karten).

 "**Hopstock Hotell + Motell**" (7o Betten), Klinkerhotel mit freundlichen Zimmern im Zentrum. Cafeteria in einer gelungenen Kombination aus Glas und Holz. Zusätzliche Zimmer in der roten, versetzt gebauten Motelzeile. Kleiner Swimmingpool neben der Hauptstraße. Das ursprüngliche Hauptgebäude stammte von 1836 und dürfte damit eines der ältesten Hotels Norwegens sein. Doppelzimmer im moderneren Teil 2oo DM inkl. Frühstück.

 ** Camping Vik, Wiesenplatz an der Uferstraße, Hüttenübernachtung. Weitere Campingplätze an der Straße nach Vangsnes.

Die schmale RV 13 führt am Ostufer des Sognefjords entlang, man spürt hier die Dimensionen des größten norwegischen Fjords ganz deutlich. Schmale Straße (Ausweichbuchten), 12 km zum Fährort:

✦ Vangsnes

Kleine schmucklose Fährstation vis-à-vis Balestrand. Die überlebensgroße Fridtjovstatue (12 m) grüßt bei der Fährankunft von einem Hügel. Ein Dankeschön Kaiser Wilhelms II. an seine norwegischen Gastgeber im Jahr 1913. Fridtjov Torsteinsson aus Vangsnes machte als Held der Island-Saga von sich reden. (Broschüre über die Story im Touristbüro Vik.) Es lohnt unbedingt den 1 km bis zur Statue hinauf, "Fridtjof parken" beschildert. Logenplatz mit sagenhaftem Blick in die verschiedenen Fjordarme; Picknickbänke.

Zum Übernachten auf dem Campingplatz ist die Region Vik/Vangsnes gut,wer Hotel bzw. Pension sucht, ist im (ansonsten auch sehr lohnenden) Balestrand auf der anderen Seite des Fjordes am besten aufgehoben.

 Camping Tveit, einige Kilometer vom Fähranleger bei Hella, herrlich am Wasser gelegen. Stellplätze für Zelte und Campingwagen/Wohnmobile. Gut ausgestatte Hütten für 4 Personen und ein kleines Ferienhaus. Der Campingwart ist sehr um das Wohl seiner Gäste bemüht, so daß es schwer fällt den Platz wieder zu verlassen.

Hütten beim kleinen ** Camp Fjellheim 1 km außerhalb zwischen Fjord und Straße.

Camping Solvang in schöner Lage 5o m oberhalb vom Fährhafen, kleine Wiesenterasse mit Fjordblick, einige Hütten.

Fähren: nach Hella etwa stündlich. Dauer 2o Min. Preis: Pkw inkl. Fahrer 15 DM, Person 3 DM. nach Dragsvik (gelegentlich auch Balestrand): etwa stündlich. Preis: Pkw inkl. Fahrer 15 DM, Person 4 DM.

Alle Details zu Balestrand, Hella und Dragsvik siehe Seite 48o.

b) via E 16 Gudvangen/Naerøyfjord

Zunächst von Voss durch ein Hochtal, nach 12 km linker Hand der malerische Wasserfall TVINNEVOSS: In voller Breite springt er über unzählige Felstreppen die steile Wand hinunter. Bestes Fotolicht vormittags. Besonders schön auch im Winter, wenn der Wasserfall vereist ist und in allen Spektralfarben glänzt!

Unmittelbar daneben Tvinde Campingplatz - das Rauschen Tag und Nacht im Ohr. Ein Dutzend große Hütten mit Blick auf den Wasserfall.

Über den Kreuzungsort VINJE (Hotels) zum OPPHEIMSEE (modernes, sauberes Hotel Oppheim, DZ. ca. 18o DM), direkt hinter dem Hotel beginnt der Sessellift, der allerdings nur im Winter in Betrieb ist.

Weitere 13 km bis zur <u>STALHEIMSKLEIVA</u> (Stalheim-Schlucht): Abrupter 4oo m Steilabfall in die enge Schlucht. Angelegt wurde die <u>alte Straße</u> bereits 1842-49. Sie diente bis 198o dem gesamten Verkehr inkl. Lkw und Bussen. Bis 196o war sie nicht einmal asphaltiert!

In 13 Haarnadelkurven geht's an fast senkrechtem Steilhang mit einem Gefälle von satten 18 % auf 1,6 km in die Tiefe. Kurvenradius 8-1o m (!), - Breite 4-5 m.

Man kann sich vorstellen, welche Meisterleistung die Lkw-Fahrer damals vollbrachten bei o.g. Kurvenradius, vor allem bei schmieriger Straße nach Regenfällen oder zur Zeit der Schneeschmelze, wenn hinten auf dem Lkw die tonnenschwere Last runterdrückt!

Entschärft hat man die Strecke 198o durch einen diagonal nach unten führenden Tunnel: die <u>heutige E 16</u>.

Der Hauptverkehr (inkl. Bus) geht heute durch den Tunnel, in dem man von Voss kommend automatisch landet, wenn man nicht aufpaßt: Abzweigung links nehmen, ausgeschildert mit "Stalheim"! Von der Hotelterrasse Superblick auf Schlucht und Serpentinenstrecke.

Die alte Serpentinenstraße ist ab Mai für Touristenfahrzeuge offen. Jedoch Warnung: Fahrer mit Wohnwagenanhänger oder Besitzer größerer Wohnmobile fahren streßfreier über die neue Straße. Ansonsten für normale Pkw problemlos; allerdings in Kurven Gegenverkehr einkalkulieren.

"<u>Stalheim Hotel</u>" (geöffnet Mai bis Sept.), größeres Hotel in sehr schöner Lage (Blick von den Fenstern), sauber, gut in Schuß und innen gemütlich. Wird vorwiegend von Pauschalveranstaltern gebucht. Auf eigene Faust: DZ ab 22o DM inkl. Frühstück.

Im 2. Weltkrieg von der deutschen Besatzung als Wochenheim benutzt, in dem Kinder von norwegischen Frauen und deutschen Soldaten zur Welt kamen. Sogenannte Kriegskinder, die in der Nachkriegszeit von den Norwegern stark angefeindet wurden.

Neben dem Hotel "<u>STALHEIM FOLK MUSEUM</u>" mit einem Schwung alter Bauernhäuser aus der Region. Allerdings nur Hotelgästen zugänglich.

Ab Stalheim unten im engen Talboden flacher Straßenverlauf, seitlich Wasserfälle, die allerdings vorwiegend nur im Frühjahr (nach der Schneeschmelze) "in Betrieb" sind, - 13 km bis

✦ Gudvangen/Naerøyfjord

Vor Ortseingang zwei Campingplätze mit Hüttenübernachtung, eingerahmt im engen Tal von 1.ooo m hohen Bergwänden. Der Ort selber besteht nur aus einer Handvoll Häusern.

Gleich rechts vom Ort über eine 1.ooo m Wand Wasserfälle - das "Brautkleid". Drei zarte Schleier wehen von der Kante runter.

Wer auf die Fähre wartet, kann den kleinen Ort <u>Bakka</u> besuchen. Die einzige Siedlung am Fjord, die Straßenverbindung besitzt (ca. 5 km pro Richtung). Aber herzliche Bitte: <u>nicht</u> mit dem Auto fahren! Die Straße ist zudem supereng, und in Bakka praktisch keine Wendemöglichkeit! Außerdem macht die Strecke zu Fuß wesentlich mehr Spaß, da man die Landschaft besser genießen kann.

Übernachtungs-/Restauranttip: <u>Gudvangen Fjordtell</u>. Raffinierte Hotelkonstruktion mit Blick von den Zimmern bis zu den Bergspitzen. Das Inventar im Wikingerstil. DZ ca. 13o-2oo DM inkl. Frühstück. Viel Glas auch im Restaurant. Auf der Speisekarte lockende, typisch norwegische Gerichte. Empfehlenswert auch das kalte Buffet "Viking".

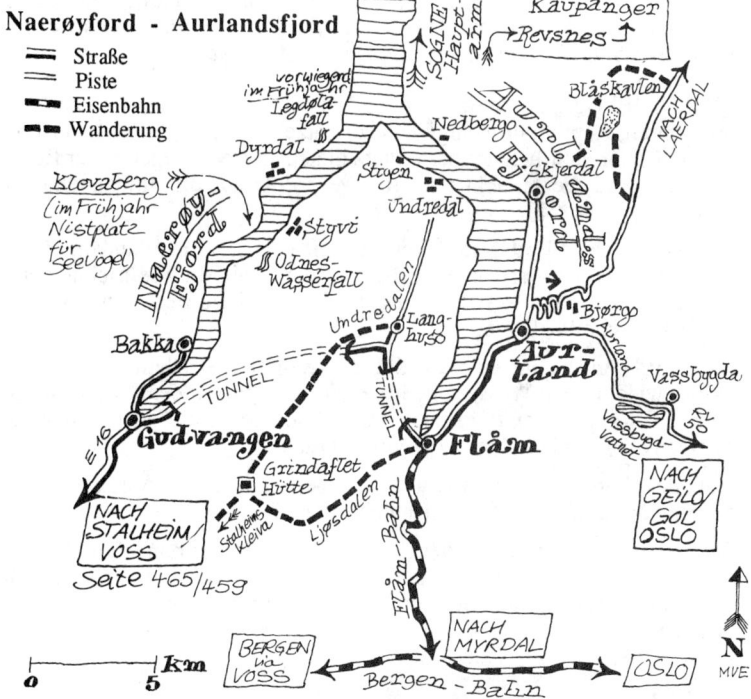

Der Hauptverkehr läuft seit Ende 1991 durch die Tunnelverbindung nach Flåm-> Aurland-> Gol-> Oslo über die RV 5o ohne Fähre. Wer auf der E 16 bleiben will (Tunnel bei Aurland nach Lærdal geplant, siehe dort), wird auf die Autofähre verladen und kann in aller Ruhe die großartigen Fjorde genießen. Details zu Lærdal siehe Seite 593.

 Die Fahrt durch den Naerøyfjord gehört zu einer der schönsten Norwegens! 4 x tägl. von Gudvangen in 2 Std. rauf nach Kaupanger/Sogne Hauptarm/Nordufer. Personenboot durch den Nærøyfjord nach Flåm mehrmals täglich.

Am schönsten ist die Fjordfahrt am Mittag bis frühen Nachmittag wegen der Beleuchtung; etwas Glück braucht man allerdings für gutes Wetter. Das ist nicht unbedingt die Regel, denn die hohen Gebirge (bis zu 1.3oo m) direkt rechts und links des Fjordes fangen die Regenwolken.

Bei klarem Wetter umwerfend schön der Sonnenuntergang am Ende der Fahrt und im Westen über dem weiten Sogne-Hauptarm! Gilt für die Abendabfahrt ca. 17-18 Uhr ab Gudvangen.

Beste Jahreszeit: Frühling. Zur Zeit der Schneeschmelze kommt bei den Wasserfällen unterwegs das meiste runter. Zudem großartige Kontraste: teils noch weiß verschneite Hänge und Berggipfel, teils bereits frei mit grauschwarzen Felswänden und grünen Vegetationszonen.

EINSCHIFFUNG: Möglichst schnell oben in der Cafeteria einen Platz reservieren; es gibt nur wenige Fensterplätze vorn raus. Ansonsten ist bei gutem Wetter natürlich der beste Platz hinten an Deck wegen freier Rundumsicht. Und die braucht man für die 36o Grad/ dreidimensional im Fjord!

Anfangs ist der Fjord gerade 2oo m breit bei 1.ooo m Wänden. Vorne glasglatte Wasseroberfläche, in die sich der Schiffsbug reinschneidet, - hinten weiche lange V-Wellen, die das Ufer und die Bergwände wie im Vexierspiegel reflektieren.

Die Fjordwände sind so steil, daß sie keinerlei Straßenbau zulassen. Immer wieder neue Wasserfälle hinter den Biegungen der "Wasserstraße Fjord". Es gibt außer Bakka nur zwei Siedlungen, die jeweils nur aus wenigen Häusern bestehen: Styvi und Dyrdal.

Tiefe des Fjordes: bei Dyrdal ca. 235 m, bei Einmündung Aurland 467 m, bei Einmündung in den Sogne Hauptarm fast 1.ooo m!

Der Naerøyfjord wird bei seiner Einmündung in den Aurlandsfjord breiter, ca. 1,5 km, - wirkt jedoch wegen seiner 1.1oo m Wände nach wie vor schmal. Besonders schön die Einfahrt in den breiten Sogne-Hauptarm.

GUDVANGEN -> FLÅM -> AURLAND: Seit Fertigstellung der neuen Tunnels zwischen Gudvangen und Flåm durchgehende Straßenverbindung, die die früher nötige Schiffahrt (Naerøyfjord-Aurlandsfjord, knapp 2 Std.) einspart. Schöne Rundtour ab Gudvangen, die man bei entsprechendem Timing mit Abstecher Flåm-Eisenbahn verbinden kann.

✦ Flåm

Mininest am südlichen Fjordende des Aurland, Ausgangspunkt für die Flåm Eisenbahn. Im Sommer ist dadurch einiges los. Kreuzfahrtschiffe und Busse, die ihre Besatzung in die Bahn verladen. Picknickplätze am Ufer, Cafés, Einkaufsmöglichkeiten, Bank und Touristinformation. Durch die neue Straße nach Gudvangen-> Voss ist es mit der Idylle des kleinen Fjordortes vorbei.

 5743 Flåm, im Bahnhof, Tel. 57 63 21 o6.

"**Hotel Fredheim**", großer weißer Holzkomplex gleich neben der Bahnstation. 125 Zimmer. DZ 25o DM.

Jugendherberge: beim Campingplatz. Offen: Anfang Mai bis Ende Sept.

 Flåm Camping. Gepflegte und saubere Anlage am Ortsrand. Terrassiertes Gelände und Wiesen unter Obstbäumen. Gut ein Dutzend Hütten. Einziger Nachteil: Nachmittags liegt der Platz im Schatten.

 **Wandern**: Vormittags mit der Flåmbahn bis Myrdal und zu Fuß über den sog. Rallarweg, den parallel zur Bahn verlaufenden Bauarbeiterweg zurück nach Flåm. Eine wunderschöne Tour von 3-4 Stunden Gehzeit.

Alternativ, wie uns ein Leser schreibt, zum Wasserfall mit super Fjordaussicht: Beim Abzweig nach Flåm der Beschilderung Brekke folgen (etwa 5oo m). Knapp hinter dem Brekke-Gården zweigt rechts der Wanderweg ab (Gatter). Um sich nicht gleich am Anfang zu verfransen besser fragen. Weiterer Weg markiert.

 **Mountainbiken**: Eine der beliebtesten Biketouren führt über den Rallarvegen, der in Verbindung mit dem Eisenbahnprojekt angelegt wurde. Einen Weg per Flåmbahn bis Finse und retour per Bike. Die Straße ist wegen Schnee ab ca. 15. Juli befahrbar. Bikeverleih im Touristbüro. Siehe Seite 81/416.

Flåm Eisenbahn: Anfang unseres Jahrhunderts war das Straßennetz Norwegens bei weitem nicht so gut ausgebaut wie heute. Wichtige Verbindungen lieferten die Eisenbahngleise (z.B. Oslo-> Bergen (eröffnet 19o9) als bedeutende Ost-West-Querverbindung durchs Landesinnere) und die Wasserstraßen der Fjorde, insbesondere der 18o km ins Land führende Sognefjord.

Von daher lag es nahe, vom Oslo-> Bergen Gleis eine Stichstrecke runter an den Sognefjord zu bauen, um beide Verkehrswege miteinander zu verbinden. Bereits 1908 hatte das norweg. Parlament die Entscheidung zum Bau der Gleisstrecke getroffen. Trotz der gewaltigen Steigung sollte keine Zahnradbahn gebaut werden, sondern die Strecke im Adhäsionsbetrieb realisiert werden. Die Vermessungsarbeiten waren 1923 abgeschlossen; 1924 wurde mit dem Bau begonnen.

Die Arbeiten erwiesen sich insbes. wegen der Vielzahl an Tunneln als äußerst schwierig und kostspielig. Zudem konnte in den Wintermonaten wegen Schnee und Eis nicht gearbeitet werden. 1939 bei Ausbruch des 2. Weltkrieges war die Strecke weitgehend fertiggestellt, jedoch noch nicht durchgehend bis Flåm befahrbar.

Als die Hitler-Truppen 1940 in Norwegen einmarschierten, hatten sie aus strategischen Gründen großes Interesse an der Fertigstellung, die sie vorrangig betrieben. Eröffnung der Strecke am 1. August 1940. Das Gleis diente zur Truppenverschiebung und zum Transport schwerer Waffen. Zunächst waren Dampfloks im Einsatz. Elektrifizierung der Strecke 1944. Nun konnten E-Loks eingesetzt werden mit erheblich höherer Zugkraft.

Die Flåmbahn ist eine eisenbahntechnische Meisterleistung. Von Meereshöhe/Flåm geht's in nur 20 km Strecke rauf auf 870 m! Mit einer Steigung 5,5 % hält sie Europarekord, 20 Tunnels, teils wird in Tunnelkehren Höhe gewonnen. Gleichzeitig wurden besonders starke Spezialloks gebaut, die als Sicherheit über 5 verschiedene Bremssysteme verfügen.

Die Flåmbahn nennt sich auch die "Zwanziger-Linie", da die Bauzeit 20 Jahre dauerte, sie 20 km lang ist, 20 Tunnels besitzt und 20 Millionen norw. Kronen gekostet hat. Sie ist heute vorwiegend in touristischem Einsatz und wird alljährlich von mehr als 300.000 Personen benutzt.

FAHRTEN: im Sommer ca. 6 mal täglich, Fahrzeit 45 Min. bis MYRDAL an der Oslo-Bergen-Strecke. Fahrpreis ca. 25 DM hin und retour. An schönen Stellen hält der Zug: z.B. am Wasserfall Kjosfossen.

✦ Aurland

Hübsch am Hang gelegen, die bunten Holzhäuser fast alle mit Logenblick in den Fjord hinein. Lebhaftes Zentrum mit diversen Geschäften, einer kleinen Schuhfabrik und kleinen Marina.

Der kleine Ort ist Verwaltungszentrum der Region. Haupteinkunft Strom. Die verschiedenen Kraftwerke liefern beachtliche 900.000 KW, sie liegen vorwiegend im oberen Aurlandsdalen. Um die großartige Landschaft nicht zu zerstören, mußten verschiedene Auflagen erfüllt werden: u.a. wurden alle Kraftwerke in den Berg hineingebaut. Im Ort mehrere Hotels und preiswerte Pensionen (Vermittlung übers Touristbüro) sowie Campingplatz (nahe Sportzentrum, 1-2 km vom Zentrum; Hütten).

Für eine herrliche Fotoperspektive über den Fjord (Blick von Flåm bis zur Mündung des Naerøyfjords) rentiert es sich, einige Kehren die Straße nach Laerdal hochzulaufen/-fahren.

Geplant ist ein gigantischer Tunnel von 24 km unter dem Fjell nach Lærdal, womit die Fähre ab Gudvangen entfallen würde.

Verbindungen: Täglich Bus nach Gol/Oslo bzw. Bergen sowie täglich Bus die 1o km nach FLÅM (Anschluß an die Flåm-Eisenbahn) und weiter Gudvangen. Bus 1 x tägl. übers Fjell nach Laerdal, nur in der kurzen schneefreien Hochsaison.

Straßen: die <u>RV 5o</u> von Aurland nach Gol in 13o km. Relativ gut ausgebaut, im Bereich Vassbygda - Østerbø 6o % der Strecke per Tunnel!

<u>Aurland-> Skjerdal</u>, knapp 6 km. Von der Strecke Blick um die Fjordnase bis zur Einmündung Naerøyfjord. Die nahe der Einmündung am Fjordufer liegende Sommersiedlung Nedbergo kann nur über einen mühsamen und weiten Inland-Umweg-Pfad/Øyestøl oder per Boot erreicht werden. Entlang des Fjordufers läuft wegen supersteiler Wände nichts.

<u>Aurland-> Bjørgo-> Laerdal</u>: eine der wildesten Gebirgsstrecken Norwegens. Mit Paßhöhe von 1.3o6 m ist sie eine der höchsten des Landes. Nur im Sommer offen, auch hier muß mit Schnee gerechnet werden. Ab Aurland Serpentinenstrecke rauf nach Bjørgo mit Superblick auf Fjord.

<u>UNDREDAL</u>: Stichstraße zwischen den beiden Tunnels Gudvangen-> Flåm, einzige größere Siedlung im nördlichen Bereich des Aurlandsfjords. Rund 5o Häuser sowie eine umgebaute Stabkirche. Schöne Wanderung durchs enge Undredalen, seitlich Bergwände bis zu 1.ooo m Höhe. Steigt an bis zur Minisiedlung Longhuso.

 Die Aurland-Region ist sehr lohnend für Wanderungen. Langhuso-Grindaflet-Hütte (1.o83 m, 12 Betten) ca. 7 Std., weiter zur Stalheimskleiva ca. 6 Std. Alternativ auch ab Flåm zur Grindaflet-Hütte via Ljøsdalen möglich (ca. 5-6 Std.).

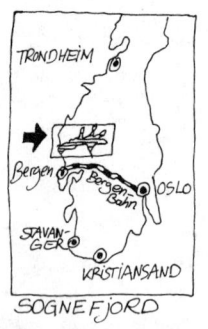

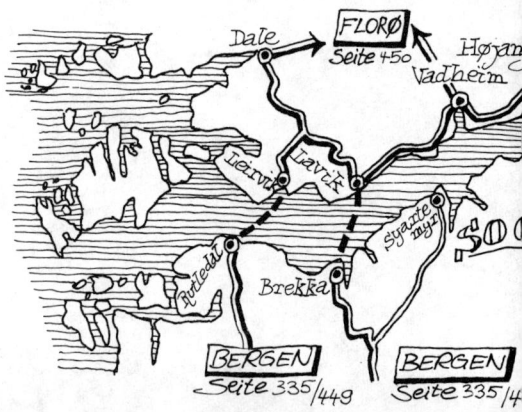

Sognefjord

Mit 2o4 km ist er der längste und bei bis zu 1.3oo m auch der tiefste der norwegischen Fjorde. Der Hauptarm hat eine Breite von 5-7 km, die Ufer steigen im Schnitt 1.ooo m hoch. Einer der Gründe, warum der Fjord optisch "schmal" wirkt; erst Relationspunkt, z.B. die Nußschalen der Fähren, zeigen die echten Größendimensionen.

Mit seinen seitlichen Verästelungen ist er wie ein <u>riesiger Fluß</u> ins Landesinnere. Über Jahrhunderte hinweg (bevor es Eisenbahn und Auto gab) diente er auch als solcher und als wichtigste Verkehrsader der Region: Per Schiff an die einzelnen Fjordenden. Weiter per Postkutsche oder zu Fuß über Gebirgspfade.

<u>**Geschichte**</u>: Im Quartär (vor ca. 2 - 3 Mill. Jahren) war die Region von rund 2.ooo m dicken Eismassen bedeckt. Die verschiedenen Eiszeiten, die jeweils mehrere Jahrtausende dauerten, formten den Sognefjord (wie auch die anderen norwegischen Fjorde) durch den

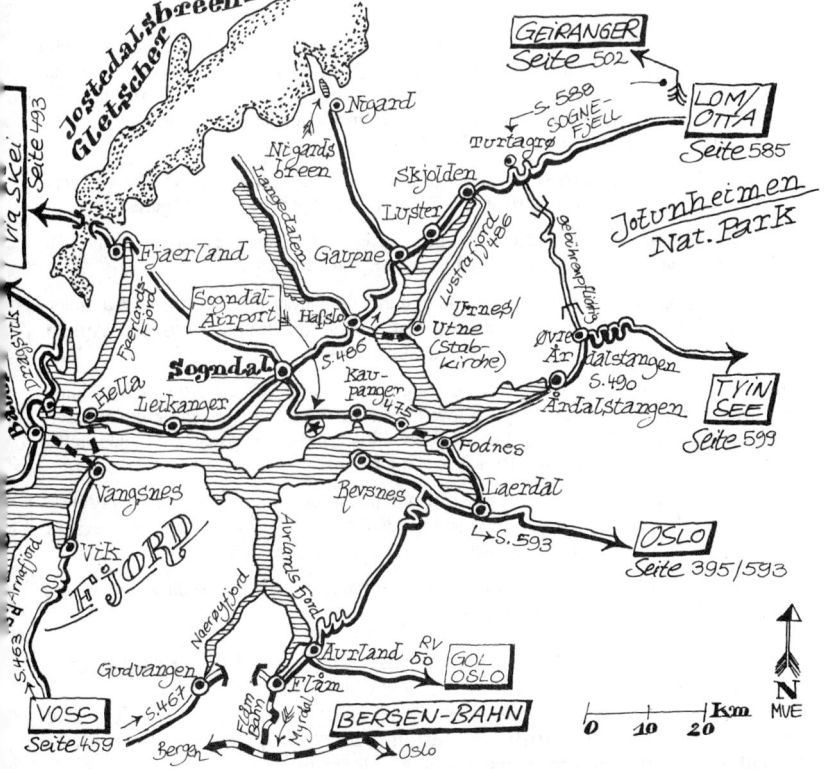

Sognefjord

Schub der Eismassen Richtung Küste.

Tiefe bis zu 1.3oo m, weist unter Wasser Mulden auf, durch Gletscherschub. Oberhalb des Wasserspiegels sichtbar als breite Fjordtröge mit schüsselförmigen Wänden, z.b. Sogndalsfjord.

Seit rund 1o.ooo Jahren sind die norw. Fjorde eisfrei. An den Gletscherstirnen Ablagerungen von Sand und Kies, die durch das Schmelzwasser der Gletscher während der Jahrtausende runtergetragen wurden (z.b. Aurland, Skjolden, Gaupne, Årdalstangen, Laerdal). Dies sind flachere Bereiche im engen Fjordtal, die heute bis zu 1oo m oberhalb des Wasserspiegels liegen wegen einer generellen Landhebung während dieser Periode.

Erste Besiedlung vor ca. 8.5oo Jahren, als die Gletscher auch auf den Gebirgsflächen zurückgingen, und sich im Laerdalsfjell Steinzeitmenschen niederließen.

"Reste" dieser riesigen Gletschermassen, die den Sogne mit seinen Seitenarmen formten sind insbesondere der JOSTEDALSBREEN-GLETSCHER, der sich über eine Länge von rund 6o km im Bereich nördl. des Sogne erstreckt. Er ist heute der größte Gletscher Europas.

Bequemster und kürzester Zugang an die kalbenden Gletscherzungen, die vom Hochgebirgsplateau runterkommen bei FJAERLAND (siehe Karte!). Insofern sollte man die Fahrt durch den Fjaerlandfjord unbedingt einbauen; rein als Fährüberfahrt landschaftlich sehr lohnend, - zudem auch via Tunnel unter dem Jostedalsbreen kürzeste Anbindung an die Strecke rauf an den Nordfjord.

Andere sehr lohnende Strecke ist die Rv 6o4 von Gaupne/Lustrafjord nach Nigard (siehe Karte!), hier Piste und Überquerung von Gletscher- Seen per Boot zum Nigardsbreen.

In Relation kleinere Gletscherreste auf den Gipfeln der 2.oooer des Jotunheimen (z.B. Glittertind, Galdhøppigen), Details siehe Kapitel "Jotunheimen".

Das **milde Klima** des Sognefjords (bedingt durch Golfstrom und geschütze Lage innerhalb der Fjorde) ermöglicht in Tallagen den Anbau von Birnen, Aprikosen, Äpfeln, Pfirsichen etc., - dies auf Breitengraden wie Südgrönland!

Industrie: in Årdalstangen am Ende des Sogne-Seitenarms Årdalsfjord riesiges Aluminiumwerk. Die für die Herstellung notwendigen großen Strommengen liefern Wasserkraftwerke, die oberhalb im Fjell liegen. Zum Glück sind derartig massive Landschaftszerstörungen die Ausnahme im Bereich Sognefjord.

Strassen: zwischen Kaupanger und Küste durchgehende Straße entlang des Nordufers Sognefjord. Die waagrechte Achse West-Ost setzt sich ab Kaupanger via Fähre/Revsnes und Straße nach Laerdal fort (Anbindung über die E 16 nach Oslo).

Die meisten anderen Straßenverbindungen verlaufen Nord-Süd und benötigen über kurz oder lang Fährverbindungen. Details siehe Text.

Der Sognefjord wird vielfach als "KÖNIG DER NORWEGISCHEN FJORDE" bezeichnet. Von seiner Größe dürfte dies sicher zutreffen, auch von seinen Landschaften. "Majestätisch" ist er insofern , als der deutsche Kaiser Wilhelm II sämtliche Ferien zwischen 1898 und 1914 hier verbrachte. Sein Lieblingsquartier war Balestrand...

Sognefjord-Einstiege:

Von <u>OSLO</u> ist die schnellste Straßenverbindung die E 16 via Hønefoss-> Fagernes-> Laerdal/Sognefjord. Für die ca. 35o km mit rund 6-7 Std. im eigenen Auto kalkulieren. Details Seite 593 und 632.

Die kürzeste Verbindung (33o km) von Oslo durchs Hallingdal (RV 7) über Gol nach Aurland (RV 5o).

Von <u>SÜDEN</u> kommend (Bergen bzw. Hardangerfjord) die im Vorkapitel geschilderte Strecke via Voss und Naerøyfjord.

✶ Kaupanger/Manhiller   (7oo Einw.)

Kaupanger war lange Zeit wichtigster Fährort am Sognefjord, bis die Straße weiter hinaus nach Manhiller fertig gestellt war. Grund für diese Verlegung war u.a. die gefährliche Passage auf der Gegenseite von Revsnes nach Lærdal, wo die Straße unterhalb der Steilwand vorbeiführte und es schon sehr viele Unfälle gab.

Eine sehr schöne Aussicht über den Fjordbereich bietet sich von weiter oberhalb: kurz vor Kaupanger den Abzweig Sogndal-Flughafen nehmen. Zunächst kurvig bergauf, dann folgt eine Höhenstraße mit Blick auf den Fjord und Kaupanger (8 km einfach, auch für Wohnmobile geeignet).

Transporte *ab Kaupanger*

-> Fodnes: tägl. ca. 4.2o bis 23 Uhr. Abfahrten ca. alle 3o-6o Min., Überfahrt 15 Min., Preis Pkw mit Fahrer ca. 15 DM, Extraperson 6 DM.

-> Gudvangen/Naerøyfjord: 4 x tägl./Fahrt 2 Std. Preis: Pkw mit Fahrer ca. 5o DM, Extraperson 15 DM.

Alles läuft via SOGNDAL, dadurch relativ gutes Wegkommen ab Kaupanger. Wenn nix läuft: ab Fähranleger Trampen probieren. Zumindest dicht genug ist der Verkehr.......

Kaupanger liegt in tiefen Bucht. Am Fähranleger Shops und Cafeteria. Bringt als Ort kaum was für längeren Verbleib. Interessant die Kaupanger-<u>STABKIRCHE</u>. Äußerlich erinnert sie wenig an eine "echte" Stabkirche. Der Innenraum dagegen ziemlich authentisch und schlicht. 2o alte Holzmasten tragen die Kirche, die größte im Sognefjordbereich. Ausnahmsweise fehlen hier die Andreaskreuze, die üblicherweise das Gebälk absteifen. 1862 stark verändert. Im Sommer offen 1o.3o-18.3o Uhr. Zeitweise Orgelkonzerte.

<u>BOOTSMUSEUM</u> am Kai im ehemaligen Sägewerk. Interessante Sammlung von Booten und Fischereigeräten aus dem 19./2o. Jahrhundert.

Freilichtmuseum <u>SOGN FOLKEMUSEUM</u>: zwischen Sogndal und Kaupanger in Vestrheim. "Heibergske Samlinger" nach dem Gründer G.F. Heiberg benannt, der Anfang des 2o. Jh. mit dem Zusammentragen alter Gebäude begann. Inzwischen eine umfangreiche Sammlung verschiedener Häuser der Umgebung belebt durch Haustiere. Modernes Ausstellungsgebäude mit großer Werkzeugsammlung; Cafeteria. Anfang Mai bis Sept. täglich offen. Eintritt ca. 7 DM.

✦ Sogndal   (6.ooo Einw.)

Ist der wichtigste und größte Ort sowie Handelszentrum im inneren Sognefjord-Bereich. Die von Kaupanger kommende RV 5 mündet über die große Brücke direkt in den Ort; an der nördlichen Umgehungsstraße großer Kaufhauskomplex. Er ist der einzige in weitem Umkreis und dem entsprechend am Wochenende auch krachend voll.

Das rund 8oo m lange <u>Ortszentrum</u> an der Fjørevegen mit einer Handvoll Geschäften, Buchhandlungen und Bank. Kurz danach ist man schon wieder aus dem Ort draußen.

 Im Gemeindehaus, Postfach 222, 58oo Sogndal, Tel. 57 67 3o 83, Fax: 57 67 31 78. Offen: Juni bis Ende August Mo.-Fr. 9-2o Uhr, Sa. 1o-13 Uhr, So. 13-18 Uhr. Sonst Mo.-Fr. 11-16 Uhr.

 <u>Post</u>: an der Hauptstraße und Ortsumgehung Gravensteinsgata
<u>Tele</u>: im Fjørevegen.

 "<u>Hofslund Fjordhotell</u>", älteres weißes Landhotel, umbaut mit modernem Betonhoteltrakt. Der Blick vorn raus geht in den abgeschlossenen Fjord, aber nichts, was einen vom Stuhl reißt. 86 Betten, Preis bei ca. 17o DM inkl. Frühstück. Lage: am Ortsausgang Ri. Kaupanger.

"<u>Pensjonat Loftesnes</u>", kleine, familiäre Fjordpension. Hellweißes Holzhaus mit Balkon, zentral im Ort. Ein Dutzend saubere Zimmer. DZ ca. 1oo-14o DM. In der Ortshauptstraße Fjørevegen.

"<u>Sogndal Hotel</u>", großes Hotel (19o Betten) im Ort. Allerwelts-Monoarchitektur. Große Liegewiese und Open-Air-Swimmingpool (beheizt). Moderne, nüchterne Zimmer mit Übereck-Bett, Couchgruppe, Teppichboden, teilweise mit Balkon. DZ ab 21o DM inkl. Frühstück, Hotelpaß.

"<u>Vesterland Feriepark</u>", komfortable Hütten, ca. 6 km außerhalb an der Straße nach Kaupanger. Gemütliche Doppelhütten im Blockhausstil mit Grasdach im Kiefernwald. Wohnraum mit Küchenzeile aus Kiefernholz, freundliche Sitz- und Eßecke, Kamin. Zwei getrennte Schlafzimmer 43 qm, für 4-6 Personen. Vermietung auch tageweise. Bei 4 Personen ca. 15o DM.

<u>Jugendherberge</u>: Vandrerhjem am Ortseingang von Kaupanger kommend bei der Folkehøgskole. 78 Betten. Offen: Mitte Juni bis Mitte August. Übernachtung ca. 2o DM/Person.

<u>Camp Stedje</u>: am Ortsende, im Stedjeveien. Schöner Platz, gut zu Fuß erreichbar. Große Wiese mit vielen Obstbäumen. Insgesamt einfacher Platz neben der Straße.

<u>Kjørnes Camping</u>: außerhalb von Sogndal, ca. 3 km Richtung Kaupanger. Mittelgroßes, z.T stark abschüssiges Areal direkt am Wasser. 12 Hütten, Strom. Einfach, aber o.k. Teilweise Blick auf Fjord.

Transporte ab Sogndal/Manhiller

Busstation am Almenningen Platz.

Busse nach:

Voss über Hella		5-6 x tägl.
Balestrand - Førde		2-5 x tägl.
Vik (zur Stabkirche Hopperstad)		5 x tägl.
Leikanger - Hella (Fährort)		bis zu 9 x tägl.
Kaupanger/Manhiller (Fährort)	etwa stündl.,	
		Sa./So. seltener
Laerdal (Stabkirche Borgund)		mindest. 4 x tägl.
Gol/Oslo (über Laerdal)		2-4 x tägl.
Solvorn (weiter Stabkirche Urnes)		6 x tägl.
über Gaupne ins Jostedal		3 x tägl.
Flughafen		3 x tägl.
Turtagrø/Lom/Otta (nur Hochsommer)		2 x tägl.

<u>Taxi</u>: Taxistand am Almenningenplatz vorm Hotel Laegreid.

Flughafen: Haukåsen. Ca. 2o km außerhalb, südöstlich von Sogndal. Flughafenbus: 6o Min. vor Abflug nach:

Bergen	1 x tägl. außer Sa.	Dauer : 45 Min.
Oslo	2-4 x tägl. außer Sa.	Dauer: 5o Min.
Trondheim	1-2 x tägl. außer So.	Dauer: 2 1/2 Std.

Fähren: Schnellfähren ab Leikanger, 25 km weiter. Nach:

Bergen	1-2 x tägl.	Årdalstangen	1-2 x tägl.
Flåm	1-2 x tägl.		

Gute Busverbindung nach Leikanger. Siehe oben.

<u>Autovermietung</u>: Interrent (bei der Shell-Tankstelle). Große VW-Werkstatt. - Avis und Hertz.

EINKAUFEN

Sogndal ist in weitem Umkreis der beste Punkt, um sich mit speziell benötigten Sachen nachzubestücken, egal ob man Schuhe, Kleidung, Angelzeug, Filmmaterial, Kochbesteck oder sonstiges benötigt: Größeres Shoppingcenter an der nördlichen Ortsumgehungsstraße.

Im Ortszentrum am Hauptplatz: <u>Buch- und Schreibwarenladen "O.J.</u>

SKJELDESTAD" mit relativ breitem Buchangebot (leider jedoch meist norwegische), Landkarten, Zeitschriften sowie Schreibwaren.

SPORT

Fahrrad: Verleih beim Turistkontor. Preis: 25 DM/Tag. Ordentliche Tourenräder mit Gang-Schaltung und solidem Gepäckträger.

Reiten: Der Sogndal Reitclub verleiht Pferde. Richtung Kaupanger nahe Vesterland Feriepark, links ab. Täglich außer Mo.

Bootsverleih übers Turistkontor. Attraktion sind die Bootstouren über den Fjord in einem nachgebauten Wikingschiff. Tickets im Turistkontor.

Angeln: Angelkarten für Bergseen im Sognegebiet beim Turistkontor.

Baden: Sogndal-Schwimmbad oder Hagelin-Badeplatz bei Stedje am Ortsende.

Rafting im Jostedalen.

Gletschertouren auf dem Nigardsbreen. Infos übers Touristbüro. Details siehe Seite 488.

AUSFLÜGE

Zum Bauernhof am Ende des Veitastrandsee. Hier wird die Herstellung des traditionellen Ziegenkäse demonstriert. Besuch einer Lachsfarm in Årøy an der RV 55. Jeweils Eintritt. Infos im Touristbüro.

Interessant: Gletscherflüge ab Sogndal über den Jostedalsbreen (Vermittlung übers Touristbüro), - Besuch der Lerums Konservenfabrik, verarbeitet Früchte und ist größte der Region, Infos übers Touristbüro.

Stabkirche von Urnes am Lustrafjord (Details Seite 487).

Sehr lohnende Halbtagestour zur Nigardsbreen-Gletscherzunge (siehe Seite 488), kann man entweder auf der Fahrt zum Sognefjell/Jotunheimen einbauen. Ansonsten unbedingt lohnend als Abstecher von Sogndal.

- Balestrand (siehe Folgekapitel).

Für den nicht motorisierten Norwegenfahrer ist SOGNDAL ein guter Stützpunkt, da viele der Verkehrsverbindungen über Sogndal laufen bzw. dort ihren Umsteigepunkt haben:

Zusammen mit den guten Fährverbindungen lassen sich auch Rundtrips legen: beispielsweise Bus ab Sogndal via Lustrafjord rauf ins Sognefjell, Jotunheimen. Eventuell Wanderungen einbauen, Details Kapitel "Jotunheimen". Bus via Lom-Vågåmo und anschließend RV 51 nach Bygdin, Fahrt mit dem Schiff über den Bygdin See nach Eidsbugarden, Bus nach Årdalstangen am Årdalsfjord und per Schiff zurück.

Andere sehr lohnende Möglichkeit für einen größeren Rundtrip (sofern auf der Anreise nicht schon eingebaut): Bus ab Sogndal nach Hella, Schiff nach Vangsnes, Bus Richtung Voss und via Gudvangen/Nærøyfjord retour per Boot. Details ab Seite 469.

⇨ Wer <u>mit eigenem Auto</u> unterwegs ist: es gibt schönere Übernachtungs-
punkte als Sogndal. In der nördlichen Region des Sognefjordes hat uns
am besten <u>BALESTRAND</u> gefallen sowie die nördlichen Bereiche des
Lustrafjordes.

Im Vergleich zum etwas farblosen Sogndal, das zudem an einem flachen
Fjordseitenarm liegt - hat das direkt am Sognehauptarm liegende <u>Bale-
strand</u> Logenplatzqualität! Hier am Knick des Sognefjordes grandioser
und freier 18o-Grad-Panoramablick! Bei den kurzen Entfernungen (nach
Sogndal 37 km) + Fähre zudem kein Nachteil.

★ Sogndal≫→Hella:

Sehr schöne Strecke am Nordufer des Sognefjord entlang, immer wieder
neue Fjordperspektiven. 37 km, wegen Verkehr und Kurven jedoch mit
ca. 45 Minuten bis 1 Stunde rechnen.

LEIKANGER (2.7oo Einw.) auf halber Strecke ist das Zentrum des
Obstanbaus der Sognefjordregion. Zigtausende von Bäume in gepflegten
Plantagen. Besonders prächtig Mitte Mai/Anfang Juni: Dann liegt ein heller
Blütenteppich über der ganzen Fjordseite. Das milde Klima (13° C Durch-
schnittstemperatur) und die geschützte Lage lassen sogar Pfirsiche reifen.

Der Ort lebt großenteils von der Obstverarbeitungsindustrie. Hotel, Campingplatz, Tankstelle. Das Ortsbild lockt wenig zum Bleiben.

Nach weiteren 16 km: Fährstation **HELLA** mit Kiosk:

nach <u>Dragsvik / Balestrand</u>: zwischen ca. o.3o und 23 Uhr
halbstündlich bis stündlich. Dauer: 15 Min. Preis: 13 DM
pro Pkw + 2 Personen.

<u>Ohne eigenes Auto</u>: Zwar dichter Pkw-Verkehr ab Dragsvik nach
Balestrand, sobald der Dampfer angelegt hat. Aber nicht jeder nimmt mit; daher am
besten schon am Fähranleger Hella vor Abfahrt die Leute fragen. Nur ein Teil der
Dragsvik-Fähren hat Busanschluß nach Balestrand. Ansonsten: auf Direktbusverbin-
dungen zurückgreifen, z.B. Kaupanger - Sogndal - Hella - Balestrand.

Nach <u>Vangsnes</u> (weiter Straße über Voss nach Bergen): ca. halbstündlich.
Dauer: 2o Min. Preis: Pkw inkl. Fahrer 13 DM, Person 4 DM.

Der <u>Fährbetrieb in Hella</u> ist vorbildlich organisiert: mehrere Wartespuren
mit klarer Richtungsanzeige. Reger Fährverkehr hier im Schnittpunkt des
Sogne mit seinen Seitenarmen.

Der Sognefjord ist in seinem Knick bei Balestrand rund 5 km breit. Die
einzelnen Überfahrten bringen landschaftlich ungemein viel: die Kurzstrecke rüber nach Dragsvik (Balestrand, - beherrscht vom riesigen Bergklotz des Langedalsbreen mit seiner weißen Gletscherkuppe). Nicht min-

der schön die Fahrt rüber nach Vangsnes.

Tip für Leute mit Zeit: Auto stehen lassen und einmal im Dreieck über den Fjord. Kostet pro Strecke und Person ca. 4-5 DM. Zwar jedesmal Warten auf Anschlußfähre, doch jeweils den Fjord aus anderem Blickwinkel. In Vangsnes bei der Statue sagenhafte Fjordperspektive.

Was uns fasziniert hat: die Weite und Größe. Wer etwas mehr Zeit investiert, mietet sich ab Vik ein Fahrrad und fährt Ri. Arnafjord. An der Landspitze bei Ligtvor hat man Richtung Westen rund 7o km Fjordblick!

KVIKNES HOTEL -Balestrand

Ausschnitt aus der Serviette, die morgens unter den Frühstücksteller kommt

Balestrand   (1.6oo Einw.)

Ohne Frage der schönste Ort des Sognefjords. Freier 18o-Grad-Panoramablick auf Fjord und Berge.

Der Ort ist am Hang raufgebaut, schon von weitem leuchten die bunten Holzhäuser auf der grünen Landnase. Besonders fotogen zur Baumblüte: wie ein impressionistisches Gemälde. Im Hintergrund glitzern Schneegipfel, die 14oo m aus dem Fjord aufsteigen.

Direkt am Sognefjord-Ufer und beim Fähranleger das Kviknes Hotel, gebaut 1877, ist in seiner verschnörkelten Holzarchitektur eines der schönsten Hotels Norwegens. Auch von seiner Lage her, mit weitem Blick über den Fjord. *

Balestrand hat eine lange touristische Tradition. Es war von 1898 bis 1914 der Urlaubsort des deutschen Kaisers Wilhelm II., der jedes Jahr hier seine Ferien verbrachte und naturgemäß für entsprechende Promotion von Balestrand sorgte!

Aber auch bei reichen englischen Feriengästen war es zur Jahrhundertwende beliebter Ferienort wegen des milden Klimas und der schönen Lage. Aus dieser Zeit stammen viele der weiteren Hotels und Pensionen Balestrands in verschnörkelter Holzbauweise. Sie wurden teilweise mit modernen Betondependancen erweitert.

Im Ortszentrum mehrere Lebensmittelgeschäfte, ein Restaurant, eine Tank-

* Abends bei Sonnenuntergang von Edvard Grieg die "Peer Gynt Suiten" als Kassette in den Recorder und auf dem Balkon relaxen! - Das andere Top-Hotel in traditioneller norwegischer Holzarchitektur aus der Jh.-Wende dürfte "Holmenkollen"/Oslo sein!

stelle und ein Gemischtwarengeschäft von Souvenirs bis Joghurt. Der Ort zieht sich vom Fjordufer am Hang hinauf, die Häuser vielfach schön in Gärten mit Obstbäumen gelegen. Auch hier einige verschörkelte Holzvillen aus der Zeit ab ca. 192o, sie gehörten Künstlern (unter anderem auch von der Akademie in Düsseldorf), die sich damals in Balestrand niederließen.

Die Stabkirche (St. Olavs Church) zwischen Kvikneshotel und Midtnes Pensjonat ist nicht echt; sie wurde 1897 für die englischen Feriengäste gebaut. Im Sommer englischsprachige Gottesdienste.

Belem-Grabhügel (südlich am Fjordufer kurz vor Sjøtun Camping), Wikinger-Grabfunde von 8oo n. Chr.; der deutsche Kaiser Wilhelm II. stiftete hier 1913 eine Statue, die dem Wikingerkönig Belem gewidmet ist.

Arboretum (in Lunde): angelegt von einem Pfarrer, der hier exotische Pflanzen, u.a. Apfelbrotbaum anpflanzte. Nicht nur für Botaniker interessant, zugleich auch Dokument für das milde Klima im Fjord (auf Breitengraden wie Südgrönland!).

 Direkt am Kai. Postfach 53, 585o Balestrand. Tel. 57 69 12 55.

 Am Hafen an der Fähranlegestelle. Offen: Mo.-Fr. 9-16.3o Uhr, Sa. 1o-13 Uhr.

"**Kviknes Hotel**" (365 Betten), großes Prachthotel aus dem letzten Jahrhundert mit verschnörkelten Laubenbalkons. Großzügige Terrassen zum Fjord hinaus. Gepflegte Grün- und Strandanlage. Kaiser Wilhelm II. hatte sich wirklich ein idyllisches Plätzchen für seinen Stop ausgesucht.

Das Hotel besteht aus dem alten Holztrakt von 1877, dessen Zimmer direkten Fjordblick bieten. Sie sind ordentlich eingerichtet und gemütlich. Die meisten mit Balkons Ri. Fjord und 18o-Grad-Panoramablick. Preislich besteht kein Unterschied zum mehrstöckigen Beton-Neubautrakt, der sich hinter dem Holzhotel in 9o Grad quergestellt anschließt. Blick hier entweder Ri. Nord oder Süd: in jedem Fall nur Teilblick!

Beide Trakte gehören in ihren Gängen jedoch öfters gelüftet! - Aufenthaltsräume sehr gemütlich im alten Trakt. DZ mit Privatbad ca. 24o DM inkl. Frühstück (Hotelpaß). Stark vom Bustourismus frequentiert!

"**Kringsjå Hotel**", 9o-Betten-Holzhotel, leicht oberhalb im Ort, dadurch schöner Blick vom lichten Speiseraum. Zimmer o.k., DZ ca. 14o DM (Hotelpaß). Fungiert als Jugendherberge (preiswert).

"**Midtnes Pensjonat**", 6o Betten, direkt neben der "Stabkirche". Topblick auf den Fjord. Die preiswerteren Zimmer im alten Gebäude, welches vorn zum Fjord steht, mit Etagenduschen. Dahinter schließt sich die moderne Dependance an: die Zimmer holzvertäfelt, modern, mit zwei kleinen Sesseln, Privatbad und Balkon. Allerdings hier nicht immer kompletter Fjordblick. Rustikaler Aufenthaltsraum mit offenem Kamin. DZ um die 11o DM.

"**Bøyum Pensjonat**", klein und preiswert (DZ ab 75 DM), allerdings nur wenige

Zimmer, die im Hochsommer schnell ausgebucht sind.

"Dragsvik Fjord Hotell" (8o Betten), im Nachbarort Dragsvik. Das relativ moderne Hotel wurde renoviert und kann als Ausweichquartier dienen. Übernachtung im DZ 15o-18o DM.

Juhe Die Jugendherberge ist ausgesucht schön. Sie gehört zum Hotel Kringsjå und es gibt, wie uns ein Leser schreibt, "super Essen". Geöffnet Mitte Juni bis Mitte August.

Hüttenvermietung: Es gibt im Ort rund 7o Hütten und Privatunterkünfte. Vermietung ab 1 Woche, Vermittlung übers Touristbüro.

** Camping Sjøtun am südlichen Ortsrand, einfacher Wiesenplatz am Fjord. 11 Hütten mit Miniveranda, Kiosk, Stromanschluß. Zum Baden im Fjord die Straße überqueren.

3 CAMPINGPLÄTZE auf dem Weg nach Dragsvik, am Esefjord. Die schönste Lage hat ** Campingplatz Veganeset gleich am Fährhafen Dragsvik, in einer eigenen kleinen Bucht im Wäldchen. Blick auf das hübsche Balestrand und die steilen Berge.

"CAFETERIA SVINGEN" in Balestrand am Hafen. Zweckmäßig, dabei freundlich; man kann bei einem Kaffee dem Treiben am Hafen zuschauen. Preiswerte Teller-gerichte.

"KRINGSJÅKJELLAREN BISTRO": Gerichte à la carte. Einmal die Woche Tanzabend.

"KVIKNES HOTEL": gemäß Hotelklasse nicht billig aber schönes Ambiente! Vom Fenster weiter Fjordblick, in der Regel aufmerksame Bedienung.

KUNSTGEWERBE

In Balestrand mehrere Galerien: Helga Normann entstammt aus einer der Familien, die sich als erste in Balestrand niederließen. Sie malt Landschaften, aber auch Blumenbilder sowie Porzellan und die norwegische Rosen-malerei.

Aase Kvikne Bjordal: Seidendrucke, Grafiken. - Solveig und Rolf Hau-kaas: Emaille Schmuck. - Fritholf Smith Hald: Graphiken. Besuch der Galerien nur nach vorheriger Absprache, Infos und Kontakte übers Touristbüro.

SPORT

Bootsvermietung im kleinen Kolonialwarenladen am Hafen. Entweder den ruhigen Esefjord ansteuern oder den Sognefjord.

Angeln: Wer keine eigene Rute dabei hat, kann sie im Touristbüro leihen.

Baden: am besten von den Bade-/Bootsstegen aus, denn meist spitziges, steiniges Ufer.

Wandern: Wanderkarten für das Fjaerland-Gebiet gibt's im Touristbüro bzw. im Shop am Fähranleger. Aber auch im Mundal Hotel/Fjaerland.

Fahrräder: beim Touristbüro zu mieten. Interessante Sache, da relativ wenig Verkehr und flache Straßen im Bereich Fjordufer.

𝕿𝖗𝖆𝖓𝖘𝖕𝖔𝖗𝖙𝖊 ab Balestrand

Fähren: Dragsvik-> Vangsnes alle 1-2 Stunden. Dauer: ca. 25 Min. Preis: Pkw + 2 Personen ca. 15 DM.

Dragsvik-> Hella rund um die Uhr etwa alle 3o-16o Minuten. Dauer 1o Min. Pkw + 2 Personen ca. 1o DM.

Schnellboot (nur Personenbeförderung) nach Bergen: ca. 1-2 x tägl., ca. 3 1/2 Std., nach Årdalstangen, ganz im inneren Sognefjord, 1-2 x tägl.

Balestrand-> Sogndal: 2 x werktags, Fahrzeit inkl. Fähre ca. 1 1/2 Std. Ab Sogndal Bus entweder via Sognefjell/ Jotunheimen nach Lom, - oder via Laerdal-> Oslo.

Balestrand-> Hella: dort 1-2 x tägl. Bus via Fjaerland nach Loen - Stryn.

Balestrand-> Bergen: Fähre ab Dragsvik nach Vangsnes, Bus nach Voss, Zug nach Bergen. Alternative: Bus nach Kaupanger, Fähre via Naerøyfjord nach Gudvangen, Bus nach Voss, Zug nach Bergen oder von Voss Expressbus nach Bergen. Landschaftlich interessanter. - Alternative: Vormittags-Schnellboot nach Flåm/Aurlandsfjord und Zug nach Myrdal, Zug nach Bergen: Anschlüsse abgestimmt, 1 Tag, als Strecke sehr lohnend!

Balestrand-> Høyanger-> Førde: 1-2 x tägl. Expressbus.

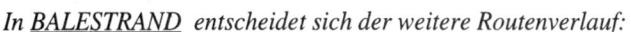

In BALESTRAND entscheidet sich der weitere Routenverlauf:

- Richtung Norden, also Nordfjord, Geirangerfjord nach Ålesund hat man die Möglichkeit via RV 5/RV 13, die kurz nach Dragsvik einen 745-m-Pass überquert, der in den Wintermonaten gesperrt sein kann.

Die lohnenden Bereiche des Ostende des SOGNEFJORDES (Lustrafjord, Laerdal etc.) werden so jedoch ausgeklammert (Detailbeschreibungen ab Seite 486/593).

Durch die neue Tunnelverbindung ist die Strecke via Sogndal an den Fjærlandsfjord und weiter über Nordfjord zum Geiranger schneller und bietet zudem grandiose Gletscherzungen wie Bøyabreen und Briksdalsbreen.

Als Rundtrip unvergleichbar die Route ab Geiranger weiter hoch zum

Aussichtpunkt Dalsnibba, wo sich aus knapp 1.5oo m Höhe nochmal ein atemberaubender Blick tief in den Geiranger bietet rüber nach Lom (RV 15 und übers Sognefjell RV 55) wieder hinunter an den Sognefjord Seitenarm Lustrafjord.

✦ Fjærland   (4oo Einw.)

Bis zum 31. Mai 1986 war der Ort am Ende des Fjordes ausschließlich per Fähre zu erreichen. An dem Tag wurde der Tunnel unter dem Jostedalsbreen eröffnet, der die im Winter problematische RV 5 (mit ihrem Paß) umgeht. Im November 1994 wurde dann auch die Verbindung rüber nach Sogndal eröffnet.

Am paradiesischen Frieden hier im schmalen Tal unterhalb des riesigen Jostedalsbreen hat dies wenig geändert. FJAERLAND ist Tip, wer gerne wandert, aber auch zum Relaxen im gemütlichen "Mundal Hotel".

Interessantes "Bremuseum" (Gletschermuseum): Ausstellung über den größten Plateaugletscher des Kontinents, den Jostedalsbre. Ein Film zeigt u.a. Besteigung/Querung des Gletschers. Eine Simulation: wie schaut der Gletscher von unten aus. Offen: Mai bis September tägl. 9-19 Uhr, April und Oktober 1o.3o-17 Uhr. Eintritt ca. 15 DM.

"Mundal Hotel", eines der Traditionshotels, heißer Tip und Traumlage am tiefgrünen Fjordende. Das Holzhotel, Bj. 1891, liegt auf einer Anhöhe in Grünanlagen oberhalb des Fjordes. Mit Türmchen, Erckerchen und gemütlicher Inneneinrichtung.

Im Aufenthaltsraum Fotos aus vergangenen Zeiten, u.a. die Madame des Hauses in ihrem Cadillac (1923). Sie prägt den Stil des Hauses, und die Küche ist weit über die Fjordgrenzen berühmt!

Daß auch der amerikanische Politiker Walter F. Mondale das Hotel 1979 besuchte, damals Wahlkontrahent Ronald Reagans und Nachfahre emigrierter Norweger (siehe Foto Aufenthaltsraum), ist lediglich interessanter Randaspekt.

Nur 37 Zimmer, im Hochsommer kaum Chance auf ein Bett! DZ ca. 17o-3oo DM inkl. Frühstück.

"Fjaerland Fjord Hotell", 18 Zimmer, ca. 15o DM, am Fjord. Zimmer sauber, aber an Ambiente keine Alternative zum "Mundal Hotel".

FJAERLAND ist zugleich der Punkt, von wo die Gletscherzungen des Jostedalsbreen am kürzesten und bequemsten erreicht werden können:

A) die Gletscherzunge des
SUPPHELLEBREEN.
Über die RV 625 rund 3 km nördl.
aus dem Ort, rechts Abzweigung
(über Brücke) und an der Bergnase
entlang ins Supphelledalen. Eine
Erdpiste rund 6 km (durchquert auf
halber Strecke einen Bauernhof).
Immer auf dieser Piste bleiben:
endet an kleinem Parkplatz und
Kiosk.

Linker Hand die Gletscherzunge,
die sich vom Berg runterwälzt.

B) die Gletscherzunge des
BØYABREEN.
Die RV 625 bis fast zum Tunnel
unter dem Jostedalsbreen. Hier
zweigt klar sichtbar eine Straße
rechts ab zum Bøyabreen Gletschersee, auch der Gletscher ist ab
Abzweigung zu sehen. Die Straße
rund 600 m bis zu seitlicher Cafeteria (viel Glas) mit 1a-Blick auf
den Gletscher. Beliebter Stop der
Ausflugsbusse.

Weiter nur zu Fuß und Warnschild,
sich dem Gletscher nicht zu nah zu
nähern.

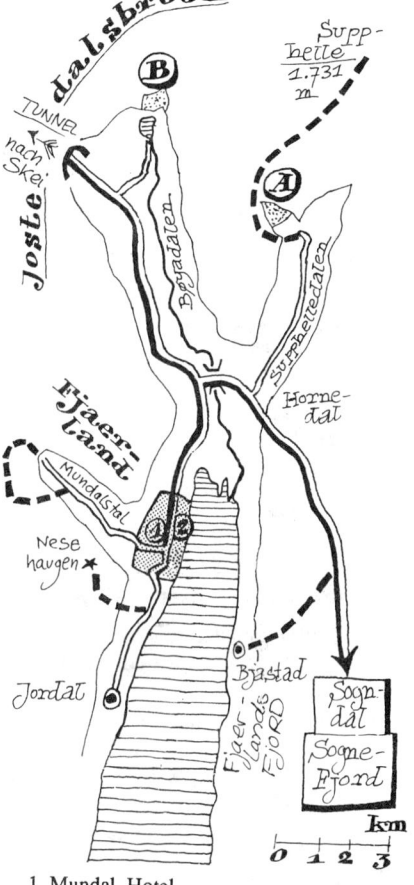

1 Mundal Hotel
2 Fjaerland Hotel und Supermarket/Tel.

SUPPHELLE-GLETSCHERZUNGE:
beginnt in 700 m Höhe. Pro Jahr schiebt
er runde 1 Millionen Tonnen Eis runter
und bewegt sich pro Tag ca. 1,5 m.

Das meiste Eis fällt im Winter: fast jede
Stunden eine Eislawine, aber auch Mai bis
Juni. Die Eismassen fallen über die Fels-
wand in den 2. Teil (nahe des Parkplatzes), der im Spätsommer schmutzig grau ist
wegen Sedimenten des Berges.

Der links der Gletscherzuge ansteigende Trail zum Kern und Hauptpunkt des SUPP-
HELLE (1.731 m) dauert ca. 5 Std. ab Parkplatz pro Richtung. Allerdings Warnung:
nur für Leute mit Gletschererfahrung und entsprechender Ausrüstung. Andernfalls
äußerst gefährlich bis Lebensgefahr! Vermittlung von Führern im Mundal Hotel.

BØYABREEN-GLETSCHERZUNGE: breitere Zunge, zudem fotogen mit der Gletscher-
lagune. Die Zunge kommt von 750 m direkt runter. Insbesondere im Frühjahr plötzli-

cher Abbruch von vielen Tonnen Eis, teils direkt in den See. Daher unbedingt die Warntafel ernst nehmen. Auch vom Anstieg rechts und links der Gletscherzunge wird dringend gewarnt!

Sehr lohnende Wanderungen im Bereich Fjaerland. Vorab die Karte "Fjaerland 1: 5o.ooo" im Mundal Hotel besorgen. Enthält rot markiert die schönsten Wanderungen, zugleich auch in ca. die Wanderzeiten!

Lohnende Wanderung durchs Mundalen (Schotterpiste) zu Hochgebirgsseen in knapp 1.ooo m Höhe. In der Regel ein Tagestrip, für den man gutes Hochsgebirgswetter benötigt, damit er sich lohnt.

Vom Nordende des Fjaerlandsfjords via Horpedal/Wasserfall nach Bjastad am Fjord (retour 1 Tag) - bzw. rüber nach SOGNDAL am Sognefjord, eine harte 2-Tageswanderung, die entsprechende Ausrüstung benötigt.

Fjærland-> Nordfjord-> Ålesund: reine Fahrzeit ca. 1 Tag, mit Stops und Abstechern z.B. Geirangerfjord reine Fahrzeit ab ca. 2 Tagen. Alle Details siehe Seite 493.

Sognefjord/Ostteil
Lustrafjord - Årdalsfjord - Lærdalsfjord

An seinem Ostende gabelt sich der Sognefjord bei KAUPANGER in drei Seitenarme: Lustra-, Årdals- und Laerdalsfjord.

Fährverbindungen Richtung Årdalstangen am Ende des Årdalsfjorden und nach Lærdal am gleichnamigen Fjord siehe Kaupanger/Manhiller S. 475.

Ab SOGNDAL: via Lustrafjord-> Sognefjellstraße nach Lom: 2 x tägl., nur im Hochsommer. Nach Gol via Kaupanger-> Laerdal: 2-4 mal täglich.

✦ LUSTRAFJORD

Im Bereich des Lustrafjords liegen eine Reihe lohnender Ziele: die älteste Stabkirche Norwegens in Urnes, die Gletscherzunge des Nigaardsbreen und die höchste Paßstraße Norwegens aufs Hochfjell Sognefjell.

Der dunkelgrüne Fjord ist eng, von hohen Bergwänden eingeschlossen. Per Straße ab Sogndal zu erreichen: die RV 55 steigt in einem Tal über relativ flache Bergketten in 15 km nach **HAFSLO**. Am gleichnamigen See Boots- und Fahrradverleih.

STABKIRCHE von URNES: Interessanter Abstecher kurz vor Hafslo
rechts 3 km zum Fähranleger Solvorn (am Fjord neben Fähranleger angenehmes Hotel und Motel "Walaker"). Dort übersetzen nach Urnes (kleine
private Autofähre, Solvorn-> Urnes 8 x tägl. zur Sommersaison, sonst 2 x
tägl.), weiter etwa 15 Min. zu Fuß bergauf.

Auf einer Landnase im Lustrafjord liegt die älteste und neben Borgund berühmteste norwegische Stabkirche. Zwar in der Größe nicht mit Borgund
zu vergleichen, so gehört sie doch in ihrer kunstgeschichtlichen Bedeutung
(reiche Ornamente!) zu den, von der UNESCO als schützenswert erklärten
Welt-Baudenkmälern. Die UNESCO WORLD HERITAGE LIST stellt
hier die Stabkirche Urnes an Bedeutung gleich mit der Brygge in Bergen
und der Bergwerksstadt Røros.

Die Stabkirche von Urnes stammt in ihren Ursprüngen aus dem 11.-12. Jh., wenn auch
mehrfach verändert (Glockenturm). Ausgesprochen kunstvolle Schnitzereien am Nord-
portal, das zu den ältesten Teilen der Kirche (Ende 11. Jh.) gehört. Das ursprüngliche
Westportal aus heidnischer Wikingerzeit wurde später an die Nordseite verpflanzt und
etwas brutal "angepaßt", verkürzt. Das Kirchlein hatte vermutlich an derselben Stelle
einen heidnischen Vorläufer.

Die frühen heidnischen Schnitzereien von Urnes unterscheiden sich deutlich von denen
anderer Stabkirchen, z.B. Torpo im Hallingdal, bei denen Blumen- und Ranken-
ornamentik überwiegt. Innen dekorativ verzierte Kapitelle (Centaur, Köpfe, Fabeltiere).
Offen: Mai bis September 1o.3o-16.3o Uhr, Eintritt 6 DM.

Autofahrer können ab Urnes die Ostuferstraße (33 km) bis Fjordende/
Skjolden weiterfahren (sehr schmal und kurvenreich, nichts für große
Wohnmobile!): als Strecke Spitze in ihrer Landschaft (u.a. vorbei am 2oo
m hohen Feigums-Wasserfall). Spart die Warterei auf die Rückfahrt der
Fähre nach Solvorn, bedeutet dann aber auch, daß man den sehr lohnen-
den Abstecher zum Nigardsbreen (siehe unten) versäumt!

Ab Hafslo steigt die RV 55 sehr kurvenreich an, in einem Bergtal rüber
nach **GAUPNE**. Der an einer Fjordnase und auf breiter Kiesfläche liegende Ort (ca. 7oo Einw.) ist ziemlich unattraktiv, aber Ausgangspunkt
für den sehr lohnenden Abstecher durchs Jostedalen zur

GLETSCHERZUNGE DES NIGARDSBREEN gilt als eine der schönsten Gletscherzungen des riesigen Jostedalsbreen, deshalb sollte man sich
zur Saison auf einigen Andrang einstellen. Wer die Sache ab Sogndal mit
dem Bus macht: im Sommer 3 mal täglich bis Elvekrok (Fahrzeit 2 Std.),
mit dem Auto sind's ab Gaupne knapp 4o km und 1 Std. durchs wildromantische Jostedalen:

Steile Gneiswände steigen bis 1.7oo m auf, viele Wasserfälle. An wenigen
Stellen verbreitert sich das Tal und macht Platz für ein paar Häuser, Almen, Kiefern- und Birkenwald. Der breite, milchiggrüne Fluß zwängt sich
in die Felsschluchten, windet sich um Endmoränen früherer Gletscher,
wird immer wieder von kleinen Nebenbächen gespeist. Am kiesigen Ufer
Berge von Treibholz.

Die Straße wurde wegen Kraftwerksbau im oberen Bereich des Tals verbreitert, hat aber immer noch schmale Stellen; mit Wohnmobilen befahrbar.

Nigardsbreen Pensjonat (einfache Pension) und ** Camping Nigardsbreen direkt am Gletscherbach mit einem halben Dutzend Hütten und Kiosk. Camping Gjerde. Schöne Zeltplätze, gut ausgestattete Hütten, kleiner Kiosk, gepflegte Sanitäranlagen.

GLETSCHERMUSEUM (Breheimsentret): Gleich am Abzweig, nicht zu übersehen, befindet sich das Museum, das wegen seiner gelungenen Holzkonstruktion auch als Gletscherkathedrale bezeichnet wird. Der Nigardsbre leuchtet bereits von weitem. Als Einstimmung auf den Gletscher unbedingt erst ins Museum. Es vermittelt sehr anschaulich die rund 2o.ooo-jährige Geschichte des Eisriesen. In der Cafeteria kann man mit Blick auf den Gletscher die Information "verdauen". Offen: Mai bis Mitte September 1o-17 Uhr, Juni bis Mitte August 9-19 Uhr.

Schon von weitem sieht man die Gletscherzunge leuchten: 3 km mautpflichtige Privatstraße durch Moränenlandschaft bis zu einem Parkplatz. Hier beginnt ein markierter Fußweg (rotes "T") in ca. 3o Min. zum Gletscherrand, über Felsen und kleine Bäche; stabiles Schuhwerk mit Profilsohle empfehlenswert. Beschwerlich für kleine Kinder.

Zur Saison verkehrt gleichzeitig ein kleines Motorboot (ca. 15 Min.) über den Gletschersee.

Die Gletscherzunge quillt haushoch über die Felsen, das uralte türkisblaue Eis ist teilweise von einem grauen Schmutzfilm überzogen. Aus dem übermannshohen, stahlblauen Gletschermund schießt mit unheimlichem Druck ein reißender Eisfluß. Tiefe Risse und Furchen durchziehen das Eis. Dicke abgebrochene Schollen liegen am Rande. Überall Taugeräusche. Eine Moränenlandschaft - nur runde, abgeschliffene Felsen.

Gletscherführungen: unbedingt zu empfehlen. Da es im Alleingang lebensgefährlich ist den Gletscher zu betreten, besteht hier eine der seltenen Möglichkeiten das blaue Eis, das in dieser Intensität typisch für Norwegen ist, durch erfahrene Gletscherführer hautnah zu erleben.

Angeboten werden verschiedene Touren:

* Bei der leichten Familientour können bereits Kinder ab 5 Jahre mit auf das Eis. Dauer etwa 1 1/2 Std.

* Blaueiswanderung. Für Urlauber mit etwas Wandererfahrung und durchschnittlicher Kondition ist dies ein heißer Tip: In einer Seilschaft mit bis zu zwei erfahrenen Führern, ausgerüstet mit Steigeisen und Pickel, können Sie so die großartige Eisriesenwelt der Gletscherzunge erleben. Um Ihnen den Weg zu erleichtern schlagen die Führer Stufen in die steilen Passagen und kundschaften den sichersten Weg aus. Dauer 4 Stunden.

Führungen: Juni bis Anfang September tägl. ab Parkplatz beim Gletscher.

Ausrüstung nebst Schuhe werden gestellt. Warme und unempfindliche Kleidung erforderlich (das Seil wird schwarz vor Staub und färbt ab).

* Für erfahrene Tourengänger ist die 6-stündige Tour auf den Fåbergstøls breen die bessere Wahl. Wer es noch härter möchte, kann sich für die 12-Stunden-Tour zum Store Skagastølstind anmelden. Tel. 57 68 32 5o.

Nigardsbreen: die größte der 25 wichtigsten Zungen des gewaltigen Jostedal-Gletschers (ca. 487 qkm). Wurde nach ihrem "Opfer", dem Hof Nigard, benannt, der in einer vorübergehenden Kälteperiode 1743 von herunterwälzenden Eismassen dem Erdboden gleichgemacht wurde. 1985 wurde das gesamte Nigardstal unter Naturschutz gestellt.

Die Moränen im Bereich der Privatstraße stammen aus der Zeit 1748/1875, als die Gletscherzunge gut 5 km länger war: Gesteinsmassen, die der Gletscher vor sich herschob. Durch wärmeres Erdklima nimmt die Gletscherzunge seither ab, und zwar derzeit um ca. 25 m pro Jahr. Die Zunge ist heute rund 48 qkm groß.

Der Eisstausee existiert erst seit den 3oer Jahren, als eine Moräne das Abfließen des Schmelzwassers verhinderte. Ältere Moränen sind schon wieder mit Flechten und Birken bewachsen. Infos über den Gletscher im Breheimsenter.

Rafting: Im Sommer werden Raftingtouren auf dem eiskalten Gletscherfluß veranstaltet. Infos im Touristenbüro Sogndal.

Von der Abzweigung zum Nigardsbreen geht rechts die Straße noch rund 1o km weiter bis Fåbergstølen, Ausgangspunkt für Wanderungen (DNT-Hütte Sprongsdalsbu,- Sprangdalshütte) rüber ins Ottadalen (Lom-Geiranger), Details siehe Broschüre "Bergwandern in Norwegen".

Ab GAUPNE geht die RV 55 nunmehr direkt am Westufer des Lustrafjord entlang. Während Gaupne Verwaltungszentrum der Region ist, dürfte das 3oo-Einwohner-Nest **LUSTER** der schönste Punkt für Übernachtungsstop sein: mehrere Campingplätze direkt am Fjord, z.B. Dalsore mit vielen Hütten verschiedener Preislagen, teils ehemalige Wohnhäuser, oder im "Solstrand Pensjonat".

SKJOLDEN am Ende des Lustrafjordes mit dem gemütlichen Holzhotel "Skjolden" (ca. 17o DM/DZ inkl. Frühstück), Campingmöglichkeit.

Ab SKJOLDEN steigt die RV 55 in dicken Serpentinen rauf aufs SOGNE-FJELL, eine der imposantesten Paßstraßen, befahrbar nur in den Sommermonaten. Je nach Schneefall ca. Anfang Juni bis September, teils Oktober. Details im Jotunheimen Kapitel ab Seite 63o/581.

Sofern man nicht Jotunheimen als kompletten Rundtrip fährt, besteht die Möglichkeit: rund 2o km ab Skjolden rauf bis Turtagrø und über die Privatstraße (gebührenpflichtig) rüber nach ØVRE ÅRDAL. Bei Paßhöhe 1.3oo m ist sie jedoch ebenfalls nur in den Sommermonaten befahrbar.

Wohnmobil- und Gespannfahrer sollten von diesem Experiment allerdings Abstand nehmen, wollen sie nicht in Schweißausbrüche geraten.

Øvre Årdal (sowie den Hafen Årdalstangen) läßt man am besten - siehe Folgekapitel - rechts liegen: schöne Strecke via TYIN SEE (mit Abstecher zum Bygdin See) und die E 16 retour via Borgund Stabkirche nach LAER-DAL am Laerdalfjord. Alle Details siehe Jotunheimen-Kapitel!

✱ ÅRDALSFJORD

Der enge Fjordarm mit Bergwänden bis 1.2oo m.

ÅRDALSTANGEN (2.5oo Einw.): am Ende des langen Årdalsfjord, entpuppt sich als Verschiffungshafen des riesigen Aluminiumwerkes, das 12 km oberhalb im Tal in Øvre Årdal liegt: gewaltige Fabrikanlagen, die sich fast quer übers Tal erstrecken.

Die "Årdal Sunndal Werke" sind der größte Aluhersteller Westnorwegens. Für die Aluminiumherstellung benötigt man gewaltige Strommengen (allein pro Tonne ca. 2o.ooo KW/h!). Øvre Årdal als Standort an den steilen Jotunheimen Gebirgsausläufern und den Wassermassen hat sich daher angeboten, wobei man die Zerstörung des Tales in Kauf nahm.

ØVRE ÅRDAL (5.ooo Einw.): lebt fast ausschließlich vom Aluwerk. Seitlich am Talrand die vom Architekten hingezirkelten Siedlungen für die besser verdienenden Mitarbeiter der Alufabrik. Der von der grauen Fabrik beherrschte Ort reizt kaum für längeren Verbleib. Busverbindung runter zum Hafen sowie rauf in endlosen Serpentinen via Tyin See an die E 16 nach Fagernes.

Über die Stichpiste ab Øvre Årdal durchs Utladalen kann der Vettisfossen erreicht werden, der mit 275 m freiem Fall der höchste Wasserfall Norwegens ist. 7 km Straße bis Hjelle. Hier ist die Straße für die Weiterfahrt derzeit gesperrt: weiter im Tal aufwärts 5 km bis zum Dorf Vetti. Der Weg zieht sich ganz schön. Im Sommer läßt sich der Zugang angenehm per Kutschfahrt gestalten. Hier beginnt ein ca. 2-km-Pfad am östlichen Talhang rauf zum Wasserfall. Der Trail geht weiter nach Turtagrø an der RV 55. Details siehe "Wandern/Jotunheimen", Seite 63o.

✱ LAERDALSFJORD

Der südlichste der drei Sognefinger. Er hat (via häufig verkehrender Fähre) Straßenverbindung bis LAERDAL am Fjordende. Hier beginnt die zügig zu befahrene E 16 via Fille Fjell-> Fagernes nach Oslo. Sehr lohnender Abstecher zur ältesten Stabkirche Norwegens BORGUND siehe Seite 595. Alle Details S. 593 (Laerdal) und 632 (restlicher Streckenverlauf).

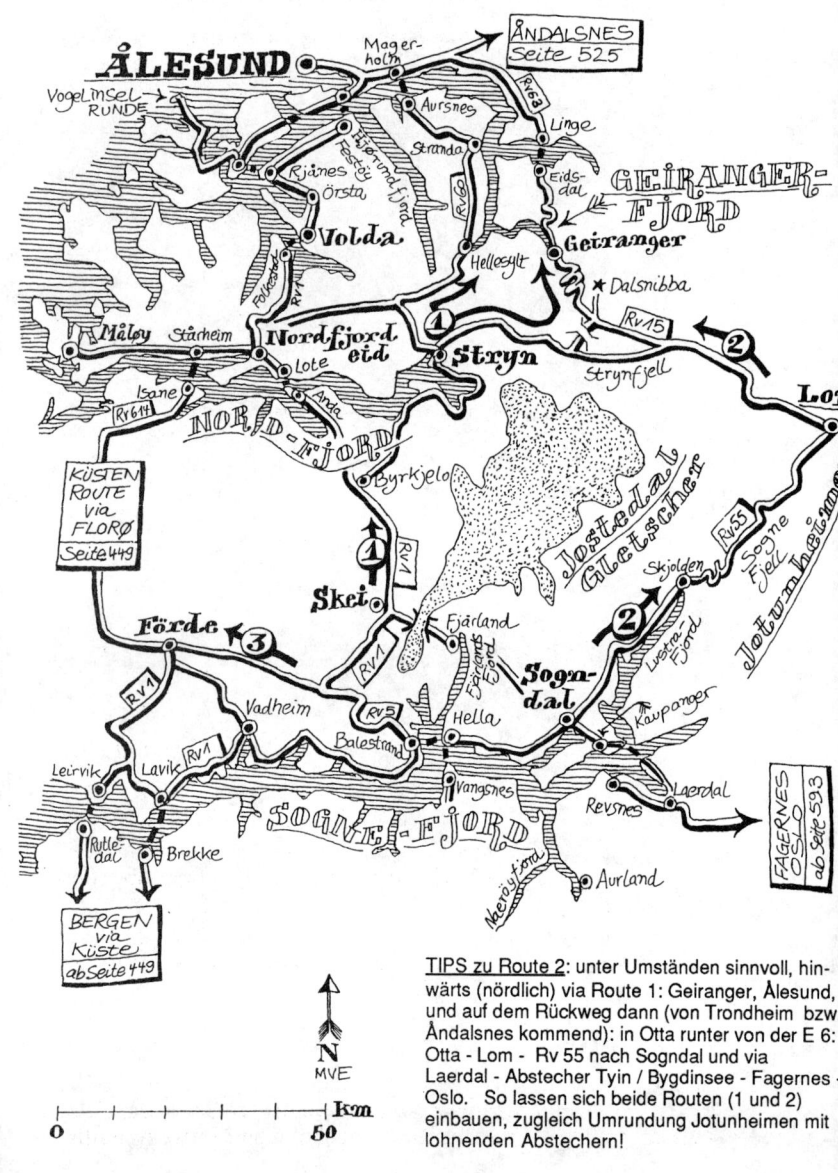

TIPS zu Route 2: unter Umständen sinnvoll, hinwärts (nördlich) via Route 1: Geiranger, Ålesund,
und auf dem Rückweg dann (von Trondheim bzw.
Åndalsnes kommend): in Otta runter von der E 6:
Otta - Lom - Rv 55 nach Sogndal und via
Laerdal - Abstecher Tyin / Bygdinsee - Fagernes -
Oslo. So lassen sich beide Routen (1 und 2)
einbauen, zugleich Umrundung Jotunheimen mit
lohnenden Abstechern!

Sognefjord ⟿→ Ålesund

Unbedingt lohnend: den Abstecher zu Gletscherzungen bei Olden oder Loen und den GEIRANGERFJORD mit einbauen! Im Prinzip drei Hauptrouten:

1) Sogndal-> Skei-> Ålesund (ca. 25o km)

Insgesamt schnellste Verbindung, wobei sich der Geirangerfjord ab Stryn von oben übers Fjell einbauen läßt (Postkarten-Perspektive) oder aber von Hellesylt als Fährfahrt, vorbei an den Wasserfällen durch den engen Fjord. Details siehe Folgekapitel.

2) Sogndal/Sognefjord-> Sognefjell-> Lom-> Geirangerfjord -> Ålesund (ca. 35o km)

Als Strecke großartig; was sich ab Lom relativ flott bis zum Geiranger entwickelt, benötigt jedoch bis Lom einiges an Zeit: von Meereshöhe/Lustrafjord per Serpentinen rauf in fast 1.5oo m/Sognefjell.
Details siehe Kapitel "Jotunheimen".

3.) Balestrand/Sognefjord via RV 5 nach Førde-> Florø-> Ålesund (ca. 35o km)

Variante insbesondere für Leute, die aus früheren Norwegen-Besuchen bereits den Geirangerfjord kennen. Details siehe Seite 449.

Sogndal/Fjærland -> Skei -> Nordfjord -> (Geirangerfjord) -> Ålesund

Seit November 1994 führt eine Straßenverbindung (inkl. 6 km Tunnel, Gebühr) von Sogndal nach Fjärland (33 km) und weiter nach Skei, insges. 63 km. Damit ist (leider!) die wunderschöne Fährfahrt über den Fjærlandfjord eingestellt.

Ab Fjærland durch den 2,5 km langen Tunnel unter dem Jostedalsbreen hindurch. Die RV 1/5 im Anschluß schön am (wegen Gletscherwasser türkisgrünen) Kjøsnesfjord entlang nach

★ Skei   (3.ooo Einw.)

Am Jølstrasee (3o km). Der Ort gibt nicht viel her. Die günstige Lage an der Hauptdurchfahrtsroute wird von Audhild Vikens Vevstove am Ortsende geschickt genutzt. Verlockendes Angebot von Norwegerpullis,

Webteppichen, Jacken; bunte Läufer baumeln in der Sonne, alles in Heimarbeit angefertigt, was in dieser abgelegenen Gegend einigen Hundert
Frauen einen Arbeitsplatz bietet. Tankstelle in Ortsmitte.

 Im Postgebäude. 685o Skei. Tel. 57 72 85 88.

MIDTTUNET: Am Ufer des Jølstersees liegt die autentische Hofanlage,
bestehend aus rund einem Dutzend Gebäuden, alle mit Gras gedeckt.
Zusammen mit der Einrichtung bekommt man einen guten Eindruck von
der Lebensweise im damals abgeschiedenen Fjord.

ASTRUPTUNET am Jølstersee nahe Midttunet. In dem einstigen Wohnhaus des bekannten norwegischen Malers Nikolai Astrup (188o-1928)
ausgestellt. Seine Motive hat er meist aus der Gegend um Jølster genommen. Wer sich für Kunst interessiert, sollte dieses Museum nicht
auslassen. Offen: Ende Mai bis Ende August.

JØLSTER KUNST- UND BILDERGALERIE: In der Kunstgalerie auf
der Nordseite des Jølstervatn befindet sich rund einhundert Werke des
norwegischen Malers Ludvig Eikaas.

 "Hotel Skei", architektonisch keine Glanzleistung, aber gute Lage.
Von den Laubenbalkons weiter Blick über See und Berge. Konventionell
eingerichtete Zimmer, nur einige mit Balkon. 141 Betten, DZ mit
Dusche ab 15o DM (Hotelpaß). Swimmingpool.

Schöneres Hotel am Südende des 25 km langen Sees - gute Straße, kaum
Stop- oder Bademöglichkeiten. Die Straße am Südostufer schmaler, aber
weniger befahren.

"Vassenden Hotel", hübsches Landhotel im Schweizer Stil von 189o, modern ver-
größert; ganz in gelbgestrichenem Holz, zum See nur eben über die Straße. 6o Betten.
Im Seitentrakt die "STALLKROA" rustikales Speiserestaurant, abgeteilte Sitzecken,
Pferdesättel als Dekoration. Gute Küche.

** Camping Haugen 1 km außerhalb an der befahrenen Straße
gelegen. 11 Hütten. Zum See über die Straße.
** Camp Solrenning in Vassenden, schön ruhig. Wiesen-
/Sandboden. Büsche lockern den Platz etwas auf. Ein Dutzend kleine
Hütten, dicht nebeneinander, seichtes Ufer, Bootsvermietung.

Surfboards, Ruder-/Segelboote zu mieten, auch Wasserski (beim
Camping Haugen). Jede Menge Angelmöglichkeiten.

Einmalig sind Rundflüge über das Gebirge bis zum riesigen JOSTE-
DALSGLETSCHER. Sagenhafte Ausblicke auf die Gletscherzungen. Das
Wasserflugzeug startet direkt vorm Hotel. Mindestens 5 Personen, der
halbstündige Flug pro Pers. ca. 1oo DM.

Geführte Bergtouren zum Jostedalsgletscher mit Supersicht zu den verschiedenen Zungen. Evtl. auch Eistouren mit erfahrenen Guides. Info im Turistbüro.

In gut 6o km <u>von</u> **Skei** <u>nach</u> **Olden** am innersten Zipfel des <u>NORD-FJORDS</u>, durch das wilde enge Våtedalen. Trotz nur 2oo m Höhe wirkt's wie im Hochgebirge. Schroffe, bis 1.4oo m hohe Felswände. Überall riesige bemooste Felsbrocken.

Im Ort <u>Byrkjelo</u> zweigt die Hauptverbindung RV 1 links ab Ri. Ålesund, über Nordfjordeid, Volda. Abzweigung rechts: die RV 6o schraubt sich durch Wälder bis auf 6oo m; schöner Blick zurück ins Våtedalen. Durch dichten Fichtenwald, kaum eine Hütte. Der höchste Punkt schon an der Baumgrenze, die kahlen Kuppen sind nur mehr mit Fjellheide überzogen.

Kleiner Skilift auf der Paßhöhe, in weichen Kehren wieder hinunter, durch Kiefernwälder mit jeder Menge Blaubeeren. Die Strecke mit vielen schöner Ausblicken, auf ca. 45o m Höhe in Bergeinsamkeit das 3-stöckige <u>Hotel/ Restaurant "KARISTOVA"</u> mit Superblick über den Innvikfjord (dem innersten Arm des Nordfjord).

Anschließend in vielen Serpentinen runter an den Fjord nach <u>UTVIK</u>. Der Ort weitgehend authentisch, in Wiesen- und Bauernland. Die RV 6o dicht am Fjord entlang, teils schmale Straße nach

✦Olden

Kleiner, moderner Ort an einer Nase des Innvikfjordes. Entlang der Straße viele Privatquartiere und mehrere Campingplätze mit Hüttenübernachtung, moderne Ladenzentren und Hotels. Touristisch tut sich hier mehr als im benachbarten Loen.

Größte Attraktion ist der Ausflug im Oldedalen zum <u>Gletscher des BRIKSDALSBREEN</u> am Ende des Tales, 24 km ab Olden, im Sommer auch Pferdekutschfahrten.

Die malerischste aller Jostedalszungen, dazu bequem erreichbar, besonders interessant durch den kleinen See, in den der Gletscher gelegentlich noch kalbt. Entsprechend stark besucht und touristisiert. Fußweg bis an die breiten, tief zerfurchten Eismassen, voller blauschimmernder klaffender Gletscherspalten. (Siehe nächste Seite.)

 Bei der Brücke im Einkaufszentrum, 687o Olden, Tel. 57 87 23 33.
<u>Bank</u> nebenan. <u>Post</u> ein Stückchen weiter.

 "<u>Yris Hotel</u>", ruhig, am Eingang ins Tal gelegen. Geräumige, moderne Zimmer, gute Ausstattung, Teppichboden. Von den Laubenbalkons Fjord- bzw. Talblick, gepflegter Garten, sehr freundliches Restaurant, beheizter freier Swimmingpool, denn Baden im Fjord ist wenig attraktiv. 8o Betten, DZ mit Dusche ca. 185 DM inkl. Frühstück (Hotelpaß).

"**Olden Krotell**", preiswerter, aber direkt an der Durchgangsstraße, entsprechend laut. 21 Betten, DZ m. Dusche ab 11o DM inkl. Frühstück. Cafeteria im 1. Stock.

"**Olden Fjordhotel**", moderner Komplex am Ortsrand Richtung Loen an der Straße. 8o Betten, DZ ca. 225 DM (Hotelpaß).

"**Briksdalsbre-Fjellstove**" am Talende in Gletschernähe, guter Stützpunkt, um Touren zu verschiedenen Gletscherzungen zu unternehmen. 8 Betten, DZ ca. 1o5 DM mit Etagendusche.

Privatzimmer bzw. **Hütten** im Ort ausgeschildert.

"CAFE YRIS", Cafeteria im Ort, leuchtend weiß, mit vielen Grünpflanzen. An der Kreuzung ins Oldedalen.

** Løken Camping: kleiner, einfacher Platz. 2,5 km vom Ort entfernt im Oldetal am ersten kleinen See. Recht ruhig, denn die Straße endet im Spazierweg, schräger Wiesenboden, halbes Dutzend winterfeste Hütten, ziemlich dicht nebeneinander. Bootsverleih.

** Oldevatn Camping: hübsch an der Engstelle der beiden Seen gelegen, kleine ebene Wiese. 6 leuchtend rote Hütten, geräumig und hell mit Terrasse. Günstiger Stützpunkt zum Angeln: an der Engstelle immer leichte Strömung, entsprechend guter Stand (Forellen, Lachse) oder per Boot (Bootsverleih) wahlweise in einen der beiden Seen. Angelkarte beim Campingwart.

** Gytri Camp: einfacher Wiesenplatz am oberen See, leicht terrassierter Rasen; toller Gletscherblick zur Melkevollzunge beim Frühstück, drei Hütten.

** Camp Melkevoll: 2o km am Talende, ganz nah am Gletscher. Einige Hütten, z.T. recht komfortabel mit Bad/Fußbodenheizung, offenem Kamin, Küche etc. Ca. 8o-12o DM je nach Saison. Stromanschluß. Guter Ausgangspunkt, um zu den Gletscherzungen zu wandern. Kleines Camp unter einer riesighohen Felswand.

DURCH DAS OLDEDALEN ZUR GLETSCHERZUNGE

Ca. 24 km. Schmale geteerte Straße, das Wasser immer zum Greifen nahe, jede Menge Ausflugsbusse unterwegs (Ausweichbuchten). Im fotogenen See spiegeln sich hohe Bergkuppen und Fichtenwälder. Der hellgrüne Gletschersee bekommt seine milchige Farbe durch den ganz fein geriebenen Gesteinsstaub, den der Gletscherfluß mitschleift. Überall stürzen Wasserfälle den grünen Hang hinunter.

Der Bootsverkehr ist schon lange eingestellt. Von weitem leuchtet die imposante Zunge des Melkevollgletschers, der steil in dem Felstrichter hinunterquillt. Vom Briksdalsbreen ist noch nichts zu sehen, denn er liegt ums Eck.

Die Asphaltstraße endet bei der "Briksdalsbre Fjellstue" in einem großen, gebührenpflichtigen Parkplatz. Ab hier eine knappe Stunde zu Fuß auf einem angelegten Karrenweg in Serpentinen rauf, am Bach entlang, durch Wald, einige Wasserfälle am Weg. Schöner Weg bis an den Gletschersee mit schwimmenden Eisschollen, überall Moränen. Der Gletscher strahlt eine enorme Kühlhauskälte ab; auch bei Sonnenschein Jacke mitnehmen. Kutschfahrt pro Person um die 3o DM. Die letzten 2 km ca. 1o-15 Min. Bereits ab Endstation der Kutschen ist der Gletscher vom oberen Plateau schon sehr gut zu sehen.

CAFETERIA und Souvenirkiosk bei der Briksdalsbrehütte, am Ausgangspunkt. Öffentliche Busverbindung zur Hochsaison.

 Schöne Wanderung zu weiteren Gletscherzungen, markierte Wege: Brenndalsgletscher: Anfangs über Feldweg zum Aussichtspunkt. 3-4 Std. Kattanakken: ca. 6-8 Std., anfangs 1/4 Std. den Kutschweg zum Briksdalsbreen entlang bis zur zweiten Brücke, schmaler Trampelpfad rechts ab, bis zum Gletscherrand in ca. 1.5oo m Höhe. Flatsteinbu: ca. 4 Std. zum Rand des Gletschers, ab Seende Kvame bis zur unbewirtschafteten Hütte.

Angeln: Der Oldenelv - ein bekannt guter Lachsfluß - ist im Juni/Juli verpachtet: für August und September werden Angelscheine bei den Camps verkauft, teilweise extra Holzstege zum Angeln angelegt. Ruderboote vermieten die Campingwarte.

Bus nach Loen-Stryn 4 x werktags, Sa. nur 1 x (z.T. Anschlußbus nach Oslo); Bus nach Førde 1 x täglich; Umsteigen in Byrkjelo, siehe auch Transporte Stryn.

★ Loen

In der Nachbarbucht, riesige Wohnwagenkolonien am Fjord, als Ort weniger attraktiv. Bauernhäuser in der ausgedehnten Fjordmulde.

Den Reiz von Loen macht das idyllische Tal mit steilen Bergen, See und Gletscher aus. Angelegte Spazier-/Wanderwege gut beschildert, von unterschiedlicher Länge. Seichtes, schlickiges Fjordende, Baden kann man vergessen, viel schöner im Lovatn (See).

Lohnender Ausflug zum KJENNDALSGLETSCHER durch das Lodalen am See entlang. Ca. 14 km.

Nicht so überlaufen, weil schmaler als der Nachbargletscher Briksdalsbreen. Schon 2 km vom Fjord entfernt wirkt die Landschaft wie ein Hochgebirgstal. Der schmale, lange Bergsee LOENVATN mit tiefgrünem, leicht

milchigem Wasser eignet sich gut zum Bootfahren und Angeln, mit Blick
auf die Eiszunge des Jostedalsbreen, links und rechts steile Bergmassive.
Kreischende Möwen verdeutlichen den Kontrast von Meer, Fjord, Gletscher, eine Handvoll Höfe verteilen sich im ganzen Seebereich. Schmale,
größtenteils einspurige Straße mit Ausweichstellen am Ostufer des Sees
entlang.

Die letzten 7 1/2 km bis zum Kjenndalsbreen mautpflichtiger Privatweg.
Schotter, ganz schmal, deshalb mühsam zu fahren. Oberhalb des Sees
aber super Blick zurück.

Die Bäume wachsen fast bis ans Eis. Das Talende einsamer und herber als
beim benachbarten Briksdalsbreen. Der schmale Gletscherausläufer windet
sich bis in die Talsohle, graue Granitfelsen neben stahlblau schimmernden
Gletscherspalten und schmutzigen Schneeresten. Breite Abrisse an der
senkrechten Wand. Manchmal donnern Eisbrocken mit fürchterlichem
Getöse in die Tiefe. Ab Parkplatz noch etwa 3o Min. zu Fuß über das
Geröllfeld der Grundmoränen an den kleinen Gletschermund mit eiskaltem
Abfluß.

Schöne Bootsfahrt über den Loensee bis ans Ende mit dem kleinen Motor-
boot "Kjenndal" (für 55 Personen) 2 mal tägl. 1o.6.-2o.8. (sonst nur für
Gruppen). Dort wartet schon der Bus. Fahrzeit 2 Std., Preis inkl. Bus 25
DM. Abfahrt am Seeanfang nahe dem Sande-Camp, kleiner Bootssteg
(Bustransfer ab Hotel Alexandra). Schmale Kiesstrände zum Sonnen und
Baden, aber eiskaltes Wasser.

Angeln: Im See auf Forelle, nur mit Angelkarte. Info bei den Campingplätzen.

Verheerende Erdrutsche ereigneten sich dreimal in diesem lieblichen Tal; von dem ca.
2.ooo m hohen "Rabenberg" gingen gewaltige Steinlawinen ab - wohl dadurch verur-
sacht, daß das Wasser in den Felsspalten fror, dadurch mehr Raum forderte und Gesteinsbrocken absprengte. Bei dem Erdrutsch von 19o5 stürzten große Massen in den See und
lösten dabei eine solche Flutwelle aus, daß ein Großteil des Tales - bes. das Dorf Bødal -
überschwemmt wurde. Ca. 6o Personen fanden dabei den Tod. 1936 wiederholte sich das
Unglück, den letzten Erdrutsch gab es 195o. Das Ufer wurde inzwischen soweit befestigt, daß die Gesteinsmassen vorher aufgehalten werden.

"**Hotel Alexandra**", ein 6-stöckiger Kasten mit Fjordblick direkt an
der Straße. 4oo Betten, DZ saftig teuer. Ab 25o DM (Hotelpaß).

"**Gjestehuset Loen**", 16 Betten, ab ca. 9o DM. Direkt an der Durchgangsstraße überm Supermarkt; Motelcharakter; mit Balkon zum Parkplatz.

"**Loen Pensjonat**" neben der Kirche, leicht oberhalb vom Fjord,
weiter Blick über Meer und Berge. Hübsche, verwinkelte Holzpension mit großem
Blumengarten. Ordentliche, gepflegte Zimmer, 48 Betten, DZ 7o-8o DM.

Großer *** Campingplatz "Lo Vik", an der Durchgangsstraße, daher laut. Einige Hütten.

Weitere Campingplätze am Anfang des Loendalen.

** <u>Tjugen Camping</u>: ruhig und idyllisch, 2 km im Lodalen, oberhalb des sprudelnden Gebirgsbaches. Kleiner Platz auf Terrassen angelegt, Stromanschlüsse für Caravans, eine Handvoll Hütten, Kiosk, Lachsangeln im Campingplatzbereich gegen Gebühr. Karte beim Platzwart.

** <u>Loenvatn Feriesenter</u>: kleines Camp rechts und links der Straße am Seeanfang, für Wohnmobile weniger geeignet; schöner sind hier die Hüttenunterkünfte teils direkt überm See mit Superblick auf den Gletscher, kleiner Kiosk. Bootsverleih.

*** <u>Camp Sande</u>: der schönste Platz direkt am See, 5 km von Loen. Größeres Wiesenareal, in Terrassen angelegt, sehr gut ausgestattet; Sauna, Waschmaschine, Kochgelegenheit. 14 Hütten, preiswerte und komfortablere. 4 Appartements. Hübsche kleine Bucht mit Kiesstrand und Superblick auf die auslaufende Gletscherzunge. Bootsverleih.

<u>**Transporte**</u>: siehe Olden und Stryn.

Von <u>LOEN</u> nach <u>STRYN</u> 12 km. Schöner Streckenabschnitt um den Fjordbotn, ringsum steigen die spitzen Gipfel aus dem grünen Fjordwasser auf, Straße unmittelbar am Wasser entlang.

✦ Stryn   (1.1oo Einw.)

Kleines Städtchen an der Mündung des Strynelv, in einer tiefen Bucht des Innvikfjord. Einiges an Industrie am Fjordufer angesiedelt (Möbelfabrikation, Holz). Wenig reizvolles Verwaltungszentrum der Stryn-Kommune. Verkehrsknotenpunkt und Geschäftszentrum mit modernen Läden. Eine ganze Reihe Souvenirshops mit Rentierfellen und norwegischen Strickwaren.

 688o Stryn, parallel zur Hauptstraße. Tel. 57 87 23 33.

<u>**Lachsangeln**</u> im Strynelv ist sehr erfolgversprechend. Rekorde liegen bei 3o kg. Exemplare von 1o kg sind die Regel. Der Großteil des 9 km langen Flußlaufs wird dauerhaft von einem Amerikaner gepachtet. Im Stadtbereich Stryn bleiben gut 1 1/2 km für die Allgemeinheit.

Angelkarten 3o-5o DM/Tag; je teurer, desto größer der Fangerfolg. Am Einlauf in den Fjord besser auf Meerforellen gehen. Angelkarte hier billiger. Angelkartenverkauf im Intersport an der Hauptstraße. Der Chef spricht gut englisch und gibt gerne Infos über die besten Fangmethoden. Große Auswahl an Zubehör.
Saison: 1. Juni bis 5. September. Beste Zeit für Lachse im Juli/August, Seeforelle ab Mitte Juli.

 "**Stryn Hotel**", großes, modernes Hotel an der Flußmündung und Hauptstraßenkreuzung. Komfortable Zimmer insgesamt 117 Betten, DZ mit Dusche 19o DM. In der großen Gaststätte (KRO) fehlt trotz Holzeinrichtung die Gemütlichkeit, schöner die Terrasse überm Fluß.

Jugendherberge: Der Holzflachbau bietet Platz für 6o Leute, offen vom Ende Mai bis Anfang September. Übernachtung 2o DM/Pers., auch DZ. Liegt beim Stryn Camping.

 ** Stryn Camping: recht schön am Ortsrand (nach Osten) gelegen. Ebene Wiese. Auch Ostern offen. 14 Hütten.

Ein Schwung weiterer Campingplätze Richtung Strynsee.

Transporte ab Stryn

 **Boot**: Stryn-> Bergen 3 x die Woche, über Måløy/Florø, dauert ca. 2o Std. Nimmt auch einige Pkw mit, vorher abchecken.

Bus nach:

 Loen, Olden ca. 4 x werktags, Sa. nur 1 x. Mitte Juni bis Mitte August 1 x täglich weiter am Oldensee entlang bis Briksdal (Gletscher)

Hellesylt 1-2 x tägl., dort Busanschluß nach Ålesund bzw. Fähre nach Geiranger

Otta, Trondheim Expressbus über Nacht 1 x tägl.

an den Sognefjord via Skei, Fjaerland, Hella, Sogndal 1-2 x tägl., Dauer gute 5 Std.

Geiranger nur zur Hochsaison mit Umsteigen am Langvatn 1 x tägl.

Ab STRYN geht die Direktroute nach ÅLESUND via RV 15/RV 6o durchs Hornindal, 14o km via Hellesylt - Stranda.

Ohne Frage schöner ist die im Folgekapitel beschriebene Strecke via RV 15/RV 58 und GEIRANGERFJORD. In etwa an km gleich lang, braucht aber wegen Serpentinen und zusätzlicher Fährüberfahrt entsprechend mehr Zeit.

Hinweis: die RV 15/RV 63 ist im Paßbereich erst ab ca. Mitte Mai befahrbar und je nach Schneefall ab ca. Ende Oktober gesperrt. Wegen maximalem Gefälle 12 % der Strecke runter an den Geirangerfjord nichts für Pkw mit Wohnwagenanhängern! Große Wohnmobile kommen im Sommer durch.

Sofern man nicht via RV 15/RV 63 fahren kann, bleibt als Alternative die Strecke Stryn-> Hornindal-> Hellesylt und ab hier per Boot. Details siehe dort.

Die RV 15 verläuft ab STRYN östlich zunächst durch ein Tal, dann am landschaftlich großartigen Strynsee entlang: das glatte Wasser ist je nach Tageszeit, Beleuchtung und Reflektion der Berghänge bis hin zu tief blattgrün! Am Abend Spiegelungen der Tannen der Berghänge im Wasser, sehr schöne Bergkulisse. Campingplätze.

JOSTEDALSBREEN NATIONALPARKSENTER
Wer sich für Tiere und Pflanzen der Region interessiert, der sollte einen Besuch in dem Nationalparkzentrum direkt am Strynvatn in Oppstryn nicht versäumen. Die Architektur mit Grasdach entspricht der alten Bauweise eines Langhauses, wie sie in Norwegen zur Eisenzeit typisch war. Im botanischen Garten neben der Cafeteria am See wachsen über 1oo Pflanzenarten, die in der Fjellregion vorkommen. Alle Informationen hierzu, wie auch in der umfangreichen Ausstellung und der sehr lohnende Naturfilm auf deutsch.

Das Nationalparkzentrum ist so spannend und liebevoll aufbereitet, daß die Zeit wie im Fluge vergeht. Für Gletschertouren und geführte Wanderungen ist das Zentrum die beste Adresse im Umkreis. Hier erhalten Sie viele Informationen über die weiteren Nationalparks. Die Eintrittskarte ist zudem ein schönes Souvenir und Wegweiser durch die Ausstellung. Offen zur Saison 9-19 Uhr. Eintritt 12 DM, Kinder 6 DM.

Am östlichen Seende im Ort Hjelle das hübsche Holzhotel "Hjellehotel" in altem Norwegerstil mit Neubau. Superblick auf den See. Anschließend geht's steil in Serpentinen hoch. In 425-m-Höhe Abzweigung:

1.) Rechts: Die schmale Erdpiste den Hang rauf zum Bergsattel ist die alte Straße. Sie schlängelt sich rauf ins Fjell (bekanntes Sommerskigebiet mit Liften und Loipen) und erreicht beim Langevatnet ihren höchsten

Punkt mit 1.139 m. Kahle Bergeinsamkeit und gut 2o km bis Grotli.

2.) Links: Die neue RV 15 durch drei Tunnel unterm Berg hindurch. Spart insgesamt runde 35 km auf dem Weg zum Geiranger. Gespannfahrer sollten den Tunnel wählen.

Direkt nach dem 3. Tunnel Abzweigung links über die asphaltierte RV 63 zum Geirangerfjord. Am Djupvatnet in knapp 1.o4o m Höhe und bei der Djupvasshytta rechts gebührenpflichtige 5 km Kurzstraße zum DALSNIB-BA (1.476 m). Es geht in 1o Haarnadelkurven rauf, bei schönem Wetter Panorama bis zum Geirangerfjord und weit übers Fjell.

Bei der Djupvasshytte liegt die Wasserscheide, die Otta "entspringt" als Abfluß des Djupvassee, mündet nach gut 13o km als mächtiger Bergfluß bei Otta (Gudbrandsdal) in den Lågen.

Nach der Hütte windet sich die Straße achterbahnähnlich hinunter, in nur 15 km von 1.ooo m auf Meereshöhe. Es geht über 2 große Hauptetagen: ab ca. 7oo m wird es wieder etwas grün, ein paar Almen. Streckenweise Teile der alten "Straße" zu sehen, die sich noch abenteuerlicher, fast furchterregend schmal und unbefestigt hinunterschlängelte.

Einziger Aussichtspunkt an der Paßstraße beim Panoramaparkplatz FLYDALSJUVET, 4oo m über dem Geirangerfjord. Der Geiranger aus der schönsten Perspektive, entsprechend klicken die Kameras und surren die Videos, meist liegt ein blendend weißer Kreuzfahrtliner im Fjord. An den grün überzogenen Fjordwänden gischten die Wasserfälle und blitzen die Schneefelder in 1.6oo m Höhe.

Geiranger Fjord

DER Touristenmagnet Norwegens. Der weltberühmte und einmalig schöne Fjord ist Ziel jeder Norwegen-Kreuzfahrt, die bis in den Seitenarm des langen Storfjord vordringt.

Interessanter Kontrast aus steilen Felsen und lieblich grünem Talfleck, auf den sich das 3oo-Seelen-Dorf Maråk verteilt. Busladungen und Passagiere der Kreuzfahrtschiffe überschwemmen ab Juni das idyllische Nest. Der Ort lebt total von seinem Renommé in einzigartiger Lage; an der Serpentinenstraße kleben ein paar ursprüngliche Holzvillen, dazwischen die modernen Beton-Hotels. Leider keine schöne Uferpromenade.

 Kleines Turistkontor gegenüber der Fähranlegestelle am Fjord. Infos über Abfahrtszeiten, Vermittlung von Zimmern. 6216 Geiranger. Tel. 7o 26 3o 9o.

 FJORDFAHRTEN: Eine Fahrt auf dem S-förmigen Geirangerfjord unbedingt einplanen. Von den steilen Felswänden stürzen zahlreiche Wasserfälle in allen Varianten hinab, von schmalen Rinnsalen bis breiten Strömen, wie dem Brautschleier.

Am bekanntesten die "Sieben Schwestern" (De Syv Søstre), die mehrere hundert Meter in die Tiefe gischten, je nach Wasserstand werden es weniger. Vom Boot aus die besten Fotomotive, beste Jahreszeit ist das späte Frühjahr, da die Wasserfälle das meiste Wasser führen. Es gibt mehrere Möglichkeiten:

Sightseeingschiff: 5-6 mal täglich, ca. 15 DM/Person. Vorteil: ist auch oben verglast, daher freie Sicht. Außerdem stoppt es an den interessantesten Stellen, z.B. "Sieben Schwestern", und fährt näher ran. Bei der Einmündung des Geiranger in den Sunnylvsfjord dreht es um, Fahrzeit insgesamt knapp 2 Std. retour. Nur zur Hochsaison.

Das reguläre Fährschiff: fährt von Mai bis September 4 mal täglich, zur Hochsaison 1o mal. Ca. 14 DM/Person hin und zurück. Vorteil: Das Schiff ist hinten komplett offen, dadurch freierer Blick. Groß ist dieser Decksbereich jedoch nicht, und hier drängen sich bei den Abfahrten im Hochsommer die Leute! Nachteil: Die Fähre hat keinen Blick nach vorne (außer rechts und links an der Kapitänskajütte vorbei, dies sind die am meisten "umdrängelten" Plätze).

Das Schiff fährt bis Hellesylt, somit Weiterfahrt nach Ålesund möglich (verbilligt die Fährpassage, allerdings im Hochsommer lange Wartezeiten bei Mitnahme des eigenen Pkws!). Wer ohne eigenes Auto mit dem regulären Fährschiff retour fährt, braucht gegenüber dem Touristenschiff mehr Zeit, nämlich ca. 2 1/2 Std. retour.

 Die **Hotels** sind allesamt keine architektonischen Glanzleistungen, große moderne Betonkästen mit Restaurants, Lunchbuffet um die 35-4o DM. Warnung: In der absoluten Hochsaison Juni bis Anfang August kaum eine Chance, ohne Vorreservierung ein Hotelbett zu bekommen!

"**Utsikten Bellevue Hotel**", Toplage auf 3oo m Höhe, mit phantastischem Blick über den Geiranger, aber direkt in der Kurve. Gepflegtes Holzhotel älteren Datums, moderner Betonanbau, um dem Ansturm gerechtzuwerden (57 Betten), großer nüchterner Speiseraum im Souterrain. Doppelzimmer um die 19o DM, die Zimmer nach vorn raus, natürlich heiß begehrt und meist ausgebucht, teurer, trotzdem versuchen. Ermäßigung mit "Fjordpaß".

"**Union Turisthotel**", überdimensionierter weißer Betonkasten mitten im Wald und oberhalb des Fähranlegers. Ein beheizter Open-air-Pool ersetzt das Bad im kalten Fjord, o8/15-Zimmer mit Standardkomfort (28o Betten), Doppelzimmer mit DU/WC, teilweise mit Balkon ab ca. 215 DM inkl. Frühstück. Kleine, gepflegte Parkanlage, Sauna, sehr große Speiseräume mit breiter Fensterfront zum Fjord. Gehört zur Kette "Fjordpaß".

"**Meroksfjord Hotel**" in der ersten Reihe am Fjord, direkt gegenüber Fähranleger. 3-stöckig, mit Reihenbalkons, neutrale Atmosphäre. Nach Möglichkeit DZ vorn raus nehmen, da nach hinten raus nicht gerade umwerfender Blick. Gehört als Dependance zum Hotel "Geiranger".

"**Geiranger Hotell**", breiter Kasten mit sechs Stock direkt oberhalb des Fähranlegers. Die Zimmer ordentlich, Ri. Fjord mit Balkon, hinten zur tagsüber dicht frequentierten Straße, kein Balkon. Insgesamt sehr angenehm, vorallem vornraus und in den höheren Stockwerken das Hotel des Ortes mit dem besten Fjordblick! Unser Tip, sofern man nicht ein Zimmer vorn raus im "Utsiken Bellevue Hotel" bekommt.

Cafeteria mit (für norwegische Verhältnisse) fairen Preisen und schönem Fjordblick, im

Keller eine Bar, sehr gute Pizzen! Disco. Der außen liegende Swimmingpool nur in der Hochsaison in Betrieb. DZ mit Privatbad ab 2o5 DM inkl. Frühstück. Gehört zur "Best Western Hotel"-Kette.

Privatzimmer: Vermittlung übers Touristbüro. Preise liegen um die 4o-6o DM/Pers.

Hüttenübernachtung: bei weitem individueller und günstiger, dazu in natürlicher Umgebung und mit Superblick rund 3oo m überm Meer in schöner Lage. Preislich je nach Hüttenausstattung und Personenzahl 5o-13o DM. Die komfortableren überwiegen.

"**Solbakken Hütten**", direkt neben dem Wasserfall, 7 Hütten mit großer überdachter Veranda - schöner Fjordblick, bis spät abends Sonne.

Etwas unterhalb liegen die "**Hole-Hütten**" mit schmalem Terrassenschlauch, auch das Rauschen des Wasserfalls im Ohr.

"**Fossen-Hütten**", etwas moderner und größer mit Eckterrasse und Wiese drum herum. Hütten für 4-6 Personen.

Unten am Fjord, 2 km außerhalb auf der Südseite, ganz ruhig gelegen, mit Hotel- und Bergblick drei weitere Hüttenanlagen. "**Homlong**", "**Fjelltun**", "**Fjorden**" ähnliches Preisniveau.

** Vinje-Camp: direkt neben dem breit schäumenden Wasserfall, leicht oberhalb vom Ort, trotz terrassierten Wiesengeländes kein so schöner Fjordblick. Mittelgroßer Platz, grasbedecktes Sanitärhäuschen und Kiosk. 1,5 km runter zum Fjord, keine Hütten.

** Geiranger Camping: im Ort, baumlose Wiese direkt am Fjord, beiderseits der Flußmündung, kein lockender Meerzugang.

Am schönsten ** Camp Grande, abseits vom Pauschaltourismus, 1-2 km Ri. Adlerweg, direkt am Fjord, Bäume und individuelle Wiesenparzellen. Schönes, wenn auch steiniges Ufer als Badeeinstieg, Blick tief in den Fjord. Komfortable, moderne Hütten auf dem Platz verteilt. Bootsverleih.

Transporte ab Geiranger

Autofähre nach Hellesylt, 4-1o x täglich, dauert 1 Std. Preis: ca. 5 DM/Pers. einfach. Pkw inkl. Fahrer ca. 25 DM.

Busse nach: Lom 2 x tägl., gute 3 Std. mit Umsteigen in Grotli
Ålesund über Sjøholt (mit einer Fährüberfahrt) 2-3 x tägl., gute 3 Std.; Åndalsnes über die einmalige Serpentinenstraße Trollstigen, nur zur Hochsaison 2-3 x tägl., mit einer Fährüberfahrt. Gesamtfahrzeit ca. 3 1/2-4 Std. In Åndalsnes täglich. Zuganschluß nach Trondheim/Oslo.

GEIRANGER ⟫⟶ ÅLESUND: Schlüsselpunkt für die

weitere Route ist die Frage, ob man mit eigenem Auto auf der Fähre durch den Geirangerfjord nach Hellesylt ohne zu lange Warterei einen Platz bekommt.

Die Fähre ist relativ klein, allzuviel paßt nicht drauf an Fahrzeugen. Sauber organisierte Wartespuren vor dem Fähranleger. Sicher macht es nicht viel Spaß, stundenlang in der Spur zu warten. In dem Fall: Auto seitlich stehen lassen, die Strecke durch den Geiranger als reiner Passagier hin und retour. Im Anschluß die Verbindung via RV 63/Valldal fahren. Siehe Folgekapitel/Route 1.

Wenn Platz auf der Fähre ist: sicher schöner via Hellesylt, Folgekapitel/ Route 2.

1.) Geiranger-> Ålesund via RV 63/Valldal

1oo km, ganzjährige Verbindung über den sogenannten "Adler-serpentinenweg" (Ørnevegen). Elf enge Serpentinen steil die Fjordwand rauf, max. 1o % Steigung, bis auf 624 m. Vom schmalen Parkstreifen Superblick zu dem 7-Schwesternfall. Guter Fotostop. Jede Menge weitere schöne Wasserfälle am Weg. Ordentliche Asphaltstraße. Erst seit den 5oer Jahren ist der Adlerweg so gut ausgebaut. Ab Paßhöhe/Tunnel die weitere Route im almähnlichen Hochtal, nicht mehr so spektakulär, einige Campingplätze mit Hütten und einfache Pensionen am Weg.

Wieder hinunter zum nächsten Fjord: EIDSDAL, kleine Siedlung mit vielen Obstgärten; Fährstation über den Norddalsfjord nach Linge (6.3o-22.3o Uhr halbstündlich bis stündlich, Dauer ca. 1o Min. Preis Pkw + 2 Pers. 14 DM). Der Ort liegt auf der Endmoräne (daher der Name Eid).

Gutes Lachsangelgebiet im Eidsdalselva. Information und Angelkarte beim Campingplatz "YTTERDAL" am Ortsrand mit Hütten, einfache Pension an der Fährlangestelle.

In Linge zweigt die Strecke über Valldal und den fantastischen TROLLSTIGVEIEN rüber ins Romsdal nach ÅNDALSNES ab, RV 63. Serpentinenstraße mit max. 12 % Gefälle, höchster Punkt 85o m. Wintersperre bis Anfang Juni. Für die 65 km etwa 2 Std. veranschlagen wegen Stop beim Trollstigveien (Details siehe Åndalsnes).

Ab Linge am Norddalsfjord entlang über Stordal, Sjøholt (ca. 85 km) nach Ålesund.

2.) Fähre Geiranger-> Hellesylt-> RV 6o nach Ålesund

92 km, die Fähre fährt nach Durchquerung des S-förmigen Geiranger-fjords zum Nest HELLESYLT. Hier beginnt die gut ausgebaute RV 6o nach Ålesund. Eine Fährüberfahrt zwischen Sykkylven und Magerholm kurz vor Ålesund, häufige Überfahrten.

✶ Hellesylt   (3oo Einw.)

Beinahe am Eingang des Geirangerfjordes gelegen. Der kleine Häuserfleck quetscht sich unter der 1.ooo m hohen Felswand ans Ufer. Ein sprudelnder Wasserfall mitten im Zentrum, sonst nicht viel los.

Wichtig als Fährort, um ans Fjordende (Geirangerfjord) überzusetzen (nur Sommerroute). 4-1o x täglich, Überfahrt 1 Std., Pkw + 2 Pers. 25 DM, zur Hochsaison kann es lange Warteschlangen geben. Unbedingt lohnende Fährfahrt. Touristenbüro am Fähranleger, Post und Bank am Hafen sowie Tankstelle und Autowerkstatt. Es gibt drei größere Supermärkte mit einer Auswahl, die für die Größe des Ortes beachtlich ist!

"**Grand Hotel**", direkt beim Fähranleger, Holzhotel aus vergangenen Tagen. Zimmer in der Motelzeile direkt am Fähranleger, Miniveranda und weiter Blick in den Fjord hinein. Außerhalb der Saison sehr idyllisch. DZ 12o DM ohne Frühstück.

Jugendherberge: an der RV 6o, 1oo m überm Meer, einfaches Holzgebäude, direkt daneben 15 Hütten, schöner Blick über den Fjord. Offen 1.6.-1.9., 48 Betten, Übernachtung 18 DM.

Restaurant "GRANDSTUGU" im Grandhotel mit hübsch verzierter Fassade, innen allerdings weniger gemütlich.

** Camping Stadheimfossen, 2 km abseits ins Seitental Richtung Vollseter, kleiner Wiesenplatz am rauschenden Bach, einige Hütten mit struppigem Grasdach bewachsen, gute Möglichkeit zum Lachsangeln Ende Juni bis August.

Ab HELLESYLT geht die RV 6o die ersten Kilometer eng am Westufer des Fjordes entlang und innerhalb weniger Kilometer von Meereshöhe auf 4oo m. Viele Tunnel; von den seitlichen Ausweichbuchten ein Superblick direkt in den Geirangerfjord, den "Blinddarm" des Sunnylvsfjord, der wiederum zum langen Storfjord gehört. Der Geiranger ganz schroff und unnahbar, total einsam, so steil, daß sich keine Siedlung - nur einige verlassene Höfe - festkrallen können.

Die Strecke weiterhin flott befahrbar. Etwa 2o km durchs Strandadalen, ein langgestrecktes Birkental, flankiert von den steilen Hängen der Sunnmøre-Alpen, teils bis zu 1.ooo m aufragend, dünn besiedelt, nur ab und zu rote Bauernhöfe als Farbkontrast in der Landschaft.

STRANDA (3.ooo Einw.): Weit verstreut kriechen die Häuser den grünen Fjordhang hinauf. Einiges an Möbelindustrie, doch trotz Hotel und Campingplatz kein Touristenort. Nach Stranda geht's allmählich hinauf auf 53o m ü.M. durch das rauh-wilde Velledal.

Im Fjordstädtchen SYKKYLVEN/AURSNES (2.5oo Einw.), etwas Industrie, Schulen. Großer Fähranleger über den breiten Storfjord mit

einer Pendelautofähre ab Ortsteil Aursnes (ca. 15 Min.) nach Magerholm.
Weitere 23 km nach Ålesund.

Ålesund

(35.ooo Einw.)

Lebendige Küstenstadt umgeben von Bergketten und einem Schären-
gewirr. Geschäfts- und Handelsstadt mit quirligem Bootsverkehr. Super
Panoramablick vom Aussichtshügel Aksla auf die Stadt im Wasser mit der
Vielzahl an vorgelagerten Schären.

Die Stadt hat eine beachtliche Fischfangflotte und -veredelungsindustrie.
Interessante Museen u.a. zum Fischfang sowie hübsches Zentrum mit gut
erhaltenen Jugendstilfassaden unterhalb des Aksla zu beiden Seiten des
schmalen Sundes (daher Ålesund).

19o4 vernichtete ein verheerender Brand die Stadt. Er brach am 23. Januar im letzten Lagerhaus am westl. Kai aus, unglücklicherweise blies gerade kräftiger Sturm aus gleicher
Richtung, der langsam auf Nord drehte, so daß die Flammen in den letzten Winkel
getragen wurden und auch vor dem Sund nicht haltmachten. Fast alle 8oo Häuser brannten in der Nacht nieder, nur am Nordkai im Windschatten blieben einige unversehrt.

Ålesund wurde fast komplett in Stein wiederaufgebaut, im damals aktuellen Jugendstil.
Die Modeströmung der Jahrhundertwende hatte auch die norwegischen Architekten beein-
flußt, die in der Regel ihre Ausbildung in Deutschland, Österreich und England erhalten
hatten. Kaiser Wilhelms Faible für Norwegen äußerte sich auch in klingender Münze,
er war nach dem Brand als erster mit Hilfssendungen zur Stelle und finanzierte einen Teil
des Wiederaufbaus. Als Dankeschön tauften die Ålesunder ihre Hauptstraße "Keiser
Wilhelms Gate", im Park wurde seine Büste aufgestellt.

Holzhäuser waren im Stadtbereich nach der Brandkatastrophe per Gesetz verboten. Die
abrupte Grenze ist deutlich bei der Natursteinkirche an der breiten Aspegate zu sehen.
Zur Wiederaufbauzeit war Ålesund eine schicke und ganz moderne Stadt. Den Trend des
2o. Jahrhunderts zeigt das neue, riesige Beton-Rathaus im Zentrum. Für den Parkplatz
nebenan wurde die weitere Stadt-Attraktion, der Brutfelsen einer großen Dreizehen-
möwen-Kolonie, in die Luft gesprengt.

Charakteristische Straßenzüge in der Apotheker- und Kongensgate, besonders schöne Häuser Kongensgate Nr. 4 und 6 (Fußgängerzone).

HAUSBERG AKSLA: Panoramablick über Stadt, Bootsgewimmel im
Hafen, Schären und Inselberge. Einer der schönsten Punkte in Ålesund,
den man unbedingt besuchen sollte. Oben das Café/Restaurant "Fjellstua".

Auffahrt per Auto: Von der E 69 kommend - Ausfahrt Camping Voldsdalen nehmen,
dann aber in das Siedlungsgebiet am Hang; durch die Vorstadtvillen, dann "Fjellstua"
beschildert. Aus der Stadt kommen den Borgundvegen, dann Fjelltunveien nehmen. Am
Stadion und Fußballplatz vorbei.
Zu Fuß: In 446 Treppenstufen vom kleinen Stadtpark im Zentrum zum Aussichtsrestaurant.

 6o25 Ålesund, Tel. 7o 12 12 o2. Unten im Rathaus, dem un-
übersehbaren Mammutbau an der Keiser Wilhelms Gate.
Offen: ganzjährig Mo.-Fr. 9-16 Uhr, Juni bis August Mo.-Fr.
8.3o-19 Uhr, Sa. 9-17 Uhr, So. 11-17 Uhr.

 Post: Keiser Wilhelms Gate / Ecke Korsegate
Tele: Keiser Wilhelms Gate 25

Mehrere große gebührenpflichtige **Parkplätze** im Zentrum, z.B. neben
Rathaus und Turistinfo oder gleich zu Anfang der Insel Aspøya, noch im
Zentrum nach der Brücke über den Sund links. Viele Einbahnstraßen, den
kleinen Stadtbereich kann man schnell zu Fuß erkunden.

Ausgeschilderter Parkplatz für Wohnmobile und Caravane mit Entsorgungsstation.

 **Hotel "Scandinavie"**, Løvenvoldgate 8. Das beste Hotel im Ort,
modern renovierte Zimmer hinter der ursprünglichen Jugendstilfassade.
Im Café die großen Bogenfenster und schöne Stuckverzierung erhalten
geblieben. Zimmer elegant ordentlich ausgestattet mit modernem Bad.
12o Betten. Zur Sommerzeit ermäßigte Preise: DZ ab 165 DM inkl.
Frühstücksbuffet (Hotelpaß).

"Rica Skansen Hotel", Kongensgate 27, 179 Betten. Zentrales Stadthotel, nur einen
Katzensprung vom Hurtigruten Kai, relativ ruhig, doch wenig ansprechendes
Betonhotel, große Zimmer mit modernem Standard, Clubecke und Schreibtisch, aber
unpersönlich; großer Indoor-Swimmingpool (Meerwasser) und Sauna. DZ ab ca. 17o
DM Sommerpreis mit Hotelpaß (Bonuspaß).

Hotel "Atlantica", R. Rønnebergsgate 4, 9o Betten. Total zentral, sehr ordentlich
mit allem Komfort eines Konferenzhotels. Unterschiedlich große Zimmer. Die besten
im 5. Stock mit Balkonblick zu den Sunnmøre Alpen oder über das Meer. Die besten
DZ sehr geräumig, bequeme Sitzecke, Teppichboden und Farb-TV. DZ ca. 16o DM (im
Sommer mit Hotelpaß).

"Rica Parken Hotel", Storgate 16. Großer Kasten mitten in der Stadt. DZ mit
Privatbad im Sommer ca. 165 DM (Fjordpaß).

"Bryggen Home Hotel", Apotekergata 1-3. Eine sehr empfehlenswerte Adresse mitten in der Stadt in einem ehemaligen Lagerhaus. Der alte Charm des Gebäudes wurde
hier mit modernem Komfort gelungen kombiniert. Extraservice: im Preis ist der Nach-
mittagskaffee und Abendimbiß enthalten. 82 Zimmer, DZ Sommerpreis und Wochenende 165 DM.

"Centrum Pensjonat" in der Storgata 24. Preiswerte kleine Pension mitten in der
Altstadt, trotzdem nicht allzu laut und alles bequem zu Fuß erreichbar. Ordentliche,
saubere Zimmer, hell tapeziert, Bilder und Teppichboden, kleine Sitzgelegen-
heit, Waschbecken im Zimmer, Etagendusche, DZ ca. 8o DM.

Privatzimmern und Rorbuer etwas außerhalb werden über das Touristbüro vermittelt.
Die Zimmer im Studentenheim stehen im Sommer für Urlauber als günstige Unterkunft
zur Verfügung.

 *** Camping Volsdalen: stadtnächster Platz, nur 2 km
vom Zentrum. Busverbindung alle 1/2 Stunde oder 15 Min.

zu Fuß. Separate Wiese für Zelte. 16 in Grün versteckte Hütten für 4-8 Personen, z.t. Meerblick. Preis: 5o-8o DM.

***Strandcamping Prinsen: großer Platz ca. 5 km vom Zentrum Richtung Sunnmøre Museum, 1 km abseits der Straße am Fjord. Wiese fast bis ins Wasser, toller Blick. Reichlich Stellplätze für Wohnmobile. Ca. 2 Dutzend Hütten unterschiedlichen Standards.

"RESTAURANT SJØBUA" in der Brunholmsgate 1 in einem ehemaligen Lagerhaus. Gutes Fischrestaurant. Im Aquarium/Wasserbecken schwimmen die Hummer etc.

"SKATEFLUA KAFETERIA" beim Schnellbootterminal. Schöner Rundblick über das Hafentreiben. Preiswerte, wechselnde Gerichte. Ein Blick auf die handgeschriebene Speisekarte lohnt: z.B. gebratene Dorschzungen; meist frischer Fisch.

"CAFE HOFFMANN": gepflegtes, modernes Café, auch mit schönem Hafenblick. Eingang Fußgängerzone.

PIZZERIA "KJELLERN": Versuch von Originalität. Kleine Sitzgruppen im Weinfaß, außergewöhnliche Barhockerecke dazu plastische Wanddekoration. An manchen Abenden flotte Musik. Große, gut belegte Pizzen. Im Keller des Skandinavie Hotels.

"FJELLSTUA" auf dem Aussichtsberg Aksla: tolle Konstruktion - erinnert an ein riesiges gläsernes Tonnenzelt. Super Panoramablick. Unten freundliches Café mit gutem Kuchen, oben exquisites Grillrestaurant Kuppelen. Hier in Ruhe den Sonnenuntergang genießen...

Tauchen: im Gebiet von Ålesund sehr verlockend. Der ganze Bootsverkehr muß seit Jahrhunderten um das nicht ungefährliche Westkap herum, entsprechend viele Wracks, zudem fotogenes Unterwasserleben, klare Sicht von etwa 2o m. Gleich im Hafen liegt das Schiffswrack der "Iris" in 2o m Tiefe - kaum beschädigt. Immer noch werden schatzverdächtige Wracks auf dem Grund vermutet.

STÜTZPUNKT: Ålesund Dykkesenter, Storgate 38, N-6ooo Ålesund, organisiert Tauchaufenthalte. Fahrten zu den besten Tauchstellen, bei Runde etc... Ausrüstung, Flaschen, Bleigürtel werden gestellt. Kostenpunkt ca. 9oo DM. Flaschennachfüllmöglichkeit über den Club. Weitere Tauchinfos bei Ulsteinvik.

SEHENSWERTES

Das STADTMUSEUM in der Rasmus Rønnebergsgate 16; vollgestopft mit interessanten Dingen aus Ålesunds Vergangenheit. Ein Modell der Stadt vor dem Brand. Ein alter Kaufmannsladen. Sehr schön die sprunghafte Entwicklung der Fischerboote im letzten Jahrhundert durch typische

Schiffsmodelle dargestellt, vom Wikingerboot "Kvalsund" bis zum modernen Industriefrachter (3o Originalfischerboote im Sunnmøre Museum am Ortsrand).

Das eiförmige Rettungsboot vor der Haustür entwickelte ein Ålesunder Schiffer. Er bewies die Seetüchtigkeit selbst bei seiner Atlantiküberquerung. Heute sind die unsinkbaren geschlossenen Rettungsboote auf den Bohrinseln vorgeschriebene Sicherheitsmaßnahmen. Polarabteilung mit Eskimokajak und Eisbären. Geöffnet: Mo.-Fr. 11-16 Uhr, Sa. 11-15 Uhr, So. 12-15 Uhr.

AQUARIUM: Nedre Strandgate 4. Schön aufbereitet, zeigt das Unterwasserleben der Nordsee. Offen: Mo.-Fr. 1o-17 Uhr, Sa. 1o-15 Uhr, So. 12-16 Uhr. Eintritt.

SUNNMØRE MUSEUM: Freilichtmuseum mit interessanter Bootsabteilung. 3o traditionelle Fischerboote der Region, u.a. das 1o m lange Åttringboot in einer riesigen Bootshalle; es war über 5oo Jahre der bewährte Bautyp mit 8 bzw. 1o Rudern und großem Rahsegel. Naturgetreue Rekonstruktion des Wikingerschiffs Kvalsund (das Original wurde im Sumpf gefunden, konnte jedoch nicht mehr restauriert werden).

Im Hauptgebäude vorbildlich präsentierte Handwerksbetriebe: Büchsenmacher, Silberschmied, Schusterwerkstatt etc. Funde aus der Steinzeit bis zur Wikingerepoche mit erklärenden Fotos. 45 Gebäude in schöner Anlage. Besonderheit: ein Wohnhaus der Fischer, das während der winterlichen Fangzeit benutzt wurde.

Ca. 4 km außerhalb am Ortseingang gelegen, häufige Busverbindungen. Offen: Mitte Juni bis Ende August Mo.-Sa. 1o-17, So. 12-17 Uhr. Mitte Mai bis Mitte Juni etwas kürzer.

MITTELALTERMUSEUM: Diese Gegend am Meer war bereits zur Wikingerzeit ein wichtiger Handelsplatz "Kaupang" mit Straßen und Bootsanlegestelle. Archäologische Funde haben einiges ans Tageslicht gebracht. Ein Küchengebäude wurde rekonstruiert. Die interessantesten Funde in den Hallen des Mittelaltermuseums (bei der Borgund Kirche nahe Museum) ausgestellt. Offen: 24.6.-31.8. Mo.-Fr. 11-15, So. 12-16 Uhr.

Transporte ab Ålesund

Busse: Ålesund-> Åndalsnes 3 x tägl. An der Strecke in Vikebukt Fähranschluß nach Molde. Ab Molde per Bus nach Trondheim bzw. Kristiansund (N).

In Åndalsnes Bahnanschluß nach Dombås, Oslo und Trondheim.
Ålesund-> Molde-> Trondheim 1-2 x tägl. außer So., 8 Std.
Ålesund-> Bergen per Expressbus via Nordfjordeid 1 x tägl. außer Sa., ca. 1o Std.

Ålesund via Hareid zur Vogelinsel Runde (mit Umsteigen) 1-3 x tägl.
Ålesund-> Geiranger im Sommer 2-4 x werktags.

Hurtigruta legt am Nordkai an: "Skansekai". Das Schiff nach Norden kommt mittags, fährt nach knapp 2 Std. weiter. Das Südschiff kommt um Mitternacht an, Abfahrt nach 1 Std.

<u>Schnellboot</u>: Ålesund-> Hareid 3-7 x tägl. Fährzeit 25 Min., ca. 8 DM. Busanschluß nach Ulsteinvik bzw. Runde.

Flughafen: auf der Insel Vigra/Valderøy. Flugverbindung zu allen möglichen Flughäfen, z.B.

-> Bergen: 5 x tägl., Wochenende seltener, ca. 3o-4o Min.
-> Oslo: 4 x tägl., dauert ca. 3o-4o Min.
-> Trondheim: 3 x tägl., Wochenende seltener, dauert ca. 3o-4o Min.
-> Kristiansand: (S) 3 x tägl., meist Umsteigeverbindungen.
-> Svolvaer/Lofoten: 2 x tägl. Umsteigeverbindung.
-> Tromsø: 2 x tägl., teils Umsteigeverbindungen.

Car-Rent: Avis-Autovermietung, Filiale am Flughafen bzw. in der Nedre Strandgate 5o.

AUSFLÜGE

* Lohnende <u>Tagesrundtour zu den vorgelagerten Inseln</u>, Angel und Picknick in den Rucksack, außerhalb der Fischersiedlung schöne Stellen zum Baden. Die Inseln sind so kompakt, daß man sie bequem zu Fuß durchstreifen kann.

Die Inseln vor Ålesund sind seit 1987 durch ein imponierendes Tunnel-/Brückensystem mit dem Festland verbunden. Fast 12 km Tunnelstrecke in bis zu 153 m Tiefe unter dem Meeresspiegel. Die Inseln Ellingsøy, Valderøy, Giske, Godøy und der Flughafen sind nun "trockenen Fußes" für die rund 6.2oo Bewohner zu erreichen. Im Jahre 2oo8 soll das Projekt abbezahlt sein. Maut ca. 11 DM/Pkw und 2,5o DM pro Person einfach. Auf der <u>Insel Godøy</u> wurde der Leuchtturm restauriert. Von hier oben bietet sich die beste Perspektive über die Inselwelt. Kleines Café.

Auf der <u>Nachbarinsel Giske</u> lebte einst der berühmte Wikinger Rollo, der als Herzog der Normandie in die Geschichte einging. Als geschickten Schachzug bekam er diesen Landstrich vom französischen König überlassen, womit das Ende der Wikingerüberfälle eingeläutet wurde. Standbild im Park in Ålesund beim Aufgang zum Aussichtshügel. Die Kirche in Giske zeugt von dem einstigen Reichtum der Gemeinde.

* Zum <u>Geirangerfjord</u> eine kontrastreiche Tagestour mit öffentlichen

Verkehrsmitteln bequem realisierbar, gute Verbindung. Durch die Sunnmøre Alpen nach Hellesylt, erster Blick in den Geiranger. Einstündige Fjordfahrt an den Wasserfallformationen vorbei (Brautschleier, Sieben Schwestern, Freier). Gut 3 Std. Aufenthalt in Maråk am Fjordende. Nachmittags per Bus über den Adlerweg an der Fjordwand hoch, Blick in beide Fjordrichtungen. Entlang des Storfjords zurück nach Ålesund. Start am Busbahnhof Ålesund im Zentrum. Bus-/ Schiffahrplan im Touristbüro.

UMGEBUNG ÅLESUND

Für Taucher günstige Basis in ULSTEINVIK, gute Betreuung und viele Tips zum Wracktauchen. Sehr empfehlenswerte Weiterfahrt zur VOGEL-INSEL RUNDE (8o km). Seevögel in Kolonien zu Tausenden. Auch für ornithologische Laien ein echtes Erlebnis.

✱Ulsteinvik   (3.ooo Einw.)

Der Küstenort schmiegt sich in der Bucht an die kahlen Hänge. Modernes Zentrum am Hafen mit Shops von der Parfümerie bis zum Großhandel. In den großen Werften werden Transportboote für die Bohrinseln zusammengeschweißt, Schiffe aufgemöbelt, aber auch Trawler gebaut. Die Kleven- und Ulsteingruppe kontrollieren über 5o % des norw. Schiffsbaus.

"Ulstein Hotel", für Taucher einer der besten Stützpunkte Norwegens. Das Hotel liegt oberhalb der Stadt, am Rande des Neubaugebietes. Fernblick von den breiten Balkons zum Atlantik und zur Schärenküste. Extravagante Beton/Glaskonstruktion mit allem Komfort. Rundswimmingpool, Sauna und gute Küche; 132 Betten, DZ mit Dusche und Frühstück 18o-21o DM.

Organisierte Ausflüge um die Vogelinsel Runde auf der großen Segeljacht "Charming Ruth" (fährt meist unter Motor). Dauer ca. 4 Std. Info beim Hotel.

Gut 2o interessante **Tauchstellen** liegen im Umkreis von nur 1 Std., davon allein 17 registrierte Wracks. Einige in gutem Zustand zum Reintauchen. Ein englisches Motorflugzeug aus dem 2. Weltkrieg, von einem deutschen Patrouillenboot wurde schon die Schiffsglocke gefunden, dürfte aber noch einiges zu bergen sein. Besonders günstig auf nur 12 m Meerestiefe liegt die RAMOEN, daher gute Sicht, und zudem ein fast komplett erhaltenes Wrack. Ein besonderer Leckerbissen für Schatzsucher ist die CASTILLO NEGRO, ein Schiff der spanischen Armada; wer sie findet, dürfte ausgesorgt haben.

Die 12o m senkrechte Klippe bei Eikesund ermöglicht TIEFTAUCH-

GÄNGE; in den Dekompressionspausen kann man Hummer und Krebse bewundern. Für UNTERWASSERFOTOGRAFIE gute Lichtverhältnisse, sehr abwechselungsreiche Motive, zudem ein Kontrastprogramm zum Mittelmeer. Flaschenfüllstation am Hafenkai.

 Vermietung von **Segeljachten**, verschiedene 9-m-Boote mit voller Ausrüstung, Schlafkojen für 4 Personen. Die großen Zweimaster werden nur mit Skipper verchartert. Mietdauer: tage- und wochenweise. Für eigene Angeltouren im Schären- und Inselbereich auch kleine Motorboote zu mieten. Info im Ulstein Hotel.

WEITER NACH RUNDE durch faszinierende Landschaft. Die bergigen Inseln im ganzen Herøygebiet sind inzwischen gut mit Brücken versorgt, die teilweise wegen der Fischkutter bis 24 m Durchfahrtshöhe haben.

Vor der Brücke zur Insel Bergsøy links Abzweigung (1,6 km schmale Stichstraße) zum KYSTMUSEUM - kleines Heimatmuseum. Im ehemaligen Pfarrhof - später Handelshaus mit kleinem Kaufladen, Rekonstruktion eines Wikingerboots, das hier auf Naerlandsøy gefunden wurde, und Wikingerkleidung, einiges an Hausrat sowie Tranverarbeitungsgeräten.

FOSNAVÅG, ein kleines Städtchen (3.ooo Einw.) am Atlantik, auf der relativ besiedelten Insel Bergsøy. Zentrum der Herøy Kommune mit Läden, Post, Bank, Arzt etc.

"**Hotel Appartement Neptun**" direkt am Meer. Moderner Klinkerbau. Geräumige Zimmer mit Kochmöglichkeit, Dusche, TV etc. 1oo-15o DM.

★ Vogelinsel Runde   (6,4 qkm, 15o Einw.)

Ein Paradies für Ornithologen: idyllische Insel im Atlantik mit hohen Steilklippen - dem südlichsten Brutgebiet von rund 6oo.ooo-7oo.ooo Seevögeln. In riesigen Kolonien brüten die farbenprächtigen Papageientaucher, die tolpatschigen Tordalken, Trottellummen und die großen Basstölpel; den kreischenden Dreizehenmöwen kann man direkt ins Nest schauen. Insgesamt über 2oo Arten.

Wenige hundert Meter vor der Insel lief im Januar 1992 der Öltanker "Arisan" auf eine Unterwasserklippe, tonnenweise lief das Öl ins Meer. Rund 5o.ooo Seevögel wurden vom Ölfilm verschmiert, etwas 3.ooo verendeten. Wäre das Unglück drei Monate später passiert, wenn alle Vögel an ihren Brutplätzen gewesen wären, hätte es zu einer Naturkatastrophe ungeahnten Ausmaßes kommen können. Die sichtbaren Spuren sind inzwischen weitgehend beseitigt, doch welche Langzeitfolgen der gesunkene Frachter für die Natur bedeutet, das bleibt abzuwarten.

Auf der kleinen Insel, die seit 1982 durch eine einspurige Brücke mit dem Festland verbunden ist, leben etwas mehr als 15o Menschen. Im Süd-

Osten führen gerade 5 km Straße an der Küste entlang, den Rest der Insel kann man nur zu Fuß oder noch schöner bei einer Bootsrundfahrt erleben.

Der Ort RUNDE ist ein ruhiges Fischernest gleich bei der Brücke. Die andere kleine Siedlung heißt Goksøyr am Ende der Straße. So heißen auch die meisten Bewohner je nach ihrem Wohnort mit Nachnamen Runde oder Goksøyr. Im Frühjahr zur Dorschzeit wird es lebhaft in dem kleinen Hafen. Ein Kommen und Gehen der Holzkutter, von denen der Fang ausgeladen werden. Die Holzgestelle, auf die die Fische einst zum Trocknen gehängt wurden, existieren längst nicht mehr.

 Nahe Runde Hafen. 6o96 Runde, Tel. 7o o8 59 96.

Zufahrt: Mit öffentlichen Verkehrsmitteln realisierbar, siehe Transporte Ålesund.
Im eigenen Fahrzeug ab Ålesund ca. 7o km. Im SPJELKAVIK Abzweig 2o km zur Fährstation Sulesund, dort 1/2 Std. Autofähre nach Hareid, übern Sulafjorden. 6.2o-23 Uhr, alle 3o-6o Minuten. Preis 2o DM/Pkw + 2 Personen.

BOOTSFAHRT ZU DEN VOGELFELSEN

Das Top-Erlebnis auf Runde, das man sich nicht entgehenlassen sollte. Vom Boot aus bekommt man den besten Eindruck von dem Vogelparadis und enorm viele Vögel zu sehen. Dauer etwa 2 1/2 Stunden ab Hafen, Preis 25 DM/Person. Infos im Runde Café oder bei Knut Goksøyr auf dem Campingplatz. Warm anziehen und vorher eine Toilette aufsuchen. Teilweise werden auch Fahrten zu den Robbeninseln und auf Wunsch auch einige Extras organisiert. Der Skipper kennt die Vogelfelsen wie seine Westentasche und fährt bei ruhiger See ganz dicht an die Brutplätze heran, damit man die Kormorane, Tordalken, Dreizehenmöwen und Alken aus nächster Nähe beobachten und fotografieren kann. Manchmal so dicht an die Kolonien, daß Sie damit rechnen müssen, von den Vögeln "beschissen" zu werden.

Besser zu Anfang mit Bildern sparen, es wird bis zum Leuchtturm immer toller! Auf jeden Fall einen Film mehr einpacken als geplant. Möglichst hochempfindliche, bei dem schaukelnden Boot braucht man sehr kurze Belichtungszeiten (1/5oo).

Vom Boot aus kann man die Seevögel in ihrem Element beobachten, hervorragende Stuka beim Fischfang, aufgescheuchte Papageientaucher. Eissturmvögel und Basstölpel in Telereichweite, ein ständiger Pendelverkehr zwischen Meer und Brutplätzen. Nach einer Rundfahrt kennt man die meisten Arten bereits mit Namen und die guten Beobachtungsstellen am Brutfelsen. Info im Café Runde.

Im CAFÉ RUNDE gibt es frischen, leckeren Fisch, auch Zimmervermietung.

Hotel "Christineborg", direkt am Meer. Sonne bis spät in die Nacht. Oft als Schullandheim genutzt.

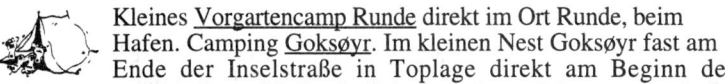 Kleines <u>Vorgartencamp Runde</u> direkt im Ort Runde, beim Hafen. Camping <u>Goksøyr</u>. Im kleinen Nest Goksøyr fast am Ende der Inselstraße in Toplage direkt am Beginn des Fußwegs zum Vogelberg. Einige Stellplätze dicht am Meer, nur noch das Rauschen der Brandung, Geschrei der Möwen, Enten etc. im Ohr. Hier stört abends kein Autolärm mehr. Lange Stromkabel und gute Sanitärs. Der Campingwart spricht prima deutsch und ist sehr um das Wohl seiner Gäste bemüht, hilft aber auch bei Extrawürsten, Bootsfahrten, Seehundbeobachtungen etc. 2 Personen + Auto 16 DM.

Zusätzliche Unterkunft in Hütten. Bettzeug selber mitbringen. Preis: 7o DM. Der Campingwart vermittelt auf Wunsch auch einfache, ordentliche Privatzimmer.

DIE VOGELFELSEN

2oo m nach dem Campinplatz steigt der Trampelpfad zum Fuglefjellet auf das Hochplateau an. Über kahlgefressene Schafweiden, weiße Wollgrasflöckchen, direkt an den Vogelfelsen "Rundebranden" (3oo m Höhe). Gummistiefel nützlich (feuchte moorige Stellen). Eine Rundwanderung quer über die Insel bis zu den Klippen der Nordspitze dauert ca. 1,5 Std., reine Laufzeit, besser gleich 3 oder 4 Std. einplanen. Zeit spielt aber keine Rolle, zur Saison steht die Sonne gut 2o Std. am Himmel. Markierte Wege mit Beobachtungspunkten. Info und Karte bei Knut Goksør an der Rezeption des gleichnamigen Campingplatzes.

Da es keine Wege entlang der Küste gibt, erwartet einen zuerst ein steiler, anstrengender Aufstieg von rund 2oo Höhenmetern und ca. 3o Min. Fußmarsch bis zum ersten Vogelfelsen. Zudem herrscht hier oben ein rauhes Klima, d.h. es bläst meist ein frisches Lüftchen und die Wege können feucht und die Wiesen glitschig sein.

Leider sind unter den vielen Tausend Besuchern pro Jahr auch einige schwarze Schafe, die verbotswidrig parken, quer über die Wiesen laufen, auf denen Schafe weiden und somit die Bewohner verärgern oder so dicht an die Vogelnester herangehen, daß die Tiere gestört werden. Zudem passieren jährlich einige Unfälle, weil Urlauber für das steile, teilweise rutschige Wiesengelände, das von den Nestern der Papageientaucher ausgehöhlt ist, zu schlecht ausgerüstet sind. Dies alles hat dazu geführt, daß über eine Sperrung des Gebietes diskutiert wird, womit einer der großartigsten Vogel-Beobachtungsplätze Norwegens verloren ginge.

Deshalb <u>herzliche Bitte</u>: Verhalten Sie sich rücksichtsvoll gebenüber der Natur, die hier sehr speziell und leicht verletzbar ist. Bitte respektieren Sie als Gast auf der Insel auch die Bewohner, ihr Privateigentum und ihren Frieden, damit das größte Vogelparadies südlich des Polarkreises noch lange allen Interessierten zugänglich ist.

<u>Die NATURSCHUTZGESETZE</u> und <u>BEGRENZUNGSMARKIERUNGEN</u> sind unbedingt zu beachten. Seit 1957 stehen die Brutgebiete unter strengem Naturschutz, um den Artenreichtum zu erhalten (gilt für die Westseite und Nordspitze). Noch brauchen keine Zäune gezogen zu werden, kleine Hinweisschilder markieren die Grenzen. Es gibt immer noch genügend Stellen, um die Vögel aus nächster Nähe fotografieren zu

können, waghalsige Klettertouren sind nicht nötig.

Zwischen 15.3. und 31.8. dürfen bestimmte Gebiete nicht betreten und Vögel nicht gestört werden. Naturschutz gilt auch für Pflanzen, wie z.B. der Mittsommerblume.

Drei gute Beobachtungsmöglichkeiten direkt im Naturschutzgebiet:

1.) In der **Scharte Kaldekloven** führt ein Trampfelpfad 25o m steil runter ans Meer. Die senkrechten Steilfelsen in der Brandung übersät von brütenden Dreizehenmöwen, mehrere Tausend Paare. Die Nester dicht an dicht, alles mit Guano eingekleistert, stinkt wie im Raubtierkäfig. Ganz oben zwischen Felsnischen, Geröll und Hangwiesen nisten die farbenfrohen Papageientaucher in selbstgebauten Erdhöhlen. Von der Scharte am Sattel "LUNDEURA" ganz nah zu sehen. Beste Fotobeleuchtung am späten Nachmittag zur Abendfütterung.

2) Der sogenannte **Balkon**, die höchste Stelle der Insel, gehört zu den imposantesten Beobachtungspunkten. Von hier aus kann man die große Basstölpelkolonie sehen, Alken und immer wieder einige Papageientaucher.

3.) Ebenfalls gute Beobachtungsmöglichkeit vom **Leuchtturm** aus links im Westen über geröllige Uferfelsen klettern und dicht an die Nistplätze der Trottellummen und Tordalken, die zwischen großen Dreizehenmöwenkolonien brüten. Etwas mühsam zu laufen, doch sehr erfolgreich. Die Trottellummen sind von den Felsen sehr gut beim Tauchen zu beobachten. Manchmal fliegen auch Basstölpel dicht am Felsen entlang, an ihrem behäbigen Flugbild deutlich zu erkennen.

4.) **Krähenberg**: Eine große Kolonie Krähenscharben brütet auf der östlichen Seite des Leuchtturms. Die Felsen können von oben gut eingesehen werden. Mit 4.ooo Paaren die größte Brutkolonie der Welt. Bei der Bootsrundfahrt kommt man besonders dicht heran.

BRUTZEIT: Die ersten Vögel kommen im Februar/März, Eiablage April bis Mai. Als erstes schlüpfen im Juni die Dreizehenmöwen, dann geht es Schlag auf Schlag. Bis Juli kommen dann auch die letzten Krähenscharben aus dem Ei. Die ersten Jungvögel sind bereits im Juli flügge und gehen aufs Wasser. Haben sie einmal das Nest verlassen, bleiben sie permanent auf dem Meer. Als letztes verlassen die Basstölpel und Eissturmmöwen im Sept./Okt. die Insel. Allgemeine Infos über Seevögel im eigenen Kapitel.

Kurzer Steckbrief einiger Vogelarten auf Runde

PAPAGEIENTAUCHER: der farbenfrohste und hübscheste Geselle. Aussehen: klein, gedrungen, mit kurzen Flügeln und charakteristisch buntem, klobigen Schnabel, blau-gelb-rot gestreift und mit roten Füßen. Das Gefieder oben schwarz, unten weiß. Papageientaucher fliegen unbeholfen, sind aber Unterwasserspezialisten, "kraulen" mit ihren kurzen Flügeln beim Tauchen, flattern relativ niedrig überm Wasser und leben gesellig.

Nahrung: Krustentiere, Sprotten, Sandaale oder Heringe. Oft hängen 5-1o Fische am Schnabel. Dabei drückt der Papageientaucher die Fische mit der Zunge gegen Widerhaken an der Oberseite des Schnabels. An Feinden stellen ihnen Möwen nach, jagen ihnen die Fische ab. Die große Raubmöwe stellt auch erwachsenen Tieren nach. Als Höhlenbrüter bauen sie Erdhöhlennester im weichen Hangboden oder in Fels- und Geröllspalten. Meist ein Eingang für mehrere Nester mit bis zu 3 m langen Gängen. Ihr Nest wird mit Gras, Pflanzen und Federn gepolstert. Sie legen ein weißes oder graugeflecktes Ei, die Eltern wechseln sich beim Brüten ab. Nach 4o Tagen schlüpft das Junge. Der Jungvogel bleibt ca. 5 Wochen in der Höhle, im Juni beginnt das Flugtraining. Die Jungvögel sind deutlich am schwarzen, schlanken Schnabel zu erkennen.

Dann geht's zum Meer runter, halb fliegend und stolpernd über die steile Böschung, dabei sind sie besonders durch Raubmöwen gefährdet.

BASSTÖLPEL: Aussehen: Hauptfarbe weiß, gelber Kopfbereich, schwarze Flügelenden, daher im Flug deutlich von anderen Vögeln zu unterscheiden. Gehört zur Familie der Pelikane. Größter Vogel am Brutplatz, ca. 9o cm lang. Basstölpel brüten erst seit 1946 auf Runde, zum ersten Mal mit 4 Paaren, jetzt bereits 4.ooo Vögel. Sie schnappen die Beute im Sturzflug aus Fischschwärmen, meist Heringe und Makrelen, bauen große Nester und legen ein meist weißes Ei. Brutzeit 44 Tage. Die Jungen werden zweimal am Tag gefüttert.

GROSSE RAUBMÖWE (SKUA): Eine Seltenheit, sie brütet seit 198o auf Runde (inzwischen über 1 Dtzd. Paare). Dunkelbraun, ähnlich einem Greifvogel mit weißen Flügelstreifen, ca. 6o cm groß mit Spannweite über 1 m. Die Skua jagt andere Seevögel. Bevorzugter Nistplatz auf flachen Grasplateaus. Baut ein recht ungeschütztes Nest, greift deshalb schnell im Sturzflug an, - auch Fotografen. Max. 2 Eier.

KRÄHENSCHARBE: Aussehen: dunkel, fast schwarz mit grünlichem Schimmer, gelber Schnabel, während der Brutzeit eine Federhaube. Zum Verwechseln ähnlich mit dem Kormoran, aber etwas kleiner, hockt kerzengerade auf dem Felsen. Im Flug durch den schlanken, langen Hals und die gezackten Flügel zu erkennen.

Krähenscharben sind meisterhafte Unterwasserschwimmer, mit angepreßten Flügeln und synchronem Beinantrieb tauchen sie sehr flink. Legen max. drei weiße Eier. Brutzeit 3o-35 Tage. Die Jungen sind nach dem Schlüpfen völlig nackt und bleiben deshalb gut zwei Monate im Nest, - bis Juli/Anfang August. Jungvögel bis zu einem Jahr tragen noch braunes Gefieder.

TROTTELLUMMEN: Aussehen: Pinguinartig; mit Tordalken aus der gleichen Familie der Alken leicht zu verwechseln. Schlanker Kopf und Hals mit spitzem Schnabel, Oberseite schwarz, Unterseite weiß, schwarze Beine. Ca. 4o cm lang.

Im Flugbild durch weit voneinandergestreckte Füße vom Tordalken zu unterscheiden, schneller Flügelschlag. Leben in kleinen Kolonien auf Felsvorsprüngen zwischen Dreizehenmöwen ausgesprochen gesellig dicht beieinander. Sie brüten ohne Nest und legen ein Ei, das durch seine Birnenform eine max. Oberfläche hat. Für einen optimalen Wärmekontakt legen sie das Ei auf die extra stark durchbluteten Füße.

Das Ei ist hellblau und dunkel gesprenkelt, manche auch weiß. Brutzeit etwa 3o Tage. Ab Juni verlassen die Jungvögel die Klippe. Trottellummen sind recht tölpelig im Flug und bei der Landung, dafür aber exzellente Tieftaucher.

TORDALKEN: Aussehen: wirken gedrungener als die Trottellummen, gleiche Färbung, aber breiter Schnabel mit deutlich weißem Streifen überm Auge und auf dem Schnabel. Fliegen ähnlich flatternd wie die Trottelummen, haben die schwarzen Füße aber eng angelegt. Brüten einzeln zwischen Dreizehenmöwen, meist versteckt zwischen Steinen und Felsnischen. Brutzeit 35 Tage.

Empfehlenswertes Buch: "Die Vögel von Runde und der norwegischen Westküste" (Fuglene vest ved havet) von Roger Engvik. Großartige Farbfotos rechtfertigen den Preis. Informative Texte auch auf deutsch. Beim Camping Goksøyr erhältlich.

 **Sporttauchen**: Der Meeresboden um Runde ist sehr wrackverdächtig. Den besten Beweis brachten 1972 schwedische Sporttaucher, die in 2- bis 1o-m-Tiefe den Dukatenschatz des holländ. Ost-Indien-Seglers "Akerendam" entdeckten.

Das Schiff sank am 8. März 1725 beim Runde-Leuchtturm, auf dem Weg nach Indonesien. Beladen mit Silber- und Goldmünzen von insges. 6oo kg, ca. 6o.ooo Dukaten als offiziell registrierter Fund. Vereinzelte Silbermünzen und kleine Metallgegenstände wie Scheren, Pfeifen, Gürtelschnallen immer noch im Schlamm und Tang zu entdecken.

U.a. wurde eine Menge unbenützter Münzen neuer Prägung von 1724 gefunden, die für die Kolonien bestimmt und noch nicht im Umlauf waren. Den Entdeckern bereitete dies große Schwierigkeiten, weil es anfangs für Falschgeld gehalten wurde.

Von den ursprünglich 19 Kisten Gold- und Silbermünzen wurden fünf gleich nach dem Unglück geborgen. Nach den schwedischen Tauchern, die rund 4oo kg Münzen raufholten, hielt die marine-archäologische Abteilung des Seefahrtsmuseums in Bergen Nachlese und klaubte weitere 13o kg verkrustete deformierte Münzen auf. Ein Querschnitt der Beute in der Münzsammlung des Historischen Museums in Oslo.

Wegen der kurzen Entfernungen zu den Tauchstellen und dem klaren Wasser, das in den ersten Monaten des Jahres eine Sicht von bis zu 1oo m betragen kann, ist Runde bei Tauchern sehr beliebt. Weitere Informationen bei Knut Goksøyr oder im Touristbüro.

Weiter ab Ålesund

A) *Je nachdem, wieviel Zeit man für die Norwegen-Reise hat: Die* *schnellste Strecke zurück nach Südnorwegen (und zur Fähre retour in die* *Heimat) geht via*

Schnellverbindung RAUMADALEN-> GUDBRANDSDALEN (E 6) zurück nach OSLO (58o km), relativ guter Straßenzustand, in weiten Teilen geradlinig.

Im eigenen Auto ohne Abstecher und minimalen Pausen an einem Tag zu schaffen. Per Bus-/Bahnkombi (umsteigen in Åndalsnes und Dombås) etwa 8-9 Std. an reiner Fahrzeit einplanen. Bringt allerdings als Strecke erheblich mehr, als sie nur durchzudüsen.

Details zum ersten Streckenabschnitt Ålesund-> Åndalsnes-> Dombås siehe Seite 525.

Ab Dombås in weiteren 34o km auf der E 6 nach Oslo. Anfangs durchs noch enge Gudbrandsdalen (schluchtige Passagen), das sich zum Mjøsasee hin immer mehr weitet.

Wer gerne wandert, kann bei Otta sowohl zum angrenzenden Rondane-Nationalpark als auch ins Jotunheimengebirge abzweigen (Details im jeweiligen Kapitel).

Lohnende Stops an der Strecke Dombås-> Oslo (E 6):
- Im Olympia-Städtchen LILLEHAMMER eine der größten Freilichtanlagen Norwegens, etwa 12o Holz-/Blockhäuser inklusiv Stabkirche. Details siehe Lillehammer/Maihaugen Seite 565.

- Lange BOOTSFAHRT übern Mjøsasee im Raddampfer, einem prächtig restaurierten Fossil aus der Dampfschiffzeit. Abfahrt siehe Seite 57o.

- EISENBAHNMUSEUM in Hamar auf halber Strecke am See, zeigt eine breite Palette von der Draisine bis zum "Dovreriesen", siehe auf Seite 571.

An Übernachtungsmöglichkeiten bestehen entlang der Strecke Ålesund-> Oslo keine Probleme: neben Hotels in den Orten an der Strecke einige Campingplätze, meist mit Hüttenvermietung. Alle Details zu diesem Streckenabschnitt siehe Seite 525.

B) *Bei einem zeitlichen Spielraum von 3-4 Tagen noch den Schlenker* *über TRONDHEIM anhängen, der drittgrößten Stadt Norwegens, -* *entsprechend lebhaft. Schönes Stadtbild, gute Kneipen und viel zu sehen.* *Alle Details siehe Seite 531.*

Die Rückfahrt eventuell über Røros, der Bergwerkstadt in Ostnorwegen, oder Südschweden miteinbauen.

Nach Trondheim bestehen prinzipiell zwei Möglichkeiten:

1) ENTLANG DER KÜSTE in ca. 33o km nach Trondheim, wobei einige kurze Fährüberfahrten nötig sind; die Fjorde bei weitem nicht mehr so spektakulär wie im Süden, dafür geht's beim Atlanterhavsveien per Brücke direkt über die Schären - die beiden Städte Molde und Kristiansund nach dem Krieg wieder modern aufgebaut.

Zeitbedarf: mit eigenem Auto etwa 1 Tag einplanen (kurvige Fjordstraßen und Fährpassagen). Linienbus 4 x werktags, Wochenende nur 1-2 x (Umsteigeverbindung) über Molde, Kristiansund.

Details siehe Seite unten.

2) DIE INLANDSROUTE via Åndalsnes, Dombås etwa 1oo km länger, landschaftlich einige abwechslungsreiche Passagen; als Höhepunkt der Kurzabstecher zum Trollstigveien, die spektakulärste Paßstraße Norwegens - von der Höhe großartiges Bergpanorama.

Ab Åndalsnes durchs anfangs enge Raumadalen zum Kreuzungsort Dombås an der E 6 und weiter in 2oo km nach Trondheim.

Zeitbedarf: Ålesund-> Trondheim im eigenen Auto für die rund 43o km ebenfalls 1 Tag inkl. obigem Abstecher. Gut ausgebaute Straße, in weiten Bereichen flott befahrbar. Ohne eigenes Fahrzeug gute Bus-/Bahnkombi: Ålesund-> Trondheim mehrmals tägl., reine Fahrzeit etwa 7 Std., Umsteigen in Åndalsnes und Dombås.

Details siehe Seite 525.

1) ÅLESUND - MOLDE - TRONDHEIM

Von Ålesund über die RV 9 in gut 65 km zum Fährort Vestnes, dort per Autofähre direkt nach Molde übersetzen. Abfahrt alle 1/2 bis 1 Stunde, Dauer ca. 35 Min.

✴Molde   (23.ooo Einw.)

Macht als Stadt der Rosen Reklame und ist für sein Jazzfestival Mitte Juli international bekannt. Für norwegische Verhältnisse nördlich des 62. Breitengrades etwas Besonderes, durch die geschützte Lage und Golfstrom möglich. Abgesehen von den Blumen und dem weiten Panoramablick über Fjord und Berggipfel lohnt es den Abstecher kaum.

Am 29. April 194o wurde Molde von deutschen Truppen zu 8o % zerbombt, da sich der norwegische König vorübergehend in die Stadt geflüchtet hatte. Die wieder aufgebaute moderne Industrie- und Handelsstadt am breiten Fjordufer ist Provinzhauptstadt von Møre und Romsdal. Freilichtmuseum.

HAUSBERG VARDEN, 4o7 m. Bei gutem Wetter leuchten in der Ferne über 8o weißgesprenkelte Bergspitzen, als Kontrast der blaue Fjord mit zahlreichen bewaldeten Inselgruppen. Per Auto in 15 Min. vom Zentrum auf den Aussichtsberg. Zu Fuß gut 5o Min. über den Wanderweg zum Aussichtsplateau mit Restaurant.

Molde als "Stadt der Dichter" ist weniger bekannt. Der Nobelpreisträger B. Bjørnson war hier ein schlechter Schüler am Gymnasium. Alexander Kielland war Sysselmand der Provinz (Denkmal im Stadtpark).

 Im Rathaus nahe Kai. Boks 484, 64o1 Molde. Tel. 71 25 71 33, Fax: 71 25 49 18.

ROMSDAL MUSEUM: großes Freilichtmuseum. Sehr schön sind die Entwicklungen der Häuser und Einrichtungen in der Region Romsdal zu sehen. Durch die vielen Ausstellungsgegenstände kann man die Arbeitsweisen bis ins 14. Jh. zurückverfolgen. Museumsvn. 14. Offen: Mitte Juni bis Mitte August Mo.-Sa. 1o-18 Uhr, So. 12-18 Uhr. Anfang Juni und Ende August bis 14 Uhr.

FISCHEREIMUSEUM: liegt dirket auf Hjerøya am Meer. Die Blockhäuser traditionell mit Gras bewachsen. Es zeigt das beschwerliche Leben der Fischer seit Mitte des 19. Jh. Offen: Mitte Juni bis Mitte August 12-19 Uhr, Anfang Juni und Ende August 9-15 Uhr.

 "Hotel Knausen", in Bermo. Großer Komplex mit 156 Betten. Durch die große Gartenanlage, Minigolf und Tennis ein angenehmer Aufenthalt. Gehört zur Best-Western-Kette. DZ 16o DM (Sommerpreis) inkl. Frühst. "Hotel Molde", Storgata 19. Unmittelbar im Zentrum. Zugehörig das Restaurant Banken. 72 Betten, Sommerpreis DZ 17o DM mit Frühstück.

SKARET TURISTSENTER: Etwa 12 km außerhalb Ri. Atlantikstraße (RV 64), doch sehr schön gelegen. 17 moderne Hütten, Spielplatz, Reitmöglichkeit.

Molde-> Kristiansund via Atlantikstraße (Atlanterhavsveien)

Die kürzeste Verbindung in 89 km nach Kristiansund führt über die gut ausgebaute RV 1. Die wesentlich spannendere Strecke über die Atlantikstraße sollten man sich allerdings nicht entgehen lassen. Fähre- und Straßenmaut.

Am Ortsausgang Molde entweder durch den gebührenpflichtigen Tunnel oder die Fjellstraße RV 64, die bei gutem Wetter vorzuziehen ist. Am Frænfjorden treffen sie wieder zusammen.

 Für eine sehr schöne Fjellwanderung lohnt der kurze Abstecher auf der RV 64 Richtung Eide. Ziel ist die sog. TROLLKYRKJA, eine Grotte im Fjell, für die man insgesamt gut 4 Std. (hin und rück) einplanen sollte. Parkplatz und Ausgangspunkt der Wande-

rung bereits nach ca. 5 km links an der Straße. Hier beginnt der etwa 1,5-stündige Weg am Bach entlang aufs Fjell (rund 4oo Höhenmeter). Meist steinig und je nach Jahreszeit feucht. Plötzlich dann der Eingang in die kurze Höhle, die vom Bach S-förmig ausgewaschen wurde. Taschenlampe und Stiefel bzw. feste Schuhe unbedingt erforderlich, um über nasse Felsen die gut 5o m in die Höhle vorzudringen. Dann versperrt ein donnernder Wasserfall den Weg. Etwas weiter oben führt eine Leiter in einen Trichter, in den das Wasser hineinstürzt. Das Besondere an der Trollkirche ist der weiße Marmor, der vom Wasser blank geschliffen wurde.

Von der Küstenstraße RV 663/ 664 stellenweise rund geschliffene Schären, etwas Landwirtschaft.

✦Bud   (1.ooo Einw.)

Ein kleiner authentischer Fischerort, wie er auch auf den Lofoten zu sehen sein könnte. Die dunkelroten Bootshäuser dicht am Wasser, teilweise auf Stelzen um den Hafen. Gleich nebenan nisten die Dreizehenmöwen und das Gekreische ist groß, wenn die kleinen Fischkutter einlaufen. Im Fischverarbeitungsbetrieb hängen die Dorsche zum Trocknen auf den charakteristischen Hjeller: Übernachtung in Rorbuer oder Privatzimmern.

Restaurant BRYGGJEN": am Hafen, eingerichtet in einem alten Lagerhaus, ist eines der urigsten weit und breit. Hier sitzt man in alten Ruderbooten, die Tische sind aus Planken anderer Seehäusern zusammengezimmert, die 1992 während eines schweren Sturms zerbrachen. Aus den Fenstern im 1. Stock Blick auf den Hafen. Auf der Schiefertafel stehen Fischgerichte, die nach alter Tradition zubereitet werden.

KÜSTENBEFESTIGUNGSANLAGE ERGAN: Während der deutschen Besatzung wurde Bud durch seine strategisch günstige Lage zu einem wichtigen Eckpfeiler im Atlantikwall ausgebaut. Dafür wurden einige Boots- und Wohnhäuser abgerissen. Die unterirdische Bunkeranlage ist heute wieder restauriert, teilweise mit Geschützen versehen und komplett zugänglich. In der Hauptzentrale informieren Schautafeln und Fotos über die Besetzung Norwegens (Weserübung), die Zerstörung Moldes, den Widerstand und andere Themen. Beschreibungen teilweise auf deutsch. Von der Kanonenstellung aus kann man durch die Seeschlitz die gesamte Küstenlinie mit Inseln überblicken. Offen: Juni bis August tägl. 1o-18 Uhr.

Angelfahrten werden vom Restaurant aus organisiert. Angelausrüstung wird auf Wunsch gestellt.

Bei der WEITERFAHRT großartige Landschaft: auf den Schären

vereinzelt bunte Häusertupfen und die charakteristischen Bootshäuser auf Stelzen. Die Inseln hier draußen im Atlantik waren jahrhundertelang wichtige Stützpunkte für den Dorschfischfang im Winter. Immer wieder Zimmervermietung und Rorbuer mit Boot an der Straße ausgeschildert.

Ab <u>VEVANG</u> dann der 8 km lange <u>ATLANTERHAVSVEIEN</u> (Maut). Eine einmalige Küstenstrecke, die über acht Brücken von Insel zu Insel führt. Besonders beeindruckend die geschwungene <u>Storeseisundetbru</u> gleich zu Anfang.

Schon 1921 wurde beschlossen, über die kleinen Inseln eine Eisenbahn zu legen. 1935 wurde diese Vorhaben zugunsten einer Straße abgewandelt, 1983 schließlich mit den Arbeiten begonnen. Beim Bau haben Stürme den Konstrukteuren allerdings das Leben so schwer gemacht, daß bereits an die Einstellung des Bauvorhabens gedacht wurde. Mit einem finanziellen Aufwand von 122 Mio. Kronen wurde die Atlantikstraße schließlich 1989 fertiggestellt. Ein Viertel der Kosten wird durch die Straßenmaut eingefahren.

Mit dem Auto fährt man hier direkt übers Meer. Viele Parkplätze um die Schärenküste von einem der Hügel zu überblicken. Besonders beeindruckend bei Sturm oder Sonnenuntergang. Angelmöglichkeit von den Brücken aus.

Tauchen: für manche Schiffe bedeutete dieses Stück Küste im wahrsten Sinne des Wortes den Untergang. Zum Wracktauchen daher ein beliebter Stützpunkt. Bei Kennern als Nordeuropas bestes Tauchgebiet geschätzt. Tauchzentrum auf Strømsholmen, mit Flaschen-Füllstation Tauchkursen, Bootstransfer etc.

<u>HÅHOLMEN</u>: Auf der kleinen Insel nur drei Bootsminuten von der Atlantikstraße entfernt kann man zum einen ganz beschaulich in <u>Rorbuer</u> übernachten, einer der schönsten Plätze weit und breit, aber auch den "letzten Wikinger" besuchen. So nennen die Norweger Ragnar Thorseth, der durch seine Fahrt mit dem Ruderboot nach Island für Schlagzeilen sorgte. Später waren es Fahrten mit nachgebauten Wikingerbooten. Museum und Filmvorführungen. Die Wikingerboote Saga Siglar, Oseberg und der Eismeerkutter S/Y Havella liegen gleich nebenan. Urgemütliches Fischrestaurant. Zur Saison mehrmals täglich Überfahrten.

Auf der Insel **Averøya** entlang der Südstrecke zur <u>Stabkirche Kvernes</u>. Von außen ist sie kaum als solche zu erkennen. Innen wurde sie außergewöhnlich reich mit Rosenmalerei verziert. Bänke, die nach der Reformation eingebaut wurden sind nach wie vor erhalten.

<u>Autofähre</u> ab Bremsnes nach Kristiansund etwa 1/2- bis 1-stündlich. Schöne Überfahrt, lange Zeit zwischen den Inseln von Kristiansund vorbei bis zum Kai im Zentrum.

✦ Kristiansund (N)   (2o.ooo Einw.)

Am Atlantik auf drei Inseln um den Hafen gelegen. Um Verwechslungen mit Kristiansand an der Südküste zu vermeiden, wird gewöhnlich ein (N) für Nord angehängt.

Zentrum der Fischerei mit großer Flotte und Exporthafen. Im 2. Weltkrieg wurde Kristiansund komplett zerstört und anschließend in moderner Nachkriegsarchitektur wieder aufgebaut. Schöner Blick vom Aussichtsturm Varden.

 Im Kulturhaus oberhalb Einkaufszentrum. Kong Olav V's gt. 1, 65o1 Kristiansund. Tel. 71 67 72 11, Fax: 71 67 66 57.

"KLIPPFISCH"-MUSEUM: Direkt am Ufer wurde das Lagerhaus von 1749 zum Museum eingerichtet. Der Dorsch wurde jahrhundertelang auf den Felsen (Klippen) über der Stadt getrocknet und dann exportiert. Mitte Juni bis Anfang August Mo.-Sa. 13-17 Uhr.

WOLDBRYGGA: In der einstigen Böttcherei von 1875 kann man nicht nur sehen, wie Fässer gemacht wurden, sondern auch die Herstellung von Tauen und historischen Booten. So. 13-16 Uhr.

MELLEMVÆRFTET. Die alte Schiffswerft von 1867 ist als einzige Museumswerft Norwegens zu besichtigen. Ringsherum wird noch gearbeitet. Keine geregelten Öffnungszeiten, einfach vorbeischauen.

ALTSTADT: Auf der Gegenseite, der Insel Innlandet hatte Kristiansund seinen Ursprung. Einige Häuser haben den Stadtbrand 194o überstanden. So beispielsweise das Zollhaus von 166o/1748 und der Lossiusgården, ein Kaufmannshof von 178o. Er zeigt die prachtvolle Bebauung und den Reichtum vergangener Jahrhunderte.

 "**Rica Hotel Kristiansund**", Storgt. 41. Moderner Mehrstöcker direkt am Kai, gehört zur gleichnamigen Hotelkette. Konservative Zimmerausstattung. 2o4 Betten, DZ als Sommerpreis 155 DM.
"**Inter Nor Grand Hotel**", Bernstorffstredet 1. Traditionsreiches Hotel, wenn auch die heutige Architektur weniger anspricht. 2oo Betten. Sommerpreis DZ 15o DM inkl. Frühstück.

Jugenherberge, Dalaveien 22, beim obigen Camping Atlanten.

 Atlanten Camping og Turistsenter: Dalaveien 22, nahe Nordmøremuseum. Sehr schön gelegen, umgeben von Wald und doch zentrumsnah. Vermietung von Hütten und Wohnwagen.

 "RESTAURANT SMIA", Fosnagt. 3oB. Sehr gutes Fischrestaurant in einer ehemaligen Schmiede. Spezielle Atmosphäre. An den Balken hat der Schmied die Klingen getestet. Auf der Karte auch Fleischgerichte.

Kristiansund-> Trondheim 19o km

Die RV 1 führt einige Kilometer nach dem Zentrum durch einen 5,1 km
langen, mautpflichtigen Tunnel, um dann über eine beeindruckende Hängebrücke den Gjemnessund zu überqueren. Bei Fertigstellung 1992 war
sie mit 1257 m die längste Hängebrücke Norwegens (freie Spannweite
623 m). Die RV 7o/65 Richtung Trondheim biegt vor der Brücke ab.
Autofähre von Kanestraum nach Halsa alle 3o-6o Min. Die weitere Strecke
RV 71 sehr schön am Vinjefjorden entlang, teilweise schmal. Die Kiefern
bis dicht am Ufer. Vorbei an Seen, flankiert von rundgeschliffenen Fjells.
Alle Details zu Trondheim siehe dort.

2) ÅLESUND - DOMBÅS - TRONDHEIM

Ab ÅLESUND ca. 124 km nach ÅNDALSNES (RV 9)

Dauernder Kontrast zwischen Fjord und Fjell, entsprechende Kurbelei
rauf und runter. Schöner Blick zu den spitzen Sunnmøre-Alpengipfeln mit
blitzenden Schneefeldern. Der Küstenstreifen relativ bebaut.

In Sjøholt, einer kleinen, gesichtslosen Fjordstadt, Abzweig zum Geirangerfjord, 7o km
über Stordal, RV 65o, Kurzfähre bei Linge, über den tollen Adlerweg (Haarnadelkurven)
mit grandiosem Blick in den Geirangerfjord. Details siehe Geiranger.

Der Tresfjord wird ausgefahren; im weiteren Streckenverlauf Blick auf
Molde, das sich breit am anderen Fjorufer ausdehnt. Im Hintergrund die
Hügelkette Moldeheia. Von der Ferne wirkt die Stadt attraktiver als bei
einem Stadtbummel.

★Åndalsnes   (3.ooo Einw.)

Ausgesprochen hübsch gelegen, an der Mündung des Raumaflusses in
den Romsdalsfjord. Eine kleine Neubaustadt vor spitz aufragenden
Bergen. Im 2. Weltkrieg stark bombardiert, um eine Landung der
Engländer zu verhindern, die die Truppen im Gudbrandsal verstärken
sollten. Dafür war die Bahnlinie nach Åndalsnes von entscheidender
Bedeutung. Später wurde die Stadt in modernen Gebäuden wieder
aufgebaut. Profitiert von der günstigen Lage am Eingang zum Romsdalen
und nahen Tollstigveien. Ein idealer Stützpunkt für Kletter- und Wandertouren in unmittelbarer Nähe.

NORSK TINDMUSEUM (Norwegisches Gipfelmuseum) nahe Åndals-
nes-Camping zeigt die Entwicklung des Kletter- und Wandersports. Es ist
Arne Randers Heens gewidmet, dem großen Pionier der Berge um
Åndalsnes.

Beim Bahnhof, 63oo Åndalsnes. Tel. 71 22 16 22, Fax: 71
22 16 82. Faltblatt mit Wandervorschlägen in der Umgebung.
Offen ganzjährig; in der Saison Mo.-Sa. 9-19/ 21.3o Uhr, So.
14-19/21.3o Uhr.

In der Jernbanegate. Mo.-Fr. 9-16 Uhr, Sa. 9-13 Uhr.

"VERTHUSET RAUMA" am Abzweig RV 9/Zentrum.
Innen freundlich gemacht mit Selbstbedienung. Fjordblick.
Schöne Terrasse.
CAFETERIA/RESTAURANT im Raumahotel. Modern im
1.Stock mit langer Fensterfront. Ungezwungene Atmosphäre.

"**Rauma Hotel**", Vollan 16. Stadthotel im Zentrum, 36 Betten, DZ ab
16o DM.
"**Grandhotel Bellevue**", recht zentral, Åndalgt. 5. 92 Zimmer,
großteils mit Dusche/Bad, ordentlich. In den Gängen alte Fotos.
Tennisplatz. DZ ca. 18o DM.
"**Moen Motel**": 1o geräumige Blockhütten am Trollstigveien (RV
63), überdachte Veranda, separater Schlafraum, innen etwas dunkel, aber o.k. DZ ca. 8o
DM.
"**Romsdal Gjestegård**", an der Küstenstraße ca. 2 km außerhalb, 5o Betten. DZ mit
Dusche ca. 11o DM. Auch Hüttenvermietung.
Jugendherberge: 2 km außerhalb vom Ort Setnes über die Brücke. Offen 15.5.-16.9.,
7o Betten, ca. 3o DM/Nacht. Auch Familienzimmer.

*** Åndalsnes Camping: direkt am Weg zum Trollstigen,
großer Platz, 2 km von Åndalsnes Zentrum, Wiesengelände
mit Birken aufgelockert. Blick aufs schroffe Romsdalshorn.
Zusätzlich 31 Campinghütten unterschiedlicher Größe und Ausstattung,
3o-13o DM. Einkaufsmöglichkeit und Cafeteria, außerdem Verleih von
Fahrrädern, Mopeds und Kanus. Der Raumaabschnitt beim Campingplatz
ist ein beliebtes Lachs- und Forellenangelgebiet, guter Platz direkt vor der
Grøtør Brücke. Lachsangeln 1o DM/Tag. Karte beim Campingplatz.

Soggebru Camping, kleine Wiese, direkt am breiten Raumaelv, einfache
Sanitärs, einige Minihütten ohne Komfort, dafür günstig zum Angeln.
Liegt am Trollstigveien RV 63, direkt nach der Brücke, 5 km außerhalb
Åndalsnes.

Camping Mjelva: Die großzügige Anlage liegt 3 km außerhalb am Fuße
des Romsdals-Horn, verfügt über 4o Hütten unterschiedlicher Größe und
Preisklasse, Motelzimmer. Kinderspielplatz, Minigolf, Fahrradverleih.

Transporte ab Åndalsnes

In Åndalsnes endet die "Raumabahn" von Oslo durchs Romsdal. Wurde
1924 eingeweiht. Bahnhof und Busterminal im Zentrum.

Zug: nach Oslo 2 x tägl., auch Nachtzug, sowie nach Trondheim 3 x tägl.
(Umsteigen).

Bus: Kristiansund (N) 2 x tägl., knapp 3 Std.; Molde 1o x tägl., knapp

2 Std.; <u>Ålesund</u> 2-4 x tägl., dauert 2 Std. 1o Min.

Im Sommer entlang "<u>der goldenen Route</u>" Åndalsnes-> Valldal-> Geiranger zur Saison 1-2 x tägl.

<u>Taxistand</u> gegenüber der Post.

KLETTERN

Die Berge um Åndalsnes, speziell das Romsdalgebiet gilt als Kletter-Eldorado Norwegens, gut durchwachsene Touren für jeden Anspruch. Die über 1.ooo m senkrechte Wand "Trollveggen" gilt als schwerste in ganz Europa. Nur vergleichbar mit der superschweren Wand El Capitan im Yosemite Nationalpark in Kalifornien.

Das charakteristische Romsdalshorn (1.555 m) vis à vis der Trollwand und einige weitere Gipfel, z.B. Bispen, sind auch als "normaler Kletterer" machbar, ab Schwierigkeitsgrad III.

Wir können an der Stelle nur eine Auswahl interessanter Klettertouren geben, aber keine Kletterführer ersetzen. Alle speziellen Infos beim <u>Fjellsportsenter Aak</u> (Boks 238, 63o1 Åndalsnes) ca. 4 km vom Zentrum an der RV 9 Richtung Dombås. Bieten Kletterkurse, Eisklettern, Telemarkskikurse im Winter an, Übernachtung für Alpinisten, Info über Klettergebiete der Gegend.

* Das <u>ROMSDALSHORN</u> (1.555 m) ist der beliebteste und meist bestiegene Berg im Gebiet um Åndalsnes.

Die klassische und leichteste Route führt von der Nordseite auf den Gipfel. Eine 3- bis 4-stündige Tour. Erster Teil durch das leicht bewaldete Venjedalen, nach dem kleinen Hornsee beginnt der schwierigere Teil (45o m) der Schwierigkeitsstufe II (Erläuterungen der Schwierigkeitsstufen siehe Kletterkapitel). Ohne Bergerfahrung sollte man sich mit der Scharte "Lillefjellet" begnügen.

<u>Zufahrt</u>: von Åndalsnes über die RV 64 zum Isfjorden und bis ans Ende des Venjedal. Vom Gipfel enormes Panorama bis zum Fjordende bei Åndalsnes, gegenüber die lotrechte "Trollwand", die Autos von hier wie Spielzeuge.

Viele Erstbesteigungen in diesem Gebiet von Arne Randers Heen.

* <u>TROLLWAND</u>: mehrere Routen führen durch die 8oo-1.2oo m senkrechte Wand, alle mit mindestens einer VIer Schlüsselstelle.

Als "einfachste" unter ihnen gilt die englische Route auf der rechten Seite zum Trollryggen rauf: Einstieg am oberen Teil des Geröllfeldes, als Anhaltspunkt die verbliebenen Haken. Zusammen mit der norwegischen Route bereits 1965 zum ersten Mal bestiegen. Die Engländer brauchten damals 14 Tage. Heutige Zeit etwa 24 Std. mit drei Biwakmöglichkeiten im Fels. Der Rekord liegt bei 18 Std. in einem Tag. Insgesamt 1.5oo m. Einfacher Abstieg über die Rückseite zum Trollstigen. Zwischen der englischen und norwegischen verläuft die Franzosen-Route, 1967 erstmals angegangen.

Eine Herausforderung für Experten ist die unbestiegene Stelle ganz im Innern zum Brur Skar.

Zufahrt 1o km ins Romsdalen. Großer Touristenparkplatz an der E 69.

* Zur TROLLGRUPPE auf einfachem Weg von der Rückseite der Trollwand ohne große Klettererfahrung und von oben in die Tiefe schauen. Anfahrt über die Serpentinenstraße Trollstigen (siehe dort), ab der Holzaussichtsplattform Trampelpfad über den Rücken nach Osten in die Senke an dem kleinen Gletscher (etwa 2 1/2 Stunden), 1/2 Std. übers Gletscherfeld, im weiten Bogen kontinuierlich ansteigend an der Südwestwand der Trollgruppe rauf.

Gesamtgehzeit ca. 4-5 Std., keine wesentlichen Kletterpartien, doch bis in den Sommer hinein noch Schneereste. Wer Spaß hat, kann zwei kurze Kletterpartien (IIer) zu den Gipfeln "Klumpen" und "Stabben" einbauen, jeweils 6o m zu klettern.

* Das DREIGESTIRN Bispen, Kongen und Dronningen, ein weiteres ergiebiges Klettergebiet. Bei der Auffahrt über den Trollstigen bereits alle drei Gipfel im Blick. Die Serpentinenstraße verläuft genau unterhalb des "Bischofs". Ausgangspunkt der Touren auf der Paßhöhe.

Bispen (1.475 m), der leichteste der drei Gipfel. Die einfachste Tour führt über die Nordseite zum Gipfel, ohne nennenswerte Kletterstellen doch über Geröll, dauert 1,2 Std.

Anspruchsvoller die IIIer Tour auf der Ostseite, insgesamt 45o Höhenmeter, etwa 1 1/2 Std. bis zur Kletterstelle und in der breiten Rinne auf den Gipfel. Gesamtzeit 3-4 Std. Auf der Südseite IIer und IVer Tour.

Der Kongen (1.593 m) mehrere Touren unterschiedlicher Schwierigkeit über die IIer Süd-West-Route in nur 3 Std. zum Gipfel, - oder 4-tägige harte Klettertour (VI) auf der Direttissima der Ostwand.

Eine andere mittelschwere IVer Tour ebenfalls auf der Ostseite dauert 7-9 Std., reine Kletterzeit, doch sehr lohnend, etwa 1.8oo m lang. Zu der interessanten deutschen Route (Erstbesteigung von D. Nagel und W. Rein 1963) gibt es eine etwas kürzere Variante auf der Südwand, etwa 5 Std., gleiche Schwierigkeit (V), in nur 36o m zum Gipfel.

Dronningen (1.568 m): Die Königin liegt durch den längeren Anmarsch etwas im Abseits. Touren zwischen Schwierigkeit I und V.

Viele Wandermöglichkeiten in der nächsten Umgebung, oft allerdings steil bergan. Infos und Wanderkarten im Touristbüro.

Ca. 5 km nach Åndalsnes **Abstecher zum TROLLSTIGVEIEN**:

Eine der eindruckvollsten Straßen Norwegens. Am Ende des hochalpinen Isterdalen mit steil aufragenden Felswänden windet sich die berühmte Serpentinenstrecke in abenteuerlicher Straßenführung hinauf, 8oo Höhenmeter, 11 Haarnadelkurven über die volle Hangbreite. Zwei Wasserfälle schießen direkt an der Straße vorbei, der Stigfossen gut 18o m lang.

Die 1936 angelegte Straße ist inzwischen gut asphaltiert, auch für Ausflugsbusse befahrbar, max. 1o % Steigung. Ausweichbuchten an schmalen Passagen. Parkstreifen für Fotostops. Ziemlicher Rummel auf der Anhöhe, die Parkplätze meist voll, einige Cafeterien, Andenkenshops etc.

Wanderung auf dem "Kløvstien": Der alte Wanderweg über den Trollstien hinauf aufs Fjell wurde wieder restauriert und beschildert. Beginn bei der Alm Bøsetra, führt er in Spitzkehren die Wand hinauf. Straße oft queren. Dauer ca 1 1/2 Std. Der Weg wurde über Generationen als Verbindung zum Markt auf der anderen Fjordseite mit Pferden begangen.

Kleines Museum über den Trollstigveien beim Parkplatz und Souvenirshops.

Das klassische Motiv von der Aussichtsplattform auf der Paßhöhe (85o m), wenige 1oo m zu Fuß an den Souvenirbuden vorbei. Super Bergpanorama: links die Gipfel Bispen, Kongen und Dronningen, rechts auf der Rückseite des Trolltinden liegt die 1.ooo m senkrecht abfallende Steilwand Trollveggen (siehe Klettern).

Die Fortsetzung des Trollstigveien wird als "die goldene Route" angepriesen und führt durch ein schönes Hochtal, zur Fährstation Linge (ca. 4o km) und weiter über den Adlerweg zum Geirangerfjord. Eine sehr lohnenswerte Tour, beschrieben in umgekehrter Richtung (siehe S. 5o2).

Bustagestour auf der "goldenen Route" ab Åndalsnes 2 x tägl. lohnt sehr, möglichst gutes Wetter abpassen. Preis ca. 5o DM.

Åndalsnes -> Dombås   (RV 9) 1o6 km

Durchs wildromantische Raumadalen, eines der schönsten Täler Norwegens, die Bergwände zu beiden Seiten bis zu 1.8oo m hoch, gute Straße, schnell befahrbar. An der Route werden viele Hütten von Privat oder Campingplätzen angeboten. Bus- und Bahnverbindung nach Dombås mehrmals täglich.

Der wildeste und engste Teil gleich 1o km nach Åndalsnes mit der längsten senkrechten Felswand Europas (gut 1.ooo m) TROLLVEGGEN: gut von der Straße aus zu sehen.

Großer Parkplatz unterhalb der spektakulären Trollwand. Eine Schautafel zeigt die Erstbesteigung der verschiedenen Routen. Früher sah man von einem Felsvorsprung der Trollwand für Sekunden einen Fallschirmspringer (scheinbar Harakiri) herunterkommen.

Als erster wagte Jorma Øster 198o den Sprung ins Nichts. 4 Sekunden freier Fall, dann schwebten sie ca. 2 Minuten am Schirm zu Boden.
Es blieb aber eine gefährliche Sache, was die tödlichen Unfälle zeigten. Nach jedem neuen Sprung entbrannten in den Zeitungen hitzige Diskussionen, die inzwischen zum Verbot des "Fallskjermhopping" geführt haben.

Direkt gegenüber der Steilwand ragt das fotogene ROMSDALHORN (1.55o m) auf mit dem kleineren Bruder nebenan. 1826 wurde das große Horn zum ersten Mal bestiegen.

Weiterfahrt entlang der Rauma, einem bekannten Lachsfluß. Sie sprudelt und springt über Felsbrocken, bildet Stromschnellen und wird von mächtigen Wasserfällen gespeist. Das waldige Tal wird immer wilder, fast klammartig, der Höhepunkt beim SLETTAFOSSEN: ein gewaltig strudelnder Wasserfall, der Rauma 3o-4o m hoch. Begreiflich, daß viele Romantikmaler ihre Motive aus dieser Gegend genommen haben.

Einige wettergegerbte Bauernhöfe an der Strecke, insgesamt recht einsam - abgesehen von den Autolawinen, die von den Westfjorden Richtung Gudbrandsdal rollen.

BJORLI an der Strecke, im Wesentlichen eine Feriensiedlung im Kiefernwald mit Hütten und Campingplatz mit Cafeteria. Im Winter tut sich hier einiges. 1.74o m langer Lift bis auf 1.o8o m hoch. Das Tal wird bald weiter, die Berge flachen sich zu kahlen Kuppen ab.

LESJASKOG, ein schön gelegener Bergsee auf 63o m, die Wasserscheide an der Route. 1o km lang, im waldigen Hochtal mit kleinen Inseln, viele versteckte Wochenendhütten am Ufer, dadurch nur wenig Zugänge.

Der einzige Stellplatz am Wasser beim ** Camp Lesjaskog Vatnet, zum Bootfahren und Angeln der beste Stützpunkt.
Schöne Stellplätze im Kiefernwald am Seeufer. Gute Ausstattung mit Stromanschlüssen und eigenem Kiosk. 17 Campinghütten auf dem Gelände verteilt. Bootsverleih und Angelkartenverkauf. Auch Ostern geöffnet, zur Hauptskisaison Eisangeln/Langlauf auf dem See und den Höhenzügen. 12 km zum Skilift nach Bjørli.

Im Seebereich wird an der Straße einiges an Privatzimmern/Hütten angeboten, aber kaum direkt am See.

Schönste Lage haben die Hütten vom Lesjaverk Gård, abseits der RV 9 am oberen Seende, ruhig gelegen, ca. 5oo m am kleinen Sägewerk vorbei zum See. Der älteste Teil des Hofs stammt noch von 1734 und war früher Verwaltungsgebäude des Eisenwerks, das im 17.-19. Jh. Eisenerz aus der Gegend verhüttete.

Die weitere Strecke spannungslos, in die fruchtbare Ebene von Lesja hinab. In jedem Hof werden Zimmer oder Hütten angeboten.

Ab See in gut 36 km zum Kreuzungspunkt **Dombås** am oberen Gudbrandsdal, dort trifft man auf die Rollbahn E 6, die schnelle, zügige Verbindung in ca. 2oo km nach Trondheim.

Alle Details zum weiteren Streckenverlauf Dombås-> Trondheim S. 551.

Trondheim

(135.000 Einw.)

Die Hauptstadt des Nordens. Eine reizvolle und lebendige Stadt, zugleich die drittgrößte Norwegens - an der Mündung des Nidelv in den Trondheimsfjord.

Das historische Zentrum liegt kompakt auf einer Halbinsel, die vom Nidelv umflossen ist. Malerische bunte Lagerholzhäuser auf Pfählen am Fluß und stattliche, hübsch verzierte Bürgerpalais mischen sich mit modernen Verwaltungsgebäuden.

Die Hauptattraktion, der imposante NIDAROSDOM, streckt seine patinagrünen Turmspitze schon von weitem sichtbar über die Altstadthäuser. Trondheim war jahrhundertelang geistiger religiöser Mittelpunkt Norwegens, heute noch Bischofssitz.

Wie die meisten norwegischen Städte brannte Nidaros, wie die Stadt zunächst hieß, mehrfach ab. Besonders verheerend war der Großbrand von 1681, der kaum Häuser übrigließ.

Den heutigen, akkurat rechtwinkligen Grundriß verdankt Trondheim dem Reißbrett des Generals Cicignon, der auch die Festung über der Stadt bauen ließ. Schöne Grünanlage um den Dom am Flußufer.

Im Lauf der Jahrhunderte entwickelte sich Trondheim immer mehr zu einer Handels- und Verwaltungsstadt. Zentrum von Trøndelag mit Schulen und großer Uni (ca. 1o.000 Studenten), besonders guten Ruf hat die technische Hochschule auf dem Elgeseter.

Trondheim ist zugleich eine Stadt interessanter und nicht verstaubter Museen. Das Meer spürt man trotz seiner Nähe kaum, dies im Gegensatz zu Bergen und Stavanger. Großer Exporthafen für Holz, Erze, Fischprodukte. Maschinenfabriken, Werften am Rande; Autowerkstätten für beinahe jeden Typ.

Eine Umgehungstraße leitet den Fern/Schwerverkehr weiträumig ums Zentrum. Fußgängerzone um die Dronningens/Nordregate.

Geschichte: Der Wikingerkönig Olav Tryggvason legte 997 mit seinem Königshof und einer kleinen Kirche den Grundstein für die zweitälteste Stadt Norwegens. Der innere Trondheimsfjord war keineswegs zufällig gewählt, denn dieses fruchtbare Gebiet war schon lange von Wikingern bewohnt.

Dem Stadtgründer Olav Tryggvason ist seit 1923 ein Denkmal auf dem Marktplatz sowie in der Westfront des Doms gewidmet (er posiert in der 1. Reihe, erste Figur von links mit Schwert und Rüstung).

Mit dieser Kirche setzte er zugleich ein deutliches Zeichen der Christianisierung, konnte aber nur 5 Jahre das Erbe Harald Hårfagres (Harald Schönhaars) fortführen, der als erster die norwegischen Kleinkönigreiche in einem Bund vereinigte.

König Tryggvason fiel um 1.000 in der Seeschlacht bei Svolder. Wenig später übernahm Olav Haraldson (besser unter Olav der Heilige bekannt) das Zepter.

Als dritter norwegischer König förderte er sehr stark den Aufschwung der kleinen Siedlung Nidaros, holte Priester ins Land, unterstellte die norwegische Kirche dem Erzbistum Bremen und setzte die Christianisierung mit brutaler Gewalt durch, was besonders bei den Bauern auf großen Widerstand stieß.

Nach seinem Tode 1o3o (Schlacht von Stiklestad) und Heiligsprechung erlebte Trondheim einen wahren St.-Olavs- Boom. Der Dombau wurde begonnen, und Trondheim war durch den Heiligenschrein der Renner aller norwegischen Wallfahrtsorte. Handwerker und Händler ließen sich um den Dom nieder. Bis Anfang des 13. Jh. war Nidaros der Regierungssitz der norwegischen Könige (später Bergen, dann Christiania, das heutige Oslo).

Durch den Erzbischofssitz seit 1152 jahrhundertelang geistlicher Mittelpunkt des Landes. Die Kathedralschule feierte bereits 95o-jähriges Jubiläum. Im Laufe der Jahre entstanden in Trondheim neun weitere Kirchen und fünf Klöster (u.a. Munkholmen auf der kleinen Insel).

Die Dänen tauften die Stadt Ende des 15. Jh. in Tronthjem um. Der Aufschwung wurde durch die Reformation (erreichte Norwegen 1537) stark gedämpft, der letzte Erzbischof mußte fliehen. Stadtbrände waren in Nidaros/Tronthjem keine Seltenheit, unermüdlich wurden die Holzhäuser in den engen Gassen wieder aufgerichtet, bis nach dem 15. verheerenden Brand 1681 nichts mehr von der mittelalterlichen Stadt übriggeblieben war.

Für den Wiederaufbau entwarf der Stadtplaner J.C. Cicignon, den heutigen rechtwinkligen Grundriß.

Eine wesentliche Verbesserung lag in den breiten Hauptachsen, die bei erneuter Brandgefahr ein Übergreifen der Flammen verhindern sollten. Die Hauptstraße MUNKEGATE reicht schnurgerade vom Dom bis zum Hafen (Insel Munkholmen). Quer dazu die Kongensgate, ausgehend von der Liebfrauenkirche (Vår Frue Kirke mit Ursprüngen aus dem 12. Jh.) im Schnittpunkt der Marktplatz (Torvet).

Im 17. Jh. etablierte sich eine neue Handelsschicht reicher Kaufleute, die sich nach dem Entzug der Arbeitserlaubnis für Ausländer (daher noch deutsch, schottisch und englisch klingende Namen) teilweise norwegisierte. Zudem führte der stärkere Ausbau neu entdeckter Erzvorkommen, besonders Kupfer aus Røros zu einer wirtschaftlichen Wiederbelebung Trondhjems (Ausfuhrhafen).

177o zählte die Stadt bereits wieder 7.5oo Einwohner, im 19. Jh. sogar mehr als die Hauptstadt Oslo.

Zusätzlichen Aufschwung erhielt Trondheim Ende des 19. Jahrhunderts durch neue Transportbedingungen: die Schiffs- und Bahnlinien wurden bis Oslo ausgebaut. Ab 1881 Bahnverbindung nach Schweden (Meråkerbahn). Seit Anfang dieses Jahrhunderts drittgrößte Stadt Norwegens.

Tourist INFO Am Marktplatz Torvet. Postfach 21o2, 7oo1 Trondheim, Tel. 73 92 93 94, Fax: 73 51 53 oo. Offen: Mo.-Fr. 9-16 Uhr, Mitte Mai bis Ende August Mo.-Sa. 8.3o-2o Uhr, So. 1o-2o Uhr. Unterkunftsvermittlung. Empfehlenswerte Gratisbroschüre über Trondheim mit Stadtplan und aktuellen Museumsöffnungszeiten.

 Post: Hauptpost mit Poste restante, Dronningensgt. 1o. Mo.-Fr. 8-17, Sa. 9.3o-13 Uhr. Do. bis 18 Uhr.
Tele: Kongensgata. Mo.-Fr. 8-16 Uhr, Sa. 9-13 Uhr.

P **Parken**: Trondheim ist gespickt mit Parkuhren/-automaten, teuer im Innenstadt-bereich.

Zentrums Parkplatz schräg gegenüber vom Dom in der Bispegate vis-à-vis Kunst-galerie. Von Ende Juni bis Mitte August wird auch der Schulhof als Parkplatz (8-2o Uhr) benützt, stressfreier als die Parkuhren - übrigens eine abgelaufene Parkuhr kostet ca. 4o DM. Die Polizei kennt auch bei Touristen kein Pardon!

Großes Parkhaus ist in der Nedre Bakklandet 6o, geöffnet Mo.-Sa. 7-24 Uhr, oder Bil-huset Parkering bei der Essotankstelle/Werkstatt, Kjøpmannsgt. 41.

Lavprisparkering ohne Zeitbegrenzung auf dem Parkplatz am Stadion Nidarø und über die Fußgängerbrücke ins Zentrum.

Wohnmobile (Bobile): Eigener Parkplatz zwischen Hurtigruten-Kai und Containerverla-dung. Entsorgungsstation nebenan. Zufahrt: einmal ganz durch die Stadt fahren. Gebühr 1o DM/24 Std.

Bei der Einfahrt in die Stadt wird Gebühr erhoben.

Bei einem **Stadtbummel** fallen viele der alten Bauten aus der zweiten Expansionsphase auf. Neben dem STIFTSGÅRD, dem größten Holz-

1 Stiftsgården
2 Altes Hafengebiet
3 Nidarosdom
4 Erkebispegården
5 Musikhist. Museum
6 Kunstgalerie
7 Kunstgewerbemuseum
8 Seefahrtsmuseum

9 Freilichtmuseum
1o Festung Kristiansten
11 Wissenschafts. Museum
12 Bybrua

A und B Abfahrt Hurtiguten
C Fosen Kai/ Regionalboote
D und E Flughafenbus

TRONDHEIM

palast Europas: die zweistöckigen Holzbauten SOMMERGÅRD von 1777 mit der Schwanenapotheke und vis-à-vis am Marktplatz das Eckgebäude HORNEMANNSGÅRD von 177o.

2 Eine Reihe interessanter Speicherhäuser in der KJØPMANNSGATE, dem alten Hafengebiet in Trondheim (Trondheimbryggene). Mehrstöckige Holzhäuser im Stil des 19. Jahrhunderts. Zur Flußseite auf Pfählen erbaut. Einige der Häuser sind jetzt als Restaurants umfunktioniert. Die neuen großen Speicherhäuser stehen in der Fjordgt. am Kanal.

Von der fotogenen BYBRUA, ehemaligen Zugbrücke von 1861 (die erste Stadtbrücke von 1681), schöner Blick zur Mündung des Nidelv, zu beiden Seiten die alten bunten Lagerhäuser. Auf der anderen Flußseite befindet sich das ehemalige Arbeiterviertel BAKKLANDET. Die bunten, niedrigen Häuser entlang der Straße Övre- und Nedre Bakklandet wieder farbenfroh restauriert.

Weiteres altes Viertel seitlich (südlich) der Prinsensgt. Richtung Hospitalkirche. Kopfsteinpflaster noch wie zu alten Zeiten, die niedrigen Wohnhäuser wirken fast wie eine Filmkulisse, innen wohnlich modernisiert.

Das ZUCKERHAUS von 1752 in der Kalveskinnsgate war Trondheims erstes Brauhaus.

3 Der NIDAROSDOM ist das Wahrzeichen von Trondheim. Reliquienschrein des heiligen Olavs, zugleich größtes mittelalterliches Bauwerk Skandinaviens aus der Übergangszeit von Romanik zur Gotik. Daß nur ein Teil original erhalten ist, schmälert kaum die Bedeutung der in ihren Proportionen einmaligen Architektur.

Der Dom ist zugleich norwegisches "Nationalheiligtum". Gemäß Verfassung wird hier jeder neue König des Landes gekrönt. Der amtierende König Harald V. wurde 1991 eingesegnet, da seiner Meinung nach eine Krönung nicht mehr zeitgemäß ist. Offen: Mai bis Mitte September Mo.-Fr. 9-15/17.30 Uhr, Sa. 9-14 Uhr, So. 13-16 Uhr. Führungen zur Saison u.a. auf Deutsch. Faltblatt für die Innenbesichtigung am Eingang. Eintritt: 3 DM, Kinder, Studenten 1,5o DM.

Am besten läßt man den etwas düsteren Innenraum bei einem der täglichen Orgelkonzerte auf sich wirken (in der Saison um 13 Uhr), vom Turm (Vierungsturm) schöner Stadtrundumblick, Zugang über 172 Stufen recht mühselig, denn total eng gebaut. Nur zur Saison offen, geringer Eintritt.

Mit dem **Dombau** wurde im 11. Jh. über dem Grab Olav des Heiligen begonnen. Der Grundriß war in Kreuzform angelegt - Querschiff und Sakristei spätromanisch. Ein sehr schönes, frühgotisches Oktogon - achteckige Kuppel mit drei Seitenkapellen - schließt den Chor ab. Bei der Südkapelle der St. Olavs Brunnen: angeblich begann nach seinem Tod genau an dieser Stelle eine Quelle zu sprudeln. Viele Silberlinge erinnern an erfüllte oder unerfüllte Pilgerwünsche.

Inzwischen war Nidaros zum **Erzbistum** geworden, was mit einem aufgestockten Budget verbunden war - so konnte der Dom endlich erweitert werden, er platzte bei den

Pilgerströmen ziemlich aus den Nähten. Haupt- und Langschiff in der Gotik des 13. Jh. errichtet, vermutlich waren französische, später auch Kölner Steinmetze am Werk. Ende des 14. Jh. war die Domkirche im wesentlichen beendet.

Als Baumaterial diente der grünlichgraue "Kleberstein" (Seifenstein) aus dem Trønder Raum, der relativ leicht zu bearbeiten ist, trotzdem robust und haltbar.

Brände und Plünderungen in der **Reformation**, später auch durch die Schweden, schädigten die Kathedrale. Dabei verschwand auch der Reliquienschrein mit den Gebeinen des hl. Olavs. Der Erzbischof Olav Engelbrektsson verschanzte sich mit dem Schrein auf der kleinen Festungsinsel Steinviksholm nördlich von Trondheim (an der E 6), mußte aber fliehen. Im Nachherein fand sich keine Spur mehr von Olavs sterblichen Resten, - vermutlich in Dänemark vernichtet.

Zeitweise wurde der Dom sogar als Steinbruch zweckentfremdet.

Als norwegisches Nationalbewußtsein ab 2. Hälfte 19. Jh. wieder hoch im Kurs stand, erinnerte man sich des einstigen Nationalheiligtums und investierte große Summen in die Restaurierung.

Besonders Haupt- und Langschiff wurden fast komplett neu aufgebaut. An den Rekonstruktionsarbeiten waren drei norwegische Architekten beteiligt und versorgten bekannte norwegische Künstler über Jahre hinweg mit Aufträgen. Besondere Schwierigkeiten bereitete die Westfront, die beim ursprünglichen Dom wohl nie fertig geworden war und über die es keine Pläne oder Skizzen gab.

Das Resultat ist die mehrgeschossige, über und über mit Skulpturen geschmückte Westfassade: rund 75 Skulpturen-, ein Potpourri von Heiligen und alttestamentarischen Figuren in leicht gotisiertem Stil von norwegischen Bildhauern des 2o. Jh. u.a. durch Gustav Vigeland, z.B. hl. Olav in der 2. Reihe 4. von links; Olav Tryggvason 1. Reihe, 1. von links.

Glasfenster von Gabriel Kielland (1913-1934), Orgel von einem schwäbischen Orgelbauer 193o eingefügt. Fast alle norwegischen Erzbischöfe und viele Könige sind in der Trondheimer Kathedrale begraben.

Der hl. Olav - Olav Haraldsson, der zweite Missionarkönig Norwegens
In seiner Jugend ein draufgängerischer Wikinger, der auf den damals üblichen Abenteuerfahrten besonders in England sein Unwesen trieb - dort hörte er zum erstenmal von dem "neuen" Christentum und ließ sich später in der Normandie taufen.

Wieder in Norwegen schaffte er es, das Land aus dänisch-schwedischer Vorherrschaft zu befreien und Norwegen erneut zu einem Reich zu einen.

Seine brutalen, wenig christlichen Bekehrungsaktionen machten ihn bei seinen Landsleuten reichlich unbeliebt, so daß er schließlich 1o28 mit Hilfe des dänischen Königs Knut des Großen vertrieben wurde.

Ganz so kampflos wollte König Olav aber nicht klein beigeben; bei dem Versuch sein Reich wiederzurückzuerobern fiel er in der Schlacht von Stiklestad nördlich von Trondheim am 29. Juli 1o3o. Sein Leichnam wurde nach Nidaros (das heutige Trondheim) überführt und dort begraben. Die Gerüchteküche über seine Wundertätigkeit brodelte in ganz Nordskandinavien kräftig. Genau ein Jahr später wurde er heiliggesprochen, - über seinem Grab entstand der heutige Nidarosdom. Die Pilger kamen in Scharen, viele über den sogenannten Königsweg (siehe Seite 554), der Dom und Trondheim blühten auf.

Kronjuwelen: im Dom zu besichtigen. Zur Hauptsaison Mo.-Sa. 9.3o-

12.3o Uhr, Sonntag 13-16 Uhr. Sonst nur freitags 12-14 Uhr.

Die OLAVSTAGE werden jedes Jahr Ende Juli in Trondheim gefeiert. Zur Erinnerung an den Heiligen, dem Trondheim seine Millionen Pilger verdankt: König Olav Haraldsson, der später heiliggesprochen wurde. An den Olavstagen reiches Angebot an Kirchenmusik, Orgel-, Chorkonzerten, das Ringve Kammerensemble gibt Konzerte. Teils im Nidarosdom, im Erzbischofshof oder in anderen Kirchen Trondheims. Info beim Festivalkontoret, Kongsgårdgt. 2.

MUSEEN

1 STIFTSGÅRDEN: das größte Holzpalais Nordskandinaviens; 1oo Zimmer und 3.ooo qm für nur eine Dame. Cecilie Schöller, geb. Fröhlich, ließ sich in den 177oer Jahren dieses Prachthaus mitten im Zentrum bauen, eine Mischung aus Rokoko und Klassizismus.

Die bescheidene äußere Fassade läßt kaum das prunkvolle Interieur ahnen, noble Fluchten voller Stuck, wunderschöne Kamine, Wandbehänge für die gut 4,3o m hohen Räume. Die spätere Geheimrätin residierte nicht lange in Trondheim. 1786 zog sie mit all ihren Möbeln nach Kopenhagen. Der Stiftsgård wurde 18oo von dem Erben an die Stadt verkauft und für Krönungsfeiern benutzt. Wenn der König Trondheim besucht, 1-2 x pro Jahr, nimmt er im Stiftsgård Quartier. Führungen zu jeder vollen Stunde. Munkegate. Juni bis Mitte August Di.-Sa. 1o-17 Uhr, So. 12-17 Uhr. Eintritt 5 DM.

4 ERKEBISPEGÅRDEN: im Flügel des Erzbischöflichen Palais ist die Rüstkammer eingerichtet: Waffen, Uniformen seit der Wikingerzeit. Offen: Juni bis Aug. Mo.-Fr. 9-15, Sa. 9-14, So. 12-15 Uhr. Geringer Eintritt.

5 MUSIKHISTORISCHES MUSEUM (im Herrenhof Ringve): einfach super, wird auch jeden Musikbanausen begeistern. Riesige Instrumentensammlung, gut präsentiert und mit musikalischen Kostproben gewürzt.

Eine Fülle wertvoller Exponate, u.a. ein Flügel Chopins, eine Amatigeige (als einzige in einer Glasvitrine), seltene Kuriositäten aus der experimentierfreudigen Nationalromatik, z.B. eine stumme Geige, eine Spazierstockvioline, eine Hardangerblechfiedel, viele eigenwillige Spieluhrversionen.

Eine Locke von R. Wagner, Chopins Klavierhand in Gips. Viele Livekostproben aus der jeweiligen Epoche. Die norwegische Volksmusik ist durch seltene Exemplare der kunstvoll verzierten Hardangerfiedeln vertreten (vier Griff- und vier Resonanzsaiten).

1952 eröffnete die Musikliebhaberin Victoria Bachke, eine gebürtige Russin, ihre Instrumenten-Ausstellung in historisch eingerichteten Räumen auf

Gut Ringve (von 186o). Inzwischen auf über 1.ooo Instrumente ange-
wachsen, somit die größte ganz Skandinaviens. Das Ringve Kammerensemble gibt Konzerte auf historischen Instrumenten. Eintritt nur in Verbindung mit der sehr informativen Führung von Musikstudenten, Dauer
etwa 1 1/4 Std. 2o.5.-3o.9. mehrmals tägl., 2 x auch auf deutsch. Außerhalb der Hochsaison sonntags. Zeiten vorher im Touristenbüro abklären.
Eintritt 12 DM. Studentenermäßigung.

Die Hofanlage <u>GUT RINGVE</u> sehr schön gelegen mit Blick zum Meer,
Grünanlage mit botanischem Garten, der von der Uni Trondheim betreut
wird. Nette Cafeteria in einem der Hofgebäude.

<u>Zufahrt</u>: Richtung Stadtteil Lade auf der E 6 nach Norden; vor der Lade-
kirche links in den Mellomvegen (undeutlich beschildert), dann geradeaus
bzw. beschildert. Buslinie 4 bis Lade.

6 <u>KUNSTGALERIE</u> (Trondhjems Kunstforening): Gemäldesammlung
nicht unbedingt von Top-Qualität. Einiges aus dem 19. Jh.: Dahl,
Tidemand, ein Munch-Bild. Ansonsten Bilder weniger bekannter Namen.
Viel Raum ist modernen norwegischen Künstlern gewidmet, gelegentlich
spezielle Ausstellungen. Direkt neben dem Dom Bispegate 7. Offen: Juni
bis August tägl. außer Montag 11-16 Uhr. Sonst 12-16 Uhr. Eintritt 5
DM. Studentenermäßigung.

7 <u>KUNSTGEWERBEMUSEUM</u> (Nordenfjeldske Kunstindustrimuseum):
guter chronologischer Querschnitt von der Renaissance bis ins 2o. Jh. in
Bezug auf Möbel, Porzellan, Glasartikel, Kleidung.

Interessant sind die gewebten Wandteppiche von Hannah Ryggen, einer
engagierten schwedischen Künstlerin, die überwiegend im Trondheimer
Raum gelebt hat. Themen aus der Kriegszeit, der deutschen Besatzung
und der Nachkriegszeit. Sie versteht Weben nicht nur als eine
handwerkliche Fertigkeit, sondern als künstlerisches Ausdrucksmittel. Die
Dia-/Tonband-Schau im Museum gibt etwas Hintergrund, leider nicht in
deutsch. Munkegate 5. Mitte Juni bis Mitte August Mo.-Sa. 1o-17 Uhr,
So. 12-17 Uhr. Sonst kürzer. Eintritt ca. 6 DM.

8 <u>SEEFAHRTSMUSEUM</u> (Sjøfartsmuseet) im ehemaligen Gefängnis, zeigt
eine Vielfalt an Schiffsmodellen, eine Walfangharpune, Seekarten etc.

Das niedrige Steinhaus hat eine bewegte Vergangenheit: erbaut als Haupt-
wache der Stadtgarnison im 18. Jh., ein Teil als Gefängnis konzipiert.
Später Militärdepot und Fundbüro, im letzten Krieg Entlausungszentrale
der Stadt, danach Bürogebäude bis es zum Seefahrtsmuseum umfunktioniert wurde. - In der Fjordgate 6 A, neben dem gläsernen Hotel Royal
Garden. Offen: Mo.-Sa. 9-15 Uhr, So. 12-15 Uhr. Geringer Eintritt.

9 <u>FREILICHTMUSEUM TRØNDELAG</u>: gibt einen guten Einblick in das
ländliche und städtische Leben in den letzten Jahrhunderten, u.a. komplette
Hofanlagen in den verschiedenen Blockbautechniken zu sehen. Wohn-

stuben in marmorierter Holzverkleidung, ein Versuch mit der Mode zu gehen. Ein Kaufmannshof aus Trondheim, die holländisch-englische Einrichtung läßt die guten Handelsbeziehungen erkennen.

Gleich zu Anfang des Freilichtmuseums die vermutlich älteste Stabkirche Norwegens in der allereinfachsten und ursprünglichsten Form; nur ein Raum ohne jede Raffinessen; interessante Führung.

Insgesamt ca. 3o Gebäudekomplexe in sehr schöner Anlage, deshalb etwas Zeit mitbringen. Verpflegung in der TAVERNE, einem Lokal von 1739.

Auf dem Gelände die Ruinen der BURGANLAGE KÖNIG SVERRES 1182. Nach Überfällen immer wieder aufgebaut, doch in den letzten Jahrhunderten eingefallen und überwuchert.

Öffnungszeit der Freilichtanlage: 2o.5.-2.9. 11-18 Uhr. Vier Führungen tägl. in deutsch, englisch und norwegisch, die erste am Vormittag. Eintritt 8 DM, Familienermäßigung. Das Museum liegt am westlichen Stadtrand Ri. Byåsen, dann ausgeschildert. Bus Nr. 8 und 9 ab Dronningensgt.

10 FESTUNG KRISTIANSTEN, ca. 5oo m von der Bybrua: thront weiß leuchtend mit Superblick über Trondheim, hübsch und klein, wurde von Trondheims Stadtplaner, dem Hugenotten General Cicignon, 1676-82 erbaut. Abends angestrahlt, teilweise heute noch vom Militär genutzt.

Guter Blick über Trondheim auch vom FERNSEHTURM TYHOL (Höhe 8o m) in der Håkon Håkonsonsgt. Offen: 11.3o-23 Uhr, So. kürzer. Eintritt. Erreichbar mit Bus Nr. 2o und 6o. (Siehe auch Restaurants.)

11 Empfehlenswertes WISSENSCHAFTSMUSEUM (Erling Skakkesgt. 47), anschauliche zoologische Abteilung. Die komplette Tierwelt Norwegens vertreten. Luchse, Bären, Elche etc. Große Voliere ermöglicht einen akustischen Schnellkurs im Vogelstimmenunterscheiden. Im 1. Stock u.a. gute Wikingerabteilung - Schwerter, Schmiedewerkzeuge, Broschen und Schmuck aus dem Trønderraum. Die verschiedenen Felszeichnungstypen in der steinzeitlichen Sammlung verständlich gegenübergestellt. Ebenso ist den Süd-Samen ein Raum gewidmet. Unterm Dach befindet sich die Mineralien-Sammlung und in der Wissenschaftsabteilung können kleine Experimente durchgeführt werden.

Beschilderung oft leider nur auf norwegisch (Wörterbuch mitnehmen). Juni bis August Di.-Fr. 1o-18 Uhr, Sa./So. 11-18 Uhr; September bis Mai Di.-Sa. 1o-15 Uhr, So. 11-17 Uhr. Eintritt 5 DM.

OLAVSKVARTALET "Glaspalast" gegenüber des Royal Garden Hotels. Trondheims neues Kulturzentrum mit Konzerthalle, Ausstellungsräumen, einigen Boutiquen, Restaurant und Grand Olav Hotel - im Klartext: alles was gut und teuer ist. Architektonisch Geschmacksache: Die verzierten Holzhäuser werden von strengen Glaskomplex eingerahmt. Im Sommer reduziertes Konzertangebot.

FUNDAMENTE DER ERSTEN KIRCHE wurden im ehemaligen Rathaus (heute Bibliothek) freigelegt, dabei kam auch ein Skelett ans Tageslicht. Im Lesesaal der heutigen Bibliothek liegen die wichtigsten Zeitungen Norwegens (bis zur Svalbardpost) plus internationale aus. Offen: Mo.-Fr. 9-19, Sa. bis 14 Uhr.

AUSFLÜGE

* DIE BYMARKA: Trondheims Waldgebiet liegt nur 15 Autominuten vom Zentrum. Stundenlange Spaziergänge auf markierten Wegen, immer wieder hübsche Seen und Bäche. Zu Anfang noch flitzende Jogger. Im Winter kilometerlanges Loipennetz über die Hochfläche und Skilifte an bescheidenen Abfahrtshängen.

SKI STUA (Cafeteria und Ende der Fahrstraße) in 515 m. Für einen Stadtblick kurze Wanderung auf den HÜGEL GRÅKALLEN, mit Aussicht zum Meer auf der einen und Grenzberge nach Schweden auf der anderen Seite. Im Winter ein sehr beliebter Skihang, Flutlichtpiste, Schlepplift und Sprungschanze. Zufahrt per Auto: Beschilderung "Byåsen", dann Ri. Freilichtmuseum, Skistua ausgewiesen. Stadtbus Nr. 1o ab Munkegt. mehrmals täglich.

Am Rande der Bymarka das Ausflugslokal LIAN in Toplage im Halbrund erbaut, um möglichst viele Fensterplätze für den weiten Blick zu bieten.

Hübscher BADESEE zu Füßen, von Wald und Liegewiese eingerahmt, kleine Insel zum Rüberschwimmen. Mit dem Auto in 8 km ab Zentrum erreichbar, bequemer noch per Buslinie 1, mehrmals stündl. ab St. Olavsgt.

Schöne WANDERUNG von hier zur Ski Stua und weiter auf den Gråkallen in etwa 2 Std., gut beschildert.

* BOOTSAUSFLUG zur Bade- und Festungsinsel MUNKHOLMEN gleich vor der Stadt. Schöner Strand bzw. Liegewiese direkt auf der Befestigung (Café). Das Ausflugsboot fährt in der Saison zwischen 1o und 17/18 Uhr stündlich ab Fischhalle. Retourticket 7 DM.

Munkholmen, die Mönchsinsel, beherbergte seit dem 11./12. Jh. ein Benediktinerkloster, das im 17. Jh. zu der jetzigen Festung ausgebaut wurde (Führung); bei ihrer Entfernung zur Stadt (2 km) und der damaligen Reichweite der Kanonen jedoch als wirksame Verteidigung unbrauchbar. Ursprünglich hieß die Insel Nidarholm und war die Henkersinsel.

* BURG AUSTRAATT auf der Halbinsel Fosen. Ab Trondheim per Schnellboot (mehrmals tägl.) nach Brekstad und per Bus weiter zur Burg (Austraattborgen). In Norwegen seltene Anlage mit Park und Café. Die Burg wurde 165o vom Reichskanzler Bjelke in Auftrag gegeben. Während einer Besichtigung (Mai bis September) wird u.a. der Rittersaal gezeigt. Campingplatz nahe bei. Auch organisiert als Halbtagestour angeboten.

* **HAFENRUNDFAHRTEN** ab Mitte Juni bis Anfang September tägl. von Di. bis So. Dauer etwa 2 Std. Auch Abendtouren.

* Ebenso werden **STADTRUNDFAHRTEN** mit Führung angeboten.

* Sehr schön ist eine Fahrt mit einer **NOSTALGISCHEN STRAS-SENBAHN** ab St. Olavsgt. nach Lian. Dauer ca. 25 Min. (nur zu bestimmten Zeiten zur Spitzensaison).

Infos und Karten zu obigen Ausflügen im Touristbüro.

Das Gebirge **TROLLHEIMEN** liegt südwestlich von Trondheim und zählt zu den schönsten Wandergebieten Norwegens. Die Gipfel reichen bis zu 1.85o m. Mit Wanderwegen, Hütten, Hotels und Campingplätzen ist es gut erschlossen. Zugänge von der RV 65 im Westen oder E 6 (Oppdal) im Osten.

EINKAUFEN

Husflidenladen, Olav Trygvasonsgt. 18. - Große Auswahl verschiedener Strickarbeiten, Webteppiche, Holzschalen, schöne Souvenirs, alles handgearbeitet von hoher Qualität.

Bruns Bokhandel, Kongensgt. 1o. - Sehr gut sortierte Buchhandlung. Interessante Zusatzliteratur über Norwegen, deutsch- und englischsprachige Bücher, See- und Landkarten.

Helsekost, Fjordgate 62. Natur-/Reformhaus für Vollkornspaghetti, Sojagerichte etc.

Vinmonopol in der Kjøpmannsgt. 32. - Weine, Liköre und "Hartes".

Fischhalle Ravnekloa: Meeresgetier in allen Variationen lockend präsentiert, hat nichts mit muffigen südländischen Fischmärkten gemeinsam. Dorsch, Seelachs, Meerforelle, frischer und geräucherter Lachs, Walfleisch, frische Garnelen. Am Wasser, Ende der Munkegate.

Tauchshop Ola Brun in der Kjøpmannsgate 41 (Füllstation).

Alles rund ums Boot, Maskin og Båtutstyr, Fjordgate 41. Angeln, Zubehör. Supersortierter Laden: von Rettungswesten, Gummistiefeln, über Netze, Blinker bis Einbaukocher für die Pantry.

Krambu: uriger alter Kramladen. Hier gibt es allerlei Interessantes zu entdecken, die Fensterbänke voller Blechdosen. Nedre Brakklandet (nach der alten Brücke).

Norweger-Pullover der bekannten Firma Dale in allen Varianten: Nordregt. 1o.

Selbstbedienungswäschereien: Mellomveien 2o auf dem Weg zum Musikhistorischen Museum in Ringve. Robuste Maschinen und Trockner.

Gas-Nachfüllstation: Progas Ladeallee 11. Etwas schwierig zu finden. Im Stadtteil LADE, kurz vor der Lade Kirche den Mellomveien entlang, Jarleveien links ab in die Sackgasse Fridheimvegen nach 2oo m links.

 Die meisten Restaurants in der Kjøpmannsgate, z.T. mit Terrasse oder Fensterfront zum Fluß.

"DICKENS", Kjøpmannsgate 57, Restaurant und Pub im alten Kaufmannshof mit knarzende Bohlen, alte Holzbalkendecke. Rustikal, gemütliche Nischen im Restaurantbereich. Fleisch- und Fischgerichte, mittleres Preisniveau. Im Pub ist abends einiges los (zu den üblichen 1o DM), manchmal Live-Musik. Schöne Loggia mit Blick übern Fluß.

"PEPES PIZZA", Kjøpmannsgt. 25, besticht durch die Pontonterrasse direkt auf dem Nidelv. Große Pizzen; preislich am Nachmittag interessant, dann gilt die Devise: futtere soviel, wie du magst - zum Pauschalpreis.

"NEW CHINA RESTAURANT", Gjelvangveiet 2. Die bekannten Reisgerichte zu einem akzeptablen Preis-/Leistungsverhältnis. Reichliches 5-Gang-Menü.

"HAVFRUEN", Kjøpmannsgt. 7. Bekannt für seine Fischgerichte.

Bibliotheks Café "GJEST BAARDSEN", Peter Eggesplass 1, im ehemaligen Rathaus. Schöner Platz zum Relaxen, Zeitung lesen und Leute zu treffen. Ungezwungene Atmosphäre, viele Studenten. Kleine warme und kalte Gerichte für zwischendurch - leckere Rekerbrote.

"ERICHSENS CAFE" in der Fußgängerzone Nordregt. Im Sommer mit Tischen im Freien.

"VAEKTEREN BISTRO" im verschnörkelten, hübschen, weißen Holzhaus in der Prinsensgate 47. Cafeteria mit Gewehren und Speeren dekoriert, ausgefallene Gerichte: Elch Schneehuhn (Rype), auch Kaffee und Kuchen.

"PALMEHAVE", Dronningensgate gegenüber Post, gehört zum Hotel Britannia. Spezielle Atmosphäre in dem Saal von 1918. In der Hochsaison abends skandinavisches Büfett.

"BRYGGEN": nobles Feinschmeckerrestaurant direkt an der alten Stadtbrücke in einem der alten Holzhäuser. Stilvoll mit Kronleuchtern, Couchecken, vielen Schnörkeln. Der Koch läßt sich im Hintergrund über die Schulter schauen. Interessante Speisekarte, entsprechende Preise.

"HOS MAGNUS", Kjøpmannsgate 63. Nett mit alten Möbeln eingerichtet. Für norwegische Verhältnisse zivile Preise.

"PANORAMARESTAURANT GALAKSEN", 8o m über der Erde im Fernsehturm. Tyholt Håkon Håkonsonsgt. Der einmalige Stadtblick macht sich in der Rechnung bemerkbar. Bis 23 Uhr offen. Bus Nr. 2o und 6o.

"**Royal Garden Hotel**", supermoderner Glaskomplex neben alten Speicherhäusern an der Bakkebru, Kjøpmannsgt. 73. Üppige Grünpflanzen lassen fast exotische Treibhausassoziationen aufkommen. Von der Nachtbar bis Swimmingpool wird alles geboten. Die Zimmer entsprechend modern. Marmorbad, Minibar auf dem Zimmer. 6oo Betten. Im Sonderpreis ca. 18o DM (Hotelpaß). Exquisites Mittagsbuffet.

"**Gildevangen Rainbow Hotel**", Søndregate 22 b, etwas wuchtiger Natursteinpalazzo am Eck. Freundlich eingerichtete Zimmer, schräge Mansardenräume, bequeme Sitzgruppe und verhältnismäßig ruhig, als extra Service Radio und Video. 13o Betten, DZ ab 15o DM inkl. Frühstück.

"**Astoriahotel**", Nordregate 24. Mehrstöckiges modernes, etwas steriles Hotel. Geräumige Zimmer trotz Ledersessel und Fernseher etwas nüchtern. 1oo Betten, das DZ ca. 15o DM (Ermäßigungen mit dem Müller Pass). Ordentliches Restaurant mit großer Fensterfront zur Straße.

"**Norrøna Hotel**", mitten in der Fußgängerzone Th. Angellsgate 2o. Total zentral und abends ruhig. 67 freundliche Hotelzimmer, in der 3. und 4. Etage mit Teppichboden, Sitzmöglichkeit. Teilweise mit Bad/WC DZ 15o DM Sommerpreis. Großer Speisesaal in warmen Tönen gehalten. Alkoholfreies Milieu - Missionshotel.

"**Trondheim Hotel**", Kongensgt. 15. Total zentral gelegenes Stadthotel. Komfortable Zimmer, alle mit Privatbad, Farb-TV etc. Durch die Lage an der Kreuzung allerdings nichts für Lärmempfindliche. DZ inkl. Frühstück 15o DM Sommerpreis.

"**Nye Sentrum Hotell**", Cicignons Plass. Direkt im Zentrum. 4o Zimmer, alle mit Bad oder Dusche. DZ 13o DM, z.T. auch günstiger.

"**Linde Pensjonat**", Kongensgt. 4o, direkt im Zentrum. Gutes Preis-/Leistungsverhältnis. 36 Zimmer, alle mit Dusche oder Bad, insgesamt einfaches Mobiliar, aber Farb-TV. Manche Zimmer mit eigenem Küchenbereich. DZ um die 12o DM.

"**Singsaker Sommerhotel**", Rogertsgate 1, direkt bei der Festung. Hübscher, langgestreckter, älterer Holzbau. Er konkurriert mit dem Stiftsgård um das Prädikat "größter Holzbau Norwegens"; ganz ruhig im Villenviertel gelegen. Das Studentenwohnheim von Mitte Juni bis Mitte August zum Hotel umfunktioniert; die ganze Organisation wird von Studenten abgewickelt. Zimmer mit und ohne Bad; großer Speiseraum und Garten. 2oo Betten. DZ ab ca. 155 DM inkl. Frühstück. Preiswerte Unterkunft in Gemeinschaftsschlafsälen.

"**Bed & Breakfast**", Inger Stock, Porsmyra 18. Auch wenn die kleine Pension rund 1o km außerhalb vom Zentrum liegt (Busverbindung), ist es doch eine empfehlenswerte Adresse. DZ 65 DM.

"**Inter-Rail Senter**", günstige Alternative zur Jugenherberge.

Jugendherberge Rosenborg, Weidemannsvei 41, ca. 2 km vom Bahnhof. Ganzjährig geöffnet (außer über Weihnachten). 2oo Betten. Busverbindung, Familienzimmer, Übernachtung ab 4o DM inkl. Frühstücksbuffet.

Privatzimmer teilweise im Zentrum und mit Kochgelegenheit, ab 6o DM, Vermittlung übers Touristbüro.

Camping - kein direkter Stadtcampingplatz.

*** Sandmoen Camping: der nächstgelegene Platz 1o km südlich von Trondheim im Ort Heimdal (E 6, Busverbindung). Mittelgroßer Platz mit vereinzelten Büschen, Schotterwege strukturieren das Areal, stark frequentiert, aber ordentlich gewartet. Viele unebene Stellplätze bis dicht an die E 6. Waschmaschine, Aufenthaltsraum, Küche, Shops, 45 Hütten in Blockbauweise dicht an dicht am Rand. Pauschalcampingpreis, ganzjährig offen. Leser beschweren sich über unsaubere Sanitäranlagen.

** <u>Flak Camping</u>: 12 km westlich des Zentrums. Ausschilderung RV 715. Bus Nr. 75/76 ab Bahnhof. Liegt direkt am Trondheimfjord, in einer Bucht neben dem Fährhafen. Für Zelte windgeschützte Plätze, in der Umgebung schöne Landschaft. Nur einige Hütten.

*** <u>Motel/Camp Storsand</u>: 15 km nördlich an der alten E 6. Sehr großes, schön angelegtes Terrain, etwas zurückgelegen von der Straße, zieht sich bis zum Meer, unten am Wasser kein Autolärm mehr. Hügel und Wäldchen lockern den Platz angenehm auf. Gute Surfmöglichkeit am Trondheimsfjord. Ordentlich ausgestatteter Aufenthaltsraum, gepflegte Sanitärs, Waschmaschinen und Bügelraum, Bootsverleih für Angelfahrten auf dem Meer. Viele Campinghütten und Motelzimmer. Ganzjährig offen.

Transporte   *Trondheim*

Stadtbusse: 24-Stunden-Ticket für den Stadtverkehr, Preis 1o DM/Pers. bzw. 15 DM die Familienkarte. Erhältlich im Wagen oder am Bahnhof, Trondheimer Verkehrsamt, Prinsensgt. 32, Turistkontor am Marktplatz.

Bus Nr. 1 zum Lian-Aussichtsrestaurant in der Bymarka ab Munkegate.
Nr. 1o zur Ski Stua in 515 m Höhe auf der Bymarka, nächstgelegenes Wander- bzw. Spaziergebiet ab Dronningensgt.
Nr. 1+4 zum Musikhistorischen Museum in Ringve.
Nr. 8+9 zum Freilichtmuseum.

Moderner **Busbahnhof** für Stadtverkehr und Umgebung in der Ecke Erlings Skakkesgt. hinterm Theater mit Warteraum, Gepäckschließfächern und Cafeteria.

Busse: Fernbus nach Bergen 1 x täglich, fährt die Nacht durch, ca 15 Std. über Otta, Lom, Stryn, Førde. Ticket ca. 175 DM. Sehr reizvolle Alternativstrecke (wenn man Bahn und Bus kombiniert) über das Hochgebirge Jotunheimen und über die Hardangervidda: Zug von Trondheim bis Otta im Gudbrandsdal, dort in den Bus übers phantastische Jotunheimen umsteigen bis nach Gol im Hallingdal. Dort wartet wieder die Bergenbahn über die Hardangervidda. Gute Anschlüsse, dauert ca. 14 1/2 Stunden. Bus nach Røros 2 x tägl. dauert ca. 3 1/2 Std.

 **Eisenbahn**: Großer Bahnhof direkt am Meer auf der Brattøra Insel. Mit Gepäckaufbewahrung, Cafeteria, Taxistand gleich davor. Zug nach Oslo über Dombås 3 x tägl., über Røros 2 x tägl. Fahrzeit je nach Strecke 6 1/2-8 Std.

Zug nach Bodø (Endstation der Nordlandbahn) 2 x tägl. Reservierung wird empfohlen, auch Nachtzug (Liege-/Schlafwagen). Nach Stockholm 2 x tägl. Reservierung wird empfohlen, auch Nachtzug (Liegewagen). Normalpreis ca. 15o DM.

 Hurtigruta ab Brattøra (mit Gepäckaufbewahrung und Taxistop) 1 x tägl. vormittags nach Süden (Bergen). Endstation Pir 1: 1 x tägl. gegen Mittag nach Norden weiter Pir 2. Büro im NFDS Reisebüro, Kjøpmannsgate 52, gegenüber Seefahrtsmuseum.

Lokalboote: Schnellboot nach Vanvikan ab Skansen Kai, Schnellboot nach Fosen, Hitra,Frœya, Sula ab Fosenkai (gegenüber Bahnhof).

 **Taxistände**: am Marktplatz, am Bahnhof, vorm Hotel Royal Garden, Nordregata und Søndregata. Tel. 73 5o 5o 73.

Automieten:

AVIS: Kjøpmannsgt. 34 und am Flughafen
Hertz: Haakon VII Gt. 8-1o und am Flughafen
Budget: Elgesetergt. 21 und Flughafen

Flughafen: 35 km nördlich in Vaernes, SAS/Widerøe Büro Olav Trygvasonsgt. 39-41.

Braathens Safe im Royal Garden Hotel Kjøpmannsgt. 73.

Flüge:	
- Bergen (teilweise Direktflug)	14 x werktags, ca. 1 Std.
- Bodø	11 x werktags, ca. 1 Std.
- Kristiansand	8 x werktags, gut 2 Std.
(in der Regel Umsteigeflüge über Oslo)	
- Oslo (Direktflug)	2o x werkt., ca. 5o Min.
- Stavanger (Direktflug)	14 x werktags,
teils Umsteigeflüge via Oslo	2-3 Std.
- Tromsø	9 x werktags, 2 Std.

Wochenende jeweils seltener!

Routen ab Trondheim

In Trondheim stellt sich die Frage, ob man Norwegens Norden bereisen möchte bzw. welche Route man für die Rückreise wählt.

* Nach **Nordnorwegen**, ins Land der Mitternachtssonne über Bodø zu den einzigartigen Lofoteninseln bzw. der Erzverladestadt Narvik noch runde 9oo km per Auto. Weiter über die E 6, Trondheim-> Nordkap gut 1.6oo km einfach. Ein Trip für Hartgesottene und Einsamkeitsfans von mindestens 5 Tagen durch die ewige Weite Lapplands, in der mehr Rentiere als Menschen leben. Ergiebige Lachsflüsse wie nirgendwo anders in Europa; unberührte Natur in Hülle und Fülle, Angeln im Meer mit Fanggarantie.

Der eigene PKW ist gerade im hohen Norden das ideale Transportmittel, schnuckelige Wohnmobilstellplätze problemlos zu finden. Beeindruckende Entfernungen, durch den langen Winter oftmals enorme Straßenschäden, die den Schnitt drücken.

Am bequemsten bewältigt man die lange Strecke per Flugzeug, z.B. zur Fjordstadt Narvik mit Ausflugsmöglichkeiten zur Lofoteninselgruppe. Eilige mit Ziel Nordkap fliegen gleich bis Tromsø, besser noch Alta oder Hammerfest, ans Nordkap weiter per Mietwagen oder Linienbus bzw. Fähre ab Hammerfest, der nördlichsten Stadt der Welt. Ohne eigenes Fahrzeug entweder als Bahn-Buskombination (Schlafwagen Trondheim -> Bodø) weiter per Nordnorwegen-Bus ans Nordkap oder entlang der Küste mit dem Schnelldampfer Hurtigruta nach Kirkenes nahe der russischen Grenze. Alle Details VELBINGER- Reiseführer "NORD- NORWEGEN".

* Die lohnendste **Rückreise** führt **entlang der fjordreichen West-küste** durch einzigartige Landschaft, direkt aus dem Fjord aufsteigende Berge, z.T. schneebedeckte Gipfel, Gletscherausläufer bis dicht ans Meer. Direkt an der Route liegt die einzige Jugendstilstadt Norwegens Ålesund, die gut erreichbare Vogelinsel Runde und der fotogene, enge Geiranger-fjord. Über die alte Hansestadt Bergen und die Ölmetropole Stavanger zurück nach Südnorwegen.

Abkürzmöglichkeit nach Oslo via Zentralmassiv Jotunheimen bzw. über das Hochfjell Hardangervidda mit guten Wandermöglichkeiten. Gletscher-touren, Naturschönheiten.

Per Auto bis Bergen bei einigen Abstechern und ca. 7oo km etwa 5 Tage einplanen. Die Straßen winden sich um jede Fjordbiegung oder führen durch Tunnels. Fährpassagen reduzieren den Schnitt. Mit öffentlichen Verkehrsmitteln ist ein exaktes Timing nötig. Alternativ mit der Hurtigruta, der täglich verkehrenden Schiffslinie zwischen Bergen und Kirkenes nahe der russischen Grenze. Knapp 1 Std. im Direktflug von Trondheim nach Bergen oder Oslo. Alle Details im jeweiligen Kapitel.

* **Kürzeste Verbindung zurück nach Oslo** durchs Gudbrandsdal via

E 6, Fahrzeit für die 542 km mit eigenem Pkw ca. 1 Tag, - der Zug benötigt je nach Strecke 6 1/2-8 Std. Bei einem extra Tag den Abstecher zur Bergwerksstadt Røros einplanen. Details siehe Folgekapitel.

* Rückreise via Schweden

Über die E 14 kurz hinter Trondheim über den Karolinervägen. Dank des offenen Grenzverkehrs passiert man die Grenze unmerklich. Anfangs an Schluchten und Wasserfällen vorbei, bergig im Grenzgebiet, weite Ebene um Östersund in Schweden. Ausgedehnte Kanutouren auf ausgefransten Seen, Wälder soweit das Auge reicht. Flott befahrbare Strecke durch Mittel- und Südschweden retour, bei etwas Zeit auf jeden Fall den Schlenker über Stockholm mit einbauen. Trondheim-> Stockholm 8oo-9oo km je nach Strecke, 2 Tage einplanen.

Per Bahn 2-3 x täglich Direktverbindung nach Stockholm im Liegewagen, eine der bequemsten Möglichkeiten. Ca. 11-12 Std. Fahrzeit. Per Flug tägliche Verbindung Trondheim-> Stockholm.

Alle Details in unserem Schweden-Band, Velbinger-Reihe Band 18.

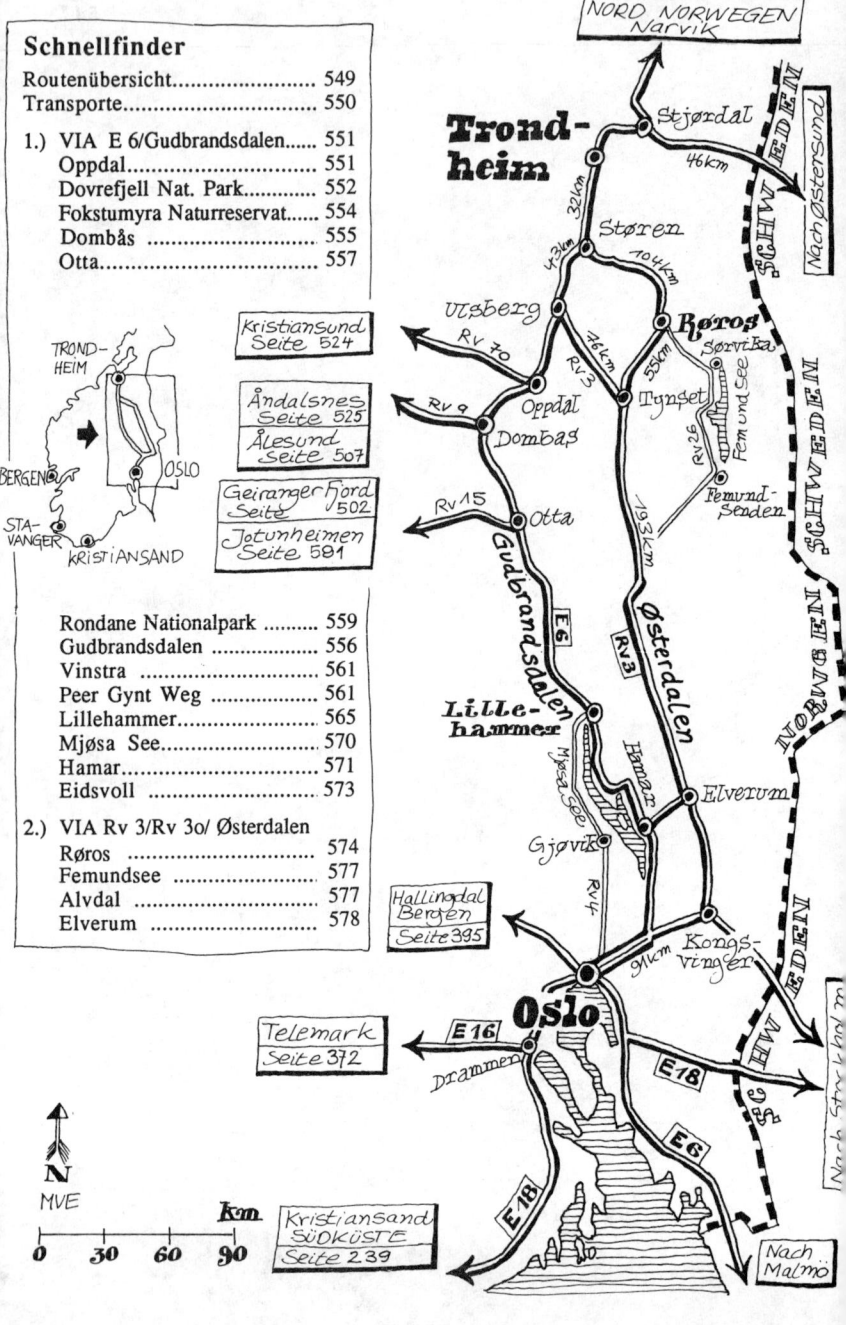

Kristiansund Seite 524

Åndalsnes Seite 525
Ålesund Seite 507

Geirangerfjord Seite 502
Jotunheimen Seite 591

Hallingdal Bergen Seite 395

Telemark Seite 372

Kristiansand SÜDKÜSTE Seite 239

NORD NORWEGEN Narvik

Trond-heim

Stjørdal
46 km
Nach Østersund

Støren

Ulsberg

Røros
Sørvika
Fem und See

Oppdal

Tynset

Dombås

Femund-Senden

Otta

Gudbrandsdalen

Østerdalen

Lillehammer

Elverum

Gjøvik

Hamar

Kongs-vinger

Oslo

Drammen

Nach Malmö

SCHWEDEN
NORWEGEN
SCHWEDEN

Rv 70
Rv 9
Rv 15
Rv 3
Rv 26
Rv 4

E 6
RV 3
E 16
E 18
E 6
E 18

N
MVE

km
0 30 60 90

Trondheim »→ Oslo

Im Prinzip gibt es für den Autofahrer (aber auch denjenigen, der Bus oder Zug nimmt) 2 HAUPTROUTEN, und zwar:

1.) die E 6: zügig befahrbar, da exzellent ausgebaute Landstraße, - die Hauptverkehrsader im Inland Norwegens via Drivdalen/Dovre Fjell und Gudbrandsdal. 542 km, mit eigenem Pkw rund 1o Std. Der Zug, der dieser Strecke durch die langgestreckten Täler folgt, benötigt rund 8 Std.

Die E 6 ist nicht nur wichtigste Inlandsachse. Sie verbindet zugleich durch meist sehr gut ausgebaute und seitlich abzweigende Landstraßen mit der WESTKÜSTE (so Åndalsnes/Ålesund, - zum Geiranger- und Nordfjord sowie zum Sognefjord via Jotunheimen).

Da sie auch die wichtigste Achse des Landes rauf nach Nordnorwegen darstellt, (u.a. über Trondheim, der drittgrößten Stadt des Landes), ist sie entsprechend dicht befahren. Ein Verkehr, der sich aber in der Regel zügig abwickelt und ohne Staus (ausgenommen Winter nach Schneefällen). Weiterer Vorteil: dichtes Netz an Tankstellen, Campingplätzen bzw. Übernachtungsmöglichkeiten in den Orten entlang der E 6.

Sie bringt außerdem die landschaftlich interessantere Route (gegenüber 2/ Østerdalen) und die Möglichkeit, den lohnenden Zwischenstop in LILLE- HAMMER einzulegen (wegen Volkskundemuseum, größtes des Landes, mehr als 1oo Originalhäuser inkl. Werkstätten) und in HAMAR (wegen Eisenbahnmuseum, ebenfalls größtes des Landes). Auf dem Mjøsasee der älteste heute noch verkehrende Schaufelraddampfer der Welt!

ALTERNATIVEN: Abkürzung ab E 6 in Ulsberg, ca. 1oo km südl. Trondheim runter von der E 6 auf die RV 3 rüber nach Tynset bis Elverum. Hier rüber nach Hamar/E 6. Spart insgesamt auf der Strecke Trondheim-> Oslo ca. 3o km. Klammert aber das Volkskundemuseum in Lillehammer aus.

Oder: E 6 bis Lillehammer und hier via RV 4 und Gjøvik nach Oslo, spart ca. 15 km. Touristisch ist die Alternativroute weniger interessant. Insgesamt flott befahrbar, wenn auch etwas kurviger als die Hauptroute E 6. Aber kaum Lkw-Verkehr und nur wenige Ortschaften mit Geschwindigkeitsbegrenzung. Die Strecke führt an den waldigen Nord-ausläufern der Oslomarka vorbei, in denen noch Elche leben. Im Großraum Gjøvik viel Landwirtschaft, ansonsten weitgehend durch bewaldete Hügellandschaften.

Alle Details zur E 6 (und Alternativen) siehe .... Seite 551

2.) RV 3 via Østerdalen: liebliche und bewaldete Hügel-Tallandschaften ohne viel Abwechslung. Wer ab E 6 in Ulsberg einsteigt und die Quer-verbindung ab Elverum nach Hamar zur E 6 fährt (siehe Karte), hat mit ca. 513 km die kürzeste Verbindung nach Oslo. Lohnend aber der Schlenker ab Trondheim via RØROS, der alten Bergwerksstadt.

Alle Details siehe .... Seite 574.

Transporte

ZUG: benötigt rund 8 Std. zwischen Trondheim und Oslo, auf der **Dovre/Gudbrandsdal-Strecke**. Mehrmals täglich, ca. 14o DM, auch Nachtzüge mit Schlafwagen.

Umsteigemöglichkeit in DOMBÅS in den Zug nach Åndalsnes. Dort regulärer Busanschluß nach Ålesund/Westküste - sowie mit einem speziellen Touristenbus (nur Sommer) an den Geirangerfjord.

OTTA mit Busanschluß via Vågåmo nach Lom. Ab hier Busverbindung an den Geiranger- und Nordfjord. Sowie (in den Sommermonaten) über die RV 55 ins Jotunheimen Gebiet und weiter an den Sognefjord/Sogndal.

Beides landschaftlich großartige Verbindungen, die Rundtrips ermöglichen, beispielsweise ab Sognefjord via Naerøyfjord/Aurlandsfjord und Flåm Eisenbahn zur Bergenbahn nach Oslo. Ein Umweg von ca. 2 Tagen, der sich aber in jedem Fall lohnt, sofern man diesen Bereich noch nicht eingebaut hat! Details siehe dort!

Ab LILLEHAMMER mal was anderes machen! Unser Tip: Den weiteren Streckenteil mit dem Schaufelraddampfer "S/S Skibladner" über den Mjøsasee bis Hamar, dort mehrmals täglich per Zug nach Oslo. Extra Zeitbedarf knapp 1/2 Tag und genau timen - das Boot fährt die Strecke nur 3 x pro Woche. Es besteht auch die Möglichkeit, mit dem "S/S Skibladner" über den Mjøsasee nach Gjøvik zu fahren, dort Busanschluß nach Fagernes und Bus nach Laerdal am Sognefjord. Zugleich der Südeinstieg für Jotunheimen.

Auf der **Østerdalenstrecke** benötigt der Zug zwischen Trondheim und Oslo ca. 9 Std. Zwei Züge täglich, einer tagsüber, einer nachts (außer Sa.) mit Schlafwagen. Die Strecke verläuft ab Trondheim via Røros-> Elverum-> Kongsvinger nach Oslo und ist geringfügig teurer als die Dovre/ Gudbrandsdalen Strecke.

In jedem Fall lohnend: RØROS, die alte Bergwerksstadt. Der Umweg (per Bus ab Røros) via RV 26 zum Femundsee, Schaufelraddampfer "M/S Faemund II" (Bj. 19o5) über den See mit ca. 1 Tag extra kalkulieren.

Die **E 6** via Gudbrandsdalen ganzjährig befahrbar, höchster Punkt der Strecke 1.o26 m im Bereich Dovre Fjell. - Die **RV 3** hat ihren höchsten Punkt bei Kvikne (zwischen Tynset und Ulsberg) mit 7o3 m und ist ebenfalls ganzjährig befahrbar.

1.) TRONDHEIM 〰→ OSLO (E 6)
(via Gudbrandsdal) 542 km

Norwegens Hauptverkehrsachse im Inland. Schnelle Zubringerstraße sowohl nach Oslo als auch an die Westküste/Fjordland und ins Zentralgebirge Jotunheimen. Im landschaftlich reizvollen Gudbrandsdal geht's am breiten Lågen-Fluß entlang.

Ausgedehnte Wandergebiete im <u>Rondanefjell</u> oder <u>Dovre Nationalpark</u> mit der einzigen in freier Wildbahn lebenden Moschusochsenherde. Weite Teile der Strecke für norwegische Maßstäbe dicht besiedelt; gut bestückt mit Campingplätzen, Hotels und Gaststätten.

Trondheim 〰→ Oppdal (119 km)

Von Trondheim bis Melhus noch urbane Strukturen und starker Verkehr. Landschaftlich bis Oppdal keine Höhepunkte, immer an Flüssen entlang durch das freundliche weite Tal, eines der fruchtbarsten Gebiete Norwegens. Dementsprechend viele Bauernhöfe, einige alte windschiefe in Blockbauweise. Mehrere Campingplätze und Pensionate an der Route, meist unmitttelbar an der stark befahrenen Straße E 6.

★ Oppdal   (3.5oo Einw.)

Ein scheinbar planlos gewucherter Ort in der weiten Talkreuzung. Große moderne Einkaufszentren, Konferenzhotels, Bank, Post, alles kompakt um die Haupstraße. Viel Kleinindustrie, Blockhüttenherstellung und Verarbeitung des Oppdalschiefers. Im Winter großes Abfahrtskigebiet (Skischaukel), zudem zig km gespurte Loipe. Rafting im Hochsommer auf der Driva. Info im Turistkontor.

Im Westen beginnt das ausgedehnte Wandergebiet des Trollheimen-Gebirges, das sich bis an die Fjordküste erstreckt.

 Postfach 5o, 7341 Oppdal, Tel. 72 42 17 6o, Fax: 72 42 o8 88.

Attraktion ist die moderne Seilbahn auf den <u>HAUSBERG HOVDEN</u> (1.125 m). Extragondel für Rollstühle. Weitsicht vom Panoramarestaurant in die verschiedenen Täler. Bei gutem Wetter kreisen auch Drachenflieger in der Luft. Zur Hochsaison tägl. Gondelbetrieb (12 DM Berg- und Talfahrt). Zum Wandern fanden wir das Fjell nicht so spannend.

Freilichtmuseum "<u>OPPDAL BYGDEMUSEUM</u>" 8oo m außerhalb: 25 alte Gebäude, d.h. Stabbur, Schmiede, Sauna etc.

Das <u>größte Grabfeld Norwegens aus der Wikingerzeit</u> (6oo-1ooo n. Chr.) liegt 3 km außerhalb an der RV 7o links am ehemaligen Königsweg. Schmaler Zufahrtsweg im spitzen Winkel steil hinunter.

Opplev Oppdal: Die Aktivitätsgesellschaft bietet viele spannende Unter-
nehmungen an. Beispielsweise Rafting auf der Driva oder noch abenteuerlicher in Spezialausrüstung durch die Schlucht wandern und schwimmen. Es werden zudem Kletterkurse und Mountainbike-Touren organisiert. Info und Anmeldung: Opplev Oppdal, Høgmovn 3, Tel. 72 42 22
42, Fax: 72 42 25 o5.

Per Boot ins Gebirge: Auf dem 2o km langen Bergsee Gjevilvatnet
fährt im Sommer (Juli und Aug.) täglich das Personenboot "Trollheimen
II" von Osen bis ans Seeende zur Alm Vassendsetra. Zwischenstation bei
der Berghütte Gjevilvatnet. Von beiden Stops führen markierte
Wanderwege weiter durch das Trollheimen-Gebirge, in dem man tagelang
wandern kann.

In Oppdal zweigt die RV 7o an die Westküste Kristiansund (N) (17o km,
siehe Seite 524) über Sunndalsøra ab. Hier lohnender Abstecher ins wilde
Seitental Litledalen, sehr schön auch die nördlich gelegene Fjordregion
"Surnadal".

Das DRIVDAL verengt sich bis zum Dovre Fjell. Anfangs viel Landwirtschaft bis Dombås, dann weites Hochmoor.

Wanderung auf dem "Gamle Kongeveien" ca. 5 km nach der
Bahnstation bzw. Hofanlage Drivstu (ehemalige Posthalterei
auf dem Königsweg). Links ein begehbares Stück des alten
Königswegs: der VÅRSTIGEN (= Frühlingsweg). Wegen
Überschwemmungsgefahr wurde er im Frühling oberhalb der
Talsohle geführt. Eine große Tafel markiert den Beginn des Wanderwegs;
er ist 7 km lang und umgeht die Engstelle des Drivdalen. Teils noch post-
kutschenbreit, teils guter Wanderpfad (z.T. matschig). Führt überwiegend
durch Birkenwäldchen, dadurch leider nur selten Ausblick. Anfang und
Ende steil. Siehe auch Seite 554.

Bei der Weiterfahrt auf der E 6 phantastische Landschaft durchs DOVRE
FJELL: prärieartig weit und kahl, steinig, die Eisenbahn durch Holzzäune
geschützt, um Schneeverwehungen abzuhalten. Urige kleine Bahnhöfe
wie eine Westernlandschaft.

DOVREFJELL NATIONALPARK

Um die variationsreiche und seltene Bergflora zu schützen (mehrere
endemische Arten), wurde das Gebiet westlich und östlich des Drivdalen
1974 unter Naturschutz gestellt. Besondere Attraktion im Dovrefjell neben
wilden Rentieren die Moschusochsenherde (ein Unikum in Europa), die
vor dem zweiten Weltkrieg aus Ostgrönland erfolgreich "eingebürgert"
wurde. Allerdings Vorsicht geboten! Respektvollen Abstand halten!

Der Bereich Knutshø ist für seine außergewöhnliche Flora bekannt, im
Mai blüht hier u.a. die seltene Mogop Blume. Infos in der Kongsvold

Fjellstue (Ausstellung). Geführte naturkundliche Wanderungen unter Leitung eines Biologen werden über die Kongsvold Fjellstue organisiert, dabei große Wahrscheinlichkeit auch Moschusochsen zu sehen.

Markierter Wanderweg zur Reinheim-Hütte (DNT-Schlüssel in der Rezeption der Kongsvold Fjellstue) 4 1/2 Std. Einstieg 1oo m südlich des Hotels rechts ab bzw. ab Bahnhof. Von Reinheim in einer Tagestour auf die Snøhetta (2.286 m), kurz "Hetta" genannt. Bequeme Variante: Ab Hjerkinn Autozufahrt, führt durch das Militärgelände, deshalb dort vorher Genehmigung einholen.

Angelkarten für Driva und Seen in der Kongsvold Fjellstue.

Kleine Bahnstation KONGSVOLL: 3-4 x am Tag hält hier ein Zug Richtung Norden (Trondheim) und Süden (Oslo), teils allerdings zu nachtschlafender Zeit. Handzeichen geben.

Übernachtungstip: KONGSVOLD FJELLSTUE, schön erhaltener Hof mitten im Nationalpark. Schon seit Jahrhunderten eine Pferdewechselstation auf dem alten Königsweg, mitten im Nationalpark. Ausgesprochen gemütliches Hotel, das in alter Tradition weitergeführt wird. Die Zimmer in den verschiedenen Blockhäusern sind mit viel hellem Holz wohnlich modernisiert, meist Privatbad. Gute Küche. 65 Betten, DZ um 15o DM. Behagliche Kaminzimmer.

Urgemütliche Cafeteria für den Zwischenstop, wohnzimmerartige Eßecken, viele Bauernmöbel. Preiswertes Tagesgericht. Sehenswerte Ausstellung im Erdgeschoß, Infos zum alten Königsweg sowie Flora und Fauna im Nationalpark. Pflanzen der Umgebung im Fjellhage (Berggarten), gleich neben dem Hotel.

Sehr lohnend auch der naturkundliche Pfad (3 km) angelegt auf dem "Gamle Kongevegen". U.a. alte Fanganlage zu sehen.

Vom höchsten Punkt der Straße, bei 1.o26 m, Blick zur Snøhetta 2.286 m im Westen. Weiter zum Kreuzungspunkt Hjerkinn, dem trockensten Eck Norwegens. Hier Abzweigung von 1 km Richtung Alvdal zur Hjerkinn Fjellstue. Sie war ebenfalls eine der ehemaligen Posthaltereien am Weg. Heute Stützpunkt für Reiterferien.

Auf 915 m Höhe ** Hageseter Camp, baumlose Wiese, recht ruhiger Übernachtungsstop, ein ganzes Stück links der E 6, direkt am Fluß. 1o Hütten zwischen 65 und 15o DM.

DOVREGUBBENS HALL (Halle des Dovregreis): Restaurant im Cafeteriastil bei der Bahnstation Vålåsjø. Altes Blockhaus in freundlich hellem Holz, alter gußeiserner Ofen. Übernachtungsmöglichkeit in Hütten.

Die alte steinerne Arnfinnsbrücke direkt nebenan stammt noch aus Zeiten des Königswegs von 1825. Die Moorebene geht in eine kleine Seenlandschaft über. Grün in allen Schattierungen, hell leuchtet die niedrige Rentierflechte.

Weiter Richtung Dombås schöne Rastplätze an der schnurgeraden Straße; auf dem weiten Hochtal einige Ferienhütten, die sich hinter den Birken verstecken. Die Landschaft wechselt ihren Charakter. Ein endlos weites Hochmoor, reizvoll kahl, mit vereinzelten Birkengruppen, niedrigem Buschwerk, Moosen in allen Farbvarianten und Mücken.

Ziemlich einsam, nur ein paar Bauernhöfe, Almen und Ferienhütten. Rechts in der Ferne bei klarem Wetter die Snøhetta im Blick, höchster Schneegipfel (2.286 m) außerhalb des Jotunheimengebiets.

FOKSTUMYRA NATURRESERVAT

1929 zum ersten Vogelschutzgebiet Norwegens erklärt. Kleine Seen, Wasserläufe, Büsche und Birken bieten ideale Brutplätze für 55 seltene Arten, u.a. das scheue Blaukehlchen, Kraniche, Odinshühnchen, die Bekassine, die trommelnde Doppelschnepfe. Von den Greifvögeln nistet die Kornweihe im Schutzgebiet. Beste Beobachtungszeit Mai und Juni.

Im Sommer mückendichte Kleidung, Mückenschutzmittel und Gummistiefel unbedingt nötig. Der markierte Pfad führt in einem Rundweg um das Moor herum, sumpfige Stellen durch Holzbohlen und Stege passierbar gemacht. Reine Gehzeit etwa 2 Std., wenn man in Ruhe einige Vögel beobachten oder fotografieren möchte, mindestens die doppelte Zeit einkalkulieren. Zur Brutzeit der Kraniche kann der Weg umgeleitet werden. Bei der Bahnstation Fokstua geht's los. An der Straße ausgeschildert, rechts über die Fokstugu Fjellstue (Übernachtung). Durch die Lage am Königsweg früher ebenfalls Posthalterei.

 Sehr lohnende Wanderung ein weiteres Stück auf dem alten Königsweg auf den Spuren der Pilger. Landschaftlich sehr schön, quer über den Höhenzug Hardbakken. Super Blick übers Dovrefjell und die Rondaneausläufer. Einstieg bei Fokstua direkt an der E 6 links ab.

Der alte Königsweg (Den gamle Kongeveien) von Christiania (Oslo) durch das Gudbrandsdal nach Trondheim verlief weitgehend entlang der heutigen E 6 und war schon zur Wikingerzeit ein wichtiger Verbindungsweg. Bald nach dem Tod König Olavs (1o3o) begannen die Pilgerreisen an sein Grab über diesen Pfad. Alle Könige zogen zur Krönung über diesen Weg nach Trondheim (Nidaros); insgesamt 42 gekrönte Häupter, selbst die Dänenkönige, welche damals Norwegen regierten, benutzten diese Route.

Im wesentlichen frequentierten jedoch Beamte, Militärs und Geistliche, wahrscheinlich auch die umliegende Landbevölkerung den Königsweg. Der z.T. abenteuerlich schmale Reitpfad wurde erst gegen Ende des 18. Jh. für Kutschen ausgebaut. Dramatische Schilderungen brachten ausländische Reisende von der Passage im Dovrefjell mit: Der

Vårstigen war hier teilweise so steil, daß nicht selten Pferd und Wagen mit der gesamten Mannschaft in den Fluß stürzten. Schutzhütten bestanden entlang des Weges bereits zur Wikingerzeit - die Hüttenregeln entsprachen denen der heutigen Selbstversorgungshütten. König Öystein (11o3-1123) verbesserte das Übernachtungswesen und gab den Berghütten spezielle Privilegien (z.B. Kornzoll).

Im 18. Jh. wurden die Stationen zu Posthaltereien erweitert und wurden mit Aufkommen des Telegrafenwesens wichtige Vermittlungsstationen. Im Zeitalter des Automobils mußten die Fjellstuen kräftig die Werbetrommel rühren, viele bauten die Anlage zu Höyfjellshotels aus. Sehr gemütlich und gut erhalten die Kongsvold Fjellstue. Heute sind einige Passagen des alten Königswegs markiert und als kurze Wanderwege begehbar, z.B. im Dovrejell.

Eine bequeme Sache, wenn man zu mehreren im Auto fährt. Während die Hälfte der Mannschaft den Königsweg läuft, fährt der Chauffeur die schöne Strecke über Dombås bis Dovre. - Das Ende des Weges für den Fahrer etwas mühsam zu finden: am Ortsende von Dovre links ab, Richtung Grimsdalhytte ausgeschildert, dann immer links halten. 2oo m nach dem alten Hof Tofte rechts hoch, dort endet der Wanderweg. Wanderzeit ca. 3 Std., gut markiert mit blauer Krone. Siehe auch Trondheim Gamle Kongeveien.

Den Königsweg benutzten die Pilger auf ihrem Weg zum hl. Olavsschrein in Trondheim. Um 17oo zum Fahrweg ausgebaut und von vielen Königen benutzt, z.B. Kristian V., Frederik IV. Zufahrt bzw. Einstieg bei Fokstua direkt an der E 6 (Bahnstation), linker Hand.

✦Dombås   (1.2oo Einw.)

Verstreuter Ort auf 66o m Höhe ohne rechten Kern; wurde 194o von deutschen Bombern übel zugerichtet. Deutsche Fallschirmtruppen sollten hier König und Regierung auf dem Weg nach Åndalsnes/Molde stoppen, wurden aber von den Norwegern "niedergekämpft" (Gedenkstein für die gefallenen Norweger und einen Amerikaner neben der Kirche). Bedeutung erhält Dombås durch die Lage am Abzweig ins Romsdal nach Ålesund. Für Bahn-/Busreisende Umsteigepunkt.

Alles dreht sich im Ort um die Cafeteria mit Kaufhaus gegenüber der Tankstelle. Im Winter kleines Wintersportzentrum, gespurte Loipen und Lifte.

 Seitlich der Hauptstraße E 6, gegenüber der Post. 266o Dombås, Tel. 61 24 14 44. Verkauf von Wanderkarten.

Post: Neben Dombås Hotel. Mo.-Fr. 8.3o-16.3o, Sa. 9-13 Uhr.

Moderne Jugendherberge: 1,5 km außerhalb an der E 6 Richt. Trondheim. Ganzjährig offen. 94 Betten, 25 DM/Übernachtung, Familienzimmer.

"**Dovrefjell Hotel**" am Ortsrand Richtung Romsdal, 2oo Betten, knapp 2oo DM das DZ (ermäßigter Sommerpreis). Außer Swimmingpool und viel Ruhe nicht viel Spannendes zu bieten.

"**Dombås Hotel**", 141 Betten, verziertes Landhotel, schön im alten Stil renoviert, gemütliche Aufenthaltsräume, sehr hübsche Cafeteria mit breiter Fensterfront übers Gudbrandsdal. Zimmer mit Standardkomfort im modernen Anbau, leider ohne Ausblick. DZ ab 15o DM im Sommer.

*** Camping Midtskog, schönster Campingplatz, 5oo m ab Zentrum Ri. Åndalsnes. Dauerwohnwagen und 22 Hütten. Birken geben Sichtschutz zum Nachbarn. Gepflegte Sanitär anlagen.

** Camp Lie: 1 km südl. Dombås. Wiesenplateau, hochstämmige Birken begrenzen den Platz. 13 helle, relativ neue Holzhütten, Doppelstockbetten, Kochplatte, Miniveranda etc. rahmen die Grasfläche ein. Recht laut durch die angrenzende E 6.

Weitere ruhig gelegene Hütten im Hüttencamp "Dombås Gård" neben Dombås Hotel. Leicht abschüssige Wiese mit weitem Blick übers Gudbrandsdal. Auch Campingmöglichkeit.

Transporte *ab Dombås*

Zug:

Dombås-> Trondheim   4 x tägl.,   ca. 2 1/2 Std.
Dombås-> Oslo   4 x tägl.,   ca. 4 1/2 Std.
Dombås-> Åndalsnes   3 x tägl.,   ca. 1 1/2-2 Std.

Bus:

Dombås-> Åndalsnes-> Ålesund 1 x tägl., ca. 2 bzw. 4 Std. Bus nach Otta 3 x tägl., Wochenende seltener.

In DOMBÅS zweigt die Querverbindung durchs Romsdal nach Åndalsnes, Ålesund an die Westküste ab. Alle Details zu der Route siehe Seite 525.

DAS GUDBRANDSDAL

Ein 2oo km langes, nur im Oberlauf enges Waldtal, das sich von Dombås bis Lillehammer erstreckt. Seit Jahrhunderten einer der wichtigsten Verbindungswege im Inland Norwegens. Dank seiner günstigen natürlichen Beschaffenheit ohne nennenswerte Pässe,- von Pilgern und Königen auf ihrem Weg zum Nidarosdom in Trondheim benutzt.

Ab Vinstra südlich wird das Gudbrandsdal breit, grüne Hügellandschaften teils bewaldet, teils Wiesen. Vom breiten Lågen durchflossen, erinnert es an deutsche Mittelgebirgslandschaft. Die vielen Bauernhöfe bilden in ihren

*ochsenblutroten Anstrichen einen lebhaften Farbkontrast zum überwiegen-
den Grün. Durch seine günstige Lage zwischen Oslo und Trondheim das
am dichtesten besiedelte Tal Norwegens; etwas Kleinindustrie, überwiegend Landwirtschaft und Holzverarbeitung.*

WEITER AN DER E 6

Bei <u>DOMBÅS</u> bietet sich eine Parallelroute zur E 6 zwischen Dombås und
Dovre an, gut 1oo m oberhalb am Hang, sehr schöner Blick übers Tal,
schmale, nicht asphaltierte Straße, gut festgefahren.

<u>TOFTE</u>: einer der geschichtsträchtigsten Gutshöfe Norwegens, hat dank
seiner günstigen Lage am Königsweg fast alle Könige Norwegens beherbergt, war jahrhundertelang Pferdewechselstation. Der große Hof aus
verblichenem Holz wird heute noch bewirtschaftet; innen nicht zugänglich
für die Öffentlichkeit.

Hier Abzweig ins Grimsdalen am Rande des Rondane Nationalparks,
eines der hübschesten Seitentäler, noch recht ursprünglich, ältere Seter-
betriebe, Übernachtungsmöglichkeit in der Grimsdalhütte (DNT).

Auf dem Weg nach <u>OTTA</u> wilde schluchtige Partie mit Wasserfall bei
Rosten, das Tal wird so eng, daß gerade Straße und Bahnlinie Platz
haben.

★ Otta   (2.5oo Einw.)

Hauptverkehrsknotenpunkt im nördlichen Gudbrandsdal und wichtiger
Stützpunkt für Wandertouren im Rondane Gebirge.

Der Ort liegt an der Mündung des Ottaelv in den Lågen, eingebettet in grün
bewaldete Berghänge. Ein praktisches Geschäfts-/Ladenzentrum mit etwas
Industrie (Holz, Schiefer). Der alte Kern wurde im April 194o stark bombardiert; in den folgenden Jahrzehnten recht willkürlich gewachsen, ohne
architektonische Raffinesse. Der Durchgangsverkehr wird per Brücke
übers Zentrum geleitet.

In Otta zweigt die Querverbindung an den Geirangerfjord/Westküste ab
sowie die beiden Erschließungsrouten ins Jotunheimen mit der beein-
druckenden Paßstraße (RV 55) runter an den Sognefjord. Beschreibung
siehe Jotunheimen.

 Im Bahnhof. Otta Skysstation, 267o Otta, Tel. 61 23 o2 44.
Hier Wanderinfos fürs Rondane und Jotunheimengebirge,
Wanderkarten, Hüttenöffnungszeiten etc. Angelgenehmigung
für die Flüsse.

<u>Post</u>: Nygata 5, großer Komplex nahe Bahnhof.

Gut sortiertes <u>Sportgeschäft</u> in der Hauptstraße. Angelzubehör, Wanderausrüstung, Wanderkarten zusätzlich im Buchshop.

 **"Grand Gjestegård"**, Nygata 5, am Busbahnhof. Dunkelrotes Holzgebäude, im 1. Stock, 43 Betten, DZ 15o DM inkl. Frühst., Du., TV.

"Sagatun Gjestgiveri", Ottekra 1. Preisgünstige Unterkunft, freundliche Familienpension im Zentrum. Ein Dutzend unterschiedlich große Zimmer. DZ mit Etagendusche ca. 11o DM, auch 3-Bett-Familienzimmer.

 Im Ort einige Cafeterien, z.B.:

"GRAND GJESTEGÅRD" im 1. Stock des Hotels; freundlich mit hellem Holz und vielen Grünpflanzen, gute Auswahl, Gerichte zwischen 2o und 3o DM, große Portionen.

 Campingplätze am Ortsrand:

*** <u>Camp Øya</u>, gute 2 km nördlich, einfache Wiese am Rande des Industriegeländes; direkt am Fluß, am gegenüberliegenden Ufer die E 6. Große Hütten, auch Wintercamping.

*** <u>Otta Camping</u>, schöner gelegen und ruhiger. Gepflegter Wiesenstreifen am Ottaelv. 9 geräumige Hütten, teils erdgedeckt; mit Kühlschrank, Einzel- und Doppelstockbetten. Bettzeug kann gestellt werden. Freie Angelmöglichkeit im Campingbereich. 1 km westlich vom Zentrum.

Transporte *ab Otta*

 **Bahnhof** im Zentrum:
-> Dombås   3 x tägl.   1/2 Std.
-> Trondheim   3 x tägl.   3 Std. per Express
-> Oslo   6 x tägl.   3 1/2 Std. per Express
-> Åndalsnes an der Westküste, umsteigen in Dombås 3 x tägl.

 Busstation beim Bahnhof
-> Lom   3 x tägl.   1 1/4 Std.
-> Mysuseter   1 x tägl.   4o Min. (zum Ausgangspunkt für Rondanewanderung)
-> Lillehammer-> Oslo 1 x tägl.

- <u>westl. am Jotunheimen entlang</u>: Otta-> Lom-> Sogndal(Sognefjord) 1 x tägl., 5 Std.
- <u>östl. am Jotunheimen entlang</u>: Otta-> Bygdin-> Fagernes-> Gol (im Hallingdal) 1 x
    tägl., 5 1/2 Std.
- <u>zum Geirangerfjord</u> Otta-> Grotli (dort umsteigen) nach Geiranger 1 x tägl., 4 1/2 Std.

OTTA ist zugleich einer der besten Einstiege ab E 6 in die Region JOTUNHEIMEN. Alle Details siehe Seite 581.

<u>**Weiter auf der E 6 Richtung Oslo**</u>: kurz nach OTTA zweigt links an

der E 6 der "Rondanevegen" ab, der in den **RONDANE NATIONAL-PARK** führt und zugleich den bequemsten Einstieg bringt.

Gut erschlossenes Wandergebiet, schöne Aussicht übers Tal bei der Auffahrt. 13 km zum Ausgangspunkt MYSUSETER, auf der Hochfläche zahlreiche Ferienhütten in Blockbauweise mit Grasdach, idyllisch um einen kleinen See. Im Hintergrund die runden 2.oooer, Skilift mit zahmer Piste. Die letzten Kilometer zum Parkplatz Spranget sind mautpflichtig. Bus zur Saison 1 x täglich, dauert 1/2 Stunde.

Das Rondane Gebiet wirkt auf den ersten Blick etwas eintönig. Der Reiz liegt im Detail, den kleinen Pflanzen, bunten Moosen und Flechten und der Tierwelt, unter anderem ca. 6.ooo Wildrentiere. Das Rondane ist als Wandergebiet bequem erreichbar und gut erschlossen, hotelartige Touristenhütten, gut markierte Wanderwege.

Touristisches Zentrum ist die große Hüttenanlage (122 Betten) RONDE-VASSBU (DNT-HÜTTE) auf 1.165 m direkt am See zu Füßen der beiden höchsten Gipfel des Nationalparks: STORRONDEN (2.138 m) und RONDSLOTTET (2.178 m).

RONDANE wurde 1962 zum ersten NATIONALPARK NORWEGENS zwischen Gudbrandsdal, Dovre und Østerdalen. Eigenartig rundgeschliffene Landschaft, großteils oberhalb der Baumgrenze. Spärlich bewachsene Hänge, der nährstoffarme Boden gibt nicht viel her. Kahle Rundkuppen, weite Täler mit viel Geröll erinnern an die Eiszeit; kaum mal eine Unterbrechung durch Bäume und Sträucher. Den einzigen Kontrast bieten Schneereste, die vielen Wasserläufe, Seen und Sturzbäche.

WANDERN IM RONDANE NATIONALPARK

* **Tagestouren**: Ab Parkplatz Spranget bei Mysuseter in ca. 2 Std. zur Rondvassbu-Hütte, gemütlich, leicht ansteigend auf breitem Fahrweg. Von hier entweder per Boot ans Ende des schmalen Rondvatnet (See) und über den Höhenrücken retour oder in ca. 4 Std. auf den Rondslottet bzw. in etwa 2 Std. auf den Storronden. Markierte Wege.

* **2-Tagestour** von der Rondvassbuhütte zur Bjørnhollia-Hütte (4 Std.) und am nächsten Tag zum Parkplatz zurück (7 Std.). Übernachtung in der Hütte oder im eigenen Zelt.

Der markierte Weg steigt gleich nach der Rondvassbu-Hütte an, durch rotes T oder Schilder an Weggabelungen gekennzeichnet; verläuft die ganze Zeit im langen Illmanndalen mit zahlreichen Seen jeglicher Größe.

Schöne Campingmöglichkeiten. Fischen mit Angelkarte erlaubt (in den Hütten erhältlich).

Teilweise steiniger Weg bis zur Wasserscheide auf 1.278 m. Bei dem allmählichen Abstieg leichte Geröllpartien über Moränen. Kleine Rinnsale zwischen Moosen in allen Farbschattierungen und prallen Wollgräsern.

Die parallelen Bergrücken gut 1.7oo m hoch.

Alternativweg bei schönem Wetter ab Rondvassbu über den Gipfel Rondslottet (2.178 m) und durchs Langglupdalen zur Bjørnhollia-Hütte, gute 8 Std., markiert.

Die roten Hütten der Touristenanlage Bjørnhollia (9o7 m) wirken wie eine grüne Oase mit Wiesen und staksigen Birken. Gemütlicher Aufenthaltsraum mit offenem Kamin, warme Duschen, Campmöglichkeit auf dem separaten Plateau.

Am zweiten Tag durch das parallele Musvoldalen zurück, ein viel lieblicheres Tal als das des Vortags. Markierter Weg durch dichten, niedrigen Birkenwald, oberhalb des Baches (orografisch linkes Ufer) entlang (Pilze!). Vereinzelt Sumpfpartien zu queren, aufpassen, daß man nicht den Pfad verliert.

Nach etwa 2/3 der Strecke wendet sich der Weg vom Bach ab, steigt kontinuierlich bis auf 1.17o m. Eine ewig weite Hochfläche, kahl und steinig mit einigen Rundkuppen in der Ferne. Zusätzliche Wegmarkierungen durch Steinmännchen. Duftendes Islandmoos, breite, flache Bachläufe, Steine zum Überqueren. Der Weg scheint endlos, selbst wenn der Parkplatz in Sichtweite ist, noch gut 1 Std. über den breiten Weg, da die Direktroute wegen der Moore nicht möglich ist.

Empfehlenswerte Wanderkarte: Turistkart Rondane 1: 1oo.ooo.

* Rondanedurchquerung von Hjerkinn im Norden bis nach Lillehammer.

Eine lange Tour, mindestens 8-9 Tage einplanen, bei Tagesetappen von rund 6 Std. Die Hütten zwischen Hjerkinn und Lillehammer sind ganzjährig geöffnet (nur z.T. DNT-Hütten) mit Ausnahme von einigen Wochen im Frühjahr zur Zeit des Rentierkalbens. Die Durchquerung hat durchaus ihre Reize, wenn auch das Rondane auf Dauer eintönig werden kann; immer wieder Möglichkeiten abzubrechen. Sehr verlockend im Winter als Skidurchquerung (aber anstrengend).

Weitere gute Ausgangspunkte für Wanderungen (neben Otta/Mysuseter) im Westen: Høvringen; Hjerkinn im Norden; Atna im Osten des Rondane.

Weiter E 6 Richtung Oslo:

Im Mininest SJOA an der E 6, 11 km südlich von Otta, zweigt die RV 257 ins Jotunheimen-Gebiet ab. Die RV 257 dürfte als Zugang vor allem für Kajakfahrer interessant sein: Sie verläuft parallel zur Sjoa, dem wohl spektakulärsten Wildwasserfluß Süd-/Mittelnorwegens! Alle Details siehe Kapitel "Jotunheimen"/Sport.

Wunderschön gelegen *** Campingplatz Sjøa an der Mündung des Wildbaches in den Lågen. Große Wiese mit hohen Birken direkt am Flußufer. Die E 6 läßt ihren Lärm oberhalb (6oo m), Stromboxen, gute Sanitäranlagen, ein 1/2 Dutzend Hütten. Bahnstation.

KVAM (1.ooo Einw.), an der E 6 südlich von Sjoa, rauchende Schlote der Fabriken. Holzindustrie vermischt mit Bauernhöfen. Die E 6 teilt den uninteressanten Ort in zwei Hälften. 194o fanden hier die entscheidenden Gefechte Südnorwegens statt. Briten und Norweger versuchten den Vormarsch der deutschen Truppen aufzuhalten, konnten aber letztendlich dem deutschen Bombenhagel nicht standhalten.

✦ Vinstra (2.5oo Einw.)

Ein kleiner, wenig reizvoller Ort, der kilometerlang parallel zur E 6 verläuft, gehört zur Gemeinde Fron. Viele Neubauten, etwas Möbel-/Betonindustrie, bescheidener Provinzbahnhof.

In und um Vinstra ist alles auf den Dramahelden Peer Gynt getrimmt. Peer-Gynt-Veranstaltungen im August, Gedenkstein eines Peer Gynt auf dem Sødorper Friedhof 1 km außerhalb. Im Ort beginnt die Peer Gynt Fjellstraße (Beschreibung im Anschluß); über den gegenüberliegenden Höhenrücken führt ein 5o km langer Wanderweg nach Kvam, als Peer Gynt Seterveien ausgeschildert.

Ob es Peer Gynt jemals gab, sei dahingestellt. Es wird mit Akribie der Beweis geführt, daß in der Hofanlage "Hågå" (nach 2,5 km auf dem Seterweg) im 18. Jh. ein Peder Olsen gewohnt hat, weiterhin taucht in der Chronik ein adeliger John Gynthe im 16. Jh. auf, auf den der Name Gynt zurückgeführt wird. Die Zusammenhänge sind jedoch sehr vage.

264o Vinstra, Tel. 61 29 o1 66, Fax: 61 29 o6 34.

"**Sødorp Gjestgivergård**" am Ortsende neben der E 6. Langgestrecktes Motel und freundliche Cafeteria. 3o klassische Motelzimmer nach hinten raus, dadurch weitgehend lärmgeschützt. Sterile schmucklose Einheitsausstattung inkl. Fernseher. DZ um die 15o DM, reduzierter Sommerpreis.

"**Vinstra Hotel**" etwas abseits der E 6 im Zentrum von Vinstra. Älteres Holzhaus, konventionelle Zimmer im neuen Betontrakt mit kleinem Balkon. Trotz Bahnhofsnähe ruhig, denn im Ort tut sich abends nicht viel. 13o Betten. DZ inkl. Frühst. ab 135 DM.

"**Amundsens Gjestgiveri**", empfehlenswertes Holzhotel mit Atmosphäre. Restaurant und gemütliche Aufenthaltsräume mit viel Holz und Webteppichen eingerichtet. Kleine Terrasse und hübscher Garten am Fluß. Am Ortsanfang an der Brücke über den Lågen Fluß. 42 Betten, DZ ab 13o DM.

PEER GYNT WEG

Bei schönem Wetter lohnende Variante über die Höhenzüge an der Baumgrenze, Seen zum Angeln, Wandermöglichkeit, Hotels. An Kilometern ist der Peer Gynt Weg fast kein Umweg gegenüber der E 6. Trotzdem mehr Zeit veranschlagen (Maut):

In VINSTRA zweigt die Route rechts ab, in Kehren hinauf mit weitem Blick übers Gudbrandsdal, durch Nadelwald an vielen Höfen vorbei zum GOLÅSEE. Die Straße führt dann oberhalb vom See entlang, der von dichtem Nadelwald eingefaßt ist. Viele Almen, Viehweiden, Gras hängt zum Trocknen.

"**Golå Høyfjellshotel**", ganz idyllisch auf einer Wiesenterrasse am Hang. Sehr schöner Blick über die Hochebene mit Golåsee. Ursprünglich im Blockhausstil, modernisiert und erweitert. Große Cafeteria mit breiter Fensterfront. Swimmingpool, Tennisfelder, gutes Loipengebiet im Winter.

Reitmöglichkeit vom Hotel aus, die Hochebene ist dafür ideal. Pro Std. oder tageweise, auch Kutschfahrten möglich.

Angeln im Golåsee mit Tageskarte, die erweiterte Angelkarte gilt für Seen und Bäche.

Peer Gynt Wanderweg ermöglicht bequem die Hochebene zu erwandern. Dichtes Hotelnetz. Gut mit grünen Schildchen markiert.

"**Wadahl Høyfjellshotel**" schon an der Baumgrenze auf der Hochfläche Blick über den See. Moderner großer Komplex mit Terrasse und Swimmingpool.

5oo m höher "**Wadahl Appartement**", direkt neben dem Sportflughafen. Rundflüge übers Fjell und Gudbrandsdal möglich, in der Rezeption vereinbaren.

Höchster Punkt RAUHØGDA bei 1.o53 m. Weiter Blick über die wellige Hochebene, von Tümpeln und Seen durchsetzt, Rentierflechten leuchten hellgrün zwischen Krüppelbirken. Bei ca. 1.ooo m ist die Baumgrenze erreicht. Birkenwald, der allmählich in dichten Nadelwald übergeht.

"**Gausdal Høyfells-Hotel**", recht modernes Hotel, mehrfach erweitert und angebaut, großzügige, moderne Aufenthaltsräume, unterschiedlich komfortable, große Zimmer, je nach Trakt. DZ 2oo DM inkl. Frühstück. Guter Skiservice, Reiten in den Sommermonaten, Tennisplatz.

 Camping Segalstad Seter: natürlich belassener Wiesenboden, zahlreiche Stromboxen auf dem Platz verteilt. Besonders guter Stützpunkt im Winter zum Skilaufen - nahe beim Lift.

An der Route nach Fåberg (RV 254/255) liegt AULESTAD, die Heimat von Bjørnstjerne Bjørnson, Norwegens großem Dichter (u.a. die Nationalhymne stammt aus seiner Feder) - ein stattlicher Gutshof aus dem Ende des 19. Jahrhunderts mit hübschem Herrenhaus. B. Bjørnson hat ihn 1874 für sich und seine Frau Karoline gekauft. Räume mit Mobiliar, Büchern, Erinnerungsstücken zu besichtigen, auch deutschsprachige Führung. Offen: ca. 2o.5.-16.9. 11-14.3o Uhr, zur Saison länger. Eintritt.

✳ Ringebu   (5.1oo Einw.)

Die Gemeinde war während der XVII. Winterolympiade Schauplatz verschiedener Wettkämpfe. Auf dem Kvitfjell wurde der Super-G für Damen und Herren ausgetragen. Die Skipiste für den Abfahrtslauf gehört zu den schwersten der Welt. Insgesamt wurden 12 Kilometer Piste angelegt, die Ringebu zu einem attraktiven Wintersportort machen. Wanderwege führen über die Höhen bis in den Rondane Nationalpark.

 Postboks 1o4, 263o Ringebu, Tel. 61 28 o5 33, Fax: 61 28 o9 46. Anmeldung für die Elchsafari (siehe auch Øyer).

 **Mountain Bike**: Im Gebirge verläuft der sog. Troll-Radwanderweg von 128 km über Lillehammer nach Hamar. Er ist mit Fahrradsymbolen gekennzeichnet und führt über unbefestigte Wege. Nur an wenigen Stellen so steil, daß man schieben muß. Übernachtung in Wanderhütten des DNT möglich.

Die STABKIRCHE Ringebu liegt 2 km südlich vom Zentrum, ab der E 6 links rauf. In exponierter Lage hoch überm Tal, große 12-Mast-Kirche. Hat durch Verschalung und überdimensionierten roten Dachreiter allerdings nur noch wenig mit einer typischen Stabkirche gemeinsam. Ursprünge aus der Zeit um 12oo, im 17. Jh. erweitert zum jetzigen Kreuzgrundriß.

Innenraum: Die Bänke und Empore kamen nach der Reformation hinzu. Eine Besonderheit ist die selten erhaltene Chorschranke. Die Kirche wird heute noch benutzt. Ganz witzig innen - auf der Südwand - sind die Umrisse von zwei Schweinen eingeritzt worden, ob aus heidnischer Magie oder aus Langeweile während der Predigt sei dahingestellt. Offen: Mitte Juni bis Mitte August 9-16, So. 13-16 Uhr. Eintritt 5 DM.

Die Stabkirche in **FÅVANG** liegt 2 km außerhalb vom Ortszentrum links der E 6. Äußerlich erinnert sie noch etwas an eine Stabkirche, doch wurde sie im 17. Jh. umgebaut.

 Ca 15 km hinter Fåvang: *** Mageli Camp direkt an der E 6 auf einer Landnase im Fluß, der sich hier seeartig verbreitet. Wiesenareal mit Bäumen, schöne Plätze direkt am Wasser. 27 Hütten, viele Dauercamper, freies Angeln im Campingplatzbereich. Gute Einstiegmöglichkeiten zum Paddeln, Surfen, Sailing. Bootsverleih.

 1o km südl. von Tretten: *** Camp Rustberg: 5o m oberhalb der E 6, besser als die lauten Camps am Fluß. Große Wiese mit Obstbäumen, schöner Blick übers Tal und Lågen. 3o Hütten unterschiedlicher Größe, teils auch mit WC und komplett ausgestattet, auch im Winter offen.

ØYER-HUNDERFOSSEN: Die Gemeinde von 4.6oo Einwohnern hat durch die Olympiade 1994 an Bedeutung gewonnen. Die Hänge des Hafjell wurden zum alpinen Skigebiet für Slalom und Riesenslalom ausgebaut. Während der Paraolympics war das Hafjell die wichtigste Sportstätte. Øyer ist somit für den Wintersport im Gudbrandsdalen d i e Adresse. Auf der Hochfläche erstrecken sich im Winter die Langlaufpisten. Im Sommer führt der Sessellift zum Hafjell, das viele Möglichkeiten zum Mountainbike- Fahren bietet. Eine ausgeschilderte Strecke führt bis nach Lillehammer. Die Fahrräder werden sogar im Lift mit befördert. Fahrradverleih bei der Talstation. Zugverbindung mit dem sog. Sesamzug mehrmals täglich zwischen Lillehammer und Øyer.

 2636 Øyer, Tel. 61 27 79 5o, Fax: 61 27 7o 5o.

LILLEPUTTHAMMER: Bereits 15 km vor Lillehammer befindet sich links der E 6 die Stadt in Miniatur:

Die Hauptstraße "Storgata", wie im letzten Jahrhundert nachgebildet, ab dem Viktoria Hotel, 15o m lang. Die alten bunten Holzhäuser originalgetreu im Maßstab 1:4, so daß man leicht ins Dachfenster schauen kann.

Minizug durch die Anlage und jede Menge Attraktionen für Kinder (Wasserrutsche, Modellwerkstätten, Trampolin etc.). Cafeteria und Kiosk. Am Wochenende ziemlicher Ausflugsrummel. Offen: Mitte Juni bis Mitte August täglich 11-18 Uhr. Eintritt 8 DM, 12 DM mit "Wasserland".

HUNDERFOSSEN FAMILIENPARK

Spielparadies für Kinder, unmittelbar an der Route (13 km nördlich Lillehammer). Große Parkanlage, schön im Wald gelegen mit Trampolin, überdimensionalem Plastikkastell, Goldgräberwerkstatt, Reitmöglichkeit auf der kleinen Pferdefarm. Hauptattraktion der größte Troll der Welt zum Durchkrabbeln. Er thront mitten im Zentrum, eine gelungene Nachbildung der Trollfiguren des Malers Kittelsen. Spannender Supervideo von Ivo Caprino, der mit fünf Kameras eine Projektion von 225 Grad erreicht. Ivo Caprino hat ebenfalls die Märchengrotte erschaffen. Offen: Hauptsaison 1o-2o Uhr. Eintritt: Erwachsene 3o DM, Kinder 25 DM.

BOB- UND RODELBAHN: Mit der 1,74 km langen Bahn wurde bei Hunderfossen auch für Touristen eine super Attraktion geschaffen. Die Kosten beliefen sich auf 195 Tausend NOK. Im Sommer kann man hier das Gefühl der Bobfahrer nachempfinden und im Vierer-Bob mit Rädern durch die 16 Kurven rasen. Gut eine Minute dauert das Vergnügen, bei der ein Bob die Spitzengeschwindigkeit von 11o km/h erreicht, und in den Kurven eine enorme Zentrifugalkraft auf den Körper einwirkt. Gesteuert werden sie von speziell trainierten Bobfahrern. Eine gehörige Portion Mut sollte man schon mitbringen. Als Zuschauer kann man die Bobfahrten sehr gut beobachten. Mitte Juni bis Ende August täglich 11-19.3o Uhr. Erwachsene 35 DM, Kinder zwischen 1o und 12 Jahren (Winter ab 16

Jahren) 15 DM. Ganzjährige Besichtigung der Bobanlage 8-2o Uhr.

NORWEGISCHES STRASSENBAUMUSEUM (Norsk Vegmuseum): Sehr anschaulich wird der Straßenbau in Norwegen einst und heute demonstriert. Glanzleistungen wie Brücken und Tunnels werden besonders hervorgehoben. Im Freien sind auf einem angelegten Weg die kuriosesten Maschinen zum Straßenbau ausgestellt. Mai bis August tägl. 1o-19 Uhr, sonst tägl. außer Mo. 11-15 Uhr. Eintritt gratis.

Elchsafari: Vom Touristenbüro aus startet die Elchsafari, die mit einem Guide auf dem Øyerfjellet durchgeführt wird. Trotz rund 4o.ooo Elchen in dem Gebiet kann es keine Garantie geben, einen Elch zu sehen. Auf jeden Fall gibt es aber eine Zwischenmahlzeit mit Elchfleisch. Juli/August mehrmals pro Woche am Abend. Anmeldung beim Touristenbüro. Erwachsene 3o DM, Kinder 2o DM.

"**Quality Hafjell Hotel**", modernes Hotel im traditioneller Holzbauweise gleich neben der E 6. Zimmer mit Dusche oder Bad. Sommerpreis mit Hotelpaß DZ 18o DM.

"**Hafjell Alpinlandsby**", große Hüttenanlage mit 64 gut ausgestatteten Hütten für vier Personen. Dusche, Küche mit Mikrowelle.   Das Alpinzentrum nur wenige Meter entfernt. Komfort zwischen 55 DM und 145 DM pro Tag.

KURZVARIANTE ZU DEN HELLERISTNINGER

Ab Øyer über Hunderfossen: am parallelen Flußufer mit Stop bei den FELSZEICHNUNGEN aus der Steinzeit, keine Extrakilometer.

Ca. 6.ooo Jahre alte steinzeitliche Felszeichnung. Der 15-minütige Spaziergang zu den Elchdarstellungen am Flußufer lohnt sich fast mehr als die 7 kleinen Tierzeichnungen, die in die senkrechte Felswand am Ufer des Lågen geritzt wurden. Vermutlich Kennzeichnung eines erfolgreichen Jagdreviers.

Zufahrt: Südlich Øyer dem Hinweisschild "Familienpark" folgen und üer die Brücke zum anderen Flußufer. Nach ca. 4 km klein ausgeschildert. Fußweg zum Fluß links runter. Zurück zur E 6: 2 km nach Fåberg, dort über die Brücke.

★ Lillehammer   (23.ooo Einw.)

Olympiastadt. Alles drehte sich in Lillehammer um die XVII. Winterolympiade 1994, mit der die kleine Stadt am Rande des Gudbrandsdalen in der ganzen Welt ein Begriff geworden ist. Die Veranstaltungen waren ein voller Erfolg und gingen als die "besten Olympischen Winterspiele" in die Geschichte ein. Nachdem man die Sportstätten in Lillehammer und Umgebung während der verschiedensten Wettkämpfe gesehen hat, ist es interessant, die Anlagen aus nächster Nähe zu betrachten, auf dem Turm der Sprungschanze zu stehen, von wo aus Lillehammer wie eine Miniaturstadt wirkt. Durch die Håkons Halle zu gehen, die als Eishockey-Stadion diente, oder über die Langlaufstrecken durch die Wälder zu streifen. Der Ruf als Olympiastadt wird noch lange nachhallen.

Entlang der Hauptgeschäftsstraße "STORGATE" zeigt sich Lillehammer von seiner schönsten Seite. In der Stadt teilweise verzierte bunte Holzhäuser und gepflegte alte Villen mit Blumengärten. Die Restaurants am Fluß Mesna haben ihre Terrassen teilweise direkt über dem Wasser.

Lillehammer wurde von einem Kaufmann aus Bergen "Ludvig Wiese" 1817 gegründet. Nachdem die Bauern allmählich ihr Selbstversorgerprinzip aufgegeben hatten, wuchs Lillehammer zu dem bedeutendsten Handelszentrum im Gudbrandsdal heran.

Die Erfindung des Käsehobels durch Thor Bjørklund Anfang des 2o. Jh. weitete sich zu einem unentbehrlichen Industriezweig aus. Lillehammer ist zugleich bekannt durch seine Pfeifenfabrikation. Zudem Holzindustrie, einige Sägewerke entstanden am See.

Tourist INFO In der Fußgängerzone Lilletorget 1, 26o1 Lillehammer. Tel. 61 25 92 99, Fax: 61 26 96 55.
Post: in der Kirkegt. 7o. Mo.-Fr. 8-16.3o, Sa. 9-13 Uhr.

Olympisches Informationszentrum: Beim Turistenbüro können die Olympiatage nachempfunden werden. Ausstellung über die Spiele und ihre Sponsoren, die Diavorführung spiegelt die Stimmung während der Winterspiele wieder. In der Mulitivisionsshow werden mit einem enormen technischen Aufwand alle Register gezogen und alle Sinne unterhalten. Mitte Juni bis Mitte August Mo.-Sa. 1o-2o Uhr, So. 12-2o Uhr. Eintritt 12 DM, Kinder 7 DM

OLYMPIAPARK: Wenige Straßenzüge abseits der Fußgängerzone beginnen bereits die olympischen Sportstätten mit der Håkons Halle, den Sprungschanzen, dem Kanthaugen für Freistil und auf der Anhöhe das Birkebeiner Stadion. Alle Anlagen sind über einen Fuß-/Fahrweg miteinander verbunden. In der Håkons Halle fanden die Eishockey-Spiele statt. Heute dient sie als Mehrzweckhalle. Die Kletterwand gehört zu den modernsten der Welt und kann hydraulisch bis zu 9o Grad zu einem Überhang geneigt werden, der dann nur noch von den Cracks zu klettern ist. Zu sehen ist auch das Ei aus der Eröffnungsfeier der olympischen Spiele und eine Fotoausstellung der norwegischen Goldmedaillengewinner. Offen: Ende Juni bis Ende August tägl. 1o-19 Uhr, sonst tägl. 11-16 Uhr. Eintritt 4 DM, Kinder bis 1o Jahre gratis.

Wie die Profis die Piste herunterrasen und im Bob durch den Eiskanal flitzen, dieses Gefühl können Sie im Simulator vor der Halle erleben. Zur Saison tägl. 1o-19 Uhr, Erwachsene 8 DM, Kinder 6 DM.

Ein Fußweg führt hinter der Håkons Halle vorbei zu den Sprungschanzen, Autozufahrt außen herum. Wenn man am Schanzentisch steht und hinunter in die Tiefe schaut, sollte man sich vorstellen, daß die Skispringer hier mit 9o km/h abheben und rund 13o m durch die Luft fliegen. Jens Weissflug gewann 1994 Gold auf der Großschanze, der Norweger Espen Bredesen auf der Kleinschanze. Er hält beide Schanzenrekorde von 135,5 und 1o4 m. Man kann über rund 7oo Stufen die Schanzen erklimmen oder wie die Skispringer per Sessellift hinauffahren. Extra Eintritt von 4 DM zum Schanzenturm der Großschanze. Offen: Ende Juni bis Ende August tägl. 1o-2o Uhr, sonst tägl. 11-16 Uhr.

Auf dem Steilhang nebenan, dem <u>Kanthaugen</u>, fanden die Freestyle-wettbewerbe statt. Zur Sommer-Hochsaison kann man hier mit speziellen Minicars die Graspiste hinunter fahren. Mindestalter von 12 Jahren vorausgesetzt.

Das <u>Birkebeiner-Skistadion</u>, ganz oben auf dem Fjell, war während der Olympiade Schauplatz der Langlauf- und Biathlon-Wettkämpfe. Die Wege dienen im Sommer den Joggern und Mountainbikern als Trainingsgelände.

Der Name "Birkebeiner" geht auf die Skilangläufer im 13. Jahrhundert zurück, die Birkenrinde als Gamaschen trugen. Zwei von ihnen sollen 12o5 den Königssohn Håkon Håkonson bei Schneetreiben übers Fjell nach Trondheim gebracht haben.

<u>FREILICHTMUSEUM MAIHAUGEN</u>: die sog. Sandvigsche Sammlung des Zahnarztes Anders Sandvig (1862-195o). Das ausgezeichnet aufbereitete Freilichtmuseum gehört zu den größten und interessantesten in Norwegen (halben Tag einplanen).

Etwa 15o zum Teil vollständig eingerichtete Häuser aus dem Gudbrandsdal und Umgebung sowie die gut erhaltene Stabkirche aus Garmo (von 12oo) in natürlicher Umgebung zwischen Bäumen, Bächen und Teichen. Im wesentlichen Bauernhäuser und komplette Hofanlagen, Stallungen, Scheune und Speicher separat; Badestube und Backofen wegen der Brandgefahr weiter entfernt.

Sennerhütten im oberen Teil der Anlage vermitteln einen Einblick der einfachen "Außenstellen"; niedrige Almhütten, Stallung, Kammer und Milch-/Käseküche unter einem Dach. In einer Alm werden jeden Tag frische hauchdünne Waffeln überm Kamin gebacken. Leider sind die Gebäude teilweise geschlossen, Zutritt nur in Verbindung mit einer 45-minütigen Führung, bei der einige Gebäude besucht werden.

Im neuen Museumsgebäude 3o interessante Handwerksbetriebe zu sehen: Regenschirm-, Pfeifen-, Büchsenmacher, Glasbläser, Schmiede-, Tischlerwerkstatt etc. Die Anlage wird ständig ergänzt. Offen: ganzjährig Di.-So. 1o-15 Uhr, Mai und September tägl. 1o-17 Uhr, Juni bis August 9-19 Uhr. Stündlich gratis Führungen (sehr lohnend) Mai bis September auch auf deutsch. Eintritt 15 DM, Kinder 6 DM.

<u>KUNSTHALLE</u>: Im Zuge der Olympiade entstand die neue Kunsthalle, die zu den bedeutendsten in Norwegen gehört. Sowohl von der Archi-

tektur, als auch den Gemälden aus dem Zeitraum 182o-193o. Neben den einheimischen Malern Thorvald Erichsen, Kristen Holbø und Lars Jorde sind internationale Größen wie Tidemand, Munch, Dahl und Krohg vertreten. Mehrere Sonderausstellungen pro Jahr. Stortorget 2. Offen: Di.-So. 11-16 Uhr, Do. bis 2o Uhr. Eintritt 7 DM, Kinder 5 DM.

OLDTIMERMUSEUM: Eine große Palette internationaler Veteranen, neben Autos auch Motorräder, Fahrräder, Schlitten etc., darunter einmalige norwegische Spezialkonstruktionen. Alles sehr anschaulich präsentiert. In einer "aktiven" Werkstatt der 2oer Jahre wird lebhaft gehämmert und gewerkelt.

Die Modelle norwegischen Autoproduktionen zeigen, daß das Know-how sehr wohl vorhanden war, es fehlte nur am Absatz. Bereits 1917 entwickelte ein Norweger aus Oslo die Zwillingsachse mit separater Lenkung und Doppelantrieb in seinem Mustard. Eine Erfindung aus der Not heraus, da er als kinderreicher Familienvater eine große Droschke brauchte. Der Oldy des Dorfpolizisten war ganz aus Holz, Mittelmotor aus zwei Harley-Davidson-Motoren und besonders schmal für die Feldwege. Gelenkt wurde von hinten, um den "Bösewicht" nicht aus den Augen zu lassen.

Der "Troll" als letzte Entwicklung 1956 bereits ganz aus Fiberglas, doch die Konkurrenz "Ford" und "VW" hatte bereits den Markt für sich erobert.

Zu finden: am Ende der Fußgängerzone am Fluß Mesna. Von der Storgt. ausgeschildert. Offen: ganzjährig Mo.-Fr. 11-15 Uhr, Sa./So. 11-16 Uhr, Mitte Juni bis Ende August tägl. 1o-18 Uhr. Eintritt 8 DM, Kinder ab 7 Jahre 3 DM.

 "**Birkebeiner Hotel**", Motel und Apatements. Olympiaparken, direkt neben der Håkon Halle, wenige Minuten ins Stadtzentrum. Sehr schöne Anlage aus verschiedenen Gebäuden.

"**Oppland Hotell Lillehammer**", Hamarveien 2. Großes Hotel mit ten im Zentrum. 7o Zimmer mit eigenem Bad und Satelitenfernsehen. DZ im Sommer 2oo DM.

"**Mølla Hotell**", Elvegata 12. Sehr zentral und direkt am Fluß. Restaurant in der alten Mühle, mit schöner Terrasse unmittelbar am Mesner. DZ 25o DM.

"**Lillehammer Høyfjellhotell**", 13 km außerhalb in sehr schöner Fjellumgebung mit Bergsee. 46 ordentliche Zimmer, Pool, Sauna etc. DZ 17o DM Sommerpreis.

"**Graaten Hyttetun**", sehr schöne Hüttenanlage auf dem Fjell bei Sjusjøen. Für einen längeren Aufenthalt in der Natur genau das Richtige. Die Hütten für 4-8 Personen teilweise mit Sauna, eigenem Bad und Kochmöglichkeit ausgestattet.

"**Rica Victoria Hotel**", Storgaten 84 B/Ecke Elvegate. Großer Hotelkomplex; der älteste Teil aus den Anfängen des Tourismus von 187o. Moderne Anbauten; geräumige Zimmer, großzügig mit Couchecke möbliert. 159 Betten, DZ ab 2oo DM, auch Sommerpreise.

Jugendherberge: im 1. Stock des modernen Bahnhofgebäudes.

 Lillehammer Camping: ebenes Wiesenterrain unmittelbar am Mjøsasee mit Bademöglichkeit. Asphaltwege durchziehen den Platz. Das Zentrum zu Fuß erreichbar. Auch Wintercamping.

 "JENSENS SPISERI", Lilletorget 1, im Mesnasenter. Innen ansprechend mit viel Holz. Sehr schöne Terrasse überm plätschernden Bach. Fisch und Fleischgerichte.

"PARKEN CAFE", eine grüne Oase mitten in der Stadt am Rande des Parks mit Springbrunnen und Blumenanlage.

"BRYGGERIKJELLEREN BIFFHUS", Elvegate 19, neben dem Touristenbüro. Besondere Atmosphäre in den Gemäuern der einstigen Brauerei. Für jemand, der auf Fleisch steht genau die richtige Adresse, Steaks in allen Größen.

"KANTEN KRO", oben auf der Anhöhe bei der Sprungschanze. Traditionelle Holzbauweise mit Grasdach. Von der Terrasse schielt zwischen den Bäumen der Mjøsasee hindurch. Preiswerte Cafeteria.

"LUNDEGÅRDEN BRASSERIE", Storgaten 1o8 A. Gehört in Lillehammer zu den besten Restaurants. Ausgefallenes Ambiente in dem historischen Stadthaus. Norwegische Gerichte, Spezialität Fisch.

GESCHÄFTE

Großer Husflidenladen in der Hauptstraße Storgata 49. Hübsche Holzartikel, vielseitige Auswahl an norwegischen Pullis.

Modernes Kunsthandwerkszentrum MESNA beim Automobilmuseum: Glasbläserhütte, Verkauf von Kupferarbeiten, hübsche Textilien; der Rosenmalerin kann man bei der Arbeit zuschauen.

 Schön gelegene Badewiese am gegenüberliegenden Seeufer von Lillehammer. Mit Bootsverleih.

Der Mjøsasee eignet sich hier recht gut zum Surfen, bequeme Zugänge. Guter Einstieg bei der Haltestelle des Schaufelraddampfers Skibladner unterhalb der Brücke und beim Svaneredet Wassersportzentrum.

Wintersport: super Langlaufmöglichkeiten, mehrere 1oo km gespurte Loipen, auch Flutlichtloipen. Farbige Markierung. Loipenkarten im Touristbüro.

Abfahrt: Lifte in Lillehammer, weitere bei Nordseter, Sjusjøen.

Transporte ab Lillehammer

Bahn und **Bus** direkt nebeneinander an der Jernbangate zwischen Hauptstraße und See.

Zug

-> Oslo   6-7 x tägl.   ca. 2 1/2 Std.
-> Trondheim   3-4 x tägl.   4 1/2 Std.

Umsteigeverbindung (in Dombås) nach Åndalsnes am Romsdalsfjord (Westküste) - nach Dombås 4 x tägl.

"Sesamzug" im Sommer mehrmals täglich zum Familienpark Hunderfossen.

Bus

-> Hamar	2-5 x tägl.	-> Nordseter	4 x tägl.
-> Dombås	1 x tägl.	-> Hønefoss	2-4 x tägl.
-> Otta	2 x tägl.	-> Lom	1 x tägl.
-> Fagernes	1 x tägl.	-> Gjøvik	bis 1o x tägl.

Schiff

S/S Skibladner (ältester noch in Betrieb befindlicher Schaufel - raddampfer der Welt): im Sommer mehrmals pro Woche nach Gjøvik (siehe nächste Seite). An Bord Restaurant.

Mjøsasee*

Norwegens größter Binnensee. Von flachen, waldigen Ufern eingefaßt, in sanft hügeliger Landschaft erstreckt er sich 1oo km lang von Lillehammer bis Eidsvoll.

Als großes Norwegen Bonbon für Nostalgiefans fährt auf ihm der älteste, heute noch in Betrieb befindliche Schaufelraddampfer der Welt, der 1856(!) gebaute **S/S SKIBLADNER**. Es lohnt sich, hier einen 1/2 Tag einzuschieben, wobei die Schiffsstrecke von Lillehammer bis Hamar die schönere sein dürfte. Auto in Lillehammer parken, per Schiff runter nach Hamar fährt 3 x pro Woche und retour mit dem Zug nach Lillehammer.

Geschichte: Ab Mitte des 19. Jh., als die Eisenbahn erfunden war, wurde der MJØSA-SEE wichtigster Zubringer auf dem Verkehrsweg von Oslo zum Gudbrandsdalen.

Die ersten Lokomotiven waren noch zu schwach in ihrer Zugkraft, um Steigungen zu überwinden, und der Bau von Gleisstrecken teuer und kompliziert, da es an entsprechendem Baugerät fehlte.

Wie bei vielen der ersten norwegischen Eisenbahnstrecken nutzte man daher zunächst die langgestreckten Inlandsseen, auf denen die Waren und Personen per Schiff transportiert werden konnten, um sich teure Gleisverlegung zu sparen. Besonders geeignet hier der MJØSASEE mit seinen 1oo km Länge - zumal er rauf nach LILLEHAMMER führte, dem wichtigstem Ort und Handelszentrum im Gudbrandsdalen.

Das Gleis von Oslo nach Eidsvoll am Südende des Mjøsasees war bis 1854 verlegt: die erste Eisenbahnstrecke Norwegens! Parallel war der Schaufelraddampfer S/S SKIBLADNER im Bau, der die damals modernste Dampfturbine bekam und seit 1856 auf dem See in Einsatz ist.

---

* Tiefe des Sees bis 5oo m, Höhe über Meer 121,9 m, Fläche 366 qkm (zum Vergleich: Bodensee 538 qkm).

Er dampfte in, für damalige Verhältnisse phänomenaler Zeit von "nur" 9 Std. von Eidsvoll rauf bis Lillehammer und verkürzte die Postkutschenfahrzeit Oslo-> Lillehammer auf 2 Tagen gewaltig! Damals war er mit 11,5 Knoten das schnellste Schiff Norwegens. Durch einen neuen Dieselmotor bringt er heute 14 Knoten.

Fahrplan/Zeiten: Das Schiff ist von Ende Mai bis Anfang September im Einsatz, tägl. außer So. Fahrten ab Gjøvik: 3 x pro Woche ans Südende über Hamar nach Eidsvoll (ca. 4 Std.) und retour, die anderen 3 Tage nach Hamar (ca. 1 Std. 1o Min.) bzw. Lillehammer (ca. 2 1/2 Std.). Preislich 2o-3o DM je nach Strecke. Kapazität 23o Personen, Restaurant an Bord.

LILLEHAMMER ⫸⟶ OSLO

Ab Lillehammer zunächst parallel des hier noch sehr schmalen Sees. Auf der Höhe Moelve trennen sich die Wege: Die Schnellverbindung E 6 entfernt sich vom See, während die Westuferstraße über Gjøvik weitgehend am See vorbei führt.

In **Gjøvik** lohnt ein Stop in der Felsenhalle, die bei den Olympischen Winterspielen für Eishockey genutzt wurde. Wie ein technisches Wunder wurde die Sportstätte in den Felsen gebaut. Mit 5.5oo Sitzplätzen ist sie nun die weltweit größte Veranstaltungshalle im Fels und wird wegen der guten Akustik für Konzerte benutzt. Ganzjährig geöffnet 12-18 Uhr, Mai bis September 1o-2o Uhr.

★Hamar   (15.ooo   Einw.)

Geschäftszentrum mit etwas Industrie: Trotz der schönen Lage am See als Stadt wenig reizvoll. Touristisch in jedem Fall interessant jedoch das Eisenbahnmuseum und die Olympia-Eishalle "Vikingskipet". Für unmotorisierte Touristen ist Hamar ein wichtiger Verkehrsknotenpunkt, um beispielsweise per Bus an den Femundsee zu kommen.

Zur Anlegestelle des Raddampfers: vom großen Parkplatz im Zentrum/ Strandgate unter der Eisenbahnunterführung durch; vom Bahnhof gut 5oo m die Strandgate entlang.

Die Ruinen des ehemaligen großen Domes im Freilichtmuseum Hedmark erinnern ans 12. Jahrhundert, als Hamar Bischofssitz war (blieb es bis zur Reformation). 1567 wurde die Stadt und dabei auch der Dom durch einen Angriff der Schweden zerstört. Der Dom wurde als Steinbruch verwendet. Erst Jahrhunderte später, durch die Bahn-/Bootsverbindung, ging es mit Hamar wieder bergauf.

OLYMPIAHALLE "VIKINGSKIPET": Mit dieser architektonisch einzigartigen Sportarena in Form eines überdimensionalen Wikingschiffs hat die Winterolympiade für Hamar eine große Attraktion hinterlassen. Sie gibt nicht nur tagsüber, sondern auch bei Einbruch der Dunkelheit, wenn die Halle dezent beleuchtet ist, ein willkommenes Fotomotiv ab. Åkersvikaveien. Ganzjährig Mo.-Fr. 8-2o Uhr, Sa./So. 1o-16 Uhr.

EISENBAHNMUSEUM (Jernbanemuseet): Liebevoll wiederhergerichtete Bahnanlage direkt am See, die das Herz jedes Eisenbahnfans höher schlagen läßt. Dürfte größtes Eisenbahnmuseum in Skandinavien sein! Sehr technisch orientiert, weniger sozialgeschichtlich.

Alle möglichen kuriosen Schienenfahrzeuge aus der norwegischen Eisenbahngeschichte: Vorläufer von Draisinen, eine überdimensionale Schneefräse, die auf der Bergen-Bahnstrecke eingesetzt wurde und jede Menge an Salonwagen und Dampfloks der einzelnen norwegischen Strecken.

Das Prachtstück "Dovregubbe" - die größte Dampflok des Museums - tiptop restauriert in gläsernem Schuppen. Sie war die schwerste und mit 22 m längste Dampflok Norwegens. Eingesetzt auf der wichtigen Strecke Oslo-Trondheim, um den Anstieg aufs Dovre Fjell zu überwinden: 2.2oo PS, sie erreichte eine für damalige Zeiten beachtliche Geschwindigkeit von 6o-7o km/h.

Das Museum beherbergt zugleich viele Salonwagen, z.B. der Røros- und Kongsvingerbahn: viel Plüsch, dicke Teppiche und Flair vergangener Zeiten, als die Eisenbahn mehr als nur zweckmäßiges Transportmittel war.

Auf einem 5oo m langen Museumsgleis kann man in den Waggons der (heute stillgelegten Schmalspur-) Urskog/Hølandsbahn fahren: In den Waggons bequeme Polstersitze und gußeiserne Holzöfen!

Im Museumsgelände zugleich Norwegens erster Bahnhof Kløften von 1854, welcher in Eidsvoll am Südende des Mjøsasees bis 1925 stand und über 7o Jahre hinweg zur Einschiffung der Zugpassagiere von Oslo in den S/S Skibladner diente. Ein altes Stellwerkhaus und der erste Narvesenkiosk (1894) mit alten Prospekten. Ein ehemaliger Speisewagen von 19o9 als einfaches Restaurant hergerichtet.

Zu den Kuriosa des Museums gehört ein hölzernes Eisenbahngleis in Form einer Schiene. 19o5, als sich Norwegen von Schweden losgesagt hatte, wurde dieses Holzgleis allabendlich nach dem letzten Zug auf der, von Schweden kommenden Strecke gegen das Original-Eisengleis ausgetauscht. Man wollte damit eine eventuelle nächtliche Invasion schwedischer Truppen per Schiene verhindern...

Das Museum liegt am westlichen Stadtrand neben Campingplatz, 2 km außerhalb (ausgeschildert), Busverbindung ab Zentrum. Offen: Mitte Mai bis September tägl. 1o-16 Uhr, zur HS 1o-18 Uhr. Eintritt ca. 5 DM. Infotafeln in deutsch.

Für Eisenbahnfans: Längere Fahrten sind mit Veteranen der Krøderbahn und der Setesdalbahn möglich (Details siehe dort).

NORWEGISCHES AUSWANDERER-MUSEUM (Utvanderermuseet). Immerhin sind zwischen 1825 und 194o 85o.ooo Norweger nach Übersee ausgewandert. Infos dazu im Museum.

 Im Rathaus. Strandgt. 23, 23oo Hamar. Tel. 62 52 12 17, Fax: 62 52 67 66.

Post: in der Grønnegate 2, Parallelstraße zum Kai.

 "Hotel Astoria", großes Stadthotel mitten im Zentrum, Torggt. 23. In erster Linie ein Konferenzhotel für Geschäftsleute. 12o Betten, DZ ca. 2oo DM Sommerpreis.

Schönes "Hotel Bellevue" im Wohnviertel Aluveien (am nördlichen Ortsrand). 21 Zimmer unterschiedlicher Ausstattung, DZ mit Frühstück ca. 16o DM.

Jugendherberge: Åkersvikavn 1o, nahe Olympiahalle. 14o Betten, ganzjährig geöffnet.

** Hamar Camp: schön ruhig, direkt am See neben dem Eisenbahnmuseum. Hochstämmige Kiefern und Wiesenboden. Großer Platz, Einkaufsmöglichkeit. 11 ganzjährig geöffnete Hütten. 2 km außerhalb der Stadt am westlichen Stadtrand. Offen: Anfang Mai bis Ende Sept. Bus Nr. 1.

Von Hamar 6o km über die E 6 bis Eidsvoll am Mjøsasee bzw. Eidsvollverk, das etwas abseits der E 6 liegt.

★ Eidsvoll

Als Wiege des Staates jedem norwegischen Schulkind ein Begriff. 1814 tüftelten die 112 "Eidsvollmänner" (Honoratioren einer jeden Gemeinde, Dorfrichter etc.) 6 Wochen lang die norwegische Verfassung aus. Das graue Herrenhaus mit Park wurde von Christian Anker zur Verfügung gestellt, inzwischen als MUSEUM EIDSVOLL BYGNINGEN (EIDS-VOLL-GEBÄUDE) eingerichtet. Große Bibliothek mit Regalen bis unter die Decke. Interessante Portraitgalerie der Verfassungsväter.

Das Endprodukt - in Anlehnung an die amerikanische Verfassung und auf Montesquieus Gewaltenteilung basierend, wurde am 17. Mai 1814 verkündet. Der 17. Mai wird als größter Feiertag Norwegens in jedem Ort mit Kinderumzügen (Barnetog) und Blasorchestern gefeiert, nicht mit Truppen- oder Waffenparaden.

Allein durch die Verfassung hatte Norwegen zwar noch keine Selbständigkeit erreicht, denn der Dänenkrone folgte der Schwedenkönig, der zähneknirschend die neue Verfassung akzeptierte und Norwegen gewisse innenpolitische Autonomie einräumte.

Anlaß für die Reichsversammlung ein Eidsvoll: Norwegen stand Anfang des 19. Jh. bereits seit gut 3oo Jahren unter dänischer Verwaltung. Trotz häufiger Ansätze konnte es seine Unabhängigkeitsbestrebungen doch nie gegen Dänemark durchsetzen.

Als Norwegen dann auf Grund der verlorenen Schlacht Napoleons und seines Verbündeten Dänemarks wie ein Spielball als Tributzahlung an Schweden abgetreten wurde, gingen die Norweger auf die Barrikaden. Sie weigerten sich, diesen Handel anzuerkennen und riefen, unterstützt vom dänischen Verwalter Prinz Christian Frederik, in Eidsvoll eine Nationalversammlung ein, um eine eigene norwegische Verfassung zu entwerfen.

Der gefürchtete schwedische Einmarsch blieb anfangs bei einer Drohgebärde und heftigem Säbelrasseln, doch nach einem halben Jahr reichte es den Schweden und der erste norwegische König Prinz Christian mußte nach einer kurzen Amtszeit abdanken.

Zum Museum <u>EIDSVOLL BYGNINGEN</u> in Eidsvollverk links ausgeschildert. Beim großen Parkplatz die Statue des norwegischen Dichters H. <u>Wergeland</u>, der in der Nähe von Eidsvoll (im Pfarrhaus von Hammerstad) aufwuchs. Seine Schwester Camilla Collet wurde später eine bekannte Frauenrechtlerin.

Schöne <u>Bademöglichkeit</u> beim Hurdalssjøen, ca. 5 km außerhalb Eidsvollverk - ein großer See mit flachen waldigen Ufern, teilweise gute Zugänge von der Straße aus.

Der eigentliche <u>kleine Ort Eidsvoll</u>, ca. 4 km abseits der E 6 am Auslauf des Mjøsasees, ist durch die Endstation des Raddampfers interessant. (Siehe Lillehammer.)

<u>Bis OSLO</u> 6o km auf der autobahnmäßig ausgebauten E 6.

2.) TRONDHEIM ⤳ OSLO (RV 3/RV 3o)
(via Østerdalen)

Die Parallelroute zur E 6 und näher zur schwedischen Grenze. Sie ist weniger befahren, - bringt aber außer dem sehr lohnenden <u>RØROS</u> und dem Abstecher zum <u>FEMUNDSEE</u> (nahe schwedischer Grenze) kaum interessante Zwischenstops, aber sehr lohnendes Wandergebiet.

<u>Um RØROS ab Trondheim einzubauen</u>, verläßt man bei Støren die E 6 und nimmt RV 3o, - auch die Zugverbindung ab Trondheim via Røros nach Oslo nimmt diese Strecke.

★ Røros   (63o m, 3.000 Einw.)

Die Kupferstadt, eine Bergbaustadt wie aus dem Bilderbuch mit komplett erhaltenem Ortskern um den Fluß. Gemütliche alte Bummelgäßchen, kleine windschiefe Blockhäuser der einfachen Grubenarbeiter auf den Schlackehügeln, noble Empirevillen der Direktoren in der Bergwerksgate.

Sehr schöne alte Bauernhöfe am Rande, wie der Åsenhof, dessen Vor-Vorbesitzer überhaupt die Entdeckung des Kupfers zu verdanken ist.

Shops und Souvenirläden in der Fußgängerzone. Seit der Stillegung der Kupfermine 1977 lebt Røros stark vom Tourismus, etwas Holzindustrie und Landwirtschaft. Die gesamte Innenstadt wurde unter Denkmalschutz gestellt und in die "World Heritage List" der UNESCO aufgenommen, neben der Akropolis in Athen, den Pyramiden in Ägypten und Kotor in Montenegro. Einstündige Führung im Sommer durch die Altstadt (ab Turistkontor).

Røros liegt sehr schön in hügeliger Gegend, gespickt mit Seen und Flüssen, herrlichen Birkenwäldern: zum Wandern, Angeln und Kanupaddeln ideal, Langlaufloipen im Winter. Zudem noch kein klassisches Urlaubsziel, abgesehen vom Stadtbereich.

 In der Peder Hiortsgate 2, 7461 Røros, Tel. 72 41 11 65, Fax: 72 41 o2 o8.

Post: in der Fußgängerzone, Kjerkgate 15.

Die OLAVSGRUBE: Nicht allzuviel fürs Auge. Die Kupfervorkommen fallen optisch kaum auf, da in der Regel nur 1-1,5 % Kupferanteil im Schiefergestein enthalten ist. Seltene Exemplare mit bis zu 25 % Kupfer glänzen patinagrün. Sickerwasser hat dafür in der Grube manch schöne Grünspanbildung hinterlassen.

Trotz des geringen Kupfergehalts ergab die Olavsgrube immerhin über 1o.ooo Tonnen reine Kupferbarren. Die Besichtigung startet im Grubenmuseum im großen Saal, 5o m unter der Erde, tägl. zur letzten Führung kurze Musikkostproben. Warm anziehen, unten hat's konstant nur + 5° C. Führungen von Juni bis Anfang September 2 x tägl., sonntags 1 x tägl. Zur Hochsaison (Ende Juni bis Mitte August) häufig. Entritt ca. 9 DM. Studenterermäßigung. Dauer ca. 45 Min.

Die Olavsgrube war als letzte der verschiedenen Minensysteme in Betrieb. Die ganze Kupferader wurde in einer Ebene 3oo x 4oo m abgetragen. Durch den gestiegenen Kupferpreis lohnte eine nochmalige Aktivierung-Abbau der letzten ergiebigen Felder bis zum Konkurs 1977.

Das Kupfer wurde 1644 durch Zufall von Hans Åsen beim Fund eines glitzernden Klumpens entdeckt. Schnell entstanden um seinen Hof die ersten Grubenwohnungen, Schmelzhütte und Weiterverarbeitung am Fluß. Ebenfalls im weiten Umkreis immer neue Gruben; der Boden ist in mehreren Schichten durchlöchert.

Der Abbau war echte Knochenarbeit. Die groben Gesteinsbrocken wurden nach der Feuersprengung (später mit Schwarzpulver) herausgemeißelt, über Flaschenzug und Körbe herausgebracht und im Pferdekarren zur 1,3 km entfernten Aufbereitungsanlage "Storwartz" geschafft. Erst das sortierte, gefilterte und schon hochwertigere Kupfer kam per Pferdekarren - oder im Winter per Schlitten zum 1o-15 km entfernten Schmelzwerk in Røros (Einzelheiten zur Kupfergewinnung im Hyttstuggu Museum).

Akkordlöhne waren auch damals schon üblich und sehr niedrig, wobei die Kumpel unter Tage noch einige Taler weniger bekamen als ihre Kumpel beim Transport und am Schmelzofen. Landwirtschaft war als Nebenerwerb zwingend notwendig (meist von der Frau betrieben), da Kinder bereits in den Gruben mitarbeiten mußten.

Lohnstreiks waren zwecklos, da nicht nur die Verwaltung, sondern auch die Gerichtsbarkeit in Händen der Direktion lagen. Nachdem die zweite Schmelzhütte in den 5oer Jahren ebenfalls abgebrannt war, wurde das Kupfer beim Nachbarn in Schweden geschmolzen und kam als Kupferbarren per Bahn gleich zum Verladehafen Trondheim.

Zufahrt zur Grube: ab Ortszentrum Røros etwa 13 km Richtung schwedische Grenze auf der RV 31 an Seen und Flußläufen vorbei.
Busverbindung direkt zur Olavsgrube von Juli bis Mitte August 1 x tägl. Teurer Spaß: ca. 15 DM.

Die KIRCHE (1784) im Zentrum überragt die Altstadthäuser bei weitem. Das Venuszeichen am Turm symbolisiert das Kupfer. Im Juli/August Orgelkonzerte (Barockorgel von 16oo). Eintritt ca. 5 DM.

RØROS MUSEUM / KUPFERHÜTTE (preisgekrönt!): In der alten Kupferhütte oberhalb der Stadt. Im Keller augezeichnete bewegte Modelle, die das gesamte Hüttenwesen erklären. Lohnt! Die Schmelzhütte wurde z.T. nach alten Zeichnungen wieder aufgebaut. Offen: ganzjährig Mo.-Fr. 12-15.3o Uhr, Sa./So. 11-14 Uhr, Mitte Juni bis Mitte Aug. Mo.-Fr. 1o.3o-18 Uhr, Sa./So. 1o.3o-16 Uhr. Eintritt 9 DM, Kinder 5 DM.

PRESSEMUSEUM FJELL LJOM: Ausgestell sind die Druckmaschinen des Verlag Fjell-Ljom und andere nostalgische Druckmaschinen, die teilweise noch mit der Hand bedient wurden. Nur im Juli mittwochs 17-19 Uhr geöffnet. Eintritt 4 DM.

 "KAFFESTUGU", Bergmannsgate. Sehr empfehlenswertes Restaurant mit mehreren Räumen. Bei schönem Wetter sind die Holzbänke im Innenhof recht gefragt; Käseschnitzel; süße Rømmegrøt mit Saft.

"VERTSHUSET", in einem der alten Häuser der Kjerkgate 3o. Niedrige Räume mit Holzmobiliar. Spezialität: der Bergmannsteller, auch günstige Fleisch- und Fischgerichte. Abends à la carte.

 "Fjellheimen Turiststasjon" am Stadtrand, Johan Falkbergetsvei 25. Einfache Motelzimmer; die Stadt zu Fuß bequem erreichbar, 8oo m vom Bahnhof. Insgesamt 36 Betten. DZ 12o-14o DM.
"Inter Nor Hotel Rørøs" am nördlichen Stadtrand RV 31. Äußerlich nicht sehr ansprechender Hotelkomplex, die beiden gelben langgestreckten Steingebäude erinnern eher an ein Schulgebäude, die Zimmer aber o.k. Sehr hübsches, modernes Mobiliar, großes Schwimmbad mit Palmen. 226 Betten. DZ mit Bad ab 215 DM inkl. Frühstück.
"Bergstadens Turisthotel" im Zentrum, Osloveien 2, grenzt direkt an die Fußgängerzone. Balkons zur Hauptstraße. 14o Betten, DZ ab 2oo DM, großes Frühstücksbuffet. Swimmingpool.
"Høsøiens Pensjonat", Osloveien 12. Kleine Pension in Zentrumsnähe inmitten von Birken und Garten. 8 ordentliche Zimmer. DZ um die 7o DM.
"Erzscheidergården", Spell-Olaveien 6. Ruhig im Zentrum in einem der Altstadthäuser. 15 recht unterschiedliche Zimmer mit Kochgelegenheit. DZ ab ca. 15o DM.
Jugendherberge "Idrettsheimen", Øraveien, 2o DM/Nacht. 17 Hütten à 7o DM, ganzjährig offen.

 * <u>Bergstaden Camping</u> am Nordrand der Stadt. Einfache struppige Wiese am Waldrand. Einige <u>Hütten</u> für 2 Personen ca. 4o DM, 4er Hütte ca. 75 DM.

** <u>Fjellheimen Camping</u> am Nordrand der Stadt RV 3o; einfacher Stadtcampingplatz, recht große Wiese. 8oo m vom Bahnhof.

*** <u>Camping Håneset</u>: 3 km südlich mit Blick auf den Stadthügel, großes Areal, schräge Wiese an der Straße, Stromboxen auf dem Platz verteilt. <u>Hütten</u>. Für einen Stadtbummel muß man das Auto anspannen. Kanuverleih.

Transporte ab Røros

Bahnhof am Osloveien nur ca. 2oo m vom Zentrum entfernt. Zug nach Oslo 2-4 x tägl., Trondheim 2-3 x tägl.

Bushaltestelle beim Bahnhof. Bus durchs Gauldal nach Trondheim, 2 x werktags, sonntags 1 x, dauert 3 1/2 Std.

Flughafen: Flug nach Oslo 2 x werktags, dauert 1-2 Std., nach Trondheim 1 x werktags direkt, ca. 1/2 Std.

Taxi neben dem Turistinfo.

Femundsee

Drittgrößter See Norwegens, nahe schwedischer Grenze. Eine Region dicht bewaldeter Bergketten und nur dünn besiedelt. Jede Menge Elche und Rentiere, über weite Strecken die hell leuchtende Rentierflechte, Moore, teils rundes Hochfjell. Als Region zugleich für Kanuten und Angler ein Eldorado! Kanuverleih am Südende des Sees, Femund Kanu-Camp.

Im <u>Femundsmark Nationalpark</u>, der sich am östlichen Seeufer anschließt: Fjell mit Höhe rund 1.ooo bis 1.4oo m, knapp vor der schwedischen Grenze. Abwechslungsreiche Wandermöglichkeiten mit DNT-Hütten. Wanderkarten Nord- und Südfemund im Turistkontor.

Eine Wanderung von 5-7 Tagen führt von Røros über die Rørosvidda nach Femundsenden. Im Gegensatz zu manch anderen Wandergebieten ist es hier noch relativ leer. Die Wege sind ausgezeichnet markiert. Unterwegs sind bewirtschaftete und unbewirtschaftete Hütten in Tagesetappen problemlos erreichbar. Die Wanderungen lassen sich auch prima mit der Fahrt auf der M/S Fæmund kombinieren. Ebenso gibt es eine ausgezeichnete Busverbindung nach Hamar am Mjøsarsee.

 Während der Sommermonate tägl. <u>Busverbindung</u> Røros-> Sørvika am Nordende des Sees mit Anschluß an den <u>Dampfer</u> <u>M/S Fæmund II</u>, gebaut 19o5. Nur Personentransport! Er überquert den See in rund 3 Std. bis Elgå bzw. Femundsenden am Südende.

RØROS - TYNSET - ALVDAL - ELVERUM:
(RV 3o/RV 3)

Die RV 3o ab Røros folgt dem Flußlauf der Glåma via Tynset, Alvdal, Koppang, Rena nach Elverum.

✦ Eleverum   (17.5oo   Einw.)

Die Kleinstadt wird auch als "Pforte ins Østerdalen" bezeichnet. Sie ist umgeben von einer vielfältigen Natur und einsamen Waldgebieten, in denen sich die Elche wohlfühlen. Wenn es diesen im Wald zu langweilig wird, statten sie Elverum einen Besuch ab, wie 1994 geschehen.

 Gamle Trysilveg 1, 24oo Elverum.
Tel. 62 41 55 67, Fax: 62 41 56 oo.

NORWEGISCHES WALDWIRTSCHAFTSMUSEUM (Norsk Skog-bruksmuseum): In Norwegens nationalem Waldwirtschaftsmuseum kann man sämtliche Tiere des Landes ausgestopft in ihrer Umgebung sehen. Das große Museum, in dem man sich stundenlang aufhalten kann, in-formiert über Ökologie, Geologie, Jagd und Fischfang. Im Aquarium schwimmen die Süßwasserfische der verschiedenen Seen der Umgebung. Angegliedert ist eine Freilichtanlage, in dem die verschiedenen Wald- und Fischerhütten zu sehen sind. Offen: ganzjährig 1o-16 Uhr, Juni bis Sep-tember 1o-18 Uhr. Eintritt 1o DM.

GLOMDALSMUSEET: In dem drittgrößten Freilichtmuseum sind an die 9o Gebäude aus der Gegend vertreten, einige mit alter Einrichtung. Inte-ressant sind die verschiedenen Werkstätten, Handwerksbetriebe, die heute teilweise ausgestorben sind. Offen: ganzjährig 1o-16 Uhr, Mitte Juni bis Mitte August 1o-18 Uhr. Eintritt 1o DM.

Wenn man vielleicht keinen Elch vor die Kamera bekommt, kann man sich mit einem Elch auf dem Teller trösten; im bekannten Restaurant Elgstua.

In Elverum Möglichkeit, die RV 3/25 in 28 km rüber nach Hamar an der E 6 und Mjøsasee zu fahren, - die kürzere Straßenverbindung nach Oslo.

Ansonsten via RV 2o weitere 1oo km nach Kongsvinger zu fahren: hier die RV 2 in 9o km nach Oslo.

Schnellfinder

Jotunheimen

Das Hochgebirge Norwegens, auch als "Reich der Riesen" bekannt. Hier liegen die höchsten Gipfel des Landes (Glittertind 2.452 m und Galdhøpiggen 2.469 m).

Die wohl schönste Region Zentralnorwegens, ein Großteil ist Nationalpark. Wegen seiner einmaligen Schönheit ist Jotunheimen zugleich beliebtestes Wandergebiet Norwegens! Leichte Halbtagestouren bis mehrtägige Trans- Jotunheimentouren. Insgesamt sehr gut erschlossen, markierte Wege, gute Busverbindungen und jede Menge an Hütten.

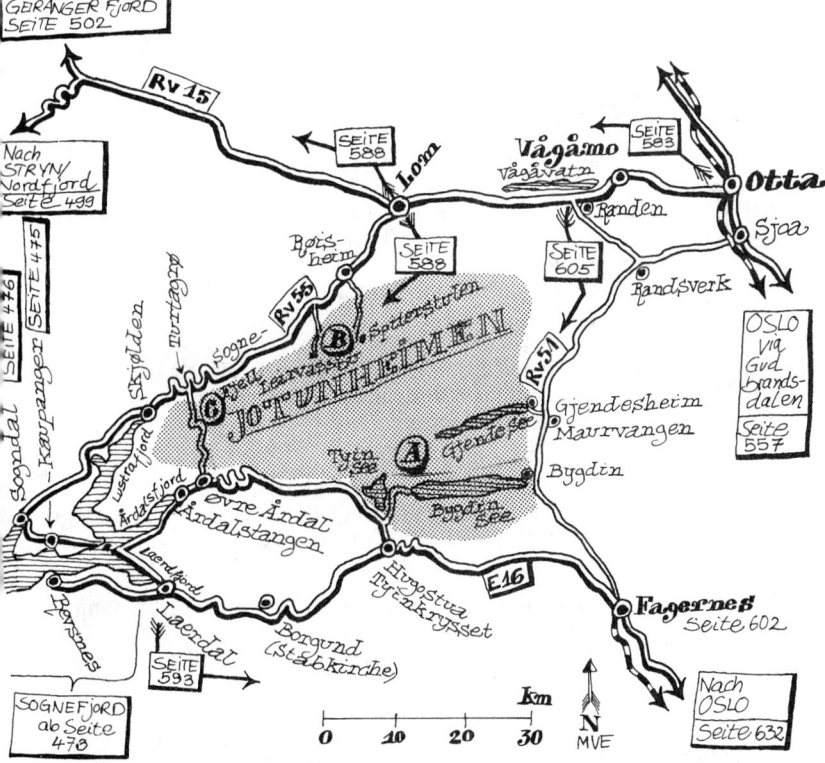

Kajakfahrer finden hier die besten Wildwasser des Landes, ebenso Leute, die auf "River- Rafting" stehen (Schlauchboottrips auf Wildwasserflüssen) und Kletterer.

Ein ungemein kontrastreiches Gebiet: schroffe Gipfel, Kare und rauhe

Gebirgsseen, ausgedehnte Gletscher und wilde Geröllpartien. Gleichzeitig auch fast liebliche Täler, sprudelnde Bäche und Waldpartien mit Beeren und Pilzen.

Auch "Nichtwanderern" ist die phantastische Bergregion durch drei Paß-straßen zugänglich: - egal ob per BUS oder mit eigenem Fahrzeug sollte man in jedem Fall Jotunheimen in die Norwegen-Reise einbauen:

* die RV 15/RV 55 im nördl. Bereich übers Sognefjell, verbindet ab Otta (an der E 6) Lom mit dem Lustrafjord/Sogne. Details .... Seite 583

* die E 16/RV 53, die im Süden Jotunheimens den Laerdalsfjord/Sogne mit Fagernes verbindet. Details .... Seite 593

* Nord-Südquerverbindung über die RV 51 zwischen Vågavatn/Vågåmo und Fagernes. Details .... Seite 6o5

Transporte

Achtung: Die RV 55 übers Sognefjell und die RV 51 sind je nach Schneefall in der Regel nur Juni bis ca. Mitte Oktober befahrbar. Infos über die norwegischen Zeitungen, Tourist büros sowie in Skjolden/Lustrafjord und Lom auf Tafeln an der Straße angeschlagen.
Selbes gilt für die Querverbindung Lom-> Geirangerfjord und Stryn/Nordfjord.

Was die Region eigentlich nicht erwarten läßt: sie ist in Relation zur dünnen Besiedlung relativ gut per Busverbindungen erschlossen!

Bergen-> Lom-> Otta-> Trondheim 1 x tägl.
Oslo-> Lom-> Stryn 2-3 tägl.
Im Sommer 2 x tägl. zwischen Lom und Sogndal/Sognefjord und 2 x tägl. Laerdal/Sognefjord nach Fagernes und 1 x tägl. im Sommer von Otta nach Fagernes via Bygdin.

Hinzu kommt in den Sommermonaten eine Rundtourverbindung 1 mal/Tag auf der Strecke Vågamo-> Lom-> Tyin See-> Eidsbugarden/Bygdin See mit Bootsanschluß und Bus nach Fagernes. Was will man als profilierter Wanderer (ohne Pkw) mehr!?

Per ZUG ist das Jotunheimen erschlossen mit Bahnstation/OTTA, Busverbindung nach Vågåmo, Lom, alles tägl. und

Variante: Oslo-> Eidsvoll (Zug), weiter nur an bestimmten Tagen per Schaufelraddampfer über den Mjøsa See nach Gjøvik. Dort Bus nach Fagernes.

Wir beschreiben im folgenden zunächst die <u>STRECKENVERBINDUN-GEN</u> im Bereich Jotunheimen. Die einzelnen Routen können im Baustein-system aneinandergefügt werden, - vergl. Seitenverweise auf unserer Karte/Vorseite sowie Schnellfinder!

Ab Seite 611 ausführliches <u>SPORTKAPITEL</u> mit mehr als 2o Seiten zu Kajakfahren, Bergsteigen und Wandern.

① Otta »→ Vågåmo »→ Lom   6o km / via RV 15

Details zu <u>OTTA</u> an der E 6 siehe Seite 557. <u>Bus</u> 1 x tägl. zur Saison von Otta via Vågåmo - Lom nach Sogndal/Sognefjord (1.6.-6.9.), zusätzliche Busse bis Lom. Die asphaltierte und gut ausgebaute RV 15 führt durch ein waldreiches Tal am Ottaelv entlang in knapp 4o km nach

✶ Vågåmo (auch Vågå)   (1.1oo Einw.)

Kleiner Ort am langgestreckten Vågåvatn, sehr schön am Treffpunkt zweier Täler gelegen, ringsherum hohe Bergketten, fotogene alte Holz-häuser in Blockbauweise mit dekorativ verzierten Laubenbalkons und Veranden.

<u>STABKIRCHE</u> im Zentrum aus dem 12. Jahrhundert, jedoch nach der Reformation 1625 verändert bzw. mit den Planken der alten Kirche neu aufgebaut und erweitert. Hinzu kamen Querschiff, verzierter Dachreiter, Fenster und neue Innenausstattung.

Die Besonderheit dieser Kirche liegt in den alten Schnitzereien um die Por-tale. Am dekorativsten das Südportal: löwenähnliche Tiere in Schlangen verbissen. Auch am Haupt-(West-)Eingang etwas verwitterte Schnitze-reien. Durch die vergrößerte Eingangstür wurde der geschnitzte Torbogen einfach auseinandergerissen.

Aus nachreformatorischer Zeit stammen Kirchenbänke und Kanzel in bunter Bauernschnitzerei von 163o und der separate Glockenturm. Schön verziertes Taufbecken aus dem 12. Jh. aus Kleberstein (Seifenstein), der recht robust, aber leicht zu bearbeiten ist.

 An der Hauptstraße. 268o Vågåmo. Tel. 61 23 78 8o, Fax: 61 23 71 44.
Post: in der Seitenstraße, vis-à-vis des Kirchenparkplatzes.

<u>VÅGÅVATN</u>: langer, milchig grüner See, prima zum Surfen, besonders bei S/O-Wind. Allerdings nur mit Neopren- bzw. wasserdichten Anzügen, die Wassertemperatur erreicht auch im Sommer nicht einmal die Bibber-marke von 18° C.

Angeln: Im Vågåvatn gibt es noch einen akzeptablen Bestand an Äschen, Saiblingen und Forellen. Die besten Chancen natürlich vom Boot aus.

Andernfalls bei der großen Brücke über den See, allerdings nur mit hohen Watstiefeln. Angelkarten beim Hotel Vågå im Ort.

Kajakfahren auf der Otta: eine sehr schöne Tour, abwechslungsreich mit zahmen Stellen und kurzen wilderen Passagen. Zur Mündung hin verengt sich das Ottatal, wird teilweise fast schluchtig, landschaftlich ein Genuß. Im Schnitt WW II-III, 17 km.

Einsetzen: Auf halber Strecke zwischen Otta und Vågå, nach dem gefährlichen 16 m hohen Eidefoss Wasserfall, ca. 2 km nach Lalm. Eine schwierigere Partie bei der Åsåren Brücke nach 11 km, IVer Stelle, kann aber ummogelt werden zur IIIer Stelle, wenn man sich rechts hält.

Ausstieg: prinzipiell kann man bis zur Mündung der Otta in den Lågen fahren, bequemer Ausstieg z.B. beim Camping Otta.

Lohnender AUSSICHTSBERG BLÅHØ, 1.618 m, mit herrlicher Weitsicht ins Gudbrandsdal, Rondane Gebirge, Jotunheimen mit Gletschern. Die Hochfläche ist mit Moosen, Tümpeln und Beeren überzogen. Wandermöglichkeit auf dem Höhenzug entlang. 15 km Schotterauffahrt bis zum Sendemast. Abzweig beim Vågå Hotel, mautpflichtige Straße.

Drachenfliegen: Der Blåhø zählt zu den besten Fluggebieten für Drachenflieger und Hangglider in ganz Norwegen. Austragungsort für nationale und internationale Meisterschaften und Eldorado für Streckenflüge. 17o km bis Lillehammer oder an die Ostgrenze nach Røros sind machbar.

Die kilometerlange Bergkette des Jettarückens bietet gute Thermikquellen und hervorragende Bedingungen zum Hangfliegen (Soaren). Unbedingt vorher den örtlichen Club kontaktieren.

Der 1. Startplatz auf halber Strecke zum Gipfel. Vom Parkplatz der kleinen Liftanlage noch etwa 1o Min. den Drachen schultern und über Blaubeerbüsche, Moose an den Südhang, 65o m Höhenunterschied. Vorbildlicher Startplatz für Gleitschirmflieger. Der Windsack kann schon vom Ort aus per Fernglas beobachtet werden, um die grobe Windrichtung am Startplatz abzuschätzen. Gute Startmöglichkeit bei Südost/Südwestwinden - über schräg abfallendes Moosgelände.

Der 2. Startplatz liegt weiter oberhalb direkt neben dem Fahrweg, besonders für Südwestwinde, etwa 1.1oo m Höhenunterschied. Anlauf über natürlich schräges Gelände, etwas steiniger als unten, doch immer noch gute moosbewachsene Stellen zu finden.

Top- oder Zwischenlandungen auf der baumlosen Hochebene prinzipiell kein Problem, doch Vorsicht - kleine Seen und Moore. Die offizielle Landewiese liegt etwa 2 km außerhalb Vågåmo Richtung Otta. Große Wiesenfläche zwischen Straße und Fluß, am Windsack zu erkennen.

 "**Vågå Gjestgiveri**", gemütliche kleine Pension am Ortsende im Vågåvegen; hübsches, altes, verwittertes Blockhaus mit knarzenden Bohlen. Einfache Zimmer, aber zum Wohlfühlen. DZ mit Etagendusche 12o DM inkl. Frühstück. Wohnzimmerartiges Café mit Kamin, gemütlichen Holztischen, leckerer Apfelkuchen mit Eis oder hausgemachte Waffeln, delikate Forelle.

"**Hotel Vågå**", modernes, weißes Hotel im Zentrum, von Lage und Größe her ein beliebter Übernachtungsstop der Reisebusse. Komfortable Zimmer im Anbau. 11o Betten. DZ mit Bad ab 17o DM.

 ** Smedsmo Camping: direkt im Ort gelegen, baumbestandener Platz. Bootsverleih, freies Angeln für Campinggäste. 15 Hütten als preiswerte Alternative zu den Hotelzimmern.

Villa Camp: kleines Areal mit 1 Dutzend Hütten hinter der Norøltankstelle.

WEITER AB VÅGÅMO am breiten, grünen "Flußsee" Vågåvatn vorbei, der fast das ganze Tal einnimmt; eine Menge alter Gehöfte in Loftbauweise mit Grasdach. Einige brechen unter ihrer Dachlast förmlich zusammen.

Jede Menge Übernachtungsmöglichkeiten, Hüttencamps, Privatquartiere an der Straße ausgeschildert. Schöne Picknickplätze oberhalb des Sees.

Kurz hinter Vågåmo (7 km) zweigt die östliche Jotunheimenroute RV 51 ab, eindrucksvolle Hochgebirgsstraße an den beiden Bergseen Gjende und Bygdin vorbei, gute Ausflugs- und Wandermöglichkeiten. Alle Details zu der Route siehe Seite 518.

Etwa auf halber Strecke zwischen Vågåmo und Lom liegt GARMO, ein kleines Nest, das als Geburtsort von Knut Hamsun (1859-1952) weltbekannt wurde. Denkmal und kleines Museum. Ende der 5oer Jahre kaufte die Tochter von Sigrid Undset das ziemlich verfallene Geburtshaus Hamsuns und ließ es herrichten. Im Sommer zu besichtigen. (Siehe auch K. Hamsun im allgemeinen Teil.) Die Stabkirche von Garmo wurde im Freilichtmuseum Maihaugen in Lillehammer aufgestellt.

★ L o m (7oo Einw.)

Angenehmer Ort, viele neue Holzhäuser im alpenländischen Stil mit weit überhängenden Dächern, breite Balkons. Am Schnittpunkt der beiden Straßen von der Westküste ist Lom ein beliebter Zwischenstop der Urlauber.

Für Leute, die Wanderungen im Bereich nördl. Jotunheimen planen, ist es der letzte größere Stützpunkt für Einkäufe: ein ganzer Schwung gut bestückter Supermärkte sowie Shops.

Hotels, Cafeterien, Hüttenanlagen und Camps prägen den Ortskern an der Straßenkreuzung. Die Holzhäuser der 7oo Einwohner verteilen sich am Hang zu Füßen des dominierenden Lomsegga Berges.

 Am Platz an der großen Kreuzung neben Sparebank. 2686 Lom, Tel. 61 21 12 86, Fax: 61 21 12 35. Infos zu Wanderungen, Wanderhütten. Mo.-Fr. 9-18 Uhr, Sa. 9-13 Uhr. Außerhalb der Saison kürzer.

Post: am Busbahnhof.

Große 2o-Mast-STABKIRCHE, geöffnet zur Saison.

Von der ursprünglichen Kirche (124o) trotz umfangreicher Umbauten und Erweiterungen noch einiges erhalten. Neben dem "neumodischen Dachreiter" die typischen Drachen-köpfe auf dem Schindeldach.

Gekonnte Greifarmtechnik an den Eckverbindungen. Die Blockbauweise und Fenster stammen aus späterer Zeit. Besonders ausgeprägte Schnitzarbeiten um den schmalen Nordeingang, schlanke Säulen, verschlungene Drachen und Rankenmotive; die zierlichen Tierfiguren als Abschluß stellen vermutlich Löwen zur Abschreckung böser Dämonen dar. Barocke Innenausstattung mit freiem Blick in den Dachstuhl.

Offen: Mitte Mai bis Mitte September tägl. 9-21 Uhr. Eintritt: 5 DM, Kinder gratis.

NORWEGISCHES GEBIRGSMUSEUM (Norsk Fjellmuseum): 1995 wurde Lom durch das Gebirgsmuseum bereichert. Im Dämmerlicht bei Musikuntermalung wird versucht, dem Betrachter den Einfluß des Menschen auf die Natur widerzuspiegeln. Das Leben der Wildrentiere wird durch eine Diashow gezeigt. In dem alten Film aus den Anfängen der Gipfelbesteigung, wo das Seil mehr eine psychologische Bedeutung hatte, wird die Entwicklung des Klettersports deutlich.

Das Museum, in traditioneller Bauweise, befindet sich gegenüber der Stabkirche. Offen: Mai bis Mitte September 1o-19 Uhr, Juli bis Mitte August 1o-21 Uhr. Eintritt 12 DM, Kinder 6 DM.

KLEINES FREILICHTMUSEUM im lichten Kiefernwald, unweit der Stabkirche. Wegweisend der große dreistöckige Stabbur - vermutlich vor 16oo gebaut. Geöffnet zur Saison.

Der Stabbur diente den Dörfern Lom und Skjåk (Otta aufwärts) als Kornspeicher, um ihre Steuern, den Zehnten, an Kirche und König aufzubewahren. Das Fassungsvermögen von 3.ooo kg wurde allerdings nur in fetten Jahren erreicht. Komplett eingerichtete Dorfschule aus dem Nachbarort Galdesand im Bøvertal von 1866 (als per Gesetz den Ge-meinden der Schulbau vorgeschrieben wurde).

Die kleine Olav Hütte soll König Olav den Heiligen einige Nächte beherbergt haben, als er durch die Täler zog und mit Gewalt versuchte, die Bauern vom Christentum zu überzeugen.

GEOLOGISCHES MUSEUM FOSSHEIM STEINSENTER: beim gleich-namigen Hotel. Ein Zentrum für Hobby-Geologen, sehr große private Sammlung. In den norwegischen Schul-/Betriebsferien (Juli) werden geo-logische Exkursionen angeboten.

Preiswerte und freundlich eingerichtete KRO, an der Kreuzung. Gerichte ab 15 DM. Bei schönem Wetter auch Bänke im Freien.

 "**Fossheim Hotel**", am Ortseingang, rustikal aufgemacht mit langer Tradition. Das älteste Gebäude mit Ursprüngen von 1648. Teils sehr schönes Mobiliar, Rosenmalerei und Schnitzereien. Mehrfach in Holzbauweise erweitert und modernisiert, inzwischen 12o Betten. DZ ab ca. 18o DM inkl. Frühstück. Das Hotelrestaurant ist in ganz Norwegen für seine Küche bekannt, denn der Koch Arne Brimi gehört zu den besten seines Faches. Skandinavisches Buffet bis 17 Uhr, abends à la carte.

"**Nordal Turistsenter**", verschachteltes Holzhotel, dicht am Wasserfall, direkt an der Kreuzung. Hotel- und Motelzimmer. Das DZ 13o DM.

"**Fossberg Motel**", leicht erhöht am Hang, überschaut dadurch den ganzen Ort bis zur Stabkirche. Im wesentlichen Hüttenübernachtungen. Preise variieren je nach Größe und Komfort zwischen 5o-75 DM pro Hütte.

 46 weitere Hütten beim Nordal Camping. Trotz der Menge nicht zu dicht beieinander, unterschiedliche Größe (2-7 Personen) Ausstattung mit/ohne Dusche, WC.

*** Nordal Camping: zentral gelegen, sehr großes, terrassenförmig angelegtes Gelände, erstreckt sich bis zum Fluß hinunter, durch Gebüsch etwas abgeteilte Wiesenplätze. Cafeteria u. Kiosk beim Hotel. Ganzjährig offen.

*** Camping Lom: auch Wintercamping - 3oo m vom Zentrum an der RV 55. Etwas kleiner als die Konkurrenz. Ebener Platz zwischen Straße und Fluß, nicht so freier Blick, gatterähnliche Holzzäune strukturieren das Areal. Zusätzlich 2o Campingdoppelhütten.

Angelmöglichkeiten in der breiten Otta ab der Brücke, nur mit Angelkarte. Angelmöglichkeit (Forelle und Äsche) im Bøverdalen und in den vielen Bergseen. Beste Saison Mitte Juli bis Mitte September. Angelkarte für Fluß und Seen im Sportgeschäft in Lom; Info im Turistkontor.

Transporte *ab Lom*

 Große **Busstation** bei der Tankstelle:
Lom->Vågåmo->Otta 4 x tägl., Wochenende seltener, 1 1/4 Std.
-> Sogndal am Sognefjord 1 x tägl. zur Saison, gute 4 Std.
-> Stryn am Nordfjord 1-2 x tägl., dauert 2 1/2 Std.
-> Geiranger: Umsteigeverbindung über Grotli, 2 x tägl. ca. 3 Std., nur Mitte Juli bis Ende August
-> Juvasshytta im Jotunheimen: nur zur Saison ca. Anfang Juli bis Mitte August, 1 x tägl., dauert ca. 1 1/2 Std.
-> Spiterstulen Hotel 1 x tägl. zur Sommersaison Mitte Juni bis Mitte August.

*In LOM Abzweigung: die **RV 15** als superausgebaute Asphaltstraße rüber zum Geirangerfjord bzw. Stryn/Nordfjord.*

*Sowie **RV 55** übers Sognefjell an den Sognefjord. Beide haben Winter-sperre, - teils tief in den (mitteleuropäischen) Sommer hinein. Infos in LOM.*

②Lom 》→ Grotli 》→ Geirangerfjord/ Nordfjord: Rv 15, - ca. 1oo km

Die Schnellverbindung an den Geiranger und Nordfjord. Anfangs im sehr breiten Ottadalen, viel Landwirtschaft beiderseits des flachen kieseligen Flußes. Ein halbes Dutzend Campingplätze mit Hütten an der Route.

Ab <u>Dønfoss Bru</u> steigt die RV 15 ganz allmählich in die Hochgebirgs-region, landschaftlich immer alpiner, viel Geröll. Krüppelige Kiefern an der Baumgrenze, vereinzelte Ferien- und Sennerhütten, Schneefelder bis in den Sommer. Insgesamt eine rauhe, wilde Landschaft mit reißenden Gebirgsbächen und hellgrünem Gletscherwasser. Motive der norwegi-schen Romantikmaler. Schöngelegene Picknickstellen an der Strecke. In 9oo m Höhe liegt das

 **"Grotli Høyfjellshotel"** in ganz einsamer Fjellandschaft neben der Straße, von Zwergbirken und kahlen Hängen umgeben, ein älteres Berg-hotel mit großer Naturstein Cafeteria und stilvollem Anbau. Wird gern von Busrundreisetouren angelaufen. 12o Betten, DZ 17o-22o DM inkl. Frühstück. Im Winter Skibetrieb, Liftanlage gleich hinter der Haustür.

Weiterfahrt am langgezogenen <u>Hochgebirgssee Brejdalsvatn</u>, sogar im Frühsommer schwimmen hier noch Eisschollen, im Winter gutes Lang-laufgebiet. Die RV 15 super ausgebaut.

Beim <u>Langevatn</u> zweigt <u>rechts</u> die RV 63 an den Geirangerfjord ab. Erst ab Mitte Mai befahrbar (schon an der Strecke kurz nach Otta ist ange-schlagen, ob der Paß offen ist. Max. 12 % Gefälle). Geradeaus weiter nach Stryn/ Nordfjord. Alle Details siehe Seite 5o2.

③Lom 》→ Sognefjell 》→Sognefjord   Rv 55

Eine der schönsten Strecken Zentralnorwegens, - zugleich der Zugang zu den höchsten Bergen des Jotunheimens und den beliebtesten Wanderge-bieten im nördlichen Bereich des Nationalparks.

Die <u>14o km Lom bis Sogndal/Sognefjord</u> sind durchgehend asphaltiert. Wegen kurvenreicher Strecke sowie Haarnadel-Serpentinen runter an den Sognefjord sollte man aber mit mindestens 3-4 Std. an reiner Fahrzeit rechnen.

Wenn man zusätzlich noch <u>Abstecher</u> einbaut - beispielsweise die lohnen-de Stichstraße zum Spiterstulen Hotel (liegt zwischen den beiden höchsten

Bergen Norwegens, Besteigung sowie Wanderungen zu Gletscherzungen) oder aber die Stichstraße zum Nigardsbreen/Sogne - dann sind schnell zwei oder mehr Tage weg.

Wer gerne wandert, sollte sich für diesen Bereich mindestens 3 Tage reservieren. U.a. interessanter Trail in 8 Std. vom Spiterstulen Hotel rüber zu dem Hochgebirgssee Gjende. Details siehe Text.

KARTEN: Die "Cappelens kart/Midt Norge I" reicht für Autofahrer gut aus, zum Wandern unbedingt die 1: 1oo.ooo-Karte "JOTUNHEIMEN" vom selben Karteninstitut zulegen!

BUCHTIP: "Jotunheimen, fra hytte til hytte", erschienen im Gyldendal Norsk Forlag Oslo, (ISBN: 82-o5-133o2-6). Bildband, nicht nur mit exzellenten Fotos, sondern auch Kartenmaterial, welches Luftaufnahmen der jeweiligen Region gegenübergestellt ist.

Auch wenn das Werk derzeit ausschließlich in Norwegisch geschrieben ist: durch Karten und Fotomaterial große Auswahlhilfe für die schönsten Routen und Wanderungen in Jotunheimen. Leider nicht billig, kostet in Norwegen ca. 1oo DM. Ist aber ohne Frage sein Geld wert, wer die Region intensiver bereisen will!

Ausgangspunkt ist LOM. Hier einmal täglich durchgehender Bus bis Sogndal/Sognefjord (nur Juni bis September). - Sehr nützlich für Wanderungen im Bereich Visdalen/Galdhøpiggen ist der im Sommer verkehrende Bus Lom-> Juvasshytta (1 mal/Tag, Fahrzeit 1 1/2 Std.), da er rauf auf 1.88o m bringt, was Anschlußwanderungen erleichtert (z.B. 3 Std. abwärts zur Spiterstulenhütte, die ansonsten und ohne eigenes Auto nur ab Røisheim über eine 17 km Piste erreicht werden kann, zu Fuß gute 5-6 Std.).

Zum Spiterstulen Hotel mitten im Gebirge und Ausgangspunkt der beiden höchsten Gipfel. 1 x tägl. zur Sommersaison Mitte Juni bis Mitte August.

Die gut ausgebaute RV 55 verläuft von LOM im breiten und grünen Bøverdalen in 15 km zum Weiler **RØISHEIM**.

"**Hotell Røisheim**", gemütliches Holzhotel, direkt an der Straße und bei der Abzweigung rauf nach Spiterstulen. Die Häuser teils 2oo Jahre alt, mit einem oder zwei Stockwerken. Einige mit Gras bewachsenen Dächer. Sehr gute Küche für Hotelgäste, die bis über Lom hinaus berühmt ist, sowie gemütlicher, stilvoller Gastraum. Lohnt den Zwischenstop, allerdings nur wenige Zimmer. DZ 2oo DM.

In Røisheim zweigt eine gebührenpflichtige Privatstraße (ausgeschildert, 15 DM Maut) durchs Visdalen zum Spiterstulenhotel ab: rund 18 km Erdpiste, 6oo Höhenmeter. Ist der wichtigste Zugang im Norden zu den Wandergebieten Jotunheimens, - auch für Nichtwanderer als Abstecher sehr lohnend!

Ausgesprochen schöne Strecke, herrlicher Blick in die enge Klamm der

Visa. Gewaltige schroffe Gipfel am Talende geben einen Jotunheimen-Vorgeschmack. Die Nadelbäume wachsen im Visdalen noch in 1.o5o m Höhe, während die Nadelwaldgrenze in anderen Tälern bei 8oo m liegt. Dieser Tatsache verdankt das Visdalen vermutlich seinen Namen (vis = altnorwegisches Wort für Wald).

Durchs Visdalen verlief im Mittelalter ein alter Verbindungsweg über die Berge parallel zum Gudbrandsdal. Durch die damalige Wärmeperiode waren die Pässe im Gegensatz zu heute fast das ganze Jahr über weitgehend schneefrei und bequemer zu überwinden als die damals undurchdringlichen Wälder in den Flußtälern Ostnorwegens.

An diesen Verbindungswegen ließ König Øystein 112o eine Schutzhütte errichten, die kostenlos benutzt werden durfte. Ein geschickter Zug, um sich die Gunst der Bevölkerung zu sichern, auf die er in seinen Thronstreitigkeiten gegen seinen Bruder angewiesen war. Reste der Grundmauern der Hütte, der Heilstugu (Heilige Hütte), findet man im Visdalen südlich der Spiterstulenhütte.

Wer die Strecke mit eigenem Auto fährt: vorsichtig, vor allem langsam fahren! Auf der steinigen Erdpiste erheblich längerer Bremsweg, wenn ein Auto auf der schmalen Straße in einer Kurve entgegenkommt. Und so einsam, wie's aussieht, ist die Strecke nicht!

 Berghotel "**Spiterstulen**" ca. 1.1oo m Höhe (bedeutet "Hütte unter dem gebündelten Wasserfall"). Eine große private Anlage, seit Generationen ein Familienbetrieb; die erste Touristenhütte stand hier 185o, inzwischen hat sie sich zu einem Dutzend Gebäuden gemausert. Das Haupthaus mit großem Swimmingpool, Sauna und sehr gemütlichen Kaminstuben, ca. 144 Betten, vom DZ für 2oo DM bis zum 4- bis 8-Bett-Zimmer (25 DM/Person), Matratzenlager. Sehr gute Verpflegung, Frühstück, skandinavisches Buffet und à la carte. Der Verpflegungsverkauf für Wanderungen allerdings zu Spitzenpreisen, besser schon in Lom eindecken! Wanderkarten Maßstab 1: 5o.ooo. Wer zur Vor-/Nachsaison reist, sollte im Tal nachfragen, ob Spiterstulen geöffnet ist.

 Großes Campingareal am Bach, Hoteleinrichtungen dürfen mitbenutzt werden. Zur Saison tägl. Gletscherführungen.

 Das Spiterstulenhotel ist optimaler Ausgangspunkt für Wanderungen. Die beiden gletscherbedeckten Berge Glittertind und Galdhøpiggen sind in jeweils 1-Tageswanderungen (über 1.ooo m Höhenunterschied!) zu erreichen. Bis zum Schneefeld eine harte (Geröllfelder), aber zugleich sehr lohnende Wanderung. Sie sind die höchsten Berge Norwegens, bei klarem Wetter super Panoramablick!!

Eine relativ leichte 5-Std.-Wanderung führt vom Spiterstulenhotel rüber zur Leirvassbu-Hütte (Anschluß über eine Stichstraße retour an die RV 55) sowie ab Leirvassbu-Hütte schöne 2-Tageswanderung rüber ins Utladalen (vorbei am Vettifossen, mit fast 3oo m freiem Fall der höchste Wasserfall Norwegens).

Superwanderung von Spiterstulen in rund 8 Std. an den Gjendesee,

Bootsverbindung über den See nach Gjendesheim Nähe RV 51/Bus. Alle Details zu Wanderungen im Kapitel "Jotunheimen"/Sport, Seite 611.

Ab **RØISHEIM** die RV 55 weiter im Tal rauf, nach 3 km:

 Bøverdalen Jugendherberge, älteres Gebäude, direkt an der Straße, Cafeteria und Campingwiese. Offen: 25.5.-1.1o. 39 Betten, Übernachtung 2o DM. Liegt im Dorf Galdesand (Tankstelle, Supermarkt), Bushaltestelle vor der Haustür.

Im anschließenden Dorfteil **BØVERDAL** Abzweigung einer gebührenpflichtigen Privatstraße (ausgeschildert, Maut ca. 15 DM) über Raubergstulen-Berghütte und Camping zur JUVASSHYTTA. Es geht in 15 km über eine schmale Serpentinenpiste auf fast 1.9oo m! Im Sommer auch Busverbindung ab Lom, siehe dort. Raubergstulen Turisthytte in ca. 1.ooo m Höhe auf dem Weg zur Juvasshütte. Sehr schöne Hütten für 4-7 Personen, offener Kamin, volle Einrichtung zum Kochen.

 Die Juvasshytta (75 Betten, Mitte Juni bis Anfang Oktober offen) ist Ausgangspunkt für einen 3-Std.-Trail rüber zum Spiterstulenhotel sowie für geführte Gletschertouren auf den Galdhøpiggen. Details siehe Wanderkapitel/Jotunheimen, Seite 616.

Weitere 3 km an der RV 55, in einer Kurve das:

 "**Hotell Elveseter**", oberhalb vom sprudelnden Bergbach, beliebt vor allem bei Tourbussen. Der älteste Teil der Anlage, die Scheune, stammt von 1579, in windschiefer Blockbauweise: hier wurde ein moderner Swimmingpool und Trimmanlage eingebaut. Die neueren Teile wurden auf "alt" hingetrimmt, verwinkelte Holzaufenthaltsräume, Kaminfeuer etc. Die Lage des Hotels besticht. Eine komfortable Anlage, die im Inneren auch einen Lift besitzt. 22o Betten, DZ ab 12o DM. Auch Appartements.

Die asphaltierte RV 55 schlängelt sich weiter im wildromantischen und schmal eingekerbten LEIRDALEN aufwärts. Dichte Nadelwälder an den Hängen, dahinter lugen die grünen Wiesenmatten, Schneefelder und Gipfel des Galdhøpiggen Massivs hervor. Unterhalb der Straße tost der Wildbach Leira. Optimal für Kajakfahrer, Details siehe "Jotunheimen"/ Sport, Seite 611.

9 km nach Elveseter Hotell eine Abzweigung Richtung Süd (Privatstraße, Maut ca. 1o DM) in 17 km zur LEIRVASSBU-Hütte:

Die 3. Stichpiste ab RV 55, in den Jotunheimen-Nationalpark. Zwar schmal, aber durch ihren Asphalt schneller zu befahren. Im Tal kaum Vegetation, karge Bergketten. Endet an der Leirvassbuhütte am Leirvatnet auf 1.4oo m Höhe. Die Leirvassbuhütte hat die beachtliche Quantität von 19o Betten, was aus der Wichtigkeit für Wanderungen resultiert. In Anlage eher mit einem Berghotel zu vergleichen, Wanderunterkunft, auch komfortablere DZ. Ausgangspunkt für Wanderungen, Details siehe spezielles Jotunheimen-Wanderkapitel, Seite 618.

RV 55 ab Abzweig/Leirvassbuhütte: Vom Talende/Leirdalen steil rauf in die Bergketten. Oben in 1.ooo m Höhe und dem zweithöchstem Punkt der RV 55: Übernachtungsmöglichkeit in der "Jotunheimen Fjellstue": langes Holzhotel, gebaut 1948-49, zweistöckig. Die Zimmer funktional, vorne Cafeteria. 95 Betten.

Nach den grünen Tälern Bøverdalen und Leirdalen: Beginn der Hochgebirgsregionen der RV 55. Dieser Streckenteil zwischen Jotunheimen Fjellstue und Sognefjord/Seitenarm Lustrafjord wurde erst 1938 für den Autoverkehr eröffnet.

Die RV 55 folgt hier einem alten Handelsweg: Über Jahrhunderte führte hier übers Hochgebirge ein alter "Karawanenweg". In den wenigen Sommermonaten Juni bis September karrten Fuhrwerke, die im Steilanstieg bis zu 3o Pferde vorgespannnt hatten, Waren mit landwirtschaftlichen Produkten aus der Region Gudbrandsdalen rüber nach Skjolden am Lustrafjord. Hier wurden sie in Schiffe nach Bergen verladen. Die restlichen 9 Monate des Jahres ging der Transport per Pferdeschlitten.

In Gegenrichtung wurden, via Handelszentrum Bergen importierte Luxusgüter (Stoffe, Schmuck, aber auch Salz und Eisen) Richtung Gudbrandsdalen, der reichsten Inlandsregion Norwegens, transportiert.

Die Wichtigkeit dieses Transportweges dokumentiert sich auch in alten Wegmarkierungssteinen entlang des Sognefjells; so haben 1878 beispielsweise rund 17.ooo Reisende (!), 82o Packpferde und rund "1.4oo Pferde mit Schlitten" die Strecke passiert. In Relation zur damaligen Bevölkerungszahl und Reiseaktivitäten ein beachtlicher Wert!

"Bøvertunhytta" am Bøvertunvatnet mit 75 Betten, Ausgangspunkt für Wanderungen übers Høyfjellet, weitere 8 km durchs enge und karge Hochtal Breiseterdalen zur

"Krossbu-Touriststation": Höhe 1.26o m, das 2-stöckige Holzhotel (75 Betten) direkt neben der Straße mitten in Fjell-Einsamkeit. Gebaut um die Jahrhundertwende, mit Cafeteria. Für den Wanderer wichtiger Ausgangspunkt für einen 5-Std.-Trail rüber ins Utladalen, Details siehe Kapitel "Wandern/Jotunheimen" Seite 63o.

Rund 1 km weiter bis zur "Sognefjell Hytta": Bergpension in 1.434 m Höhe, 6o Betten. Kleine Gerichte in der Cafeteria. Ab hier schöne Wanderungen an den Fuß des mächtigen Fannaråkengletschers, ca. 1 1/2 Stunden, sowie lohnender Trail ins malerische Utladalen und geführte Gletschertouren auf den Fannaråken. Details "Jotunheimen"/Wandern.

Die RV 55 überquert das Sognefjell, - bis Juni liegen hier meterhohe Schneemassen, so daß die Straße freigefräst werden muß. Kleine, glasklare Seen, bei klarem Wetter heben sich die zackige Gebirge gestochen scharf vom blauen Himmel ab. Weiche Moosteppiche und mit Flechten überzogene Felsbrocken neben der Straße.

Serpentinenabstieg runter zum "Turtagrø-Touristhotel" (9o9 m), in einer

Straßenkehre, Bergsteigerschule und guter Stützpunkt für Touren im Bereich um das <u>Hurrungane Massiv</u>. Hier liegt Norwegens dritthöchster Gipfel, der Store Skagastølstind (2.4o5 m) mit Gletschern und Schneefeldern - das beste Klettergebiet im Jotunheimen (Details siehe "Jotunheimen/Sport", Seite 614).

Abzweigung der <u>Privatstraße TURTAGRØ-> ØVRE ÅRDAL</u>, mautpflichtig. Sie verbindet in 33 km rüber zum Bereich Årdalsfjord (Seitenarm Sogne, Querverbindung seit 1995 nach Laerdal) und spart den ansonsten fälligen Umweg via Sogndal.

<u>Ab TURTAGRØ folgt auf der RV 55</u> ein Serpentinensteilabstieg à la Achterbahn in Etagen runter an den LUSTRAFJORD/Skjolden. Anschluß nach Sogndal/Sognefjord siehe Seite 486.

④ Laerdal ⋙→Borgund⋙→Fagernes E 16, 16o km

Die in Teilen relativ schnell befahrbare E 16 führt ab Laerdal/Sognefjord zunächst durch das enge Tal des Laerdalselva, im Anschluß über breite und gut ausgebaute Strecke aufs Fillefjell (sehr lohnender Abstecher an den <u>TYIN</u>- und <u>BYGDIN SEE</u>/Jotunheimen, Wanderungen!), - die restliche Strecke bis Fagernes durch schöne Täler mit langgestreckten Seen, viel Wald.

Reine Fahrzeit in eigenem Pkw ca. 3-4 Std., ohne Abstecher. Inkl. Tyin- und Bygdinsee sowie Abstecher nach Øvre Årdal (Vettisfossen) mit einem langgestrecktem Tag rechnen, Wanderungen extra.

★ Laerdal   (9oo Einw.)

Am Ende des Laerdalsfjordes, einem Seitenarm des Sognefjordes. Der Ort besticht bei erstem, flüchtigem Eindruck wenig: Auf breiter, ebener Fläche (an der Mündung des Laerdalselva in den Fjord) zwischen hohen Bergwänden sauber getrennt:

Einmal der <u>moderne Ortsteil</u>. Erstreckt sich über 2-3 Blocks mit zwei bis dreistöckigen Betonbauten inkl. Post, Supermarkt und Hotels.

Vis-à-vis und mit dezentem Freiraum dazwischen, - fast so als ob es sich um eine kurzfristig aufgebaute Filmkulisse handelt: der <u>alte Teil</u> mit Bretterhäusern. Die rund 16o Häuser stammen aus dem 17. und 18. Jh. und stehen unter Denkmalsschutz. Reinfahren lohnt sich: liebevoll restauriert, kleine Geschäfte, teils bunt bemalte Häuser, z.B. in der Øragate und Ørnegate.

Ins schmaler werdende Tal hinein erstreckt sich der <u>3. Teil des Ortes</u>: viele hübsche Gärtchen, blitzweiße kleine Holzhäuser und schöne Holzkirche.

Der Ort ist Verwaltungszentrum der Gemeinde Laerdal, die seit Jahrhunderten Bedeutung als Umschlagpunkt zwischen West- und Ostnorwegen hatte. Die Bauern und Kaufleute kamen mit ihren Waren über einen alten Postweg (Details siehe Folgekapitel) aus Innernorwegen an den Fjord.

Ein eigener Markt belebte im September den Ort. Die Handelshäuser dokumentieren damaligen Wohlstand. In Laerdal wurden die Waren auf Dampfschiffe umgeladen und durch den Sognefjord in die Küstenbereiche, insbesondere Bergen gebracht. Heute lebt Laerdal von Kleinindustrie (Konserven-, Möbelfabrik). Norwegische Wildlachszentrum: ein interessantes "Museum" zum Thema Lachs.

Durch die neue Schnellverbindung E 16 Bergen-> Oslo und Querverbindung rüber nach Årdalstangen hat Lærdal an Bedeutung gewonnen.

 Øyragata 18, im alten Ortsteil Lærdalsøyri, 589o Lærdal, Tel. 57 66 65 o9, Fax: 57 66 66 82.

 Post: im Rathaus. Bank gegenüber und Apotheke im Rathausgebäude.

 "**Lindstrøm Hotel**", das ursprüngliche, verschnörkelte Holzhotel aus der Mitte des 19. Jahrhunderts wurde abgerissen und durch ein modernes 3-Stock-Betonhotel vis-à-vis Rathaus ersetzt. 17o Betten. DZ je nach Ausstattung ab 21o DM inkl. Frühstück (Hotelpaß).

"**Hotell Offerdal**", supernüchterner Betonklotz beim großen Parkplatz gegenüber Touristbüro. o8/15-Zimmer, 7o Betten, DZ mit Dusche ab 15o DM inkl. Frühstück.

"**Laerdal Turisthotel**", 18o-Betten-Hotel direkt am Fjord, insgesamt nicht besonders schön gelegen: vorne schmales Fjordband, dann Felswand, - hinten raus auf Straße und Fels. Ein 4-stöckiger Betonkasten, DZ mit Dusche 14o-18o DM inkl. Frühstück.

 Camping Lærdal Ferie og Fritidspark: gepflegtes Wiesengelände direkt am Fjord, wo man die Abendsonne genießen kann. Rund 1oo Stellplätze und einige Campinghütten. Die parallel verlaufende E 16 und Straße nach Årdalstangen allerdings nicht zu überhören. Einheitspreis.

Transporte ab Laerdal

Busabfahrt direkt beim Rathaus. Nach Fagernes übers Fillefjell 1-2 x tägl., dauert ca. 3 Std., hält bei der Stabkirche Borgund. Weiter via Fillefjell, dort ab Haltepunkt Hugostua/Tyinkrysset eine rund 4 km Verbindungsstraße rauf an den Tyinsee. Im Sommer sowohl Busse nach Eidsbugarden/ Bygdinsee, als auch nach Årdalstangen. Nicht unbedingt in Anschluß zum Bus von Laerdal.

Laerdal nach Sogndal am Sognefjord, ca. 8 x werktags, sonst 4 x am Tag, dauert 1 Stunde inkl. Fähre.

<u>Gol</u> durchs Hemsedal Expressbus 3 x werktags, an Wochenenden 1-2 x tägl., dauert 2 1/2 Std. Weiterfahrt bis Oslo 1-2 x tägl.

Aurland, <u>Flåm</u> nur im Sommer 1 x werktags. Tolle Strecke übers Gebirge.

Autofähre: Fodnes-> Kaupanger/Manhiller von 2 bis 24 Uhr. Mit wenigen Ausnahmen etwa stündlich.

Lærdal/Fodnes-> Gudvangen (am Ende des Næröyfjord) Dauer 2 Std. Im Sommer 4 x tägl.

Durch das geplante Tunnelprojekt von Lærdal nach Aurland, das für den Beginn des nächsten Jahrtausends angepeilt ist, wird diese teure Fähre überflüssig. Mit 24 km soll er der längste Tunnel Norwegens werden.

Schnellboot nach Bergen durch den ganzen Sognefjord ab Midtfjord, Leikanger (Busanschluß von Laerdal) 4 Std. bis Bergen. Platzkartenpflichtig an Sonntagabenden und bestimmten Feiertagen. Preis ca. 12o DM pro Person, im Sommer bis zu 1 x tägl.

<u>Ab LAERDAL</u> führt die <u>E 16</u> durch das enge Tal des Laerdalselv. Er ist einer der berühmtesten Lachsflüsse Norwegens. Entlang der Straße immer wieder Warnschilder "Angeln strikt verboten"! Unten am schmalen Fluß sieht man Stege, Seile und kleine betonierte Angelplätze.

Praktisch keine Chance, hier eine Angelgenehmigung zu bekommen: Der Fluß ist in Privatbesitz und abschnittsweise über Jahre hinaus verpachtet.

Im engsten Teil der Schlucht (kurz nach dem Tunnel) betonierte Lachsleitern, seitlich Parkplatz. Während der Angelzeit (1.5.-14.9.) kann man den Anglern zusehen, die bis zu 15-kg-Exemplare rausholen!

Übernachtungstip: "**Hotel Husum**", 4 km vor der Stabkirche. Bildhübsches 1oo-jähriges Herrenhaus (1887) mit verspielt verzierter Loggia-Terrasse, links neben der Straße wie zu Uromas Zeiten. Ganz aus Holz im damals modernen "Schweizer Stil". Husum war seit 1834 Posthalterei. Freundlich modern eingerichteter Aufenthaltsraum mit Kamin, an der Wand die meterlangen Lachstrophäen aus dem Fluß vor der Haustür.

Ein knappes Dutzend Zimmer, z.T. mit Dachschräge und Balkon. Einfache, knarzende Holzbetten, fließend Wasser aus nostalgischen Hähnen, doch moderne Etagenduschen und Heizung. DZ ab 11o DM. Hotel nur zur Sommersaison geöffnet, da es im Winter durch die Ritzen fegt und die Heizung nicht ausreicht.

<u>STABKIRCHE BORGUND</u> (3o km ab Laerdal): Die am reinsten erhaltene und berühmteste Stabkirche Norwegens. Elegant wie ein dunkles Schuppentier, - Schindeldächer bis runter zum Umgang. Kunstvolle, filigranartig durchbrochene Dachreiter, sorgfältig bis ins Detail geschnitzte Drachen-

köpfe, deren Leiber sich auf dem First fortzusetzen scheinen. Der schmale Svalgang mit romanisch angehauchten Holzsäulen, teilweise später ergänzt. Imponierendes Portal.

Durch glückliche Umstände wurde die alte Stabkirche von 1138 so gut konserviert, daß sie bei verschiedenen anderen Stabkirchen-Restaurierungen als Vorbild diente. Z.B. Gol, Hopperstad. Große 12-Mast-Kirche. Der Innenraum ganz authentisch ohne Bänke oder Galerien. Etwa 5o Leute hatten hier - stehend - Platz. Schummerbeleuchtung, denn die "Bullaugenfenster" lassen kaum einen Sonnenstrahl rein. Gewaltige Dachkonstruktion mit verzierten Andreaskreuzen, geschnitzten Fratzen an den Seitenplanken.

Geöffnet: 1.5.-3o.9. Eintritt: 8 DM. Eine Kopie von Borgund wurde 1969 in Süddakota/USA von norwegisch-stämmigen Amerikanern errichtet.

Die E 16 steigt ab Borgund (Höhenmeter 5oo), im weiteren Streckenteil (3o km) rauf bis 1.oo4 m (Fillefjell). Die Straße ist wegen gutem Ausbau flott befahrbar.

 Der ALTE KÖNIGSWEG ("Gamle Kongeveien") umgeht die enge Vindhellaschlucht über einen Höhenzug. Ein karrenbreiter Weg, grasbewachsen und schön zu laufen, viele Kehren.

Seinen Namen "Königsweg" bekam er, da der Sage nach König Sverre 1177 auf der Flucht vor den Laerdalern hier durchritt, als Pfad damals gerade so breit wie ein Speer.

In den folgenden Jahrhunderten wurde die Strecke übers Fillefjell die wichtigste Verbindung zwischen Inland und Küste im Bereich Mittelnorwegens/Höhe Fagernes-Sogne. Sie wurde als Postkutschenweg ausgebaut: für damalige Verhältnisse eine straßenbauliche Meisterleistung, wobei dicke Findlinge rechts und links des Weges die Kutschen vor dem Abrutschen absicherten.

Die Postkutschenstation in Maristuen (an der heutigen E 16) ist geschichtlich bereits 135o erwähnt (das heutige Gebäude stammt von 1791) und ab 1647 lief übers Fillefjell gemäß historischer Aufzeichnungen einmal pro Woche eine Postkutschenverbindung.

Ab Ende des 18. Jh. war der Postkutschenweg komplett ausgebaut und die wichtigste Waren- und Personenverbindung zwischen Oslo und Bergen.

Teile dieses "Königswegs" sind noch

Alter Postkutschenweg
Gamle Kongeveien MVE

erhalten: lohnend für <u>Wanderungen</u> ist insbesondere der Bereich <u>Borgund</u>:

Einstieg ca. 5oo m nördlich der Stabkirche an der E 16 (ausgeschildert "Gamle Kongeveien"). Der Weg geht via Vindhella retour zur E 68, die nach ca. 1 1/2 Std. Wanderung Nähe Hotel Husum wieder erreicht wird. Im umgekehrter Richtung als "Sverrestigen"beschildert.

Der längste heute noch erhaltene Teil des "Königsweges" beginnt in <u>Maristua/Fillefjell</u> bei der Postkutschenstation von 1791. Er ist ca. 13 km lang und trifft knapp 1,5 km vor dem <u>Otrøvatn</u> wieder auf die E 16. Wanderzeit ca. 3 1/2 Std., relativ eben und sauber ab E 16 ausgeschildert mit "Kongeveien fra 1793".

Der alte Kongeveien und erster Tourismus

Ab Sognefjord bis Fagernes trifft man immer wieder auf Spuren des alten Königswegs: Meilensteine, Poststationen, die zu Hotels aufgestiegen sind, etc. Auf Anweisung des Königs wurde 179o mit dem Bau begonnen, z.T. entlang der alten Verbindungspfade, die schon vom Wikingerkönig Harald Hårfagre beritten wurden.

Mühsam wurden Steinfundamente für einen postkutschenbreiten Weg an die Talwände gebaut. Besonders kompliziert war das Stück zum Sognefjord; in zahlreichen Kehren mußte die steile Schlucht im Laerdal umgangen werden. Kleine Quader am Weg mit buntem Posthorn gaben in norwegischer Meile (= 1o km) die Entfernung an.

Pferdewechselstationen fungierten als Gaststätten und Hotels. Daraus entwickelten sich später Dörfer wie Frydenlund (Aurdal), Løken, Øylo, Nystova und Maristua auf dem Fillefjell, jeweils eine Postkutschenetappe entfernt.

Mit den guten Postkutschenverbindung und dem neu eingesetzten Raddampfer auf dem Randsfjord(see) kamen die ersten Touristen, meist reiche Engländer zum Lachsangeln. Durchreisende Künstler sorgten für die nötige Public Relation. Aurdal avancierte zum Zentrum im Valdres und zur Pforte ins Jotunheimen.

Die neue Reichsstraße und jetzige E 16 wurde 1896 in Angriff genommen und verläuft etwas versetzt zum Königsweg. Die Straßenpflege und Instandsetzung oblag den Anliegern und wurde durch Rodesteine an der Strecke dokumentiert (siehe Slidre).

1912 wurde auf dem Hochgebirgssee Bygdin das Dampfboot "Bitihorn" eingesetzt; bis heute noch die höchstgelegene Fähre Europas (siehe Jotunheimen).

Der erste Autotourist brauste 19o1 durchs Valdres, - der Holländer <u>Petrus Scheltemar Beduin</u> startete seine abenteuerliche "Urlaubsfahrt" in Christiania (Oslo) mit einem Panhard und Levassor Bj. 19oo (bereits 18 PS). Mit einer Spitzengeschwindigkeit von gut 5o km/h hoppelte er durchs Valdres. Sprit gab es nur in Apotheken, provisorische Brücken mußte er selbst legen, auf dem Postweg ging es dann flotter.

In Frydenlund (bei Aurdal) wurde dem "Held" von den 8oo Einwohnern ein lautstarker Empfang bereitet. Auf der Strecke übers Fillefjell brach er alle Rekorde und schaffte sie in 1/3 der üblichen Postkutschenzeit.

"Maristuen Motel" (83o m ü. NN), schön im Grünen gelegene Ferienanlage mit dunkelrot gestrichenen Holzhäusern. Bei der Namensgebung des ersten Berghotels stand Königin Margarethe Pate, die sich im Jahre 1358 eine Nacht hier die Ehre gab. Die spätere Margarethenstue von 1791 existierte noch immer. Das traditionsreiche, renommierte Hotel im Schweizer Stil brannte leider 1976 ab.

Das heutige Motel ist ein langgestreckter Zweckbau, einstöckig, die Zimmer vorn raus mit Blick aufs Tal (allerdings nichts Umwerfendes), - hinten raus auf großen Kiesparkplatz. Inkl. Swimmingpool im Gebäude.
Motel mit 2o Appartements (2-4 Personen), Sauna und Swimmingpool, ab 15o DM. Sehr schöne 4er Hütten, geräumig in warmen Holztönen, offener Kamin, Couchgruppe, Küchenabteilung und separater Schlafraum, ca. 11o DM/Tag.

** <u>Camping Maristuen</u>: auf verschiedenen Terrassen, Stromboxen.Tipptopp gepflegte Sanitärs, Waschmaschine, separater Kochraum, Hotelsauna und Swimmingpool können mitbenützt werden. Bushaltestelle vor der Haustür.

Ganzjährig geöffnete Ferienanlage, da lange Wintersaison. Skilift direkt beim Hotel, kilometerlange Langlaufloipen bis in den Mai schneesicher.

Das **FILLE-FJELL** liegt auf etwa 1.ooo m Höhe am südlichen Rand des Jotunheimens. Hochalpiner Charakter; Seen direkt neben der Straße, die Berge steigen zu beiden Seiten bis auf 1.4oo m auf. Ein schneesicheres Skigebiet im Winter; schöne Wandertouren im Sommer, z.B. Tageswanderungen auf den südlichen Höhen oberhalb des Otrovatn. Von hier hat man bei klarem Wetter herrlichen Blick weit ins Jotunheimen hinein. Ab Hotel Nystova an der Straße etwa 2 Std. zur Sulebu Turisthytta (DNT Selbstversorgerhütte), markiert, ca. 35o Höhenmeter geht's hinauf.

Auf der Paßhöhe in 1.oo4 m das **Nystuen Høyfjellshotel** am See. Schon seit dem 17. Jh. eine Pferdewechselstation an der Postkutschenlinie nach Bergen. Nach dem letzten Brand solide in Stein errichtet. Gemütliche Kaminatmosphäre. Insgesamt 1oo Betten, allerdings etwas enge Zimmer, nicht gerade geschmackvoll eingerichtet.

"**Tyinkrysset-Fjellstue**", an der E 16 bei der Abzweigung zum Tyin See, rund 1 km nach See Otrøvatn. 45 Betten, DZ ohne Dusche ab 11o DM. Auch Hüttenvermietung, Tankstelle, kleineres Restaurant.

SPORT
Im **Sommer**: <u>Angeln</u>, der große Otrøvatn wie auch die Bergseen und Bäche im Fjell sind recht fischreich (besonders Forellen). Angelkarte in den Hotels. Schöne <u>Wanderungen</u> (siehe "Kongeveien").

Wintersport:
<u>Abfahrtslauf</u>: Einige Lifte mit maximal 1.o3o m Länge. Pisten aller Schwierigkeitsgrade. Die Lifte liegen am Ostende des Sees bei Tyinkrysset.

Schöne <u>Langlauftouren</u> übers Fjell auf gespurten Loipen. Große Variationsbreite, von der einfachen Runde übern See bis zur Tageswanderung auf den Höhenzügen. Sehr schöne Tour ab der Liftgipfelstation zur Sulebu Hütte (DNT-Selbstversorgerhütte). In der Regel markiert.

<u>Skiverleih</u>: in Tyinkrysset oder an der Liftstation.

<u>Weiter auf der E 16 Richtung Fagernes</u>: bitte weiterblättern, Seite 600.

Sehr lohnend ist aber der <u>Abstecher ab Tyinkrysset</u> (in Karten teils auch als "Hugostua" eingezeichnet), rauf zum <u>TYINSEE</u>, mit Stichpiste an den <u>Bygdinsee</u> sowie Asphaltstraße runter nach <u>Årdalstangen</u> am Sognefjord:

Die Region gehört zugleich zu den schönsten im Jotunheimen. Über den **Bygdinsee** Dampferverbindung mit der 1912 gebauten "M/B Bitihorn", fährt in der Saison 2 x tägl. in knapp 2 Std. über den See von Eidsbugarden am Westende nach Bygdin/Ostende an der RV 51 und erschließt zugleich die schönsten Wandergebiete Jotunheimens. Details s. Folgekapitel!

 Ab <u>Abzweigung Tyinkrysset</u> an der E 16 im Sommer 1 x tägl. rauf via Tyin See nach Eidsbugarden am Bygdin See. Dort Anschluß an die M/B Bitihorn über den See. In Bygdin Bus anschluß nach Fagernes.
Ebenso ab Fagernes im Sommer 1-2 x täglich nach Eidsbugarden. Der komplette Rundtrip kostet ca. 4o DM, Teilstrecken analog billiger.

Von Tyinkrysset steigt die Straße in steilen Kurven rund 4 km Länge (7 %) rauf bis zum **TYIN SEE**:

Auf der westlichen Uferseite führt die RV 53 nach Årdalstangen, breit und schnell ausgebaut. Zunächst am Seeufer entlang, später im abwärtsführenden Tal bis zum Steilabstieg runter nach <u>Øvre Årdal</u>. Von den Serpentinen Blick runter auf die riesige Aluminium-Fabrik unten im Talboden. Insgesamt ca. 35 km ab Tyin See bis Øvre Årdal bzw. knapp 5o km bis <u>Årdalstangen</u>.

Auf der östlichen Uferseite führt eine Erdpiste in 19 km bis Eidsbugarden. Die Piste ist relativ schnell befahrbar, Vorsicht aber an Straßenkuppen wegen eventuellem Gegenverkehr. Strecke: zunächst am Tyinsee entlang, der linker Hand von der Gletscherkuppe des 1.872 m hohen Koldedalsbreen beherrscht ist, Richtung Nord der Blick auf die Bergkette der 2.oooer des Jotunheimens. - Am See-Ende das Tyinholmen Kro und Fjellhytten. Über eine Hügelkuppe rüber nach:

<u>EIDSBUGARDEN</u> am Bygdin See. Einsam am See-Ende liegt hier das "<u>Eidsbugarden Hotel</u>". Die Ursprünge des Hotels gehen aufs Ende des 19. Jh. zurück. Zwischenzeitlich mehrfach renoviert und erweitert. Nach Besitzerwechsel unklar, ob es überhaupt als Hotel betrieben wird. Neuesten Stand im Touristbüro Fagernes oder in benachbarten Hütten/Hotels erfragen.

<u>Bootsanleger</u> für den Dampfer M/B Bitihorn über den See nach Bygdin an

der RV 51. Im Sommer 2 x tägl., 2 Std., auf halber Strecke Stop in Tor-finnsbu (4o-Betten-Privathütte) und lohnende 5-Std.-Wanderung rüber nach Gjendebu am Gjendesee. - Das Schiff ist eine reine Personenfähre, keinerlei Autotransport möglich!

Der überdimensionale Steinkopf direkt am Schiffsanleger/Eidsbugarden re-präsentiert den Dichter Vinje, der ab 1868 oft die Region besuchte und auch den Namen "Jotunheimen" geprägt hat.

Eidsbugarden ist der beste Einstieg von Süd in die Region Jotun-heimen. Jede Menge interessanter Sachen: z.B. ab Eidsbugarden verschiedene Süd-Nord-Durchquerungen des Jotunheimens: z.B. in 2-3 Tagen rüber zum Spiterstulenhotel (Piste zur RV 55!) bzw. in 5 Std. zur Olavsbu-Hütte und weiteren 4 Std. zum Leirvassbu Hotel (Stichstraße zur RV 55).

Zum anderen die landschaftlich sehr schönen Wanderungen im Bereich der beiden Seen Bygdin und Gjende. Alle Details siehe Kapitel "Jotun-heimen"/ Wandern, ab Seite 616.

Weiter ab ABZWEIG TYIN auf der E 16 Ri. Fagernes:

Während es bei der Abzweigung Tyinkrysset links Serpentinen mit 7 % rauf zum Tyinsee geht, - schlängelt sich die E 16 in vielen Kurven tief in ein grünes Tal hinab. Kurz danach die zweite Etage ins nächst tiefere Tal. Die gut ausgebaute Straße (Notrufsäulen) überwindet in wenigen Kilo-metern an die 7oo Höhenmeter.

Kleine Seen, die Hänge des engen Tales wieder dicht mit Bäumen be-wachsen. Über eine weitere Etage gehts runter nach ØYE am langgestreckten VANGVATN. Das Nordende des See liegt schön zwischen steilen Bergwänden und tiefgrünen Weiden an den Uferausläufern.

Die Stabkirche von Øye am Seeanfang schlummerte in 156 Teile zerlegt über Jahrhunderte hinweg einen Dornröschenschlaf unter der neuen weißen Holzkirche. Bis man beim Renovieren unterm Fußboden die alten Kirchenteile von 1125 fand und auf der gegenüberliegenden Wiese am See wieder zusammenpuzzelte, mit Svålgang und tiefer als üblich geschütztem Portal. Fehlende Teile wurden durch neue ersetzt. Eintritt.

★ Vang/Grindaheim   (1.7oo Einw.)

Auf dem einzigen Fleck, an dem die Felsen etwas zurücktreten, entstand der weitverstreute Ort am See. Die Häuser ziehen sich einerseits in die Wiesenhänge des Südufers hinauf, - zum anderen zwischen den beiden Ortsteilen Vang und Grindaheim gut 3 km Weideland, versteckt gelegent-lich Häuser. Auf der gegenüberliegenden Seite des Sees recken sich die mächtigen Wände bis auf 1.7oo m.

<u>Vang/Grindaheim</u> ist ein kleines, so doch wichtiges Zentrum mit Post, Bank, Superladen, Autowerkstatt und Abschleppdienst.

Für den Bau der leuchtend weißen <u>Holzkirche am See</u> sollte die ursprüngliche Stabkirche aus dem 12. Jh. abgerissen werden. Der norwegische Maler Dahl konnte sie jedoch retten, indem er sie 1841 dem preußischen König Friedrich Wilhelm IV. zu einem Schleuderpreis (426 Mark) verkaufte. Sie wurde nach Schlesien verpflanzt und in Brückenberg im Riesengebirge wieder neu aufgebaut.

 "**Grindaheim Turisthotel**", flache 135-Betten-Anlage im Motelstil. Große Zimmer in einfacher, eher zweckmäßiger Ausstattung. DZ ca.16o DM.

"**Mjøsvang Hotell**", Hauptgebäude mit Restaurant (gute Küche!) an der Straße. DZ ohne Dusche ab loo DM. Schönere Zimmer mit Dusche und WC in den Holzappartements, DZ ca. loo DM.

"**Grindastrand Feriehytter**", ein Ensemble kleiner Spitzdachhütten und traditioneller Holzhütten in schöner Lage am See.

 *** <u>Camping Bøflaten</u>: großer Platz direkt am See, zwischen den beiden Ortsteilen Vang und Grindaheim. Tiptop gepflegt mit neuem Hauptgebäude, zusätzlich schöne Campinghütten. Für Fahrten auf dem See werden Boote vermietet.

Vom Vangsee führt die E 16 rüber zum schmalen und fast 5o km langen <u>SLIDREFJORD</u>, dessen Nordufer sie bis Fagernes folgt. Die Strecke wird lieblicher.

** <u>Camping Hålimo</u> am obersten Zipfel des Sees bei der Flußmündung. Relativ kleines, flaches Wiesengelände zwischen Straße und Fluß mit schönen Stellplätzen direkt am Ufer, vereinzelte Stromanschlüsse, 1o einfache Hütten, Mietruderboote direkt beim Camp, nur einen Katzensprung in den Ort Ryfoss.

Weitere Campingplätze mit Hüttenvermietung an der Strecke.

<u>STABKIRCHE LOMEN</u> von 117o. Die kleine Stabkirche unweit der Hauptstraße läßt noch deutlich die Viermastkonstruktion erkennen. Geschnitzte Kapitelle tragen das Gebälk, abgesteift von dekorativen Andreaskreuzen. Die grüne Holzempore durchbricht brutal den aufstrebenden Charakter, ersparte aber eine Vergrößerung der Kirche. Bänke und große Fenster aus nachreformatorischer Zeit. Aufstieg zum freistehenden Glockenturm möglich. Kirche im Sommer offen. Ansonsten den Schlüssel im Nachbarhaus erfragen.

Der Hinweis "<u>SØLVSMIE</u>" bei der Stabkirche führt zu einer Silber- und Keramikwerkstatt 9 km abseits der Hauptroute. Silberschmuck in apartem Design, häufig Halbedelsteine eingearbeitet. Stilisierte Landschaften, Blumen und Flüsse, man spürt in Sigrid Høiviks Silber- und Emaillearbeiten richtig ein Stück Norwegen. Traditionelles

Trachtensilber gehört auch zu ihren Spezialitäten. Die Keramikservice mit dem dekorativen Wollgras aus der Töpferei ihres Mannes. Inge Høivik ist ein passionierter Sammler alter Kutschen und Schlitten; schön restauriert kann man sie im Sommer vor der Silberschmiede bewundern.

Ca. 5 km nach dem Abzweig und etwa 5oo m vor dem Ortsschild "Slidre" ein alter <u>RODESTEIN</u> an der E 16, unscheinbar links der Straße auf dem Fels aufgemalt: ein Wegstein aus den Anfängen des Riksveien. Die Hieroglyphen "6 GN 39 BN 5 Kvåle 153 m" regelten die Wartung des jeweiligen Straßenabschnitts. In diesem Fall hatte der Hof Nr. 39 in Kvåle die Verantwortung über diesen 153 m langen Straßenabschnitt, d.h. Instandsetzen, Schneeräumen etc. Diese Methode der Straßenwacht wurde erst Mitte dieses Jahrhunderts durch eine kommunale Aufsicht abgelöst.

<u>Lohnender Abstecher ab Slidre</u>: schöne Panoramastrecke zu dem ältesten Wikinger Runenstein mit Blick ins bewaldete Slidretal und auf Schneeberge.

Die Abfahrt ist im Weiler Slidre als "Einangsteinen" ausgeschildert, links rauf etwa 4 km Asphaltstraße. Der Einangsteinen gilt als ältester Runenstein Norwegens, 4. Jh. n. Chr., zudem noch an seinem ursprünglichen Platz - auf einem weitläufigen Grabfeld (liebevoll durch ein Glashäuschen geschützt), doch schlichter als die berühmten Runensteine Schwedens.

Die zierliche rot nachgezogene Inschrift (teilweise stark verwittert) lautet etwa: "Ich (Godges) schrieb diese Runen."

Ebenfalls lohnend ist der <u>Abstecher ab Einang(sund)</u> auf den Spuren der Wikinger mit weitem Blick übers Tal vom 1.ooo m hohen <u>ØLBERG</u>. Eine senkrecht ins Tal abfallende Felswand, Panoramarundblick. Die Wikinger hatten hier oben eine Varde stehen; Varden dienten den Wikingern als Frühwarnsystem; in Sichtweite voneinander aufgestellt wurden bei Alarm reihum Lagerfeuer angesteckt und so die Bevölkerung gewarnt.

<u>Auffahrt</u>: von der E 16 über die Einangsund Brücke ans gegenüberliegende Seeufer. Dort mautpflichtiger Fahrweg (kein Asphalt) in Serpentinen hoch, dann rechts halten bis die Straße endet. Die letzten ca. 1o Min. zu Fuß bis an die Kante.

✦Fagernes (2.5oo Einw.)

Das touristische Zentrum im Valdres profitiert von seiner zentralen Lage. Kleiner kompakter Ort am Strandefjorden (See); günstiger Stützpunkt für Touren in alle Himmelsrichtungen: ein Katzensprung ins Jotunheimen, über den Panoramaweg ist man im Nu im Hemsedal, Direktverbindung nach Gol im benachbarten Hallingdal.

Verkehrsmäßig durch die **Busverbindung** ab Oslo in ca. 3 Std. erreichbar.

 29oo Fagernes am ehemaligen Bahnhof, Tel. 61 36 o4 oo. Ganzjährig geöffnet. Vermittelt Miethütten im Valdres.

 Im neuen Rathausgebäude. Mo.-Fr. 8.3o-16.3o Uhr, Sa. 9-13 Uhr. Tele und Bank nebenan.

FREILICHTMUSEUM: eine vielseitige Anlage mit 7o Gebäuden auf der bewaldeten Halbinsel Storøya. Viele Häuser aus dem Tal konnten so vor dem Verfall gerettet werden.
Interessante Gebäude auch aus dem 19. Jh., z.B. die Schule von 1868. Damals meist kombiniert mit der Lehrerwohnung. Das Lomishaus (18oo) mit komplett erhaltener Einrichtung. Der erste Sonnenkollektor aus dem Jahre 189o: das Badehaus eines Hoteliers. Mühle, Sägewerk, Backofen, Handwerksabteilung und viele interessante Details. Das älteste Haus des Museums, das sogenannte Hovi-Vorrats-Haus, stammt von ca. 12oo.
Zur Sommersaison auch Folkloretänze; norwegische Gerichte zum Probieren.

 "Inter Nor Fagernes Hotel". Vor 1oo Jahren begann der Tourismus in einem ländlichen Holzgebäude. Die Übernachtung damals für 7 Kronen. Inzwischen hat es sich zu einem komfortablen 24o-Betten-Hotel gemausert. Sehr geräumig und modern eingerichtet. Alle Annehmlichkeiten wie Sauna, Tanzbar, Swimmingpool. Bequeme Sitzgruppen im Aufenthaltsraum. Das DZ für ca. 19o DM inkl. Frühstück im Sommer.
Preiswerte Alternative im Nachbarort, das "Leira-" und Fagerborg-Pensjonat" gut 4o Betten. DZ ca. 1oo DM.

Direkt am See in Leira (Abzweig RV 49) gelegen, die Holzhütten des Strandefjord Hyttesenter, gut ein Dutzend sogar mit eigener Dusche/WC.

Strandheim-Hüttensiedlung. Sehr schön und ruhig direkt am Wasser gelegen. Abseits der Hauptstrecke bei Leira. Familiäre Atmosphäre.

 Weitere Viererhütten nebenan auf dem *** Leira Campground. Geräumig mit zusätzlicher großer Sitzgruppe. Küchenecke und separaten Doppelstockbetten.
Ganzjährig geöffneter Campingplatz in schöner Lage auf einer Landnase im See, viele Stellplätze am Wasser, gute Badezugänge.

*** Fagernes Camping beim Freilichtmuseum. Ruhig gelegen unterhalb der Straße am See, weitläufiges Wiesengelände. Eine Handvoll Hütten gleich am Seeufer.

 Hotelrestaurants und Cafeterien sowie Pizzeria im Ort. Empfehlenswertes Lunch- oder Dinnerbuffet im Fagernes Hotel. Im Speisesaal mit großer Fensterfront trotz der Größe angenehme Atmosphäre.

Gerichte aus Omas Kochbuch in der nostalgischen <u>Cafeteria</u> im Freilichtmuseum.

SOMMERSPORT

Fagernes ist guter Ausgangspunkt für <u>Wanderungen</u> und <u>Gletschertouren</u>
im Jotunheimen. Details siehe Kapitel "Wandern/Jotunheimen".

<u>Bootsverleih</u> beim Fagernes Camping. - <u>Fahrradvermietung</u> beim
Fagernes Campingplatz. - Zwei <u>Tenniscourts</u> in Leira beim Hyttesenter
(Voranmeldung). - <u>Angelscheine</u> im Touristkontor.

<u>Reiten</u> auf dem Hochfjell in Beitostølen am Rande des Jotunheimen, z.B.
5-stündiger Ausritt inkl. Picknick. Auch Wochentouren möglich.
Auskunft im Touristbüro Beitostølen beim Beito Høyfjellshotell.

 **WINTERSPORT**

Schlepplift gleich im Ort, zahme 75o m lange Abfahrt;
viele Loipen im Tal. Größere Möglichkeiten bei <u>Beitostølen</u>
mit Liftanlagen und diversen zahmen Pisten. Große Hotels und
Hüttenzentren. Grenzenlose Langlaufmöglichkeiten, schöne Touren bis
ins Jotunheimenmassiv. Langlauftouren noch bis Mai möglich. Zufahrt
über die RV 51. Ab Bygdin Wintersperre.

Ausflug: Unbedingt einen Tag für einen Abstecher aufs Fjell abzwacken.
Einer der schönsten Ausblicke auf die Gipfel des Jotunheimen-Massivs.

Das nostalgische weiße Dampferchen "Bitihorn", Baujahr 1912, fährt bis
ans Ende des Bygdinsees an die Zweitausender ran. Wieder pietätvoll
restauriert, kann es 12o Personen befördern. Lohnende Tagesausflüge mit
oder ohne Wanderung. Zufahrt ab Fagernes ca. 5o km auf der RV 51 bis
Bygdin. Details, Wandervorschläge, Unterkünfte etc. siehe Seite 616.

Transporte ab Fagernes

Bus: -> Oslo 4-6 x tägl.
-> Gjøvik 3-4 x tägl.
-> Gol ins benachbarte Hemsedal 2 x tägl.
-> Laerdal am Sognefjord 1-2 x tägl.
-> Bygdin-> Gjendesheim 2 x tägl. zur Saison Verbindung ins
Wandergebiet Jotunheimen.

Seit 1987 hat das Valdres auch einen Flughafen "Leirin", nördlich von
Fagernes auf 815 m Höhe. Flüge nach Bergen/Oslo und Charterflüge.

Strecke Fagernes-> Oslo: Seite 632.

ÖSTLICHES JOTUNHEIMEN

Mit den beiden Perlen <u>Bygdinsee</u> *und* <u>Gjendesee</u>. *Die schmalen, tief eingeschnittenen Gebirgsseen von einer wilden Romantik; karge Felswände ragen aus dem Seeufer des Gjende auf, hoch oben verläuft der berühmte Besseggengrat (bekannter als Peer Gynts Gjende-Grat) - eine der eindruckvollsten Wanderrouten im Jotunheimen. Auf beiden großen Seen tuckern Personenboote zu den Übernachtungshütten und eröffnen ausgezeichnet Tourenmöglichkeiten.*

⑤ Vågåmo ⇜→ Fagernes   RV 51 (13o km)

Die RV 51 ist die östliche der drei Straßen, die im Dreieck um das Hochgebirgsmassiv Jotunheimen führen. Landschaftlich sehr reizvolle Tour, Asphaltstraßen bis an die Seen - viele Berghütten und Campingplätze. Lange Wintersperre zwischen Bessheim und Beitostølen.

Busverbindung: Otta-> Vågåmo-> Gjendesheim-> Bygdin-> Fagernes-> Gol im Sommer 1 x tägl., zusätzlich jeweils 1 x täglich Busverbindung von Fagernes bzw. Otta nach Gjendesheim. Sowie Fagernes-> Beitostølen bis zu 6 x tägl.

Die Straße führt ab Vågåmo 7 km am langen Vågåvatn entlang. Bei <u>RANDEN</u> links ab, schmale Straße, anfangs gleich steil rauf. Superschöne Strecke vorbei an sprudelnden Bergbächen, wettergegerbten Höfen, durch Kiefernwald - ein Gebirgssee folgt dem anderen, jeder mit kleinen Inseln getupft; im Unterholz leuchtet die helle Rentierflechte, recht guter Straßenzustand. Etwa 15 km nach dem Abzweig.

** <u>Skårå Camp</u>, ein Rasenplateau am Waldrand leicht oberhalb der Straße. Zum See die Straße queren, 1 Dutzend Hütten, Bootsverleih.

<u>Lemonsjø Fjellstue</u> am Seende auf 86o m. Hüttenanlage mit großer Cafeteria in 2 Etagen, breite Fensterfront zum See, in hellem Holz möbliert. Gemütlicher Kaminraum. 1o recht geschmackvolle Hütten mit Dusche, Toilette und offenem Kamin. Bootsverleih, Angelkarte, 125-185 DM. Ganzjährig offen, - schönes Loipengebiet im Winter.

Bei <u>RANDSVERK</u> kommt die Rv 257 aus dem Gudbrandsdal (E 6) hinzu. Auf einer schönen Hofanlage befindet sich das Aktivitätszentrum NWR (Norwegian Wildlife und Rafting), das neben Rafting auch Klettern, Höhlenwandern, Hundeschlittenfahrten im Winter und andere spannende Angebote im Programm hat (siehe auch Sport).

<u>Mautstraße zur Wanderhütte Glitterheim</u>: Unmittelbar bei dem Zentrum zweigt die 23 km lange Mautstraße ins Gebirge zur Glitterheim Wanderhütte ab, die Ausgangspunkt für den zweithöchsten Gipfel Norwegens ist.

Schotterstraße, die letzten Kilometer ab der Nationalparkgrenze dann zu
Fuß.

 ** Randsverk Camping, großer Platz im Kiefernwald an der
Kreuzung, 15 Hütten um die Wiese gruppiert; separate Koch-
räume. Cafeteria und Tankstelle.

Nach etwa 5 km Abzweig zum RIDDERSPRANGET, schmaler Seitenweg 1,5 km Schotter und 2oo m zu Fuß zu einer besonders wilden
Schlucht, der weißschäumenden Sjoa, um die sich eine nette Anekdote
rankt:

Der Ritter Sigvart Kvie aus Valdres hatte sich in die attraktivste Frau der Gegend ver-
liebt, die aber schon dem Ivar aus Sandbu bei Vågåmo versprochen war, - ein klassischer
Fall von Brautraub folgte. So kampflos wollte Ivar seine Schöne aber nicht hergeben
und rüstete zur Verfolgung. Durch den beherzten, legendär gewordenen Sprung über die
2 m breite Sjoaklamm konnte sich Ritter Sigvart samt seiner kostbaren Beute in
Sicherheit bringen, denn seinen Verfolgern rutschte angesichts des Wildwassers das Herz
in die Hose.

 Kajakfahren: Etwa 1 km unterhalb des Ridderspranget -
eine wilde Klamm der Sjoa - einsetzen, nach dem zweiten
Wasserfall in den Eingang der Schlucht. Landschaftlich sehr
schöne Tour, aber nur für sehr erfahrene Kajakfahrer. Auf
dem 6 km langen Stück bis zur Burusteinbrücke eine etwa 4oo m lange
Engstelle mit Schwierigkeit IV-V bewertet. Einige Wasserfälle, die
umtragen werden müssen; im übrigen IIIer Wasser mit zwei IVer Stromschnellen.

Von der Burusteinbrücke bis Bjølstadmo insgesamt ca. 17 km, davon
etwa 1o km durch einen schönen Canyon.

Achtung! Den gefährlichen Wasserfall Nedre Tråsåfoss unbedingt umtragen, die 4 km bis zum Canyon III-IVer Schwierigkeit, im Canyon ebenfalls III-IV, und eine happigere IVer Stelle, die vorher vom rechten Ufer
aus begutachtet werden kann.

Die Straße (RV 51) führt weiter oberhalb an der türkisgrün gischtenden
Sjoa entlang, prima Rastplätze im Nadelwald und weiter oberhalb am Øvre
Sjodalvatn, schon an der Baumgrenze. Die Straße führt dicht am See mit
seinem hügeligen Ufer vorbei.

 Am Seende die Bessheim Fjellstue auf 964 m.
Übernachtung in kleinen 4er Hütten ohne Kochgelegenheit.
Wesentlich schöner und komfortabler die großen Doppelhütten, gemütliche Wohnstube, eingerichtet im Landhausstil
mit Teppichboden, Kochzeile, Schlafräume unterm Spitzdach für bis zu 6 Personen, Preis ab 12o DM/Tag. DZ ab 1oo DM.

Einfaches ** Camp direkt gegenüber am See, ebene Wiese neben der

Straße, Hotelaufenthaltsräume, Sauna etc. können mitbenützt werden.
Von Bessheim führt eine Bergtour in einer Tagesetappe ins Jotunheimen zur Glitterheimhütte zu Füßen des höchsten norwegischen Gipfels Glittertind, siehe Wanderungen.

 Ca. 3 km weiter *** Camping Maurvangen auf 98o m. Sehr schön direkt am Sjoa Wildbach gelegen. Weitläufiger Platz, natürliche Abteilungen durch Birkenbüsche, jede Menge Stromanschlüsse, Trockenraum, Waschmaschine, Kochraum.

25 hübsche, grasgedeckte Hütten (winterisoliert), sehr gemütlich und komfortabel mit Eckkamin, Heizung, rustikal möbliert. Teilweise auch mit Dusche. Für 2 Personen oder auch große (8-Mann-)Hütten komplett mit Küche, Strom, eigener Sauna und Spülmaschine.

Hütten auch an Ostern offen, im September geschlossen. Zur Hauptsaison ziemlicher Andrang, da Maurvangen ein Superstützpunkt für Jotunheimen-Touren ist. Evtl. besser vorher anschreiben. Cafeteria und kleiner Superladen, denn der nächste Ort ist weit.

✱ **GJENDE HOCHGEBIRGSSEE** auf 984 m (ca. 2,5 km abseits der Straße) reizvoll gelegen, mit steil aufragenden Felsufern. Etwa 25 km langgezogen und sehr schmal, was die Berge noch höher erscheinen läßt. Gemütlicher Ausflug übern See im Personenboot "M/S Gjende" von Gjendesheim (Berghotel) über Memurubu nach Gjendebu am Seende.

Sehr schöne Spaziergänge und Wanderungen in den Seitentälern. Entweder per Boot retour oder die empfehlenswerte Wanderung über den Grat zurück (Details in den nachfolgenden Wanderbeschreibungen).

 Das BOOT fährt nur zur Sommersaison Mitte Juni - Mitte Sept. (Zeiten variieren!). Im Juli/August 3 x tägl., Fr. und Sa. zusätzlich 1 x gegen Abend. In der 2. Juni-Hälfte und 1. September-Hälfte eine Fahrt täglich. Fahrplan hängt in den Hütten bzw. bei den Touristenbüros aus. Zeiten genau abchecken! Ganz übern See bis Gjendebu 1 1/4 Std., ca. 2o DM, bis Memurubu eine 1/2 Std. ca. 15 DM.

Die Zufahrtsstraße endet beim Parkplatz (gebührenpflichtig) direkt an der Schiffslände. Am Kiosk zur Saison u.a. Wanderkartenverkauf und die nötigsten Lebensmittel wie Brot, Käse, Milch...

 Direkt am Seeanfang Touristenhütte Gjendesheim (995 m): guter Ausgangspunkt für Wandertouren im Jotunheimen. DNT-Hütte mit hübschem Aufenthaltsraum, große Fensterfront zum See, freundliche Cafeteria, leckere Rømmegrøt, 13o Betten in 2er- und 4er-Zimmern. Übernachtungspreise im Wanderkapitel.

<u>Zwei weitere Übernachtungshütten am See</u>:
Auf halber Strecke am See die Memurubu Hütte (keine DNT-Hütte) auf dem einzigen Wiesenplateau zwischen zwei Bergrücken. Am Seende ganz idyllisch die DNT-Hütte Gjendebu; beide mit Cafeterien etc. Details siehe Wanderungen.

<u>Bergstraße von GJENDESHEIM nach BYGDIN 2o km (RV 51)</u>:
Eine faszinierende Straße über die weite Hochfläche auf 1.2oo-1.39o m, von Wind und Wetter kahl gefegt, niedriges Buschwerk und Moose von Wasserläufen durchzogen. Die mächtigen, teils schneebedeckten Bergmassive des Jotunheimen auf der einen Seite, weite zerfranste Seenlandschaft auf der anderen.

Immer wieder Picknickplätze an der Straße. Meterhohe Schneepfosten lassen die Winterverhältnisse ahnen, höchster Punkt der Straße auf der kahlen Hochebene bei der <u>Jugendherberge Valdresflya</u>, einfaches Holzgebäude, 4-/6-Bett-Zimmer und Cafeteria.

✦ Der **BYGDINSEE** (auf 1.o5o m) mit der charakteristischen Bergspitze Bitihorn (1.6o8 m). Im Vergleich zum Nachbarsee sanft geschwungene Berge zu beiden Ufern. Bei einer Fahrt mit dem legendären Dampfer "M/B Bitihorn", der schon seit 1912 die Wanderer ins Jotunheimen befördert, tauchen aus der zweiten Reihe immer wieder neue Gipfel auf, Schneeflecken auch noch im Frühsommer. Die Uferböschung grün überzogen, doch schon keine Bäume mehr.

 BOOTSVERBINDUNG: Ende Juni bis Anfang Sept. 2 x tägl. Bygdin-> Torfinnsbu-> Eidsbugården, ca. 1 3/4 Std. Derzeit hat die Nachmittagsverbindung des Dampfers Busanschluß ab Eidsbugarden nach Tyinkrysset an der E 16. Neuesten Stand vor der Planung erfragen.

"**Bygdin Høyfjellshotel**" (1.o65 m) zwischen Straße und See. Gemütliches Hotel von 1912. Nur im Sommer offen. 1oo Betten. DZ ab 85 DM.

<u>BYGDIN</u> ist Ausgangspunkt für schöne Rundtrips im Bereich der beiden Seen Bygdin und Gjende: z.B. mit dem Boot <u>von Bygdin</u> quer über den See ans westliche Ende nach <u>Eidsbugarden</u>. Hier entweder Bus via Tyinkrysset nach Fagernes bzw. Sognefjord.

<u>Oder</u>: ab Eidsbugarden 5 Std. Wanderung nach Gjendebu, westliches Ende des Gjendesees (Unterkunft) und mit dem Schiff über den Gjendesee nach Gjendesheim (Unterkunft), Bus nach Fagernes bzw. Vågåmo.

 Eine Region, die zudem jede Menge an <u>lohnenden Wanderungen</u> bringt, z.B. die Fahrt mit dem Schiff ab Bygdin nach Torfinnsbu auf halber Seestrecke (Unterkunft). Hier in einer 5-Std.-Wanderung nach Gjendebu (Unterkunft), Schiff bis Memurubu auf

halber Seestrecke (Unterkunft) und Wanderung auf dem "Peer Gynt-Weg" in rund 4oo m über dem See: steile Felswand fast senkrecht in den See runter, Superblick! Dauert ab Memurubu bis Gjendesheim ca. 6 Std. Alle Details im Wanderkapitel, Seite 616.

<u>Ab Bygdin geht die RV 51</u> rauf ins Heklefjell (1.166 m, Wintersperre) und rüber nach

<u>BEITOSTØLEN</u>: hat sich zu einem der "großen" Wintersportorte Norwegens gemausert. Von der Skischule bis zur Hundeschlittentour vom Hallenbad bis zur Disco. Über ein halbes Dutzend Skilifte, 1 Dutzend Abfahrten, zudem ca. 15o km gespurte, markierte Loipen in herlicher Landschaft. Beitostølen selbst ist kein richtiger Ort, doch Einkaufsmöglichkeiten, Tankstelle, Sportshops, Skiverleih. Große Hotels und Hüttenanlagen für 2.ooo Gäste. Hallenbad im Beito Høyfjellshotel. Bekannt ist auch das große Behindertensportzentrum. Busverbindung siehe Fagernes.

In 39 km nach Fagernes, dem Hauptort im Valdres. Details siehe S. 6o2.

Sport im Jotunheimen

Jotunheimen ist (neben der Region Kungsleden/Nordschweden) das wichtigste und beliebteste <u>WANDERGEBIET</u> Skandinaviens. Dies bedeutet einerseits: gut erschlossen durch Verkehrsverbindungen, Hütten und markierte Wanderwege, - andererseits in den Sommermonaten nicht gerade eine der einsamsten Regionen Skandinaviens!

Auch für anderen Aktivurlaub läßt das Jotunheimen kaum Wünsche offen, <u>KAJAKFAHRER</u> finden hier die spektakulärsten Wildwasser Norwegens. Der neue Sport <u>RIVER-RAFTING</u> (Wildwassertrips in Spezial-Schlauchbooten) hat in Ost-Jotunheimen sĕine besten Flüsse, und die Gipfel Zentraljotunheimens bieten optimale Bedingungen für <u>KLETTERN</u>, <u>GLETSCHERWANDERUNGEN</u> und <u>PARAGLIDING</u>.

EINSTIEGSPUNKTE (vergl. unsere Übersichtskarte Seite 581) :

* Ab <u>OSLO</u>: entweder über die E 6 sowie Zug/Bus bis <u>OTTA</u>, 29o km. Hier Busverbindung via Vågåmo und weiter entweder über die Ost-Jotunheimenstraße (Rv 51), - oder über die nördl. die Region umlaufende Rv 55.
  <u>Oder ab **OSLO**</u>: via E 16 sowie Bus nach <u>FAGERNES</u>, 19o km. Der schnellere Einstieg für die sehr lohnende Region Bygdin/Gjende-See, aber auch Trans-Jotunheimenwanderungen rauf zur RV 55.

* Ab **Nord**: entweder via <u>OTTA</u> (siehe oben) oder via <u>LOM</u> (Anbindung an den Geirangerfjord via Rv 15).

* Ab **SOGNE FJORD**: 3 Einstiegspunkte:
  - Der <u>Lustrafjord/Skjolden</u> für die nördliche Rv 55.
  - Der <u>Årdalsfjord/Årdalstangen</u> für Rv 53 zum Tyinsee/Bygdinsee.
  - Der <u>Laerdalsfjord/Laerdal</u> für die E 16, ebenfalls für Tyinsee/Bygdinsee. Ob nun Laerdal oder Årdalstangen der bessere Einstieg ist, ist Frage der jeweiligen Bus-/Schiffsfahrpläne für Leute ohne eigenes Auto. Via Laerdal zwar mehr km, man kann aber die interessante Borgund-Stabkirche sowie eine Kurzwanderung auf dem alten Postweg "Kongeveien" mit einbauen.

<u>KAJAK</u>: Die <u>SJOA</u> ist einer der anspruchsvollsten, da längsten Wildwasserflüsse im südlichen Norwegen. Sprudelnd und schäumend durch mehrere Schluchten und Canyons. Streckenweise total einsame Partien, trotzdem die Straße in Reichweite. Zwischendurch zahme Stellen zum Verschnaufen und Landschaftsgenießen.

Die SJOA (vergl. Kartenskizze) hat ihren interessantesten Bereich zwischen Ridderspranget - Bjølstadmo - Faukstad.

Insgesamt Schwierigkeit III mit einigen IV-er Stellen, z.B. im Canyon; wer die Eskimorolle nicht beherrscht, hat schlechte Karten. Für den unteren Abschnitt guter Einstieg in Bjølstadmo bei der Brücke; ausgeschildert Murudalen/Vestsida 1oo m abseits der Straße. Direkter Zugang ans Wasser neben dem Lagerhaus. Außerhalb der Canyonpartie immer wieder gute Ausstiege - allerspätestens nach 18 km, da anschließend ein Wasserfall droht.

Befahrbarkeit in der Regel Juli/August.
Schwierigkeiten schwanken enorm mit dem Wasserstand.

Ausstieg nach der Brücke bei Faukstad, denn nach einem kurzen sanften Stück folgt eine Serie von brutalen, strudelnden Walzen, die auch für Experten kaum befahrbar sind. Spaßig dagegen per Raft, das relativ mühelos über solche Gefahrstellen geflößt werden kann.

Der Abholdienst kann an mehreren Stellen von der Straße (RV 257) aus seine Kanuten beobachten und am Ende hoffentlich wohlbehalten wieder einladen.

Weitere Kajakfahrt im Oberlauf der LEIRA an der Rv 55.

Spannendes, abwechslungsreiches Wildwasser. Der landschaftlich reizvollste Abschnitt, über den Seitenarm Leira führt wildromantisch an steilen Berghängen vorbei.

Den ganzen Sommer über guter Wasserstand. Ein schnell fließender Gebirgsbach mit grauem Gletscherwasser (1o km lang). Schwierigkeit III - IV, wenig Umtragestellen. Ausstieg bei der Mündung in die Bøvra, da dort V + Stelle. Die Straße parallel zum Fluß, dadurch bequemer Ein-/Ausstieg und vorheriger Check:

Die Bøvra ist von der Galdesand Rundkirche bis Flåbru zu befahren, gut von der Straße vorher die beiden Umtragestellen einzusehen. 1o km langer, flacher, kieseliger Kanufluß, Schwierigkeit II, je nach Wasserstand auch III-er Stellen. Ausstieg bei der Straßen-Brücke rüber auf den Solsidevegen. Der weitere Verlauf bis kurz vor Lom ist ein schwieriges Kajakwasser; Zwischen Wildwasser III und V+ durch dicke Felsbrocken.

Wasserfälle, die umtragen werden müssen. Ausstieg vor dem großen Wasserfall in Lom beim Camp.

<u>Kajakfahren auf der Visa</u> (Seitental; Spiterstulen Berghotel). Der wilde Gletscherfluß ist extrem schwierig, mit zahlreichen Umtragestellen, landschaftlich allerdings einzigartig. Wegen der hohen Flußgeschwindigkeit und des schnellen Wechsels bis hin zu plötzlichen Wasserfällen nur bedingt zu empfehlen. Flußlauf vorher unbedingt genau abchecken, Schwierigkeit reicht bis V und VI, kaum ruhige Stellen. Etwa 7 km ab Spiterstulen-Berghotel bis zur Klamm befahrbar. Der Fahrweg verläuft weitgehend parallel zum Fluß, Rücktransport daher kein Problem. Die Tour sollte vor der Klamm abgebrochen werden, da anschließend extrem schwierige Stellen und keine Ausstiegsmöglichkeiten.

Weitere Kajaktouren siehe Seite 584 und 6o6.

RAFTING auf der <u>SJOA</u>, eine einmalige Sache. Spannende Schlauchbootfahrt über schäumende Stromschnellen und gischtendes Wasser, durch schier unbefahrbar wirkende Passagen des schnellen Wildwasserflusses.

Das Raft läßt sich mit vereinten Paddelschlägen gut manövrieren. Dicht an den Steilwänden enger Canyonpartien vorbei, landschaftlich großartig.

Ohne Kajakerfahrung bietet das Raft die einzige Möglichkeit, die Schluchten der etwa 18 km langen Strecke zu erreichen.

Der wildeste Streckenabschnitt kurz vor Schluß in einer S-förmigen Flußbiegung wird mit gutem Grund "Waschmaschine" genannt. In den schäumenden Strudeln wird auch der allerletzte, bisher trockengebliebene Fleck naß.

<u>Für Zuschauer</u> gute Perspektive von der ausgesprochen schönen Strecke (RV 257) durchs Sjoadal, teilweise dicht am Wildwasserfluß vorbei. Gute Fotomotive von Straßenausbuchtungen und Brücken in die teilweise 15o m tiefe Schlucht.

Mittlerweile gibt es eine ganze Reihe Veranstalter, die Raftingtouren anbieten (neben der Sjoa auch auf Otta, Gudbrandsdalslågen, Vefsna etc.). Tagestouren kosten um die 13o-15o DM inkl. Lunch, Ausrüstung. Die 2-3 Std. Kurztouren sind eher für Familien gedacht (zahm). Auch 2-Tagestouren mit Übernachtung möglich. Rechtzeitig anmelden, z.B. bei:

- NWR (Norwegian Wildlife + Rafting), Tel. 61 23 83 27
- Flåte Opplevelser, Tel. 61 23 5o oo.

RIVERBOARDING mit Team Extreme: Ein neuer Wassersport, der leicht zu erlernen ist und enorm viel Spaß macht. Bei Team Extreme kann man während eines Schnupperkurses einen Tag lang im Wildwasserfluß die faszinierende Sportart kennenlernen. Eingehüllt in Neopren, mit speziellen Schwimmflossen und Schwimmhäuten an den Händen, gepolstert an den gefährdeten Körperteilen wird man wie ein Frosch ausgestattet. Ein spezielles Board ermöglicht es dann auf den Schaumkämmen den Wildwasserfluß wie ein Kajakfahrer hinab zu schwimmen. Schnell sind die nötigen Techniken gelernt, um jeder Zeit wieder aus der Strömung ins sichere Umkehrwasser zu gelangen. Wichtigste Voraussetzung ist eine sehr gute körperliche Verfassung und einige Englischkenntnisse. Wer danach auf den Geschmack gekommen ist, kann im Intensivkurs in wenigen Tagen den Grad 4 erreichen. Nachmittagskurs 9o DM, Tagesprogramm 15o DM. Info und Anmeldung: Team Extreme Riversports, 2654 Nedre Heidal (an der RV 257). Tel. 61 23 39 44.

 ② **KLETTERN**: Das "Heim der Riesen", die alpinste Region Norwegens. Es bestehen entsprechend gute Klettermöglichkeiten. Die Berge im Ostjotunheimen jedoch teilweise aus recht bröckeligem Gestein.

Günstiger im Westen: Das Hurrunganemassiv (Ausgangspunkt Turtagrø an der RV 55, siehe Seite 593) mit festem Gabbrofels (Präkambrium) ist ein vielseitiges, interessantes und besonders favorisiertes Klettergebiet. Touren beliebiger Schwierigkeitsgrade von IIer- bis VIer-Stellen. Es locken eine Menge an abwechslungsreichen Routen mit einer guten Mischung aus Kletterpartien, einfachen Gletscherüberquerungen, Gratwanderungen und Abseilstellen. Beste Kletterzeit Ende Juli/ Anfang August.

Klettern im Jotunheimen ist nicht mit einheimischen Klettergärten in den Alpen zu vergleichen. Die Klimabedingungen sind ungleich rauher, deshalb entsprechende Vorsorge treffen (Biwak etc). Sowohl solide Kletter- und Gletschererfahrung, wie auch Kondition und entsprechende Ausrüstung sind elementare Voraussetzung! Unsere Touren sind als Vorschläge gedacht und können keine Kletterführer, Detailkarten etc. ersetzen:

Organisierte Klettertouren: Ohne Klettererfahrung kann man sich dem Aktivitätszentrum NWR anschließen. Hier bekommen Sie zuerst eine Einführung in die Technik des alpinen Kletterns und gehen dann ins Gebirge.

Das Programm des Veranstalters NWR (Norwegian Wildlife und Rafting) beinhaltet neben den spannenden Raftingtouren auf der Sjoa auch Höhlenwanderungen, Gletschertouren und andere Aktivitäten im Jotunheimen. Info und Anmeldung: Randsverk (an der RV 51), 268o Vågå, Tel. 61 23 87 27, Fax: 61 23 87 6o.

Topographische Karten für die jeweiligen Gebiete unbedingt erforderlich: Ost bzw. Vest Jotunheimen (Hurrungane) Maßstab 1: 5o ooo im örtlichen Buchhandel erhältlich.

Sehr empfehlenswerter Kletterführer: "Klatrefører for Norge" vom Norske Tindeclub, Skandinavisk Høyfjellsutstyr a/s, 356o Hemsedal. Der allgemeine Teil auch in englisch und deutsch, die einzelnen Klettertouren zwar auf norwegisch, doch mit den üblichen Symbolen und Kürzeln.

Klettern im **HURRUNGANE-MASSIV**

1.) **SKAGASTØLSTIND** (2.4o5 m): als Kletterberg beliebt, zudem kurzer Anmarsch ab Hotel Turtagrø an der RV 55. Ab hier markierter

Weg zur Skagastølsbu. Nach ca. 1. Std. gute Campingmöglichkeit am kleinen See, nahe einer Hütte des norwegischen Kletterclubs, die aber verschlossen ist. Ab hier in ein bis zwei Stunden mit leichter Gletscherpartie bis zur:

Basishütte **Skagastølsbu**, einem kleinen Steinhäuschen auf 1.756 m: unterhalb des Store Skagastølstind. Selbstversorgerhütte des DNT (6 Betten, Schlüssel vorher in Turtagrø erfragen) - auch als HYTTA PÅ BANDET auf den Karten eingezeichnet.

Erstbesteigung 1876 durch den Engländer Slingsby, wie überhaupt das Jotunheimen von Engländern "entdeckt" wurde. Mehrere Routen unterschiedlicher Schwierigkeit führen auf den Gipfel.

Von der Hytta på bandet in ca. 2 Std. zum Gipfelbereich, erst wenige Meter unterhalb des Gipfels beginnen die Kletterstellen.

a) **Leichtere Touren** auf der Südwestseite mit 3 Varianten: Kletterpartie von ca. 1oo m Länge, 5 Seillängen Schwierigkeit III und IV, dauert ca. 1/2 bis 1 Std., je nach Route. Achtung: Eine der drei Routen ist gleichzeitig die Retour-Strecke für alle Gipfelbesteigungen.

b) **Etwas anspruchsvollere und schönere Tour** über den Westgrat - Schwierigkeitsgrad IV.

c) **Die schwierigere und lange Tour** führt über die Südwand des Slingsby-breen, insgesamt 17 Seillängen, eine Ver Schlüsselstelle nach etwa 3/4 der Strecke kurz vor dem Ausstieg. Dauer ungefähr 4 bis 6 Stunden. Zum Einstieg um den Berg herum zur Südseite.

d) Ab dem Nordre Skagastølstind läßt sich eine **phantastische Gratrund-wanderung** nach Norden machen. Eine lange Tour max. IIIer Kletterpartien und Abseilstelle (in umgekehrter Richtung eine III+ Kletterstelle). Mit gut einem Tag rechnen, je nach Kondition.

2.) **SØRE DYRHAUGSTIND** (2.o74 m) im Westen, weiterer lohnender Gipfel. Anfangs etwa 4o Min. über den Bergrücken bei der Hytta på Bandet, dann 15o m Kletterei bis zur Spitze, 6 Seillängen mit Schwierigkeiten zwischen II und IV. Schwierigere Variante auf der Parallelroute (bis max. V). Dauert ca. 2 Std.

KLETTERN IM GALDHØPIGGEN-MASSIV
Ab Juvasshütte in 2 Std. Von der Hütte zur Nordseite des Galdhøpiggen zum Klettereinstieg, ab dort wahlweise

a) auf den kleinen Gipfel insgesamt ca. 15o m lange Kletterpartie, 5 Seillängen, Schwierigkeit II bis max. III+. Dauer 1-2 Std.

b) zum großen Gipfel (2.469 m) über den Nordwestgrat ohne allzu große Schwierigkeiten: 18o m. Kletterei, 6 Seillängen, max. Schwierigkeitsgrad III, Dauer ca. 2-3 Std.

3.) Lange Kletterwandertour um den **SMØRSTABBREEN**

Rundtour auf dem Grat entlang. Der Smørstabgletscher ist mit 15 qkm der zweitgrößte Gletscher des Jotunheimen. Eine lange Tour von 1o-12 Std., deswegen Biwak oder Leichtzelt mitnehmen. Ausgangspunkt Krossbu-Hütte. Bequem erreichbar, da direkt an der RV 55.

Anfangs ein Stück über den Gletscher (nicht allzu gefährlich, doch Vorsicht!), die Hauptschwierigkeit liegt in der Kletterpartie bei Skjeia (IIIer- bis IIer-Stellen) und in den Abseilstellen bei Lillebjørn.

An der Ostseite nochmal leichte Kletterstellen (Schwierigkeit II), dann weiter über Kniven und Smørstab mit IIer- bis IIIer-Kletterstellen. Zurück nach Krossbu gehts an der Nordseite des Gletschers.

 **WANDERN**: Wenn auch die Höhenmeter von maximal 2.469 m auf den ersten Blick keinen so spektakulären Eindruck machen, können Touren im Jotunheimen hochalpines Wandern bedeuten - mit allem was dazugehört - steile Aufstiege, viele Geröllpassagen, Schneefel der bis in den Sommer, reißende Gebirgsbäche nach längeren Regentagen. Aber auch Superausblicke, und dies nicht nur vom höchsten Gipfel!

Das Jotunheimen ist durch ein dichtes Netz von Wanderwegen und Übernachtungshütten bestens erschlossen, dadurch eine Vielzahl von Kombinationen möglich.

Bei gut gefüllter Urlaubskasse kann man auf Schlafsack und Zelt verzichten und Mehrtageswanderungen mit reiner Hüttenübernachtung planen. Dadurch super leichter Rucksack, somit angenehmes Laufen und jeden Abend eine warme Dusche plus reichhaltige Verpflegung.

Wanderer mit "outdoor-Ambitionen" kommen abseits der Hütten, ausgerüstet mit Zelt, Kocher und warmem Schlafsack im Jotunheimen voll auf ihre Kosten, der Rucksack dürfte dann aber kaum unter 15 kg bleiben.

Im folgenden Kapitel sowohl leichte Halbtageswanderungen, wie auch anspruchsvolle Gipfelbesteigungen und Mehrtageswanderungen, die man sich im Bausteinsystem nach persönlichem Geschmack kombinieren kann.

HANDWERKSZEUG

Schnelle **Zubringer** durch die beiden Paßstraßen RV 51/55 sowie die südlich verlaufende E 16 Laerdal/Sognefjord nach Fagernes. Ergänzt durch Privatstraßen zu einigen Wanderhütten sowie im Sommer regelmäßigen Bootstransfer auf den beiden großen Seen Bygdin und Gjende.

Alle Details zu den Anreisestrecken, wie auch Bus- und Bootstransport, Seite 583 bis 6o7.

Wetter: Von heißen Sonnentagen bis zu dicken Nebelbänken, plötzlichem Wettersturz mit peitschend kaltem Regen. (Schneestürme selbst im Spätsommer möglich, in der Regel aber erst ab ca. Ende Okt.) Warnung: Gipfelbesteigungen nur bei klarem Wetter!!

Beste **Wanderzeit** ohne Frage Juni bis August. Ab Mitte/Ende Oktober je nach Höhenlage schöne Herbstfärbung der Vegetation. Extraspezial: Super-Skilanglauf im Winter bis Ende Mai, dann allerdings durch Wintersperre einiger Straßen eingeschränkter Anreisetransport.

Ausrüstung: Wanderschuhe sind in jedem Fall notwendig, egal ob Kurztour oder Mehrtageswanderung - die Wege oft steinig, vielfach Geröll.

Die weitere Ausrüstung hängt weitgehend von der geplanten Tourdauer und Übernachtungsart ab. Ein kleiner Rucksack mit Regenbekleidung, zusätzlich warmem Pullover und Wanderapotheke gehört zur Basisausrüstung, dies auch bei Kurzwanderungen.

Sofern nicht Wanderungen von Hütte zu Hütte geplant sind, ist ein guter und bequemer Rucksack bei mehr Gepäck (Zelt, Schlafsack, Kocher etc.) unbedingt ratsam.

Für Geröll/Schneefelder (z.B. Galdhøpiggen, Glittertind) ist Wander-/Skistock nützlich (Geschmacksache). Trotz guter Wegemarkierung sollte man einen Kompaß mitnehmen (und bedienen können!), wer abseits wandert: in jedem Fall auch Höhenmesser.

Markierung: Ein dichtes Netz angelegter Wanderwege durchzieht das Jotunheimen Gebirge. In der Regel gut mit rotem "T" gekennzeichnet, zusätzliche Steinmännchen (kleine aufgeschlichtete Steinpyramiden), Wegweiser (Holzschilder) an Weggabelungen.

Karten: Die "Cappelens kart / SØR NORGE - nord" mag für den Anreiseüberblick ausreichen, für den Wanderer reicht sie jedoch nicht aus. TIP: unbedingt die 1: 1oo.ooo-Karte "JOTUNHEIMEN" vom selben Karteninstitut. Vorteil: komplette Region auf einem Kartenblatt, nicht nur Übernachtungsmöglichkeiten, sondern auch alle Trails mit ca.-Wanderdauer eingetragen, Höhenlinien sowie Transport auf den Seen.

Ausschnittskarten 1: 5o.ooo im Buchhandel (z.B. in Otta, Vågåmo, Fagernes, Sogndal) oder auch bei den größeren Wanderhütten erhältlich, trotzdem rechtzeitig besorgen.

Bücher: "Jotunheimen, fra hytte til hytte" siehe Seite 176.

"Bergwandern in Norwegen" von E.W. Strand, 129 Seiten, erhältlich übers norwegische Fremdenverkehrsbüro. Beschreibt neben dem Jotunheimen auch andere Wandergebiete, deutschsprachig Übersetzung.

Hüttenübernachtung/Campen: Geschmackssache, zu welcher Art der Übernachtung man neigt - reine Zeltübernachtung bedeutet mehr Gewicht im Rucksack, zum Preis der größtmöglichen Unabhängigkeit und "Einsamkeit". Campieren im Bereich der Übernachtungshütten (geringe Gebühr), hat aber den Vorteil, die Dusche (extra zu zahlen) und den warmen Aufenthaltsraum mitbenutzen zu dürfen.

Mit Übernachtungshütten ist das Jotunheimen bestens bestückt, vom Berghotel mit Swimmingpool (Spiterstulen) bis zur super einfachen Hütte. Entfernung zwischen den Hütten ca. 3 bis max. 8 Std., so daß Wandertouren mit reiner Hüttenübernachtung ohne weiteres möglich sind. An Wochenenden kann es Engpässe geben, dann stehen Matratzenlager zur Verfügung. Einige der Hütten sind in privater Hand, die anderen gehören dem DNT (DNT = norwegischer Wanderverband, näheres im Wanderkapitel, Seite 131).

Verpflegung: Bei den bewirtschafteten Hütten ausgezeichnet, selbst mit Bier-/Weinverkauf und manchmal à la carte. Einkaufsmöglichkeit besteht im Wandergebiet nicht (geringe Ausnahmen), für längere Touren vorher im Tal die Superläden "stürmen".

A) Wandertouren Bereich Gjende- und Bygdinsee

<u>Zugang</u>: über die RV 51 Vågåmo-> Fagernes, Details Seite 6o7, - das Westende des Bygdinsees auch über die E 16/RV 252, Details Seite 599.

WANDERUNGEN GJENDESEE

1.) Eine der schönsten Wanderungen der Region (6-7 Std.) ist der **PEER-GYNT-WEG** von der Gjendesheim Turisthütte/Gjendesheim nach Memurubu am Gjendesee. Die Wanderung führt über den steilen Besseggen Grat mit super See- und Gebirgsblick:

Fast senkrecht fallen die Felswände zu den Bergseen auf beiden Seiten ab: 4oo m tief unten der langgezogene Gjende, zur Rechten der höhergelegene Bergsee Bessvatnet. Beide vom Grat aus im Blick.

Henrik Ibsen hat diesem Grat zu Weltberühmtheit verholfen, als er seinen flunkernd phantasierenden Helden Peer Gynt auf seinem wilden Rentierritt dort in den Gjendesee stürzen ließ - genauer gesagt, ihn diesen Ritt fabulieren ließ, um vor der Mutter Åse sein langes Ausbleiben und seinen zerrissenen Hosenboden zu rechtfertigen. Henrik Ibsen, Peer Gynt, Reclam Nr. 23o9.

Eine Wanderung über sehr viel Geröll, kurze Krabbelei über dicke Felsbrocken am Grat, bei der man die Hände zur Unterstützung braucht.
Reine Gehzeit gute 6-7 Std. bei 7oo m Aufstieg und ebenso langem Abstieg zur Memurubu-Hütte, ab dort per Boot retour.

<u>**Wegbeschreibung**</u>: Einstieg unmittelbar vis-à-vis der Gjendesheim Fjellstua (984 m), Gjendebu/Bessheim, ausgeschildert, gut durch rote T's markiert. Gleich zu Anfang etwa 7oo Höhenmeter bergan, nach etwa 2o Min. zweigt rechts der Weg nach Bessheim ab. Der steinige Pfad zum Besseggen-Grat steigt kontinuierlich an, linker Hand der Gjendesee im Blick. Ab etwa 1.5oo m mehr Steine und Geröll als Pflanzen. In etwa 1 1/2 Std. ist das 1.7oo m hohe Geröllplateau erreicht. Zum berühmten Grat noch ca. 1/2 Std. über die Hochfläche.

Dann links in der Tiefe der türkisgrüne Gjendesee mit steilen Ufern, unmittelbar rechts im Blickfeld der karge Bessvatnet (auf 1.374 m). Das steilste Stück des Besseggenkammes gleich im oberen Abschnitt gut 8o m breit etwa 2oo m abwärts über dicke Steinbrocken, wie "Treppensteigen". Eine Passage, die mit etwas Trittsicherheit und Konzentration zu schaffen ist.

Das weitere Stück, nach Verlassen des Bessvatnet-Westufers ohne nennenswerte Schwierigkeit, leicht rauf und runter, zieht sich ganz schön. Auf 1.oo6 m am Gjende See die private <u>Memurubu-Hütte</u> mit 48 Betten.

ALTERNATIVE: Gjendesheim-Turisthütte unten am See entlang nach Memurubu. Eine relativ leichte 4-Std.-Wanderung am Seeufer entlang, die bei weitem nicht das bringt, wie der Peer-Gynt-Weg (Nr. 1). Da kann man auch mit dem Boot fahren, um die Zeit für lohnendere Wanderungen aufzusparen.

<u>Ab Memurubu</u> entweder mit dem Schiff retour nach <u>Gjendesheim</u>. Fahrplan beachten! U.U. günstiger per Boot morgens nach Memurubu zu fahren und den Besseggengrat in umgekehrter Richtung laufen. Somit lohnender Tagestrip.

Wer mehr Zeit hat: sehr lohnend der <u>Rundtrip Gjende - Bygdin See</u>. Benötigte Zeit: 2 Tage. Ab Memurubu entweder zu Fuß (siehe Nr. 3) oder mit dem Schiff ans See Ende/Gjendebu und in 6 Std. rüber nach Eidsbugarden/Bygdinsee (siehe Nr. 5). Hier Schiff über den See nach Bygdin nahe RV 51.

2.) Das in L-Form gebaute und zweistöckige Holzhaus der <u>Memurubu-Hütte</u> dient als Ausgangspunkt für die lohnende, aber sehr anstrengende Tageswanderung auf den **SURTNINGSSUA** (in Karten auch als "Surtningssui" eingezeichnet): 2.23o m der Seitengipfel, 2.368 m der Hauptgipfel. Eine supersteinige Strecke entlang des rechten Flußufers des Memurudalen rauf ca. 6 Std. runter ca. 4 Std. gute Kondition vorausgesetzt, dafür aber bei klarem Wetter Superblick!

3.) Ab Memurubu ein ca. 6-stündiger <u>Höhenweg</u> über die <u>Hochfläche Memurutunga nach Gjendebu am See-Ende</u>. Wer die Wanderung nicht macht, sondern das Schiff zwischen Memurubu nach Gjendebu nimmt (im Sommer ca. 2-3 x täglich, schöne Strecke, Fahrzeit 1/2 Std.), sollte zumindest ab Memurubu-Hütte den ersten Teil der Wanderung auf den **SJUGURDTIND** (1.3oo m) steigen, ca. 1 Std. und Superblick auf Gjendesee und Bergketten!!

Bzw. wer den kompletten Trail wandert: Sehr lohnend ist der Abstecher auf den **HØRGTUNGA** (1.676 m). Gilt als der Berg mit dem besten Rundblick über alle wesentlichen Gipfel Jotunheimens!

4.) <u>GJENDEBU</u>: die große Hütte am Westende Gjende Sees ist wichtiger Stützpunkt und gewissermaßen ein "Verkehrs-Knotenpunkt" für Mehrtageswanderer:

Zu den interessantesten gehört die 8-Std.-Wanderung rauf zum Spiterstulen Hotel (siehe Tourenbeschreibung Nr. 14). Sowie der 6-Std.-Trail nach Eidsbugarden am Bygdin See (Nr. 5) bzw. via Torfinnsdalen nach Torfinnsbu /Strecke (Nr. 6).

GJENDEBU - große DNT-Hütte (1o6 Betten): sehr schön am Ende des türkisgrünen Gjendesees unter der ca. 6oo m hohen Felswand gelegen, guter Stützpunkt für Touren im Jotunheimen, auf 984 m. Mit gemütlichem Aufenthaltsraum, knisterndem Kamin, großem Speisesaal - von Schokolade, Bier, Frühstück (15 DM) und kompletten Mahlzeiten alles zu bekommen. Bootsverleih. Zelten im Hüttenbereich gegen Gebühr.

5.) GJENDEBU nach EIDSBUGÅRDEN: Die 6-Std.-Wanderung

geht ab Gjendebu DNT-Hütte zunächst durchs Vesleådalen am Fluß entlang. Anfangs schön durch Birkenwald mit massig Pilzen. Ständig im Tal aufwärts, halbzeit ist die Paßhöhe mit ca. 1.3oo m zwischen dem Geithø

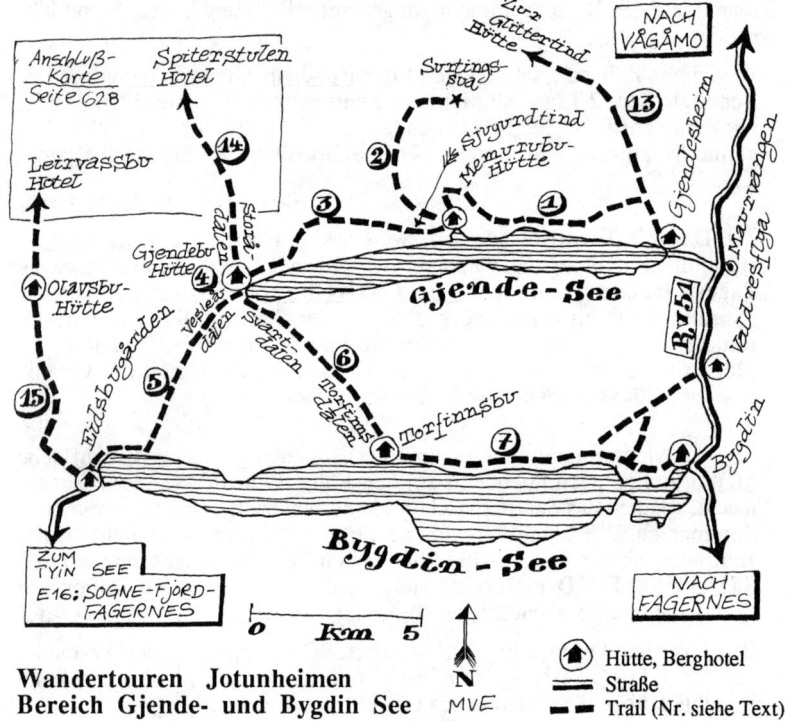

Wandertouren   Jotunheimen
Bereich Gjende- und Bygdin See

N
MVE

⬆ Hütte, Berghotel
═ Straße
▬▬ Trail (Nr. siehe Text)

und dem Rundtom. Überquerung des Hochplateaus mit seinen Seen, runter an den Bygdin See nach Eidsbugården (1.o5o m).

Die Strecke in Richtung Gjendebu nach Eidsbugården ist (zumindest im ersten Teil durchs Vesleådalen) leichter zu finden als in Gegenrichtung. Problembereich ist das Hochplateau. Auch wenn's Markierungssteine gibt: unbedingt Kompaß, mit dessen Handhabung man {in Verbindung einer Detailkarte} Praxis haben sollte!

Andernfalls besser die Verbindung Gjendebu durchs Svartdalen Torfinnsdalen nach Torfinnsbu am Bygdin See nehmen! (Vergl. Strecke Nr. 6.) Ist zumindest im Verlauf durch die Täler leichter zu finden.

<u>EIDSBUGÅRDEN</u> mit gleichnamigem Berghotel sowie Piste an den Tyin See (weiter an die E 16 Sognefjord nach Fagernes), Details Seite 599.

6.) <u>GJENDEBU nach TORFINNSBU</u>: Alternative zu Strecke (5). Die Wanderzeit in etwa gleich (ca. 6 Std.), aber problemloser in Orientierung durch die beiden Täler Svartdalen/Torfinnsdalen, die durch 2.2oo-2.3oo m Berge begrenzt sind.

<u>Torfinnsbu</u> mit Hütte und (im Sommer) zweimal täglich Bootsverbindung über den Bygdin See, sowohl nach Eidsbugården wie auch Bygdin.

Torfinnsbu (Privatbetrieb, 4o Betten): Die Hütte liegt auf einem kleinen Rasenplateau unterhalb des schroffen Torfinnstindane (2.119 m). Innen recht gemütlich, Unterkunft in Mehrbettzimmern mit Stockbetten, Übernachtung um 2o DM pro Bett. Zelten bei der Hütte kostenlos, aber keine Koch- bzw. Aufenthaltsmöglichkeit.

<u>Wer beide Seen (den Gjende und Bygdin)</u> via dieser Wanderstrecke verbindet, sollte den Rundtrip besser in Uhrzeigersinn legen, da der Anstieg ab Torfinnsbu sanfter als ab Gjendebu ist.

<u>Wanderbeschreibung</u>: Ab Torfinnsbu/Bootsanlegestelle allmählicher Anstieg durchs <u>Torfinnsdal</u>. Kurz vor dem letzten Anstieg zwei breite seichte Bachläufe queren, je nach Wasserstand den trockensten Übergang suchen!

Das zweite Drittel der Strecke durchs <u>Svartdalen</u>, auf ca. 1.5oo m immer rechts an den Seen entlang, durch Steinmännchen und rote T's markiert. Fast am Ende des ersten langgezogenen Bergsees ein natürlicher Unterschlupf unter einem schräg umgestürzten Felsbrocken.

Nach etwa 5 km auf gleicher Höhe (1.48o m) wechselt der Pfad auf die andere Talseite: Beginn des Abstiegs ins Vesleådalen und zum Gjendesee. Insgesamt rund 5oo Höhenmeter, die ersten 3oo davon steil runter, unbefestigt in Kehren abwärts, durch die losen Steine und rutschigen Fels- und Matschpartien sehr mühselig.

Die letzte halbe Stunde zur Touristenhütte Gjendebu (99o m) durch Birkenwald.

WANDERUNGEN BYGDINSEE

7.) Alternativ zum Schiff von <u>Bygdin nach Torfinnsbu</u> (siehe 6) führt eine angenehme Tagestour von etwa 4 Std. am Seeufer entlang. Anfangs bequemer Karrenweg (ca. 4 km), dann schmaler Trampelpfad. Keine Steigung, teilweise allerdings durch moorige Stellen bzw. am Kiesufer entlang.

Am nächsten Tag kann man entweder weiter durchs Langedalen nach <u>Eidsbugården</u> laufen (eine harte 8-Std.-Wanderung, Alternative: Schiff ab Torfinnsbu) - oder rüber zum <u>Gjendesee</u>, siehe Strecke (6).

B) Wandertouren Bereich Spiterstulen Hotel/ Visdalen und Leirvassbu Hotel/Leirdalen

Zugang: über die RV 55 Lom-> Sognefjord, Details ab Seite 588.

Das Spiterstulen-Hotel (Seite 59o) ist eines der größten im gesamten Jotunheimengebiet, was auch die Bedeutung der Region Visdalen für Wanderungen zeigt. Es liegt im Visdalen auf 1.1oo m Höhe zwischen den beiden höchsten Bergen Norwegens, - dem Glittertind und dem Galdhøpiggen. Trotz seiner Größe (rund 15o Betten) ist das Hotel wohnlich und gemütlich geblieben.

Das Leirvassbu-Hotel (Seite 591) kann sich - zumindest von seiner Größe her - sehen lassen: ein langgestrecktes 2-Stock-Betonhotel oben in 1.4o5 m Höhe und Bergeinsamkeit am Leirvatnet (19o Betten). Auf Optik hat man beim Bau des Hotels weniger Wert gelegt, eher auf eine preisgünstige Zweckarchitektur.

Die Juvasshytta (Seite 591) liegt in 1.841 m am Juvatnet. 75 Betten, gemütlich auch im Aufenthaltsraum.

Als einzige dieser drei Haupt-Unterkünfte hat die Juvass-Hütte im Sommer Busanschluß von LOM direkt bis zur Hütte und ist daher optimaler Einstiegspunkt für Leute ohne eigenes Auto.

Während das Wandergebiet Region A) schöne Gebirgslandschaften mit Seen (Gjende und Bygdin) bringt, - bringt die im folgenden Kapitel beschriebene Region B) die höchsten Berge Norwegens (Glittertind und Galdhøpiggen), Wanderungen zu Gletscherzungen und schöne Hochgebirgstäler. Sie ist nicht minder lohnend.

Wer wenig Zeit hat, sollte zumindest ab Spiterstulen eine der Gletscherzungen besuchen. Bei mehr Zeit (2-6 Tage) sind Querwanderungen runter zum Gjende- und Bygdin See ebenso möglich, wie auch rüber zum Sognefjell und eine lohnende Wanderung durchs Utladalen an den Sognefjord/ Seitenarm Årdalsfjord.

8.) JUVASS-HÜTTE nach SPITERSTULEN: Die Juvasshütte ist Ausgangspunkt für die 3-Std.-Wanderung zum Styggebreen (Nordgletscher des Galdhøpiggen, Details siehe "Gletschertouren", Nr. 12).

Die **Juvass-Hütte** (1.841 m) liegt auf einem steinigen, unwirtlichen Plateau am See. 75 Betten, wird privat geführt. Per Autostraße von der RV 55 erreichbar (Maut). Zur Saison 1 x täglich Busverbindung von Lom.

Sommerskigebiet auf dem Gletscher: Bei der Juvass-Hütte 8oo m langer Lift bis auf 2.ooo m, auf dem Gletscher naturgemäß keine Superabfahrt. In der Hütte vorher abchecken, ob der Lift in Betrieb ist.

Wer ohne eigenes Auto anreist: die Juvass-Hütte ist wegen ihrer Busverbindung mit Lom zugleich die beste Anreise fürs Spiterstulen Hotel: Statt
18 km zu Fuß ab Busstop Røisheim an der RV 55 und durchs Visdalen
(ca. 6 Std.) - dauert die Wanderung ab Juvasshytta nur 3 Std. zum Spiterstulen Hotel.

Weiterer Vorteil: es geht wegen der Höhe der Juvass-Hütte mit 1.841 m
weitgehend bergab zum Spiterstulen Hotel (1.176 m). Sofern man keine

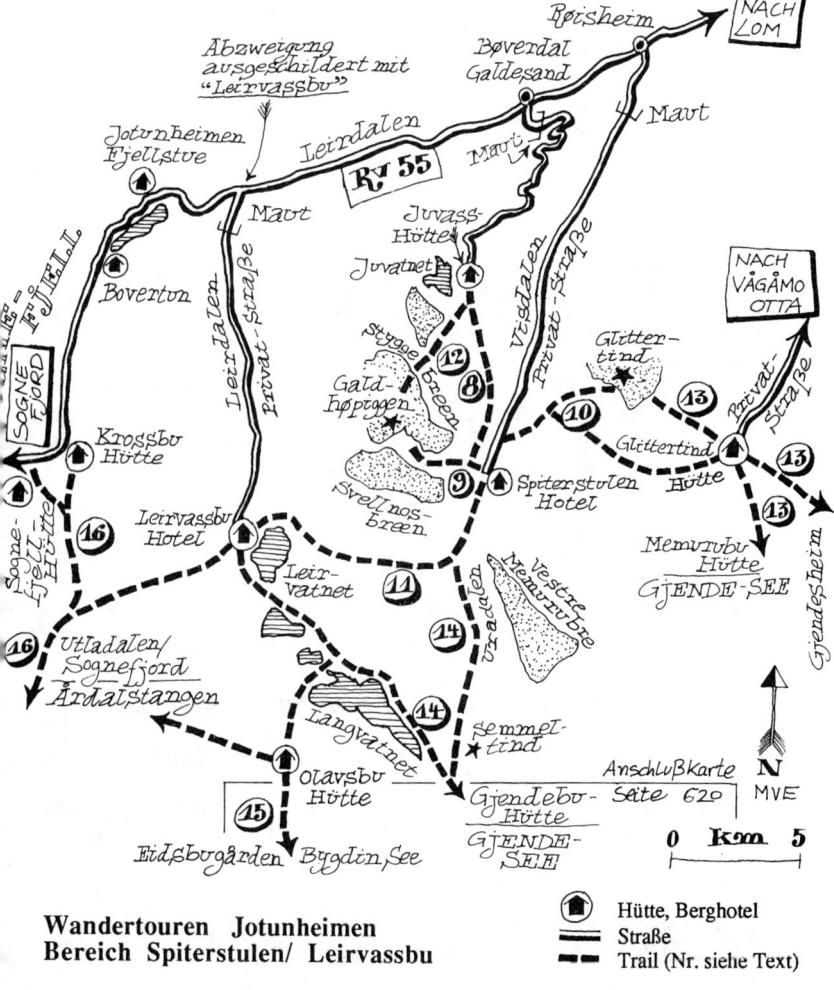

Wandertouren   Jotunheimen
Bereich Spiterstulen/ Leirvassbu

	Hütte, Berghotel
	Straße
	Trail (Nr. siehe Text)

Rundwanderung ab Spiterstulen anschließt, hat man im Hotel gute Chancen, jemand zu finden, der einen mit dem Auto runter nach Røisheim an der RV 55 mitnimmt.

Wegbeschreibung: Ab Juvass-Hütte am Ostufer des Juvatnet bergan und links am Veslejuv Gletscher vorbei. Nach ca. 2o Min. teilt sich der Weg: weiter bergan zum Styggebreen, - rechts Richtung Süd zum Spiterstulen. Es geht über eine breite Bergkuppe, anschließend Überquerung des Geröllfeldes des Styggebreen und danach ins Tal runter nach Spiterstulen.

9.) Aufstieg zum GALDHØPIGGEN ab Spiterstulen-Hotel
Mit 2.469 m der **höchste Berg Norwegens**, wenn man das feste Gestein zugrunde legt. Bei gutem Wetter eine sehr empfehlenswerte Tagestour mit Superblick über das Dach Norwegens, ein Meer von Gletschern, Berggipfeln, Seen und Tälern.

Insgesamt eine anstrengende Wanderung: 1.3oo Höhenmeter, etwa 2/3 davon über Moränen, Geröll und Schneefelder. Ca. 5 Std. Aufstieg und 2 1/2 Std. Abstieg. Sehr gut markiert (rotes T und Steinmännchen).

Wegbeschreibung: Von der Spiterstulen-Hütte über die Brücke und Zeltwiese zu dem schmalen Serpentinenpfad am Hang. Die erste Stunde steil, am PIGG-GROVIBACH entlang; Krüppelbirken, Blaubeeren, später almwiesenähnlich. Dann beginnt die Geröllpartie: ziemlich mühsam und anstrengend hoch, teilweise auch über dicke Felsbrocken des Svellnosi (2.o53 m). Die weitere Wanderung am Grat entlang bergan über die Keilhausspitze (2.351 m), eine kurze Partie Geröll wieder abwärts zum Pigggletscher, dann über Geröll- und Schneefelder hinauf zum Gipfel mit der kleinen Aussichtshütte (keine Übernachtung).

Nachdem schon drei Hütten hier oben weggeblasen worden sind, entstand 1975 die hübsche **Panoramahütte** mit Glasfenstern nach drei Seiten. Von einem Galdhøpiggen-Zertifikat und einer Postkarte mit Sonderstempel über Schokolade und warme Würstchen bis zu einem Bier ist hier alles zu bekommen. Bei den Preisen ist zu bedenken, daß nur einmal in der Saison der Helikopter kommt, der Rest wird im Rucksack hochgeschleppt.

An schönen Sommertagen pilgern bis zu 25o Wanderer tägl. hier rauf.

1o.) Aufstieg zum GLITTERTIND ab Spiterstulen-Hütte
Der Glittertind ist, was das Gestein (2.452 m) betrifft, niedriger als der Galdhøpiggen. Zusammen mit der vergletscherten Spitze kommt er jedoch auf 2.472 m. Da der Gipfel eine Schneewächte trägt, schwanken die Höhenangaben um einige Meter. Bei schönem Wetter sagenhafter Panoramablick. Der Anstieg allerdings großteils über Geröll und steil bergauf, insgesamt gut 1.3oo Höhenmeter. Geht ziemlich auf die Gelenke. Ca. 5-6 Std. Aufstieg und 4 Std. Abstieg.

Wegbeschreibung: Der Einstieg direkt an der Fahrstraße, 5oo m vor dem SPITERSTULEN-HOTEL zweigt Richtung Osten der gut sichtbare Pfad ab (Ausschilderung Glittertind, Glitterheim), führt schräg den Hang hinauf, wird bald steiler und steiniger. Zahlreiche Bäche. Nach etwa einer Stunde erreicht man auf rund 1.5oo m ein Hochtal mit Gras, Moos, viel Geröll und einzelnen Tümpeln. Während die Route zur Glitterheim-Hütte gut gekennzeichnet dem Haupttal folgt, geht's zum Glittertind halb links ab, auf die breite kahle Kuppe zu (ein Vorgipfel), Hauptrichtung Osten (markiert).

Eine weitere Stunde nach der Weggabelung erreicht man durch das Steindalstal den Fuß der Rundkuppe bei ca. 1.7oo m, dann sehr steiler, mühsamer Aufstieg über Geröll und knapp 4oo Höhenmeter bis auf ca. 2.1oo m, ca. 1 1/2 Std. Das Geröllfeld wird etwas flacher, erst auf den letzten Höhenmetern wird der eigentliche, schneebedeckte Gipfel sichtbar. Vorsicht an der Wächte: nach Norden respektvollen Abstand von der Kante halten!

Variante: 2-tägige Rundtour mit Gipfelüberschreitung. Von Spiterstulen am 1. Tag die angenehme und leichte Wanderung zur Glitterheimhütte in Südumgehung des Glitterheim-Gipfels via Veodalen, ca. 5 Std. bei 5oo m Aufstieg und 3oo m Abstieg.

Am 2. Tag den bequemeren Aufstieg von Glitterheim zum Schneegipfel und auf der Westseite ins Visdalen zurück. Dauer ca. 7 Std., je nach Kondition. 1.1oo m Aufstieg, 1.3oo m Abstieg, Details auf Seite 628, dort ebenso Infos für die Querverbindung Spiterstulen via Glitterheim zum Gjende See.

Kürzester Aufstieg zum Glittertind ab Glitterheim Turisthytta, die über eine mautpflichtige Schotterstraße von 23 km ab Randsverk erreicht werden kann (siehe Seite 628).

11.) Hüttenwanderung SPITERSTULEN nach LEIRVASSBU

Gehzeit 6 Std., keine nennenswerten Steigungen. Sehr schöne, wenig anstrengende Tour, immer wieder neue, wechselnde Ausblicke. Wegen ihrer Beliebtheit auch als KARL JOHANSGATE des Jotunheimen benannt. Die Strecke läßt sich beliebig zur Mehrtagestour ausdehnen, z.B. rüber zum GJENDESEE nach Gjendesheim oder zur Nachbarhütte Skogadalsboen im lieblichen UTLATAL/Querverbindung zum Sognefjord (siehe Strecke Nr. 16).

Wegbeschreibung: Ab der SPITERSTULEN-HÜTTE im breiten Visdalen am Bachufer entlang. Bequemer, ausgetretener Weg, angenehm über Gräser und Moose. Nach gut einem Drittel Abzweigung der Querverbindung zur GJENDE-HÜTTE am Gjendesee. Ab Spiterstulen eine gute Tagesetappe (ca. 8 Std.). Bootsanschluß.

Weiter bis ans Ende des Talkessels, der Bergkranz mit Schneefeldern und Gletschern überzogen. Der Weg führt an dem markanten Kyrkje Pyramidenberg vorbei, leicht ansteigend zum Plateau des kleinen Kyrkjetjørnsees.

Sehr schöner Blick zum Visbregletscher und Visbretind (2.235 m).

Leichter Abstieg, die landschaftlich rauheste Partie der Tour durch die Schlucht Kyrkjeglupen unterhalb der 2.o32 m hohen Kyrkja (links) und der breiten, felsigen Wand des Tverrbyttmassivs.

Nördlich am Leirvatnet vorbei bis zum großen, langgestreckten LEIR-VASSBU-HOTEL (1.4o5 m), flankiert von kahlen Gipfeln. Wird von Privat geführt, 19o Betten. Über eine Straße (17 km, Maut) von der RV 55 erreichbar. Angeln in den Gebirgsseen (Forellen) nur mit Angelkarte.

Wanderung zum SVELLNOSBREEN

Einer der eindrucksvollsten Gletscher im JOTUNHEIMEN. Sehr reizvolle Halbtageswanderung an die zackigen, märchenhaften Eistürme.

Gleich bei der Campingwiese/Spiterstulen-Hotel nach der Brücke schräg links über ausgetretenen Pfad den Hang hinauf. Nicht der Route geradeaus zum Galdhøpiggen folgen! Angenehm über den Almwiesenbuckel ins Seitental, anfangs der massige Tverråbreen im Blick. Beim Queren des großen Steinfeldes nach etwa einer 3/4 Std. leuchten die grünblau schimmernden Gletscherzinnen des Svellnosbreen ums Eck. Der weitere kurze, aber anstrengende Aufstieg führt über den spitzen Rücken der Endmoräne in 3/4 Std. an den Gletscherrand. Vormittags kann man bei gutem Wetter die Vorbereitungen der Eistourengruppen beobachten und den Aufstieg in die Eisriesenwelt verfolgen.

VORSICHT: Das Wasser unmittelbarer Gletscherabflüsse darf mangels Mineralien nicht getrunken werden! Kann lebensgefährlich sein!

GEFÜHRTE GLETSCHERTOUR DURCH DIE EISRIESEN DES SVELLNOSBREEN

Einmalige Tour, mit den mühsamen herkömmlichen Schneegletscherwanderungen nicht zu vergleichen: Bizarre Eistürme, stahlblaue Kamine, niedrige Grotten und Eistunnels sind die Höhepunkte des Tages. Gletschererfahrung wird nicht vorausgesetzt, an spezieller Ausrüstung nur festes Schuhwerk, Anorak, lange Hose, Sonnenbrille, Mütze und Handschuhe - nötig wegen des rauhen, harten Eises. Steigeisen, Seil, Pickel, Eisschrauben etc. werden gestellt.
Infos: Spiterstulen-Hotel oder Turistkontor Lom.

Im Anschluß an die Tour evtl. in 2 Std. auf den Gipfel des Galdhøpiggen (markiert) - viel Geröll- und Schneefelder, andernfalls über die Normalroute wieder absteigen, dauert ca. 1 Std.

WEITERE GEFÜHRTE GLETSCHERTOUREN IM JOTUNHEIMEN-MASSIV

* Über den Styggebreen zum GALDHØPIGGEN-GIPFEL, Norwegens zweithöchster. Zur Hauptsaison bis zu 2 x täglich von der

Juvass-Hütte, siehe Juvasshytta.

* Über den Smørstabbreen eine ca. 5-stündige Tour ab der Krossbuhütte. Nur im Juli/August.

* Ungemein lohnende Tour mit Überquerung von fünf GLETSCHERN ab ELVESETER an der RV 55. Quer über die Gletscher um das Galdhøppiggen-Massiv zur LEIRVASSBU-HÜTTE.

Diese recht lange Tour (1o-12 Std.) erfordert schon sehr gute Kondition und entsprechende Ausrüstung. Infos in Lom beim dortigen Turist-kontor.

Wegen der starken Gletscherbewegungen verändern sich die Bedingungen auf dem Eis, die Gletscherspalten und Wasserlöcher naturgemäß stark. Gletschertouren ohne Erfahrung sind lebensgefährlich!

12.) Gletschertour auf den Galdhøppigen ab Juvasshytta

Kürzere Strecke als von der Spiterstulenhütte aus, aber nur mit Führung über den Styggebreen-Gletscher möglich, sonst lebensgefährlich, da Gletscherspalten. Anfangs über das Geröllfeld, die ganze Zeit den Galdhøppiggen im Blick, ansteigend zum Gletscherrand, und über den Gletscher bis zum Gipfel.

Aufstieg ab Gletscherbeginn ca. 2-3 Std., 63o Höhenmeter, zur Saison tägl. Führungen ab Juvasshytta.

✦ Trans-Jotunheimen-Wanderungen:

Je nach Route in 2-6 Tagen realisierbar. Die drei interessantesten sind:

13.) Gjendesee - Spiterstulen via Glitterheim, ca. 2-3 Tage*
14.) Westende Gjende See nach Spiterstulen, ca. 1 Tag*
15.) Westende Bygdin See - Olavsbu - Leirvassbu, ca. 1-2 Tage*
16.) Leirvassbu nach Årdalstangen via Utladalen, ca. 2-3 Tage*

*Gipfeltouren jeweils extra

Durch Hüttenübernachtung nur minimales Gepäck nötig. Einkalkulieren, daß das Wetter blitzartig umschlagen kann und daß eine Schönwetterperiode über längere Zeit nicht unbedingt die Norm ist. Statt Langstreckentouren über 5 oder 6 Tage vielleicht besser zwei abkürzbare Touren planen - Abstiegmöglichkeiten gibt es immer wieder. Denn mehrere Regentage könnten einem das herrliche Jotunheimen sonst verleiden.

Zu Gipfeltouren - des Deutschen liebstes Kind - sei angemerkt, daß die höchsten Spitzen Norwegens leider oft wolken- und nebelverhangen sind. Deshalb Wartezeiten einplanen.

13.) GJENDESEE - GLITTERHEIM - SPITERSTULEN

Lohnende Querverbindung von der RV 51 zur RV 55.

* **Wer sie in 2 Tagen** realisieren will, steigt an der RV 51 in GJEN-

DESHEIM am Ostende des Gjendesees ein. Von hier eine rund 8-Std.-Wanderung rüber zur Glitterheim-DNT-Hütte. 1. Tag, ca. 8oo m Auf-, 35o m Abstieg, - der 2. Tag Aufstieg auf den Glittertind, der zusammen mit dem Galdhøpiggen der höchste Norwegens ist, - bei klarem Wetter sehr lohnend und super Panorama! Abstieg nach Spiterstulen.

STRECKE: Ab Gjendesheim-Hütte Ri. Nord zum Ostende des Bessvatnet, steiniger Pfad, siehe Beschreibung Wanderung Nr. 1. Alternative: Etwas lieblicher über Wiesen steigt der Weg von Bessheim an der Bergstraße RV 51 an, ca. 3/4 Std. bis Bessvatn.

Ab Bessvatn gemeinsamer Weg über die baumlose, wellige Hochebene zum Russvatnet. Brücke über den Seeabfluß und gut 2 km dicht am Nordufer entlang. Nach allmählichem Anstieg des Höhenrückens und Queren einiger Bachläufe wird's immer steiniger. Vom Sattel ist die Hütte und der Glittertind schon zu sehen.

Der Abstieg ist ähnlich anstrengend, rechts am Hestbekkenbach entlang ca. 3oo Höhenmeter hinunter ins Veodal. Brücke über den weitverzweigten Fluß und den letzten Kilometer zur

Glitterheim-Turisthütte auf 1.384 m am Nordufer des zerfransten Veobachs, 13o Betten, Autozufahrt von der RV 55 über Brimi Fjellstuga am Tessasee nur für Anlieger bzw. Hüttenversorgung, kein öffentlicher Fahrweg.

* Wer 3 Tage Zeit hat, wesentlich lohnender ist die Route: Einstieg GJENDESHEIM und via PEER-GYNT-WEG (vergl. Nr. 1) nach Memurubu am Gjendesee (1. Tag). - Am 2. Tag in rund 8 Std. harter Wanderung rüber zum Russvatnet und via Hestlaegerhø zur Glitterheim-Turisthütte. Details siehe Karte.

Aufstieg zum Glittertind (2.472 m) ab Glitterheimhütte:
Die Glitterheim-Turisthütte eignet sich am besten als Ausgangspunkt, um den höchsten Schneegipfel Norwegens zu besteigen.

Der Aufstieg ab Glittertind-Turisthütte ist leichter und kürzer, - als der Aufstieg ab Westflanke und von Spiterstulen. Aufstieg 3 Std., Abstieg zurück nach Glitterheim ca. 2 Std., etwa 1.1oo Höhenmeter. Alternativabstieg ins Visdal zur Spiterstulenhütte über die Westseite ca. 4 Std., 1.3oo Höhenmeter. Von der Glitterheim-Turisthütte anfangs nach Westen ansteigend. Am Steinbusee wendet sich der Pfad nach Norden. In kontinuierlicher Steigung über Geröll etwa 2 Std. bergan. Die letzte Stunde über das Schneefeld des Glittertind, dessen Ausdehnung je nach Jahreszeit schwankt; ein Stock (Skistock) kann sehr nützlich sein.

Der eigentliche Gipfel besteht aus einer Schneewächte und ist deswegen nicht eindeutig auszumachen. Vorsicht an der senkrecht abfallenden Gipfelwächte! Bei Nebel oder schlechtem Wetter eine gefährliche Passage. Weiter Rundblick über das Dach des Jotunheimen bis zum Konkurrenzgipfel Galdhøpiggen, zum Jostedals-Gletscher im Westen und den Rondane-Bergen am Osten.

Querverbindung Glitterheim Turisthütte - Spiterstulen via Südumgehung des Gipfels siehe Seite 625.

14.) WESTENDE / GJENDESEE - SPITERSTULEN

Ab Westende des Gjendesees und DNT-Hütte Gjendebu geht die kürzeste Verbindung nach SPITERSTULEN: ca. 8 Std. von Gjendebu nach Spiterstulen.

Wegbeschreibung: Die Strecke folgt ab Gjendebu Hütte zunächst dem grünen Storådalen, entlang des Bachlaufes rauf. Das Tal endet mit einem kleineren Wasserfall: Pfad rechts davon den Berg rauf, wobei man zum kleinen See Hellertjørna kommt. Pfad am rechten (Ost-)Ufer entlang. Rund 4oo m nach Nordende des Sees Abzweigung:

Links (durch ein kurzes, mit Fels begrenztes Tal) rauf zum Langvatnet in rund 1.4oo m Höhe, der nach weiteren ca. 4oo m erreicht wird. (Pfad geht weiter am Nordostufer des Langvatnet zum Leirvassbu-Hotel.)

Rechts ab Abzweigung: der Pfad rüber zum Visdalen/Spiterstulen. Rechts des Pfades die markante Bergspitze des Semmeltind, links die beiden Hochgebirgsseen Urdalstjørene. Es geht im Tal rauf, durch karge Steinlandschaften, höchster Punkt/Paßhöhe 1.663 m. Anschließend vorbei an zwei weiteren Hochgebirgsseen, ständig abwärts durchs Uladalen, das ins Visdalen mündet.

VARIANTEN: Wer sich die Strecke aufstückeln will, wandert ab der Gjendebu DNT-Hütte in ca. 6 Std. zunächst zum LEIRVASSBU-HOTEL (Abzweigung am Langvatnet, siehe oben!). Am nächsten Tag dann Leirvassbu-Hütte nach Spiterstulen in ca. 6 Std., siehe Streckenbeschreibung Nr. 11.

Die Strecke läßt sich beliebig mit anderen kombinieren, beispielsweise ab Leirvassbu-Hotel an den Sognefjord via Utladalen, eine 2-Tageswanderung ab Leirvassbu, Details siehe Strecke Nr. 16.

15.) WESTENDE / BYGDINSEE - LEIRVASSBU-HÜTTE

Eidsbugarden/Bygdin See bis Olavsbu Hütte ca. 5-6 Std., weitere 4 Std. bis Leirvassbu-Hotel.

Wegbeschreibung: Ab Eidsbugården (Höhe 1.o6o m), welches im Sommer Busanschluß und das Schiff über den Bygdinsee besitzt, geht der Weg zunächst an der nördlichen Seite des Flußlaufes Mjølkedøla entlang und steigt dann an der rechten Talseite den Hang 3oo Höhenmeter rauf zum Mjølkedalsvatnet, an dessen Ufer der Trail entlangführt. Das Nordwestende des Sees ist beherrscht vom breiten Mjølkedals-Gletscher, der sich zwischen den beiden 2.oooer Gipfeln des Saga und Langeskavltind herabwälzt.

Auf halber Strecke des Seeufers biegt der Pfad ab in ein hufeisenförmiges Tal, an dessen Ende der Pfad innerhalb kurzer Strecke auf rund 1.6oo Höhenmeter ansteigt. Hier oben in karger Steinwüste zwischen mehreren Seen Kreuzungspunkt zweier Wanderrouten:

Von Ost/Gjendebu kommend ein Trail, der ab "Kreuzung" in rund 6 Std. runter ins Utladalen zur DNT-Hütte Skogadalsbøen (vergl. Route Nr. 16) führt.

Bzw. Richtung Nord zur OLAVSBU-HÜTTE. Die DNT-Hütte liegt in 1.44o m mit 4o Betten und Selbstverpflegung. 6-Std.-Trail rüber ins Utladalen/DNT-Hütte Skogadalsbøen bzw. weitere 4 Std. rauf zum Leirvassbu-Hotel.

C) Wanderungen Bereich Sognefjell

Ein weiteres lohnendes Wandergebiet im Westjotunheimen, von der Paßstraße RV 55 erreichbar. Beschreibung der Paßstraße und Übernachtungsmöglichkeiten siehe Seite 589.

16.) SOGNEFJELL NACH ØVRE ÅRDAL/SOGNEFJORD:

Eine sehr schöne 2- bis 3-TAGESTOUR, am ersten Tag auf dem Hochfjell an eisig blauschimmernden Gletscherfeldern vorbei, im Kontrast ringsrum die dunklen Zweitausender. Am nächsten Tag durchs lieblich grüne Utladalen mit Blaubeeren, Pilzen und Norwegens höchstem Wasserfall Vettisfossen. Abschließend (3. Tag) eine schöne Bootsfahrt auf dem Sognefjord und evtl. per Bus zurück ins Gebirge zum Ausgangspunkt.

1. Tag: SOGNEFJELLHYTTA - SKOGADALSBOEN
Der gut markierte Pfad beginnt wenige hundert Meter hinter der roten Touristenhütte links der Straße (Richtung Süden) ohne nennenswerte Steigung (ca. 15o Höhenmeter) bis ans Ende des weiten Hochtals, teilweise über Steine, Moose, an zahlreichen Gletscherseen vorbei.

Vom höchsten Punkt der Strecke (etwa 1.55o m) ins UTLADALEN absteigen, anfangs noch steinig, bald wieder Moose und Wiesenflecken, viele Bachläufe und Bergseen. Etwa die letzte Dreiviertelstunde durchs Birkenwäldchen zur Skogadalsboen.

Gehzeit ca. 5 Std. **Aufstieg** ca. 15o m, **Abstieg** ca. 7oo m.

Übernachtungshütte **Skogadalsboen (834 m)**: DNT, am Birkenwald gelegen, grüne Wiesenplätze zum Campieren. 77 Betten in 4-Bett-Zimmern (Preis pro Pers. ca. 25 DM) zusätzliche Matratzenlager. Verpflegungsmöglichkeit (Frühstück, Abendessen etc.) sowie heiße Duschen.

2.Tag: <u>SKOGALDALSBOEN-VETTIHÜTTE BZW.</u> <u>SOGNEFJORD</u>
Ab der Hütte kontinuierlich bergan bis auf 1.26o m. Teilweise moorige
Wege, Brücken und Stege über wilde Bergbäche. Anfangs Birken, dann
nur noch niedrige Blaubeer- und Multebeersträucher.

Rechter Hand die schroffen Gipfel, Gletscher und Schneefelder des <u>HUR-</u>
<u>RUNGANEMASSIV</u>s. Im Fleskedalen trifft von links die 7-stündige
Tour (bis Vetti) von Eidsbugården am Bygdinsee hinzu. Vom höchsten
Punkt der Strecke motivierender Blick über Seen, Moore und das V-
förmige Utladalen.

Abstieg bis Vettismorki, ein weites, teilweise trockengelegtes Hochmoor,
von bunten Moosen und weißem Wollgras durchzogen. Z.T. urwüchsige
Landschaft, von Wind und Wetter eindrucksvoll geformte, uralte Baum-
gerippe. Immer wieder führt der Weg über Moorwiesen; nasse Füße sind
fast unvermeidbar.

Unerwartet dann der malerische <u>VETTISFOSSEN</u>, mit 37o m **der höch-**
ste Wasserfall, davon 275 m im freien Fall, wie ein zerstäubender
Schleier. Der Weg führt dicht am Felsabbruch vorbei. Steiler Abstieg (ca.
3oo m) an den <u>UTLAFLUSS</u>.

Im Tal ein paar Gehöfte, etwas abseits die **Touristenhütte Vetti** auf 317 m. Kleine
Privathütte, nur 14 Betten, vorne am Weg schon angeschrieben, ob überfüllt. Ab der
Hütte kurzer Abstecher in 3/4 Std. an den Fuß des Vettifossen.

Über ungeteerten Fahrweg etwa 8 km am Fluß entlang nach <u>HJELLE</u>
(Übernachtungsmöglichkeit). Ab Hjelle Teerstraße und Busverbindung
(2 x tägl.) nach Øvre Årdal. Auf halber Strecke Campingplatz mit Hütten,
siehe auch Øvre Årdal (Sognefjord).

Gehzeit bis Vetti ca. 4 Std., bis Hjelle 5 1/2 bis 6 Std. **Aufstieg** 43o m,
Abstieg bis Vetti 94o m.

3. Tag <u>RÜCKFAHRT</u>
Entweder ab ØVRE ÅRDAL die 32 km per Bus nur im Sommer 1-2 x
tägl. zurück nach <u>TURTAGRØ</u> (SOGNE-FJELLSTRASSE), sonst per
Sognefähre und Bus. Weitere Details bei Sognefjord.

Fagernes ⋙→ Hønefoss ⋙→ Oslo   186 km, E 16

Die gut ausgebaute E 16 verläuft durch langgestreckte Täler, die dicht bewaldet sind. Ist die schnellste Verbindung ab Fagernes nach Oslo, reine Fahrzeit mit eigenem Auto rund 3 Std. Lohnend ist der Abstecher ab E 16 zur Stabkirche HEDDAL (allerdings mehr als 1oo km einfach extra).

Ansonsten sehr lohnende Alternative: ab Aurdal/E 16 über die RV 251/25o nach LILLEHAMMER (Volkskundemuseum mit mehr als 1oo Bauernhäusern und Höfen aus allen Landesteilen, größte Sammlung Norwegens!) - weiter via E 6 nach HAMAR (wichtigstes Eisenbahnmuseum) und nach Oslo. An reiner Fahrzeit plus ca. 2 Std., wegen Stops und Besichtigungen jedoch mit gut einem Tag extra rechnen!

Extrabonbon: Der auf dem Mjøsasee zwischen Gjøvik/Hamar und Eidsvoll/Südende verkehrende Schaufelraddampfer "S/S Skibladner" (nur an einigen Wochentagen), seines Zeichens der älteste, heute noch verkehrende Schaufelraddampfer der Welt!

Wer die E 16 ab Fagernes nach Oslo wählt, kann sich HØNEFOSS als größten Ort an der Strecke für "intensiveren Besuch" sparen. Lohnend dagegen die 8o km Umwegstrecke ab Hønefoss via RV 7 nach KRØDEREN und mit der Museumseisenbahn nach VIKERSUND.

 Dichte Verbindung ab Fagernes nach Oslo, aber auch 3-4 x tägl. nach Gjøvik am Mjøsasee (für Besuch Volkskundemuseum/Lillehammer, das Eisenbahnmuseum in Hamar und die Fahrt mit dem "S/S Skibladner"-Schaufelraddampfer).
Auch Busverbindung Fagernes-> Lillehammer. Dort Zugverbindung.

 Nach derzeitigem Sommerfahrplan sticht der "S/S Skibladner" an einigen Tagen pro Woche kurz nach Mittag ab Gjøvik rauf in den engen Seearm nach Lillehammer, welches gegen 15 Uhr erreicht wird. Besuch des Volkskundemuseums.

Richtung Süd fährt der "S/S Skibladner" derzeit ab Lillehammer 15.1o Uhr, schöne Strecke über den See, Ankunft Hamar 18.4o Uhr. Entweder Spätzug bzw. Bus nach Oslo, - oder Übernachtung und am nächsten Tag Besuch des Eisenbahnmuseums. Weitere Details Seite 57o.

Die E 16 ab FAGERNES geht nach kurzer Waldstrecke über in den Ort LEIRA (7oo Einw.), oben am Fels leuchtet die norwegische Bergflagge. Diese Zeichnung geht auf die Zeit der Union mit Schweden zurück, als die norwegische Flagge nur in Sparversion auf der schwedischen toleriert wurde, nationalbewußte Norweger aber auf ein Symbol nicht verzichten wollten.

In Leira zweigt die Querverbindung rüber ins Hallingdal nach Gol ab, ca. 5o km: Eine gut ausgebaute Strecke über das Hochfjell, im Winter ein beliebtes Langlaufgebiet. Höchster Punkt der Straße 86o m. Die landschaftlich spannendere, aber auch längere Route führt über den Panoramaweg ca. 8 km nördlich Fagernes in Ulnes links ab (Mautpflicht). Durch einsame Berglandschaft, von Seen durchzogene Hochflächen, runter ins Hemsedal. Insgesamt schmalere Straße und mehr Kurbelei. Details zu Gol s. S. 398.

AURDAL (7oo Einw.) an der E 16: War im 19. Jh. das Zentrum von Valdres mit wichtiger Poststation Frydenlund, die dank Knut Hamsun über Norwegen hinaus berühmt wurde. Hamsun war eine Zeitlang Postmeister in Frydenlund. Seinen Roman "Victoria" schrieb er im Onstad Hof zwischen Aurdal und Leira.

Aurdal Pensjonat im ehemaligen Gefängnis. DZ ca. 9o DM.

Bei **BAGN** Abzweig von 3 km zur REINLI STABKIRCHE (13. Jh.), im Gegensatz zu anderen Stabkirchen sehr großer Chor. Interessante Inschrift im Umgang: "Hier ruht Sira Thord, der diese Kirche bedeutend verbesserte, pater noster."

Im weiteren Streckenbereich mehrere Campingplätze mit Hüttenvermietung. Unter anderem:

*** Veigårdstranda Camping, im Weiler Begnadal. Mit einem halben Dutzend Hütten auf einem ehemaligen Hof gelände. Kleiner Kiosk, Stromanschlüsse. Zum Angeln und Baden nur wenige Meter zum Fluß.

Bushaltestelle und Kolonialwarenladen ca. 1oo m weiter.

Abzweig im Weiler **Begnadal**: Es lohnt sich, den Abstecher (8 km) zur Stabkirche Hedal zu fahren. Begndal liegt ca. 37 km südlich von Aurdal an der E 16:

STABKIRCHE HEDAL (nicht verwechseln mit der berühmten Heddal Stabkirche in Telemark) lohnt wegen des dekorativ verzierten Portals. Die Westpartie (Eingang) mit Svålgang in ursprünglicher Stabbauweise (12. Jh.). Verschlungene Drachen und Pflanzenornamente an den breiten Türplanken.

Ein bedrohlicher Drachenkopf am Türsturz zeigt einem die Zähne. Hübsch geschmiedetes Schloß aus dem 12. Jh. Ende des 17. Jh. wurde die Stabkirche durch ein Querschiff erweitert und der bleistiftspitze Dachreiter aufgesetzt. Innen mittelalterlicher Reliquienschrein (Ende des 12. Jh.), eine interessante heidnisch-christliche Mischung aus Drachenköpfen und biblischen Szenen.

Ab Hedalen schöne Strecke durchs abgelegene Hedalen, eine Schleife von 25 km. Ein dunkler Waldteppich bedeckt den Talboden, überragt von nackten Fjells, rote Bauernhöfe als Farbkontrast. Auf die Hauptroute (E 16) trifft man in:

<u>NES</u> (3oo Einw.) am nördlichen Ende des <u>Sperillen Sees</u> (26 km lang, 1o8 m tief). Das Ufer dicht bewaldet, aber meist mit Grobkies-Badezugängen, weniger schön.

Auf halber Strecke am See liegt ** <u>Camping Buttingsrud</u>. Leicht terrassiertes Wiesenterrain, dadurch hat jeder Seeblick. Der Platz zieht sich an der Straße lang und hat den ganzen Tag über Sonne. Stromanschlüsse, Bootsverleih, Bushaltestelle vor der Haustür.

"<u>Motell, Hytter Valdresporten</u>", ca. 2 km vor Nes neben der Straße. Unter Kiefern das graugetarnte Motell. Zimmer nur mit dünnen Holzwänden voneinander abgeteilt. Schöner die freistehenden Hütten; geräumig für 2-6 Personen. Kleine Veranda. Nur einen Katzensprung runter zum Angelfluß. Campen möglich.

✦ Hønefoss   (12.ooo Einw.)

War bis Ende des 19. Jh. wichtiger Handelsort mit Haupterwerbszweig Sägewerke, - heute für Zwischenstop weniger attraktiv: modernes Zentrum am Hang, großer Busterminal. Die E 16 führt unterhalb hindurch.

Hønefoss mit Stromschnellen Anfang 19. Jahrhunderts

Das norwegische Vermessungsamt hat hier seinen Sitz, nach wie vor Holzverarbeitung. Touristbüro direkt beim Busterminal. Das beste Hotel am Platz, das "Grand Hotel" in Stabells Gate, 5o m vom Busterminal (DZ 155 DM inkl. Frühstück).

HØNEFOSS liegt knapp nördlich des TYRIFJORD: fünftgrößter See Norwegens, gesäumt von sanften, waldigen Hügeln:

Die E 16 Hønefoss-Oslo führt durch dichtbesiedeltes Hügelland. Am Ortseingang von Oslo (Gebühr) verläuft sie unmittelbar an der Museumshalbinsel Bygdøy vorbei und geht in den Tunnel, der unter der Hauptstadt hindurchführt.

Alternative für Fans alter Eisenbahnen: Ab Hønefoss die RV 35 nach Vikersund, hier fährt in den Sommermonaten ein Zug der 1oo Jahre alten Krøderenbahn 26 km rauf an den gleichnamigen See. Details s. S. 396.

Kleiner Wortschatz

Einige wichtige Wörter und Redewendungen

ja	ja
nei	nein
Herr	Herr
Dame	Dame
god morgen	guten Morgen
god kveld	guten Abend
god natt	gute Nacht
god dag	guten Tag
god tur	gute Reise
hei	hallo
ha det godt	alles Gute
det var synd	schade
hvordan går det (med deg)?	wie geht es Ihnen?
bra, takk	danke, gut
mange takk	vielen Dank
unnskyld!	entschuldigen Sie bitte!
vaer så god	bitte
på gjensyn	auf Wiedersehen
ingen årsak	gern geschehen
ikke noe å snakke om	nicht der Rede wert
vil du vaere så snill å snakke langsomt	sprechen Sie bitte langsamer
hva heter De/du?	wie heißen Sie?
jeg forstår ikke	ich verstehe nicht
ennå en gang	noch einmal
vaer så snill å gjenta det	wiederholen Sie das bitte
mitt navn er	mein Name ist ...
jeg er glad for å bli kjent med deg/Dem	es freut mich, Sie kennenzulernen

jeg er lei for det	das tut mir leid
vaer så god ta plass	nehmen Sie bitte Platz
er herr ... hjemme?	ist Herr... zu Hause?
ikke legg på	am Telefon: bleiben Sie am Apparat
når er ... åpen?	wann ist ... geöffnet?
når blir det stengt?	wann wird geschlossen?
hva (hvor mye) koster det?	wieviel kostet das?
det liker jeg	das gefällt mir
hvor mye er klokka?	wieviel Uhr ist es?
det finnes ikke, det er ikke her	es gibt nicht, es ist nicht da
har vi ikke	haben wir nicht
det er	es gibt
kan du gi meg?	geben Sie mir?
snakker du tysk?	sprechen Sie deutsch?
engelsk?	englisch?
fransk?	französisch?
hva heter...på norsk?	was heißt...auf norwegisch?
hvordan uttales dette ordet?	wie spricht man dieses Wort aus
jeg vil	ich möchte
vi vil	wir möchten
hvordan går det?	wie geht`s?
går det bra med alle?	geht es allen gut?
temmelig/ganske	ziemlich
er dere trøtte?	seid ihr müde?
vil dere sette dere?	wollt ihr euch setzen?
hvor	wo
hvor mye	wieviel
hvorfor	warum
og	und
eller	oder

Wetter:

hvordan blir vaeret i dag?	wie wird das Wetter heute?
det blir dårligt/pent vaer	es wird schlechtes/schönes Wetter

skyet	bewölkt	det regner	es regnet
sola skinner	die Sonne scheint	uvaer	Gewitter

hete	Hitze	sol	Sonne
tåke	Nebel	vaermelding	Wetterbericht
regn	Regen	vind	Wind
snø	Schnee	sky	Wolke

𝖅𝖊𝖎𝖙:

		i morgen	morgen
i går	gestern	i overimgen	übermorgen
i dag	heute	når	wann

ImHotel

overnatting	Übernachtung
har Dere ett rom for ... personer?	haben Sie ein Zimmer für ... Personen?
hva/hvor mye koster?	wieviel kostet ...?
med 2 senger	mit 2 Betten
et rom venot mot hagen	ein Zimmer zum Garten
et rom venot mot gate	ein Zimmer zur Straße, nach vorn
et rom med havutsikt	ein Zimmer mit Meerblick
vi blir en natt	wir bleiben eine Nacht
en uke	eine Woche
noen dager	einige Tage
kan vi få se rommet	können wir das Zimmer sehen?
med bad	mit Bad
med dusj	mit Dusche
med frokost	mit Frühstück
halv-pension	Halbpension
full-pension	Vollpension
jeg tar ikke rommet	ich nehme das Zimmer nicht
vaer snill å reserver rommet til...	reservieren Sie das Zimmer zum....
når stenger Dere?	wann schließen Sie?
spiserom	Speisezimmer

har dere et rom ledig?	haben Sie Zimmer frei?
jeg skulle gjerne hatt et dobbeltrom	ich hätte gern ein Doppelzimmer
enkeltrom	Einzelzimmer
hvor mye koster rommet med frokost?	wieviel kostet das Zimmer mit Frühstück?
romnøkkel	Zimmerschlüssel
frokostrom	Frühstückszimmer
hage	Garten
bagasje	Gepäck
handkle	Handtuch
parkeringsplass	Parkplatz
regning	Rechnung
rompike	Zimmermädchen
vann	Wasser
varm	warm
kald	kalt

CAMPING

jeg leter etter camping plassen	ich suche den Zeltplatz
har dere en plass ledig?	haben sie noch Platz?
teltet	das Zelt
serviset	das Geschirr
vasken	die Wäsche
sovepose	der Schlafsack
ryggsekk	der Rucksack
drikkevann	Trinkwasser
strømuttak	Stromanschluß
camping-bil	Wohnwagen
caravan	Wohnwagen
polett	Jeton (Duschmünze)

 # Im Restaurant

restaurant	Restaurant
hvor finnes det her en god restaurant?	wo gibt es hier ein gutes Restaurant?
er dette bordet ledig?	ist dieser Tisch frei?
nei, det er reservert	nein, er ist reserviert
er rettene sterkt krydret?	sind die Gerichte stark gewürzt?
jeg vil bare ha en liten rett	ich möchte nur eine Kleinigkeit essen
jeg vil gjerne ha en fiskerett	ich hätte gerne ein Fischgericht
dagens rett	Tagesgericht
har Dere en åpen vin?	haben Sie offenen Wein?
et bord for ... personer	ein Tisch für ... Personen
menyen, takk	die Speisekarte bitte
har Dere bestemt Dere?	haben Sie ausgewählt?
jeg vil gerne ha...	ich nehme
kan jeg få....	bringen Sie mir bitte....
hva vil du/Dere drikke?	was möchten Sie zu trinken?
hva vil du/Dere ha til dessert?	was möchten Sie als Dessert?
forrett	die Vorspeise
gaffel	die Gabel
kniv	das Messer
skje	der Löffel
alt inkludert	alles inbegriffen
hvor er toalettet?	wo ist die Toilette?
regningen takk	die Rechnung bitte

brød	Brot	kaker	Kuchen
smør	Butter	lever	Leber
fisk	Fisch	makrell	Makrele
fiskesuppe	Fischsuppe	melk	Milch
kjøtt	Fleisch	Schnitzel	Schnitzel
ørret	Forelle	blekksprot	Tintenfisch
grønnsaker	Gemüse	pølser	Würstchen
poteter	Kartoffeln	sukker	Zucker

EINKAUFEN

bakeri	Bäckerei
bokhandel	Buchhandlung
fiskeforhandler	Fischhandlung
varehus	Kaufhaus
konditori	Konditorei
dagligvarer, kolonialvarer	Lebensmittel
slakter	Metzgerei
frukt og grønnsaker	Obst und Gemüse
reisebyrå	Reisebüro
vaskeri	Wäscherei
pølsevarer (pålegg)	Wurstwaren

epler	Äpfel	mat	Lebensmittel, Speise, Essen
appelsinjuice	Apfelsinensaft		
øl	Bier	leverpostei	Leberpastete
paere	Birnen	syltetoy	Marmelade
blåbaer	Blaubeere	mel	Mehl
bjørnebaer	Brombeere	multebaer	Multebeere
egg	Ei	svamp	Pilz
is	Eis	tyttebaer	Preißelbeere
skummet kultur melk	entrahmte Dickmilch	ris	Reis
lett melk	entrahmte Milch	rødvin	Rotwein
jordbaer	Erdbeere	rømme	saure Sahne
stekt	Gebratenes	fløte	süße Sahne
spekemat	Gepökeltes	skummet melk	teilentrahmte Milch
agurk	Gurke		
bringebaer	Himbeere	hode kål	Weißkohl
gulrøtter	Karotten	hvitevin	Weißwein
ost	Käse	vilt	Wild

frisør	der Friseur
hva koster det?	was kostet das?

det er for dyrt	das ist zu teuer
det er ikke dyrt	das ist nicht teuer
avslaget	die Ermäßigung
tannkrem	Zahnpasta
såpe	Seife
hårsjampo	Haarshampoo
solkrem	Sonnencreme

APOTHEKEN

apotek	Apotheke
hvor er det et apotek	wo ist hier eine Apotheke
jeg har en resept	ich habe ein Rezept
middel mot...	Mittel gegen....
noe i mot.....	etwas gegen...
avføringsmiddel	Abführmittel
p-pille	Antibabypille
antibioticum	Antibiotikum
øyedråper	Augentropfen
beroligende mittel	Beruhigungsmittel
diaré	Durchfall
forkjølelse	Erkältung
halssmerter	Halsschmerzen
middel mot hoste	Hustenmittel
hostesaft	Hustensaft
insektstikk	Insektenstiche
hodepine	Kopfschmerzen
magedråper	Magentropfen
plaster	Pflaster
pudder	Puder
sovemiddel	Schlafmittel
tannverk	Zahnschmerzen

WEG & RICHTUNG

hvordan kommer jeg til ...?	wie komme ich nach ...?
hvor er ...?	wo befindet sich?

hvor er stasjonen?	wo ist der Bahnhof?
banken	die Bank
postkontoret	die Post
campingplassen	der Campingplatz
hvor er toalettene?	wo sind die Toiletten?
rett fram	geradeaus
bøy av til venstre	links abbiegen
bøy av til høyre	rechts abbiegen
til krysset	bis zur Ampel
hvor mange kilometer?	wieviel Kilometer?
med tog og båt	mit dem Zug und dem Schiff
reisen varte 2 dager	die Reise dauerte 2 Tage
jeg kom fram i dag tiplig	ich bin heute morgen angekommen
til fots	zu Fuß
med bilen	mit dem Auto
avreise	die Abfahrt
ankomst	die Ankunft
forbindelse	die Verbindung
bus	der Autobus
tog	der Zug
fly	das Flugzeug
perrong	der Bahnsteig
er denne plassen ledig	ist der Platz frei?
bagasje	Gepäck
en opplysning	eine Auskunft

Auto   VerKehr

hvor går veien til ...	wo ist die Straße nach ...
hvordan kommer jeg til ...	wie komme ich nach ...
hvor langt er det?	wie weit ist das?
første vei(gate) til venstre	erste Straße links
høyre	rechts
krysset	die Kreuzung
gjennomkjøring forbudt	Durchfahrt verboten
enveiskjøring	Einbahnstraße
blindvei	Sackgasse

privat vei	Privatstraße
omkjøringsvei	Umgehungsstraße
bremse	bremsen
kjøre forbi	überholen
omkjøring	Umleitung
veiarbeid	Baustelle
se opp	Vorsicht
parkering forbudt	Parken verboten
parkeringsplass	Parkplatz
utgang	Ausgang
hvor er nermeste bensinstasjon?	wo ist die nächste Tankstelle
gi meg ... liter bensin, takk	geben Sie mir ... Liter Benzin
full tank, takk	bitte volltanken
slepetjeneste ("Falken oder Viking") redningstjeneste	Abschleppdienst
bår ikke	... geht nicht
kjøre langsomt	langsam fahren
bilverksted	die Reparaturwerkstatt
jeg har et teknisk uhell	ich habe eine Panne
motoren vil ikke starte	der Motor springt nicht an
bilen har punktert	mein Auto hat eine Reifenpanne
kan du slepe meg?	können Sie mich abschleppen?
ring etter lege	rufen Sie einen Arzt
en ambulanse	einen Rettungswagen

naerlys	Abblendlicht	gaspedal	Gaspedal
aksel	Achse	gir	Getriebe
selvstarter	Anlasser	horn	Hupe
eksosrør	Auspuff	vifterem	Keilriemen
bil	Auto	bagasjerom	Kofferraum
batteri	Batterie	kjøler, radiator	Kühler
bensin	Benzin	clutch	Kupplung
blinklys	Blinker	ratt	Lenkrad
bremsene	die Bremsen	dynamo	Lichtmaschine
pakning	Dichtung	leiebil	Mietwagen
reservehjul	Ersatzrad	motorsykkel	Motorrad
fjernlys	Fernlicht	olje, oljeskift	Öl, Ölwechsel
førerkort	Führerschein	dekk	Reifen

baklys	Rücklicht	frontglass	Windschutz-scheibe
vindusvisker	Scheibenwi-scher	tennplugg	Zündkerze
frontlys, lyskaster	Scheinwerfer	tenning	Zündung
sikkerhetsbelte	Sicherheitsgurt	sylinder	Zylinder
forgasser	Vergaser	topp-pakning	Zylinderkopf-dichtung
fordeler	Verteiler		
varselstrekant	Warndreieck		

bil	Auto	bompenger	Mautgebühr
båt	Boot	bomvei	Mautstraße
innkjøring	Einfahrt	parkering forbudt	Parken verboten
svake kanter	Fahrbahnrand nicht befahrbar	dårlig veidekke	schlechte Fahrbahn
kjøre skole	Fahrschule	vegarbeid område	Straßenarbeiten
frostskade	Frostschäden	forbikjøring	Überholen
hastighet	Geschwindigkeit	ulykke	Unfall
stopp forbudt	halten verboten	forbudt	verboten
lekeplass	Kinderspielplatz	fe - rist	Viehrost, Viehgatter
kjøre sakt	langsam fahren		

Bus:

bus	Bus
stoppested	Haltestelle
sitteplass	Sitzplatz
når kjører en bus i retning ...?	wann fährt ein Bus in Richtung ...?
på hvilke steder stopper bussen?	an welchen Orten hält der Bus?
hvor må jeg bytte bus?	wo muß ich umsteigen?
daglig	täglich
fra ... til	von ... bis
hverdager	werktags
holdeplass (perrong)	Bahnsteig (bei Busterminals)

Wörter zum Fahrplan

Bilrute   Autobuslinie

(verschiedene Schreibweise entspricht bokmål bzw. ny norsk):

Kvardager/		dgl. u. Lø	täglich außer
hverdager	werktags	dgl. u. La	Samstag
Ma/Må	Montag	Skd	Schultage
Ti/Ty	Dienstag	u	außerhalb
On	Mittwoch	V	Winterfahrplan
To	Donnerstag	S	Sommerfahrplan
Fr	Freitag	til	nach
Lø/La	Samstag	fra	von
Sø/Su	Sonntag	Avg.	Abfahrt
		og	und
Hvd u. Lø	werktags außer	eller	oder
Kvd u. La	Samstag		

Bahn

jernban	Eisenbahn
stasjon	Bahnhof
avreise/avgang	Abfahrt
ankomst	Ankunft
hurtigtog/ekspress	Schnellzug
røykerkupé	Raucherabteil
ikke røyker kupé	Nichtraucherabteil
gå på	Einsteigen
går et tog till ...?	fährt ein Zug nach ...?
hva er den beste forbindelsen til..	welches ist die beste Verbindung nach..
hvor må jeg gå av?	wo muß ich aussteigen?
må jeg bytte tog?	muß ich umsteigen?
når kommer jeg fram?	wann komme ich an?
har dette toget en spisevogn? (sovevogn?)	hat dieser Zug einen Speise-wagen? (Schlafwagen?)
perrong	Bahnsteig
god reise	angenehme Reise
hvor ligger stasjonen?	wo liegt der Bahnhof?
reisepenger	Fahrgeld
en enkeltbillet annen klasse til...	einmal 2.Klasse nach..
fra hvilket spor går toget til...	von welchem Gleis fährt der Zug nach ...
er denne plassen ledig?	ist dieser Platz frei?

billettene, takk	die Fahrkarten, bitte
når er vi i ...?	wann kommen wir in ...an?

Flug:

hvor er kontoret ...?	wo ist das Büro ...?
hvor mye koster et fly til ...?	wieviel kostet ein Flug nach ...?
når går det neste flyet?	um wieviel Uhr startet das nächste Flugzeug?
mellomlanding	Zwischenlandung
avreise	Abflug
starter/tar av	starten
lander	landen
på flyplassen	auf dem Flugplatz

Schiff:

		dekk	Deck
ved hvilken kai	an welchem Kai	billet	Fahrkarte
legger fergen	legt die Fähre	rutetabell	Fahrplan
til ... an?	nach ... an?	havn	Hafen
hvor lang tid	wie lange dauert	øy/holme	Insel
tar overfarten	die Überfahrt?	kai	Kai
hvor kommer	woher kommt	kyst	Küste
denne dam-	dieser Dampfer?	skip(båt) - sjø	Schiff-See
peren fra?			

utland	Ausland
utreise	Ausreise
innreise	Einreise

har De noe å fortolle?	haben Sie etwas zu verzollen?
jeg har ikke noe å fortolle	ich habe nichts zu verzollen
etternavn	Nachname
pass	Paß
passkontroll	Paßkontrolle
identitetskort/legitimasjonskort	Personalausweis
stempel	Stempel
fornavn	Vorname
bopel	Wohnort
toll	Zoll
tolldeklarasjon	Zollerklärung
tollfri	zollfrei
tollkontroll	Zollkontrolle
tollpliktig	zollpflichtig
fødselsdato	Geburtsdatum
grense	Grenze
statsborgerskap	Staatsbürgerschaft
forsikringskort	Versicherungskarte
fortolle	verzollen
jeg vil kontakte mitt konsulat	ich möchte bitte die konsularische Vertretung meines Landes verständigen
kan du identifisere deg?	können Sie sich ausweisen?
politi	Polizei
jeg har blitt frastjålet	mir ist ... gestohlen worden

hvor er naermeste postkontor?	wo ist das nächste Postamt?
telefonkiosk	die nächste Telefonzelle
hva koster et brev til ..	wieviel kostet dieser Brief nach ...
avsender	Absender
oppringing	Anruf
postkort	Ansichtskarte
prospektkort	Ansichtskarte

utenriks samtale	Auslandsgespräch
brev	Brief
postkasse	Briefkasten
frimerke	Briefmarke
konvolutt	Briefumschlag
trykksak	Drucksache
rekommandert brev	Einschreiben
mottaker	Empfänger
rikstelefonsamtale	Ferngespräch
gebyr	Gebühr
vekt	Gewicht
luftpostbrev	Luftpostbrief
hvem snakker jeg med?	mit wem spreche ich?
lokalsamtale	Ortsgespräch
pakke	Packet
telefonkatalog	Telefonbuch
telefonboks	Telefonzelle
telegram	Telegramm
forbindelse	Verbindung
sentral	Vermittlung
retningsnummer	Vorwahlnummer
slå et nummer	wählen

Bank

er det en bank i naerheten?	ist hier eine Bank in der Nähe?
når er banken åpen?	wann ist die Bank geöffnet?
jeg skulle gjerne ha vekslet noen penger	ich möchte Geld wechseln
jeg skulle ha løst inn en reisesjekk	ich möchte einen Reisescheck haben
jeg vil gjerne heve noen penger	ich möchte Geld abheben
(vekslestue) bank	Wechselstube
dagskurs	Tageskurs
hva er kursen?	wie ist der Wechselkurs?

beløp	Betrag	kontobevis	Scheckkarte
blankett	Formular	sparebank	Sparkasse
pengeseddel	Geldschein	overføring	Überweisung
mynt	Münze	valuta	Währung
kvittering	Quittung	renter	Zinsen
luke	Schalter		

Geographische Bezeichnungen

austre	östlich		
bekk	Bach	laegret	Schutzhütte
botn	Talmulde	naust	Bootshaus
bro	Brücke	ned	untere
bu	Hütte	nibba	Gipfel
bukt	Bucht	nordre	nördlich
by	Stadt	os	Mündung
dal	Tal	over	über
egg	Gebirgskamm	øvre	obere
eid	Landenge	øy	Insel
elv	Fluß	pigg	Gipfel, Spitze
elvemonning	Flußmündung	rett fram	geradeaus
fjell/berg	Berg	rygg	Gebirgskamm
foss	Wasserfall	rød	rot
grense	Grenze	seter	Alm
grønn	grün	sjø	See
gård	Bauernhof	stein	Fels, Stein
halvøy	Halbinsel	store	groß
hamar	steiler Fels	sund	Sund, Meerenge
haug	Hügel, Anhöhe	søre	südlich
hav	Meer	tangen	Landzunge
havne baseng	Hafenbecken	tind	Spitze, Gipfel
holm	kleine Insel	tjørn	See, Teich
hø	Höhe, Gipfel	turisthytte	Wanderhütte
høyre	rechts	under	unter
innsjø/vann	See	ur	Geröll
li	Abhang	varde	Steinhaufen
litle	klein	vatn	See

vei	Weg	voll	Bergwiese
venstre	links	vaer	Fischerdorf
vesle	klein	våg	Bucht
vestre	westlich	å	Bach
vik	Bucht	ås	Hügel, Grat

ZAHLEN

en	1	femten	15
to	2	seksten	16
tre	3	sytten	17
fire	4	åtten	18
fem	5	nitten	19
seks	6	tove	20
sju	7	tredve	30
åtte	8	forti	40
ni	9	femti	50
ti	10	seksti	60
elleve	11	søtti	70
tolv	12	åtti	80
tretten	13	nitti	90
fjorten	14	hundrede	100

WOCHENTAGE

søndag	Sonntag	fredag	Freitag
mandag	Montag	lørdag	Sonnabend
tirsdag	Dienstag	helligdag	Feiertag
onsdag	Mittwoch	hverdag	Werktag
torsdag	Donnerstag		

MONATE...

januar	Januar	juli	Juli
februar	Februar	august	August
mars	März	september	September
april	April	oktober	Oktober
mai	Mai	november	November
juni	Juni	desember	Dezember

INDEX:

Namensregister

VERLAGS PROGRAMM

Reihe unkonventioneller Reiseführer im Verlag Martin Velbinger, München. Mit vielen Tips vollgepackt, — alles, was man zur Planung und für unterwegs braucht. Die Fülle hilfreicher Details und Infos zu — Hotels — Restaurants — Verbindungen — Sport — Stränden etc. besticht, der locker- lebendige Stil macht Freude zum Lesen und motiviert zum Selbstentdecken und Ausprobieren. — "Eine Reihe von ungemein hohem Gebrauchswert" —

"ein oder zwei *tips* können schon den Kaufpreis des Buches wieder einsparen!"

VERLAG MARTIN VELBINGER

Bahnhofstr. 1o6 —82166 Gräfelfing/München
TEL: (089) - 85 1o 19   FAX: (089) - 85 43 253

Ich bestelle hiermit folgende VELBINGER REISEFÜHRER:

Anzahl   Titel   Preis DM

🖉

....

....

....

....

(Porto innerhalb BRD/Schweiz/Österreich inkl.)   Summe
                                                         _____

☐ Summe liegt per Verrechnungsscheck bei

☐ Summe wurde auf Psch. Kto. München 2o 65 6o - 8o8 überwiesen

MEINE ADRESSE:

....

....

....

....

....
(Datum, Unterschrift)

Coupon ausfüllen und Verrechnungsscheck beilegen, bzw. Überweisung auf Postscheckkonto.

VERLAG MARTIN VELBINGER

Bahnhofstr. 1o6   82166 Gräfelfing Tel: o89-85 1o 19 Fax: o89-85 43 253

TITELÜBERSICHT

NOTIZEN

NOTIZEN

NOTIZEN

NOTIZEN

NOTIZEN

NOTIZEN

Warum nicht mal was total Neues ausprobieren?

Chile Zunächst mal: "am Ende der Welt" (aus europäischer Weltkugel-Sicht). Der 4.ooo km lange Handtuch- Schlauch Chile (maxim. 25o km breit) zieht sich durch alle Klima- und Vegetationszonen:

* im Norden endlose Wüsten am Pazifik mit großartigen und einsamen Stränden, in der Wüste verlassene Wildwestsiedlungen der Salpeterzeit

* oft nur über 15o km landein über steile Andenpisten rauf in 4.ooo m zu Salzseen vor der grandiosen Kulisse der 6.ooo-er Vulkankette. Jede Menge an off-road Pisten und Freiraum an Abenteuer, wie es der Geländewagenfahrer in Europa nie findet!

* Santiago, die Hauptstadt, massiv smogbelastet. So doch gute Restaurants und Ausgangspunkt für die Erschließung des Landes, die ab Santiago sternförmig beginnen.

* Robinson Crusoe Insel: 7oo km der Pazifikküste vorgelagert. Der rund 1.ooo m hohe Inselgipfel ist dicht mit Urwäldern überwuchert. In früheren Jahrhunderten Pirateninsel, wo die Schiffe ausgebessert wurden. Hier lebte Alexander Selkirk, ein schottischer Seemann, der 17o4 hier ausgesetzt wurde und in totaler Einsamkeit 4 Jahre und 4 Monate wartete, bis das nächste vorbeikommende Schiff ihn wieder aufnahm.

Selkirk diente später als Vorbild für die Romanfigur Robinson Crusoe (geschrieben von Daniel Defoe, wurde Weltbestseller). Auch heute noch ist der Besuch der Insel ein gewisses Abenteuer, da die Insel nur mit kleinen Propeller- Sportflugzeugen erreicht werden kann, und man bei schlechtem Wetter oft auf Tage festhängt. Excellent die fangfrischen Lobster, - ein touristisches Zielgebiet fernab des Gängigen.

* Osterinsel: per se hochkarätig bei Chile- Besuch. Knapp 4.ooo km westlich der Küste im Pazifik mit dem Mysterium der rund 3oo Steinfiguren.

* Chilenisches Seengebiet: zählt zum Schönsten, was Südamerika an Natur, Weitläufigkeit, Vulkanen und Natur zu bieten hat. Zieht sich zwischen Andenketten mit engen fjordähnlichen Seen (und Fährüberfahrten) rüber nach Argentinien. Vielzahl an Querverbindungen auch per Schiff.

* Insel Chiloe: wer auf Meeresfrüchte steht (Muscheln, Austern etc.) fangfrisch wie an kaum anderer Stelle der Welt. Chile versorgt insbesondere auch Europa mit seinen Produkten.

* Carretera Austral: führt definitiv in Pioniergebiete entlang eng eingeschnittener Fjorde, Vulkane und Gletschergebiete. Vielfach auch Naturschutzparks, großartige Natur in Weitläufigkeit und Einsamkeit fernab des o8/15- Tourismus.

* Absolutes Highlight ist die Fahrt von Pto. Montt per Schiff 3 Tage nach Pto. Natales durch die endlosen Fjorde der südchilenischen Pazifik-Küste. Im Gegensatz zu Norwegen so gut wie nicht bewohnt, - und ein Trip ans Ende der Welt.